FERNANDA IVO PIRES ORGANIZADORA

ALEXANDRE **GUERRA** · ANTONIO CARLOS **MORATO**
FERNANDO RODRIGUES **MARTINS** · NELSON **ROSENVALD**
COORDENADORES

DA ESTRUTURA À FUNÇÃO DA RESPONSABILIDADE CIVIL

UMA HOMENAGEM DO INSTITUTO BRASILEIRO DE ESTUDOS DE RESPONSABILIDADE CIVIL (IBERC) AO PROFESSOR RENAN LOTUFO

Dados Internacionais de Catalogação na Publicação (CIP) (Câmara Brasileira do Livro, SP, Brasil)

D111   Da estrutura à função da responsabilidade civil: uma homenagem do Instituto Brasileiro de Estudos de Responsabilidade Civil (IBERC) ao Professor Renan Lotufo / Adriana Caldas do Rego Freitas Dabus Maluf ... [et al.] ; organizado por Fernanda Ivo Pires ; coordenado por Alexandre Guerra ... [et al.]. - Indaiatuba, SP : Editora Foco, 2021.

    632 p. ; 17cm x 24cm.

    Inclui bibliografia.

    ISBN: 978-65-5515-256-2

    1. Direito. 2. Direito civil. 3. Responsabilidade civil. 4. Instituto Brasileiro de Responsabilidade Civil – IBERC. 5. Professor Renan Lotufo. I. Maluf, Adriana Caldas do Rego Freitas Dabus. II. Ferriani, Adriano. III. Guerra, Alexandre. IV. Azevedo, Álvaro Villaça de. V. Zanetti, Andrea Cristina. VI. Morato, Antonio Carlos. VII. Alvim, Arruda. VIII. Maluf, Carlos Alberto Dabus. IX. Ferriani, Carlos Alberto. X. Garbi, Carlos Alberto. XI. Monteiro Filho, Carlos Edison do Rêgo. XII. Bentivegna, Carlos Frederico Barbosa. XIII. Popp, Carlyle. XVI. Bueno, Cassio Scarpinella. XVII. Marques, Claudia Lima. XVIII. Franzolin, Cláudio José. XIX. Godoy, Claudio Luiz Bueno de. XX. Beznos, Clovis. XXI. Brandão, Débora. XXII. Gozzo, Débora. XXIII. Melo, Diogo Leonardo Machado de. XXIV. Alvim, Eduardo Arruda. XXV. Gramstrup, Erik Frederico. XXVI. Pires, Fernanda Ivo. XXVII. Martins, Fernando Rodrigues. XXVIII. Amaral, Francisco. XXIX. Loureiro, Francisco Eduardo. XXX. Nanni, Giovanni Ettore. XXXI. Hironaka, Giselda Maria Fernandes Novaes. XXXII. Tepedino, Gustavo. XXXIII. Bdine, Hamid. XXXIV. Cunha, Ígor Martins da. XXXV. Natividade, João Pedro Kostin F. de. XXXVI. Martins-Costa, Judith. XXXVII. Giannotti, Luca. XXXVIII. Monteiro, Juliano Ralo. XXXIX. Fritz, Karina Nunes. XL. Ferreira, Keila Pacheco. XLI. Carmo, Lie Uema do. XLII. Fachin, Luiz Edson. XLIII. Benacchio, Marcelo. XLIV. Morsello, Marco Fábio. XLV. Moura, Margarida Araújo Seabra de. XLVI. Cicco, Maria Cristina De. XLVII. Diniz, Maria Helena. XLVIII. Daneluzzi, Maria Helena Marques Braceiro. XLIX. Pimenta, Melisa Cunha. L. Kfouri Neto, Miguel. LI. Rosenvald, Nelson. LII. Duarte, Nestor. LIII. Tomé, Patricia Rizzo. LIV. Pinto, Paulo Mota. LV. Nalin, Paulo. LVI. Pereira, Paulo Sérgio Velten. LVII. Marinangelo, Rafael. LVIII. Vianna, Ragner Limongeli. LIX. Densa, Roberta. LX. Silva, Roberta Zumblick Martins da. LXI. Donnini, Rogério. LXII. Soares, Ronnie Herbert Barros. LXIII. Carrazza, Roque Antonio. LXIV. Chinellato, Silmara Juny de Abreu. LXV. Venosa, Sílvio de Salvo. LXVI. Rocha, Silvio Luís Ferreira da. LXVII. Gomes, Susete. LXVIII. Ferraz Junior, Tércio Sampaio. LXIX. Lopez, Teresa Ancona. LXX. Título.

2021-762   CDD 347   CDU 347

Elaborado por Vagner Rodolfo da Silva - CRB-8/9410

Índices para Catálogo Sistemático:

1. Direito civil 347   2. Direito civil 347

FERNANDA IVO PIRES ORGANIZADORA

ALEXANDRE GUERRA • ANTONIO CARLOS MORATO
FERNANDO RODRIGUES MARTINS • NELSON ROSENVALD
COORDENADORES

DA ESTRUTURA À FUNÇÃO DA RESPONSABILIDADE CIVIL

UMA HOMENAGEM DO INSTITUTO BRASILEIRO DE ESTUDOS DE RESPONSABILIDADE CIVIL (IBERC) AO PROFESSOR RENAN LOTUFO

2021 © Editora Foco

Coordenadores: Alexandre Guerra, Antonio Carlos Morato, Fernando Rodrigues Martins e Nelson Rosenvald

Organizadora: Fernanda Ivo Pires

Autores: Adriana Caldas do Rego Freitas Dabus Maluf, Adriano Ferriani, Alexandre Guerra, Álvaro Villaça de Azevedo, Andrea Cristina Zanetti, Antonio Carlos Morato, Arruda Alvim, Carlos Alberto Dabus Maluf, Carlos Alberto Ferriani, Carlos Alberto Garbi, Carlos Edison do Rêgo Monteiro Filho, Carlos Frederico Barbosa Bentivegna, Carlyle Popp, Cassio Scarpinella Bueno, Claudia Lima Marques, Cláudio José Franzolin, Claudio Luiz Bueno de Godoy, Clovis Beznos, Débora Brandão, Débora Gozzo, Diogo Leonardo Machado de Melo, Eduardo Arruda Alvim, Erik Frederico Gramstrup, Fernanda Ivo Pires, Fernando Rodrigues Martins, Francisco Amaral, Francisco Eduardo Loureiro, Giovanni Ettore Nanni, Giselda Maria Fernandes Novaes Hironaka, Gustavo Tepedino, Hamid Bdine, Ígor Martins da Cunha, João Pedro Kostin F. de Natividade, Judith Martins-Costa, Juliano Ralo Monteiro, Karina Nunes Fritz, Keila Pacheco Ferreira, Lie Uema do Carmo, Luca Giannotti, Luiz Edson Fachin, Marcelo Benacchio, Marco Fábio Morsello, Margarida Araújo Seabra de Moura, Maria Cristina De Cicco, Maria Helena Diniz, Maria Helena Marques Braceiro Daneluzzi, Melisa Cunha Pimenta, Miguel Kfouri Neto, Nelson Rosenvald, Nestor Duarte, Patricia Rizzo Tomé, Paulo Mota Pinto, Paulo Nalin, Paulo Sérgio Velten Pereira, Rafael Marinangelo, Ragner Limongeli Vianna, Roberta Densa, Roberta Zumblick Martins da Silva, Rogério Donnini, Ronnie Herbert Barros Soares, Roque Antonio Carrazza, Silmara Juny de Abreu Chinellato, Sílvio de Salvo Venosa, Silvio Luís Ferreira da Rocha, Susete Gomes, Tércio Sampaio Ferraz Junior e Teresa Ancona Lopez

Diretor Acadêmico: Leonardo Pereira

Editor: Roberta Densa

Assistente Editorial: Paula Morishita

Revisora Sênior: Georgia Renata Dias

Capa Criação: Leonardo Hermano

Imagem de capa: Paulo Oliveira Matos Júnior

Ilustação de capa: Ítalo Frediani

Diagramação: Ladislau Lima e Aparecida Lima

Impressão miolo e capa: FORMA CERTA

DIREITOS AUTORAIS: É proibida a reprodução parcial ou total desta publicação, por qualquer forma ou meio, sem a prévia autorização da Editora FOCO, com exceção do teor das questões de concursos públicos que, por serem atos oficiais, não são protegidas como Direitos Autorais, na forma do Artigo 8º, IV, da Lei 9.610/1998. Referida vedação se estende às características gráficas da obra e sua editoração. A punição para a violação dos Direitos Autorais é crime previsto no Artigo 184 do Código Penal e as sanções civis às violações dos Direitos Autorais estão previstas nos Artigos 101 a 110 da Lei 9.610/1998. Os comentários das questões são de responsabilidade dos autores.

NOTAS DA EDITORA:

Atualizações e erratas: A presente obra é vendida como está, atualizada até a data do seu fechamento, informação que consta na página II do livro. Havendo a publicação de legislação de suma relevância, a editora, de forma discricionária, se empenhará em disponibilizar atualização futura.

Erratas: A Editora se compromete a disponibilizar no site www.editorafoco.com.br, na seção Atualizações, eventuais erratas por razões de erros técnicos ou de conteúdo. Solicitamos, outrossim, que o leitor faça a gentileza de colaborar com a perfeição da obra, comunicando eventual erro encontrado por meio de mensagem para contato@editorafoco.com.br. O acesso será disponibilizado durante a vigência da edição da obra.

Impresso no Brasil (03.2021) – Data de Fechamento (03.2021)

2021

Todos os direitos reservados à
Editora Foco Jurídico Ltda.

Avenida Itororó, 348 – Sala 05 – Cidade Nova
CEP 13334-050 – Indaiatuba – SP

E-mail: contato@editorafoco.com.br
www.editorafoco.com.br

APRESENTAÇÃO

No dia 14 de novembro de 2019, no grupo virtual do Instituto Brasileiro de Estudos de Responsabilidade Civil (IBERC), entre diversas mensagens, recordamos um memorável evento com o Professor Renan Lotufo organizado pelo Instituto de Direito Privado (IDP) e pelo Instituto dos Advogados de São Paulo (IASP) e o privilégio de acompanhá-lo naquela oportunidade.

Ao relembrar tal evento, mensagens e mais mensagens foram enviadas ressaltando a importância do professor na carreira acadêmica de tantos integrantes do grupo e, na ocasião, os coordenadores desta obra tomaram a decisão de organizá-la utilizando como base o seu curso de Responsabilidade Civil ministrado na pós-graduação da Faculdade de Direito da Pontifícia Universidade Católica de São Paulo (PUC-SP).

Infelizmente, ainda que tenha sido possível avisar o professor sobre a intenção de organizar tal homenagem por meio de seu filho João Luís Zaratin Lotufo, advogado e professor que elaborou o prefácio desta obra, não foi possível organizá-la antes de seu falecimento em 15 de junho de 2020.

Esta obra conta com autores consagrados e reconhecidos no Brasil e no exterior que mantinham laços de amizade com o Professor Renan Lotufo há décadas, sendo que muitos desses autores foram seus alunos ou assistentes, por ele foram orientados e vieram de todas as regiões do Brasil para cursar o mestrado ou o doutorado na Faculdade de Direito da Pontifícia Universidade Católica de São Paulo (PUC-SP).

Ressalte-se que esta obra inclui autores ainda jovens e que foram orientados pelo professor, da mesma forma que as referências bibliográficas nas disciplinas que ministrava incluíam obras clássicas – nacionais e estrangeiras – ao lado de outras publicadas recentemente por autores promissores que versavam sobre temas até então inéditos ou pouco explorados.

Assim, passamos à apresentação dos textos elaborados para homenagear quem nos ensinou, orientou e continuará vivo por meio dos valiosos ensinamentos eternizados em suas obras.

Em artigo intitulado "Responsabilidade civil – evolução histórica", Francisco Amaral aborda a origem e evolução histórica da responsabilidade civil, considerando ser de especial importância a relação entre história e direito civil para a compreensão da experiência jurídica brasileira, principalmente no campo do direito privado. O autor parte da premissa de que os códigos civis exprimem a cultura jurídica de seu tempo e das sociedades a que se destinam, sendo, simultaneamente, um ponto de chegada, no sentido de representarem o último estágio do processo evolutivo do direito privado, e um ponto de partida para a renovação desse direito em face das novas exigências que a sociedade em processo de mudança exige. Quanto ao conceito de "responsabilidade civil", tanto exprime a obrigação que alguém tem de indenizar outrem, quanto o próprio instituto jurídico formado pelos princípios e normas que disciplinam o nascimento, conteúdo e cumprimento dessa obrigação. Sendo o direito civil um direito de formação histórica e jurisprudencial, é na sua historicidade que se encontram os elementos que permitem compreender como a responsabilidade civil evoluiu e se configura hoje em face dos novos desafios da sociedade contemporânea, marcada pelo risco decorrente de uma atividade econômica lucrativa, surgindo a concepção de que o dano deve ser indenizado, independentemente da culpa de agente, mas proveniente do risco derivado da sua atividade econômica produtiva.

Fernanda Ivo Pires brinda o leitor com o instigante tema "Existe uma teoria geral da responsabilidade civil?". Na premissa de que "considerar algo como teoria geral, anseia a demonstração de uma generalidade que possa, ao mesmo tempo, ter esta característica e dar unidade à matéria", a autora principia pela investigação da ilicitude. Na sequência aborda o dano como elemento fundante da responsabilidade civil e posteriormente identifica a unidade de causas quanto às responsabilidades negocial e extranegocial, bem como no tocante às suas consequências. Finaliza, alertando quanto ao fato de que a compreensão de uma Teoria Geral da Responsabilidade Civil não significa encontrar solução uníssona, seja como caminho para qualquer tipo de dano, igualmente para as situações de subjetividade ou de imputação objetiva, ou, ainda, para a responsabilização negocial e extranegocial. Adverte ainda que unificar o dano como pressuposto elementar da Responsabilidade Civil, não restringe o seu escopo à mera reparabilidade de danos. Existem diversas maneiras de responsabilização que perpassam, inclusive, por funções preventivas e precaucionais.

"Danos qualificados constitucionalmente e a formação da norma de proteção de direitos fundamentais no âmbito da responsabilidade civil" é o título do artigo de autoria conjunta de Fernando Rodrigues Martins e Cláudia Lima Marques. Os autores assumem como ponto de partida a ideia da responsabilidade civil, enquanto disciplina analítica, com escopo primordial na concreção das normas de proteção dos direitos fundamentais. Daí a importância do diálogo entre direito constitucional e direito privado, dado que a incompletude sistêmica, encontra na unidade imprescindível conexão entre disposições legais e outras fontes e na ordenação a racionalização e finalidades do Direito. O ilícito constitucional é conceituado como uma violação a deveres fundamentais e os danos qualificados constitucionalmente estão distribuídos tanto na fundamentabilidade individual quanto transindividual, a considerar os bens jusfundamentais em promoção. A violação a direitos fundamentais de outrem ou o atentado aos deveres fundamentais, quer por outro particular ou pelo Estado, são o bastante para o manejo de pleitos de responsabilidade civil, independentemente de estar albergada na Constituição forma correspondente à imputação por danos. Acresça-se ainda a importância da função preventiva da responsabilidade civil, tanto para os direitos de incidência coletiva (bens jusfundamentais), como incidência individual (especialmente aos vulneráveis, textualmente para crianças e pessoas com deficiência),

Silmara Juny de Abreu Chinellato enfrenta o tema "Tutela civil do nascituro: O dano pré-natal". Primeiramente, a autora se alinha com a corrente concepcionista, afastando a da personalidade condicional, sustentando que que a personalidade começa da concepção e não do nascimento com vida, considerando que muitos dos direitos e *status* do nascituro não dependem do nascimento com vida, como os Direitos da Personalidade. No âmbito dos direitos da quarta geração, aborda o dano pré-natal, tema que não é muito tratado na Doutrina, mas alvo de inúmeros acórdãos. O dano causado a embrião pré-implantatório também é objeto de análise as várias facetas do dano causado ao nascituro implantado, seja com relação ao direito à vida, a morte dos pais, o direito à integridade física, direito à honra e direito à integridade psíquica

Em uma atualíssima incursão nas fronteiras entre a responsabilidade civil e o biodireito, Debora Gozzo e Juliano Ralo discorrem sobre o "Melhoramento do embrião e responsabilidade civil do profissional da saúde". Não se discute tão somente a questão do melhoramento do embrião, mas também a responsabilidade do profissional da saúde, uma vez que a mudança no DNA humano pode acarretar toda uma alteração na espécie humana, cujos resultados ainda são desconhecidos, daí a fundamentalidade do princípio da precaução. Tratando-se de profissional liberal, examina-se a sua responsabilidade contratual e de meio, subsistindo o dever de indenizar pelos danos causados a título de culpa *lato sensu* ou dolo. Em acréscimo, abre-se espaço para a discussão da responsabilidade civil por riscos desconhecidos - *liability for unknow risks* - aplicando-se a imputação objetiva. Há, ainda, a opção de se determinar a inversão do ônus da prova, sempre que o princípio da precaução, inerente ao uso dessa técnica, for desrespeitado. Concluem os autores que o progresso da ciência nessa área deve obedecer ao princípio da precaução e respeitar a relação de custo/benefício do uso dessas técnicas, de forma a promover o progresso da ciência, sem comprometer o paciente, o meio ambiente e as futuras gerações.

Na sequência, Nestor Duarte examina a questão da "Responsabilidade civil pelo rompimento injustificado das tratativas pré-contratuais". O autor denomina como "angustas" as possibilidades de indenização por rompimento imotivado de negociações, tendo o Juiz de apurar, durante a instrução, se há uma expectativa de concretização do contrato, conscientemente infundida pela parte que vier a romper. Essa exigência se baseia na regra fundamental de que a responsabilidade civil reclama o vínculo direto da conduta do agente com o dano experimentado. Nestor Duarte, inclina-se pela natureza extracontratual da responsabilidade civil pela violação das tratativas, como ofensa legal a um dever preexistente. Apesar de circunstancial a distinção, ela repercute no tocante ao prazo prescricional, cuja orientação modificou-se aplicando-se a prescrição trienal, ressalvando-se o prazo quinquenal contra a Fazenda Pública.

"Responsabilidade pela ruptura das negociações" foi o tema eleito por Francisco Eduardo Loureiro e Hamid Bdine. Os autores abordam alguns dos efeitos da boa-fé na fase que antecede a celebração definitiva dos contratos, quando os contratantes se encaminham para ela, mas ainda não se vincularam por um negócio gerador de efeitos próprios e definidos. Nesta fase do caminho estabelecido até o aperfeiçoamento do contrato, surge, especialmente, a discussão sobre as consequências da ruptura dessas tratativas, considerando-se que, embora autorizados pela autonomia privada a não celebrar o contrato a que originalmente visavam, não se pode deixar de indenizar o outro possível contratante, se nele despertou confiança que posteriormente frustrou. A partir de então, investiga-se a licitude da ruptura e seus limites, bem como sua natureza jurídica, contratual ou extracontratual, e, especialmente, a extensão da indenização devida, quando cabível.

Carlyle Popp nos brinda com o artigo "A responsabilidade pré-negocial diante do negócio inválido: as hipóteses de erro, dolo e coação". Inicialmente, o autor situa a responsabilidade pré-negocial sempre que tendo as partes livremente entrado em tratativas negociais, confiando, pelo menos uma delas (a prejudicada), em sua seriedade, tenha havido violação à boa-fé objetiva e aos deveres laterais da obrigação, gerando dano à parte, seja de natureza moral ou patrimonial, com relação de causa e efeito entre o ato ilícito praticado e o prejuízo ocorrido. O contributo decisivo consiste na demonstração de que o instituto da responsabilidade pré-contratual não se limita às comezinhas hipóteses de rompimento de tratativas, porém, traduz-se em especial relevo para melhor elucidar questões atinentes aos efeitos da invalidade em caso de vícios de consentimento e do comportamento das partes passível de pleito indenizatório, nas hipóteses de erro, dolo e coação. A proteção constituída pelo sistema jurídico no âmbito da formação do contrato, merece ser melhor iluminada por deveres outros, próprios da boa-fé objetiva e da função social do contrato.

Segue o artigo de autor de Rafael Marinangelo, intitulado "A inexecução das obrigações e suas consequências". O autor faz um recorte sobre o vasto tema, mirando nos contratos de construção, nos quais o pagamento tempestivo e de acordo com as premissas legais vigentes é indispensável à manutenção das condições efetivas da proposta e à saúde financeira da construtora. Para cobrir esse propósito, trata do pagamento de medições de obras de infraestrutura, cujo estudo colhe as mais variadas interpretações em relação ao tema do início da mora, da natureza de sua constituição e do momento de aplicação das consequências previstas no art. 395, do Código Civil. As principais discussões concernem ao adimplemento da prestação da construtora, a cláusula de pagamento a partir da emissão da fatura, a correção monetária e os juros moratórios.

A temática escolhida por Cassio Scarpinella Bueno concerne à "Inexecução das obrigações e suas consequências: diálogo entre o plano processual e o material em homenagem ao Professor Renan Lotufo". O artigo principia com uma justificativa: por mais que os processualistas se dediquem às técnicas inerentes ao direito processual civil é fundamental que não percam de vista que nenhuma delas faz sentido por si só, sem levar em conta a razão de ser do direito processual civil, qual seja, permitir que um determinado conflito de interesses intersubjetivo seja resolvido e concretizado com ânimo de definitividade, ainda que mediante a adoção de um método não jurisdicional. A partir daí o autor faz um aceno às obrigações de fazer e não fazer para, em seguida, focar na tutela jurisdicional concernente a prestações de fazer, de não fazer e de entregar coisa e ao cumprimento das ações relativas às prestações de fazer e de não fazer. Evidencia-se do texto que, por mais avançado que seja o sistema processual civil em vigor, com vistas à concretização da tutela jurisdicional, é absolutamente indispensável que os contornos do direito obrigacional sejam respeitados, tanto quanto a vontade do credor.

"Modelos jurídicos de responsabilidade civil contratual" foi o título do ensaio redigido por Paulo Sérgio Velten Pereira. Tendo como premissa teórica a concepção culturalista de Miguel Reale sobre os modelos como estruturas normativas dinâmicas que integram fatos e valores em normas jurídicas que vinculam e obrigam seus destinatários, o autor edifica modelos jurídicos de responsabilidade civil contratual em conexão com os princípios e valores do direito das obrigações. Assim, parte da opção preferencial cumprimento da obrigação em cumprimento ao programa do adimplemento para o inadimplemento relevante, visitando o adimplemento imperfeito, a violação positiva do contrato, a violação eficiente do contrato, a impossibilidade do dano moral no inadimplemento contratual, alcançando a impossibilidade temporária superveniente, modelo jurídico que deve ser desenvolvido no Brasil, a partir das distintas funções da cláusula geral da boa-fé objetiva, com o resgate da autoresponsabilidade das partes contratantes.

O trabalho de Patricia Rizzo Tome se centrou na "Responsabilidade civil, boa-fé e deveres contratuais laterais". Inspirada nas aulas e apostilas do Professor Renan Lotufo, a autora se propôs a oferecer um conhecimento mais aprofundado em relação aos institutos da responsabilidade civil, boa-fé e deveres contratuais laterais, fazendo uma ligação inevitável entre todos os institutos, com intuito de demonstrar a necessidade de aplicação da boa-fé como forma de se alcançar a tão almejada segurança jurídica nas relações obrigacionais, mas principalmente para demonstrar que em sua violação ou dos deveres anexos, as partes estarão sujeitas a reparação dos danos decorrentes, haja vista a incidência do instituto da responsabilidade civil.

Karina Nunes Fritz discorre sobre "A culpa in contrahendo como terceira via de responsabilidade civil". A autora parte do precedente de 2014 do STJ quanto à aplicação do regime contratual a caso de rompimento imotivado das negociações, como divisor de águas no direito brasileiro em relação à controvertida discussão acerca da natureza jurídica da responsabilidade pré-contratual. A discussão em torno do terceiro gênero da responsabilidade civil envolve o repensar e o revisitar de alguns dogmas. A responsabilidade contratual não mais pressupõe a existência do contrato, exigindo, a rigor, apenas a violação de um dever obrigacional, que tanto pode ser um dever de prestação, quanto um dever obrigacional *sui generis* da boa-fé. Considerando só existir dois regimes legais de responsabilidade civil, explica que a solução dogmaticamente mais adequada parece ser a aplicação cautelosa do regime contratual a todos os casos de responsabilidade por violação dos deveres de consideração, ao invés de atribuir ao aplicador o poder de construir judicialmente um terceiro sistema de responsabilidade civil, o que se refuta devido aos problemas de legitimidade constitucional e segurança jurídica que essa solução provocaria. A incidência do regime contratual aos casos de responsabilidade pré-contratual permite principalmente a aplicação das regras de presunção de culpa, prazo prescricional e início da contagem dos juros de mora.

Silvio Luís Ferreira da Rocha desenvolve o tema "Interesse Contratual Negativo". De início, apresenta reflexões sobre o que é o interesse no estudo da responsabilidade civil contratual, para, na sequência, qualificar o interesse contratual positivo e negativo. Traçando os contornos do instituto com fundamento na doutrina nacional, enfrenta com propriedade a árdua temática da responsabilidade civil pré-contratual, da ruptura das tratativas e dos critérios de indenização nos casos de descumprimento de acordos preparatórios, em uma abordagem pautada pela atualidade. Não deixa de destacar a posição do homenageado de que se está aqui diante de hipótese de responsabilização no plano pré-contratual, pois, a essa altura, ainda não alcançou o consenso necessário à formação do vínculo contratual propriamente dito. Revela com rigor a importância prática e aplicação concreta do instituto a partir do exame de relevante julgado do Superior Tribunal de Justiça, no qual se disseca a tormentosa questão (Recurso Especial nº 1.641.868/SP), dentre outros precedentes. E admitindo a dificuldade de quantificar-se o dano nas situações dessa ordem, conclui que o conceito de interesses negativos deve abarcar pretensões vinculadas não somente a danos emergentes, mas também a lucros cessantes, que teriam como limite os interesses positivos do próprio contrato que se viu injustamente frustrado.

A temática desenvolvida por Rogério Donini diz respeito à "Pós-eficácia obrigacional e meio ambiente". Em primeiro lugar, o autor enaltece a necessidade de adotar-se, em uma relação obrigacional, um comportamento efetivamente centrado nas exigências da boa-fé objetiva. Desenvolve a importância de as partes se comportarem com justa correção na fase que antecede ao nascimento o contrato (fase pré-contratual), durante a vigência do contrato e mesmo após a sua extinção (fase pós-contratual). Esclarece que se não há no próprio contrato uma disposição específica sobre os efeitos posteriores a seu término (pós-eficácia obrigacional) ou se não há norma legal que preveja tal resultado, deve entrar em cena o tratamento jurídico da responsabilidade civil pós-contratual, com atenção às exigências do que a doutrina convencionou referir como deveres anexos, deveres laterais ou deveres de consideração. O autor nos convida a aprofundar a reflexão com a seguinte indagação: "*se, todavia, em razão de uma convenção surge um dano ambiental depois de sua conclusão, atingindo o outro contratante ou terceiros, seria o caso de pós-eficácia real ou aparente?*" Delineando os contornos da proteção à dignidade humana, conclui que o direito ao meio ambiente equilibrado se insere no rol de direitos da personalidade (Direitos de Humanidade), e, como tal, é merecedor de eficiente proteção jurídica.

Em artigo intitulado "As cláusulas de redução e exclusão da reparação de danos e o fenômeno da incidência jurídica", Ragner Limongeli Vianna desenvolve estudo que parte da Teoria Geral do Direito, ramo de profícua investigação do homenageado. Apresentando reflexões sobre a hipótese de incidência na reparação de danos, com apoio nas lições de Orlando Gomes, Fernando Pessoa Jorge e juristas da mais elevada envergadura, o autor examina as causas de redução e exclusão da obrigação de reparação de danos, bem destacando o fenômeno da incidência jurídica. Traz à baila o exame das consequências da não incidência e nos encanta com a importante lição de que os casos genericamente referidos como causas excludentes da obrigação reparatória, são, em parte, situações jurídicas nas quais há "o efeito de impedir o nascimento da relação obrigacional reparatória". Com essa advertência, o autor traz luz para o sempre desafiador e tormentoso nexo causal. O autor revela as potencialidades de aplicação concreta do tema, com julgados que enfrentam a problemática do nexo causal à vista do fenômeno da não incidência da norma jurídica. E não descura do exame do que se convencionou denominar casos fortuito interno e externo. Em uma visão científica, cuidadosa e primorosa do fenômeno da incidência, o autor enaltece o brilho a que o homenageado faz jus.

"A Culpa no Direito das Obrigações: notas para uma história de conceitos jurídicos fundamentais" é a valiosa contribuição de Judith Martins-Costa e Luca Giannotti. Os que conviveram com Renan Lotufo testemunharam seu afeto e admiração acadêmica pela autora, que, nas suas palavras, representava a proeminência feminina nas letras jurídicas do Direito Privado. Em um primoroso e denso ensaio, os autores cativam o leitor apresentando a evolução da culpa desde seus primórdios. Nas linhas e entrelinhas, perfilhando as lições do homenageado, o texto nos seduz ao demonstrar que "*a culpa não está morta*". O artigo é referto de ciência e poesia: parte das regras de imputação do dever de indenizar nas origens arcaicas e romanas; debruça-se sobre a culpa do Direito Intermédio ao Jusracionalismo e, no Direito brasileiro, com erudição, traça os contornos dos conceitos de culpa, imputação e causalidade. Não escapa da atenta pena dos cultos autores a relação entre culpa, imputação, causalidade e ilicitude. Cada conceito que desenvolvem desdobra-se em infinitas (e novas) possibilidades de compreensão do fenômeno jurídico. Com sapiência e profundo senso de Justiça, tocam-nos com um estudo que se revela permeado por magia e encantamento. É um ensaio que nutre o leitor ávido por compreender os fenômenos jurídicos. Os autores nos convidam a perquirir o real itinerário da *culpa*. "*Da culpa ao risco?*" Ou, ao reverso, indagam, "*do risco à culpa?*" A densidade das reflexões do ensaio põe em dúvida o "*Ocaso da culpa*" (como igualmente fez Renan Lotufo). Com fina sensibilidade, os autores nos convidam a investigar: "*será (o ocaso da culpa) verdade? O ocaso não será tão somente da unicidade dos fatores de imputação de responsabilidade?*". Ciência e beleza transbordam em cada linha do texto, fascinando os que cultuam o Direito Privado.

"18 anos de Código Civil e a maioridade do papel da 'culpa' na consolidação do sistema de imputação da responsabilidade fundado no risco. Uma visão a partir de Renan Lotufo". É esse o título do artigo com o qual Diogo Leonardo Machado de Melo contribui a essa merecida homenagem. Interessado em investigar a culpa, o autor nos lembra a lição do homenageado de que os institutos jurídicos não são "abandonados do dia para a noite, e muitas vezes cabe à doutrina atualizá-los à luz das novas necessidades e premissas constitucionais". Traçando os contornos de um modelo (uma "regra matriz de incidência") de aferição da culpa dentro dos novos paradigmas da responsabilidade civil, sublinha a perspectiva de Renan Lotufo, para quem a culpa, renovada, permanece viva. Com apoio na melhor doutrina nacional e estrangeira, contribui com oportuna referência à Teoria Geral do Direito, examinando a regra matriz da incidência das normas, sob inspiração da metodologia civil-constitucional. No seu entender, a despeito da objetivação da responsabilidade civil, não se deve abandonar o modelo de um padrão ético imposto pelo ordenamento jurídico para a vida em sociedade (e à responsabilidade civil que nela brota). Examina com percuciência o nexo causal (a partir do nexo de imputação), na busca de uma renovada leitura das condutas socialmente relevantes. Com a mesma pertinência, indaga se "*a culpa exclusiva da vítima é apenas um problema de causalidade?*", com o que incita o leitor ao raciocínio crítico sobre temas basilares da Responsabilidade Civil. Na sua conclusão, Machado de Melo pondera que "(a) apreciação da culpa deverá sim obedecer a um critério flexível, variável, proteiforme, como, aliás, ocorre nos princípios e na formação de *standards* de comportamento, sendo artificial tratarmos a culpa extracontratual sem consideração a aspectos concretos, desprezando considerações pessoais, temporais, materiais, quantitativas, enfim, valorações afastadas da própria realidade do caso". Diante dessa advertência, o homenageado estaria, com justa aprovação, a sorrir para o autor.

Susete Gomes singra o intrincado tema da "Responsabilidade civil (social) na sociedade complexa". A autora examina com profundidade os contornos da sociedade complexa contemporânea, que é marcada pela pluralidade, pela diversidade de ideias e infinita gama de incertezas, em um fluido ambiente no qual emergem, dia a dia, novos papeis a serem exercidos pela responsabilidade civil. E nessa caleidoscópica e líquida realidade, a autora invoca o homenageado, que jamais cansou de lecionar que a beleza do Direito Civil reside em nascer da sociedade, e nela permanentemente renascer e a renovar-se. "*Em tempos que se vive a quarta revolução industrial marcada pela convergência de tecnologias digitais, físicas e biológicas, como atribuir responsabilidade civil de forma individualizada, com discussão acerca da culpabilidade?*", indaga-nos a autora, com propriedade. Na sequência, propõe modelos jurídicos para analisar a conveniência da ampliação da responsabilidade civil às fronteiras da responsabilidade social, o que faz com apoio em abalizada doutrina nacional, concluindo, com segurança, pela importância de alinharmo-nos ao que refere como uma responsabilidade civil social na sociedade complexa, com vistas à atividade, passagem em que rememora as palavras do homenageado: "a atividade está sempre presente como condição de manutenção de dignidade do ser humano".

Cláudio José Franzolin desafia a hodierna temática da "Violação de dados pessoais sensíveis e os danos aos direitos de personalidade: responsabilidade civil especial numa perspectiva do estudo das cidades inteligentes (*smart cities*)". O autor destaca a relevância das tecnologias baseadas em inteligência artificial e algoritmos de combinação de dados pessoais, que, usados na gestão urbana, propicia a criação do ambiente que, na contemporaneidade, é referido como *as cidades inteligentes*. Procura estabelecer a relação entre tais cidades inteligentes e sustentáveis e o acesso, emprego e manipulação de dados da pessoa, que, a um só tempo, fomentam a gestão da política urbana e promovem o ser humano, realizando a efetividade dos seus direitos fundamentais. Não escapa da fina percepção do autor, na sequência, os danos e os riscos que decorrem da captação de dados pessoais, em sua relação com as cidades inteligentes para a realização eficiente do bem estar da pessoa humana, razão final de toda atividade da vida em sociedade, com o enfretamento das normas estrangeiras e nacionais a respeito do tema. A proteção dos dados sensíveis e os contornos da Lei Geral de Proteção de Dados não se esquivam da atenta pena do autor: examinando-os em profundidade nessa temática, identifica que tal contexto pode vir a originar novos danos, com os quais o intérprete deve aparelhar-se para bem lidar em um universo em construção, permeado por *datamining* e *machine learning*. Sob o risco de novos danos, adverte o leitor do imperativo de prudência na combinação de dados pessoais, de modo que se possa garantir, permanentemente, o pleno desenvolvimento da personalidade com sustentabilidade.

"Notas sobre a responsabilidade civil no direito de vizinhança" é a contribuição de Silvio de Salvo Venosa e Roberta Densa a essa obra em homenagem a Renan Lotufo. Os autores desenvolvem a relação entre o direito de vizinhança e a responsabilidade civil, partindo do conceito de vizinhança, e traçam os contornos da responsabilidade civil entre vizinhos. Apresentam as consequências de se estar diante de uma relação jurídica fática entre vizinhos, de caráter *propter rem*, o que fazem, em especial, com arrimo na abalizada doutrina de San Tiago Dantas. Enfrentam os lindes dos atos ilegais, atos abusivos e atos lesivos e não deixam de averiguar os contornos do abuso do direito de vizinhança e de sua importância para a conformação da responsabilidade civil. Preocupam-se, ainda, com os limites de tolerabilidade e com o exercício do direito de uso da propriedade em padrões de razoabilidade. Na sequência, após oportuna reflexão sobre a teoria dos riscos envolvidos na disciplina, desenvolvem hipóteses nas quais responsabilidade civil entre vizinhos pode ser considerada objetiva. Contribuem com importante passo para o estudo do tema em causa, analisando com percuciência as vertentes da teoria do risco (risco integral, risco proveito, risco criado), com o destaque necessário aos elementos de anormalidade e extraordinariedade do risco.

Adriano Ferriani e Carlos Alberto Ferriani discorrem com autoridade nas suas "Reflexões sobre a força maior e o caso fortuito". Os autores apresentam os lineamentos das duas formas de atos ilícitos previstas no Código Civil, como estabelecem os artigos 186 e 187. Destacam, logo de início, a importante lição de que o dano não é requisito para caracterização do ato ilícito na concepção puramente subjetiva, mas o é para o tema da responsabilidade civil, pois à responsabilidade civil importa o ilícito que, ao final, vem efetivamente a danos causar. Sublinham, com pertinência, que o art. 187 do Código Civil não alude à existência de dano à concepção objetiva do ilícito nele disciplinada, no que trazem importante contribuição para o bom entendimento do ato ilícito. Na sequência, debruçam-se sobre os lindes do caso fortuito e força maior, com a justa preocupação de frisar sua operabilidade nos campos das responsabilidades contratual (negocial) e extracontratual. Numa importante reflexão, pinçam e examinam (i) casos em que o Código Civil alude apenas ao *caso fortuito* (arts. 492, § 1ª; 575; 667, §1º; 862 e 868); (ii) casos em que o Código Civil refere somente à *força maior* (arts. 607; 625, inc. I e II; 636; 642; 650; 696, § único; 702; 719; 734; 737; 741; 753 e 936) e (iii) casos em que o Código Civil cumulativamente refere a *caso fortuito e força maior* (arts. 246; 399; 535 e 583), distinção a partir da qual pretendem esquadrinhar os contornos entre tais institutos. Não escapam de sua atenta pena os elementos de impossibilidade, inevitabilidade e superveniência, os quais devem estar presentes para que se que surta efeitos no dever de indenizar. Com apoio em Agostinho Alvim, Mestre de todos nós, concentram seus estudos na necessariedade do fato em função da impossibilidade do cumprimento da prestação. Os autores nos brindam com a final reflexão de que se nota "uma tendência para abolir as expressões caso fortuito e força maior. Tem-se preferido usar a fórmula ausência de culpa". A contribuição dos autores para o desenvolvimento da Ciência do Direito merece aplausos da comunidade jurídica e faz jus ao homenageado.

"Nexo de causalidade e o dano indireto no direito brasileiro" é o aporte de Gustavo Tepedino à merecida homenagem a Renan Lotufo. Partindo do estudo das teorias que enfrentam o nexo de causalidade e o dano indireto, o autor examina com profundidade o perfil do nexo causal na jurisprudência brasileira, missão hercúlea que se revela árida diante de multiplicidade de enfoques dispensados ao tema pelas Cortes de Justiça do Brasil. Esquadrinha com percuciência os contornos da causalidade múltipla e bem desenvolve os seus efeitos na responsabilidade civil. Enfrenta as teorias da equivalência das condições; da causalidade adequada; da causalidade eficiente e da causa direta e imediata (teoria da interrupção do nexo causal), que, sob a vertente da *subteoria da necessariedade da causa*, tem encontrado prevalência na jurisprudência do Brasil. O autor apresenta e examina com brilho relevantes julgados do Superior Tribunal de Justiça que enfrentam o nexo causal no plano indenitário. E esquadrinha com maestria o dano indireto pelo Supremo Tribunal Federal. Para tanto, invoca e disseca quanto decidido no Recurso Extraordinário nº 608.880/MT: enfrenta a delicada responsabilidade civil do Estado por danos morais e materiais em razão de latrocínio praticado por criminoso que, cumprindo pena em regime fechado, evadira do presídio três meses antes do crime. Com essa análise, demonstra ao leitor a prevalência da teoria da necessariedade da causa na Corte Constitucional do Brasil, frisando a "imprescindibilidade do delineamento de parâmetros homogêneos para o seu estabelecimento no sistema jurídico brasileiro".

Teresa Ancona Lopez desenvolve a relevante temática da "Obesidade, nexo causal e responsabilidade". De início, traz ao leitor a lúcida advertência de que "a responsabilidade pelo combate à obesidade não significa responsabilidade pela obesidade". Na sequência, nos apresenta os contornos da relação entre a obesidade e a restrição à publicidade de alimentos e bebidas, tanto em um panorama nacional, quanto no cenário internacional. Põe em destaque, com a percuciência que lhe é própria, a importância das ações civis públicas, e traz à baila as principais questões referentes à responsabilidade civil pela obesidade, assumindo destaque o dever de informar e a relação de causalidade. Na sua lúcida conclusão, põe em evidência o papel da sociedade e do Estado na implementação de políticas públicas de controle à obesidade. Clama pela responsabilidade das empresas e do Estado, com atenção à informação adequada a ser dispensada aos jovens sobre o perfil nutricional dos produtos com vistas a desestimular o consumo excessivo. "O único modo de melhorar essa epidemia é através de políticas públicas permanentes e agressivas, seja com relação ao próprio obeso, seja para proteger as crianças e mostrar que se há obesidade infantil é por culpa dos pais e não da fábrica de sorvetes ou salgadinhos", conclui a autora, instigando a profícua reflexão de cada um de nós.

Carlos Frederico Barbosa Bentivegna desenvolve a sempre oportuna temática das "Penas privadas e responsabilidade civil". No início, convida-nos a refletir sobre o fenômeno da erosão dos tradicionais filtros da responsabilidade civil, com destaque à passagem da culpa para o risco e ao papel que o nexo de imputação ocupa no dever de indenizar. Na sequência, examina os perfis do nexo causal e do dano, nas suas múltiplas vertentes. Aporta, então, no estudo das funções da responsabilidade civil, ponto em que concentra sua atenção na função punitiva da responsabilidade civil. Nesse contexto, entra em cena a admissibilidade das penas privadas no Brasil, o que também se esquadrinha nos lindes da responsabilidade civil. Procura vencer, com apoio na melhor doutrina, a resistência oposta a tal percepção por doutrinadores de tomo. Pondera que o Código Civil admite penas privadas em diversas passagens, aludindo, a título de exemplificação, aos artigos 555, 773, 939, 940 e 941, dentre outros. Por fim, ao referir às lições que podem ser colhidas do Direito Penal, acentua ser necessária a "desmistificação" do dogma de separação da função punitiva segregada apenas aos lindes do Direito Penal, o que, nas suas palavras, "em muito contribuirá para a segurança jurídica e para a moralização das situações indenizatórias".

Andrea Cristina Zanetti explora as "Reflexões sobre o dano indireto indenizável e sua expansão na responsabilidade civil extracontratual". Após desenvolver o perfil jurídico do dano indireto (dano reflexo ou dano *por ricochete*), a autora se vale das lições extraídas do direito anglo-saxão e francês (*dommage par ricochet*) e pontua as distinções no tratamento da questão no Brasil. Na sequência, analisa sua indenizabilidade, entre nós, diante da dicção do art. 403 do Código Civil, no que se ampara em farta construção doutrinária para contrapor teses a respeito do tema, concluindo pelo seu acolhimento. Mais tarde, com pertinência, põe em destaque o dano indireto indenizável e sua interface com a subteoria da causalidade necessária, bem assim a influência das concausas na identificação do nexo causal. Para tanto, traz à baila elucidativas hipóteses de verificação do problema. Ainda, examina o art. 948 do Código Civil, no que interessa à configuração da situação jurídica do lesado por dano indireto indenizável (sede em que se encontra sua positivação, no entender da autora). Pondera os danos causados a terceiros em virtude de um mesmo evento morte, em graus, hipóteses, fundamentos, legitimados e intensidades distintos, inclusive no que diz respeito aos danos existenciais (danos extrapatrimoniais indiretos concomitantes), no que se apoia em importante construção da jurisprudência brasileira para identificar o dano indireto indenizável.

Giovanni Ettore Nanni integra esta obra coletiva com densa contribuição: "Desconto de proveitos (*"compensatio lucri cum damno"*). Inicialmente explorando a relação de equivalência que norteia a indenização com a extensão do dano (CC, art. 944), discorre sobre a noção de 'desconto de proveitos' estabelecendo que eventual benefício alcançado pela vítima, originado do mesmo fato que a lesou, deve ser considerado no montante indenizatório para finalidade de decote, sob pena de enriquecimento sem causa (CC, art. 884). Didaticamente o autor, com apoio em sólida doutrina estrangeira, assevera que a designação "*compensatio*' não se apresenta correta haja vista que o instituto tem por escopo a retirada de projeções vantajosas no momento de se calcular a indenização e não o abatimento por outro e qualquer crédito. Declina estruturalmente os requisitos do instituto, dentre eles: a existência do benefício a favor do lesado, a origem comum entre vantagem e lesão e o liame causal em unicidade. Adentrando à seara dos efeitos, indica que a principal repercussão do desconto de proveito se dá na quantificação da indenização, mas pode, se for o caso e a depender do valor envolvido, diminuir significativamente o montante ressarcitório ou mesmo apagar a indenização se as vantagens se estenderem com superioridade à lesão sofrida. Artigo com nítida excelência, a despeito da pouca referência atribuída pela jurisprudência nacional, como adverte o autor.

Maria Helena Diniz e Maria Helena Marques Braceiro Daneluzzi unem-se nessa homenagem a Renan Lotufo com o ensaio intitulado "Responsabilidade Civil por dano à privacidade". As autoras afirmam, de início, a importância da responsabilidade civil na reparação do dano extrapatrimonial, com oportuna advertência de que a determinação dos critérios de quantificação do dano moral pelo julgador é um dos grandes desafios da ciência jurídica. Desenvolvem, ao depois, o perfil da lesão ao direito da personalidade da pessoa natural, protegido pelo art. 5º, incs. X e XI, da Constituição Federal de 1988: trata-se de realidade complexa em um *"admirável mundo novo* unido pela força da mídia e pela transnacionalização da rede mundial de computadores". Apresentam ao leitor a tutela da privacidade sob os aspectos social, psicológico, comunicativo, territorial, corporal e apropriativo. Com segurança, traçam a linha distintiva entre os conceitos de privacidade e intimidade, por não se dever admitir a confusão entre tais institutos, como, por diversas oportunidades, fez sublinhar o homenageado. Por fim, elencam extenso rol de condutas caracterizadoras a violação da privacidade pelos meios eletrônicos de comunicação. E indagam: *"como restringir o campo de atuação dos meios de comunicação em busca de sensacionalismo, desprezando a dignidade da vida privada da pessoa?"* Esquadrinham os contornos dos princípios da diferença e da exclusividade das opções pessoais. Não deixam de se preocupar com o (des)respeito ao direito à privacidade da pessoa humana, tema árido na Ciência do Direito enfrentado com plena desenvoltura. Em arremate, propõem critérios de quantificação das ofensas ao direito de propriedade, concluindo, em atual abordagem, que "é preciso respeitar a autodeterminação informativa sobre a vida privada por haver liberdade do titular para moldar o objeto de proteção desse direito, que verificará fatos relevantes de sua privacidade, autorizando, ou não, sua divulgação".

"Por uma tipologia dos danos extrapatrimoniais" é o título da contribuição de Nelson Rosenvald à presente obra. Depois de apresentar as razões pelas quais parte da doutrina entende se justificar a substituição da expressão *Responsabilidade Civil* por *Direito de Danos*, o autor traça o itinerário da afirmação da indenizabilidade dos danos extrapatrimoniais: perpassa pela conformação que lhe impôs o Código Napoleônico, o *BGB*, até chegar ao estágio atual entre nós, que marca, nas suas próprias palavras, "um significativo avanço civilizatório". O seu texto é recheado por observações extraídas de notas de aulas proferidas pelo homenageado, que tocam profundamente o leitor, trazendo genuína emoção aos que tiveram o privilégio de com ele conviver. O autor envida esforços para conceituar o dano moral, passando de uma inicial figura retórica para, em um estágio de maior evolução científica, permitir reconhecê-lo como uma reação do ordenamento jurídico à violação de um direito da personalidade. É um conceito ainda em construção, que, ultrapassando seis estágios de evolução, hodiernamente pode ser entendido como "uma lesão a um interesse existencial concretamente merecedor de tutela". Em uma precisa reflexão, o autor busca estabelecer a relação entre o dano moral e a tipologia do dano extrapatrimonial. Busca superar a abordagem tradicional (e não necessariamente correta) de que "o dano moral e o dano extrapatrimonial se equivalem". E não deixa de se preocupar, ademais disso, com o dano estético e o dano à imagem, para aportar, por fim, no dano existencial ("o mais recente membro da prole do dano extrapatrimonial"). Sublinha a importância da distinção entre o dano moral e o dano existencial, e conclui pela acolhida da tipologia aberta do dano extrapatrimonial "na tentativa de mapear uma zona inóspita da responsabilidade civil brasileira".

Alexandre Guerra nos recorda os ensinamentos de Renan Lotufo a partir do artigo "Três lições de responsabilidade civil: a coexistência de três modelos de responsabilidade civil. A morte da culpa e a Fênix. A indenização social para entidades de beneficência". A abordagem dogmática é prudente ao estabelecer diferenciações e, ao mesmo tempo, convivência pacífica e coordenação entre os modelos lecionados pelo homenageado. Adverte que a censurabilidade da conduta (culpa), a objetivação da imputação (risco) e a indicação legal de rubricas indenizáveis preestabelecidas a favor das vítimas (tarifação) não são incoerentes entre si, representando a plasticidade assumida ao longo da evolução humana pela responsabilidade civil. Num ponto se giza algo fundamental: não há razão para pretextar a inconstitucionalidade da responsabilidade tarifada se referido arquétipo, mesmo que insuficiente em adimplemento, pode restar complementado pelos demais standards na satisfação dos direitos do lesado. A latere e em competente coerência à abordagem inicial, desenvolve densa análise quanto ao papel renovado da culpa na perspectiva da legalidade constitucional (que o valha as liberdades fundamentais) e os chamados danos sociais, porquanto se a sociedade padece em virtude do rebaixamento causado pela prática do ilícito, é ela mesma, através das instituições de beneficência, que deve ser indenizada e promovida.

Ronnie Herbert Barros Soares apresenta pesquisa sobre a "Responsabilidade civil por perda de uma chance". Na base, inicia o tema na perspectiva de composição da chance, indicando-a na rica metáfora relativa à expectativa do lesado, pois o "futuro do presente se torna futuro do pretérito". Também alinha preliminarmente o cabimento da perda da chance à luz do direito brasileiro, situando-a tanto no paradigmático exemplo do julgado do Superior Tribunal de Justiça frente ao episódio do "Show do Milhão" como nos demais exemplos de danos decorrentes das atividades de profissionais liberais (especialmente médicos e advogados), assim como nas prestações de serviços que interrompem a boa possibilidade de êxito por parte do lesado (impedimento de participação em concurso com atraso em transporte aéreo). Alude, forte em excelentes referências bibliográficas, que a chance não se depura em fórmulas matemáticas, senão pela verificação da inerente seriedade, deixando de lado meras conjecturas ou ilusionismos utópicos. O texto aproveita para advertir sobre sério equívoco havido na dogmática, assim como em alguns julgados: a perda da chance não se confunde com danos morais, já que também pode ter externalidades patrimoniais. Didaticamente contribui com a paráfrase de que enquanto o dano é pressuposto da responsabilidade civil, "a perda chance" também traduz a ideia de dano, contudo sob a necessidade de parametrização, e, via de consequência, a reparação e compensação (como escopos da responsabilidade civil) são condições de harmonização de todos no convívio social.

"Quantificação do dano na perda de uma chance de cura ou sobrevivência" é o título da contribuição de Miguel Kfouri Neto. Na responsabilidade civil médica, fixar a indenização pela perda de uma chance de cura (ou de sobrevivência) é uma operação plena de dificuldades, que, como tal, desafia o intérprete. Se, de um lado, é certo que como regra, o profissional da área médica não causa diretamente o prejuízo final (morte ou agravamento do estado clínico), é igualmente certo que há casos em que a sua conduta é capaz de diminuir a probabilidade de cura ou de sobrevida do paciente. A chance perdida, nas lúcidas palavras do autor, "deve ser vista como um prejuízo específico e autônomo, mas não deve ser confundido com o prejuízo final e nem constitui fração deste". Com apoio na melhor doutrina e em compasso com a orientação das Cortes de Justiça do Brasil e do exterior, o autor examina com profundidade algumas etapas a serem observadas na valoração do dano (e na quantificação da indenização) pela perda de uma chance. O seu absoluto domínio na seara da Responsabilidade Civil médica permite fornecer ao leitor excelente referencial teórico para bem esquadrinhar os contornos de uma temática candente, relevante e complexa.

"Fundamentos da Responsabilidade Civil Objetiva Extracontratual" é o título da pesquisa desenvolvida por Marcelo Benacchio. O tema reflete não apenas o vastíssimo campo de atuação da responsabilidade civil, mas essencialmente a intensa adaptabilidade do instituto na recepção das evoluções e irritações da sociedade humana, o que torna a investigação filosófica do direito (juízo a posteriori) e a análise pela teoria geral do direito (juízo a priori) imprescindíveis na formulação de novas hipóteses, consequências e respostas à vida comunitária. O autor enumera cinco critérios indicados como fundamentos da responsabilidade sem imputação por volição, ou seja, a chamada responsabilidade civil objetiva, a saber: risco; perigo; equidade; lei e equilíbrio de patrimônios. Entretanto, permite-se, corretamente, ao juízo crítico dessas formulações, porque: existem riscos tratados subjetivamente (trânsito) e objetividades sem riscos (coisa lançada de prédio); perigos tidos como riscos quando na realidade expressam situações normais; princípio metajurídico aberto que contribui para insegurança do instituto (equidade); disposições que ao invés de fundamento são valorações legislativas à situação concreta. Como enfrentado, o equilíbrio patrimonial entre lesante e lesado, desde que balizado pela solidariedade, expressa fundamento mais adequado à responsabilidade objetiva extracontratual.

Melisa Cunha Pimenta enfrentou e desenvolveu com inegável segurança o tema "A Responsabilidade Civil Médica e o Seguro de Responsabilidade Civil". O texto dividido em três eixos fundamentais avança em explicitar a responsabilidade civil do profissional médico, a figura do seguro de responsabilidade civil e a contratação do seguro da responsabilidade civil na perspectiva da atividade médica. Os pressupostos para a responsabilização do médico são alinhados historicamente (Code Napoleon), assim como na contemporaneidade, seguindo as premissas sistemáticas que subjazem à eventual reparação e compensação pelos danos, dentre elas a necessidade de liame causal, bem como a conduta caracterizada pela culpa, agregando neste campo intensa coordenação entre o Código Civil (art. 186), o Código de Defesa do Consumidor (art. 14, §4º) e, deontologicamente, o Código de Ética Médica. Explicita, noutro viés, o seguro da responsabilidade civil como essencial à relação entre médico (eventual lesante) e paciente (possível lesado), notadamente porque garante o pagamento de indenização preservando o status quo ante já que a atividade do profissional, a despeito dos avanços em termos tecnológicos, é melindrosa com destacados deveres de cuidados. Por fim, abordando o contrato de seguro declina especial atenção à boa-fé objetiva, princípio estruturante e funcional, que nas relações securitárias tem essencial proeminência sobre condutas e informações entre segurador e segurado.

Keila Pacheco Ferreira apresenta e conduz denso artigo intitulado "Princípio da Reparação integral: feição clássica, insuficiências e expansão funcional da responsabilidade civil". Já na introdução, lastreada em excelentes referências bibliográficas estrangeiras, ressalta a proeminência do princípio da reparação integral enquanto originalmente concebido e perfilhado na intensa relação coordenada entre dano e indenização, invocando, para tanto, as três funções primordiais (compensatória, indenitária e concretizadora). Sustenta que referido princípio tem arrimo em valores fundamentais os quais promovem a pessoa (âmbito existencial) e os respectivos interesses econômicos (âmbito patrimonial). À luz dessas percepções, indica que o princípio da reparação integral enquanto positivamente tende a evitar o enriquecimento sem causa, desliza negativamente em deixar de esboçar estratégia preventiva, tornando obstáculo ao direito restituitório daquele que opera em ilícito lucrativo. E, entrelaçando com essa última perspectiva, inclui no tópico seguinte e não sem razão, críticas também já desenvolvidas por outros autores que respeitam à insuficiência do princípio da reparação, mesmo porque a expansão de novos danos, derivados dos avanços inovadores e disruptivos, exigem a ampliação multifuncional da responsabilidade civil. Um belo texto.

Álvaro Villaça de Azevedo traz à lume o artigo "Responsabilidade civil e social do Estado. Minha proposta de subclassificação de responsabilidade civil extracontratual objetiva: em pura e impura". A rigor, trata-se de renovação de pioneira reflexão teórica festejada pela doutrina e publicada na década de 90, antes da entrada em vigor do Código Civil atual. Para o autor a responsabilidade objetiva impura tem, sempre, como substrato a culpa de terceiro, que está vinculado à atividade do indenizador. Enquanto, a responsabilidade objetiva pura implica ressarcimento, ainda que inexista culpa de qualquer dos envolvidos no evento danoso. Neste caso, indeniza-se por ato lícito ou por mero fato jurídico, porque a lei assim o determina. Entre as diferenças das subclasses teóricas criadas fixa-se justamente o direito de regresso, presente na modalidade objetiva impura e ausente na objetiva pura. E justamente essa projeção será igualmente adotada na análise da responsabilidade do Estado que tem o dever de zelar pela coletividade, inclusive pelos riscos que ela corre em razão de caso fortuito ou de força maior, como revolução, guerra, pandemia, que podem torná-la vulnerável a sofrer, pela fome, pelo frio ou pela falta de vestimentas e habitação.

No artigo "A responsabilidade extracontratual das pessoas privadas prestadoras de serviço público", Clovis Beznos estabelece paradigmas que demonstram a evolução da responsabilidade do Estado pelos danos causados, até aportar na contemporaneidade. Inicialmente remonta a teoria da irresponsabilidade própria de Estados Absolutistas e caracterizados pelo direito repressivo, aduzindo que eventual exceção poderia decorrer na imputação direta ao servidor público. Evolui no histórico indicando a superação da praxe absenteísta pela teoria civilista da culpa, com nítida clivagem entre atos de império e de gestão, donde apenas no último era possível inquinar a responsabilização estatal, dada a noção de igualdade com os cidadãos. Entretanto, é no famoso caso Agnes Blanco que a responsabilidade do Estado flui mediante novos contornos, ensejando duas diretrizes essenciais: consolidação em França da jurisdição administrativa e a inserção de princípios de ordem pública atinentes à atuação estatal, desprendendo-se das bases civilistas. O Ârret Blanco mais à frente proporcionou a entrada de novas teorias, com destaque à culpa anônima pelo serviço seguida do risco administrativo. Na conclusão, o autor em sólida argumentação define o fundamento da responsabilização do Estado tanto pela teoria do risco administrativo como também no princípio da igualdade (igual distribuição de encargos), sendo que já no âmbito das pessoas jurídicas privadas prestadoras de serviço público o risco administrativo é o único fundamento, projetando ônus exclusivo de arcar com recursos próprios a indenização pelas lesões proporcionadas.

Margarida Araújo Seabra de Moura no artigo "Responsabilidade civil por omissão e a Lei Brasileira de Inclusão" explana com experiência sobre as consequências da inação estatal frente aos direitos recentemente internalizados no Brasil quanto às pessoas com deficiência. Em apertada síntese, o texto indica que a abstenção no cumprimento de deveres expressos, assim como a insuficiência ao prestá-los, na ocorrência de danos, faz surgir a obrigação de indenizar pelo ente estatal. Para tanto realiza análise segura de duas opiniões divergentes, aquela que à omissão se associa a exigência de conduta culposa do Poder Público e outra de que, sendo a matéria estritamente de direito administrativo, não se faz necessária a investigação pela imputação subjetiva, mas ao contrário adapta-se ao risco administrativo. E justamente nesse desiderato declina diversos deveres dos Estados Parte da Convenção Internacional de Direitos das Pessoas com Deficiência notadamente inclinados à promoção desse vulnerável mediante a garantia de direitos humanos e das liberdades fundamentais. No último tópico, em linha de efetividade à retirada das barreiras não apenas sociais, mas também 'legais', ao desenvolvimento e inclusão das pessoas com deficiência, alia-se à corrente que compreende a dignidade-liberdade como viés interpretativo apto à ressignificação da capacidade civil.

"O dever do Estado de indenizar os contribuintes, pelos danos que abusivamente lhes causar" é o estudo realizado por Roque Antônio Carrazza. O artigo inicialmente faz prudente reflexão sobre a responsabilidade civil nos lindes do direito público e do direito privado, inclusive quanto aos pressupostos. Entretanto, não adota noção "dicotômica das esferas", senão busca a coordenação entre modelos. Neste ponto, revela forte contribuição na passagem de que a responsabilidade civil é verdadeira garantia constitucional com idêntico valor e natureza de outras também previstas no Texto Maior. Discorrendo sobre a responsabilidade objetiva adentra em dois tópicos comuns aos modelos público e privado: o abuso de direito e a teoria risco, o que permite aportar no risco administrativo como espécie consagrada de imputação nas atividades desencadeadas pela Administração Pública. Ao final, sistematicamente alinha ao conteúdo elaborado, após didática separação entre ilícitos típicos e atípicos, a injuridicidade do agir fiscal mediante condutas relacionadas à manifesta exigência indevida de tributos, cobranças de dívidas tributárias já pagas, injustificável cerceamento de defesa e descumprimento do devido processo legal. Enfim, a atividade tributária não pode ser danosa.

Antonio Carlos Morato no artigo "Responsabilidade Civil do Médico pela Perda da Chance" estabelece como premissa à indenizabilidade de danos ocasionados pela atividade médica a verificação do tratamento prestado ao paciente, o que pode ser cotejado à luz da experiência dos demais profissionais, alertando, quanto à cura, que o agente de saúde não se faz vinculado. Tal base vem sustentada habilmente no texto quando da imersão à imputação subjetiva como modo juridicamente adequado para a responsabilização do médico, inclusive no escorço histórico do vetusto e sempre renovado debate quanto à obrigação de meio e de resultado, o que acabou recepcionado pela lei consumerista na adoção da culpa para profissionais liberais. Reflete, com amparo em sólida doutrina e jurisprudência, que a 'perda da chance da cura' provocada pelo erro médico, muito embora recepcionada no direito pátrio recentemente, tem sido largamente utilizada porquanto expressa interesse jurídico tutelado, autônomo e revelado na privação da vítima (no caso justamente o paciente) à probabilidade de retomar a qualidade de vida anteriormente abalada. Um renovado salto à responsabilidade civil.

No artigo a "Relação médico-paciente e os elementos da responsabilidade civil" Carlos Alberto Dabus Maluf e Adriana Caldas do Rego Freitas Dabus Maluf conceituam saúde enquanto valor fundamental concernente ao bem-estar psicofísico da pessoa, autorizando o desdobramento de que a relação jurídica havida entre médico e paciente não é tão somente patrimonial, senão existencial, amparada por princípios jurídicos e também disposições deontológicas (como o Código de Ética Médica). Arrimados nesta sólida propedêutica avançam ao explicitar a responsabilidade civil pelos danos ocasionados pelo médico, a partir de premissas relevantes como o dever de informar e igualmente o dever de cuidado, buscando fundamento na clivagem decorrente da obrigação de meio e obrigação de resultado e a imputação decorrente em cada uma dessas hipóteses, não sem antes indicar a culpa como modalidade destinada aos profissionais liberais. Destacam, posteriormente, a responsabilidade civil dos hospitais como sendo objetiva, entretanto com ampla possibilidade de ruptura de nexo causal quanto ao resultado, especialmente em tempos de pandemia.

Excelentes reflexões são apresentadas por Lie Uema do Carmo tomando por base o direito norte-americano no que respeita as questões societárias, emprestando pontos renovados e de ineditismo, o que é mérito, já que expande os limites da responsabilidade civil. Com o tema "Responsabilidade Civil e 'Termination Fee' em M&A", permite consideração relevante quanto aos chamados "mergers and acquisitions", assim conhecidos os negócios jurídicos ou arranjos empresariais cujo escopo é a alienação de ativos e quotas societárias. Adverte, contudo, que negociações desse naipe representam programas obrigacionais com inúmeros feixes de deveres e que dependem tanto de atendimento às diretrizes externas (autoridades regulatórias, bancos financiadores, fiscalização antitruste), como também à legitimação interna (órgãos de administração e assembleias). Adverte que na práxis nacional os M&A não contavam com remédios em eventuais casos de impedimento à conclusão da negociação, distribuindo-se o risco entre os atores contratuais. Contudo, aos poucos houve também adesão aos "termination fees" que conduzem à responsabilização da sociedade-alvo no caso de incumprimento da oferta ao proponente ou mesmo na hipótese de inadimplemento pelos termos contratuais. Revela, todavia, contribuição incomensurável quando o artigo debruça-se sobre o conceito e funções da cláusula penal, aproximando-a da figura estrangeira das "termination fees" quer na função indenizatória, quer na função coercitiva de cumprimento.

Arruda Alvim, Eduardo Arruda Alvim e Ígor Martins da Cunha enfrentam o tormentoso tema "A responsabilidade civil no transporte aéreo internacional de passageiros: um brevíssimo panorama legislativo e jurisprudencial". O artigo esboça rica notícia histórica enumerando a evolução da legislação interna quanto à responsabilidade civil em torno do transporte aéreo. Colocam em destaque os elementos estruturantes desta responsabilidade civil setorizada, com especial atenção ao ilícito aéreo (inclusive com formação de culpa), eventuais excludentes, limitações nos casos de indenização, tudo isso levando em consideração a extensão espacial do transporte (doméstico ou internacional) e ao bem jurídico lesado (pessoa ou bagagem). O artigo avança minudentemente nas abordagens respeitantes à indenizabilidade quanto aos danos havidos em transporte aéreo internacional de passageiros. Para tanto descrevem intensa movimentação da jurisprudência da Corte Especial (STJ) e Corte Extraordinária (STF) na aplicação do Código de Defesa do Consumidor que, por ser norma de ordem pública e interesse social (cogente e indisponível), não aceita qualquer limitação indenizatória. Encerram discorrendo sobre a atual orientação do direito jurisprudencial.

Marco Fábio Morsello em denso texto proporciona necessária compreensão sobre práticas abusivas de transportadoras aéreas que atuam contra direitos dos usuários. Com o título "Do overbooking ao overselling. Considerações críticas à luz da perspectiva evolutiva da responsabilidade civil do transportador aéreo" o autor enfrenta pontos timidamente tratados na legislação interna como na legislação comunitária. Explicita que o 'overbooking' é a aceitação pelo transportador de reservas para determinado voo em quantidade superior à capacidade da aeronave, o que enseja atraso no voo ou transporte. Ressalta que as fornecedoras de serviços utilizam como argumentação a eventualidade de não apresentação do passageiro e ao, mesmo tempo, a proteção econômica da empresa. Entretanto, o texto não fica neste quadrante. Vai além e apresenta a perspectiva de que atualmente as companhias se valem "overselling" que representa o excesso de venda de bilhetes aéreos, superior à capacidade da aeronave (sobrevenda), o que contratualmente caracteriza ulterior agravante. E neste ponto conclui que a última espécie representa na realidade inadimplemento absoluto da empresa aérea e infração contratual conforme a cláusula geral de da boa-fé objetiva.

Tércio Sampaio Ferraz Junior elaborou um alentado estudo sobre a responsabilidade civil no contrato de transporte intitulado "*Transporte de carga, agenciamento de carga e responsabilidade contratual*", no qual destacou o sistema logístico inerente ao transporte de carga a entrelaçar meios principais e acessórios a fim de viabilizar sua entrega. Efetuou ainda a distinção entre o transportador contratual e o agente de cargas (enfatizando que este é responsável por contratar o transporte da mercadoria em nome do cliente exportador/importador, mas não pela prestação do serviço de transporte) bem como acentuou a relevância da limitação da responsabilidade contratual prevista no artigo 750 do Código Civil.

"*Infidelidade, Responsabilidade Civil e Teoria do Terceiro Cúmplice*" foi o texto apresentado por Carlos Alberto Garbi que, com lastro na teoria do terceiro cúmplice, analisou os efeitos do casamento perante terceiros ressaltando que tal instituto jurídico deve ser respeitado por todos e não somente pelos cônjuges, pois quem interfere nocivamente no matrimônio pode ser responsabilizado se tiver ciência da existência do vínculo conjugal e praticar ato com o cônjuge infiel que ocasione o dano ao cônjuge inocente.

Sob outro enfoque, o tema dos deveres conjugais foi abordado por Débora Brandão em "*Repensando a responsabilidade civil pelo descumprimento dos deveres recíprocos entre cônjuges ensejadores da dissolução da relação conjugal*" no qual, por meio do exame de duas hipóteses, observou que quando terminam as relações conjugais pode haver tanto a violação dos deveres conjugais previstos no artigo 1.566 do Código Civil a impossibilitar a comunhão de vidas ou, de forma residual, estar relacionada aos danos decorrentes do ato ilícito em sentido amplo. Assim, centrou sua análise na primeira hipótese destacando a resistência doutrinária contemporânea a admitir a possibilidade da alegação da culpa na dissolução da sociedade conjugal e alertou, diante das afirmações de insuficiência do ato culposo de descumprimento do dever conjugal que "*parece que se deseja a demonstração do cenário desértico a que foi reduzido o outro cônjuge, terra inóspita onde até a presença dos filhos não frutifica sua alma destruída"* e, ainda que concorde que há direito de não mais prosseguir no relacionamento, há igualmente a responsabilidade pela conduta adotada no momento da ruptura se esta ocorrer e compara o relevo da tutela da confiança nas relações contratuais em contraste com as relações familiares, nas quais valores relevantes (confiança, boa-fé, verdade, honestidade) pouco ou nada tem valido, o que é inadmissível em sua avaliação.

Luiz Edson Fachin e Roberta Zumblick Martins da Silva prestam uma sensível homenagem a Renan Lotufo por meio do artigo *"Inteligência artificial, direito e perquirições: subsídios para um debate em homenagem a Renan Lotufo"*, sendo oportuno enfatizar que os avanços tecnológicos e temas pouco explorados em Direito Civil sempre inquietaram o saudoso professor em suas aulas, palestras, textos e na orientação de dissertações e teses. Analisa-se, em tal contexto, o projeto Victor desenvolvido em parceria entre a Universidade de Brasília (UNB) e o Supremo Tribunal Federal (STF), uma vez que o autor Luiz Edson Fachin, como Ministro, acompanha sua implementação e desenvolve reflexões oportunas hauridas em sua experiência acadêmica como professor de Direito Civil, apresentando preocupações – ao lado de Roberta Zumblick Martins da Silva como pesquisadora do projeto Victor – com a promoção da inclusão digital e a capacitação de pessoas em situação de vulnerabilidade a fim de evitar vieses discriminatórios, problemas de consentimento e assegurar a proteção de dados.

Claudio Luiz Bueno de Godoy enfrentou um tema polêmico no artigo *"Responsabilidade Civil dos meios de comunicação: o controle preventivo e a censura"*, uma vez que não são poucos os que defendem a exclusão completa de responsabilização dos meios de comunicação e olvidam do equilíbrio exigido pelo texto constitucional que consagra igualmente a proteção da honra, da imagem e da privacidade. Considerando que há igual hierarquia entre os direitos da personalidade e que o texto constitucional é um complexo de normas que apresentam coerência e idêntico grau hierárquico destacou o princípio da unidade hierárquico-normativa. Da mesma forma repudiou o argumento de que há censura quando há proteção aos outros direitos da personalidade expressos na Constituição da República e que vedá-la no texto constitucional não constitui sinônimo de ausência de qualquer limite à circulação das informações quando estas violarem direitos e que o prévio controle judicial não é censura, uma vez que haverá juízo de ponderação a fim de determinar qual direito deve prevalecer no caso concreto.

"O 'tort' anglo-saxão e norte-americano" foi o tema escolhido por Erik Frederico Gramstrup em que reconheceu a dificuldade de obter uma definição unitária de "tort" pela inexistência de um ponto de partida seguro, uma vez que baseados em diversos casos reconhecendo que o sistema da 'Common Law' é avesso a conceitos e classificações abrangentes. Para obter uma definição, analisou os conceitos de *"intention"*, *"negligence"* e *"strict liability"* considerando que o "tort" é uma conduta em desacordo com aquela esperada (afastando o sentido meramente moral) e de natureza civil ao qual corresponde uma tutela ("remedy") sem esquecer que há "torts" que derivam da violação da conduta imposta pelo texto legal. Apontou como danos mais frequentes os relativos a direitos reais imobiliários ("interests in land"), à propriedade de outra natureza, à integridade física, à honra objetiva e ainda a dor psíquica ("mental distress"). Destacou a relevância da Convenção Europeia de Direitos Humanos para o Reino Unido, pois este – na época – foi o primeiro membro a

ratificá-la. Conclui discorrendo acerca dos principais "torts" no Direito norte-americano e observando que, ao comparar o tema na "Common Law" e nos ordenamentos que são filiados ao "Civil Law" há neste um conceito geral de ato ilícito nos textos legais, mas os tribunais igualmente são importantes porque contribuem de forma significativa para a evolução do estudo da responsabilidade civil.

Paulo Nalin e João Pedro Kostin F. de Natividade elaboraram um estudo sobre "*O lucro da intervenção e a tutela de remoção dos ganhos ilícitos*" esclarecendo que há lucro da intervenção quando terceiros explorarem de maneira ilícita bens ou direitos com o escopo de obter vantagem e, para tanto, menciona julgado do Superior Tribunal de Justiça (RESp 1.698.701) que considerou o lucro da intervenção como espécie de enriquecimento sem causa assim como desenvolvem interessante análise do "lucro da intervenção" no Direito Alemão e no Direito Inglês para bem interpretar a cláusula geral de enriquecimento sem causa (artigo 884 do Código Civil) no Direito Brasileiro, pois há a justificativa de que responsabilidade civil não possibilitaria qualquer pretensão além da compensação e, por tal razão, há inclinação pelo enriquecimento sem causa para sua fundamentação. Assim, concluem os autores que o "lucro da intervenção" no âmbito da responsabilidade civil deve ocorrer por meio da tutela de remoção do ilícito, mas igualmente que há tutela subsidiária no interno do enriquecimento sem causa.

A "*Unificação da responsabilidade civil e seus perfis contemporâneos*" foi o artigo elaborado por Carlos Edison do Rêgo Monteiro Filho, no qual, fundado nas lições de San Tiago Dantas e Santos Júnior, discorreu sobre a responsabilidade negocial e a aquiliana, para identificar certa unidade entre tais espécies, mesmo que, eventualmente, haja tratamento diverso destinado a cada uma. Para tanto, ressaltou que a aproximação entre a responsabilidade fundada na vontade ou na lei está centrada em momento interpretativo-aplicativo exemplificado por meio da trajetória da reparabilidade dos chamados *danos morais contratuais*, pois danos extrapatrimoniais não distinguem a responsabilidade contratual da extracontratual por força do princípio da reparação integral previsto constitucionalmente e que é aplicável tanto a danos extrapatrimoniais como patrimoniais. Asseverou ainda que inexiste razão funcional que justifique distinção quanto ao prazo prescricional, o que fundamenta uma vez mais a unidade, demonstrando que a distinção fundada somente em critérios estruturais sem uma justificativa funcional satisfatória afronta princípios e valores constitucionais.

Maria Cristina De Cicco desenvolveu profícua análise em seu artigo intitulado "*O direito ao esquecimento na experiência italiana*" em que identificou três gerações do direito ao esquecimento esclarecendo que há bens jurídicos distintos que devem ser tutelados e sua análise deve considerar o direito à memória e à verdade e de forma alguma eliminar o passado ou proteger a impunidade. O direito ao esquecimento, em sua concepção, seria um direito instrumental à concretização de direitos da personalidade e não um direito autônomo da personalidade.

Paulo Mota Pinto escreveu "*Sobre a sistematização dos direitos especiais de personalidade*", no qual empreendeu relevante estudo acerca das classificações e sistematizações dos direitos especiais da personalidade que devem corresponder, em seu enfoque, a zonas ou dimensões da personalidade consolidadas como bens autônomos que se tornaram objeto de direitos "*especiais*" em relação ao direito geral de personalidade. Identificou três grandes eixos que podem ser agrupados (integridade, liberdade e identidade) sem olvidar dos "*direitos de personalidade de autor*", pois a obra por ele criada é expressão de sua personalidade. Quanto à teorização do conteúdo do direito geral de personalidade destacou a contribuição de Claus-Wilhelm Canaris quando o incluiu na noção de "autodeterminação informacional" distinguindo a proteção contra a intrusão no domínio pessoal da efetuada perante a difusão de manifestações da personalidade e fatos verdadeiros a fim de destacar a relevância e a possibilidade de aplicação das lições de tal autor em Portugal.

"*Responsabilidade Pressuposta*" foi o texto elaborado por Giselda Maria Fernandes Novaes Hironaka em que, com precisão, apresentou texto sobre a imputação objetiva de um dano quando a atividade desenvolvida pelo lesante for uma atividade de risco, informado que tal tese foi desenvolvida com base no *mise en danger* de Geneviève Schamps, sendo que seu escopo é o de favorecer o direito da vítima fortalecendo sua posição jurídica diante de quem lesou sua esfera de direitos e demonstrar a expansão da responsabilidade civil em razão de novos sociais que gerem danos e não estejam em harmonia com fundamentos já conhecidos. Nessa ordem de ideias explicou que o artigo 927, parágrafo único, do Código Civil de 2002 foi inspirado em normas estrangeiras, em especial o artigo 2.050 do Código Civil italiano que permitiu não somente a inversão do ônus da prova, mas um padrão de comportamento mais rigoroso do que aquele esperado do homem médio, uma vez que exigiu a comprovação de medidas apropriadas para impedir que o dano ocorra. Todavia, frisou que o legislador foi além no Brasil porque estabeleceu um fator objetivo de imputação baseado na ocorrência de um dano previsto em lei ou na atividade considerada como perigosa ainda que alerte que o texto aberto da norma demande que certos paradigmas sejam estabelecidos a fim de que existam padrões de fundamentação para viabilizar sua aplicação sem que sejam desconsideradas a segurança jurídica, a previsibilidade e a isonomia.

Encerramos a apresentação desta obra destacando que, neste livro, estão reunidos quatro elementos indispensáveis: o protagonismo; a ciência; a instituição; e os resultados.

O *protagonismo* presente na pessoa do Professor Renan Lotufo, absoluta referência do direito civil. Desembargador do TJ/SP, advogado e Professor do Programa de Pós-graduação da PUC-SP. Várias das amizades que unem civilistas de todos os cantos do Brasil começaram em suas aulas. Aliás, um grande mestre não se forja apenas em classe ou em palestras: é aquela pessoa que incita o aluno a ir além, apresentando pensamentos divergentes e comparando sistemas jurídicos. Como orientador, fazendo-se presente, conduzindo-nos à reflexão e ao aprimoramento técnico. Nos ensinava que o direito nunca foi unanimidade e que sempre cabia um ou mais pontos de reflexão sobre determinada conclusão jurídica, o que deveria fazer do cientista e cultor do direito alguém humilde e humano, capaz sempre de reconhecer a constante necessidade de evolução do conhecimento.

A *ciência* representada pela epistemologia da responsabilidade civil. O imenso volume desta obra abordou diversos conteúdos – mas não todos – respeitantes às fontes, aos pressupostos, aos sistemas, aos modelos, à interpretação, aos escopos, às diferenciações da responsabilidade civil, enquanto 'fragmento' incrivelmente vasto na dogmática do direito civil e demais matérias adjacentes. O crédito de pós-graduação conduzido pelo Professor Renan Lotufo na PUC-SP atinente à matéria de obrigações e responsabilidade civil foi observado ao máximo (especialmente em casos difíceis), a fim de que os escritos representassem e revelassem a profundidade e densidade das temáticas desenvolvidas e absorvidas em sala de aula, assim como revelados em seus votos enquanto magistrado de inigualável envergadura.

A *instituição* presente na figura do IBERC. O expansionismo dos meios de modos de conhecimento ao longo dos últimos anos tem proporcionado maior número de profissionais do Direito com titulações em pós-graduações, o que até os anos noventa do século passado ainda era tímido e mitigado em nosso país. A chegada da sociedade da comunicação não apenas facilitou o acesso à informação (e essa, quando rigorosamente filtrada, ao conhecimento científico) assim como a conexão de inúmeros interessados nos avanços e divulgação das pesquisas jurídicas. O IBERC, entre tantas finalidades estatutárias, resume justamente essa atribuição, já que permite o aprofundamento à disciplina da responsabilidade civil, ultrapassando os muros universitários e proporcionando necessárias oportunidades que as entidades educacionais não conseguem prover. O IBERC, pela diretoria e por todos seus associados, sente-se honrado em promover esta homenagem ao Professor Renan Lotufo, até porque o germe desta união institucional foi semeado a partir de suas aulas.

O *resultado* verificado a partir da quantidade de acadêmicos que com ele compartilharam os valores do ensino, da pesquisa e, sobretudo, da vida. Isso equivale dizer que a generosidade do Prof. Renan Lotufo era demonstrada simultaneamente ao seu rigor acadêmico, uma vez que sempre estimulou cada aluno a alçar voos mais altos e demonstrou, por meio de seu exemplo, que os avanços nas áreas jurídicas seriam sempre paulatinos. Tais lições, como sempre defendeu, não deveriam ser limitadas aos estudantes privilegiados que a recebiam em suas disputadas aulas, mas difundidas em obras e colocadas à disposição daqueles que infelizmente não tiveram a grata oportunidade de conhecê-lo. Ao invés de se isolar e desfrutar do êxito obtido por meio de atividade acadêmica e profissional incansável, preferiu dividir espaços próprios com colegas de docência, da magistratura ou da advocacia e, principalmente, com seus ex-alunos que sempre o veneraram como alguém dotado de desprendimento.

Enfatizamos que tanto os seus orientandos como os alunos das disciplinas que ministrou são gratos à generosidade que demonstrou ao dividir a imensa biblioteca de seu escritório e, com isso, viabilizar relevantes pesquisas ao franquear o acesso a referências bibliográficas que, de outra forma, seriam inacessíveis.

Não à toa que boa parte dos textos reunidos foram marcados pela máxima sempre difundida: "o verdadeiro professor deve ser uma rampa de lançamento dos seus alunos para os seus próprios voos, e não um ponto de chegada. Ele não deve ser um fim; deve ser o começo de uma linda caminhada".

Os leitores serão privilegiados com excelentes textos marcadamente caracterizados pela regência do Professor Renan Lotufo, ficando desde já consignadas nossa gratidão, reconhecimento e condolências à sua esposa, filhos, familiares e inúmeros amigos.

PREFÁCIO

Na madrugada do dia 15 de junho de 2020 recebemos a triste notícia do falecimento do meu pai. A notícia já era esperada, os médicos haviam nos alertado dois dias antes que ele não resistiria e aconselharam nos despedirmos. Ele já vinha sofrendo com alguns problemas de saúde, em especial complicações renais que lhe exigiam árduas sessões semanais de diálise no hospital.

Meses antes do seu falecimento, houve o surto da inesperada pandemia COVID-19 e junto com ela uma grande apreensão sobre as idas e vindas ao hospital para as imprescindíveis sessões de diálise, as quais tiveram que ser mantidas para garantir a esperança de dias melhores.

Infelizmente ele foi diagnosticado com o coronavírus logo no início de junho, ao ser internado com fortes dores de cabeça. Foram exatos 14 dias de internação, certamente os mais angustiantes vividos pela família, em especial por mim e por minha irmã Paula. Nossa mãe passou ilesa do sofrimento, pois acometida por uma inexplicável doença neurológica que tempos antes lhe tirou a lucidez. Nossos irmãos Luis Roberto e Flávio, enteados dele, estiveram conosco o tempo todo e nos ajudaram a permanecer firmes.

Pudemos também contar com a força, o carinho e as orações de muitas pessoas queridas, tanto nos dias que precederam como nos que sucederam o seu falecimento. A grande maioria formada por alunos dos mais variados cantos do país.

O velório e o sepultamento foram limitados por força da pandemia, que naquele momento atingia seu ápice, mas fomos acolhidos com uma imensidão de coroas de flores, mensagens e telefonemas. Alguns se aventuraram e foram nos confortar diretamente na solenidade, aproveitando para se despedir pessoalmente dele.

Ainda em decorrência do coronavírus, a Missa de Sétimo Dia ocorreu de forma virtual, contando com a participação maciça de alunos e de pessoas que tiveram a felicidade de com ele conviver, além dos familiares e amigos próximos.

Como dito pela querida Tia Margarida, ilustre coautora que nos brinda com um excelente artigo na presente obra, independentemente da idade, fica um sentimento de orfandade. Ela traduziu exatamente o que eu sentia e me fez perceber que alguns também carregavam essa sensação em relação ao meu pai.

Digo isso, pois, dos quatro filhos, fui o único a seguir a carreira jurídica e comumente tinha que explicar que Paula seguiu a carreira de psicóloga, Flávio de engenheiro e Luis Roberto de economista. Mas pude perceber que o estigma de "único filho na carreira jurídica" era apenas o meu ponto de vista enviesado, em especial porque, após o seu falecimento, muitos outros filhos vieram nos confortar.

A paternidade acadêmica foi uma das grandes virtudes do meu pai. Impossível quantificar quantos foram os seus alunos durante os mais de quarenta anos de magistério. Mas posso assegurar que foram vários os que o alçaram à qualidade de "pai acadêmico".

A paixão por lecionar e o respeito pelos alunos era incrível. Antes de cada aula, ele pedia a Valéria, sua fiel secretária, que lhe trouxesse o material do tema a ser abordado. Se fechava em sua sala e de lá só saía para se dirigir à faculdade. Estava sempre atualizando cada um dos temas das aulas com julgados, notícias e aquisição de novas obras para sua biblioteca.

Ele estava sempre comprando livros. Autores brasileiros e estrangeiros. Adorava sair do eixo de São Paulo e explorar os escritores de outros estados. Dos estrangeiros, os portugueses e italianos eram os seus preferidos, mas em sua biblioteca não faltavam alemães, franceses, espanhóis e sul-americanos. Todos os mais de quatro mil títulos catalogados para fácil e prática pesquisa. Não havia peça, aula ou consulta que ele não utilizasse seu acervo. As portas sempre estivam abertas aos alunos para as consultas *in loco*, pois a regra era a permanência absoluta dos livros no escritório.

O Renan professor era muito parecido com o Renan pai e amigo. Sempre bem-humorado e com uma piada ou gozação de bate-pronto. Porém era exigente e rigoroso dentro de casa. Quando de mau humor, era melhor não se aproximar. Se estivesse com fome, então, o mais adequado era lhe servir um tira-gosto e um aperitivo, de preferência um *Dry Martini*. Aos finais de semana, o programa certo era o almoço em família, quase sempre naquele que era o seu quinta, o Tatini.

Em uma retrospectiva simplória, é possível dizer que sua vida pessoal foi repleta de bons momentos, embora tenha dedicado a maior parte do seu tempo à academia e à atividade profissional.

Meu pai era amante de esportes e, enquanto seu corpo permitiu, em especial seu joelho, praticou os mais variados. Quando jovem jogou vôlei, apesar da baixa estatura, e futebol. Do meu tempo de menino, incentivava eu e Paula à natação, mas seu hobby era jogar tênis na Associação dos Magistrados – APAMAGIS e no Clube Pinheiros. Meu avô, pai dele, foi professor de educação física e certamente teve influência determinante no desabrochar desta paixão, que posso dizer vem sendo transmitida de pai para filho.

Ele adorava viajar em família e as férias eram sempre muito bem aproveitadas. O lema para todos que trabalhavam com ele era o de que as férias deveriam ser gozadas. Incentivava a todos a aproveitar o tempo livre. A praia estava sempre em seu radar, talvez por ser filho de uma carioca. Dos álbuns de família muitas são as fotos de viagens nas décadas de 70, 80 e 90 para o litoral, até a aquisição de um apartamento em Riviera de São Lourenço, onde pôde curtir os netos, em especial a Helena, seu verdadeiro xodó.

Era são-paulino fanático e sempre levou eu e meus irmãos ao estádio do Morumbi. Aos domingos fazia valer as suas cadeiras cativas, dificilmente perdíamos uma partida. Época boa em que Milton Neves soltava o bordão: "torcer para o São Paulo é uma grande moleza". Nesse tempo, os alunos torcedores de outros times, em especial Palmeiras e Corinthians, sofreram com gozações e tiradas de sarro das mais variadas. Ruim para mim, que vim a ser aluno de um antigo aluno do meu pai, justamente um corinthiano e na época que torcer para o São Paulo já não era tão fácil. O Professor Ragner descontou cada gozação feita pelo meu pai, vale o registro.

Ele iniciou a carreira como advogado em Santo André. Logo cedo e bem jovem chegou a ser assessor jurídico da Câmara dos Vereadores. Por mais de uma vez, me contou que logo no segundo dia de trabalho na Câmara foi escalado para formalizar o pedido de impeachment do então prefeito, sendo colocado à prova para tratar de um tema nada usual para a época e muito pouco conhecido. O final da história era de que ele havia estudado e pesquisado tudo o que estava ao seu alcance, amparando os membros da câmara. O jovem Renan já se mostrava dedicado e comprometido.

Posteriormente montou seu escritório junto com Marco Aurélio Greco, época em que se aventurou na área tributária. Tempos depois ingressou como Juiz no Segundo Tribunal de Alçada Civil do Estado de São Paulo, em 1980. Em 1981 passou a integrar o Primeiro Tribunal de Alçada Civil e, em 1985, assumiu o posto de Desembargador do Tribunal de Justiça de São Paulo. Foram 15 anos relatando acórdãos e proferindo votos. Em 1995 optou por se aposentar da magistratura, passando a atuar como consultor jurídico.

Pareceres, memoriais e sustentações orais eram comumente requeridos por grandes advogados e juristas. A procura era não apenas pelo seu conhecimento, mas por sua seriedade em apenas assumir o que julgava correto. Algumas foram as vezes em que ele negou o trabalho por entender que o favorecido pela consulta não tinha o direito. Esse posicionamento se refletia nos Tribunais, com os julgadores tendo a certeza de que analisavam um trabalho sério e ético.

Embora tenha se aposentado do Tribunal de Justiça, ele não deixou de atuar como julgador. Isso porque foram várias as suas participações como árbitro nas mais diversas e importantes câmaras de arbitragem do país. Lembro de uma em especial, quando ele figurou como presidente e teve ao seu lado como coárbitros o Professor Antonio Junqueira de Azevedo e o Professor Edson Fachin, hoje Ministro do Supremo Tribunal Federal. Tive a oportunidade de auxiliá-lo nesta arbitragem e o aprendizado foi enorme. Quando do falecimento, ele ainda atuava em três arbitragens.

No campo acadêmico, formou-se pela Faculdade de Direito do Largo São Francisco, turma de 63. Alcançou o título de mestre pela Pontifícia Universidade Católica de São Paulo, em 1976, apresentando a dissertação sobre Situações Jurídicas Tributárias, sob a orientação do saudoso Professor Geraldo Ataliba. Em 1994 obteve o título de Doutor, também pela PUC de São Paulo, defendendo a tese sobre Questões Relativas ao Mandato, sob a orientação do Professor José Manoel Arruda Alvim.

Sua carreira como professor teve início em 1974, na PUC de São Paulo, onde lecionou por exatos quarenta anos, quando, em 2014, optou por se desligar. Como filho, o que mais me impressiona é a relação duradoura de amizade com os alunos da graduação e da pós-graduação. Sempre houve uma reciprocidade entre o Professor Renan e seus alunos, o aprendizado era uma via de mão dupla. A sala de aula era onde ele se realizava. A troca de conhecimento, as diferentes interpretações sobre as teorias e os debates acadêmicos o alimentavam como poucas coisas na vida. Os bons alunos o enchiam de esperança e alegria, era o que eu enxergava em seus olhos quando ele comentava sobre aqueles que se dedicavam aos estudos. O seu intuito sempre foi o de despertar o interesse e o seu lema era ser a rampa de lançamento para o início de um voo, cuja altura e duração ficaria a cargo de cada um dos comandantes, seus queridos alunos.

Já no início dos anos 2000, ele passou a se dedicar exclusivamente à pós-graduação, ficando à frente das cadeiras de Teoria Geral do Direito, Obrigações, Contratos, Direito Civil Constitucional e Responsabilidade Civil.

A Responsabilidade Civil foi um dos temas que ele sempre dedicou muita atenção. Aulas e debates dos mais variados assuntos: o tornar indene, a reparação integral, a culpa, a ausência de culpa, responsabilidade sem culpa, responsabilidade objetiva e muitas outras questões que aqui serão tratadas por alunos, amigos e juristas, todos em homenagem a ele, meu pai, Renan Lotufo.

Homenagem maior não há. A continuidade do estudo e o aprimoramento do conhecimento para uma aplicação correta e adequada do direito sempre foram as suas bases. A presente obra reflete justamente os seus anseios.

Em nome da família, na pessoa do Presidente Nelson Rosenvald, agradeço ao IBERC pela iniciativa e pelo empenho.

João Luís Zaratin Lotufo

NOTA DE PESAR PELO FALECIMENTO DA PROFESSORA MARIA ALICE ZARATIN LOTUFO

Após toda obra coletiva concluída e enviada ao selo editorial para diagramação e consequente publicação dando início assim as homenagens jurídicas e afetivas ao Professor Doutor Renan Lotufo, não apenas nós, mas toda a comunidade jurídica, fomos surpreendidos com o falecimento da Professora Maria Alice Zaratin Lotufo, viúva do agraciado.

Não há dúvida entre tantos pesares que o fato possa causar, dois são impactantes.

Em primeiro lugar, a perda da Professora Maria Alice é dolorosa aos que militam na academia e na Justiça. Tratava-se de profissional extremamente dedicada, professora esmerada e preocupada com os saberes e conceitos explorados em sala de aula. Também se alinhava entre as pesquisadoras mais importantes do país na área do Direito de Família e Sucessões.

Além da excelente contribuição dada ao mundo jurídico a partir da dissertação defendida em 1992 com o tema *"Adoção: Perfil histórico e evolução teleológica no direito positivo"*, quando abordou historicamente a inserção de crianças em lares substitutos pelo instituto da adoção, traçando pioneiramente a diferenciação de regimes entre o Estatuto da Criança e do Adolescente com o Código Civil então vigente, foi no doutoramento que brindou a todos com conteúdo acolhedor e, até então, tratado preconceituosamente, inclusive nas pesquisas científicas: *"Aplicabilidade de normas protetivas às relações homoafetivas com fundamento nos princípios da liberdade, da isonomia e da dignidade do ser humano"*, em 2008.

Anote-se que entre as mencionadas pós-graduações desenvolvidas, em 2002, lançava a obra Curso Avançado de Direito Civil - Volume 5 - Direito de Família, pela Editora Revista dos Tribunais, justamente já alertando sobre as diretrizes normativas para área do direito de família contidas no Código Civil que acabava de ser publicado, aguardando a vigência que se deu em 2003.

Na Pontifícia Universidade Católica de São Paulo era Professora-Assistente da cadeira de direito de família, dirigindo exclusivamente, na prática, os conteúdos distribuídos, explorados e debatidos em sala de aula, com a advertência de que seguia claramente a linha de pesquisa concernente ao Direito Civil Constitucional, quando publicou diversos artigos em companhia do marido.

Em segundo lugar, o sofrimento da família. Já sem lucidez nos últimos anos, recebia diuturnamente assistência do Professor Renan Lotufo e dos filhos. Os cuidados extremados com a Professora Maria Alice nesta condição de enfermidade eram demonstrações do amor inabalável que caracterizavam o matrimônio e a maternidade. E justamente pelo abalo da doença não desfrutou da oportunidade de despedir do grande companheiro que antecipou sua partida.

Na realidade, em menos de um ano, enquanto os filhos e enteados perdem duas grandezas, os seguidores acadêmicos ficam sem duas fortes regências. Uma família que nos encantou. Dois professores que nos incentivaram. Nos ensinaram o valor da vida em comunhão.

Para nós, alunos, amigos e profissionais fica o exemplo da família Lotufo como núcleo incindível unido pelo amor e pelo Direito.

Alexandre Guerra
Antonio Carlos Morato
Fernanda Ivo Pires
Fernando Rodrigues Martins
Nelson Rosenvald

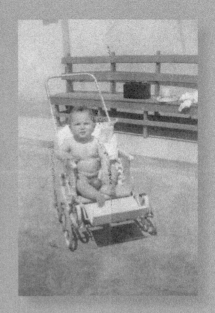

CARRINHO DE BEBÊ

COM SUA MÃE (1938)

CRIANÇA

FORMATURA DE DIREITO

CASAMENTO CIVIL

SUMÁRIO

APRESENTAÇÃO V

PREFÁCIO XXVII

NOTA DE PESAR PELO FALECIMENTO DA PROFESSORA MARIA ALICE ZARATIN
LOTUFO XXXI

RESPONSABILIDADE CIVIL. EVOLUÇÃO HISTÓRICA
    Francisco Amaral 1

EXISTE UMA TEORIA GERAL DA RESPONSABILIDADE CIVIL?
    Fernanda Ivo Pires 9

DANOS QUALIFICADOS CONSTITUCIONALMENTE E A FORMAÇÃO DA NOR-
MA DE PROTEÇÃO DE DIREITOS FUNDAMENTAIS NO ÂMBITO DA RESPONSA-
BILIDADE CIVIL
    Fernando Rodrigues Martins e Claudia Lima Marques 17

TUTELA CIVIL DO NASCITURO. O DANO PRÉ-NATAL
    Silmara Juny de Abreu Chinellato 27

MELHORAMENTO DO EMBRIÃO E RESPONSABILIDADE CIVIL DO PROFISSIO-
NAL DA SAÚDE
    Débora Gozzo e Juliano Ralo Monteiro.. 41

RESPONSABILIDADE CIVIL PELO ROMPIMENTO INJUSTIFICADO DAS TRATATI-
VAS PRÉ-CONTRATUAIS
    Nestor Duarte.. 53

RESPONSABILIDADE PELA RUPTURA DAS NEGOCIAÇÕES
    Francisco Eduardo Loureiro e Hamid Bdine... 59

A RESPONSABILIDADE PRÉ-NEGOCIAL DIANTE DO NEGÓCIO INVÁLIDO: AS
HIPÓTESES DE ERRO, DOLO E COAÇÃO
    Carlyle Popp.. 69

A INEXECUÇÃO DAS OBRIGAÇÕES E SUAS CONSEQUÊNCIAS
    Rafael Marinangelo 79

INEXECUÇÃO DAS OBRIGAÇÕES E SUAS CONSEQUÊNCIAS: DIÁLOGO ENTRE O PLANO PROCESSUAL E O MATERIAL EM HOMENAGEM AO PROFESSOR RENAN LOTUFO

Cassio Scarpinella Bueno 91

MODELOS JURÍDICOS DE RESPONSABILIDADE CIVIL CONTRATUAL

Paulo Sérgio Velten Pereira 99

RESPONSABILIDADE CIVIL, BOA-FÉ E DEVERES CONTRATUAIS LATERAIS

Patricia Rizzo Tomé 111

A CULPA *IN CONTRAHENDO* COMO TERCEIRA VIA DE RESPONSABILIDADE CIVIL

Karina Nunes Fritz... 121

INTERESSE CONTRATUAL NEGATIVO

Silvio Luís Ferreira da Rocha.. 133

PÓS-EFICÁCIA OBRIGACIONAL E MEIO AMBIENTE

Rogério Donnini... 141

AS CLÁUSULAS DE REDUÇÃO E EXCLUSÃO DA REPARAÇÃO DE DANOS E O FENÔMENO DA INCIDÊNCIA JURÍDICA

Ragner Limongeli Vianna.. 153

A CULPA NO DIREITO DAS OBRIGAÇÕES: NOTAS PARA UMA HISTÓRIA DE CONCEITOS JURÍDICOS FUNDAMENTAIS

Judith Martins-Costa e Luca Giannotti 163

18 ANOS DE CÓDIGO CIVIL E A MAIORIDADE DO PAPEL DA "CULPA" NA CONSOLIDAÇÃO DO SISTEMA DE IMPUTAÇÃO DA RESPONSABILIDADE FUNDADO NO *RISCO*. UMA VISÃO A PARTIR DE RENAN LOTUFO

Diogo Leonardo Machado de Melo.. 179

RESPONSABILIDADE CIVIL (SOCIAL) NA SOCIEDADE COMPLEXA

Susete Gomes... 193

VIOLAÇÃO DE DADOS PESSOAIS SENSÍVEIS E OS DANOS AOS DIREITOS DE PERSONALIDADE: RESPONSABILIDADE CIVIL ESPECIAL NUMA PERSPECTIVA DO ESTUDO DAS CIDADES INTELIGENTES (*SMART CITIES*)

Cláudio José Franzolin 201

NOTAS SOBRE A RESPONSABILIDADE CIVIL NO DIREITO DE VIZINHANÇA
Sílvio de Salvo Venosa e Roberta Densa 211

REFLEXÕES SOBRE A FORÇA MAIOR E O CASO FORTUITO
Adriano Ferriani e Carlos Alberto Ferriani 223

NEXO DE CAUSALIDADE E O DANO INDIRETO NO DIREITO BRASILEIRO
Gustavo Tepedino 235

OBESIDADE, NEXO CAUSAL E RESPONSABILIDADE
Teresa Ancona Lopez 245

PENAS PRIVADAS E RESPONSABILIDADE CIVIL
Carlos Frederico Barbosa Bentivegna 257

REFLEXÕES SOBRE O DANO INDIRETO INDENIZÁVEL E SUA EXPANSÃO NA
RESPONSABILIDADE CIVIL EXTRACONTRATUAL
Andrea Cristina Zanetti 269

DESCONTO DE PROVEITOS ("*COMPENSATIO LUCRI CUM DAMNO*")
Giovanni Ettore Nanni 281

RESPONSABILIDADE CIVIL POR DANO À PRIVACIDADE – ARTIGO EM HOME-
NAGEM A RENAN LOTUFO
Maria Helena Diniz e Maria Helena Marques Braceiro Daneluzzi 293

POR UMA TIPOLOGIA DOS DANOS EXTRAPATRIMONIAIS
Nelson Rosenvald 307

TRÊS LIÇÕES DE RESPONSABILIDADE CIVIL, DE RENAN LOTUFO: A COEXIS-
TÊNCIA DE TRÊS MODELOS DE RESPONSABILIDADE CIVIL. A MORTE DA CUL-
PA E A *FÊNIX*. A INDENIZAÇÃO SOCIAL PARA ENTIDADES DE BENEFICÊNCIA
Alexandre Guerra 315

RESPONSABILIDADE CIVIL POR PERDA DE UMA CHANCE
Ronnie Herbert Barros Soares 331

QUANTIFICAÇÃO DO DANO NA PERDA DE UMA CHANCE DE CURA OU SO-
BREVIVÊNCIA
Miguel Kfouri Neto 339

FUNDAMENTOS DA RESPONSABILIDADE CIVIL OBJETIVA EXTRACONTRATUAL
Marcelo Benacchio 353

DA ESTRUTURA À FUNÇÃO DA RESPONSABILIDADE CIVIL

A RESPONSABILIDADE CIVIL MÉDICA E O SEGURO DE RESPONSABILIDADE CIVIL
Melisa Cunha Pimenta 363

PRINCÍPIO DA REPARAÇÃO INTEGRAL: FEIÇÃO CLÁSSICA, INSUFICIÊNCIAS E EXPANSÃO FUNCIONAL DA RESPONSABILIDADE CIVIL
Keila Pacheco Ferreira 373

RESPONSABILIDADE CIVIL E SOCIAL DO ESTADO. MINHA PROPOSTA DE SUB-CLASSIFICAÇÃO DE RESPONSABILIDADE CIVIL EXTRACONTRATUAL OBJETI-VA: EM PURA E IMPURA
Álvaro Villaça de Azevedo.. 385

A RESPONSABILIDADE EXTRACONTRATUAL DAS PESSOAS PRIVADAS PRESTA-DORAS DE SERVIÇOS PÚBLICO
Clovis Beznos.. 391

RESPONSABILIDADE CIVIL DO ESTADO POR OMISSÃO E A LEI BRASILEIRA DA INCLUSÃO
Margarida Araújo Seabra de Moura 403

O DEVER DO ESTADO DE INDENIZAR OS CONTRIBUINTES, PELOS DANOS QUE ABUSIVAMENTE LHES CAUSAR
Roque Antonio Carrazza 413

RESPONSABILIDADE CIVIL DO MÉDICO PELA PERDA DA CHANCE
Antonio Carlos Morato 427

A RELAÇÃO MÉDICO-PACIENTE E OS ELEMENTOS DE RESPONSABILIDADE CIVIL
Carlos Alberto Dabus Maluf e Adriana Caldas do Rego Freitas Dabus Maluf 435

RESPONSABILIDADE CIVIL E "TERMINATION FEE" EM M&A
Lie Uema do Carmo 443

A RESPONSABILIDADE CIVIL NO TRANSPORTE AÉREO INTERNACIONAL DE PASSAGEIROS: UM BREVÍSSIMO PANORAMA LEGISLATIVO E JURIS-PRUDENCIAL
Arruda Alvim, Eduardo Arruda Alvim e Ígor Martins da Cunha 457

DO OVERBOOKING AO OVERSELLING. CONSIDERAÇÕES CRÍTICAS À LUZ DA PERSPECTIVA EVOLUTIVA DA RESPONSABILIDADE CIVIL DO TRANSPORTA-DOR AÉREO
Marco Fábio Morsello 467

TRANSPORTE DE CARGA, AGENCIAMENTO DE CARGA E RESPONSABILIDADE CONTRATUAL

Tércio Sampaio Ferraz Junior 479

INFIDELIDADE, RESPONSABILIDADE CIVIL E TEORIA DO TERCEIRO CÚMPLICE

Carlos Alberto Garbi.. 491

REPENSANDO A RESPONSABILIDADE CIVIL PELO DESCUMPRIMENTO DOS DEVERES RECÍPROCOS ENTRE CÔNJUGES ENSEJADORES DA DISSOLUÇÃO DA RELAÇÃO CONJUGAL

Débora Brandão.. 501

INTELIGÊNCIA ARTIFICIAL, DIREITO E PERQUIRIÇÕES: SUBSÍDIOS PARA UM DEBATE EM HOMENAGEM A RENAN LOTUFO

Luiz Edson Fachin e Roberta Zumblick Martins da Silva 511

RESPONSABILIDADE DOS MEIOS DE COMUNICAÇÃO: O CONTROLE PREVENTIVO E A CENSURA

Claudio Luiz Bueno de Godoy 521

O 'TORT' ANGLO-SAXÃO E NORTE-AMERICANO

Erik Frederico Gramstrup... 527

O LUCRO DA INTERVENÇÃO E A TUTELA DE REMOÇÃO DOS GANHOS ILÍCITOS

Paulo Nalin e João Pedro Kostin F. de Natividade 539

UNIFICAÇÃO DA RESPONSABILIDADE CIVIL E SEUS PERFIS CONTEMPORÂNEOS

Carlos Edison do Rêgo Monteiro Filho... 551

O DIREITO AO ESQUECIMENTO NA EXPERIÊNCIA ITALIANA

Maria Cristina De Cicco 563

SOBRE A SISTEMATIZAÇÃO DOS DIREITOS ESPECIAIS DE PERSONALIDADE

Paulo Mota Pinto.. 573

RESPONSABILIDADE PRESSUPOSTA

Giselda Maria Fernandes Novaes Hironaka 585

RESPONSABILIDADE CIVIL.
EVOLUÇÃO HISTÓRICA

Francisco Amaral

Doutor em Direito Privado. Professor Titular de Direito Civil e Romano da Universidade Federal do Rio de Janeiro. Doutor *Honoris Causa* da Universidade de Coimbra e da Universidade Católica Portuguesa, Lisboa. Presidente da Academia Brasileira de Letras Jurídicas. Autor de *Direito Civil. Introdução*, 10ª edição, revista, modificada e aumentada, São Paulo, Editora Saraiva, 2018. Membro da Accademia dei Giusprivatisti Europei – Pavia – Itália.

Com este artigo sobre a "Responsabilidade Civil. Evolução Histórica" associo-me à homenagem que, amigos, admiradores e membros do Instituto Brasileiro de Estudos da Responsabilidade Civil, prestam a Renan Lotufo, "in memoriam", editando este livro que é uma obra coletiva de eminentes colegas e preclaros juristas sobre Responsabilidade Civil, matéria a que esse ilustre civilista deu insuperável e permanente dedicação como professor, advogado e magistrado, deixando um grande legado à ciência jurídica brasileira.

Sumário: 1. Introdução. A responsabilidade civil como noção e como instituto jurídico. 2. Origem e evolução histórica. 3. Conclusão. 4. Referências.

1. INTRODUÇÃO. A RESPONSABILIDADE CIVIL COMO NOÇÃO E COMO INSTITUTO JURÍDICO

Tema de especial interesse de Renan Lotufo foi o da responsabilidade civil, que aqui se aborda com especial ênfase na sua origem e evolução histórica, considerando ser de especial importância a relação entre história e direito civil para a compreensão da experiência jurídica brasileira, principalmente no campo do direito privado. Os civilistas estudam a história não só por amor à cultura e, certamente, não por um simples jogo intelectual, mas porque leem, no curso do tempo, as raízes e o desenvolvimento da própria matéria".[1]

Sendo o direito civil brasileiro um dos últimos estágios do processo histórico-jurídico iniciado na Grécia antiga e compilado na Roma de Justiniano (527 a 565 d.C.), e recebido nos estados europeus como direito comum, na época medieval, com o direito canônico e o direito germânico e influenciado pela revolução intelectual dos séculos XVII e XVIII, a idade moderna do racionalismo e do individualismo, da sistematização da ordem jurídica que levou ao surgimento dos códigos civis, e chegado até nós pela influência portuguesa, com as naturais mudanças que a vida privada e o curso do tempo impuseram, creio ser

---

1. ALPA, Guido. *La cultura delle regole. Storia del diritto civile italiano*, Roma-Bari, 2000, XI.

conveniente estudar a responsabilidade civil na sua origem e evolução histórica, para assim compreender a disciplina dessa matéria no Código Civil brasileiro.

Leve-se em consideração que os códigos civis, exprimindo a cultura jurídica de seu tempo e das sociedades a que se destinam, são um ponto de chegada, no sentido de representarem o último estágio do processo evolutivo do direito privado, e um ponto de partida para a renovação desse direito em face das novas exigências que a sociedade em processo de mudança exige.

Quanto ao conceito de "responsabilidade civil", ele tanto exprime a obrigação que alguém tem de indenizar outrem, quanto o próprio instituto jurídico formado pelos princípios e normas que disciplinam o nascimento, conteúdo e cumprimento dessa obrigação. Em sentido estrito, designa ainda o específico dever de indenizar nascido de fato lesivo imputável a determinada pessoa, englobando assim tanto a responsabilidade contratual quanto a extracontratual, a responsabilidade subjetiva quanto a objetiva ou delitual.[2] É matéria de direito civil porque as relações jurídicas que disciplina são as que se estabelecem entre particulares, deixando-se ao direito administrativo o problema da responsabilidade do Estado pelos danos resultantes do funcionamento dos serviços públicos. Ser responsável significa, assim, ser obrigado a responder ou a prestar contas pelos próprios atos e seus efeitos, aceitando as respectivas consequências,[3] reparando, em certa medida e sob a forma determinada por lei, o dano causado a outrem.

O reconhecimento da responsabilidade civil como obrigação realiza, assim, o dever ético-jurídico de se cumprir uma prestação de ressarcimento, que é uma sanção indireta, de função preventiva e restauradora. Indireta porque, na impossibilidade de se restabelecer a situação anterior ao evento lesivo, a lei impõe a reparação do dano causado. Preventiva porque, como toda sanção, visa garantir o respeito à lei. É, portanto, simultaneamente, uma sanção e uma garantia de ressarcimento, pelo que nela se reconhece uma função indenizatória e uma função normativa.[4]

Sob o ponto de vista filosófico, que diz respeito ao fundamento de sua disciplina normativa, a responsabilidade do agente pela prática de seus atos é expressão do princípio kantiano da autonomia da vontade, no sentido de que, se os fenômenos estivessem inteiramente determinados no mundo em que se vive, a responsabilidade não teria sentido. A responsabilidade pessoal fundamenta-se, portanto, na liberdade radical do homem, pois "baseia-se na noção de escolha e a noção de escolha é essencial ao conceito de liberdade". Realiza, assim, também um dos aspectos do personalismo ético, que defende o valor da pessoa e seus laços de solidariedade com os demais membros da sociedade[5] pelo que ter responsabilidade é assumir as consequências do próprio agir. Contrapõe-se, portanto, ao individualismo e à própria autonomia privada, esta como "poder que o particular tem de estabelecer as regras jurídicas do seu próprio comportamento". Não mais a concepção egoística do indivíduo em si, mas o indivíduo como pessoa comprometida com o seu meio social. A responsabilidade civil traduz, por conseguinte, o dever ético-jurídico de

---

2. VINEY, Geneviève. *Introduction à la responsabilité*, 3. ed. Paris, LGDJ, 2008, p. 1.

3. CABRAL, Roque. *Responsabilidade,* Logos, Enciclopédia, Luso Brasileira de Filosofia, 1992, v. 4, Lisboa/São Paulo, Editorial Verbo, p. 726.

4. YÁGÜEZ, Ricardo de Angel. *Algumas previsiones sobre el futuro de la responsabilidad civil*, Madrid, Editorial Civitas, 1995, p. 20.

5. ABBAGNANO, Nicola. *Dicionário de Filosofia*, São Paulo: Mestre Jou,1982, p. 728.

se cumprir uma prestação de ressarcimento de um dano causado pelo agente responsável, no exercício de sua liberdade, de sua vontade, pois, em um mundo cujos fenômenos estivessem plenamente determinados, a responsabilidade não existiria. Fundamento da responsabilidade é, assim, a liberdade da vontade humana.[6] Refletindo e a extrema complexidade da ação humana, a responsabilidade civil constitui-se em campo ideal para se demonstrar como premissas filosóficas condicionam a estrutura a as soluções da ciência jurídica e a jurisprudência dos tribunais.[7]

Com o advento da sociedade pós-moderna, mais propriamente o paradigma da complexidade, marcada pelo progresso da técnica e os novos usos da tecnologia,[8] que promovem o desenvolvimento da indústria, dos transportes e também a aceleração do processo de mudança social, com uma crescente circulação de dados, de informações que não só não respeitam os confins territoriais como também elevam o grau de complexidade social, surgem novas espécies de dano, nomeadamente o ambiental, o biotecnológico, o dano à saúde em variados aspectos, a violação dos direitos da personalidade etc., multiplicando-se os prejuízos e as respectivas pretensões de indenização, o que aumenta a quantidade de processos judiciais, hipertrofiando a função jurisdicional do Estado, desenvolvendo a jurisprudência e renovando a doutrina, tudo isso contribuindo para a formação de um novo ramo de direito que, embora não autônomo, representa a institucionalização do princípio fundamental que é o da obrigação de reparar o dano injusto (*alterum non laedere*).

Enfim, aperfeiçoa-se a disciplina da responsabilidade civil e desenvolve-se a respectiva teoria jurídica. Nisto consiste a importância teórica do tema, que tem também importância filosófica, como demonstra Hans Jonas na sua obra *"O princípio da responsabilidade"*, em que o autor, chocado com os horrores dos campos de concentração nazista, chama a atenção para a imperiosa necessidade de medidas de precaução em face do progresso da tecnologia, e defende uma nova ética para a civilização tecnológica e uma teoria da responsabilidade construída em torno das categorias de bem, de dever e de ser entrelaçadas.[9]

2. ORIGEM E EVOLUÇÃO HISTÓRICA

A origem e evolução da responsabilidade civil são demonstrações da historicidade do direito, entendida esta no sentido de temporalidade, como característica de algo pretérito que, apesar de ter um passado, continua a ter importância e repercussão. Significa isso que a matriz e o fundamento do direito estão na história. "Tudo quanto se refere ao direito só pode ser conhecido na sua historicidade, que nos mostra ter-se o direito civil formado gradativamente, nos seus conceitos, categorias e normas, desde os primórdios da civilização ocidental, com o direito romano, até transformar-se em um dos mais importantes ramos da ciência jurídica", levando também a reconhecer-se que a doutrina civilista, que se esmerou na construção de institutos e teorias, se oferece como parte geral de todas as disciplinas jurídicas.[10]

---

6. MORA, José Ferrater. *Diccionario de Filosofia*, Tomo II, Buenos Aires, Editorial Sudamericana, 1975, p. 570.
7. GIULIANE, Alessandro. Imputation et justification, *Archives de Philosophie du Droit*, tome 22, Paris, Sirey, 1977, p. 85.
8. ROCHFELD, Judith. *Les grandes notions du droit privé*, Presses Universitaires de France, Paris, 2011, p. 481.
9. BINGERMER, Maria Clara Lucchetti. *Apresentação* do livro *O Princípio Responsabilidade: ensaio de uma ética para a civilização tecnológica*, Rio de Janeiro, Editora PUC-Rio, 2011.
10. IRTI, Natalino. *Introduzione allo studio del diritto privato*, terza edizione, Torino, Giappichelli, 1976, p. 39.

No processo evolutivo da responsabilidade civil distinguem-se três fases distintas: o *direito romano* em senso estrito, a *idade moderna*, culminando com o Código Civil francês, e a *fase contemporânea*, com os códigos atuais.[11]

Quanto ao direito romano, sua presença no direito brasileiro é incontestável. No Código Civil de 1916, quatro quintos dos seus artigos eram expressão desse histórico direito,[12] haurido diretamente das fontes ou, indiretamente, por meio das legislações que nele se nutriram e depois se constituíram em fontes da codificação brasileira como foram o Código Civil francês, o italiano, o alemão.[13]

O direito romano não conheceu o problema e a disciplina da responsabilidade civil como atualmente se apresenta no direito ocidental, mas nele já se encontrava a origem, no que respeita ao fato determinante do surgimento da obrigação de indenizar. Essa origem estaria no termo *responsus* particípio passado de *respondere*, que significava apresentar-se como responsável, e que devia ligar-se a *sponsio*, modalidade primitiva do contrato verbal de estipulação, *stipulatio*, originariamente um procedimento de caução reservada aos cidadãos romanos, consistente em uma interrogação do credor seguida de uma resposta do devedor *spondeo*. O *sponsor* não era o devedor, era o garantidor, que assumia perante o credor os efeitos do descumprimento do devedor (D,50,16,7).[14] *Sponsor* era então a pessoa que, devedor principal ou fiador, se encontrava obrigado para com outra em virtude de uma estipulação realizada sob a forma de *sponsio*, de que derivaria o latim *respondere* e, posteriormente, *responsabilité*, que aparece no idioma francês, no século XVIII, admitido pela Academia Francesa em 1798.

Na idade média, com o Cristianismo e, mais tarde, os canonistas interpretando os textos romanos à luz da moral cristã, separando o aspecto penal do civil, chega-se a uma síntese das soluções romanas com os princípios da moral cristã, e elabora-se o princípio clássico segundo o qual cada um deve responder pelos atos culposos que praticar, e que produzam um dano injusto a outrem. Fica, assim, estabelecida, a noção de responsabilidade e o seu fundamento, a culpa, tipicamente consubstanciada no ato ilícito praticado fora de uma relação jurídica preexistente (ilícito extracontratual). Nesse contexto, passou a considerar-se ato ilícito o que afetava apenas os direitos absolutos de outrem, enquanto a ofensa a direitos relativos caracterizaria o inadimplemento contratual, levando à clássica distinção entre responsabilidade extracontratual ou aquiliana e responsabilidade contratual.

Na época moderna, por influência de Domat e Pothier, o Código Civil francês preferiu o adjetivo *responsable* que responde, que garante, derivado do latim *responsus*, particípio passado de *respondere*. Em português, *responsável* aparece em 1789 no *Diccionário da Língua Portuguesa*, de António de Morais Silva, 1ª edição, Lisboa.

No direito brasileiro, instituiu-se a responsabilidade de civil no Código Civil de 1916, tendo como fato gerador o ato ilícito, definido no respectivo artigo 159 como violação de direito ou o dano causado a outrem por dolo ou culpa, sendo a verificação da culpa e a avaliação da responsabilidade regulada pelo disposto nos artigos 1.518 a 1.532 e 1.537

---

11. Seja-me permitido recorrer aqui à mesma matéria por mim tratada no meu livro *Direito Civil*. Introdução, 10. ed. São Paulo, Editora Saraiva, 2018.
12. Abelardo Lobo, *Curso de Direito Romano*, Rio de Janeiro, Tip. Álvaro Pinto, 1931, v. 1.
13. Clóvis Beviláqua, *Código Civil dos Estados Unidos do Brasil Comentado. Edição histórica*, Rio de Janeiro, Editora Rio, 1976, p. 425.
14. ARMARIO, Faustino Gutierrez-Alvis y. *Diccionario de derecho romano*. Madrid, Editorial Reus, 1976, p. 644.

a 1.553 do mesmo Código. Na elaboração desse artigo fundamental, o legislador baseou-se no Digesto e no Codex do direito romano, e nos Códigos Civis vigentes na época da codificação civil brasileira.[15]

No Código Civil atual, (Lei 10.406 de 10 de janeiro de 2002), o instituto da responsabilidade mantém, como objeto, a relação decorrente de ato ilícito, contratual ou extracontratual. Enquanto para a doutrina o ato ilícito é todo aquele contrário à norma jurídica, imposta pelo Estado (lei) ou pela autonomia privada (contrato), o Código Civil brasileiro restringe o respectivo significado, limitando-o ao teor do art. 186, que define o ato ilícito de modo mais sintético do que o Código anterior, dele separando o ilícito contratual, ou inadimplemento obrigacional, referido no art. 389. O Código Civil brasileiro tem, assim, dois sistemas distintos, o que resulta de ato ilícito e o que resulta da inexecução contratual. A expressão "responsabilidade civil" significa, de ordinário, o primeiro, a que se referem os arts. 186 e 927, já o sistema da contratual está nos art. 389 e ss., compreendendo ainda a disciplina da mora (CC, arts. 394 a 401).

Na fase contemporânea, com a revolução industrial e tecnológica, a difusão dos meios de transporte, a complexidade crescente das relações sociais, o desenvolvimento da civilização, enfim, surgem novas condições de vida e, com isso, a proliferação dos acidentes e a multiplicação das demandas judiciais, o princípio da culpa mostra-se insuficiente como fundamento da obrigação de indenizar. Surge a concepção de que o dano deve ser indenizado, independentemente da culpa do agente, ampliando-se os casos de responsabilidade civil não decorrentes de fato próprio do sujeito, mas provenientes do risco derivado da sua atividade econômica e produtiva. Desenvolve-se o sistema de seguros contra o risco de danos e com isso parte-se para a socialização da responsabilidade civil, transferindo-se ou repartindo-se com a sociedade o ônus da reparação dos prejuízos sofridos pelos indivíduos em razão de atividades econômicas que a todos beneficiam. Surge, também, a classificação da responsabilidade em subjetiva e objetiva, conforme se baseie, ou não, na culpa do agente. Assiste-se, enfim, ao declínio da responsabilidade individual, ao mesmo tempo em que se desenvolve o sistema da garantia coletiva, por meio dos seguros, num característico processo de socialização do dever de indenizar. No que diz respeito especificamente à normativa e à doutrina jurídica, surge uma teoria geral da responsabilidade civil, reunindo os princípios e os elementos comuns a todas as espécies aplicáveis a atividades que, mais frequentemente, geram a obrigação de indenizar.

Considerando-se hoje a pessoa humana como o valor fundamental da ordem jurídica, e seus aspectos essenciais de natureza física, moral e intelectual, objeto dos chamados direitos da personalidade, desprovidos de valor econômico, tem crescente importância o chamado dano moral, que resulta da violação desses bens jurídicos.

Outro tema atual da responsabilidade civil de natureza acentuadamente positivista é a análise econômica do direito, para a qual o objetivo da responsabilidade civil é minimizar os custos sociais dos acidentes culposos.

A análise econômica do direito é uma concepção doutrinária que surge inicialmente nos EUA, no início da década de 60, com o objetivo de "sistematizar os efeitos econômicos das regras jurídicas", estudando como o direito orienta o comportamento individual e em que medida atinge seus objetivos sem ser alterada pelos destinatários. Para os economistas

---

15. LOTUFO, Renan. *Código Civil Comentado*, São Paulo: Saraiva, 2003, arts. 186 e 927.

dessa escola, a primeira questão que se apresenta em relação a qualquer regra de direito é saber qual o objetivo que com ela se pretende atingir, o que obriga o jurista a formular o fim social da regra, para que se possa avaliar se ela é eficaz na realização de seu objetivo. Fundamento de análise econômica do direito é a teoria microeconômica, ou neoclássica, que estuda o comportamento dos agentes econômicos (indivíduos, produtores), ao contrário da análise macroeconômica, cujo objetivo é explicar como se determinam a produção, o investimento, o consumo etc., em escala nacional. No que diz respeito ao direito, a análise econômica é a aplicação da teoria neoclássica ao estudo dos comportamentos sociais regulados pelo direito, isto é, a função das regras jurídicas. A crítica mais acentuada que se faz a essa nova concepção é a sua natureza positivista, a sua indiferença quanto aos valores e critérios não racionais de escolha, a sua consideração do mercado como critério de legitimidade e as suas valorações exclusivamente econômicas.[16]

3. CONCLUSÃO

O estudo da origem e evolução da responsabilidade civil, como conceito e como instituto jurídico, deve levar em conta premissas de natureza histórica e filosófica.

Sendo o direito civil um direito de formação histórica e jurisprudencial, é na sua historicidade que se encontram os elementos que permitem compreender como a responsabilidade civil evoluiu e se configura hoje em face dos novos desafios da sociedade contemporânea, marcada pelo risco decorrente de uma atividade econômica lucrativa, surgindo a concepção de que o dano deve ser indenizado, independentemente da culpa de agente, mas proveniente do risco derivado da sua atividade econômica produtiva.

Como fundamento de natureza filosófica, hoje em menor grau de importância e consideração, teríamos as condições de liberdade e de imputabilidade do agente, conforme o pensamento kantiano, segundo o qual uma pessoa é responsável porque ela é livre para agir, tem consciência de seus atos.

Todas estas considerações foram objeto de uma superior consideração por parte de Renan Lotufo, no seu intenso magistério e na sua prática forense, pelo que lhe rendemos nosso preito de admiração e reconhecimento.

4. REFERÊNCIAS

ABBAGNANO, Nicola. *Dicionário de Filosofia*, São Paulo: Mestre Jou,1982.

Abelardo Lobo, *Curso de Direito Romano*, Rio de Janeiro, Tip. Álvaro Pinto, 1931, v. 1.

ALPA, Guido. *La cultura delle regole. Storia del diritto civile italiano*, Roma-Bari, 2000, XI.

BINGERMER, Maria Clara Lucchetti. *Apresentação* do livro *O Princípio Responsabilidade: ensaio de uma ética para a civilização tecnológica*, Rio de Janeiro, Editora PUC-Rio, 2011.

CABRAL, Roque. *Responsabilidade*, Logos, Enciclopédia, Luso Brasileira de Filosofia, 1992, v. 4, Lisboa/São Paulo, Editorial Verbo, p. 726.

Clóvis Beviláqua, *Código Civil dos Estados Unidos do Brasil Comentado. Edição histórica*, Rio de Janeiro, Editora Rio, 1976.

Faustino Gutierrez-Alvis y Armario, *Diccionario de derecho romano*. Madrid, Editorial Reus, 1976.

GHESTIN, Jasques; GOUBEUAUX, Gilles. *Traité de droit civil. Introduction générale*, 4. ed. Paris, LGDL, 1994.

---

16. GHESTIN, Jasques; GOUBEUAUX, Gilles. *Traité de droit civil. Introduction générale*, 4. ed. Paris, LGDL, 1994, p.176 ss.

GIULIANE, Alessandro. Imputation et justification, *Archives de Philosophie du Droit*, tome 22, Paris, Sirey, 1977, p. 85.

IRTI, Natalino. *Introduzione allo studio del diritto privato*, terza edizione, Torino, Giappichelli, 1976.

MORA, José Ferrater. *Diccionario de Filosofia*, Tomo II, Buenos Aires, Editorial Sudamericana, 1975.

Renan Lotufo, *Código Civil Comentado*, São Paulo: Saraiva, 2003, arts. 186 e 927.

ROCHFELD, Judith. *Les grandes notions du droit privé*, Presses Universitaires de France, Paris, 2011.

Seja-me permitido recorrer aqui à mesma matéria por mim tratada no meu livro *Direito Civil. Introdução*, 10. ed. São Paulo, Editora Saraiva, 2018.

VINEY, Geneviève. *Introduction à la responsabilité*, 3. ed. Paris, LGDJ, 2008.

YÁGÜEZ, Ricardo de Angel. *Algumas previsiones sobre el futuro de la responsabilidad civil*, Madrid, Editorial Civitas, 1995.

EXISTE UMA TEORIA GERAL DA RESPONSABILIDADE CIVIL?

Fernanda Ivo Pires

Doutora e mestre em Direito Civil pela PUC-SP. Professora universitária. Autora de obras jurídicas. Associada fundadora do IBERC. Advogada.

Sumário: 1. Introdução. 2. Compreensão sistemática do Código Civil. 3. Unidade do ilícito e unidade do dano. 4. Unificação das responsabilizações negocial e extranegocial? 5. Considerações conclusivas. 6. Referências.

1. INTRODUÇÃO

Ao querido Professor Renan Lotufo, a minha eterna gratidão. Não há, entre os que foram iluminados pelos seus ensinamentos e seguiram nos estudos do Direito Civil, quem não esteja impregnado pelos valores que transmitiu.

Ensinamentos de Direito Civil, ensinamentos de vida. Pois, como teve oportunidade de afirmar: "direito privado é o direito da vida, da pessoa humana enquanto pessoa humana".

Tive a felicidade de encontrar o Professor Renan bastante cedo na minha vida acadêmica, aos 22 anos, recém-chegada da Bahia, quando iniciei o mestrado na PUC/SP e logo pude perceber a sua grandeza, não apenas no Direito, mas como ser humano. Uma frase marcou-me profundamente, especialmente em momentos de fragilidade em São Paulo: "você e seu irmão não estão sozinhos em São Paulo; têm em mim um pai". Acolhida que, aliás, também tive o privilégio de desfrutar da querida e doce Professora Maria Alice!

Foi uma honra receber a orientação do Professor Renan Lotufo no mestrado e de participar de diversas disciplinas de Direito Civil por ele ministradas. As quais, me recordo, embora bastante densas, deixavam sempre aquele sabor de querer começar de novo!

Revendo os ensinamentos do nosso querido Professor percebo o quanto se eternizou com suas lições, motivo que me leva a escrever sobre ele no tempo presente.

O presente trabalho tratará da estrutura da Responsabilidade Civil no ordenamento jurídico brasileiro, em particular, quanto à viabilidade de unificação da sua disciplina.

Solucionar a questão sobre uma possível Teoria Geral da Responsabilidade Civil está muito antes do tratamento da mesma como consequência, mas situa-se na busca da sistematização do Código Civil como opção legislativa e, ao mesmo tempo, indagar sobre os seus fundamentos.

2. COMPREENSÃO SISTEMÁTICA DO CÓDIGO CIVIL

O Professor Renan Lotufo, como defensor da nova codificação, trouxe para as diversas disciplinas de Direito Civil que lecionou na PUC/SP um profundo estudo do Código Civil de 2002, até mesmo no período em que ainda estava sob aprovação do Congresso Nacional.

Oportunidades em que discutia a sistemática e o espírito do diploma que estava por vir, sempre afirmando que um código "se faz código" e que o "Direito Civil não se inventa, recepciona-se", referindo-se à legitimação das suas disposições.

Certamente que, mesmo após o início da vigência do Código, a sua solidificação permanece em constante construção; particularmente, quando se refere a um instrumento recheado de diversos princípios, cláusulas gerais e conceitos legais indeterminados.

Em nenhum momento obscurece eventuais problemas presentes na codificação; pelo contrário, destaca os fundamentais papéis da doutrina e da jurisprudência nesta adequação:

> Daí por que, no mundo atual, não cabe mais pensar no juiz como mero locutor oficial da lei, mas sim, como participante da integração dos valores expressos nos princípios gerais, da dignidade da pessoa humana, da solidariedade social e nas formulações das cláusulas gerais, como da boa-fé objetiva, que ensejam a atualização e oxigenação permanente do ordenamento.[1]

Em importante consideração, assim afirma o Professor Renan Lotufo[2], sobre a responsabilidade das pessoas para concretizar o ideal de justiça presente na lei: "Enfim, estamos diante de um código que poderá ser tanto melhor quanto nós formos sujeitos ativos e úteis socialmente, com o que, consequentemente, estaremos fazendo um direito justo. Espero que assim seja, para que sejamos dignos de viver em sociedade."

Neste sentido que, em paralelo aos princípios da eticidade, socialidade e operabilidade, elencados por Miguel Reale como basilares do Código Civil de 2002, o Professor Renan Lotufo[3] ressalta, ainda, um quarto princípio, o da atividade:

> Este é um código que exige atores, não meros expectadores, ou detentores de *status*, isto é, exige que cada pessoa atue na conquista e na preservação do seu direito, sob pena de vê-lo suprimido, invalidado pela ineficácia decorrente da inércia.
>
> A presença permanente do requisito da atividade faz parte do viver em sociedade mantendo a individualidade.

A partir destes pensamentos, não se pode deixar de salientar as lições do Professor sobre a necessidade de analisar o diploma, em questão, sob o prisma constitucional. O que sempre faz com maestria, trazendo o que há de melhor na doutrina nacional e estrangeira. Neste particular, traz especial brilho para o pioneirismo de Clóvis Beviláqua, o qual, em 1935, referindo-se à Constituição de 1934, afirmou que "todo o direito de um povo dado se move, necessariamente, dentro do círculo da sua organização política", sendo que as "Constituições são fontes primarias do direito positivo".[4]

Pensando em estrutura legislativa, a Responsabilidade Civil não possui um livro específico no Código Civil, como há para o Direito das Coisas ou o Direito de Família. Talvez esta tenha sido a melhor estratégia, pois, como se vê, tal matéria está presente em todo o Código, em todas as relações e para além dele.

---

1. LOTUFO, Renan. A responsabilidade civil e o papel do juiz no Código Civil de 2001. In DONNINI, Rogério (Coord.). *Responsabilidade civil*: estudos em homenagem ao professor Rui Geraldo Camargo Viana. São Paulo: Ed. RT, 2009, p. 458.
2. LOTUFO, Renan. A codificação: o Código Civil de 2002. In: LOTUFO, Renan; NANNI, Giovanni Ettore (Coord.) *Teoria geral do direito civil*. São Paulo: Atlas, 2008, p. 100.
3. *Código Civil comentado*: parte geral (arts. 1º ao 232). v. I. 3.ed. São Paulo: Saraiva, 2016, p. 32.
4. BEVILÁQUA, Clóvis. A Constituição e o Código Civil. *RT* 97, set. 1935, p. 31-38 apud LOTUFO, Renan. O pioneirismo de Clóvis Beviláqua quanto ao direito civil constitucional. *RT* n. 768. São Paulo: Ed. RT, out. 1999, p. 751.

O que se pode observar são três artigos na parte geral, que tratam do ilícito; diversos artigos ao longo de matérias específicas e, pontualmente, o título IX do livro de obrigações, o qual trata de responsabilidade civil em sentido estrito.

Cumpre ressaltar que a disciplina da Responsabilidade Civil não se confunde com responsabilização. Vai muito além disso, compreendendo específicas modalidades, com os respectivos pressupostos, variadas funções e inspirada por princípios fundamentais.

Voltando para a estrutura da codificação, entende-se que a sua parte geral traz os subsídios para todos os livros da parte especial, ofertando as premissas de uma relação jurídica: pessoas, bens e fatos jurídicos. Esta questão, inclusive, foi enfrentada por Moreira Alves na defesa da manutenção da Parte Geral no Código Civil.[5]

Sendo assim, o ilícito civil, como fato jurídico, apresentado na parte geral do Código, terá como consequência a possibilidade de ser observado em qualquer situação relacional.

Na perspectiva da interpretação sistemática da Responsabilidade Civil, ainda é possível apontar, como princípio fundante, o *neminem laedere*[6] (obrigação de não lesar outrem); o qual é notado não apenas no Código Civil, como também na Constituição Federal (especialmente no inciso XXXV, do art. 5°)[7] e, indubitavelmente, está presente em qualquer relação jurídica civil, seja ela negocial ou extra negocial.

3. UNIDADE DO ILÍCITO E UNIDADE DO DANO

Considerar algo como teoria geral, anseia a demonstração de uma generalidade que possa, ao mesmo tempo, ter esta característica e dar unidade à matéria. Como destaca Miguel Reale[8]:

> A ciência opera sempre uma generalização e, em certo sentido, só há ciência do geral, ou melhor do genérico. As generalizações da ciência, porém, tornam possível uma explicação mais geral ainda, pondo a exigência de certas generalidades que não comportem redução a uma generalidade mais ampla. Quando atingimos explicações tão gerais que não seja possível pensá-las mais gerais ainda, dizemos que atingimos explicações universais. É por isso que podemos dizer que a ciência é conhecimento do genérico, ao passo que a Filosofia é conhecimento do universal.

A primeira diretiva a ser seguida é quanto à previsão de ilicitude no Código Civil que, como visto, por estar descrita na parte geral, está apta a ser aplicada em quaisquer das relações jurídicas existentes na parte especial. Neste sentido, assevera o Professor Renan Lotufo[9]:

> O fato é que comportamento que contrarie o mandamento de norma tipifica uma ilicitude, por isso podemos dizer que o ilícito civil é a transgressão de um dever jurídico, quer legal, quer negocial.
>
> (...)

---

5. ALVES, José Carlos Moreira. *A parte geral do projeto de Código Civil brasileiro.* 2. ed. São Paulo: Saraiva, 2003, p. 17.
6. Neste sentido, conferir Ricardo Luís Lorenzetti: "Ya no se admite un distingo basado en que en uno se viola la autonomía privada y en el otro el deber genérico de no dañar, porque es claro que en el contrato hay también numerosas normas impuestas que impregnan al mismo de los valores colectivos que sustentan al "neminen laedere". (La responsabilidad civil. *Revista de Direito do Consumidor.* v. 46. São Paulo: Ed. RT, abr - jun / 2003, p. 69). Cf. ainda DIAS, José de Aguiar. *Da responsabilidade civil.* v. I. 3. ed. Rio de Janeiro: Forense, 1954, p. 145.
7. "XXXV – a lei não excluirá da apreciação do Poder Judiciário lesão ou ameaça a direito".
8. REALE, Miguel. *Filosofia do Direito.* 19. ed. São Paulo: Saraiva, 1999, p. 65.
9. *Curso avançado de direito civil.* v. 1: parte geral. In CAMBLER, Everaldo Augusto (Coord.). São Paulo: Ed. RT, 2002, p. 271.

Como vimos, o dever jurídico pode estar previsto diretamente na norma jurídica legal, como pode estar previsto em hipóteses de incidência mais concreta, como a de norma contratual, negocial, em razão de pela autonomia privada haverem as partes se relacionado, obrigando-se frente à outra.

Assim, ainda que se diga não ser possível equiparar uma ilicitude contratual ao descumprimento de um dever legal, o Professor[10] lembra que, por trás de todo contrato, existe uma lei que lhe impulsiona.

Seria o ato ilícito aquele vértice comum a todas as hipóteses de responsabilidade civil? Em boa parte das vezes sim, já que o ilícito clássico (pautado na culpa – art.186), ou o abuso do direito (art. 187) são situações que podem estar presentes na generalidade das relações civilísticas. Mas nem todas as vezes em que ocorre a responsabilização há um ato ilícito correspondente, como na hipótese do estado de necessidade e nos casos de imputação objetiva, em que é observada uma abstração maior, um fato lesivo, que não um ato ilícito.[11-12]

Em breve observação sobre a definição de ato ilícito, a doutrina clássica compreende que, na sua configuração, é necessária a presença da culpa; o que encontraria obstáculo na colocação do abuso do direito em sua concepção objetivista como se faz no artigo 187.

A flexibilidade da Responsabilidade Civil traz, ao mesmo tempo, enorme beleza e dificuldade de assentar as suas bases. Por isso, o verbo mais adequado para lhe definir elementos talvez seja "estar" e não "ser". Ou seja, em diversos momentos, a definição de um instituto irá variar de acordo com o tempo e o espaço, tendo particular atenção quanto à opção legislativa adotada.

Como destaca Alexandre Guerra[13], "[e]m comum, os arts. 186 e 187 do Código vigente trazem a noção de ato violador de direitos ou valores tutelados pelo ordenamento jurídico". Ou seja, o Código Civil traz duas modalidades de ilícito, o primeiro pautado na culpa e o segundo considerado objetivamente.[14]

Inobstante traga enorme ponto de convergência, não é possível se ater apenas à composição do ilícito para dar unidade sistemática à Responsabilidade Civil, haja vista que, em grande medida, como dito, houve a adoção, pelo legislador de 2002, da imputação objetiva, pautada nos princípios da equidade e da solidariedade.

O elemento fundante da Responsabilidade Civil na atualidade "está" com o dano, compreendido de maneira ampla, como aquele que impede um equilíbrio relacional.[15-16]

---

10. Lotufo, CC comentado, art. 1° a 232, p. 574. Cf. no mesmo sentido – Caio Mário diz que como o contrato é uma fonte formal de direito, "a contravenção às duas cláusulas importa em sujeitar o inadimplente a responder por sua infração" (p. 321).

11. PIRES, Fernanda Ivo. *Responsabilidade civil e o aspecto punitivo da reparação*. Curitiba: Juruá, 2014, p. 66 e ss.

12. Agostinho Alvim: "A responsabilidade pode ser contratual ou extracontratual, e qualquer delas pode fundar-se na culpa, ou no risco". (*Da inexecução das obrigações e suas consequências*. 4. ed. São Paulo: Saraiva, 1972, p. 138).

13. GUERRA, Alexandre. *Responsabilidade civil por abuso do direito*. São Paulo: Saraiva, 2011, p. 269.

14. Felipe Peixoto Braga Netto trata do ilícito sob a perspectiva da Teoria Geral do Direito e conclui: "o direito civil trabalha com tipos abertos (o ilícito civil é ato contrário ao direito que viola princípios e normas pertinentes à sua sistemática)" (*Teoria dos ilícitos civis*. Belo Horizonte: Del Rey, 2003, p. 76).

15. Observar importante consideração de Nelson Rosenvald, Felipe Peixoto Braga Netto e Cristiano Chaves: Essa é a razão pela qual – não obstante localizados no capítulo do inadimplemento das obrigações – os arts. 402 e 403 do Código Civil sirvam também ao estudo do dano patrimonial e do nexo causal da responsabilidade civil. (*Novo tratado de responsabilidade civil*. 4. ed. São Paulo: Saraiva, 2019, p. 86).

16. Segundo Mazeaud e Mazeaud, o dano está na essência da responsabilidade civil seja contratual ou extra contratual (*Traité théorique et pratique de la responsabilité civile délictuelle et contractuelle*, t. I. 3 ed. Paris: Librarie du Recuel Sirey, 1938, p. 260-261). Cf. ainda Jorge Mosset Iturraspe, para quem o dano é centro de gravidade do sistema (*Responsabilidad por daños*. tomo I – parte general. Santa Fé: Rubinzal–Culzoni, 2004, p. 493).

Neste sentido, após dissertar sobre as teorias monista e dualista da Responsabilidade Civil, Jorge Bustamante Alsina[17] afasta a centralidade da culpa e traz a transcendência do dano, para o que denomina "unidade do fenômeno ressarcitório", o qual "conduce a través del elemento del daño a la concepción unitária de la responsabilidade civil".[18]

Para Henri Lalou[19], a responsabilidade civil pressupõe um dano, posto que os direitos de cada pessoa possuem limites, sendo estes fixados por lei ou por um contrato. Daí que "exceder estes limites geram, em caso de dano, responsabilidade civil".

Sem querer trazer o tratamento do tema à exaustão, seguem ainda as lições de Caio Mario da Silva Pereira[20], segundo o qual "quando se tem em vista a efetiva reparação do dano, toma-a o direito ao seu cuidado, e constrói a teoria da responsabilidade civil". "Em qualquer circunstância, onde houver a subordinação de um sujeito passivo à determinação de um dever de ressarcimento, aí estará a responsabilidade civil". Assim,

> O desenvolvimento da teoria da responsabilidade civil consolidou a responsabilidade civil das pessoas jurídicas de direito privado, a do abuso do direito, a responsabilidade pelo dano ecológico, pelo dano atômico, pelo risco bancário; acompanhou de perto o progresso técnico para alcançar a informática e a responsabilidade consequente.

4. UNIFICAÇÃO DAS RESPONSABILIZAÇÕES NEGOCIAL E EXTRANEGOCIAL?

Identificada a unidade de causas quanto às responsabilidades negocial e extra negocial; convém verificar se também há unificação quanto às suas consequências.

Antes, porém, cumpre esclarecer que a responsabilidade negocial não surge na formação do negócio jurídico, mas do descumprimento da obrigação em decomposição da situação jurídica.[21]

Há uma tendência em pretender a unificação quanto aos efeitos das responsabilidades negocial e extra negocial[22-23], semelhante ao que ocorre na relação consumerista. Segundo

---

17. *Teoría general de la responsabilidade civil*. Buenos Aires: Abeledo-Perrot, 1997, p. 97.
18. Ainda segundo Jorge Bustamante Alsina: "Todo esquema de responsabilidade civil se integra com los siguientes elementos esenciales: antijuridicidad, daño, relación de causalidade entre el hecho antijurídico y su consecuencia danosa y um fator atributivo de responsabilidade que le sirve de justificación ético-juridica, ya sea subjetivo u objetivo". (ibidem, p. 99). Cf. também José de Aguiar Dias, o qual aponta quatro exigências comuns a todos os casos de responsabilidade civil: a) o dano; b) nexo de causalidade entre o fato gerador e o dano; c) a força maior e a culpa exclusiva da vítima possuem efeito preclusivo sobre o nexo causal; d) autorizações judiciárias e administrativas não constituem motivo de exoneração de responsabilidade. (op. cit., p. 120-121).
19. "Les droits de chacun on, en effect, une limite; et cette limite ne peut avoir été fixée que par la loi ou par un contract. Excéder cette limite engendre, en cas de préjudice, une responsabilité civil" (*Traité pratique de la responsabilité civil*. 4. ed. Paris: Daloz, 1949, p. 2).
20. PEREIRA, Caio Mário da Silva. *Responsabilidade civil*. 12. ed. rev. atual., e ampl. por Gustavo Tepedino. Rio de Janeiro: Forense, 2018, p. 13-14.
21. Cf. DIAS, José de Aguiar, op. cit., p. 146.
22. Mosset Iturraspe assinala que este movimento se observou na Argentina "a partir del Projecto de 1987, Luego ley 24.032, derrogada en virtude del veto presidencial por decreto 2719/91. El Projecto de '87 derroga el artículo 1107 que constituye el principal obstáculo formal para la unificación de los regímenes. Supera así mismo, los denominados 'escollos mayores': la extensión del resarcimiento y los plazos de prescripción. Las *XII Jornadas Nacionales de Derecho Civil* – evento máximo de los doctrinarios argentinos – celebradas em San Carlos de Bariloche, em abril de 1989, por su Comissión Nº2, recomendaron *de lege ferenda*: '1. Corresponde eliminar cualquier diferencia que medie entre las órbitas contractual y extracontractual, suprimiendo cualquier obstáculo que dificulte la efectiva reparación de todo daño que se halle em relación de causalidad adecuada, y resulte injustamente sufrido por la victima (unanimidad)'." (Op. cit., p. 491) Tendência que parece concretizada no atual Código Civil argentino (Ley 26.994 de 2015), em especial, pelas previsões dos artigos 1716, 1748, 2561.
23. Cf ainda FRITZ, Karina Nunes: O que se percebe, em verdade, na Europa é o abandono da tese monista e uma discussão acerca da existência – ou não – de um terceiro gênero de responsabilidade, fundado na confiança e situado em uma zona cinzenta entre o contrato e o delito (ato ilícito absoluto). Trata-se da chamada responsabilidade pela confiança (Ver-

Cláudia Lima Marques[24], a unificação promovida pelo CDC se faz necessária porque disciplina matérias relativas ao próprio contrato e relativamente à informação do produto e do serviço, como também ao posicionamento de terceiro frente ao vício do produto ou do serviço e dos deveres pós-contratuais (exemplo da assistência médica no pós-operatório). Além do que, prevê a possibilidade de o consumidor acionar o fabricante, ainda que não tenha uma relação contratual com este. Em complementação:

> Note-se que a ciência do direito para proteger convenientemente a confiança despertada pela atuação dos fornecedores no mercado *terá de superar a summa divisio entre a responsabilidade contratual e extracontratual, e o fará revigorando a figura dos deveres de boa-fé* (Nebenpflichten). Estes são os deveres de conduta, deveres de boa-fé presentes nas relações sociais mesmo antes da conclusão de contratos, presentes mesmo depois de exauridas as prestações principais ou em caso de contratos nulos ou inexistentes. Em verdade, *os deveres anexos de cuidado, de informação, de segurança e de cooperação estão presentes em todas as relações, mesmo as extracontratuais, pois são deveres de conduta humana* (Verkehrspflichten), só indiretamente (ou eventualmente) dirigidos à prestação contratual" (sem destaques no original).

Cabe ressaltar, entretanto, nos moldes atuais do Código Civil, que a Teoria Geral da Responsabilidade Civil se encontra nos seus fundamentos, princípios e funções, não alcançando necessariamente os seus efeitos, como bem destaca o Professor Renan Lotufo[25].

Neste sentido, pondera Ricardo Luis Lorenzetti[26]: La doctrina fue elaborando poco a poco unos principios fundamentales que dan unidad sistemática a la materia a partir de concebir al daño como el centro de gravedad del sistema.

Como principais elementos diferenciais entre as hipóteses de responsabilização, enumeram-se:

1) as cláusulas de não indenizar ou de responsabilidade atenuada, somente possuem efeito na esfera contratual;

2) quanto à possibilidade de se pré-fixar indenização contratual, isto não se verifica na responsabilidade em sentido estrito;

3) enquanto a solidariedade pode ser estipulada voluntariamente entre os devedores contratuais; no ilícito, a mesma somente pode ocorrer em virtude de lei;

4) quanto à constituição em mora do devedor[27];

5) quando se tratar de um devedor menor de idade[28];

6) quanto aos prazos de prescrição[29];

---

trauenshaftung), sistematizada pioneiramente por Claus-Wilhelm Canaris, em tese de livre-docência apresentada na Universidade de Munique, em 1970. (A crise na dualidade da responsabilidade civil. In *Revista IBERC*. v.2, n. 1, p. 01-04, jan.-abr./2019).

24. *Contratos no Código de Defesa do Consumidor*. 3. ed. São Paulo: Ed. RT, 1998, p. 574-575.

25. *Curso avançado de direito civil*, p. 273-274.

26. Op. cit., p. 68

27. "Art. 397. O inadimplemento da obrigação, positiva e líquida, no seu termo, constitui de pleno direito em mora o devedor. Parágrafo único. Não havendo termo, a mora se constitui mediante interpelação judicial ou extrajudicial." "Art. 398. Nas obrigações provenientes de ato ilícito, considera-se o devedor em mora, desde que o praticou".

28. Em matéria de negócio jurídico, estabelece o artigo 180 do Código Civil: "O menor, entre dezesseis e dezoito anos, não pode, para eximir-se de uma obrigação, invocar a sua idade se dolosamente a ocultou quando inquirido pela outra parte, ou se, no ato de obrigar-se, declarou-se maior". Já no caso da responsabilidade civil em sentido estrito, por aplicação do disposto no artigo 928 do mesmo diploma, o menor incapaz (absoluta ou relativamente) apenas "responde pelos prejuízos que causar, se as pessoas por ele responsáveis não tiverem obrigação de fazê-lo ou não dispuserem de meios suficientes'.

29. O Código Civil, em seu art. 206, determina os seguintes prazos: §3, V, – 3 anos para reparação civil §5, I, – 5 anos para dívidas líquidas constantes de instrumento público ou particular; e o art. 205 estabelece a regra geral de 10 anos. Cf. também STJ EREsp 1281594 / SP.

7) quando se refere ao foro competente para dirimir eventuais conflitos[30];

8) quanto à distribuição do ônus da prova[31-32];

9) quanto à gradação da culpa em que, na responsabilidade extra negocial, somente excepcionalmente será levado em consideração o parágrafo único do art. 944 do CC; mas na relação negocial, "a gradação da culpa será em alguns casos fator prévio e abstrato de isenção de obrigação de indenizar"[33]

Fernando Noronha[34] ao dissertar sobre a expansão dos danos suscetíveis de reparação, da objetivação e da coletivização, coloca a Responsabilidade Civil como direito comum de reparação de danos. E complementa: "fica claro ser ela fonte complementar da regulamentação jurídica tanto da responsabilidade negocial como dos regimes especiais".

Assim, verificada a unificação de pressupostos da responsabilidade civil, compreende-se que não traz, em si, uma necessária padronização dos seus efeitos ou formatos de responsabilização, os quais surgem na parte especial do Código (livro de obrigações) como subespécies: negocial (título IV) e extra negocial (título IX). O que não impede, contudo, previsão de sanções específicas em consonância com relações jurídicas pontuais (ex.: perda de poder familiar; ausência de indenização por benfeitorias necessárias e voluptuárias quando ao possuidor de má-fé; deserdação etc.).

5. CONSIDERAÇÕES CONCLUSIVAS

A Teoria Geral da Responsabilidade Civil encontra o ponto de confluência nos seus princípios e funções basilares; bem como nos seus pressupostos: na obrigação geral de restabelecer o equilíbrio perdido em qualquer que seja a relação jurídica privatística e, em boa parte dos casos, na configuração também de ilícito (conforme concepção atual do CC de 2002).

Compreender uma Teoria Geral da Responsabilidade Civil, no entanto, não significa encontrar solução uníssona, como único caminho para qualquer tipo de dano. Assim não é para as situações de subjetividade ou de imputação objetiva; assim também não ocorre nas responsabilizações negocial e extra negocial. Do contrário, haveria de se fazer uma alteração das soluções postas atualmente pelo Código Civil.

Unificar o dano como pressuposto elementar da Responsabilidade Civil, por outro lado, não se quer restringir o campo de atuação desta como mera reparabilidade de danos.

---

30. Como regra, tem-se, no Código de Processo Civil, art. 53, III, d, – lugar "onde a obrigação deve ser satisfeita, para a ação em que se lhe exigir o cumprimento"; IV, a, – o lugar do ato ou fato "para a reparação de dano".

31. Neste caso, convém lembrar que o CPC de 2015, art. 373, traz a distribuição dinâmica do ônus da prova, o que permite uma maior aproximação entre as duas hipóteses de responsabilização.

32. Cf. Gustavo Tepedino, para quem a dicotomia entre as responsabilizações perde cada vez mais a importância, embora o Código Civil dê tratamento diferenciado. Segundo o autor: "a aproximação entre os sistemas de responsabilidade civil é reforçada não apenas pela unidade conceitual genérica da responsabilidade civil e pelos idênticos efeitos produzidos por ambas as espécies de responsabilidade – sujeição do agente ao dever de ressarcir os prejuízos causados –, mas também pela dinâmica distribuição da carga probatória, relativizando uma das principais diferenças até então apontadas". (TEPEDINO, Gustavo; TERRA, Aline de Miranda; GUEDES, Gisela Sampaio da Cruz. *Fundamentos do direito civil*: Responsabilidade civil. v. 4. Rio de Janeiro: Forense, 2020, p. 12).

33. Cf. ROSENVALD, Nelson et al, op. cit., p. 84-86.

34. Desenvolvimentos contemporâneos da responsabilidade civil. *Revista dos Tribunais*. RT 761. São Paulo: Ed. RT, março de 1999.

Existem diversas maneiras de responsabilização que perpassam, inclusive, por funções preventivas e precaucionais.

Por fim, rendo as minhas últimas homenagens ao querido professor Renan Lotufo que nos deixa, ao mesmo tempo, enorme saudade e a alegre gratidão de ter tido o privilégio da sua convivência.

6. REFERÊNCIAS

ALSINA, Jorge Bustamante. *Teoría general de la responsabilidad civil*. Buenos Aires: Abeledo-Perrot, 1997.

ALVES, José Carlos Moreira. A *parte geral do projeto de Código Civil brasileiro*. 2. ed. São Paulo: Saraiva, 2003.

ALVIM, Agostinho. *Da inexecução das obrigações e suas consequências*. 4. ed. São Paulo: Saraiva, 1972.

BRAGA NETTO, Felipe Peixoto. *Teoria dos ilícitos civis*. Belo Horizonte: Del Rey, 2003.

DIAS, José de Aguiar. *Da responsabilidade civil*. v. I. 3. ed. Rio de Janeiro: Forense, 1954.

FRITZ, Karina Nunes. A crise na dualidade da responsabilidade civil. In *Revista IBERC*. v.2, n. 1, p. 01-04, jan.-abr./2019. Disponível em: https://revistaiberc.responsabilidadecivil.org/iberc/article/view/17/14. Acesso em: 02.10.2020.

GUERRA, Alexandre. *Responsabilidade civil por abuso do direito*. São Paulo: Saraiva, 2011.

LALOU, Henri. *Traité pratique de la responsabilité civil*. 4. ed. Paris: Daloz, 1949.

LORENZETTI, Ricardo Luís. La responsabilidad civil. In *Revista de Direito do Consumidor*. v. 46. São Paulo: Ed. RT, abr - jun / 2003.

LOTUFO, Renan. A codificação: o Código Civil de 2002. In LOTUFO, Renan; NANNI, Giovanni Ettore (Coord.) *Teoria geral do direito civil*. São Paulo: Atlas, 2008.

LOTUFO, Renan. A responsabilidade civil e o papel do juiz no Código Civil de 2001. In DONNINI, Rogério (Coord.). *Responsabilidade civil*: estudos em homenagem ao professor Rui Geraldo Camargo Viana. São Paulo: Ed. RT, 2009.

LOTUFO, Renan. *Código Civil comentado*: parte geral (arts. 1° ao 232). v. I. 3. Ed. São Paulo: Saraiva, 2016.

LOTUFO, Renan. *Curso avançado de direito civil*. v. 1: parte geral. In CAMBLER, Everaldo Augusto (Coord.). São Paulo: Ed. RT, 2002.

LOTUFO, Renan. O pioneirismo de Clóvis Beviláqua quanto ao direito civil constitucional. *RT* n. 768. São Paulo: Ed. RT, out. 1999.

MOSSET ITURRASPE, Jorge. *Responsabilidad por daños*. tomo I – parte general. Santa Fé: Rubinzal–Culzoni, 2004.

MARQUES, Claudia Lima. *Contratos no Código de Defesa do Consumidor*. 3. ed. São Paulo: Ed. RT, 1998.

MAZEAUD, Henri; MAZEAUD, Léon. *Traité théorique et pratique de la responsabilité civile délictuelle et contractuelle*, t. I. 3 ed. Paris: Librarie du Recuel Sirey, 1938.

NORONHA, Fernando. Desenvolvimentos contemporâneos da responsabilidade civil. *Revista dos Tribunais*. RT 761. São Paulo: Ed. RT, março de 1999.

PEREIRA, Caio Mário da Silva. *Responsabilidade civil*. 12. ed. rev. atual., e ampl. por Gustavo Tepedino. Rio de Janeiro: Forense, 2018.

PIRES, Fernanda Ivo. *Responsabilidade civil e o aspecto punitivo da reparação*. Curitiba: Juruá, 2014.

REALE, Miguel. *Filosofia do Direito*. 19. ed. São Paulo: Saraiva, 1999.

ROSENVALD, Nelson; BRAGA NETTO, Felipe Peixoto; FARIAS, Cristiano Chaves de. *Novo tratado de responsabilidade civil*. 4. ed. São Paulo: Saraiva, 2019.

TEPEDINO, Gustavo; TERRA, Aline de Miranda; GUEDES, Gisela Sampaio da Cruz. *Fundamentos do direito civil*: Responsabilidade civil. v. 4. Rio de Janeiro: Forense, 2020.

DANOS QUALIFICADOS CONSTITUCIONALMENTE E A FORMAÇÃO DA NORMA DE PROTEÇÃO DE DIREITOS FUNDAMENTAIS NO ÂMBITO DA RESPONSABILIDADE CIVIL

Fernando Rodrigues Martins

Doutor e Mestre em Direito (PUC/SP). Professor Adjunto IV da UFU. Professor Permanente do PPGD UFU. Pesquisador científico Max Planck Hamburgo (Alemanha). Diretor Presidente do Instituto Brasileiro de Política e Direito do Consumidor (BRASILCON). Promotor de Justiça em Minas Gerais

Claudia Lima Marques

Doutora em Direito (Universidade de Heidelberg), LL.M. (Tübigen) e Diploma de Estudos Europeus (Sarre, Alemanha). Professora Titular da UFRGS. Professora Permanente do PPGD UFRGS. Ex-Presidente do Brasilcon. Líder do Grupo de Pesquisa CNPq "Mercosul, Direito do Consumidor e Globalização". Pesquisadora 1 A do CNPq. Diretora do Observatório do Crédito e Superendividamento da UFRGS.

Sumário: 1. *Dimidium facti qui coepit habet: sapere aude.* 2. Integridade da responsabilidade civil no sistema jurídico: dogmática, adaptação, pluralismo e valores fundamentais. 3. Ilícitos constitucionais, danos qualificados constitucionalmente e metódica jusfundamental. 4. Considerações finais: a norma de proteção de direitos fundamentais enquanto produto complexo da responsabilidade civil: diálogo de fontes e legitimação decisória. 5. Referências.

1. *DIMIDIUM FACTI QUI COEPIT HABET: SAPERE AUDE*

'*Se começou, a metade da obra está pronta: ouse saber*', era essa a assertiva de Horácio.[1] Mais tarde a máxima ganhou novos contornos com a chegada do iluminismo, quando Kant exigiu da humanidade coragem para superar a 'menoridade' e alcançar o 'entendimento'.[2] O homenageado desta obra coletiva, Professor Doutor Renan Lotufo, construiu carreira sólida arrimada pelo conhecimento, pesquisa e justiça, sem covardia ou preguiça como criticava o adágio kantiano.

Enquanto advogado não apenas representou causas importantes, como consolidou liderança invejável na categoria, tanto que por duas vezes foi o candidato mais votado para composição de lista ao quinto constitucional do maior Tribunal de Justiça do país.

Como membro do Poder Judiciário proferiu decisões em época de plena revalorização do ordenamento jurídico que contava, exatamente, com a promulgação da Constituição de

---

1. Horácio. *Epistularum liber primus.* livro 1, carta 2, verso 40.
2. KANT, Immanuel. *Resposta à Pergunta: O Que é Esclarecimento.* Textos Seletos. Trad. Floriano de Sousa Fernandes. 8. ed. Petrópolis: Editora Vozes. 2012, p. 63.

1988, bem como início de vigência dos microssistemas. E neste contexto logo demonstrou invejável maestria para conduzir e decidir casos complexos que demandavam domínio de conteúdo, objetividade e efetividade. Não tardando em assumir a Presidência do extinto Primeiro Tribunal de Alçada do Estado de São Paulo, onde consolidou gestão baseada na duração razoável do processo e qualidade da prestação jurisdicional. Um orgulho para a magistratura e a advocacia!

Na academia, manteve destaque singular. Com mestrado em Direito Público e doutorado em Direito Privado afeiçoou-se detidamente à pesquisa sistêmica do direito, incorporando na Pontifícia Universidade Católica de São Paulo cátedras de natureza obrigatória (teoria geral do direito e filosofia do direito) e renovando a seara epistemológica das questões privadas ao adotar hermenêutica compreendida como '*direito civil constitucional*', linha essa, através da qual, orientou inúmeros juristas espalhados pelo país e influenciou com sabedoria, muitos outros. Exemplo raro de acadêmico, sempre afirmava que na relação entre professor e aluno, o papel do educador era semelhante à 'rampa de lançamento projetando-se o discípulo dos cadernos para o mundo'. Um modelo para muitos!

Em palavras poucas: ousou esclarecer, ousou deslindar e ousou saber *Sapere aude*.

2. INTEGRIDADE DA RESPONSABILIDADE CIVIL NO SISTEMA JURÍDICO: DOGMÁTICA, ADAPTAÇÃO, PLURALISMO E VALORES FUNDAMENTAIS

Para homenagear o mestre Renan Lotufo, escolhemos a responsabilidade civil e sua visão atual constitucional. A responsabilidade civil, enquanto disciplina analítica[3], tem escopo primordial na concreção das normas de proteção dos direitos fundamentais,[4] mesmo porque a Constituição ao qualificar danos diretamente e, via de consequência, atribuir a possibilidade do titular lesado buscar a imputação pelas lesões sofridas, não reduz em dispositivos detidos e específicos 'estruturas' e 'funções' essenciais à indenizabilidade ou às tutelas específicas assemelhadas.

Daí a importância do diálogo entre direito constitucional e direito privado[5], dado que a incompletude sistêmica, prontamente assumida, encontra na *unidade* imprescindível conexão[6] entre disposições legais e outras fontes e na *ordenação* a racionalização e finalidades do Direito.[7]

Não há dúvidas que as constituições pós-modernas, caracterizadamente cooperativas,[8] inauguraram densas transformações políticas, sociais e econômicas nos diversos espaços

---

3. JORGE, Fernando Pessoa. *Ensaio sobre os pressupostos da responsabilidade civil*. Coimbra: Almedina, 1968.
4. MIRAGEM. Bruno. *Direito civil*: responsabilidade civil. São Paulo: Saraiva, 2015, p. 68.
5. LOTUFO, Renan. O pioneirismo de Clóvis Beviláqua quanto ao direito civil constitucional. *RT*. v. 768. São Paulo: Ed. RT, p. 748-755. Frisa: "Com o advento da nossa Constituição de 1988 ocorreu um choque de perplexidade por passar a disciplinar diretamente matérias que até então eram de exclusivo tratamento pela lei ordinária, muito particularmente por tratar de matéria, até então objeto de regulação exclusiva do Código Civil".
6. LARENZ, Karl. *Metodologia da ciência do direito*. 3. ed. Lisboa: Fundação Calouste Gulbenkian, 1997, p. 372. Lembra: "o alcance de dada proposição jurídica só pode ser entendido também em conexão com a regulação total a que pertence e, para além disso, frequentemente, em conexão com outras regulações e com 'a relação em que estas se encontram entre si, é algo que se manifesta especialmente quando várias proposições jurídicas ou regulações concorrem entre si".
7. CANARIS, Claus-Wilhelm. *Pensamento sistemático e conceito de sistema na ciência do direito*. 2. ed. Lisboa: Fundação Calouste Gulbenkian, 1996, p. 86. Na expressão "sistema como ordem de valores".
8. HÄBERLE, Peter. *Estado Constitucional Cooperativo*. Rio de Janeiro: Renovar, 2007, p. 19. Diz o autor: " os pressupostos do desenvolvimento do Estado constitucional cooperativo somente podem ser apontados: Eles são, por um lado, resultado de sua construção por meio dos direitos fundamentais e dos direitos humanos. A 'sociedade aberta' adquire esse predicado

públicos e privados, assim como nas incontáveis relações 'inter' e plurissubjetivas. Nos lindes jurídicos os efeitos modificadores propiciaram a ressignificação (e mesmo criação) de inúmeros institutos, especialmente quando da positivação dos direitos e deveres fundamentais. A responsabilidade civil é nítido exemplo dessa ampla conversão, de um direito privado mais solidário.[9]

A despeito desse giro valorativo significante, as constituições frequentemente em diversas passagens temáticas carecem de demais dispositivos típicos contributivos à concretude de diversas normas de proteção inseridas no seu contexto, reconhecendo-se obviamente, para tanto, a abertura sistêmica e a vinculação do legislador.[10] É justamente sobre a formação da norma de proteção de direitos fundamentais no âmbito dos danos identificados na Constituição Federal que esse capítulo nesta obra coletiva cuida.

A verificação do imediatismo e automatismo com que as interações humanas são consolidadas e se desenvolvem na contemporaneidade reclama não apenas vigilância e alertas por parte dos operadores, senão constante readequação legislativa, respeito ao pluralismo jurídico, cuidado na fragmentação dos modelos científicos, sem se descurar, obviamente das bases verticais onde se assentam os valores fundamentais. Seguramente, a responsabilidade civil tem trânsito nestas premissas, vejamos.

A prudência dos *operadores*, na disciplina da reponsabilidade civil, refere-se ao vínculo do Direito com a dogmática, enquanto *obrigatoriedade de argumentar* e *obrigatoriedade de decidir*[11], isto porque mesmo que coexistam perspectivas críticas relevantes (como no caso da zetética)[12] e sobre isso ainda transcorra a observação '*a posteriori*' quanto à suficiência (fundamentabilidade) e eficácia (realizabilidade) da decisão tomada[13], seguem inalterados e exigíveis os valores de *ancoragem*[14] e de segurança jurídica, onde não pode haver vácuos para surpresas ou aproveitamento abusivo da linguagem legal, marcadamente sujeita a incertezas.

---

    somente quando também for uma sociedade aberta internacionalmente. Direitos fundamentais e humanos remetem o Estado e 'seus' cidadãos ao 'outro', ao chamado 'estrangeiro' ou seja, a outros Estados com suas sociedades ou cidadãos 'estrangeiros".

9. MARQUES, Claudia Lima; MIRAGEM, Bruno. *O Novo Direito Privado e a Proteção dos Vulneráveis*. São Paulo: Ed. RT, 2012, p. 210 e s.

10. CANOTILHO, José Joaquim Gomes. *Constituição dirigente e vinculação do legislador: contributo para compreensão das normas constitucionais programáticas*. Coimbra: Editora Coimbra, 2001, p. 196. A lição é milimétrica: "A abertura de uma constituição situa-se a dois níveis ou em dois momentos; (1) criação de uma ordem geral constitucional conscientemente incompleta (abertura horizontal); (2) regulação, da matéria constitucional de forma incompleta, 'abrindo-se' à atividade concretizadora infraconstitucional (abertura vertical)".

11. ADEODATO, João Maurício. *Filosofia do direito*: uma crítica à verdade na ética e na ciência (em contraposição à ontologia de Nicolai Hartmann). São Paulo: Saraiva, 2013, p. 49. Para quem, a *obrigatoriedade de argumentar* não pode refutar o ponto de partida que é o texto normativo, enquanto a *obrigatoriedade em decidir* reúne no Estado moderno o monopólio do direito. O acertado texto mencionado, encontra acréscimo em outras opiniões que verificam na pós-modernidade acréscimo respeitantes aos direitos espargidos setorialmente, inclusive mediante a racionalização própria e redução de complexidade, como no caso de Teubner, Gunther. Reflexive law, *Law & Society Review* 239/19, 1983.

12. STOCCO, Rui. *Responsabilidade civil no Código Civil Francês e no Código civil brasileiro (estudo em homenagem ao bicentenário do Código Civil Francês)*. Doutrinas essenciais de direito civil. v.4. São Paulo: Ed. RT, 2010, p. 917-985. Ver também: Kümpel, Vitor Frederico. *Noções gerais de direito e formação humanística*. São Paulo: Saraiva, 2012, p. 138. Neste sentido, alerta: "mais do que fornecer uma resposta para um determinado tema, cuida de problematizá-lo".

13. AZEVEDO, Plauto Faraco de. *Justiça distributiva e aplicação do direito*. Porto Alegre: Fabris, 1983, p. 48. Já então para critérios de justiça separando 'progresso' (crescimento desigual) de 'desenvolvimento' (transformação humana).

14. VILLELA, João Baptista. *Equilíbrio do contrato: os números e a vontade*. In: doutrinas essenciais de Obrigações e contratos. São Paulo: Ed. RT, 2011, p. 767-808.

A *readequação legislativa* é essencial para constante ajuste e transposição do direito de danos, conforme surgimento de novas demandas em diversos âmbitos da sociedade e do Estado, notadamente por três eixos preponderantes: i) *adaptabilidade pela geojuridificação*, quer pelas influências externas (convenções e resoluções oriundas de pautas humanitárias internacionais, diretivas transnacionais e ondas de recepção de direito estrangeiro)[15], quer pelas exigências internas (atendimento às necessidades regionalizadas e mutação de valores sociais); ii) *adaptabilidade pela inovação*, mediante exercício regulatório harmonioso entre custos e direitos[16], coordenando-se as atividades-meio institucionais (marcadamente pela eficiência das operações funcionais) com as atividades-fim jurídicas (fortemente pela efetividade de direitos fundamentais); e iii) *adaptabilidade pela transversalidade*, na composição de legislações capacitadas em remodelar conceitos multidisciplinarmente, com aplicação em todos segmentos (econômicos, políticos, públicos, privados, pessoais e coletivos). Estes eixos, em linhas gerais, permitem e auxiliam o investigador em separar as chamadas 'leis-espetáculos' das necessárias e corretas 'leis-práticas'.

Correlata à intensa e adequada produção legislativa situam-se as abrangentes fronteiras do *pluralismo jurídico*, com incisiva influência sobre a responsabilidade civil. É de observar que a clivagem básica fixada na premissa da formalidade (*fontes formais* e *fontes não formais*) tem por substituição critérios relevantes afeitos à *autoridade* (leis de ordem pública caracterizadas pela cogência) e à *razoabilidade* (argumentos que a despeito de não serem obrigatórios encontram bases convincentes e coerentes). Diversidades que qualificam e diferenciam pessoas e institutos geram conflitos internos com demais disposições e, via de consequência, o sistema deve agir 'acolhendo', superando eventual 'expulsão'.[17] O reconhecimento da hipercomplexidade do ordenamento, incorpora a Constituição, tratados internacionais de direitos humanos, finalidades das normas, usos e costumes vinculativos, com a advertência que leis não representam fontes únicas previstas na teoria do direito.[18]

E, justamente, tomando-se como causa o tecnicismo e as linguagens cada vez mais específicas e práticas, os modelos científicos tornaram-se *fragmentários*, relacionados às 'verdades parciais'.[19] Daí o 'porquê' do cuidado com os tipos metodológicos diluídos, geralmente avessos à ética das convicções (fundamento) com dedicação exclusiva à ética dos resultados (eficiência).[20] O fracionamento no âmbito da responsabilidade civil é

---

15. WATSON, Alan. *Legal transpants: an approach to comparative law.* 2. ed. London: The University of Georgia Press, 1993.
16. SGARBOSSA, Luís Fernando. *Crítica à teoria dos custos dos direitos.* v. 1. Reserva do possível. Porto Alegre: Sergio Antônio Fabris Editor, 2010.
17. MARQUES, Claudia Lima. *Superação das antinomias pelo diálogo das fontes: o modelo brasileiro de coexistência entre o Código de Defesa do consumidor e o Código Civil de 2002.* In doutrinas Essenciais do Direito do Consumidor. v. 1 São Paulo: Ed. RT, 2011, p. 679-718. Como já tivemos oportunidade em afirmar: "Erik Jayme alerta-nos que, nos atuais tempos pós-modernos, a pluralidade, a complexidade, a distinção impositiva dos direitos humanos e do "droit à la differènce" (direito a ser diferente e ser tratado diferentemente, sem necessidade mais de ser "igual" aos outros) não mais permitem este tipo de clareza ou de "mono-solução".
18. LORENZETTI, Ricardo Luis. *Fundamentos de derecho privado: Código civil y Comercial de la Nación Argentina.* Buenos Aires: La Ley, p. 23.
19. NEVES, António Castanheira. *A crise actual da filosofia do direito no contexto da crise global da filosofia.* Coimbra: Coimbra Editora, 2003, p. 23. Filosofia descortinada pela ambição em oferecer '*a chave para o mistério*' e ao mesmo tempo ser '*álibi para o poder*'.
20. FERRAZ JUNIOR, Tercio Sampaio. FERRAZ JUNIOR, Tercio Sampaio; SALOMÃO FILHO, Calixto; NUSDEO, Fabio. *Poder econômico*: direito, pobreza, violência, corrupção. Barueri – SP: Manole, 2009, p. 25.

visível, todavia há o alento parcial de que as reformulações de antigos modelos têm sido defendidas sem que os fundamentos sejam abandonados.[21]

Encerra-se na prudente lembrança quanto à verticalidade dos valores fundamentais depurável nas pautas humanitárias mundiais e, especialmente, na Constituição que transformou qualitativamente as funções do direito, quando "se refere às pessoas, ao ser humano como valor fundamental e à vida como merecedora de proteção especial"[22].

Cinge-se, a título parcialmente conclusivo, que as atribuições, domínios, interpretação, consistência e renovação da responsabilidade civil reclamam cuidado, atenção, estudos constantes, especialmente das instituições públicas que estão a tratar de direitos da coletividade, dos vulneráveis, dos novos sujeitos de direito. Talvez, por isso, a responsabilidade civil reflete necessariamente um direito jurisprudencial, ou melhor, Direito como 'integridade' comunitária.[23]

3. ILÍCITOS CONSTITUCIONAIS, DANOS QUALIFICADOS CONSTITUCIONALMENTE E METÓDICA JUSFUNDAMENTAL

A afirmação da responsabilidade civil como instituto jurídico de proteção à pessoa humana ganhou significativa projeção após a promulgação da Constituição, oportunidade em que o leque de hipóteses para danos ressarcíveis (identificados na percepção dos valores fundamentais) aumentou consideravelmente.[24] Não sem antes três outras peculiaridades: abertura a novos modelos mais eficazes que o clássico arquétipo reparatório; outras formas de atribuição de responsabilidade (nexo de imputação); e, ainda paralela securitização contra riscos e acidentes.[25]

Entretanto, por vezes especificando à miúde determinada situação jurídica de âmbito jusfundamental, a Constituição trata paralelamente em atribuir ao titular, quando da violação, direito à imputação pelos danos suportados. Isso não ocorre em todos os dispositivos de direitos fundamentais, apenas em alguns. Com isso, permite-se que possa haver interpretação que forneça sentido a tais lesões identificadas no texto constitucional, como expressão do projeto político de vida dos cidadãos.

Vale advertir que atentados a posições fundamentais, independentemente da forma paralela positivada de acesso às consequências indenizatórias ou assemelhadas, podem ser geradoras de responsabilidade civil. Aqui é perfeitamente cabível a figura do 'ilícito

---

21. Especialmente para novos modelos de responsabilidade civil, valem os excelentes destaques: FRADA, Manuel António de Castro Portugal Carneiro da. *Teoria da confiança e responsabilidade civil*. Coimbra: Almedina, 2004; BERGSTEIN, Laís. *O tempo do consumidor e o menosprezo planejado*: tratamento jurídico do tempo perdido e a superação das suas causas. São Paulo: Ed. RT, 2019. AZEVEDO, Antônio Junqueira. *Por uma nova categoria de dano na responsabilidade civil*: o dano social. Novos estudos e pareceres de direito privado São Paulo: Saraiva, 2009; VENTURI, Thaís Gouveia Pascoaloto. *Responsabilidade civil preventiva*: a proteção contra a violação de direitos e a tutela inibitória material. São Paulo: Malheiros, 2014.

22. LOTUFO, Renan. *O contrato de transporte de pessoas no novo Código Civil*. Doutrinas essenciais de responsabilidade civil. v. 2. São Paulo: Ed. RT, 2011, p. 1.125-1.137.

23. Dworkin, Ronald. *O império do direito*. São Paulo: Martins Editora, 2007, p. 271. Na afirmação: "O direito como integridade nega que as manifestações do direito sejam relatos factuais do convencionalismo, voltados para o passado, ou programas instrumentais do pragmatismo jurídico".

24. MORAES, Maria Celina Bodin de. *A constitucionalização do direito e seus efeitos sobre a responsabilidade civil*. Na medida da pessoa humana: estudos de direito civil constitucional. Rio de Janeiro: Renovar, 2010, p. 334.

25. MIRAGEM. Bruno. *Direito civil*: responsabilidade civil. São Paulo: Saraiva, 2015, p. 40.

constitucional' (tese, inclusive, havida no STF)[26], consistente na conduta comissiva ou omissiva de violação de direito fundamental de alguém ou na transgressão a preceito jurídico fundamental.

Preferimos tratar o *ilícito constitucional* como violação a deveres fundamentais[27], dado que o atentado tem caráter extremado frente a bem jurídico valorado constitucionalmente.[28] E como ilícito, evidentemente deve estar sujeito à inibição, remoção ou cessação dos respectivos efeitos, evitando-se eventuais danos, muito embora duas figuras com óbvias conceituações distintas (ilícito e dano).[29]

Pois bem. Os danos qualificados constitucionalmente estão distribuídos tanto na *fundamentabilidade individual* quanto na *fundamentabilidade transindividual*, a considerar os bens jusfundamentais em promoção. Essa classificação é relevante porquanto auxilia na dimensão protetiva[30], inclusive na percepção a grau de lesividade, identificação de lesados, reparabilidade, compensação, modos de tutela etc.

Os danos constitucionais identificados na *fundamentabilidade individual* estão dispostos como: *i*) danos materiais, morais e à imagem decorrentes des agravos recebidos em matéria divulgada, publicada ou transmita pelos meios de comunicação (CF, art. 5º, inciso V)[31]; *ii*) danos materiais ou morais por violação dos direitos fundamentais relativos à intimidade, vida privada, honra e imagem (CF, art. 5º, inciso IX)[32]; *iii*) danos no caso de requisição de propriedade particular nos casos iminente perigo público (CF, art. 5º, inciso

---

26. Veja o excelente julgado no HC 103325. Rel. Min. Celso de Mello. STF em que tratando do direito fundamental à proteção da inviolabilidade domiciliar, asseverou que "os poderes do Estado encontram, nos direitos e garantias individuais, limites intransponíveis, cujo desrespeito pode caracterizar ilícito constitucional".

27. MARTINS, Fernando Rodrigues. Os deveres fundamentais como causa subjacente-valorativa da tutela da pessoa consumidora: contributo transverso e suplementar à hermenêutica consumerista da afirmação. *RDC*. v. 94. São Paulo: Ed. RT, 2014, p. 215-217. Com apoio em José Casalta Nabais: "Ou seja, por outras palavras, a instituição ou não de deveres fundamentais repousa, em larguíssima medida, na soberania do estado enquanto comunidade organizada, soberania que não pode, todavia, fazer tábua rasa da dignidade humana, ou seja, da ideia da pessoa humana como princípio e fim da sociedade e do estado, ideia esta que assim rejeita claramente a concepção de Ch. Gusy que dissolve os deveres fundamentais na soberania do estado".

28. PECES-BARBA MARTÍNEZ, Gregorio. *Los deberes fundamentales*. Doxa. N. 04 (1987). ISSN 0214-8876, pp. 329-341 Explica: "aquellos deberes jurídicos que se refieren a dimensiones básicas de la vida del hombre en sociedade, a biens de primordial importancia, a la satisfacción de necesidades básicas o que afectan a sectores especialmente importantes para la organización y el funcionamiento de las instituiciones públicas, o al ejercicio de derecho fundamentales, generalmente en el ámbito constitucional".

29. MARINONI, Luiz Guilherme. A tutela específica do consumidor. *RDC*. v. 50. São Paulo: Ed. RT, 2004, p. 71. Após estabelecer a diferença entre tutela inibitória (para evitar) o ilícito e ação de remoção (arredar efeitos) do ilícito, conclui magistralmente: "A dificuldade de se compreender a ação de remoção do ilícito advém da falta de distinção entre ato ilícito e dano. Quando se associa ilícito e dano, conclui-se que toda ação processual voltada contra o ilícito é ação ressarcitória ou de reparação do dano. Acontece que há ilícitos cujos efeitos se propagam no tempo, abrindo as portas para a produção de danos. Isso demonstra o dano é uma consequência eventual do ilícito, mas que não há cabimento em ter que se esperar pelo dano para se poder invocar a prestação jurisdicional".

30. MARTINI, Sandra Regina. Metateoria do direito fraterno e direito do consumidor: limites e possibilidades do conceito de fraternidade. *RDC*. v. 113. São Paulo: Ed. RT, 271-295. A transindividualidade com escopo na fraternidade: "Por sua vez, o centro de referência na fraternidade é a relação intersubjetiva (reconhecimento a partir do outro) marcada por uma relação horizontal e igualitária, que exige dos indivíduos reconhecimento mútuo e responsabilidades comunitárias, de forma a implementar e proteger interesses transindividuais a exemplo do direito do consumidor".

31. Observar Lei 13.188/2015, que disciplina o direito de resposta ou retificação do ofendido em matéria divulgada, publicada ou transmitida por veículo de comunicação social.

32. SARLET, Ingo Wolfgang. Teoria geral dos direitos fundamentais. In: SARLET, Ingo Wolfgang; MARINONI, Luiz Guilherme; MITIDIERO, Daniel. *Curso de direito constitucional*. São Paulo: Ed. RT, 2012, p. 387. Essa tutela é designada pela dogmática constitucional em duas variantes: 'direitos fundamentais de ordem privada' ou 'direitos constitucionais da personalidade'.

XXV); *iv*) obrigação de indenizar dos sucessores, nos limites do patrimônio transferido, quanto aos danos causados pelo condenado (CF, art. 5º, XLV).

Por sua vez, danos percebidos no texto constitucional de *ordem transindividual* são registráveis: *a*) danos nucleares (CF, art. 21, inciso XXIII, alínea d); *b*) danos ao consumidor, a bens e direitos de valor artístico, estético, histórico, turístico e paisagístico (CF, art. 24, inciso VIII); *c*) danos ao erário público (CF, art. 71, inciso VIII); *d*) danos ao patrimônio cultural (CF, art. 216, § 4º); *e*) danos ao meio ambiente (CF, art. 225, § 3º).

Como afirmado, a violação a direitos fundamentais de outrem ou o atentado aos deveres fundamentais (transgressão a preceito jurídico), quer por outro particular ou pelo Estado, são o bastante para o manejo de pleitos de responsabilidade civil, independentemente de estar albergada na Constituição forma correspondente à imputação por danos. Também vale registrar outra clara observação no sentido de que nenhum direito fundamental goza de valor absoluto.[33] Esclareça, contudo, que nas hipóteses dos dispositivos acima descritos, a orientação constitucional, muito embora já imponha os *deveres de proteção* do Estado[34], foi associar aos respectivos direitos fundamentais a imputabilidade pelas lesões sofridas, própria da órbita privada, garantindo-se a *plenitude* da norma de proteção de direitos fundamentais.

Observe que em tais casos, o desiderato do constituinte foi albergar direta e imediatamente na Constituição interesses privados ou interesses coletivos sem subterfúgios como 'interesses reflexos', acrescentando mais ênfase na proteção do bem jurídico jusfundamental.[35]

Além disso, duas outras marcantes estratégias, revelam na metódica constitucional forte preocupação com a promoção de valores fundamentais através da responsabilidade civil.

É importante verificar que a Constituição cuidou em atribuir outro meio para imputação de danos que não a culpa, como na hipótese de danos oriundos das atividades da Administração Pública (CF, art. 37, § 6º), assim como nas condutas lesivas ao meio ambiente (CF, art. 225, *caput*, inciso V e VII e § 3º) e ao patrimônio cultural (CF, art. 216, § 4º), sem prejuízo na apuração da responsabilidade no caso de atividade nuclear (CF, art. 21, inciso XXIII, alínea *d*). Eis o risco como critério não apenas de estabilidade econômica, senão de ordem política a valorar certos bens fundamentais.[36]

Igualmente tanto para os direitos de incidência coletiva (bens jusfundamentais) e incidência individual (especialmente aos vulneráveis, textualmente para crianças e pessoas com deficiência), a Constituição possibilitou a atuação '*ex ante*' lesão. Vale o registro de que a responsabilidade civil tinha marcha tão somente quando do implemento do 'dano',

---

33. MIRANDA, Jorge. *Direitos fundamentais*. 2. ed. Coimbra: Almedina, 2018. p. 152.
34. SILVA, Jorge Pereira. *Deveres do Estado de protecção de direitos fundamentais*: fundamentação e estrutura das relações jusfundamentais triangulares. Lisboa: Universidade Católica Editora, 2015.
35. MATOS, Filipe Albuquerque. *Ilicitude extracontratual (umas breves notas)*. Novos olhares sobre a responsabilidade civil. Centro de Estudos Judiciários. Jurisdição Civil. Outubro 2018, p. 13. Explica: "Condição fundamental para afirmar a existência de uma norma legal de protecção reside na circunstância de o legislador ter prefigurado a tutela dos interesses privados de modo directo e imediato. Sendo as normas legais de protecção maioritariamente normas de direito público, não basta que os interesses dos particulares sejam protegidos de modo reflexo ou mediato face ao interesse público, ou da colectividade que surge naturalmente protegido a título principal".
36. NORONHA, Fernando. *Direito das obrigações: fundamentos do direito das obrigações*. Introdução à responsabilidade civil. 2. ed. São Paulo: Saraiva, 2007, p. 434. Explica: "o princípio do risco enfatiza o valor da segurança jurídica, que traduz, no âmbito do direito, as preocupações extrajurídicas com a estabilidade econômica e com a ordem política".

o que era inconsistente frente aos valores fundamentais tutelados. Revela-se dogmaticamente insuficiente o modelo reparatório, mesmo porque inúmeros interesses jurídicos fundamentais, no plano empírico, não são facilmente recompostos. Não é à toa que a matriz constitucional assegura que a 'lei não excluirá da apreciação do Poder Judiciário lesão ou a ameaça a direito' (CF, art. 5º, inc. XXXV).

A chamada função preventiva da responsabilidade civil ganha assento não apenas em previsão meramente inibitória, senão sancionatória, porquanto o *dano de magnitude constitucional*, de todo abjeto, proporciona reorientação na passagem relevante da *lesão injustamente* sofrida à *lesão injustamente causada*, até porque as fontes da injustiça do dano podem ser diversas.[37]

4. CONSIDERAÇÕES FINAIS: A NORMA DE PROTEÇÃO DE DIREITOS FUNDAMENTAIS ENQUANTO PRODUTO COMPLEXO DA RESPONSABILIDADE CIVIL: DIÁLOGO DE FONTES E LEGITIMAÇÃO DECISÓRIA

Não há dúvida de que a norma é o produto final decorrente da aplicação da lei, à vista da interpretação posta. Explica a doutrina que "normas não são textos, nem o conjunto deles, mas os sentidos construídos a partir da interpretação sistemática de textos normativos".[38]

A norma de proteção de direitos fundamentais decorrerá da mesma forma como resultado de operação na tensão entre fato, disposições legais e interpretação (ou como queiram outros: programa normativo, âmbito normativo e concretização prática)[39]. Entretanto, no âmbito da responsabilidade civil e projeção de interesses privados ou interesses transindividuais precisará valer-se das disposições infraconstitucionais (Código Civil, Código de Defesa do Consumidor, Lei Geral de Proteção de Dados, leis ambientais etc.).[40]

É necessário compreender que nas mencionadas legislações estão dispostos os critérios estruturais e funcionais da responsabilidade civil (conduta, nexo de causalidade, indenização, eventuais excludentes, finalidades). Nesse ponto, não é incorreto afirmar que o direito de danos desempenha papel essencial e valorativo aos direitos fundamentais, porque dá concretude às consequências necessárias quando das violações das disposições magnas. Aqui, com especial atenção, percebe-se com ampla utilidade da teoria do diálogo das fontes que permite em três níveis: i) *dialogo de coerência*, visto que a legislação infraconstitucional terá em foco os valores constitucionais não podendo mitigá-los (*interpretatio pro homine*); ii) *diálogo de complementariedade*, aplicação complementar entre Constituição e leis infraconstitucionais, com preenchimento de lacunas e afirmação dos direitos prioritários; iii) *diálogo de adaptação*, alinhando leis novas e leis protetivas, conforme efeito útil constitucional.[41]

---

37. PAPAYANNIS, Diego M. *Comprensión y justificación de la responsabilidad extracontractual*. Buenos Aires: Marcial Pons, 2014, p. 122.

38. ÁVILA, Humberto. *Teoria dos princípios*: da definição à aplicação dos princípios jurídicos. 10. ed. São Paulo: Malheiros, 2009. p. 30.

39. MÜLLER, Friedrich. *Teoria estruturante do direito*. 2. ed. São Paulo: Ed. RT, 2009, p. 244.

40. TEPEDINO, Gustavo; OLIVA, Milena Donato. A proteção do consumidor no ordenamento jurídico. In: MARQUES, Claudia Lima e MIRAGEM, Bruno (Coord.). *Diálogo das fontes*: novos estudos sobre a coordenação e aplicação das normas no direito brasileiro. São Paulo: Ed. RT, 2020, p. 373 e s.

41. MARQUES, Claudia Lima. A teoria do 'diálogo das fontes' hoje no Brasil e seus novos desafios: uma homenagem à magistratura brasileira. In: MARQUES, Claudia Lima e MIRAGEM, Bruno (Coord.). *Diálogo das fontes*: novos estudos sobre a coordenação e aplicação das normas no direito brasileiro. São Paulo: Ed. RT, 2020, p. 72.

À memória do nosso homenageado, a noção que fica é aquela da atuação coordenada de modelos jurídicos, onde a importância gravita em torno do valor fundamental que a pessoa representa, orientação segura a todo jurista.

5. REFERÊNCIAS

ADEODATO, João Maurício. *Filosofia do direito*: uma crítica à verdade na ética e na ciência (em contraposição à ontologia de Nicolai Hartmann). São Paulo: Saraiva, 2013.

ÁVILA, Humberto. *Teoria dos princípios*: da definição à aplicação dos princípios jurídicos. 10. ed. São Paulo: Malheiros, 2009.

AZEVEDO, Antônio Junqueira. *Por uma nova categoria de dano na responsabilidade civil*: o dano social. Novos estudos e pareceres de direito privado São Paulo: Saraiva, 2009.

AZEVEDO, Plauto Faraco de. *Justiça distributiva e aplicação do direito*. Porto Alegre: Fabris, 1983.

BERGSTEIN, Laís. *O tempo do consumidor e o menosprezo planejado*: tratamento jurídico do tempo perdido e a superação das suas causas. São Paulo: Ed. RT, 2019.

CANARIS, Claus-Wilhelm. *Pensamento sistemático e conceito de sistema na ciência do direito*. 2. ed. Lisboa: Fundação Calouste Gulbenkian, 1996.

CANOTILHO, José Joaquim Gomes. *Constituição dirigente e vinculação do legislador*: contributo para compreensão das normas constitucionais programáticas. Coimbra: Editora Coimbra, 2001.

Dworkin, Ronald. *O império do direito*. São Paulo: Martins Editora, 2007.

FERRAZ JUNIOR, Tercio Sampaio; SALOMÃO FILHO, Calixto; NUSDEO, Fabio. *Poder econômico*: direito, pobreza, violência, corrupção. Barueri – SP: Manole, 2009.

FRADA, Manuel António de Castro Portugal Carneiro da. *Teoria da confiança e responsabilidade civil*. Coimbra: Almedina, 2004.

HÄBERLE, Peter. *Estado Constitucional Cooperativo*. Rio de Janeiro: Renovar, 2007.

Horácio. *Epistularum liber primus*. livro 1, carta 2, verso 40.

JORGE, Fernando Pessoa. *Ensaio sobre os pressupostos da responsabilidade civil*. Coimbra: Almedina, 1968.

KANT, Immanuel. *Resposta à Pergunta: O Que é Esclarecimento*. Textos Seletos. Trad. Floriano de Sousa Fernandes. 8. ed. Petrópolis: Editora Vozes. 2012.

Kümpel, Vitor Frederico. *Noções gerais de direito e formação humanística*. São Paulo: Saraiva, 2012.

LARENZ, Karl. *Metodologia da ciência do direito*. 3. ed. Lisboa: Fundação Calouste Gulbenkian, 1997.

LORENZETTI, Ricardo Luis. *Fundamentos de derecho privado*: Código civil y Comercial de la Nación Argentina. Buenos Aires: La Ley, 2016.

LOTUFO, Renan. *O contrato de transporte de pessoas no novo Código Civil*. Doutrinas essenciais de responsabilidade civil. v. 2. São Paulo: Ed. RT, 2011

LOTUFO, Renan. *O pioneirismo de Clóvis Beviláqua quanto ao direito civil constitucional*. RT. v. 768. São Paulo: Ed. RT, 1999.

Marinoni, Luiz Guilherme. A tutela específica do consumidor. *RDC*. v. 50. São Paulo: Ed. RT, 2004.

MARQUES, Claudia Lima. A teoria do 'diálogo das fontes' hoje no Brasil e seus novos desafios: uma homenagem à magistratura brasileira. In: MARQUES, Claudia Lima e MIRAGEM, Bruno (Coord.). *Diálogo das fontes*: novos estudos sobre a coordenação e aplicação das normas no direito brasileiro. São Paulo: Ed. RT, 2020.

MARQUES, Claudia Lima. *Superação das antinomias pelo diálogo das fontes*: o modelo brasileiro de coexistência entre o Código de Defesa do consumidor e o Código Civil de 2002. Doutrinas Essenciais do Direito do Consumidor. v.1 São Paulo: Ed. RT, 2011.

MARQUES, Claudia Lima; MIRAGEM, Bruno. *O Novo Direito Privado e a Proteção dos Vulneráveis*. São Paulo: Ed. RT, 2012.

MARTINI, Sandra Regina. Metateoria do direito fraterno e direito do consumidor: limites e possibilidades do conceito de fraternidade. *RDC*. v. 113. São Paulo: Ed. RT, 2017.

MARTINS, Fernando Rodrigues. Os deveres fundamentais como causa subjacente-valorativa da tutela da pessoa consumidora: contributo transverso e suplementar à hermenêutica consumerista da afirmação. *RDC*. v. 94. São Paulo: Ed. RT, 2014

MATOS, Filipe Albuquerque. *Ilicitude extracontratual (umas breves notas)*. Novos olhares sobre a responsabilidade civil. Centro de Estudos Judiciários. Jurisdição Civil. Outubro 2018.

MIRAGEM. Bruno. *Direito civil: responsabilidade civil*. São Paulo: Saraiva, 2015.

MIRANDA, Jorge. *Direitos fundamentais*. 2. ed. Coimbra: Almedina, 2018.

MORAES, Maria Celina Bodin de. *A constitucionalização do direito e seus efeitos sobre a responsabilidade civil.* Na medida da pessoa humana: estudos de direito civil constitucional. Rio de Janeiro: Renovar, 2010.

MÜLLER, Friedrich. *Teoria estruturante do direito*. 2. ed. São Paulo: Ed. RT, 2009.

NEVES, António Castanheira. *A crise actual da filosofia do direito no contexto da crise global da filosofia.* Coimbra: Coimbra Editora, 2003.

NORONHA, Fernando. *Direito das obrigações*: fundamentos do direito das obrigações. Introdução à responsabilidade civil. 2. ed. São Paulo: Saraiva, 2007.

PAPAYANNIS, Diego M. *Comprensión y justificación de la responsabilidad extracontractual*. Buenos Aires: Marcial Pons, 2014.

PECES-BARBA MARTÍNEZ, Gregorio. *Los deberes fundamentales*. Doxa. N. 04 (1987). ISSN 0214-8876, 1987.

SARLET, Ingo Wolfgang. Teoria geral dos direitos fundamentais. In: SARLET, Ingo Wolfgang; MARINONI, Luiz Guilherme; MITIDIERO, Daniel. *Curso de direito constitucional*. São Paulo: Ed. RT, 2012.

SGARBOSSA, Luís Fernando. *Crítica à teoria dos custos dos direitos*. v. 1. Reserva do possível. Porto Alegre: Sergio Antônio Fabris Editor, 2010.

SILVA, Jorge Pereira. *Deveres do Estado de protecção de direitos fundamentais*: fundamentação e estrutura das relações jusfundamentais triangulares. Lisboa: Universidade Católica Editora, 2015.

STOCCO, Rui. *Responsabilidade civil no Código Civil Francês e no Código civil brasileiro (estudo em homenagem ao bicentenário do Código Civil Francês)*. Doutrinas essenciais de direito civil. v.4. São Paulo: Ed. RT, 2010

TEPEDINO, Gustavo; OLIVA, Milena Donato. A proteção do consumidor no ordenamento jurídico. In: MARQUES, Claudia Lima e MIRAGEM, Bruno (Coord.). *Diálogo das fontes*: novos estudos sobre a coordenação e aplicação das normas no direito brasileiro. São Paulo: Ed. RT, 2020.

VENTURI, Thaís Gouveia Pascoaloto. *Responsabilidade civil preventiva: a proteção contra a violação de direitos e a tutela inibitória material*. São Paulo: Malheiros, 2014.

VILLELA, João Baptista. *Equilíbrio do contrato: os números e a vontade*. Doutrinas essenciais de Obrigações e contratos. São Paulo: Ed. RT, 2011.

WATSON, Alan. *Legal transplants: an approach to comparative law*. 2. ed. London: The University of Georgia Press, 1993.

TUTELA CIVIL DO NASCITURO.
O DANO PRÉ-NATAL

Silmara Juny de Abreu Chinellato

Doutora, Livre-docente e Titular. Professora Titular da Faculdade de Direito da Universidade de São Paulo na qual obteve os títulos acadêmicos: Professora Chefe do Departamento de Direito Civil (2016 a 2019). Regente de disciplinas de Direito Civil e Direito de Autor na sociedade da comunicação na Graduação e na Pós-Graduação. Coordenadora brasileira do *Groupe de Recherche sur le Droit des obligations* entre Faculdade de Direito da Universidade de São Paulo e *Faculté de Droit* Lyon III – Jean Moulin.

Sumário: 1. Introdução. 2. A personalidade jurídica: correntes doutrinárias fundamentais. 3. Dano pré-natal. 3.1 Danos causados ao embrião pré-implantatório. 3.2 Danos causados ao nascituro implantado. 3.2.1 Direito à vida. 3.2.2 Morte dos pais. 3.2.3 Direito à integridade física. 3.2.4 Direito à honra. 3.2.5 Direito à integridade psíquica. 4. Conclusão.

1. INTRODUÇÃO

Renan Lotufo, a quem homenageamos com muita admiração e agradecimentos por nossos diálogos, foi Professor da Pontifícia Universidade Católica de São Paulo, Doutor com status de Professor Titular, civilista da mais alta respeitabilidade. Também exerceu o cargo de Desembargador do Tribunal de Justiça de São Paulo. Nessa qualidade foi relator de expressivo voto proferido na Apelação Cível n. 193.648-1, julgada em 14 de setembro de 1994, fundado em estudos sobre a natureza jurídica do nascituro, no qual afirmou o direito a alimentos, como direito próprio, em ação de investigação de paternidade.[1]

A Apelação Cível número 193.648-1, teve como membros do julgamento os Desembargadores Luís de Macedo (Presidente sem voto), Guimarães e Souza e Alexandre Germano, com votos vencedores. Eis a ementa:

"Investigação de paternidade. Nascituro. Legitimidade ativa de parte. Interpretação dos artigos 5.º da Constituição da República, 7º e 8º, § 3º, da Lei n. 8.069, de 1990 – Extinção do processo afastada – Recurso provido A personalidade civil do homem começa com o nascimento com vida, mas a lei põe a salvo os direitos do nascituro, uma vez que neste há vida."

A tese vencedora nesse acórdão, proferido na Apelação Cível n. 193.648-1 tem sido invocado em outras, como precedente.[2] A contribuição do voto é de largo alcance, enriquece

---

1. O acórdão foi publicado em Lex – Coletânea de Legislação e jurisprudência, v. 150: 90-95 e Revista dos Tribunais v. 703: 60-63. O R. voto nos deu a honra de generosa citação de nosso ensaio. Direito do Nascituro a alimentos: do Direito Romano ao Direito Civil. *Revista de Direito Civil*. São Paulo: Ed. RT, n. 54: 52-60.
2. Entre eles, o acórdão proferido no Agravo de Instrumento n. 137.023-0!00 relatado pelo Des. José Cardinale em ação interposta pela Defensoria Pública do Estado de S. Paulo, em favor de presidiárias grávidas, visando à adequada assistência pré-natal. Reformando a decisão de primeiro grau, o acórdão dá provimento ao agravo ao reconhecer a legitimidade do nascituro como parte, fundamentando-se amplamente na Apelação Cível 193.648. No mesmo sentido, invocamos o proferido na de n. 349.128-4/4-00, julgada por votação unânime, em 02 de fevereiro de 2005, na qual figura como Relator o Des. Dimas Carneiro, o qual transcreve vários trechos do mencionado acórdão que consideramos paradigma.

o estudo da natureza jurídica do nascituro e repercute na responsabilidade civil quanto à indenização de danos pré-natais.

2. A PERSONALIDADE JURÍDICA: CORRENTES DOUTRINÁRIAS FUNDAMENTAIS

Dispõe o artigo 2° do Código Civil: "A personalidade civil da pessoa começa do nascimento com vida; mas a lei põe a salvo, desde a concepção, os direitos do nascituro."

A norma repete, em linhas gerais o art. 4° do Código Civil de 1916, tendo substituído "homem" por "pessoa", na redação final do Relatório da Câmara dos Deputados.

Nascituro é aquele que está por nascer, já concebido. No terceiro milênio, a quarta era dos direitos, caracterizada pelos avanços da Biomedicina, da Genética e das Teleco-municações, a dúvida é se o conceito pode se estender ao nascituro concebido *in vitro*, isto é, fora do ventre materno, única realidade quando do advento do Código revogado.

No nosso modo de ver, o conceito amplo de "nascituro" – o que há de nascer – pode abarcar tanto o implantado quanto o embrião pré-implantatório. Como é possível conferir--se herança e doação até à prole eventual – prole não gerada e que talvez nem o seja – pode-se também conferi-las ao embrião pré-implantatório, bastando que seja identificado, o que se dá por meio da identificação dos doadores de gametas os quais a Lei de Biossegurança denomina "genitores" (art. 5°, § 1°).

A crioconservação visa a fins vários como a implantação na própria doadora do óvulo ou em outra mulher, no caso de doação de óvulo ou implantação dos embriões.

Pode-se fazer testamento em favor do embrião pré-implantatório, com fundamento no artigo 1.798 do Código Civil que admite legitimadas a suceder as pessoas nascidas ou já concebidas, no momento da abertura da sucessão. Como o próprio termo indica, obviamente os embriões estão concebidos – daí a inaplicabilidade a eles do § 4.° do artigo 1.800 do Código Civil.

Atribuir direitos e deveres significa afirmar personalidade e tanto a segunda parte do artigo 2°, que é exemplificativo, como outras normas do Código reconhecem expressamente ao nascituro direitos e *status* (como o de filho) e não expectativas de direitos.

Ele pode ser reconhecido ainda no ventre materno (par. único do artigo 1.609 e par. único do artigo 26 da Lei 8.069, de 13.7.1.990 – Estatuto da Criança e do Adolescente), está sujeito à curatela (artigos 1.778 e 1.779), pode ser adotado (artigo 1.621 cc. artigo 2°, segunda parte) , tem direito à representação pelos pais (artigo 1.634,V, 1.689,II) ou pelo curador (artigo 1.779).[3]

Além de direitos consagrados de modo expresso, a redação exemplificativa do artigo 2° permite reconhecer o direito a alimentos ao nascituro e investigar-lhe a paternidade como se vê, por exemplo, além de lições doutrinárias, as acórdão relatado pelo homenageado Renan Lotufo[4] , anterior à Lei 11.804, de 05.11.2008, que disciplina os impropriamente denominados "alimentos gravídicos". O nascituro pode ser beneficiário de doação (artigo 542) e herança (artigo 1.799), direitos patrimoniais materiais, podendo o representante

---

3. Reportamo-nos a nossa obra *Tutela civil do nascituro*, cit., Reportamo-nos também nosso comentário ao artigo 2° do Código Civil, na obra coletiva *Código Civil Interpretado artigo por artigo*, parágrafo por parágrafo ,13. ed. São Paulo: Manole, 2020.

4. *RT* 703, p. 60-63.

legal entrar na posse de bens doados ou herdados, provando-se a gravidez, por meio da posse em nome do nascituro cabível na tutela do CPC.

O nascimento com vida apenas consolida o direito patrimonial, aperfeiçoando-o. O nascimento sem vida atua, para a doação e herança, como condição resolutiva, problema que não se coloca em se tratando dos direitos não patrimoniais.

De grande relevância os direitos da personalidade do nascituro, abarcados pela previsão não taxativa do art. 2º. Entre esses, avulta o direito à vida, à integridade física, à honra, à imagem, desenvolvendo-se cada vez mais a indenização de danos pré-natais, entre nós com impulso maior depois dos estudos de Bioética.

Considerando a não taxatividade do artigo 2º, a previsão expressa de direitos e *status* ao nascituro, bem como o conceito de personalidade, sustentamos que o Código Civil, filia-se à corrente concepcionista que reconhece direitos e *status* desde a concepção, como já ocorria no Direito Romano.

Não nos parece adotar a corrente natalista que é prevista apenas na primeira parte do artigo e não se sustenta em interpretação sistemática. Nem é correto afirmar-se adotar a corrente da personalidade condicional, pois os direitos não patrimoniais, incluindo-se os direitos da personalidade, não dependem do nascimento com vida e, antes, a ele visam.

A despeito de inúmeras teorias sobre o início da personalidade e a condição jurídica do nascituro, podemos reduzi-las, ao menos no Brasil, a três correntes fundamentais: a natalista, a da personalidade condicional e a verdadeiramente concepcionista ou concepcionista.

Embora Bevilaqua tenha-se aproximado bastante da teoria concepcionista, deixa à margem de suas indagações os direitos da personalidade – entre os quais se inclui, primordialmente, o direito à vida – direitos absolutos, incondicionais, não dependentes, pois, do nascimento com vida.

Não se poderá afirmar, porém, que Clóvis Bevilaqua, enquanto doutrinador, fosse adepto da teoria da personalidade condicional, pois ao comentar o artigo 1.537 do Código revogado, afirma que a indenização em caso de homicídio se estenderá aos filhos nascidos e nascituros, equiparando-os.[5]

É mister observar que o Projeto Bevilaqua, bem como o Código Civil de 1916, são datados de época em que entre nós não estava plenamente divulgada e alicerçada a doutrina dos direitos da personalidade, falha na qual não incide o Código Civil atual que, no entanto, os regulou de modo tímido nos artigos 11 a 21.

Os direitos da personalidade do nascituro seriam bastantes para alicerçar a corrente concepcionista, afastando a da personalidade condicional, pois não há direito de personalidade condicional. Se fosse admitido o contrário, seria contraditório admitir condicionalmente o direito à vida, subordinado à condição de nascer com vida. O mesmo se diga quanto ao direito à integridade física, reconhecendo-se cada vez mais ao nascituro, na atualidade, a indenização de danos pré-natais.[6]

---

5. *Código Civil Comentado*. 5. ed., Rio de Janeiro, Francisco Alves, 1938, v. 4.
6. Reportamo-nos de nossa autoria *Bioética e dano pré-natal* Revista de Direito Comparado. Instituto de Direito Comparado Luso-Brasileiro. Rio de Janeiro, 1999. p. 297-328. Em *Tutela civil do nascituro*, tratamos do assunto nas páginas 301 e ss., nas quais mostramos a evolução jurisprudencial que caminha para conceder, cada vez mais amplamente, indenização por danos causados ao nascituro. Em trabalho posterior atualizamos essa evolução. Vide *O nascituro perante os Tribunais. A*

A Constituição da República assegura no *caput* do artigo 5º – que define, não exaustivamente, os direitos e garantias fundamentais – a inviolabilidade do direito à vida, sem definir, no entanto, a partir de que momento se daria esta proteção.

O inciso XXXVIII do mesmo artigo, reconhece a instituição do júri com competência para julgamento dos crimes dolosos contra a vida, entre os quais se inclui o aborto. Assegura, ainda, a licença à gestante, com a duração de cento e vinte dias, no artigo 6º, inciso XVII, a; proteção à maternidade, especialmente à gestante (art. 201, II e art. 203, I), com a finalidade de proteger a mãe e o nascituro.

Cumpre salientar que até o texto final da Constituição vigente, a questão do início da vida foi objeto de inúmeras polêmicas – se a partir da concepção ou do nascimento[7].

A definição expressa do início da vida, ficou, destarte, sob o encargo da legislação ordinária, embora nos pareça claro que a Constituição Federal proteja o nascituro, já dotado de vida.

No Direito Internacional, o direito à vida do nascituro é expressamente previsto na Convenção Americana dos Direitos Humanos, Pacto de S. José da Costa Rica, além de ter sido objeto das Recomendações de números 934/82, 1.046/86 e 1.100/89 do Conselho da Europa.

O Pacto de San José da Costa Rica ou Convenção Americana de Direitos Humanos (1969) ratificado pelo Brasil em 25 de setembro de 1992, ingressou no Direito interno por meio do Decreto 678, de 06.11.92. O art. 4º dispõe que a vida é protegida desde a concepção.

A seu turno, a Convenção sobre os Direitos da Criança (1989), ratificada pelo Brasil em 24 de setembro de 1990, considera em seu preâmbulo a proteção antes e depois do nascimento.

A terceira corrente doutrinária é por nós denominada concepcionista ou verdadeiramente concepcionista, para diferenciar-se da teoria da personalidade condicional. Sustenta que a personalidade começa da concepção e não do nascimento com vida, considerando que muitos dos direitos e *status* do nascituro não dependem do nascimento com vida, como os Direitos da Personalidade, o direito de ser adotado, de ser reconhecido, atuando o nascimento sem vida como a morte, para os já nascidos.

Basta apenas um direito não condicional, subordinado ao nascimento com vida, para que a personalidade não fosse condicional. É o que ocorre com o *status* de filho e com os direitos pessoais entre os quais: o de ser reconhecido ainda no ventre materno, o de ser representado, o de ser adotado, o de ter curador. O mesmo se diga quanto aos direitos da personalidade, direitos pessoais de natureza privilegiada.

A personalidade é um *quid*, enquanto a capacidade é um *quantum*.

Avalizo integralmente o pensamento de Francisco Amaral: "Pode-se ser mais ou menos capaz, mas não se pode ser mais ou menos pessoa".[8]

---

recente decisão do *Tribunal de Justiça de São Paulo. Evolução e tendências*. Revista do IASP. Instituto dos Advogados de São Paulo. São Paulo: Ed. RT. Nova série. Ano 10, n.20. jul./dez.2007. p. 222-32.

7. Reportamo-nos a nosso ensaio *O Nascituro no Código Civil e no nosso Direito Constituendo*. In: BITTAR, Carlos Alberto (Coord.). *O Direito de Família e a Constituição de 1988*. Saraiva, 1989, p. 39-52. Vide, ainda, *Tutela civil do nascituro*, cit., p. 245-52. No mesmo sentido, SILVA, José Afonso da. *Curso de Direito Constitucional Positivo*, 36. ed. São Paulo, Malheiros., 2013. p. 199-200.

8. *Direito Civil*. Introdução. 9.ed. São Paulo: Saraiva, 2017. p. 322.

Aperfeiçoando mencionada corrente, sustentamos em tese de Doutorado de 1983 e na obra na qual ela se baseia, que a personalidade – que não se confunde com capacidade – não é condicional.

Apenas certos efeitos de certos direitos, isto é, os direitos patrimoniais materiais como a herança e a doação, dependem do nascimento com vida. A plenitude da eficácia desses direitos fica resolutivamente condicionada ao nascimento sem vida. O nascimento com vida, enunciado positivo de condição suspensiva, deve ser entendido, ao reverso, como enunciado negativo de uma condição resolutiva, isto é, o nascimento *sem* vida, porque a segunda parte do artigo 2º do Código Civil, bem como outros de seus dispositivos, reconhecem *direitos* (não, expectativas de direitos) e estados ao nascituro, não do nascimento com vida, mas desde a concepção.

O nascimento com vida aperfeiçoa o direito que dele dependa, dando-lhe integral eficácia, na qual se inclui sua transmissibilidade. Porém, a posse dos bens herdados ou doados ao nascituro pode ser exercida, por seu representante legal, desde a concepção, legitimando-o a perceber as rendas e os frutos, na qualidade de titular de direito subordinado à condição resolutiva.

Fundamentam nosso entendimento os artigos 127, 128, 563, 1.784, todos do Código Civil.

Entre os adeptos da corrente concepcionista, que perfilhamos, incluímos: Teixeira de Freitas[9], Pontes de Miranda,[10] R. Limongi França,[11] Anacleto de Oliveira Faria e André Franco Montoro,[12] Francisco dos Santos Amaral Neto,[13]. Giselda Maria Fernandes Novaes Hironaka.[14] Em Portugal, José Tavares,[15] Mario Emílio Bigotte Chorão[16], Diogo Leite de Campos.[17]

Entre os novos autores que defendem a teoria concepcionista citamos: Flávio Tartuce[18], Cristiano Chaves de Faria e Nelson Rosenvald,[19] Pablo Stolze Gagliano e Rodolfo Pamplona.[20]

A Rubens Limongi França se deve a estrutura fundamental da corrente concepcionista.

A tomada de posição no sentido de que o nascituro é pessoa importa reconhecer-lhe outros direitos, além dos que expressamente lhe são concedidos pelo Código Civil

---

9. *Consolidação das leis civis*, 3. ed. Rio de Janeiro, H. Guarnier, 1886 e *Esboço do Código Civil*, Ministério da Justiça e Negócios Interiores, Serviço de Documentação, 1952.

10. *Tratado de direito privado*; Parte Geral – Introdução – Pessoas físicas e jurídicas, Rio de Janeiro, Borsoi, 1954, t. 1, e Tratado de direito privado; Parte especial – Direito de família – Direito parental – Direito protectivo, Rio de Janeiro, Borsoi, 1955, t. II.

11. *Manual de Direito Civil*. 3. ed. São Paulo: Ed. RT, 1981.

12. *Condição jurídica do nascituro no direito brasileiro*, São Paulo, Saraiva, 1953.

13. O Nascituro no Direito Civil Brasileiro. Contribuição do direito Português. *Revista Brasileira de Direito Comparado*, v. 8, p. 75-89, Forense, 1990. *Parte Geral do Direito Civil, Direito Civil. Introdução*. 9. ed. Rio de Janeiro: Saraiva, 2017.

14. *Morrer e suceder*. Passado e presente da transmissão sucessória do concorrente. São Paulo: Ed. RT, 2011.

15. *Os Princípios fundamentais do Direito Civil*. Coimbra, Coimbra Editora, 1928, v.2.

16. *O Problema da natureza...*cit.

17. *Lições de direitos da personalidade. I Parte. Personalidade jurídica, personalidade moral e personalidade política*, cit. *Nós. Estudos sobre o direito das pessoas*, cit. A vida, a morte e sua indemnização, cit.

18. . *Direito Civil. Lei de introdução e parte geral*. 16. Ed. Gen Forense, 2020. P. 130 e ss. situação jurídica do nascituro: uma página a ser virada no direito brasileiro. Questões controvertidas no novo Código Civil. São Paulo: Método, 2007.

19. FARIA, Cristiano Chaves de e ROSENVALD, Nelson. *Curso de Direito Civil*. Parte Geral e Lindb. 17. ed. Salvador: Jus Podivm, 2019. v. 1. p. 365 e ss.

20. GAGLIANO, Pablo Stoze e PAMPLONA, Rodolfo. *Novo Curso de Direito Civil*. Parte Geral, 14. ed. Saraiva, 2012.

e outros diplomas legais, uma vez que se afasta na espécie, porque inaplicável, a regra de interpretação *exceptiones sunt strictissimae interpretationis.*

Reitera nosso modo de ver quanto à não taxatividade dos direitos reconhecidos ao nascituro, outro postulado hermenêutico, no sentido de que a enunciação taxativa é indicada expressamente pelas palavras *só, somente, apenas* e outras similares, inexistentes no artigo 2º que, ao contrário, refere-se genericamente a *direitos* do nascituro.

Entre os que não eram expressamente previstos, incluía-se o direito a alimentos, reconhecido ao *conceptus* desde o Direito Romano, conforme textos do Digesto 37, 9.1 (*De ventre in possessionem mittendo, et curatore ejus*). A investigação de paternidade, objeto da Apelação Cível n. 193.648-1 relatada por Renan Lotufo, tinha por finalidade a prestação de alimentos por meio da adequada assistência pré-natal que propiciam a defesa do direito à vida e à integridade física.

Temos grande satisfação por termos defendido tese hoje amplamente aceita pelos Tribunais estaduais e Superior Tribunal de Justiça, que consagram a teoria concepcionista, antes pouco acolhida. A maior consciência do valor da vida humana desde o início e novas reflexões a respeito do conceito de personalidade, em muito contribuíram para alcançar esse patamar.

3. DANO PRÉ-NATAL

O Conselho da Europa, na Recomendação 1046/86, n. 5, consigna: "Fin dalla fecondazione dell' ovulo la vita umana si sviluppa in modo continuo, sicché no si possono fare distinzioni durante le prime fasi del suo sviluppo."

Na Recomendação 1.100/89, n. 7, enfatiza: "l'embrione umano pur sviluppandosi in fasi successive indicate con definizioni differenti (zigote, morula, blastula, embrione pré--implantatorio, embrione, feto) manifesta comunque una differenziazione progressiva del suo organismo e, tuttavia, mantiene continuamente la propria identità biologica e genetica."

A lição de Tertulliano, na *Apologetica* – "*homo est et qui est futurus, etiam fructus omnis iam in semine est*" – é sempre oportuna

O dano pré-natal não é tema muito tratado na Doutrina, mas há inúmeros acórdãos que decidiram casos concretos em que há dano à vida intrauterina, tanto em países estrangeiros, como em nosso país.

Como se afirmou, o interesse e o desenvolvimento crescente da Bioética e do Biodireito, bem como dos direitos da personalidade, repercutem de modo positivo para a consciência da importância da vida, desde a concepção, e em eventual dano pré-natal.

Vê-se nítido crescimento no número de demandas judiciais cujo pedido é indenização por dano pré-natal.

Conforme observou, com acuidade, Renan Lotufo, ao comentar o artigo 2º do Código Civil: "Nos tempos atuais, em que os recursos da ciência permitem a identificação da carga genética do embrião, e inclusive possíveis tratamentos e cirurgias intrauterinas, cresce a tendência de se proteger a partir da concepção".[21]

---

21. CAMBLER, E. (Coord.). *Curso avançado de Direito Civil.* Parte Geral. 2. ed. São Paulo: Ed. RT, 2003. p.90.

De grande importância, a evolução da responsabilidade civil que caminha nitidamente para a responsabilidade objetiva, a considerar os perigos da era tecnológica, pós era industrial, na qual já despontara a necessidade de caminhar-se da culpa ao risco.

Em ensaio de nossa lavra tratamos dessa tendência da responsabilidade civil, na legislação infra constitucional e na adoção clara da responsabilidade objetiva no parágrafo único do artigo 927 nas circunstâncias ali descritas:

O Código Civil consagra ambas as responsabilidades: a subjetiva (artigo 186, *caput*) e a objetiva, mas a tendência da legislação extravagante é nítida quanto a adotar a objetiva, a considerar a era tecnológica.[22]

Neste sentido as seguintes leis, que procuram proteger a parte mais fraca, o vulnerável na relação jurídica, como se vê, por exemplo: Leis 6.338/1976 e 8.213/91 (acidentes do trabalho) Lei 6.453/77 – (dano nuclear). Lei 6.938/81 (disciplina a tutela do meio ambiente), Lei 8.078/1990 (Código de Defesa do Consumidor) Lei 10.671/2003 (Estatuto do Torcedor), Lei 11.105/2005 (Biossegurança).

A recente Lei geral de proteção de dados pessoais (n. 13.709, de 14.8.2018), embora tenha sido omissa quanto à modalidade de responsabilidade que adotou, encarta-se na cláusula geral do artigo 927 parágrafo único. Manipulação de dados pessoais e suas consequências, a nós parece claramente representar encartar-se nos requisitos dessa cláusula geral de responsabilidade objetiva.

Em cada caso concreto, cabe ao intérprete verificar se a lei aplicável já estabelece expressamente a responsabilidade objetiva, que não se presume, ou se incide a descrição do parágrafo único do artigo 927 do Código Civil.

3.1 Danos causados ao embrião pré-implantatório

Tratando-se de dano causado a embrião pré-implantatório aplica-se a Lei de Biossegurança, que consagra a responsabilidade objetiva, nos termos do artigo 20 o qual consigna expressamente "independentemente da existência de culpa".

Pode ocorrer, em tese, pesquisa no embrião fora das hipóteses reguladas pelo artigo 5º caput e parágrafos, pelo artigo 6º e outros como, por exemplo, manipulação genética. O mesmo se diga quanto à criação de embriões excedentários para fins de pesquisa; a destruição de embriões crioconservados, sem consentimento dos genitores.

O patrimônio genético de qualquer ser humano não pode ser manipulado, a não ser em seu próprio benefício, o que encontra respaldo nos artigos 5º, 6º, III cc. 3º, IV e 24 da lei da Biossegurança e em outras leis estrangeiras, amparados pelo princípio da beneficência.

A Constituição de Portugal consagra no Título II – Direitos, liberdades e garantias, Capítulo I – Direitos, liberdades e garantias pessoais que a lei garantirá a dignidade pessoal e genética do ser humano (art. 223.3).[23]

---

22. TEPEDINO, Gustavo e FACHIN, Luiz Edson (Coord.). *Da responsabilidade civil no Código de 2002* – aspectos fundamentais. Tendências do Direito contemporâneo. O Direito e o tempo – embates jurídicos e utopias contemporâneas. Estudos em homenagem a Ricardo Pereira Lira. Rio de Janeiro: Renovar, 2008. p. 939-968.

23. "A lei garantirá a dignidade pessoal e a identidade genética do ser humano, nomeadamente na criação, desenvolvimento e utilização das tecnologias e na experimentação científica." Disponível em: https://www.parlamento.pt/Legislacao/Paginas/ConstituicaoRepublicaPortuguesa.aspx.

É de ser invocada a tutela rígida das pesquisas com seres humanos[24] que, no Brasil, é regulamentada, ainda, por norma administrativa. Trata-se da Resolução 466, de 2012, que no artigo III,2, r, dispõe entre os fundamentos éticos e científicos para a pesquisa de tal natureza, a proteção da mulher grávida, embrião ou feto.

Essa preocupação com a vida pré-natal não poderia ser menosprezada diante da louvável proteção dos animais por meio da Constituição da República (artigo 225 § 1º, VII) e, entre outras, da Lei 11.794/08, conhecida como Lei Arouca, regulamentada pelo Decreto 6.899/2009. Invoque-se, ainda, o PL 27/2018.

Quanto a embriões pré-implantatórios, o caso concreto definirá se a legitimidade é apenas dos pais genéticos – que a própria lei denomina "genitores – ou deles em nome próprio e em nome do nascituro pré-implantatório. Lembre-se que mesmo nas ações em nome de nascituro já implantado, não se o nomeia, uma vez que o nome civil só é dado a partir do registro.

3.2 Danos causados ao nascituro implantado

3.2.1 Direito à vida

Houve nítida evolução da jurisprudência notadamente no âmbito da responsabilidade civil. Enquanto na década de 1960 e na de 1970 os Tribunais, inclusive o Tribunal de Alçada de São Paulo e o do Rio de Janeiro não reconheciam a indenização por morte de nascituro[25] – embora a morte de animais fosse indenizada desde o início do século passado –, a partir da década de 1990 existem inúmeros acórdãos que reconhecem a indenização de danos pré-natais.[26]

Desde *Tutela civil do nascituro*[27], mostramos a evolução jurisprudencial que caminha para conceder, cada vez mais amplamente, a indenização.

Há acórdãos muito bem fundamentados não só do Tribunal paulista, como também dos Tribunais do Rio Grande do Sul, de Minas Gerais, do Rio de Janeiro e do Superior Tribunal de Justiça.

A fonte completa dos acórdãos não poderá ser citada, considerada a restrição de páginas dos artigos que compõem essa obra. Assim, justificamos não lhes transcrever a ementa. Citamos os seguintes, apenas para exemplificar:

O Tribunal de Alçada de Minas Gerais, na Apelação Cível 190.169-3, julgada aos 10 de maio de 1995, v.u., Relator o Juiz Tenisson Fernandes, concedeu indenização por dano moral em decorrência da morte de nascituro., em favor dos pais.[28]

O T.A.R.S, na Apelação Cível 194.026.779, Relator Juiz Geraldo Cesar Fregapani decidiu por unanimidade, aos l7 de novembro de 1994 indenizar a morte de nascituro, vítima de acidente de trânsito.

---

24. Sobre o tema, em geral, consulte-se de Eduardo Tomasevicius Filho, Código Civil e pesquisa em seres humanos. Disponível em: http//www.revistas.usp.br/rfdusp/article/view156553.
25. Consultem-se os acórdãos e respectiva análise em Tutela Civil do Nascituro, cit., p. 301 a 311.
26. Sobre o assunto escrevemos o ensaio *Bioética e dano pré-natal* para a Revista da AASP n. 58, março/2000, p.62-77.
27. Páginas 301 e ss.
28. Julgados do Tribunal de Alçada de Minas Gerais, v. 58-59:199-2201.

O TA RJ também assentou ser indenizável dano moral pela morte de nascituro, em acidente de trânsito. Trata-se da Apelação Cível 4.227/94, julgada aos 24 de agosto de 1994, por votação unânime, relator o juiz Bernardino Machado Leituga. No mesmo sentido, Ap. cível 2804/95, julgada em 13.06.1995, juiz Antonio Eduardo F. Duarte.

Já no terceiro milênio, o TJRS empresta valiosa contribuição em defesa do nascituro, em inúmeros acórdãos acessíveis (www.tj.rs.gov.br). Entre eles, destacamos o relatado pelo Desembargador Professor Carlos Alberto Álvaro de Oliveira, por ofensa ao direito à vida, lavrado na Apelação Cível n. 70002027910 da 6ª Câmara, julgado por votação unânime, em 28 de março de 2001.

O Recurso Especial n. 1.415.727, Relator Luiz Felipe Salomão Quarta Turma. Julgado em 4.9.2014, v.u., tornou-se acórdão-paradigma, pois citado em muitos outros. Em ação de cobrança de seguro obrigatório foi indenizada a morte do nascituro causado por acidente automobilístico, aplicando-se a teoria concepcionista, com a correta interpretação do artigo 2° do Código Civil.[29]

Além de bastante citado como precedente nas ações cíveis,[30] ele o foi igualmente em ação penal, como se vê na Ação de Revisão Criminal decidida pelo TJRS, em cujo acórdão é invocada a teoria concepcionista.[31]

Entre os acórdãos mais recentes citamos o Agravo de Instrumento 2174941-02.2017.8.26.0000 do TJSP que deferiu cirurgia fetal negada pelo plano de saúde. Foi aplicada a teoria concepcionista para fundamentar o deferimento, com robusta pesquisa. Relatada pelo Desembargador Costa Netto, julgada em 19.06.2018, votação unânime.[32]

Vê-se que a indenização pela morte de nascituro pode ser sustentada quer sob o fundamento da transmissibilidade do dano moral – para os defendem a tese da personalidade

---

29. Por ser acórdão paradigma transcrevemos-lhe parte da ementa. "Direito civil. acidente automobilístico. aborto. ação de cobrança. seguro obrigatório. DPVAT. Procedência do pedido. Enquadramento jurídico do nascituro. art. 2° do código civil de 2002. Exegese sistemática. Ordenamento jurídico que acentua a condição de pessoa do nascituro. Vida intrauterina. perecimento. Indenização devida. art. 3°, inciso I, da lei n. 6.194/1974. Incidência.
1. A despeito da literalidade do art. 2° do Código Civil – que condiciona a aquisição de personalidade jurídica ao nascimento –, o ordenamento jurídico pátrio aponta sinais de que não há essa indissolúvel vinculação entre o nascimento com vida e o conceito de pessoa, de personalidade jurídica e de titularização de direitos, como pode aparentar a leitura mais simplificada da lei. 3. As teorias mais restritivas dos direitos do nascituro – natalista e da personalidade condicional – fincam raízes na ordem jurídica superada pela Constituição Federal de 1988 e pelo Código Civil de 2002. O paradigma no qual foram edificadas transitava, essencialmente, dentro da órbita dos direitos patrimoniais. Porém, atualmente isso não mais se sustenta. Reconhecem-se, corriqueiramente, amplos catálogos de direitos não patrimoniais ou de bens imateriais da pessoa – como a honra, o nome, imagem, integridade moral e psíquica, entre outros. 4. Ademais, hoje, mesmo que se adote qualquer das outras duas teorias restritivas, há de se reconhecer a titularidade de direitos da personalidade ao nascituro, dos quais o direito à vida é o mais importante. Garantir ao nascituro expectativas de direitos, ou mesmo direitos condicionados ao nascimento, só faz sentido se lhe for garantido também o direito de nascer, o direito à vida, que é direito pressuposto a todos os demais. 5. Portanto, é procedente o pedido de indenização referente ao seguro DPVAT, com base no que dispõe o art. 3° da Lei n. 6.194/1974. Se o preceito legal garante indenização por morte, o aborto causado pelo acidente subsume-se à perfeição ao comando normativo, haja vista que outra coisa não ocorreu, senão a morte do nascituro, ou o perecimento de uma vida intrauterina. 6. Recurso especial provido."
Na página 8 do acórdão, o Relator, com grande generosidade, nos dá a honra de ter-nos citado, entre os autores que defendem a teoria concepcionista, ao lado de nosso eterno mestre Rubens Limongi França e de elenco de ilustres civilistas.
30. TJSP Agravo de Instrumento 2174941-02.2017.8.26.0000., julgado em 19.06.2018; Relator Desembargador Costa Neto; Apelação 1003640-90.2016.8.26.0597, julgada em 27.11.2017, Relator Desembargador Rui Coppolla.
31. No caso concreto o parto foi antecipado, com sequelas, por uso de medicação inadequada prescrita por médico e para uso doméstico, sem o devido monitoramento. Processo 70071389795 (CNJ: 0349173-51.2016.8.21.7000).2016/Crime. Desembargador Aristides Pedroso de Albuquerque Neto, relator, julgado em 07.04.2017.v.u.
32. Agradecemos ao Desembargador Relator pela citação de várias de nossas obras na fundamentação do acórdão.

do nascituro – quer sob fundamento de dano moral causado aos pais, como direito próprio, para os que não lhe reconhecem a personalidade.

O direito à vida volta a ser discutido, nos Estados Unidos da América do Norte, sob outro ângulo, fundada na alegação de "wrongful conception" ou "wrongful birth" ou "wrongful life". Nestas ações judiciais por *dano de concepção por erro*" e "*dano de nascimento por erro*", os interessados alegam prejuízo pela falha da contracepção ou da esterilização, o que resultou em concepção indesejada, obrigando o casal a criar uma criança não esperada.

Nas ações nas quais se alega "dano de vida por erro" é a própria criança quem é autora da ação, por ter nascido em circunstâncias prejudiciais. Argui dano que só poderia ter sido evitado se o autor da ação não tivesse sido concebido ou tivesse sido abortado – supondo-se que o aborto fosse enquadrado nas hipóteses previstas em lei.[33]

A pergunta fundamental que se pode fazer e a Bioética fornece caminhos para as devidas ponderações, é: a própria existência pode ensejar um dano?

No Brasil há inúmeras ações judiciais propostas por mulheres que engravidaram-sem que o quisessem – pela inocuidade do placebo que tomaram pensando ser pílula anticoncepcional. Por meio de fraude cometida por terceiros, os medicamentos, feitos de farinha, foram indevidamente disponibilizados.[34] Trata-se de gravidez indesejada com assunção de despesas não previstas. Esse é o fundamento das ações, na maioria julgadas procedentes, sob a ótica do direito do consumidor. Há ações coletivas e ações individuais representando interesses dos pais, mas não se conhece ação da pessoa que nasceu como resultado de gravidez indesejada, questionando o próprio nascimento. De grande importância a vitoriosa Ação Civil Pública movida pela Fundação Procon e Estado de São Paulo no qual o pedido abrange indenização dano moral coletivo e indenização para interesses individuais homogêneos.[35]

3.2.2   Morte dos pais

Neste, invocamos o acórdão proferido no Recurso Especial n. 399.028/SP, in D.J.U. de 15.4.2002, p. 232, Relator Ministro Sálvio de Figueiredo Teixeira que analisou questão relativa a dano moral a nascituro pela perda do pai. Esse acórdão pode ser considerado como paradigma, pois citado em vários outros, respeitando-se a grande cultura de seu prolator.

Outros acórdãos do Superior Tribunal de Justiça invocam-no como tese a seguir. Citem-se o Agr no AGr do Agravo em RESP 150.297. Relator Sidnei Beneti, Terceira Turma. julgado em 19.02.2013. Acidente do trabalho. Filho nascituro. Danos materiais e morais.

Por sua vez, esse Agravo invoca outro acórdão que consagrou a mesma tese Trata-se do Recurso Especial n. 931.556/RS/ Nancy Andrighi, DJ 05.08.2008.

Com a maior disseminação da teoria concepcionista e seu aceite pelos Tribunais, citamos acórdãos mais recentes que reconhecem o dano pré-natal tanto por ofensa à vida e/ou integridade física do nascituro, como pela integridade psíquica pela perda de um dos pais, causada por ato ilícito.

---

33. Sobre *wrongful conception, wrongful birth* e *wrongful life*, consulte-se de H. Tristram Engelhardt, *The Foundations of Bioethics*, New York, Oxford University Press, 1996.
34. Cite-se, por exemplo, o RESP 1096325-SP DJe 03.02.2009, Terceira Turma, Relator Ministra Nancy Andrighi, DJe 03.02.2009, v.u.
35. RESP 866.630-SP. Ministra Nancy Andrighi. j. em 29.11, 2007, v.u.

3.2.3 Direito à integridade física

A diversidade de técnicas médicas intrauterinas, inclusive cirurgias, indica que a Ciência se preocupa com o nascituro em qualquer fase de desenvolvimento, como ser autônomo e independente da mãe, procurando cada vez mais possibilitar-lhe o normal desenvolvimento, tendo por objetivo o nascimento perfeito.

Ao considerar que nascituro é pessoa, biológica e juridicamente, sua integridade física e sua saúde não se confundem com as da mãe, ainda que com ela o concebido mantenha relação de dependência. Assim, não há como negar-lhe esses direitos da personalidade tratados em rol não taxativo pelos artigos 11 a 20 do Código Civil, com ênfase no artigo 12, na Doutrina e na Jurisprudência, ambas formas de expressão do Direito. Porque o direito à integridade física *lato sensu* – onde se incluem a integridade física *stricto sensu* e a saúde – é do nascituro e não da mãe, não é lícito a ela opor-se a tal direito.

Assim sendo, não pode a mãe recusar-se a ingerir medicamento destinado a preservar a saúde do *conceptus* nem a submeter-se à intervenção médica que vise a dissolver medicamento no líquido amniótico que o feto engole instintivamente. Ainda que, na prática, tal recusa possa ensejar situações de fato de difícil solução, no ponto de vista jurídico ela se nos apresenta clara e inequívoca, ensejando responsabilidade civil e penal: não cabe à mãe dispor de direito à saúde que não é seu, mas, sim, do filho nascituro.

A indenização de danos pré-natais, no Direito Estrangeiro, não é nova. Mesmo em sistemas jurídicos que estabelecem o início da personalidade a partir do nascimento com vida, como o artigo 1º do Código civil Italiano. A despeito de tal norma, uma notória sentença do Tribunal de Piacenza, de 3.7.1950 – in *Foro Italiano*, 1951, I, §987 – declara a responsabilidade dos pais, perante os filhos, quando lhes transmitam doença, por meio da concepção, como a sífilis, que lhes reduza a capacidade física.

Em igual sentido, decisão de 1952, da Suprema Corte Federal Alemã, concede indenização a uma criança a quem foi transmitida a mesma doença, por transfusão à mãe grávida, de sangue contaminado.

A despeito do § 1º do B.G.B. estabelecer que a personalidade começa a partir do nascimento, o fundamento da decisão é o § 823 segundo o qual quem com dolo ou culpa causa dano à vida, ao corpo, a saúde à liberdade, à propriedade ou outro direito de outrem, é obrigado a ressarcir o dano.[36]

Acórdão relatado pelo Des. Carlos Alberto Álvaro de Oliveira concedeu indenização por danos pré-natais causados ao nascituro, que veio a nascer com graves lesões neurais que o condenarão a uma vida vegetativa. Os danos abrangem, os morais e os patrimoniais, em virtude de permanente tratamento médico.[37]

O TJRJ fixou indenização em favor da mãe e do filho, pois o exame de HIV não foi entregue à gestante e ao médico obstetra, resultando na impossibilidade de buscar prevenir a transmissão vertical do vírus ao *nascituro*. Fundamenta-se no direito à integridade física, pois, sem ele, não se concretizaria a dignidade humana. Invoca, ainda, o Direito da Criança e Adolescente, previsto no artigo 227, *caput*.[38] O TJRS fixou dano moral em favor

---

36. Ambas as decisões foram analisadas por Pietro Rescigno in Danno da Procreazione. Giuffrè Editore, Milano, 2006.
37. Apelação Cível n. 7000356677, julgada em 15.05.2002.
38. TJ/RJ, Ap. Cív. n. 0388999-67.2008.8.19.0001, rel. Des. Nagib Slaibi, j. 27.10.2010).

da mãe, dos então nascituros gêmeos , quando cometido o ato ilícito, e do pai, por ofensa à saúde da gestante e dos filhos, (danos físicos e psíquicos), resultante de estupro. Invoca-se expressamente a teoria concepcionista e a dignidade humana.[39]

3.2.4 Direito à honra

Há precedentes em outros países, em casos em que se imputou bastardia ao nascituro. Entre nós, merece ser citado o acórdão do TJSP lavrado na Apelação 0201838-05.2011.8.26.0100, 10ª de Direito Privado, Relator designado Des. João Batista Vilhena, julgado em 06.12.2012. O objeto da ação foi pedido de indenização por ofensas à dignidade da mãe grávida, do pai e do filho nascituro por comediante que fez inconveniente – diria, até desastrosa – piada em relação à mãe grávida, considerando o aspecto físico da gestante. Considerou-se o abuso da liberdade de expressão, afastada, e a prevalência da dignidade humana dos autores, inclusive o nascituro. O acórdão frisa sua legitimidade, por votação unânime, e concede indenização por dano moral para todos os autores.[40]

3.2.5 Direito à integridade psíquica

Em sede administrativa, o Governo do Estado de São Paulo, por meio da Secretaria da Justiça – Comissão Especial da Lei 10.726/2001, assentou louvável decisão, no processo n. 264.502/2002, em favor de nascituro pelos danos causados em sua vida pré-natal, quando a mãe, presa política, ficou à disposição dos órgãos de repressão, detida no sexto mês de gravidez. Os pareceres médicos atestam a repercussão física e psíquica no nascituro quando a mãe sofre agressões. Demonstrou o requerente ter sequelas físicas e psíquicas oriundas de danos pré-natais, embasando, assim, seu pedido de indenização, invocando, ainda, o Parecer *"As sequelas psicológicas da tortura"* elaborado pelo dr. Alfredo Martin, representando o Conselho Regional de Psicologia. Aplaudimos tal decisão do Governo do Estado de S. Paulo, publicada in D.O.E de 19 de junho de 2007,117(113)-3, que está de acordo com a valorização da vida desde sua fase inicial e estende a tutela dos direitos humanos à fase pré-natal, razão por que é harmônica com a tendência internacional de alargamento dos modos de tutela da pessoa humana.[41]

4. CONCLUSÃO

As recentes técnicas de reprodução assistida propiciaram o surgimento dos denominados *"direitos de quarta geração"*.

Trouxeram, ainda, um grande benefício para as Ciências, possibilitando uma nova reflexão acerca da natureza ontológica, biológica e jurídica do embrião pré-implantatório.

Consideramos como aspecto positivo que, embora com a natural perplexidade que esta nova realidade causou, o centro de discussões e de dúvidas desloca-se do nascituro implantado, para o embrião pré-implantatório, a ocasionar maior aceitação e melhor compreensão da natureza jurídica daquele.

---

39. Apelação 700793611051. 9. Câmara. Relator Desembargador Tasso Caiubi Soares Delabary, julgada em 22.08.2019.
40. O voto vencido se refere apenas ao tema liberdade de expressão que deveria ser reconhecida no caso concreto, afastada pela maioria dos votos.
41. Proc. N. 264.502/2002 cujo interessado é J. C. S.de A. G.

O Código Civil brasileiro disciplina de modo satisfatório a tutela civil do nascituro, da qual se lhe extrai o Estatuto e ampara a indenização por dano pré-natal que encontra respaldo, ainda, na Constituição da República, em leis extravagantes e em normas administrativas., além de precedentes no direito estrangeiro, inclusive nos de legislação apenas literalmente natalistas.

A pesquisa recente demonstra claramente nítida evolução quanto à indenização do dano pré-natal, para a qual muito contribuiu a recepção cada vez maior da doutrina concepcionista pelos Tribunais estaduais e pelo Superior Tribunal de Justiça.

MELHORAMENTO DO EMBRIÃO E RESPONSABILIDADE CIVIL DO PROFISSIONAL DA SAÚDE

Débora Gozzo

Pós-doutora pelo *Max-Planck-Institut für ausländisches und internationales Privatrecht*, Hamburgo/Alemanha. Doutora em Direito pela Universidade de Bremen/Alemanha. Mestre em Direito pela Universidade de Münster/Alemanha e pela Universidade de São Paulo. Professora Titular de Direito Civil da USJT. Professora Colaboradora do Mestrado em Ciências do Envelhecimento da Universidade São Judas Tadeu/SP; Coordenadora do Núcleo de Biodireito e Bioética da ESA-OAB/SP. *Visiting Professor* do *Institut für Deutsches, Europäisches und internationales Medizinrecht, Gesundheitsrecht und Bioethik der Universitäten Heidelberg und Mannheim*, Mannheim/Alemanha. *Fellow* do *Käte-Hamburger-Kolleg* (Center for Advanced Studies in the Humanities) da Universidade de Bonn/Alemanha. *Visiting professor* do *Referenzzentrum für Bioethik in den Biowissenschaften*, da Universidade de Bonn/Alemanha. *Visiting professor* da *Bucerius Law School*/Alemanha. Líder do Grupo de Pesquisa "Início e fim da vida: uma discussão bioética sobre as inovações tecnológicas no século XXI". E-mail: deboragozzo@gmail.com.

Juliano Ralo Monteiro

Doutor em Direito Civil pela Pontifícia Universidade Católica de São Paulo. Atualmente é Coordenador do Curso de Direito da Universidade Nilton Lins; Professor Adjunto da Graduação da Faculdade de Direito da Universidade Federal do Amazonas – UFAM (FD-UFAM); Professor Permanente do Programa de Mestrado da FD-UFAM; Líder do Grupo de Pesquisa Direito Civil Contemporâneo na Amazônia pela FD-UFAM; Professor Adjunto da Faculdade Martha Falcão|Wyden. Membro da Rede de Direito Civil Contemporâneo. Associado ao Instituto de Direito Privado. Membro do Instituto Brasileiro de Estudos de Responsabilidade Civil – IBERC. Advogado. E-mail: ralojuliano@gmail.com.

Ao Prof. Renan Lotufo: uma inspiração e referência para inúmeras gerações de juristas. Suas lições permanecerão em nós e ecoarão para a eternidade.

Sumário: 1. Introdução. 2. Biotecnologia e melhoramento do embrião: nova forma de discriminação e de eugenia? 3. Diagnóstico pré-implantatório, doação de mitocôndria M23 e Crispr-Cas9. 4. Princípios da autonomia, da beneficência, da não maleficência e da justiça. 5. Da responsabilidade do profissional da saúde na alteração genética. 6. Conclusão. 7. Referências.

1. INTRODUÇÃO

Desde o momento em que a medicina reprodutiva conseguiu fazer com que a concepção do ser humano fosse feita fora do útero materno, no final dos anos 1970 do século XX, muitos outros avanços foram alcançados na área. O mais conhecido, talvez, seja o fato de o embrião humano poder ser congelado, vindo a ser implantado no útero materno muito tempo depois da sua concepção.

A partir do desenvolvimento de toda essa biotecnologia, interferir no embrião, antes de sua implantação passou a ser possível. A intervenção mais recente ocorrida nele tem a ver com a chamada "tesoura genética", mais conhecida como Crispr-Cas9. O objetivo é o de melhorar o embrião e, consequentemente, a pessoa que ele virá a ser, livrando-o de possíveis doenças que poderia desenvolver ao longo da vida.

Neste artigo busca-se discutir não só a questão do melhoramento do embrião, mas também acerca da responsabilidade do profissional da saúde aqui envolvido – subjetiva ou objetiva? –, uma vez que a mudança no DNA humano pode acarretar toda uma alteração na espécie humana, cujos resultados ainda são desconhecidos. Algo é certo: o princípio da precaução desempenha papel fundamental nesta discussão.

2. BIOTECNOLOGIA E MELHORAMENTO DO EMBRIÃO: NOVA FORMA DE DISCRIMINAÇÃO E DE EUGENIA?

Há muito que a biotecnologia tem caminhado a passos largos na direção do melhoramento humano – *human enhancement* –, na terminologia inglesa, o que tem gerado muita preocupação para os chamados bioconservadores[1], mas que agradam sobremaneira os defensores do transhumanismo[2]. Fato é que as inovações tecnológicas, cada vez mais de alta precisão[3], aliadas aos mais modernos procedimentos da área médica, parecem ter como objetivo não só a cura de doenças, mas, igualmente, o melhoramento da *performance* humana. Em vários aspectos, como se percebe pelo desenvolvimento e colocação de próteses em pessoas que perderam algum membro, de medicamentos que tenham pôr fim a melhora da memória humana, além de, mais recentemente, ter sido divulgado por Eron Musk a possível conexão máquina e o cérebro humano[4].

Essas novidades e outras mais, já estão disponíveis, em especial para aquelas pessoas que podem arcar com seus altíssimos custos. A grande questão que aflora nesse âmbito, no entanto, não diz respeito ao que pode ser feito no corpo humano de pessoa capaz de expressar sua vontade e que seja responsável por suas escolhas. O ponto que se apresenta perigoso é o da possível alteração do embrião, a fim de que ele não só venha a nascer saudável, mas com características que possam ser modificadas, por meio da engenharia genética, o que por muitos pode ser entendido como uma nova forma de eugenia.

Em estados democráticos a questão da escolha de melhorar ou não um embrião, a fim de que ele venha a ter mais chances não só de sobrevida, mas de alcançar melhores condições de vida, precisa ser muito bem refletida. Isto para que não se inicie uma nova

---

1. Os bioconservadores são aqueles que discordam do melhoramento da pessoa ou do embrião, se não for para fins de cura. Entre eles encontram-se Jürgen Habermas, Michael Sandel e Francis Fukuyama.
2. Nas palavras de Nick Bostrom, um dos expoentes do *Transhumanismo*, este movimento "is a loosely defined movement that has developed gradually over the past two decadesIt promotes an interdisciplinary approach to understanding and evaluating the opportunities for enhancing the human condition and the human organism opened up by the advancement of technology. Attention is given to both present technologies, like genetic engineering and information technology, and anticipated future ones, such as molecular nanotechnology and artificial intelligence." Disponível em: https://www.ildodopensiero.it/wp-content/uploads/2019/03/nick-bostrom-transhumanist-values.pdf. Acesso em: 29.09.2020.
3. Próteses, chips para o cérebro, exoesqueleto etc.
4. MADRID, Bruno. Chip no cérebro: Elon Musk quer conectar humanos e máquinas já em 2020. Disponível em: https://www.uol.com.br/tilt/noticias/redacao/2019/07/17/chip-no-cerebro-elon-musk-quer-conectar-humanos-e-maquinas-ja--em-2020.htm?cmpid=copiaecola. Acesso em: 29.09.2020.

forma de discriminação, desta feita genética, por conta daqueles que não terão meios disponíveis, em especial, financeiros, para levar adiante um projeto de filho perfeito.

O perigo de uma eugenia liberal como consta da lição de Jürgen Habermas mostra-se cada vez mais concreto, a partir do momento, que não se "reconhece um limite entre intervenções terapêuticas e de aperfeiçoamento, mas deixa às preferências individuais dos integrantes do mercado a escolha dos objetivos relativos a intervenções que alteram características".[5]

Como acima explanado, não se quer impedir que eventuais tratamentos sejam realizados, na tentativa de se buscar uma cura do embrião e até mesmo da pessoa. O que se pretende é que não se tenha por fim única e simplesmente sair em busca de um melhoramento do embrião, descartando aquele que possa ser portador de algum tipo de deficiência. Uma sociedade de pessoas perfeitas não parece factível, nem com a ajuda da biotecnologia, além de ser discriminação.

3. DIAGNÓSTICO PRÉ-IMPLANTATÓRIO, DOAÇÃO DE MITOCÔNDRIA M23 E CRISPR-CAS9

O melhoramento da pessoa humana, que gera graves questionamentos éticos está disponível para o embrião há muito tempo. Uma das técnicas mais simples, e autorizada pela Resolução n. 2.168/2017 do Conselho Federal de Medicina[6], é a da chamada *sexagem*, isto é, a escolha do sexo do embrião, evitando-se a transmissão de doenças genéticas, como é o caso da hemofilia. Aqui, a escolha seria feita pela implantação do embrião de sexo feminino, pois a mulher é portadora do gene, mas não desenvolve a moléstia, apesar de transmiti-la à prole.

Observe-se, antes de se adentrar mais nos meios disponíveis para a melhora da pessoa, que a escolha, como no exemplo acima, ou a intervenção no embrião, só se torna factível a partir do momento em que a medicina, em 1978, teve êxito com o nascimento de Louise Brown, na Inglaterra. Ela foi o primeiro bebê-de-proveta do mundo, isto é, o primeiro ser humano a ser concebido em laboratório, fora do útero materno, portanto. Abriu-se, aqui, a possibilidade de manipulação dos embriões concebidos em laboratório, facilitando-se aos cientistas, que, nos anos de 1990, começassem a empregar técnicas de edição gênica nos embriões. "O procedimento recebe esse nome, pois é capaz de 'deletar' trechos específicos do DNA e inserir novos genes no local – tanto células germinativas quanto somáticas podem ser editadas. No caso das germinativas (óvulos e espermatozoides) e células precursoras, alterações genéticas são transmitidas aos descendentes. Alguns pesquisadores incluem sob essa designação embriões no estágio inicial de formação. Por sua vez, células somáticas referem-se a todas as outras células do organismo, mas suas modificações não são hereditárias."[7]

A concepção extrauterina e os avanços da biotecnologia, cada vez mais desvenda um *admirável mundo novo*, como já previsto por Aldous Huxley em seu livro com o mesmo título, que está fazendo com que bioconservadores e transhumanistas travem uma

---

5. HABERMAS, Jürgen. *O futuro da natureza humana*. São Paulo: Martins Fontes, 2004, p. 27.
6. Disponível em: https://sistemas.cfm.org.br/normas/visualizar/resolucoes/BR/2017/2168. Acesso em: 28.09.2020.
7. FURTADO, Rafael Nogueira. Edição gênica: riscos e benefícios da modificação do DNA humano, *Revista Bioética*. Brasília: CFM, 2019, p. 224.

batalha cada vez mais acirrada, no sentido de se saber quais são os limites da ciência e da intervenção no embrião humano.

Outra técnica usada para a não transferência de doenças mitocondriais, consiste igualmente no uso do diagnóstico pré-implantatório[8], sendo utilizado para selecionar o embrião sadio. Pode ser, todavia, que seja necessária a retirada do núcleo do mitocôndria da mulher afetada por alguma moléstia, substituindo-o pelo de uma outra saudável. Neste caso o embrião teria um pai e duas mães genéticas. Ensinam Bianca Bianco e Erick Montagna que a "transferência do genoma nuclear ou a doação mitocondrial envolvem a transferência do genoma nuclear de um oócito com mtDNA mutado no citoplasma (doador) para um oócito enucleado aceptor de um doador hígido (aceptor), com mtDNA presumidamente normal e livre de mutação".[9] Sendo assim, completam os autores, "os descendentes não carregariam a mutação de mtDNA presente na mãe e não apresentariam a doença familiar de mtDNA. Assim, a descendência gerada apresentaria três padrões distintos de informação genética: genoma paterno, genoma nuclear materno, e genoma mitocondrial de um doado".[10] Essa técnica suscitou muitos questionamentos éticos, mas prevaleceu. No ano de 2015 o Reino Unido foi o primeiro país do mundo a legalizá-la[11]. Em 2016, nasceu, no México, o primeiro bebê com duas mães genéticas e um pai[12].

Por fim, técnica que se apresentou mais polêmica foi a do Crispr-Cas 9, a tesoura genética que propicia o corte da sequência defeituosa do DNA, alterando a genética do embrião e, consequentemente, da pessoa que virá a ser. Em 2018 o cientista chinês He Jiankui[13] modificou o embrião das gêmeas conhecidas como Lulu e Nana, pelo emprego dessa técnica. A comunidade internacional posicionou-se contra, por não se saber o tipo de consequência que este tipo de experimento poderia trazer para elas e para a humanidade.

Estes são alguns exemplos de como se está buscando o melhoramento da pessoa humana, mas, nestes casos, para tratá-las de possíveis doenças futuras.

4. PRINCÍPIOS DA AUTONOMIA, DA BENEFICÊNCIA, DA NÃO MALEFICÊNCIA E DA JUSTIÇA

As hipóteses examinadas no item anterior representam talvez só uma parte do que já se cogita fazer em termos de melhoramento da pessoa, a partir da interferência no embrião. Por isso, mais importante ainda demonstra ser, uma análise, ainda que breve, dos

---

8. Disponível em: BIANCO, Bianca; MONTAGNA, Erik. Avanços e novas tecnologias para o estudo das doenças mitocondriais. *Einstein (São Paulo)*, São Paulo, v. 14, n. 2, p. 291-293, jun. 2016. https://doi.org/10.1590/S1679-45082016MD3561. Acesso em: 28.09.2020.

9. Disponível em: BIANCO, Bianca; MONTAGNA, Erik. Avanços e novas tecnologias para o estudo das doenças mitocondriais. *Einstein (São Paulo)*, São Paulo, v. 14, n. 2, p. 291-293, jun. 2016. https://doi.org/10.1590/S1679-45082016MD3561. Acesso em: 28.09.2020.

10. Disponível em: BIANCO, Bianca; MONTAGNA, Erik. Avanços e novas tecnologias para o estudo das doenças mitocondriais. *Einstein (São Paulo)*, São Paulo, v. 14, n. 2, p. 291-293, jun. 2016. https://doi.org/10.1590/S1679-45082016MD3561. Acesso em: 28.09.2020.

11. Disponível em: https://www.dw.com/pt-br/reino-unido-aprova-reprodução-assistida-com-dna-de-três-pessoas/a-18232814. Acesso em: 29.09.2020.

12. Disponível em: https://veja.abril.com.br/saude/nasce-1o-bebe-do-mundo-com-dna-de-3-pais/. Acesso em: 29.09.2020.

13. Disponível em: https://g1.globo.com/ciencia-e-saude/noticia/2018/11/26/cientista-chines-alega-ter-criado-primeiros-bebes-geneticamente-editados.ghtml. Acesso em: 26.09.2020.

MELHORAMENTO DO EMBRIÃO E RESPONSABILIDADE CIVIL DO PROFISSIONAL DA SAÚDE

princípios da autonomia, da beneficência, da não maleficência e da justiça, que regem a Bioética, isto é, a ética da vida[14].

Sobre a questão da autonomia, chama a atenção no presente tema, que esta é exercida não pela pessoa que sofrerá a intervenção médica, a fim de ser melhorada, mas sim por seus futuros pais. Embora eles venham a exercer o poder familiar sobre a pessoa do filho (CC, arts. 1.630 e s.), bem como sobre seu patrimônio (CC, arts. 1.689 e s.) durante sua menoridade, representando-o ou assistindo-o, no caso *sub examen* não se trata ainda nem de pessoa, mas tão somente de embrião. E o embrião deve ser respeitado como pessoa em potência que é, não devendo sofrer interferências desnecessárias em sua futura pessoa. A autonomia, portanto, que se esperaria no campo da Bioética seria única e simplesmente a deste ser, que está impossibilitado de fazê-lo, sendo, pois, representado por seus pais nestes casos. Ocorre que nem sempre o que eles desejam pode ser entendido como aplicação do chamado princípio do *melhor interesse do menor* – "the best interest of the child" –. Assim, ainda que os pais exercitem sua vontade no sentido de melhorar a inteligência de seu futuro filho, seria este o desejo dele? Não sabemos. Parece, pois, que ao se interferir no genoma do menor, nem sempre se está fazendo o que essa pessoa em potência objetivaria para si.[15]

No que concerne ao princípio da *beneficência*, muitos poderiam afirmar que o melhoramento do embrião humano, como visto, só poderá ser aceito se tiver esse objetivo. Este caso concreto parece servir, até hoje, para reflexão sobre os limites que devem ser estabelecidos no campo da engenharia genética.

Cogitando-se, agora, da aplicação do princípio da não maleficência, parece ser importante questionar se ele realmente está sendo seguido, nos casos de melhoramento do embrião, especialmente. Tudo leva a crer que a modificação genética, sem que se possa ter certeza sobre os efeitos que ela terá sobre a própria pessoa, eventual parceiro e futura prole, deve ser vista com muito resguardo. No caso das gêmeas chinesas, Lulu e Nana o que se sabe é que elas poderão não ter o tempo de vida normal, por conta da alteração genética que sofreram. Fato é que não se sabe nem se elas poderão ter uma vida normal, inclusive com filhos, nem as consequências que essa modificação no DNA delas poderá ter sobre a população local e, eventualmente, mundial[16].

Quanto a este princípio, relevante o exemplo trazido por Michael J. Sandel, sobre duas americanas deficientes auditivas que, ao decidirem ter um filho, buscaram, em um

---

14. Tais princípios tiveram por fonte o Relatório Belmont nos Estados Unidos, na década de 1980 do século XX, e foram desenvolvidos por Tom L Beauchamp e James F. Childress. V.: BEAUCHAMP, Tom L. CHILDRESS, James F. *Princípios de Ética Biomédica*. 2. ed. Trad. Luciana Pudenzi. São Paulo: Loyola, 2011, em especial p. 137 e s. Com base nesses princípios será feita a análise aqui.

15. Corroborando este pensamento, cita-se novamente a lição de Jürgen Habermas: "As intervenções genéticas de aperfeiçoamento prejudicam a liberdade ética na medida em que se submetem a pessoa em questão a intenções fixadas por terceiros, que ela rejeita, mas que são irreversíveis, impedindo-a de se compreender livremente como o autor único de sua própria vida." *O futuro da natureza humana*. São Paulo: Martins Fontes, 2004, p. 87. E, mais adiante afirma o filósofo alemão: "Por certo, uma eugenia liberal afetaria não apenas o ilimitado poder ser si mesmo, pertencente à pessoa programada. Tal prática produziria, ao mesmo tempo, uma relação interpessoal, para a qual não há nenhum caso de precedência. Com a decisão irreversível, que uma pessoa toma sobre a composição desejada do genoma da outra, surge entre ambas um tipo de relação, que questiona um pré-requisito até então evidente da autocompreensão moral de pessoas que agem e julgam de maneira autônoma." HABERMAS, Jürgen. *O futuro da natureza humana*. São Paulo: Martins Fontes, 2004, p. 88.

16. V. a este respeito: JONAS, Hans. Trad. Anpof. *Técnica, Medicina e Ética*. São Paulo: Paulus, 2013, em especial p. 206 e s., nas quais o autor trata sobre o "Conceito da cirurgia genética" de forma extremamente crítica.

banco de sêmen, um doador que apresentasse essa deficiência em sua família[17]. Este caso concreto parece servir, até hoje, para reflexão sobre os limites que devem ser estabelecidos no campo da engenharia genética.

Quanto ao princípio da justiça, importante mencionar que ele, em uma democracia, tem enorme importância. Quando se menciona a questão da justiça como um dos princípios da bioética, o que se tem em mente é a chamada justiça distributiva, por meio da qual, todos deveriam ter acesso a ela, sem discriminação. Desse modo, todos deveriam ter pelo menos a chance de ter seu corpo e mente alterados, ainda na condição de embrião, a fim de dar maior eficiência a este princípio.

5. DA RESPONSABILIDADE DO PROFISSIONAL DA SAÚDE NA ALTERAÇÃO GENÉTICA

Muitas vezes a manifestação da atividade humana pode trazer danos, sendo imprescindível, nesses casos, a responsabilização civil do agente infrator.

As descobertas da biotecnologia e da engenharia genética estão cada vez mais mudando a realidade jurídica e um dos campos a sofrer profunda *metamorfose*[18] é a responsabilidade civil.

Nesse contexto, face aos riscos decorrentes do uso arbitrário dos novos conhecimentos e, considerando a ciência indissociável do âmbito da ética, tem-se uma particular noção da responsabilidade, a saber: 1) a responsabilidade do cientista para com a sociedade, 2) e a responsabilidade da sociedade de hoje para com a sociedade de amanhã (das gerações presentes para com as gerações futuras)[19].

Segundo Graciela Gutiérrez "la transformación de la responsabilidad civil se producirá por la convergencia de fuerzas o tendencias que a su vez se originan por la interrelación de los acontecimientos y fenômenos sociales"[20], sobretudo diante da transformação da biotecnologia e das hipóteses de melhoramento do embrião humano.

Embora essas técnicas sejam recentes na história da humanidade, têm um enorme potencial de tornarem-se realidade cada vez mais presente nas sociedades do futuro, na medida em que ficarem mais conhecidas e seu acesso barateado à população. Nessa pro-

---

17. SANDEL, Michael. J. *The case against perfection*: Ethics in the age of genetic engineering. Cambridge: Harvard University Press, 2007, p. 2. Acerca desse mesmo caso, vale a pena ressaltar os escritos de Mayana Zatz. Afirma a geneticista que algumas clínicas nos Estados Unidos oferecem a opção de optar pela surdez, por exemplo. "O argumento dos pais é que a surdez não é um defeito, mas uma cultura linguística a ser preservada. Defendem que seus filhos têm o direito ao silêncio. Por um lado, é muito reconfortante saber que pessoas sem audição estão tão bem adaptadas que não achem que passar essa característica a seus filhos possa prejudicá-los. Outra coisa é usar o DPI [Diagnóstico Pré-Implantatório] para ter certeza que não irão gerar descendentes com audição normal." E continua: "O direito ao silêncio? Concordo que todos nós gostamos de ser surdos às vezes. Mas isso tem que acontecer por opção nossa, e não por uma imposição irreversível. Não há dúvidas de que, por mais bem adaptada que seja, uma pessoa que não ouve tem mais dificuldades em várias situações, como falar ao telefone, prevenir alguns perigos, aprender outra língua ou viver em outro país. Além disso, é justo privar uma pessoa das emoções da música, de ouvir o ruído do mar, o choro do bebê? É justo que os pais determinem que a comunicação dos seus filhos com o núcleo familiar seja mais importante que a sua comunicação com o mundo?" ZATZ, Mayana. *GenÉtica*: escolhas que nossas avós não faziam. São Paulo: Globo, 2011, p. 130-131.

18. GAZZANIGA, Jean-Louis. *Les metamorfoses historiques de la responsabilité*. Paris: Presses Universitaires de France, 1997, p. 8.

19. MÖLLER, Letícia Ludwig. *Esperança e Responsabilidade*: Os rumos da bioética e do direito diante do progresso da ciência. Bioética e Responsabilidade. Rio de Janeiro, Forense: 2009, p. 25.

20. GUTIÉRREZ, Graciela N. M. de Estrela. *La responsabilidad civil en la era tecnológica*. Buenos Aires: Abeledo-Perrot, 1997, p. 20.

gressão, são inúmeras as possibilidades e indagações ainda sem respostas no caso de danos decorrentes da alteração genética[21].

Como não se tem notícia de legislação no mundo que regulamente a responsabilidade por danos relacionados à edição genética de células reprodutivas de embriões[22], será necessário recorrer às normas e princípios do direito privado para trazer contribuições ao debate.

Se por um lado, a apresentação do cientista chinês He Jiankui demonstrou a evidente fragilidade dos ordenamentos jurídicos sobre o uso dessas novas tecnologias, é relevante lembrar que 120 dos maiores geneticistas do planeta afirmaram que o uso da tecnologia CRISPR-Cas9 é arriscado, injustificado, fere a reputação e o desenvolvimento da comunidade biomédica chinesa[23], fato que gerou condenação criminal do geneticista em seu país de origem.

Por outro, as técnicas de edição trazem a promessa da eliminação de mutações genéticas, permitindo aos pais a chance de dar à luz a crianças saudáveis e livres da doença que as acometeriam, sendo certo que a edição de genes será, sem dúvida, muito promissora no futuro.

Dessa forma é possível demonstrar a presença de pontos de vista opostos, com direitos igualmente relevantes de proteção: o direito do uso da terapia para permitir o nascimento de uma criança saudável ou livre de um fardo genético *versus* o direito de proteger a biodiversidade das futuras gerações.

Portanto, impedir o avanço da ciência seria equivalente a neutralizar qualquer inovação clínica. No entanto, permitir o uso da técnica, sem controle e cuidado, poderá trazer riscos e possíveis danos às futuras gerações. No atual estado normativo, como garantir a segurança jurídica e a responsabilização do profissional da saúde na alteração genética?

Não obstante a necessidade de debates e diálogos interdisciplinares de forma contínua, no que tange ao profissional da medicina genética e as consequências de sua atuação, podem ser aplicados diferentes regimes de responsabilidade civil a depender do contexto: a responsabilidade civil subjetiva e a objetiva.

A princípio, a responsabilidade civil do médico geneticista, por se tratar de um profissional liberal, é típica obrigação *contratual* e de *meio* regida, em regra, pelo Código de Defesa do Consumidor, de modo que apenas subsistirá o dever de indenizar pelos danos causados a título de culpa[24]. Entretanto, importante lembrar que a classificação da responsabilidade médica é casuística, pois ora sua obrigação pode ser *contratual* de *resultado*, no sentido de ter o médico o dever de preservar a incolumidade do paciente;

---

21. Dúvidas de diversas ordens podem ser apontadas, ainda sem respostas: Quais são as implicações jurídicas que esses novos métodos podem criar no futuro? Diante de um mundo novo, com consequências ainda desconhecidas, quais serão os princípios norteadores e responsabilidades por danos decorrentes da edição genéticas em embriões ou células reprodutivas? Já existem normas capazes de regular as implicações jurídicas dessas práticas ou dependeremos de edições de leis no futuro? Como determinar o escopo da responsabilidade na situação quando se trata da "cura" de uma mutação, mas há uma tendência de desenvolver uma doença no futuro? Qual é, então, o alcance do dever de informar do médico? Como qualificar a edição de um gene que não se destina a curar a doença existente, mas sim em obter uma certa imunidade específica? Que obrigações legais pesarão sobre os pais que decidem editar os genes do embrião ou na fase de pré-concepção? Qual a prescrição para a responsabilização civil na edição de genes? Nas modificações genéticas de natureza hereditária, os filhos ou netos submetidos à edição genética serão capazes de fazer reivindicações no futuro?

22. KREKORA-ZAJ C, Dorota. Civil liability for damages related to germline and embryo editing against the legal admissibility of gene editing. Disponível em: https://www.researchgate.net/publication/339490663_Civil_liability_for_damages_related_to_germline_and_embryo_editing_against_the_legal_admissibility_of_gene_editing. – Acesso em: 26.09.2020.

23. Conforme disponível em: https://g1.globo.com/ciencia-e-saude/noticia/2018/11/27/cientistas-chineses-repudiam-suposta-edicao-genetica-feita-por-pesquisador-local.ghtml. Acesso em: 26.09.2020.

24. Para maiores informações vide: MONTEIRO, Juliano Ralo. A responsabilidade civil do médico geneticista no diagnóstico genético pré-implantacional. *Revista de Direito Privado*. São Paulo: Revista dos Tribunais, 2013, v.13, n.51, p. 273-310.

ora pode ser *contratual* de *meio*, no que tange à utilização de métodos científicos para que seja empregado o uso das melhores técnicas no melhoramento genético; ora, ainda, pode ser vista como *extracontratual*, no que se refere ao ser humano, nascituro ou nascido de inseminação artificial.[25]

Inobstante, não há como se negar que toda pesquisa genética médica traz riscos de danos previsíveis e imprevisíveis aos participantes, sendo esses normalmente considerados sob o ponto de vista ético e jurídico.

Como forma de trazer luz a esse debate, Graziella Trindade Clemente e Nelson Rosenvald lembram que é amplamente discutido na Europa a aplicação da chamada responsabilidade civil por riscos desconhecidos – *liability for unknow risks* – nos casos de engenharia genética. Segundo os autores quando os riscos forem desconhecidos (como no caso da aplicação das técnicas do CRISPR-Cas9 p.ex.), há o entendimento de que não se pode aplicar a responsabilidade subjetiva, uma vez que a previsibilidade do evento danoso é requisito da culpa. Logo, se o dano para o agente não é evidente e o risco é imprevisível ou mesmo quando guardam relação com a causalidade incerta, aplica-se a responsabilidade civil objetiva. Por outro lado, de acordo com os autores, quando o risco é conhecido, porém dificilmente controlável ou evitável, a responsabilização por culpa somente poderia ser aventada caso o princípio da precaução não fosse respeitado, como ocorre nas situações de inadequação dos deveres de cuidado, proteção e informação, conforme o "estado da arte"[26]. Vale adiantar que a aplicação do princípio da precaução acarretará a inversão do ônus probatório, competindo a quem supostamente promoveu o dano genético comprovar que não o causou ou que o uso da técnica não lhe é potencialmente lesiva[27].

Excepcionalmente, porém, será possível determinar que a responsabilidade civil do médico seja objetivada, como nas hipóteses em apreço, notadamente, quando normalmente sua atividade desenvolvida implicar, por sua natureza, riscos para os direitos de outrem, nos moldes do que determina o parágrafo único do artigo 927 do Código Civil, mesmo que isso signifique inviabilizar a própria atividade[28]. Não obstante, importante lembrar

---

25. Nesse mesmo sentido, em relação aos casos de inseminação natural, vide: SANTOS, Regina Beatriz Tavares da Silva Papa dos. Responsabilidade civil do médico na inseminação artificial. In: BITTAR, Carlos Alberto (Coord.). *Responsabilidade civil médica, odontológica e hospitalar*. São Paulo: Saraiva, 1991, p. 48.

26. Complementam os autores: Por outro lado, de acordo com a teoria objetiva, a responsabilização por danos causados por riscos desconhecidos pode ocorrer quando estão relacionados à causalidade incerta, implicando na distribuição do ônus da prova (se não for comprovada a causalidade ou na incapacidade de identificar o fato novo que interrompeu o nexo causal entre o dano e a atividade geradora do mesmo). ROSENVALD, Nelson. MARTINS, Guilherme Magalhães. CLEMENTE, Graziella Trindade. Edição gênica e os limites da responsabilidade civil. In: ROSENVALD, Nelson; MARTINS, Guilherme Magalhães. (Org.). *Responsabilidade civil e novas tecnologias*. Indaiatuba/SP: Foco, 2020, v. 1, p. 235-262.

27. Vários são os exemplos retirados da jurisprudência acerca da aplicação da inversão do ônus da prova, quando da ofensa ao princípio da precaução: STJ, REsp 1237893/SP, Rel. Ministra Eliana Calmon, Segunda Turma, Julgado em 24.09.2013, DJE 01.10.2013; STJ, AgRg no AREsp 206748/SP, Rel. Ministro Ricardo Villas Bôas Cueva, Terceira Turma, Julgado em 21.02.2013, DJE 27.02.2013.

28. Para Roberto Lauro Lana, vice-presidente da Sociedade Brasileira de Direito Médico, parece claro que a doutrina e a jurisprudência inclinam-se favoravelmente a considerar como atividades de risco, todas aquelas que colocam em risco a vida e a saúde humana, estendendo a abrangência do conceito das atividades de risco ao arbítrio do julgador, na ausência da norma reguladora, deixando com isso, uma porta aberta a caracterização do próprio ato médico como sendo uma atividade de risco (LANA, Roberto Lauro. *A responsabilidade médica e o novo Código Civil*. Disponível em: http://www.portaldeginecologia.com.br. Acesso em: 26.09.2020. Ratificando o posicionamento sobre o regime de exceção da responsabilidade médica objetiva, Carla Gonçalves afirma que quando a atividade médica for de risco ou de perigo, como poderá em certas hipóteses de ensaios clínicos, doação de órgãos e tecidos (com previsão expressa da legislação portuguesa a esse respeito), bem como quando da exposição de paciente à radiação. (*A responsabilidade civil médica: um problema para além da culpa*. Coimbra: Coimbra Editora, 2008, p. 52 e seguintes).

que a Lei 11.105/2005, mais conhecida como *Lei de Biossegurança*, estabelece normas de segurança e mecanismos de fiscalização de atividades que envolvam organismos geneticamente modificados – OGM. Em seu artigo 20 ela dispõe sobre a responsabilidade civil objetiva, ao estabelecer que "os responsáveis pelos danos ao meio ambiente e a terceiros responderão, solidariamente, por sua indenização ou reparação integral, independentemente da existência de culpa"[29].

Outra circunstância de alta indagação diz respeito ao nexo de causalidade. Conforme José de Aguiar Dias "pode haver responsabilidade sem culpa, mas não pode haver responsabilidade sem nexo causal"[30]. Pablo Malheiros da Cunha Frota debruçou-se sobre o aprofundamento do tema e desvendou quatorze teorias acerca do nexo de causalidade, sendo doze desenvolvidas nos sistemas romano-germânicos[31]. Usualmente no Brasil, duas teorias tendem a predominar no debate acerca do nexo de causalidade, conforme preleciona Gustavo Tepedino, a saber: teoria da causalidade adequada e teoria do dano direto e imediato[32]

A primeira prevalece na aplicação das técnicas de melhoramento genético em embriões[33]. De fato, diante do contexto de manipulação do DNA, que pode trazer risco de danos conhecidos ou desconhecidos, será necessário identificar, na presença de uma possível causa, qual aquela potencialmente apta a produzir os efeitos danosos, independentemente das outras circunstâncias que, no caso concreto, possam contribuir para o resultado.

Outro ponto de relevância a ser destacado quando promovidas atividades que apresentam riscos e consequências imprevisíveis é a aplicação do princípio da precaução[34]. O princípio da precaução é uma diretriz em saúde que vem ganhando relevo nas discussões entre médicos e pacientes.

---

29. Conforme informam Mayara Medeiros Royo e Grazziella Trindade Clemente "A União Europeia, por sua vez, no Regulamento 536/2014, do Parlamento Europeu, deixou a cargo de cada Estado-Membro a possibilidade de optar pelo regime de apuração da responsabilidade civil. Já no ordenamento jurídico norte-americano, a regra da responsabilidade subjetiva (demonstração de culpa *stricto sensu*) aplicada aos médicos foi mantida nos ensaios e pesquisas clínicas, no que diz respeito à imputação da responsabilidade do investigador. CLEMENTE, Grazziella Trindade Clemente; ROYO, Mayara Medeiros. Responsabilidade Civil nas técnicas de engenharia genética: uma análise do movimento "do-it-yourself biology" e da atuação dos biohackers". In: KFOURI NETO, Miguel; NOGAROLI, Rafaela (Org.). *Debates contemporâneos em direito médico e da saúde*. São Paulo: Ed RT, 2020, p. 118.
30. DIAS, José de Aguiar. *Responsabilidade Civil em Debate*. Rio de Janeiro: Forense, 1983, p. 177.
31. Para aprofundamento a respeito do tema do nexo causal remete-se à leitura do trabalho científico do autor: FROTA, Pablo Malheiros da Cunha. *Responsabilidade por danos*. Imputação e nexo de causalidade. Tese de Doutoramento em Direito defendida perante a Universidade Federal do Paraná em 2013. Disponível em: https://acervodigital.ufpr.br/bitstream/handle/1884/31777/R%20-%20T%20-%20PABLO%20MALHEIROS%20DA%20CUNHA%20FROTA.pdf;sequence=1. Acesso em: 26.09.2020.
32. TEPEDINO, Gustavo. *Notas sobre o nexo de causalidade. Temas de direito civil*. Tomo II. Rio de Janeiro: Renovar, 2006, p. 63 e seguintes.
33. Com o mesmo entendimento, Graziella Trindade Clemente e Nelson Rosenvald, esclarecem a esse respeito que: "Analisando-se a hipótese na qual riscos desconhecidos emergem da utilização da técnica CRISPR/Cas9, alguns desafios na aplicabilidade da teoria da causalidade adequada se impõem. Destaca-se a limitação referente a possibilidade de se realizar análise referida de forma abstrata, pois a mesma fundamenta-se na possibilidade de avaliação de uma multiplicidade de casos semelhantes". ROSENVALD, Nelson. MARTINS, Guilherme Magalhães. CLEMENTE, Graziella Trindade. Edição gênica e os limites da responsabilidade civil. In: ROSENVALD, Nelson; MARTINS, Guilherme Magalhães. (Org.). *Responsabilidade civil e novas tecnologias*. Indaiatuba/SP: Foco, 2020, v. 1, p. 235-262.
34. O princípio da precaução resulta da proposta formal sugerida na Conferência do Rio 92. Naquela oportunidade, considerou ser o princípio da precaução uma garantia contra os riscos potenciais que, de acordo com o estado atual do conhecimento, não podem ser ainda identificados. Este princípio afirma que a ausência da certeza científica formal e a existência de um risco de um dano sério ou irreversível requer a implementação de medidas que possam prever este dano. ANTUNES, Paulo de Bessa. *Direito Ambiental*. Rio de Janeiro: Lumen Juris, 2010, p. 40.

Seu propósito é de orientar a conduta médica diante de situações em que o conhecimento científico está ainda incompleto, onde há riscos ou incertezas[35], sobretudo daqueles que ainda não se encontram amadurecidos no seio científico.

Diante da potencialidade dos danos ou do mau uso das técnicas de manipulação genética, é fundamental a definição de práticas responsivas de manipulação, para que o efeito da bioengenharia não traga resultados prejudiciais.

Conforme mencionado, uma das principais utilidades de sua aplicação encontra-se na seara processual. Isto porque o princípio da precaução na área da saúde pode ser usado para determinar a inversão do ônus da prova, situação complementar relevante para as relações médicas. Ao invés do paciente ter de demonstrar evidências científicas de que a técnica não se encontra pronta, caberá ao médico provar a ausência de qualquer nexo de causalidade entre eventuais danos causados e o método inovador empreendido, inclusive os danos lançados ao meio ambiente.

Deve-se na relação de custo/benefício do uso dessas técnicas, promover o progresso da ciência sem comprometer o paciente, o meio ambiente e as futuras gerações. Se faz necessário, como nunca, reforçar os cuidados na regulamentação e fiscalização por parte das autoridades e da sociedade em geral, obedecendo aos princípios de bioética médica da autonomia, beneficência, não-maleficência e justiça.

6. CONCLUSÃO

Como visto, as possibilidades da genética são responsáveis por uma enorme variedade de contribuições práticas em diversos campos da ciência, moral e ética. Com o aprimoramento da ciência tornou-se possível ao homem buscar o inimaginável: o melhoramento genético de embriões em laboratório para estar livre de uma doença familiar, sua sexagem ou para alcançar a eugenia.

Como tudo que é inovador traz inseguranças, principalmente no campo do melhoramento de embriões, inúmeros debates éticos e jurídicos são travados desde o nascimento de Louise Brown, em que se questionam quais seriam os limites da ciência. Esses debates são salutares e devem permanecer, na medida em que trazem profunda contribuição para a racionalização do tema e esclarecimento à população.

Foi visto que caberá ao Direito, atento a todas essas perspectivas, sintetizar a pluralidade de opiniões, delimitar o tema e trazer luz aos limites legais dessa prática. A responsabilização civil deve agir subsidiariamente, somente na hipótese desse sistema de proteção falhar.

Em relação à responsabilização civil médica do profissional da saúde da alteração genética, por se tratar de um profissional liberal, verificou-se tratar de uma obrigação contratual e de meio, de modo que apenas subsistirá o dever de indenizar pelos danos causados a título de culpa *lato sensu* ou dolo. No entanto, quando se estiver diante da

---

35. Tereza Ancona Lopes não tem dúvidas que "neste século, tendo em vista a sociedade de risco, vão se desenvolver os princípios da prevenção e da precaução fundamentados na ética da prudência e no princípio da solidariedade social e segurança geral, hoje positivados. Mas essa não é a razão principal, é apenas a razão jusfilosófica. A verdade é que a sociedade e cada cidadão individualmente estão apavorados com os perigos e riscos a que estão expostos pois se e quando o dano acontecer suas proporções serão insuportáveis. A situação post factum é desumana". LOPES, Tereza Ancona. *Princípio da precaução e evolução da responsabilidade civil*. São Paulo: Quartier Latin, 2010, p. 86.

responsabilidade civil por riscos desconhecidos – *liability for unknow risks,* aplica-se a responsabilidade civil objetiva, a exemplo do que ocorre em muitos países do continente europeu. Há, ainda, a opção de se determinar a inversão do ônus da prova, sempre que o princípio da precaução, inerente ao uso dessa técnica, for desrespeitado.

Embora ainda exista o entendimento dos mais respeitados geneticistas que ainda é arriscado se permitir a modificação gênica de embriões humanos, o progresso da ciência nessa área deve obedecer ao princípio da precaução e respeitar a relação de custo/benefício do uso dessas técnicas, de forma promover o progresso da ciência sem comprometer o paciente, o meio ambiente e as futuras gerações.

7. REFERÊNCIAS

ANTUNES, Paulo de Bessa. *Direito Ambiental.* Rio de Janeiro: Lumen Juris, 2010.

BEAUCHAMP, Tom L. CHILDRESS, James F. *Princípios de Ética Biomédica.* 2. ed. Trad. Luciana Pudenzi. São Paulo: Loyola, 2011.

BIANCO, Bianca; MONTAGNA, Erik. Avanços e novas tecnologias para o estudo das doenças mitocondriais. *Einstein (São Paulo),* São Paulo, v. 14, n. 2, p. 291-293, jun. 2016. Disponível em: https://doi.org/10.1590/S1679-45082016MD3561. Acesso em: 28.09.2020.

CLEMENTE, Grazziella Trindade Clemente; ROYO, Mayara Medeiros. Responsabilidade Civil nas técnicas de engenharia genética: uma análise do movimento "do-it-yourself biology" e da atuação dos biohackers". In: KFOURI NETO, Miguel; NOGAROLI, Rafaela (Org.). *Debates contemporâneos em direito médico e da saúde.* São Paulo: Ed. RT, 2020.

DIAS, José de Aguiar. *Responsabilidade Civil em Debate.* Rio de Janeiro: Forense, 1983.

FROTA, Pablo Malheiros da Cunha. *Responsabilidade por danos.* Imputação e nexo de causalidade. Tese de Doutoramento em Direito defendida perante a Universidade Federal do Paraná em 2013. Disponível em: https://acervodigital.ufpr.br/bitstream/handle/1884/31777/R%20-%20T%20-%20PABLO%20MALHEIROS%20DA%20CUNHA%20FROTA.pdf;sequence=1. Acesso em: 26.09.2020.

FURTADO, Rafael Nogueira. Edição gênica: riscos e benefícios da modificação do DNA humano. *Revista Bioética.* Brasília: CFM, v. 27, n. 2, 2019.

GAZZANIGA, Jean-Louis. *Les metamorfoses historiques de la responsabilité.* Paris: Presses Universitaires de France, 1997.

GONÇALVES, Carla. *A responsabilidade civil médica:* um problema para além da culpa. Coimbra: Coimbra, 2008.

GUTIÉRREZ, Graciela N. M. de Estrela. *La responsabilidad civil en la era tecnológica.* Buenos Aires: Abeledo-Perrot, 1997.

HABERMAS, Jürgen. *O futuro da natureza humana.* São Paulo: Martins Fontes, 2004.

JONAS, Hans. Trad. Anpof. *Técnica, Medicina e Ética:* Sobre a prática do princípio responsabilidade. São Paulo: Paulus, 2013.

LOPES, Tereza Ancona. *Princípio da precaução e evolução da responsabilidade civil.* São Paulo: Quartier Latin, 2010.

MADRID, Bruno. *Chip no cérebro:* Elon Musk quer conectar humanos e máquinas já em 2020. Disponível em: https://www.uol.com.br/tilt/noticias/redacao/2019/07/17/chip-no-cerebro-elon-musk-quer-conectar-humanos-e-maquinas-ja-em-2020.htm?cmpid=copiaecola. Acesso em: 29.09.2020.

KREKORA-ZAJ C, Dorota. Civil liability for damages related to germline and embryo editing against the legal admissibility of gene editing. Disponível em: https://www.researchgate.net/publication/339490663_Civil_liability_for_damages_related_to_germline_and_embryo_editing_against_the_legal_admissibility_of_gene_editing. Acesso em: 26.09.2020.

MÖLLER, Letícia Ludwig. Esperança e Responsabilidade: Os rumos da bioética e do direito diante do progresso da ciência. *Bioética e Responsabilidade.* Rio de Janeiro, Forense: 2009.

MONTEIRO, Juliano Ralo. A responsabilidade civil do médico geneticista no diagnóstico genético pré-implantacional, *Revista de Direito Privado*. v. 13, n.5, São Paulo: Ed. RT, 2013.

ROSENVALD, Nelson. MARTINS, Guilherme Magalhães. CLEMENTE, Graziella Trindade. Edição gênica e os limites da responsabilidade civil. In: ROSENVALD, Nelson; MARTINS, Guilherme Magalhães (Org.). *Responsabilidade civil e novas tecnologias*. Indaiatuba/SP: Foco, 2020, v. 1.

SANTOS, Regina Beatriz Tavares da Silva Papa dos. Responsabilidade civil do médico na inseminação artificial. In: BITTAR, Carlos Alberto (Coord.). *Responsabilidade civil médica, odontológica e hospitalar*. São Paulo: Saraiva, 1991.

SANDEL, Michael. J. *The case against perfection*: Ethics in the age of genetic engineering. Cambridge: Harvard University Press, 2007.

TEPEDINO, Gustavo. *Notas sobre o nexo de causalidade. Temas de direito civil*. Tomo II. Rio de Janeiro: Renovar, 2006.

ZATZ, Mayana. *GenÉtica*: escolhas que nossas avós não faziam. São Paulo: Globo, 2011.

RESPONSABILIDADE CIVIL PELO ROMPIMENTO INJUSTIFICADO DAS TRATATIVAS PRÉ-CONTRATUAIS

Nestor Duarte

Professor Titular da Faculdade de Direito da Universidade de São Paulo.

A responsabilidade civil tem por pressuposto o dano indenizável. Não é, pois, qualquer prejuízo que dá ensejo a indenização, bastando examinar as disposições pertinentes do Código Civil[1]. Por isso, ocorrendo o dano, é necessário examinar se ele é injusto.

Não se prescinde, porém, de submeter o fato à adequada disciplina jurídica do tempo respectivo, pois, conforme Renan Lotufo, "a evolução do Direito obrigacional prossegue"[2].

Disto vai que muitas situações antes excluídas do âmbito da responsabilidade civil, hoje não o são, devendo considerar-se, também, o ramo do Direito em que se inserem, porque, a despeito da regulamentação pelo Direito Civil, ela abrange relações jurídicas sujeitas ao Direito Empresarial e muitas se subordinam ao Código de Defesa do Consumidor.

Em matéria relativa aos contratos, na vigência do Código Civil de 1916, assentava-se a proposta como termo inicial da responsabilidade dos interessados em contratar e disto dá conta Clóvis Bevilacqua[3], afirmando que "na formação dos contratos, como na de outros atos lícitos, destacam-se momentos da elaboração interna ou meramente psíquica, e momentos de elaboração externa"; acrescenta "que a elaboração do contrato transpõe o mundo mental com a proposta, oferta ou promessa embora se lhe sigam outros momentos internos realizados no espírito do solicitado" e conclui: "E se a proposta é a força psíquica embora, que vai determinar uma série de movimentos por parte do solicitado, movimentos que podem ir alterar o estado de seu patrimônio, é óbvio que não deve ser recuada (sic), arbitrariamente, da parte de quem o faz".

Não difere em substância o pensamento de Serpa Lopes[4]: "As conversações preliminares têm por objeto o preparo do consentimento das partes para a conclusão do contrato", e arremata dizendo que "da ausência da obrigatoriedade desses entendimentos preliminares resulta que as obrigações promovidas entre os interessados e futuros contratantes não podem ter a mesma feição de oferta de contrato, da qual se distanciam profundamente",

---

1. Art. 186. Aquele que, por ação ou omissão voluntária, negligência ou imprudência, violar direito e causar dano a outrem, ainda que exclusivamente moral, comete ato ilícito.

    Art. 188. Não constituem atos ilícitos:

    I – os praticados em legítima defesa ou no exercício regular de um direito reconhecido;

    II – a deterioração ou destruição da coisa alheia, ou a lesão a pessoa, a fim de remover perigo iminente.

    Art. 929. Se a pessoa lesada, ou o dono da coisa, no caso do inciso II do art. 188, não forem culpados do perigo, assistir-lhes-á direito à indenização do prejuízo que sofreram.

2. LOTUFO, Renan – Evolução Histórica do Direito das Obrigações – p. 15 – In: LOTUFO, Renan e NANNI, Giovanni Elttore (Coord.). *Obrigações* – São Paulo: Atlas, 2011.

3. BEVILACQUA, Clóvis – *Direito das Obrigações* – p. 138 – 9. ed. – Rio de Janeiro: Livraria Francisco Alves, 1957.

4. SERPA LOPES, Miguel Maria de – *Curso de Direito Civil* – v. III – p. 74 – 3. ed. – Rio de Janeiro e São Paulo: Livraria Freitas Bastos S.A., 1960.

NESTOR DUARTE

sendo esses acordos preparatórios destituídos de eficácia vinculante, não passando de "proposições, ideias, levadas ao conhecimento da outra parte para um estudo e sujeitas por si mesmas a uma discussão entre ambos, ao passo que a oferta de contrato" já traduz "uma vontade definitiva do contratante, nas bases oferecidas, não sujeitas a discussão ou estudos".

Até em obras mais recentes, regateou-se a obrigatoriedade naquelas circunstâncias, colhendo-se na de Caio Mário da Silva Pereira[5] que "mesmo quando surge um projeto ou minuta, ainda assim não há vinculação das pessoas". Posiciona-se Orlando Gomes[6] na mesma linha: "Mesmo se redigirem minuta, estão apenas a elaborar, como observa Messineo, esquema meramente hipotético. Dessas negociações não lhes advém, por conseguinte, a obrigação de contratar". Washington de Barros Monteiro[7], tratando da formação do contrato, coloca a proposta como o seu momento inicial e a sua aceitação como o *"segundo passo"*, dessumindo-se o entendimento de que o interregno, ou seja, a negociação, é irrelevante.

Mais veemente, no Direito Comercial, é a posição de J.X. Carvalho de Mendonça[8], e assim a justifica: "O Cod. Civil e o Cod. Comercial não se referiram a esta frase pré-contratual justamente porque não atribuíram efeitos jurídicos aos atos efetivados durante ela; atenderam ao período formativo, partindo da proposta, que contém em si a ideia de obrigar-se o proponente (Cod. Civil, art. 1080) e efetivamente se obriga desde que a outra parte a aceite". Faz ele, porém, uma observação acerca do *contrato preliminar*, que "dá origem a uma obrigação de fazer, subordinada à declaração de vontade posterior acordante do credor desta obrigação. O devedor que culposamente *impossibilita a prestação nestas obrigações responde por perdas e danos* (Código Civil, art. 879)"[9].

Essas colocações assentavam-se no Código Civil de 1916[10] ou nele inspiradas (arts. 1079 e 1080) ou no Código Comercial[11] (art. 126).

Não havia dúvida, portanto, nos termos da lei, de que as negociações preliminares não determinavam o nascimento de obrigações, entretanto, desenvolveu-se a teoria do abuso do direito, assim definido por R. Limongi França[12]: "o abuso de direito consiste em um ato jurídico de objeto lícito, mas cujo exercício, levado a efeito sem a devida regularidade, acarreta em resultado que se considera ilícito". Para o mesmo sentido aponta Alvino Lima[13]: "sendo o direito imperfeitamente definido na lei, o seu exercício dentro destes limites imperfeitos não poderia satisfazer às necessidades sociais; daí se falar da

---

5. SILVA PEREIRA, Caio Mário da – *Instituições de Direito Civil* – v. III – p. 37 – 11. ed. – Rio de Janeiro: Forense, 2004.
6. GOMES, Orlando – Contratos – p. 72 – 26. ed. (Atual. Antonio Junqueira de Azevedo e Francisco Paulo de Crescenzo Marino) - Rio de Janeiro: Forense, 2008.
7. BARROS MONTEIRO, Washington – *Curso de Direito Civil* – 2. v. (Direito das Obrigações) – p. 17 – 4. ed. – São Paulo: Saraiva, 1965.
8. CARVALHO DE MENDONÇA, J.X. – *Tratado de Direito Comercial* – v. VI – 1ª parte – p. 458 – 5. ed. Rio de Janeiro – São Paulo: Livraria Freitas Bastos S.A., 1955.
9. CARVALHO DE MENDONÇA, J.X. – op. cit., p. 461.
10. Art. 1.079. A manifestação da vontade, nos contratos, pode ser tácita, quando a lei não exigir que seja expressa.

    Art. 1.080. A proposta de contrato obriga o proponente, se o contrário não resultar dos termos dela, da natureza do negócio, ou das circunstâncias do caso.
11. Art. 126. Os contratos mercantis são obrigatórios; tanto que as partes se acordam sobre o objeto da convenção, e o reduzem a escrito, nos casos em que esta prova é necessária.
12. LIMONGI FRANÇA, R. – *Instituições de Direito Civil* – p. 891 – 4. ed. – São Paulo: Saraiva, 1996.
13. LIMA, Alvino – *Culpa e risco* – p. 220 – 1. ed. (2. tir.) – São Paulo: Ed. RT, 1963.

necessidade de limites sociais extralegais, que nos cumpre obedecer, sob pena de sermos responsáveis pelo dano causado a outrem".

O abuso do direito veio a ter guarida no Código Civil de 2002 e considerado ato ilícito[14]. Manteve-se, entretanto, no Código atual regra similar à do Código anterior, no tocante aos efeitos da proposta[15].

Novidade foi a introdução, na legislação codificada, do contrato preliminar, como categoria própria, cujo descumprimento pode desafiar sentença que substitui a manifestação da vontade do inadimplente, salvo se se tratar de obrigação personalíssima[16]. Com essa possibilidade, tal qual já ocorria no compromisso de compra e venda registrado, desde o Decreto-Lei 58, de 10.12.1937 (art. 16), sedimentou-se a possibilidade da execução específica no Código de Processo Civil de 1973 e se mantém no atual (art. 497), a fim de restaurar "o próprio direito sacrificado ou transgredido pelo obrigado"[17].

Até aqui não se encontra qualquer texto legal para retirar efeitos jurídicos das negociações preliminares, que não se confundem com o contrato preliminar, regido por lei, distinção essa feita por Pontes de Miranda[18], muito antes do atual Código Civil. Na jurisprudência, merece referência o acórdão do Supremo Tribunal Federal, que julgou o Recurso Extraordinário 88716-RJ[19], já na vigência do Código de Processo Civil de 1973.

Não era, porém, desconhecido o debate sobre deveres anteriores ao contrato, inclusive a respeito da recusa injusta de contratar, também denominada recesso injustificado, pois, apenas em princípio, a liberdade de não contratar seria completa, podendo, até mesmo,

---

14. Art. 187. Também comete ato ilícito o titular de um direito que, ao exercê-lo, excede manifestamente os limites impostos pelo seu fim econômico ou social, pela boa-fé ou pelos bons costumes.
15. Art. 427. A proposta de contrato obriga o proponente, se o contrário não resultar dos termos dela, da natureza do negócio, ou das circunstâncias do caso.
16. Art. 462. O contrato preliminar, exceto quanto à forma, deve conter todos os requisitos essenciais ao contrato a ser celebrado.
    Art. 463. Concluído o contrato preliminar, com observância do disposto no artigo antecedente, e desde que dele não conste cláusula de arrependimento, qualquer das partes terá o direito de exigir a celebração do definitivo, assinando prazo à outra para que o efetive.
    Parágrafo único. O contrato preliminar deverá ser levado ao registro competente.
    Art. 464. Esgotado o prazo, poderá o juiz, a pedido do interessado, suprir a vontade da parte inadimplente, conferindo caráter definitivo ao contrato preliminar, salvo se a isto se opuser a natureza da obrigação.
17. DINAMARCO, Cândido Rangel – *Instituições de Direito Processual Civil* – v. IV – p. 452 – 4. ed. – São Paulo: Malheiros, 2019.
18. PONTES DE MIRANDA, F.C. – Tratado de Direito Privado – v. XXXVIII – p. 323 – 3. ed. – São Paulo: Ed. RT, 1984: "Deveres no tempo anterior à conclusão e no momento da conclusão. – É preciso que se não confundam os deveres de cuja infração resulta responsabilidade por "culpa in contrahendo" e os deveres oriundos do pré-contrato. Aqueles não são de fonte contratual, mas sim de fonte anterior a qualquer contrato. A responsabilidade por infração de deveres oriundos de pré-contrato rege-se pelos mesmos princípios que a responsabilidade por infração de deveres oriundos do contrato. A responsabilidade por culpa in contrahendo, quer antes da conclusão, quer no momento da conclusão do contrato do pré-contrato, é independente de se ter concluído, ou não, o contrato ou o pré-contrato, e rege-se por outros princípios. A relação jurídica que corresponde *ao dever de conduta honesta e leal não é obrigacional: não há obrigação de prestar. Tal obrigação somente exsurge quando se infringe o dever.*"
19. RE 88716/RJ – Relator Min. Moreira Alves – j. 11.09.1979 – publicação D.O: 30/11/1979 – 2ª T. – m.v. – Ementa: "Formação de contrato preliminar susceptível de adjudicação compulsória. – Cabe recurso extraordinário quando se discute qualificação jurídica de documento: saber se ele é mera minuta (punctação) ou contrato preliminar. – Distinção entre minuta, em que se fixa o conteúdo de certas clausulas, mas se deixam em aberto outras, e contrato preliminar. – O art. 639 do Código de Processo Civil pressupõe a existência de contrato preliminar que tenha o mesmo conteúdo (elementos essenciais e acidentais encarados objetivamente) que o contrato definitivo que as partes se comprometeram a celebrar. – Negativa de vigência, no caso, do art.191 do Código Comercial e do art. 639 do C.P.C. Recurso extraordinário conhecido e provido."

desaguar em conduta ilícita[20], a despeito da falta de lei, a respeito das consequências da recusa de contratar, em meio às tratativas. Isso vai além de um primeiro momento, que é o da oferta[21]. Invoca-se, para isso, um princípio geral que informa certas disposições da lei[22].

Igualmente, aponta Aguiar Dias[23] deveres das partes, "lateralmente a um contrato, entre os quais a "injusta recusa de contratar", ponderando que "há um limite que não pode ser ultrapassado nos esforços que uma parte desenvolva para induzir a outra a contratar", reputando essa responsabilidade de "fundo nitidamente delitual a que resulta da exorbitância contrária à boa-fé".

Em obra específica sobre o tema, vinda a lume da vigência do Código Civil de 1916, Antonio Chaves é peremptório acerca da existência de responsabilidade pré-contratual e justifica, não com a lei, mas com o que se pode inserir na cláusula geral da boa-fé[24].

Apartando-se de princípios informadores do Código Civil de 1916, o atual fundou-se numa diretriz ética, exposta por Miguel Reale[25], fazendo o confronto entre o Código então vigente e o projeto do novo Código. Ressalta que o de 1916 "é muito avaro ao referir-se à equidade, à boa-fé, à probidade; ele foi feito numa época de excessivo naturalismo individualista; e Clóvis Bevilacqua, do ponto de vista filosófico-jurídico, tinha uma formação estritamente positivista", de sorte que "a referência à boa-fé, à probidade, à equidade parecia quase, como chegou a dizer Pontes de Miranda, abencerragens jurídicas".

Enfim, no Código Civil de 2002 encontrou-se terreno fértil, para reconhecer a responsabilidade civil, pelo abusivo rompimento das negociações contratuais.

O Código vigente, sob o título "*dos contratos em geral*", abre um capítulo de "*disposições gerais*", onde se encontra a Seção I: "*preliminares*". O contrato preliminar encontra-se na Seção VIII, cujo conteúdo, para ser tido como tal, tem de atender o artigo 462.

Nas sobreditas "preliminares", da Seção I, encontra-se o artigo 422: "Os contratantes são obrigados a guardar, assim na conclusão do contrato, como em sua execução, os

---

20. SAVATIER, René – *Traité de la Responsabilité Civile em Droit Français* – t. I – p. 148 – Libraire Générale de Droit et de Jurisprudence: Paris, 1939.
21. MAZEAUD, Henri et Léon; MAZEAUD, Jean – *Leçons de Droit Civil* – tome deuxième – p. 113 – cinquiéme edition – Paris: Montchrestien, 1973
22. ENNECCERUS, Ludwig – Derecho de Obligaciones – p. 228 – In: Enneccerus, Ludwing, Kipp, Theodor y Wolff, Martin – *Tratado de Derecho Civil – traducion de alemán por Blas Pérez Gonzáles y José Alguer* – segundo tomo – Barcellona: Bosch, Casa Editorial, 1954.
23. AGUIAR DIAS, José de – *Da responsabilidade civil* – v. I – p. 133 – 10. Ed. – Rio de Janeiro: Forense, 1995.
24. CHAVES, Antônio. Responsabilidade Pré-Contratual – p. 257 – Rio de Janeiro: Forense, 1959: "Não pode ser contestada a existência de uma responsabilidade pré-contratual. Independentemente da circunstância da inocorrência de qualquer dispositivo legal que imponha às partes contratantes levarem a têrmo as conversações, ainda que para chegar a um resultado negativo, não resta dúvida que entre elas há de se estabelecer um ambiente de confiança recíproca, implicando no compromisso tácito de agirem com lisura, sinceridade e honestidade de propósitos de prosseguirem nos entendimentos, de modo a evitar que uma delas, tendo contribuído com seu esfôrço, seu tempo, e, muitas vêzes, seu dinheiro para colimar um objetivo comum, seja surpreendida por uma atitude intempestiva, arbitrária e injustificada da outra. A lei prevê apenas que os contratos hão de ser cumpridos de forma convencionada. Não se concebe, porém, que essa lisura não deva ser antecipada para o período de formação do acôrdo. É inadmissível, aí, a existência de uma "terra de ninguém", em que, sob a invocação de uma mal compreendida liberdade de contratar, interêsses legítimos, aspirações procedentes, intuitos plausíveis hajam de esbarrondar repentinamente frente a uma simples mudança de opinião, a um displicente dar de ombros. A legislação não contempla a hipótese! Mas o direito nem sempre pode ficar na dependência da legislação, e evolúe, progride, se aperfeiçõa debaixo da capa de gêlo de sua aparente imobilidade! Do simples fato do consentimento às negociações resulta, pois, uma restrição à liberdade das partes no que diz respeito ao direito de retirada. Em nome da boa-fé e da equidade, cada uma delas deve à outra alguma cousa."
25. REALE, Miguel – *O Projeto de Código Civil* – Situação atual e seus problemas fundamentais – p. 7 – São Paulo: Saraiva, 1986.

princípios de probidade e boa-fé". É suporte suficiente para sustentar a responsabilidade civil pré-contratual[26], ou seja, acha-se "implícito no dispositivo que os deveres de conduta relacionados ao cumprimento honesto e legal da obrigação também se aplicam às negociações preliminares e sobre aquilo que se passa depois do contrato"[27]. Deu-se, portanto, "uma dimensão concreta da boa-fé"[28].

Ocorre, porém, conforme pontua Clóvis V. do Couto e Silva[29], que "a boa-fé dá o critério para a valorização judicial, não a solução prévia". A isso se ajunta o significado que aqui se empresta à boa-fé: devem as partes agir com lealdade e confiança recíprocas[30].

Assim, na valorização judicial preconizada, tem o Juiz de apurar, durante a instrução, se há uma expectativa de concretização do contrato, conscientemente infundada pela parte que vier a romper. Essa exigência se baseia na regra fundamental de que a responsabilidade civil reclama o vínculo direto da conduta do agente com o dano experimentado[31]. Não se dispensa a parte queixosa do rompimento de provar o prejuízo extraordinário, isto é, aquele dispêndio que não seja comum às atividades ordinárias de um empresário, por exemplo; deve ser gasto especificamente direcionado à futura execução do contrasto pretendido, tais como a locação de um imóvel, contratação de empregados para aquela finalidade, aquisição de insumos só utilizáveis no empreendimento frustrado etc. A toda evidência, não responderá a parte que rompeu, por caso fortuito ou motivo de força maior (artigos 393 e §u, do Código Civil), ou por modificações do panorama econômico, que tornem inútil ou excessivamente gravoso o negócio, pois, ao risco, ambas as partes se sujeitam.

A regra é a liberdade de não contratar; só por exceção essa liberdade encontra limitações, ou seja, quando a conduta estiver envolta por abuso do direito, que é fato a ser investigado.

É farta a jurisprudência sobre o tema o que, entretanto, não torna menos dificultoso o desate, pois as circunstâncias "são de impossível tipicização prévia"[32]. Quando muito, é possível oferecerem-se alguns critérios, sem os reputar exaustivos.

---

26. NERY JÚNIOR, Nelson e ANDRADE NERY, Rosa Maria de – *Código Civil Comentado*, p. 863 – 13. ed. – São Paulo: Thomson Reuters (Revistas dos Tribunais), 2019: "Boa-fé objetiva. Responsabilidade pré e pós-contratual. As partes devem guardar a boa-fé, tanto na fase pré-contratual, das tratativas preliminares, como durante a execução do contrato e, ainda, depois de executado o contrato (pós-eficácia das obrigações). Isso decorre da cláusula geral da boa-fé objetiva, adotada expressamente pelo CC 422. O BGB § 242, que inspirou a norma brasileira sob comentário, mantém sua redação original, de 1896, que não menciona nem a fase pré-contratual nem tampouco a pós-contratual, e nem por isso a doutrina e a jurisprudência deixaram de incluir aquelas duas circunstâncias no âmbito de sua aplicação (Boehmer. Grundlagen, v. II, t. II, § 25, pp. 77/79 e § 26, p. 99; Gunther H. Roth. MunchkommBGB 5, v. II, pp. 114/228). Portanto, estão compreendidas no CC 422 as tratativas preliminares, antecedentes do contrato, como também as obrigações derivadas do contrato, ainda que já executado (v. CC 462). Com isso os entabulantes – ainda não contratantes – podem responder por fatos que tenham ocorrido antes da celebração e da formação do contrato (responsabilidade pré-contratual) e os ex-contratantes – o contrato já se findou pela sua execução – também respondem por fatos que decorram do contrato findo (pós-eficácia das obrigações contratuais)."
27. ROSENVALD, Nelson – In: PELUSO, Cesar (Coord.). *Código Civil comentado* – p. 451 – 14. ed. – Barueri: Manole, 2020.
28. TARTUCE, Flávio – *Manual de Direito Civil* – p. 642 – 7. ed. – São Paulo: GEN, 2016.
29. COUTO E SILVA, Clóvis V do – *A obrigação Como Processo* – p. 42 – São Paulo: José Bushatsky, Editor, 1976.
30. GOMES, Orlando – op. cit. – p. 43.
31. AGUIAR DIAS, José de – op. cit. – p. 107: "Convém esclarecer, aqui, que todos os casos de responsabilidade civil obedecem a quatro séries de exigências comuns: a-) o dano, que deve ser certo, podendo, entretanto, ser material ou moral; b-) a relação de causalidade, a causal conexion, laço ou relação direta de causa e efeito entre o fato gerador da responsabilidade e o dano são seus pressupostos indispensáveis"
32. MARTINS COSTA, Judith – *A boa-fé no Direito Privado* – Critérios para sua Aplicação – p. 461 – 2. ed. – São Paulo: Saraiva, 2018.

O primeiro requisito é que haja efetivo prejuízo da parte que não provocou o rompimento. Deve ficar provado, tendo em conta a natureza e vulto do negócio, que as tratativas ocorreram segundo os costumes aceitos, especialmente se outros negócios da mesma natureza já tiverem sido celebrados, nos mesmos moldes, entre as partes. As promessas, embora não formalizadas, tem de ter sido, sem condições, e delimitadas quanto a objeto e valor. O rompimento não pode encontrar qualquer amparo legal, nem fundar-se em razões exclusivamente subjetivas.

Por aí se vê que angustas são as possibilidades de indenização por rompimento imotivado de negociações.

Finalmente, é de se salientar que a responsabilidade civil, neste caso, classifica-se como extracontratual[33] e não contratual. Numa e noutra ocorre a violação de um dever preexistente, distinguindo-se, apenas, *"na sede desse dever"*; enquanto na contratual o dever jurídico preexistente acha-se no contrato, na extracontratual encontra-se na lei[34]. Apesar de circunstancial a distinção, ela repercute no tocante ao prazo prescricional[35]. Embora o Código Civil de 1916 já houvesse distinguido responsabilidade contratual da extracontratual, disciplinando-as em seções distintas[36], divergência jurisprudencial grassou, com o Código Civil de 2002, a respeito do prazo prescricional. Durante algum tempo, prevaleceu o lapso trienal, tanto para a responsabilidade civil contratual, como para a extracontratual, fixado no artigo 206, § 3º, V; a orientação modificou-se[37], com melhores fundamentos, pois a responsabilidade contratual funda-se no artigo 475, enquanto a extracontratual nos artigos 188 e 927 a 954, onde se acha o seu desenvolvimento próprio. Deste modo, a prescrição trienal aplica-se apenas à responsabilidade civil extracontratual, enquanto a responsabilidade contratual sujeita-se ao prazo decenal (artigo 205), ressalvado, ainda, o prazo quinquenal contra a Fazenda Pública[38].

---

33. TRABUCHI, Alberto – *Istituzioni di Diritto Civile* – p. 603 – trentesima prima edizione – Padova – CEDAM – Casa Editori Dott, Antonio Milani, 1990.
34. CAVALIERI FILHO, Sérgio – *Programa de Responsabilidade Civil*, p. 333 – 11. ed. – São Paulo: Atlas, 2014.
35. MAZEAUD, Henri et Léon, Mazeaud, Jean – op. cit. – p. 344.
36. AGUIAR DIAS, José de – op. cit. p. 123.
37. Embargos de Divergência no Recurso Especial (EResp 1.281.594/SP – relator para o acórdão Min. Félix Fischer – Corte Especial – m.v. - j. 15.05.2019.
38. Recurso Especial 1.251.993-PR (2011/0100887-0) – rel. Ministro Mauro Campbell Marques – 1ª secção – v.u. – j. 12/12/2012.

RESPONSABILIDADE PELA RUPTURA DAS NEGOCIAÇÕES

Francisco Eduardo Loureiro

Mestre em Direito Civil e Desembargador do Tribunal de Justiça de São Paulo.

Hamid Bdine

Doutor e Mestre em Direito Civil. Professor da Faculdade de Direito do Mackenzie. Desembargador aposentado do Tribunal de Justiça de São Paulo e advogado.

Sumário: Renan Lotufo. 1. Introdução. 2. As tratativas. 3. O direito de retirar-se das negociações. 4. Natureza contratual ou extracontratual da indenização por ruptura de tratativas: Prazo prescricional e termo inicial dos juros. 5. A indenização devida pela ruptura das negociações. 6. Proposições conclusivas. 7. Referências.

RENAN LOTUFO

Renan Lotufo foi referência como Professor e doutrinador. Por intermédio dele, tomamos contato com a melhor doutrina estrangeira. Sempre atualizado, norteou o estudo de vários de nós.

Figura afável e extremamente questionadora, não permitia que as questões jurídicas fosse objeto de reflexões apressadas. Costumava dizer que o Direito não convive bem com os "novidadeiros" e sustentou sempre a necessidade da consistência jurídica das posições que se adotassem.

Foi mais que um professor. Foi um formador, porque não se limitou a ministrar aulas, ou a orientar dissertações e teses. Sempre foi além, pois ensinou e pensou o direito com seriedade e profundidade, vocacionado para o magistério. Seus cursos foram preparados de modo meticuloso, com a melhor doutrina e obras de formação, sem concessões fáceis de frases feitas, manuais ou livros esquemáticos. Foi generoso, sempre preocupado em formar novos professores e doutrinadores, dando a todos amplas oportunidades de participação em cursos e obras coletivas.

Fará muita falta aos amigos e ao mundo jurídico. Nas palavras de Guimarães Rosa, há pessoas que não morrem, ficam encantadas. É o caso de Renan Lotufo.

1. INTRODUÇÃO

O art. 422 do CC obriga os contratantes a agir com probidade e boa-fé tanto na conclusão quanto na execução dos contratos.

Positivou, assim, o princípio da boa-fé objetiva, que impõe aos contratantes o dever de agir de acordo com o padrão de conduta do homem de bem: íntegro, leal e solidário, como previsto no art. 3º, I, da CF.

Sempre que alguém declara ato de vontade, o destinatário da declaração (receptícia) tem despertadas confiança e justas expectativas. A boa-fé objetiva impõe que o declarante, durante todo o programa contratual, não frustre as justas expectativas ou não fraude a confiança que ele próprio despertou na contraparte[1]

Desse princípio extraem-se efeitos relevantes para a celebração e a execução dos contratos. Sua aplicação tem efeitos limitadores no exercício de direitos, de integração contratual e de interpretação. A obrigação é vista como um processo, vale dizer, como uma relação complexa, como um conjunto de atividades necessárias à satisfação do interesse do credor. O interesse do credor, por seu turno, somente é satisfeito quando suas justas expectativas foram atingidas, o que muda a própria noção de adimplemento[2].

O artigo 422 diz menos do que deveria. É texto expresso da lei que a boa-fé incide no momento da formação e da execução do contrato. Mas não só. Doutrina e jurisprudência vão além, e afirmam que a boa-fé antecede a formação e se projeta para além da extinção do contrato[3].

Já não se controverte quanto ao fato de a boa-fé ser exigida, não apenas após a formação do contrato, ou durante sua execução, mas também na fase que a antecede, a fase de puntuação ou de tratativas e negociações, ou, ainda, após a sua extinção (*culpa pos pactum finitum*).

Neste artigo serão abordados alguns dos efeitos da boa-fé na fase que antecede a celebração definitiva dos contratos, quando os contratantes se encaminham para ela, mas ainda não se vincularam por um negócio gerador de efeitos próprios e definidos.

Nesta fase do caminho estabelecido até o aperfeiçoamento do contrato, surge, especialmente, a discussão sobre as consequências da ruptura dessas tratativas.

Assim, há que se perquirir pela licitude da ruptura e seus limites, bem como sua natureza jurídica, contratual ou extra, e, especialmente, a extensão da indenização devida, quando cabível.

2. AS TRATATIVAS

A formação do contrato se torna relevante nas situações em que ele não se aperfeiçoa desde logo. Claro que em diversas hipóteses ele se consuma imediatamente (como ocorre com as situações de comércio eletrônico ou nos ajustes meramente comportamentais).

Contudo, nos casos de contratos mais complexos, que em geral envolvem valores mais expressivos, as partes valem-se de um período de reflexão e busca de informações. Neste momento, buscam informações sobre o objeto do contrato e seu conteúdo e avaliam a confiança de que o outro contratante é merecedor.

Não há ainda contrato, mas sim trato, consistente de troca de informações, sondagens, estudos prévios,

As tratativas são voltadas para a celebração do contrato e, em consequência, devem ser sérias e consistentes, uma vez que podem implicar prejuízos e vantagens de várias ordens, tudo a ser tutelado pela boa-fé objetiva.

---

1. NORONHA, Fernando. O Direito dos Contratos e seus Princípios Fundamentais. São Paulo: Saraiva, p. 18.
2. COUTO E SILVA, Clóvis do. *A Obrigação como Processo*, José Bushasty Editor, p. 10.
3. Conclusão 25 da Jornada I do STJ: "O CC 422 não inviabiliza a aplicação pelo julgador do princípio da boa-fé nas fases pré-contratual e pós-contratual".

Nesta fase, é dever dos negociantes que, submetidos aos deveres de agir com lealdade e solidariedade, sujeitem-se aos efeitos integrativos da boa-fé.

Desse dever decorrem os de informar e proteger o outro contratante de efeitos excessivamente prejudiciais a seus interesses, assim como o de não efetuar gastos e submeter-se a perda de tempo injustificado.

Na verdade, a responsabilidade pré-contratual não trata somente da hipótese mais comum da ruptura injustificada das tratativas, mas tem alcance mais largo. Segundo Judith Martins Costa, abarca as seguintes situações: "(a) o injusto recesso das tratativas; (b) danos causados à pessoa ou ao patrimônio durante as negociações; (c) a conclusão de nulo, anulável ou ineficaz; (d) a ausência ou defeituosidade de informações que seriam devidas e pela falta culposa de veracidade das informações prestadas; (e) falsas representações na fase das tratativas, desde que culposas, não recaindo no dolo, que é abrangido por figura específica; e (f) danos culposamente causados por atos ocorridos na fase das negociações, quando tenha sido validamente constituído o contrato"[4].

Recente precedente do Superior Tribunal de Justiça, de Relatoria da Min Nancy Andrighi, por exemplo, tratou da defeituosidade de informações na fase pré-contratual de seguro habitacional (item d acima). Fixou o Acórdão que "assim como tem o segurado o dever de veracidade nas declarações prestadas, a fim de possibilitar a correta avaliação do risco pelo segurador, a boa-fé objetiva impõe ao segurador, na fase pré-contratual, o dever, dentre outros, de dar informações claras e objetivas sobre o contrato, para permitir que o segurado compreenda, com exatidão, o verdadeiro alcance da garantia contratada, e, nas fases de execução e pós-contratual, o dever de evitar subterfúgios para tentar se eximir de sua responsabilidade com relação aos riscos previamente determinados"[5]. Consequência da violação ao dever de esclarecimento foi a extensão da cobertura a defeitos de construção do imóvel.

Pode-se ainda cogitar de danos causados à pessoa ou ao patrimônio durante as negociações. Tome-se como exemplo a divulgação de dados sigilosos a que se teve acesso durante as tratativas, quer o contrato tenha sido ou não concluído.

3. O DIREITO DE RETIRAR-SE DAS NEGOCIAÇÕES

Jamais se negou àqueles que participam das tratativas o direito de não celebrar o contrato. Seria, aliás, violar o princípio da autonomia privada, tão caro ao direito contratual[6]. Ao contrário. Segundo precedente do Superior Tribunal de Justiça, "a responsabilidade pré-contratual não decorre do fato de a tratativa ter sido rompida e o contrato não ter sido concluído, mas do fato de uma das partes ter gerado à outra, além da expectativa legítima de que o contrato seria concluído, efetivo prejuízo material"[7].

A princípio, o ato de negar consentimento à celebração de um contrato é lícito em si. Será injusto, no entanto, se uma das partes, em razão de seu comportamento concludente, despertar na outra justas expectativas de que o negócio será concluído, e, em seguida, sem justa causa, abandonar as negociações.

---

4. MARTINS COSTA, Judith. *A boa-fé no direito privado*. Critérios para sua aplicação, Marcial Pons, 2015, p. 418.
5. REsp 1804965 / SP, Rel. Min. Ministra Nancy Andrighi, j. 27.05.2020.
6. ROSENVALD, Nelson. In: PELUSO, Cezar (Coord.). *Código Civil Comentado*, 2020, p. 462.
7. Recurso Especial 1.051.065–AM, Relator Ministro Ricardo Villas Bôas Cueva, em 21.02.2013.

A ilicitude do recesso sempre exigirá o exame das circunstâncias do caso. Ainda no dizer de Judith Martins Costa, "injustificada (ou injusta, ou ilegítima) é aquela ruptura traduzida em surpresa desleal, contradizendo o sentido sinalizado objetivamente por atos e comportamentos que apontavam a conclusão do contrato"[8]

Em outras palavras, cuida-se de não permitir que a retirada das negociações se faça em desrespeito à confiança despertada no outro. Note-se que a licitude do recesso não decorre tão somente do ponto de vista subjetivo da parte que se retira, porque não mais lhe convém, mas sim se, além dessa valoração pessoal, existe em razão de comportamento concludente anterior justas expectativas da contraparte que devem prevalecer[9]. Em outras palavras, o recesso legítimo deve se encontrar fundado em critérios racionais e aferíveis de modo objetivo.

É direito de qualquer um que se envolva nas negociações confiar na conduta séria da outra parte. Assim, está autorizado pela boa-fé objetiva a acreditar que está em tratativas com quem, de fato, deseja celebrar o contrato.

Não se revela razoável, portanto, que alguém que age com lealdade e boa-fé permita que o outro contratante efetue gastos e deixe de celebrar outros contratos se não está seguro de que, presentes as condições identificadas por ambos, irá mesmo concluir a negociação. Caso recente julgado pelo Tribunal de Justiça de São Paulo concedeu indenização à ofendida que comprovou ter sido chamada para emprego após processo seletivo e fornecimento de relação com rol de documentos admissionais, tendo a empregadora desistido da contratação, quando a candidata já pedira demissão de seu emprego anterior[10].

É esse comportamento contrário ao que se espera de um contratante que age de boa-fé que merecerá sanção do ordenamento, por violação da confiança despertada na contraparte.

E essa sanção não pode ser a obrigatoriedade de celebrar o contrato – presente o prestígio da autonomia privada –, mas sim de reparar os prejuízos que provocou, ainda que sem malícia ou dolo (uma vez que a boa-fé objetiva não a exige).

A ruptura infundada não resulta necessariamente da intenção de lesar, mas da imperiosidade de agir com lealdade e não permitir que sejam criadas expectativas sérias e consistentes que, frustradas, geram dano.

Nem toda ruptura é infundada e apta a gerar indenização, mas somente quando as tratativas tenham chegado a tal ponto que faz prever que o contrato deveria poder-se estreitar e uma das partes rompa as normas da negociação, sem justo ou aceitável motivo.

A casuística é que permitirá identificar a licitude da retirada do negócio. Um mesmo fato pode justificar ou não a ruptura das tratativas.

Alguns critérios, porém, podem ser traçados, com o objetivo de fixar algumas balizar para o intérprete. Devem ser levados em conta: (a) como se desenvolvia o relacionamento pré-contratual; (b) eventual habitualidade do procedimento concretizando, assim, prática adotada pelas partes ou pelo uso do tráfico jurídico; (c) a eventual pendência de condições; (d) outros elementos que evidenciem a potencialidade do comportamento da parte

---

8. MARTINS COSTA, Judith. *A boa-fé no direito privado*. Critérios para sua aplicação, Marcial Pons, 2015, p. 419
9. COSTA, Mario Julio de Almeida. *Responsabilidade civil pela ruptura das negociações preparatórias de um contrato*, Coimbra, 1.984, p. 62
10. TJSP; Apelação Cível 1011832-77.2017.8.26.0564; Relator (a): Rogério Murillo Pereira Cimino; Órgão Julgador: 9ª Câmara de Direito Privado; Foro de São Bernardo do Campo. 7ª Vara Cível; Data do Julgamento: 20.02.2020; Data de Registro: 20.02.2020.

demandada a criar a expectativa fundada de que o contrato seria concluído; bem como (e) inexistência de justa causa para o rompimento, cabendo lembrar que a exigência de prova deve ser adequada às circunstâncias do negócio e às condições pessoais das partes"[11].

O Tribunal de Justiça de São Paulo negou a responsabilidade pela ruptura de tratativas de compromisso de compra e venda, cuja formação se encontrava subordinada à prévia aprovação de projeto de construção junto à prefeitura e averbação no registro imobiliário. Entendeu-se que a retirada da mesa de negociação foi lícita e se encontrava fundada em fato objetivo e relevante[12]. Admitiu a responsabilidade, porém, em tratativas de contrato de representação comercial, que somente não foram concluídas com êxito porque, após uma série de diligências e gastos para a formalização do negócio, as negociações foram rompidas por uma exigência não informada anteriormente à contraparte[13].

A avaliação de cada situação haverá de fundar-se na confiança despertada no outro. Quanto mais se permite que a confiança do possível contratante aumente, mais é provável que a ruptura gere dever de indenizar.

4. NATUREZA CONTRATUAL OU EXTRACONTRATUAL DA INDENIZAÇÃO POR RUPTURA DE TRATATIVAS: PRAZO PRESCRICIONAL E TERMO INICIAL DOS JUROS

A distinção sobre a natureza da responsabilidade pré-contratual é relevantíssima, porque disso resultam diversos efeitos.

Admitindo-se que seja contratual, a prescrição é decenal (art. 205 do CC), como se extrai da jurisprudência consolidada do E. STJ. Caso se conclua que a relação é extracontratual, será trienal (art. 206, §3º, V, do CC). Os juros fluirão da citação, se se trata de responsabilidade contratual e da data do fato, caso de conclua que é extracontratual (Súmula 54 do STJ). A solidariedade decorrerá da lei na responsabilidade aquiliana (932, par. único CC) e nascerá da vontade das partes, na responsabilidade contratual. Por isso a discussão é de grande relevância[14].

A posição prevalente é a de que se cuida de responsabilidade extracontratual[15].

Durante as tratativas, o negócio ainda não se consumou e entre as partes não há vínculos dotado de regras previamente definidas e estabelecidas, razão de ser da responsabilidade contratual e de seus efeitos.

Para os autores que perfilham esta posição, não se pode admitir que as partes tenham responsabilidade contratual sem a determinação dos deveres de cada um em ajuste que permita identificar o ilícito apenas a partir do exame das prestações devidas por cada um e dos deveres acessórios e anexos que lhes são impostos.

---

11. MARTINS-COSTA, Judith. A *boa-fé no direito privado*. Critérios para sua aplicação, Marcial Pons, 2015, p. 410
12. TJSP; Apelação Cível 1000842-76.2017.8.26.0095; Relator (a): Francisco Loureiro; Órgão Julgador: 1ª Câmara de Direito Privado; Foro de Brotas – 1ª Vara; Data do Julgamento: 17/06/2019; Data de Registro: 17.06.2019.
13. TJSP; Apelação Cível 1000472-81.2014.8.26.0587; Relator (a): Sebastião Flávio; Órgão Julgador: 23ª Câmara de Direito Privado; Foro de São Sebastião - 2ª Vara Cível; Data do Julgamento: 03.12.2018; Data de Registro: 03.12.2018.
14. Tal relevância já era registrada por Arthur Hilserand, em *Las Obligaciones precontractuales, Gongora, 1932*. O autor discorre sobre a controvérsia e posiciona-se no sentido de que sua natureza é contratual (p. 162).
15. Carlyle Popp inclui entre os adeptos dessa posição: Antônio Chaves, Pontes de Miranda, Cappelari, Caio Mário, Orlando Gomes, Carvalho de Mendonça, Rizzardo e Vítor Fernandes Gonçaves (Responsabilidade Civil Pré-Negocial: O rompimento das Tratativas, Juruá, 2001, p. 148-149. Registre-se, porém que o autor adota posição diversa, invocando o pensamento de Ana Prata (p. 149).

Antônio Chaves, após apontar as diversas posições doutrinárias a respeito do tema e indica elementos relevantes para o enfrentamento do tema.[16]

Afirma que a responsabilidade pré-negocial está frequentemente fundada na culpa, no abuso de direito, na boa-fé e na equidade.

Todas as teorias, porém, segundo Antônio Chaves, amparam-se substancialmente, na "confiança do outro contraente na aquisição de uma certa utilidade prometida".

E reconhece, afastando-se dos que admitem um "contrato de caráter social", que o início das negociações estabelece desde logo uma relação jurídica – ainda que sem natureza contratual.

Paolo Gallo afirma não haver dúvida de que a natureza da responsabilidade pré-negocial é extracontratual e afirma que aqueles que defendem o contrário adotam o pensamento de Jhering que, contudo, fundava-se na visão bastante restrita dos remédios delitivos romanos, incapazes de contemplar a hipótese.[17]

Outra corrente, considera que a ausência da formação do contrato não implica impossibilidade de se caracterizar a responsabilidade contratual, uma vez que a relação jurídica estabelecida entre as partes é voltada para a formação do negócio.

Desse modo, para estes autores[18], há um vínculo decorrente de um contato que já vincula as partes e que se aproxima de características do contrato – os deveres de conduta já presentes na relação jurídica precisamente em razão da boa-fé que deles se exige. O Superior Tribunal de Justiça tem precedente de Relatoria do Ministro Paulo de Tarso Sanseverino afirmando a natureza contratual e determinando a incidência dos juros moratórios a partir da citação[19].

A natureza contratual do rompimento das tratativas tem origem na formulação original de Jhering da teoria da *culpa in contrahendo*[20]. Deve-se levar em conta, porém, que a teoria foi inicialmente criada para casos de invalidade do contrato, em razão de omissão da informações indispensáveis, ou comportamento de indução de confiança na fase de tratativas, gerando distorção no consentimento da outra parte[21]. Partiu do pressuposto que o dever geral de não lesar outrem (*neminem laedere*) era insuficiente para regular o comportamento das partes que se aproximavam com o escopo de contratar. Não levou em conta, porém, a teoria do contato social, que reduz a distância entre os sujeitos gerando efeitos jurídicos, mas sem necessariamente implicar na formação de um contrato.

Há, ainda, aqueles que preferem considerar que se trata de uma terceira via de responsabilidade: nem tão próxima do contrato, mas sem se afastar de várias de suas características fundamentais.[22] Há precedente do Superior Tribunal de Justiça, de Relatoria do

---

16. CHAVES, Antonio. *Responsabilidade Pré-Contratual*, 1997, Lejus, p. 141-144.

17. GALLO, Paolo. *Trattato Del Contratto*, v. 1, 2010, p. 259-261.

18. POPP, Carlyle e PRATA, Ana. *Responsabilidade Civil Pré-Negocial*: O rompimento das Tratativas, Juruá, 2001, p. 148-149. Registre-se, porém que o autor adota posição diversa, invocando o pensamento de Ana Prata (p. 149).

19. REsp 1367955 / SP, Ministro Paulo de Tarso Sanseverino, j. 18.03.2014.

20. VON JHERING, Rudolf. *Culpa in contrahendo ou indemnização em contratos nulos e não chegados à perfeição*. Trad. Paulo Mota Pinto, Coimbra, Almedina, 2008

21. MARTINS-COSTA, Judith. *A boa-fé no direito privado*. Critérios para sua aplicação, Marcial Pons, 2015, p. 407.

22. PEREIRA, Regis Velasco Fichtner. *A Responsabilidade Civil Pré-Contratual – Teoria Geral e Responsabilidade pela Ruptura das Negociações Contratuais*. Renovar, 2000, e CARNEIRO FRADA. Uma "terceira via" no direito de responsabilidade civil? Almedina, 1997.

Ministro Luiz Felipe Salomão, que adota a tese de que se trata de uma terceira via, fundada na teoria da confiança[23]. Afirma o julgado que "a responsabilidade pela confiança é autônoma em relação à responsabilidade contratual e à extracontratual, constituindo-se em um terceiro fundamento ou 'terceira pista' (dritte Spur) da responsabilidade civil, tendo caráter subsidiário: onde houver o dano efetivo, requisito essencial para a responsabilidade civil e não for possível obter uma solução satisfatória pelos caminhos tradicionais da responsabilidade, a teoria da confiança será a opção válida".

Faz em seguida o julgado interessante distinção, ao assentar que " o ponto que as diferencia é o fato de, na responsabilidade pré-contratual, a formalização de um contrato ser o escopo perseguido por uma das partes, enquanto que na responsabilidade pela confiança, o contrato, em sentido estrito, não será, ao menos necessariamente, o objetivo almejado". Embora assentado em sólida doutrina, não se vê utilidade na criação de uma terceira categoria jurídica para a responsabilidade pré-contratual, fundada na confiança, como se houvesse uma fonte autônoma de obrigação. Isso porque a criação de um terceiro gênero reaviva, sem necessidade, as dúvidas sobre todos os efeitos de ser a responsabilidade aquiliana ou contratual (prescrição, termo inicial dos juros de mora, solidariedade).

É amplamente majoritária a posição que considera que a hipótese é de responsabilidade extracontratual, de modo que os danos ocorridos na fase que antecede a celebração do contrato se sujeitam a prescrição trienal, os juros de mora devem ser calculados a contar da data de sua ocorrência e existe solidariedade no caso de coautoria.

5. A INDENIZAÇÃO DEVIDA PELA RUPTURA DAS NEGOCIAÇÕES

Admitida a responsabilidade indenizatória pela ruptura das tratativas, a extensão do prejuízo a indenizar em tais casos é tormentosa e remete ao debate a respeito do interesse negativo e positivos.[24]

Ruy Rosado de Aguiar esclarece que o interesse negativo consiste na necessidade de colocar o lesado na situação em que antes se encontrava; e o positivo, "no aumento que o patrimônio do credor teria experimentado se o contrato tivesse sido cumprido"[25].

Contudo, desde logo cumpre afirmar que se se admitir que o valor a indenizar corresponde ao que aquele que negocia receberia se o contrato houvesse sio celebrado, estar-se-ia, de modo indireto, conferindo-lhe o resultado do mesmo contrato.

Mário Júlio de Almeida Costa em sua monografia a respeito do tema não admite a indenização de interesse positivo, sob o fundamento de que ela representaria violação ao dever de contratar, o que não se admite.[26]

---

23. REsp 1309972 / SP, Relator Ministro Luis Felipe Salomão, j. 27.04.2017.
24. Sobre o tema GUERRA, Alexandre. Interesse contratual positivo e negativo reflexões sobre o inadimplemento do contrato e indenização do interesse contratual positivo, *Revista IBERC*, v. 2, n. 2, 2019, e STEINER, Renata C. *Reparação de Danos*: Interesse Positivo e Interesse Negativo, Quartier Latin, 2018, e GUIMARÃES, Paulo Jorge Scartezzini. Responsabilidade civil e interesse contratual positivo e negativo (em caso de descumprimento contratual), In: GUERRA, Alexandre Dartanhan de Mello e BENCACHIO, Marcelo (Coord.). *Responsabilidade civil*. Escola Paulista da Magistratura, 2015, p. 129-158.
25. *Extinção dos Contratos por Incumprimento do Devedor*, AIDE, 2003, p. 267.
26. COSTA, Mário Júlio de Almeida. *Responsabilidade Civil pela ruptura das negociações preparatórias de um contrato*, Coimbra, 1994, p. 75-76. Perfilha o mesmo entendimento Manuel António de Castro Portugal Carneiro da Frada, em sua *Teoria da Confiança e Responsabilidade Civil*, Almedina, 2004, p. 521.

Perfilha o mesmo entendimento Paulo Mota Pinto enfrentou o tema em sua dissertação de doutoramento na Faculdade de Direito de Coimbra. Concluiu que somente excepcionalmente será possível indenizar interesses positivos. E tais exceções seriam aquelas em que houvesse direito à própria conclusão do contrato.[27]

Para Regis Fichtner – em posição a que aderem os autores deste artigo – é possível que a indenização compreenda a vantagem que a parte obteria celebrando o contrato com outra pessoa.[28]

Na lição de Manuel Antonio de Castro Portugal Carneiro da Frada, os prejuízos a serem ressarcidos são os derivados de a contraparte ter confiado na celebração do contrato (dano de confiança), e não aqueles eventualmente produzidos em caso de efetiva celebração do contrato[29].

O Superior Tribunal de Justiça tem jurisprudência consolidada no sentido de que "em caso de responsabilidade civil pré-contratual, o proponente não pode pretender, a título de reparação de danos, indenização equivalente à vantagem que teria obtido com o próprio negócio jurídico que nunca se concretizou (interesses positivos)". E acrescenta: "verificada a antijuridicidade no rompimento de tratativas negociais, a responsabilidade civil pré-contratual que se estabelece cobre apenas as despesas realizadas para finalização do negócio jurídico frustrado ou em razão dessa mesma operação. (interesses negativos)"[30].

São indenizáveis, porém, os valores perdidos pelo contratante frustrado para consumar o contrato. Assim, despesas que suportou e outros gastos que se mostraram inúteis por força da frustração da confiança que nele foi despertada pelo outro negociante são indenizáveis nos termos do previsto no art. 944 do CC. O Tribunal de Justiça de São Paulo, em caso de rompimento injustificado de tratativas de contrato de franquia, fixou indenização dos gastos feitos pelo candidato a franqueado que, estimulado pela franqueadora, locou loja em shopping center (inclusive multa rescisória), contratou e trinou empregados e decorou o estabelecimento com layout da marca, orientado por arquiteto por esta indicado. Negou, no entanto, o pedido de lucros cessantes e de perda de uma chance pelos lucros que obteria se o contrato tivesse sido celebrado.[31]

6. PROPOSIÇÕES CONCLUSIVAS

A boa-fé objetiva estabelecida no art. 422 do CC impõe àqueles que se dispõem a dar início a tratativas negociais que hajam de modo íntegro e probo, com lealdade e solidariedade.

Consequência disso é que, embora autorizados pela autonomia privada a não celebrar o contrato a que originalmente visavam, não podem deixar de indenizar o outro possível contratante, se nele despertou confiança que posteriormente frustrou.

---

27. PINTO, Paulo Mota. *Interesse Contratual Negativo e Interesse Contratual Positivo*, Coimbra, 2008.
28. PEREIRA, Regis Velasco Fichtner. *A Responsabilidade Civil Pré-Contratual* – Teoria Geral e Responsabilidade pela Ruptura das Negociações Contratuais. Renovar, 2000, p. 385.
29. FRADA, Manuel Antonio de Castro Portugal Carneiro da. *Teoria da Confiança e Responsabilidade Civil*, 2007, p. 520.
30. REsp 1641868 / SP, Rel. Ministro MOURA RIBEIRO, j. 05.06.2018.
31. TJSP; Apelação Cível 0166582-35.2010.8.26.0100; Relator (a): Francisco Loureiro; Órgão Julgador: 1ª Câmara Reservada de Direito Empresarial; Foro Central Cível – 25ª Vara Cível; Data do Julgamento: 10.10.2013; Data de Registro: 15.10.2013.

Assim agindo, tem deveres indenizatórios, cuja existência não é negada pela doutrina ou pela jurisprudência.

Remanesce, contudo, a discussão sobre sua natureza jurídica, com ampla e consistente prevalência de que se cuida de responsabilidade extracontratual, sendo minoritária a corrente que considera que se trata de responsabilidade contratual ou um terceiro gênero de responsabilidade.

Finalmente, a indenização pela ruptura das tratativas não pode conferir ao prejudicado o resultado do próprio contrato que não se concretizou, uma vez que tal conclusão equivaleria a obrigá-lo a contratar – o que não é compatível com a autonomia privada.

Essa espécie de indenização – interesse positivo – só pode ser admitida em hipóteses excepcionais.

Contudo, os valores necessários para repor a parte na situação em que se encontrava antes das negociações preliminares são passíveis de indenização – interesse negativo.

7. REFERÊNCIAS

AGUIAR, Ruy Rosado de. *Extinção dos Contratos por Incumprimento do Devedor.* AIDE, 2003.

ALMEIDA COSTA, Mario Julio de. *Responsabilidade civil pela ruptura das negociações preparatórias de um contrato.* Coimbra, 1.984,

CHAVES, Antônio. *Responsabilidade Pré-Contratual.* 1997, Lejus.

CARNEIRO FRADA, Manuel Antônio de Castro Portugal. Uma "terceira via" no direito de responsabilidade civil? Almedina, 1997.

CARNEIRO FRADA, Manuel Antônio de Castro Portugal. *Teoria da Confiança e Responsabilidade Civil.* Almedina, 2004.

COSTA, Mário Júlio de Almeida. *Responsabilidade Civil pela ruptura das negociações preparatórias de um contrato.* Coimbra, 1994.

COUTO E SILVA, Clóvis do. *A Obrigação como Processo,* José Bushasty Editor.

GALLO, Paolo. *Trattato Del Contratto,* v. 1, Giuffre, 2010.

GUERRA, Alexandre Dartanhan de Mello. Interesse Contratual Positivo e Negativo: Reflexões sobre o inadimplemento do contrato e indenização do interesse contratual positivo. *Revista IBERC* v. 2, n. 2, 2019.

GUIMARÃES, Paulo Jorge Scartezzini. Responsabilidade civil e interesse contratual positivo e negativo (em caso de descumprimento contratual). In: GUERRA, Alexandre Dartanhan de Mello e BENCACHIO, Marcelo (Coord.). *Responsabilidade civil.* Escola Paulista da Magistratura, 2015.

HILSERAND, Arthur. *Las Obligaciones precontractuales.* Gongora, 1932.

JHERING, Rudolf Von. *Culpa in contrahendo ou indemnização em contratos nulos e não chegados à perfeição.* Trad. Paulo Mota Pinto, Coimbra, Almedina, 2008

MARTINS COSTA, Judith, *A boa-fé no direito privado.* Critérios para sua aplicação, Marcial Pons, São Paulo, 2015

NORONHA, Fernando. *O Direito dos Contratos e seus Princípios Fundamentais.* São Paulo: Saraiva.

PEREIRA, Regis Velasco Fichtner. *A Responsabilidade Civil Pré-Contratual* – Teoria Geral e Responsabilidade pela Ruptura das Negociações Contratuais, Renovar, 2000.

PINTO, Paulo Mota. *Interesse Contratual Negativo e Interesse Contratual Positivo.* Coimbra, 2008.

POPP, Carlyle. *Responsabilidade Civil Pré-Negocial:* O rompimento das Tratativas, Juruá, 2001.

ROSENVALD, Nelson. In: Peluso, Cezar (Coord.). *Código Civil Comentado,* 2020.

STEINER, Renata C. *Reparação de Danos:* Interesse Positivo e Interesse Negativo, Quartier Latin, 2018.

A RESPONSABILIDADE PRÉ-NEGOCIAL DIANTE DO NEGÓCIO INVÁLIDO: AS HIPÓTESES DE ERRO, DOLO E COAÇÃO

Carlyle Popp

Mestre em Direito Público pela UFPR. Doutor em Direito Civil pela PUC/SP. Presidente da Academia Paranaense de Letras Jurídicas. Membro do Instituto dos Advogados do Paraná, do Conselho Editorial da Juruá Editora, do Instituto de Direito Privado, da ALUBRA e do IBERC. Foi professor dos Cursos de Graduação e Pós-Graduação (mestrado) do Centro Universitário Curitiba (Unicuritiba) até 2012. Advogado Sócio de Popp Advogados Associados. Ex-professor da PUC/PR. É escritor. Coordenador e colaborador das antologias *Instruções à Cortázar: homenagem de cronópios, famas e esperanças.* Juruá Editora, 2014; e *KAFKA: Uma metamorfose inspiradora.* Juruá: Curitiba, 2015. Escreveu o romance *O Senhor da minha história.* Inverso, 2016.No âmbito jurídico, autor, entre outros, do livro *Responsabilidade civil pré-negocial: o rompimento das tratativas.* Juruá, 2001.

Sumário: 1. Introdução. 2. Noção e abrangência da responsabilidade pré-negocial. 3. O negócio jurídico inválido (erro, dolo e coação). 3.1 Erro. 3.2 Dolo; 3.3 Coação. 4. Negócio inválido e responsabilidade pré-negocial. 5. À guisa de conclusão. 6. Referências.

"A conclusão de um contrato não tem como único efeito jurídico a obrigação de o cumprir, pois, quando tal efeito seja precludido por um qualquer obstáculo jurídico, ainda assim o contrato pode produzir aquele outro efeito da obrigação de indenizar por um dos contraentes relativamente à contraparte; a expressa nulidade do contrato apenas designa a privação do negócio daquele efeito obrigacional que lhe é próprio, mas não a de qualquer outro efeito, designadamente do indemnizatório"[1].

1. INTRODUÇÃO

Esse texto é especialmente elaborado em homenagem ao querido professor Renan Lotufo, amigo e orientador de minha tese de doutorado que resultou no livro Responsabilidade civil pré-negocial: o rompimento das tratativas. Renan, além de todo o conhecimento que possuía, dominado pela humildade que só pertence aos grandes, era humano. Menciono três fatos que marcaram minha convivência com ele. Amava dry martini. Bebemos alguns juntos. Tinha uma tese interessante a respeito. Dizia que os ingredientes alcoólicos, isoladamente, eram maléficos à saúde, mas juntos, um santo remédio. Acreditávamos. O segundo e o terceiro dizem respeito a elogios. Não tinha por hábito fazê-los. Recebi dois, ainda que indiretamente. Quando discutíramos as matérias que deveria fazer, à frente de uma obrigatória, disse: "faça com fulano de tal, é o único que poderá lhe acrescentar algo". O outro foi na defesa de minha tese, quando um examinador questionou o elevado número de obras que usei para fazê-la, mais de 750: "a idoneidade intelectual do examinando é inquestionável". Como não amar uma pessoa que esbanjava tanto afeto?

---

1. PRATA, Ana. *Notas sobre a responsabilidade pré-contratual.* Lisboa. 1991, p. 10.

O texto, cujo interesse é de todos os operadores jurídicos, mormente para aqueles que conjugam interesses teóricos com práticos, analisa a noção e abrangência da responsabilidade pré-negocial, desenvolvendo os negócios inválidos por erro, dolo ou coação. Na sequência, traz os efeitos da invalidade e as situações que a debatem no campo da *culpa in contrahendo*.

Por fim, antes das referências bibliográficas, rememora-se a especial importância da boa-fé objetiva para efetividade de um dos objetivos fundamentais da República Federativa do Brasil, qual seja a construção de uma sociedade justa, livre e solidária.

2. NOÇÃO E ABRANGÊNCIA DA RESPONSABILIDADE PRÉ-NEGOCIAL

A concepção da chamada culpa *in contrahendo* nasce em 1861 com IHERING[2]. Referido autor[3], preocupado com o alcance da teoria da vontade, dominante à época, segundo a qual a vontade interna, psicológica, seria o elemento fundamental do negócio jurídico, de tal maneira que havendo divergência entre ela e o conteúdo da declaração externada, deveria prevalecer a vontade interna, chega à conclusão que, ante a confiança da outra parte na validade do negócio jurídico, é passível de reparação pecuniária o seu interesse prejudicado com a declaração de invalidade do negócio firmado.

Não obstante, esta vertente preconizada por IHERING, qual seja aos problemas oriundos da culposa celebração de um contrato inválido e a tutela da confiança da contraparte na validade do contrato, é apenas uma fração do âmbito de estudo da responsabilidade pré-contratual na atualidade.

Na verdade, uma análise mais adequada da teoria inaugural de Ihering[4], reforçam os opositores de sua limitação. Isto porque se todo o seu fundamento é o comportamento da parte no momento da celebração, de total irrelevância é a ocorrência ou não da formação do vínculo negocial, seja ele válido ou não. Destarte, pode-se cogitar, em tese, de responsabilidade pré-negocial[5] se as negociações preliminares forem indevidamente interrompidas; se o contrato celebrado for inválido ou ineficaz e; se o contrato celebrado, apesar de válido e eficaz, ter sido precedido de violação à boa fé objetiva, quando das tratativas.

---

2. Sobre antecedentes do Direito Romano, v. PRATA, Ana. *Notas sobre a Responsabilidade Pré-Contratual*. p. 7-8 que narra o texto de CÍCERO segundo o qual, CANIO, cidadão romano, estava desejoso de adquirir uma casa em Siracusa para passar o verão. PIZIO, siracusano e proprietário de casa em tal região, sabedor do desejo de CANIO, convida-o para jantar, arquitetando previamente com os pescadores locais para, durante o jantar, levar à casa grande quantidade de peixe. Ocorrido isto, CANIO surpreso com tal situação, PIZIO informa-o que como a região era muito pródiga em peixes, este procedimento era muito comum de parte dos pescadores. CANIO então resolve fazer uma proposta para adquirir a casa e PIZIO, demonstrando surpresa, realiza falsa resistência. Consegue, por fim, vender o imóvel por preço muito superior ao devido. Com grande sobressalto, já no imóvel, CANIO percebeu que os pescadores não viriam e que fora enganado. Esta questão, contudo, não era tutelada adequadamente pelo Direito Romano.
3. A íntegra do pensamento do mestre alemão está em *Culpa in contrahendo ou indemnização em contratos nulos ou não chegados à perfeição*. Sobre a evolução do tema no direito alemão v. FRITZ, Karina Nunes. *Boa-fé objetiva na fase pré-contratual*: a responsabilidade pré-contratual por ruptura das negociações.
4. Sobre a evolução do pensamento do IHERING e da doutrina de outros que o sucederam e alguns pontos que de maneira assistemática o antecederam v. MENEZES CORDEIRO, António. *Da Boa-Fé no Direito Civil*. v. I, p. 527-539.
5. A doutrina utiliza, com grande amplitude e, mais ou menos genericamente, as expressões *culpa in contrahendo*, responsabilidade pré-contratual e responsabilidade pré-negocial. Este trabalho optou pela última por entendê-la mais completa e precisa. Com idêntica opinião v. ALMEIDA COSTA. *Responsabilidade Civil pela Ruptura das Negociações Preparatórias de um Contrato*. p. 32. Não obstante, a utilização das outras expressões referidas é também efetuada, por razões diversas, inclusive por aspectos ortográficos.

Estas limitações foram pouco a pouco sendo superadas, quer na doutrina, quer na jurisprudência, na maioria dos países. Diante disso, inúmeras normas jurídicas foram surgindo, específicas[6] ou genéricas com escopo do dever geral de boa-fé[7], facilitadoras do trabalho de juristas e magistrados. Há uma certa identidade no direito comparado no sentido de valorizar a boa-fé objetiva como fundamento principal, sempre que, pelo comportamento das partes, haja em pelos menos uma delas fundada confiança na realização, inclusive nos termos do ordenamento jurídico, do negócio jurídico em foco. Esta evolução do instituto é um caso claro de desenvolvimento do direito de conformidade com um princípio ético-jurídico, valorizadora da moral objetiva e, sobretudo, da boa-fé que deve nortear todo e qualquer comportamento no âmbito das relações jurídicas.

Será indiferente para a situação concreta o simples fato de o negócio jurídico específico ser unilateral ou bilateral, visto que dita responsabilidade abrange ambos os tipos negociais, bem como, conforme asseveram Prata[8] e Almeida Costa[9], os quase negócios jurídicos ou ato quase negociais (interpelação do devedor, notificação de cessão e afins).

É perfeitamente vislumbrável em atos negociais com declarações unilaterais de vontade a hipótese de *culpa in contrahendo*. Basta, v.g., um absolutamente incapaz prometer um prêmio (promessa de recompensa) para a prática de determinado ato. Todos aqueles que confiaram na promessa inválida, pois emitida por um incapaz, teriam, em tese, direito à reparação de seus prejuízos.

A matéria abrange os negócios *mortis causa* e familiares, aqueles com maior controvérsia acerca de sua aplicabilidade.

Este grande alcance do instituto se justifica pelo fato de que a sua razão de existência "é a tutela da confiança do sujeito na correcção, na honestidade, na lisura e na lealdade do comportamento da outra parte, quando tal confiança se reporte a uma conduta juridicamente relevante e capaz de provocar-lhe danos, por ele ser o seu autor ou o seu destinatário, haverá de reconhecer-se que o problema tanto se coloca no propósito dos contratos como dos atos negócios unilaterais, ou até dos puros actos jurídicos, desde que tenham um destinatário"[10]. Ou seja, são as tratativas, as relações jurídicas de maneira geral que se busca proteger através do instituto em foco. Em síntese, a proteção dos sujeitos e a consequente distribuição dos prejuízos sofridos ante violações à boa-fé objetiva.

Igualmente, não se deve restringir às relações exclusivas de direito privado, atingindo, outrossim, ainda que com alguma controvérsia, as pessoas jurídicas de direito público.

Destarte, deve-se ter em mente que existe responsabilidade pré-negocial sempre que tendo as partes livremente entrado em tratativas negociais, confiando, pelo menos uma delas (a prejudicada), em sua seriedade, tenha havido violação à boa-fé objetiva e aos deveres laterais da obrigação, gerando dano à parte, seja de natureza moral ou patrimonial, com relação de causa e efeito entre o ato ilícito praticado e o prejuízo ocorrido[11].

---

6. A título exemplificativo v. art. 1337 do Código Civil Italiano e art. 227 do Código Civil Português.
7. Como acontece com os arts. 242 do Código Civil Alemão e 1134 do Código Civil Francês.
8. Op. cit. p. 26.
9. *Responsabilidade Civil...* Op. cit. p. 32.
10. PRATA, A. Op. cit. p. 25.
11. MARTINS-COSTA (*A Boa-Fé no Direito Privado*. p. 486) diz que "há responsabilidade pré-negocial sempre que o comportamento de uma das partes na fase das tratativas, induzindo a confiança da outra de que tal procedimento seria adotado,

Assim, a responsabilidade pré-contratual pode atingir aquelas situações[12] em que o *negócio jurídico não se firmou* (revogação de proposta; rompimento de negociações preliminares); como as situações de *invalidade total ou parcial* (anulabilidade por incapacidade, nulidade por ilegitimidade do vendedor, nulidade por vício de forma, anulabilidade por vícios da vontade ou vícios da coisa[13]); aquelas em que há *ineficácia total* (celebração por representante sem poderes ou que excedeu os limites dos poderes representativos que detinha[14]); bem como casos em que o *contrato é válido e eficaz*. Esta situação pode ocorrer quando há deficiência no dever de informar (despesas inúteis realizadas por informação equivocada da outra parte) ou desequilíbrio contratual ante um encargo ou ônus não declarado, bem como descumprimento dos chamados deveres laterais[15].

Nos casos de invalidade, são comuns as hipóteses no sistema pátrio de pedidos indenizatórios nos casos vícios de consentimento, seja acidental (erro ou dolo) ou essencial. Nada mais são do que aplicações práticas da chamada *culpa in contrahendo*.

De fato, sempre que alguém confiando na validade, eficácia ou idoneidade de um negócio ou ato jurídico sofrer prejuízos, ocorrendo violação da boa-fé objetiva, em tese, pode-se estar diante de um caso de responsabilidade pré-negocial[16].

Este trabalho, porém, somente se preocupará com as situações geradas nas hipóteses em que o vínculo negocial se formou, com algum vício na formação volitiva, gerador de invalidade total ou parcial, limitado aos casos de erro, dolo e coação, exclusivamente no âmbito do negócio jurídico bilateral.

3. O NEGÓCIO JURÍDICO INVÁLIDO (ERRO, DOLO E COAÇÃO)

O código civil vigente adotou a teoria do negócio jurídico inválido, deixando de lado a concepção francesa das nulidades absolutas e relativas[17]. Assim, ele pode ser nulo ou anulável, conforme o grau do defeito que sofra a figura negocial e ambas as hipóteses estarão sujeitas, em tese, à responsabilidade pré-negocial.

Os ilícitos invalidantes[18] são aqueles que apesar de possuírem todos os elementos essenciais dos negócios jurídicos um desses elementos padecem do molde adequado aos requisitos exigidos pela lei para serem válidos. Nos casos que aqui se preocupa, a vontade nasceu viciada, ou seja, houve manifestação de vontade, há o elemento volitivo, mas esse não possui as aptidões necessárias à validade.

---

ou omitindo informações de importância capital para que a outra parte possa decidir em relação ao negócio jurídico a ser realizado, ou ainda deixando de mencionar circunstâncias que acabariam forçosamente por produzir a invalidade do contratar, gerando assim o dever de indenizar".

12. A respeito v. MENEZES, Mario Sergio. *Responsabilidade civil pré-contratual*. p. 112-113.
13. Os exemplos são de PRATA, op. cit. p. 18.
14. Idem, ibidem.
15. A título exemplificativo são deveres laterais: a) deveres de comunicação, de informação e de esclarecimento; b) deveres de guarda e restituição; c) deveres de segredo; d) deveres de clareza; e) deveres de lealdade; f) deferes de proteção e conservação.
16. PRATA (op. cit. p. 26) destaca também as hipóteses "em que é o autor do negócio a sofrer os prejuízos consequentes de sua realização, se a esta foi induzido culposamente por outrem". Dá como exemplo hipóteses decorrentes da realização da denúncia de um contrato; o repúdio de uma herança; a revogação de um ato jurídico; a renúncia de um direito de preferência e afins.
17. Ainda que tais expressões sejam e possam ainda ser utilizadas.
18. Acerca do tema v., por todos, MELLO, Marcos Bernardes de. *Teoria do fato jurídico: plano da validade*.

Conforme esclarece Marcos Bernardes de Mello[19], "negócio jurídico é o fato jurídico cujo elemento nuclear do suporte fático é a manifestação ou declaração consciente de vontade, em relação à qual o sistema jurídico faculta às pessoas, dentro de limites predeterminados e de amplitude vária, o poder de escolha de categoria jurídica e de estruturação do conteúdo eficacial das relações jurídicas respectivas, quanto ao seu surgimento, permanência e intensidade no mundo jurídico".

A formação do negócio jurídico contratual se constitui em um ato essencialmente bilateral, visto que sua existência depende do consentimento recíproco das partes[20].

Assim, para que haja consentimento é necessário: *a)* duas declarações de vontades divergentes em seu conteúdo, visto que o interesse não é comum, uma quer comprar, outra vender, por exemplo; *b)* conhecimento de cada parte do externar volitivo da outra, indispensável para a eficácia da manifestação de vontade, receptícia em essência; *c)* integração das vontades com relação a idêntico objeto e tipo negocial, ou seja, ambas as vontades querem algo compatível; *d)* interdependências das declarações, de tal sorte a ficar visualizado, perfeitamente o desejo de cada parte; e *e)* consciência dos efeitos jurídicos do negócio jurídico que está se formando e a responsabilidade geradora dessa formação.

Destarte, em se tratando de vício de consentimento[21] nas modalidades de erro, dolo e coação, em geral[22], a vontade existe, mas está viciada.

Em síntese, no erro há uma falsa expressão da realidade por aquele que manifesta sua vontade, fruto de sua própria conclusão de como as coisas estavam expostas e se sucederam, bem como no comportamento da parte contrária; no dolo esse erro é provocado pela parte contrária ou por terceiro; na coação, por sua vez, o vício se consubstancia em violência moral (psicológica) ou física.

3.1 Erro

O erro enquanto falsa expressão da realidade que motiva equívoca declaração de vontade pode ser acidental ou essencial[23]. Há uma divergência entre a vontade interna e a manifestada. Somente o erro substancial pode se constituir em defeito invalidante, visto que o outro atinge características secundárias do negócio, não na essência da declaração de vontade.

O erro substancial, também dito essencial, pode ser invalidante na medida em que atinja: a) a natureza jurídica do negócio, situação em que se realizada dada figural negocial quando, de fato, está se realizando outra[24]; b) o objeto principal da declaração ou suas qualidades essenciais; c) a pessoa do declaratário[25]; d) motivos relevantes que conduzem

---

19. *Teoria do fato jurídico: plano da existência*. p. 165.
20. Sobre estes requisitos v. Orlando GOMES, *Introdução ao direito civil*, p. 367.
21. Estado de perigo, reserva mental e lesão, outras modalidades de vícios de consentimento, fogem ao escopo do estudo.
22. Na chamada coação absoluta não há manifestação de vontade e o negócio jurídico é inexistente.
23. Ou substancial.
24. Marcos Bernardes de MELLO (*Teoria do fato jurídico: plano da validade*. p. 212) dá exemplo elucidativo: "Se A adquire mediante cessão, os direitos hereditários que B teria sobre o espólio de X, pensando que estaria adquirindo a totalidade dos bens da herança porque acreditava que B era o único herdeiro; e ao requerer o inventário de X aparecem herdeiros que eram desconhecidos de ambos, há erro de fato (desconhecimento da existência de outros herdeiros) que leva à anulabilidade".
25. Aqui o campo de atuação mais fértil está no casamento, nas hipóteses de erro essencial sobre a pessoa do outro cônjuge.

o declarante à prática do negócio jurídico, motivos esses que no caso em concreto não se apresentam; e) o direito, desde que se configure como motivo único ou principal da declaração de vontade e, ainda, não se considere como recusa à aplicação da lei.

A manifestação volitiva para ser anulada por erro deve ser escusável, ou seja, não pode ser "grosseiro, estulto, resultado de negligência imperdoável"[26]. Se, porém, apesar disso, for apercebido da parte contrária e não objeto de aviso, trata-se de dolo por omissão e, embora não anulável por erro, poderá sê-lo por dolo.

O campo de ação do erro, em se tratando de relação de consumo, é claramente limitado em face do dever de oportunizar descrito no artigo 46 do código de consumidor, pelo que se transformaria em dolo por omissão.

Se aquele que erra gerar danos à parte contrária, especialmente se houver anulação do negócio, o declaratário poderá pleitear perdas e danos, independentemente da ilicitude em si, apesar da mera declaração volitiva anulável se constituir em ilícito. A confiança daquele que acreditou na vontade declarada deve ser protegida. Isso, porém, não ocorrerá nos casos de aplicação do artigo 144 do código civil[27].

3.2 Dolo

Dolo é o erro provocado por malícia ou ardil, ação ou omissão do declaratário ou de terceiro, com vistas à obtenção de uma declaração de vontade que não seria manifestada ou, se fosse, seria de forma diversa. Nessa hipótese há dolo acidental e, naquela, dolo substancial, essencial ou invalidante. Se o dolo é acidental (também chamado secundário) somente gerará perdas e danos; se essencial, além destas, também poderá anular o negócio jurídico celebrado.

Para que ocorra dolo essencial, além da intenção de enganar, ele tem que ser a causa eficiente do negócio jurídico. Ou seja, somente houve a manifestação volitiva porque o declarante foi enganado. Além disso, deve partir somente de uma das partes (a enganadora) e se anterior (a causa) ao negócio. Ademais, a parte tem que ser enganada, logo se sabia do dolo e mesmo assim fez o ato, deixa de existir a causa invalidante. Se o dolo for de terceiro, deve ser conhecido do beneficiário para anular o ato[28] e, se por omissão, deve estar presente o dever de informar, fruto da boa-fé objetiva e dos costumes do tráfico jurídico. O chamado *dolus bonus*, mormente em se tratando de relação de consumo, também poderá ser considerado na situação concreta.

3.3 Coação

É a pressão física (*vis absoluta*) ou moral (*vis relativa ou compulsiva*) exercida sobre pessoa (bens, honra ou família) para obrigá-la à prática do negócio jurídico. Deve gerar fundado temor de dano iminente ou considerável e ser a causa do negócio jurídico. A ameaça deve ser real. Para tal fim, devem ser analisadas as condições específicas do coagido como idade, sexo, condições de saúde e demais circunstâncias concretas, objetivas e

---

26. RIZZARDO, Arnaldo. *Parte geral do Código Civil*. p. 455.
27. "O erro não prejudica a validade do negócio jurídico quando a pessoa, a quem a manifestação da vontade se dirige, se oferecer para executá-la na conformidade da vontade real do manifestante".
28. Caso contrário, o declarante somente terá perdas e danos contra o terceiro.

subjetivas. No primeiro caso (*vis absoluta*) a manifestação de vontade é inexistente[29], logo não há negócio jurídico; no segundo (*vis compulsiva*) o negócio é anulável. Se a coação for de terceiro de tal sorte que a parte beneficiada dela tivesse ou devesse ter conhecimento, o ato é anulável e o terceiro, solidariamente, responde pelas perdas e danos. Ao contrário, o negócio é válido, respondendo somente o terceiro pela reparação correspondente. A seriedade da ameaça deve ser considerada com base no princípio da confiança, não importando a intenção verdadeira do coator, mas como ela foi recebido pelo coagido. Se a coação for contra pessoa de fora da família deve ser demonstrada a proximidade entre esta e o coagido. Não se configurará coação em se tratando de mero temor reverencial ou de exercício regular de direito, mas não quando se ameaça alguém acerca do uso de um exercício regular (propositura de ação de despejo por denúncia vazia) como argumento para se obter majoração indevida no valor do aluguel, conforme o caso, o vício poderá estar presente.

4. NEGÓCIO INVÁLIDO E RESPONSABILIDADE PRÉ-NEGOCIAL

Tanto o erro, como o dolo e a coação podem gerar a anulação do negócio jurídico e serem fontes da responsabilidade pré-negocial. Igualmente, na coação absoluta, caso de negócio jurídico inexistente.

No campo dessa espécie de responsabilidade o elemento central é a confiança e a irradiação dos deveres laterais em decorrência da boa-fé objetiva. Se para a configuração dos ilícitos leva-se em conta o querer efetivo do declarante e não de forma precípua como a declaração é recebida pela parte contrária, no campo indenizatória o mais importante é o comportamento das partes. Portanto, o vício do negócio jurídico não é fundamental para que haja responsabilidade[30]. Destaca-se, nesse âmbito, o dever de proteção, ou seja, a preocupação efetiva que cada uma das partes deve ter para que a outra não sofra danos.

Embora em todos os casos em que estiver presente o dever indenizatório ele é fruto da responsabilidade pré-contratual, em outros, tal responsabilidade poderá persistir, mesmo quando não reconhecida a própria invalidade.

Muito embora o erro seja uma percepção equivocada do declarante, se o declaratário a perceber, mas não se enquadrar naquelas hipóteses de configuração de dolo por omissão, ainda assim responderia por ilícito *in contrahendo*, visto estar procedendo em violação à boa-fé. De igual sorte no erro de direito percebido pela contraparte.

No caso do *dolus bonus*, ainda que raramente a doutrina e a jurisprudência permitam a anulação do negócio jurídico tendo ele como causa, pode se constituir em situação violadora da boa-fé e, portanto, autorizar a responsabilidade *in contrahendo*[31].

Da mesma forma, a culpa *in contrahendo* pode ser vislumbrada nas hipóteses de indução negligente ao erro, não propriamente como erro, mas como dolo por omissão. Dolo inconsciente, na maioria das vezes, mas suficiente para a pretensão indenizatória[32].

---

29. Em igual sentido, MELLO, Marcos Bernardes de. *Teoria do fato jurídico*: plano da validade. p. 238.
30. V. a respeito Ana PRATA. *Notas sobre responsabilidade pré-contratual*. p. 119.
31. Com opinião contrária, baseada sobretudo na experiência do direito português, v., SILVA, Eva Sónia Moreira da. *As relações entre a responsabilidade pré-contratual por informações e os vícios da vontade (erro e dolo): o caso da indução negligente ao erro*. p. 368-369.
32. A respeito v., por todos, SILVA, Eva Sónia Moreira da. Op. Cit.

Evoluindo nessa seara, veja-se que a coação incidental, embora não relevante para fito invalidatório, a exemplo do que acontece no dolo acidental, pode servir como causa para alteração do conteúdo do negócio (efeito modificativo) ou mesmo para obtenção de reparação dos danos patrimoniais e existenciais sofridos. Se a parte contrária está em situação aflitiva ao celebrar dado negócio jurídico, concorrendo de alguma forma o declaratário para tal fim, a prática dos deveres laterais é ainda mais exigida. O próprio temor reverencial que não se enquadra nas hipóteses de coação, pode fundamentar a responsabilidade pré-negocial, exatamente pela violação da boa-fé objetiva.

A reparação pode ter cunho patrimonial e, havendo clara demonstração de relevante dano existencial, também em caráter moral.

Deve-se acrescentar que a escolha do pleito reparatório por responsabilidade pré-negocial não depende do exercício da demanda invalidatória. Podem ser cumuladas as pretensões, ou não. O exercício em primeiro momento daquela, contudo, por incompatibilidade ou violação de deveres da boa-fé pode afastar o pleito de anulação. Essa está sujeito a prazo decadencial de 04 (quatro) anos[33], enquanto àquela ao prazo geral de 10 (dez) anos, por se tratar de responsabilidade contratual[34].

Por fim, acrescente-se que o regime indenizatório da responsabilidade pré-negocial em se tratando de vício de consentimento motivado por erro, dolo ou coação pode permear o interesse positivo (do contrato) ou negativo (da confiança), conforme o caso[35].

Nos casos de erro em que há confiança do declaratário na emissão volitiva do errante, o interesse protegido é o do confiança, ou seja, tudo aquilo que perdeu ou deixou de ganhar por ter confiado na manifestação volitiva alheia. No caso de dolo acidental, de igual sorte. No caso de dolo essencial por ação, deve-se proteger o interesse do contrato, até como sanção ao comportamento desleal do declaratário. Sendo, porém, dolo acidental a proteção é do interesse negativo. Por fim, em se tratando de coação, protege-se o interesse positivo. Por fim, se não é possível a invalidação do negócio jurídico, como se dá em situações ligadas ao erro por comportamento negligente, *dolus bonus* e coação por temor reverencial e mesmo por exercício irregular do direito, a proteção é a do interesse negativo, ou seja, da confiança.

5. À GUISA DE CONCLUSÃO

Como visto, o instituto da responsabilidade pré-contratual não se limita às comezinhas hipóteses de rompimento de tratativas, mas se traduz em especial relevo para melhor elucidar questões atinentes aos efeitos da invalidade em caso de vícios de consentimento e do comportamento das partes passível de pleito indenizatório, nas hipóteses de erro, dolo e coação.

Destaque-se que a responsabilidade *in contrahendo* decorre da violação de regras determinadas pela boa-fé objetiva e dos deveres laterais das relações jurídicas, em especial da obrigação de informar e de proteção.

---

33. Não, porém no caso da coação física, não sujeita à decadência, visto ser inexistente o negócio jurídico.
34. A natureza jurídica da responsabilidade pré-negocial é contratual. A respeito v, POPP, Carlyle. *Responsabilidade civil pré-negocial: o rompimento das tratativas*. p. 138-150.
35. Sobre o tema v., por todos, PINTO, Paulo Mota. *Interesse contratual negativo e interesse contratual positivo*. v. I e II.

A proteção constituída pelo sistema jurídico no âmbito da formação do contrato, em especial pelos princípios da *pacta sunt servanda* e da preservação dos negócios jurídicos, dificultadores no caso concreto do reconhecimento de invalidades, merece ser melhor iluminada por deveres outros, próprios da boa-fé objetiva e da função social do contrato, condutores a uma melhor efetivação do solidarismo, imprescindível como objetivo fundamental da República Federativa do Brasil.

6. REFERÊNCIAS

CORDEIRO, António Manuel da Rocha e Menezes. *Da Boa-Fé no Direito Civil*. Vol. I, Coimbra: Almedina, 1984.

COSTA, Mario Júlio de Almeida. *Responsabilidade Civil pela Ruptura das Negociações Preparatórias de um Contrato*. Coimbra: Coimbra, 1994.

FRITZ, Karina Nunes. *Boa-fé objetiva na fase pré*-contratual: a responsabilidade pré-contratual por ruptura das negociações. Curitiba: Juruá, 2008.

GOMES, Orlando. *Introdução ao direito civil*. 9. ed. Rio de Janeiro: Forense, 1987.

IHERING, Rudolf von. *Culpa in contrahendo ou indemnização em contratos nulos ou não chegados à perfeição*. Coimbra: Almedina, 2008.

MARTINS-COSTA, Judith. *A boa-fé no direito privado*. São Paulo: Ed. RT, 1999.

MELLO, Marcos Bernardes de. *Teoria do fato jurídico: plano da validade*. 15. ed. São Paulo: Saraiva. 2019.

MELLO, Marcos Bernardes de. *Teoria do fato jurídico*: plano da existência. 9. ed. São Paulo: Saraiva, 1999.

MENEZES, Mario Sergio. *Responsabilidade civil pré-contratual*. Disponível em: www.tjsp.jus.br. EPM publicações. Consulta 02.11.2020.

PINTO, Paulo Mota. *Interesse contratual negativo e interesse contratual positivo*. v. I e II, Coimbra: Coimbra, 2008.

POPP, Carlyle. *Responsabilidade civil pré-negocial*: o rompimento das tratativas. 5. tir. Curitiba: Juruá, 2006.

RIZZARDO, Arnaldo. *Parte geral do Código Civil*. 2. ed. Rio de Janeiro: Forense, 2003.

SILVA, Eva Sónia Moreira da. *As relações entre a responsabilidade pré-contratual por informações e os vícios da vontade (erro e dolo)*: o caso da indução negligente ao erro. Lisboa: Almedina, 2010.

A INEXECUÇÃO DAS OBRIGAÇÕES E SUAS CONSEQUÊNCIAS

Rafael Marinangelo

Especialista em Direito Civil Italiano pela Università degli Studi di Camerino – Itália.
Mestre e Doutor em Direito pela Pontifícia Universidade Católica de São Paulo – PUC/SP.

"Não sei se a vida é curta ou longa para nós,
mas sei que nada do que vivemos tem sentido,
se não tocarmos o coração das pessoas.
Muitas vezes basta ser:
colo que acolhe,
braço que envolve,
palavra que conforta,
silêncio que respeita,
alegria que contagia,
lágrima que corre,
olhar que acaricia,
desejo que sacia,
amor que promove.
E isso não é coisa de outro mundo,
é o que dá sentido à vida.
É o que faz com que ela não seja
nem curta, nem longa demais,
mas que seja intensa, verdadeira,
pura enquanto durar.
Feliz aquele que transfere o que sabe
e aprende o que ensina."[1]

Cora Coralina

Sumário: 1. Introdução. 2. A delimitação do debate e suas consequências práticas. 3. O adimplemento da prestação da construtora. 4. A cláusula de pagamento a partir da emissão da fatura. 5. A correção monetária. 6. Os juros moratórios. 7. Proposições conclusivas. 8. Referências.

1. INTRODUÇÃO

O Direito das Obrigações era apenas um dos temas do Direito Civil pelos quais navegava com precisão e coerência o nosso homenageado. Titular de um vasto conhecimento sobre a matéria – em parte perenizado em sua obra *Código Civil Comentado* –, o professor Renan Lotufo sempre pensou com espírito de vanguarda, lastreado em seus estudos de obras de escol, nacionais e estrangeiras.

---

1. Dedicado àquele que tocou o coração de todos os seus alunos, transferiu generosamente o que sabia e aprendeu o que ensinava. Uma justa homenagem ao meu eterno Amigo e Professor Renan Lotufo.

Não obstante a erudição acadêmica, sempre defendeu a visão pragmática do Direito, por acreditar na improdutividade do pensamento hermético e dissociado da realidade. Para Renan Lotufo, o Direito deve produzir efeitos na sociedade e não servir como mero instrumento de elucubrações jurídicas.

Por essa razão, nessa justa e merecida homenagem, nos parece adequado restringir a pesquisa investigativa aqui encetada a uma pequena parcela do vasto e inesgotável tema relativo à inexecução das obrigações, corte epistemológico que não a torna menos palpitante.

Com efeito, a realidade social é capaz de transformar a mais singela prescrição legal em tema de acirradas controvérsias, como ocorre com os artigos relativos à mora, sua constituição e suas consequências. Embora, inicialmente, pareça não haver motivos para maiores dúvidas, os conceitos de mora *ex re* e *ex persona*, por exemplo, não é isento de debates na aplicação prática, assim como a compreensão das consequências jurídicas da mora, naquelas condições.

Isso se deve, em grande parte, pela complexidade dos casos concretos sobre os quais a norma incide, sobretudo se relacionados ao mundo negocial. É o caso, por exemplo, do debate travado em relação ao pagamento de medições de obras de infraestrutura, cujo estudo colhe as mais variadas interpretações em relação ao tema do início da mora, da natureza de sua constituição e do momento de aplicação das consequências previstas no art. 395, do Código Civil.

Observado por esse prisma, uma plêiade de problemas são, desde logo, vislumbráveis e uma infinidade de dissensões abarrotam o Poder Judiciário, que, por sua vez, não consegue pacificar a controvérsia, dada a pluralidade de entendimentos.

O trabalho aqui proposto irá debater exatamente esse tema, procurando imprimir, à teoria, a nossa experiência prática a fim de, com isso, conferir-lhe maior utilidade.

Desde logo, advirta-se, que o tema não se distancia do título, ao revés, dele se aproxima e se une, em abraço quase indissociável, porquanto não é possível sequer falar das consequências da inexecução das obrigações se não se compreender o momento no qual ela se constitui. E não fosse isso o suficiente, é elementar perpassar pelo art. 397 do Código Civil, para poder bem aplicar o art. 395, daquele mesmo diploma legislativo, cuja prescrição centra-se em uma, das tantas, consequências da inexecução das obrigações.

2. A DELIMITAÇÃO DO DEBATE E SUAS CONSEQUÊNCIAS PRÁTICAS

O Direito é instrumento de ordenação social e o Poder Judiciário serve à pacificação de conflitos, aplicando a lei ao caso concreto de modo justo e eficiente. Deriva, como corolário lógico da assertiva anterior, que a interpretação da norma deve se realizar em sintonia com a realidade social ou negocial por ela regulamentada, pois, o contrário, no mais das vezes, ensejará soluções equivocadas e incapazes de alcançar o fim almejado. No ramo da construção de obras públicas não são poucos os dissensos, embora haja arcabouço legislativo específico regulamentando as relações jurídicas dessa natureza (Lei 8.666/93), integrada, quando pertinente, pelas regras do Código Civil.

Para o nosso tema importa discutir o momento do adimplemento da construtora e, sedimentada esta premissa, perscrutar o instante no qual faz jus ao recebimento da contrapartida financeira por parte do Poder Público. O assunto tem relevância, pois é possível vislumbrar, em nossos Tribunais, compreensões diversas sobre os aspectos aqui mencionados e, em virtude disso, constatar a aplicação diferenciada das consequências legais advindas de eventual inexecução contratual.

Embora possa constituir truísmo dizer o quanto são complexos os contratos de obras públicas, não é despiciendo alertar quanto às dificuldades de bem extrair a melhor exegese da lei, de modo a garantir a preservação do interesse público sem vilipendiar os direitos e interesses do particular.[2]

Uma das acirradas controvérsias reside na correta compreensão do artigo 40, XIV, "a", da lei de licitações, segundo o qual o edital – e consequentemente o contrato – deverá conter "o prazo de pagamento, não superior a trinta dias, contado a partir da data final do período de adimplemento de cada parcela". Igualmente debatido é o sentido e alcance do art. 55, III, do mesmo diploma legislativo, cujo preceito determina ser cláusula necessária a todo contrato administrativo aquela que estipule "o preço e as condições de pagamento, os critérios, a data-base e a periodicidade do reajustamento de preços, os critérios de atualização monetária entre a data do adimplemento das obrigações e a do efetivo pagamento".

Ambas as prescrições legais compõem ambiente propício a discussões sobre a validade de cláusulas contratuais, o início da mora, a necessidade de interpelação do devedor, bem como sobre o momento da incidência de juros e da correção monetária. Sobre elas, trataremos adiante, nos estritos limites deste trabalho.

3. O ADIMPLEMENTO DA PRESTAÇÃO DA CONSTRUTORA

Os contratos de obra pública – como os contratos de obra em geral – são contratos por escopo, isto é, somente se perfazem com a execução integral do projeto e respectiva entrega ao dono da obra.[3]

Mesmo nos negócios por preço global, os pagamentos pela execução dos serviços costumam ser feitos por partes ou parcelas, isto é, de modo fracionado, segundo critérios previamente estabelecidos. O critério mais comum é o do pagamento por parcela executada, consoante as definições contidas no edital e na proposta comercial vencedora do certame. Nessa metodologia exerce especial protagonismo a medição, relatório aferidor da quantidade e qualidade da parcela executada da obra, efetivado, com frequência, em periodicidade mensal, para o fim de permitir, após, a realização do pagamento correspondente.[4]

---

2. Com efeito, a prática tem demonstrado que, muitas vezes, o Poder Público confunde a exata dimensão e sentido do propalado "interesse público", interpretando-o, não se sabe se por ignorância ou por má-fé, como sendo a possibilidade de extrair todo o possível do particular, ainda que a custa da violação de seus direitos, interesses ou mesmo de sua saúde econômica. A correta compreensão do interesse público e sua indissociável relação íntima com o interesse privado pode ser extraída das preciosas lições de Celso Antônio Bandeira de Mello (*Curso de Direito Administrativo*, 32. ed. São Paulo: editora Malheiros, 2015, p. 59). Essa relação de desigualdade faz-nos recordar do adágio de La Cordaire, sempre mencionado em aula pelo Professor Renan Lotufo, segundo o qual "entre o fraco e o forte a lei libera e a liberdade escraviza". Embora aplicado às aulas de Direito Privado, o adágio também serve para compreender a indispensável observância da lei na relação entre particulares e Poder Público, cujo ranço de priscas eras autoritárias, ainda se manifesta em desfavor do Estado Democrático de Direito.

3. É exatamente por isso que, mesmo decorrido o prazo contratual previsto para conclusão das obras, a construtora não está liberada até o integral cumprimento de suas obrigações, sendo, pois, de rigor, a confecção de aditivos de prazo para manter hígido o contrato público até a entrega do objeto contratual.

4. Consoante ensinamento de Marçal Justen Filho: "Especialmente quando se trata de obras e serviços de engenharia, é usual dimensionar a extensão da prestação executada pelo particular através de relatório denominado 'medição'. Pode haver medição parcial, destinada a determinar a extensão da execução parcial do objeto, de que deriva o direito a recebimento de parcela do preço pactuado." (*Comentários à Lei de Licitações e Contratos Administrativos*, 17. ed. São Paulo: Ed. RT, 2016, p. 176).

O art. 40, XIV, "a", da Lei 8.666/93, dispõe exatamente sobre a obrigatoriedade de a Administração Pública prever, no edital, o prazo de pagamento da parcela de obra executada, o qual não poderá ser maior do que trinta dias, contados da data final do seu adimplemento.

A doutrina mais abalizada considera a data final do adimplemento parcial do particular como sendo aquela da medição consolidada pela Administração Pública, ou aquela da sua aprovação, quando a medição é realizada antecipadamente pelo particular seguida da verificação pelo ente público.[5]

Torna-se relevante saber, portanto, quando se dá a realização/aprovação da medição a ensejar o cômputo do trintídio legal e, para isso, a doutrina se socorre do artigo 73, I, da Lei 8.666/93, o qual dispõe sobre o recebimento da obra. Isso porque, nessa esteira de pensamento, embora o mencionado artigo disponha sobre os recebimentos provisório e definitivo da obra, ele também pode ser aplicado ao recebimento parcial, conferindo a este ato jurídico administrativo, cuja concretização coincidiria com a medição, a aptidão para acionar o gatilho do início do prazo de exigibilidade de pagamento da contrapartida pecuniária à construtora.

O ato de recebimento, portanto, ocorreria com a aprovação da medição, relatório que contempla o descritivo executado (total ou parcialmente) da obra e autoriza, ato contínuo, o seu recebimento, também integral ou fracionado.[6]

Nesse ponto, ousamos divergir do entendimento esposado, pois cremos não haver recebimento definitivo a cada aprovação de medição parcial. Não teremos oportunidade de nos estender sobre o assunto nos estreitos limites deste trabalho, mas entendemos que, a cada medição da parcela da obra é realizada a verificação quantitativa do que foi executado, para fins exclusivos de apurar a contrapartida financeira correspondente e, portanto, em caso de omissão contratual, aplica-se, ao caso, o disposto no art. 614, § 2, do Código Civil, cujo prazo para recusa da medição é mais consentâneo com a racionalidade técnica e econômica da obra.

Se admitido o raciocínio de recebimentos definitivos parciais, a nosso ver, além de dar ensejo a questões técnicas cujo debate seria inoportuno neste trabalho, poderia autorizar a aplicação do § 3º, do art. 73, da Lei 8.666/93, o qual confere à Administração, na omissão contratual, o prazo de noventa dias para aprovação da medição, interregno

---

5. É o caso da medição-verificação unilateral: "A medição-verificação consiste no exame do objeto realizado, destinado à determinação quantitativa e qualitativa da prestação executada pelo particular. Nada impede que essa avaliação seja feita por ato unilateral do próprio particular, mas sempre deverá verificar-se uma atuação própria e específica da Administração." (JUSTEN FILHO, Marçal, *Comentários*, op. cit. p. 176).

6. Esse é o entendimento de Marçal Justen Filho (*Comentários*, op. cit., 176-177), para quem o recebimento definitivo, ainda que parcial, constitui período final de adimplemento. Segundo o autor: "Esclareça-se, de passagem, que a expressão 'recebimento definitivo' não exclui o cabimento de medições parciais. Seria um equívoco supor que o recebimento definitivo se aplicaria apenas à medição final. A disciplina legal acerca do recebimento definitivo envolve o reconhecimento por parte da Administração de que o particular executou satisfatoriamente a prestação que lhe incumbia. Por exemplo, considerando a hipótese de uma obra de engenharia, pode haver recebimento definitivo de cada etapa, ainda que a execução integral venha a ocorrer somente com a conclusão da obra."

Sobre os recebimentos provisório e definitivo já lecionava Alfredo de Almeida Paiva (*Aspectos do Contrato de Empreitada*, Rio de Janeiro: Edições Revista Forense, 1955, p. 38) e E. V. de Miranda Carvalho (*Contrato de empreitada*, Rio de Janeiro: Livraria Freitas Bastos, 1953, p. 148). Nas palavras de Marçal Justen Filho: "O recebimento provisório consiste na simples transferência da posse do bem ou dos resultados do serviço para a Administração. (...) A Administração deverá, a partir do recebimento provisório, examinar o objeto para verificar sua adequação às exigências da lei, do contrato e da técnica." E mais adiante, assevera o autor que "[a]pós recebido provisoriamente o objeto do contrato, a Administração promoverá os exames, testes e verificações necessários" e, estando a obra ou serviço de acordo, a Administração deverá efetivar o recebimento definitivo. (*Comentários*, op. cit. p. 1272-1273).

A INEXECUÇÃO DAS OBRIGAÇÕES E SUAS CONSEQUÊNCIAS **83**

este demasiadamente longo e em descompasso com a lógica econômica de contratos da natureza aqui debatida[7]. Portanto, consoante nosso entendimento, no período assinalado pelo contrato ou pelo art. 614, do Código Civil, a Administração deverá aceitar ou rejeitar a medição, apontando-lhe os vícios, sendo presumida, a aceitação, no caso de decurso do termo *in albis* ou, implicitamente reconhecida, em caso de ação incompatível com a rejeição. Efetivada a aprovação da medição em uma de suas modalidades possíveis, a prestação da Administração torna-se imediatamente exigível e deve ser paga em, no máximo, trinta dias.[8]

Contudo, não obstante o prescritivo legal, a Administração Pública, com insistente frequência, impõe condições mais gravosas ao particular, seja retardando indevidamente a aprovação da medição, seja inserindo no texto contratual cláusula com previsão de pagamento posterior à data da emissão da fatura.

A condicionante do pagamento em prazo contado a partir da emissão da fatura, entretanto, gera inúmeras controvérsias em virtude de divergências de entendimentos jurisprudenciais. E como resultado de tal vacilação das Cortes de Justiça, o particular vê-se, muitas vezes, constrangido a aceitar condições temporais de pagamento diversas daquelas determinadas em lei e, por derivação lógica, sujeita-se a suportar os prejuízos que lhe são inerentes.

4. A CLÁUSULA DE PAGAMENTO A PARTIR DA EMISSÃO DA FATURA

Não obstante a existência de dispositivo legal determinando como gatilho do prazo de pagamento o ato de aprovação da medição, não é incomum o contrato administrativo prever o início do trintídio legal a partir da emissão da fatura, postergando a satisfação do crédito para além do termo previsto na Lei 8.666/93.

A medida, infelizmente, é reconhecida como legítima por alguns Tribunais, sob a justificativa de que a disposição do contrato suplantaria o comando legal, fazendo a mora incidir somente após o decurso do prazo previsto para o pagamento da fatura.

Nesse diapasão, a correção monetária e os juros moratórios incidiriam de modo diverso daquele preceituado pelos artigos 40, XIV, "a" e 55, III, da Lei de Licitações, pois não teriam como base a data final do adimplemento de cada parcela da obra ou serviço (*rectius* medição).

O equívoco de tal interpretação é flagrante, seja por sua incompatibilidade com a Lei de regência dos contratos públicos, seja por sua dissonância em relação aos institutos da mora e dos consectários legais de correção monetária e juros.

---

7. O edital/ contrato pode prever prazo menor do que o trintídio previsto no art. 614, do Código Civil e, geralmente, o faz, pois a lei impõe apenas o prazo máximo. Na definição desse prazo deve se ter em conta o tempo suficiente e necessário para averiguação da regularidade quantitativa e qualitativa da obra executada. Logo, a nosso ver, o prazo deve ser sempre o menor possível, sobretudo diante da obrigatória figura do fiscal, encarregado de acompanhar a execução das obras (fiscalização), cujo objetivo é conferir a sua adequada execução e providenciar a imediata correção de rumos, caso a empreiteira se distancie do projeto para o qual foi contratada executar. Isso significa, em termos práticos, o conhecimento em tempo real (ou muito próximo dele) de todos os passos e serviços executados, de modo que o recebimento poderá se dar rapidamente caso a fiscalização seja eficiente (art. 66 a 70, Lei 8.666/93).

8. É importante ressaltar que o adimplemento, efetivamente, ocorre com a realização da parcela da obra no período entre uma medição e outra. A medição, efetivamente, apenas atesta o adimplemento naquele interregno. No entanto, como o adimplemento está sujeito à aferição por parte do dono da obra, o início do prazo de pagamento não pode se dar imediatamente após a conclusão da parcela construída, mas, a partir, como dissemos, desse ato verificador e formalizador do adimplemento.

RAFAEL MARINANGELO

Com efeito, conforme preceitua o artigo 397, do Código Civil, "o inadimplemento da obrigação, positiva e líquida, no seu termo, constitui de pleno direito em mora o devedor". Trata-se – como bem asseverou Agostinho Alvim, a quem nosso homenageado rendia sempre as maiores deferências pelo seu exemplo de vida e de obra – da "adoção pura e simples da regra *dies interpellat pro homine*".[9]

Logo, sendo positiva e líquida a obrigação, a constituição em mora independe de interpelação, pois decorre inexoravelmente do decurso do prazo, lembrando, com esteio nas lições de Renan Lotufo, que é positiva a obrigação composta por ato comissivo (dar ou fazer) e líquida aquela cujo objeto for coisa ou importância certa e determinada.[10]

E a medição é exatamente o meio pelo qual a Administração Pública torna certa e determinada a importância a ser paga à construtora, pois o referido documento afere a realização quantitativa e qualitativa da obra e o valor correspondente à parcela executada. A partir da medição, portanto, nada mais é necessário à formação e exigibilidade do crédito em favor da executante da obra.

Daí ser lícito afirmar que não existindo impedimento ao "perfeito e pleno cumprimento da obrigação no seu vencimento", cabe à Administração pagar o seu débito no trintídio legal, iniciado a partir do adimplemento da parcela de obra executada, sob pena de, em não o fazendo, estar automaticamente constituída em mora.[11] De sorte que nada justifica o condicionamento do pagamento à emissão da fatura, documento de simples cobrança e meramente representativo do débito já consolidado pela medição.[12]

5. A CORREÇÃO MONETÁRIA

Lembremos que a correção monetária, uma das consequências da inexecução das obrigações, não constitui acréscimo ao valor nominal, mas "simples manutenção do valor de compra da moeda pela variação de um índice de preços que reflete o acréscimo (inflação) ou decréscimo (deflação) dos preços de mercado".[13]

Nesse diapasão, faz todo o sentido o comando inserto no art. 55, III, da Lei 8.666/93 impor a aplicação do critério de correção entre a data do adimplemento das obrigações

---

9. *Da inexecução das obrigações e suas consequências*. 2. ed. São Paulo: Saraiva, 1955, p. 131. Como ensina o autor: "Esta é a mora *ex re*, em que o têrmo é concedido para a execução, em oposição à mora *ex personna*, que é aquela em que o termo é concedido à pessoa do devedor, e depende de interpelação, visto não haver prazo fixado pelas partes" (p. 132).

10. *Código Civil Comentado*, v. 2. Obrigações. Parte Geral, São Paulo: Saraiva, 2003, p. 448.

11. Como diz o professor Renan Lotufo (*Código Civil Comentado*, p. 448), ao tratar do *caput* do art. 397: "Assim, nada impede o perfeito e pleno cumprimento da obrigação no seu vencimento, razão pela qual o não cumprimento implica incidência da mora." Outrossim, o fato de o prazo derivar de lei em nada altera a conclusão aqui obtida, como bem obtempera Agostinho Alvim (*Da inexecução*, op. cit. p. 138): "Observe-se, ainda, que o têrmo pode resultar da lei, de um ato unilateral, do contrato ou de uma sentença." No mesmo sentido, sobre a mora *ex re* e o efeito do *dies interpellat pro homine*, vide NANNI, Giovanni Ettore, *Mora*, in Obrigações, LOTUFO, Renan e NANNI, Giovanni Ettore (Coord.). São Paulo: Editora Atlas, 2011, p. 571-652).

12. A esse respeito são oportunas as palavras de Marçal Justen Filho (*Comentários*, op. cit. p. 174-175): "Como regra, a obrigação da Administração torna-se exigível no dia imediatamente seguinte à ocorrência do recebimento definitivo. É irrelevante se o recebimento definitivo verificou-se através da modalidade explícita, implícita ou presumida. portanto, no primeiro dia subsequente ao recebimento definitivo produz-se automaticamente o efeito da inscrição do direito do particular na ordem de preferência instituída pelo art. 5º. É irrelevante destacar que as formalidades posteriores ao recebimento definitivo são impertinentes para o efeito, quer de gerar a exigibilidade da obrigação, como de produzir a inclusão do sujeito da ordem de preferências. (...) O particular encaminha a fatura à Administração porque é titular de uma obrigação exigível e não o inverso. Ou seja, a obrigação da Administração não se torna exigível porque recebeu uma fatura."

13. SCAVONE JÚNIOR, Luiz Antonio. *Do descumprimento das obrigações*: consequências à luz do princípio da restituição integral, interpretação sistemática e teológica. São Paulo: Editora Juarez de Oliveira, 2007, p. 136.

A INEXECUÇÃO DAS OBRIGAÇÕES E SUAS CONSEQUÊNCIAS

e a do efetivo pagamento, pois, ao assim fazê-lo, consagra a lógica da intangibilidade das condições econômicas da proposta comercial vencedora do certame.

Mais uma vez a medição exerce o seu protagonismo, pois constituirá o termo inicial de incidência do índice de recomposição do poder aquisitivo da moeda cujos efeitos se refletirão até a data do efetivo pagamento.

A fatura servirá, portanto, apenas como documento de formalização do cumprimento da prestação devida pelo ente público, sendo irrelevante a data de seu vencimento para o cômputo do prazo da correção monetária, ainda que haja cláusula contratual neste sentido.

Isso porque a garantia constitucional de intangibilidade das condições da proposta não admite o afastamento da regra do art. 55, III, da lei de licitações, cujo objetivo é exatamente torná-la operacional. Em suma, o aludido comando infraconstitucional nada mais é do que mecanismo assegurador das condições efetivas da proposta e, portanto, qualquer alteração em seu conteúdo por meio negocial não poderá surtir efeito.

Diante da realidade acima transcrita, o Superior Tribunal de Justiça, atento às lições dos mestres consagrados, consolidou jurisprudência no sentido de considerar como cláusula não escrita, para fins da incidência de correção monetária, a condicionante do pagamento do particular à emissão da fatura.[14] Em termos práticos tal decisão reafirmou a incidência da correção monetária, nos contratos de obras públicas, a partir do adimplemento da parcela, isto é, a partir da medição até a data do efetivo pagamento.

Assim, no trigésimo primeiro dia contado a partir da medição a correção monetária passará a ter imediata aplicação, independentemente de qualquer periodicidade mínima, pois as regras limitativas em vigor não incidem nos casos de descumprimento das obrigações.[15] E nos contratos de obras públicas, o índice aplicável para esse fim será o IPCA-E ou INPC, conforme definido pelo STF, por meio do Tema 810[16] e pelo STJ, Tema 905[17].

Portanto, formalizado o ato administrativo da medição ou consagrados os seus efeitos pela presunção ou pelo comportamento concludente de aceitação da parcela da obra

---

14. Nesse sentido confira-se, por todos, o seguinte aresto: "Processual civil. Administrativo. Agravo interno no agravo interno no agravo em recurso especial. Enunciado administrativo 3/STJ. Licitações e contratos. Contrato administrativo. Correção monetária. Termo inicial. Previsão contratual. Apresentação das faturas. Ilegalidade. Cláusula não escrita. Juros de mora. Termo inicial. Primeiro dia após o vencimento da obrigação. Precedentes. Agravo interno não provido. 1. Necessário consignar que o presente recurso atrai a incidência do Enunciado Administrativo 3/STJ: 'Aos recursos interpostos com fundamento no CPC/2015 (relativos a decisões publicadas a partir de 18 de março de 2016) serão exigidos os requisitos de admissibilidade recursal na forma do novo CPC'. 2. A jurisprudência do STJ firmou orientação no sentido de que nos contratos administrativos, para fins de correção monetária, deve ser considerada 'não escrita' a cláusula que estabelece prazo para pagamento a data da apresentação das faturas (protocolo das notas fiscais), porquanto o prazo para pagamento, nos termos dos arts. 40 e 55 da Lei no 8.666/93, não pode ser superior a 30 dias contado a partir da data final do período de adimplemento da obrigação, que ocorre com a medição. 3. Agravo interno não provido" (STJ, AgInt no AgInt no AREsp 1272111/GO, Rel. Ministro Mauro Campbell Marques, Segunda Turma, julgado em 19/02/2019, DJe 26.02.2019).

15. Com efeito, ao contrário do que se possa pensar, a periodicidade mínima de 12 meses para efeitos de correção monetária, imposta pela lei instituidora do Plano Real, não se aplica à correção monetária moratória, conforme lição extraída da obra de Luiz Antonio Scavone Junior (*Do descumprimento*, op. cit. p. 144): "No caso de descumprimento das obrigações, as regras que impõem limite à correção monetária não se aplicam, ou seja, não há periodicidade mínima para incidência da correção monetária."

16. O art. 1º-F da Lei 9.494/97, com a redação dada pela Lei 11.960/09, na parte em que disciplina a atualização monetária das condenações impostas à Fazenda Pública segundo a remuneração oficial da caderneta de poupança, revela-se inconstitucional ao impor restrição desproporcional ao direito de propriedade (CRFB, art. 5º, XXII), uma vez que não se qualifica como medida adequada a capturar a variação de preços da economia, sendo inidônea a promover os fins a que se destina.

17. Nesse contexto, em relação às situações futuras, a aplicação dos índices em comento, sobretudo o INPC e o IPCA-E, é legítima enquanto tais índices sejam capazes de captar o fenômeno inflacionário.

executada, dispara-se o gatilho para início do cômputo do prazo de incidência da correção monetária, mesmo diante de cláusula contratual em sentido diverso.

6. OS JUROS MORATÓRIOS

Outro tema rico em controvérsias é o relativo aos juros moratórios, pela existência de três posicionamentos distintos: a) o que admite a sua incidência a partir do vencimento da fatura; b) o que admite a sua incidência a partir da citação; e c) o que admite a sua incidência a partir do adimplemento da parcela da obra.

Embora constitua corrente minoritária, ainda há julgados admitindo a data de vencimento da fatura como gatilho para a aplicação dos juros moratórios.

Esta interpretação lastreia-se no argumento de que a mora, a ensejar a aplicação dos juros, somente se opera com o vencimento da fatura, cujo decurso de prazo sem pagamento interpela a Administração.

O raciocínio para essa conclusão considera haver duas situações jurídicas distintas: a obrigação da contratada e a obrigação da contratante. A primeira tem a obrigação de executar a obra e seu adimplemento opera-se com a medição; a segunda, tem a obrigação de efetivar o pagamento, porém, no prazo estipulado após a emissão da fatura.

Com o adimplemento da contratada, esta faz jus, desde a medição, à correção monetária até a data do seu efetivo pagamento, como determina o art. 55, III, da Lei 8.666/93. Porém, como a situação jurídica da contratante é distinta, o pagamento dos juros somente será devido a partir do vencimento da fatura, pois esta é a data que, se não cumprida, constituirá a Administração Pública em mora.[18]

Com todo o respeito, o posicionamento jurisprudencial mencionado não merece prosperar, pois parte de premissas equivocadas ao criar situações distintas que não existem. O ato de medição, para além de comprovar o adimplemento da contratada, serve para atestar o valor correspondente à parcela executada e criar, instantaneamente, à Administração Pública, o dever de pagar à contratada. Logo, a fatura não constitui o crédito do particular, assim como não serve de instrumento apto à constituição em mora da Administração devedora, em caso de inadimplemento, de modo que a solução jurisprudencial em debate não pode ser acolhida.

A segunda vertente de pensamento atribui à citação o poder de iniciar o cômputo dos juros de mora, a teor do disposto no artigo 405, do Código Civil. Para seus adeptos, o referido dispositivo legal abrange toda e qualquer obrigação, independentemente de ser ela *ex re* ou *ex persona*.[19] Embora esse entendimento tenha ganhado acolhida pela jurisprudência do Superior Tribunal de Justiça, com todo o respeito, parece-nos despropositado, face à inocuidade atribuída à mora *ex re* em relação aos efeitos moratórios. De fato, ao se considerar a aplicação indiscriminada do art. 405, do Código Civil, a todo tipo de obrigação,

---

18. A esse respeito, vide acórdão do Tribunal de Justiça do Rio Grande do Sul, Apelação Cível 70074512138 (CNJ 0215328-83.2017.8.21.7000), da vigésima segunda Câmara Cível, j. em 26.10.2017.

19. Esse é o posicionamento de Luiz Antonio Scavone Junior (*Do descumprimento*, op. cit. p. 102) e de diversos julgados do STJ, a saber: REsp 712.287/RJ, rel. Min. Aldir Passarinho Junior, Quarta Turma j. 02.05.2006; REsp 594.486/MG, rel. Min. Castro Filho, Terceira Turma, j. 19.05.2005, REsp. 710.385/RJ, rel., Min. Denise Arruda, rel. para o acórdão Min. Teori Zavascki, Primeira Turma, j. 28.11.2006.

o resultado é tornar letra morta a regra do *dies interpellat pro homine,* consubstanciada no art. 397, *caput,* do diploma civil.

Não restam dúvidas, portanto, de que, em nosso sentir, a única exegese consentânea com a sistemática do diploma civil seja aquela que considera como gatilho para aplicação dos juros o simples inadimplemento da obrigação positiva e líquida.

Nesse sentido afina-se a lição de nosso homenageado, para quem, o artigo 405 CC tem eficácia limitada às obrigações cuja constituição em mora dependa de prévia interpelação. São seus, os seguintes ensinamentos sobre o alcance do art. 405 CC:

> "O que se há que entender é que o artigo fixa o termo inicial para o cômputo dos juros de mora às obrigações que dependem de interpelação para constituição em mora, pois, evidentemente, inaplicável às obrigações decorrentes de ato ilícito (art. 398), como as hipóteses que tipificam a mora *ex re,* pela fixação prévia do termo, a par de a obrigação ser líquida e positiva (art. 397, *caput*)."[20]

Na mesma esteira flui a doutrina majoritária, restringindo a aplicação da norma em comento apenas aos casos de mora *ex persona,* isto é, aquelas cuja constituição dependem de prévia interpelação.[21]

O aperfeiçoamento do debate levou, enfim, o Superior Tribunal de Justiça a rever o seu posicionamento, consagrando o juízo de que os juros moratórios de obrigação positiva, líquida e a termo certo começam a correr a partir da data do seu inadimplemento.[22]

---

20. LOTUFO, Renan, *Código Civil Comentado,* op. cit. p. 464.
21. Ainda a este respeito, dispõe o Enunciado 428, da Jornada de Direito Civil: "Os juros de mora, nas obrigações negociais, fluem a partir do advento do termo da prestação, estando a incidência do disposto no CC 405 limitada às hipóteses em que a citação representa o papel de notificação do devedor ou àquelas em que o objeto da prestação não tem liquidez." No mesmo sentido, confiram-se: NERY, Rosa Maria de Andrade e NERY JUNIOR, Nelson, *Instituições de Direito Civil. Direito das Obrigações,* v. II, São Paulo: Editora Revista dos Tribunais, 2015, p. 374; BDINE JR., Hamid Charaf, *Código Civil Comentado: doutrina e jurisprudência,* coordenador Cezar Peluso. 2. ed. Barueri: Manoel, 2008, p. 376; ULHOA COELHO, Fabio, *Curso de Direito Civil. Obrigações e Responsabilidade Civil.* 5. ed. São Paulo: Saraiva, 2012, p. 196; NANNI, Giovanni Ettore. *Mora.* In: LOTUFO, Renan e NANNI, Giovanni Ettore (Coord.). *Obrigações.* São Paulo: Atlas, 2011, p. 609, SILVA, José Marcelo Tossi, *Juros Legais,* in Obrigações, LOTUFO, Renan e NANNI, Giovanni Ettore (Coord.). São Paulo: Atlas, 2011, p. 725.
22. Esse entendimento foi consolidado no Informativo 0537 de 10 de abril de 2014, do STJ, cujo conteúdo transcrevemos abaixo:
 "Direito civil. Termo inicial dos juros de mora de obrigação positiva, líquida e com termo certo. Em ação monitória para a cobrança de débito decorrente de obrigação positiva, líquida e com termo certo, deve-se reconhecer que os juros de mora incidem desde o inadimplemento da obrigação se não houver estipulação contratual ou legislação específica em sentido diverso. De início, os juros moratórios são os que, nas obrigações pecuniárias, compensam a mora, para ressarcir o credor do dano sofrido em razão da impontualidade do adimplemento. Por isso, sua disciplina legal está inexoravelmente ligada à própria configuração da mora. É importante destacar que, por se tratar de direito disponível, as partes podem convencionar o percentual dos juros de mora e o seu termo inicial, hipótese em que se fala em juros de mora contratual. Quando, porém, não há previsão contratual quanto a juros, ainda assim o devedor estará obrigado ao pagamento de juros moratórios, mas na forma prevista em lei (juros legais). Quanto ao aspecto legal, o CC estabelece, como regra geral, que a simples estipulação contratual de prazo para o cumprimento da obrigação já dispensa, uma vez descumprido esse prazo, qualquer ato do credor para constituir o devedor em mora. Aplica-se, assim, o disposto no art. 397 do CC, reconhecendo-se a mora a partir do inadimplemento no vencimento (*dies interpellat pro homine*) e, por força de consequência, os juros de mora devem incidir também a partir dessa data. Assim, nos casos de responsabilidade contratual, não se pode afirmar que os juros de mora devem sempre correr a partir da citação, porque nem sempre a mora terá sido constituída pela citação. O art. 405 do CC ("contam-se os juros de mora desde a citação inicial"), muitas vezes empregado com o objetivo de fixar o termo inicial dos juros moratórios em qualquer hipótese de responsabilidade contratual, não se presta a tal finalidade. Geograficamente localizado em Capítulo sob a rubrica "Das Perdas e Danos", esse artigo disciplinaria apenas os juros de mora que se vinculam à obrigação de pagar perdas e danos. Ora, as perdas e danos, de ordinário, são fixadas apenas por decisão judicial. Nesse caso, a fixação do termo inicial dos juros moratórios na data da citação se harmoniza com a regra implícita no art. 397, *caput,* de que nas obrigações que não desfrutam de certeza e liquidez, a mora é *ex persona,* ou seja, constitui-se mediante interpelação do credor. Precedentes citados: REsp 1.257.846-RS, Terceira Turma, DJe

Essa mudança teve imediata repercussão no âmbito dos contratos de obras públicas e exortaram aquele tribunal a empregar uma interpretação sistemática e dialógica do Código Civil com a Lei 8.666/93, para considerar que "os juros de mora correm do trigésimo primeiro dia, inclusive, da data de medição, porque despicienda a interpelação judicial, uma vez que há tempo para o adimplemento contratual – arts. 397 do Código Civil vigente e 960 do Código Civil de 1916."[23]

7. PROPOSIÇÕES CONCLUSIVAS

A despeito dos debates travados sobre o momento do adimplemento da obrigação do particular, contratado para execução de obras públicas, e o início do cômputo do trintídio legal para o pagamento da contraprestação que lhe é devida, parece-nos ser clarividente a melhor exegese aplicável ao caso.

E a proposição conclusiva aqui exposta considera tanto as melhores doutrinas e jurisprudências quanto a realidade fática subjacente aos contratos dessa natureza. Com efeito, pelas dimensões e valores envolvidos e diante da lógica impressa aos contratos de construção, o pagamento tempestivo e de acordo com as premissas legais vigentes é indispensável à manutenção das condições efetivas da proposta e à saúde financeira da construtora.

Ao contrário do que se pensa, na grande maioria das vezes, para sagrar-se vencedora dos processos licitatórios, a construtora trabalha com margens bastante apertadas e a obra deve se mostrar autossustentável para não contaminar o caixa da empresa. Assim, o afluxo de recursos deve obedecer a um cronograma físico financeiro planejado pelo particular e que leva em conta exatamente as condições legais vigentes quanto ao pagamento e as demais variantes relativas ao projeto e execução da obra.

30.04.2012; e REsp 762.799-RS, Quarta Turma, DJe 23.09.2010. EREsp 1.250.382-PR, Rel. Min. Sidnei Beneti, julgado em 02.04.2014."

23. EDcl no Recurso Especial 1.004.258-SC (2007/0261513-1), Ministro Mauro Campbell Marques, j. 17.01.2011. No mesmo sentido: AgInt no AgInt no Agravo em Recurso Especial 1.272.111 – GO, rel. Min. Mauro Campbell Marques, Segunda Turma, j. 19.02.2019; Ag no REsp. 1.409.068-SC, Rel. Min. Assusete Magalhães, Segunda Turma, j. 02.06.2016; REsp 1.466.703-SC, rel. Min. Humberto Martins, Segunda Turma, j. 12.02.2015. A título ilustrativo transcrevemos ementa paradigmática sobre o assunto: Processual civil. Embargos de declaração. Contradição e omissão caracterizadas. (Processual civil e administrativo. Ofensa ao art. 535 do CPC. Não caracterização. Contrato administrativo. Termo inicial de correção monetária. Violação aos arts. 40, inc. XIV, e 55, inc. III, da Lei 8.666/93. Cláusula não escrita. Súmula 43 desta corte superior. Juros de mora. Ilícito contratual. Termo a quo.) 1. Trata-se de embargos de declaração em que a empresa embargante sustenta existirem uma contradição e uma omissão a serem sanadas no acórdão combatido, a saber (respectivamente): (i) no voto condutor, os juros de mora tiveram termo a quo na data da citação (o que levou ao provimento parcial); no voto-vista da Min. Eliana Calmon, o termo inicial dos juros de mora foi fixado no trigésimo primeiro dia da data da medição (o que levou ao provimento total do especial); embora tenha havido esta nítida divergência, o especial foi parcialmente provido à unanimidade; e (ii) não houve debate acerca dos honorários advocatícios. 2. Com razão a parte embargante. 3. Em relação à contradição existente entre o voto condutor, o voto-vista e o provimento (apenas parcial) por unanimidade, retifico o posicionamento adotado no voto de minha relatoria para acompanhar a Min. Eliana Calmon e aduzir que, no caso, os juros de mora correm do trigésimo primeiro dia, inclusive, da data da medição, porque é despicienda a interpelação judicial, uma vez que há termo para o adimplemento contratual – arts. 397 do Código Civil vigente e 960 do Código Civil de 1916. O termo interpela pelo homem, *dies interpelat pro homine*. 4. Em relação à omissão acerca dos honorários advocatícios, deve a questão ser devolvida à origem para apuração em fase de liquidação, juntamente com os demais ônus da sucumbência. 5. Embargos de declaração acolhidos, com efeitos modificativos, para (i) entender que os juros de mora, no caso, fluem do trigésimo primeiro dia, inclusive, da data da medição e (ii) remeter a fixação dos honorários advocatícios e ônus da sucumbência à origem, quando da fase de liquidação. (EDcl no REsp 1079522/SC, Rel. Ministro Mauro Campbell Marques, Segunda Turma, julgado em 22.09.2009, DJe 02.10.2009).

Logo, manter hígidos os parâmetros legislativos em relação ao adimplemento do Poder Público frente ao particular é essencial à preservação da intangibilidade das condições efetivas da proposta, direito constitucional assegurado ao particular nas relações negociais travadas com a Administração Pública.

Desse modo, a melhor e mais correta exegese – cuja sedimentação garantirá segurança jurídica – é a de que a Administração Pública está obrigada a efetivar o pagamento de sua contraprestação financeira, à parcela executada da obra, em prazo não superior a trinta dias, contados da data da medição, sob pena de, sobre o valor devido, incidirem, a partir do trigésimo primeiro dia, correção monetária e juros de mora, a teor do disposto nos arts. 40, XIV, "a" e 55, III, da Lei 8.666/93 e dos arts. 395 e 397, ambos do Código Civil.

8. REFERÊNCIAS

ALVIM, Agostinho, *Da inexecução das obrigações e suas consequências*. 2. ed. São Paulo: Saraiva, 1955

TOSSI, José Marcelo, *Juros Legais*. In: LOTUFO, Renan e NANNI, Giovanni Ettore (Coord.). *Obrigações*. São Paulo: Atlas, 2011.

ULHOA COELHO, Fabio, *Curso de Direito Civil. Obrigações e Responsabilidade Civil*. 5. ed. São Paulo: Saraiva, 2012.

BANDEIRA DE MELLO, Celso Antônio, *Curso de Direito Administrativo*. 32. ed. São Paulo: Malheiros, 2015.

BDINE JR., Hamid Charaf. In: PELUSO, Cezar (Coord.). *Código Civil Comentado*: doutrina e jurisprudência. 2. ed. Barueri: Manoel, 2008.

JUSTEN FILHO, Marçal, *Comentários à Lei de Licitações e Contratos Administrativos*. 17. ed. São Paulo: Ed. RT, 2016.

LOTUFO, Renan, *Código Civil Comentado*. v. 2. Obrigações. Parte Geral, São Paulo: Saraiva, 2003.

MIRANDA CARVALHO, E. V. de. *Contrato de empreitada*. Rio de Janeiro: Livraria Freitas Bastos, 1953.

NANNI, Giovanni Ettore, *Mora*. In: LOTUFO, Renan e NANNI, Giovanni Ettore (Coord.). *Obrigações*. São Paulo: Atlas, 2011.

NERY, Rosa Maria de Andrade e NERY JUNIOR, Nelson, *Instituições de Direito Civil. Direito das Obrigações*, v. II, São Paulo: Ed. RT, 2015.

PAIVA, Alfredo de Almeida, *Aspectos do Contrato de Empreitada*, Rio de Janeiro: Edições Revista Forense, 1955.

SCAVONE JÚNIOR, Luiz Antonio, *Do descumprimento das obrigações*: consequências à luz do princípio da restituição integral, interpretação sistemática e teológica. São Paulo: Editora Juarez de Oliveira, 2007.

INEXECUÇÃO DAS OBRIGAÇÕES E SUAS CONSEQUÊNCIAS: DIÁLOGO ENTRE O PLANO PROCESSUAL E O MATERIAL EM HOMENAGEM AO PROFESSOR RENAN LOTUFO

Cassio Scarpinella Bueno

Livre-Docente, Doutor e Mestre em Direito Processual Civil pela PUCSP. Professor da Faculdade de Direito de PUCSP. Advogado. Autor de *Curso sistematizado de direito processual civil*, pela Editora Saraiva. Vice-Presidente do Instituto Brasileiro de Direito Processual, membro do Instituto Iberoamericano de Direito Processual e membro da Associação Internacional de Direito Processual.

Sumário: 1. Introdução. 2. O diálogo entre o plano processual e o material. 3. Um aceno às obrigações de fazer e de não fazer. 4. Julgamento das ações relativas às prestações de fazer e de não fazer. 5. Cumprimento das ações relativas às prestações de fazer e de não fazer. 6. Proposições conclusivas. 7. Referências.

1. INTRODUÇÃO

O convite formulado pela organizadora, Professora Fernanda Ivo Pires, e pelos coordenadores científicos, Professores Alexandre Guerra, Antonio Carlos Morato, Fernando Rodrigues Martins e Nelson Rosenvald, para integrar o grupo responsável por redigir obra coletiva em homenagem ao Professor Renan Lotufo, é irrecusável.

Tive o privilégio de ter sido aluno do Professor Renan Lotufo durante os cinco anos do curso de graduação na nossa PUCSP, de 1989 a 1993, tendo-o como Professor de Introdução ao Estudo do Direito Privado no primeiro ano e Direito Civil nos anos subsequentes. O Professor Renan Lotufo foi o patrono da minha turma, e tenho orgulho de guardar, até hoje, uma cópia digitada, impressa e assinada por ele de seu lindo e entusiasmante discurso naquele momento inesquecível[1]. Foi das mãos dele que recebi, ainda que para fins simbólicos, o canudo com o meu diploma.

O Professor Renan Lotufo também integrou a minha banca de defesa de mestrado em 1996 ao lado da minha orientadora, Professora Thereza Alvim e do Professor Antonio Carlos Marcato. Na oportunidade, lembro-me bem, ele iniciou sua arguição destacando que minha dissertação começava de forma abrupta por já tratar da inconstitucionalidade das vedações à liminar em mandado de segurança. Que era importante (e necessária) uma prévia contextualização do tema para então, só então, tratar dele na verticalização que se faz indispensável em trabalhos científicos. Lição dada, lição aprendida.

---

1. E do qual leio, agora mesmo, a seguinte passagem: "A necessidade de aprofundamento e continuidade o estudo, é essencial ao Direito e à busca da Justiça".

Como professor da PUC desde 1995, tive o privilégio de encontrar inúmeras vezes com o Professor Renan na sala dos professores, nos corredores e nas rampas puquianas. Lindas e inesquecíveis memórias. Incontáveis e fundamentais lições.

Dentre as incontáveis conversas com o Professor Renan desde o tempo de graduação — até porque ele sempre foi extremamente generoso e receptivo com relação a seus alunos — tive a oportunidade de perguntar se, para ele, a disciplina dada ao cumprimento das obrigações de fazer e de não fazer pela Lei n. 8.952/1994 que fez tantas modificações ao CPC de 1973 teria o condão de se sobrepor (ainda que desavisadamente) ao disposto nos arts. 879 a 881 e 883 do Código Civil de 1916 (então em vigor) que preservavam a regra clássica das perdas e danos diante do inadimplemento daquelas modalidades obrigacionais[2]. É com a atenção voltada àquela questão, que desenvolvo este singelo trabalho. Menos para dar alguma resposta e mais para lembrar um pouco mais com emoção, respeito e carinho, do querido Professor Renan.

2. O DIÁLOGO ENTRE O PLANO PROCESSUAL E O MATERIAL

Tema de inegável importância é o do necessário diálogo entre os planos material e processual. Por mais que os processualistas se dediquem às técnicas inerentes ao direito processual civil é fundamental que não percam de vista que nenhuma delas faz sentido por si só, sem levar em conta a razão de ser do direito processual civil: permitir que um determinado conflito de interesses intersubjetivo seja resolvido e concretizado com ânimo de definitividade, ainda que mediante a adoção de um método não jurisdicional[3].

Mas não só: sempre tive a convicção plena de que diversos institutos do direito processual civil só fazem verdadeiro sentido quando compreendidos à luz do direito material que os informa. Não só para evitar a alienação científica que a observação do parágrafo anterior pretende evitar, mas para realmente entender que certas formulações de direito processual civil só fazem sentido quando analisadas na perspectiva do direito material.

A disciplina processual das obrigações de fazer e de não fazer é, dentre tantos, um desses temas. E é justamente nessa perspectiva que a questão que lá atrás formulei ao saudoso Professor Renan faz todo sentido à luz dos arts. 247 a 251 do Código Civil de 2002 e dos arts. 497 a 501 e 536 e 537 do Código de Processo Civil de 2015.

---

2. Precisa é a lição do Professor Renan em seu *Código Civil comentado*, v. 2, p. 47-48: "No tocante à distinção das fungíveis e infungíveis, a colocação básica e inicial vem da referência às obrigações positivas, com destaque para a questão do inadimplemento, que na antiga tradição levava só à indenização, e que passou à possibilidade do devedor ser constrangido a entregar a coisa, na de dar. A dificuldade restava no tocante às obrigações de fazer, quando não se admitia a execução forçada para qualquer tipo, fungível ou infungível, no sistema do Código de 1916. É que, em princípio, o fazer está intimamente relacionado à vontade do agente. No tocante à distinção das fungíveis e infungíveis, a colocação básica e inicial vem da referência às obrigações positivas, com destaque para a questão do inadimplemento, que na antiga tradição levava só à indenização, e que passou à possibilidade do devedor ser constrangido a entregar a coisa, na de dar. A dificuldade restava no tocante às obrigações de fazer, quando não se admitia a execução forçada para qualquer tipo, fungível ou infungível, no sistema do Código de 1916. É que, em princípio, o fazer está intimamente relacionado à vontade do agente.".

3. É o que nas edições posteriores ao CPC de 2015 do meu *Curso sistematizado de direito processual civil* venho chamando de "neoconcretismo". Para tanto, v. a exposição que faço no v. 1 daquele trabalho e que encontra seu ponto culminante nas p. 359-385.

3. UM ACENO ÀS OBRIGAÇÕES DE FAZER E DE NÃO FAZER

A compreensão das *técnicas* processuais, isto é, das atividades executivas a serem adotadas para a satisfação do credor quando se trata de obrigações de fazer de não fazer convida a uma incursão, mesmo que breve, no direito material. É naquele plano e não no do processo que residem as peculiaridades das obrigações de fazer e não fazer, cuja compreensão é necessária para a verificação dos limites que, desde lá, o processualista civil deverá observar para descrever as técnicas processuais disponíveis para a concretização da tutela jurisdicional executiva relativa àquelas modalidades obrigacionais.

A partir das seguras lições do Professor Renan Lotufo[4], é correto entender as *obrigações de fazer* são aquelas que têm como prestação determinada atividade ou ato a ser praticado pelo devedor. As *obrigações de não fazer* têm como prestação a abstenção ou o dever de tolerar dada atividade por parte do devedor. Aqui, ajusta-se uma *omissão* do devedor; lá, uma *ação* (ato comissivo). Em um e em outro caso, entretanto, as obrigações incidem especificamente sobre determinado *comportamento* do devedor (comissivo nas obrigações de fazer e omissivo nas de não fazer).

As obrigações de não fazer podem ser subdivididas em duas espécies: as obrigações *instantâneas* e as obrigações *permanentes*. O não cumprimento destas, as obrigações *permanentes*, admite desfazimento porque os *efeitos* do inadimplemento perduram ao longo do tempo. Ajustou-se não construir muro divisório entre duas propriedades, mas é possível, materialmente, desfazê-lo, diante do inadimplemento da obrigação. Aquelas, as obrigações de não fazer *instantâneas*, não admitem desfazimento. Tão logo prestado o fato, a obrigação é inadimplida, sendo impossível o retorno ao *status quo ante*. Ajustou-se que uma emissora de TV não transmitiria a final do campeonato[5]. Com a transmissão, inadimpliu-se a obrigação, sendo inviável que se "não retransmita" o jogo. É impossível voltar no tempo e apagar os efeitos *já consumados* do inadimplemento. Nestes casos, é fácil perceber que é inviável, do ponto de vista prático, a obtenção da *tutela específica*, não obstante as diretrizes do art. 497 do CPC. A única forma de se tutelar, *adequadamente*, a *específica* obrigação de não fazer é admitir a imunização da iminência de dano, o que o sistema processual civil expressamente admite pelo emprego de outras técnicas, constantes dos arts. 294 a 311 do CPC — a "tutela provisória" —, afinadíssimas, no particular, ao princípio da efetividade, decorrente do inciso XXXV do art. 5º da Constituição Federal.

Obrigações fungíveis são as que, por sua própria natureza, ou por disposição negocial, podem ser prestadas por terceiros, caso o devedor não as preste nas condições ajustadas, isto é, quando inadimplir. É uma modalidade de obrigação que prima mais pelo *resultado* do que, propriamente, pelo *meio* ou pelo *modo* de sua prestação. A *pessoalidade* daquele que a cumpre é indiferente, contanto que se alcance o resultado esperado.

Diferentemente, as *obrigações infungíveis* são as que só podem ser satisfeitas pelo devedor, seja pela natureza da própria obrigação, seja porque assim as partes convencionaram. São obrigações *intuitu personae*, obrigações *personalíssimas*, no sentido de que importa, tanto ou mais que o resultado, o especial *modo* pelo qual a obrigação vai ser prestada. É comum o entendimento de que o não cumprimento de tais obrigações gera *sempre* perdas

---

4. As afirmações que seguem têm como fundamento o volume 2 de seu *Código Civil comentado*, p. 47-53.
5. Certamente o Professor Renan faria menção, neste ponto, ao time de seu coração, mas esta é outra história...

e danos, sendo inviável a obtenção de sua prestação *in natura*. Até porque, por definição, elas *não comportam* prestação por terceiros que não o obrigado.

Esta última consideração deve ser recebida com ressalvas. É que a infungibilidade pode derivar da própria *natureza* da obrigação (*infungibilidade natural* ou *prática*) ou da *convenção* das partes ou *imposição* da ordem jurídica (*infungibilidade jurídica*). Somente no primeiro caso tende a ser impossível sua tutela *específica*. Não no segundo, quando o ordenamento jurídico pode prever, ao menos, mecanismos *equivalentes ou coincidentes* ao resultado da obrigação ajustada. Mesmo que a ordem jurídica não tenha aptidão, concretamente falando, de compelir material ou psicologicamente o obrigado a *uma determinada prestação*, pode ele, quando *jurídica* a infungibilidade, idear *outros* mecanismos para obtenção, senão do *mesmo* resultado, de resultados próximos ao imposto ou ajustado entre as partes satisfazendo-se, ainda que por outros meios, o mesmo bem da vida ou, quando menos, bem equivalente. Exemplo clássico do direito brasileiro é o do art. 501 do CPC, segundo os quais a sentença produzirá os mesmos efeitos jurídicos que a declaração de vontade não emitida pelo devedor. Nos casos de *infungibilidade jurídica* da prestação, outrossim, nada há que proíba o credor de renunciar ao objeto ajustado, contentando-se desde logo com as perdas e danos.

4. JULGAMENTO DAS AÇÕES RELATIVAS ÀS PRESTAÇÕES DE FAZER E DE NÃO FAZER

A disciplina dos arts. 497 a 500, pertencente à Seção IV do Capítulo XIII do Título I do Livro I da Parte Especial do CPC de 2015, intitulada "Do julgamento das ações relativas às prestações de fazer, de não fazer e de entregar coisa", deve ser compreendida genericamente como o *conteúdo* que as sentenças, naqueles casos, podem assumir. A produção concreta dos efeitos daquelas decisões – sua *eficácia*, portanto –, é disciplinada no Título II do mesmo Livro I da Parte Especial, dedicado ao *cumprimento* da sentença.

As "ações" que intitulam a precitada Seção devem ser entendidas como aqueles casos em que a *tutela jurisdicional* requerida pelo autor diz respeito a prestações de fazer, de não fazer e de entregar coisa. As prestações, por sua vez, são empregadas em sentido amplo para abranger quaisquer deveres de fazer, de não fazer ou de entrega de coisa, independentemente de a sua fonte ser obrigacional ou legal. É o que decorre do § 5º do art. 536, do § 5º do art. 537 e do § 3º do art. 538, todos do CPC[6].

É correto entender que o CPC de 2015, diferentemente do que se dava com o CPC de 1973, distinguiu, tendo presentes aquelas modalidades obrigacionais (fazer, não fazer e entregar coisa), o possível *conteúdo* da sentença que acolhe o pedido de tutela jurisdicional da forma de produção de seus *efeitos*. O conteúdo, regulou-o, na parte relativa à sentença, sempre entendida como sinônimo de *toda e qualquer decisão* jurisdicional. À eficácia, o CPC de 2015 voltou-se mais adiante, ao ensejo de disciplinar o *cumprimento* da sentença, em especial nos seus arts. 536 a 538.

O primeiro dos dispositivos a ser evidenciado nesse contexto é o art. 497, que preserva a segura diretriz do *caput* do art. 461 *do* CPC de 1973 e a preferência pela "tutela específica"

---

6. São regras que se relacionam ao entendimento que, em sede de doutrina, já defendia Eduardo Talamini em seu livro *Tutela relativa aos deveres de fazer e de não fazer*, p. 125-167.

INEXECUÇÃO DAS OBRIGAÇÕES E SUAS CONSEQUÊNCIAS **95**

ou, quando menos, o "resultado prático equivalente" quando se tratar de *obrigações* – o CPC de 2015 prefere, certamente porque entende a palavra mais genérica, "prestações" – de fazer ou de não fazer.

"Tutela específica" deve ser compreendida como a busca da satisfação do direito desejado pelo autor tal qual se daria na hipótese de adimplemento da prestação no plano material. O "resultado prático equivalente" é um *minus* em relação àquele desiderato, mas é um estágio anterior à conversão da obrigação em perdas e danos. Trata-se da obtenção da satisfação, ainda que de maneira diversa da que decorreria do adimplemento integral da prestação.

De acordo com o art. 499, a obrigação de fazer, não fazer (e a de entrega de coisa, não tratada aqui) só se converte em perdas e danos, isto é, seu equivalente monetário, se o autor o requerer ou se for impossível a tutela específica ou a obtenção da tutela pelo resultado prático equivalente.

Questão interessante é saber em que momento o autor pode formular o pedido respectivo, manifestando sua vontade (ainda que a título de conformismo) com as perdas e danos. Sem dúvida alguma, o pedido pode ser formulado desde logo na petição inicial, nem que seja em cumulação eventual, ou seja, o autor pedirá a tutela específica (o fazer ou o não fazer, conforme o caso); se não for possível, pedirá o seu resultado prático equivalente (que, em rigor, depende das peculiaridades materiais de cada uma daquelas modalidades obrigacionais e, até mesmo, do que foi ajustado entre as partes). Por fim, poderá pedir, ainda em cúmulo eventual, o equivalente monetário daquelas obrigações na hipótese de nem a tutela específica nem o resultado prático equivalente serem possíveis. A hipótese encontra fundamento bastante não só no próprio art. 499, mas também no genérico *caput* do art. 326, ambos do CPC[7].

O autor pode, contudo, deixar para formular o pedido de perdas e danos quando da efetivação de tutela provisória concedida em seu favor ou na etapa de cumprimento (provisório ou definitivo) de sentença, justamente quando verifica que o que lhe foi reconhecido pela decisão restou frustrado: que se mostrou impossível a obtenção da tutela específica e/ou, quando menos, o resultado prático equivalente. Dito de outro modo: considerando que o seu direito em forma específica ou pelo resultado prático equivalente não pode ser satisfeito, cabe ao autor *pedir* a sua conversão em perdas e danos. Ouvida a parte contrária, o magistrado decidirá. Acolhido o pedido, a efetivação da tutela provisória ou a etapa de cumprimento (provisório ou definitivo) de sentença será reiniciada após esse incidente predominantemente *cognitivo*, em direção à satisfação do direito convertido em dinheiro. Se houver necessidade de apuração daquele valor, as regras relativas à liquidação deverão ser empregadas (arts. 509 a 512 do CPC). Se o *quantum debeatur* não for além de mero cálculo aritmético, bastará ao autor o apresentar junto com a petição com a qual requererá o início da etapa de cumprimento de sentença observando o art. 524.

A conversão em perdas e danos disciplinada pelo art. 499 *não se confunde* com a cobrança de eventuais multas impostas ao réu para compeli-lo ao cumprimento da obrigação na forma específica ou, quando menos, para obtenção do resultado prático equivalente. São verbas de natureza diversa – até porque pertencem a planos diversos – e, portanto, podem ser exigidas umas independentemente das outras.

---

7. Trata-se de iniciativa que sempre entendi possível de ser feita em meu *Curso sistematizado de direito processual civil*, v. 2, p. 348-349. Ilustra-a suficientemente bem a Súmula 629 do STJ, assim enunciada: "Quanto ao dano ambiental, é admitida a condenação do réu à obrigação de fazer ou à de não fazer cumulada com a de indenizar".

É essa a razão de ser do art. 500, que permite verdadeira "cumulação" de cobranças: a da indenização (o resultado da conversão da tutela específica ou do resultado prático equivalente pelos motivos apanhados pelo art. 499, que pertence ao plano material) *e* a da multa fixada para compelir o réu à performance específica e que, justamente por força da conversão operada com fundamento naquele dispositivo, mostrou-se inócua (que pertence ao plano processual). Sua inocuidade, contudo, não significa que seu valor não seja exigível, no que o art. 500 é claro. O art. 537 traz disciplina mais bem acabada que a do CPC de 1973 com relação à multa, enaltecendo seu caráter *coercitivo*, evidenciado pelo art. 500.

5. CUMPRIMENTO DAS AÇÕES RELATIVAS ÀS PRESTAÇÕES DE FAZER E DE NÃO FAZER

O *caput* do art. 536, já tratando do "cumprimento de sentença que reconheça a exigibilidade de obrigação de fazer ou de não fazer", volta a empregar as expressões "tutela específica" e "resultado prático equivalente".

Como assinalado no número anterior, é inegável que, na perspectiva do próprio sistema processual civil, o ideal é que a satisfação dê-se com a máxima identidade possível entre os planos processual e material, justamente com a obtenção da "tutela específica". Contudo, o "resultado prático equivalente" também deve ser pensado em termos de satisfação do direito do exequente, ainda que em gradação diversa. As perdas e danos, em casos que tais, funcionam também como verdadeira compensação pelo não atingimento da "tutela específica", a robustecer, sempre levando em conta as peculiaridades de cada caso, a pertinência da fixação de danos *morais* em favor do exequente.

De resto, as perdas e danos eventualmente pretendidas pelo exequente por sua vontade ou em função da impossibilidade de atingimento da tutela específica ou, quando menos, do resultado prático equivalente também têm como objetivo a satisfação do direito do exequente. É o que consta expressamente do art. 499.

Essas considerações devem conduzir ao entendimento de que a sistemática processual inaugurada desde a Lei n. 8.952/94 com o antigo art. 461 do CPC de 1973[8] não foi capaz de revogar ou derrogar as regras então em vigor dos arts. 879 a 881 e 883 do Código Civil de 1916, suplantadas pelas dos arts. 247 a 251 do Código Civil de 2002 e sua ênfase nas perdas e danos, mesmo quando analisadas na perspectiva da regra genérica de seu art. 389[9].

O tema é tanto mais interessante quando se verifica que, de acordo com o parágrafo único do art. 249 do Código Civil, "... Em caso de urgência, pode o credor, independentemente de autorização judicial, executar ou mandar executar o fato, sendo depois ressarcido" o que, com as adaptações redacionais necessárias é também previsto no parágrafo único do art. 251 do mesmo Código para as obrigações de não fazer.

Está-se diante de uma hipótese (rara) de auto-tutela? É desnecessário (ou inviável) que o credor se dirija ao Judiciário para formular pedido de tutela provisória para compelir o devedor ao *facere* ou ao *non facere*? A tutela específica e o resultado prático equivalente

---

8. Que, por sua vez, encontra forte inspiração no art. 84 da Lei n. 8.078/1990, o Código do Consumidor, e, antes dele, no art. 11 da Lei n. 7.347/1985, a Lei da Ação Civil Pública.

9. É demonstração que já me ocupava em meu *Curso sistematizado e direito processual civil*, v. 3, p. 401-403. Na edição atual, a nona, de 2020, v. esp. p. 534, 553 e 561.

INEXECUÇÃO DAS OBRIGAÇÕES E SUAS CONSEQUÊNCIAS 97

não teriam espaço nas hipóteses previstas nas regras, substituídas necessariamente pelas perdas e danos?

As respostas a serem dadas a tais questionamentos devem ser todas no sentido de que os planos material e processual merecem ser pensados de forma interrelacionada e, no que diz respeito ao direito obrigacional, levando em conta a natureza da própria obrigação e a vontade do credor[10].

Assim, o que já deveria haver à época da Lei n. 8.952/1994 — e continua, a despeito da nova codificação civil e também da processual civil — é a necessária *coordenação* das regras processuais e materiais e de seus respectivos planos, sempre com respeito à vontade expressada pelo credor diante das peculiaridades (e possibilidades) do direito e do plano material[11] para a satisfação de seu direito[12].

6. PROPOSIÇÕES CONCLUSIVAS

Desde o início destaquei a importância do diálogo entre os planos processual e o material. É ele, o diálogo entre os dois planos, que deve ser empregado para discernir o que pretende o credor da obrigação de fazer ou de não fazer diante de sua inexecução.

Por mais avançado que seja o sistema processual civil em vigor com vistas à concretização da tutela jurisdicional, inclusive no que diz respeito a uma maior flexibilização das regras processuais para perseguir aquele desiderato, é absolutamente indispensável que os contornos do direito obrigacional sejam respeitados, tanto quanto a vontade do credor.

Feitas estas breves, muito breves, e verdadeiramente singelas considerações sobre o tema, a única conclusão que pretendo alcançar aqui e agora é que elas só fazem sentido pelas saudades do Professor Renan Lotufo. Uma boa razão para lembrar uma vez mais dele, das suas aulas, do verdadeiro exemplo de profissional e de professor que deixou para inúmeras gerações dentre as quais a minha. Um verdadeiro privilégio que se torna cada vez mais raro.

7. REFERÊNCIAS

LOTUFO, Renan. *Código Civil comentado*, v. 2: obrigações. Parte Geral (arts. 223 a 420). São Paulo: Saraiva, 2003.

MARINONI, Luiz Guilherme. *Tutela contra o ilícito*. São Paulo: Ed. RT, 2015.

MARINONI, Luiz Guilherme. *Tutela específica*. São Paulo: Ed. RT, 2000.

---

10. O Professor Renan Lotufo voltou-se ao tema no v. 2 de seu *Código Civil comentado*. Primeiro, para reconhecer que a hipótese do parágrafo único do art. 249 do Código Civil representa "... a possibilidade de procedimento de justiça de mão própria no caso de urgência, possibilitando ao interessado a defesa de seus interesses" (p. 51). Em seguida, para acentuar a respeito do parágrafo único do art. 251 do mesmo Código que "... a aplicação deste dispositivo deve ser feita com ponderação, com cautela, nem sempre presentes em desforços pessoais, sendo certo que se destina ao desfazimento de atos suscetíveis a tanto e em casos de extrema urgência." (p. 54-55).

11. É correto de afirmar a esse propósito é que o parágrafo único do art. 497 convida a uma renovada reflexão – que preexiste ao CPC de 2015 – sobre a compreensão de *dano* na perspectiva da inexistência de culpa ou dolo. Para o ponto, suficientes as considerações de Marinoni na evolução de seu pensamento suficientemente documentadas nos seguintes trabalhos de sua autoria: *Tutela específica*, p. 90 e p. 143-152; *Tutela inibitória*, p. 47-50, e *Tutela contra o ilícito*, esp. p. 28-29. Também cabe mencionar o trabalho de Edson Antônio Souza Pinto e Daniela Lopes de Faria intitulado A tutela inibitória e os seus fundamentos no novo Código de Processo civil, esp. p. 304-309.

12. Ilustrativo do acerto da afirmação do texto é o Enunciado n. 103 da I Jornada de Direito Processual Civil do CJF: "Pode o exequente – em execução de obrigação de fazer fungível, decorrente do inadimplemento relativo, voluntário e inescusável do executado – requerer a satisfação da obrigação por terceiro, cumulativamente ou não com perdas e danos, considerando que o *caput* do art. 816 do CPC não derrogou o *caput* do art. 249 do Código Civil".

MARINONI, Luiz Guilherme. *Tutela inibitória*. 3. ed. São Paulo: Ed. RT, 2003.

PINTO, Edson Antônio Souza; FARIA, Daniela Lopes de. A tutela inibitória e os seus fundamentos no novo Código de Processo civil. *Revista de Processo*, v. 252, São Paulo: Ed. RT, 2016.

SCARPINELLA BUENO, Cassio. *Curso sistematizado de direito processual civil*: procedimento comum, processos nos Tribunais e recursos. 9. ed. São Paulo: Saraiva, 2020.

SCARPINELLA BUENO, Cassio. *Curso sistematizado de direito processual civil*: teoria geral do direito processual civil e parte geral do Código de Processo Civil, v. 1. 10. ed. São Paulo: Saraiva, 2020.

SCARPINELLA BUENO, Cassio. *Curso sistematizado de direito processual civil*: tutela jurisdicional executiva. v. 3. 8. ed. São Paulo: Saraiva, 2014.

SCARPINELLA BUENO, Cassio. *Curso sistematizado de direito processual civil*: tutela jurisdicional executiva. v. 3. 10. ed. São Paulo: Saraiva, 2020.

TALAMINI, Eduardo. *Tutela relativa aos deveres de fazer e de não fazer e sua extensão aos deveres de entrega de coisa*. 2. ed. São Paulo: Ed. RT, 2003.

MODELOS JURÍDICOS DE RESPONSABILIDADE CIVIL CONTRATUAL

Paulo Sérgio Velten Pereira

Doutor e Mestre em Direito pela PUC/SP. Professor da Universidade Federal do Maranhão e Desembargador do Tribunal de Justiça do Estado do Maranhão. Autor de "Contratos: tutela judicial e novos modelos decisórios". Membro do Instituto de Direito Privado e do Instituto Brasileiro de Estudos de Responsabilidade Civil.

Sumário: 1. Introdução. 2. Os modelos do direito. 3. Modelos jurídicos de responsabilidade civil contratual. 3.1 O cumprimento da obrigação como primeira alternativa. 3.2 O inadimplemento relevante. 3.3 O adimplemento imperfeito. 3.4 A violação positiva do contrato. 3.5 A violação eficiente do contrato. 3.6 A impossibilidade de dano moral no mero inadimplemento contratual. 3.7 Impossibilidade temporária superveniente. 4. Considerações finais. 5. Referências.

1. INTRODUÇÃO

O ano era 2003. Proveniente de São Luís do Maranhão, chegava em São Paulo para iniciar uma pós-graduação em contratos no já tradicional Centro de Extensão Universitária – CEU, na rua Maestro Cardin. Foi ali que tive o primeiro contato com Renan Lotufo, que no módulo "Direito Geral dos Contratos" tratou dos temas: "Contrato e Obrigação", "Formação do Contrato" e "Aspectos positivos do novo Código Civil", diploma que entrava em vigor naquele mesmo ano.

Dos encontros semanais no CEU, rapidamente, foi possível perceber que estávamos diante de um verdadeiro mestre, que conseguia reunir rigor científico, fineza no trato e uma enorme generosidade. Renan Lotufo demonstrava profundo conhecimento dos temas abordados e ensinava, com leveza e naturalidade, como se estivesse conversando com a turma, avesso que era à cultura *magister dixit*.

Para muito além disso, Renan Lotufo sempre dedicava uma atenção especial aos seus alunos. Com os advindos de cidades distantes, essa atenção era redobrada e se convertia em dever de cuidado, anexo ao dever de prestação da boa docência, ambos adimplidos integralmente, fazendo o mestre com que todos se sentissem acolhidos e fossem receptivos ao aprendizado.

De fala pausada e refletida, Renan atuava como guia, incentivador dos estudos e provocador da pesquisa, estimulando sempre seus alunos a seguirem em frente. Dele ouvíamos que a inquietude não tem limites espaciais, nem temporais. Embalados por essa motivação, cheguei à pós-graduação da PUC/SP, sob sua orientação.

A Disciplina obrigatória, por ele ministrada, era "Autonomia Privada e a Constituição". Suas aulas eram sempre muito aguardadas. Como era capaz de aliar conhecimento teórico à prática forense, advinda de sua larga experiência, forjada na advocacia e na magistratura, o estudo de casos concretos era frequente e despontava com uma naturalidade incomum, facilitando, ainda mais, a compreensão dos temas abordados.

Sabedor do papel da boa doutrina na formação do jurista, Renan Lotufo abriu para seus alunos um leque infindável de modelos dogmáticos do Direito Privado de base constitucional. Lembro-me de termos que ler e fazer os "fichamentos" semanais dos textos de autores estrangeiros, como Pietro Perlingieri, Flórez-Valdes, Canaris, Attilio Guarneri, Ana Prata, Karl Larenz, Francesco Galgano, Mota Pinto, Menezes Cordeiro, Ricardo Lorenzetti, Guido Alpa, Konrad Hesse, Giovanna Visintini, Massimo Bianca etc., além de nacionais, como Clóvis do Couto e Silva, Judith Martins-Costa, Gustavo Tepedino, Edson Fachin, Ingo Sarlet, Vera Maria de Fradera, entre tantos outros, cujas obras, algumas esgotadas e de difícil acesso, ele possuía devidamente catalogadas em sua organizada biblioteca particular, bem cuidada pela sua fiel secretária Valéria Feitosa, a Valerinha.

Apesar de todo o zelo com os livros, Renan não os guardava para si, nem fazia deles uma fonte de consumo restrita. O rico acervo, armazenado em seu escritório, era franqueado para consulta e estudo de seus alunos. Durante o tempo em que vivi em São Paulo, fui frequentador assíduo do local e testemunha dessa atitude altruísta, tão importante e, ao mesmo tempo, rara de se ver no meio acadêmico. Isso sem contar as inúmeras vezes em que, sempre muito solícito e gentil, recebia-nos em sua própria residência, em momentos cruciais do processo de criação, nos quais a orientação precisa e segura era um farol a iluminar o caminho da pesquisa.

Não há como homenagear Renan Lotufo sem evocar essas boas lembranças. Ele marcou e continuará marcando a vida de muitos de seus ex-alunos e colegas de profissão. E se aqui a teoria dos modelos do Direito é referência, cabe o registro de que Renan foi, ele próprio, modelo de integridade, compromisso e dedicação à ciência jurídica. Renan Lotufo e sua doutrina seguirão nos inspirando, por muito tempo, na construção de modelos jurídicos e dogmáticos contemporâneos, notadamente os de responsabilidade civil contratual, já que tudo que dizia respeito a contratos, era matéria de sua predileção.

Neste ensaio, em honra ao querido mestre, analisaremos alguns modelos jurídicos acerca do inadimplemento contratual e de suas consequências.

2. OS MODELOS DO DIREITO

É de Miguel Reale a chamada teoria dos modelos do Direito, segundo a qual a projeção de modelos seria resultado da interpretação das fontes formais do Direito (lei, jurisprudência, usos e costumes e poder negocial), atualizadas pelo que sucede no mundo fenomênico, da vida de relações.

Os modelos seriam, assim, estruturas normativas dinâmicas que integram fatos e valores em normas jurídicas, desprendem-se de suas fontes e se apresentam na realidade social mediante diferentes categorias, quais sejam modelos legislativos, jurisdicionais ou decisórios, costumeiros e negociais que, na forma de enunciados de caráter prescritivo, vinculam e obrigam seus destinatários[1].

Distinguem-se, nesse ponto, dos modelos hermenêuticos, dogmáticos ou doutrinários, que não possuem força para obrigar, senão pelo poder de argumentação e convicção, apresentado na esfera estritamente teórica, circunstância que não reduz sua importância, pois conforme assinala Judith Martins-Costa, a tarefa por excelência da dogmática é "ex-

---

1. REALE, Miguel. *Fontes e modelos do direito*: para um novo paradigma hermenêutico. São Paulo: Saraiva, 1994, p. 58 e 63.

MODELOS JURÍDICOS DE RESPONSABILIDADE CIVIL CONTRATUAL **101**

plicitar, sistematizar, compreender e desenvolver o que está 'posto' pelas normas de direito positivo", exercendo uma função de controle sobre arbítrios e excessos de voluntarismos, não raro redutores da "complexidade da experiência jurídica" ou produtores de saltos e sobressaltos[2].

Os modelos jurídicos são o conteúdo das fontes do Direito, que delas se apartam para atender, prospectivamente, a fatos e valores supervenientes capazes de serem situados no âmbito de validade das regras vigentes por meio de uma nova interpretação. Daí a importância de Reale lembrar que a teoria das fontes está "adstrita ao momento genético das estruturas normativas, as quais condicionam a existência de diversos modelos jurídicos". A esse raciocínio seguia-se o entendimento de que a ideia não era "substituir as fontes pelos modelos", mas sim correlacioná-los "a partir da observação fundamental de que as fontes são retrospectivas (volvem-se para a origem da norma) enquanto que os modelos são prospectivos: referem-se à norma enquanto ela se atualiza, assumindo distintos valores semânticos, ainda que não ocorra qualquer mudança no seu enunciado verbal"[3].

Diante da elasticidade do enunciado normativo, cabe ao intérprete ajustá-lo às circunstâncias do momento presente por meio de um processo hermenêutico histórico-evolutivo. E um determinado modelo jurídico pode ser expresso por um único enunciado normativo ou por um conjunto de enunciados interligados entre si, de acordo com a amplitude da matéria. Em qualquer das hipóteses, relevante que haja uma estrutura de enunciados com unidades de fins a serem atingidos de acordo com a fonte de onde emana determinado modelo[4].

Assim é que, quando o Código Civil brasileiro estabelece os enunciados normativos sobre as consequências do inadimplemento contratual, tem-se um modelo jurídico legislativo projetando um conjunto de regras coordenadas entre si, cujo escopo é regular as mais variadas formas de obter a compensação do inadimplemento. Do mesmo modo, quando os tribunais interpretam essas regras e delas extraem as normas jurídicas do caso concreto, obtém-se daí um modelo jurídico decisório ou jurisdicional sobre a responsabilidade contratual, possibilitando soluções uniformes para casos concretos semelhantes em torno dessa temática.

E os modelos jurídicos, em todas as suas categorias, não são estáticos, são dinâmicos e condicionados pelos fatos e valores que os estruturam. A alteração da realidade reflete no ajuste dos modelos, para que o Direito continue a disciplinar a vida de relações com a máxima eficácia possível. Aos modelos doutrinários, por sua vez, compete antecipar e preparar a mudança, e para esse desafio, devem estar atentos à experiência histórica advinda da tradição e à evolução operada na realidade circundante, pois há embutido nesses modelos doutrinários "um caráter de antecipação, condição para uma permanente aderência à vida"[5].

---

2. MARTINS-COSTA, Judith Hofmeister. Autoridade e utilidade da doutrina: a construção dos modelos doutrinários. In: MARTINS-COSTA, Judith Hofmeister (Coord.). *Modelos de direito privado.* São Paulo: Marcial Pons, 2014, p.16-26.

3. REALE, Miguel. Da teoria das fontes à teoria dos modelos do direito, *Boletim da Faculdade de Direito da Universidade de Coimbra,* Coimbra, n. 58, t. 2, 1982, p. 797.

4. REALE, Miguel. *Lições preliminares de direito.* 16. ed. São Paulo: Saraiva, 1988, p. 185.

5. MARTINS-COSTA, Judith Hofmeister. Autoridade e utilidade da doutrina: a construção dos modelos doutrinários. Op. cit., p. 31-32.

A utilidade dos modelos doutrinários está em orientar a concretização de modelos jurídicos, antecipando os ajustes necessários para colocá-los em sintonia com a realidade, projetando novos modelos para o futuro.

Muda-se o mundo, muda-se o Direito, pois este é sempre influenciado por aquele, que de sua parte, recebe, igualmente, os influxos do ordenamento jurídico. É nessa perspectiva evolutiva, da projeção de modelos com base na atualização da experiência jurídica e em conexão com as fontes do Direito, que a evolução da responsabilidade civil contratual e a construção de modelos jurídicos devem ser compreendidos.

3. MODELOS JURÍDICOS DE RESPONSABILIDADE CIVIL CONTRATUAL

3.1 O cumprimento da obrigação como primeira alternativa

Ponto de partida inegável para a investigação científica e consequente construção de modelos jurídicos de responsabilidade civil é a compreensão de que as obrigações livremente assumidas devem ser cumpridas.

E o jurista teórico, em suas investigações, não pode desprezar os fatores que condicionam a formação do Direito, como sua eficácia social, relevância, necessidade e justificativa, preponderando, nessa análise, o pensamento dogmático enquanto ponto de referência facilitador da comunicação e da eliminação de ambiguidades, frequentemente verificadas em um sistema móvel, que exige a interpretação. Nessa perspectiva, construir modelos jurídicos decisórios importa não só dizer qual é a regra aplicável, mas também o que ela significa. E para que haja aderência ao resultado da interpretação, no campo do Direito, o jurista precisa partir de dogmas, não para simplesmente repeti-los, mas para conferir--lhes um sentido capaz de ser apreendido pela sociedade. Por isso, o princípio básico da dogmática é o da inegabilidade dos pontos de partida[6].

É partindo da premissa de que as obrigações devem ser cumpridas, que na hipótese de inadimplemento, o credor tem o direito de exigir, preferencialmente, o cumprimento da obrigação, caso não faça desde logo a opção pelas perdas e danos, conforme também assegurado pelo art. 389 do Código Civil brasileiro.

Eis aqui um modelo jurídico fundamental de recondução prioritária das partes à retomada do programa de adimplemento, que deve ser prestigiado pelo aplicador da lei, considerando que esse modelo assegura o atingimento do fim do contrato por meio da tutela jurídica do crédito.

3.2 O inadimplemento relevante

Interessante modelo jurídico de responsabilidade civil contratual é o do inadimplemento relevante, segundo o qual descumprimentos de pouca monta ou de obrigações secundárias devem ser mitigados em benefício da preservação do negócio jurídico.

A perspectiva de aproveitamento máximo dos negócios firmados com boa-fé em prestígio do funcionamento do mercado constitui a base evolutiva do Direito privado europeu do atual momento histórico.

---

6. FERRAZ JUNIOR, Tercio Sampaio. *Introdução ao estudo do direito*: técnica, decisão, dominação. 6. ed. São Paulo: Atlas, 2011. p. 25-26.

Prova disso é que a Comissão Europeia reconheceu o projeto preliminar do Código europeu dos contratos como uma opção dogmática para resolver o problema do direito contratual na Europa, de modo a assegurar o funcionamento do mercado interno. Para cumprir esse desiderato e fazer do contrato um instrumento eficaz na realização dos interesses das partes e da sociedade, flexibilizou-se a rigidez normativa com vistas à superação de vícios e dificuldades, consagrando-se a regra da convalidação do negócio, mantendo-se o contrato eficaz mesmo diante do inadimplemento, mediante alternativas que tornem possível satisfazer o credor sem prejuízo do devedor, como a prorrogação de prazos para execução, a possibilidade de reparação do objeto da prestação ou sua substituição, com prioridade para o adimplemento específico, deixando o ressarcimento do dano como solução derradeira e quase excepcional[7].

Efetivamente, o modelo dogmático europeu coloca a resolução do contrato como *ultima ratio*, indicando que para tanto é necessário um inadimplemento de importância relevante, não qualquer inadimplemento, a exemplo do descumprimento de prestações secundárias ou acessórias, prestigiando o princípio da conservação do negócio jurídico. Sem caráter vinculante, o projeto pode ser utilizado por intérpretes do mundo inteiro, como uma obra de doutrina, orientando a construção de modelos jurídicos prescritivos[8].

Para construir modelos de responsabilidade civil contratual tendo por foco o melhor funcionamento do mercado e a adequada fluência das operações econômicas, importa sobrelevar a função social dos contratos e a boa-fé objetiva, reforçando a confiança dos agentes econômicos em um sistema harmônico, seguro e previsível.

3.3 O adimplemento imperfeito

Embora também seja consequência do não cumprimento do contrato, o modelo jurídico de adimplemento imperfeito distingue-se da simples mora do devedor por não dizer respeito à ausência da prestação no tempo, forma e lugar, como previsto no art. 394 do Código Civil brasileiro. No cumprimento defeituoso, o contrato é lesionado pela ocorrência da prestação principal, portanto, há cumprimento, só que de modo imperfeito, inadequado, diferente daquilo que exige a lei ou o contrato.

O critério para o cumprimento imperfeito convolar-se em inadimplemento absoluto é o mesmo utilizado para a mora, qual seja, o da inutilidade da prestação para o credor, inutilidade que deve ser verificada objetivamente a partir dos elementos fornecidos pelo próprio contrato. Constatada a impossibilidade de se remover, atempadamente, o defeito da prestação, o credor pode exigir as perdas e danos.

A inutilidade, por óbvio, não pode resultar de mero capricho do credor diante de um inadimplemento de pouca relevância ou até de um adimplemento substancial. A inutilidade, ainda que aferida do ponto de vista do interesse do credor, deve decorrer de uma conduta capaz de ofender substancialmente a obrigação, provocando o desaparecimento do interesse do credor[9].

---

7. AMARAL NETO, Francisco dos Santos. Apresentação da versão em língua portuguesa do projeto preliminar do Código europeu dos contratos. In: POSENATO, Naiara; NALIN, Paulo (Coord.). *Código europeu dos contratos*: projeto preliminar. Livro primeiro. Curitiba: Juruá, 2009. p. xvii.
8. POSENATO, Naiara; NALIN, Paulo (Coord.). *Código europeu dos contratos*: projeto preliminar. Livro primeiro. Op. cit., p. 42-44 e 64-66.
9. AGUIAR JÚNIOR, Ruy Rosado de. Extinção dos contratos por incumprimento do devedor. 2. ed. rev. atual. Rio de Janeiro: Aide, 2004, p. 131-132.

104 PAULO SÉRGIO VELTEN PEREIRA

O cumprimento defeituoso do dever de prestação deve, dessa forma, dizer respeito à parcela significativa da prestação. É isso que vai autorizar a resolução do contrato com as consequentes perdas e danos, caso o credor não decida, no âmbito da sua autonomia privada, aceitar o recebimento da prestação mesmo defeituosa, obtendo o ressarcimento de seu prejuízo na justa medida, a substituição da prestação ou o abatimento proporcional do preço, nos moldes previstos na lei consumerista brasileira.

3.4 A violação positiva do contrato

Tendo sua origem em um modelo dogmático desenvolvido ainda no início do século passado na Alemanha, a violação positiva do contrato (*positive Vertragsverletzung*) teve por escopo ampliar os campos do descumprimento contratual até então restritos às figuras do inadimplemento absoluto e da mora.

Acolhida pelos tribunais germânicos, na forma de modelos jurídicos decisórios, a teoria da violação positiva do contrato, no início imprecisa e criticada, evoluiu para encontrar contornos mais rígidos e campo de aplicação mais preciso, sendo finalmente convertida em fonte formal do Direito, embora não referida nominalmente, por meio da atualização do Direito da perturbação das prestações (*Recht der Leistungsstörungen*) realizada na reforma do BGB de 2001/2002 com a introdução da denominada Lei para a modernização do Direito das obrigações (*Gesetz zur Modernisierung des Schuldrechts*), que promoveu uma série de alterações na área considerada mais nobre do Código Civil alemão, o "coração do Direito das obrigações"[10].

Firma-se, hoje, no Brasil, a compreensão de que o campo reservado à violação positiva do contrato é o do descumprimento dos deveres laterais ou anexos de conduta decorrentes da incidência da cláusula geral da boa-fé objetiva, prevista no art. 422 do Código Civil, na relação obrigacional.

Para o descumprimento de deveres de prestação, principal ou secundário, remanescem as hipóteses de inadimplemento absoluto, mora e adimplemento imperfeito, com a tríplice complexidade que o Direito pátrio confere à mora, relacionando-a com o descumprimento de dever de prestação no tempo, lugar e forma.

O descumprimento de deveres laterais não tem, necessariamente, vinculação direta com os interesses do credor na prestação. Vale dizer, os deveres de prestação, eventualmente, podem até ser cumpridos, sem que os deveres laterais tenham sido na mesma medida. Esse pensamento harmoniza-se com ideia de obrigação como entidade complexa, esclarecendo Jorge Cesa Ferreira da Silva que:

> [...] a obrigação não é simplesmente dever de alguém frente a outro, mas, muito mais do que isso, é *relação*, e relação pautada por critérios de cooperação. A obrigação só se justifica como estrutura jurídica na medida em que os interesses do credor, vale dizer, o reflexo das suas necessidades juridicamente legítimas, são satisfeitos. No entanto, disso não decorre que somente os interesses do credor sejam, ou devam ser, observados. A proteção *do devedor* durante o processo obrigacional (proteção física, de sua honra, de seu patrimônio etc.), por exemplo, é também devida obrigacionalmente, ainda que, estruturalmente, esse dever não se confunda com a dos deveres de prestação[11].

---

10. CORDEIRO, António Menezes. *Da modernização do direito civil*. Coimbra: Almedina, 2004. v. I, p. 69-116.
11. SILVA, Jorge Cesa Ferreira da. Inadimplemento das obrigações. São Paulo: Ed. RT, 2007, p. 31.

MODELOS JURÍDICOS DE RESPONSABILIDADE CIVIL CONTRATUAL **105**

Incluir a violação de deveres laterais ou anexos de conduta entre as hipóteses de descumprimento contratual mais amplas permite alargar a base do inadimplemento no Brasil, trazendo um novo patamar civilizatório para o ambiente dos contratos, de modo que a inobservância dos deveres de probidade e boa-fé objetiva, por qualquer dos sujeitos da relação, resulte não só no dever de indenizar, mas também na possibilidade de resolução do contrato e de arguição da exceção do contrato não cumprido, assegurando, neste último caso, que uma das partes suspenda o cumprimento do dever de prestação diante do descumprimento de dever lateral pela contraparte.

O modelo orienta que não basta adimplir o contrato. No contexto de uma relação obrigacional complexa, dotada de deveres de prestação e deveres laterais de conduta, é preciso adimplir a avença de maneira integral com a total satisfação dos interesses e deveres laterais envolvidos na prestação.

3.5 A violação eficiente do contrato

Outro modelo jurídico da atualidade, que se compagina com a autonomia privada e a natureza dinâmica das obrigações, sempre lembrada por Lotufo, é o da violação eficiente do contrato (*efficient breach of contract*). Advinda da análise econômica do Direito, essa construção submete o fenômeno jurídico do inadimplemento contratual ao método de investigação econômica, buscando auxiliar a escolha mais eficiente entre as alternativas possíveis. Em suma, a violação eficiente do contrato preconiza que a parte deve estar autorizada a quebrar o ajustado e a pagar a correspondente indenização nas hipóteses em que o inadimplemento for economicamente mais eficiente do que o próprio cumprimento da obrigação[12].

A rigor, o pagamento de indenização em lugar do cumprimento da avença não é novidade nos ordenamentos da família romano-germânica, constituindo possibilidade perfeitamente abrigada na técnica da cláusula penal compensatória, que o Código Civil brasileiro revogado regulava como modalidade de obrigação, mas que o Diploma atual, conferindo tratamento mais adequado ao tema, inseriu na parte relativa ao inadimplemento das obrigações.

A projeção desse modelo jurídico pressupõe a revitalização da cláusula penal compensatória, de maneira que ela possa cumprir, eficazmente, a função de obrigação acessória, assegurando o ressarcimento da parte não responsável pelo descumprimento do ajuste, mediante a prefixação de perdas e danos, independente de prova do prejuízo.

Esse modelo jurídico permite que os agentes econômicos realizem o cálculo de custos e benefícios, assim na formação do contrato, como em sua a execução, optando pela obrigação acessória em lugar da principal, caso aquela se revele uma alternativa, economicamente, mais atrativa.

Muito embora a cláusula penal não se confunda com obrigação alternativa, já que o montante da multa não constitui um dos objetos da obrigação, é inegável que o seu pagamento, como alternativa à liberação do vínculo, constitui um modelo jurídico compatível com a autonomia privada e com a livre interação dos agentes econômicos, permitindo-lhes projetar custos e benefícios na hora de firmar contratos.

---

12. POSNER, Richard A. *Economic analysis of law*. 4. ed. Boston: Little, Brown and Company, 1992. p. 117.

A melhor relação é a relação eficiente, aquela em que a alocação dos recursos propicia o maior bem-estar social, competindo aos agentes agir com racionalidade, com base nas fontes do Direito e em dados da vida real. O contrato, não se pode olvidar, é instrumento de formalização das operações econômicas, daí a sua íntima relação com a análise econômica do direito, que propõe modelos jurídicos atuais e compatíveis com os objetivos do Estado na economia capitalista.

Sendo verdade que a finalidade primeira da cláusula penal é inibir o descumprimento da obrigação, não é menos preciso afirmar que ela constitui um poderoso instrumento de interação eficiente dos agentes no mercado. Dessarte, a opção pelo pagamento da multa prevista no pacto, a título de cláusula penal, deve ser vista como um comportamento possível, sobretudo quando este comportamento também se apresenta pautado na boa-fé.

O fato de o pagamento da multa poder ser convencionado como condição para uma violação eficiente do contrato é razão bastante para que os juízes não intervenham na relação obrigacional sem o necessário cuidado, reduzindo a penalidade de maneira indevida, sem investigar as razões do inadimplemento. Por isso, o art. 413 do Código Civil brasileiro orienta o intérprete a levar em conta a natureza e a finalidade do negócio, o que deve ser aferido de forma ampla e no contexto fático que precipitou o encerramento da avença. Como advertia Renan Lotufo, em casos que tais, o grau de avaliação judicial "pode variar por diversos fatores: o próprio valor do ato devido, a voluntariedade na desobediência ao comando da norma, a participação de causas concorrentes na produção do efeito danoso, entre outras circunstâncias"[13].

Os modelos jurídicos contemporâneos, fruto da interpretação e da atualização do direito pelo devir social, devem contemplar a liberdade de escolha e a margem natural de risco embutida dos negócios, valendo-se do auxílio da economia para conformar os interesses dos sujeitos contratuais com as regras de incentivos econômicos.

3.6   A impossibilidade de dano moral no mero inadimplemento contratual

A indenização pelo dano moral puro era tema controvertido no passado, informando Agostinho Alvim, em seu clássico "Da inexecução das obrigações e suas consequências", edição de 1980, que alguns doutrinadores viam a indenização pelo dano moral como uma "extravagância do espírito humano" e durante muito tempo essa também foi a visão predominante nos tribunais do país. Para Alvim: "As dificuldades que os juízes encontram para decidir sem uma fórmula e a repugnância louvável de lançar mão do arbítrio, constituem a causa principal dessa relutância dos tribunais", quando a fonte jurídica utilizada pelos partidários da indenização pelo dano moral era o art. 76 do velho Código Beviláqua, cujo *caput* previa que "Para propor ou contestar uma ação é necessário ter legítimo interesse econômico ou moral"[14].

Com o advento da Constituição Federal brasileira de 1988, assegurando expressamente a indenização pelo dano moral no rol dos direitos individuais e coletivos, a controvérsia perdeu força até ser definitivamente sepultada pelo desenvolvimento do Direito civil constitucional, que teve Renan Lotufo entre seus principais arautos, e em razão da edição do Código Reale em 2002, que também previu de forma ampla a reparação pelo dano exclusivamente moral.

---

13.   LOTUFO, Renan. Questões relativas à cláusula penal contratual. *Revista do advogado*: contratos, São Paulo, ano XXXII, n. 116, p. 161-167, jul. 2012. p. 165.

14.   ALVIM, Agostinho. *Da inexecução das obrigações e suas consequências*. 5. ed. São Paulo: Saraiva, 1980, p. 274-275 e 231.

Com a consagração da responsabilidade objetiva, a aferição da culpa foi deixada de lado e as demandas reparatórias de danos morais se ampliaram, com o afrouxamento da análise dos pressupostos legais da responsabilidade civil e a inexigência de esforço probatório mínimo a partir da consagração da ideia de dano moral *in re ipsa* para as mais variegadas hipóteses, além da utilização de um amplo espaço de discricionariedade para o arbitramento de indenizações em valores inflacionados pelo incremento de função punitiva à reparação. A consequência foi o uso predatório do Poder Judiciário, com o aumento exponencial das ações de danos morais, que se massificam pelo país afora, boa parte delas materializadas em demandas frívolas e até mesmo fraudulentas.

Sem filtros e instrumentos eficazes de desestímulo, as ações de danos avançam sobre o campo dos contratos, sendo raro, atualmente, encontrar um litígio de natureza contratual que não abrigue um pedido de indenização por danos morais em decorrência do só inadimplemento do negócio jurídico, circunstância que mascara os reais interesses em disputa e, por falta de bases objetivas, constitui um sério obstáculo para o êxito da mediação e da própria retomada do programa de adimplemento, aumentando o estoque de processos em tramitação e criando um incentivo para a explosão de novas demandas.

Nesse contexto, deve ser comemorada pelos operadores jurídicos, comprometidos com a ciência do Direito, a produção de modelos jurídicos decisórios nacionais que, forjados em bons modelos dogmáticos, afastam a possibilidade de danos morais em face do exclusivo inadimplemento contratual.

E esses modelos vêm na forma de precedentes do Superior Tribunal de Justiça. No Agravo Regimental em Agravo em Recurso Especial 418.513/SP, relator o Min. Luis Felipe Salomão, a 4ª Turma consignou que "o mero descumprimento de ajuste contratual não é, por si só, apto a gerar dano moral"[15].

No mesmo sentido, no Agravo Regimental no Recurso Especial 1.433.546/SC, tendo como relator o Min. Moura Ribeiro, a 3ª Turma deixou assentado que "não cabe indenização por dano moral em caso de mero aborrecimento decorrente de descumprimento contratual"[16].

A existência de uma fonte legislativa apta a distinguir o sentido jurídico do significado material do dano moral, como proposto por Anderson Schreiber, seria um contributo para a redução da margem de subjetivismo e voluntarismo recorrentemente observados na configuração do dano moral pelas instâncias ordinárias da Justiça brasileira, recuperando-se o conceito de dano como lesão a um interesse juridicamente tutelado. Para Schreiber, a "vantagem desta definição está em concentrar-se sobre o objeto atingido – o interesse lesado –, e não sobre as consequências econômicas ou emocionais da lesão sobre determinado sujeito"[17].

---

15. BRASIL. Superior Tribunal de Justiça. Civil. Agravo Regimental em Agravo em Recurso Especial 418.513/SP. Recorrente: Sueli Poppi. Recorrido: Bradesco Auto/Re Companhia de Seguros. Relator: Ministro Luis Felipe Salomão. Brasília, DF, 5 de maio de 2015. *STJ*, Brasília, 2015. Disponível em: http://www.stj.jus.br/SCON/jurisprudencia. Acesso em: 22.09.2020.
16. BRASIL. Superior Tribunal de Justiça. Civil. Agravo Regimental no Recurso Especial 1.433.546/SC. Recorrente: Beatriz Magrin Figueira. Recorrido: Joel Dias Figueira Júnior. Relator: Ministro Moura Ribeiro. Brasília, DF, 7 de abril de 2015. *STJ*, Brasília, 2015. Disponível em: http://www.stj.jus.br/SCON/jurisprudencia. Acesso em: 22.09.2020.
17. SCHREIBER, Anderson. *Novos paradigmas da responsabilidade civil*: da erosão dos filtros da reparação à diluição dos danos. 5. ed. São Paulo: Atlas, 2013, p. 108-109.

PAULO SÉRGIO VELTEN PEREIRA

Esse modelo dogmático pode constituir um ponto de partida para a construção de modelos vinculantes acerca do direito de danos de natureza extrapatrimonial no país, tão aviltado pela crescente frivolidade das demandas, atualmente, ajuizadas.

3.7 Impossibilidade temporária superveniente

Por fim, um importante e apropriado modelo jurídico para o período de pandemia mundialmente vivenciado é o de não cumprimento por impossibilidade temporária, expressamente previsto no art. 792º, n. I, do Código Civil Português, com a seguinte redação: "Se a impossibilidade for temporária, o devedor não responde pela mora no cumprimento".

Esse modelo pode orientar os intérpretes na adequada solução das controvérsias de inadimplemento contratual que se multiplicam no contexto da pandemia da COVID-19.

Nosso primeiro contato com o tema foi em um produtivo diálogo acadêmico com o professor Alexandre Guerra, um dos ilustres coordenadores científicos desta obra coletiva e zeloso companheiro de reflexões e debates na pós-graduação da PUC/SP, sendo ele também ex-aluno de Renan.

Naquelas interlocuções, Guerra criticava as soluções apressadamente aventadas para o enfrentamento das demandas geradas pela crise sanitária, defendendo que o modelo adequado para o caso não é o do desequilíbrio, presente nas teorias da Imprevisão, da Quebra da Base do Negócio e da Excessiva Onerosidade da Prestação, esta última adotada pelo Código Civil brasileiro.

Para a crise de inadimplência gerada pela pandemia, as soluções generalizantes e pouco refletidas, que desprezam as circunstâncias do caso concreto, como a situação de setores que não suportaram redução de ganhos ou até lucraram nesse período, somente aprofundarão a crise, instaurando um ambiente de insegurança jurídica e desagregação em cadeia de contratos.

Mais adequado, portanto, propor um modelo jurídico casuístico, voltado para o caso concreto, baseado no direito germânico da perturbação das prestações e no regramento português da impossibilidade temporária superveniente, ambos aplicados no contexto da alteração das circunstâncias provocada pela pandemia.

A pandemia, por si, não deve ensejar a revisão judicial do contrato e tampouco constituir causa apriorística de extinção justificada da avença com base nas hipóteses de fortuito ou força maior. A rigor, ela configura impossibilidade temporária, não imputável às partes, tendo como efeito a suspensão ou a paralisação de posições jurídicas, que ficam num estado de aquiescência, com exclusão do regime de mora durante o período de duração do impedimento temporário, que deve ser sempre razoável. Passada a causa geradora da crise de inadimplemento, a prestação volta a ser possível, com a retomada do programa de adimplemento, na conformidade dos interesses objetivos do credor, sendo a resolução do ajuste sempre a *ultima ratio*[18].

À míngua de uma fonte legislativa nacional específica, esse modelo jurídico deve ser desenvolvido, no Brasil, a partir das distintas funções da cláusula geral da boa-fé objetiva, colmatada segundo as virtudes cardeais da prudência e temperança, com o resgate da

---

18. PIRES, Catarina Monteiro. *Contratos I*. Perturbações na execução. Edições Almedina S/A, Coimbra, 2020, p. 175-176.

autorresponsabilidade das partes contratantes, verdadeiras protagonistas de uma solução pautada no dever de negociação, na abordagem relacional e na cooperação.

4. CONSIDERAÇÕES FINAIS

As grandes transformações políticas e econômicas, ocorridas na virada do século, impõem uma revisão e atualização dos modelos jurídicos de responsabilidade civil por inadimplemento, considerada a parte patológica do Direito das obrigações.

Essa tarefa deve ser feita com o auxílio da teoria dos modelos do Direito, apta a oferecer uma visão da experiência jurídica sob ângulos complementares, de forma que a evolução social seja apreendida pelo intérprete sem desprezo das fontes das obrigações, projetando-se o conteúdo material das estruturas normativas, nos dias atuais, na forma de modelos jurídicos prescritivos.

Nesse enfoque, submetida às permanentes mutações operadas na vida de relações, a teoria do inadimplemento contratual mira novos paradigmas e se renova pelo devir social, ajuste indispensável a que devem se submeter os institutos do Direito para continuarem sendo úteis à sociedade no atual momento histórico.

E como se viu, a investigação das estruturas normativas definidas como fontes e a busca permanente de sua atualização e ressignificado constituem atividades primordiais do intérprete para a construção de modelos jurídicos aptos a estabelecer referenciais seguros para a adequada aplicação e unidade do Direito, sobretudo em tempos de crise.

Portanto, a construção de modelos jurídicos de responsabilidade civil contratual deve guardar conexão com os princípios e valores do direito das obrigações, sem desprezo da experiência sedimentada na cultura e na tradição dos povos civilizados.

Nessa integração de fatos, segundo valores, reside o culturalismo de Reale. Nela também repousa as lições deixadas por Renan Lotufo, nosso homenageado.

5. REFERÊNCIAS

AGUIAR JÚNIOR, Ruy Rosado de. *Extinção dos contratos por incumprimento do devedor.* 2. ed. rev. atual. Rio de Janeiro: Aide, 2004.

ALVIM, Agostinho. *Da inexecução das obrigações e suas consequências.* 5. ed. São Paulo: Saraiva, 1980.

AMARAL NETO, Francisco dos Santos. Apresentação da versão em língua portuguesa do projeto preliminar do Código europeu dos contratos. In: POSENATO, Naiara; NALIN, Paulo (Coord.). *Código europeu dos contratos:* projeto preliminar. Livro primeiro. Curitiba: Juruá, 2009.

BRASIL. Superior Tribunal de Justiça. Civil. Agravo Regimental em Agravo em Recurso Especial 418.513/SP. Recorrente: Sueli Poppi. Recorrido: Bradesco Auto/Re Companhia de Seguros. Relator: Ministro Luis Felipe Salomão. Brasília, DF, 5 de maio de 2015. *STJ*, Brasília, 2015. Disponível em: http://www.stj.jus.br/SCON/jurisprudencia. Acesso em: 22.09.2020.

BRASIL. Superior Tribunal de Justiça. Civil. Agravo Regimental no Recurso Especial 1.433.546/SC. Recorrente: Beatriz Magrin Figueira. Recorrido: Joel Dias Figueira Júnior. Relator: Ministro Moura Ribeiro. Brasília, DF, 7 de abril de 2015. *STJ*, Brasília, 2015. Disponível em: http://www.stj.jus.br/SCON/jurisprudencia. Acesso em: 22.09.2020.

CORDEIRO, António Menezes. *Da modernização do direito civil.* Coimbra: Almedina, 2004. v. I.

FERRAZ JUNIOR, Tercio Sampaio. *Introdução ao estudo do direito:* técnica, decisão, dominação. 6. ed. São Paulo: Atlas, 2011.

LOTUFO, Renan. Questões relativas à cláusula penal contratual. *Revista do advogado*: contratos, São Paulo, ano XXXII, n. 116, p. 161-167, jul. 2012.

MARTINS-COSTA, Judith Hofmeister. Autoridade e utilidade da doutrina: a construção dos modelos doutrinários. In: MARTINS-COSTA, Judith Hofmeister (Coord.). *Modelos de direito privado*. São Paulo: Marcial Pons, 2014.

PIRES, Catarina Monteiro. Contratos I. Perturbações na execução. Edições Almedina S/A, Coimbra, 2020

POSENATO, Naiara; NALIN, Paulo. (Org.). *Código europeu dos contratos*: projeto preliminar. Livro primeiro. Curitiba: Juruá, 2009.

POSNER, Richard A. *Economic analysis of law*. 4. ed. Boston: Little, Brown and Company, 1992.

REALE, Miguel. Da teoria das fontes à teoria dos modelos do direito. *Boletim da Faculdade de Direito da Universidade de Coimbra*, Coimbra, n. 58, t. 2, 1982.

REALE, Miguel. *Lições preliminares de direito*. 16. ed. São Paulo: Saraiva, 1988.

REALE, Miguel. *Fontes e modelos do direito*: para um novo paradigma hermenêutico. São Paulo: Saraiva, 1994.

SCHREIBER, Anderson. *Novos paradigmas da responsabilidade civil*: da erosão dos filtros da reparação à diluição dos danos. 5. ed. São Paulo: Atlas, 2013.

SILVA, Jorge Cesa Ferreira da. *Inadimplemento das obrigações*. São Paulo: Ed. RT, 2007.

RESPONSABILIDADE CIVIL, BOA-FÉ E DEVERES CONTRATUAIS LATERAIS

Patricia Rizzo Tomé

Possui graduação em Direito finalizada em (1999). É Doutoranda em Direito Civil pela PUC-SP (2020). É Mestre em Direito Civil pela PUC-SP. Especialista em Direito da Medicina pela Universidade de Coimbra – Portugal. Coordenadora da Pós-Graduação no Curso Êxito. Professora de Direito na Graduação e Pós-Graduação. Membro do Instituto Brasileiro de Direito de Família (IBDFAM). Associada titular do Instituto Brasileiro de Estudo de Responsabilidade Civil (IBERC). Integrante do Núcleo de Direito Sanitário e Farmacêutico (NDSF). Integrante do Conselho Editorial da Revista Direito e Medicina (RT). Parecerista da Revista IBERC. Autora do livro Responsabilidade Civil Médica, da Editora Chiado Books e de outros livros em coautoria. Autora de artigos publicados, inclusive, no âmbito internacional. Atua na área de Direito Privado, com ênfase no contencioso cível. Advogada.

Sumário: 1. Introdução. 2. Breve desenvolvimento histórico sobre o significado da boa-fé. 3. A boa-fé e os deveres anexos. 4. A responsabilidade civil pela violação da boa-fé e dos deveres anexos. 5. Considerações finais. 6. Referências.

1. INTRODUÇÃO

Este trabalho foi redigido considerando parte dos ensinamentos proporcionados pelo grande Mestre e querido professor Renan Lotufo.

Os conhecimentos obtidos com este brilhante professor correspondem a um privilégio inexplicável. Isso por que, na qualidade de estudiosa e apaixonada pelo Direito Civil, em cada aula ele proporcionava um aprendizado sem igual, em virtude do seu inigualável conhecimento, que nos permitiu transcorrer pelos grandes doutrinadores do Direito Civil Brasileiro, mas especialmente os estrangeiros, haja vista o acesso aos grandes professores do Direito Italiano, Francês e Espanhol, entre outros.

Desta forma, guardo as apostilas do professor Renan como grandes tesouros, considerando os ensinamentos jamais obtidos de forma simples e clara, pois ele fazia questão de falar durante quase todo o período de aula; mesmo com as dificuldades e cansaços inerentes à idade, mas que não lhe roubavam a vitalidade e o entusiasmo para explicar esta disciplina fascinante aos olhos dos estudiosos.

Neste sentido, aprendemos que com a previsão expressa da exigência do cumprimento dos ditames do princípio e cláusula geral da boa-fé objetiva, as partes contratantes da relação obrigacional devem atuar de forma minimamente ética e leal em qualquer uma das fases, a ponto de impedir comportamentos contraditórios com o conteúdo da manifestação anterior, frustrando as expectativas lícitas criadas na outra parte, haja vista a vedação do *venire contra factum proprium*, irradiação imediata da Constituição Federal.

Ao lado dos deveres diretos de conduta ética e leal, existem os denominados deveres anexos ou secundários, que impõem às partes contratantes outras atribuições, ainda que não estejam expressamente mencionadas, mas que decorrem diretamente da boa-fé objetiva, tais como a informação ou cooperação.

A violação da obrigação pactuada por meio dos contratos ou mesmo prevista na lei, da qual decorra um dano, gera o dever secundário e sucessivo de reparação, em virtude da incidência da responsabilidade civil, visando reequilibrar a relação.

Neste contexto, é imprescindível para todos os juristas, estudiosos do Direito ou qualquer cidadão, o conhecimento da boa-fé objetiva, que em nada se confunde com a boa-fé subjetiva, bem como dos deveres anexos, os quais são implícitos na maior parte das situações, mas que impõe o dever de reparação quando violados.

Para tanto, iniciaremos este artigo com a breve abordagem histórica da boa-fé, passando pelo conceito e demais questões imprescindíveis, mas abrangendo compreensão da boa-fé objetiva e os deveres anexos até finalizarmos com a importância da concretização do respectivo instituto nas relações obrigacionais, como forma de obtenção da segurança no tráfico estabelecido nas relações obrigacionais, sob pena de desencadear a responsabilidade civil.

2. BREVE DESENVOLVIMENTO HISTÓRICO SOBRE O SIGNIFICADO DA BOA-FÉ

A boa-fé foi inicialmente estudada pelos romanos, através da ideia de *fides*. No entanto, tem-se que as vertentes mais importantes e significativas foram as apresentadas no instituto das relações de clientela, dos negócios contratuais no campo obrigacional e da proteção possessória dentro dos direitos reais.

No campo da clientela, verificamos a existência de duas vertentes da *fides,* uma de poder (*fides*-poder), que se apresentava em uma relação de obediência e lealdade do *cliens* em face do *pater*, em vista da sujeição em troca de proteção, e uma de promessa (*fides*-promessa), a qual permitia a ascensão do *cliens* de alforria ou pela *capitis diminutio*[1]

No direito obrigacional, mais propriamente no direito contratual, a *fides* se se apresenta como dever de cumprimento à palavra dada, seja nas negociações internas, seja nas relações externas ocorridas entre a população de uma cidade com outra.

Judith Martins-Costa[2] cita Paolo Frezza, o qual denominava "relações intra-subjetivas", a *fides*-promessa, incidente na relação interna da sociedade, por conta da característica de *autolimitação* e intento protetivo a que se destinava; e de "relações intersubjetivas" a *fides* do direito das obrigações, tendo em vista a função de assegurar o cumprimento da palavra dada, em especial nas relações e contratos internacionais firmados entre os diferentes povos.

É interessante observar que, mesmo sem a existência de um ordenamento jurídico, os negócios celebrados à época eram pautados no dever de cumprimento e vinculação entre as partes, haja vista a confiança e a fidelidade vislumbrada por meio da comercialização do sal entre a tribo dos Tegazza e outras tribos de negros.

Isso porque os vendedores do sal deixavam-no enfileirado no chão e se retiravam. Após isso, vinham os negros e colocavam o ouro na frente do sal e se retiravam, para que os vendedores retornassem para o local onde estava o sal e aceitassem ou não a quanti-

---

1. CORDEIRO, Antonio Manuel da Rocha Menezes. *Da boa-fé no direito civil*, v. I, p. 59-60.
2. MARTINS-COSTA, Judith. *A boa-fé no direito privado*, p. 114.

dade de ouro oferecida como preço para a mercadoria disponibilizada. Por sua vez, caso aceitassem o ouro, pegavam-no e se retiravam para que os compradores viessem buscar o sal, mas se não concordassem com o valor oferecido, retiravam-se novamente para que houvesse a adequação do preço.

Observa-se que mesmo sem o contato físico e a comunicação verbal, já existia o respeito entre as partes e a confiança de que o produto não seria retirado sem a celebração do acordo.

Nos direitos reais, a *fides bona* correspondia à ideia de ignorância por parte do possuidor em relação ao vício que macula o negócio.

Somente no direito pretoriano é que observamos a modificação da visão extraída da *fides bona* para a *bonae fidei iudicium*, na qual verificamos as decisões judiciais serem tomadas com base na boa-fé. Isso porque tínhamos o demandante que apresentava uma fórmula especial, a qual não podia ser uma intenção pautada na lei, mas sim na alegação da *fides bona*, para então o pretor determinar que o juiz decidisse com base na boa-fé.

Segundo Menezes Cordeiro[3] com a influência do direito canônico é que a *fides bona* ganhou uma dimensão ética, pela via da *absentia peccati,* dando início à ideia da chamada boa-fé subjetiva.

Por sua vez, temos que foi por intermédio do Código Napoleônico de 1804 (primeira codificação), que obtivemos a ideia da atual boa-fé objetiva no artigo 1.134: "les conventiones légalement formées tiennent lieu de loi à ceux qui lês ont faites. Elles doinvent être exécutées de bonne foi".

Com a segunda e importante codificação, ocorrida pelo BGB (Burgeliches Gesetzbuch) em 1900, no que se refere, mais precisamente no seu §242 que prevê, "o devedor está adstrito a realizar a prestação tal como exija a boa-fé, com consideração pelos costumes do tráfego", tivemos a projeção da boa-fé diretamente sobre o âmbito obrigacional.

Com a codificação da boa-fé no direito alemão, que se conduzia pelas ideias de confiança e lealdade, tendo em vista a denominação dada de *Treu und Glauben,* em que *Treu* significa Lealdade e *Glauben,* crença, confiança, Fernando Noronha indicou como expressões sinônimas de boa-fé subjetiva, a boa-fé crença e da boa-fé objetiva, boa-fé lealdade.

A importância vislumbrada na Confiança e na Lealdade, bem como da Cooperação das partes contratantes, correspondem a atuais valores éticos – jurídicos fundamentais e norteadores da boa-fé e, por conseguinte, das relações obrigacionais. Razão pela qual, na hipótese de violação, ocorrerá a incidência da responsabilidade civil, a fim de reequilibrar a relação das partes, frente a ocorrência do dano.

3. A BOA-FÉ E OS DEVERES ANEXOS

Feitas as considerações iniciais acerca do desenvolvimento histórico do conceito da boa-fé, necessário indicar a existência de duas importantes espécies, denominadas boa-fé objetiva e a boa-fé subjetiva.

---

3. CORDEIRO, Antonio Manuel da Rocha Menezes. *Da boa-fé no direito civil,* v. I, p. 155-156.

Das duas espécies da boa-fé, como declina Fernando Noronha,[4] somente a boa-fé objetiva é considerada como princípio, vez que a boa-fé subjetiva se encontra no elemento interno, psicológico do agente, correspondente a um estado.

Quanto à boa-fé subjetiva, de uma forma clara, podemos tentar conceituar como o elemento subjetivo, intrínseco e singular de cada indivíduo em face da situação do caso concreto que se refere ao desconhecimento da pessoa sobre um fato que macule ou impeça a aquisição do direito pretendido.

No entanto, a demonstração ou comprovação da má-fé, outra face da boa-fé subjetiva é uma questão muito difícil, uma vez que é singularizada e abstrata. Permitindo, na maior parte das situações a mera presunção da boa-fé subjetiva ou da má-fé, mediante a verificação dos demais elementos que cercam a situação verificada *in concreto*.

Nelson Rosenvald[5] nos apresenta a boa-fé subjetiva como "um estado psicológico, em que a pessoa possui a crença de ser titular de um direito que na verdade só existe na aparência", e a boa-fé objetiva como um princípio, localizado no campo do direito das obrigações, que qualifica como "um modelo de eticização de conduta social, verdadeiro *standart* jurídico ou regra de comportamento, caracterizado por uma atuação de acordo com determinados padrões sociais de lisura, honestidade e correção, de modo a não frustrar a legítima confiança da outra parte".

O Código Civil de 1916 não estabelecia a boa-fé, motivo pelo qual era tratada como princípio geral de direito, que pelas palavras do Mestre Miguel Reale[6] "são enunciações normativas de valor genérico, que condicionam e orientam a compreensão do ordenamento jurídico, quer para a sua aplicação e integração, quer para a elaboração de novas normas".

Por sua vez, com as modificações trazidas pelo Código Civil de 2002, tivemos a conversão da boa-fé, princípio geral de direito, para uma norma jurídica e, mais do que isso, uma cláusula geral, composta por termos vagos, que norteia as relações obrigacionais e todo o ordenamento jurídico.

Isso porque o artigo 422 do Código Civil de 2002 consagrou expressamente a chamada boa-fé objetiva, a qual impõe uma regra de conduta para as partes contratantes, que devem ser pautadas nos ditames da lealdade e honestidade em todas as fases contratuais, pré-contratuais e pós-contratuais.

A referida norma foi complementada pela disposição do parágrafo único do artigo 2.035, das disposições finais e transitórias do Código Civil. Ele trata da ineficácia das relações obrigacionais que não estiverem em consonância com as cláusulas gerais, dentre elas, a boa-fé (objetiva).

Além disso, impõe uma forma de conduta no que tange à interpretação dos negócios jurídicos e a própria condução processual para o magistrado, uma vez que deverá reconhecer de ofício a infringência da boa-fé, por se tratar de matéria de ordem pública.

A boa-fé, além de ser uma cláusula geral, é também um interesse jurídico especial, haja vista a segurança gerada para o tráfico jurídico e para a administração da justiça, segundo Larenz.[7]

---

4. NORONHA, Fernando. *O direito dos contratos e seus princípios fundamentais*, cap. 8. cit.
5. ROSENVALD, Nelson. *Dignidade humana e boa-fé no Código Civil*, p. 79.
6. REALE, Miguel. *Lições preliminares de direito*, p.300.
7. LARENZ, Karl. *Derecho de obligationes*.

Inobstante, o princípio da boa-fé é irrenunciável por ser um preceito fundamental, o qual não necessita de limites, uma vez que a administração da justiça, a consideração da confiança de terceiro e a validade formal do ato, impõem por si só o cumprimento dos preceitos legais.

Larenz nos apresenta a boa-fé como princípio fundamental das relações obrigatórias, destacando que a exigência da boa-fé deriva para todos os participantes como deveres mínimos de conduta, desde a preparação até a execução da obrigação, bem como em todos os momentos após o cumprimento da obrigação, os quais devem ser regidos pela cooperação e a equidade de cada uma das partes.

Dispõe, ainda, que a boa-fé consiste em uma regra de conduta, haja vista que o indivíduo deve conduzir-se como razoavelmente esperado pela outra parte, segundo a relação estabelecida. Considerando tratar-se de um módulo "necessitado de concreción", no sentido de que a boa-fé se trata de uma direção de como a conduta deve ser exigida em determinadas circunstancias, não sendo uma regra objetiva, mas sim uma regra de valor que deve ser ponderada conforme o momento e o lugar pelo aplicador do direito.

Segundo o mesmo autor, a boa-fé se reflete em três direções: 1) Para o devedor: em uma ordem para cumprir a obrigação nos exatos termos pactuados e também em tudo que o credor possa razoavelmente esperar do devedor; 2) Para o credor: que deve atuar com confiança no cumprimento da obrigação pelo devedor e com altruísmo, cooperando para que o devedor possa cumprir a obrigação; 3) Para todos os participantes da relação jurídica em questão: em uma ordem para se conduzirem com base em condutas éticas e honradas minimamente esperadas.

Por conseguinte, tem-se alguns exemplos da aplicação concreta do princípio trabalhado, como reflexo nas três direções apresentadas. Sendo: 1) Quanto ao modo de cumprir a prestação: observando que o devedor não pode cumprir no dia e hora que desejar, ao seu livre arbítrio, causando prejuízo ao credor. Ele deve cumprir não só nos exatos termos firmados, como também suprir as expectativas do credor; 2) Limitação ao exercício do direito: de forma que, havendo uma conduta do devedor que possa causar o descumprimento parcial do acordado, não pode se admitir a rescisão ou modificação quando ainda puder ser cumprida, sob pena de estarmos diante do abuso do direito; 3) Limitação ou desaparecimento do dever da prestação por causa da exigibilidade: em que a prestação pactuada na obrigação como regra deve ser cumprida, entretanto não se admite o cumprimento de uma prestação que prejudique excessivamente o devedor ou lhe produza a ruína econômica. Com base neste entendimento é que se deu a chamada "Doutrina do limite do Sacrifício".

Sendo a relação obrigacional transitória que se estabelece entre um ou mais credores e um ou mais devedores, os quais se interligam pelo interesse em uma prestação de dar, fazer ou não fazer, que, uma vez adimplida, extingue a relação entre as partes, necessária se faz a presença do instituto da boa-fé como forma de assegurar o adimplemento da prestação e limitar a atuação das partes, as quais devem se movimentar com intuito de permitir o cumprimento pelo devedor e a sua liberação consequente, pela ocorrência do cumprimento integral do pactuado.

Em vista da importância da boa-fé, e, por conseguinte, da confiança indispensável para sua concretização, ela não está adstrita apenas às relações obrigacionais, mas deve ser aplicada em todas as relações jurídicas do sistema, para que se alcancem a efetividade e função social pretendida em cada caso concreto.

Assim, considerando que a relação obrigacional nasce para ser cumprida, a boa-fé vem de encontro para permitir esse cumprimento, uma vez que deve nortear as partes envolvidas, desde as tratativas pré-negociais até após o adimplemento da obrigação, como atualmente previsto no citado artigo 422[8] do atual Código Civil brasileiro.

Contudo, com a constitucionalização do Direito Civil iniciada na Itália no século XIX, tornou-se insuficiente para a relação obrigacional o mero cumprimento da prestação inicialmente pactuada para liberação do devedor e configuração do adimplemento da obrigação, sendo imprescindível um comportamento ético e compatível com o mínimo esperado pela outra parte da relação, em vista da expectativa criada validamente.

Como se verifica, o comportamento das partes envolvidas na relação obrigacional passou a ter mais importância e a ser valorado pelo direito com base no mínimo esperado pela outra parte e desejado para que exista uma perfeita harmonização das relações obrigacionais na sociedade.

Como todo direito tem sua função social, com base ainda na boa-fé, também não se admite o exercício de um direito que contrarie a sua função social. De forma que, pelas palavras de Judith Costa[9] "a boa-fé como norma que não admite condutas que contrariem o mandamento de agir com lealdade e correção, pois só assim se estará a atingir a função social que lhe é cometida".

Pela "Teoria dos Atos Próprios", consagrada no direito argentino por Alejandro Borba, temos que "a ninguém é lícito fazer valer um direito em contradição com a sua anterior conduta interpretada objetivamente segundo a lei, segundo os bons costumes e a boa-fé, ou quando o exercício posterior se choque com a lei, os bons costumes e a boa-fé"[10]

Da Teoria dos Atos Próprios é que houve o desdobramento do chamado *tu quoque* e *venire contra factum proprium*. Desta forma, o *tu quoque* consiste na vedação da parte que infringiu uma norma legal ou contratual de alegar violação da outra parte para se beneficiar, por caracterizar abuso do seu direito, que pelas palavras de Planiol "le droit cesse où l`abus commence", ou seja, o direito cessa quando começa o abuso.[11]

Mesmo se tratando de uma criação doutrinária e jurisprudencial, diante da ausência de dispositivo expresso, o *venire contra factum proprium* se trata de uma máxima, que decorre diretamente do abuso do direito, que pelo Código Civil de 2002 foi incluído no artigo 187[12], que proíbe a adoção de uma conduta em contradição a anterior adotada ou vice-versa, que vá contra os fins inicialmente apresentados, frustrando a confiança na outra parte.

O *venire contra factum proprium* visa sancionar a violação objetiva do dever de lealdade da parte, com a perda do seu direito subjetivo, em preservação e elevação do Princípio da Boa-fé.

---

8. Art. 422. Os contratantes são obrigados a guardar, assim na conclusão do contrato, como em sua execução, os princípios de probidade e boa-fé.
9. MARTINS-COSTA, Judith. *A boa-fé no direito privado*, p. 457.
10. MARTINS-COSTA, Judith. *A boa-fé no direito privado*, p. 460.
11. NORONHA, Fernando. *O direito dos contratos e seus princípios fundamentais*, p. 169.
12. Art. 187. Também comete ato ilícito o titular de um direito que, ao exercê-lo, excede manifestamente os limites impostos pelo seu fim econômico ou social, pela boa-fé ou pelos bons costumes.

RESPONSABILIDADE CIVIL, BOA-FÉ E DEVERES CONTRATUAIS LATERAIS | **117**

Destaca-se que embora esses desdobramentos não tenham sido consagrados expressamente na legislação brasileira, em especial o *venire contra factum proprium* todos vêm sendo aplicados pelos nossos tribunais após a jurisprudência do *STJ – leading case*[13]

Conclui-se que a função de controle da boa-fé, tem por objetivo impedir que condutas praticadas dentro do exercício da autonomia da vontade sejam praticadas em abuso, em contrariedade ou em aproveitamento da própria torpeza ou ilicitude, causando prejuízos a terceiros em violação de uma conduta contrária à ética e de lisura, como seria esperado e desejado pelo sistema e pela sociedade.

A imprescindibilidade da boa-fé nas relações obrigacionais já era compreendida por Clóvis Beviláqua que, segundo citações do Dr. Renan Lotufo[14] afirmava:

> o fundamento das obrigações era a boa-fé, citando a formulação de Stuart Mill (publicista e filósofo inglês), para quem não há outro fundamento, sob pena de funestas consequências pela falta de confiança mútua entre as pessoas. Daí poder Clóvis concluir que o fundamento é o interesse da sociedade harmonizado com o dos indivíduos.

O princípio geral da boa-fé determina não só o cumprimento da prestação cerne da relação como pactuado, mas também de todos os demais *deveres anexos criados expressa ou tacitamente*, em vista de uma justa expectativa criada para a outra parte.

É possível citar alguns deveres laterais, dentre eles o da informação, que decorre diretamente do dever de lealdade imposto pela boa-fé. Este é um dos deveres mais importantes, razão pela qual constam em muitos contratos de forma expressa. No entanto, ainda que não esteja indicado de forma clara e precisa, inexiste dúvida na doutrina e na jurisprudência quanto a sua incidência em todas as relações intersubjetivas, sejam elas de direito público ou privado.

Quando o tema é o dever de informação, imprescindível observar "se o lesado puder ter acesso, razoavelmente, à informação, não há, para a contraparte o dever de informar...", "se a informação faltante... guarda relação com o objeto do contrato...", "averiguação da intensidade do dever de informar ...", "não há dever..." e, por fim, "a informação pré-contratual está polarizada pelo seu fim de permitir um consentimento informado a contratar", como explica magistralmente a professora Judith Martins Costa[15].

Outro dever lateral é o da proteção, cujo alcance pode ser positivo ou negativo. Em breve síntese, pode corresponder a proteção à pessoa e ao patrimônio, ou ao dever de omissão e segredo ou para resguardar a esfera jurídica de terceiros, como explica Judith Martins Costa[16].

Para tanto, independente de se tratar da violação da lealdade e confiança ou qualquer um dos deveres laterais decorrentes destes, o sujeito que violar estará sujeito a incidência da responsabilidade civil, como será demonstrado a seguir.

4. A RESPONSABILIDADE CIVIL PELA VIOLAÇÃO DA BOA-FÉ E DOS DEVERES ANEXOS

A responsabilidade civil consiste em um dever jurídico secundário e sucessivo de reparar todo e qualquer dano, de caráter patrimonial ou extrapatrimonial, causado a ou-

---

13. *Leading case* – AgRg no AgRg no Agravo de Instrumento 610.607/MG.
14. LOTUFO, Renan. *Código Civil Comentado*, v. 2, p. 1.
15. MARTINS-COSTA, Judith. *A boa-fé no direito privado*, p. 541 e 542.
16. MARTINS-COSTA, Judith. *A boa-fé no direito privado*, p. 546.

trem, seja por uma conduta voluntária pessoal ou de terceiros, nos casos indicados na lei, mas que corresponda a um dano diretamente causado em virtude do descumprimento de um dever jurídico primário.

Desta forma, descumprida uma obrigação, seja ela decorrente da vontade das partes ou da lei, poderá haver um dano e, consequentemente, o surgimento do dever secundário de indenizar. Em virtude do caráter secundário e sucessivo da responsabilidade em face da obrigação. Karl Larenz[17] já afirmava que a responsabilidade estava para a obrigação assim como a sombra estava para o corpo físico.

Consta expressamente "Os contratantes são obrigados a guardar, assim na conclusão do contrato, como em sua execução, os princípios de probidade e boa-fé", no art. 422 do Código Civil. Portanto, temos uma imposição direta na lei quanto ao dever de agir pelas partes em todos os momentos da relação obrigacional.

Neste sentido, a violação aos deveres diretos, sejam eles primários ou secundários (anexos ou laterais), impostos pela boa-fé que ocasionem qualquer dano, terá como consequência a reparação, pela incidência da responsabilidade civil.

Insta consignar que, a violação dos deveres informativos além da indenização, poderá ocasionar a ineficácia no caso de dolo essencial previsto no art.145 do CC/02 ou ainda a resolução, na hipótese do art. 35 do CDC.

Contudo, tratando-se de fase pré-contratual, a violação da boa-fé ou dos deveres anexos ocasionará a incidência da responsabilidade civil extracontratual, prevista no art. 927 do CC/02, pela violação dos deveres especiais de conduta, segundo a professora Judith Martins Costa[18].

A referida professora destaca que a ilicitude se encontra no exercício dos direitos em contradição com a boa-fé, violando a legítima confiança criada na parte, nos termos do art. 187 do CC/02 e não mera violação do *neminem laedere*.

No entanto, para o professor Fernando Noronha,[19] a violação da boa-fé na fase das negociações preliminares, seja pela interrupção injustificada ou pela violação dos deveres anexos, acarreta a responsabilidade pré-contratual em vista da regra geral do *neminem laedere*.

Entretanto, tratando-se de violação durante a fase contratual, os entendimentos doutrinários e jurisprudenciais seguem na mesma linha, ou seja, violação dos deveres contratuais com aplicação da responsabilidade contratual.

Neste caso, estamos diante da responsabilidade subjetiva, mas o simples descumprimento da obrigação pactuda ou deveres anexos decorrentes permitirão a responsabilização da parte violadora pelos danos decorrentes, nos termos do art. 186 e 927 do CC/02.

Por fim, tratando-se de responsabilidade civil pós-contratual, igualmente não resta dúvida por parte da doutrina ou da jurisprudência quanto a manutencao dos deveres de

---

17. LARENZ, Karl. *Derecho de obligationes*. Trad. Jaime Santos Briz.Madrid: Revista de Derecho Privado, 1958-1959, v. 1, p.33: "De acuerdo com la concepción actual, todo aquel que assume una obligación responde , em caso de incumplimento, con todo lo que Le pertence. El que debe responde también. Cabe distinguir conceptualmente la responsabilidade de la deuda, del deber prestar, pero auellá sigue a ésta como la sombra al cuerpo".

18. MARTINS-COSTA, Judith. *A boa-fé no direito privado*, p. 418 e 423.

19. NORONHA, Fernando. *O direito dos contratos e seus princípios fundamentais*, p. 150.

RESPONSABILIDADE CIVIL, BOA-FÉ E DEVERES CONTRATUAIS LATERAIS | **119**

conduta mesmo após o adimplemento do objeto da obrigação. Razão pela qual, a violação, com a existência de dano consequente, determinará a reparação e/ou indenização, segundo especificidades do caso concreto.

5. CONSIDERAÇÕES FINAIS

Foi possível observar que desde o período primitivo já se vislumbrava a importância do instituto da boa-fé nas relações obrigacionais, pois mesmo com pouca compreensão e sem a existência de um ordenamento jurídico, já se verificava a exigência de condutas leais e éticas.

No entanto, o Direito brasileiro, considerando o elevando grau de importância do tema, consagrou em mais de um dispositivo no seu texto de lei a boa-fé, passando-a de princípio geral de direito para norma e cláusula geral do sistema.

A reforma do Código, ocorrida no ano de 2002, permitiu não só a consagração expressa da boa-fé, como também a legalização das duas espécies de boa-fé, identificadas por boa-fé objetiva (boa-fé ética) e da boa-fé subjetiva (boa-fé crença).

Com isso, foi possível a concretização efetiva da tão almejada segurança no tráfico jurídico, que se estabelece por meio das relações obrigacionais.

Ademais, relação obrigacional modernamente se conceitua como uma "relação jurídica", que se estabelece entre um ou mais credores e um ou mais devedores, os quais se interligam por uma prestação que pode ser de dar, fazer ou não fazer, a qual se extingue pelo adimplemento da prestação pactuada e concomitantemente pelo cumprimento de todos os demais deveres advindos dessa relação, ainda que não expressamente pactuados, mas que foram validamente esperados pela parte.

Ressalte-se, que a expressão relação jurídica é a mais apropriada e adequada por apresentar uma visão mais igualitária, haja vista que a denominação vínculo jurídico, antigamente utilizada, traz uma ideia de vinculação e subordinação, a qual não se aplica mais com a constitucionalização do Código Civil brasileiro.

A boa-fé atua diretamente nessa relação obrigacional, primeiro para assegurar o cumprimento da prestação pactuada, bem como para integrar deveres que tem de ser cumpridos pelas partes, ainda que não pactuados expressamente e, por conseguinte, limitar a atuação das partes da relação na condução dos seus direitos subjetivos, pois essa atuação deve ter por base uma conduta ética e leal com o mínimo esperado pela contraparte, sem frustrar a confiança depositada validamente e que não lhe cause prejuízos.

A boa-fé também se apresenta como uma forma de interpretação para o magistrado, que deverá buscar as finalidades iniciais das partes na relação obrigacional, bem como resolver questões de cláusulas ambíguas.

Portanto, como já citado, o comportamento de todas as partes envolvidas na relação obrigacional passou a ter grande importância e ser valorada pelo direito, exigindo-se uma conduta de acordo com a esperada pela contraparte, para que exista uma perfeita harmonização das relações obrigacionais na sociedade.

Em decorrência lógica do princípio da boa-fé, em vista de uma construção doutrinária e jurisprudencial, passou-se a admitir o chamado *venire contra factum proprium*, ou seja, proibição do comportamento contraditório, como forma de repelir condutas lícitas, mas contrárias ao mínimo ético e esperado nas relações jurídicas estabelecidas entre os sujeitos de uma sociedade.

Por fim, ficou demonstrada a incidência da responsabilidade civil com o dever de reparar e/ou indenizar quando o sujeito sofrer um dano em decorrência da violação dos deveres de lealdade e confiança impostos pela boa-fé ou por qualquer um dos deveres laterais, sejam explícitos ou não na relação intersubjetiva, em qualquer uma das fases da relação.

6. REFERÊNCIAS

ABBAGNANO, Nicola. *Dicionário de filosofia*. Trad. da 1. ed. brasileira coordenada e revista por Alfredo Bosi. São Paulo: Martins Fontes, 2007.

ALVIM, Arruda; ALVIM, Teresa; CLÁPIS, Alexandre Laizo. *Comentários ao Código Civil brasileiro*. Rio de Janeiro: Editora Forense, 2009. t. I e II.

BETTI, Emilio. *Teoria generale delle obligazioni*. Milano: Giuffrè, 1953, v.1.Trad. Francisco José Galvão Bueno. Campinas: Bookseller, 2006.

BEVILAQUA, Clóvis. *Direito das obrigações*. Ed. Officina Dois Mundos, 1896.

BEVILAQUA, Clóvis; BITTAR, Carlos Alberto. Artigo. Disponível em: www.diritto.it/material/straniero/dir_brasiliano/filho59.html.

CORDEIRO, Antônio Manuel da Rocha Menezes. *Da boa-fé no direito civil*. Coimbra: Editora Almedina, 1984. v. I.

São Paulo: Ed. RTDIEZ-PICAZO, Luis; MORALES, Roca Trias A. M. *Los principios del derecho europeu de contratos*. Madrid: Civitas, 2002.

GAGLIANO, Pablo Stolze; PAMPLONA FILHO, Rodolfo. *Novo curso de direito civil – Contratos: teoria geral*. 7. ed. São Paulo: Saraiva, 2011. v. IV. t. I.

GAUDEMET, Jean. Naissance d'une notion juridique. Les débuts de l'obligation dans le droit de La Rome antique. Disponível em: http://www.philosophie-droit.asso.fr/APDpourweb/98.pdf.

GOMES, Orlando. *Transformações gerais do direito das obrigações*. 2. ed. São Paulo: Ed. RT, 1980.

GOMES, Orlando. *Contratos*. 18. ed. Rio de Janeiro: Forense, 1998.

JORGE, Giorgio. *Teoria de las obligationes*. Madrid: Reus.

LOTUFO, Renan. *Código Civil comentado*. São Paulo: Saraiva, 2003. v. 2.

LOTUFO, Renan; NANNI, Giovanni Ettore. *Obrigações*. São Paulo: Atlas, 2011.

LARENZ, Karl. *Derecho justo – Fundamentos da ética jurídica*. Madrid: Civitas, 1985.

LARENZ, Karl. *Derecho de obligationes*. Madrid: Revista de Derecho Privado, 1958.

MAGALHÃES, Ana Alvarenga Moreira. *O erro no negócio jurídico – Autonomia da vontade, boa-fé objetiva e teoria da confiança*. São Paulo: Atlas, 2011.

MARTINS-COSTA, Judith. *A boa-fé no direito privado – Sistema e tópica no processo obrigacional*. São Paulo: Ed. RT, 1999.

MONTEIRO, Washington de Barros. *Curso de direito civil – Direito das obrigações*. 29. ed. São Paulo: Saraiva, 1997.

NERY JUNIOR, Nelson; ANDRADE NERY, Rosa Maria de. *Código Civil anotado e legislação extravagante*. 2. ed. São Paulo: Ed. RT, 2003.

NORONHA, Fernando. *Direito das obrigações*. São Paulo: Saraiva, 2010.

NORONHA, Fernando. *Novo Código Civil brasileiro – Prefácio Prof. Miguel Reale*. 3. ed. São Paulo: Ed. RT, 2003.

NORONHA, Fernando. *O direito dos contratos e seus princípios fundamentais – Autonomia privada, boa-fé, justiça contratual*. São Paulo: Saraiva, 1994.

REALE, Miguel. *Lições preliminares de direito*. 22. ed. São Paulo: Saraiva, 1995.

ROSENVALD, Nelson. *Dignidade humana e boa-fé no Código Civil*. São Paulo: Saraiva, 2005.

A CULPA *IN CONTRAHENDO* COMO TERCEIRA VIA DE RESPONSABILIDADE CIVIL

Karina Nunes Fritz

Doutora pela Humboldt Universität, Berlim (Alemanha). Prêmio Humboldt de melhor tese de doutorado na área de Direito Civil (2018). LL.M na Friedrich-Alexander Universität Erlangen-Nürnberg (Alemanha). Mestre em Direito Civil pela PUCSP. Secretária-Geral da Deutsch-lusitanische Juristenvereinigung (Associação Luso-alemã de Juristas), sediada em Berlim. Autora da coluna *German Report*, do Portal Migalhas. Professora e Parecerista. E-mail: karinanfritz@gmail.com.

Sumário: 1. Introdução. 2. A natureza jurídica da responsabilidade *in contrahendo*. 3. *Culpa in contrahendo* e terceira via de responsabilidade. 4. Conclusões

1. INTRODUÇÃO

Em 2014, o Superior Tribunal de Justiça proferiu importante julgado, sob a relatoria douto Min. Paulo de Tarso Sanseverino, ao aplicar o regime contratual a caso de rompimento imotivado das negociações, determinando a contagem dos juros de mora a partir da citação do réu em ação indenizatória por danos pré-contratuais[1]. A doutrina ignorou solenemente o julgado, mas o precedente pode ser um divisor de águas no direito brasileiro em relação à controvertida discussão acerca da natureza jurídica da responsabilidade pré-contratual.

Ao jurista brasileiro não deixa de surpreender a decisão de aplicar o regime contratual a casos de dano pré-contratual, vez que o contrato não chegou a se formar por causa do rompimento imotivado das conversações. Mas a questão não é tão simples assim e envolve a discussão – ausente no Brasil – em torno da natureza jurídica dos deveres laterais de conduta, oriundos da boa-fé objetiva (art. 422 CC2002), princípio estruturante do direito, cujo *núcleo duro* impõe dois comandos centrais aos partícipes do comércio jurídico: agir com retidão e lealdade, e ter consideração pelos interesses legítimos da contraparte.

---

1. No caso, duas empresas iniciaram conversações para a realização de um evento promocional. A empresa de eventos, após vários telefonemas e trocas de e-mails, realizou visita técnica, elaborou memoriais descritivos e, diante da proximidade da data do evento, iniciou a contratação – com conhecimento da contraparte – de terceiros fornecedores. O evento foi inicialmente adiado e, por fim, cancelado, tendo o contraente de suportar os prejuízos com os gastos inutilmente realizados. Em primeiro grau, a ação indenizatória foi julgada improcedente ao argumento de que "o relacionamento entre as partes se manteve na esfera de orçamento e projeto", mas o Tribunal de Justiça de São Paulo reformou a decisão, pois as negociações davam como certa a realização do evento e criaram "induvidosa expectativa da contratação". O STJ, confirmando a responsabilidade pré-contratual, reconheceu a natureza contratual do instituto e determinou o início da contagem dos juros de mora a partir da citação. Diz trechos da ementa: "Recurso especial. Civil e processual civil. Responsabilidade civil pré-contratual. Negociações preliminares. Expectativa legítima de contratação. Ruptura de tratativas. Violação ao princípio da boa-fé objetiva. Juros de mora. Termo 'a quo'. Data da citação. 1. Demanda indenizatória proposta por empresa de eventos contra empresa varejista em face do rompimento abrupto das tratativas para a realização de evento, que já estavam em fase avançada... 4. Aplicação do princípio da boa-fé objetiva na fase pré-contratual. Doutrina sobre o tema. 5. Responsabilidade civil por ruptura de tratativas verificada no caso concreto... 7. Controvérsia doutrinária sobre a natureza da responsabilidade civil pré-contratual. 8. Incidência de juros de mora desde a citação (art. 405 do CC). 9. Manutenção da decisão de procedência do pedido indenizatório, alterando-se apenas o termo inicial dos juros de mora...". REsp. 1.367.955/SP, T3, Rel. Min. Paulo de Tarso Sanseverino, j. 18.03.2014, DJe 24.03.2014.

A teoria dos deveres de conduta, desenvolvida na Alemanha ao longo do século 20, provocou simultaneamente uma crise na teoria das fontes obrigacionais e na dualidade da responsabilidade civil, trazendo à luz o debate em torno da existência de um terceiro gênero de responsabilidade, situado entre o contrato (responsabilidade contratual) e o delito (responsabilidade extracontratual).

Essas questões faziam parte dos temas centrais do interesse do nosso saudoso homenageado, Prof. Dr. Renan Lotufo, que, com entusiasmo e profundidade, debruçou-se sobre o princípio da boa-fé objetiva e os institutos a partir dela desenvolvidos pela doutrina e jurisprudência alemãs, especialmente a *culpa in contrahendo* e o terceiro gênero de responsabilidade civil. Nada mais justo, portanto, que dedicar-lhe esse curto ensaio.

2. A NATUREZA JURÍDICA DA RESPONSABILIDADE *IN CONTRAHENDO*

A discussão em torno da natureza jurídica da responsabilidade pela violação dos deveres laterais de conduta ainda é pouco compreendida no Brasil. O grande desafio é compreender as razões pelas quais no direito alemão aplica-se o regime da responsabilidade contratual aos casos de violação dos deveres da boa-fé. Se é fácil aceitar que o descumprimento dos deveres de conduta no âmbito do contrato, ou até mesmo na fase pós-contratual, faz incidir o *regime da responsabilidade contratual* por causa da existência ou da "pós-eficácia" do contrato, visto como "fonte" desses deveres, o mesmo não se pode dizer quando se está diante do descumprimento dos deveres pré-contratuais. E a razão é simples: sem contrato, não há responsabilidade contratual.

A explicação mais frequente para a solução alemã de *elastecer o campo normativo da responsabilidade contratual*[2] a fim de englobar os casos de violação dos deveres da boa-fé antes, durante e depois do contrato ampara-se na suposta "deficiência" do regime de responsabilidade extracontratual alemão[3], que – ao contrário do sistema francês (arts. 1.382 e 1.383 *Code*) e brasileiro (art. 186 CC2002) – não possui uma cláusula geral de responsabilidade delitual, mas enumera expressamente os bens jurídicos tutelados no § 823, inc. 1 BGB[4].

Essa, porém, é uma leitura apressada da problemática. Isso fica bem claro quando se analisa o primeiro caso judicial que tematizou a questão: o famoso caso dos tapetes de linóleo (*Linoleumfall*), julgado pelo Tribunal Imperial alemão (*Reichsgericht*) em 1911, o qual girava em torno da violação de deveres de conduta durante a fase pré-contratual. No caso, mãe e filho entraram em uma loja para se informar acerca de tapetes de linóleo

---

2. Wolfgang Fikentscher e Andreas Heinemann falam, nesse sentido, na extensão da responsabilidade contratual para o período anterior à conclusão do negócio. *Schuldrecht*. 10. ed. Berlin: De Gruyter, 2006, p. 28.
3. Na verdade, antes de representar uma deficiência do sistema delitual alemão, a ausência de uma cláusula geral de responsabilidade extracontratual, aos moldes do Código de Napoleão, foi decisão consciente do legislador alemão, que pretendia, com isso, evitar deixar na mão do juiz o poder de criar regras de comportamento a partir de um princípio tão vago quanto o *neminem laedere*, pois se entendia ser tarefa do legislador fixar os pressupostos do dever de indenizar. Por isso, o legislador histórico deu ao juiz alguns critérios – como os estabelecidos nos § 823, inc. 1 (violação de direitos absolutos) e 2 (violação de leis de proteção) e § 826 (lesão dolosa aos bons costumes) do BGB, vistos como "pequenas cláusulas gerais" (*kleine Generalklausel*) – como *norte orientador* na tarefa de concretizar o instituto do ato ilícito. Com isso, evitou-se um grave problema, ocorrido no direito francês e brasileiro: a criação de uma casuística nem sempre lógica e racional do ato ilícito. MERTENS, Hans-Joachim. *Münchener Kommentar zum Bürgerlichen Gesetzbuch*. Bd. 3, 2 Hb. 2. ed. Kurt Rebmann e Franz Jürgen Säcker (Coord.). München: Beck, 1986, Vor §§ 823-853, Rn. 2, p. 1453.
4. "§ 823. Dever de indenizar. (1) Quem, dolosa ou culposamente, viola a vida, o corpo, a saúde, a liberdade, o patrimônio ou outro direito, é obrigado a indenizar o dano causado." No original: „§ 823. Schadensersatzpflicht. (1) Wer vorsätzlich oder fahrlässig das Leben, den Körper, die Gesundheit, die Freiheit, das Eigentum oder ein sonstiges Recht eines anderen widerrechtlich verletzt, ist dem anderen zum Ersatz des daraus entstehenden Schadens verpflichtet."

A CULPA *IN CONTRAHENDO* COMO TERCEIRA VIA DE RESPONSABILIDADE CIVIL | **123**

e, enquanto eram atendidos, foram gravemente feridos em decorrência da queda de rolos de tapetes que o vendedor negligentemente arrumara na prateleira.

Evidentemente, o *Reichsgericht* poderia ter solucionado facilmente o caso aplicando a responsabilidade extracontratual, pois o § 823 I BGB considera ato ilícito a lesão culposa ao corpo, impondo o dever de indenizar. Mas a Corte preferiu aplicar o regime da responsabilidade contratual. A justificativa utilizada foi a de que, se se enquadrasse o caso como responsabilidade aquiliana, o dono do estabelecimento comercial poderia se eximir da responsabilidade demonstrando ter agido com diligência ao selecionar e instruir o funcionário, pois o § 831 BGB, da mesma forma que o antigo art. 1.523 CC1916, permite a exclusão da responsabilidade com base na *culpa in eligendo*[5].

Mas o *Reichsgericht* considerava essa solução insatisfatória tendo em vista que se tratava de lesão a clientes (consumidores) em estabelecimentos comerciais, locais de circulação em massa, nos quais os consumidores estão expostos a elevado risco de dano. A real – porém, implícita – justificativa para a opção do Tribunal foi a ideia, lançada por Jhreing, de que as partes que negociam um contrato saem do plano geral e indeterminado do contato social e adentram o nível superior do contato negocial, no qual assumem uma carga mais intensa de deveres, os quais exigem, em sua maioria, condutas ativas do obrigado no sentido de informar, esclarecer, cooperar, proteger, agir com lealdade etc., diferentes da postura omissiva do *neminem laedere*, o qual cumpre-se, em regra, por meio de mera abstenção.

Por isso, o Tribunal afirmou que com a entrada do cliente no estabelecimento comercial surge uma "relação jurídica preparatória do contrato", dotada de características semelhantes à relação contratual. Dela brotam "vinculações jusnegociais"[6], como o dever de proteger a integridade física do potencial contratante e esse dever é mais intenso que o simples dever geral de não lesar, pois exige que o dono do estabelecimento adote medidas positivas e adequadas para evitar danos aos frequentadores[7].

---

5. O art. 1.523 do CC1916 rezava: "Excetuadas as do art. 1.521, V [partícipes do produto de crime], só serão responsáveis as pessoas enumeradas nesse e no art. 1.522, provando-se que elas concorreram para o dano por culpa, ou negligência de sua parte." Esse dispositivo, como cediço, foi substituído pelo art. 933 do CC2002, dispensando a culpa.

6. Confira-se RGZ 78, 239, p. 240, sem grifos no original. Observe-se que a partir daí desenvolveu-se a ideia de que os fornecedores têm o dever de garantir a segurança dos (potenciais) consumidores em seus estabelecimentos comerciais, o que, no Brasil, só se estabeleceu como regra a partir da promulgação da Lei de Defesa do Consumidor, onde tais casos são subsumidos, desde então, no art. 14. Antes, porém, a jurisprudência era vacilante: enquanto alguns julgados reconheciam o dever de ressarcir com base na cláusula geral do ato ilícito (art. 159 CC1916), outros negavam o ressarcimento por considerar um "acidente" ou "azar", mas, de qualquer forma, um risco da vida em sociedade a ser suportado pelo lesado, o que frequentemente vinha escondido por trás da alegação de falta de prova do nexo causal. Confira-se, a título ilustrativo: TJSP; Apelação Com Revisão n. 9191314-38.2007.8.26.0000 (numeração antiga 540.044-4/3-00), rel. Des. Elcio Trujillo, 7ª Câmara de Direito Privado, j. 08.04.2009. Trata-se de caso de queda em supermercado de consumidora que, após escorregar em casca de fruta, teve seu pleito ressarcitório negado com base na ausência de nexo causal e de negligência do supermercado, que, segundo testemunha, mantinha o local limpo. Do acórdão, percebe-se que o Tribunal considerou o fato mais como um infortúnio da vítima, do que como infração ao dever de segurança do estabelecimento. Diz um trecho: "Considerando que a ré é um mercado, por onde circulam várias pessoas durante o dia, cada qual com seus costumes e educação, inviável a pretensão de impor à ré a responsabilidade pela existência de casca de fruta no chão. O fato ocorrido com a autora, embora lastimável, não é decorrente de culpa, do tipo omissivo ou comissivo, de qualquer dos funcionários da ré. Não se trata de falta de higiene, pois a fruta pode ter caído da gôndola ou simplesmente ter sido jogada ao chão por outro cliente. E, neste passo, inviável tentar cogitar do número de funcionários necessários para manutenção da limpeza local, pois tal fato sempre poderá ocorrer, por mais higiene que se possa imaginar".

7. Atente-se que, com a decisão, a Corte antecipou em mais de meio século o reconhecimento de deveres de proteção à vida e integridade física dos consumidores, apontadas por John F. Kennedy em 1963 como um dos direitos básicos dos consumidores. No Brasil, esses direitos só seriam positivados com o Código de Defesa dos Consumidor em 1990, que dedica uma responsabilidade específica para esses danos: responsabilidade por fato do produto ou serviço, disciplinada nos arts. 12 a 17 do CDC.

Essa ideia remonta, como dito, a Rudolf von Jhering, que no ensaio sobre a *culpa in contrahendo*, de 1861, demonstrou que durante a fase de preparação do negócio surge um "dever de diligência" entre os contraentes. Esse dever distingue-se tanto do *neminem laedere* que a todos vincula em razão da vida em sociedade, quanto dos deveres de prestação, oriundos do contrato. Esse dever obrigaria as partes na fase pré-contratual a agir com elevada diligência a fim de afastar os óbices à validade do negócio e evitar a celebração de contratos nulos[8].

Em uma passagem, Jhering afirma que "quem contrata, sai deste modo do círculo de deveres puramente negativo do tráfico extracontratual e entra no positivo da esfera contratual", assumindo a obrigação de agir com diligência não apenas durante a execução do contrato, mas já no próprio contratar[9]. Com isso, ele intuiu algo que para muitos ainda é incompreensível, i.e., que o *contato negocial*, direcionado à eventual celebração do negócio jurídico, é uma *situação jurídica sui generis* que se distingue, de um lado, da situação contratual e, de outro, do contato social, que a todos indistintamente vincula.

Essa ideia vai marcar definitivamente o instituto da *culpa in contrahendo*, conhecida no mundo jurídico latino como responsabilidade pré-contratual, que exprime o dever de responder pela inobservância de *qualquer dever lateral* durante a fase de formação do negócio e não se limita aos casos de rompimento imotivado das negociações, nos quais resta violado o dever de lealdade.

O problema era que à época da decisão não havia ainda uma doutrina sobre os deveres da boa-fé na qual o *Reichsgericht* pudesse se apoiar. Com efeito, somente em 1923 Heinrich Stoll viria a apontar o mandamento da lealdade, ínsito à cláusula geral da boa-fé objetiva (*Treu und Glauben*) do § 242 BGB, como fundamento dos deveres de conduta e Karl Larenz só sistematizaria a teoria dos níveis de contato social em meados da década de 50.

Mesmo assim, o Tribunal adere à ideia de Jhering de que existem níveis diferentes de contato na vida em sociedade e que o direito precisa valorar cada qual de forma diferente. Por isso, para a Corte, o contato negocial situa-se em *plano intermediário* entre o contato social e o contrato, embora desses esteja mais próximo, o que justifica a aplicação do regime contratual aos casos de danos pré-contratuais.

Isso mostra que as supostas "deficiências" do direito delitual alemão são insuficientes para justificar a natureza contratual da *culpa in contrahendo* e o desenvolvimento da teoria dos deveres de consideração[10]. Com efeito, seria demasiado simplista tentar justificar toda a rica construção doutrinária da teoria da confiança e dos deveres de consideração na mera insuficiência do regime delitual. A uma, porque a proteção da incolumidade física está

---

8. VON JHERING, Rudolf. *Culpa in contrahendo ou indemnização em contratos nulos ou não chegados à perfeição.* Tradução: Paulo Mota Pinto. Coimbra: Almedina, 2008, p. 32. Para uma análise acerca da originalidade da teoria de Jhering, permita-se remeter a: NUNES FRITZ, Karina. *A culpa in contrahendo no direito alemão: um contributo para reflexões em torno da responsabilidade pré-contratual.* Revista de Direito Civil Contemporâneo 15 (2018), p. 164-207.

9. JHERING, Rudolf von. Op. cit., p. 32. Karl Larenz, comentando a afirmação de Jhering, diz: "Isto significa, dito de uma forma mais moderna, que aquele que mantém negociações contratais com outrem aceita já, por via disso, *deveres acrescidos, não só os relativos à omissão de actos lesivos, mas também os relativos a um agir positivo, sempre que a outra parte possa, segundo as circunstâncias, esperar isso de si.*". No mesmo sentido: LARENZ, Karl. *Metodologia...,* p. 602; FIKENTSCHER, Wolfgang e HEINEMANN, Andreas. Op. cit., p. 57.

10. Harm Peter Westermann diz nesse sentido que a culpa in contrahendo deve seu desenvolvimento, de um lado, ao mal--estar do regime de responsabilidade delitual, mas de outro, ao anseio de valorar adequadamente o contato social. *BGB – Schuldrecht Allgemeiner Teil.* 6. ed. Atualizado por Peter Bydlinski e Ralph Weber. Heidelberg: Müller Verlag, 2007, p. 201s.

A CULPA *IN CONTRAHENDO* COMO TERCEIRA VIA DE RESPONSABILIDADE CIVIL

expressamente prevista no § 823 I BGB; a duas, porque a jurisprudência alemã, que por vezes decidiu até *contra legem*[11], poderia ter contornado pela via interpretativa a exclusão da responsabilidade por ato do preposto, como o fez a jurisprudência brasileira[12].

É a percepção das *peculiaridades do contato negocial e dos deveres de conduta* o que verdadeiramente explica e justifica a aplicação do regime contratual, principalmente as especificidades do suporte fático, estrutura, função e eficácia dos deveres da boa-fé, que os diferenciam tanto do *neminem laedere*, quanto dos deveres prestacionais (obrigações *stricto sensu*), como explica Larenz com muita propriedade[13].

Segundo o autor, existem diferentes níveis de contato na vida em sociedade, cada qual dotado de carga normativa (deveres) distinta. No plano mais geral, tem-se o contato social, no qual vigora o dever de não lesar. Esse dever tem eficácia *erga omnes* e vincula abstratamente todos independente da existência de qualquer contato fático prévio entre as pessoas[14]. É um dever que se cumpre, em regra, com o simples abster-se de não lesar os bens jurídicos por todos perceptíveis: corpo, vida, saúde, liberdade, propriedade, direitos da personalidade etc.

Quando os potenciais contratentes estabelecem entre si um contato visando à eventual celebração de um negócio jurídico, eles saem do campo geral do contato social e *adentram a esfera do contato negocial*, assumindo, então, ainda que de forma involuntária, uma gama de deveres específicos, mais intensos que o dever do *neminem laedere*, porém mais amenos que os deveres prestacionais oriundos do contrato. Aqui surge uma *relação obrigacional especial*, da qual não brotam deveres de prestação, mas tão só deveres laterais de conduta, que Larenz denomina *relação obrigacional sem dever de prestação*.

Se chegam a celebrar o contrato, as partes ingressam na esfera do negócio jurídico, onde há carga normativa máxima, pois, além das obrigações acordadas e/ou impostas por lei para o tipo negocial celebrado, elas são obrigadas ainda a observar uma gama de deveres decorrentes da boa-fé objetiva. A *relação obrigacional especial*, surgida anteriormente, se condensa e se transforma na *relação obrigacional contratual*, de acordo com a chamada teoria da transmudação (*Umschlagstheorie*)[15].

Existe, portanto, uma zona cinzenta entre o contato social e o contrato, chamada *contato negocial*, que, embora distinta de ambas as situações jurídicas, mais se aproxima, em razão

---

11. Exemplo foi a célebre decisão que quebrou o princípio do nominalismo (*Nominalwertprinzip*), expresso na fórmula *Mark gleich Mark*, durante a 1ª. Guerra Mundial e readaptou uma série de contratos desequilibrados em sua base por conta da alta inflacionária e da hiperinflação da época. Nesse sentido: FINKENAUER, Thomas. *Münchener Kommentar zum Bürgerlichen Gesetzbuch*. Bd. 2. 7. ed. Wolfgang Krüger (Coord.). München: Beck, 2016, § 313, Rn. 79, p. 1909.

12. A jurisprudência brasileira contornou o problema da responsabilidade do preposto simplesmente subsumindo casos de danos a consumidores na cláusula geral do ato ilícito do art. 159 CC1916 e imputando aos estabelecimentos dever de limpeza e segurança nas áreas, cuja violação dava ensejo ao dever de indenizar. Nesse sentido: STJ, REsp. 337.116/SP, T4, Rel. Min. Aldir Passarinho Junior, j. 03.10.2002, DJ 16.12.2002. O caso em questão girava em torno da queda de cliente em supermercado em razão de piso escorregadio.

13. Uma crítica à teoria de Hans Dölle é feita por Larenz em complexo artigo: *Culpa in contrahendo, Verkehrssicherungspflicht und "sozialer Kontakt"*. MDR 9, 1954, 515-519. O texto foi por mim traduzido para o português com o título: *Culpa in contrahendo, dever de segurança no tráfico e "contato social"*, publicado inicialmente na Revista de Direito Privado 34, 2008, p. 343 e republicado na edição comemorativa: *Revista dos Tribunais* – 100 anos, v. 3, 2011, 1192-1202.

14. *Allgemeiner Teil des Bürgerlichen Rechts*. 9. ed. Atualizada por Mafred Wolf, München: Beck, 2004, p. 592ss. No mesmo sentido: MARTINS-COSTA, Judith. *A boa-fé no direito privado: critérios para a sua aplicação*. São Paulo: Marcial Pons, 2015, p. 240 ss.

15. A ideia da transmudação do vínculo obrigacional já estava presente, ainda que sem maiores aprofundamentos, em Arwed Blomeyer e Kurt Ballerstedt. Cf. CANARIS, Claus-Wilhelm. *Ansprüche wegen "positiven Vertragsverletzung" und "Schutzwirkung für Dritte" bei nichtigen Verträgen*. JZ 1965, 475-482, p. 479.

de sua carga normativa, da segunda que da primeira. Da mesma forma, os deveres laterais de conduta lá surgidos – ditos hodiernamente deveres de consideração (*Rücksichtspflichten*) – se distinguem tanto do dever geral de não lesar, quanto dos deveres prestacionais.

Com efeito, eles se diferenciam do *neminem laedere*, pois não geram eficácia *erga omnes*, vinculando, em regra, apenas os contraentes. Eles são deveres concretos, que vinculam *ab initio* pessoas determinadas que se encontram em uma situação negocial pré-existente (contato negocial). Por outro lado, também se apartam dos deveres de prestação, pois não têm por fonte o contrato, mas sim o contato negocial. Logo, não encontram fundamento na autonomia privada, mas na boa-fé objetiva. E, além disso, ao contrário dos deveres prestacionais, não visam promover uma modificação na esfera de bens das partes, mas apenas tutelar a integridade de sua esfera jurídica.

Por isso, os doutrinadores alemães sustentam que os deveres da boa-fé são *deveres obrigacionais sui generis*. Da mesma forma, a responsabilidade deles decorrentes – responsabilidade pré-contratual, violação positiva do contrato e responsabilidade pós-contratual, conforme a violação do dever ocorra antes, durante ou depois do contrato – não se deixa enquadrar, a rigor, nem como responsabilidade extracontratual, nem como responsabilidade contratual. Isso vale principalmente para a responsabilidade *in contrahendo*, que se localiza em uma zona cinzenta entre o contrato e o delito (ato ilícito absoluto).

Essa ideia foi recepcionada pela Reforma de Modernização do Direito das Obrigações no § 311 BGB/2002, onde o legislador previu diferentes níveis de contatos negociais como suportes fáticos aptos a acionar, na fase pré-contratual, o surgimento do vínculo obrigacional e a incidência dos deveres de consideração, cuja inobservância pode dar ensejo à responsabilidade pré-contratual.

3. CULPA *IN CONTRAHENDO* E TERCEIRA VIA DE RESPONSABILIDADE

Claus-Wilhelm Canaris analisou em pormenor o caráter *sui generis* dos deveres de conduta e da responsabilidade daí decorrente. Segundo ele, o contato negocial distingue-se do mero contato social, que dispensa prévio contato material entre as partes[16]. Com o estabelecimento do contato negocial, surge entre as partes uma relação de confiança (*Vertrauensverhältnis*) em razão da qual uma confia e, por isso, expõe seus bens, direitos e interesses à influência da outra, aumentando o risco de que essa interfira indevidamente em sua esfera jurídica da outra, causando-lhe danos.

Essa relação de confiança se qualifica no plano jurídico como uma *relação obrigacional sui generis*, pois surge independe da vontade das partes e, ao contrário da relação obrigacional tradicional, não produz deveres de prestação, mas apenas os deveres ético-jurídicos oriundos da boa-fé, por ele denominados deveres de proteção[17]. Ele concebe a

---

16. Atente-se que o dever do neminem laedere não exige para ter eficácia um contato fático e prévio entre pessoas determinadas. Assim, por exemplo, João tem o dever de não lesar o automóvel do morador do prédio vizinho que ele sequer conhece. Os deveres da boa-fé, ao contrário, exigem um contato prévio – de cunho negocial – entre sujeitos determinados, o qual fornece o substrato fático para o surgimento dos deveres de conduta em cada caso concreto. Aqui vale lembrar, com Canaris, que aquilo que se harmoniza ou não com a boa-fé objetiva só pode ser avaliado e determinado no caso individual por meio de valoração ético-jurídica das circunstâncias fáticas, o que torna imprescindível contato prévio entre as partes. *Vertrauenshaftung*, p. 529 e *Ansprüche wegen "positiver Vertragsverletzung"*, p. 479, onde ele afirma que o conteúdo dos deveres de proteção depende e varia conforme as relações fáticas existentes.

17. Canaris observa: "É conhecimento seguro que a relação obrigacional não se esgota nos deveres de prestação principais, mas serve, além disso, de base para um feixe de deveres adicionais como os deveres de prestação laterais, deveres de proteção e

A CULPA *IN CONTRAHENDO* COMO TERCEIRA VIA DE RESPONSABILIDADE CIVIL **127**

relação obrigacional de confiança como um *vínculo autônomo e independente* do vínculo contratual surgido posteriormente entre as partes.

A fonte do vínculo não é a vontade das partes, como no contrato, nem a conduta lesiva (ato ilícito absoluta), como na responsabilidade aquiliana, vez que a relação obrigacional só se forma com a violação do dever geral de não lesar. Isso equivale dizer que a relação jurídica de confiança não tem fundamento na autonomia privada, mas no mandamento ético-jurídico da boa-fé objetiva[18].

Canaris, porém, não vê, como Larenz, a relação obrigacional como um processo que se inicia na fase pré-contratual, se condensa e se transforma em uma relação contratual se e quando as partes chegam a consenso e celebram o negócio[19]. Para ele, ambos os vínculos, embora sofram influências recíprocas, são independentes entre si, caminhando paralelamente apenas se o contrato vem a ser celebrado.

Para o autor, existem *dois vínculos obrigacionais* distintos: o *vínculo obrigacional da confiança*, surgido com o contato negocial, do qual apenas irradiam deveres de consideração e o *vínculo obrigacional tradicional*, surgido com o contrato, do qual nascem os deveres

---

de liquidação. Da mesma forma, admite-se que ela, em sua existência, independente da presença de deveres de prestação e pode, por exemplo, perdurar ainda quando esses [deveres] tenham se extinguido (deveres com pós-eficácia), ou seja, que ela [relação obrigacional] pode existir sem que sequer tenha surgido um dever de prestação (relação obrigacional sem dever de prestação primário).". No original: "Es ist gesicherte Erkenntnis, daß das Schuldverhältnis sich nicht in den Hauptleistungspflichten erschöpft, sondern daneben die Grundlage einer Fülle weiterer Pflichten wie der Nebenleistungs-, der Schutz- und der Abwicklungspflichten bildet. Ebenso ist anerkannt, daß es in seinem Bestand unabhängig von der Existenz der Leistungspflichten ist und z.B. fortdauern kann, auch wo diese erloschen sind (nachwirkende Pflichten), ja, daß es bestehen kann, ohne daß jemals eine Leistungspflicht gegeben war (Schuldverhältnis ohne primäre Leistungspflicht).". *Ansprüche wegen "positiver Vertragsverletzung"*, p. 478. Reconhecendo a existência de uma relação obrigacional antes do contrato: AGUIAR JUNIOR, Ruy Rosado. Op. cit., p. 245 e HAICAL, Gustavo Luís da Cruz. *O inadimplemento pelo descumprimento exclusivo do dever lateral advindo da boa-fé objetiva. Revista dos Tribunais* 900 (2010), 45-84, p. 61.

18. Canaris fala expressamente que "Stoll, acertadamente, denominou os deveres direcionados a isso [proteção dos bens jurídicos] de 'deveres de proteção', contrapondo-os aos deveres de prestação principais e acessórios. Eles encontram sua base legal não no futuro contrato, mas em uma 'relação jurídica de negociação', que surge independente da vontade das partes, sendo, portanto, de natureza 'legal'. A fundamentação última para a aceitação de um tal vínculo jurídico especial está na confiança despertada e aceita, e sua base jurídico-positiva no § 242 BGB. A partir disso, no presente contexto, pode-se tirar três conclusões fundamentais: primeiro: deveres de proteção podem existir independe da existência de deveres de prestação; segundo: deveres de proteção – pelo menos, no estágio pré-contratual – tem sua base jurídica não na vontade das partes – não ainda em sua interpretação ou integração, nos termos do § 157 BGB! – mas na ideia da confiança; terceiro: deveres de proteção são independentes da celebração do contrato e não são, por isso – principalmente, no estágio pré-contratual – afetados pela nulidade [contrato]... Então, o que é amplamente aceito no estágio pré-contratual, precisa valer nesse ponto, da mesma forma, depois da conclusão do contrato se não se quer aceitar distinções arbitrárias, ou seja, injustas.". No original: „Die hierauf gerichteten Pflichten hat Stoll treffend als 'Schutzpflichten' bezeichnet und den Haupt- und Nebenleistungspflichten gegenübergestellt. Sie finden ihre Rechtsgrundlage nicht in dem zukünftigen Vertrag, sondern in einem besonderen 'Rechtsverhältnis der Vertragsverhandlungen', das unabhängig vom Willen der Parteien zustandekommt, also 'gesetzlicher' Natur ist. Die innere Rechtfertigung für die Annahme einer solchen sonderen Rechtsbeziehung liegt dabei in der 'Gewährung in Anspruch genommenen Vertrauens' und die positiv-rechtliche Grundlagen in § 242 BGB. Daraus sind für vorliegenden Zusammenhang drei wesentliche Einsichten zu gewinnen: erstens: Schutzpflichten können unabhängig von der Existenz von Leistungspflichten bestehen; zweitens: Schutzpflichten finden – jedenfalls im vorvertraglichen Stadium – ihre Rechtsgrundlage nicht im Willen der Parteien – auch nicht in seiner Auslegung oder Ergänzung gemäß § 157 BGB! –, sondern im Vertrauensgedanken; drittens: Schutzpflichten sind unabhängig vom Zustandekommen des Vertrages und werden daher – jedenfalls im vorvertraglichen Stadium – auch durch dessen Nichtigkeit grundsätzlich nicht berührt... Denn was im vorvertraglichen Stadium allgemein anerkannt ist, muß insoweit nach Vertragsschluß ebenso gelten, will man nicht willkürlich, d. h., ungerechte Unterschiede hinnehmen". *Ansprüche wegen „positiver Vertragsverletzung"*, p. 476s.

19. Se a relação jurídica surge independente da vontade das partes, não há razão, segundo Canaris, para considerá-la "absorvida" pela relação obrigacional contratual, fruto da autonomia privada. A *fonte* de ambos os vínculos obrigacionais diverge: contato negocial e consenso das partes, respectivamente. Da mesma forma, seu *fundamento* (boa-fé objetiva x autonomia privada) e *conteúdo* (deveres de proteção x deveres prestação). *Ansprüche wegen „positver Vertragsverletzung"*, p. 477ss.

prestacionais[20]. Independente da discussão teórica acerca da existência de um ou de dois vínculos obrigacionais, Canaris conclui que as *peculiaridades* do contato negocial e dos deveres da boa-fé mostram a *natureza sui generis* da responsabilidade daí resultante.

Ele demonstra, então, que a responsabilidade pré-contratual, decorrente da violação dos deveres da boa-fé durante a fase de preparação do negócio, se localiza em uma *zona cinzenta* entre o contrato (*Vertrag*) e o delito (*Delikt*), formando um *terceiro gênero de responsabilidade civil*, por ele denominada "terceira via" (*dritte Spur*)[21]. Porém, a ausência de um *regime legal específico* para esses casos de responsabilidade por quebra da confiança, aliada às similitudes estruturais e funcionais entre os deveres de consideração e os deveres de prestação, justificam a aplicação do regime contratual, no que couber, aos casos de responsabilidade pela violação dos deveres de conduta.

Deve-se aqui atentar para o fato de que a *ampliação do regime contratual* aos casos de violação de deveres pré-contratuais não pode conceder ao lesado, pela via ressarcitória, aquilo que ele só obteria se o contrato tivesse sido concluído e regularmente cumprido. Ninguém pode pretender obter vantagens de um contrato que não chegou sequer a se formar[22]. A aplicação do regime contratual aos casos de *culpa in contrahendo* conduz, por isso, em princípio, à incidência das regras sobre presunção de culpa pela violação do dever de conduta, início da contagem dos juros de mora (citação) e prazo prescricional decenal do art. 205 CC2002, vez que não há na lei prazo especial para a prescrição das pretensões resultantes da inobservância dos deveres da boa-fé[23].

Por fim, Canaris insere a responsabilidade pela violação dos deveres da boa-fé em sua ampla teoria da responsabilidade pela confiança ou *Vertrauenshaftung*, que engloba diversas situações nas quais a confiança é o *fator determinante* para a produção de efeitos jurídicos[24]. Em apertada síntese, Canaris subsume na categoria geral da *responsabilidade pela confiança*, dois grupos que se diferenciam em seus *efeitos jurídicos*: a responsabilidade satisfatória (*Erfüllungshaftung*)[25], que conduz a uma tutela positiva da confiança e a responsabilidade reparatória (*Schadensersatzhaftung*), que gera uma tutela negativa da confiança.

---

20. CANARIS, Claus-Wilhelm. *Ansprüche wegen „positiver Vertragsverletzung"*, p. 479.
21. CANARIS, Claus-Wilhelm. *Schutzgesetze, Verkehrspflichten, Schutzpflichten*. In: Festschrift für Karl Larenz zum 80. Geburtstag. Claus-Wilhelm Canaris e Uwe Diederichsen (Org.). München: Back, 1983, 27-110, p. 84ss.
22. Sobre o tema do dano pré-contratual, permita-se remeter a: NUNES FRITZ, Karina. *Die culpa in contrahendo im deutschen und brasilianischen Recht*. Berlin: De Gruyter, 2018, p. 558 ss.
23. Atente-se que a Corte Especial do STJ já pacificou o entendimento de que é decenal o prazo prescricional da responsabilidade contratual, nos termos do art. 206 § 3º, V do CC2002, no EREp. 1.281.594/SP, Rel. Min. Benedito Gonçalves, Relator p/ Acórdão Min. Felix Fischer, j. 15.05.2019, DJe 23.05.2019. Pontes de Miranda, tratando do assunto, já admitia que as pretensões de culpa in contrahendo fossem submetidas ao prazo prescricional contratual. *Tratado de direito privado*. Tomo 37, Rio de Janeiro: Bolsoi, 1962, p. 324.
24. A obra *Vertrauenshaftung* é fruto da tese de livre-docência apresentada, em 1967, na Universidade de Munique sob orientação de Larenz. Lá, Canaris analisa diversas hipóteses fáticas de responsabilidade, dispersas no ordenamento jurídico alemão, nas quais a confiança atua como *fundamento principal do dever de responder* daquele que defrauda a confiança legítima do outro, sistematizando-as uniformemente com base no princípio da proteção da confiança e do comércio jurídico, consubstanciados na regra da boa-fé objetiva (§ 242 BGB) e integrando-as no sistema jusprivado da codificação alemã. *Vertrauenshaftung*, p. 412 ss.
25. *Erfüllung* vem do verbo *erfüllen*, que significa cumprir, desempenhar, satisfazer, preencher. Juridicamente, *Erfüllung* significa cumprimento, sendo usado, por exemplo, para exprimir a realização ou execução da prestação (*Leistungserfüllung*) ou o lugar do cumprimento (*Erfüllungsort*). Aqui optou-se pelo sentido de satisfação para indicar que se trata de uma responsabilidade pela satisfação das expectativas frustradas. Em outra oportunidade, o termo foi traduzido como "responsabilidade executória" (NUNES FRITZ, Karina. *A culpa in contrahendo no direito alemão: um contributo para reflexões em torno da responsabilidade pré-contratual*. Revista de Direito Civil Contemporâneo 15 (2018), 164-207, p. 191s.), mas execução tem significado técnico preciso de cumprimento da prestação ou, processualmente, de constrição do réu, o que

A *responsabilidade satisfatória* engloba as constelações de casos nas quais o lesado, que confiou legitimamente na situação criada, deve ser colocado no estado correspondente à confirmação das expectativas que teve[26]. A *responsabilidade reparatória* caracteriza-se, por sua vez, pela tutela negativa da confiança, pois dela decorre não um dever de corresponder à expectativa criada, mas de *indenizar o dano* decorrente da confiança frustrada (dano da confiança)[27].

Na categoria da responsabilidade reparatória subsumem-se todos os casos de violação dos deveres de conduta decorrentes da boa-fé antes, durante ou depois do contrato. A *culpa in contrahendo*, em particular, não se deixa enquadrar nem como responsabilidade delitual, nem como responsabilidade contratual, consistindo, a rigor, em uma terceira via de responsabilidade civil, situada entre o ato ilícito absoluto e o contrato.

É impossível analisar, nos limites desse ensaio, a importância teórica da rica construção de Canaris. Sem dúvida, causa surpresa ao jurista brasileiro submeter a *culpa in contrahendo* ao regime da responsabilidade contratual, posto que na fase pré-contratual o contrato planejado ainda não surgiu. Porém, tendo em vista que só existem *dois regimes legais de responsabilidade civil*, há que se definir qual dos regimes deverá ser aplicado aos casos de danos pré-contratuais ou se, ao contrário, o intérprete poderia criar um regime jurídico específico para esses casos através da combinação de regras oriundas de ambos os sistemas.

Não é difícil imaginar o caos que reinaria – principalmente no Brasil – se cada juiz pudesse escolher a regra de responsabilidade aplicável ao caso concreto, especialmente no tocante à prova da culpa, prazo prescricional, contagem dos juros de mora etc. Por isso, na Alemanha a jurisprudência aplica o regime contratual aos casos de responsabilidade por violação dos deveres da boa-fé, independente da ofensa ter ocorrido antes, durante ou depois do contrato[28].

Com isso, amplia-se o âmbito normativo da responsabilidade contratual para abarcar os *momentos imediatamente anterior e posterior ao contrato*, e sancionar a violação dos deveres da boa-fé. O *suporte fático nuclear* da responsabilidade contratual deixa de ser o descumprimento contratual e passa a ser a *violação de deveres obrigacionais*, sejam deveres prestacionais, sejam deveres de consideração. Harm Peter Westermann fala, por isso, apropriadamente, em *responsabilidade contratual sem contrato (Vertragshaftung ohne Vertrag)*[29].

---

não corresponde ao sentido empregado por Canaris, razão pela qual substitui-se o termo *Erfüllungshaftung*, na teoria de Canaris, pela expressão mencionada no texto, a mingua de melhor tradução.

26. Nela incluem-se as hipóteses de *responsabilidade pela aparência jurídica*, presente nos casos de mandato aparente, casamento putativo, proteção de terceiros em face de simulação ou sociedades aparentes, bem como a *responsabilidade por condutas abusivas (Haftung für rechtsmissbräuchliches Verhalten)*, como *venire contra factum proprium*, *suppressio (Verwirkung)*, *surrectio (Einwirkung)*, além de situações de inalegabilidade de vícios formais ou substanciais do negócio jurídico. Cf. a respeito: CANARIS, Claus-Wilhelm. *Vertrauenshaftung*, p. 9 e *Vertrauenshaftung im Lichte der Rechtsprechung des Bundesgerichtshofs*. In: 50 Jahre Bundesgerichtshof. Claus-Wilhelm Canaris, Andreas Heldrich, Klaus Hopt et. al. (Coord.). München: Beck, 2000, 129-197, p. 132 ss. No mesmo sentido: CARNEIRO DA FRADA, Manuel. *Teoria da confiança e responsabilidade civil*. Coimbra: Almedina, 2007, p. 46.

27. Carneiro da Frada esclarece: "Se a primeira se preocupa em assegurar ao sujeito ´positivamente` a sua expectativa, esta última ´nega` ao confiante o direito de ser colocado nessa situação, reconhecendo-lhe em vez disso um direito indemnizatório (contra outrem). No âmbito da protecção negativa das expectativas, a expressão ´responsabilidade pela confiança` não significa deste modo, meramente, que alguém é chamado a suportar as consequências jurídicas da confiança alheia. Aquela locução tem também um conteúdo mais restrito: assinala o surgimento de um dever jurídico preciso, o de ressarcir um prejuízo." Op. cit., p. 42.

28. Para uma análise detalhada do tema, permita-se remeter a NUNES FRITZ, Karina. *Die Culpa in contrahendo* p. 551ss.

29. *BGB – Schuldrecht Allgemeiner Teil*. 6ª. ed. Atualizado por Peter Bydlinski e Ralph Weber. Heidelberg: Müller Verlag, 2007, p. 202.

Aqui vale lembrar que o Superior Tribunal de Justiça, em outro precedente vanguardista, da lavra do i. Min. Luis Felipe Salomão, reconheceu o caráter *sui generis* da responsabilidade pré-contratual, classificando-a como uma terceira via entre a responsabilidade contratual e a responsabilidade aquiliana. No julgado, a Corte fala da crise na dicotomia tradicional da responsabilidade civil e reconhece, com amparo na doutrina portuguesa, a teoria da responsabilidade pela confiança de Canaris[30].

O interessante no julgado é a tentativa do Tribunal de relacionar a responsabilidade pré-contratual com a responsabilidade pela confiança. Mas falta ao acórdão uma visão clara da relação entre responsabilidade pré-contratual, terceira via e responsabilidade pela confiança, o que não surpreende diante do silêncio da doutrina brasileira sobre o tema.

Conjugando as conclusões desses dois precedentes paradigmáticos, aqui mencionados, conclui-se que a responsabilidade pré-contratual localiza-se em uma zona cinzenta entre o contrato e o delito, constituindo um terceiro gênero de responsabilidade civil, autônomo em relação às responsabilidades contratual e extracontratual, como, de forma vanguardista, demonstrou Canaris. Como, porém, o Código Civil só dispõe de dois regimes de responsabilidade, os casos de responsabilidade pré-contratual, bem como os demais casos de violação dos deveres de consideração durante e depois do contrato, devem ser submetidos ao regime jurídico da responsabilidade contratual, como decidiu o STJ no REsp. 1.367.955/SP, julgado em 2014.

Isso significa, por sua vez, que qualquer inobservância dos deveres da boa-fé – seja antes, durante ou depois do contrato – submete-se ao prazo prescricional decenal do art. 205 CC2002, face a ausência de prazo prescricional específico[31], como decidido no EREsp. 1.281.594/SP, no qual a Corte Especial afastou definitivamente a teoria monista da responsabilidade civil.

4. CONCLUSÕES

Conclui-se, portanto, que a construção dogmática dos deveres ético-jurídicos da boa-fé provocou uma crise não apenas na teoria das fontes das obrigações, mas também na milenar dicotomia da responsabilidade civil, pois a doutrina passou a admitir um terceiro gênero de responsabilidade, a *culpa in contrahendo*, situado entre o contrato e o delito.

De fato, entre o plano geral e indeterminado do contato social e o plano contratual há a zona intermediária do contato negocial, que, embora distinta de ambas as situações, mais se aproxima da segunda. Durante o contato negocial, no período pré-contratual, surge entre as partes uma relação jurídica da qual brotam os deveres da boa-fé, que obrigam, em síntese, os contraentes a agir com lealdade e retidão, bem como ter consideração pelos interesses legítimos da contraparte.

Esses deveres distinguem-se do dever geral de não lesar por não possuírem eficácia *erga omnes*, mas *inter partes*. Eles são deveres concretos, que vinculam *ab initio* pessoas determinadas que se encontram numa relação negocial preexistente, a qual se qualifica no plano jurídico como uma relação obrigacional especial, vez que produz tão só deveres relativos a serem observados por sujeitos determinados.

---

30. REsp. 1.309.972/SP, T4, Rel. Min. Luis Felipe Salomão, j. 27.04.2017, DJe 08.06.2017.
31. Pontes de Miranda já admitia que as pretensões de culpa in contrahendo fossem submetidas ao prazo prescricional contratual. Op. cit., p. 324.

A melhor doutrina fala, dessa forma, em relação obrigacional sem dever de prestação ou relação obrigacional da confiança. Por outro lado, eles também se diferenciam dos deveres prestacionais, pois não têm fonte no contrato e sim no contato negocial. Vale dizer: os deveres de consideração retiram seu fundamento do princípio da boa-fé objetiva, não da autonomia privada, até porque podem surgir contra a vontade das partes.

A rigor, os deveres da boa-fé são deveres *sui generis*, da mesma forma que as responsabilidades deles decorrentes: responsabilidade pré-contratual, violação positiva do contrato e responsabilidade pós-contratual. A responsabilidade *in contrahendo* localiza-se em uma zona limítrofe entre a responsabilidade aquiliana e a responsabilidade contratual, sendo, por isso, denominada terceira via (*dritte Spur*) e, por tutelar a confiança da contraparte durante a fase pré-contratual, é tida por Canaris como uma das vertentes do gênero responsabilidade pela confiança, mais precisamente um caso de responsabilidade reparatória.

Tendo em vista só existir dois regimes legais de responsabilidade civil, a solução dogmaticamente mais adequada parece ser a aplicação do regime contratual a todos os casos de responsabilidade por violação dos deveres de consideração ao invés de atribuir ao aplicador o poder construir judicialmente um terceiro sistema de responsabilidade civil, o que se refuta devido aos problemas de legitimidade constitucional e segurança jurídica que essa solução provocaria.

Porém, a aplicação do regime contratual aos casos de violação de deveres pré-contratuais deve ser feita com máxima cautela a fim de não se atribuir ao lesado, pela via ressarcitória, aquilo que ele só obteria com a conclusão e o cumprimento do contrato. A incidência do regime contratual aos casos de responsabilidade pré-contratual permite principalmente a aplicação das regras de presunção de culpa, prazo prescricional e início da contagem dos juros de mora.

A discussão em torno do terceiro gênero da responsabilidade civil envolve o repensar e o revisitar de alguns dogmas. A responsabilidade contratual não mais pressupõe, como outrora, a existência do contrato, exigindo, a rigor, apenas a violação de um dever obrigacional, que tanto pode ser um dever de prestação, quanto um dever obrigacional *sui generis* da boa-fé. Também necessário repensar a correspondência entre obrigação e dever de prestação. A doutrina europeia mais avançada mostra que a obrigação, enquanto dever, não se esgota nos deveres prestacionais, abarcando ainda os deveres da boa-fé e, enquanto vínculo, não nasce somente com o consenso (contrato) ou com a violação de dever preexistente, mas surge antes da lesão, na fase de preparação do negócio, à partir do momento em que as partes estabelecem o contato negocial.

Na contemporaneidade, mais do que nunca pode-se afirmar que a relação obrigacional nasce antes do contrato, perpassa o negócio jurídico eventualmente celebrado e só se expira depois da extinção do pacto, quando não há mais risco de dano à esfera jurídica das partes. Por isso, fala-se atualmente em relação obrigacional sem dever de prestação ou, de modo mais provocativo, em relação obrigacional sem obrigação.

A doutrina nacional tem o desafio de acompanhar as discussões em torno da crise na *summa divisio* da responsabilidade civil e do terceiro gênero de responsabilidade, discutindo a questão com verticalidade. Para tanto, imprescindível uma análise aprofundada da teoria dos deveres de conduta, da *culpa in contrahendo* e da responsabilidade pela confiança. Onde quer que esteja, nosso homenageado certamente estará acompanhando seus discípulos, com olhar fraterno, mas exigente, como todo bom mestre.

INTERESSE CONTRATUAL NEGATIVO

Silvio Luís Ferreira da Rocha

Mestre e Doutor em Direito Civil pela PUC-SP. Doutor e Livre-Docente em Direito Administrativo pela PUC-SP. Professor dos Programas de Graduação e Pós-Graduação em Direito da PUC-SP.

Realizamos este breve estudo sobre o *interesse contratual negativo* no contexto de uma obra coletiva com fins laudatórios. Cuida-se, em última análise, de realizar elogios a quem, em nossa perspectiva, muito significou. Referimo-nos ao estimado jurista, professor e magistrado, Renan Lotufo, que, durantes décadas, dedicou sua inteligência e esforço a nobre arte de formar alunos.

Quem se recordar da face de Renan Lotufo, certamente será confrontado, em suas memórias, com um sorriso largo e generoso, sucedido de palavras gentis. Renan era assim: o sorriso precedia às palavras. Nele, o temperamento afável e acolhedor convivia com o rigor científico e acadêmico, de modo que Renan Lotufo era rigoroso, sem, contudo, perder a ternura. O rigor ficava reservado ao cuidado com que ele ministrava as aulas, preparava os cursos de pós-graduação, o que logo era percebido pela extensa bibliografia estrangeira dedicada ao tema, que seria exposta e debatida nas aulas, para o desespero dos alunos que eram obrigados a ler textos escritos em francês, italiano e espanhol.

Às vezes o espírito afável e acolhedor de Renan Lotufo despertava nos alunos a falsa impressão de que as avaliações no curso seriam fáceis e quantas vezes, eu e o professor Giovanni Ettore Nanni, – a quem Renan Lotufo queria como um filho –, fomos obrigados a advertir os alunos para que estudassem com afinco e não se deixassem enganar pela cordial expressão do professor.

Em razão de suas qualidades morais e intelectuais, Renan Lotufo conquistou a admiração daqueles que, como ele, gostavam do estudo e dos desafios científicos. Homem de visão, antecipou no Brasil a discussão acerca da constitucionalização do Direito civil e do estudo do projeto do novo Código Civil, numa época em que todos, inclusive eu, duvidavam de sua promulgação.

Mesmo depois de retirar-se da Universidade, Renan Lotufo continuou com suas atividades científicas e, ultimamente, dedicava-se a comentar o Código Civil.

Se tomarmos como certa a afirmação de que "morrer é ser esquecido" esta obra tem a pretensão, pelos inúmeros colaboradores amigos, de manter vivo, entre nós, este notável ser humano chamado Renan Lotufo e creiam-me: o melhor da obra não está nos artigos científicos escritos, mas nos relatos das vivências e das lembranças que a existência de Renan Lotufo imprimiu em nossas vidas.

Muitos autores definem o interesse como a relação entre o sujeito lesado e a situação correspondente à não verificação do evento.[1] Ocorre que se esta definição for aplicada à situações contratuais suscitará soluções interpretativas inaceitáveis, pois o *evento*, sob a

---

1. PINTO, Paulo da Mota. *Interesse Contratual Negativo e Interesse Contratual Positivo*, v. II, p. 866.

perspectiva contratual, pode ser tanto a celebração do contrato, como o cumprimento dos seus termos, de modo que podemos nos confrontar com uma responsabilidade derivada do incumprimento do contrato ou com uma responsabilidade derivada da ruptura injustificada das tratativas.

No primeiro evento, teríamos a relação (hipotética) entre o contratante e a situação correspondente ao cumprimento, enquanto no segundo evento, teríamos a relação (hipotética) entre o sujeito lesado e a situação correspondente a celebração do negócio. Em ambos os casos, embora estejamos diante de situações absolutamente distintas, a responsabilidade, pela definição de *interesse* acima mencionada, cobriria danos semelhantes, senão idênticos, ou seja, às legítimas pretensões econômicas derivadas do contrato.

Como esta solução fere o princípio lógico da *identidade*, diferenciamos os interesses, de modo que, no caso de responsabilidade derivada do incumprimento do contrato, surgiria o *interesse positivo,* enquanto no caso de responsabilidade derivada da ruptura injustificada das tratativas surgiria o *interesse negativo.*

O primeiro (*interesse positivo*) cobriria os danos emergentes e os lucros cessantes decorrentes do incumprimento do contrato, enquanto o segundo (*interesse negativo*) cobriria os danos emergentes, mais os lucros cessantes referentes a um negócio recusado por conta da confiança despertada na conclusão do contrato. Cuida-se de indenizar o dano por ter a parte confiado na declaração ou no poder de representação, o que abarca as despesas por tal confiança na celebração, bem como os lucros perdidos por ter desviado os seus recursos e atividades de outros negócios.[2]

A consulta a obras gerais ou monográficas sobre o tema revelam a decisão doutrinária em enquadrá-la, ora como espécie de responsabilidade pré-contratual, ora como espécie de responsabilidade contratual.

Para Caio Mário da Silva Pereira a responsabilidade para os que participam das negociações preliminares seria aquiliana no caso de um deles induzir no outro a crença de que o contrato será celebrado, levando-o a despesas ou a não contratar com terceiro, e depois recuar, causando-lhe dano, quando, então, o fundamento do dever de reparação seria o ilícito genérico.[3] Para o ilustre civilista, "as *negociações preliminares,* embora não gerem por si mesmas e em si mesmas, obrigações para qualquer dos participantes, fazem surgir deveres jurídicos decorrentes do princípio da boa-fé, cuja violação, durante o curso das negociações, gera a responsabilidade pela ruptura das negociações, de caráter excepcional e limitada".[4]

Na mesma linha, citamos a opinião de Maria Helena Diniz para quem "apesar de faltar obrigatoriedade aos entendimentos preliminares pode surgir, excepcionalmente, a responsabilidade civil para os que deles participam no campo da culpa aquiliana, em especial quando um dos participantes criar no outro a expectativa de que o negócio será celebrado, levando-o a despesas, a não contratar com terceiro ou a alterar planos de sua atividade imediata, e depois desistir, injustificada e arbitrariamente, causando-lhe sérios prejuízos, motivo pelo qual terá a obrigação de ressarcir todos os danos".[5]

---

2. PINTO, Paulo da Mota. *Interesse Contratual Negativo e Interesse Contratual Positivo,* v. II, p. 877.
3. PEREIRA, Caio Mário da Silva. *Instituições de Direito Civil,* v. III, Contratos, 11. ed. p. 37.
4. PEREIRA, Caio Mário da Silva. *Instituições de Direito Civil,* v. III, Contratos, 11. ed. p.38.
5. *Curso de Direito Civil Brasileiro,* 3. Teoria – p.62.

Para a ilustre civilista haveria "uma responsabilidade pré-contratual que daria certa relevância jurídica aos acordos preparatórios, fundada não só no princípio de que os interessados na celebração de um contrato deverão comportar-se de boa-fé, prestando informações claras e adequadas sobre as condições do negócio e os possíveis vícios, mas também nos artigos 186 e 927 do Código Civil que dispõe que todo aquele que, por ação ou omissão, culposa ou dolosa, causar prejuízo a outrem finca obrigado a reparar o dano".[6] Desta forma, para ela, "aplicam-se as normas que regem a culpa extracontratual desde que haja dolo, negligência ou imprudência por parte do desistente, que autorizam o direito de exigir a reparação do dano sofrido, porém nunca o de exigir o cumprimento do futuro contrato".[7]

Para Christiano Chaves de Faria e Nelson Rosenvald "a quebra da confiança pela retirada intencional das negociações preliminares avançadas, sem causa que a justifique, configura abuso de direito apta a fundamentar a indenização dos "danos à confiança" consistentes nas despesas efetuadas pelo lesado ao curso das negociações preliminares (danos emergentes) e nas oportunidades de negócios que a parte perdeu no período em que se envolveu com as tratativas".[8]

Flavio Tartuce, por sua vez, situa o tema no âmbito da responsabilidade de natureza contratual, pois, para ele, "não há dúvidas de que é possível denotar uma responsabilidade objetiva e de natureza contratual em casos tais, conclusão que também é retirada da análise do Código de Defesa do Consumidor (responsabilidade pré-contratual). A responsabilidade, em regra, não depende de culpa, seja pelo Enunciado n. 24, seja pelo Enunciado n.37, ambos do Conselho da Justiça Federal e do Superior Tribunal de Justiça, que consubstanciam o que há de melhor na doutrina civilista contemporânea".[9]

Renata Carlos Steiner, em sua tese de doutorado sobre "Interesse positivo e interesse negativo: a reparação de danos no Direito privado brasileiro" perante a Faculdade de Direito da Universidade de São Paulo sustenta que "o *interesse positivo* sintetiza uma indenização substitutiva voltada à recolocação do lesado no cumprimento do pacto, enquanto no *interesse negativo* esse direcionamento volta-se a situação em que o lesado estaria se não houvesse iniciado as tratativas ou confiado na conclusão adequada do negócio jurídico". Assim haveria uma diferença entre "recolocar o lesado na situação de cumprimento do pacto e naquela em que estaria se não tivesse confiado na sua conclusão".[10]

Para ela "o interesse positivo e o interesse negativo não devem ser lidos como definidores das hipóteses lesivas, mas antes como resultado da aplicação das regras de reparação de danos". Dessa forma, "o *interesse positivo* é tendencialmente reparável na hipótese de descumprimento negocial, enquanto o *interesse negativo* é tendencialmente reparável na hipótese de responsabilidade civil pré-negocial".[11]

De acordo com a autora, "a ruptura injustificada de negociações atinge a um dever de confiança ou de boa-fé e diante de um caso efetivo de ruptura de negociações a indenização devida direciona-se ao *interesse negativo* para abranger tanto danos emergentes, como lucros

---

6. *Curso de Direito Civil Brasileiro*, p. 62.
7. *Curso de Direito Civil Brasileiro*, p. 62.
8. *Curso de Direito Civil*: Contratos. Teoria Geral e Contratos em Espécie. 7. ed. p. 85.
9. TARTUCE, Flavio. *Direito Civil*: Teoria Geral dos Contratos e Contratos em Espécie, 12. ed. p.140.
10. *Interesse positivo e interesse negativo*: a reparação de danos no Direito privado brasileiro, p.325.
11. *Interesse positivo e interesse negativo*: a reparação de danos no Direito privado brasileiro, p.325.

cessantes calculados em atenção à situação em que a parte estaria se não houvesse confiado no contrato". Como regra os danos emergentes correspondem a despesas realizadas na confiança quanto a formação do contrato, enquanto os lucros cessantes correspondem às perdas de vantagens que poderiam ser obtidas em negócios jurídicos alternativos.[12]

Renan Lotufo, nosso homenageado, considera essa hipótese de responsabilização como da espécie pré-contratual, "uma vez que ainda não alcançado o consenso, e, aperfeiçoada a forma nos casos em que é exigida".[13]

O Superior Tribunal de Justiça apreciou a questão no Recurso Especial número 1.641.868 – SP (2014/0199315-2). O caso versava sobre empresa que promoveu ação indenizatória contra outra baseada no prejuízo sofrido com a imotivada interrupção das negociações para compra de energia elétrica, que estavam quase concluídas. Alegou ter, em função das peculiaridades do mercado, ficado impedida de negociar com terceiros as mesmas condições do ajuste rompido, sendo obrigada a adquirir energia elétrica a preço muito mais elevado.

O Juiz de primeiro grau entendeu que a proposta comercial feita pela empresa ré a empresa autora não era vinculante e, por isso, ela não poderia ser responsabilizada em razão da não formalização do negócio. O Tribunal de Justiça de São Paulo reconheceu a possibilidade de se estabelecer responsabilidade civil na fase pré-contratual e a ocorrência de quebra da boa-fé objetiva, mas assinalou ser inadequado conferir, a título de indenização, quantia equivalente ao resultado útil do contrato que nunca se aperfeiçoou, como requerido na petição inicial. Ressaltou que a pretensão formulada se identificava com os interesses positivos do contrato, os quais não seriam indenizáveis.

Inconformada, a empresa autora interpôs recurso especial com base no art. 105, III, a, da CF, reiterando a tese de que deveria ser ressarcida da diferença de preço, que apontou como sendo de R$ 1.438.534,98 (um milhão, quatrocentos e trinta e oito mil, quinhentos e trinta e quatro reais e noventa e oito centavos), sob pena de ofensa aos artigos 186, 422, 927 e 402 todos do Código Civil de 2002.

Fixada a hipótese que se tratava de responsabilidade pré-contratual o relator entendeu, no caso dos autos, que o Tribunal de origem reconheceu a prática de conduta antijurídica da ré ao romper as tratativas negociais por ter agido de forma imotivada em violação a boa-fé objetiva. Para o relator não haveria como afastar, pelo menos em tese, a responsabilidade civil da ré, ainda que abstrata, pelos danos decorrentes de sua conduta, embora cumpra saber se, em concreto, existe dano passível de reparação.

De acordo com o relator, "o Tribunal de origem, com amparo em farta doutrina, assinalou que não seria possível estabelecer, como critério para cálculo da indenização, a situação econômica que a autora alcançaria caso fossem adimplidas as prestações estipuladas no pacto que nunca existiu". "Ressaltou que a pretensão condenatória deduzida coincidiria com os interesses positivos decorrentes do contrato, impassíveis de indenização em caso de responsabilidade pré-contratual e apenas seria possível indenizar os interesses negativos, assim compreendidos os valores necessários para colocar o interessado na situação em que se encontrava antes iniciar as negociações preliminares".

---

12. *Interesse positivo e interesse negativo*: a reparação de danos no Direito privado brasileiro, p.326.
13. *Código Civil Comentado*, v. 3, t. I, p.46.

De fato, pareceu ao eminente relator, não ser razoável condenar a empresa ré a pagar indenização correspondente ao valor a maior que a empresa autora teve que desembolsar no mercado livre de energia elétrica em função do imotivado rompimento das negociações preliminares porque, dessa forma, se estaria concedendo à proponente posição equivalente àquela que obteria caso o contrato tivesse sido firmado e regularmente cumprido. Para ele, nas razões do seu recurso especial, a empresa autora alegou que as negociações preliminares entabuladas com a empresa ré previam um preço R$ 1.438.534,98 (um milhão, quatrocentos e trinta e oito mil, quinhentos e trinta e quatro reais e noventa e oito centavos), menor do que aquele que veio a ser efetivamente pago, algum tempo depois, no momento da aquisição da energia elétrica de outra fornecedora. Isso significa que, caso o contrato tivesse se concretizado e adimplidas as prestações, a empresa autora teria um patrimônio R$ 1.438.534,98 (um milhão, quatrocentos e trinta e oito mil, quinhentos e trinta e quatro reais e noventa e oito centavos), maior do que aquele efetivamente verificado após adquirir a energia elétrica mais cara no mercado livre de energia.

No caso não se pode admitir, segundo ele, que "a indenização corresponda a vantagem patrimonial que a autora deixou de auferir, porque, dessa forma, se estaria equiparando a responsabilidade civil pré-contratual, decorrente do rompimento imotivado das tratativas, com aquela que exsurgiria do próprio inadimplemento do pacto que nunca se perfectibilizou". "O limite da indenização é a extensão do dano. Somente em caso de inadimplemento contratual é possível exigir do inadimplente, a título de perdas e danos, a situação que teria sido alcançada com o cumprimento das prestações avençadas. Tratando-se de responsabilidade pré-contratual, a solução deve ser, necessariamente, diferente."

O relator citou, então, precedentes da Corte (REsp 1.367.955/SP, Rel. Ministro Paulo de Tarso Sanseverino, Terceira Turma, DJe 24.03.2014 e REsp 1.281.594/SP, Rel. Ministro Marco Aurélio Bellizze, Terceira Turma, DJe 28.11.2016), para sustentar "ser impossível, equiparar por completo a responsabilidade civil decorrente do rompimento das tratativas negociais com aquela sobrevinda do próprio inadimplemento contratual. Isso pela simples razão de que as prestações assinaladas para cada um dos contratantes somente se tornam obrigatórias a partir da conclusão do negócio, de modo que para ele a responsabilidade pré-contratual apenas pode cobrir as despesas efetivamente realizadas pela parte com o objetivo de concretizar o negócio jurídico ou em razão desse mesmo negócio frustrado e, por essas razões, nega provimento ao recurso".

A Ministra Nancy Andrighi abriu a divergência. Primeiro situou a discussão na categoria de *responsabilidade pela confiança*, com fundamento nas lições de Nelson Rosenvald e Claudia Lima Marques, diferenciando-a da responsabilidade contratual e extracontratual, pois, para ela, "urge destacar que a responsabilidade pré-contratual se insere na categoria de responsabilidade pela confiança, e com independência da responsabilidade contratual propriamente dita e da responsabilidade decorrente da prática de ato ilícito (Novo tratado de responsabilidade civil. Cristiano Chaves de Farias, Felipe Braga Netto, Nelson Rosenvald. 2 ed. São Paulo: Saraiva, p. 90)."

Para a ministra "o processo de formação de um contrato envolve um mínimo de confiança recíproca, pois já há um contato social entre os interessados. Já dizia Claudia Lima Marques que "confiar é acreditar (*credere*), é manter com fé (*fides*) e fidelidade, a conduta, as escolhas e o meio; confiança é aparência, informação, transparência, diligência e ética no exteriorizar vontades negociais" (Confiança no comércio eletrônico e a proteção do consumidor. São Paulo: Ed. RT, 2004, p. 32). Assim, tem-se que aquele que origina a confiança de outrem e a frustra deve responder em certas circunstâncias pelos danos causados. A partir dela, justifica-se a responsabilidade pré-contratual pela tutela direta à fundada confiança experimentada por cada uma das partes no sentido de que a outra conduza as negociações segundo a boa-fé. Com efeito, a responsabilidade pré-contratual não decorre do fato de a tratativa ter sido rompida e o contrato não ter sido concluído, mas do fato de uma das partes ter gerado à outra, além da expectativa legítima de que o contrato seria concluído, efetivo prejuízo material (REsp 1.051.065/AM, 3ª Turma, DJe 27.02.2013)."

Assentada a premissa, a Ministra estabelece a diferença entre interesses positivos e interesses negativos. Para ela, "os 'interesses negativos' seriam, exatamente, os prejuízos decorrentes da não conclusão do negócio, isto é, verificados em decorrência das tratativas frustradas, objetivando recolocar o lesado na situação em que antes de encontrava, enquanto os "interesses positivos", por sua vez, representariam as vantagens que seriam obtidas pelo negociante lesado se o contrato fosse concluído, ou seja, toda a vantagem patrimonial que ele auferiria caso o negócio jurídico alcançasse bom termo, de modo que nessa perspectiva, a indenização teria o específico objetivo de colocar o lesado na mesma situação em que se encontraria se o contrato tivesse, efetivamente, sido celebrado."

De acordo com a Ministra, conforme doutrina respeitável, "o dano indenizável, nas hipóteses de responsabilidade civil pré-contratual, seria aquele relativo aos "interesses negativos", afinal, seriam eles hábeis a colocar a parte lesada na mesma situação em que se encontrava no momento anterior à estipulação do negócio." Para ela, nas hipóteses de responsabilidade pela ruptura nas negociações contratuais, não haveria, em verdade, contrato estabelecido. A frustração pela ruptura das negociações seria, justamente, a expectativa na conclusão do contrato. Disso dessume-se que não existe direito ao estabelecimento da relação jurídica contratual, de modo que não há como indenizar as vantagens que o contrato, se estipulado, iria trazer à parte prejudicada. Afinal, eventual indenização pelos "interesses positivos" acabaria por conferir à parte lesada os mesmos efeitos da celebração do contrato".

Nota-se, do exposto até agora, que tanto o relator, como a Ministra Nancy Andrighi estavam de acordo em relação as premissas doutrinárias acerca do conceito de interesses negativos e o dano indenizável nas hipóteses de responsabilidade civil pré-contratual. A divergência surgiu na classificação da pretensão indenizatória deduzida pela autora e, para isso, a Ministra passa a discutir as pretensões aceitas sob a denominação de um interesse negativo. Ela destaca que a distinção entre o "interesse positivo" e o "interesse negativo" não coincide com a distinção entre dano emergente e lucro cessante, afinal, em ambas as hipóteses, os prejuízos que fariam nascer o direito à indenização podem consistir, segundo Von Jhering, tanto em perdas positivas, como na ausência de ganhos, ou seja, em outras palavras, os interesses negativos podem cobrir situações de danos emergentes e lucros cessantes. Para ela, "os lucros cessantes nos interesses negativos não são os mesmos lucros cessantes nos interesses positivos, pois nestes significam a legitima expectativa auferida com as contraprestações, caso o contrato fosse cumprido, enquanto naqueles representam a legitima expectativa de ganhos razoáveis com outros negócios não celebrados justamente por conta da legítima expectativa na conclusão do contrato, ou, aquilo que a doutrina denominou de "ocasiões frustradas". Nessa perspectiva, os lucros cessantes se aproximam dos lucros cessantes na responsabilidade extracontratual e configuram o compreendido na parte final do artigo 402 do Código Civil "o que razoavelmente deixou de lucrar".[14]

Para a Ministra a autora confiava na conclusão do contrato e na certeza de que pagaria o montante de R$ 4.715.831,93 (quatro milhões, setecentos e quinze mil, oitocentos e trinta e um reais e noventa e três centavos) pela compra da energia. A ruptura ilegal e abrupta das tratativas obrigou-a a buscar no mercado livre outra comercializadora de energia elétrica para a realização da operação. Ocorre que o valor cobrado pela compra da mesma quantidade de energia elétrica superou em R$ 1.438.534,98 (um milhão, quatrocentos e trinta e oito mil, quinhentos e trinta e quatro reais e noventa e oito centavos) o valor em que pagaria à recorrida caso o negócio fosse levado a termo.

Ora, o prejuízo – e não vantagem – é evidente. O prejuízo sofrido pela recorrente perfaz, exatamente, a diferença entre a proposta inicial apresentada pela ré e o valor despendido pela nova compra. Inviável admitir, sob este prisma, que a diferença do valor pago representaria o "interesse positivo" da recorrente na conclusão do negócio. Ao contrário, representa o prejuízo (e, portanto, "interesse negativo") angariado pela recorrente dado o recuo da ré na conclusão do negócio. Ainda, de acordo com a Ministra, caberia acrescentar que, sob a ótica da recorrida, pagar o valor de R$ 1.438.534,98 (um milhão, quatrocentos e trinta e oito mil, quinhentos e trinta e quatro reais e noventa e oito centavos) não a coloca numa posição de execução do contrato, afinal, a execução do contrato, acaso formalizado, representaria fornecer a quantidade de energia elétrica equivalente a R$ 4.715.831,93 (quatro milhões, setecentos e quinze mil, oitocentos e trinta e um reais e noventa e três centavos).

Para a Ministra a recorrente não pleiteou o valor total do contrato que seria celebrado com a recorrida, tampouco o fornecimento de energia elétrica equivalente ao valor total do almejado contrato, mas, tão somente, a diferença paga a mais no mercado livre pela mesma quantidade de energia elétrica, de modo que a reparação pleiteada pela recorrente, nos presentes autos, de fato, não corresponde a uma vantagem patrimonial que deixou de auferir e não a põe em posição equivalente àquela que obteria caso o contrato tivesse sido firmado e regularmente cumprido. Em verdade, a reparação pleiteada tem a finalidade de retornar ao *status quo ante* razão pela qual Sua Excelência conheceu do recurso especial e deu-lhe provimento.

Parece-nos que a razão estaria com o relator. O valor pretendido a título de indenização, conforme já mencionado, representava a diferença a maior paga pela empresa para a obtenção no mercado por outro fornecedor da mesma quantidade de energia elétrica contratável, ou seja, se o contrato tivesse sido celebrado, executadas todas as prestações contratadas pelas partes, esse seria o ganho (ou um dos ganhos) legítimos da parte demandante, incluídos dentro daquilo que chamamos de comutatividade. Nos contratos comutativos as prestações de ambas as partes são conhecidas de antemão desde o momento

---

14. Ao discorrer sobre os "interesses negativos", Cristiano Chaves de Farias e Nelson Rosenvald especificamente afirmam a possibilidade de eles consistirem em danos emergentes ou em lucros cessantes, senão veja-se: De um lado se colocam os "interesses negativos", tidos como os prejuízos decorrentes da não conclusão do contrato. Cuida-se do "dano à confiança", verificado em decorrência das tratativas frustradas. Os danos emergentes consistem nas despesas efetuadas pelo lesado ao curso das negociações preliminares. Já os lucros cessantes concernem às oportunidades de negócios que a parte perdeu no período em que se envolveu nas tratativas. Deverá ela efetivamente demonstrar as "ocasiões frustradas", por ter acreditado na certeza de êxito das conversações. (...) (Curso de direito civil: contratos. 8 ed. rev. e atual. Salvador: Ed. JusPodivm, 2018, p. 85).

da formação do contrato e, na medida do possível, equivalentes entre si. Assim, para nós, com o devido respeito ao posicionamento em contrário, a pretensão indenizatória deduzida não estaria compreendida na extensão do conceito "interesses negativos".

Não obstante, reconhecemos que a extensão das pretensões pecuniárias compreendidas neste conceito – "interesses negativos "– carece de melhor elucidação, conforme revelou o caso ora discutido em que dois eminentes ministros divergiram sobre a inclusão da pretensão na categoria de interesses negativos. Assim, para eliminar dúvidas, propomos a exclusão do conceito de "interesses negativos" qualquer expectativa de ganho que esteja coberta pela ideia de comutatividade do contrato celebrável, que teve sua conclusão rompida injustamente.

Desta forma, para nós, o conceito de "interesses negativos" admitiria pretensões vinculadas aos danos emergentes, ou seja, os gastos legítimos e razoáveis realizados durante as tratativas contratuais e os lucros cessantes – aquilo que razoavelmente deixou de lucrar – por confiar na conclusão da tratativa e compreenderia prestações certas devidas por outros negócios jurídicos não concluídos justamente em decorrência das tratativas contratuais em curso relativas ao contrato injustamente frustrado.[15] Mesmo assim, em nossa opinião, essas pretensões indenizatórias, ainda que legítimas, teriam como limite os interesses positivos do contrato injustamente frustrado.

REFERÊNCIAS

DINIZ, Maria Helena. *Curso de Direito Civil Brasileiro*, 3. Teoria das Obrigações Contratuais e Extracontratuais, 28. ed. São Paulo: Saraiva.

LOTUFO, Renan. Código Civil Comentado, v. 3, t. I. São Paulo: Saraiva.

PEREIRA, Caio Mário da Silva. *Instituições de Direito Civil*, v. III, Contratos, 11. ed. Rio de Janeiro. Forense.

TARTUCE, Flavio. *Direito Civil*: Teoria Geral dos Contratos e Contratos em Espécie, 12. ed. São Paulo: Saraiva.

STEINER, RENATA CARLOS. Tese de doutorado sobre "Interesse positivo e interesse negativo: a reparação de danos no Direito privado brasileiro" perante a Faculdade de Direito da Universidade de São Paulo. São Paulo. 2016.

---

15. Para Paulo da Mota Pinto, *Interesse Contratual Negativo e Interesse Contratual Positivo*, página 1119, o lucro cessante assume no interesse negativo a forma de perda de ocasiões alternativas, que teriam trazido ganhos ao lesado.

PÓS-EFICÁCIA OBRIGACIONAL E MEIO AMBIENTE

Rogério Donnini

Livre-Docente, Doutor e Mestre em Direito Civil pela Pontifícia Universidade Católica de São Paulo. Professor Livre-docente do Programa de Mestrado e Doutorado da PUC-SP, da Escola Paulista da Magistratura e da *Facoltà di Giurisprudenza dell'Università degli Studi della Campania "Luigi Vanvitelli"*, Itália. Titular da Cadeira n. 73 da Academia Paulista de Direito, da qual foi presidente. Membro da *Association Henri Capitant des Amis de la Culture Juridique Française*. Advogado, parecerista, consultor jurídico e Presidente da Comissão de Direito Civil da OAB/SP.

Sumário. 1. Direitos da personalidade e dignidade humana. 2. Meio ambiente equilibrado e direitos de humanidade. 3. Responsabilidade civil ambiental e prevenção de danos. 4. Responsabilidade civil pós-contratual (*culpa post pactum finitum*) e meio ambiente: a real pós-eficácia obrigacional. 5. Conclusão. 6. Referências.

1. DIREITOS DA PERSONALIDADE E DIGNIDADE HUMANA

Humanitas (humanidade) é uma palavra criada pelos romanos, por volta de 147 a.C., sem correspondência na língua grega, embora com influência dos helenos na sua elaboração. O desenvolvimento do conceito de humanidade tem em Cícero um de seus precursores que, ao tratar da *communitas humanitas*, ensina que a natureza humana está vinculada à comunidade e igualdade entre os homens, constituindo uma única raça, um único gênero humano[1]. A ideia de humanidade, portanto, desde a Antiguidade, remonta ao sentimento da dignidade e magnanimidade da personalidade humana, com a prevalência desta em relação aos outros seres vivos. Esse valor, dessa forma, obriga os seres humanos à educação, à formação de sua personalidade, além do respeito e apoio à personalidade dos outros.

A noção de *humanitas* abarcava a formação moral e espiritual do homem que, num primeiro momento, estava restrita a um pequeno grupo de notáveis, mas que, posteriormente, ainda no período da república romana, atingiu outros grupos sociais, o mesmo sucedendo no Império, até atingir a noção de humanidade desenvolvida no cristianismo[2]. Somente a partir da visão cristã de mundo é que se tem a exata dimensão de universalidade, especialmente em Santo Agostinho[3]. A partir desse momento é que se delineará, na Idade Média, uma *res publica* cristã, com conceitos de abrangência geral[4], até atingir a modernidade, num espectro universal, com o liame mais evidente entre personalidade e

---

1. CÍCERO, Marco Túlio. *Orações*. Trad. Padre Antônio Joaquim, São Paulo: Edipro, 2005; O mesmo pode ser constatado em sua obra *Da República*, trad. Amador Cisneiros, São Paulo: Edipro, 2. ed. 2011, bem como em *Dos deveres*. Trad. João Mendes Neto, São Paulo: Edipro, 2019.
2. SCHULZ, Fritz. *Princípios do Direito Romano*, trad. Josué Modesto Passos, São João da Boa Vista – SP: Editora Filomática Sorocabana, 2020, p. 137-139.
3. *A Cidade de Deus (Civitas Dei)*, parte I, trad. Oscar Paes Leme, Rio de Janeiro: Editora Vozes, 3. reimp., 2019.
4. AQUINO, Santo Tomás de. *Suma Teológica*, V. Trad. Alexandre Correia, Campinas – SP: Ecclesiae, 2017.

dignidade, em especial com a obra de um humanista renascentista, Giovanni Pico della Mirandola, em seu *Discurso Sobre a Dignidade do Homem* (*De hominis dignitate oratio*), que enaltece a liberdade humana com racionalidade, além do aspecto moral[5].

No século XVIII, a dignidade passa a ter a característica de autonomia e o ser humano tratado como um fim em si mesmo, assim como a moralidade compreendida como a capacidade de agir segundo a lei[6]. Todavia, somente em meados do século passado, após a Segunda Grande Guerra, é que houve uma preocupação efetiva com a dignidade humana, com a inserção, em vários países, nos textos constitucionais, desse princípio que norteia ou deveria nortear seus respectivos ordenamentos jurídicos.

No que concerne aos direitos da personalidade, coube aos juristas alemães a sistematização, no século XIX, denominação estabelecida por Otto Gierke, de seus aspectos fundamentais, até se estabelecer que esses direitos não são considerados um direito subjetivo, entendido este como o poder legalmente conferido à pessoa de defender seus bens materiais ou imateriais, mas o nascedouro e pressuposto de todos os direitos subjetivos[7]. Diante de sua magnitude e importância, há quem sustente, ao abrigo da concepção de pessoa difundida por Santo Tomás de Aquino, que é imprópria a terminologia *direitos da personalidade*, haja vista que esses objetos de direito não são inerentes à personalidade, mas próprios da humanidade de cada um, razão pela qual seria mais adequada a terminologia *direitos de humanidade*[8].

Francisco Amaral, por sua vez, entende que os direitos da personalidade são direitos subjetivos, ou mais precisamente situações jurídicas existenciais "que têm por objeto os bens e valores essenciais da pessoa, de natureza física, moral e intelectual[9]." Pontes de Miranda enumera alguns direitos da personalidade essenciais, tais como: o direito à vida; o direito à integridade física; o direito à integridade psíquica; o direito à liberdade; o direito à verdade; o direito à igualdade formal; o direito à igualdade material; o direito de ter nome

---

5. MIRANDOLA, Giovanni Pico dela. *Discurso Sobre a Dignidade do Homem* (*De hominis dignitate oratio*). Trad. Maria de Lourdes Sirgado Ganho, Lisboa: Edições 70, 2010. Para esse autor, a racionalidade é a característica distintiva do ser humano, que lhe permite ditar seu próprio destino. Como havia uma inspiração antropocêntrica muito mais acentuada se confrontada com o pensamento tomista, salienta o livre-arbítrio como elemento que alça a superioridade do homem em relação às demais espécies, exaltando a aptidão humana para atingir os objetivos almejados (p. 57-58).
6. KANT, Immanuel. *Fundamentação da metafísica dos costumes*, São Paulo: Abril Cultural, 1980, p. 74-77.
7. RUGGIERO, Roberto de. *Instituições*, v. 1, 1971, p. 305 e 306, Saraiva. DE CUPIS, Adriano. *Os Direitos da Personalidade*, Lisboa: Livraria Morais Editora, Trad. Adriano Vera Jardim e António Miguel Caeiro, 1961, p. 20 e 21, preleciona que "os direitos da personalidade, pelo seu caráter de essencialidade, são na maioria das vezes direitos inatos, no sentido em que presentemente se pode empregar esta expressão, mas não se reduzem ao âmbito destes. Os direitos inatos são todos eles direitos da personalidade, mas pode verificar-se a hipótese de direitos que não têm por base o simples pressuposto da personalidade e que, todavia, uma vez revelados, adquirem caráter de essencialidade." GOGLIANO, Daisy. *Direitos Privados da Personalidade*, São Paulo: Quartier Latin, 2012, p. 229, afirma que "Direitos da personalidade são os direitos subjetivos particulares, que consistem nas prerrogativas concedidas a uma pessoa pelo sistema jurídico e assegurada pelos meios de direitos para fruir e dispor, como senhor, dos atributos essenciais da sua própria personalidade, de seus aspectos, emanações e prolongamentos, como fundamento natural da existência e da liberdade, pela necessidade da preservação e do resguardo da integridade física, psíquica e moral do ser humano, no seu desenvolvimento."
8. Walter Moraes, Contribuição Tomista de Pessoa. Um contributo para a teoria do direito de personalidade, *RT* 590/14). V. NERY, Rosa Maria de Andrade. *Introdução ao pensamento jurídico e à teoria geral do direito privado,* São Paulo: Ed. RT, 2008, p. 290-296.
9. AMARAL, Francisco. *Direito Civil* – Introdução. Rio de Janeiro, Renovar, 8. ed. 2014, p. 301. SOUSA, Rabindranath V. A. Capelo de (*O direito geral de personalidade*, Coimbra: Coimbra Editora, 1995, p. 116-117), conceitua o bem da personalidade humana "como o real e o potencial físico e espiritual de cada homem em concreto, ou seja, o conjunto autônomo, unificado, dinâmico e evolutivo dos bens integrantes da sua materialidade física e do seu espírito reflexivo, socioambientalmente integrados".

e o direito ao nome; o direito à honra; o direito à própria imagem; o direito à intimidade; e o direito autoral de personalidade[10].

Há, assim, cristalino vínculo entre os direitos da personalidade, que são direitos imateriais, com a dignidade da pessoa humana, uma vez que esta se concretiza com aqueles, no âmbito do Direito Civil[11]. Na realidade, diante de uma noção aberta de dignidade humana, cuja concreção nem sempre é fácil, que, algumas vezes, dá azo à sua aplicação de maneira imprecisa, é que fez crescer o interesse pelos direitos da personalidade, pois a transgressão a vários desses direitos, tais como a violação da honra, da intimidade, da privacidade, da imagem, perda do tempo livre, entre outros exemplos, resulta na ofensa à dignidade humana[12].

Em virtude da proteção constitucional da dignidade humana[13] e da vasta gama de direitos fundamentais, previstos nos arts. 5º e seguintes da Constituição Federal, poder-se-ia vislumbrar que os direitos da personalidade[14] não mais teriam a relevância que se propagava, mas isso não ocorre, na medida em que estes se apresentam nas relações privadas por meio daquela. A cláusula geral da dignidade humana estende-se para as relações de Direito Civil e os direitos da personalidade exercem função primacial, mesmo porque, além da prevenção de danos à pessoa (art. 12 do Código Civil), é a partir da violação desses direitos que exsurge o dever de repará-los, mediante a fixação de uma quantia indenizatória, ou seja, o dano moral é identificado a partir da violação a qualquer direito da personalidade.

2. MEIO AMBIENTE EQUILIBRADO E DIREITOS DE HUMANIDADE

Se há um liame fundamental entre dignidade humana e direitos da personalidade (direitos de humanidade), entre estes e um meio ambiente equilibrado não poderia ser diferente. A Lei nº 6.938/81, em seu art. 3º, I, define meio ambiente, como "o conjunto de condições, leis, influências e interações de ordem física, química e biológica, que permite, abriga e rege a vida em todas as suas formas". A proteção e prevenção de danos ao meio ambiente encontra-se em várias leis infraconstitucionais, mas principalmente na Constituição Federal, em seu art. 225, ao determinar que o equilíbrio ambiental é um direito de todos, além de se tratar de bem de uso comum e essencial à qualidade de vida da população, motivo pelo qual é um dever de todos a sua preservação.

---

10. PONTES DE MIRANDA. *Tratado de direito privado*. 3. ed. Rio de Janeiro: Editor Borsoi, 1971, v. 7, Parte Especial, t. VII, p. 12 e s. Embora o rol dos direitos da personalidade seja meramente exemplificativo, Rubens Limongi França (*Instituições de Direito Civil*, São Paulo: Saraiva, 5. ed., 1999, p. 939) os classificou de forma irretocável: "I – *Direito à integridade física*: 1 – direito à vida e aos alimentos; 2 – direito sobre o próprio corpo, vivo; 3 – direito sobre o próprio corpo, morto; 4 – direito sobre o corpo alheio, vivo; 5 – direito sobre o corpo alheio, morto; 6 – direito sobre partes separadas do corpo, vivo; 7 – direito sobre partes separadas do corpo, morto. II – *Direito à integridade intelectual*: 1 – direito à liberdade de pensamento; 2 – direito pessoal de autor científico; 3 – direito pessoal de autor artístico; 4 – direito pessoal de inventor. III – *Direito à integridade moral*: 1 – direito à liberdade civil, política e religiosa; 2 – direito à honra; 3 – direito à honorificência; 4 – direito ao recato; 5 – direito ao segredo pessoal, doméstico e profissional; 6 – direito à imagem; 7 – direito à identidade pessoal, familiar e social."
11. LÔBO, Paulo. *Direito Civil, Parte Geral*, São Paulo: Saraiva, 2009, p. 137.
12. DONNINI, Rogério. *Responsabilidade civil na pós-modernidade* – Felicidade, proteção, enriquecimento com causa e tempo perdido. Porto Alegre: Sergio Antonio Fabris Editor, 2015, p. 154. TJSP – Apelação Cível 1022345-76.2019.8.26.0001 – 34ª Câmara de Direito Privado – Rel. Des. Soares Levada – j. 13/08/2020. Ementa: "Compra e venda de aparelho de TV. Sentença de procedência parcial. Apelo voltado ao acolhimento integral da pretensão. Danos morais existentes, pela perda de tempo indevida, a caracterizar lesão a direitos da personalidade do autor. Tempo perdido que significa menos tempo vivido, menos lazer, menos tranquilidade, tudo caracterizando muito mais do que mero aborrecimento cotidiano. Valor indenizatório arbitrado em R$ 5.000,00. Apelo provido, em parte."
13. Art. 1º, III, da Constituição Federal.
14. Arts. 11-21 do Código Civil.

A violação ao meio ambiente, tornando-o desequilibrado, vale dizer, poluído, degradado, com o desmatamento de florestas, extração de madeira de forma ilegal, descarte de lixo em locais inapropriados, entre outras tantas causas, pode gerar danos difusos, coletivos e individuais. No que concerne aos direitos da personalidade, que, nessas circunstâncias, se amolda melhor ao *nomen iuris direitos de humanidade*, dada a sua relevância, também há, individualmente, essa proteção[15], motivo pelo qual qualquer pessoa, determinada ou indeterminada, ou mesmo uma coletividade, pode e deve se insurgir quando se depara com situações de desequilíbrio ambiental.

As normas de direito ambiental, ao protegerem a vida, na busca de um meio ambiente equilibrado e sadio, interferem diretamente na economia, na sociedade e, consequentemente, na maneira pela qual se opera a circulação de riquezas, ou seja, por meio dos negócios jurídicos bilaterais (contratos). A infringência a normas de proteção ao meio ambiente, portanto, propicia aos lesados a reparação dos danos materiais e imateriais.

3. RESPONSABILIDADE CIVIL AMBIENTAL E PREVENÇÃO DE DANOS

O princípio *neminem laedere* (a ninguém ofender), constante do *Digesto* 1.1.10.1 (Ulpiano), indica verdadeiro limite à livre ação ou omissão que lese a outrem e abarca não apenas a noção de reparação do dano, mas, em especial, sua prevenção. Trata-se de um princípio atual, que integra o nosso ordenamento jurídico nos planos constitucional (arts. 5º, V, X, XXXV; art. 216, § 4º; art. 225 e seu § 3º (danos causados ao meio ambiente) e infraconstitucional (arts. 12, 186 e 927/954 do Código Civil e no Código de Defesa do Consumidor, arts. 12/25).

No âmbito do Direito Ambiental, em razão da possibilidade de a lesão causar um dano irreparável, a prevenção de danos está inserida no art. 225 da Constituição Federal. Da leitura desse dispositivo advêm os *princípios da prevenção e da precaução*[16]. A Lei 12.305, de 2 de agosto de 2010, que versa sobre a Política Nacional de Resíduos Sólidos, segue nessa direção, em seu art. 3º:

"Para os efeitos desta Lei, entende-se por:

...

VII – destinação final ambientalmente adequada: destinação de resíduos que inclui a reutilização, a reciclagem, a compostagem, a recuperação e o aproveitamento energético ou outras destinações admitidas pelos órgãos competentes do Sisnama, do SNVS e do Suasa, entre elas a disposição final, observando normas operacionais específicas de modo a evitar danos ou riscos à saúde pública e à segurança e a minimizar os impactos ambientais adversos."

---

15. Miguel Reale acrescentou aos direitos da personalidade o direito ao meio ambiente, quando ensina: "O último valor adquirido pela espécie humana é o *ecológico*, por força do qual estabelece o Art. 225 da Lei Maior que 'todos têm direito ao meio ambiente ecologicamente equilibrado, bem de uso comum do povo e essencial à sadia qualidade de vida, impondo-se ao Poder Público e à coletividade o dever de defendê-lo e preservá-lo para a presente e futuras gerações'. Trata-se, assim, de um novo direito da personalidade." Disponível em: http://www.miguelreale.com.br/artigos/dirpers.htm.

16. Giovanna Visintini in *Fatti Illeciti – Fondamenti e Nuovi Sviluppi della Responsabilità Civile*, Pisa: Pacini Editore, 2019, p. 264, esclarece, no âmbito do direito ambiental europeu: " E tutto ciò in linea con le scelte legislatve della Comunità europea che ha varato una direttiva in materia ambientale che atribuisce molta importanza alla prevenzione e che ha introdotto il principio di precauzione successivamente recepito anche das nostro codice dell'ambiente". Afirma, ainda, que o princípio da precaução "...è strettamente connesso a quello di prevenzione ed è stato codificato insieme a questo e a quello, più risalente, 'che inquina paga' nell'art. 174, comma 2 del Trtattato CE."

PÓS-EFICÁCIA OBRIGACIONAL E MEIO AMBIENTE **145**

Entre os vários dispositivos que contemplam a responsabilidade civil, há um, particularmente, que estabelece, de maneira ampla, a prevenção e reparação de danos em qualquer hipótese de lesão, verdadeira positivação do princípio *neminem* laedere: o art. 5°, XXXV, que reza o seguinte: "a lei não excluirá de apreciação do Poder Judiciário lesão ou ameaça a direito". Ao instituir o direito de ação, destina-se, também, à reparação e prevenção de danos, com a determinação de que caberá ao Poder Judiciário apreciar a lesão e a ameaça a direito[17]. Existe, ainda, previsão específica relativa à prevenção de danos ao patrimônio cultural e sua eventual reparação (CF, art. 216, § 4°).

A ideia de se responsabilizar alguém pelo dano causado, embora bastante antiga, vem se transformando sobremaneira nos últimos decênios em todo o mundo. A punição do ofensor, num contexto em que se exigia o ressarcimento dos prejuízos exclusivamente pela conduta culposa (culpa *lato sensu*) do agente, com evidente enfoque moral, estava condicionada à efetiva demonstração de um ato ilícito, isto é, um comportamento contrário ao direito que provocasse um dano. O ponto central nessa clássica visão da responsabilidade civil estava na pessoa daquele que praticava o evento danoso e não na pessoa do lesado. O ofensor, assim, suportava verdadeira sanção por seu comportamento culposo ser contrário ao direito. Em outras palavras, sua liberdade individual estava vinculada à responsabilidade por seus atos que não deveriam prejudicar outras pessoas.

Com a transformação de atos negociais em atividade[18] empresária e a constatação de que certas atuações, por serem de risco, deveriam ter um tratamento diferente, verificou-se que na sociedade moderna, em inúmeras situações, a conduta culposa era dispensável para a configuração da responsabilidade civil[19]. Sendo assim, embora lícito, em razão de uma atividade de risco, a reparação do dano causado era necessária. De um sistema centrado exclusivamente na culpa (responsabilidade subjetiva), passou-se a admitir a responsabilidade sem culpa, em função de uma atividade de risco[20] (responsabilidade objetiva). Posto leis extravagantes, sob a égide do Código Civil de 1916, já regulassem algumas poucas situações de responsabilidade objetiva[21], somente a partir da Constituição Federal de 1988 é que realmente se intensificaram as hipóteses de responsabilidade sem culpa[22], além da previsão acerca da responsabilidade objetiva nas hipóteses de lesão ao meio ambiente (Art. 225, § 3°). Em seguida, o Código de Defesa do Consumidor adotou

---

17. DONNINI, Rogério. *Responsabilidade civil pós-contratual*, São Paulo, Saraiva, 3. ed., 2011, p. 41 e s.
18. *Atividade* pode ser definida como uma série coordenada de atos destinados a determinado fim, organizados dentro do setor econômico (BULGARELLI, Waldirio. *Estudos e pareceres de direito empresarial*, São Paulo: Ed. RT, 1980, p. 29.
19. A responsabilidade objetiva já existia no direito romano pré-clássico e clássico. MOREIRA ALVES, José Carlos, *Direito Romano*, v. II, 6. ed. Rio de Janeiro: Forense, 2003, p. 38, preleciona: "Com efeito, vários autores modernos defendem a tese de que, nos períodos pré-clássico e clássico, o devedor somente respondia por dolo ou por custódia, ocorrendo, nesta última hipótese, o que modernamente se denomina *responsabilidade objetiva* (isto é, a que o devedor responde pela simples ocorrência de dano para o credor, independentemente de ter ele resultado de dolo ou de culpa em sentido restrito de sua parte)." No entanto, a noção atual do tema foi desenvolvida, em França, por Raymond Saleilles, *in Les accidents de travail et la responsabilité civile: essai d'une théorie objective de La responsabilité délictuelle*, Paris: Arthur Rousseau, 1897. Essa obra de Saleilles foi a primeira a alterar a visão de culpa e estabelecer a ideia de uma responsabilidade objetiva para determinadas situações, em especial nos acidentes de trabalho.
20. O art. 927, parágrafo único, do Código Civil, trata da atividade de risco, vale dizer, uma atividade que envolve real perigo de dano. Todavia, na sociedade capitalista atual, que atividade não seria de risco, no sentido de provocar um dano pela mera atuação desenvolvida? Destarte, seja uma atividade de risco ou risco da atividade, salvo as exceções previstas em lei, a responsabilidade civil é objetiva.
21. Decreto n. 2.681 (Lei de Estradas de Ferro); Lei 6.453/77 (Atividades Nucleares); Lei n. 6.938/81 (Meio Ambiente) e Lei 7.565/86 (Código Brasileiro de Aeronáutica).
22. Arts. 7°, XXVIII; 21, XXIII; e 37, § 6°.

como regra a responsabilidade objetiva do fornecedor de produtos ou serviços, assim como previu expressamente o Código Civil de 2002 esse tipo de responsabilidade[23], que, bem de ver, diante de todas as exceções previstas no art. 928 e seguintes, torna a responsabilidade objetiva muito mais presente[24], além do que se pode indagar que atividade não seria atualmente de risco.

Em que pese toda essa mudança de rumo na responsabilidade civil, a dificuldade na demonstração da culpa do ofensor e em muitos casos a dificuldade de comprovação do nexo de causalidade entre a ação ou omissão do agente e o dano suportado pela vítima, fez com que uma gama imensa de casos ficasse sem reparação, diante da dificuldade de se provar o liame entre dano e ação ou omissão qualificada juridicamente. Esse verdadeiro impasse fez com que a jurisprudência e a doutrina adotassem soluções para uma busca incessante de conforto à vítima (ou vítimas), privilegiando esta, visto que não mais se poderia conceber lesados desamparados pelo único motivo de ser árdua a tarefa probatória do nexo de causalidade. Para tanto, tem-se adotado, em algumas situações, o entendimento de que o nexo causal pode ser presumido, nessa busca de proteger a pessoa lesada e determinar a reparação do prejuízo pelo provável ofensor[25] ou ofensores. Passou-se de uma proteção pouco efetiva ao ofendido, centrada em bases individuais, para uma visão solidária, em que os aspectos sociais e éticos prevalecem e proporcionam ou, ao menos buscam, de maneira incessante, uma reparação integral, na hipótese de lesões a direitos ou interesses individuais, coletivos ou difusos.

A transformação da responsabilidade civil vem ocorrendo com a incessante busca na prevenção e reparação do dano, embora continuem a existir entraves na identificação do lesante, ou ainda na constatação do liame entre ação ou omissão e dano causado (nexo causal). Questões atinentes ao meio ambiente têm contribuído para essa mudança de rumo da responsabilidade civil, uma vez que, além de a responsabilidade ser objetiva, a lesão ambiental é tratada como se fosse uma obrigação *propter rem*, isto é, responde pelos danos o atual proprietário, dispensando-se a averiguação do nexo causal[26].

---

23. É o que dispõe o art. 927, parágrafo único, do Código Civil. A inserção de um dispositivo legal nesses moldes sucedeu, pela primeira vez, na Itália, em plena segunda grande guerra, com o advento do *Codice Civile*, em 1942. A inovação ocorreu no art. 2050, que estabelece: "Responsabilità per l'esercizio di attività pericolose. Chiunque cagiona danno ad altri nello svolgimento di un'attività pericolosa, per sua natura o per la natura dei mezzi adoperati, è tenuto al risarcimento, se non prova di avere adottato tutte le misure idonee a evitare il danno." (Qualquer um que cause dano a outrem no desenvolvimento de uma atividade perigosa, por sua natureza ou pela natureza dos meios utilizados, é obrigado ao ressarcimento se não provar ter adotado todos os meios idôneos para evitar o dano).

24. DONNINI, Rogério. In: ARRUDA ALVIM e ALVIM, Thereza (Coord.). *Comentários ao Código Civil Brasileiro* – Responsabilidade Civil. Rio de Janeiro: Gen/Forense, 2013, p. 348-349.

25. V. MULHOLLAND, Caitlin Sampaio. *A responsabilidade civil por presunção de causalidade*, GZ Editora, Rio de Janeiro, 2009.

26. STJ, AgInt no REsp 1856089/MG – Agravo Interno no Recurso Especial 2020/0001799-7 – Primeira Turma – Ministro Sérgio Kukina – j. 22/06/2020 – publ. DJe 25.06.2020. Ementa. Administrativo. Ambiental. Construção em área de preservação permanente. Responsabilidade do proprietário. Possibilidade de reconhecimento perante o STJ. Não incidência da súmula 7/STJ. Prequestionamento demonstrado. 1. O reconhecimento da legitimidade da parte, em casos como o presente, não reclama o reexame de fatos ou provas. Com efeito, o juízo que se impõe se restringe ao enquadramento jurídico, ou seja, à consequência que o Direito atribui aos fatos e às provas que, tal como delineados pelas instâncias ordinárias, darão suporte (ou não) à inclusão da agravante no polo passivo da lide. 2. A partir da fundamentação do acórdão recorrido, percebe-se claramente que a Corte local julgou a tese jurídica referente à legitimidade da agravante para responder pelos danos cometidos contra o meio ambiente, denotando-se o efetivo prequestionamento da matéria. 3. Havendo construção irregular em Área de Preservação Permanente, a responsabilidade pela recomposição ambiental é objetiva e *propter rem*, atingindo o proprietário do bem, independentemente de ter sido ele o causador do dano. 4. Agravo interno a que se nega provimento.

PÓS-EFICÁCIA OBRIGACIONAL E MEIO AMBIENTE **147**

O dano ambiental traz consequências para o agente nas esferas administrativa, civil e criminal (CF, art. 225, § 3º). Entretanto, cada vez mais se exige do Estado e da sociedade não apenas a reparação de danos, muitas vezes inócua, diante da extensão e gravidade da lesão, que pode atingir um número considerável ou indefinido de pessoas (danos coletivos ou difusos), mas a sua efetiva prevenção. Um dos princípios fundamentais no direito ambiental, como dissemos, é o da prevenção (CF, art. 225, *caput*), pois o dano acarreta, muitas vezes, a impossibilidade de se restabelecer o estado anterior, por se tratar de uma terceira categoria de bem (bem ambiental), que não é público e muito menos privado. Portanto, há instrumentos judiciais e extrajudiciais capazes de evitar a consumação do prejuízo, tais como ações coletivas e as obtenções de liminares, assim como as sanções administrativas, o estudo prévio de impacto ambiental, o manejo ecológico e o tombamento[27].

O princípio da prevenção tem sido aplicado às demandas que envolvem questões relacionadas ao meio ambiente, na hipótese de certeza do seu acontecimento, motivo pelo qual, de maneira preventiva, pleiteia-se a cessação da atividade que, certamente, acarretará um prejuízo[28]. Há, ainda, entendimento de que, mesmo que em caso dúvida acerca da efetivação do dano ambiental, essa incerteza demonstrada cientificamente, mediante argumentos plausíveis, possibilitaria o emprego do denominado princípio da precaução[29].

4. RESPONSABILIDADE CIVIL PÓS-CONTRATUAL (*CULPA POST PACTUM FINITUM*) E MEIO AMBIENTE: A REAL PÓS-EFICÁCIA OBRIGACIONAL

A boa-fé objetiva, que abrange os denominados deveres anexos ou de consideração (proteção, informação e lealdade), impõe uma atitude correta, equilibrada, justa, um comportamento ético das partes contratantes, que deve se estender mesmo após o término da relação contratual, designado *pós-eficácia obrigacional*. Há, todavia, duas espécies de pós-eficácia obrigacional: a *real* e aquela *em sentido geral*. A primeira diz respeito à responsabilidade pós-contratual, também denominada *culpa post pactum finitum*, enquanto a segunda abarca uma grande quantidade de situações de pós-eficácia provenientes de uma relação obrigacional, previstas contratualmente ou impostas por lei.

Se transformações vêm sucedendo no âmbito da responsabilidade civil, o mesmo ocorre no âmbito contratual, uma vez que se exige, antes da formação do contrato, durante o seu desenvolvimento e posteriormente à extinção da relação obrigacional um comportamento digno, honesto, adequado, equânime, transparente, correto, justo, ético dos contratantes. Essa atitude exigida é resultado da inserção de princípios que nada mais são do que mandamentos do direito natural que integram nosso ordenamento jurídico, tanto no plano constitucional quanto no infraconstitucional.

Atualmente, há uma clara conexão entre o direito positivo e ponderações de justiça, com influência direta de nossa tradição cristã, do Iluminismo e do direito natural[30], e isso acontece por meio da positivação de princípios na Constituição Federal (dignidade da pessoa humana, solidariedade, igualdade, justiça social, entre outros), assim como no plano infraconstitucional essa concepção de justiça, de verdadeira noção ético-jurídica

---

27. FIORILLO, Celso Antonio Pacheco. *Curso de direito ambiental brasileiro*. São Paulo: Saraiva, 10. ed. 2009, p. 134 e s.
28. V. NALINI, José Renato. *Ética ambiental*, Campinas: Millennium, 2. ed. 2003, p. 24-29.
29. MACHADO, Paulo Afonso Leme. *Direito ambiental brasileiro*, São Paulo: Malheiros, 2001, p. 55.
30. HORN, Norbert. *Introdução à Ciência do Direito e à Filosofia Jurídica*. Trad. Elisete Antoniuk, Sergio Antonio Fabris Editor, Porto Alegre, 2005, p. 393-394.

de grande relevância, se faz presente pela proteção dos direitos da personalidade (direitos de humanidade), pela importância e extensão da boa-fé e probidade, da função social da propriedade e do contrato, além da responsabilidade civil, nessa visão atual contida no binômio prevenção/reparação, que se opera por intermédio de cláusulas gerais.

Quando o tema versa sobre responsabilidade civil, seja no momento que antecede a formação do contrato, durante ou após o término do vínculo entre os contratantes, possui importância o exame da cláusula geral de boa-fé e probidade. A boa-fé objetiva, que abrange os denominados deveres anexos ou de consideração (proteção, informação e lealdade), alçada ao texto constitucional no art. 37 (princípio da moralidade), impõe uma atitude correta, o que reforça e garante esse almejado comportamento ético dos contraentes, que deve se estender mesmo após o término da relação contratual, designado pós-eficácia obrigacional. Contudo, como dissemos, existem duas espécies de pós-eficácia obrigacional: a *real* e aquela *em sentido geral*. A primeira diz respeito à responsabilidade pós-contratual, também denominada *culpa post pactum finitum*, e a segunda abarca uma grande quantidade de situações de pós-eficácia provenientes de uma relação obrigacional, previstas contratualmente ou impostas por lei. Constatada a existência de um dano ambiental, decorrente de uma relação contratual, estar-se-ia diante de uma responsabilidade civil pós-contratual ambiental?

A noção de meio ambiente é fornecida pela Lei n. 6.938/81, que trata da Política Nacional do Meio Ambiente, em seu art. 3º, I, quando estabelece que meio ambiente é "o conjunto de condições, leis, influências e interações de ordem física, química e biológica, que permite, abriga e rege a vida em todas as suas formas". Essa definição vem ao encontro da Constituição Federal, que regula esse tema em vários dispositivos. Trata o texto constitucional do meio ambiente natural (art. 225, *caput* e § 1º, I e VII), vale dizer, água, solo, ar atmosférico, flora, fauna etc.; meio ambiente artificial, que compreende as cidades ou mais precisamente o espaço urbano construído (arts. 225, 182, 21, XX, entre outros); meio ambiente cultural (art. 216), que integra o patrimônio histórico, artístico, paisagístico etc.; meio ambiente do trabalho (art. 220, VIII, e 225), consistente no local em que as pessoas exercem sua atividade; e patrimônio genético (art. 225, § 1º, II e V), que tem por escopo a proteção da vida em todas as suas formas. A importância e amplitude do direito ambiental são inegáveis, mesmo porque influencia todas as outras áreas do direito, pois tem por finalidade, em síntese, a proteção de todos os ecossistemas da Terra e, como consectário lógico, a tutela da vida.

Um dos princípios da teoria contratual é o da *relatividade dos efeitos dos contratos*, segundo o qual as consequências de um pacto se restringem às partes contratantes e não atingem terceiros, consagrado na máxima *res inter alios acta, allis nec prodest nec nocet* (os atos dos contratantes não aproveitam, nem prejudicam terceiros). Esse princípio relaciona-se, assim, aos efeitos, à eficácia do contrato. O contrato é um fato cuja existência não é imperceptível àqueles que não se encontram na relação contratual, pois seus efeitos externos podem interferir nas outras pessoas. No entanto, os efeitos internos, em regra, não alcançam terceiros, pois não se criam direitos e obrigações para quem não é parte. Terceiro é a pessoa que, efetivamente, não participou do contrato. Acrescente-se, ainda, um grupo de pessoas, assim como as pessoas indeterminadas que, obviamente, por estarem nessa condição, não participaram nem poderiam fazer parte integrante da convenção, mas que podem suportar os efeitos do contrato.

Entretanto, esse princípio comporta exceções, tais como a estipulação em favor de terceiro (CC, arts. 436 a 438), o contrato coletivo de trabalho (CLT, art. 611), entre outras. O Código de Defesa do Consumidor, em seu art. 12, traz nova exceção a esse princípio, visto que prevê a responsabilidade solidária, em caso de vício contratual, da cadeia de fornecedores[31].

Em uma relação contratual (entre particulares, de consumo, de direito empresarial ou de direito administrativo), a questão que surge diz respeito à violação das normas de direito ambiental praticada em razão de um contrato. Nessa hipótese, terceiros seriam pessoas determinadas ou não, que sofreriam os efeitos de um pacto, suportariam, enfim, prejuízos. Num primeiro momento, essas pessoas seriam indiferentes à avença, mas, posteriormente, diante da mera ameaça a um direito ou da existência de lesão (CF, arts. 5º, XXXV e 225), estariam legitimadas a preservar ou reparar os direitos violados. Desta forma, se um contrato produz efeitos danosos a terceiros, danos esses individuais, coletivos ou difusos[32], pode ser pleiteada a cessação dessa atividade ou a reparação dos prejuízos.

Haveria, nesse caso, responsabilidade pós-contratual, consistente na real pós-eficácia obrigacional? Mesmo após a extinção e cumprimento efetivo do vínculo obrigacional estabelecido, se os efeitos do contrato continuaram a se propagar, em prejuízo de terceiros, deve-se verificar se um dos contraentes infringiu os deveres acessórios ou anexos de proteção, informação e lealdade. Se, diante dessa violação, o contrato produziu efeitos danosos a terceiros, com certeza prejudicou ou terá reflexos nessa direção a um dos contraentes, e estes, por sua vez, terão direito de responsabilizar o contratante culpado, que ocasionou esse fato. Em relação a terceiros, não houve *culpa post pactum finitum*, mas efeitos prejudiciais de uma avença, o que gera a obrigação de indenizar para o causador do dano, tendo como fundamento o princípio *neminem laedere* (CC, art. 186 e 927; CF art. 5º, X e XXXV).

É o caso do vendedor de um imóvel que, ciente da existência de norma ambiental que proíbe a edificação pretendida pelo adquirente, mesmo assim se utiliza de artifícios escusos com o fito de induzir o comprador a realizar o negócio, que se concretiza, em flagrante violação aos deveres anexos, decorrentes da boa-fé objetiva. De registrar-se que os deveres anexos têm por finalidade evitar que uma das partes, utilizando-se de meios inadequados, impróprios, inconvenientes, contrários a uma relação obrigacional justa, equânime, equilibrada, cumpra de forma inexata, a prestação acertada, sem, contudo, violar os termos contratuais ou mesmo disposição legal específica, que regule uma dada situação, mas causando, bem de ver, prejuízos à outra parte.

Os deveres anexos ou de consideração são, na realidade, impostos numa relação obrigacional com o fim de evitar que, em algumas situações de efetiva lesão, não haja a devida reparação, pela simples ausência de um dispositivo legal específico ou de uma cláusula

---

31. V. MARQUES, Claudia Lima; BENJAMIN, Antonio Herman V. e MIRAGEM, Bruno. *Comentários ao Código de Defesa do Consumidor*. São Paulo: Ed. RT, 2004, p. 22 e s. V, ainda, NUNES, Luiz Antonio Rizzatto. *Curso de direito do consumidor*. São Paulo: Saraiva, 2004, p. 170 e s.

32. A definição de direitos ou interesses coletivos e difusos está prevista no art. 81 do Código de Defesa do Consumidor: "A defesa dos interesses e direitos dos consumidores e das vítimas poderá ser exercida em juízo individualmente, ou a título coletivo. Parágrafo único. A defesa coletiva será exercida quando se tratar de: I – interesses ou direitos difusos, assim entendidos, para efeitos deste Código, os transindividuais, de natureza indivisível, de que sejam titulares pessoas indeterminadas e ligadas por circunstâncias de fato; II – interesses ou direitos coletivos, assim entendidos, para efeitos deste Código, os transindividuais de natureza indivisível de que seja titular grupo, categoria ou classe de pessoas ligadas entre si ou com a parte contrária por uma relação jurídica-base; III – interesses ou direitos individuais homogêneos, assim entendidos os decorrentes de origem comum".

no contrato que preveja expressamente certo comportamento. Por essa razão, o descumprimento desse dever, que é imanente à relação obrigacional, produz, caso haja prejuízo à outra parte, a obrigação de indenizar, com fundamento na violação da cláusula geral de boa-fé, que impõe às partes deveres de lealdade, informação e proteção (deveres anexos).

Nas hipóteses de *pós-eficácia em sentido geral* existe a responsabilização daquele que provocou o dano em virtude de comando legal ou cláusula contratual específicos. Trata-se de *responsabilidade pós-contratual aparente*, pois a real pós-eficácia (*culpa post pactum finitum*), caracterizada na real responsabilidade pós-contratual, aparece somente naqueles casos em que os deveres de consideração, decorrentes da boa-fé objetiva (proteção, informação e lealdade), após a extinção da relação obrigacional, não são observados, embora haja o dever de indenizar em ambas as situações.

Portanto, se deveres e responsabilidades são impostos por lei, mesmo após a extinção de um contrato que, ulteriormente causou danos individuais, coletivos ou difusos, como sucede com as normas que regulam o direito ambiental, embora haja *pós-eficácia aparente*, não se está diante do que se denomina responsabilidade civil pós-contratual (pós-eficácia real), visto que ela estaria configurada apenas se inexistisse lei ou convenção expressa entre partes contratantes, com produção de efeitos posteriores ao cumprimento da obrigação, com fundamento na boa-fé objetiva e seus deveres anexos de proteção, lealdade e informação. Sempre que há uma norma legal ou cláusula contratual fixando uma dada produção de efeitos para o momento posterior à extinção do contrato, a pós-eficácia será sempre considerada aparente.

5. CONCLUSÃO

O direito ao meio ambiente equilibrado integra o rol dos direitos da personalidade (direitos de humanidade), ao proteger, individualmente, qualquer pessoa de eventuais danos dessa natureza. Da mesma forma, essa tutela se perfaz com maior incidência no plano dos direitos coletivos e difusos. Sendo assim, numa relação contratual que cause uma lesão ambiental a qualquer das partes, terceiros, ou de forma difusa, mesmo que a obrigação pactuada já tenha sido cumprida e extinta, há pós-eficácia obrigacional.

Embora os efeitos da relação contratual extinta continuem a existir na hipótese de danos ao meio ambiente, não haverá responsabilidade civil pós-contratual, ou seja, a denominada pós-eficácia real, decorrente dos deveres anexos de informação, proteção e lealdade, advindos da boa-fé objetiva, mas apenas uma pós-eficácia aparente, uma vez que há comando legal que estabelece a responsabilização de lesões dessa espécie a qualquer momento, mesmo aquela proveniente de uma obrigação já extinta.

6. REFERÊNCIAS

AGOSTINHO, Santo. *A Cidade de Deus (Civitas Dei)*, parte I. trad. Oscar Paes Leme, Rio de Janeiro: Editora Vozes, 3. reimp., 2019.

ALVES, José Carlos Moreira. *Direito Romano*. 6. ed. Rio de Janeiro: Forense, 2003. v. I.

AMARAL, Francisco. *Direito Civil* – Introdução. Rio de Janeiro, Renovar, 8. ed., 2014.

AQUINO, Santo Tomás. *Suma Teológica*, V, trad. Alexandre Correia, Campinas – SP: Ecclesiae, 2017.

BULGARELLI, Waldirio. *Estudos e pareceres de direito empresarial,* São Paulo: Ed. RT, 1980.

CAPELO DE SOUSA, Rabindranath V. A. *O direito geral de personalidade*, Coimbra: Coimbra Editora, 1995.

CÍCERO, Marco Túlio. *Orações*. Trad. Padre Antônio Joaquim, São Paulo: Edipro, 2005.

CÍCERO, Marco Túlio. *Da República*, Trad. Amador Cisneiros, São Paulo: Edipro, 2. ed., 2011.

CÍCERO, Marco Túlio. *Dos deveres*, Trad. João Mendes Neto, São Paulo: Edipro, 2019.

CUPIS, Adriano de. *Os Direitos da Personalidade*, trad. Adriano Vera Jardim e António Miguel Caeiro Lisboa: Livraria Morais Editora,1961.

DONNINI, Rogério. *Responsabilidade civil na pós-modernidade – Felicidade, proteção, enriquecimento com causa e tempo perdido*, Porto Alegue: Sergio Antonio Fabris Editor, 2015.

DONNINI, Rogério. *Responsabilidade civil pós-contratual*, São Paulo, Saraiva. 3. ed. 2011.

DONNINI, Rogério. In: ARRUDA ALVIM e ALVIM, Thereza (Coord.). *Comentários ao Código Civil Brasileiro – Responsabilidade Civil*. Rio de Janeiro: Gen/Forense, 2013.

FIORILLO, Celso Antonio Pacheco. *Curso de direito ambiental brasileiro*, São Paulo: Saraiva, 10. ed. 2009.

GOGLIANO, Daisy. *Direitos Privados da Personalidade*, São Paulo: Quartier Latin, 2012.

HORN, Norbert. *Introdução à Ciência do Direito e à Filosofia Jurídica*. Trad. Elisete Antoniuk, Sergio Antonio Fabris Editor, Porto Alegre, 2005.

KANT, Immanuel. *Fundamentação da metafísica dos costumes*. Trad. Paulo Quintela, São Paulo: Abril Cultural, 1980.

LIMONGI FRANÇA, Rubens. *Instituições de Direito Civil*, São Paulo: Saraiva. 5. ed. 1999.

LÔBO, Paulo. *Direito Civil, Parte Geral*, São Paulo: Saraiva, 2009.

MORAES, Walter. Contribuição Tomista de Pessoa. Um contributo para a teoria do direito de personalidade, *RT* 590/14.

MACHADO, Paulo Afonso Leme. *Direito ambiental brasileiro*, São Paulo: Malheiros, 2001.

MARQUES, Claudia Lima; HERMAN, Antonio Benjamin; MIRAGEM, Bruno. *Comentários ao Código de Defesa do Consumidor*, São Paulo: Ed. RT, 2004.

MULHOLLAND, Caitlin Sampaio. *A responsabilidade civil por presunção de causalidade*, Rio de Janeiro: GZ Editora, 2009.

NALINI, José Renato. *Ética ambiental*. Campinas: Millennium. 2. ed. 2003.

NERY, Rosa Maria de Andrade. *Introdução ao pensamento jurídico e à teoria geral do direito privado,* São Paulo: Ed. RT, 2008.

PICO DELLA MIRANDOLA, Giovanni. *Discurso Sobre a Dignidade do Homem* (*De hominis dignitate oratio*). Trad. Maria de Lourdes Sirgado Ganho, Lisboa: Edições 70, 2010.

PONTES DE MIRANDA, Francisco Cavalcanti. *Tratado de direito privado*. 3. ed. Rio de Janeiro: Editor Borsoi, 1971.

REALE, Miguel. Disponível em: http://www.miguelreale.com.br/artigos/dirpers.htm.

RIZZATTO NUNES, Luiz Antonio. *Curso de direito do consumidor*. São Paulo: Saraiva, 2004.

RUGGIERO, Roberto de. *Instituições*. São Paulo: Saraiva, 1971. v. 1.

SALEILLES, Raymond. *Les accidents de travail et la responsabilité civile: essai d'une théorie objective de La responsabilité délictuelle*, Paris: Arthur Rousseau, 1897.

SCHULZ, Fritz. *Princípios do Direito Romano*. Trad. Josué Modesto Passos, São João da Boa Vista – SP: Editora Filomática Sorocabana, 2020.

VISINTINI, Giovanna. *Fatti Illeciti* – Fondamenti e Nuovi Sviluppi della Responsabilità Civile, Pisa: Pacini Editore, 2019.

AS CLÁUSULAS DE REDUÇÃO E EXCLUSÃO DA REPARAÇÃO DE DANOS E O FENÔMENO DA INCIDÊNCIA JURÍDICA

Ragner Limongeli Vianna

Mestre em Direito pela PUC/SP. Professor-Assistente Mestre concursado pela PUC/SP, na cadeira de Direito Civil. Ex-assistente do Professor Doutor Renan Lotufo na cadeira de Teoria Geral dos Contratos, no pós-graduação *stricto sensu* da PUC-SP. Advogado e consultor.

Ao Mestre Renan Lotufo, com carinho.

Tive o privilégio de acompanhar o estimado Professor homenageado desde a aula inaugural do Curso de Direito da Pontifícia Universidade Católica de São Paulo, nos idos de 1984.

Pensador que nunca se acomodou. Contribuiu, muito e efetivamente, para o desenvolvimento do Direito Civil Constitucional numa época em que tal metodologia não agradava à maioria dos civilistas.

Foi um professor exemplar, um jurista inspirador e um homem digno.

Em mim ficou a gratidão. Uma imensa gratidão.

> **Sumário**. 1. Introdução. 2. Hipótese de incidência na Teoria Geral do Direito. 3. Hipótese de incidência na Reparação de Danos. 4. As causas de redução e exclusão da obrigação de Reparação de Danos e o fenômeno da incidência. 5. Algumas consequências da não incidência. 6. Proposições conclusivas. 7. Referências.

1. INTRODUÇÃO

O fenômeno da incidência jurídica, também conhecido como da subsunção, é categoria básica da aplicação do direito. Não obstante não é comum encontrarmos em doutrina e jurisprudência a avaliação das causas de redução ou de exclusão da obrigação reparatória em consonância com a análise da ocorrência ou não do enquadramento do fato à hipótese legal.

Abordamos esse tema pela primeira vez em nossa dissertação de mestrado; abordagem inovadora à época.

É fato reconhecido que as causas de redução e exclusão da Reparação de Danos são variadas e não comportam uma doutrina unitária.

O presente trabalho se propõe a desenvolver o tema, demonstrando se existe relação e qual seria a relação existente entre as diversas causas de redução e exclusão e o fenômeno da incidência (subsunção). Vale dizer, há relação entre as causas de redução ou exclusão e a não incidência jurídica por conta da não ocorrência da subsunção?

Eis o objeto do trabalho que passamos a desenvolver.

2. HIPÓTESE DE INCIDÊNCIA NA TEORIA GERAL DO DIREITO

A Teoria Geral do Direito nos ensina que a norma jurídica ganha eficácia social concreta por meio do sistema da subsunção do fato real/social à hipótese legal.

É o que chamamos de fenômeno da incidência jurídica ou fenômeno da subsunção.

Como bem adverte Orlando Gomes:

> "A realidade jurídica compõe-se de dois elementos, o *material* e o *formal*. O primeiro é a matéria-prima do produto jurídico, constituindo-se de fatos sociais. O outro é formado por determinado conjunto de normas. São inseparáveis. O elemento material isolado toma cor neutra e o elemento formal, escoteiro, tem caráter abstrato.
>
> "Os fenômenos econômicos e sociais não se inserem no mundo do Direito *sic et simpliciter*, senão por processo de *qualificação* operado pelas normas que os regulam. [1]

Isso significa que a "Lei", considerado o termo em seu sentido mais amplo, depende para incidir na sociedade gerando relações jurídicas concretas da ocorrência de um fato real. Sem tal fato a lei não passará de um comando abstrato.

Novamente podemos nos valer da conclusão de Orlando Gomes, ao tratar da função do "fato jurídico *lato sensu*":

> "No sentido lato, o *fato jurídico* apresenta-se como a força de propulsão da *relação jurídica*, por efeito da qual se movimentam as normas jurídicas adequadas. Da lei não surgem diretamente direitos subjetivos; é preciso uma *causa* e essa causa se chama *fato jurídico*.
>
> "Converte, em relação concreta, o esquema abstrato da lei."[2]

Trata-se de fenômeno que permeia todos os ramos do direito. O direito objetivo, composto por normas jurídicas gerais e abstratas, não ganha concretude senão por meio da ocorrência, no mundo fenomênico, do fato real hipoteticamente previsto na norma jurídica.

Dessa forma, necessário se faz a identificação dos fatos previstos hipoteticamente na norma jurídica para fins de se precisar em que casos ocorrerá a incidência desta.

3. HIPÓTESE DE INCIDÊNCIA NA REPARAÇÃO DE DANOS

No que tange à matéria da "Reparação de Danos"[3], amplamente conhecida como "Responsabilidade Civil", há de se identificar no contexto de todo o Direito Objetivo quais são os fatos sociais, hipoteticamente considerados, que ensejam o nascimento de uma obrigação concreta de indenizar (consequência típica da Reparação de Danos ou Responsabilidade Civil).[4]

A questão é tão relevante que um dos maiores doutrinadores sobre a matéria dedicou toda uma obra aos "pressupostos da responsabilidade civil". Trata-se do autor português

---

1. GOMES, Orlando. *Introdução ao Direito Civil*. 7. ed. Forense, 1983, p. 3.
2. Op. cit., p. 20.9
3. Entendemos que a expressão "Reparação de Danos" indica com maior fidelidade e adequação a matéria em questão, eis que o termo "responsabilidade" atrai um sentido umbilicalmente ligado à chamada Reparação fundada na culpa, designada então responsabilidade civil. Vide nesse sentido:

   PESSOA JORGE, Fernando. *Ensaio sobre os Pressupostos da Responsabilidade Ci*vil, Almedina, 1995, p. 36; AGUIAR DIAS, José de. *Da Responsabilidade Civil*. 10. ed. v. I, Forense, 1995, p. 14; VIANNA, Ragner Limongeli. *Excludentes da Obrigação de Reparação de Danos*, Dissertação de Mestrado na Puc-SP, inédita, p. 15 a 22, com farta bibliografia a respeito.
4. VIANNA, Ragner Limongeli. *Excludentes da Obrigação de Reparação de Danos*, Dissertação de Mestrado na Puc-SP, inédita, p. 10 a 14.

O FENÔMENO DA INCIDÊNCIA JURÍDICA **155**

Fernando Pessoa Jorge em obra na qual procura pesquisar e estabelecer quais seriam tais pressupostos.[5]

Baseado na legislação e na doutrina portuguesas e tomando por objeto exclusivamente a "Responsabilidade Civil Subjetiva" assevera o autor, em breve síntese e quase que de forma introdutória ao assunto:

> "I. A nosso ver, os pressupostos da responsabilidade civil podem reconduzir-se, essencialmente a dois: o *acto ilícito* e o *prejuízo reparável*".[6]

Pois bem, para a legislação, doutrina e jurisprudência brasileiras, na tipificação legal das hipóteses de obrigação de reparação de danos encontramos as clássicas espécies: reparação de danos subjetiva, objetiva, extraobrigacional e obrigacional.

Como se vê são duas classificações distintas apresentadas pela doutrina e amplamente acolhidas pela jurisprudência. A primeira distingue a Reparação de Danos em "Subjetiva" e "Objetiva". A segunda a distingue-a em Extraobrigacional e Obrigacional (também denominada Extracontratual e Contratual).

Destarte é necessário o estudo de cada uma delas para a precisa identificação de situações de fato às quais serão aplicadas.

Em termos gerais, é sabido que a reparação subjetiva está ligada à ideia de culpa. Com mais rigor, poderíamos afirmar que está ligada a um comportamento do sujeito. Um mau comportamento, diga-se. Se o sujeito agiu mau, haverá de reparar os danos causados. Esse mau comportamento está caracterizado pela culpa "lato sensu". Se ao contrário, não agiu com culpa não incidirá a obrigação de reparação de danos.

De outra sorte, encontramos a reparação fundada na violação de um dever legal ou obrigacional, a gerar a classificação em obrigação extraobrigacional ou obrigacional.

Para a caracterização da Reparação de Danos subjetiva, tradicionalmente a doutrina indica a necessidade da ocorrência de cinco elementos. São eles, a) um ato comissivo ou omissivo, b) a culpa "lato sensu", c) imputabilidade do agente, d) nexo de causalidade, e) dano injusto.

Não sendo o objeto do presente trabalho, não nos deteremos sobre o estudo dos referidos elementos e a ocorrência em doutrina e jurisprudência de alguma divergência a respeito dos mesmos.[7]

De qualquer forma, admitindo-se que esses são os pressupostos hipotéticos previstos em lei para a ocorrência do nascimento de obrigação de reparar nos casos de incidência de Reparação Subjetiva de Danos (responsabilidade civil subjetiva), será necessária a verificação da ocorrência de todos, no plano fático, e sua respectiva prova, para que efetivamente seja formada uma relação jurídica concreta de obrigação reparatória.

Para a Reparação Objetiva de Danos, doutrina e jurisprudência referem à necessidade de três elementos, quais sejam: a) fato gerador, b) nexo de causalidade, c) dano injusto.

É certo que autores há que referem apenas a dois elementos, a) dano injusto e b) nexo de causalidade.

---

5. PESSOA JORGE, Fernando. *Ensaio sobre os Pressupostos da Responsabilidade Civil*, Almedina, 1995.
6. Op. cit., p. 55.
7. Indicamos ao leitor interessado, o estudo dos seguintes autores a respeito: Pessoa Jorge, Aguiar dias, Caio Mário.

Não obstante, a simplificação não se justifica. Basta verificarmos que o termo nexo indica a ligação de dois outros termos. Se os elementos fossem apenas os supra indicados, o nexo estaria por ligar o "dano" ao quê?

Ademais, como já vimos é a própria Teoria Geral do Direito (portanto aplicável a todos os ramos jurídicos) que determina que toda incidência depende da ocorrência do fato gerador – fato real previsto hipoteticamente na norma jurídica, para que se desencadeie a relação jurídica concreta.

Podemos acrescentar que o fato gerador, ou seja o fato propulsor da relação jurídica nas palavras do mestre baiano Orlando Gomes acima referido, no caso da Reparação Objetiva de Danos é seu traço distintivo. É por meio da compreensão das hipóteses previstas em lei que podemos conhecer os casos de Reparação Objetiva. E da não compreensão disso resultam muitos equívocos em relação à matéria.

Exemplifiquemos com a Reparação Objetiva (responsabilidade objetiva) estipulada pelo Código de Defesa do Consumidor. Qual é a hipótese de incidência no caso? Quais danos estão sujeitos à regulamentação da chamada RC Objetiva prevista para as relações consumeristas?

Ora, o CDC incide nas relações de consumo, assim definidas no próprio Código. Portanto, a hipótese de incidência é a ocorrência de danos no meio das relações de consumo. Mas não qualquer dano, pois a lei exclui os danos causados por profissionais liberais que não respondem objetivamente. Portanto, quando ocorrer um dano que se estabeleça em função de uma relação de consumo, ou seja, havendo uma relação de causa a efeito (nexo de causalidade) entre a relação de consumo e o dano, excetuados os profissionais liberais, nascerá a obrigação de reparação do dano àqueles a quem a lei atribui tal obrigação.

Se nos voltarmos para a Reparação Objetiva imposta ao Estado, veremos que a hipótese de incidência está prevista sobre os atos praticados por Entes Públicos por atos comissivos. Para os atos omissivos há divergência doutrinária e jurisprudencial acerca de qual regime jurídico aplicar, se reparação subjetiva ou objetiva.

Portanto, uma vez mais, se ocorrer um dano por conta de um ato comissivo de Ente estatal estará caracterizado o fato gerador da obrigação reparatória. Se o ato for omissivo, haver-se-á de indagar qual regime jurídico será aplicado, por conta da sobredita divergência de entendimentos. Note-se bem, o que determinará o enquadramento é precisamente a hipótese de incidência prevista em lei: para atos comissivos, reparação objetiva; para atos omissivos, há entendimentos de escol para ambas as possibilidades.

Podemos então concluir que somente haverá incidência de Reparação Objetiva de danos para as hipóteses assim previstas em lei; que poderá fazê-lo de forma genérica como na segunda parte do parágrafo único do artigo 927 do Código Civil ou para relações específicas, referidas na primeira parte do referido parágrafo único, como nos casos das relações de consumo ou de danos causados por agentes do Estado.

Verificadas as espécies é necessário complementar que podem ser combinadas, de forma que poderá haver Reparação Subjetiva ou Objetiva tanto na Reparação Obrigacional quanto na Extraobrigacional.

A obrigação de reparação dos danos causados por "ato ilícito" tipificado no artigo 186 do Código Civil é extraobrigacional e subjetiva. Já a Reparação de danos decorrente de atividade de risco acolhida pelo parágrafo único do artigo 927 do Código Civil é extra-

O FENÔMENO DA INCIDÊNCIA JURÍDICA

obrigacional e objetiva. Um contrato de locação entre particulares será regido pela reparação obrigacional e subjetiva. Nas relações contratuais de consumo, incidirá a reparação obrigacional e objetiva.

4. AS CAUSAS DE REDUÇÃO E EXCLUSÃO DA OBRIGAÇÃO DE REPARAÇÃO DE DANOS E O FENÔMENO DA INCIDÊNCIA

Já vimos que se não ocorrer o enquadramento do fato real à hipótese normativa, não nascerá obrigação de reparação de danos.

Ocorre que há diversas situações em que o ordenamento jurídico determina especificamente a "exclusão" da obrigação reparatória.

A doutrina denomina essas situações, genericamente, como causas ou cláusulas excludentes da obrigação reparatória (ou da Reparação de Danos ou, ainda, da Responsabilidade Civil).

Aqui ocorre o inverso, a hipótese de incidência prevista na lei, uma vez ocorrida no caso concreto, tem o efeito de "excluir" a obrigação de reparação de danos, portanto.

Ocorre que, a rigor, algumas dessas situações têm o efeito de impedir o nascimento da relação obrigacional reparatória. A ocorrência de um fato que caracteriza força maior, por exemplo, demonstra que o dano foi causado por este evento (de força maior) não se enquadrando em nenhuma das hipóteses previstas como geradoras da obrigação reparatória. Uma vez que o dano foi gerado por uma causa estranha de efeitos danosos inevitáveis, não se forma obrigação de reparar.

Importante frisar que nesses casos não se chega a constituir a obrigação de reparação. Portanto, não se trata de buscar algum evento posterior que colha a obrigação já constituída e lhe retire a força jurídica. Obrigação de reparar, nesses casos, nunca existiu.

Com outras causas, diversamente, ocorre a incidência nascendo regulamente a obrigação reparatória. No entanto, para esses casos, a lei estipula uma outra hipótese de incidência com o efeito de excluir a obrigação reparatória já formada ou de retirar-lhe a força coativa, total ou parcialmente. É o que acontece no caso de remissão, de transação ou de prescrição da pretensão da obrigação reparatória.

Como se vê, nessas hipóteses referidas causas colherão a obrigação de ressarcimento já constituída e lhe imporão a extinção sem cumprimento (total ou parcialmente, conforme o caso).

Deixamos aqui uma provocação ao nosso leitor: diante das variadas hipóteses acolhidas como sendo de redução ou exclusão da reparação de danos quais impedem sua formação e quais a atingem depois de efetivamente constituídas?

5. ALGUMAS CONSEQUÊNCIAS DA NÃO INCIDÊNCIA

Nos primeiros casos acima citados, as hipóteses atingem exatamente o nexo causal (ou o nexo de imputação[8]), impedindo que se estabeleça a relação de causa e efeito entre

---

8. "O nexo de causalidade, como cediço, notadamente em um ambiente marcado pela responsabilidade civil sem culpa (a objetivação da responsabilidade civil própria das relações de consumo, entre outros ambientes) não é o único fator de vinculação pela ordem jurídica do agente àquele que suporta a lesão a ser reparada. Basta recordar, por exemplo, as

o fato gerador previsto em lei e o dano ou, em outras palavras, comprovando que o nexo se estabelece entre o caso fortuito ou o fato de terceiro ou da vítima ou ainda outros fatos estranhos e o dano. Dessa forma, fica excluído o nexo de causa a efeito exigido na hipótese normativa a excluir a formação de obrigação reparatória.

Tomemos como exemplo a força maior no Código de Defesa do Consumidor. Referido código não acolhe expressamente a força maior ou o caso fortuito como hipótese de exclusão da obrigação reparatória nas relações de consumo.

Por conta disso, autores há que rejeitam tal hipótese como sendo causa excludente, determinando a obrigação de reparar danos decorrentes de força maior.

Por outro lado, há autores e julgados que entendem que a força maior "rompe o nexo causal" implicando na exclusão da obrigação reparatória:

> "Apelação cível. Direito do consumidor. Ação de compensação por danos morais. Companhia aérea. Viagem internacional. Atraso do voo de conexão. Condições climáticas desfavoráveis. Fortuito externo. Nexo de causalidade. Rompimento. Excludente de responsabilidade civil. Não realocação do passageiro. Cancelamento integral da viagem. Responsabilidade objetiva. Dano moral. Ocorrência. Quantum. Razoabilidade e proporcionalidade. 1. Estabelecida a relação de consumo, a responsabilidade do fornecedor de serviços é objetiva, exigindo-se, para sua configuração, apenas a comprovação da existência do fato, do dano e do nexo causal entre ambos, independentemente de culpa. 2. *O artigo 14, § 3°, II, adotou a teoria do risco da atividade, segundo a qual o fortuito externo apto a afastar a responsabilidade civil deve ser imprevisível e totalmente estranho ao risco da atividade desenvolvida pelo fornecedor. Logo, a falta de condições climáticas para o voo configura fortuito externo, apto a romper o nexo causal, importando em excludente de responsabilidade civil.* 3. Realizada a compra de passagens aéreas perante a mesma empresa, com previsão de conexões, o rompimento do nexo de causalidade em relação ao primeiro trecho (Brasília-Guarulhos), em decorrência de fortuito externo, não repercute nos demais (Guarulhos-Caracas, Caracas-Aruba), caso haja tempo hábil para a companhia aérea, prevendo a possível perda da conexão, realocar o passageiro no primeiro voo após cessado o óbice climático, a fim de evitar o cancelamento integral da viagem. 4. A conduta omissiva da empresa aérea, que não realocou passageiro em outro voo de conexão, acarretando a perda de viagem internacional, afeta os direitos da personalidade, assim considerados aqueles relacionados à esfera íntima da pessoa, cuja violação cause dor, sofrimento, frustração, constrangimento, dentre outros sentimentos negativos, sendo cabível à indenização por danos morais. 5. O valor fixado a título de compensação por danos morais, em que pese a falta de critérios objetivos, deve ser pautado pela proporcionalidade e razoabilidade, além de servir como forma de compensação pelo dano sofrido e de desestímulo quanto à reiteração de condutas deste jaez. 6. Apelação conhecida e não provida. (Acórdão n. 880376, Relatora Des. Simone Costa Lucindo Ferreira, 1ª Turma Cível, Data de Julgamento: 08.07.2015, Publicado no DJe: 28.07.2015)."

Pois bem, o que seria esse "rompimento" do nexo causal?

Trata-se exatamente da hipótese em que o evento externo é o causador do dano. Assim, o nexo de causa a efeito não se estabelece entre a relação de consumo e o dano, mas entre o evento externo e o dano.

No exemplo supra extraído de nossa jurisprudência, fica claro que a causa do dano é a "falta de condições climáticas" a impedir a formação da obrigação reparatória e não a "relação de consumo".

---

hipóteses de responsabilidade civil por fato de terceiro e por fato da coisa, ainda no ambiente da responsabilidade civil subjetiva no regime do Código Civil de 1916, situações nas quais não se observa um nexo de causalidade propriamente dito, mas, sim, um chamado nexo de imputação delineado pela própria ordem jurídica (e não pela causalidade natural), com o que se satisfaz a ciência do Direito." GUERRA, Alexandre Dartanhan de Mello. *O caso fortuito e a não incidência do dever de indenizar nas relações de consumo.* Reflexões de magistrados paulistas nos 25 anos do Código de Defesa do Consumidor, Publicações – Obras Jurídicas – Escola Paulista da Magistratura, p. 238.

O FENÔMENO DA INCIDÊNCIA JURÍDICA **159**

Corrobora essa interpretação a divisão atualmente aceita em doutrina e jurisprudência, válida para casos de Reparação Objetiva, entre *fortuito interno e fortuito externo*.

Fica claro que na hipótese de ocorrência de fortuito interno esse fato não é suficiente para afastar integralmente o nexo de causalidade entre a relação de consumo e o dano. Exatamente porque o fato considerado fortuito está relacionado à relação de consumo (v.g. a ocorrência de pequenos furtos).

Já no caso da ocorrência de fortuito externo fica excluída qualquer relação de causa e efeito entre a relação de consumo e o dano. Isso porque o dano, em tais casos, decorre integralmente da ocorrência do evento externo de efeitos danosos inevitáveis (v.g. a ocorrência de assalto a mão armada em estacionamento gratuito e sem oferecimento de segurança).

A qualificação de tratar-se de fortuito interno ou externo somente o caso concreto permitirá. O fortuito interno está relacionado à atividade do obrigado a reparar; o externo não. O caso de roubo à mão armada é exemplar. Normalmente, será considerado fortuito externo. Não obstante, em determinados casos como os de atividade de segurança, notadamente de segurança armada para atividades de grande risco (v.g. no transporte de valores), o roubo poderá ser considerado fortuito interno por estar diretamente ligado à atividade:

> "Tratando-se de empresa que se compromete a garantir o transporte e a segurança de patrimônio de alto valor, atraindo naturalmente a atenção de criminosos, não se pode considerar a ação armada de assaltantes como força maior, caso fortuito ou fato de terceiro, pois compreendida no risco da atividade por ela desempenhada."[9]

Portanto, a rigor, pouco importa se o CDC acolhe expressamente ou não a força maior como hipótese de exclusão da responsabilidade. O fornecedor não estará enquadrado na obrigação de ressarcir um dano que comprovadamente não decorre da relação de consumo, mas de um evento externo de efeitos inevitáveis[10].

Daí porque a prova de que o dano decorre de evento externo (fortuito externo) e de efeitos inevitáveis deverá afastar, em todo caso, a formação de obrigação reparatória exatamente por comprovar a ausência de enquadramento do fato à hipótese de incidência que geraria a obrigação reparatória: dano ocorrido em decorrência de relação de consumo.

A rigor, podemos estender essa conclusão como sendo uma regra geral. Sempre que ocorrer um fato que estabeleça o nexo de causalidade com o dano e esse fato for diverso do hipoteticamente estipulado em lei como o fato gerador da obrigação reparatória, esta ficará excluída (não se formará), por conta exatamente da quebra do nexo de causalidade exigido pela lei, independentemente da caracterização de uma "causa de exclusão" de reparação de danos específica.

---

9. Disponível em: https://www.conjur.com.br/dl/apelacao-civel-camara-dprivado-rel1.pdf.
   https://www.conjur.com.br/2017-dez-27/transportadora-valores-responde-morte-terceiro-assalto.
10. Sobre o conceito de caso fortuito e força maior, vide VIANNA, op. cit. p. 31 a 70.

6. PROPOSIÇÕES CONCLUSIVAS

1 – O fenômeno da subsunção do fato real à hipótese legal é fenômeno atinente à Teoria Geral do Direito e, portanto, aplicável a todos os ramos jurídicos.

2 – No ramo da Reparação de Danos temos doutrina e jurisprudência muito bem desenvolvidas e consolidadas na determinação das hipóteses de incidência de cada uma de suas espécies.

3 – Dentre as causas de exclusão da obrigação de reparação de danos são encontradas hipóteses legais que revelam a não ocorrência dos pressupostos previstos na Ordem Jurídica para a formação de obrigação reparatória, de tal sorte que não haverá incidência da obrigação Reparação de Danos; a mesma não será constituída. É o caso, a título de exemplo, do caso fortuito ou de força maior, do fato de terceiro e do fato da vítima.

4 – Outras causas de exclusão da obrigação de reparação de danos há que colhem a obrigação já formada e excluem sua exigência, total ou parcialmente. É o caso, a título de exemplo, da remissão, da transação e da prescrição.

5 – Só haverá obrigação de reparação de danos no caso de restar caracterizada a subsunção do fato real ocorrido à uma das hipóteses legais previstas. Portanto, ficará afastada a criação da obrigação reparatória tanto no caso da ocorrência de uma das hipóteses tipificadas como causas excludentes, como nas hipóteses em que o fato gerador do dano não corresponder ao exigido pela norma jurídica, independente da ocorrência de uma "causa excludente" específica.

7. REFERÊNCIAS

AGUIAR DIAS, José de. *Da Responsabilidade Civil*. 10. ed. Forense, 1995. v. I e II.

AGUIAR DIAS, José de. *Cláusula de Não Indenizar (chamada Cláusula de Irresponsabilidade)*. 2. ed. Forense, 1955.

ALVIM, Agostinho. *Da Inexecução das Obrigações e suas Consequências*. 4. ed. 1972.

ARRUDA ALVIM, José Manoel de, THEREZA ALVIM et alii. *Código do Consumidor Comentado*, Ed. RT, 1991.

ANTUNES VARELA, João de Matos. *Das Obrigações em Geral*. 8. ed. 199. v. I e II.

CANOTILHO, José Joaquim Gomes. *O Problema da Responsabilidade do Estado por Actos Lícitos*. Almedina, 1974.

DINIZ, Maria Helena. *Curso de Direito Civil Brasileiro*. 34. ed. Saraiva, 2020. v. 7.

FERRAZ JR., Tercio Sampaio. *Introdução ao Estudo do Direito*, Atlas, 1991.

GOMES, Orlando. *Introdução ao Direito Civil*. 7. ed. Forense, 1983.

GRINOVER, Ada Pellegrini, DENARI, Zelmo et alii. *Código Brasileiro de Defesa do Consumidor*, comentado pelos autores do anteprojeto. 5. ed. Forense, 1997.

GUERRA, Alexandre Dartanhan de Mello. *O caso fortuito e a não incidência do dever de indenizar nas relações de consumo*. Reflexões de magistrados paulistas nos 25 anos do Código de Defesa do Consumidor, Publicações – Obras Jurídicas – Escola Paulista da Magistratura. www.tjsp.jus.br http://www.tjsp.jus.br/download/EPM/Publicacoes/ObrasJuridicas/cdc12.pdf?d=636680533763406696.

KELSEN, Hans. *Teoria Pura do Direito*. Trad. João Baptista Machado, Armênio Amado, Coimbra. 6. ed. 1984.

LIMA, Alvino. Culpa e Risco, *Revista dos Tribunais*, 1960.

LOTUFO, Renan. *Curso Avançado de Direito Civil*. RT, 2002. v. 1, Parte Geral.

LOTUFO, Renan. *Código Civil Comentado*, Saraiva, 2003. v. 1, Parte Geral.

LOTUFO, Renan. *Código Civil Comentado*, Saraiva, 2003. v. 2, Obrigações.

MEDEIROS DA FONSECA, Arnoldo. *Caso Fortuito e Teoria da Imprevisão*. 3. ed. Forense, 1958;

NANNI, Giovanni Ettore (Coord.). *Comentários ao código civil*. Saraiva, 2019: Direito privado contemporâneo.

PESSOA JORGE, Fernando. *Ensaio sobre os Pressupostos da Responsabilidade Civil*, Almedina, 1995.

PRATA, Ana. *Cláusulas de Exclusão e Limitação da Responsabilidade Contratual*, Almedina, 1985.

RODRIGUES, Silvio. *Direito Civil* – Responsabilidade Civil. 16. ed. Saraiva, 1998. v. 4.

SILVA PEREIRA, Caio Mário da. *Responsabilidade Civil*. 5. ed. Forense, 1994;

VIANNA, Ragner Limongeli. *Excludentes da Obrigação de Reparação de Danos*. Dissertação de Mestrado em Direito na Puc-SP, São Paulo, 2002 – inédita.

VILANOVA, Lourival. As Estruturas Lógicas e o Sistema do Direito Positivo, *Revista dos Tribunais*, 1977.

A CULPA NO DIREITO DAS OBRIGAÇÕES: NOTAS PARA UMA HISTÓRIA DE CONCEITOS JURÍDICOS FUNDAMENTAIS[1]

Judith Martins-Costa

É Livre-Docente e Doutora em Direito pela Universidade de São Paulo. É Presidente do Instituto de Estudos Culturalistas – IEC e membro da Academia Brasileira de Letras Jurídicas, dentre outras associações. Foi Professora de Direito Civil na Faculdade de Direito da Universidade Federal do Rio Grande do Sul (1992 a 2010). Advogada e sócia fundadora de Judith Martins-Costa Advogados, atua como Parecerista e Árbitra (ICC, CCBC, CMA-CIESP, FGV, CAMARB). Luca Giannotti é doutorando em Direito na Universidade de São Paulo e associado ao IEC. Os autores agradecem a Giovana Benetti, Gustavo Haical, Pietro Weber, Rafael Xavier e a Giordano Loureiro pela colaborativa revisão. Agradecem, igualmente, aos Organizadores desta justa homenagem ao Professor Renan Lotufo o gentil convite para dela participar.

Luca Giannotti

Doutorando em Direito na Universidade de São Paulo e associado ao IEC.

"Nossa história de responsabilização, porém, vem apoiada fundamentalmente no sistema francês, em que os autores do Código Napoleônico sempre referiram como uma das primeiras máximas da sociedade o caráter unitário do conceito de culpa, como fundamento da responsabilidade aquiliana". (Renan Lotufo, *Comentários ao Código Civil*).

Sumário: 1. Introdução. 2. No início era a imputação. 3. Das origens arcaicas e romanas. 4. A culpa, do Direito Intermédio ao Jusracionalismo. 5. Culpa, imputação e causalidade no Direito brasileiro. 5.1 Culpa e imputação. 5.2 Culpa e causalidade. 6. Conclusão.

1. INTRODUÇÃO

Há temas, no Direito, que persistem em retornar, mesmo que tenham sido estudados pelas mais brilhantes mentes do passado. Assim o é a culpa no Direito das Obrigações. Quando parecia já esgotado o seu estudo, ressurge a necessidade de revê-lo, em busca de melhor distinguir sua noção de outras que lhe são conexas. O retorno ao tema – literalmente, uma *re-flexão*, um duplo debruçar-se sobre a culpa, a imputabilidade e a causalidade – parece oportuno para homenagear Renan Lotufo, um jurista que tanto refletiu sobre os temas mais árduos (e igualmente fascinantes) do Direito Civil, empregando inteligência e profundo senso de justiça em sua práxis como magistrado, advogado e Professor.

---

1. Os autores agradecem a Giovana Benetti, Gustavo Haical, Pietro Weber, Rafael Xavier e a Giordano Loureiro pela colaborativa revisão. Agradecem, igualmente, aos Organizadores desta justa homenagem ao Professor Renan Lotufo o gentil convite para dela participar.

É objeto deste artigo inventariar os não lineares caminhos pelos quais se traçou a sinonímia entre *culpa e imputabilidade*, e, por vezes, *culpa e causa*, apontando à cacofonia[2] daí resultante. Se *narrar é sobretudo normar*[3], sendo a linguagem jurídica concomitantemente narrativa e normativa, parece conveniente buscar nas narrativas construídas na História o que narra – e o que norma – a palavra *culpa*. *Imputar* seria o mesmo que *inculpar*? Quando dois ou mais agentes concorrem para um mesmo dano, será correto avaliar suas culpas, ou sua contribuição para com a ocorrência do dano?

A História não oferece resposta unívoca a essas questões, refletindo o Código Civil os ecos das diversas narrativas que foram construídas ao longo dos tempos. Em meio às turbulências da linguagem, parece certo, todavia, o tracejar do percurso seguido. Este foi da imputação à inculpação, e, depois, à mescla entre culpa e ilicitude, culpa e causa. Só mais recentemente o trabalho do *distinguo* conceitual passou a apresentar resultados, com importantes reflexos na ordem prática. Parece importante averiguar esses intrincados liames, ainda que em voo panorâmico, a perceber os pontos sobre o qual construída a narrativa (Primeira Parte). Em seguida, nos voltaremos a investigar no Direito das Obrigações brasileiro, tal qual apreendido pelo Código Civil, os sentidos e as funções atribuídas aos substantivos "culpa" e "causa", e ao verbo "imputar" (Segunda Parte), tentando discernir como se imbricam e como se distinguem entre si.

2. NO INÍCIO ERA A IMPUTAÇÃO

A palavra *culpa* vem do Direito Romano, da *Lex Aquilia*, mas o seu conceito, não. Advém da Patrística da Alta Idade Média, do Direito Canônico, fundamentalmente. Antes de pensar em *inculpar*, pensou-se em *atribuir*, que precede o *responder.*

Desde tempos imemoriais, têm-se a preocupação de buscar formas de proteção jurídica contra as consequências desagradáveis de certos fatos da vida: os danos, ou prejuízos. Como diz e repete Riobaldo, no Grande Sertão: Veredas, *viver é muito perigoso*. Nos diversos tempos, sempre se fez a pergunta: quem é o responsável pelo dano causado?

Como se verá, no início, nos direitos arcaicos e no Direito Romano do período republicano, não se respondia, *prima facie*, ser responsável o *culpado (1)*. A construção da ideia foi longa e tormentosa: elementos ideológicos se infiltraram progressivamente, em espacial no Direito Intermédio até a culpa entrar nos Códigos modernos *via* o trabalho dos Jusracionalistas modernos (2).

3. DAS ORIGENS ARCAICAS E ROMANAS

No início, era o verbo – e esse era *imputar*, isto é: atribuir a responsabilidade de reparar um dano, objetivamente, e não propriamente *inculpar*, que significa atribuir responsabilidade a quem se considera culpado pela causação de um dano, por ter violado um dever de conduta o qual devia e podia ser observado.

---

2. A cacofonia que cerca a linguagem da responsabilidade civil na doutrina e jurisprudência brasileiras da atualidade é versada em: MARTINS-COSTA, Judith. A linguagem da responsabilidade civil. In: BIANCHI, José Flávio; MENDONÇA PINHEIRO, Rodrigo Gomes de; ARRUDA ALVIM, Teresa (Coord.). *Jurisdição e Direito Privado:* Estudos em homenagem aos 20 anos da Ministra Nancy Andrighi no STJ. São Paulo: Ed. RT, 2020, p. 389-418.

3. Acerca dessa díade escreveu-se em MARTINS-COSTA, Judith. A concha do marisco abandonada e o nomos (ou os nexos entre narrar e normatizar). *Revista do Instituto de Direito Brasileiro*, ano 2, n. 5, 2013, p. 4131-4137.

A CULPA NO DIREITO DAS OBRIGAÇÕES **165**

Nos direitos mais antigos que o romano, vigia, *grosso modo*, a objetivação da responsabilidade: "Quando um animal doméstico é vítima de uma fera, a perda é para o dono da casa", dizia o parágrafo oitavo de uma lei suméria do séc. VIII a.C., a Lei de Uruk[4]. No Direito Romano, a depender do período e do tipo de conduta, a resposta à questão de saber se o responsável por um dano causado era o *culpado pelo dano* seria claramente negativa. "O *Leit-motiv* do regime romano de reparação dos danos não é a culpa", assegura Villey, "mas a defesa de uma justa repartição de bens entre as famílias, de *um justo equilíbrio*"[5].

Nos direitos arcaicos, cria-se que o dano rompia o equilíbrio que deveria existir entre os homens e as coisas, por isto deveria o prejuízo ser reparado. Muitos séculos mais tarde, durante o período clássico, Ulpiano, interpretando a Lei das XII Tábuas, manifestou o que entende ser um preceito sintomático dessa preocupação com a justiça e a reparação justa do prejuízo: "Para o caso de dano causado por algum quadrúpede", diz, a lei "quis que se desse o que causasse o prejuízo, isto é, o animal que cometer a *noxa* [dano], ou que se oferecesse a estimativa do dano"[6].

Sem nomear o que hoje denominamos "responsabilidade civil" com a palavra "responsabilidade" – que só apareceria muitos séculos mais tarde, na língua francesa em 1783 de nossa Era[7] – os juristas romanos haviam, porém, elaborado a categoria. E o fizeram de modo casuístico, é dizer: não havia uma fórmula geral e abrangente da responsabilidade civil[8], mas aplicações dispersas[9]. A noção geral de responsabilidade civil será criação da Escola do Direito Natural, já nos albores da Idade Moderna.

No Direito Romano, os delitos privados, dos quais surgiam obrigações vinculadas a *actiones* penais[10], eram tratados caso por caso, pautados pela necessidade e pela experiência. Mesmo o efeito do delito dependia da situação em concreto. No direito clássico, em que vinganças como a perda da liberdade e a lei de talião não eram mais aplicadas[11], o delito ainda poderia, por exemplo, resultar na obrigação de pagar até quatro vezes o valor do bem roubado, como no caso da *rapina* – o roubo.

Dentre as fontes de obrigações *ex delicto*, seguindo a classificação de Gaio[12], o *damnum iniuria datum* tornou-se o ser mais importante dos danos para a construção do vínculo

---

4. Referida por CARDASCIA, Guillaume. Réparation et peine dans les droits cuneiforms et le droit romain. In: BOULET-SAUTEL, Marguerite et alli. *La Responsabilité à travers les Ages*. Paris. Economica 1989, p. 4.
5. VILLEY, Michel. Esboço Histórico sobre o Termo Responsável. Trad. André Rodrigues Corrêa. *Revista Direito GV*, v. 1, n. 1, 2005, p. 139.
6. D. 9.2.1.*pr.* Trad. em *Digesto ou Pandectas do imperador Justiniano*. v. II. Trad. Conselheiro Vasconcellos et al. São Paulo: YK editora, 2017, p. 166. Quando não houver indicação diversa, esta é a edição citada.
7. BLOCH, Oscar; Von WARTBURG, Walther. Dictionnaire étymologique de la langue française. Paris: PUF. 2002, p. 550. O termo "responsable" já surgira desde 1304, vindo de "responsus" no sentido de "se ter como garante". Para a história dessa palavra na língua francesa, v. VILLEY, Michel. Esquisse historique sur le mot responsable. In: BOULET-SAUTEL et alli, *La Responsabilité à travers...* op. cit., p. 75-88).
8. ZIMMERMANN, Reinhard. *The law of obligations*. Cape Town: Juta, 1992, p. 913.
9. CARDASCIA, Guillaume. Réparation et peine dans les droits cuneiforms et le droit romain, op. cit., p. 13. Ainda assim, em grande parte o campo hoje recoberto pelo instituto da responsabilidade civil não por acaso dita "aquiliana" encontra suas raízes na interpretação que os juristas romanos deram à Lex Aquilia.
10. Estas tinham características específicas frente as outras ações, vide PUGLIESE, Giovanni; SITZIA, Francesco; VACCA, Letizia. *Instituzioni di diritto romano*. 2. ed. Torino: Giappichelli, 1991, p. 598 ss.
11. *Vide* TALAMANCA, Mario. *Istituzioni di Diritto Romano*. Milano: Giuffrè, 1990, p. 614 ss. A origem etimológica da palavra *pena* está ligada à vingança, em um momento que os privados ainda fixavam a indenização: pena vem do grego 'poiné', que significa (preço da) redenção, de acordo com TALAMANCA, *Istituzioni...*, op. cit., p. 615.
12. Gaio quadripartia os delitos do *ius civile* em: *furta, rapina, damnum iniura datum e iniuria*. Mas como observam PUGLIESE; SITZIA; VACCA, *Istituzioni...*, op. cit., p. 597: "necessario infatti notare che in questo campo, più ancora che in quello delle *obligationes ex contractu*, l'attività innovativa del pretore, guidata dalla *interpretatio* dei giureconsulti, aveva profon-

entre a culpa e a responsabilidade civil, modificando-se, igualmente, a noção de *iniuria*. Esse delito foi consolidado pela *Lex Aquilia,* provavelmente do século III a.C.

Dois dos três capítulos em que estruturada a *Lex Aquilia* estabeleciam: (i) se alguém matasse injustamente (*iniuria*) um escravo ou um animal alheio que vivesse em rebanho, deveria ser condenado a pagar ao dono o maior preço da coisa no ano; e (ii) se alguém causasse qualquer dano (*damnum*), queimando, quebrando, estragando injustamente a qualquer outra coisa, deveria ser condenado a dar ao respectivo dono o valor da coisa nos trinta dias mais próximos[13].

Nessas regras, transparecem nuances da imputação objetiva de responsabilidade. Abstraindo de vários problemas interpretativos que a lei pode colocar e das soluções engenhosas dos juristas para estes problemas[14], o importante é compreender como a responsabilidade aquiliana começa a se articular ao redor do conceito de *dano* (pressuposto objetivo) causado pela *injustiça* da conduta do lesante – sendo a *iniuria*, não apenas a contrariedade a direito, mas, mais latamente, o fato de a conduta do agente ser *sem fundamento no direito*[15], isto é: *iniuria* é, ainda, um pressuposto objetivo.

A obra dos jurisconsultos começa, porém, a transformar paulatinamente os significados e o alcance desses requisitos. A noção jurídica de dano passa por um progressivo alargamento[16] e a *iniura* da conduta do agente confunde-se, com o passar do tempo, com a sua *"culpa"*. Dirá Ulpiano: "A palavra injuria, empregada nessa Lei Aquília, não tem a significação de insulto que dá lugar à ação de injúrias, mas a do que é feito injustamente, contra o direito, *isto é,* se alguém matar por culpa sua"[17]. O aposto explicativo que introduz em seu comentário ("isto é") marca a mudança do significado e a inclinação à subjetivação que viria marcar a história da responsabilidade civil por dois milênios. Em vez de imputar diretamente o resultado a um sujeito, cria-se um conjunto e regras pautado na *investigação da conduta do lesante*: se esta não é reprovável, não há imputação de responsabilidade[18].

Para Pugliese, a imissão do conceito de culpa na ideia de *iniuria* é um *refinamento* da análise da antijuridicidade (*iniuria*) da conduta do agente[19] realizado após a adoção da Lei Aquilia[20]: quem matava um escravo em legítima defesa, mesmo que dolosamente, não cometia *iniuria* no sentido da *Lex Aquilia*, porque não teve *culpa*, isto é, não agira contra o Direito. O aposto explicativo é o expediente técnico para a mudança ideológica. A culpa

---

damente modificato il quadro normativo, introducendo un gran numero di nuove azioni penali, o modificando l'ambito di applicazione di quelle più antiche".

13. D. 9.2.2.*pr* e D.9.2.27.5. Vide ainda: *Gai*.III.210-219, com o relato da Lei.

14. Assim, exemplificativamente: o que significa animal que vive em rebanho? Por que trinta dias ou um ano? O "valor" devido é o da coisa ou do dano sofrido? Qual é a amplitude de queimar, quebrar e estragar? (temas discutidos em ZIMMERMANN, *The law of obligations*, op. cit., p. 961 ss.).

15. CANNATA, Carlo A. Sul testo della lex Aquilia e la sua portata originaria. In: VACCA, Letizia (Org.). *La responsabilità civile da atto illecito nella prospettiva storico-comparatistica*. Torino: Giappichelli, 1995, p. 35.

16. Uma interpretação muito engenhosa de Celso abrandou completamente o requisito da *forma* que o dano ocorre: todos os casos descritos na lei (queimar, quebrar etc.) foram reduzidos ao *corromper*, que abrangeria todas as situações de deterioração *física* da coisa. (CANNATA, Sul testo della lex Aquilia e la sua portata originaria, op. cit., p. 44 ss.)

17. D.9.2.5.2. Grifou-se. ou até *Gai*.III.211. ZIMMERMANN, *The law of obligations*, op. cit., p. 1005 aponta que esse requisito surgiu do tipo de dano que a Lex Aquilia tutelava: matar e corromper exigiam conceitualmente a dolo, isto é, a intenção de praticá-los para o romano.

18. ZIMMERMANN, *The law of obligations*, op. cit., p. 1006.

19. PUGLIESE; SITZIA; VACCA, *Istituzioni...*, op. cit., p. 606.

20. "Al termine *iniuria* – certamente adoperato nel testo legislativo nel senso di comportamento ingiusto, *contra ius* ('quod non iure fit') – la giurisprudenza attribuì molto presto una valenza soggetiva." Assim em: MARRONE, Matteo. *Istituzioni di Diritto Romano*. 3. ed. Palumbo, 2006, p. 508.

A CULPA NO DIREITO DAS OBRIGAÇÕES **167**

não é o fundamento da responsabilidade – a *desordem social* criada pela *iniuria* o é[21] – mas a culpa justifica a atribuição da *actio*.

Desde então, a palavra *culpa* passa a indicar o comportamento negligente *e* contrário ao direito, assimilando-se culpa e ilicitude num casamento conceitual que faria fortuna pelos séculos a fora[22]. Como escreveram os juristas clássicos, "é culpa o não prever o que poderia ser previsto por um homem cuidadoso, ou avisar no momento em que não é mais possível evitar-se o perigo"[23], sendo esse um rigoroso padrão de comportamento, razão do conhecido fragmento *In Lex Aquilia culpa levíssima venit* ("Na Lei Aquilia compreende-se até a culpa levíssima"[24]).

No período final do Direito Romano, os juristas se haviam ocupado em distinguir *iniuria* de *culpa*[25]: matar injustamente é matar sem direito (*nullo iure*), o que é diferente da situação na qual alguém reage ao ladrão[26]. Questão diversa é a culpa: não é obrigado a reparar quem mata sem culpa ou dolo (*casus*)[27] – assim como hoje não responde civilmente quem não cumpre o devido em razão de caso fortuito ou força maior e, genericamente, por ter a prestação se impossibilitado, sem culpa do devedor[28].

A *Lex Aquilia* é, sem dúvida, a origem do regime moderno de responsabilidade civil, o que, de modo algum, significa que seu texto e os significados atribuídos aos conceitos que introduz tenham permanecidos os mesmos. Pelos dois milênios subsequentes, ela foi adaptada, sendo os requisitos da responsabilidade readequados para atuar como fundamentos da responsabilidade civil[29], num modelo que absorveria todas as outras *actiones* penais: *furtum, rapina* e *iniuria* eram delitos privados completamente distintos do *damnum iniuria datum*, bem como as obrigações que surgiram das situações tratadas *como se* fossem delitos (*ex quasi delicto),* as quais se aproximavam significativamente do que, em termos modernos, chamamos de imputação por risco da atividade[30].

Os deslizamentos semânticos se tornam mais constantes e perceptíveis quando se superpõe à letra romana, uma outra moral, tecida na reflexão dos canonistas e dos teólogos.

---

21. VILLEY, Michel. Esboço histórico sobre o termo responsável, op. cit., p. 140.
22. Alguns exemplos são interessantes para demonstrar essa forma de conceber responsabilidade. Se um escravo é morto por uma lança em um local usado para treino, e ninguém o matou intencionalmente, não há *culpa* (D.9.2.9.4.). Por outro lado, caso um funcionário público, cumprindo seu dever, destrua a propriedade de alguém, não haveria culpa, pois agiu como era esperado. No primeiro caso, haveria *injuria* no sentido original da palavra. Quando a pessoa lança um projétil e acerta o escravo, causando sua morte, o faz *sem direito* no sentido original da *Lex Aquilia*, mas, como o homem cuidadoso não poderia ter previsto a passagem de alguém no campo destinado a treinos com lança, a ele nada é imputado.
23. D.9.2.31.
24. D.9.2.44.*pr.* Talvez por isso alguns juristas não reconheciam *culpa* como importante para a aplicação da Lex Aquilia – bastava a imputação. Vide, em sentido crítico, TALAMANCA, *Istituzioni...,* op. cit., p. 627
25. Assim, KASER, Max. *Das Römische Privatrecht.* v. II. 2. ed. München: C.H. Beck, 1975, p. 437.
26. *Inst.* IV.3.2.
27. *Inst.* IV.3.3.
28. As Institutas apresentam vários exemplos, sendo alguns repetidos dos fragmentos do Digesto *Inst.* IV.3.4. ss. Ainda indicações em ZIMMERMANN, *The law of obligations,* p. 1025). Entretanto, o rigor original da *Lex Aquilia* permanece.
29. COING, Helmut. *Derecho Privado Europeo.* v. I. Trad. A. P. Martín. Madrid: Fundación Cultural del Notariado, p. 641.
30. Assim indica um fragmento sobre negócios marítimos, no qual expõe Ulpiano: "O fretador é responsável pelo procedimento de todos os seus marinheiros, quer livres, quer escravos; com toda razão, porque os emprega por sua conta e risco". (D.4.9.7.*pr.*) Não há, aqui, sinal da *culpa.* Se o passageiro da embarcação sofrer qualquer prejuízo, o dono do empreendimento responde objetivamente. Sobre *actiones adversus nautas* e outras obrigações *quasi ex delicto vide* MARRONE, *Istituzioni...,* op. cit., p. 513.

4. A CULPA, DO DIREITO INTERMÉDIO AO JUSRACIONALISMO

Os juristas do *ius commune* são apenas formalmente romanistas, assegura Paolo Grossi, pois "o texto romano é, amiudadamente, apenas a cobertura prestigiosa (...) de uma construção jurídica que se desenvolve autônoma e que encontra a sua própria fonte substancial (...) na incandescência dos novíssimos fatos econômicos e sociais da civilização medieval"[31]. A paisagem se modifica e também a psicologia coletiva. Há uma nova concepção de *lex* e novos juristas, nas escolas que se sucedem, a infundir nas palavras e institutos do Direito romano um novo espírito, uma nova mentalidade.

Para os canonistas, o que hoje chamamos de responsabilidade civil delitual não poderia ser coisa diversa do que a transposição, para o plano do Direito, da responsabilidade moral do indivíduo, a qual supõe um julgamento de valor concomitantemente sobre o ato e o seu autor. Por isto, teólogos e canonistas se servem de passagens do Digesto que fazem referência à culpa e ao dolo e, trabalhando sobre esses textos – especialmente o texto da *Lex Aquilia* – assimilam a culpa (e, concomitantemente, o dolo) ao pecado, estabelecendo, ao mesmo tempo, o laço entre a responsabilidade e o livre arbítrio, o qual perduraria por muitos séculos[32].

Desde a morte de Justiniano, no séc. VI, o mundo romano há muito já não existia: novas formas econômicas, novas relações entre os homens e as coisas se desenvolviam, e o peso da ideologia católica se fazia sentir sobre toda a vida social, especialmente sobre as concepções jurídicas, substituindo a ética ciceroniana do *bom e do justo* pela *ótica do pecado*[33]. *Culpa peccatum est*, dizia Donello, já nas vésperas da Idade Moderna, enquanto o provérbio era assentado: "*nemo trahitur ad culpam, nisi ductus propria voluntate*" (ninguém comete falta se não é para tanto conduzido por sua própria vontade). Culpa e imputabilidade – considerada, essa noção, de modo indiscernível ao de capacidade jurídica – formam um par constante.

Não é sequer pensável a subjetivação da culpa sem que tivesse sido pensada e afirmada a noção de livre-arbítrio, devida ao pensamento cristão, que também retirou o foco da responsabilidade aquiliana da antijuridicidade da conduta do agente para colocá-lo no dano sofrido pela vítima do lesante[34]. O recado ideológico é forte: os homens são punidos pelo pecado porque são dotados do livre arbítrio de não optar pelo mal.

Com esse tão forte influxo, na Baixa Idade Média, a partir do século XII, a *Lex Aquilia* estava novamente modificada[35]. Desaparecem, no *ius commune*, os restos da função punitiva da ação de responsabilidade que, no passado, haviam confundido pena e reparação. A pretensão à reparação é vista por Acursius – o último dos glosadores, professor em Bolonha – como eminentemente indenizatória. Dois séculos mais tarde, Bártolo amplia o

---

31. GROSSI, Paolo. *El orden jurídico medieval*. Trad. C. Álvarez et al. Madrid: Marcial Pons, 1996, p. 32-33.
32. DEROUSSIN, *Histoire du Droit des Obligations*, op. cit., p. 696.
33. GROSSI, Paolo. Diritto Canonico e Cultura Giuridica. *Quaderni Fiorentini per la Storia del Pensiero Giuridico Moderno*, Milano, Giuffrè, n. 32, 2003. *Vide*, também, LE GOFF, Jacques. *A civilização do ocidente medieval*. Trad. M. Stahel. Petrópolis: Vozes, 2016, p. 338 ss. sobre a interiorização do mundo espiritual que ocorre no ocidente medieval a partir do século XII, fundamental para compreender a nova forma de conceber o ato moralmente reprovável.
34. DESCAMPS, Olivier. Modèles théoriques et méthodologiques en matière de responsabilité civile. In: FIORI, Roberto (Org.). *Modelli teorici e metodologici nella storia del diritto privato 3*. Napoli: Jovene, 2008, p. 149.
35. CERAMI, Pietro. La responsabilità extracontrattuale dalla compilazione di Giustiniano ad Ugo Grozio. In: VACCA (org.), *La responsabilità civile...*, op. cit., p. 103-123. Outras modificações analisadas em e COING, Helmut. *Derecho Privado Europeo*. v. I., op. cit., p. 641 ss.

campo tutelado pela lei. Distinguem-se os dois regimes que proporcionam a reparação do dano, conforme a fonte do dever violado: o extracontratual e o contratual, ampliando-se a própria noção de dano até abranger qualquer prejuízo, patrimonial ou não.

Por essa altura – e no que mais importa para essa narrativa – a culpa torna-se *requisito subjetivo* da ação de responsabilidade por ato próprio e mesmo para a responsabilidade por fato de terceiro. A demonstrar o fenômeno – recorrente, na História do Direito – de as instituições se modificarem na sua substância, mantendo, todavia, a sua forma ou mesmo a sua denominação – um jurista do final do século XVII, já em pleno Racionalismo Iluminista, Christian Thomasius, chega a dizer que a *Lex Aquilia* é a máscara da ação de danos[36]. Mantinha-se o valor de face, modificava-se o conteúdo, é dizer, o valor semântico.

O fato de a culpa ter se equiparado ao pecado e se tornado *fundamento, pressuposto ou requisito* da ação de reparação civil deve-se à influência do Direito Canônico e da moral cristã. Atuando sobre a casca das formas romanas, a ideologia católica em tudo penetrara. Conquanto desde Justiniano a culpa fosse tratada como um "elemento" específico do regime reparatório, é no Direito Intermédio que o seu conceito é transformado, infiltrando-se a ideologia da Igreja[37]: a conduta reprovável é a *moralmente* reprovável.

É também somente nesse momento que a palavra *responsável*, associa-se permanentemente com a ação da antiga *Lex Aquilia*. No sentido antigo, do Direito Romano, *responsável* é quem podia ser convocado diante de um tribunal para responder por algo, porque lhe fora atribuída uma obrigação. Responsável, portanto, era quem respondia, não se cogitando da culpa, mas da objetiva atribuição de um dever de responder pelo dano causado. Historiando os caminhos da palavra, Michel Villey[38] aponta à nova dimensão do termo "responsável" advinda do moralismo cristão. "Ser imputado responsável" é expressão que passa a ser lida de modo imediatamente ligado à ideia do juízo de Deus sobre a conduta do pecador, o que supõe o livre-arbítrio da pessoa. Como está em Villey: "[l]emos em obras de filósofos contemporâneos: que para um homem se fazer responsável é conferir a seus atos um sentido, dar consistência à sua liberdade, 'constituir-se como sujeito moral'"[39]. É por meio dessa noção de responsabilidade que a responsabilidade civil continuou a sua marcha.

Segundo atesta Geneviève Viney[40], uma das grandes estudiosas da responsabilidade civil em nossa época, é da simbiose entre as soluções romanas e os grandes fundamentos da moral cristã que a concepção moderna de responsabilidade civil nasce. O primeiro passo dessa construção foi dado pelo direito comum, mas a verdadeira revolução caberá à capacidade criativa dos juristas do jusnaturalismo.

A obra de Hugo Grócio, "*De iure belli ac pacis*"[41], é um divisor de águas na responsabilidade civil, diz Pietro Cerami, pois sintetiza, de um lado, o ponto de chegada da experiência subsequente à consolidação justinianeia e, de outro, o ponto de partida para

---

36. ZIMMERMANN, *The law of obligations*, op. cit., p. 1018. vide WIEACKER, Franz. *História do direito privado moderno*. Trad. A. M. B. Hespanha. 5. ed. Lisboa: Fundação Calouste Gulbenkian, 2015, p. 358 sobre o papel de Thomasius: foi quem consolidou uma certa laicização do direito natural.
37. SCHERMAIER, Martin Josef. Non-roman foundations of European legal culture. In: FIORI, *Modelli teorici e metodologici...*, op. cit., p. 324 ss.
38. VILLEY, Michel. Esboço Histórico sobre o Termo Responsável, op. cit., p. 141 ss.
39. Ibid., p. 143.
40. VINEY, Geneviève. *Introduction à la responsabilité*. 3. ed. Paris: LGDJ, 2008, p. 13.
41. Sobre o papel de Grócio como um intermediador entre a tradição da teologia moral e o jusracionalismo subsequente, *vide* WIEACKER, *História do direito privado moderno*, op. cit., p. 324, em especial, p. 388.

o processo que desembocará nas codificações[42]. No Capítulo XVII do Livro II de *De iure belli ac pacis*, escreve: "Nós chamamos aqui de *culpa* um *maleficium*, seja por comissão ou omissão, que é contrário ao dever do homem em relação a sua humanidade comum, ou em relação a um aspecto particular. Dessa *culpa* surge uma obrigação pelo direito natural de reparar o dano (*damnum datum*), se algum ocorrer"[43].

Aí estão sintetizados os dois componentes do *maleficium*: (i) uma conduta, ativa ou passiva do agente ou de alguém ou coisa sob seu controle, *reprovável por ser culposa*, isto é, contrária a um dever; e (ii) um dano, assim considerado qualquer forma de redução do patrimônio alheio (*dominium*) ou da integridade física (*corpus*) ou moral (*fama*) da pessoa. Presentes esses dois elementos, surge o dever de indenizar. Com Grócio, portanto, é estabelecida a ligação direta entre, de um lado, a indenização e o dano, agora ampliado a *qualquer* tipo de prejuízo e, de outro, a indenização e a *culpa*, vista como único critério de imputação admissível[44]. Elabora-se, pois, um conceito *geral de responsabilidade civil* atado a conceitos igualmente amplos de *ato ilícito e de dano*[45].

Essa construção será aprofundada e consolidada por Pufendorf[46] que submete a concepção de Grócio sobre a culpa a um rigoroso trabalho de fundamentação. Para cultivar a *socialitas* natural do homem, diz Pufendorf, ninguém pode lesar outrem; se lesar, deve indenizar o dano causado por culpa. O dano é concebido amplamente, como em Grócio, mas os elementos do *maleficium* variam. Além de separar nitidamente a responsabilidade civil da responsabilidade penal, Pufendorf menciona, para fundamentar a atribuição de reponsabilidade, a *imputatio*, e não a *culpa*. No entanto, a mudança é apenas superficialmente radical: o próprio ato lesivo, para que seja considerado dentre os requisitos da responsabilidade, deve ser *intencional*. Para que seja intencional, deve ser *culposo*, ainda que seja por *culpa levíssima*, já que o dever de convivência exige que não ajamos perigosamente para com os outros[47].

Para Zimmermann, a diferença entre os requisitos exigidos ao nascimento da responsabilidade civil no direito comum para o pensamento jusnaturalista está no *giro de perspectiva*: em vez de partir do *dano* e buscar quem estava mais próximo ao ato para imputar-lhe (isto é, atribuir-lhe) a responsabilidade, os autores do jusnaturalismo enfatizam a *conduta individual* do lesante[48]. Uma pessoa só pode ser responsável se não fez o que *deveria fazer*. E, se não o fez, o dano deve ser imputável ao agente. Para que haja imputação, o ato deve

---

42. CERAMI, Pietro. La responsabilità extracontrattuale dalla compilazione di Giustiniano ad Ugo Grozio. In: VACCA (Org.), *La responsabilità civile...*, op. cit., p. 119.

43. Tradução livre a partir da tradução inglesa, encontrada em GROTIUS, Hugo. *The Rights of War and Peace*. Book II. Edited by Richard Tuck. Liberty Fund: Indianapolis, 2005, p. 884-885.

44. CERAMI, La responsabilità extracontrattuale dalla compilazione..., op. cit., p. 120-121.

45. «L'acquis le plus original de la réflexion de nos anciens auteurs a consisté à dégager un principe général de responsabilité fondé sur la notion de faute civile», observa VINEY, *Introduction à la responsabilité*, op. cit., p. 16.

46. *Vide* KUPISCH, Berthold. La responsabilità da atto illecito nel diritto naturale. In: VACCA (Org.). *La responsabilità civile...*, op. cit., p. 123-143. Sobre Pufendorf em geral, vide WIEACKER, *História do direito privado moderno*, op. cit., p. 346 ss., em especial, p. 353.

47. O problema da *imputatio*, portanto, resta confinado à causalidade e à autonomia do agente: possibilidade de, por seu querer, interferir no desenrolar causal. À palavra *imputação* (como atribuição de responsabilidade) é conferido o significado de *imputabilidade* (como causalidade a um ato de um agente juridicamente capaz). O verbo imputar fica reduzido ao segundo significado.

48. Perspectiva que não abandonamos de todo, mesmo com as mudanças recentes na responsabilidade civil. Larenz e Canaris, por exemplo, dizem ser o problema fundamental da responsabilidade civil a tensão entre proteção de bens e a liberdade de atuação das pessoas em LARENZ, Karl; CANARIS, Claus-Wilhelm. *Lehrbuch des Schuldrechts*. v. II. t. II. 13. ed. München: C.H. Beck, 1994, p. 350. Mesmo ressaltando a preocupação do dano (proteção do bem), a responsabilidade ainda é pau-

ser livre, o que, para Pufendorf, implicava na possibilidade de prever o efeito e de reconhecer o erro do que fazia. A "responsabilidade por um dano exigia um desvio evitável da conduta juridicamente correta", resume Zimmermann[49]. Esse "desvio de conduta" é a *culpa* que se torna "fundamento" da responsabilidade civil[50].

Por diversos fatores, essa construção jusnaturalista fez fortuna, ainda hoje ecoando em alguns manuais. O *Code Civil* francês a perpetuou no art. 1.382, em sua redação original, segundo a qual « Tout fait quelconque de l'homme, qui cause à autrui un dommage, oblige celui par la faute duquel il est arrivé, à le réparer »[51].

O resultado é a redução do sistema de responsabilidade civil à culpa, redução tão persistente que continua a infiltrar-se no discurso jurídico, quando se assimila, por exemplo, culpa e ilicitude. Conotando ao instituto da responsabilidade a noções fortemente ideologizadas, como as de indivíduo, ato jurídico, imputação (como imputabilidade) e de dever de conduta, a ideia de responsabilidade, "compreendida sob a ótica da moral, substituiu o antigo *Leit-motiv* da 'justiça', se tornou a pedra angular da ordem jurídica"[52].

Ao longo da segunda metade do século XIX e por todos os séculos XX e XXI, novas mutações ideológicas e sociais forçaram novas distinções entre *ilicitude, imputabilidade, responsabilidade e culpa,* sob pena de não ser possível explicar adequadamente os fenômenos da socialização da responsabilidade civil e, de modo conexo, o da responsabilidade por danos massivos, a gerarem, especialmente em certos sistemas, como o francês, a captura da responsabilidade pelo seguro de danos[53].

Ainda assim, nada é mais lento que o despregar entre a linguagem e os significados que lhe foram infiltrados. Quase dois séculos da mudança paradigmática – da culpa para o risco – não parecem ter sido suficientes para "desnaturalizar" a culpa nos domínios da responsabilidade civil. É hora de mencionar sua presença (ainda) no Direito positivo brasileiro, assinalando desde já a concorrência do risco como fator de imputação.

5. CULPA, IMPUTAÇÃO E CAUSALIDADE NO DIREITO BRASILEIRO

Analisando as regras específicas de atribuição de um dever de indenizar, dois são os fatores de imputação que competem na disciplina indenizatória em virtude da incidência das regras de responsabilidade civil, a culpa e o risco, cabendo, pois distinguir entre culpa

---

tada na conduta individual e *responsável* dos sujeitos (esfera de liberdade de atuação). Concepção diversa, se apresenta, todavia, quanto mais se aprofunda o fenômeno da tomada da responsabilidade pelo seguro.

49. ZIMMERMANN, *The law of obligations*, op. cit., p. 1033-1034.

50. "CERAMI, La responsabilità extracontrattuale dalla compilazione..., op. cit., p. 122.

51. Tradução livre: Todo fato do homem que cause dano a outrem obriga aquele que, por sua culpa (*faute*), o causou a indenizá-lo. Após a reforma do Direito das Obrigações, em 2016, o texto ora se encontra no art. 1240 (Tout fait quelconque de l'homme, qui cause à autrui un dommage, oblige celui par la faute duquel il est arrivé à le réparer.). E, no art. 1241, se explicita: "Chacun est responsable du dommage qu'il a causé non seulement par son fait, mais encore par sa négligence ou par son imprudence".

52. VILLEY, Michel. Esboço Histórico sobre o Termo Responsável, op. cit., p. 144.

53. HATTENHAUER, Hans. *Conceptos fundamentales del Derecho Civil.* Trad. Pablo S. Coderch. Barcelona: Ariel, 1987, § 6, XI. A socialização dos riscos é um tema imediatamente presente em regimes como o francês, em que o seguro joga um papel fundamental para a indenização. Sobre ele, vide GUÉGAN-LÉCUYER, Anne. Dommages de masse et responsabilité civile. Paris, LGDJ, 2006.

e imputação (1). Por vezes confunde-se, ainda, culpa com outros requisitos[54] da responsabilidade, dentre os quais a causalidade (2).

5.1 Culpa e imputação

Essa carga semântica que só a História da linguagem jurídica desfaz leva às confusões produtoras da cacofonia na doutrina e na jurisprudência da responsabilidade civil. É o caso do o art. 396 do Código Civil, regra central do inadimplemento, que enuncia: "Não havendo fato ou omissão imputável ao devedor, não incorre este em mora".

A doutrina tradicional daí retirou não existir mora sem culpa[55], seguindo a jurisprudência o mesmo entendimento. É, por exemplo, o caso do REsp 1.639.788[56], em que se discutia a incidência dos juros de mora enquanto os sucessores do credor demoravam a se habilitar no processo. A suspensão do processo prolongou-se, com o que o Tribunal, diante da situação de mora do credor, declarou: "o devedor somente estará em mora quando for culpado pelo atraso no adimplemento da obrigação, conforme dispõe o art. 396". A decisão foi acertada, mas seria mais precisa, tecnicamente, se estabelecesse: "o devedor somente estará em mora quando o atraso lhe for imputável, conforme dispõe o art. 396".

Embora no Código Civil a responsabilidade contratual tenha, como regra, a culpa como fator de imputação (art. 392[57]), sendo, pois, o que geralmente acontece, é possível que, ainda na responsabilidade contratual, a autonomia privada estenda a responsabilidade das partes para situações nas quais o exame da culpa não importa, quando, por exemplo, pactuem uma obrigação de garantia[58] ou, por qualquer forma, assegurem sua própria responsabilidade por eventos que podem vir a sobrevir ao momento conclusivo do contrato independentemente de sua conduta como, exemplificativamente, ao acordar numa cláusula MAC ou MAE[59], ou fixando uma *cláusula break-up fee*[60], dentre outros

---

54. A mais corriqueira das sobreposições conceituais é a que ocorre entre culpa e ilicitude. Versou-se sobre o tema em MARTINS-COSTA, A linguagem da responsabilidade civil, op. cit., p. 396 e ss., de modo que para lá remetemos o leito acerca desse tópico.
55. *Vide,* exemplificativamente, ALVIM, Agostinho. *Da inexecução das obrigações e suas consequências.* 5ª ed. São Paulo: Saraiva, 1980, p. 13; BEVILAQUA, Clovis. *Comentários ao Código Civil dos Estados Unidos do Brasil.* v. IV. 7. ed. Rio de Janeiro: Freitas Bastos, 1946, p. 109. Atualmente, a posição majoritária, segundo CAVALIERI FILHO, Sergio. *Programa de Responsabilidade Civil.* 8. ed. São Paulo: Atlas, 2009, p. 281, é em sentido contrário, como também foi o entendimento adotado em: MARTINS-COSTA, Judith. *Comentários ao Novo Código Civil.* Do inadimplemento das obrigações. Coord. Sálvio de Figueiredo Teixeira. v. V. t. II. 2. ed. Rio de Janeiro: Forense, 2009, p. 133-137, 335.
56. REsp 1.639.788/CE, 2ª T., Rel. Min. Francisco Falcão. J. em 15.12.2016.
57. Art. 392. Nos contratos benéficos, responde por simples culpa o contratante, a quem o contrato aproveite, e por dolo aquele a quem não favoreça. Nos contratos onerosos, responde cada uma das partes por culpa, salvo as exceções previstas em lei.
58. O traço característico fundamental dessa modalidade de obrigação: garantir um risco predeterminado, por isso devendo ser cumprida *haja o que houver*, sem exclusão de responsabilidade. O obrigado assume o risco de determinado evento vir, ou não, a acontecer. São despiciendas considerações sobre a sua conduta e a averiguação da existência, ou não, de sua culpa. Vide, por todos: COMPARATO, Fábio Konder. Obrigações de meio, de resultado e de garantia. *Revista dos Tribunais,* v. 386, dez./1967. Republicado em *Estudos e pareceres de Direito Empresarial.* Rio de Janeiro: Forense, 1978, p. 534-535.
59. Cláusulas pelas quais, geralmente em contratos de compra e venda de participação societária com fechamento diferido, têm por finalidade alocar riscos atinentes a eventos não controláveis pelas partes, relacionados à alteração, no chamado "interim period", isto é, entre o "signing" e o "closing", do quadro fático pressuposto pelos contratantes ao conformarem o conteúdo contratual. Versou-se sobre o tema em MARTINS-COSTA; COSTA E SILVA, *Crise e Perturbações no Cumprimento da Prestação,* § 17.
60. A break-up fee configura um dos mecanismos de alocação do risco característico do período intercalar, marcado pelo pagamento de uma soma pecuniária pelo vendedor e/ou pela sociedade-alvo ao comprador em virtude da desvinculação da contratação, comumente permitido em razão do surgimento de um terceiro ofertante, nas alienações de companhias (AFSHARIPOUR, Afra. Paying to break-up: the metamorphosis of reverse termination fee. *UC Davis Legal Studies Research*

A CULPA NO DIREITO DAS OBRIGAÇÕES | **173**

exemplos que poderiam ser aqui lembrados, pois o *princípio da atipicidade* que domina o Direito Obrigacional (Código Civil, art. 425), abre a via à admissibilidade, a validade, e a utilidade de cláusulas contratuais que visem a distribuir os riscos da superveniência de eventos que possam perturbar o curso ordinário da prestação. Em razão da *elasticidade* do sistema jurídico e da amplitude conferida à autonomia privada, em seu poder modelador das formas e tipos negociais, é lícito às partes não apenas criar novos tipos, mas, igualmente, recorrer a certo tipo ou forma negocial para alcançar, "consciente e consensualmente, por seu intermédio, finalidades diversas das que, em princípio, lhe são típicas"[61], havendo, consequentemente, mutação funcional e deslocamento da causa negocial típica.

Nada impede, pois, que as partes pactuem cláusulas cuja finalidade é, justamente, alocar os riscos das circunstâncias supervenientes ao momento de sua formação, tendo por limite tão somente as regras de ordem pública, de rejeição à fraude e de respeito à boa-fé, como está no art. 425. Há, inclusive, a liberdade, expressamente assegurada pelo Código Civil, de as partes afastarem a imputação pela culpa e também a causalidade, como permite o art. 393, *caput*, a *contrario*[62].

Também assim ocorrerá na responsabilidade extracontratual, quando a Lei determinar que a imputação se faça pelo risco, seja como regra geral; seja nas situações abrangidas pela cláusula geral do art. 927, parágrafo único; seja, como previsto em regras específicas, como a dos incisos I a V do art. 932, por remissão ao art. 933; ou, ainda, na responsabilidade das empresas por danos causados por seus produtos, quando não estabelecida relação de consumo (Código Civil, art. 931).

No concernente à responsabilidade contratual, talvez seja no contrato de transporte que a modificação dos critérios tradicionais encontrou sua expressão mais conhecida, o que, muito provavelmente, tenha relação com o forte impacto social desse tipo contratual. Já mesmo antes do Código Civil de 1916, o transportador respondia objetivamente por qualquer dano ocorrido ao longo do percurso ao passageiro ou à mercadoria, segundo os arts. 1º e 17 do Decreto 2.681/1912[63].

Outros tipos contratuais também apontam à distinção entre culpa e imputação de responsabilidade. *V.g.*, no comodato, quando o comodatário escolher salvar coisa própria em vez da do comodante, aquele indenizará este mesmo se a destruição ocorreu por *vis maior* (art. 583); no depósito, o depositário que perde a coisa por força maior, tendo recebido outra em seu lugar, é obrigado a entregar a coisa ao depositante, bem como ceder-lhe as ações que tiver contra o terceiro responsável pela restituição da primeira , isto é, da coisa perdida em virtude da força maior (art. 636)[64]; no mandato, se o mandatário, a despeito da

---

Paper, n. 191. Set. 2009, p. 1. Disponível em:). Conforme a sua concreta configuração, será qualificada, perante o Direito brasileiro, como uma cláusula penal ou uma obrigação de garantia.

61. ASCARELLI, Tullio. O Negócio Jurídico Indireto. *Problemas das sociedades anônimas e direito comparado*, São Paulo: Saraiva, 1945, p. 103.

62. Como já se aludiu, em comentário ao art. 399 do Código Civil: MARTINS-COSTA, *Comentários ao Novo Código Civil*. t. II. op. cit., p. 418-419.

63. Vide: CORRÊA, André Rodrigues. *Solidariedade e Responsabilidade: o tratamento jurídico dos efeitos da criminalidade violenta no transporte público de pessoas no Brasil*. São Paulo: Saraiva, 2012. O Código de 2002 disciplinou esse tipo e ampliou a proteção ao transportado. A regra central do transporte de pessoas está no art. 734, segundo a qual o transportador só não responde se o dano causado às pessoas transportadas e suas bagagens for causado por evento de força maior. Cláusulas excludentes de responsabilidade são nulas.

64. Esse é um caso de *commodum* de representação, figura generalizada no regime de impossibilidade da prestação de outros códigos (v.g. art. 794.º do Código Civil português).

proibição do mandante, executar o contrato por meio de outra pessoa, indenizará qualquer prejuízo, mesmo que criado por força maior (art. 677, § 1º).

Em todas essas situações, não podemos dizer que há *culpa* de quem arca com os efeitos negativos do evento regrado, isto é: da pessoa a quem é imputada a responsabilidade. De certa forma, a pessoa torna-se *responsável* no sentido "romano" do termo, como apontado por Villey, é dizer: torna-se um *garante*, apesar de não ter qualquer relação com o prejuízo de outrem, ou seja, ser *responsável* no sentido da filosofia moral que influenciou os autores do Jusnaturalismo, formatando a concepção de culpa e de responsabilidade civil que nos foi em grande parte legada. É exatamente observando as figuras regradas pelo Código Civil que logramos alcançar o *distinguo* entre imputação e culpa.

No Direito Civil, imputar o risco a alguém é atribuir-lhe as consequências desse risco, de modo que *imputar é atribuir responsabilidade a alguém*[65]. Como usualmente ocorre na História do Direito Civil, é a Filosofia que incuba (ainda que muito lentamente) a Dogmática jurídica. Já esclarecia Kelsen a distinção entre causalidade e imputação: da mesma forma que a *causalidade* liga dois fatos por um vínculo de causa e efeito, a *imputação* relaciona uma situação descrita e efeito jurídico previsto. Um é natural (ser); o outro, normativo (dever ser): o crime não é a *causa* da pena, mas o elemento a que se liga a sanção penal por meio de um vínculo de *imputação*[66].

O Direito Civil acolhe, pois, distintos fatores ou "razões"[67] de *imputação de responsabilidade*. O critério não é naturalista. A Lei, tomando com base considerações como justiça, ou agindo para privilegiar determinada política pública, pode atar diretamente dois eventos. Mas, no mais das vezes, o legislador não desce à casuística, e *razão* é dada por meio de um *fator de imputação*, isto é: um critério amplo prefixado que *justifica* a atribuição da responsabilidade a alguém. Dentre eles, encontramos, *v.g.*, a própria vontade das partes, cuja declaração negocial pode já atribuir um determinado efeito a um evento dentro dos limites gerais do Ordenamento; a culpa (art. 392) que, como acima se viu, é o mais geral e comum fator de imputação na responsabilidade civil contratual, tendo presença – embora cada vez mais restrita – na responsabilidade extracontratual; o risco da atividade econômica (*v.g.*, art. 927, par. único) ou a garantia, como, por exemplo, no contrato de seguro (art. 757, *caput*).

A culpa está entre essas "grandes formas" pelas quais o legislador ata um determinado efeito jurídico a uma pessoa – no caso desse fator de imputação, normalmente a atribuição de uma obrigação de indenizar. Culpa em sentido estrito é negligência, quando o agente podia e devia ser diligente. A culpa, em sentido lato, abrange tanto a culpa em sentido estrito quanto o dolo: consiste no juízo de reprovabilidade sobre a conduta humana, quando negligente, imprudente ou imperita e até mesmo quando tem a intenção de causar o dano. Portanto, guardamos da concepção antiga (justinianeia e cristã) a ideia da culpa como um dever de conduta, mas esta é imbuída de uma moral da conduta eminentemente cristã. A culpa é, portanto, violação de dever preexistente que o agente devia e podia observar[68]:

---

65. Assim a primeira signatária se manifestou em: MARTINS-COSTA, *Comentários ao Novo Código Civil*. Tomo II. op. cit., p. 373.

66. KELSEN, Hans. *Teoria Pura do direito*. 6. ed. Trad. J. Machado. São Paulo: Martins Fontes, 1998, p. 54-55.

67. Termo de NORONHA, Fernando. *Direito das obrigações*. 4. ed. São Paulo: Saraiva, 2013, p. 495, embora seja preciso atentar para não se confundir imputação (*atribuição*) com a razão pela qual essa atribuição foi feita.

68. Em sentido semelhante, ANTUNES VARELA, João de Matos. *Das Obrigações em Geral*. v. I. 10. ed. Coimbra: Almedina, 2000, p. 562 e NORONHA, Fernando. *Direito das obrigações*, op. cit., p. 496, ao definir culpa como a violação de um

A CULPA NO DIREITO DAS OBRIGAÇÕES **175**

"passou o limite em que a sua atividade ou omissão seriam sem defeito", define Pontes de Miranda[69].

Em suma: em matéria de inadimplemento, o legislador adequadamente usou o termo "imputação" em vez de "culpa" no art. 396, pois o regime pode tanto usar a regra *geral* de imputação dos contratos (art. 392) como um dos diversos regimes *especiais* para a figura.

5.2 Culpa e causalidade

A cacofonia não se restringe apenas às confusões entre culpa e imputação e culpa e ilicitude. O peso histórico do *paradigma da culpa* conduz doutrina e jurisprudência – e mesmo o legislador – a misturarem também os conceitos de culpa e causalidade. O exemplo mais candente está no art. 945 do Código Civil que enuncia: "Se a vítima tiver concorrido culposamente para o evento danoso, a sua indenização será fixada tendo-se em conta a gravidade de sua culpa em confronto com a do autor do dano".

Parte da doutrina[70] ainda insiste em considerar a regra como disciplina do *grau de culpabilidade* de cada agente no evento danoso: se ambas são igualmente culpadas, "compensam-se" as culpas. Porém, assim a questão parece-nos mal colocada.

Como entre as funções do Direito está atribuir a cada um o que é seu (*suum cuique tribuere*), se o dano é causado apenas por culpa do prejudicado, na responsabilidade informada pela culpa como fator de imputação, não há obrigação de indenização, não podendo ele, portanto, exigir indenização a outrem. Mas se o dano provém de um *concurso de causas* atribuíveis, algumas, a determinado agente, mas dentre as quais se situa o fato culposo do próprio lesado, põe-se a questão de saber se o agente do fato lesivo ou (*i*) responde integralmente pelas consequências do dano; ou (*ii*) se há diminuição do *quantum* indenizatório devido, na proporção das *eficácias causais* atribuíveis ao agente e ao lesado, hipótese do art. 945 do Código Civil.

Diga-se, desde logo, que, em nenhuma hipótese, salvo a de o fato do lesado ser a *causa única* do dano, o Ordenamento prevê a exclusão do dever de indenizar. De fato, é preciso distinguir: o ato do lesado pode ter dado lugar ao *nascimento* do dano ou ao seu *agravamento*?[71] Se gerou o dano, cabe ainda verificar: o ato foi sua causa única? Nessa

---

dever de conduta, em posição semelhante à francesa (vide VINEY, G.; JOURDAIN, P.; CARVAL, S. *Les Conditions de la Responsabilité*. 4. ed. Paris: LGDJ, 2013, p. 443 ss.)

69. PONTES DE MIRANDA, Francisco Cavalcanti. *Tratado de Direito Privado*. t. XXIII. São Paulo: Ed. RT, 2012 § 2.789, 1. É o caso do devedor que, diante de uma obrigação divisível, paga apenas a um credor, crendo injustificadamente ser uma obrigação solidária (REsp 868.556/MS, 3ª T., Rel. Min. Nancy Andrighi. J. em 05.11.2008), de uma incorporadora falida que escolhe não cumprir um contrato que reduziria ou evitaria o aumento de seu passivo (REsp 1.381.652/SP, 3ª T., Rel. Min. Paulo de T. Sanseverino. J. em 12.08.2014), de uma empresa que vai à ruina por deixar de fazer pesquisa de mercado e não auferir a renda esperada (REsp 1.154.737/MT, 4ª T., Rel. Min. Luís Felipe Salomão. J. em 21.10.2010). Em todos os casos, a não observância do cuidado exigível das partes torna o seu comportamento culposo, o que atrai a responsabilidade pelo ocorrido.

70. Assim, v.g., TEPEDINO, Gustavo; BARBOZA, Heloisa H.; BODIN DE MORAES, Maria C. *Código Civil Interpretado conforme a Constituição da República*. v. II. 2. ed. Rio de Janeiro: Renovar, 2012, p. 868; VENOSA, Silvio de S. *Código Civil interpretado*. 3. ed. São Paulo: Atlas, 2013, p. 1180.

71. "[...] [D]uas são as circunstâncias que podem ensejar a concorrência de culpas: quando o dano decorre de duas ou mais causas, sendo uma proveniente da vítima (o motorista do automóvel dirigia, à noite, com os faróis apagados e o motociclista dirigia em sentido contrário ao permitido naquela via); ou quando o dano decorre de uma causa apenas, mas a extensão do dano é vinculada ao agir da vítima (FERREIRA DA SILVA, Jorge Cesa. *Inadimplemento das Obrigações*. São Paulo: Ed. RT, 2006, p. 206). De fato, é possível que o ato da vítima não guarde relação causal com o dano, mas apenas com a sua extensão. A vítima não causa concorrentemente o dano, mas o agrava, por ação ou omissão, aumentando as consequências danosas. É o caso do paciente a quem foi ministrado certo medicamento com a recomendação de retornar ao consultório

JUDITH MARTINS-COSTA E LUCA GIANNOTTI

hipótese, não há obrigação de indenizar, pois o lesado não pode ser considerado devedor de si mesmo, ou lesante de seu próprio dano. Mas se o seu ato foi causa concorrente com outra causa, imputável a alguém – o lesante –, pode haver conculpabilidade e ponderação do *quantum* devido, entre um e outro, conforme o peso da *gravidade causal* atribuível à conduta de um e de outro, como autoriza o art. 945 do Código Civil. Se *aumentou* culposamente o prejuízo, por decorrência lógica *não o gerou* e as consequências indenizatórias do ato serão atribuíveis ao lesante, com a possível diminuição no valor, considerando-se o que o prejudicado, por sua omissão culposa, deixou que aumentasse. Logo, se a causa do prejuízo não é imputável exclusivamente à vítima, não há exclusão da obrigação de indenizar: pode haver diminuição do *quantum* indenizatório se o lesado tiver agido culposamente e a sua culpa for mais grave "no confronto" com a do autor do dano. A solução não depende da culpa, mas da concorrência causal.

Não evidencia a letra da lei – mas *a supõe*, uma vez amparar-se em solidíssima tradição histórico-cultural e comparatista[72] – não ocorrer, propriamente, uma "compensação de culpas"[73], pois *culpas não são compensáveis* como o podem ser dívidas líquidas da mesma natureza[74]. Só por esta razão, a enganosa expressão já não deveria ser utilizada. Além do mais, uma culpa leve (por exemplo, uma desatenção no trânsito, parando o motorista repentinamente num semáforo) pode ter relevo causal imenso, enquanto um ato doloso (*e.g.*, dirigir embriagado) pode não ter nenhuma consequência, ao menos no plano civil, caso não haja a produção de dano. O que se mede, portanto, no confronto entre a conduta do lesante e a da vítima, é em que medida o comportamento culposo de um e de outro *gerou eficácia causal*.

Dessa forma, o art. 945 do Código Civil traduz princípio geral de repartição do dano, quando, ao lado da conduta do lesante, mas respeitantemente ao mesmo fato ou ao mesmo fator de imputação, verifica-se ação ou omissão do próprio lesado da qual resulta, no todo ou em parte, o dano, ou o seu agravamento. Essa ação (ou omissão) pode ser revelada por várias formas, mas, modo geral, é expressa por uma *atitude negligente do lesado*, que age em prejuízo de seus próprios interesses[75].

Além do mais, na ponderação entre as eficácias causais ligadas às condutas culposas de lesante e de lesado, conceitos e critérios hão de estar predefinidos: qual é natureza da

---

médico dentro de um mês para a averiguação e controle das consequências. Porém o paciente, embora sofrendo tonturas e mal-estares, não retorna mais ao médico, deixando livre curso à propagação do dano em seu organismo. Outro exemplo está no art. 711: o segurado, ciente do sinistro, não o comunica de imediato à seguradora e, assim, agrava as consequências do dano.

72. Por exemplo, BGB, § 254, Código das obrigações suíço, art. 44, 2, Código Civil italiano, art. 1227, Código Civil português, art. 570.

73. Como adverte Vaz Serra, o codificador português, a expressão "compensação de culpas" é incorreta, pois não é a culpa de um que pode suprimir ou diminuir a culpa de outrem (VAZ SERRA, Adriano Paes da Silva. O dever de indemnizar e o interesse de terceiro. Conculpabilidade do prejudicado. *Boletim do Ministério da Justiça*, n. 86, 1959, p. 34). Idêntica censura é feita por PONTES DE MIRANDA, Francisco Cavalcanti. *Tratado de Direito Privado*. Tomo XXII. Rio de Janeiro, Borsoi, 1958, §2.721, p. 197.

74. Assim o Enunciado 630, da VIII Jornada de Direito Civil.

75. Assim, por exemplo, o consumidor que, embora informado sobre o estado de deterioração de determinado produto, ainda assim os consome. A vítima do dano se expõe ao risco de uma lesão. Trata-se do que a doutrina alemã chama de "actuação por risco próprio" (*Handeln auf eigene Gefahr*), ou de assunção do risco, conforme indicado por Brandão Proença (*Ibid.*, p. 28.), hipótese entre nós já trabalhada, na vigência do Código Civil anterior, por nomes do maior peso, como Aguiar Dias e Pontes de Miranda (AGUIAR DIAS, *Da Responsabilidade Civil*. v. I. op. cit., p. 38; PONTES DE MIRANDA, *Tratado de Direito Privado*. t. XXII. op. cit., § 2.721, p. 198).

culpa do lesado? Causas heterogêneas entram em concorrência? Meras condições são equiparáveis à causa? O dolo afasta a culpa?

A primeira definição diz respeito à natureza da chamada "culpa do lesado". Se toda culpa, por definição, significa a transgressão de um dever previamente atribuído ao agente, o qual devia e podia cumpri-lo, pareceria correto afirmar que, para haver culpa propriamente dita, seria preciso que se transgredisse um dever jurídico de se acautelar contra danos que alguém pode causar a si mesmo, o que seria absurdo cogitar. Assim, explica Vaz Serra, "o fato do prejudicado só contribui para a redução da indemnização, quando este tenha omitido a diligência exigível com a qual poderia ter evitado o dano"[76]. Daí a formulação da regra: a redução no *quantum* indenizatório em razão da conculpabilidade do prejudicado só é razoável quando o prejudicado não tenha adotado as medidas exigíveis com que poderia ter impedido o prejuízo[77]. Sendo assim, conclui acertadamente Vaz Serra, "há-de o procedimento do prejudicado ter sido culposo, no sentido de ele ter omitido, contra o que podia e devia ter feito, as cautelas necessárias e correntes para evitar o dano"[78].

Requisito inafastável diz respeito à circunstância de o ato culposo do lesante e o ato culposo do lesado deverem estar reportados a um mesmo fato ou relação causal, conquanto possam ser simultâneos (*v.g.*, uma colisão de automóveis) ou sucessivos (*e.g.*, a queda imprudente do inquilino na escada mal iluminada). Não é cogitável a "ponderação" de que trata o art. 945 do Código Civil se os atos culposos de um e de outro *não estiverem reportados a um mesmo fato* ou não estiverem ligados por uma mesma e única relação cujo efeito terá as características acima pontuadas da adequação e necessariedade, em relação ao dano provocado. Meras condições que podem eventualmente ser comuns a dois ou mais fatos não são equiparáveis à causa. Logo, não há, tecnicamente, concorrência entre *causas heterogêneas*, embora possam ambos os fatos (o do lesante e o do lesado) repousar sobre uma mesma condição (mera condição) que não se qualifique tecnicamente como *causa adequada*, e possam ambos os fatos encontrar em um mesmo fato a sua *ultima ratio*[79].

Se uma das partes procedeu com dolo, e outra com culpa, *quid iuris*? Para alguns, se o dolo for do prejudicado, não pode este exigir indenização do agente simultaneamente culposo; em regra, prevalece o dolo, pois *fraus omnia corrumpit*. Assim, se o causador do dano procedeu com dolo, seria indiferente a mera culpa do prejudicado, como aludem respeitáveis comentaristas ao art. 945 do Código Civil[80]. Para outros, a resposta é matizada: se o dolo for do causador do dano, a culpa do lesado pode ou não, *consoante a sua gravidade*, ser tida em conta, "visto que aquele dolo não basta para que esta culpa possa ser havida como inexistente"[81]. E, em posição que parece a mais acertada, Pontes de Miranda explica: "*Culpas não se compensam.* O ato do ofendido é concausa ou aumentou o dano. Trata-se de

---

76. VAZ SERRA, O dever de indemnizar e o interesse de terceiro..., op. cit., p. 38.
77. Ao analisar a relação entre conculpabilidade, diligência e reflexos indenizatórios, von Tuhr assinala que a lei se mantém fiel ao critério de atribuir à própria culpabilidade do prejudicado uma "influência quanto ao alcance da indenização" (VON TUHR, Andreas. *Tratado de las obligaciones*. Trad. W. Roces. Granada: Comares, 2007, §13, item II, p. 63).
78. VAZ SERRA, O dever de indemnizar e o interesse de terceiro..., op. cit., p. 40.
79. Discernindo entre as condutas relevantes do lesado que funcionaram como meras condições e aquelas dotadas de relevo causal: BRANDÃO PROENÇA, *A conduta do lesado como pressuposto...*, op. cit., p. 71.
80. MENEZES DIREITO, Carlos Alberto; CAVALIERI FILHO, Sérgio. *Comentários ao Novo Código Civil*. v. XIII. 3. ed. Rio de Janeiro: Forense, 2011, p. 413. Também nessa linha VON TUHR, *Tratado de las Obligaciones...*, op. cit., § 13, III, p. 63: "[a]ssim, se aquele que provocou o dano obrou com dolo, será indiferente a simples culpa do prejudicado e não influirá em nada em seu dever de indenização".
81. VAZ SERRA, O dever de indemnizar e o interesse de terceiro..., op. cit., p. 39.

saber até onde, em se tratando de concausa, responde o agente, ou como se há de separar do importe o excesso, isto é, o que *tocaria* ao que fez maior o dano, que, aí, é o ofendido"[82].

De fato, se a vítima concorreu culposamente para a produção do dano ou se o aumentou *não há "duas responsabilidades"*: o que ocorre é que "a relação de causação entre o dano e o fato pelo qual outrem é responsável é apenas a do dano causado *menos* aquele que se liga ao ato do ofendido"[83]. Deve-se investigar as relações causais de modo a diminuir (ou, mesmo, a pré-excluir) a responsabilidade do ofensor[84], porque no "mundo jurídico", assinala ainda Pontes de Miranda, "já acontecera a diminuição ou exclusão, de modo que não se há de pensar em qualquer operação de subtração"[85]. A responsabilidade é, pois, reduzida proporcionalmente ao *percentual causal* do agir de cada um[86].

Esse trabalho de compreensão, distinção e consequente qualificação é, justamente, a tarefa primordial da doutrina: distinguir entre figuras, atentar à função dos institutos, analisar seus elementos e, olhando para a História e para o presente – concomitantemente para trás e para a frente – propor modelos hermenêuticos que, uma vez acolhidos pela jurisprudência, tem a virtualidade de se transformarem em modelos prescritivos.

6. CONCLUSÃO

O fato de hoje nosso sistema abrigar os diferentes fatores de imputação de responsabilidade nos obriga, mais do que nunca, a fazer distinções. Num livro que compõe a história da responsabilidade civil no Brasil, Alvino Lima, em 1938, escreveu que no Direito Civil, o movimento era o "da culpa ao risco"[87]. Mas se olharmos para trás – um movimento sempre necessário se quisermos andar com segurança para a frente – veremos que o caminho pode ter sido "do risco à culpa". Observar esse caminho nos permite relativizar certezas e construir soluções novas para novos problemas. É o que ocorre com a percepção do papel da culpa na responsabilidade civil, contratual e extracontratual. Em outro texto – esse já dos anos 80 – Mario Moacir Porto falou em "O Ocaso da Culpa"[88]. Mas será verdade? O ocaso não será tão somente da unicidade dos fatores de imputação de responsabilidade?

Pensamos que a culpa não saiu de cena. Continua a ser o fator de imputação de responsabilidade geral, embora, paradoxalmente, o geral seja cada vez mais residual, em face do crescimento das hipóteses de imputação pelo risco e da ampliação das obrigações de garantia.

---

82. PONTES DE MIRANDA, *Tratado de Direito Privado*. t. XXII. op. cit., § 2.721, p. 197.
83. Ibid., p. 197-198. Destacou-se.
84. MARTINS-COSTA, *Comentários ao Novo Código Civil*. t. II. op. cit., p. 508.
85. PONTES DE MIRANDA, *Tratado de Direito Privado*. t. XXII. op. cit. p. 197-198.
86. FERREIRA DA SILVA, *Inadimplemento das Obrigações*, op. cit., p. 206. A posição, que descende de Pontes de Miranda, também veio a ser endossada por MENEZES DIREITO; CAVALIERI FILHO, *Comentários ao Novo Código Civil*, op. cit., p. 406. Na jurisprudência, acolhe-se o critério, embora nem sempre haja precisão terminológica. Exemplificativamente: "havendo culpa concorrente, as indenizações por danos materiais e morais devem ser fixadas pelo critério da proporcionalidade" (Assim, REsp 773.853/RS, 3ª T., Rel. Min. Nancy Andrighi. J. em 10.11.2005). Com o mesmo fundamento, e.g., REsp 704.307/RJ. 4ª T., Rel. Min. Aldir Passarinho. J. em 16.052006; REsp 257.090/SP, 3ª T., Rel. Min. Castro Filho. J. em 16.12.2003.
87. LIMA, Alvino. *Da Culpa ao Risco*. 2. ed. São Paulo: Ed. RT, 1998.
88. PORTO, Mario Moacyr. O ocaso da culpa como fundamento da responsabilidade civil. *Revista Ajuris*, v. 14, n. 39, p.198-205, mar./1987.

18 ANOS DE CÓDIGO CIVIL E A MAIORIDADE DO PAPEL DA "CULPA" NA CONSOLIDAÇÃO DO SISTEMA DE IMPUTAÇÃO DA RESPONSABILIDADE FUNDADO NO *RISCO*. UMA VISÃO A PARTIR DE RENAN LOTUFO

Diogo Leonardo Machado de Melo

Pós-Doutor em Ciências Jurídico-Civis pela Faculdade de Direito da Universidade de Lisboa. Mestre e Doutor em Direito Civil pela PUC-SP. Diretor Administrativo do Instituto dos Advogados de São Paulo-IASP. Diretor Executivo do Instituto de Direito Privado-IDiP. Professor de Direito Civil da Faculdade de Direito da Universidade Presbiteriana Mackenzie.

O ano de 2020 marcou tristemente a nossa humanidade pela perda de inúmeras vidas. Entre as perdas, uma referência afetiva e intelectual, meu verdadeiro pai afetivo, Professor Renan Lotufo. Renan Lotufo me acolheu como jovem estudante em seu escritório e desde o primeiro dia senti que ele não sairia de minha vida pessoal e acadêmica. Desde a primeira "pasta" que montei para sua aula da PUC-SP – se não me engano era uma pasta sobre "negócio jurídico" para uma aula em Manaus – até o nosso último encontro em janeiro de 2020, no restaurante Tattini.

Notável Advogado e inesquecível Desembargador, eternizado em livros, votos. Tantos Discípulos, tantos Orientandos, tantas portas que abriu. Uma rampa de lançamento, como estava acostumado a dizer e lembrar, quando atentava aos verdadeiros propósitos da Docência.

Como estagiário e advogado, aprendi com sua inesgotável cultura, caráter e com sua característica em buscar sempre tornar a complexidade em coisas simples. Meu orientador no mestrado e doutorado, prefaciador de meus livros, meu sempre homenageado Renan Lotufo. Não seria nada sem você. Não teria notado a beleza do Direito e a Vida no Direito sem ter convivido diariamente com você. Como aluno, presenciei debates inesquecíveis entre Renan e seus Assistentes. E dele ouvi pela primeira vez sobre o princípio da atividade do Direito Civil que, ao lado da socialidade, operatividade e eticidade, exige dos sujeitos de direito um comportamento proativo na defesa e consolidação de suas situações jurídicas.

Assisti seus memoráveis debates com outros grandes professores com o mesmo propósito, entre eles Antonio Junqueira de Azevedo, por quem nutria grande admiração, respeito e carinho. Fui também seu assistente no Mestrado e Doutorado da PUC nos seus últimos anos de docência.

Em 2005, idealizou o Instituto (instituto de Direito Privado) que se materializou segundo seus propósitos: um ambiente de difusão de estudo de direito privado, agregando as mais variadas fontes de pensamento, acima de grupos, acima de correntes, acima de vaidades. Por isso continua sendo respeitado por todos. Ah, sejam eles são-paulinos, corintianos e palmeirenses!

Meu padrinho de casamento, me lembrava da importância da Família com constantes exemplos ao lado da Maria Alice. Enquanto o lógico se esforça por meter o Céu na cabeça, o poeta quer ter a cabeça no Céu, lembrava Renan, citando Chesterton. Por isso, creio eu, sem se esquivar de seu impiedoso e estrito rigor científico, jamais deixou de promover o propósito *da dignidade do ser humano. Tudo isso levaremos para sempre. Cada um de seu jeito, cada um com uma experiência marcante. E certamente serão experiências diferentes, umas das outras.*

O céu está em festa, Renan. E aqui você sempre será lembrado, por tudo que você nos deu, gratuitamente. Você fez a existência valer a pena. Que você posse gozar em outra dimensão os frutos de sua semeadura, inspirando o bem nos seus discípulos e familiares.

Sumário: 1. Introdução. 2. Por um modelo ("regra matriz de incidência") de aferição da *culpa* dentro dos novos paradigmas da responsabilidade civil, segundo Renan Lotufo. 3. O estudo do nexo de causalidade a partir de um nexo de imputação contribui para uma nova leitura das condutas e de seus "erros"? 4. "Culpa" exclusiva da vítima é apenas um problema de nexo de causalidade? 5. O que lembrar de Renan Lotufo nos 18 anos de um "novo contexto" de responsabilidade *subjetiva*? 6. Referências.

---

1. INTRODUÇÃO

Inúmeros fatores contribuíram para expansão *quantitativa* e *qualitativa* dos danos no Brasil e no mundo. Novas tecnologias, superexposição de dados, reconhecimento de novos direitos de personalidade, são alguns dos itens invocados para este incremento, fazendo com que cada vez mais doutrina e jurisprudência voltasse seus olhos para a tutela dos *danos* e de sua *ameaça*, promovendo, então, toda a tecnologia jurídica centrada neste elemento da responsabilidade civil.

Diante deste contexto, parece lógico e natural que a doutrina e jurisprudência focasse sua energia em ampliar o espectro de incidência e atuação do artigo 927, parágrafo único do Código Civil, justamente para que os *novos riscos* sejam amparados pela responsabilidade objetiva.

Todavia, lembrava RENAN LOTUFO em suas aulas que institutos jurídicos não são abandonados da noite para o dia e, muitas vezes, cabe a doutrina atualizá-los à luz das novas necessidades e premissas Constitucionais, segundo uma dinâmica de aplicação, lembrando de sua atuação.

O que se resgata aqui neste breve estudo – forte, é claro, na posição de Renan Lotufo – é qual é o papel da *culpa* no atual contexto de direito de danos nos últimos 18 anos, atentos as premissas Constitucionais de reparação e, porque não dizer, dentro de uma nova premissa de comportamentos aceitáveis, calcada na confiança e boa-fé objetiva dos atores sociais. Nas palavras de Massimo Bianca[1], La objetivación extremista del Derecho, la búsqueda irreflexiva de un pagador en vez de un responsable, implica no menos que la vuelta al Derecho anterior a la invención de la rueda".

Passados 18 anos de Código Civil – lembrando, mais uma vez, as aulas de Renan Lotufo no Mestrado e Doutorado da PUC-SP, entendemos que o as transformações exigem, na realidade, uma verdadeira *revisitação* da teoria da *culpa*, especialmente dos critérios de sua interpretação.

---

1. BIANCA, Cesare Massimo. La superveniencia de la teoría de la culpa. In: BUERES, Alberto; KEMELMAJER DE CARLUCCI, Aida (Coord.). *Responsabilidad por daños en el tercer milênio*: homenaje al profesor doctor Atilio Alterini. Buenos Aires: Albeledo-Perrot, 1997, p. 137.

2. POR UM MODELO ("REGRA MATRIZ DE INCIDÊNCIA") DE AFERIÇÃO DA *CULPA* DENTRO DOS NOVOS PARADIGMAS DA RESPONSABILIDADE CIVIL, SEGUNDO RENAN LOTUFO

Renan Lotufo sempre foi um grande estudioso de Teoria Geral de Direito e, paralelamente, dos estudiosos de Direito Tributário. Na época de suas aulas, era um grande incentivador dos orientandos Lourival Villanova e, mais especificadamente, Tercio Sampaio Ferraz e Paulo de Barros Carvalho. Nunca se esqueceu, portanto, das teorias envolvendo a regra matriz de incidência das normas, seus critérios de incidência, especialmente das situações jurídicas de direito privado. Logo, ao construirmos, jamais deveríamos esquecer destes ensinamentos. Por isso sempre defendeu a existência de uma visão dinâmica da avaliação da *culpa*, segundo as novas expectativas civis-constitucionais dos direitos de danos.

Renan Lotufo lembrava Mário Bussani[2], para quem grande parte das justificativas para imposição de um *modelo objetivo estático* da avaliação da culpa extracontratual seria a garantia de *agilidade e segurança das valorações*, como uma forma de se impor uma noção de culpa conhecida pela sociedade (*"colpa sociale"*), como sendo algo desvinculado da acepção *psicológica-voluntarista*. A apreciação da culpa deverá sim obedecer a um *critério flexível*, variável, *proteiforme*, como, aliás, ocorre nos princípios e na formação de *standards* de comportamento, sendo artificial tratarmos a *culpa extracontratual* sem consideração a aspectos *concretos*, desprezando considerações p*essoais, temporais, materiais, espaciais, quantitativas*, enfim, valorações menos afastadas da própria realidade do caso. Pensar diferente é pensar abstratamente a própria responsabilidade civil. O problema da interpretação da *culpa extracontratual* reduzida a uma comparação entre o modelo *concreto* e o *abstrato* de interpretação é, na realidade, uma operação que pouco contribui para o esclarecimento ou desenvolvimento desse tema, sem contar que acaba por ignorar a construção do direito dos Tribunais. Avaliar *objetivamente* a *culpa* não quer dizer, *salvo melhor juízo*, que haverá um único padrão de diligência para todas as hipóteses, para todos os tipos de atos ilícitos, para todos os danos.

Não há dúvidas hoje que a metodologia jurídica tem um esquema comunicativo próprio, que não se interessa, em regra, pela investigação *psíquica* dos agentes. Mas, a nosso juízo, defender que a *culpa* se "tornou objetiva", ao contrário do que se pensa, não representa uma consequência do modelo de direito privado trazido pela Constituição de 1988. A *objetivação* ou *abstração* de sua interpretação, pura e simples, nada diz sobre a coerência da *culpa* em relação às premissas civil-constitucionais do direito privado.

Então qual seria a *regra matriz de avaliação da culpa*, segundo RENAN LOTUFO?

Lembrando da *regra matriz de incidência da norma*, à luz do caso concreto, as condições materiais, espaciais, temporais, quantitativos e pessoais serão levadas em conta no momento da avaliação da culpa em dada hipótese: "diligenza dovuta se*cundo le circunstanze*"[3-4] ou "*una valutazine contestuale*"[5]. Apregoar uma situação abstrata-uniforme

---

2. BUSSANI, Mauro. *La colpa soggettiva:* modelli di valutazione della condotta nella responsabilità extracontrattuale. Padova: CEDAM, 1991, 38.
3. TRIMARCHI, Pietro. *Istituzioni di diritto privato*. 13. ed. Milano: Giuffrè, 2000, p. 129.
4. Ou, nas palavras de GUIDO ALPA, "diligenza qualificata" (ALPA, Guido. *La responsabilità civile:* parte generale. Torino: UTET, 2010, p. 258).
5. CAFAGGI, Fabrizio. *Profili di relazionalità della colpa:* contributo ad una teoria della responsabilità extracontrattuale. Padova: CEDAM, 1996, p. 117.

é igualar situações que não são iguais. E igualar é banalizar (e porque não enfraquecer) preceitos caros no ordenamento jurídico brasileiro, como é o caso da *solidariedade, dignidade* e *boa-fé objetiva.*

Não há um único padrão de comportamento e, consequentemente, uma única culpa. Antes – e isso sim é o que reputamos como correto, a ser seguido no presente trabalho – é que, à luz do *modelo civil-constitucional da responsabilidade* (em que se elege a tendência de se proteger a vítima do dano, de se proteger a vítima inclusive punindo o ofensor em alguns casos e, de certa forma mais abrangente, de se evitar e mitigar danos), não devemos nos perder e defender, às cegas, um único padrão (abstrato) de avaliação da culpa.

A metodologia civil-constitucional impõe-nos um novo modelo de estudo da responsabilidade, trazendo, a princípio, elementos importantes para consideração do direito de danos, tais como dignidade, solidariedade, boa-fé, atividade, mitigação de prejuízos, atuação preventiva, atuação punitiva, que orientarão o julgador na formação de suas convicções. Dessa forma, se esse modelo envolve o todo, o mesmo ocorre com a interpretação da *culpa extracontratual* da responsabilidade civil.

À luz da dignidade, da solidariedade, é possível afirmar que, em alguns casos, inferioridade e superioridade do autor do dano (e da vítima) poderão orientar a interpretação do *erro de conduta* num dado caso – especialmente a própria *omissão*.

Nota-se, assim, que também não é incorreto afirmar que esse chamado *modelo civil-constitucional de conduta culposa* se estenderá, também, às vítimas do dano, que, como já afirmado, sempre deverão atuar na *mitigação do prejuízo,* coibindo as vítimas de adotarem um comportamento desidioso. Por outro lado, identificada uma *debilidade* da vítima, perfeitamente admissível que a presunção de diligência na contenção desse dano seja *judicialmente presumida,* cabendo ao acusado a demonstração de que, naquele caso concreto, o dano se deu por causa única, estranha a sua contribuição, não sendo evitado nem mesmo pelo agir mais probo, ativo e diligente[6].

Segundo ensinava Renan Lotufo em suas aulas, dentro do que poderíamos chamar *de hipótese-matriz da culpa extracontratual*[7], na averiguação do *standard* de comportamento exigido, serão considerados *aspectos materiais*[8] *da conduta culposa*: qual comportamento se está a considerar? Qual conduta está sendo avaliada? Foi um acidente de veículo? Uma hipótese de erro profissional, em que se consideram, normalmente, qualidades especiais do agente? Trata-se de uma relação regulada por um *microssistema,* como, por exemplo,

---

6. "La necesita dell'adozione del parametro astratto di condotta sarà tanto maggiore quanto scarse si quando maggiori sono le informazioni circa la relazione tanto minore sarà la necessita di adequare la própria condotta ad um parâmetro médio ed opportuno invece calibrarla incece sulla relazione specifica" (CAFAGGI, Fabrizio. *Profili di relacionalità della colpa*: contributo ad una teoria della responsabilità extracontrattuale. Padova: CEDAM, 1996, p. 116).

7. VINEY, Geneviève; JOURDAIN, Patrice. *Les conditions de la responsabilité.* 3. ed. Paris: LGDJ, 2006, p. 402 e 408.

8. Verifica-se, por exemplo, que no âmbito de acidentes de veículo, como na responsabilidade envolvendo profissionais, há toda uma *fattispecie,* todo um *critério material* a ser considerado. Em assuntos de acidentes de veículos, doutrina e jurisprudência admitem a criação de *presunções* do tipo: regra de prioridade do pedestre; regra de andar no leito das calçadas ou faixa de pedestres, regra de vedação de pedestres em autopistas, regra de presunção *in dubio pro pedestre* ou regra do *"favor deblis o peditis",* excesso de velocidade (igual a sujeito responsável), velocidade compatível (princípio quase absoluto), presunção de responsabilidade de veículo de maior porte em colisão com outro maior, presunção de responsabilidade do veículo em movimento em colisão com o parado, presunção de *imperícia* quando a condução é com a carteira de motorista vencida etc. (v. PIROTA, Martín Diego. La culpa en los accidentes de tránsito. *Revista de Derecho de Daños:* la culpa – II. Buenos Aires: Rubinzal-Culzoni, 2009, p. 203-243. Ver, ainda, STOCO, Rui. *Tratado de responsabilidade civil.* 6. ed. São Paulo: Revista dos Tribunais, 2004, p. 1371 e 1376).

o Código de Defesa do Consumidor? Qual é o valor do bem jurídico envolvido no caso? A obrigação é de meio ou de resultado?[9]

Também haverá o necessário cotejo com *aspectos espaciais da conduta culposa* (Onde o fato ocorreu? Uma via pública? Um hospital? Um escritório de advocacia? Numa lide processual? *Onde se deu a omissão?*), bem como com *aspectos temporais* (Quando ocorreu? O dano já se encontra consumado? A atuação é antes ou depois do dano?) e, especialmente, *aspectos pessoais* (Quem são os sujeitos envolvidos? Há alguma qualificação específica a enfrentar a ser considerada? É um profissional? Há alguma inferioridade física, psíquica, de idade a ser considerada? Há alguma superioridade a ser considerada?) e *critérios quantitativos* (Em relação à conduta, a extensão do dano foi muito superior? Há desproporção a ser considerada uma eventual redução ou majoração?)

Assim, ao contrário do defendido pela maioria da doutrina, tem-se que o apego acrítico à concepção objetiva, sem levar em consideração as circunstâncias concretas como meio social, cultura, profissional em que o agente está inserido, é fechar os olhos para as premissas da própria responsabilidade civil.

Imaginemos, por exemplo, o caso da responsabilidade dos administradores de sociedades empresariais que, consoante o art. 1.016 do Código Civil, "respondem solidariamente perante a sociedade e os terceiros prejudicados, por *culpa no desempenho das suas funções*". Ora, nos termos do art. 1.011 do mesmo Código, "o administrador da sociedade deverá ter, no exercício de suas funções, o *cuidado e a diligência que todo homem ativo e probo* costuma empregar na administração de seus próprios negócios". Logo, está claro que a responsabilidade dos administradores é *subjetiva,* mas isso não significa dizer que a aferição da *culpa* não levará em conta o *standard* de conduta a ser analisado de acordo com as circunstâncias pessoais ("administrador probo"), materiais ("práticas do direito comercial e societárias") e demais circunstâncias concretas, advindas da hipótese matriz de aferição da culpa[10].

Em suma, não há dúvidas que todos esses fatores, todos esses critérios – materiais, pessoais, espaciais, temporais e quantitativos – serão sim levados em conta para a interpretação da conduta culposa e formação do *standard* de comportamento (comissivo ou omissivo) em dado evento apto a gerar a responsabilização. Um modelo sequencial adaptativo, calibrado de acordo com o caso específico, que considera o modelo de relação hipotético e *sequencial-corretivo*, na visão de Giovanna Visintini[11] e Fabrizio Cafaggi[12].

Da mesma forma que não se pode exigir uma única boa-fé objetiva para todos os tipos de contrato, não se pode aqui, *a priori,* fixar um único comportamento, um único padrão de diligência.

---

9. Sobre a tendência de "descodificação" da responsabilidade extracontratual, em razão do aparecimento de *situações materiais* específicas (acidente de veículos, médica, aeronáutica, além da proteção dos consumidores), v. DÍEZ-PICAZO, Luis. *Derecho de daños*. Madrid: Civitas, 1999, p. 127-130.

10. V. SANSEVERINO, Paulo de Tarso. *Princípio da reparação integral*. 2. tir. São Paulo: Saraiva, 2011, p. 105. Ver, ainda, o Projeto n. 1.572/2011 (Projeto de Novo Código Comercial), em curso na Câmara dos Deputados, relatado pelo Dep. Vicente Cândido. Na proposta, há o art. 286, que prescreve: "*Art. 286. O empresário responde civilmente pelos danos que causar: I – por ato ilícito ou por culpa; ou II – independentemente de culpa, nas hipóteses previstas em lei*".

11. VISINTINI, Giovanna. *I fatti illeciti. L'imputabilità e la colpa in rapporto agli altri criteri di imputazione della responsabilità.* 2. ed. Padova: CEDAM, 1998, v. 2, p. 666.

12. CAFAGGI, Fabrizio. *Profili di relazionalità della colpa*: contributo ad una teoria della responsabilità extracontrattuale. Padova: CEDAM, 1996, p. 136-353.

Todavia, como vimos, não se pode afastar, ainda que considerando aspectos do caso concreto, de um modelo, de um padrão ético imposto pelo ordenamento para o atual estudo da responsabilidade civil, expressamente fixados na Constituição Federal e que preencherão os vazios e a (indispensável e desejada) vagueza dos conceitos jurídicos indeterminados.

A ideia de boa-fé objetiva é que acabará por dar *concretude* aos preceitos constitucionais de proteção de dignidade humana e do agir *solidário,* permitindo-se, inclusive, à luz da tópica, a formação de comportamentos exigíveis. Ideias como *comportamento contraditório* (*venire contra factum proprium*), *tu quoque, supressio,* até então analisadas, exclusivamente, nas hipóteses de comportamento abusivo (CC, art. 187), exercerão importante auxílio na investigação do padrão de conduta a ser exigida tanto pelos autores como pelas vítimas[13], especialmente quando há uma inequívoca contribuição da vítima para majoração do prejuízo, incidindo, portanto, de forma coerente, o art. 945 do Código Civil.

3. O ESTUDO DO NEXO DE CAUSALIDADE A PARTIR DE UM NEXO DE IMPUTAÇÃO CONTRIBUI PARA UMA NOVA LEITURA DAS CONDUTAS E DE SEUS "ERROS"?

Renan Lotufo jamais nos deixou estudar a responsabilidade civil de maneira estática, como se os seus pressupostos fossem barreiras instransponíveis, incomunicáveis, umas das outras. Se a responsabilidade civil fundada no *risco* estimulou uma nova leitura dos casos de ruptura do nexo de causalidade em decorrência dos chamados *fortuitos,* admitindo, assim, apenas quando considerado fenômenos externos, estranhos à atividade desenvolvida, fora da álea esperada na atividade, porque não transportar esse contexto para configuração de uma nova dimensão da perspectiva da conduta culposa?

Não há como negar a influência do conceito interpretativo de *culpa* em alguns momentos da interpretação da própria responsabilidade como um *todo,* seja para validar a responsabilização de dado agente, seja para inocentá-lo de certa responsabilidade em razão do comportamento manifestado pela própria *vítima* e, porque não dizer, para admitir a atenuação do valor da indenização em razão da conduta do agente ou da colaboração da vítima no evento danoso (CC, arts. 944, parágrafo único, e 945).

Nesse início, cabe efetuarmos o cotejo das diversas formas de avaliação da conduta culposa e como o *standard* do comportamento esperado irá influenciar na tipificação da responsabilidade ou na minimização dos prejuízos.

Entende-se que estudar especialmente as hipóteses de *fortuito* interno, em que não se autoriza a ruptura do nexo de causalidade, não deixa de ser uma forma de se avaliar como se dão – *operativamente* – a interpretação e análise da culpa em dado caso concreto e, em certa medida, como essa noção influencia na caracterização do conceito interpretativo da culpa[14].

Agostinho Alvim[15], partindo dos estudos do que hoje conhecemos pelo art. 393 do Código Civil, traz importante diferenciação e explicação acerca do *caso fortuito,* diferenciando o que vem a ser *fortuito interno* e fortuito *externo,* este sim, por ser imprevisível àquela

---

13. SCHREIBER, Anderson. *A proibição de comportamento contraditório:* tutela da confiança e venire contra factum proprium. 2. ed. Rio de Janeiro: Renovar, 2007, p. 195 e s.

14. V. CHIRONI, G. P. *La colpa nel diritto civile odierno: colpa extra-contrattuale.* 2. ed. Torino: Fratelli Bocca, 1903, v. 2, p. 118 e 566.

15. ALVIM, Agostinho. *Da inexecução das obrigações e suas consequências.* 2. ed. São Paulo: Saraiva, 1955, p. 352.

A MAIORIDADE DO PAPEL DA "CULPA" **185**

situação, é apto a romper o nexo de causalidade. O dano se origina de um evento fortuito, igualmente, mas que se coloca além, *fora do risco normal da atividade desenvolvida*.[16]-[17]

Mas qual é a razão de aproximar o estudo da *culpa* de uma excludente do nexo de causalidade, atentos ao que defendia Renan Lotufo?

A nosso ver, a consolidação do conceito de *fortuito interno* traz importante elemento *material* para interpretação da culpa do agente, especialmente para se checar a verdadeira amplitude do espectro de diligência do agente causador do dano[18].

De certo modo, quando se sustenta que o *fortuito interno* não elide a responsabilidade, por estar *dentro dos limites da atividade* de dado agente, tem-se que a estabilização desse novo conceito representa, em certa medida, a *standardização* do conceito da culpa em determinada hipótese. Afinal, dentro da situação *matriz* considerada, especialmente na *matéria* que está sendo discutida em certo caso, na formação do *standard* do comportamento, será levado também em conta qual atividade exercida e, segundo as exigências da *atividade,* segundo os padrões de diligência, de boa-fé, quais os riscos que envolviam a conduta daquele agente.

Frise-se, todavia, que não se está a afirmar ou defender que *fortuito interno* e culpa devem subsumir-se a uma mesma conceituação. Serão objeto de provas segundo enfoques próprios, sendo um ligado, inevitavelmente, ao conceito do nexo de causalidade e outra em relação ao *erro de conduta*.

O *ônus* de alegar o *fortuito* é daquele que está a ser responsabilizado. Na medida em que se adota a tese de que esse fortuito pode estar ligado a sua atividade, e que, segundo o critério da boa-fé, da probidade, da atividade, deveria estar preparado para essa situação hipotética de se evitarem danos, nada mais está a confirmar a sua *culpa* à luz desse novo *modelo civil-constitucional* de interpretação, que fugiria, num primeiro momento, da análise *subjetiva pura*, a merecer, portanto, uma objetivação de análise segundo os padrões civis-constitucionalmente impostos.

A nosso sentir, ainda que sejam conceitos ligados a elementos próprios da teoria da responsabilidade civil, tem-se que o alargamento das hipóteses de *fortuito interno* está umbilicalmente ligado à fixação do conceito à luz do *modelo civil-constitucional de culpa* que, como demonstrado, não admite resguardo a pessoas com conduta desidiosa.

Ainda que se rompa o nexo de causalidade, o juízo sobre a existência de *fortuito interno* nada mais está a avaliar que, em razão da culpa do agente, à luz do modelo civil-constitucional e preenchidos os demais requisitos, merece ser ele responsabilizado.

Afinal, à medida que se diminuem as hipóteses de fortuito externo – reconhecendo, por sua vez, inúmeras outras hipóteses em que o evento está ligado a certa atividade, a certo *standard reconhecido,* considerado como *fortuito interno,* portanto –, nos casos de responsabilidade subjetiva, havendo o dano, aumentam-se as exigências do padrão de atuação e diligência naquela dada situação jurídica considerada.

---

16. GODOY, Cláudio Luiz Bueno de. *Responsabilidade civil pelo risco da atividade:* uma cláusula geral no Código Civil de 2002. São Paulo: Saraiva, 2009, p. 103-104.
17. CRUZ, Gisela Sampaio da. *O problema do nexo causal.* Rio de Janeiro: Renovar, 2005, p. 197.
18. Ver a ligação do fortuito e culpa em FONSECA, Arnoldo Medeiros da. *Caso fortuito e teoria da imprevisão.* Rio de Janeiro: Imprensa Nacional, 1943, p. 143.

Normalmente os exemplos estão ligados às hipóteses em que está em jogo o *risco da atividade,* o qual, por sua vez, envolveria hipótese de responsabilidade *objetiva* (CC, art. 927, parágrafo único), o que não é objeto do presente trabalho.

Mas, imaginando um caso de responsabilidade subjetiva, em que um advogado perde o prazo de um recurso de Apelação em razão de, por exemplo, "ocorrência de greve de ônibus", não será este o motivo apto para se justificar uma hipótese de *caso fortuito*[19] para elidir sua responsabilidade subjetiva (CDC, art. 14, § 4º)[20].

Tais considerações, sob o prisma da interpretação do *erro de conduta,* nada mais representam que a fixação de um quadrante, segundo as premissas invocadas neste trabalho, para a *culpa* do profissional liberal à luz das condições mínimas esperadas do exercício profissional, faltando, para tanto, a fixação do *quantum devido,* seja com justificativa em suposta *"perda de chance",* seja, efetivamente, de perdas e danos[21].

4. "CULPA" EXCLUSIVA DA VÍTIMA É APENAS UM PROBLEMA DE NEXO DE CAUSALIDADE?

Lembrava Renan Lotufo que mesmo que se admitisse a elevação da responsabilidade por atividade de *risco* como única modalidade para se garantir a preservação da dignidade e o ressarcimento ao lesado, a *culpa* não poderia ser abandonada, já que exigível, em alguns casos, sua análise justamente para avaliação dos casos de *ruptura do nexo de causalidade*[22] pela *"culpa" exclusiva da vítima.*

Segundo Renan Lotufo, apesar da propriedade do termo "fato exclusivo da vítima", não há como negar que na aplicação ou não dessa eximente, pelo menos *mediatamente,* a *conduta, o comportamento do lesado* em relação à conduta dele esperada será avaliada, sendo importante, em contribuição a essa análise, o conceito do *dever de mitigação do prejuízo*

---

19. Ver, por exemplo, STJ, EDcl no AgRg no Ag. 270.392-SP, 3ª Turma, rel. Min. Menezes Direito, j. em 29-8-2000, *DJU* de 2-10-2000, p. 166.

20. Veja por exemplo, avaliação da conduta profissional para avaliação da conduta e do fortuito interno feito em voto de lavra do Professor e Desembargador Arthur Marques: Responsabilidade civil. Negativação indevida. Fraude praticada por terceiro. Fortuito interno. Dano moral caracterizado. Indenização bem arbitrada. 1. A pretensão declaratória é procedente, seja porque não apresentada oposição específica, seja porque, como assinalado na vestibular, não há qualquer demonstração de que o serviço tenha sido solicitado ou revertido em proveito da autora, que negou qualquer relação com o local onde fora prestado. 2. A propósito, a fraude descrita pela apelante, por se tratar de um risco intrínseco à exploração de sua atividade profissional, deve ser havido como fortuito interno, portanto sem aptidão para romper o nexo de causalidade entre sua conduta e o dano aos direitos da personalidade da autora que, no caso, são presumidos, conforme sedimentada orientação jurisprudencial. 3. Recurso improvido. (TJSP, AC 1004881-13.2019.8.26.0624, rel. Des. Arthur Marques, julgado em 13.10.2020).

21. "Um outro exemplo que poderia ser imaginado – cotejando com a *função preventiva da responsabilidade* – é o da responsabilidade pessoal do diretor de prova automobilística que, por interesses comerciais e televisivos, autoriza a continuidade da prova de corrida de carros mesmo com a permanência da chuva. Ainda que se considere sua responsabilidade *fora da cláusula geral de risco* – o que não se nega nem se afirma –, na ocorrência de eventual acidente fatal com um dos carros em razão de forte chuva, é discutível a invocação do *fortuito* (muito menos como da *culpa exclusiva da vítima),* ainda mais considerando que, sobre sua atividade, exigir-se-ia maior observância ao *princípio da precaução,* não se autorizando a continuidade da competição. De certa maneira, partindo da visão *dinâmica* dos elementos da responsabilidade, as considerações dos Tribunais e da doutrina sobre *o que não deve* ser considerado como *fortuito externo* subsidiam a fixação de critérios para formação do *standard culposo* em diversas ocasiões".

22. "Soslayando la imprecisión técnica señalada, es dable remarcar que esta causal liberatoria está relacionada con la autoría y, consecuentemente, con la relación de causalidad. Por lo tanto, la existencia de 'culpa' en el obrar del damnificado, obviamente da pie a la exoneración de responsabilidad, pero este efecto liberatorio también se consegue demonstrando que el menoscabo tuvo su origen en el comportamiento de la víctima, aunque no sea culposo, e incluo, aunque sea involuntario" (DURÁN, Ricardo Manuel Castro. El hecho o "culpa" de la víctima como eximente. La agravación de los daños. *Revista de Derechos de Daño*: eximentes de responsabilidad – II. Buenos Aires: Rubinzal-Culzoni, 2006, p. 205-221).

A MAIORIDADE DO PAPEL DA "CULPA" **187**

e o chamado critério *flexível* de interpretação da conduta da vítima[23], que, como se disse, representa um sistema mais humano, menos radical, mais voltado para o lesado e dotado de uma esfera de autorresponsabilidade mais moderada, em detrimento da aplicação simétrica pura e simples do "tudo ou nada".

Comentando sobre *culpa exclusiva da vítima* nas hipóteses de atividade de risco, Cláudio Luiz Bueno de Godoy[24] explica que tal avaliação dessa importante *eximente* acabará por também estar, umbilicalmente, ligada à interpretação dos padrões e comportamentos aceitáveis segundo a teoria da própria culpa[25].

Assim, ainda que, sob a perspectiva dos elementos da responsabilidade, o *fato exclusivo da vítima* incida, em grande medida, sobre a avaliação do nexo de causalidade, não há como deixar de observar que a *interpretação* desse fato deverá estar em consonância aos padrões de comportamento (comissivo e omissivo) eleitos pela teoria geral de responsabilidade civil, em que as premissas civil-constitucionais, calcadas na solidariedade, na boa-fé, também atuarão.

Dessa forma, imagine-se um acidente de trânsito, em que há, em princípio, uma colisão entre um veículo e outro numa rotatória. De início, a conduta do condutor que causou o dano será avaliada segundo o *modelo civil-constitucional* fixado, *flexível, dinâmico*. Padrões como "bom motorista", "motorista diligente", "em dia com seus exames" e "em dia com sua documentação" e "velocidade compatível" serão elementos importantes para a averiguação da conduta culposa.

Ilustramos com outro exemplo, especialmente cotejando a questão da *culpa exclusiva da vítima* e a *omissão,* diante de um comportamento antecedente de uma das partes envolvidas. Como vimos genericamente, o *suicídio* que causa dano traz uma primeira ideia relacionada ao tema que envolve a *culpa exclusiva da vítima*.

Todavia, em interessante caso, envolvendo a atuação de um condutor de veículo numa rodovia (Concessionária de Serviço Público), à luz do comportamento (omissivo)

---

23. CAFAGGI, Fabrizio. *Profili di relazionalità della colpa*: contributo ad una teoria della responsabilità extracontrattuale. Padova: CEDAM, 1996, p. 260-286.

24. GODOY, Cláudio Luiz Bueno de. *Responsabilidade civil pelo risco da atividade:* uma cláusula geral no Código Civil de 2002. São Paulo: Saraiva, 2009, p. 105-106. ("comum hipótese em que se considera excluída a responsabilidade do agente por evento danoso que lhe sobrevenha. Apenas que, aqui, excepcionalmente, só se pode pensar em consentimento esclarecido da vítima, alguém que, dele totalmente ciente, delibera assumir para si o risco da ocorrência lesiva. Nesse sentido, de há muito já salientava Savatier que, em matéria de risco da atividade, a voluntária exposição a que se dê a vítima somente leva à irresponsabilidade do agente se o consentimento por aquela externado vem recoberto, em suas próprias palavras, de uma "completa liberdade", ademais das regras de capacidade. Mas não é só. (...) a voluntária exposição ao risco não servirá de eximente quando ela, a exposição, seja necessariamente "pertinente", nas suas palavras, à atividade desenvolvida, para tanto valendo-se do exemplo do empregado, cuja atuação se envolve, forçosamente, com o desempenho de uma atividade empresarial indutiva de especial risco, tanto quanto a atividade de transporte em relação ao passageiro, que a ela se integra, por natureza, ou como na situação de espectadores de evento ou espetáculo perigoso, diferentemente de quem o protagoniza. É o caso, ainda, de atividades, não raro desportivas ou de turismo, em que o perigo é tão extenso quanto inerente ao respectivo desempenho, pelo que o consentimento da vítima, se não atinente a um risco que lhe seja anormal, não encerra excludente, tanto mais não fosse porque, a não ser assim, ter-se-ia a nenhuma responsabilidade justamente de quem explora atividade de maior perigo").

25. Essa visão também é defendida pelos adeptos da "Análise Econômica do Direito": "La culpa no solo debe ser analisada desde el autor del daño sino también desde el que lo sufre (actor). Se ha hecho notar que la fórmula, aplicada sólo al demandado, traería una sobrecarga de responsabilidad que generaría ineficiencia. Sería entonces necesario contemplar también la participación del actor. (...) Esta solución encuentra su fundamento en que, de otra forma, no se tendrían incentivos para la prevención" (TAVANO, María Josefina. La noción de culpa y su desarrollo en la doctrina jurídica de EE.UU. La culpa y su visión desde el análisis económico del derecho. *Revista de Derecho de Daños*: la culpa – II. Buenos Aires: Rubinzal-Culzoni, 2009, p. 391-433).

anterior dos agentes, o Juiz Mauro Antonini[26], do Tribunal de Justiça do Estado de São Paulo, chegou a uma interessante conclusão.

O caso em questão versava sobre uma transportadora, proprietária de um caminhão, que sofreu um dano. O caminhão trafegava pela Rodovia, quando então "João", conduzindo o veículo de propriedade de sua esposa, vindo no sentido contrário, invadiu a pista e colidiu frontalmente com o caminhão. "João" morreu no acidente e apurou-se que cometeu suicídio. Na colisão, o caminhão ficou destruído e parado, razão pela qual a transportadora pediu a condenação dos réus (família de "João" e "Concessionária") no valor do reparo do caminhão e dos lucros cessantes, estes em montante a ser apurado na liquidação.

O espólio de "João" contestou e acusou os funcionários da "Concessionária" como responsáveis pelo fato, já que seus prepostos encontraram "João" no acostamento, em estado depressivo, e não poderiam ter permitido que prosseguisse a viagem. A "Concessionária", apesar da aparente "culpa exclusiva da vítima", foi denunciada da lide.

A "Concessionária" contestou arguindo não ter qualquer responsabilidade com o evento, pois este teria acontecido por *culpa exclusiva da vítima do acidente*. Aliás, sustentou que sua equipe tentou prestar socorro a "João", mas ele se evadiu sorrateiramente, de modo que não houve culpa de seus prepostos, nem nexo causal entre a conduta deles e o acidente. Acrescentou que não se sabe se realmente foi suicídio.

Segundo o juiz da causa, o grave estado depressivo, indicador da iminente possibilidade de suicídio, e a forma como se deu o acidente logo em seguida, entrando na contramão, colidindo frontalmente com um caminhão, sem nenhum fator externo aparente, não deixaram nenhuma dúvida de que no caso ocorreu suicídio. Ainda que não expressamente colocado na situação, considerou-se o estado de *debilidade psicofísica* do agente, a considerar esse elemento como eximente pura da responsabilidade.

Todavia, afastou a tese do espólio de "João", no sentido de que a responsabilidade seria integralmente da "Concessionaria", ao permitir que ele prosseguisse viagem. Para o magistrado, quem comete suicídio não está, necessariamente, privado de discernimento. Se "João" cometeu intencionalmente o suicídio, como revela a prova acima analisada, sua conduta dolosa resulta em responsabilidade civil, devendo seu espólio responder pelos danos sofridos pela autora. E, sendo a viúva coproprietária do veículo, o dono deste responde solidariamente pelos danos que seu condutor causa a outrem, por dolo ou culpa.

Mas não é só. A "Concessionária", mesmo sem previsão legal específica, por sua equipe de socorro, tinha o dever de impedir que "João", no estado depressivo em que se encontrava, prestes a cometer suicídio, prosseguisse viagem, colocando em risco sua vida e a de outros usuários da rodovia.

Ficaria, nesse caso, configurada a *falha do serviço* prestado pela "Concessionária", e não *fato exclusivo de terceiro* ou *culpa exclusiva da vítima*. Além disso, o uso de força física nessas circunstâncias seria plenamente justificável, segundo o magistrado. Não se pode aceitar, assim, a simples alegação de que nada poderiam fazer para impedir que João se suicidasse, colocando em risco outras vidas. Portanto, segundo Mauro Antonini, "todos esses aspectos evidenciam a falha do serviço a autorizar a condenação da concessionária não em direito regressivo, mas solidariamente com os réus"[27].

---

26. Processo n. 702/2001 da 5ª Vara Cível da Comarca de Piracicaba, Juiz Mauro Antonini.

27. A sentença citada foi mantida pelo Tribunal (TJSP, 27ª Câmara de Direito Privado, AC 956999001, rel. Des. Helio Faria).

A MAIORIDADE DO PAPEL DA "CULPA"

Também para avaliação do artigo 945 do Código Civil todo este contexto deve ser avaliado. Como já dissemos, o comportamento da vítima, por si, não importa numa redução "automática" de 50% do valor da indenização. As peculiaridades da figura do lesado, sua atuação à frente da eventual ruptura do nexo – ou até mesmo na atenuação do *quantum indenizatório –*, importam numa consideração flexível, como recentemente decidido pelo Tribunal de Justiça do Estado de São Paulo[28], que impede uma consideração abstrata (e simétrica) pura, a considerar um questionamento de um padrão monolítico de interpretação da culpa, permitindo, eventualmente, a *manutenção integral* da indenização, nos termos do artigo 944, dada a contribuição mínima da vítima.[29]

5. O QUE LEMBRAR DE RENAN LOTUFO NOS 18 ANOS DE UM "NOVO CONTEXTO" DE RESPONSABILIDADE *SUBJETIVA*?

RENAN LOTUFO foi um expoente no direito privado e, apesar de não ter escrito nenhuma obra monográfica sobre responsabilidade civil, foi um dos maiores incentivadores do tema, especialmente em razão de ter dirigido por décadas uma cadeira específica sobre direito das obrigações e responsabilidade civil no âmbito do mestrado e doutorado da PUC-SP.

Foram centenas de orientandos – grande parte, presente nesta coletânea em sua homenagem – que escreveram e trouxeram ao grande público seus ensinamentos de responsabilidade civil, cumprindo, então, o verdadeiro proposito do mestre que é servir de rampa de lançamento aos seus discípulos e alunos. Dele extraímos que a *culpa* detém um papel fundamental na responsabilidade civil da atualidade – em que se constata o aumento geométrico, por diversos fatores, das hipóteses de responsabilidade fundada no *risco –*, carecendo, todavia, de intenso debate sobre seu atual papel à frente dos novos desafios, conceitos e considerações levados a cabo pelos estudos contemporâneos

Faz parte do próprio conceito de *culpa* uma constante adaptação e mutação, a merecer uma cotidiana atualização por parte da doutrina e jurisprudência, que, ao fazê-lo, tornam-na presente como o elemento indispensável da responsabilidade subjetiva, atualizada segundo padrões e anseios da vida prática e em coerência com os princípios do direito privado na Constituição, especialmente o da dignidade da pessoa humana, o da solidariedade e o da justiça social.

Perfeitamente admissível, para fins de interpretação, a confrontação dos princípios constitucionais norteadores da responsabilidade civil, como a *dignidade da pessoa humana* e a *solidariedade social,* e, por que não dizer também, com os princípios norteadores da própria atividade privada, como é o caso da *boa-fé objetiva*, para compreensão total da

---

28. V. "Indenização por danos materiais e morais. Réu que, após as filhas de ambas as partes chegarem as vias de fato, dirigiu-se à residência do autor e, intencionalmente, danificou o portão de acesso ao imóvel com a caçamba de sua caminhonete. Indenização por danos materiais devida, a qual, contudo, deve ser reduzida ao valor indicado no orçamento para substituição do portão. Autor que, constatando o ocorrido, subiu no estribo do automóvel do apelante para confrontá-lo. Apelante que, ao deixar o local enquanto o autor se sustentava na lateral de seu automóvel, fez com que este se chocasse contra uma lixeira de ferro, sofrendo contusões físicas. Culpa concorrente (art. 945 do Código Civil) cotejada com o grau das lesões experimentadas que autoriza a redução da indenização por danos morais. Recurso parcialmente provido". (TJ/SP, AC 1027847-11.2016.8.26.0224, rel. Des. Rômolo Russo, julgado em 10.08.2020)

29. MELO, Diogo Leonardo Machado de. Em: NANNI, Giovanni Ettore. *Comentários ao Código Civil-direito privado contemporâneo*. São Paulo: Saraiva, 2019, p. 1283-1340.

configuração da *culpa*. Da boa-fé objetiva é possível extrair, por exemplo, conceitos como *confiança, probidade, lealdade, prudência,* na interpretação da culpa.

Na procura de *standards de comportamentos culposos*, a interpretação de outros elementos da responsabilidade também auxilia na formação do juízo sobre o comportamento esperado do agente, como é o caso dos conceitos de *fortuito interno* e do *fato exclusivo da vítima*.

A responsabilidade civil fundada na *cláusula geral do risco* é uma realidade normativa. Todavia, nota-se, pelo contrário, uma necessidade da interpretação da *culpa* não mais para diferenciá-la da responsabilidade *objetiva*, mas, especialmente, para amoldá-la ao *modelo civil-constitucional* da responsabilidade, calcada na *solidariedade social*, na *dignidade da pessoa humana*, bem como à luz das novas tendências da responsabilidade, que admite punições e age, como visto, não somente em situações em que o dano está consumado, mas, especialmente, *antes* do dano. A *precaução* influencia, sobremaneira, a fixação do *standard* de comportamento esperado dos agentes.

A apreciação da culpa deverá sim obedecer a um *critério flexível*, variável, *proteiforme*, como, aliás, ocorre nos princípios e na formação de *standards* de comportamento, sendo artificial tratarmos a *culpa extracontratual* sem consideração a aspectos *concretos*, desprezando considerações *pessoais, temporais, materiais, quantitativas*, enfim, valorações afastadas da própria realidade do caso. Pensar diferente é pensar desconsiderando a operatividade da própria responsabilidade civil, fora do modelo civil-constitucional sugerido ao direito de danos.

6. REFERÊNCIAS

ALPA, Guido. *La responsabilità civile:* parte generale. Torino: UTET, 2010.

ALVIM, Agostinho. *Da inexecução das obrigações e suas consequências.* 2. ed. São Paulo: Saraiva, 1955.

BIANCA, Cesare Massimo. La superveniencia de la teoría de la culpa. In: BUERES, Alberto; KEMELMAJER DE CARLUCCI, Aida (Coord.). *Responsabilidad por daños en el tercer milenio:* homenaje al profesor doctor Atilio Alterini. Buenos Aires: Abeledo-Perrot, 1997.

BRANDÃO PROENÇA, José Carlos. *A conduta do lesado como pressuposto e critério de imputação do dano extracontratual.* Coimbra: Almedina, 1997.

BUSSANI, Mauro. *La colpa soggettiva:* modelli di valutazione della condotta nella responsabilità extracontrattuale. Padova: CEDAM, 1991.

CAFAGGI, Fabrizio. *Profili di relacionalità della colpa:* contributo ad una teoria della responsabilità extracontrattuale. Padova: CEDAM, 1996.

CHIRONI, G. P. *La colpa nel diritto civile odierno: colpa extra-contrattuale.* 2. ed. Torino: Fratelli Bocca, 1903.

CRUZ, Gisela Sampaio da. *O problema do nexo causal.* Rio de Janeiro: Renovar, 2005.

DÍEZ-PICAZO, Luis. *Derecho de daños.* Madrid: Civitas, 1999.

DURÁN, Ricardo Manuel Castro. El hecho o "culpa" de la vítima como eximente. La agravación de los daños. *Revista de Derechos de Daño:* eximentes de responsabilidad – II. Buenos Aires: Rubinzal-Culzoni, 2006, p. 205-221

FONSECA, Arnoldo Medeiros da. *Caso fortuito e teoria da imprevisão.* Rio de Janeiro: Imprensa Nacional, 1943.

GODOY, Cláudio Luiz. *Responsabilidade civil pelo risco da atividade:* uma cláusula geral no Código Civil de 2002. São Paulo: Saraiva, 2009.

LOTUFO, Renan. *Código Civil comentado.* São Paulo: Saraiva, 2003, v. 2.

MELO, Diogo Leonardo Machado de. *Culpa extracontratual.* São Paulo: Saraiva, 2012.

MELO, Diogo Leonardo Machado de. Em: NANNI, Giovanni Ettore. *Comentários ao Código Civil-direito privado contemporâneo*. São Paulo: Saraiva, 2019, p. 1283-1340.

PIROTA, Martín Diego. La culpa en los accidentes de tránsito. *Revista de Derecho de Daños: la culpa – II*. Buenos Aires: Rubinzal-Culzoni, 2009, p. 203-243.

SANSEVERINO, Paulo de Tarso. *Princípio da reparação integral*. 2. tir. São Paulo: Saraiva, 2011.

SCHREIBER, Anderson. *A proibição de comportamento contraditório:* tutela da confiança e venire contra factum proprium. 2. ed. Rio de Janeiro: Renovar, 2007.

SCHREIBER, Anderson. *Novos paradigmas da responsabilidade civil*. São Paulo: Atlas, 2007.

STOCO, Rui. *Tratado de responsabilidade civil*. 6. ed. São Paulo: Ed. RT, 2004

TAVANO, María Josefina. La noción de culpa y su desarrollo em la doctrina jurídica de EE.UU. La culpa y su visión desde el análisis económico del derecho. *Revista de Derecho de Daños: la culpa – II*. Buenos Aires: Rubinzal-Culzoni, 2009, p. 391-433.

TRIMARCHI, Pietro. *Istitituzioni di diritto privato*. 13. ed. Milano: Giuffrè, 2000.

VINEY, Geneviève; JOURDAIN, Patrice. *Les conditions de la responsabilité*. 3. ed. Paris: LGDJ, 2006.

VISINTINI, Giovanna. *I fatti illeciti. L'imputabilità e la colpa in rapporto agli altri criteri di imputazione della responsabilità*. 2. ed. Padova: CEDAM, 1998, v. 2.

RESPONSABILIDADE CIVIL (SOCIAL) NA SOCIEDADE COMPLEXA

Susete Gomes

Mestre e Doutora em Direito Civil pela PUC-SP. Graduada pela PUC-Campinas. Advogada em Campinas, sócia do escritório GHBP Advogados. Professora convidada do Programa de Pós-graduação em Processo Civil da Universidade Presbiteriana Mackenzie – Campinas, SP. Autora de: "Paradigmas para a Interpretação dos Contratos Complexos" pela Editora IASP. Membro do Instituto dos Advogados de São Paulo e do Instituto de Direito Privado.

Sumário: 1. Introdução. 2. A sociedade complexa. 3. Da ampliação da responsabilidade civil para a responsabilidade social. 4. Responsabilidade civil (social) na sociedade complexa: proposições conclusivas. 5. Mensagem ao Professor Renan Lotufo. 6. Referências.

1. INTRODUÇÃO

Era um início de noite de agosto de 2003: primeira aula como aluna especial da disciplina Autonomia Privada e a Constituição com o Professor Renan Lotufo. Até então, lia suas obras, assistia suas palestras, mas nunca havia tido um contato próximo. Naquela época, cursavam a disciplina tantos os alunos do mestrado como os do doutorado e os alunos "especiais" que tentariam uma vaga para o mestrado no final do semestre (que era o meu caso).

O Professor Renan Lotufo havia aceitado meu pedido para assistir suas aulas (que eu havia feito por escrito). E assim eu o conheci pessoalmente apenas nesta primeira aula. Eu ouvia a aula magna inaugural do curso sem piscar os olhos. Nem nos meus melhores sonhos poderia supor que seria abençoada em ter o Professor Renan Lotufo como meu orientador do mestrado, e muito mais que isso: um querido amigo que me ensinou a amar o Direito Civil e que me levaria ao Doutorado, cuja tese a ele dediquei. O Professor Renan nos ouvia, ensinava, dialogava, fazia com que extraíssemos o melhor de nós mesmos: foram muitos dias e finais de semana lendo textos aparentemente incompreensíveis, o que nos permitia ter repertório para os debates em sala de aula, que ele ouvia atento e ávido pelas nossas considerações (e, por outro lado, nós, os alunos sempre aguardávamos seus comentários acerca de nossas intervenções).

Dentre toda a sua contribuição para o Direito Civil destaco a sua generosidade em compartilhar seu conhecimento e em se dedicar na formação de todos que foram seus alunos. Ele nos proporcionou a compreensão do Direito que nasce na sociedade, a extensão e a grandiosidade do Direito Civil, partindo de sua visão constitucional. Direito de um que se relaciona com o outro de muitas formas e com as mais diversas consequências. Direito da pessoa humana inserida numa sociedade.

Foi cursando a disciplina de Obrigações, em 2005, que pude acompanhar suas lições sobre a Responsabilidade Civil (infelizmente não cursei a disciplina de Responsabilidade

Civil quando ele a ministrou na PUCSP). Recordo que durante a discussão acerca da Responsabilidade Civil Objetiva, na forma prevista no Código de Defesa do Consumidor, fiz uma intervenção nos debates acerca de como os parques industriais evoluíram com o objetivo de que os seus produtos causassem um menor número de danos aos consumidores, e o Professor Renan me respondeu com a seguinte indagação: a evolução ocorreu apenas com o objetivo de evitar danos (como um ato de "bondade" do setor industrial) ou, por causar danos aos consumidores, as empresas são obrigadas, em razão da responsabilidade civil, a indenizá-los? O fato de ter que cumprir com as condenações pecuniárias decorrentes da responsabilização civil pelos danos causados fez com que se aumentassem os investimentos na segurança dos produtos? O sistema jurídico deve permitir que além de serem reparados, os danos sejam prevenidos, pois é muito melhor para a sociedade que o dano seja evitado. E para tanto, o sistema tem que girar neste sentido, oferecendo alternativas para que este objetivo seja alcançado.

Sempre que reflito sobre Responsabilidade Civil, a memória desta aula surge para mim e procuro retomar, ainda que mentalmente, este diálogo com o Professor Renan.

Quando apresentei meu projeto para o ingresso no doutorado, ele me propôs estudar os contratos complexos, e a partir de então, passei a refletir sobre a influência da complexidade e da sociedade complexa no sistema jurídico contemporâneo.

Quando recebi, gentilmente, o convite para escrever um artigo sobre a Responsabilidade Civil sem culpa, em homenagem ao Professor Renan Lotufo, não hesitei em reunir os temas. Assim, a proposta deste artigo consiste em fazer uma breve reflexão sobre a Responsabilidade Civil na sociedade contemporânea que é complexa, diversa, plural.

2. A SOCIEDADE COMPLEXA

A pluralidade, a diversidade de ideias e as incertezas que as rodeiam formam o pano de fundo da sociedade complexa que, especialmente com o advento do movimento pós-moderno, provocou rupturas de toda ordem. Passa-se a ter uma visão de mundo com conectividade e transformações na forma de se comunicar. As relações são, em grande parte, líquidas, fluidas, a transição de saberes e de conhecimentos transcende limites e o diálogo se impõe como a *arte da conversação civilizada*.[1]

Por meio das lentes da diversidade e da complexidade, as incertezas e as instabilidades (próprias da sociedade) passam a ser encaradas sem a penumbra de uma falsa sensação de controle a ser exercido tendo como foco o individualismo, em que o conceito de propriedade implica em atribuir ao detentor de bens o exercício de muitos direitos e de poucos deveres (em especial quando se trata de deveres que implicam em direitos sociais, direitos de outrem).

Na sociedade complexa contemporânea, a inovação é palavra de ordem e o misoneísmo é rechaçado. A tipicidade de regras, contratos e conceitos abre espaço para a fusão de ideias, atipicidade e lacunas que serão preenchidas com o "agir" ao longo

---

1. BAUMAN, Zygmunt. *Legisladores e intépretes: sobre modernidade, pós-modernidade e intelectuais.* [trad.] Renato Aguiar. Rio de Janeiro: Zahar, 2010, p. 196-7. O Autor expõe que: *A arte da conversação civilizada é algo de que o mundo pluralista necessita com premência. Ele só pode negligenciar esta arte às suas expensas. Conversar ou sucumbir.*

do tempo, com os atos a serem praticados nessa nova ordem. Há um novo circuito de produção de Direito[23].

Os projetos são multifacetados, dinâmicos e elaborados por pessoas que muitas vezes sequer se conhecem na forma "habitual" (pois as relações passam a ser menos personificadas: as pessoas se relacionam e se inter-relacionam sem, muitas vezes, ter a efetiva possibilidade de se identificar por quem são: o reconhecimento é efetuado por "logins e senhas" ou "IP" de seus computadores), são projetos colaborativos, internacionais, interpessoais. Plataformas colaborativas são retroalimentadas com as informações dos que a utilizam, como por exemplo ocorre com o aplicativo *"Waze"* muito utilizado para indicar rotas de trânsito, detectar eventuais problemas no percurso, dentre outras funcionalidades.

Os cidadãos, usuários de mídias sociais, transformam a sociedade, mediante a retroalimentação de tais plataformas colaborativas, (pois cada informação introduzida representa uma decisão – ou micro decisão – de cada usuário), e passam a influenciar o mundo (conquanto tais comunidades digitais sequer tenham uma visibilidade aparente no mundo não virtual), dando forma (ainda que em nuvem) a novos direitos e pretensões, embora ainda não positivados.

A comunidade das redes sociais e mídias digitais não atende a limitações geográficas e pode agir de forma quase inaudível para os desatentos. E, neste contexto, faz-se necessário lidar com os institutos do Direito, para que a vida em sociedade, mesmo que complexa e apesar das suas intrínsecas instabilidades, possa conviver com a segurança (ainda que mitigada) que impeça o caos.

Portanto, as categorias jurídicas precisam ser revisitadas e repaginadas para que a obsolescência não lhes atinja. E, neste sentido, vale lembrar que a beleza do Direito Civil, como sempre insistiu o homenageado Professor Renan Lotufo, reside no fato que ele nasce na sociedade civil, e tendo tal característica, nela (sociedade) sempre pode renascer e se renovar.

Na sociedade complexa, a pluralidade, o compartilhamento de informações, a diversidade, carregam o valor da solidariedade para um topo axiológico, que requer ser o ponto de partida da revisitação de categorias jurídicas. E não se trata da solidariedade com viés de da caridade. A pluralidade requer cidadãos emancipados, independentes do Estado e da compaixão alheia[4] e, portanto, a solidariedade se relaciona com a socialidade, com a

---

2. Expressão utilizada por RODOTÀ, Stefano. *A vida na sociedade da vigilância* – a privacidade hoje. Trad. Danilo Doneda e Luciana Cabral Doneda. Organização, seleção e apresentação de Maria Celina Bodin de Moraes. Rio de Janeiro: Renovar, 2008.

3. GROSSI, Paolo. *O direito entre o poder e ordenamento*. Trad. Arno dal Ri Júnior. Belo Horizonte: Del Rey, 2010, p. 77, ensina que: [...] a práxis econômica se faz produtora de direito: a nova economia e as novas mirabolantes técnicas exigem novos instrumentos jurídicos não encontráveis na bimilenar tradição romana fundamentalmente radicada na noção de coisa corporal que, no final do século XX, parece paleolítica aos contemporâneos homens de negócios. Existem novas exigências jurídicas e se "inventam" novos instrumentos jurídicos, aptos a ordenar a nova circulação global.

4. Vide MARTINS, Fernando Rodrigues. Direito civil, ideologia e pobreza. In: LOTUFO, Renan; NANNI, Giovanni Ettore; MARTINS, Fernando Rodrigues (Coord.). *Temas relevantes do direito civil contemporâneo*: reflexões sobre os 10 anos de Código Civil. São Paulo: Atlas, 2012, p. 49: [...] advirta-se, contudo, que o Código Civil nesse passo de erradicação da pobreza não tem função assistencialista, conforme assume o Direito público. Não há espaço para "tirar" do rico e passar para o pobre. A função é mesmo emancipatória, porquanto a segurança nas relações deve ser respeitada, bem como a liberdade inerente mesmo ao Direito privado. Cinge-se a função emancipatória no caráter preventivo à exclusão, de forma a outorgar meios de, mesmo nas questões patrimoniais, sobejar espaço para a pessoa. Caso contrário, a pessoa indicada como pobre não evoluirá, redundando sua existência na velha caridade (fraternidade) da Revolução Francesa.

pulverização dos direitos de forma que seja alcançado o maior número de cidadãos, numa régua que seja distributiva e equitativa.

Destarte, ao se revisitar a Responsabilidade Civil sob o contexto da sociedade complexa contemporânea, essa visão pluridimensional e com o viés da solidariedade tem que ser iluminada. Colocar qualquer holofote sobre a culpa aparenta ser um retrocesso.

A denominação "responsabilidade civil" perdeu as características próprias de sua criação fincadas na responsabilização daquele que causou o dano, em que se fazia necessária a devida apuração da culpabilidade, para que, presentes os três requisitos (culpa, nexo, dano), implicasse na obrigação de reparação.

Em tempos que se vive a quarta revolução industrial marcada pela convergência de tecnologias digitais, físicas e biológicas, como atribuir responsabilidade civil de forma individualizada, com discussão acerca da culpabilidade?

Não se deixa de admitir, contudo que, ainda que exista uma sociedade extremamente complexa, com algoritmos, automação/robotização e de compartilhamento com as inteligências artificiais, sempre existirá um âmbito de atuação em que será possível (e necessário) se discutir a culpa, no seu sentido subjetivo. Todavia, assim o será em situações restritas e que tenham por características serem paritárias, equilibradas, personificadas, ou seja, a culpa deverá ser analisada sob um novo *design*.

Mais do que uma responsabilidade por reparar danos, toda a convergência de tecnologias também deve ser utilizada para mitigar danos e permitir uma evolução da sociedade, ampliando o espectro da dignidade da pessoa humana, valor máximo a ser perseguido.

3. DA AMPLIAÇÃO DA RESPONSABILIDADE CIVIL PARA A RESPONSABILIDADE SOCIAL

Ao se tratar de Responsabilidade Civil na sua aplicação na sociedade complexa, pareiam-se os valores da solidariedade, equilíbrio, igualdade, boa-fé para permitir sua transição para a Responsabilidade Social, ou seja, o foco do sistema passa a ser a reparação e a precaução do dano em detrimento de sancionar culpados[5].

Quando se utiliza o termo transição não se quer delimitar dois tipos de responsabilidade, mas indicar a evolução da Responsabilidade Civil, outrora fincada (quase que exclusivamente) na culpabilidade, para um instituto de responsabilização que se volte (também) para a sociedade, e, portanto, que se volte para a reparação do dano, tanto para aquele que sofreu o dano como para aqueles que possam, potencialmente, serem atingidos por um dano. Amplia-se o campo de atuação. Anderson Schreiber[6] aduz que:

> O que se pretende defender, em síntese, não é uma alteração exterior que implique a passagem de um sistema de responsabilidade a um sistema de solidariedade, mas uma modificação interna à própria responsabilidade civil, que venha a substituir uma responsabilidade individual por uma responsabilidade social. Trata-se, em

---

5. Neste sentido: MORAES, Maria Celina Bodin de. Risco, solidariedade e responsabilidade objetiva. *Revista dos Tribunais* | v. 854/2006 | p. 11-37 | Dez / 2006: Desta forma, a responsabilidade civil desvincula-se da ideia de punição-sanção em favor da reparação da vítima injustamente lesada,[37]optando o ordenamento por dar prioridade aos princípios do equilíbrio, da igualdade e da solidariedade em detrimento do objetivo anterior de sancionar culpados. Afasta-se, por igual, da ideologia liberal, comprometida essencialmente com a garantia da liberdade de iniciativa e com o desenvolvimento das atividades empresariais.

6. SCHREIBER, Anderson. *Novos paradigmas da responsabilidade civil: da erosão dos filtros da reparação à diluição dos danos.* São Paulo; Atlas, 2007, p. 223.

outras palavras, de uma readequação da estrutura de responsabilidade à sua atual função, ditada pelos novos valores sociais.

Ao efetuar a passagem de uma visão de cunho individual para uma visão plural, própria de uma sociedade complexa, ter a pretensão de individualizar fatos, atos, condutas para averiguar a culpa e assim atribuir responsabilidades parece algo distante, impensável e imprestável como reparador de danos e, principalmente, como algo tendente a precaver danos.

Tal transição (no sentido de ampliação do âmbito de atuação) não é imune a polêmicas e incertezas[7], contudo, parece ser inevitável. A teoria da responsabilização passou por inúmeras evoluções e transformações desde sua formação[8], sempre calcada na proibição de causar dano a outrem. Teresa Ancona Lopez[9] assim ensina, ao tratar do tema:

> Sendo assim, e revendo a história de evolução da responsabilidade civil, não vemos inconveniente em ampliar ou estender a noção de responsabilidade para a prevenção ou precaução dos danos possíveis, graves e irreversíveis, pois a ideia fundamentadora de todo o sistema de responsabilidade civil é a da proibição de causar dano a outrem (alterum non laedere). Ora, uma função da responsabilidade civil que impeça a realização de danos estará garantindo a integridade física, moral e econômica dos cidadãos individualmente e da sociedade inteira.

Assim sendo, a objetivação (*versus* subjetivação) da Responsabilidade Civil, para permitir a sua passagem para a Responsabilidade Social parece ser, no âmbito da sociedade complexa, inexorável.

A possibilidade da ocorrência do dano roga por um sistema que acolha os riscos e a sua alocação (dos riscos) para diversos entes. Qualquer unidade econômica inserida numa sociedade complexa, colaborativa, multifacetada, precisa lidar com riscos. Assim, é imprescindível compreender que o fenômeno da objetivação não pode ser circunscrito às atividades perigosas ou expressamente previstas em lei. A ideia da objetivação da responsabilidade deve ser ampliada para a relação social entre os cidadãos. "Responsabilizar alguém sem culpa faz parte da dinâmica do tempo atual, medida valiosa quando calibrada por princípios como os da razoabilidade, proporcionalidade, boa-fé, equidade, entre outros".[10]

As tecnologias convergentes e sinérgicas[11] permitem, especialmente, por meio de metadados, um ganho expressivo na capacidade de antever danos, e neste sentido, a sociedade complexa passa a ter que lidar com a obrigação de antever danos e a eles reagir sistemicamente.

---

7. SCHREIBER, Anderson, idem, assim explica: É precisamente neste distanciamento entre a estrutura histórica do instituto e sua função eminentemente compensatória nos ordenamentos constitucionais da atualidade que reside a fonte de problemas e incertezas da responsabilidade civil contemporânea.

8. Da vingança privada, sucedida pelo período da composição entre o autor e o lesado, evoluiu-se à Lei da Aquília, que trouxe a semente da ideia da reparação do dano. A responsabilidade civil com fundamento na culpa foi desenvolvida no direito francês e consagrada no Código de Napoleão, a partir de então passou a ser inserida na legislação de todo o mundo. A revolução industrial iniciada na Inglaterra no século XVIII, que fez com que aumentasse os casos de danos, propiciou o surgimento de novas teorias tendentes a ampliar a proteção às vítimas, especialmente a denominada teoria do risco e atualmente caminha para a objetivação, numa transição para a responsabilidade social.

9. LOPEZ, Teresa Ancona. *Princípio da Precaução e Evolução da Responsabilidade Civil*. São Paulo: Quartier Latin, 2010., p.137.

10. CREMONEZE, Paulo Henrique. *Reflexão sobre a nova dinâmica da responsabilidade civil*: uma abordagem a partir do direito de danos. Site Migalhas, em: 30.01.2010. Acesso em: https://www.migalhas.com.br/depeso/319410/reflexao-sobre-a-nova-dinamica-da-responsabilidade-civil-uma-abordagem-a-partir-do-direito-de-danos.

11. Próprias deste momento em que se vivencia a quarta revolução industrial.

Se, antigamente, a expressão "assumir riscos" vinculava-se à sorte ou à capacidade ("tino") comercial dos empresários, atualmente, "riscos" se relacionam com a capacidade de emitir prognósticos a partir das tecnologias disponíveis bem como se relacionam com a habilidade de analisar probabilidades. Neste sentido, Nelson Nery Junior[12] ensina que "risco é uma incerteza precificável, isto é, que pode ser objeto de cálculo previsível, mas cuja ocorrência é incerta. A incerteza da ocorrência é ínsita à noção de risco, mas sua probabilidade também é."

Tratar de riscos, análise de metadados, combinação de estudos para se formar o sistema de Responsabilidade Civil na sociedade complexa reclama abandonar velhas fórmulas e antigos preceitos para olhar, com lentes plurais, um horizonte que privilegie a solidariedade, como valor a ser concretizado e, assim sendo, a responsabilidade passa ser em benefício da sociedade.

4. RESPONSABILIDADE CIVIL (SOCIAL) NA SOCIEDADE COMPLEXA: PROPOSIÇÕES CONCLUSIVAS

É certo que a incessante busca por angariar riquezas sempre motivou a humanidade, ou ao menos parte dela. O interesse econômico tem uma relevância irrefutável em qualquer veia da sociedade. Portanto, é possível indagar se a análise – sob o aspecto econômico – da objetivação da responsabilidade não serviria mais aos interesses de diminuição de custos com reparação de danos do que à preocupação com a dignidade humana[13].

Pois, uma vez que os riscos sejam precificados e alocados, eles passariam a integrar o sistema e quem pagaria "a conta" seriam os próprios cidadãos. De outro lado, as vozes que retratam os impactos econômicos das condenações por reparação de danos gritam que a objetivação poderá afetar os lucros e afugentar investimentos.

No entanto, perante tais polêmicas cabe aos operadores do Direito a atuação para que os valores da sociedade sejam privilegiados. O Judiciário, no exercício de seu poder, tem o dever de ponderar e de equilibrar o sistema de quantificação da reparação e prevenção do dano.

Em face de argumentos que a objetivação da responsabilidade levaria a um abarrotamento do Judiciário e a um aumento nos valores das reparações, impactando na economia, há que se rebater que a complexidade exige lidar com muitos fatores concomitantemente e que não é momento para anacronismo. Deve se lançar mão daquilo que a fusão de tecnologias oferece: a possibilidade de uma metanálise: a combinação de resultados provenientes de estudos a partir dos casos julgados e suas repercussões, bem como de estudos de possíveis impactos e/ou danos a partir de determinada atividade (dentre outras possibilidades de estudos a serem realizados).

A Responsabilidade Civil, com o cunho social (aqui propagada), além de retirar o foco da culpa, requer promover um Estado eficiente e que garanta a dignidade aos cidadãos,

---

12. NERY JÚNIOR, Nelson. Ações de indenização fundadas no uso de tabaco. Responsabilidade civil pelo fato do produto: julgamento antecipado da lide. Ônus da prova e cerceamento de defesa. Responsabilidade civil e seus critérios de imputação. Autonomia privada e dever de informar. Autonomia provada e risco social. Situações de agravamento voluntário do risco. In: LOPEZ, Teresa Ancona (Coord.). *Estudos e pareceres sobre livre-arbítrio, responsabilidade e produto de risco inerente* – o paradigma do tabaco: aspectos civis e processuais. Rio de Janeiro: Renovar, 2009, p. 393.

13. Neste sentido: RUZYK, Carlos Eduardo Pianovski. A responsabilidade civil por danos produzidos no curso de atividade econômica e a tutela da dignidade da pessoa humana: o critério do dano ineficiente. In: RAMOS, Carmem Lucia Silveira et al (Org.) *Diálogos sobre direito civil*. Rio de Janeiro: Renovar, 2002.

por meio da devida reparação e precaução de danos. A eficiência, no âmbito do Direito e, mais especificadamente, da Responsabilidade Civil (Social), reivindica a presença de operadores que se insiram na sociedade complexa.

É momento do Direito e de seus operadores agirem de forma a acompanhar os movimentos da sociedade complexa, concretizando o princípio da atividade, que o homenageado Professor Renan Lotufo elencava com norteador do Código Civil de 2002: "a atividade está sempre presente como condição de manutenção da dignidade do ser humano"[14].

A indagação acerca da culpa foi mitigada do campo da responsabilidade civil, cabe agora ao sistema jurídico atuar de forma eficiente para que a objetivação da responsabilidade realmente concretize o valor da solidariedade.

5. MENSAGEM AO PROFESSOR RENAN LOTUFO

O Professor Renan sempre nos enviava mensagens pelo WhatsApp, desde piadas, brincadeiras, correntes, até mesmo frases sérias e textos jurídicos. No dia 12 de abril de 2018 ele veio a Campinas ministrar uma aula na Escola Paulista da Magistratura, no curso de Pós-Graduação em Direito do Consumidor (e no dia seguinte ainda daria uma palestra no Mackenzie) e tive a imensa felicidade de recebê-lo e a honra de fazer, com muita emoção, a sua apresentação (como se fosse necessária) aos alunos. Depois da aula, ele nos presenteou, ao redor de uma mesa de jantar, com relatos de passagens de sua vida profissional e pessoal, sempre fazendo referências à sua amada Maria Alice. No mesmo dia, ele me enviou, por meio do WhatsApp, uma mensagem e uma "corrente de amigos". Ambas ficaram arquivadas em meu celular como recordação daquele dia tão especial. Com a reprodução destas mensagens, que outros queridos colegas que também escrevem esta obra devem ter recebido, finalizo este artigo escrito em sua homenagem. Registro ainda que tenho em minha estante a foto deste meu (nosso) querido Professor, para sempre lembrar o quão grande um ser humano pode ser.

Fique em paz meu grande amigo. Que honra a minha de ter convivido com alguém tão especial! Sem dúvida meu caro Professor Renan, em suas aulas vivi os melhores momentos de minha vida!

(mensagens enviadas pelo Professor Renan Lotufo em 12.04.2018):

"A dissertação sobre o amor seria de muitas laudas, mas em breve síntese poderíamos dizer que existe amor do pai para os filhos, dos filhos para os pais, dos irmãos um para o outro. Mas, diga-se que trata do amor entre os amigos.

Talvez um dia todos nós amigos iremos nos separar, sentiremos saudade das conversas jogadas fora, dos sonhos que tivemos! Os dias vão passar, meses, anos, até esse contato se tornar cada vez mais raro...

Um dia nossos filhos verão aquelas fotos e perguntarão... Quem são essas pessoas?

Saudade vai bater e com os olhos cheios de lágrimas diremos:

Foi com eles que vivi os melhores momentos da minha vida.

Mande para os amigos q vc nunca irá esquecer.

Campanha: "sou feliz porque tenho você como amigo" !mande só para os melhores amigos e tente receber 10 de volta. Quero de volta heim!!

---

14. LOTUFO, Renan. A Codificação: O Código Civil de 2002. In: LOTUFO, Renan; NANNI, Giovanni Ettore (Coord.). *Teoria Geral do Direito Civil*. São Paulo: Atlas, 2008, p. 100.

6. REFERÊNCIAS

BAUMAN, Zygmunt. *Legisladores e intépretes*: sobre modernidade, pós-modernidade e intelectuais. Trad. Renato Aguiar. Rio de Janeiro: Zahar, 2010.

CREMONEZE, Paulo Henrique. *Reflexão sobre a nova dinâmica da responsabilidade civil*: uma abordagem a partir do direito de danos. Site Migalhas, em 30.01.2010. Acesso em: https://www.migalhas.com.br/depeso/319410/reflexao-sobre-a-nova-dinamica-da-responsabilidade-civil-uma-abordagem-a-partir--do-direito-de-danos.

GROSSI, Paolo. *O direito entre o poder e ordenamento*. Trad. Arno dal Ri Júnior. Belo Horizonte: Del Rey, 2010.

LOPEZ, Teresa Ancona. *Princípio da Precaução e Evolução da Responsabilidade Civil*. São Paulo: Quartier Latin, 2010.

LOTUFO, Renan. *A Codificação: O Código Civil de 2002*. In: LOTUFO, Renan; NANNI, Giovanni Ettore. (Coord.). Teoria Geral do Direito Civil. São Paulo: Atlas, 2008.

MARTINS, Fernando Rodrigues. *Direito civil, ideologia e pobreza*. In: LOTUFO, Renan; NANNI, Giovanni Ettore; MARTINS, Fernando Rodrigues (Coord.). *Temas relevantes do direito civil contemporâneo*: reflexões sobre os 10 anos de Código Civil. São Paulo: Atlas, 2012.

MORAES, Maria Celina Bodin de. Risco. Solidariedade e Responsabilidade Objetiva. A *Revista dos Tribunais* | v. 854/2006 | p. 11-37 | Dez / 2006.

NERY JÚNIOR, Nelson. Ações de indenização fundadas no uso de tabaco. Responsabilidade civil pelo fato do produto: julgamento antecipado da lide. Ônus da prova e cerceamento de defesa. Responsabilidade civil e seus critérios de imputação. Autonomia privada e dever de informar. Autonomia provada e risco social. Situações de agravamento voluntário do risco. In: LOPEZ, Teresa Ancona (Coord.). *Estudos e pareceres sobre livre-arbítrio, responsabilidade e produto de risco inerente* – o paradigma do tabaco: aspectos civis e processuais. Rio de Janeiro: Renovar, 2009.

RODOTÀ, Stefano. *A vida na sociedade da vigilância* – a privacidade hoje. [trad.] Danilo Doneda e Luciana Cabral Doneda. Organização, seleção e apresentação de Maria Celina Bodin de Moraes. Rio de Janeiro: Renovar, 2008.

RUZYK, Carlos Eduardo Pianovski. A responsabilidade civil por danos produzidos no curso de atividade econômica e a tutela da dignidade da pessoa humana: o critério do dano ineficiente. In: RAMOS, Carmem Lucia Silveira et al (Org.). *Diálogos sobre direito civil*. Rio de Janeiro: Renovar, 2002.

SCHREIBER, Anderson. *Novos paradigmas da responsabilidade civil*: da erosão dos filtros da reparação à diluição dos danos. São Paulo; Atlas, 2007.

VIOLAÇÃO DE DADOS PESSOAIS SENSÍVEIS E OS DANOS AOS DIREITOS DE PERSONALIDADE: RESPONSABILIDADE CIVIL ESPECIAL NUMA PERSPECTIVA DO ESTUDO DAS CIDADES INTELIGENTES (*SMART CITIES*)

Cláudio José Franzolin

Professor pesquisador e membro permanente do Programa de Pós-Graduação em Direito da Pontifícia Universidade Católica de Campinas (PPGD – Puc-Campinas) e professor de direito civil, direito do consumidor e direito empresarial no Curso de Direito. Doutor e mestre em Direito pela Pontifícia Universidade Católica de São Paulo. Especialização em Contratos pelo Centro de Extensão Universitária (C.E.U.) e em direito empresarial pela Universidade Mackenzie. Associado do Instituto Brasileiro de Responsabilidade Civil (IBERC), Instituto de Direito Privado (IDiP), do Instituto Brasileiro de Direito Civil (IBDCivil) e do Instituto Brasileiro de Política e Defesa do Consumidor (BRASILCON). Advogado.

Sumário: 1. Introdução. 2. Cidades inteligentes e sustentáveis e os dados da pessoa. 3. Danos e riscos decorrentes da captura de dados pessoais e a interface com cidades inteligentes para promoção do bem-estar humano. 4. Conclusão. 5. Referências.

1. INTRODUÇÃO

Quando os alunos têm um professor que ilumina a alma, eles estão sempre equipados com lentes que permitem a ampliação do campo de visão do direito. Assim, parafraseando Ruben Alves[1], os ensinamentos e aulas do Prof. Renan seriam como um laboratório que usa palavras para a fabricação de óculos que servem para os alunos enxergarem melhor e além do que se lê.

É que, embora as aulas do Prof. Renan partissem de um volume enorme de textos, valiam os debates, reflexões e ponderações feitas por ele; mas, nessas idas e vindas no trajeto Campinas-São Paulo, não só ocorria frequência às suas aulas, mas, também às orientações.

Dentre as três disciplinas (créditos) cursadas na Pontifícia Universidade Católica de São Paulo com o Prof. Renan, destaco Responsabilidade civil[2], e cuja disciplina contemplava variados temas, por exemplo, contornos dogmáticos do nexo causal, responsabilidades especiais no âmbito ecológico, genético e meios de comunicação[3], perspectivas

---

1. ALVES, Rubem. *Mansamente pastam as ovelhas.* 4. ed. Campinas, São Paulo, 2002. p. 124.
2. A disciplina de Responsabilidade civil, ministrada pelo Prof. Renan Lotufo, à época, contava com o Prof. Giovanni Ettore Nanni, como seu professor assistente.
3. Dentre os estudos lidos nas aulas do Prof. Renan, um deles aponta, ainda que, sob uma perspectiva genérica, a preocupação sobre o tratamento dos dados pessoais na sociedade da informação, considerando a multiplicidade de interesses envolvidos na utilização desses dados. Conforme Buttarelli – um dos textos indicados para leitura na aula, destacava a importância da regulação de dados pessoais, considerando que eles revelam poderes na sociedade (BUTTARELLI, Giovanni. *Banche dati e tutela della reservatezza:* la privacy nella società dell'Informazione. Commentario analitico alle legi 31

da responsabilidade civil relacionadas às suas funções e à indenização coletiva[4]. Temas, aliás, os quais se mantem atualíssimos. Tão atualíssimos que basta acompanhar os eventos científicos do Instituto Brasileiro de Responsabilidade Civil (Iberc)[5] e do Instituto de Direito Privado (IDiP)[6].

Para contribuir na obra em homenagem ao Prof. Renan, resolvi destacar neste capítulo, algumas reflexões introdutórias sobre um dos itens conexo ao atual projeto de pesquisa que coordeno e o qual tem como foco cidades inteligentes e consumo sustentável; cidades estas, cada vez mais equipadas com sistemas, sensores, aplicativos, câmeras, dentre outras tecnologias as quais, se usadas na captação de dados, podem refletir ou não num dano indenizável, pois viola o livre desenvolvimento da personalidade da pessoa no âmbito dinâmico da vida urbana.

As tecnologias podem capturar dados dos cidadãos, sob a justificativa delas contribuírem para gerenciar e solucionar problemas urbanos, sejam sociais, políticos, econômicos e jurídicos; por outro, expõem a riscos e perigos a situação existencial da pessoa, à medida que os dados sensíveis delas, originários das mais variadas fontes, passam a ser utilizados, combinados por meio gestão algorítmica e também transmitidos. Ressalte-se, desde já, que, embora a Lei de Proteção de Dados (L. 13.709/2018-LGPD) exclua da sua incidência o tratamento de dados destinados à segurança pública, defesa nacional e segurança do Estado (art. 4º, III, a., b., c.), submetem-se aos arts. 7º,13, 23 e 27.

As tecnologias baseadas em inteligência artificial e algoritmos podem combinar dados, selecionando uns, rejeitando outros, sem que os cidadãos sequer saibam quais deles são utilizados para o enquadramento, a predefinição de modelos de condutas e de perfis[7]. Ou seja, constrói-se um modelo abstrato de grupo de cidadãos, conforme os mais variados aspectos (por exemplo, frequentadores de uma praça localizada num dado bairro e que é monitorada por câmeras); uma espécie de filtragem das condutas aceitáveis na dinâmica da vida das cidades, conforme o local, o público etc.; um modelo virtual padronizado, o que pode conduzir a situações de discriminação em detrimento daqueles que não se enquadram no padrão virtual construído pela tecnologia. O direito civil, assim, desponta para dar a dimensão da intepretação mais afinada com a tutela da pessoa humana, ante os novos danos em decorrência de práticas de discriminação e do desrespeito ao princípio da autodeterminação informativa e ao livre desenvolvimento da personalidade.

Ressalte-se que, dados pessoais, anonimizados ou não, sensíveis ou não, ao serem usados na gestão urbana, sugerem, por um lado, aspectos positivos: *i*. proteção de certos grupos, ante riscos futuros de desastres ambientais; *ii*. gestão preventiva monitorando a saúde coletiva dos membros de uma comunidade que vivem próximos a um local poluído ou o qual tenha sido contaminado por resíduos tóxicos; *iii*. facilitação no gerenciamento de tráfego. Há uma espécie de fetiche de que tecnologias serviriam para prognosticar cenários para solucionar quaisquer problemas urbanos.

---

    dizembre 1996 nn. 675 e 676 in matéria di tratamento del datti personali e ala normativa comunitária ed Internazionale. Millano, Giuffrè, 1997, p. XIX).

4. Quando abordava e se debateu em aula, a metamorfose da responsabilidade a partir do texto de Geneviève Viney.

5. Disponível em: https://www.responsabilidadecivil.org/. Acesso em: 20.07.2020.

6. Disponível em: https://idip.org.br. Acesso em: 18.09.2020.

7. Sugere-se a leitura: FRAZÃO, Ana. Dados, estatísticas e algoritmos: perspectivas e riscos de sua crescente utilização. *Jota* (28/6/2017). Disponível em: https://www.jota.info/tudo-sobre/tecnologia. Acesso em: 18.09.2020.

Só que, por outro, tecnologias podem expor o cidadão a certos riscos e danos, à medida que as combinações de seus dados sejam usados para categorizar, domesticar e interferir na cotidianidade da vida das pessoas conforme locais públicos frequentados, hábitos de consumo (por exemplo, energia consumida), veículos usados, dentre outros.

Para esse estudo, primeiramente, apontam-se algumas reflexões sobre cidades inteligentes; depois, sob uma perspectiva argumentativo-hermenêutico fixam-se em dois aspectos: *i.* a releitura do direito privado[8] que tem como eixo a Constituição Federal[9], o que permite alinhar dados pessoais como direito autônomo; *ii.* o reconhecimento de danos ante a combinação de dados capazes de gerarem discriminações (art. 6º, IX, DA LGPD).

2. CIDADES INTELIGENTES E SUSTENTÁVEIS E OS DADOS DA PESSOA

Associar cidades inteligentes, apenas sob a perspectiva de tecnologias inteligentes[10], podem sugerir como a melhor forma para serem solucionados problemas urbanos. Só que as tecnologias inteligentes também podem captar dados pessoais, anonimizados ou não, sensíveis ou não, públicos ou não e, combinando-os, criarem perfis e, nessa hipótese, repercutem negativamente, surgindo danos nas mais variadas situações individuais ou coletivas.

Tecnologias assim, podem vasculhar hábitos humanos, os movimentos das pessoas nos centros comerciais, nos bairros, nas praças, nas estações, nos bairros, nas vilas, nas ruas, dentre outros. Por exemplo, em matéria de saúde e de pandemia de COVID-19[11], a possível geolocalização de indivíduos contaminados com o vírus e a lista dos contatos deles no período de incubação, permite prognosticar quem está sujeito à contaminação[12].

Esclareça-se, porém, que uma cidade como inteligente – *smarts cities* – na verdade, significa pensá-la numa perspectiva muito além de soluções tecnológicas urbanas inteligentes. Cidades, atualmente, significa incorporar os Objetivos de Desenvolvimento Sustentável (ODS) da Agenda 2030[13], os valores do Programa das Nações Unidas para os Assentamentos Humanos (ONU-Habitat) e da Organização para a Cooperação e Desenvolvimento Econômico (OCDE), ou seja, cidades devem contemplar aspectos econômicos, qualidade de vida e proteção ao meio ambiente[14].

---

8. Sugere-se SILVEIRA, Michele Costa da. As grandes metáforas da bipolaridade. MARTINS-COSTA, Judith (Org.). *A reconstrução do direito privado*. São Paulo: Ed. RT, 2002, p. 21-53.

9. Renan Lotufo afirma que, como a Constituição Federal passa a disciplinar matérias, até então, exclusivas do direito civil, ocorreu um "choque de perplexidade no início". Isto é, conforme o autor, essa perplexidade, é a necessidade de que ocorra a leitura do direito civil não mais centralizada, apenas, no Código Civil, mas, uma leitura que assimile os preceitos elevados à Carta Maior (LOTUFO, Renan [Coordenador]. *Direito civil constitucional* [Caderno 1]. São Paulo, Max Limonad, 1999, p. 9).

10. "Um elemento comum às diversas concepções de *smart city* é a utilização de TIC na implementação ou aperfeiçoamento de serviços nos municípios. (...)". (DONEDA, Danilo. Um panorama de proteção de dados para as cidades inteligentes. *Jota Info* (4/7/2018). Disponível em: https://www.jota.info/tudo-sobre/tecnologia).

11. "A Organização Mundial da Saúde (OMS) declarou, em 30 de janeiro de 2020, que o surto da doença causada pelo novo Coronavírus (COVID-19) constitui uma Emergência de Saúde Pública de Importância Internacional – o mais alto nível de alerta da Organização, conforme previsto no Regulamento Sanitário Internacional (...) (OMS (18/9/2020). Disponível em: https://www.paho.org/pt/covid19. Acesso em: 18.09.2020).

12. *El País*. Os Big Data do Coronavírus: como a tecnologia, o direito e a China nos ajudam a entender e enfrentar uma pandemia (09.03.2020). Disponível em: https://brasil.elpais.com/opiniao/2020-03-09/os-big-data-do-coronavirus.html. Acesso em: 15.09.2020.

13. AGENDA 2030. [Disponível em: https://nacoesunidas.org/pos2015/agenda2030/. Acesso em: 28.08.2020.

14. NEW URBAN AGENDA (Habitat III). 2017, p. 3. Disponível em: http://habitat3.org/wp-content/uploads/NUA-English.pdf. Acesso em: 07.09.2020.

Esse sentido corresponde com os ensinamentos de Nalini e Silva Neto quando explicam sobre cidades denominadas inteligentes, considerando que elas tem uma gestão ancoradas em tecnologias de informação e comunicação, "cujo objetivo repousa em maneiras de viabilizar a sustentabilidade em todas as suas interfaces"[15]. Nesse sentido, a captação de dados pessoais para gestão urbana deve agregar valores sustentáveis, promoção do bem-estar humano e direitos humanos. São estes, portanto, os limites na captação e na combinação de dados dos cidadãos.

Significa afirmar que os dados pessoais devem, a um só tempo, auxiliar a gestão pública urbana e também a promoção da pessoa humana. Portanto, uma cidade inteligente[16] está associada às tecnologias inteligentes e, concomitantemente, à sustentabilidade, à efetividade dos direitos humanos, à inclusão social, à promoção da diversidade, ao desenvolvimento da personalidade, à defesa do patrimônio histórico-cultural dentre outros aspectos. Corrobora nesse sentido quando o Banco Interamericano de Desenvolvimento estabelece que cidade é inteligente se ela coloca a pessoa humana como fundamento do desenvolvimento e valor principal[17].

Assim, dados sensíveis[18] capturados a partir da cotidianidade da vida dos seus titulares no âmbito de cidades inteligentes, se acaso eles são combinados com outros dados, por meio de inteligência artificial, é preciso que sejam observadas a proteção das liberdades, da finalidade, da razoabilidade e da boa-fé objetiva do Administrador que impõe deveres de conduta de respeito, de consideração, de informação e esclarecimento, de cuidado. Não observados exsurgem os danos indenizáveis.

3. DANOS E RISCOS DECORRENTES DA CAPTURA DE DADOS PESSOAIS E A INTERFACE COM CIDADES INTELIGENTES PARA PROMOÇÃO DO BEM-ESTAR HUMANO

Acerca das fontes normativas sobre dados pessoais, no âmbito internacional, há o art. 8º, na Carta dos Direitos Fundamentais da União Europeia,[19] e o Regulamento Geral de Proteção de Dados, 2016/679, do Parlamento Europeu, publicado aos 04.05.2016[20].

---

15. NALINI, José Renato; SILVA NETO, Wilson Levy Braga da. Cidades inteligentes e sustentáveis: desafios conceituais e regulatórios. CORTESE, Tatiana Tucunduva Philippi; KNIESS, Claudia Terezinha; MACCARI, Emerson Antonio (Org.). *Cidades inteligentes e sustentáveis*. São Paulo, Manole, 2017, pp. 3-18, em especial, p.9.

16. WOETZEL, Jonathan et al. *Smart cities:* digital solutions for a more livable future (5/6/2018). Mckinsey Global Institute. Disponível em: https://www.mckinsey.com/industries/capital-projects-and-infrastructure/our-insights/smart-cities-digital-solutions-for-a-more-livable-future. Acesso em: 14.09.2020).

17. "Uma cidade inteligente é aquela que coloca as pessoas no centro do desenvolvimento, incorpora tecnologias da informação e comunicação na gestão urbana e utiliza esses elementos como ferramentas que estimulam a formação de um governo eficiente, que engloba o planejamento colaborativo e a participação cidadã (...)" (BID – Banco Interamericano de Desenvolvimento (BID), 2016, p. 16. Disponível em: file:///C:/Users/infra/Downloads/Caminho-para-as-smart-cities--Da-gest%C3%A3o-tradicional-para-a-cidade-inteligente.pdf. Acesso em: 13.09.2020).

18. Sobre dados sensíveis consular também: MULHOLLAN, Caitlin Sampaio. Dados pessoais sensíveis e a tutela de direitos fundamentais: uma análise à luz da Lei Geral de Proteção De Dados (Lei 13.709/18). *Revista Direitos e Garantias Fundamentais*, v. 19, n. 3: 159-180 (Set/Dez-2018). Ver também: KONDER, Carlos Nelson. O tratamento de dados sensíveis à luz da L. 13.709/2018. TEPEDINO, Gustavo; FRAZÃO, Ana; OLIVA, Milena Donata (Coord.). *Lei geral de Proteção de Dados pessoais e suas repercussões no direito brasileiro*. 3. tir. São Paulo: Ed. RT, 2019: 445-463.

19. CARTA DOS DIREITOS FUNDAMENTAIS DA UNIÃO EUROPEIA. Jornal Oficial das Comunidades Europeias (18.12.2000). Disponível em: https://ec.europa.eu/info/aid-development-cooperation-fundamental-rights/your-rights-eu/eu-charter-fundamental-rights_en. Acesso em: 11.09.2020.

20. Conforme Danilo Doneda, num primeiro momento, o regime de proteção de dados era a diretiva 95/46/CE; e, depois, vem o Regulamento com aplicabilidade direta, imediata e vinculante para todos os países membros da União Europeia (DONEDA, Danilo. *Da privacidade à proteção de dados pessoais*. São Paulo: Ed. RT, 2019, p. 191).

No Brasil, a proteção de dados pessoais encontrava-se, até então, disperso em várias leis, conforme as especificidades de cada uma delas. A Lei do Habeas data (L. 9.507/1997-HD) tem o intuito de ser um instrumento jurídico para se assegurar o acesso e a retificação de informações pessoais junto às entidades governamentais[21]. O Código Civil, aborda sobre direitos de personalidade. Há também, O Código de Defesa do Consumidor (art. 43, da L. 8.078-CDC), Lei de Acesso à Informação (L. 12.527/2011-LAI), Lei do Cadastro Positivo (art. 3º, § 3º, II, da L. 12.414/2011-LCP), lei para coleta de material genético (L. 12.654/2012), Lei *Carolina Dickman* (L. 12.737/2012-LCD), o Marco Civil da Internet (art. 3º, II e III; art. 7º, VII e VIII, (a), IX e XI; art. 8º; 10, § 1º; 11 e 16, II, 86, da L. 12.965/2014 – MCI). Porém, é a Lei 13.709/2018 (LGPD) que passa a disciplinar de forma detalhada a proteção de dados e aponta seus vários fundamentos. Mas, não revogou as demais leis.

O problema maior ocorre quando os dados estão articulados, combinados, e acabam produzindo verdadeiros cardápios de perfis de grupos de pessoas. Assim, não existe dado insignificante, não há somente dados que estejam na esfera da privacidade; os dados, hoje, exteriorizam, revelam, a dimensão existencial do indivíduo. Nesse sentido, é preciso considerar a interpretação do uso dos dados sensíveis sob a perspectiva do livre desenvolvimento da personalidade, princípios constitucionais, direitos fundamentais.

Conforme Luis Roberto Barroso, o Estado Constitucional significa a passagem da Constituição para o centro do sistema jurídico"[22] ou seja, ela deve desfrutar "não apenas de uma supremacia formal que sempre teve, mas também de uma supremacia material axiológica"[23]. Renan Lofuto[24] também reconhece a importância da Constituição Federal para o estudo do direito civil, já que ela passa a ser o foco da informação, mas o autor pontua a relevância do Código Civil e sua função de intermediar a interconexão entre a Carta Maior e os microssistemas. Captando essas considerações doutrinárias, é possível analisar os dados sensíveis e porque eles devem ser protegidos no contexto das cidades,

Dados sensíveis já constavam da Lei de Cadastro Positivo (L. 12.414/2011-LCP), conforme art. 3º, § 3º, II, ao conceituá-los como informações sensíveis, aquelas pertinentes a origem social e à etnia, à saúde, à informação genética, à orientação sexual e às convicções políticas, religiosas e filosóficas.

Na Lei de Proteção de Dados, aponta conceito análogo, ao delimitar como sensíveis aqueles que informam origem racial ou étnica, convicção religiosa, opinião política, filiação à sindicato ou a organização de caráter religioso, filosófico ou político, dado referente à saúde ou à vida sexual, dado genético ou biométrico, quando vinculado a uma pessoa natural (art. 5º, II, da LGPD). Porém, o problema não são os dados em si mesmo, apenas. Esse aspecto já gera um dano se eles são captados indevidamente e transmitidos; o problema,

---

21. Conforme Wald e Fonseca, a lei foi introduzida no direito brasileiro, com a Constituição Federal (art. 5º, LXXII, da CF/88), para as pessoas terem acesso às informações que constam sobre elas. Assim, é o caso quando envolve, por exemplo, para fins de terceiro como é o serviço de proteção ao crédito. (WALD, Arnold; FONSECA, Rodrigo Garcia da. O habeas data na Lei 9.507. WAMBIER, Teresa Arruda Alvim (Coord.). *Habeas data*. São Paulo: Ed. RT,1998, p. 13-32.

22. BARROSO, Luis Roberto. *Curso de direito constitucional:* os conceitos fundamentais e a construção do novo modelo. 9. ed. São Paulo, Saraiva, 2020, p.99.

23. BARROSO, Luis Roberto. *Curso de direito constitucional*. Op. cit. p. 99.

24. LOTUFO, Renan. Da oportunidade da Codificação Civil e a Constituição. In: SARLET, Ingo Wolfgang (Org.). *O novo código civil e a Constituição*. Porto Alegre: Livraria do Advogado, 2003, 11-30.

porém, agrava-se quando há a combinação desses dados a outros e, assim, estigmatizam e constroem perfis de pessoas ou grupos, visando os mais variados fins.

É nesse contexto que se originam novos danos. Primeiramente, vale destacar que dados pessoais são elevados à caracterização como direito autônomo, reconhecido e protegido pelo direito. Ademais, hoje, os dados pessoais, ante a sociedade mais tecnológica, deixam rastros da dimensão existencial da pessoa à medida que ela se manifesta, isto é, os dados dão pistas de como ela vive; depois, após serem captados, os gestores acabam combinando-os por meio algoritmos, para, ao final, serem usados em detrimento do próprio titular dos dados originários, por exemplo, direcionar informações, fiscalizá-los etc. Por isso, é importante analisar a proteção de dados pessoais num contexto de riscos e perigos conforme eles sejam coletados, combinados para fins privados ou públicos.

Com a quantidade de dados pessoais capturados a partir das mais variadas fontes, a inteligência artificial, por meio da gestão algorítmica, passa a construir variados perfis, isto é, representações virtuais de indivíduos ou de grupos sociais, como forma de que se acentue, cada vez mais, a tentativa de se ordenar a vida nas cidades.

No consumo, os dados pessoais e a combinação entre eles podem personalizar identidades de consumidores. No âmbito da administração pública municipal, a combinação por meio de algoritmos pode codificar, classificar comportamentos humanos, fixar, moldar certos padrões de indivíduos conforme categorizações diversas, ou, até, monitorar alguns serviços públicos[25] e espaços públicos. Mais grave é que pode ocorrera combinação de dados, a partir do que se coleta e passar a "percebe o possível no presente"[26] e construir, conforme palavras do autor, "memória do futuro"[27].

Isto é, num primeiro momento, desconsidera-se a subjetividade a partir da *datamining*, de maneira que por meio de dados sensíveis articulados com outros, e valendo-se do *machine learning*, selecionam-se características comuns de grupos, constroem-se perfis, por meio de uma governança algorítmica[28].

Ou seja, as interações cotidianas, aos poucos, são cada vez menos, centradas na liberdade de escolha e no sujeito real, mas, ao perfil que o cidadão está alinhado; passa-se a prognosticar condutas futuras com base em probabilidades de previsão de intenções. Há classificações e perfis[29], criando uma espécie de banco de dados futuro[30], um "urbanismo

---

25. BARROS, Marina; VENTURINI, Jamila. Os desafios do avanço das iniciativas de cidades inteligentes nos municípios brasileiros. REIA, Jhessica et al. (Org.). *Horizonte presente*: tecnologia e sociedade em debate. Belo Horizonte, Casa do Direito [FGV – Fundação Getúlio Vargas], 2019, p, 33-45, em especial, p. 34).

26. ROUVROY, Antoinette; BERNS, Thomas. Governamentalidade algorítmica e perspectivas de emancipação: o díspar como condição de individuação pela relação. [Tradução: Pedro Henrique Andrade]. BRUNO, Fernanda; CARDOSO, Bruno et al (Org.). *Tecnopolíticas da vigilância*: perspectivas da margem. São Paulo, Boitempo, 2018, 107-139, em especial, p. 126.

27. ROUVROY, Antoinette; BERNS, Thomas. Governamentalidade algorítmica e perspectivas de emancipação: o díspar como condição de individuação pela relação. Op. cit. p. 126.

28. O caráter opaco da nova governança algorítmica pode ser visto em sistemas de monitoramento do corpo, em rastreamento de objetos e pessoas, na gestão do espaço urbano dirigido pelos dados (...)" (LEMOS, André. Visibilidade e contrato social em cidades inteligentes: análise preliminar de Glasgow, Curitiba e Bristol. João Paulo Mehl, João Paulo; SILVA, Sivaldo Pereira da (Org.). *Cultura digital, internet e apropriações políticas*: experiências, desafios e horizontes Rio de Janeiro: Folio Digital: Letra e Imagem, 2017, pp. 13-28, em especial, p. 14) [Creative Commons].

29. ROUVROY, Antoinette; BERNS, Thomas. Governamentalidade algorítmica e perspectivas de emancipação: o díspar como condição de individuação pela relação. Op. cit. p. 121.

30. "O governo algorítmico não apenas percebe o possível no presente produzindo uma realidade aumentada, uma atualidade dotada de uma memória do futuro, mas também dá consistência ao sonho de um acaso sistematizado: nosso real teria se tornado o possível, nossas normas querem antecipar, corretamente e de maneira imanente o possível" (ROUVROY,

inteligente"[31] e, talvez, uma modelo de controle social da vida urbana no estilo Minory Report[32]. Mas tal situação não corresponde com a promoção e tutela da pessoa humana e acaba produzindo danos quando há grupos ou pessoas não alinhadas aos perfis preestabelecidos, o que os tornam discriminados. Obviamente, esses aspectos não condizem com uma cidade inteligente, enquanto espaços inteligentes, porque ela deve ser inclusiva e fundada nos direitos humanos e na sustentabilidade.

4. CONCLUSÃO

Partimos de algumas considerações sobre cidades inteligentes, ainda que breves, de que elas incorporam não só tecnologias, mas, a promoção do bem-estar humano. Cidades, enquanto inteligentes, vão além de ambientes vivos e urbanos focados apenas em Tecnologias de informação e Comunicação. Cidade inteligente demanda uma gestão tecnológica para promoção da pessoa humana e dos valores ecológicos e sociais, todos interconexos aos direitos humanos e ao livre desenvolvimento da personalidade.

Dados, embora, aparentemente insignificantes, dizem muito sobre o cidadão. Localização geográfica, hábitos de consumo, preferencias, geolocalização que permita identificar a rotina de ida de certos grupos a certos cultos religiosos, a identificação por imagem em certos movimentos sociais, nacionalidade, trajetos urbanos realizados continuada e repetidamente, quantidade de buscas realizadas na *internet* sobre determinado partido político ou personalidade[33], entre outros. Esses exemplos de dados que envolvem situações existenciais, se captados indevidamente e sem critérios, podem gerar danos. Os danos também ocorrem porque, quando os dados são combinados, eles podem induzir e comprometer, não só a vida privada, mas o próprio desenvolvimento da personalidade; por exemplo, ante a combinação de dados por meio de algoritmos, pode suscitar necessidades, induzir desejos, antecipar o que a sociedade de fato requer, desconsiderando a necessidade real dela, ou seja, desvirtua o interesse coletivo efetivamente pretendido pela comunidade, pelos munícipes.

Em suma, o que se coloca é o risco de novos danos, se os dados pessoais, combinados, servirem para monitorar, controlar e, até, delinear e padronizar os comportamentos considerados "normais", ou seja, construir espécies de padrões aceitáveis de condutas esperadas no contexto urbano. Enfim, o que se contribui aqui é apontar algumas reflexões acerca sobre a necessidade de se ampliar o ângulo de análise do intérprete da LGPD e também a compreensão do que é uma cidade inteligente, porque dados dos indivíduos devem estar alinhavados com os valores da promoção da pessoa humana, com o desenvolvimento da personalidade e com a sustentabilidade.

Antoinette; BERNS, Thomas. *Governamentalidade algorítmica e perspectivas de emancipação*: o díspar como condição de individuação pela relação. Op. cit. p. 126.

31. FIRMINO, Rodrigo José. Securitização, vigilância e territorialização em espaços públicos na cidade neoliberal. BRUNO, Fernanda; CARDOSO, Bruno et al (Org.). *Tecnopolíticas da vigilância*: perspectivas da margem. São Paulo, Boitempo, 2018, p. 69-89, em especial, p. 77.

32. *Minority Report – A Nova Lei (Minority Report)*. Em 2054 se permite que crimes sejam previstos com precisão, a ponto de a taxa de assassinatos ter sido reduzida à zero. Filme dirigido por Steven Spielberg e distribuído pela Fox Film no Brasil (Disponível em: http://www.adorocinema.com/filmes/filme-34917/. Acesso em: 14.09.2020).

33. Por exemplo o "Superior Tribunal de Justiça (STJ) mandou o Google fornecer a lista de usuários que pesquisaram combinações de palavras relacionadas à vereadora Marielle Franco(...)" [*Valor Econômico* (Luísa Martins e Isadora Peron) STJ manda Google fornecer lista de usuários que pesquisaram sobre Marielle (26.08.2020). Disponível em: https://valor.globo.com/politica/noticia/2020/08/26/stj-manda-google-fornecer-lista-de-usuarios-que-pesquisaram-sobre-marielle.ghtml. Acesso em: 20.09.2020.

5. REFERÊNCIAS

AGENDA 2030. Disponível em: https://nacoesunidas.org/pos2015/agenda2030/. Acesso em: 28.08.2020.

ALVES, Rubem. *Mansamente pastam as ovelhas*. 4. ed. Campinas, São Paulo, 2002.

BARROS, Marina; VENTURINI, Jamila. Os desafios do avanço das iniciativas de cidades inteligentes nos municípios brasileiros. REIA, Jhessica et al. (Org.). *Horizonte presente*: tecnologia e sociedade em debate. Belo Horizonte, Casa do Direito [FGV – Fundação Getúlio Vargas], 2019.

BARROSO, Luis Roberto. *Curso de direito constitucional*: os conceitos fundamentais e a construção do novo modelo. 9. ed. São Paulo, Saraiva, 2020.

BID – Banco Interamericano de Desenvolvimento (BID), 2016, p. 16. Disponível em: file:///C:/Users/infra/Downloads/Caminho-para-as-smart-cities-Da-gest%C3%A3o-tradicional-para-a-cidade-inteligente.pdf. Acesso em: 13.09.2020).

BUTTARELLI, Giovanni. *Banche dati e tutela dela reservatezza*: la privacy nella società dell'Informazione. Commentario analiticio alle legi 31 dizembre 1996 nn. 675 e 676 in matéria di tratamento del dlatti personali e ala normativa comunitária ed Internazionale. Millano: Giuffrè, 1997.

BRUNO, Fernanda; CARDOSO, Bruno et al (Org.). *Tecnopolíticas da vigilância*: perspectivas da margem. São Paulo: Boitempo, 2018.

CARTA DOS DIREITOS FUNDAMENTAIS DA UNIÃO EUROPEIA. *Jornal Oficial das Comunidades Europeias* (18.12.2000). Disponível em: https://ec.europa.eu/info/aid-development-cooperation-fundamental-rights/your-rights-eu/eu-charter-fundamental-rights_en Acesso em: 11.09.2020.

DONEDA, Danilo. *Da privacidade à proteção de dados pessoais*. São Paulo: Ed. RT, 2019.

DONEDA, Danilo. *Um panorama de proteção de dados para as cidades inteligentes Jota Info* (04.07.2018). Disponível em: https://www.jota.info/tudo-sobre/tecnologia.

El País. Os Big Data do Coronavírus: como a tecnologia, o direito e a China nos ajudam a entender e enfrentar uma pandemia (09.03.2020). Disponível em: https://brasil.elpais.com/opiniao/2020-03-09/os-big-data-do-coronavirus.html. Acesso em: 15.09.2020.

FRAZÃO, Ana. Dados, estatísticas e algoritmos: perspectivas e riscos de sua crescente utilização. *Jota* (28.06.2017). Disponível em: https://www.jota.info/tudo-sobre/tecnologia. Acesso em: 18.09.2020.

KONDER, Carlos Nelson. O tratamento de dados sensíveis à luz da L. 13.709/2018. TEPEDINO, Gustavo; FRAZÃO, Ana; OLIVA, Milena Donata (Coord.). *Lei geral de Proteção de Dados pessoais e suas repercussões no direito brasileiro*. 3. tir. São Paulo: Ed. RT, 2019.

LEMOS, André. Visibilidade e contrato social em cidades inteligentes: análise preliminar de Glasgow, Curitiba e Bristol. João Paulo Mehl, João Paulo; SILVA, Sivaldo Pereira da (Org.). *Cultura digital, internet e apropriações políticas*: experiências, desafios e horizontes Rio de Janeiro: Folio Digital: Letra e Imagem, 2017.

LOTUFO, Renan. Da oportunidade da Codificação Civil e a Constituição. *In O novo código civil e a Constituição. Ingo Wolfgang Sarlet* (Org.). Porto Alegre: Livraria do Advogado, 2003.

LOTUFO, Renan (Coord.). *Direito civil constitucional* [Caderno 1]. São Paulo, Max Limonad, 1999.

MULHOLLAN, Caitlin Sampaio. Dados pessoais sensíveis e a tutela de direitos fundamentais: uma análise à luz da Lei Geral de Proteção De Dados (LEI 13.709/18). *Revista Direitos e Garantias Fundamentais*, v. 19 (Set/Dez-2018).

NALINI, José Renato; SILVA NETO, Wilson Levy Braga da. Cidades inteligentes e sustentáveis: desafios conceituais e regulatórios. CORTESE, Tatiana Tucunduva Philippi; KNIESS, Claudia Terezinha; MACCARI, Emerson Antonio (Org.). *Cidades inteligentes e sustentáveis*. São Paulo: Manole, 2017.

NEW URBAN AGENDA (Habitat III). 2017, p. 3. Disponível em: http://habitat3.org/wp-content/uploads/NUA-English.pdf. Acesso em: 07.09.2020.

OMS (18/9/2020). Disponível em: https://www.paho.org/pt/covid19. Acesso em: 18.09.2020).

SILVEIRA, Michele Costa da. As grandes metáforas da bipolaridade. MARTINS-COSTA, Judith (Org.). *A reconstrução do direito privado*. São Paulo: Ed. RT, 2002.

WALD, Arnold; FONSECA, Rodrigo Garcia da. O habeas data na L. 9.507. WAMBIER, Teresa Arruda Alvim (Coord.). *Habeas data*. São Paulo: Ed. RT, 1998.

WOETZEL, Jonathan et al. *Smart cities:* digital solutions for a more livable future (05.06.2018). Mckinsey Global Institute. Disponível em: https://www.mckinsey.com/industries/capital-projects-and-infrastructure/our-insights/smart-cities-digital-solutions-for-a-more-livable-future. Acesso em: 14.09.2020.

NOTAS SOBRE A RESPONSABILIDADE CIVIL NO DIREITO DE VIZINHANÇA

Sílvio de Salvo Venosa

Foi juiz no Estado de São Paulo por 25 anos. Aposentou-se como membro do extinto Primeiro Tribunal de Alçada Civil, passando a integrar o corpo de profissionais de grande escritório jurídico brasileiro. Atualmente, é sócio-consultor desse escritório. Atua como árbitro em entidades nacionais e estrangeiras. Redige pareceres em todos os campos do direito privado. Foi professor em várias faculdades de Direito no Estado de São Paulo. É professor convidado e palestrante em instituições docentes e profissionais em todo o país. Membro da Academia Paulista de Magistrados. Autor de diversas obras jurídicas.

Roberta Densa

Doutora em Direitos Difusos e Coletivos pela Pontifícia Universidade Católica de São Paulo (PUC/SP), mestre em Direito Político e Econômico pela Universidade Presbiteriana Mackenzie (2005), especialista em Direito das Obrigações, Contratos e Responsabilidade Civil pela Escola Superior de Advocacia, graduada em Direito pela Universidade Presbiteriana Mackenzie (1997). Professora de Direito Civil e Direitos Difusos e Coletivos. Editora Jurídica na Editora Foco. Professora da Faculdade de Direito de São Bernardo do Campo. Autora da obra "Proteção jurídica da criança consumidora" publicada pela Editora Foco e do livro "Direito do Consumidor" publicado pela Editora Atlas (9ª edição). Membro da Comissão dos Direitos do Consumidor da OAB/SP.

Sumário: 1. Direitos de vizinhança. 2. Responsabilidade civil entre vizinhos. 3. Da responsabilidade civil objetiva e subjetiva no direito de vizinhança. 4. Breve síntese conclusiva. 5. Referências.

Muito nos honra participar de obra em homenagem ao Prof. Renan Lotufo, grande civilista, sempre disposto a ensinar, pessoa amável, de alma gentil e solícita. Nossos efusivos agradecimentos aos coordenadores pelo convite e oportunidade de participar dessa homenagem.

Para tanto, escolhemos o tema de direito de vizinhança e responsabilidade civil e partimos da conceituação de vizinhança para, a partir daí, delinear a responsabilidade civil entre os vizinhos. Posteriormente, após breve estudo sobre a análise da teoria dos riscos envolvidos na disciplina e as hipóteses em que a responsabilidade civil entre vizinhos pode ser considerada objetiva.

1. DIREITOS DE VIZINHANÇA

Os denominados direitos de vizinhança são direitos de convivência decorrentes da proximidade ou interferência entre prédios, não necessariamente da contiguidade. As regras de vizinhança têm por objetivo harmonizar a vida em sociedade e o bem-estar, sem deixar à margem as finalidades do direito de propriedade[1].

---

1. O art. 1.277 do Código Civil, introdutório ao direito de vizinhança estabelece: "O proprietário ou o possuidor de um prédio tem o direito de fazer cessar as interferências prejudiciais à segurança, ao sossego e à saúde dos que o habitam, provocadas pela utilização da propriedade vizinha". Parágrafo único. "Proíbem-se as interferências considerando a natureza da utilização, a localização do prédio, atendidas as normas que distribuem as edificações em zonas, e os limites ordinários de tolerância dos moradores da vizinhança".

O que sempre se examina em sede de vizinhança é o uso normal ou anormal de um prédio em relação à sua vizinhança. A anormalidade, no caso concreto, deve ser coibida da forma mais eficiente pelos meios processuais. Analisa-se sempre a responsabilidade do proprietário ou de quem lhe faz as vezes, possuidor ou mesmo detentor. Como regra geral, avalia-se a culpa, não se aplicando a responsabilidade objetiva, salvo exceções e quando se está na presença de danos ambientais, cujo campo de aplicação se afasta do contexto da vizinhança.

Coibe-se, por exemplo, quem emite sons acima do razoável para determinada vizinhança; ou quem permite emanação de fumaça e odores indesejáveis na área da vizinhança sem tomar as medidas necessárias para que isso não ocorra. Analisa-se, portanto, o grau de culpa no caso concreto. Cuida-se da responsabilidade subjetiva, que decorre da proximidade de prédios. Há um *plus* nessa responsabilidade que refoge à simples contiguidade ou vizinhança de prédios.

O Direito de Vizinhança tratado nos arts. 1.277 a 1.381 do Código Civil regulamentada o uso anormal da propriedade (arts. 1.277 a 1.281); as árvores limítrofes (arts. 1.282 a 1.284); a passagem forçada (art. 1.285); a passagem de cabos e tubulações (arts. 1.286 a 1.287); as águas (arts. 1.288 a 1.296); os limites entre prédios e o direito de tapagem (arts. 1.297 e 1.298) e o direito de construir (art. 1.299 a 1.313).

Observa-se, portanto, que são três as formas em que o Direito de Vizinhança pode se apresentar[2]. A primeira delas como uma forma de restrição ao uso da propriedade quanto à intensidade do seu exercício, regulamentando o seu uso anormal. A segunda diz respeito às limitações legais ao domínio, dispondo sobre as árvores limítrofes, passagem forçada, passagem de cabos e tubulações e águas. Por fim, temos as restrições de contiguidade entre imóveis, versando sobre os limites entre prédios, direito de tapagem e direito de construir.

San Tiago Dantas[3], em sua clássica obra sobre Direito de Vizinhança, explica que, para que haja "conflito de vizinhança", é sempre necessário

> "que um ato praticado pelo possuidor de um prédio, ou o estado de coisas por êle mantido, vá exercer os seus efeitos sobre o imóvel vizinho, causando prejuízo ao próprio imóvel ou incómodos ao seu morador. Essa "interferência", essa repercussão *in alieno*, é o elemento fundamental do conflito. O rumor que se propaga, a fumaça que se espalha no ar, a umidade que se infiltra no solo, tudo que atinge um prédio em consequência de um fato, ocorrido em outro, constitui "interferência" e pode motivar a reclamação do proprietário incomodado, dando nascimento, assim, ao conflito. Não basta, porém, que se verifique "interferência" num prédio, para a colisão de interesses daí resultante ser chamada "conflito de vizinhança". Esta última expressão tem compreensão mais limitada, abrange espécies mais precisas e menos numerosas, e é essencial lhe fixemos a amplitude, antes de avançar no estudo dos problemas que temos de considerar".

Os denominados direitos de vizinhança são direitos de convivência decorrentes da proximidade ou interferência entre prédios, não exclusivamente da contiguidade. As regras de vizinhança têm por objetivo harmonizar a vida em sociedade e o bem-estar, sem deixar à margem as finalidades do direito de propriedade, embora possam restringir seu âmbito de gozo, que nunca foi absoluto.

Para que sejam aplicados os dispositivos do Código Civil, há que se estar diante de um "vizinho" ou seja, de uma "propriedade vizinha". O dicionário da língua portuguesa

---

2. DINIZ, Maria Helena. *Curso de Direito civil brasileiro: direito das coisas*. 24. ed. São Paulo: Saraiva, 2009. p. 276.
3. DANTAS, San Tiago. *O conflito de vizinhança e sua composição*. 2. ed. Rio de Janeiro: Forense, 1972. p. 20.

define *vizinho* como sendo "*1 – cada um dos habitantes de uma povoação. 2 – Morador; aquele que habita perto de nós. 3 – Casa habitada. 4 – Próximo, que está perto. 5 – Contíguo; limítrofe. 6 – Confinante; análogo; semelhante; não afastado (parente)*". Já a palavra *vizinhança* pode ser definida como "*1 – Qualidade do que é vizinho. 2 – Pessoas de famílias vizinhas. 3 – Arrabaldes, cercanias; proximidade. 4 – Afinidade, analogia*".

Evidentemente que o sentido da palavra vizinho ou vizinhança acima definidos não reflete o sentido jurídico da expressão. A divisão temática do Código Civil insere o "Direito de Propriedade" no seu título III e o capítulo V desse mesmo título é denominado "Dos Direitos de Vizinhança". Sendo assim, deve ser compreendida a regulação dos *direitos de vizinhança* entre *diferentes propriedades*. Recorrendo-se novamente às palavras de San Tiago Dantas: "(...) essa interferência, essa repercussão *in alieno*, é o elemento fundamental do conflito"[4].

Não é o bastante, portanto, o imóvel estar próximo ou ser confinante. O sentido jurídico da expressão exige que tratemos de propriedades distintas, jamais podendo ser aplicadas as regras sobre Direitos de Vizinhança em situações em que não se apresentem diferentes propriedades.

Além disso, o Direito de Vizinhança é marcado por uma relação jurídica fática. Explica-se: não há uma relação jurídica especial que liga os proprietários vizinhos, a relação é, portanto, *propter rem*, vinculando o proprietário ou o possuidor do imóvel perante seus vizinhos. Trata-se, destarte, de situação jurídica inafástavel de direito das coisas, em especial com enfoque na propriedade.

Nesse passo, nos valemos mais uma vez da lição de San Tiago Dantas:

"Em primeiro lugar, devem ser excluídos, dentre os "conflitos de vizinhança", os numerosos casos em que as partes dissidentes estão ligadas por um vínculo jurídico especial, segundo o qual terá de ser decidida a questão. O dissídio surgido entre locador e locatário, vizinhos um do outro, tomba geralmente sob o império das normas que regulam a sua situação contratual. Igualmente, se os proprietários de apartamentos vizinhos, em prédio cuja propriedade foi dividida horizontalmente, entram em conflito a propósito da utilização das dependências comuns, são as regras da comunhão estabelecida entre eles que são chamadas a vigorar. Em todos esses casos, há colisão de direitos, mas não há "conflito de vizinhança". Para BONFANTE, este é conflito de fato, pois ocorre somente entre prédios cujos proprietários não estão ligados, no tocante à matéria do conflito, por nenhuma especial relação jurídica"[5].

Tanto assim que o Código Civil trouxe, por exemplo, regramento específico para o condomínio edilício nos artigos 1.331 até 1.356 inserindo regras sobre uso da propriedade e proteção dos condôminos. A relação entre condôminos das unidades autônomas consiste em relação de vizinhança específica; um universo vicinal a ser examinado nos casos concretos. É oportuno que se recorde que essa diferenciação é essencial quando se trata de responsabilidade civil conforme veremos adiante.

Evidentemente dois ou mais condomínios edilícios podem estar erigidos um ao lado do outro perfazendo, portanto, uma relação de "vizinhança", aplicando, para essa hipótese, as regras sobre os "Direitos de Vizinhança". Mais ainda, os princípios gerais de direito de vizinhança se aplicam entre os titulares e ocupantes das unidades autônomas, como postulados gerais de convivência, mormente quando se analisam os aspectos do chamado condômino antissocial.

---

4. DANTAS, San Tiago. *O conflito de vizinhança e sua composição*. 2. ed. Rio de Janeiro: Forense, 1972. p. 20.
5. DANTAS, San Tiago. *O conflito de vizinhança e sua composição*. 2. ed. Rio de Janeiro: Forense, 1972. p. 21.

Destarte, para que haja a aplicação das regras sobre "Direitos de Vizinhança" delineadas nos. 1.277 a 1.381 é essencial que haja *distintas propriedades*, que não sejam necessariamente limítrofes, e que reflitam situação jurídica de direito das coisas.

Com efeito, o primeiro artigo inserido no capítulo dos Direitos de Vizinhança, art. 1.277, faz expressa referência a duas propriedades: *"O proprietário ou o possuidor de um prédio tem o direito de fazer cessar as interferências prejudiciais à segurança, ao sossego e à saúde dos que o habitam, provocadas pela utilização de propriedade vizinha"* (grifou-se).

2. RESPONSABILIDADE CIVIL ENTRE VIZINHOS

O conflito de vizinhança deve ser solucionado pelos dispositivos aqui referidos quando um dos proprietários ou possuidores de prédios vizinhos exerce atividade sobre o seu próprio imóvel a qual repercute em outra propriedade. Nesse diapasão, Sílvio Rodrigues destaca que três espécies de ato são capazes de provocar conflito de vizinhança: os ilegais, os abusivos e o lesivos[6].

Os atos *ilegais* ocorrem quando um vizinho prejudica o outro praticando um ato ilícito, respondendo pelos danos causados nos termos dos art. 186 e, se o caso, do art. 927, ambos do Código Civil. Os exemplos de atos ilegais multiplicam-se à exaustão. O *abuso de direito* pode ocorrer nas relações de vizinhança quando um proprietário, mesmo no exercício do seu direito, se dele usar abusivamente. Nesse caso, a doutrina reconhece como abusivo o comportamento do titular de um direito que o exerce apenas para causar dano a outrem ou quando o dano é causado em virtude de o titular exercer seu direito de maneira anormal, vale dizer, em desacordo com a sua finalidade social[7].

Já os atos *lesivos* dizem respeito ao uso da propriedade de forma irregular, desrespeitando a legislação vigente, em especial as regras estabelecidas pelo Código Civil e do Estatuto das Cidades, ou restrições advindas de licenças ambientais conforme o Estudo de Impacto de Vizinhança para obras de maior potencial ofensivo.

Na preciosa lição do sempre lembrado San Tiago Dantas[8], o conceito de mau uso da propriedade deve estar atrelado ao fato de que os vizinhos, ao exercerem a propriedade, causem "imissões" ou, seja, perturbações em relação aos outros proprietários:

---

6. RODRIGUES, Sílvio. *Direito civil: direito das coisas*. 28. ed. São Paulo: Saraiva, 2007. p. 125.
7. Direito civil. Servidões legais e convencionais. Distinção. Abuso de direito. Configuração. Há de se distinguir as servidões prediais legais das convencionais. As primeiras correspondem aos direitos de vizinhança, tendo como fonte direta a própria lei, incidindo independentemente da vontade das partes. Nascem em função da localização dos prédios, para possibilitar a exploração integral do imóvel dominante ou evitar o surgimento de conflitos entre os respectivos proprietários. As servidões convencionais, por sua vez, não estão previstas em lei, decorrendo do consentimento das partes. Na espécie, é incontroverso que, após o surgimento de conflito sobre a construção de muro lindeiro, as partes celebraram acordo, homologado judicialmente, por meio do qual foram fixadas condições a serem respeitadas pelos recorridos para preservação da vista da paisagem a partir do terreno dos recorrentes. Não obstante inexista informação nos autos acerca do registro da transação na matrícula do imóvel, essa composição equipara-se a uma servidão convencional, representando, no mínimo, obrigação a ser respeitada pelos signatários do acordo e seus herdeiros. Nosso ordenamento coíbe o abuso de direito, ou seja, o desvio no exercício do direito, de modo a causar dano a outrem, nos termos do art. 187 do CC/02. Assim, considerando a obrigação assumida, de preservação da vista da paisagem a partir do terreno dos recorrentes, verifica-se que os recorridos exerceram de forma abusiva o seu direito ao plantio de árvores, descumprindo, ainda que indiretamente, o acordo firmado, na medida em que, por via transversa, sujeitaram os recorrentes aos mesmos transtornos causados pelo antigo muro de alvenaria, o qual foi substituído por verdadeiro muro verde, que, como antes, impede a vista panorâmica. (STJ, REsp 935.474/RJ, 3ª Turma, Rel. Min. Ari Pargendler, DJ 19.08.2008).
8. DANTAS, San Tiago. *O conflito de vizinhança e sua composição*. 2. ed. Rio de Janeiro: Forense, 1972. p. 64.

> "Podemos analisá-lo assim: é certo que, entre dois prédios vizinhos, um deve suportar certas imissões e repercussões que do outro lhe advém; é também certo que outras imissões e repercussões não precisam ser suportadas, e quem as sofre está em condições de repeli-las. Qual o critério pelo qual se diferencia o que é tolerável do que é intolerável? Não poderíamos responder que tolerável é o que decorre do "bom uso" e intolerável o que decorre do "mau", porque com isso apenas autorizaríamos a indagação do que entendemos designar com tais palavras. Temos, portanto de investigar o critério de tolerabilidade; ele nos fornecerá o meio de distinguir o mau uso do bom, e fixará por conseguinte o limite do direito de propriedade".

Assim, na esteira do pensamento do insigne mestre, devem ser definidos os critérios de tolerabilidade e os limites ao uso da propriedade, avaliando o grau de interferência, de padrão de razoabilidade. Atualmente, o Direito Ambiental traz importantes contribuições para a definição dos limites de tolerabilidade visando a sadia qualidade de vida em meio ambiente urbano e rural. Mas do que os princípios da lei, o julgador deve examinar os conflitos de vizinhança sob a égide da equidade, bons costumes, boa-fé e função social da propriedade. A decisão não pode escapar desses quadrantes.

A responsabilidade civil no direito de vizinhança decorrentes de atos *ilícitos*, ou seja, pela prática de ato ilícito, está fundamentada no art. 186 e, excepcionalmente se for o caso, no art. 927, ambos do Código Civil. Donde resulta dizer que se trata de responsabilidade subjetiva como regra e, por exceção objetiva, quando do exercício de atividade de riscos, nos termos do parágrafo único do referido art. 927, em razão da adoção da teoria do risco criado conforme já expusemos.

Já os atos *lesivos* dizem respeito ao uso da propriedade de forma irregular, desrespeitando a legislação vigente, devendo seguir a regra da responsabilidade civil objetiva, por assim estar definida no art. 1.299 e seguintes do Código Civil (em especial do art. 1.311).

Ademais, o conflito das limitações dos Direitos de Vizinhança está a meio do caminho entre as obrigações e o direito real. A obrigação *propter rem* liga-se umbilicalmente ao direito de propriedade sendo marcada por uma relação jurídica fática, vinculando o proprietário ou o possuidor do imóvel perante seus vizinhos.

Com efeito, o art. 1.277 do Código Civil autoriza tão somente o proprietário ou possuidor do prédio a fazer cessar as interferências prejudiciais causadas por outro vizinho, *in verbis*: "O proprietário ou o possuidor de um prédio tem o direito de fazer cessar as interferências prejudiciais à segurança, ao sossego e à saúde dos que o habitam, provocadas pela utilização de propriedade vizinha".

3. DA RESPONSABILIDADE CIVIL OBJETIVA E SUBJETIVA NO DIREITO DE VIZINHANÇA

A responsabilidade civil no direito de vizinhança segue a regra geral da responsabilidade civil subjetiva, devendo ser comprovado os elementos (culpa, nexo causal e dano) para que emerja a obrigação de indenizar. No entanto, há possiblidade de se configurar a responsabilidade civil objetiva do vizinho causador do ano, seja em razão do *uso lesivo* da propriedade, na forma do art. 1.299 e seguintes do Código Civil ou pelo uso da propriedade, na forma do art. 927, parágrafo único, do mesmo diploma legal.

De fato, há tempos a doutrina demonstra tendência de dispensar a prova da culpa como requisito para o dever de indenizar. A ideia fundamental é possibilitar a indenização do maior número possível de danos. Surge, então, a noção de culpa presumida, que se aproxima da responsabilidade objetiva, sob o prisma do dever genérico de não prejudicar.

Esse fundamento fez surgir a teoria da responsabilidade objetiva, prevista expressamente em diversos dispositivos legais[9].

A criação da responsabilidade civil objetiva nasce da insuficiência da fundamentação da teoria da culpabilidade o que levou à criação de algumas teorias relacionadas ao risco e o dever de indenizar em razão da atividade de risco. São elas: risco integral, risco proveito, risco excepcional e risco criado[10]. Vamos nos ater a apenas três espécies que nos interessa para o presente texto.

Pela teoria do *risco integral*, a configuração da responsabilidade civil não exige a existência ou a comprovação da culpa e do nexo de causalidade, bastando a existência dos danos para que esteja presente o dever de indenizar. Sendo assim, até mesmo nas hipóteses de caso fortuito e força maior o dever de indenizar estaria presente. No Brasil, um exemplo de aplicação da teoria do risco integral está na Lei 6.453/1977, que regulamenta os casos de responsabilidade civil por dano nuclear. Outro exemplo é a responsabilidade civil (contratual) do Decreto 1.102/1903, que institui regras para os armazéns e docas.

A teoria do *risco proveito* preceitua que o dever de reparar os danos deve ser imposto a quem aufere benefício com a existência do risco. Assim, sustenta-se que o sujeito que tira alguma vantagem ou proveito pelo fato lesivo é responsável por riscos ou perigos que sua atuação promove. Quem colhe as vantagens da utilização da coisa ou da atividade perigosa deve experimentar as consequências que dela decorrem. Observe-se que essa foi a teoria adotada pelo Código de Defesa do Consumidor.

A teoria do *risco criado*, por sua vez, associa a criação de um risco em razão do exercício de uma atividade, gerando o dever de indenizar. O dano não estaria associado a uma imprudência ou imperícia, mas ao exercício de uma atividade que pode gerar danos a outrem, imputando a responsabilidade objetiva ao agente que põe em funcionamento a atividade geradora de risco, independentemente da obtenção de alguma vantagem.

Nas palavras de Caio Mario da Silva Pereira: "aquele que em razão de uma atividade ou profissão, cria um perigo, está sujeito à reparação do dano que causar, salvo prova de haver adotado todas as medidas idôneas a evita-lo"[11].

Conforme dissemos, nas relações regidas pelo Código Civil, a regra geral da responsabilidade civil é a regra da responsabilidade civil com culpa, subjetiva, tendo sido adotada a responsabilidade civil objetiva em casos específicos descritos em lei[12] e, em especial, no parágrafo único do art. 927 que assim aduz:

---

9. Alvino Lima lembra que "fixado o conceito da culpa como um erro de conduta, aferido pelo proceder do homem prudente e imputável moralmente, verificamos que as necessidades sociais arrastaram os doutrinadores e a jurisprudência dos tribunais a uma concepção mais ampla da culpa, dentro da qual se enfeixassem todos os fatos da vida real, causadores de danos, cuja reparação se impunha com justiça e que escapavam à noção restrita e acanhada da culpa como omissão de diligência imputável moralmente". (*Culpa e risco*. Atualizador: Ovídio Rocha Barros Sandoval. São Paulo: Ed. RT, 1998. p. 118).

10. A doutrina não é unânime na denominação e na explanação das espécies de risco. Sérgio Cavalieri Filho, em sua obra denominada "Programa de responsabilidade civil" indica a existência de cinco teorias a respeito do risco (risco proveito, risco profissional, risco excepcional, risco criado e risco integral). Já Carlos Roberto Gonçalves indica, para além das que aqui mencionamos, a teoria do risco profissional e risco da atividade. Vamos nos ater apenas a classificação que possa interessar para as nossas conclusões.

11. PEREIRA. Caio Mário. *Responsabilidade civil*. Rio de Janeiro: Forense, 2002. p. 53.

12. No Brasil, a responsabilidade objetiva está efetivamente inserida no ordenamento jurídico nos seguintes diplomas normativos: Lei de Estradas de Ferro (Decreto 2.681/1.912); Lei que regulamenta as Atividades Nucleares (Lei 6.453/1977); Lei de Políticas Ambientais (Lei 6.938/81); Código Brasileiro de Aeronáutica (Lei 7.565/1.986); Constituição Federal em seus artigos 7º, XXVIII; art.21, XXIII; e art. 37, § 6º; Código de Defesa do Consumidor (com a ressalva da responsabilidade subjetiva do profissional liberal.

Art. 927. "Aquele que, por ato ilícito (arts. 186 e 187), causar dano a outrem, fica obrigado a repará-lo.

Parágrafo único. Haverá obrigação de reparar o dano, independentemente de culpa, nos casos especificados em lei, ou quando a atividade normalmente desenvolvida pelo autor do dano implicar, por sua natureza, risco para os direitos de outrem".

Aqui, a discussão doutrinária fica por conta de qual teoria do risco teria sido adotada para o fundamento da responsabilidade civil objetiva. De fato, quer parecer que nosso legislador pretendeu apontar aquelas atividades que acarretam elevado risco de perigo ou dano independentemente do proveito econômico, quer dizer, o legislador brasileiro teria adotado a teoria do *risco criado*[13].

Importante notar que não se trata que quaisquer riscos ou de riscos considerados normais que se enquadram na regra do indigitado artigo. Os riscos considerados aceitos e previsíveis não geram o dever de indenizar com fundamento na responsabilidade civil objetiva.

Para que haja a aplicação da responsabilidade civil nos termos do parágrafo único do art. 927, é imprescindível que o risco seja anormal, exacerbado ou grave.

Então, 'anormalidade' mencionada pelo legislador nos leva a compreensão de a atividade pode ser lícita e regulamente exercitada e, mesmo assim, pode ser fontes de danos, bastando a comprovação do liame causal entre o risco inerentes ao seu desenvolvimento e as lesões sofridas pelas vítimas. No entanto, o *risco* deve ser *anormal* e *extraordinário*.

Por esse dispositivo, o magistrado poderá definir como objetiva, ou seja, independente de culpa, a responsabilidade do causador do dano no caso concreto. Nesse texto a lei brasileira foi além do código italiano, que lhe serviu de inspiração (art. 2.050), ao optar abertamente pela responsabilidade objetiva, e não por um sistema intermediário de presunção de culpa, com fizeram os estatutos italiano e português. O nosso legislador pretendeu apontar aquelas atividades que acarretam elevado risco ou perigo de dano, o que nem sempre será eficaz e justo no caso concreto.

Esse alargamento da noção de responsabilidade constituiu, na verdade, a maior inovação desse do Código em matéria de responsabilidade civil e requer extremo cuidado da jurisprudência. Aliás, ao tratar do tema, já advertimos alhures:

"Parece-nos, contudo, que o dispositivo do art. 927, parágrafo único, não será usado com muita largueza, pois a maioria das atividades de risco em nosso ordenamento já é regulada pela responsabilidade objetiva".[14]

Na mesma linha de raciocínio, Anderson Schreiber[15], ao dissertar sobre o tema e apontar as divergências doutrinárias, aduz:

"Diante de todo o exposto, a conclusão mais razoável parece ser a que de que a cláusula geral de responsabilidade objetiva dirige-se simplesmente às atividades perigosas, ou seja, às atividades que apresentem grau de risco elevado seja por que se centram sobre bens intrinsecamente danosos (como material radioativo, explosivos, armas de fogo etc.), seja porque empregam métodos de alto potencial lesivo (como controle de recursos hídricos, manipulação de energia nuclear etc.). Irrelevante, para a incidência do dispositivo, que a atividade de risco se organize ou não sob a forma empresarial ou que se tenha revertido em proveito de qualquer espécie para o responsável".

---

13. Assim também entendem Caio Mário da Silva Pereira (*Responsabilidade civil*. Rio de Janeiro: Forense, 2002. p. 284); Sérgio Cavalieri Filho e Carlos Alberto Menezes Direito (*Comentários ao novo Código Civil*: da responsabilidade civil. Rio de Janeiro: Forense. p. 146-147).

14. *Direito civil*: obrigações e responsabilidade civil. São Paulo: Atlas, 2018. p. 453.

15. *Novos paradigmas da responsabilidade civil*: da erosão dos filtros à diluição dos danos. São Paulo: Atlas, 2015. p. 27.

Leonardo Beraldo invoca interessante exemplo ao explicar o dispositivo legal: em uma sociedade empresária em que o único objeto é a venda de flores e plantas não há, per si, atividade de risco normalmente desenvolvida. Se essa mesma sociedade tivesse um pequeno gerador de energia movido à diesel para uso em caso de falta de energia elétrica, vindo esse mesmo gerador a explodir acarretando danos ao prédio vizinho, não seria possível aplicar o parágrafo único do art. 927 do Código Civil. Isso porque o exercício normal da atividade não era o uso do diesel, mas poderia ser utilizado de forma emergencial[16].

Evidentemente não se afasta no exemplo mencionado a responsabilidade do proprietário do imóvel, mas a responsabilidade será subjetiva, fundamentada no *caput* do art. 927 do Código Civil, devendo ser analisada a culpa para o pedido de indenização por danos.

Destarte, em qualquer hipótese, a análise do risco da atividade a ser desenvolvida é essencial para a configuração da responsabilidade civil objetiva, não podendo o aplicador do direito alargar as hipóteses de responsabilidade objetiva, sob pena de desestruturar toda a lógica da reponsabilidade civil no ordenamento brasileiro.

Veja, por exemplo, a relação entre riscos e responsabilidade civil objetiva prevista no Código de Defesa do Consumidor. Sendo essa *lei protetiva dos vulneráveis* (portanto mais severa na responsabilização do fornecedor) e que adotou a teoria do *risco proveito*, considerada que os riscos considerados normais e informados aos consumidores não tornam o produto ou o serviço defeituoso nos termos do art. 12, § 1º, ou do art. 14, § 1º[17].

A lei não exige que o produto ofereça segurança absoluta, mas a segurança mínima que o consumidor pode esperar. Ademais, não podem ser considerados defeituosos os produtos tão somente por trazerem risco intrínseco; no entanto, a periculosidade deve ser previsível para o consumidor.

O legislador cível parece ter se inspirado na lei consumerista para delinear os traços da responsabilidade civil de quem exerce atividade considerada de risco. No Código de Defesa do Consumidor os riscos considerados normais e previsíveis não trazem responsabilidade ao fornecedor de produto (além das excludentes de responsabilidade previstas no art. 12, § 3º), assim como não é possível imputar responsabilidade objetiva para ao exercício de qualquer atividade nas relações regidas pelo Código Civil. Evidente que a lei que regulamenta relação entre iguais, o Código Civil, não poderia ser mais severa que a norma que protege os vulneráveis, o Código de Defesa do Consumidor.

Assim, os riscos considerados aceitos e previsíveis não geram o dever de indenizar com fundamento na responsabilidade civil objetiva. Para que haja a aplicação da responsabilidade civil nos termos do parágrafo único do art. 927, é imprescindível que o risco seja anormal, exacerbado ou grave.

---

16. E continua o autor: "quem, portanto, explora habitualmente uma grande máquina de escavação e terraplanagem, está permanentemente gerando situação de risco para operários e terceiros que convivam com sua atividade. Quem, por outro lado, usa eventualmente um veículo de passeio não pode se dizer que desempenhe 'atividade normalmente desenvolvida'. Já o mesmo não se passa com a sociedade que explora os veículos automotores como instrumento habitual da sua atividade econômica". FARIA BERALDO. Leonardo de. *Da aplicabilidade do parágrafo único do art. 927 do Código Civil. Direito Civil – Atualidades IV.* Belo Horizonte: Del Rey, 2008. p. 567.

17. Mais ainda, em seu artigo 8º do Código de Defesa do Consumidor determina: "os produtos e serviços colocados no mercado de consumo não acarretarão riscos à saúde ou segurança dos consumidores, exceto os considerados *normais e previsíveis* em decorrência de sua natureza e fruição, obrigando-se os fornecedores, em qualquer hipótese, a dar as informações necessárias e adequadas a seu respeito" (grifo nosso).

Não se deve afastar, por outro lado, a indenização por infração aos princípios de vizinhança por danos concomitante ou exclusivamente morais. Os incômodos anormais de vizinhança também podem ser de natureza moral. A situação se aproxima da responsabilidade aquiliana e muitas vezes com ela se identifica ou se confunde.

Em suma, como afirmado, são três as espécies de ato capazes de provocar conflito de vizinhança: os ilegais, os abusivos e o lesivos[18]. Os atos *ilegais* ocorrem quando um vizinho prejudica o outro praticando um ato ilícito, respondendo pelos danos causados; os *abusivos*, que ocorrem quando um proprietário, mesmo no exercício do seu direito, se dele usar abusivamente e os atos *lesivos* dizem respeito ao uso da propriedade de forma irregular, desrespeitando a legislação vigente.

Vale notar ainda que Sílvio Rodrigues sustenta responsabilidade objetiva do causador do dano em direito de vizinhança, refere-se à prática de *ato lesivo*. Ao dissertar sobre o direito de construir, referido autor explica as limitações impostas ao construtor entabuladas no art. 1.299 e seguintes do Código Civil. Explica, ainda a necessidade de observação das normas de direito urbanísticos e as posturas municipais. Ao tratar da responsabilidade civil pelo dano causado durante a construção, aduz[19]:

> "O proprietário que, ao construir, causa dano ao seu vizinho, é obrigado a repará-lo. Desse modo, a fim de assentar o seu prédio, o construtor fez desterro que obrigou o confinante a erguer muro de arrimo, para evitar estragos na estrutura de sua construção, deve o primeiro ser compelido a indenizar o prejuízo experimentado pelo segundo (RT, 265/265).
>
> A responsabilidade, no caso, independe de prova de culpa, pois há que se entender que o dono do prédio prejudicado não pode sofrer dano pelo comportamento de seu vizinho, ainda que este atue sem culpa. A ideia é a de que os vizinhos estão ligados por uma obrigação legal de não causarem, reciprocamente, quaisquer prejuízos. De modo que, se por acaso um deles, ao erguer em seu prédio determinada obra, provoca danos no prédio vizinho, sua responsabilidade se caracteriza, mesmo que tenha tomado todas as cautelas para evita-los, pois tal responsabilidade decorre da mera relação de causalidade entre a obra nova e o estrago verificado".

Nesse sentido é o entendimento do Tribunal de Justiça de São Paulo:

Apelação. Ação de indenização por danos materiais c.c. lucros cessantes. Direito de vizinhança. Incêndio em área cultivada de propriedade dos autores em decorrência de queimada da cana-de-açúcar em lavoura da requerida. Requisitos para reconhecimento da responsabilidade (danos, nexo de causalidade e culpa) devidamente comprovados (arts. 159, CC/1916 e 333, I e II, do CPC). Indenização devida. Apelo desprovido. Recurso adesivo. Intuito protelatório dos embargos declaratórios opostos pelos autores. (TJ-SP – APL: 992070250846 SP, Relator: Pereira Calças, Data de Julgamento: 03.02.2010, 29ª Câmara de Direito Privado, Data de Publicação: 10.02.2010).

Direito de vizinhança – Incêndio que teria se iniciado na academia ré e atingido apartamentos do autor no prédio vizinho – Alegação de falha na instalação elétrica da ré Pedido do autor de produção de prova pericial Deferimento, com atribuição a ele de adiantar os honorários periciais Pertinência, nos termos do art. 33 do CPC Inexistência de relação de consumo por equiparação – Ausente vítima consumidora direta, o incêndio não determina acidente de consumo nem caracteriza relação de consumo por equiparação Agravo não provido. (TJ-SP – AI: 2203609852014826000 SP 2203609-85.2014.8.26.0000, Relator: Silvia Rocha, Data de Julgamento: 04/03/2015, 29ª Câmara de Direito Privado, Data de Publicação: 04/03/2015)[20].

---

18. RODRIGUES, Sílvio. *Direito civil: direito das coisas*. 28. ed. São Paulo: Saraiva, 2007. p. 125.
19. RODRIGUES, Sílvio. *Direito civil: direito das coisas*. 28. ed. São Paulo: Saraiva, 2007. p. 162.
20. Nesse caso, a autora pedia aplicação do art. 2°, parágrafo único, do Código de Defesa do Consumidor para a aplicação da responsabilidade civil objetiva do fornecedor de serviços. Os julgadores entenderam, acertadamente, que a autora deveria produzir as provas. Eis o fundamento da decisão: "a questão posta entre autor e ré diz respeito a direito de vizinhança e à responsabilidade por danos causados a prédios vizinhos, regida pelo direito comum. Deste modo, o autor, que requereu a produção da prova pericial indireta deferida, terá mesmo o ônus de custeá-la, conforme a decisão agravada, nos termos do art. 33 do CPC".

SÍLVIO DE SALVO VENOSA E ROBERTA DENSA

Por outro lado, sendo reconhecida a atividade de risco exercida pelo proprietário ou possuidor do imóvel, ou ato lesivo, forçoso reconhecer a responsabilidade civil objetiva. Vejamos.

> Direito de vizinhança. Ação de indenização por danos materiais, fundada em incêndio iniciado no imóvel da ré e que atingiu o imóvel da autora. Responsabilidade civil objetiva caracterizada. Exegese do art. 927, parágrafo único, do CC. Atividade econômica desenvolvida pela requerida (manipulação de produtos inflamáveis) potencialmente danosa. Lucros cessantes. Indenização que deve corresponder ao lucro líquido que a autora deixou de auferir, no período em que suas atividades ficaram paralisadas, e não ao faturamento mensal, que correspondente ao lucro bruto. Necessidade de apuração em fase de liquidação de sentença. Recurso parcialmente provido". (TJSP, 34ª Câmara de Direito Privado 18.06.2015, Apelação 00119715920108260348-SP-0011971).

Na mesma linha de raciocínio, o Superior Tribunal de Justiça há reconheceu a responsabilidade civil objetiva entre vizinhos, fundamentada na Lei de Políticas Ambientais. Vale notar que nesses casos, a legislação aplicável não é a mesma do caso em análise:

> (...) Incêndio iniciado na área de propriedade do réu que atingiu o imóvel rural do autor – Sentença de improcedência – Corte local que, ao reconhecer a responsabilidade civil ambiental do réu (art. 3º, inc. IV e art. 14, § 1º, da Lei 6.938/81), Condena-o ao pagamento de indenização por danos patrimoniais, a serem quantificados em liquidação de sentença – Insurgência recursal da parte ré. danos ambientais individuais ou reflexos (por ricochete) – Responsabilidade civil objetiva – Aplicação do disposto no artigo 14, § 1º, da Lei 9.938/81, e, outrossim, em virtude da violação a direitos de vizinhança – Reconhecimento do dever de indenizar imputável ao proprietário do imóvel. Pretensão ressarcitória deduzida com escopo de serem indenizados os danos decorrentes de incêndio iniciado em propriedade vizinha, ocasionado pela prática de queimada. Pedidos julgados improcedentes pelo magistrado singular. Sentença reformada pela Corte de origem, ao reconhecer a responsabilidade objetiva e solidária do proprietário do imóvel lindeiro pelos danos decorrentes do incêndio, ainda que praticado por terceiro (arrendatário ou gestor de negócios), tendo em vista a aplicação dos ditames da responsabilidade civil ambiental. 1 (...). 2. O conceito de dano ambiental engloba, além dos prejuízos causados ao meio ambiente, em sentido amplo, os danos individuais, operados por intermédio deste, também denominados danos ambientais por ricochete – hipótese configurada nos autos, em que o patrimônio jurídico do autor foi atingido em virtude da prática de queimada em imóvel vizinho. 2.1 Às pretensões ressarcitórias relacionadas a esta segunda categoria, aplicam-se igualmente as disposições específicas do direito ambiental e, por conseguinte, da responsabilidade civil ambiental (objetiva) – consignadas na Lei nº 6.938/91 (Lei da Política Nacional do Meio Ambiente), nos moldes em que preceituado no seu artigo 14, parágrafo 1º: "Sem obstar a aplicação das penalidades previstas neste artigo, é o poluidor obrigado, independentemente da existência de culpa, a indenizar ou reparar os danos causados ao meio ambiente e a terceiros, afetados por sua atividade. [...]" 2.2. (...)." 2.3 (...)". (STJ, REsp 1.381.211/TO, 4ª Turma, Rel. Min. Marco Buzzi, DJe 19.09.2014).

4. BREVE SÍNTESE CONCLUSIVA

Para a configuração do dever de indenizar são necessários: ação ou omissão voluntária, relação de causalidade ou nexo causal, o dano e, finalmente, a culpa, esta última *cum granum salis*, como apontado.

A criação da responsabilidade civil objetiva nasce da insuficiência da fundamentação da teoria da culpabilidade o que levou à criação de algumas teorias relacionadas ao risco e o dever de indenizar em razão da atividade de risco. São elas: risco integral, risco proveito, risco excepcional e risco criado.

A teoria do *risco criado* associa a criação de um risco em razão do exercício de uma atividade, gerando o dever de indenizar. O dano não estaria associado a uma imprudência ou imperícia, mas ao exercício de uma atividade que pode gerar danos a outrem, imputando a responsabilidade objetiva ao agente que põe em funcionamento a atividade geradora de risco, independentemente da obtenção de alguma vantagem.

Para que haja a aplicação da responsabilidade civil nos termos do parágrafo único do art. 927, é imprescindível que o risco seja anormal, exacerbado ou grave. A análise do risco da atividade a ser desenvolvida é essencial para a configuração da responsabilidade civil objetiva, não podendo o aplicador do direito alargar as hipóteses de responsabilidade objetiva, sob pena de desestruturar toda a lógica da reponsabilidade civil no ordenamento brasileiro.

Direito de Vizinhança é marcado por uma relação jurídica fática. Não há uma relação jurídica especial que liga os proprietários vizinhos, a relação é, portanto, *propter rem*, vinculando o proprietário ou o possuidor do imóvel perante seus vizinhos. Trata-se de situação jurídica de direito das coisas.

São três as espécies de ato capazes de provocar conflito de vizinhança: os ilegais, os abusivos e os lesivos. Os atos *ilegais* ocorrem quando um vizinho prejudica o outro praticando um ato ilícito, respondendo pelos danos causados; os *abusivos*, que ocorrem quando um proprietário, mesmo no exercício do seu direito, se dele usar abusivamente e os atos *lesivos* dizem respeito ao uso da propriedade de forma irregular, desrespeitando a legislação vigente.

5. REFERÊNCIAS

CAVALIERI FILHO, Sérgio; DIREITO, Carlos Alberto Menezes. *Comentários ao novo Código Civil*: da responsabilidade civil. Rio de Janeiro: Forense. 2008.

DANTAS, San Tiago. *O conflito de vizinhança e sua composição*. 2. ed. Rio de Janeiro: Forense, 1972.

DINIZ, Maria Helena. *Curso de Direito civil brasileiro: direito das coisas*. 24. ed. São Paulo: Saraiva, 2009.

FARIA BERALDO. Leonardo. de. *Da aplicabilidade do parágrafo único do art. 927 do Código Civil. Direito Civil – Atualidades IV*. Belo Horizonte: Del Rey, 2008. p. 567.

LIMA, Alvino. *Culpa e risco*. Atualizador: Ovídio Rocha Barros Sandoval. São Paulo: Ed. RT, 1998.

PEREIRA. Caio Mário. *Responsabilidade civil*. Rio de Janeiro: Forense, 2002.

RODRIGUES, Sílvio. *Direito civil: direito das coisas*. 28. ed. São Paulo: Saraiva, 2007.

VENOSA, Sílvio de Salvo. *Direito civil*: obrigações e responsabilidade civil. São Paulo: Atlas, 2018.

VENOSA, Sílvio de Salvo. *Direito civil*: reais. São Paulo: Atlas, 2018.

REFLEXÕES SOBRE A FORÇA MAIOR E O CASO FORTUITO

Adriano Ferriani

Doutor e Mestre pela Pontifícia Universidade Católica de São Paulo. Professor de Direito Civil na Faculdade de Direito da PUCSP e na COGEA. Advogado e sócio fundador da Ferriani, Jamal e Fornazari – Sociedade de Advogados.

Carlos Alberto Ferriani

Mestre pela Pontifícia Universidade Católica de São Paulo. Professor de Direito Civil na Faculdade de Direito da PUCSP e na COGEA. Advogado e sócio fundador da Ferriani, Jamal e Fornazari – Sociedade de Advogados.

Sumário: 1. Introdução. 2. Do caso fortuito e de força maior. 3. Referências.

Antes de tratar de alguns aspectos do tema em causa, o que faço com a colaboração de Adriano Ferriani, meu filho, quero agradecer o honroso convite para participar desta obra de feliz iniciativa dos ilustres professores coordenadores, Drs. Alexandre Guerra, Antonio Carlos Morato, Fernando Rodrigues Martins e Nelson Rosenvald, cuja finalidade é render justa homenagem ao querido Professor Renan Lotufo. São conhecidos os predicados pessoais do homenageado. Faz-se desnecessário apontá-los e apreciá-los. Refiro-me, no entanto, à vida acadêmica que com ele tive a felicidade de compartilhar durante vários anos, desde os idos de 1973. Juntos cursamos, na Pós-Graduação, da Pontifícia Universidade Católica de São Paulo, a disciplina de Direito Civil, sob a orientação do saudoso Professor Agostinho Neves de Arruda Alvim. Também juntos, lecionamos essa mesma disciplina para inúmeras turmas da Graduação, na Faculdade de Direito da mesma Universidade. Nosso convívio foi, assim, intenso e rico. De todas as qualidades, a que mais admirei na pessoa do amigo Renan foi sempre a retidão de seu caráter, bem como a seriedade com que conduziu os seus programas acadêmicos, quer na Graduação, quer na Pós-Graduação da PUC, onde sempre teve um lugar de destaque. Sinto saudades do querido amigo.

1. INTRODUÇÃO

O tema sobre o qual serão apresentadas algumas reflexões está ligado ao da responsabilidade civil, assunto que permeia o quotidiano de todas as pessoas em suas relações jurídicas.

Responsabilidade civil é o dever de indenizar, de ressarcir prejuízos ocasionados. Diz-se que alguém é civilmente responsável quando está obrigado a reparar danos, sejam eles de natureza patrimonial, sejam não patrimoniais.

O Código Civil brasileiro contém dois textos sede que contemplam esse dever: os artigos 927 e 389. O primeiro prende-se ao ato ilícito, isto é, violação de um direito. O segundo refere-se ao incumprimento de uma determinada obrigação. Aquele tem uma conotação mais ampla, enquanto este refere-se a uma situação determinada.

O ato ilícito está definido nos artigos 186, numa concepção subjetiva, e 187, de cunho objetivo.

Analisemos primeiramente a versão de ato ilícito contemplada no artigo 186 do Código Civil. É subjetiva a concepção ali referida, porque faz supor, de parte do agente, uma conduta culposa, nos seus variados graus, abrangendo desde a intenção deliberada de violar direito alheio, até a ligeiríssima distração do comportamento violador de direito. Ou seja, conduta culposa, em seu sentido amplo. Assim, comete ato ilícito todo aquele que, culposamente, viola direito alheio, direito de qualquer natureza. É o que basta para definir o ato ilícito nesta primeira vertente. No entanto, a dicção do referido artigo 186 parece exigir que da violação culposa do direito haja dano. E a opinião geral dos autores, em comentários ao citado dispositivo legal, em sua literalidade. Cite-se, a título de exemplo, a autorizada opinião de Orlando Gomes[1], que afirma o seguinte: "O conceito de ato ilícito implica a conjunção dos seguintes elementos: a) a ação, ou omissão, de alguém; b) a culpa do agente; c) violação de norma jurídica de Direito Privado; d) dano a outrem".

Com o devido respeito, entendemos que o dano não constitui requisito para a caracterização do ato ilícito. O dano interessa ao tema da responsabilidade civil, referido no artigo 927, *caput*, cuja redação não deixa dúvidas: "Aquele que, por ato ilícito (arts. 186 e 187), *causar dano a outrem*, fica obrigado a repará-lo". Aí está neste preceito o dever ressarcitório que faz logicamente pressupor a ocorrência de algum dano, seja de cunho patrimonial, seja não patrimonial. Se a lei diz que está obrigado a reparar danos aquele que cometeu ato ilícito, está também dizendo, ao contrário, que não está constituído na obrigação ressarcitória se dano não houve, a despeito de a conduta do agente ser ilícita, porque violadora de direito. A reparação de danos interessa ao capítulo da responsabilidade civil, disciplinado, em termos gerais, no artigo 927 e em seu parágrafo único. O capítulo em que se encerra o conceito de ato ilícito cuidou de sua caracterização, não de seus efeitos. Aliás, como fazia o Código Civil de 1916, no artigo 81, ao tratar do ato jurídico, hoje negócio jurídico.

É certo, contudo, que ao direito interessa o ato ilícito do qual tenha havido dano. Ou seja, sua relevância está em função de eventual dano dele decorrente. Noutras palavras, é o dano que lhe confere substância.

A redação do artigo 186 do Código Civil vigente derivou do artigo 159 do código anterior, que estava vazado nos seguintes termos: "Art. 159 – Aquele que, por ação ou omissão voluntária, negligência, ou imprudência, violar direito, ou causar prejuízo a outrem, fica obrigado a reparar o dano". O texto admitia, pela sua literalidade, o entendimento de que havia duas premissas, separadas pela disjuntiva *ou*, e uma só consequência. Ou seja: a) aquele que por ação ou omissão voluntária, negligência, ou imprudência, violasse direito, ficaria obrigado a reparar o dano; b) aquele que causasse prejuízo a outrem, ficaria igualmente obrigado a reparar o dano. Redação que revelava evidente falta de técnica. Ao passar, aquela mesma provisão para o diploma em vigor, o legislador substituiu a disjuntiva *ou* pela aditiva *e*, permitindo, o que não é inadmissível, o entendimento de que a caracterização do ato ilícito passou a exigir a satisfação de dois requisitos: violação

---

1. GOMES, Orlando, *Responsabilidade civil*, Rio de Janeiro, Forense, 2011, p. 63.

culposa de direito e existência de dano. Esse modo de interpretar o texto substituto até faria sentido no regime do código anterior, porque ele não continha um artigo como o 927 do atual diploma. Isto é, o assunto da responsabilidade civil estava promiscuamente tratado junto com o do ato ilícito. Mas agora, não. Ato ilícito está na Parte Geral, que cuidou de somente conceituar a conduta do agente, enquanto que a responsabilidade civil, que trata do dever ressarcitório, está na Parte Especial. Melhor esclarecendo: na tentativa de afastar as críticas que acertadamente eram dirigidas à redação do artigo 159 do código revogado, o legislador do código vigente incorreu também numa atecnia, ao permitir a interpretação de que o ato ilícito, na sua caracterização, demanda a existência de dano, o que levou os estudiosos a conceberem duas categorias de ato ilícito: uma, para a qual basta a conduta antijurídica, e outra, a que se batizou como ato ilícito em sentido estrito, para a qual haverá de concorrer o dano, ao lado da conduta contrária ao direito. Um expediente para justificar a redação do texto.

Em suma: nosso entendimento é que para o conceito de ato ilícito, na concepção puramente subjetiva, basta a violação culposa de direito alheio (art. 186), e para a imposição do dever indenizatório, com fundamento no ato ilícito, é indispensável a ocorrência do dano, seja patrimonial, seja não patrimonial (artigo 927, *caput*). Observe-se ainda que esse artigo 927 faz remissão ao ato ilícito referido pelo artigo 186, bem como ao ato ilícito conceituado pelo artigo 187, sendo que este, de concepção objetiva, nenhuma alusão faz a dano, para fins de sua caracterização.

Vejamos agora o ato ilícito segundo o disposto no artigo 187 do Código Civil, preceito inexistente no diploma anterior e que vem sendo proclamado como uma das mais importantes novidades trazidas pelo diploma de 2002. Como já foi afirmado, o texto não faz qualquer referência a dano. Ou seja, a sua caracterização independe da existência de qualquer espécie de dano.

Estabelece do dispositivo: *"Art. 187 – Também comete ato ilícito o titular de um direito que, ao exercê-lo, excede manifestamente os limites impostos pelo seu fim econômico ou social, pela boa fé ou pelos bons costumes"*.

Além de o texto não fazer qualquer menção sobre o dano, também não invoca procedimento culposo de parte do agente no exercício de um direito de que é titular. Por isso se costuma dizer que se trata de uma concepção objetiva do ato ilícito. Os valores contemplados são o fim econômico e social, a boa fé e os bons costumes. O manifesto excesso dos limites no exercício do direito, limites impostos pela finalidade do direito, pela lealdade da conduta, é bastante para a caracterização do ilícito. Ao dizer a lei *exceder manifestamente* está se referindo a um comportamento inequívoco do agente, que não dá margem a dúvidas. Também nesse dispositivo não se cogita da responsabilidade civil. Esta, repita-se, está prevista no artigo 927, *caput*, que alberga o cometimento do ilícito, quer na vertente do artigo 186, quer na do 187.

Essa responsabilidade supõe a existência do dano, como dito anteriormente. Mas de uma responsabilidade que não envolve qualquer relação negocial, ou contratual. O fundamento é a contrariedade culposa de um direito ou o exercício irregular dele.

Sobre a contrariedade de prescrições negociais, fruto do exercício da autonomia privada, a responsabilidade civil tem seu fundamento noutra área. Outros preceitos referem-se à responsabilidade negocial, sendo que o comando nuclear está previsto no artigo 389 do Código Civil.

Estabelece a lei: "Art. 389 – Não cumprida a obrigação, responde o devedor por perdas e danos, mais juros e atualização monetária segundo índices oficiais regularmente estabelecidos, e honorários de advogado".

A intenção desses breves comentários não está propriamente na análise do inadimplemento obrigacional, nem no cumprimento imperfeito, que enseja modalidades várias de infração contratual. O título correspondente ao inadimplemento das obrigações compreende vários aspectos que constituem a responsabilidade contratual, ou de modo mais abrangente, a responsabilidade negocial. Estamos cogitando também desse campo da responsabilidade civil, porque várias disposições que se encontram referidas nesta parte do Livro das Obrigações estendem-se ao campo da responsabilidade extracontratual, que também é referida como responsabilidade aquiliana. É o caso, dentre outras, da regra contida no artigo 393, que diz respeito a uma das excludentes da responsabilidade civil, isto é, o caso fortuito e a força maior, objeto pontual dessas reflexões.

Pela sua localização, colhe-se a falsa impressão de que se aplica tão somente no âmbito da responsabilidade contratual, deixando de lado a responsabilidade decorrente do cometimento do ato ilícito. Impressão, apenas. A regra contida no citado dispositivo alcança tanto uma espécie de responsabilidade civil, quanto outra. E mais, pode aplicar-se quer o fundamento da responsabilidade civil esteja na culpa, quer nos casos em que se prescinde dela.

2. DO CASO FORTUITO E DE FORÇA MAIOR

O artigo 393, *caput*, do Código Civil estabelece a regra segundo a qual "o devedor não responde pelos prejuízos resultantes de caso fortuito ou força maior, se expressamente não se houver por eles responsabilizado". O parágrafo único aduz: "o caso fortuito ou de força maior verifica-se no fato necessário, cujos efeitos não era possível evitar ou impedir".

Antes de mais nada, é preciso observar que não obstante o preceito acima estar localizado no âmbito do inadimplemento das obrigações concebidas pelas partes envolvidas num negócio, como livre expressão da autonomia privada, ele não se aplica exclusivamente às situações jurídicas decorrentes dessa mesma expressão. Isto é, não se circunscreve apenas ao campo da responsabilidade negocial. Ele se estende também aos casos de responsabilidade decorrente de ato ilícito, como ocorre, de resto, com outros dispositivos encartados no mesmo capítulo, a exemplo do artigo 402, que se refere ao dano, do artigo 403, que diz respeito ao nexo de causalidade, do artigo 406, que alude aos juros. Incide em erro quem acha que o caso fortuito e a força maior, dada a sua localização, constituem excludentes apenas da responsabilidade decorrente do incumprimento das obrigações negociais.

Também antes de arrostar as dificuldades que o conceito encerra, é importante referir que as expressões *caso fortuito* e *força maior* ora são empregadas separadamente, ora conjuntamente, o que leva à indagação se são elas expressões sinônimas, ou cada qual tem significado e conteúdo próprios.

Com exceção de um dispositivo, o artigo 936, que se encontra no capítulo da responsabilidade civil, os demais são preceitos que figuram no âmbito do direito das obrigações.

Dos dispositivos constantes no Código Civil, cuja relação apontaremos a seguir, um deles ocupa-se da conceituação de caso fortuito e de força maior. Trata-se do artigo 393 e seu parágrafo único do Código Civil atual, que guarda correspondência com o artigo 1058 e parágrafo único do código revogado.

A diferença que há entre os dois textos resume-se na subtração de uma vírgula entre as locuções *caso fortuito* e *força maior*, bem como na supressão dos casos excepcionados referentes aos artigos 955, 956 e 957.

Com relação à vírgula suprimida, que vinha seguida da conjunção disjuntiva *ou*, parece aceitável o argumento segundo o qual houve a intenção de dar às expressões o mesmo significado. A vírgula, no diploma de 1916, constitui um indicativo de que caso fortuito não é força maior. Sem a vírgula, as expressões ligadas pela disjuntiva são sinônimas. Com relação à subtração das exceções feitas dos artigos 955, 956 e 957, ela parece acertada, pois aqueles dispositivos cuidam da caracterização da mora, como espécie de inadimplemento, e dos seus efeitos, textos que encontram seu correspondente nos artigos 394, 395 e 399 do Código de 2002. Assim, a orientação atual é a mesma da anterior. Não houve alteração. A supressão da vírgula, estabelecendo uma ligação direta entre os fatos, caso fortuito e força maior, não acarretou qualquer mudança entre um e outro código, pois a disjuntiva *ou* é usada, às vezes, para indicar uma sinonímia, outras vezes, para referir-se a duas realidades diversas. Basta lembrar que dentre as modalidades das obrigações, existe a denominada obrigação alternativa, que supões duas ou mais prestações na obrigação, mas nem todas na solução. Enfim, o que queremos deixar assentado é que na caracterização dos fatos, caso fortuito e força maior, não houve alteração alguma. Entendíamos como realidades distintas no regime do Código de 1916. Entendemos da mesma forma no regime do Código de 2002.

Indicamos abaixo, com ligeiras observações, todos os casos em que aparecem as expressões no Código Civil, reunindo-os em três grupos.

No primeiro grupo, apontamos os *artigos do código civil em que há referência apenas ao caso fortuito:*

Art. 492, § 1º. Contrato de venda. Tradição da coisa. Riscos – "Todavia, os casos fortuitos, ocorrentes no ato de contar, marcar ou assinalar coisas, que comumente se recebem, contando, pesando, medindo ou assinalando, e que já tiverem sido postas à disposição do comprador, correrão por conta deste". *Observação:* os casos de força maior serão suportados pelo *tradens* e não pelo *accipiens.*

Art. 575. Locação de coisas. Restituição da coisa locada – "Se, notificado o locatário, não restituir a coisa, pagará, enquanto a tiver em seu poder, o aluguel que o locador arbitrar, e responderá pelo dano que ela venha a sofrer, embora proveniente de caso fortuito". *Observação:* Nesse caso, parece lógico que o locatário não deve responder pela força maior, mas somente no caso fortuito. Do contrário haveria enriquecimento sem causa.

Art. 667, § 1º. Obrigações do mandatário ao substabelecer o mandato – "Se, não obstante a proibição do mandante, o mandatário se fizer substituir na execução do mandato, responderá ao seu constituinte pelos prejuízos ocorridos sob a gerência do substituto, embora provenientes de caso fortuito, salvo provando que o caso teria sobrevindo, ainda que não tivesse havido substabelecimento". *Observação:* Aqui, como a responsabilidade do mandatário funda-se na culpa, não é razoável que a força maior não lhe sirva de abono à exoneração do dever ressarcitório; o que não se verifica se o fato necessário for caso fortuito. Isto é: se for um fato interno, há responsabilidade; se for externo, não.

Art. 862. Gestão de negócio contra a vontade manifesta ou presumível do interessado – "Se a gestão foi iniciada contra a vontade manifesta ou presumível do interessado, responderá o gestor até pelos casos fortuitos, não provando que teriam sobrevindo, ainda quando se houvesse abstido". *Observação:* Trata-se da mesma razão do caso anterior. A responsabilidade funda-se na culpa. Logo a força maior exonera, mas não o caso fortuito.

Art. 868. Gestão de negócio e operação arriscada – "O gestor responde pelo caso fortuito quando fizer operações arriscadas, ainda que o dono costumasse fazê-las, ou quando preterir interesse deste em proveito de interesses seus". *Observação:* Também a mesma razão do caso anterior.

No segundo grupo, estão os *artigos do Código Civil em que há referência somente à força maior.*

Art. 607. Extinção do contrato de prestação de serviços – "O contrato de prestação de serviços acaba com a morte... ou pela impossibilidade da continuação do contrato, motivada por força maior". *Observação:* Note-se nesse texto a relação entre *impossibilidade e força maior.* Havendo *fortuito* o contrato se extingue?

Art. 625, I e II. Suspensão da obra pelo empreiteiro – Poderá o empreiteiro suspender a obra: I – por culpa do dono, ou por motivo de força maior; II – quando, no decorrer dos serviços, se manifestarem dificuldades imprevisíveis de execução, resultantes de causas geológicas ou hídricas, ou outras semelhantes, de modo que torne a empreitada excessivamente onerosa, e o dono da obra se opuser ao reajuste do preço inerente ao projeto por ele elaborado, observados..." *Observação:* Note-se que o inciso I refere-se a motivo de força maior, enquanto o II alude a dificuldades imprevisíveis que oneram excessivamente o empreiteiro e o dono não aceita revisar o contrato, contrariando o art. 478. Esse artigo serve para atestar que a força maior não está relacionada com a imprevisibilidade decorrente de acontecimentos que oneram. Isto porque as hipóteses estão tratadas separadamente, em dois incisos. Houvesse relação, não existiria a necessidade senão de uma única referência.

Art. 636. Depositário obrigado a restituir a coisa – "O depositário que por força maior houver perdido a coisa depositada e recebido outra em seu lugar, é obrigado a entregar a segunda ao depositante, e ceder-lhe as ações que no caso tiver contra o terceiro responsável pela restituição da primeira". *Observação:* Parece que o texto considera o fato de terceiro como de força maior.

Art. 642. Isenção de responsabilidade do depositário pela perda da coisa em razão de força maior – "O depositário não responde pelos casos de força maior; mas, para que lhe valha a escusa, terá de prová-los". *Observação:* A força maior é excludente da responsabilidade. Mas o caso fortuito não.

Art. 650. Isenção de responsabilidade do depositário em face de fatos inevitáveis. "Cessa, nos casos do artigo antecedente, a responsabilidade dos hospedeiros, se provarem que os fatos prejudiciais aos viajantes ou hóspedes não podiam ter sido evitados". *Observação:* Aqui, parece que tanto o fortuito, quanto a força maior, são excludentes, porque o texto está relacionado com a inevitabilidade dos fatos, que é a característica de ambos na definição legal do art. 393, § único.

Art. 696, § único. Responsabilidade subjetiva do comissário. "Responderá o comissário, salvo motivo de força maior, por qualquer prejuízo que, por ação ou omissão, ocasionar ao comitente". *Observação:* Parece que o fortuito também é excludente, pois a responsabilidade funda-se na culpa.

Art. 702. Remuneração proporcional devida ao comissário em razão de força maior. "No caso de morte do comissário, ou, quando, por motivo de força maior, não puder concluir o negócio, será devida pelo comitente uma remuneração proporcional aos trabalhos realizados". *Observação:* Mesma situação referida acima.

Art. 719. Remuneração do agente impossibilitado de continuar o trabalho por força maior. "Se o agente não puder continuar o trabalho por motivo de força maior, terá direito à remuneração correspondente aos serviços realizados, cabendo esse direito aos herdeiros no caso de morte". *Observação:* Aqui não se trata de exoneração de responsabilidade por incidência da excludente da força maior, mas do direito que tem de ser proporcionalmente remunerado pelo que realizou, vedando-se o enriquecimento sem causa. O texto diz: *se o agente não puder*, o que dá ideia de impossibilidade.

Art. 734. Responsabilidade do transportador por danos causados durante o transporte. "O transportador responde por danos causados às pessoas transportadas e sua bagagem, salvo motivo de força maior, sendo nula qualquer cláusula excludente da responsabilidade". *Observação:* O fundamento da responsabilidade do transportador é o risco, não a culpa. Mesmo no caso de culpa de terceiro, o transportador não se isenta da responsabilidade (art. 735). Isso dá a entender que o fato de terceiro não está embutido no conceito de força maior. Parte das opiniões é do entendimento que também o caso fortuito não afasta a responsabilidade do transportador.

Art. 737. Sujeição do transportador a horário e itinerário – "O transportador está sujeito aos horários e itinerários previstos, sob pena de responder por perdas e danos, salvo motivo de força maior". *Observação:* O caso fortuito não isenta de responsabilidade pela mesma razão indicada acima.

Art. 741. Interrupção da viagem. "Interrompendo-se a viagem por qualquer motivo alheio à vontade do transportador, ainda que em consequência de evento imprevisível, fica ele obrigado a concluir o transporte contratado em outro veículo da mesma categoria, ou, com a anuência do passageiro, por modalidade diferente, à sua custa, correndo também por sua conta as despesas de estada e alimentação do usuário, durante a espera de novo transporte". *Observação:* Esse dispositivo, conquanto não use a expressão *força maior*, parece a ela se referir, utilizando os termos *qualquer motivo alheio à vontade*. E nele estabelece a relação com evento imprevisível.

Art. 753. Transporte de coisa. Impossibilidade de realização. Guarda da coisa. Deterioração ou perda – "Se o transporte não puder ser feito ou sofrer longa interrupção, o transportador solicitará, incontinenti, instruções ao remetente, e zelará pela coisa por cujo perecimento ou deterioração responderá, salvo força maior". *Observação:* O pressuposto é a impossibilidade de realização do transporte, aliado à deterioração ou perda da coisa. Parece que se a hipótese for de fortuito, haverá responsabilidade.

Art. 936. Responsabilidade por fato relacionado com animal. "O dono, ou detentor, do animal ressarcirá o dano por este causado, se não provar culpa da vítima ou força maior". *Observação:* Se a responsabilidade é objetiva, como parece, o fortuito não isenta de responsabilidade.

No terceiro grupo alinham-se os *artigos do Código Civil em que há referência ao caso fortuito e à força maior.*

Art. 246. Obrigações genéricas – "Antes da escolha, não poderá o devedor alegar perda ou deterioração da coisa, ainda que por força maior ou caso fortuito".

Art. 399. Efeitos da mora do devedor – "O devedor em mora responde pela impossibilidade da prestação, embora essa impossibilidade resulte de caso fortuito ou de força maior, se estes ocorrerem durante o atraso; salvo se provar isenção de culpa, ou que o dano sobreviria ainda quando a obrigação fosse oportunamente desempenhada". *Observação:* Nesse dispositivo, a redação diz: *de caso fortuito ou de força maior*, utilizando o verbo no plural (se estes ocorrerem); além disso, não usou *de caso fortuito ou força maior*, mas *de caso fortuito e de força maior*, dando a nítida impressão de que são dois fatos necessários inevitáveis.

Art. 535. Responsabilidade do consignatário – "O consignatário não se exonera da obrigação de pagar o preço, se a restituição da coisa, em sua integridade, se tornar impossível, ainda que por fato a ele não imputável". *Observação:* Não se utilizou da expressão. O alcance é maior: refere-se a fato de terceiro, como a fato necessário decorrente de fortuito e força maior. Fato não imputável equivale à ausência de culpa.

Art. 583. Responsabilidade do comodatário – "Se, ocorrendo risco o objeto do comodato juntamente com outros do comodatário, antepuser este a salvação dos seus abandonando o do comodante, responderá pelo dano ocorrido, ainda que se possa atribuir a caso fortuito, ou força maior". *Observação:* No caso, a expressão está separada por uma vírgula, o que também sugere que se trata de coisas diversas.

Depois das referências feitas aos vários dispositivos constantes do Código Civil, impõe-se, afinal, o enfrentamento do preciso significado do caso fortuito e de força maior.

Da dicção do parágrafo único do artigo 393 do Código Civil, dois elementos são indispensáveis para a caracterização, tanto do caso fortuito, quanto da força maior: a necessariedade do fato e a inevitabilidade dos seus efeitos.

A imprevisibilidade, conquanto seja importante para os efeitos do artigo 478 e 317 do Código Civil, ela não é indispensável para a caracterização da força maior ou do caso fortuito. Indiretamente, até poderá interessar, quando ocorrer um fato imprevisível com consequências inevitáveis, ou um fato previsível com consequências também inevitáveis. O que importa é saber se o fato é inevitável ou irresistível.

Cogitemos em primeiro lugar da necessariedade do fato.

O entendimento do que é considerado *fato necessário* está intimamente ligado à ideia de *impossibilidade*. Impossibilidade de cumprimento de uma obrigação, impossibilidade de observância de um dever, respectivamente nos campos da responsabilidade negocial e da responsabilidade extracontratual.

A *impossibilidade* pode ser absoluta e relativa, inicial ou superveniente. Da impossibilidade inicial ocupa-se o Código Civil no artigo 106, referindo-se ao objeto do negócio jurídico, para afirmar que ela, se relativa, não invalida o ato. Se absoluta, ao contrário, induz a nulidade.

Da mesma forma que a impossibilidade *inicial* pode ser absoluta ou relativa, também a impossibilidade *superveniente* pode, igualmente, ser absoluta e relativa. O que também importa para a caracterização da força maior e do caso fortuito.

Nas várias modalidades de obrigação, está presente a regra segundo a qual, tornando-se impossível para o devedor o cumprimento da obrigação, ela se resolve, pura e simplesmente, retornando as partes à situação anterior em que se achavam antes da conclusão do negócio jurídico. Mas, advirta-se: somente a impossibilidade absoluta acarreta esse efeito. Não assim a relativa.

Em tese de doutoramento, Catarina Monteiro Pires[2], em brilhante estudo denominado Impossibilidade da Prestação, examinando a impossibilidade absoluta, total e definitiva, como causa de bloqueio da pretensão primária de cumprimento natural da prestação, deixa assentado que esse tipo de impossibilidade constitui a expressão máxima ou paradigmática da perturbação da prestação. Por isso mesmo, afasta qualquer responsabilidade do devedor.

Se supervenientemente advém uma impossibilidade relativa ao devedor, este não se exonera do cumprimento da obrigação. E essa impossibilidade não pode ser apreciada abstratamente, mas concretamente. O que cumpre examinar, para poder afirmar que se trata de um fato necessário – portanto, impossível –, é a situação concreta. Vale dizer, a necessariedade do fato deve ser compreendida *situadamente*, conforme a concreta situação em que ele se verifica. Agostinho Alvim[3], há mais de setenta anos já ensinava que "a necessidade do fato há de ser estudada em função da impossibilidade de cumprimento da obrigação, e não abstratamente". Por isso, ele mesmo fazia a indagação: a geada, o roubo a mão armada, o atraso de trens, são *fatos necessários?* E respondia: nem sempre.

Mais adiante, ele chama a atenção para uma outra questão que considera importante nesta matéria, que consiste em saber se a escusa supõe impossibilidade absoluta de cumprir a obrigação, ou se basta uma dificuldade fora do comum. Depois de desenvolver alguns exemplos, remata o capítulo afirmando: "é matéria de fato, sujeita ao prudente arbítrio do juiz".

Judith Martins-Costa[4], em comentários ao artigo 393 do Código Civil, afirma ser relevante apreciar o tipo de atividade desenvolvida pelo agente, a qualidade dos sujeitos envolvidos, a extensão dos seus deveres de garantia, segurança, controle, e principalmente a cláusula geral da boa-fé estatuída no artigo 422 do Código Civil.

No que toca à inevitabilidade ou irresistibilidade dos efeitos do fato necessário, como referido no mesmo parágrafo único do artigo 393 do Código Civil, cabe observar que o acontecimento, por si só, deve ser tal que não se possa opor resistência, não se confundindo com a *dificuldade*, ainda que grande. É o casuísmo que deverá ser considerado, ou seja, o caráter concreto e relativo da inevitabilidade. Toda inevitabilidade, segundo Pontes de Miranda[5], é relativa, no tempo e no espaço. Evita-se hoje o que outrora não se podia evitar. A inevitabilidade somente pode ser em relação aos homens, no lugar e tempo em que consequências se hão de apresentar. Em outros termos: é necessária uma análise das circunstâncias concretas da situação.

Os doutrinadores, ao apreciarem a inevitabilidade, agrupam-se uns na concepção objetiva, outros, na subjetiva. A teoria objetiva abstrai de qualquer situação pessoal do

---

2. PIRES, Catarina Monteiro, *Impossibilidade da Prestação*, Almedina, 2017. p. 213.
3. ALVIM, Agostinho Neves de Arruda. *Da Inexecução das Obrigações e suas Consequências*, 5. ed. São Paulo, Saraiva, 1980, p. 326.
4. MARTINS-COSTA, Judith, in: TEIXEIRA, Sálvio de Figueiredo (Coord.). *Comentários ao Novo Código Civil*, v. V, t. II, Rio de Janeiro: Forense, 2003, p. 200.
5. PONTES DE MIRANDA, Francisco Cavalcanti. *Tratado de Direito Privado*, Campinas: Bookseller, t. 23, p. 114.

devedor e da diligência que tenha tido, ou devesse ter. A teoria subjetiva prefere a atitude, que é a de só apontar força maior ou caso fortuito onde culpa não houve, isto é, ao conceito estrito de inevitabilidade opõe o de ausência de culpa.

Sob este ou aquele viés, o que mais se há de frisar é a inevitabilidade das circunstâncias.

Das breves considerações acima, resulta evidente que a impossibilidade e a inevitabilidade do fato são os elementos que constituem a força maior e o caso fortuito, devendo-se levar em conta, invariavelmente, as circunstâncias gerais. Se os elementos da força maior são os mesmos do caso fortuito, impõe-se a afirmação de que constituem a mesma realidade, cujos efeitos seriam os mesmos. No entanto, embora esta conclusão seja por alguns autores sustentada, ela não é, contudo, unânime.

Segundo Fernando Pessoa Jorge[6] "a opinião dominante entre nós considera sinónimas as expressões *caso fortuito e caso de força maior* ou, pelo menos, entende que não é necessário estabelecer distinção por lhes corresponderem regimes idênticos". Diz que na doutrina estrangeira tem-se defendido a distinção das duas figuras, não só no plano conceitual como no do regime. No seu entendimento, é o facto que impede o cumprimento do dever e não se reconduz nem à vontade do suporte deste, nem à vontade do ofendido, em termos mais amplos de molde a abranger as hipóteses que respeitam à responsabilidade delitual. Trata-se sempre de um obstáculo ao cumprimento do dever, mas obstáculo que para o devedor ou agente é invencível ou intransponível, que ele não pode remover ou afastar.

A ocorrência do caso fortuito ou da força maior acarreta a impossibilidade de cumprimento da obrigação. Para Lacerda de Almeida[7], "a possibilidade da prestação constitui um dos elementos essenciais da obrigação, e assim, como a prestação impossível impede, em princípio, a formação do vínculo obrigatório por falta de objeto, assim também e pelo mesmo motivo a impossibilidade superveniente, suprimindo um elemento essencial da obrigação, acarreta a extinção desta".

Para Arnoldo Medeiros da Fonseca[8], caracterizam a força maior ou o caso fortuito, expressões que encerram o mesmo sentido, o elemento objetivo, que é a inevitabilidade do evento, e o elemento subjetivo, considerado como a ausência de culpa no comportamento.

Pontes de Miranda[9] diz que força maior diz-se mais propriamente de acontecimento insólito, de impossível ou difícil previsão, tal uma extraordinária seca, uma inundação, um incêndio, um tufão; caso fortuito é um sucesso previsto, mas fatal como a morte, a doença etc. Ele entende que o código não fez distinção. Considera-se força maior ou caso fortuito o acontecimento, previsível ou não, que causa danos e cujas consequências são inevitáveis. Ou, o que dá na mesma, ocorre um fato sem que o homem, especialmente o devedor, tenha dado causa.

Para Mário Júlio de Almeida Costa[10], o conceito de força maior tem subjacente a ideia de inevitabilidade: será todo o acontecimento natural ou ação humana, que, embora previsível ou até prevenido, não se pode evitar, nem em si mesmo nem nas suas consequ-

---

6. JORGE, Fernando Pessoa, *Ensaio sobre os pressupostos da responsabilidade Civil*, Lisboa, 1972.
'7. ALMEIDA, Lacerda de, *Efeitos das obrigações*, p. 346 e s.
8. FONSECA, Arnoldo Medeiros, *Caso fortuito e teoria da imprevisão*, Rio de Janeiro, 1943, p. 115.
9. PONTES DE MIRANDA, Francisco Cavalcanti, op. cit., p. 115.
10. ALMEIDA COSTA, Mário Julio, Coimbra, ed. Almedina, 1979, p. 773.

ências. Ao passo que o conceito de caso fortuito assenta na ideia da imprevisibilidade: o fato não se pode prever, mas seria evitável se tivesse sido previsto.

Para Agostinho Alvim[11], a *necessariedade do fato* há de ser estudada em função da impossibilidade do cumprimento da obrigação, e não abstratamente. Também é importante considerar se a escusa supõe impossibilidade absoluta de cumprir a obrigação, ou se basta uma dificuldade fora do comum. Dificuldade não é impossibilidade. Mas quando se está diante de uma grande dificuldade, pode-se falar em impossibilidade. A matéria é de fato, sujeita ao prudente arbítrio do juiz.

A distinção moderna que vem sendo adotada, é a que vê no caso fortuito um impedimento relacionado com a pessoa do devedor ou com a sua empresa, enquanto que a força maior é um acontecimento externo. Tal distinção permite estabelecer uma diversidade de tratamentos para o devedor, consoante o fundamento da sua responsabilidade. Se esta fundar-se na culpa, bastará o caso fortuito para exonerá-lo. Com maioria de razão o absolverá a força maior. Se a sua responsabilidade fundar-se no risco, então o simples caso fortuito não o exonerará. Será mister haja força maior, ou como dizem alguns, caso fortuito externo.

Nota-se, assim, uma tendência para abolir as expressões caso fortuito e força maior. Tem-se preferido usar a fórmula *ausência de culpa*. Veja-se, a propósito, a responsabilidade prevista no contrato estimatório. O artigo 535 do Código Civil não utiliza os termos caso fortuito ou força maior, mas emprega a locução *fato não imputável ao devedor*.

O Código italiano em vigor não tem nenhum artigo que corresponda ao art. 1.226 do Código de 1865 que escusava o devedor na hipótese de caso fortuito ou força maior. O atual fala em causa não imputável a devedor (arts. 1218 a 1.221, exatamente como fez o direito pátrio na disciplina do contrato estimatório, visto acima.

3. REFERÊNCIAS

AGOSTINHO ALVIM, NEVES DE ARRUDA. 5. ed. *Da Inexecução das Obrigações e suas Consequências*. São Paulo: Saraiva, 1980.

AGUIAR DIAS, JOSÉ DE, *Da responsabilidade civil*. 12. ed. Rio de Janeiro: Lumen Juris, 2012.

ALMEIDA COSTA, MÁRIO JÚLIO. Coimbra: Almedina, 1979.

FONSECA, ARNOLDO MEDEIROS DA. *Caso fortuito e teoria da imprevisão*, Rio de Janeiro, 1943

GOMES, ORLANDO. *Responsabilidade Civil*. Rio de Janeiro: Forense, 2011.

JORGE, FERNANDO PESSOA. *Ensaio sobre os pressupostos da responsabilidade civil*. Lisboa, 1972.

MARTINS-COSTA, JUDITH. In: TEIXEIRA, Sálvio de Figueiredo (Coord.). *Comentários ao novo Código Civil*. Rio de Janeiro: Forense, 2003. v. V, t. II.

PIRES, CATARINA MONTEIRO. *Impossibilidade da prestação*. Almedina, 2017.

PONTES DE MIRANDA, Francisco Cavalcanti. Campinas: Bookseller, 2003. t. 23.

---

11. AGOSTINHO ALVIM, Neves de Arruda, op. cit., p. 331.

NEXO DE CAUSALIDADE E O DANO INDIRETO NO DIREITO BRASILEIRO[1]

Gustavo Tepedino

Professor Titular de Direito Civil e ex-diretor da Faculdade de Direito da Universidade do Estado do Rio de Janeiro (UERJ).

Sumário: 1. Introdução. 2. As teorias sobre o nexo de causalidade e o dano indireto. 3. O nexo de causalidade na jurisprudência brasileira. 4. Reconhecimento do dano indireto pelo Supremo Tribunal Federal. 5. Notas conclusivas. 6. Referências.

1. INTRODUÇÃO

Conforme destacado pelo Prof. Renan Lotufo, , "o estudo da responsabilidade civil sempre foi tema que atraiu a doutrina, por ser da essência da vida em sociedade".[2] Diante da tendência à objetivação do dever de reparar, e à medida em que por vezes até mesmo a extensão do dano parece identificada de forma indireta, expandem-se os danos ressarcíveis e a identificação da causalidade torna-se o cerne da reflexão.[3]

A atualidade da matéria mostra-se ainda mais evidente em face das hipóteses de causalidade múltipla, tecnicamente denominadas concausas. Na complexidade da vida contemporânea, mostra-se difícil estabelecer uma única causa para os danos considerados injustos, e, portanto, ressarcíveis, sendo comum a associação de determinado evento danoso a múltiplas fontes possíveis.[4] Por consequência, afigura-se indispensável estabelecer a relação de causa e efeito entre o evento ao qual se pretenda imputar o dever de reparação e o dano.

Na esteira de tais anotações, verificam-se muitas teorias que, ao longo do tempo, pretenderam estabelecer, para a imputação do dever de reparar a certo agente, os limites

---

1. Trabalho realizado em homenagem ao saudoso jurista e amigo, Prof. Renan Lotufo, cuja atuação modelar como estudioso do direito privado serve de inspiração e norte para diversas gerações que militam no Direito Civil, notadamente para aqueles que se dedicam ao tema da Responsabilidade Civil, objeto do presente ensaio. O autor agradece à Profa. Danielle Tavares Peçanha, Mestranda em Direito Civil no Programa de Pós-Graduação da UERJ, pela pesquisa, reflexão conjunta e revisão dos originais.
2. LOTUFO, Renan. A responsabilidade civil e o papel do juiz no Código Civil de 2002, p. 449. In: *Responsabilidade Civil: estudos em homenagem ao Professor Rui Geraldo Camargo Viana*, São Paulo: Revista dos Tribunais, 2009, p. 448-462.
3. Permita-se remeter, sobre o tema, a TEPEDINO, Gustavo. Notas sobre o nexo de causalidade. In: *Revista Trimestral de Direito Civil (RTDC)*, n. 6, 2001. Na mesma direção, v., também SCHREIBER, Anderson. *Novos Paradigmas da Responsabilidade Civil: da erosão dos filtros de reparação à diluição dos danos*, São Paulo: Atlas, 2007, p. 4 e ss.
4. Cite-se, à guisa de exemplo, hipótese elaborada pelo Professor Caio Mário da Silva Pereira: "Quando um indivíduo vai desmontar um revólver e o detona, ferindo alguém, ocorre um fato simples, e a relação causal é estabelecida da maneira direta, entre o fato e o dano. Mas nem sempre as coisas se passam de maneira tão singela. O dono da arma retira-a da gaveta, e a empresta a outrem que a deixa sobre a mesa; um terceiro a encontra e, supondo-a descarregada, vai manuseá-la; o cômodo está vazio, porém um quarto personagem entra inopinadamente e pretende assustar o que está segurando o revólver; este se volta e no momento aciona o gatilho; a arma dispara e o projétil, através da porta, vai ferir a sua secretária na sala ao lado". (PEREIRA, Caio Mário da Silva. *Responsabilidade Civil*. 12. ed. rev., atual. e ampl. por Gustavo Tepedino. Rio de Janeiro: Forense, 2018, p. 108).

do nexo causal, definido em página clássica por Adriano De Cupis como "vínculo que se interpõe entre dois fenômenos distintos, assumindo um a posição de efeito em relação ao outro: quando um fenômeno existe em razão da existência de um outro fenômeno, aquele se diz 'causado' por esse, a indicar que uma relação de causalidade se estabelece entre ambos. Mais precisamente, relação de causalidade é o nexo etiológico material (ou seja, objetivo e externo) que liga um fenômeno a outro; no que concerne ao dano, esse se constitui no fator da sua imputação material ao sujeito humano".[5] A clareza da definição contrasta, contudo, com as numerosas dificuldades práticas que surgem em sua aferição, como aquela atinente ao dano indireto,[6] debate intensificado com recente decisão proferida pelo Tribunal Pleno do STF, quando da análise do RE n.º 608.880/MT.

2. AS TEORIAS SOBRE O NEXO DE CAUSALIDADE E O DANO INDIRETO

Com o escopo de estabelecer os limites da noção jurídica de causa do dever de reparar, desenvolveram-se ao longo dos tempos distintas teorias, de maior ou menor aplicação prática, dentre as quais se destacam: (i) a teoria da equivalência das condições; (ii) a teoria da causalidade adequada; (iii) a teoria da causalidade eficiente; e (iv) a teoria da causa direta e imediata, também denominada teoria da interrupção do nexo causal que, sob a vertente da subteoria da necessariedade, prevalece na jurisprudência brasileira.[7]

Pela teoria da equivalência das condições, formulada pelo penalista alemão Von Buri, em 1860 e invocada implicitamente pelo acórdão da Corte Estadual, reputava-se como causa, para fins de responsabilização, qualquer evento considerado, por si só, capaz de gerar o dano. De acordo com esta teoria, entende-se que o dano não teria ocorrido se não existisse cada uma das condições que foram identificadas anteriormente ao resultado danoso (*conditio sine qua non*).[8] Não se considera a maior ou a menor proximidade ou importância de todas as condições das quais dependeram a produção do resultado, haja vista que todas são consideradas, para fins de responsabilidade, equivalentes. Dentre as diversas críticas dirigidas a essa teoria, afirma-se, com razão, que dá ensejo à ilimitada ampliação da cadeia causal, em infinita espiral de concausas, por ela gerada, de maneira a imputar a um sem-número de agentes o dever de reparar, levando a exageros inaceitáveis e soluções injustas.[9] Nesta direção, afirmou-se, com fina ironia, que a fórmula tenderia a tornar *cada homem responsável por todos os males que atingem a humanidade*.[10]

---

5. DE CUPIS, Adriano. *Il Danno*, v. I, Milano: Giuffrè, 1979, p. 215, tradução livre. No original: "(...) il legame che intercede tra due diversi fenomeni, per cui l'uno assume figura di effetto rispetto all'altro: quando un fenomeno sussiste in ragione dell'esistenza di un altro fenomeno, esso si dice 'causato' da questo, ad indicare che un rapporto di causalità si inserisce tra entrambi. Più precisamente, rapporto di causalità è il nesso eziologico materiale (ovverosia, oggettivo od esterno) che lega un fenomeno ad un altro; esso, per quanto concerne il danno, costituisce il fattore della sua imputazione materiale al soggetto umano".

6. A respeito da matéria, advertiu Caio Mário da Silva Pereira que o nexo de causalidade consiste no "mais delicado dos elementos da responsabilidade civil e o mais difícil de ser determinado" (PEREIRA, Caio Mário da Silva. *Responsabilidade Civil*, cit., 2018, p. 105). Nessa esteira: "Não é fácil a determinação do *nexo causal*. Em muitos casos, torna-se penoso saber até onde vai. Daí o esforço da doutrina para oferecer uma solução que facilite a tarefa do aplicador da lei quando se apresentam *causas sucessivas*." (GOMES, Orlando. *Responsabilidade civil*, Rio de Janeiro: Forense, 2011, p. 79).

7. Para ampla análise das teorias, cfr. também TEPEDINO, Gustavo; TERRA, Aline de Miranda Valverde; GUEDES, Gisela Sampaio da Cruz. *Fundamentos do Direito Civil*. Rio de Janeiro: Forense, 2020. v. 4: Responsabilidade Civil, p. 86-94.

8. DE CUPIS, Adriano. *Il Danno*, v. I, cit., p. 78.

9. Sobre o tema, v. CRUZ, Gisela Sampaio da. *O Problema do Nexo Causal na Responsabilidade Civil*, Rio de Janeiro: Renovar, 2005, p. 37-47.

10. ALVIM, Agostinho. *Da Inexecução das Obrigações e suas Conseqüências*, 4. ed. São Paulo: Saraiva, 1972, p. 369-370.

Já nos termos da teoria da causalidade adequada, concebida no final do século XIX pelo filósofo alemão Von Kries, procura-se identificar, na presença de mais de uma possível causa, qual delas, em abstrato, independentemente das demais circunstâncias que operam em favor do mesmo resultado, faz-se potencialmente apta a produzir o efeito danoso. Como observa Agostinho Alvim,[11] para saber se a causa se mostra adequada a produzir determinado efeito, questiona-se se a relação de causa e efeito exsurge em todos os casos da mesma espécie, ou se existiu apenas naquele caso concreto, por força da reunião contingente de circunstâncias específicas. Se a relação de causalidade existir sempre, considerar-se-á que a causa foi adequada a produzir o efeito. Se, ao contrário, somente uma circunstância intercorrente singularmente identificada pode explicar a causalidade, dir-se-á que a causa não era adequada.[12] A construção, embora reduza consideravelmente o espectro de causas a ser considerado pelo magistrado, acabou igualmente rechaçada, já que nem sempre a causa que, em abstrato, se mostra apta à produção do resultado danoso revela-se, na espécie, a geradora do dano. O caráter *adequado* da causalidade associa-se ao grau de probabilidade do dano, não traduzindo certeza para fins de imposição do dever de reparar.[13]

Na tradição jurídica brasileira prevalece a *teoria da causalidade direta e imediata*, ou teoria da interrupção do nexo de causalidade, consagrada pelo art. 403 do Código Civil,[14] que reproduziu a redação do art. 1.060 do Código Civil de 1916. Embora topograficamente relacionados à responsabilidade contratual, os dispositivos foram estendidos pela doutrina também à responsabilidade extracontratual.[15] De acordo com a citada teoria, somente se consideram causas suficientes a deflagrarem o dever de reparar aquelas vinculadas ao dano *direta e imediatamente*. Nessa direção, é de se considerar que estaria excluído o dever de indenizar pelo chamado "dano indireto" ou "dano por ricochete".

A interpretação literal dos mencionados artigos, destarte, afastaria do dever de reparar as causas que não fossem vinculadas ao dano *direta e imediatamente*, mediante a interferência de qualquer causa sucessiva. Nesta perspectiva, encontra-se excluída, em regra, a ressarcibilidade do chamado dano indireto ou *dano por ricochete*. Sabe-se, contudo, que os danos reflexos se encontram reconhecidos pela legislação e jurisprudência em algumas hipóteses específicas, especialmente no caso da condenação do responsável por homicídio à prestação de alimentos aos alimentandos da vítima, conforme expressamente previsto no art. 948, II, do Código Civil.[16] Trata-se, portanto, de hipótese de dano indireto ressarcível, considerando-se o dependente econômico vítima indireta do homicídio.[17] Assim

---

11. ALVIM, Agostinho. *Da Inexecução das Obrigações e suas Conseqüências*, cit., p. 345.
12. ALVIM, Agostinho. *Da Inexecução das Obrigações e suas Conseqüências*, cit., p. 345.
13. PEREIRA, Caio Mário da Silva Pereira. *Responsabilidade Civil*. cit., p. 109.
14. CC/2002, "Art. 403. Ainda que a inexecução resulte de dolo do devedor, as perdas e danos só incluem os prejuízos efetivos e os lucros cessantes por efeito dela direto e imediato, sem prejuízo do disposto na lei processual."
15. Sobre o ponto, v. TEPEDINO, Gustavo; SCHREIBER, Anderson. *Fundamentos do Direito Civil*, Rio de Janeiro: Forense, 2020. v. 2: Obrigações, p. 368.
16. CC/2002, "Art. 948. No caso de homicídio, a indenização consiste, sem excluir outras reparações: (...) II – na prestação de alimentos às pessoas a quem o morto os devia, levando-se em conta a duração provável da vida da vítima".
17. Confira-se decisão sobre o tema: "No caso de homicídio o responsável deve pagar os alimentos a quem o defunto os devia, sendo razoabilíssima a fixação em 0,75% de 1 (um) salário mínimo, que como o próprio nome indica é a quantia de menor limite a permitir a sobrevivência humana." (TJRJ, 10ª CC, Ap. Cív. 1999.001.10545, Rel. Des. Luiz Fux, julg. 11.4.2000, publ. DJ 29.5.2000). Em julgado mais recente, a mesma Corte afirmou que "Incidência do art. 948 do CC que dentre outras obrigações, determina a prestação de alimentos às pessoas a quem o morto os devia, levando-se em conta duração provável da vida da vítima." (TJRJ, 17ª C.C., Ap. Cív. 0063091-39.2012.8.19.0002, Rel. Des. Flávia Romano de Rezende, julg. 8.5.2019, publ. DJ 10.5.2019).

também em outras hipóteses, como no dano ambiental, a legislação especial admite os danos indiretos (art. 3º, III, da Lei 6.938/81).[18]

A preocupação com a higidez do nexo causal, a um só tempo capaz de afastar causas interruptivas e abranger tal hipótese de *ricochete*, pavimentou a construção evolutiva da teoria da relação causal imediata. Diante de tal constatação, tem-se considerado, em complemento à doutrina da responsabilidade direta e imediata, a construção evolutiva da *subteoria da necessidade da causa*, a qual admite a imputação do dever de reparar à causa que, próxima ou remota, tenha vínculo de necessariedade com o dano injusto. Segundo a subteoria da necessariedade da causa, "suposto certo dano, considera-se causa dele a que lhe é próxima ou remota, mas, com relação a esta última, é mister que ela se ligue ao dano diretamente. Ela é causa necessária desse dano, porque ele a ela se filia necessariamente; é causa única, porque opera por si, dispensadas outras causas. Assim, é indenizável todo o dano que se filia a uma causa, ainda que remota, desde que ela lhe seja causa necessária, por não existir outra que explique o mesmo dano".[19] Atribui-se a certa causa o dever de reparar se (e somente se) o evento danoso é dela efeito necessário. Vale dizer, se o resultado danoso resultou necessariamente do comportamento ou atividade que, assim, é considerado seu deflagrador causal. O dever de reparar, em última análise, surge exatamente quando o evento danoso é efeito necessário de certa causa.

Em tal perspectiva, o rompimento do nexo causal, capaz de afastar a reparação, ocorre não pela distância temporal, em si considerada, mas pela interferência de outra causa independente. Os desdobramentos do evento danoso que, temporariamente, estão distantes da conduta do agente, em geral não são ressarcíveis. Entretanto, podem sê-lo, a despeito do lapso temporal, desde que consequência *necessária* do ato ilícito ou de atividade de risco objetivamente considerada. No mais das vezes, portanto, os danos remotos não serão indenizáveis, porque (quase sempre) deixam de ser efeito necessário, em decorrência do aparecimento de concausas ao longo do tempo; todavia, se isso não ocorrer, eles devem ser indenizáveis.

No elucidativo exemplo proposto por Agostinho Alvim, identificando caso de dano que, não obstante remoto, é consequência necessária do inadimplemento da obrigação, visto não haver interveniência de nenhuma outra causa, veja-se: "Alguém dá em arrendamento uma casa, permitindo a sublocação. Mas o senhorio é vencido, posteriormente, em ação reivindicatória; e o contrato de locação, como consequência, deixa de subsistir. Surge, para o locador, a obrigação de indenizar. Seria dano direto do locatário, indiscutivelmente, a diferença a mais que tivesse que pagar por uma casa semelhante, por ter havido alta de alugueres. Mas, se o locatário subalugasse cômodos dessa pensão, e, por força da rescisão, tivesse que indenizar hóspedes e empregados? Estes danos, é certo, não se ligam imediatamente à primeira causa. Todavia, como para o seu aparecimento não concorreu nenhuma outra causa, a consequência é que o dano será indenizável, dada a absoluta ligação entre a primeira causa e o último dano".[20]

---

18. O art. 3º, III, da Lei 6.938/81 prevê a reparação por "degradação da qualidade ambiental resultante de atividades que direta ou indiretamente" causem danos à qualidade de vida ou ao ecossistema, respeitada a necessariedade causal entre o sinistro ambiental e os efeitos danosos.

19. ALVIM, Agostinho. *Da Inexecução das Obrigações*. cit., p. 356.

20. ALVIM, Agostinho. *Da inexecução das obrigações*, cit., p. 389-390.

NEXO DE CAUSALIDADE E O DANO INDIRETO NO DIREITO BRASILEIRO

3. O NEXO DE CAUSALIDADE NA JURISPRUDÊNCIA BRASILEIRA

Na jurisprudência brasileira, a despeito de certa confusão terminológica que resgata nomenclaturas próprias de outras teorias, como a da causalidade adequada e a da equivalência das condições, as decisões se revelam substancialmente fundamentadas na teoria da necessariedade da causa, por vezes chamada de causa eficiente, ou causa adequada eficiente e determinante para a deflagração do dever de reparar. Ilustrativamente, cite-se o REsp. 1.615.971, julgado pela 3ª Turma do Superior Tribunal de Justiça,[21] em que se invocou a teoria da causalidade adequada associada, em sua fundamentação, à investigação da causa direta e imediata (e da subteoria da necessariedade), na análise de responsabilidade diante de vazamento de gasolina que gerou danos ambientais de larga proporção. Afirmou-se naquela ocasião que "o nexo de causalidade deve ser aferido com base na teoria da causalidade adequada, adotada explicitamente pela legislação civil brasileira (...), segundo a qual somente se considera existente o nexo causal quando a ação ou omissão do agente for determinante e *diretamente ligada ao prejuízo*. A adoção da aludida teoria da causalidade adequada pode ensejar que, na aferição do nexo de causalidade, chegue-se à conclusão de que várias ações ou omissões perpetradas por um ou diversos agentes sejam *causas necessárias* e determinantes à ocorrência do dano".

Na práxis judiciária, tem-se invocado a causalidade adequada não em termos de probabilidade ou de maneira abstrata, como doutrinariamente formulada, mas em concreto, como a causa adequada eficiente para a produção do dano, distanciando-se, portanto, inteiramente, da construção teórica antes exposta relativamente à causalidade adequada.[22] O entendimento acaba por convergir com a noção de causalidade necessária, suscitando a pesquisa acerca da causa da qual necessariamente decorreu o dano.

A título exemplificativo, observe-se o REsp 2.821, em que o Superior Tribunal de Justiça,[23] ao declarar a inexistência de *causalidade adequada*, investigou qual a causa direta e imediata de determinado dano. No caso, uma montadora de veículos foi acionada por vítima de acidente automobilístico que buscou responsabilizá-la pela utilização de

---

21. STJ, 3ª T., REsp 1.615.971/DF, rel. Min. Marco Aurélio Bellizze, julg. 27.9.2016, publ. DJ 07.10.2016 em cuja ementa se lê: "A doutrina endossada pela jurisprudência desta Corte é a de que o nexo de causalidade deve ser aferido com base na teoria da causalidade adequada, adotada explicitamente pela legislação civil brasileira (CC/1916, art. 1.060 e CC/2002, art. 403), segundo a qual somente se considera existente o nexo causal quando a ação ou omissão do agente for determinante e diretamente ligada ao prejuízo." Na mesma direção, v. STJ, 3ª T., EDcl. no AgRg. no AREsp n. 790.643/DF, Rel. Min. Marco Aurélio Bellizze, julg. 23.6.2016, publ. DJ 1.7.2016, em que se afirma: "o ordenamento pátrio adotou a teoria da causalidade adequada, segundo a qual devem ser considerados os fatos e condições que concorreram para o evento danoso, selecionando aqueles que contribuíram de forma necessária e determinante para a ocorrência do prejuízo."

22. No mesmo sentido coloca-se a jurisprudência do Supremo Tribunal Federal: "Quer se adote esta teoria, do dano direto e imediato, quer a da causalidade adequada, não é possível, *data venia*, concluir-se que a morte do marido da autora, resultante do tiroteio que ele manteve com os assaltantes do ônibus, constitua dano direto e imediato do contrato de transporte" (STF, Tribunal Pleno, RE 88.407/RJ, Rel. Min. Thompson Flores, julg. 07.08.1980, publ. DJ 06.03.1981). Em outra ocasião, o Supremo Tribunal Federal evidenciou que a teoria permanece sendo aplicada: "A responsabilidade objetiva não restou caracterizada no presente caso, dado que não demonstrado o nexo de causalidade entre o fato danoso e o ato omissivo atribuído ao Estado de Minas Gerais. O homicídio foi praticado em concurso de pessoas, sendo um dos autores fugitivos da Delegacia Estadual de Ibirité – MG. O crime não teve como *causa necessária* a fuga, vez que resultou da formação de concurso de pessoas com o objetivo de matar e ocorreu aproximadamente 20 (vinte) dias após a evasão" (STF, 2ª T., RE no AgR. 460.812, Rel. Min. Eros Grau, julg. 08.05.2007, publ. DJ 25.05.2007, grifou-se).

23. STJ, 3ª T., REsp 2.821/RJ, Rel. Min. Gueiros Leite, julg. 16.10.1990, publ. DJ 10.12.1990. Veja-se excerto da ementa da decisão: "Acidente caracterizado por violenta colisão de automóvel com anteparo fixo. O recorrente ressalta a conduta do fabricante do veículo em face da relação de causalidade no campo da responsabilidade objetiva, fato irrelevante para a produção do evento por inexistência de causalidade adequada". No mesmo sentido, ainda, STJ, 2ª T., REsp 776.732/RJ, Rel. Min. Humberto Martins, julg. 08.05.2007, publ. DJ 21.05.2007.

vidro temperado no para-brisa de seu veículo, não já de *vidro laminado*. O *vidro temperado* rompeu-se com o acidente, ferindo gravemente o motorista, e, segundo o autor, o *vidro laminado* lhe teria sido menos danoso. Entendeu-se pela não responsabilização da empresa ré em razão da inexistência de liame causal de necessariedade entre a utilização de *vidro laminado* (fato) e os danos sofridos pela vítima do acidente automobilístico (evento danoso). A utilização daquela espécie de vidro, conquanto potencialmente apta a produzir o dano, não foi a causa necessária dos danos sofridos pela vítima, para os quais concorreram fatores humanos imprescindíveis e decisivos na deflagração do evento danoso. No julgamento, o Ministro Nilson Naves assinalou, em seu voto: "(...) torna-se difícil, senão impossível, o estabelecimento da causalidade; a propósito, disse, e corretamente, o acórdão recorrido: a conduta do fabricante do veículo está muito longe de uma relação de causalidade mercê da qual, mesmo no campo da responsabilidade objetiva (não é o caso) se justificasse o dever de reparação".

Nota-se, assim, a prevalência da subteoria da necessariedade, difundida também em diversas outras decisões que, invocando a teoria da causa direta e imediata, referem-se expressamente à causalidade necessária. Nessa direção, o voto do Ministro Teori Albino Zavascki, no julgamento do Recurso Especial n.º 858.511, em que se discutia a responsabilidade do Estado pela morte de criança atingida por bala perdida disparada por menor evadido de casa de custódia.[24] Naquela situação concreta, portanto, entendeu-se que a morte não decorrera *necessária*, *direta* e *imediatamente* da fuga. Assim, o Distrito Federal não foi condenado ao pagamento de indenização pela morte, ao demonstrar-se a inexistência de nexo causal direto e imediato entre esta e a fuga.

Em sentido semelhante, a 2ª Turma do STJ afastou a responsabilidade do Estado do Rio de Janeiro por acidente automobilístico causado por detento que, no momento da colisão, deveria se encontrar recluso. No caso, os agentes da prisão-albergue em que cumpria pena no regime semiaberto permitiam, cotidianamente, que o preso dormisse fora do estabelecimento prisional. Os julgadores entenderam correta a conclusão do acórdão recorrido, segundo a qual "somente o fato idôneo ou adequado para produzir o dano é de ser levado em consideração para o estabelecimento de responsabilidade", a afastar dever de reparação por parte do estado. Buscou-se, pois, a despeito da gravidade da evasão e de

---

24. STJ, 1ª T., REsp 858.511/DF, Rel. Min. Luiz Fux, Rel. para Acórdão Min. Teori Albino Zavascki, julg. 19.8.2008, publ. DJ 15.09.2008 (grifou-se). Nas palavras do Ministro relator: "Um menor, que estava cumprindo medida socioeducativa em regime de semiliberdade (podendo ausentar-se durante o dia, desde que autorizado, devendo retornar no período noturno), evadiu-se do estabelecimento em que estava custodiado (Casa de Semiliberdade de Taguatinga). Esse o primeiro fato. O outro fato é o que produziu o dano: oito dias após a evasão, o mesmo menor envolveu-se em tiroteio com um desafeto, sendo que um disparo por ele desferido atingiu uma criança de quatro anos, filho dos recorrentes, causando-lhe a morte (e, portanto, os danos aqui reclamados). Pergunta-se: *o primeiro fato pode ser tido como causa direta e imediata do segundo?* Ou, visto pelo outro ângulo: *o segundo fato pode ser tido como efeito necessário do primeiro?* A resposta, induvidosamente, é negativa. É inequívoca a ausência de nexo causal". Em conclusão, afirma que "nem a negligência do serviço foi *causa direta e imediata* do evento danoso (o tiroteio e a "bala perdida"), nem o dano foi *efeito necessário* daquela deficiência". Acontecimentos similares ensejam amplo debate no âmbito do Supremo Tribunal Federal, resultando, por diversas vezes, na invocação da teoria da causalidade direta e imediata. Nesse sentido, veja-se STF, 2ª T., RE 409.203/RS, Rel. Min. Carlos Velloso, Rel. p/ Acórdão Min. Joaquim Barbosa, julg. 07.03.2006, publ. DJ 20.04.2007 em que se discute a responsabilidade estatal decorrente de estupro praticado por indivíduo que, por desídia do Estado, ainda desfrutava de regime prisional aberto, apesar de sete evasões consecutivas. Na hipótese, entendeu o Tribunal, nos termos do voto vencedor, pela responsabilização do Estado, pois, ao contrário do caso acima aludido (RE 130.764-1/PR), não se verificou nenhum elemento capaz de descaracterizar a causalidade direta. Assim, reconheceu-se "a imediatidade da conexão entre o ato omissivo dos agentes estatais e o grave episódio danoso (...). Aqui, se os agentes do poder público houvessem antecipadamente cumprido com suas atribuições, o apenado deveria estar encarcerado na noite em que agrediu mãe e filha. A omissão se coloca, portanto, como causa material suficiente a permitir que o evento danoso ocorresse".

seu potencial de nocividade, a *causa necessária* para a configuração do dano, não obstante se mencionar a teoria da causalidade adequada.[25]

Tal construção jurisprudencial foi sendo progressivamente consolidada, sob a liderança do Superior Tribunal de Justiça, especialmente nas hipóteses de concurso de causas, as quais se poderiam dividir em concausas sucessivas e concausas concomitantes.

Na pluralidade de causas concomitantes, reunidas simultaneamente, portanto, para a produção do evento danoso, resulta implícito o vínculo de necessariedade entre todas as causas e o evento danoso. Diante de múltiplas causas concomitantes, ao juiz caberá: (i) determinar o vínculo de necessariedade entre todas e o dano, estabelecendo, assim, o dever de reparar em face de todos os agentes envolvidos; ou i) identificar se dentre essas causas, posto jungidas pelo vínculo de necessariedade, há preponderância de alguma ou de algumas delas, de modo a excluir as demais. Nesta última hipótese, quando mais de uma causa tiver relevância decisiva para a produção do resultado, ou quando se mostrar impossível a determinação de qual delas foi verdadeiramente preponderante, o dever de indenizar há de ser repartido entre todas as concausas, ocorrendo então o que se convencionou denominar de *culpa concorrente*.

Na hipótese de concausas sucessivas, ressalte-se a jurisprudência do STJ, caso no qual foi movida ação de reparação de danos em face de administradora do estacionamento de um aeroporto, sob a alegação de inadimplemento contratual, vez que o filho da proprietária do veículo estacionado conseguiu retirá-lo sem a apresentação do comprovante contratual, que ficara em poder da autora. Dias depois, em outra cidade, o filho, que retirara o veículo após convencer o funcionário quanto à perda do comprovante, acidentou-se na estrada, causando lesões físicas nos passageiros e no veículo, suportadas pela autora. Nesse caso, parece inegável que, sem a liberação irregular do veículo, o acidente não teria ocorrido. No entanto, do inadimplemento contratual, causa remota, não decorre necessariamente o dano, para o qual concorreram fatores supervenientes e decisivos para o acidente.

Como se percebe, a jurisprudência procurou, em face de situações de difícil solução no campo da responsabilidade civil, adotar critérios para delimitar a verificação do nexo de causalidade, a obstar que, no louvável intuito de assegurar a efetividade da reparação, se abandonem os pressupostos técnicos indispensáveis ao dever de reparar, notadamente o dano e o nexo de causalidade. Impede-se, assim, a adoção de soluções que no afã de assegurar a reparação, ameaçam a segurança jurídica e a iniciativa econômica privada, além de banalizarem a responsabilidade civil.

4. RECONHECIMENTO DO DANO INDIRETO PELO SUPREMO TRIBUNAL FEDERAL

O tema voltou ao debate com a decisão proferida pelo Supremo Tribunal Federal, por maioria de votos, em julgamento sob a sistemática de Repercussão Geral, em que se negou o dever de reparação do Estado por danos causados por foragido do sistema carcerário. No julgamento do RE 608.880, sob relatoria do Ministro Marco Aurélio,[26] a Corte reformou decisão do Tribunal de Justiça de Mato Grosso que condenara o Estado à indenização por danos morais e materiais em razão de latrocínio praticado por criminoso que, cumprindo pena em regime fechado, evadira do presídio três meses antes do crime.

---

25. STJ, 2ª T., REsp 669.258, Rel. Min. Humberto Martins, julg. 22.02.2007, publ. DJ 25.03.2009.
26. STF, Tribunal Pleno, RE n. º 608.880/MT, Rel. Min. Marco Aurélio, julg. 08.09.2020, publ. 1.10.2020.

Afirmou-se naquela ocasião que, "nos termos do artigo 37 §6º da Constituição Federal, não se caracteriza a responsabilidade civil objetiva do Estado por danos decorrentes de crime praticado por pessoa foragida do sistema prisional, quando não demonstrado o nexo causal direto entre o momento da fuga e a conduta praticada." No caso, o Ministro Alexandre de Moraes, abrindo divergência, entendeu que o conjunto dos fatos e das provas sedimentado nas instâncias ordinárias não permitiria imputar responsabilidade por omissão ao Estado pela conduta levada a cabo por terceiros que deveriam estar sob sua custódia.[27]

Embora sem consenso semântico quanto às categorias dogmáticas adotadas por cada um dos julgadores, o Supremo Tribunal Federal manteve acertadamente o entendimento jurisprudencial que consagra a responsabilidade objetiva do Estado, prevista no art. 37, § 6º, da Constituição, mesmo na hipótese de comportamento omisso. Além disso, reafirmou-se, em linha com o célebre precedente do RE n.º 130.764, de 7 de agosto de 1992, da Relatoria do Ministro Moreira Alves,[28] a teoria da causalidade necessária para a deflagração da responsabilidade civil. Na paradigmática decisão, já em 1992, restou consagrado o entendimento segundo o qual "o dano decorrente do assalto por uma quadrilha de que participava um dia evadidos da prisão não foi o efeito necessário da omissão da autoridade pública que o acórdão recorrido teve como causa da fuga dele, mas resultou de concausas, como a formação da quadrilha, e o assalto ocorrido cerca de vinte e um meses após a evasão".

No caso em tela, prevaleceu então o entendimento de que, embora fossem incontroversos a quebra do dever de custódia do apenado e o crime por ele praticado, outras causas intercorreram na preparação do assalto, na definição do plano criminoso com outros comparsas e na aquisição de armas, interrompendo, assim, o nexo de causalidade entre a fuga e o latrocínio. Segundo tal orientação, portanto, mesmo havendo muitas causas potencialmente danosas, somente deve ser imputado o dever de reparar ao agente cujo comportamento ou atividade acarretou necessariamente o resultado danoso.

---

27. Nesse sentido, afirmou o Min. Alexandre de Moraes em seu voto condutor: "Não há, portanto, como reconhecer nexo causal entre uma suposta omissão genérica do Poder Público e o dano causado, e, consequentemente, não é possível imputar responsabilidade objetiva ao Estado, como bem salientado no emblemático RE 130.764 (Rel. Min. Moreira Alves, DJ de 07.08.1992), que, em síntese, demonstra a necessária exigência que o dano provocado por terceiro deve ter estreita relação com a omissão estatal, sem interrupção do nexo causal, consideradas as várias circunstâncias concorrendo para o resultado. (...) Infere-se que (i) o intervalo entre fato administrativo e o fato típico (critério cronológico) e (ii) o surgimento de causas supervenientes independentes (v.g., formação de quadrilha), que deram origem a novo nexo causal, contribuíram para suprimir a relação de causa (evasão do apenado do sistema penal) e efeito (fato criminoso). Nesse sentido, a fuga de presidiário e o cometimento de crime (elementos fáticos), sem qualquer relação lógica com sua evasão, extirpa o elemento normativo, "segundo o qual a responsabilidade civil só se estabelece em relação aos efeitos diretos e imediatos causados pela conduta do agente. A incorreta visualização do nexo causal pode levar à distorção de rumos, fazendo alguém responder pelo que não fez", adverte Sergio Cavalieri Filho (*Programa de Responsabilidade Civil*.13. ed. São Paulo: Atlas, 2019)" (STF, Tribunal Pleno, RE n. 608.880/MT, Rel. Min. Marco Aurélio, julg. 08.09.2020, publ. 1º.10.2020).

28. "Ora, em nosso sistema jurídico, como resulta do disposto no artigo 1.060 do Código Civil [de 1916], a teoria adotada quanto ao nexo de causalidade é a teoria do dano direto e imediato, também denominada teoria da interrupção do nexo causal. Não obstante aquele dispositivo da codificação civil diga respeito a impropriamente denominada responsabilidade contratual, aplica-se ele também a responsabilidade extracontratual, inclusive a objetiva, até por ser aquela que, sem quaisquer considerações de ordem subjetiva, afasta os inconvenientes das outras duas teorias existentes: a da equivalência das condições e a da causalidade adequada. – No caso, em face dos fatos tidos como certos pelo acórdão recorrido, e com base nos quais reconheceu ele o nexo de causalidade indispensável para o reconhecimento da responsabilidade objetiva constitucional, e inequívoco que o nexo de causalidade inexiste, e, portanto, não pode haver a incidência da responsabilidade prevista no artigo 107 da Emenda Constitucional n. 1/69, a que corresponde o parágrafo 6. do artigo 37 da atual Constituição. Com efeito, o dano decorrente do assalto por uma quadrilha de que participava um dos evadidos da prisão não foi o efeito necessário da omissão da autoridade pública que o acórdão recorrido teve como causa da fuga dele, mas resultou de concausas, como a formação da quadrilha, e o assalto ocorrido cerca de vinte e um meses após a evasão. Recurso extraordinário conhecido e provido." (STF, 1ª T., RE 130.764, Rel. Min. Moreira Alves, publ. DJ 07.08.1992).

Com isso, reitera-se, em boa hora, a necessidade de análise criteriosa do nexo causal, independentemente da imputação subjetiva ou objetiva do dever de reparar. Nessa perspectiva, convém repisar, não é a distância temporal entre o dano e a conduta do agente que rompe o nexo de causalidade, mas a interferência de outra cadeia causal independente. A interrupção do nexo pode decorrer de fato exclusivo de terceiro, da própria vítima ou por evento de caso fortuito ou de força maior. Assim, os desdobramentos do evento danoso que, temporalmente, estão distantes da conduta do agente são também passíveis de ressarcimento, desde que sejam consequência direta e imediata do ato ilícito ou da atividade perigosa objetivamente considerada, isto é, contanto que estejam ligados à conduta do agente por cadeia causal que não tenha sofrido qualquer interrupção.

5. NOTAS CONCLUSIVAS

Com o retorno da matéria à pauta do Supremo Tribunal Federal, reitera-se a prevalência da teoria na necessariedade da causa no direito brasileiro, pela qual, em regra, somente os danos diretos e imediatos acarretam o dever de reparar, embora o legislador admita algumas hipóteses de reparação de danos indiretos, tanto no sistema de responsabilidade subjetiva quanto objetiva. Nestes casos, havendo muitas causas potencialmente danosas, somente deve ser imputado o dever de reparar ao agente de cujo comportamento ou atividade decorreu necessariamente o resultado danoso.

Tais noções demonstram a importância do nexo de causalidade na dogmática atual da responsabilidade civil e a imprescindibilidade do delineamento de parâmetros homogêneos para o seu estabelecimento no sistema jurídico brasileiro. Como se procurou demonstrar, a jurisprudência vem contribuindo significativamente para essa delimitação. Nessa direção, fiel à legalidade constitucional, o magistrado assume papel de destaque na solução dos renovados problemas suscitados pela responsabilidade civil, conforme antevisto pelo Professor Renan Lotufo: "Agravam-se os problemas para o intérprete, mas ao mesmo tempo faz-se dele um partícipe na construção da boa lei, da lei que concretize os valores constitucionais, enfim, que preserve a dignidade da pessoa humana e a solidariedade. É um desafio, mas é, também, um voto de confiança".[29]

6. REFERÊNCIAS

ALVIM, Agostinho. *Da Inexecução das Obrigações e suas Conseqüências*. 4. ed. São Paulo: Saraiva, 1972.

CRUZ, Gisela Sampaio da. *O Problema do Nexo Causal na Responsabilidade Civil*. Rio de Janeiro: Renovar, 2005.

CRUZ, Gisela Sampaio da. *Lucros Cessantes*. São Paulo: Ed. RT, 2011.

DE CUPIS, Adriano. *Il Danno*. Milano: Giuffrè, 1979. v. I.

GOMES, Orlando. *Responsabilidade civil*. Rio de Janeiro: Forense, 2011.

LOTUFO, Renan. A responsabilidade civil e o papel do juiz no Código Civil de 2002. In: *Responsabilidade Civil*: estudos em homenagem ao Professor Rui Geraldo Camargo Viana, São Paulo: Ed. RT, 2009.

PEREIRA, Caio Mário da Silva. *Responsabilidade Civil*. 12. ed. rev., atual. e ampl. por Gustavo Tepedino. Rio de Janeiro: Forense, 2018.

---

29. LOTUFO, Renan. A responsabilidade civil e o papel do juiz no Código Civil de 2002, p. 462. In: *Responsabilidade Civil*: estudos em homenagem ao Professor Rui Geraldo Camargo Viana, São Paulo: Ed. RT, 2009, p. 448-462.

SCHREIBER, Anderson. *Novos Paradigmas da Responsabilidade Civil*: da erosão dos filtros de reparação à diluição dos danos. São Paulo: Atlas, 2007.

TEPEDINO, Gustavo. Notas sobre o nexo de causalidade. *Revista Trimestral de Direito Civil (RTDC)*, n. 6, 2001.

TEPEDINO, Gustavo; SCHREIBER, Anderson. *Fundamentos do Direito Civil*. Rio de Janeiro: Forense, 2020. v. 2: Obrigações.

TEPEDINO, Gustavo; TERRA, Aline de Miranda Valverde; GUEDES, Gisela Sampaio da Cruz. *Fundamentos do Direito Civil*. Rio de Janeiro: Forense, 2020. v. 4: Responsabilidade Civil.

OBESIDADE, NEXO CAUSAL E RESPONSABILIDADE

Teresa Ancona Lopez

Professora Titular de Direito Civil da Faculdade de Direito da USP do Largo São Francisco.

Sumário: 1. Considerações gerais. 2. Responsabilidade pelo combate à obesidade não significa responsabilidade pela obesidade. 3. Obesidade e restrição à publicidade de alimentos e bebidas. 3.1 Panorama nacional. 3.2 Panorama Internacional. 3.3 Ações civis públicas. 4. Responsabilidade civil pela obesidade. 4.1 Dever de informar e obesidade. 4.2 Nexo causal e obesidade. 5. Proposições conclusivas.

1. CONSIDERAÇÕES GERAIS

Trata-se de matéria que tem como pilares a liberdade e a informação. De fato ,é na exercício do livre-arbítrio que acontece o não querido aumento exagerado de peso corporal ."*Como valor, a liberdade integra a personalidade enquanto seu contorno essencial, de início no sentido positivo de criatividade, de expressão do próprio ser da pessoa, da capacidade de inovar, e, em seguida, em um sentido negativo de não ser impedido*", segundo ensinamento de Tércio Sampaio Ferraz[1].

Diferentemente da trágica obesidade infantil que tem como causa a negligência dos pais ou daqueles que têm esses menores sob cuidado. Falar em obesidade infantil em um país onde existem milhares de crianças subnutridas é um paradoxo. Isso deveria levar os mais favorecidos a terem vergonha de suas condutas nada solidárias.

Na verdade, a discussão jurídica sobre a obesidade e seus culpados só vai ser alcançada pelas classes média e alta. Os menos favorecidos têm que resolver o problema de sua fome.

Sabemos que a obesidade é uma doença; mesmo em nosso país já se manifesta em forma de epidemia. Esse distúrbio é causa de sérios problemas de saúde desde doenças graves até a morte prematura de seu portador por falência total de seu corpo

Quem é o culpado por todo esse mal? Tenta-se jogar a responsabilidade na indústria de alimentos, na propaganda de produtos muito apreciados, mas com grande quantidade de açúcar e gorduras como bolachas, chocolates, refrigerantes etc., mas, principalmente, nas empresas de fast-food. Os governos mundo afora e também o de nosso país lideram as campanhas contra as empresas de alimentos e jogam a responsabilidade sobre o produtor, pois custa caro tratar esses doentes obesos que, muitas vezes, são irrecuperáveis

Essa é uma quaestio juris e deve ser resolvida dentro de todo nosso sistema jurídico.

---

1. FERRAZ JÚNIOR, Tércio Sampaio. *A liberdade de fumar*: sobre a liberdade de fumar e o direito à saúde na Constituição e na lei, Direito Constitucional – Liberdade de Fumar, Privacidade, Estado, Direitos Humanos e outros temas. São Paulo: Manole, 2007.

Onde está o nexo causal entre os fabricantes de alimentos e as lojas que vendem fast-food e a doença da obesidade?

Em janeiro de 2019, o periódico médico *The Lancet*, através da sua *Comissão sobre Obesidade*, divulgou um relatório cuja elaboração levou 3 anos e retratou a chamada *Big Food*, expressão que representa as grandes multinacionais de alimentos e bebidas, com os mesmos contornos da *Big Tobacco* e acusou a influência das grandes empresas do setor, através das proezas de seu *lobby*, como responsável por uma pandemia de obesidade.

Tal fato reflete a militância dos advogados norte-americanos que, se, antes, vinham agindo contra a indústria do tabaco, elegeram, no início deste século, a indústria de bebidas e alimentos como novo alvo para suas ações[2], litigando, assim, pela responsabilização em razão de indigitados danos à saúde de seus consumidores.

Uma das primeiras ações foi ajuizada por Ceasar Barber contra quatro grandes redes de *fast food* em julho de 2002[3]. O nova-iorquino, cujo caso caiu nas graças da mídia estadunidense, alegava que as rés teriam lhe incentivado ao hábito alimentar não saudável, causando-lhe obesidade e problemas de saúde relacionados ao excesso de peso. Exposto ao ridículo pela mídia[4], o caso Ceasar Barber não passou de um contratempo às redes de *fast food*, mas já sinalizava o início de uma longa disputa a ser travada nos tribunais dos Estados Unidos da América.

Naquele mesmo ano, duas adolescentes ajuizaram ação contra o McDonald's, alegando que este seria responsável por sua obesidade e seus correlatos problemas de saúde.

O caso *Pelman v. McDonald's Corp.* foi decidido pelo juiz federal Robert Sweet em janeiro de 2003. Em sua *opinion*, o magistrado ressaltou que o caso, que envolve a alegação de que a prática do McDonald's é enganosa e, por esse motivo, causou danos à saúde das crianças, é peculiar e desafiador[5]. Partindo da premissa de que não se deve dar seguimento a uma ação cujo fundamento parte da alegação genérica e difícil de ser provada de que o produto causa dependência, o juiz entendeu por não dar prosseguimento à ação[6]. Contudo, o magistrado possibilitou que as autoras emendassem a petição, desde que alegassem que o McDonald's induziu seus consumidores a um estado de ignorância sobre os riscos à saúde e que elas não teriam engordado se a empresa não as houvesse enganado. Além disso, o juiz apontou que as autoras deveriam também se mostrar capazes de provar tais alegações.

---

2. Nos Estados Unidos da América muitos juristas defendem o ajuizamento de ações como um meio possível e adequado para a correção de falhas em análises da relação custo-benefício. Nesse sentido, por exemplo, SHERRY F. COLB, *Why Suing McDonald's Could Be a Good Thing* – Compelling Companies to Bear the Costs They Inflict on Others. Disponível em: http://writ.corporate.findlaw.com/colb/20030129.html, defende a litigância como meio para fazer com que as empresas de *fast food* internalizem os custos gerados por seus produtos à saúde de consumidores que não são capazes de fazer uma análise de custo-benefício precisa.

3. No mesmo ano na Alemanha houve um caso envolvendo barrinhas de chocolate.

4. C.f. Depois do fumo, chegou a vez do fast-food, *Gazeta Mercantil* de 12 de setembro de 2002.

5. "This action presents unique and challenging issues. The plaintiffs have alleged that the practices of McDonalds in making and selling their products are deceptive and that this deception has caused the minors who have consumed McDonalds' products to injure their health by becoming obese. Questions of personal responsibility, common knowledge and public health are presented, and the role of society and the courts in addressing such issues."

6. "A claim that a product causes addiction and that reasonable consumers are unaware of that danger must at the very least (1) allege that the plaintiffs are addicted, with allegations revealing ways in which their addiction may be observed, and (2) specify the basis of the plaintiffs' belief that they and others became addicted to the product.32 Further allegations addressing questions raised above would further strengthen the claim. In the absence of any such specific allegations, Count V must be dismissed".

OBESIDADE, NEXO CAUSAL E RESPONSABILIDADE **247**

Além das ações judiciais, pressões sociais levaram à produção de normas que ora visavam a restringir a atividade das referidas empresas, ora a salvaguardá-las de ações que busquem sua responsabilização. Exemplo destas foi a aprovação pela Câmara dos Representantes dos Estados Unidos de projeto conhecido como *Cheeseburger Bill*, que impede processos de obesos contra redes de *fast food*[7].

Desde então, as empresas do setor de alimentos e bebidas, cientes do impacto negativo das campanhas contra seus produtos, têm adotado estratégias para que suas marcas sejam desassociadas do aumento da obesidade. Em 2002, já preocupadas com as novas ações, grandes redes de *fast food* e outras empresas do setor alimentício e de bebidas anunciaram uma campanha publicitária destinada a ajudar crianças entre 9 e 12 anos a melhorarem seu hábito alimentar e a intensificarem sua atividade física[8].

Assim como ocorreu com o tabaco na década de noventa, a campanha iniciada nos Estados Unidos se espalhou pelo mundo e exerce hoje grande influência no Brasil. Como aconteceu com a experiência do tabaco, advogados, membros do Ministério Público, associações de defesa do consumidor e órgãos governamentais estão dispostos a ajuizar demandas em face de empresas do setor de alimentos e bebidas alegando que seus produtos causam obesidade e, consequentemente, graves problemas de saúde. Com efeito, algumas ações civis públicas já foram ajuizadas com o escopo de determinar aos fornecedores restrições à publicidade de produtos com baixo teor nutritivo e elevado teor calórico. Por outro lado, alguns consumidores já ajuizaram ações de responsabilidade civil contra algumas empresas.

2. RESPONSABILIDADE PELO COMBATE À OBESIDADE NÃO SIGNIFICA RESPONSABILIDADE PELA OBESIDADE

Conquanto a OMS atribua a responsabilidade pelo combate à obesidade tanto a governos quanto à iniciativa privada, o texto da 57ª Assembleia distingue a responsabilidade do setor público da do setor privado.

Quanto aos governos, o documento é claro em lhes conferir um papel crucial na mudança do quadro da saúde pública. De fato, o §36 determina que "os governos exercem um papel diretivo e administrativo fundamental na aplicação e desenvolvimento da Estratégia, garantindo que seja implementada e monitorando seu impacto em longo prazo"[9]. *Desse modo, principal responsável pela saúde pública, o governo deve atuar mediante políticas públicas.*

Cada vez que o Governo falha não executando as políticas públicas e levando a população a exagerar no álcool, nas bebidas, nos remédios, nas comidas etc., instala-se o "vácuo do poder" e surgem os pedidos ao Judiciário que, então, substituindo o Poder Executivo, exerce, caso a caso, a tarefa do cumprimento das políticas públicas.

---

7. C.f. Câmara dos EUA aprova lei que impede processos de obesos contra fast food, *Folha de São Paulo*, p. A.13, 11. de março de 2004. Ver também *US approves Cheeseburger Bill*, http://news.bbc.co.uk/2/hi/americas/3500388.stm, visitado em 27 de setembro de 2007.
8. C.f. *O Estado de São Paulo*, p. A.16, 15 de junho de 2002.
9. "governments have a primary steering and stewardship role in initiating and developing the Strategy, ensuring that it is implemented and monitoring its impact in the long term".

Por outro lado, o setor privado também teria um papel relevante na implantação da estratégia. Esse papel, contudo, não pode ser imposto às empresas como objetivo precípuo destas. Com efeito, a *Estratégia Global sobre Dieta, Atividade Física e Saúde* enfatiza que as relações entre empresas e esferas governamentais devem se dar na forma de cooperação e nada diz sobre a necessidade de o Estado impor às empresas medidas que fomentem a redução do consumo de alimentos ou bebidas de elevado valor calórico.

Assim, o que a OMS faz é recomendar à indústria alimentícia medidas às quais elas tenderão a aderir em consequência do próprio aumento da demanda por produtos mais saudáveis e na medida em que sejam estimuladas (e não compelidas) por políticas públicas governamentais. Essa é uma postura racional e que não ignora a proteção à liberdade de expressão comercial e à livre iniciativa.

No âmbito europeu, há a *European Charter on Couteracting Obesity*[10]. Nessa carta, realça-se a importância de estimular uma mudança no estilo de vida os indivíduos. Para isso, destaca a necessidade de *políticas públicas*, que, dentre outras coisas, devem encorajar os indivíduos a praticarem atividades físicas e devem possibilitar o acesso a alimentos mais saudáveis, como frutas e verduras. Quanto ao setor privado, destaca sua importância na construção de um ambiente mais saudável, mas a carta, diversas vezes, ressalva que isso deverá ser feito através de parcerias com as esferas governamentais e do reconhecimento de que há oportunidades econômicas no investimento em produtos mais saudáveis.

3. OBESIDADE E RESTRIÇÃO À PUBLICIDADE DE ALIMENTOS E BEBIDAS

3.1 Panorama nacional

O problema da responsabilidade civil dos fornecedores de alimentos em razão de produtos que causariam obesidade, aspecto central do presente capítulo, passa necessariamente pela questão da limitação ou eliminação da publicidade de tais produtos. De fato, na medida em que a restrição da publicidade envolve a capacidade desta de "induzir o consumidor a se comportar de forma prejudicial ou perigosa à sua saúde" (artigo 37, § 2º, do CDC), ela se relaciona com a definição de um produto defeituoso "por informações insuficientes ou inadequadas sobre sua utilização e riscos" (artigo 12, *caput*, do CDC).

Por meio da Consulta Pública 71, de 10 de novembro de 2006, a Diretoria Colegiada da Agência Nacional de Vigilância Sanitária (ANVISA) iniciou consulta pública para discutir Proposta de Regulamento Técnico sobre a "oferta, propaganda, publicidade, informação e outras práticas correlatas cujo objeto seja a divulgação ou promoção de alimentos com quantidades elevadas de açúcar, de gordura saturada, de gordura trans, de sódio e de bebidas com baixo teor nutricional, quaisquer que sejam as formas e meios de sua veiculação, sem prejuízo do que particularmente se estabeleça para determinados tipos de alimentos por meio de legislação específica" (artigo 1º). Deve-se, contudo, ressaltar que há sérias dúvidas sobre a competência da ANVISA para estabelecer restrições à propaganda de alimentos e bebidas.

---

10. WHO European Ministerial Conference on Counteracting Obstity – Diet and Physical Activity for Health, Istanbul, Turkey, 15-17 November 2006.

OBESIDADE, NEXO CAUSAL E RESPONSABILIDADE **249**

A despeito da incerteza sobre sua competência, em outubro de 2020, a Agência aprovou norma sobre rotulagem nutricional de alimentos embalados que prevê a chamada *Rotulagem nutriconal frontal* (um símbolo informativo na parte da frente do produto para esclarecer o consumidor sobre o alto conteúdo de nutrientes – açúcares adicionados, gorduras saturadas e sódio – que têm relevância para a saúde) e altera a *Tabela de informação nutricional* (a tabela, que deverá ficar, em regra, próxima da lista de ingredientes e em superfície contínua, não sendo aceitas quebras, passa a ter apenas letras pretas e fundo branco com o objetivo é afastar a possibilidade de uso de contrates que atrapalhem na legibilidade das informações, passando também a ser obrigatória a identificação de açúcares totais e adicionais, a declaração do valor energético e nutricional por 100 g ou 100 ml, para ajudar na comparação de produtos, e o número de porções por embalagem).

De qualquer maneira, não se pode ignorar que, pelo disposto no artigo 22, inciso XXIX, da Constituição Federal, a propaganda comercial é objeto de competência legislativa própria de União. Disso resulta que a regulamentação do conteúdo publicitário somente pode ser estabelecido por lei federal.

3.2 Panorama internacional

Por outro lado, também temos verificado no âmbito internacional algumas posturas incisivas quanto à restrição à publicidade. É o caso do Ofcom, órgão independente que regulamenta o setor de comunicação no Reino Unido. Recorrendo-se ao argumento do combate à obesidade como necessário à promoção da saúde pública, o órgão britânico pôs de lado a proteção à liberdade de expressão comercial. Publicado em 22 de fevereiro de 2007, o *Television Advertising of Food and Drink Products to Children – Final Statement*[11] adota uma política de fortes restrições à publicidade de alimentos com elevado teor de gordura, sal e açúcar. As restrições têm em vista a proteção da saúde de crianças e, de forma genérica, envolvem a proibição de publicidade de alimentos ou bebidas considerados HFSS (*high fat, salt and sugar*) em programas direcionados a menores de 16 anos.

No entanto, mesmo o posicionamento do Ofcom de modo algum se equipara ao radicalismo que amiúde permeia o debate acerca da restrição à publicidade no Brasil. Além disso, é importante anotar que as organizações internacionais têm sido mais razoáveis que a ANVISA e o próprio Ofcom. Como abaixo se verificará, as organizações internacionais sempre têm levado em conta a garantia da liberdade de expressão, frente à crescente necessidade de redução dos índices de obesidade.

A Câmara de Comercio Internacional (ICC), por exemplo, propugna uma postura mais amena e que reflete uma maior preocupação com a liberdade de expressão. A Comissão de Marketing e Publicidade da Câmara de Comercio Internacional (ICC), atenta ao aumento da preocupação mundial com a dieta, preparou o *ICC Framework for Responsible Food and Beverage Marketing Communication*, de 2 de outubro de 2006. Nesse documento a ICC ilustra como princípios importantes do *ICC Code of Advertising and Marketing Communication Practice* podem ser aplicados no contexto das indústrias de alimentos e bebidas e ressalta seu posicionamento no sentido de que a melhor forma de proteger o consumidor é a autorregulamentação do mercado.

---

11. Disponível em: www.ofcom.org.uk/consult/condocs/foodads_new/statement/statement.pdf.

O documento destaca três aspectos: (i) uma comunicação de marketing responsável pode ajudar os consumidores a fazerem escolhas apropriadas quanto a alimentos e bebidas; (ii) *as crianças são um foco legítimo da publicidade, mas se deve levar em consideração sua inexperiência como consumidores*; (iii) a liberdade de expressão é um princípio fundamental na venda de qualquer produto legal. Considerando tais aspectos, a ICC conclui que os órgãos nacionais e internacionais de autorregulação do mercado publicitário devem rever e atualizar seus princípios frente aos atuais padrões de marketing responsável no mercado de alimentos e bebidas. De forma alguma, no entanto, considera que as crianças não possam ser consideradas foco legítimo de publicidade.

Considerar que as crianças são foco legítimo da publicidade, desde que respeitados padrões de restrições (os quais, aliás, vêm sendo construído pelo próprio setor), é a solução mais razoável e que encontra apoio no próprio texto da Estratégia Global sobre Dieta, Atividade Física e Saúde da Organização Mundial da Saúde.

Quando a OMS fala em *marketing responsável*, destaca que a indústria de alimentos e bebidas não pode explorar a inexperiência ou credulidade das crianças[12]. Essa é a única restrição à publicidade que se vislumbra do texto de sua Estratégia Global. De forma alguma a liberdade de expressão comercial pode ser eliminada, mesmo para a hipótese de publicidade direcionada a crianças. Nesta hipótese, o que ocorre é uma legítima limitação da liberdade de expressão e não sua total eliminação. As empresas podem direcionar sua publicidade às crianças, desde que se adstrinjam a *standards* que levem em conta que as crianças ainda não têm uma capacidade cognitiva e de avaliação plenamente desenvolvida. As crianças podem e devem escolher; e de fato escolhem. Podem e devem ter acesso às informações que digam respeito a alimentos. O que não se pode é aproveitar-se de sua imaturidade, um problema a que a autorregulação do setor de publicidade há tempo já estava atenta. Seja no âmbito internacional ou no nacional, há princípios que dizem respeito à publicidade dirigida às crianças. O que resta é aplicá-los e readaptá-los a uma nova realidade de preocupação com a boa alimentação.

3.3 Ações civis públicas

Em 2003, o Ministério Público do Estado de São Paulo ajuizou Ação Civil Pública em face da Companhia de Bebidas da América S.A. – AMBEV, pleiteando a condenação da requerida em (i) "não veicular, por qualquer meio, publicidade dirigida a crianças e adolescentes que associe o consumo de refrigerantes e sucos que contenham açúcar a uma vida saudável"; (ii) "não veicular publicidade de refrigerantes e sucos que contenham açúcar adicionado durante a programação das emissoras de televisão"; (iii) "não veicular publicidade de refrigerantes e sucos que contenham açúcar adicionado nas publicações dirigidas ao público infantil"; (iv) "informar aos consumidores, de forma clara e ostensiva, em toda publicidade de refrigerantes e sucos que contenham açúcar adicionado, veiculada por qualquer meio, bem como em todos os respectivos rótulos, embalagens e invólucros,

---

12. Cf. *Global Strategy on Diet, Physical Activity and Health*, § 40 (3): "Marketing, advertising, sponsorship and promotion. Food advertising affects food choices and influences dietary habits. Food and beverage advertisements should not exploit children's inexperience or credulity. Messages that encourage unhealthy dietary practices or physical inactivity should be discouraged, and positive, healthy message encouraged. Government should work with consumer groups and the private sector (including advertising) to develop appropriate multisectoral approaches to deal with the marketing of food to children, and to deal with such issues as sponsorship, promoting and advertising".

que o consumo excessivo de açúcar pode prejudicar a saúde"; (v) "abster-se de promover qualquer modalidade de concurso, sorteio ou promoção, bem como de distribuir quaisquer brindes ou prêmios, como forma de fomentar o consumo por crianças e/ou adolescentes de refrigerantes e sucos que contenham açúcar adicionado".

Em sentença prolatada em 28 de novembro de 2003, o Juiz da 42ª Vara Cível do Foro Central de São Paulo, acolheu os argumentos do Ministério Público do Estado de São Paulo e julgou procedente a Ação Civil Pública. Dentre vários temas abordados, um merece especial atenção, a saber, a relação entre Estado e políticas pública de saúde: "Reconhece-se, portanto, que a atribuição primeira deveria ser do Estado de combater a obesidade e formular políticas públicas condizentes com seu povo, camadas da população e situações socioeconômicas relevantes, porém como se esperar de um Estado sucateado, falido e eterno devedor de bancos estrangeiros, um mínimo de mérito na solução de problemas fundamentais?"

Não podemos deixar de consignar nossa divergência quanto a esse ponto. Causa preocupação que, pelo argumento do sucateamento do Estado (entenda-se Executivo ou Legislativo), membros do Judiciário irroguem a si a legitimidade para fazer juízo de conveniência acerca de políticas públicas. Mesmo supondo que o Estado esteja "sucateado, falido e eterno devedor", a representação popular ainda tem seu lugar no Congresso Nacional e na Presidência da República. De modo algum pode um membro do Poder Judiciário, cuja regra geral de ingresso é a do concurso, atribuir a si a competência para formular políticas públicas.

4. RESPONSABILIDADE CIVIL PELA OBESIDADE

Quando se fala em obesidade, frequentemente deparamos com o raciocínio contido em um texto muito citado por aqueles que desejam responsabilizar a indústria de alimentos e bebidas pelos males que a obesidade causa à saúde pública: "At some point in the future, perhaps not for several years, a judge will decide that, although fast food isn't entirely to blame for obesity, it does bear partial responsibility. When that happens, the floodgates open, and *fast food really will be the new tobacco*".[13] (grifo nosso).

A comparação com a experiência do tabaco salta aos olhos. Também pensamos que assim deve ser, mas sob outra perspectiva, a saber, a de que os *indivíduos são responsáveis por suas escolhas*. Vivemos em uma sociedade livre (art. 3º, inciso I, da CF) e que tem como um de seus fundamentos a dignidade da pessoa humana (art. 1º, inciso III, da CF), do que deflui o reconhecimento de que os indivíduos são livres e capazes para fazer suas próprias escolhas e assumir seus riscos. Senhor de sua razão, cada indivíduo é responsável por sua conduta e não pode ser tratado como vítima de um determinismo social intransponível. A liberdade individual é um postulado caro a um Estado Democrático de Direito, mas envolve a responsabilização de cada indivíduo por suas opções de vida.

A partir desse princípio temos entendido que a indústria do tabaco não pode ser responsabilizada pela escolha de seus consumidores. A jurisprudência, por sua vez, também tem caminhado nesse sentido. Não vemos o porquê de a solução ser diferente no caso da

---

13. McDonald's has a case to answer, Simon English. Disponível em: http://www.telegraph.co.uk/money/main.jhtml?xml=%-2Fmoney%2F2003%2F06%2F16%2Fccsimon16.xml.

indústria de alimentos e bebidas. Se, por um lado, a malsinada *junk food* está agora na linha de fogo daqueles que antes buscavam responsabilizar a indústria do tabaco, por outro lado, a solução não pode deixar de ser a mesma do tabaco. *Como abaixo será demonstrado, a questão do dever de informar e o problema do nexo causal, tratados a partir do princípio da razoabilidade e do reconhecimento da liberdade do cidadão, encontram respostas semelhantes àquelas já apresentadas para o caso.*

4.1 Dever de informar e obesidade

Aqueles que propugnam a responsabilização dos fornecedores de alimentos ou bebidas de elevado teor calórico e baixo teor nutricional sustentam que o Código de Defesa do Consumidor impõe ao fornecedor o *dever de informar o consumidor*. De fato, é direito básico do consumidor "a informação adequada e clara sobre os diferentes produtos e serviços, com especificação correta de quantidade, características, composição, qualidade e preço, bem como sobre os riscos que apresentem" (artigo 6º, inciso III). Aliás, ao tratar da proteção à saúde e segurança, o Código de Defesa do Consumidor estabelece o dever do fornecedor de "dar informações necessárias e adequadas" a respeito dos riscos normais e previsíveis que seus produtos acarretem (artigo 8º, *caput*), bem como determina que, na hipótese de produtos potencialmente nocivos ou perigosos à saúde ou segurança, a informação deverá ser "de maneira ostensiva e adequada" (artigo 9º). Portanto, no caso de violação pode o fornecedor ser sujeitado à responsabilidade pelo fato do produto, em razão de "informações insuficientes ou inadequadas" (artigo 12, *caput*).

A responsabilização por defeito de informação não pode, entretanto, ser levada ao extremo, a ponto de se exigir que o fornecedor tenha que informar o óbvio, como temos falado. Para que se configure um defeito de informação, deve-se partir do princípio da razoabilidade e não se deixar levar pelo exagero de que o consumidor deve ser informado de tudo, indiscriminadamente. O importante é saber discriminar aquilo que deve ser informado daquilo que não precisa ser e, dentro do que deve ser informado, saber separar o que deve do que não deve ser informado de maneira ostensiva.

Isso, evidentemente, deve ser feito de forma razoável e no próprio sistema do Código de Defesa do Consumidor encontramos os critérios necessários a tal desiderato. Os critérios são dois, ambos previstos no *caput* do artigo 8º e no artigo 9º, a *contrario sensu*, e que, juntos, podem ser sintetizados na prescrição do artigo 12, §1º, inciso II. A relação intrínseca e necessária entre esses dispositivos na determinação do que seja o dever de informar pode explicar a posição de que os fornecedores de alimentos ou bebidas de alto teor calórico não devem ser responsabilizados por não alertarem que o consumo em excesso de seus produtos pode causar mal à saúde.

Partindo de uma perspectiva que vai do geral para o particular, devemos começar com o texto do artigo 12, §1º, inciso III, do CDC, o qual servirá de norte para a análise dos critérios contidos no artigo 8º, *caput*, e no artigo 9º.

Segundo aquela norma, "o produto é defeituoso quando não oferece a segurança que dele legitimamente se espera, levando-se em consideração as circunstâncias relevantes, entre as quais: "II – o uso e os riscos que razoavelmente dele se esperam".

OBESIDADE, NEXO CAUSAL E RESPONSABILIDADE **253**

Ao se analisar no caso concreto o que se entende por uso e riscos que razoavelmente se esperam do produto, o operador do Direito deve levar em conta aquilo que João Calvão da Silva chama de *sentimento geral de legítima segurança esperada do produto*[14]. Ou seja, deve-se partir do conhecimento ordinário.

Ora, todos sabem que comer em excesso causa obesidade e outros problemas de saúde. Também é de conhecimento ordinário que para uma alimentação saudável se exige que seja. Por isso, não há necessidade de alertar o consumidor de que o consumo em excesso de determinado produto pode causar mal à saúde. Isso faz parte dos riscos que razoavelmente se esperam dos alimentos e bebidas com elevado teor calórico e baixo teor nutritivo. Não se pode impor ao fornecedor o dever de informar o óbvio. Para o consumidor médio brasileiro, que, como já vimos, é o mais despreparado possível, cabe ao Governo desenvolver políticas públicas efetivas, mostrando, ou melhor, ressaltando o que todos já sabem, pois é fato notório, que comer demais engorda e causa doenças.

Nesse caso aplica-se, portanto, o critério do *caput* do artigo 8º do Código de Defesa do Consumidor. Como a obesidade é um risco normal e previsível para o caso de consumo em excesso de alimentos ricos em caloria, o fornecedor deve apenas "dar as informações necessárias e adequadas a seu respeito" (art. 8º, *caput*). Basta, pois, que se informe no rótulo do produto seus valores nutricionais, como, por exemplo, a quantidade de calorias por unidade e sua relação ao valor diário de referência com base em uma dieta de 2.000 Kcal. A partir desses dados o consumidor será capaz de, com base no conhecimento ordinário, fazer sua escolha.

Desse modo, pela interpretação a *contrario sensu*, não se aplica o artigo 9º do Código de Defesa do Consumidor, que determina que o fornecedor deve informar de maneira ostensiva a respeito da nocividade ou periculosidade do produto. Em princípio, um alimento rico em calorias e pobre em nutrientes não é potencialmente nocivo ou perigoso à saúde de quem o consome. Poderá causar obesidade e outros problemas de saúde somente se for consumido em excesso, o que causará desequilíbrio na alimentação. Esse desequilíbrio, no entanto, *decorrerá da assunção pelo consumidor de um risco ordinário*, difundido na sociedade e conhecido de antemão por ele. Logo, não há, por exemplo, a obrigação de o fornecedor informar que o alimento açúcar, cujo consumo excessivo aumenta o risco de desenvolver obesidade e cárie dentária.

Especificamente quanto à publicidade de alimentos direcionada, de forma explícita ou implícita, ao público infantil, o Superior Tribunal de Justiça possui jurisprudência reconhecendo hipótese de abusividade, estando vedadas, assim, campanhas publicitárias que utilizem ou manipulem o universo lúdico infantil, pois, se a criança, no mercado de consumo, não exerce atos jurídicos em seu nome e por vontade própria, por lhe faltar poder de consentimento, tampouco deve ser destinatária de publicidade que, fazendo tábula rasa da realidade notória, a incita a agir como se plenamente capaz fosse[15].

4.2 Nexo causal e obesidade

Em síntese, há formação do nexo causal entre a ingestão de alimentos gordurosos e doces e a obesidade?

---

14. C.f. *Responsabilidade Civil do Produtor*, Coimbra: Almedina, 1999, p. 641.
15. STJ, REsp 1.613.3561-SP (2016/0017168-2), Rel. Min. Herman Benjamin, j. 24.04.2017.

Tanto quanto no caso do tabaco, do álcool e também de todos os produtos potencialmente nocivos, o grande problema não é o produto em si, mas o *uso* que se faz dele, ou melhor, o *abuso*.

A obesidade aparece apesar de as pessoas saberem que os alimentos engordam ou, se ingeridos em grande quantidade, podem fazer muito mal. Há *conhecimento notório* desses fatos e é a partir daí que é feita a escolha pelo consumidor, que, então, deve assumir a responsabilidade de sua conduta. Havia possibilidade infinita de opções de alimentos nutricionalmente mais saudáveis e, portanto, *quanto maior a opção, maior é a responsabilidade*.

Além do mais há o fato de as empresas fabricantes de alimentos (bolachas, refrigerantes, sucos, salgadinhos, chocolates etc.) ou os restaurantes *fast food* não terem *controle* sobre os seus consumidores. Há liberdade total para os indivíduos ingerirem o que quiserem. É proibido aos estabelecimentos comerciais de portas abertas negarem a venda de seus produtos.

A despeito das exigências contemporâneas oriundas da patrulha extremista do politicamente correto que, dentre tantas investidas, chega ao ponto de valorizar e incentivar a manutenção da obesidade – o que, dentro dessa lógica estética "inclusiva", mas perversa do ponto de vista da saúde, já seria suficiente para eliminar qualquer admissibilidade indenizatória contra os fabricantes de alimentos e bebidas –, a informação explícita sobre os problemas causados pelo uso inadequado ou excessivo de alimentos e bebidas cabe ao governo através de políticas públicas agressivas, pois a obesidade já está se tornando epidemia até no Brasil e, segundo muitos cientistas, pode prejudicar a saúde mais do que o tabaco

Em suma, há assunção de risco pelo consumidor de produtos que, *não sendo nocivos per se, tornam-se perigosos pela quantidade ingerida.*

Em sentido técnico-jurídico não podemos falar em formação do nexo causal em matéria de obesidade, porquanto ao assumir o risco de consumir excessivamente o alimento o consumidor chamou para si toda a responsabilidade.

Porém, mesmo que se admita o nexo causal, haverá rompimento desse liame pela atuação da excludente do artigo 12, § 3º, inciso III, CDC, a saber, *a culpa exclusiva da vítima/consumidor.*

Dessa forma, não se pode imputar ao fornecedor de alimentos ou bebidas com elevado teor calórico e baixo teor nutricional infração ao dever de informar quando não alerta sobre os riscos do consumo em excesso de seu produto. Como visto, como consequência lógica do *sentimento geral de legítima segurança esperada do produto*, deve-se aplicar ao caso o artigo 8º, *caput*, e não o artigo 9º, ambos do Código de Defesa do Consumidor.

Os riscos decorrentes do consumo exagerado de alimentos e bebidas fazem parte do conhecimento ordinário, não havendo que se falar em responsabilidade do fabricante de alimentos por conduta exclusiva do consumidor. Não há tampouco em que se falar em dever de informar sobre a periculosidade dos alimentos, o que seria uma informação enganosa e contrária à livre iniciativa, uma vez que nenhum alimento – autorizado e devidamente fiscalizado pelas autoridades sanitárias – pode ser qualificado como nocivo *per se.*

Cumpre aos fabricantes a informação clara e legível na rotulagem sobre a sua composição e características nutricionais, as quais inclusive serão incrementadas de acordo com o novo marco regulatório de alimentos recém publicado pela ANVISA, por meio da

RDC 249 de 8 de outubro de 2020 e da Instrução Normativa 75 de 8 de outubro de 2020, que exigirão dos fabricantes a inclusão da informação "*alto em*" "açúcar adicionado", "Gordura Saturada" ou "Sódio" na rotulagem nutricional frontal, de acordo com perfil nutricional do produto.

5. PROPOSIÇÕES CONCLUSIVAS

Como poderá o Direito resolver essa tormentosa questão do mundo atual?

De um lado, temos que considerar a proteção *à liberdade do cidadão*, artigo 5°CF; a proteção *à livre-iniciativa* um dos fundamentos da ordem econômica, artigo 170, *caput*, CF; Por parte dos fabricantes e fornecedores de alimentos; Também *a liberdade de expressão no setor publicitário* que deve ser protegida.

De outro lado, os fabricantes de alimentos calóricos *não têm controle* sobre as condutas do consumidor que exageram em sua ingestão. A informação sobre a composição dos alimentos e seu teor calórico está nas próprias embalagens, conforme exigências do governo e serão incrementadas de acordo com o novo marco regulatório de alimentos recém-publicado pela ANVISA, por meio da RDC 249 de 8 de outubro de 2020 e da Instrução Normativa 75 de 8 de outubro de 2020.

Uma vez devidamente informado o consumidor sobre o perfil nutricional dos produtos, sabido ainda que os alimentos e bebidas *em si não são nocivos*, mas apenas o seu consumo excessivo, não há como se atribuir nexo causal ao fabricante em razão do seu eventual consumo exagerado pelo consumidor, em ato que somente pode recair sobre a sua culpa exclusiva e liberdade de escolha.

A obesidade é uma questão que interessa à saúde pública. O único modo de melhorar essa epidemia é através de políticas públicas permanentes e agressivas, seja com relação ao próprio obeso seja para proteger as crianças e mostrar que se há obesidade infantil é por culpa dos pais e não da fábrica de sorvetes ou salgadinhos.

As políticas de combate à obesidade devem ser feitas em parceria público-privadas. As empresas têm que colaborar tanto no aspecto da responsabilidade da publicidade de alimentos, seguindo as orientações legais e autorregulamentares vigentes para crianças e adultos tanto quanto ajudando o Estado na elaboração dessas políticas.

PENAS PRIVADAS
E RESPONSABILIDADE CIVIL

Carlos Frederico Barbosa Bentivegna

Mestre e doutorando em Direito Civil pela Faculdade de Direito da USP; advogado em São Paulo; membro titular do IBERC; autor, entre outras obras, de *Liberdade de expressão, honra, imagem e privacidade. Os limites entre o lícito e o ilícito*, Ed. Manole, 2019.

Sumário: 1. Erosão dos tradicionais filtros da responsabilidade civil. 2. Penas privadas. 3. Penas privadas no direito positivo brasileiro. 4. Quantificação das indenizações, em especial por danos extrapatrimoniais, pelos Tribunais Brasileiros e sua aproximação com as penas privadas. 5. Conclusão.

1. EROSÃO DOS TRADICIONAIS FILTROS DA RESPONSABILIDADE CIVIL

Um dos campos da civilística que maiores transformações tem experimentado é o da responsabilidade civil, onde os assim chamados "filtros da reparação" foram sofrendo a erosão e a transformação tão bem explicadas por Anderson Schreiber[1]. É indisputável que durante quase toda a história da responsabilidade civil – mas principalmente a partir das grandes codificações do século XIX em diante – os pressupostos do dever de indenizar foram: (i) a culpa do agente; (ii) o dano sofrido pela vítima e (iii) o nexo de causalidade entre a conduta culposa e o resultado danoso. Em seu já clássico artigo sobre a evolução da responsabilidade civil, Louis Josserand[2] dizia que a vítima deveria oferecer uma prova tríplice: (i) primeiramente, de que havia sofrido um dano; (ii) em seguida, de que "seu adversário cometera um delito" e (iii) enfim de "que o dano decorria do dito delito; dano, culpa, relação de causalidade entre esta e aquele, tais eram os três pontos sensíveis do processo".

A culpa

Para nosso homenageado, Renan Lotufo, "o desenvolvimento maior dos estudos de responsabilidade civil ocorreu originalmente em França, fonte da qual abeberaram-se nossos juristas nos primeiros estudos. Tudo girava em torno da culpa, ligada ao nexo causal do dano. Buscava-se um movimento quase que de reflexo imediato contra o dano, de forma a levar quase que instintivamente à ideia de reparação... esta a visão clássica da responsabilidade civil, que se fixou na subjetividade"[3].

Mas mesmo tal sistema, tradicional e sacramentado no Code, já era uma evolução da vingança privada individual, das reações totêmicas e familiares ou da responsabilidade *ex delicto* medieval com suas penas corporais e pecuniárias – lembre-se do *guidrigildo* do

---

1. SCHREIBER, Anderson. *Novos paradigmas da responsabilidade civil*: da erosão dos filtros da reparação à diluição dos danos. 6. ed. São Paulo: Atlas, 2015, p. 11.
2. JOSSERAND, Louis. Evolução da responsabilidade civil, *Revista Forense*, v. LXXXVI, p. 551.
3. LOTUFO, Renan. In: CAMBLER, Everaldo (Coord.). *Curso avançado de direito civil*. São Paulo: Ed. RT, 2002, v. 1, parte geral, p. 305.

direito medieval saxônico, por exemplo. A culpa foi o elemento de maior densificação moral do dever de indenizar, alçado pelos juristas de inspiração liberal à estatura de principal filtro da responsabilidade civil. Quem abusasse de sua liberdade de ação, agindo com negligência, imprudência ou imperícia, de forma a causar dano a alguém, deveria responder com seu patrimônio pela restituição do *status quo ante* da vítima. Mas logo ela, *a culpa*, o fundamento genético do dever de indenizar, foi o primeiro filtro a erodir-se frente às necessidades modernas de indenização acompanhadas da dificuldade da vítima em produzir a prova (às vezes diabólica) da culpa do agente. Alvino Lima[4] bem o explica em seu fundamental "Culpa e Risco":

> Vários foram os processos técnicos postos em jogo para atender à praticabilidade da responsabilidade: admissão fácil da existência da culpa pela aplicação da teoria do abuso do direito e da culpa negativa; o reconhecimento de presunções de culpa; a aceitação da teoria do risco; a transformação da responsabilidade aquiliana em contratual.

No que respeita à presunção de culpa Caio Mario da Silva Pereira[5] emprestou sua inteligência aguda para formular a ideia de que esta seria uma "solução transacional" ou uma "escala intermediária" entre: considerar-se a culpa o suporte da responsabilidade civil e reconhecer sua degradação como elemento etiológico fundamental da reparação.

Hoje em dia, no Brasil, a questão encontrou disciplina legal que torna exangue de dúvida quanto à desnecessidade da culpa para o processo de reparação dos danos experimentados pela vítima. Diz o art. 927 do Código Civil de 2002 que "aquele que, por ato ilícito (arts. 186 e 187), causar dano a outrem, fica obrigado a repará-lo". Mas lê-se de seu parágrafo único que "haverá obrigação de reparar o dano, independentemente de culpa, nos casos especificados em lei, ou quando a atividade normalmente desenvolvida pelo autor do dano implicar, por sua natureza, risco para os direitos de outrem". Trata-se da positivação definitiva da teoria do risco e da responsabilidade civil objetiva. Assim, a erosão do filtro "culpa" dá-se com o reconhecimento: a) da presunção de culpa[6], b) da teoria do risco e c) da responsabilidade civil objetiva. Um desses fundamentos (culpa, presunção de culpa, risco ou responsabilidade objetiva) deverá compor o nexo de imputação da responsabilidade.

Sobre o *nexo de imputação*, vale transcrever por sua clareza e precisão, a lição de Nelson Rosenvald e Felipe Braga Netto, para quem:

> Assim, sucedem-se três etapas: (a) a constatação do dano injusto; (b) aferição do nexo causal; (c) a individualização do fato a que se pretende atribuir a responsabilidade (culpa, risco da atividade ou outro fator de atribuição). Ademais o nexo de imputação é prospectivamente capaz de converter a noção naturalista de nexo causal em uma noção normativa, muito mais afinada com os objetivos atuais da responsabilidade civil. Com efeito, excepcionalmente, faltará a prova sobre quem foi diretamente o causador do dano, mas por um

---

4. LIMA, Alvino. *Culpa e risco*. São Paulo: Ed. RT, 1960, p. 43.
5. PEREIRA, Caio Mario da Silva. *Responsabilidade civil*. Rio de Janeiro: Forense, 1999, p. 263.
6. "A presunção da culpa é técnica processual de inversão do ônus da prova. Nas hipóteses legais, não recairá sobre a vítima a árdua missão de provar o erro de conduta imputável ao agente – o brocardo *actori incumbit probatio*. O ofensor é que deve demonstrar que o dano não decorreu de sua falta de diligência e prudência. No direito brasileiro, uma das grandes repercussões da aceitação da presunção de culpa se deu no campo da responsabilidade do patrão pelos danos causados por seus empregados contra terceiros, atualmente inserida no art. 932, inciso III, do CC/02". ROSENVALD, Nelson; BRAGA NETTO, Felipe. *Código civil comentado, artigo por artigo*. Salvador: JusPodivm, 2020, p. 874.

nexo de imputação, seja ele relacionado à segurança, garantia ou risco, a obrigação de reparar um dano será positivamente atribuída a um responsável[7].

O nexo de causalidade

No entanto, o filtro da *culpa* foi apenas *o primeiro* a sofrer transformações radicais informadas pela crescente complexidade das relações privadas e do comércio de bens e serviços. Em seguida, o *nexo causal* entre a conduta do agente e o dano passou a ser o objeto central de estudos e indagações, tendentes a decretar a perda de rigor da apreciação do nexo de causalidade, com amparo no emprego de diversas técnicas pela jurisprudência – tome-se, por todas, a técnica da reparação da perda de uma chance[8]. Nesta discussão vieram à baila as diversas teorias quanto à causalidade jurídica, como (a) a teoria da equivalência das condições; (b) a teoria da causalidade adequada, (c) a teoria da causalidade eficiente e (d) a teoria da causa direta e imediata. Para Schreiber[9], cuja leitura sugerimos para a melhor compreensão de cada qual dessas teorias: "até aqui, o que vem sendo apontado como relativização da prova do nexo causal parece legitimar-se por aquilo que já foi denominado como o *imperativo social da reparação*".

O dano

Na sequência, foram os *danos* a merecer a atenção da doutrina e da jurisprudência e sua ação no sentido de reconhecer-lhe significativa expansão de suas espécies e suportes fáticos. Novas categorias de danos foram agregadas à dicotomia reinante no século XX entre danos materiais e morais e uma miríade de novas hipóteses danosas foi ganhando as páginas sobre responsabilidade civil e os acórdãos dos tribunais. Novos interesses, principalmente de natureza existencial e coletiva, passaram a receber a tutela jurisdicional com o reconhecimento de sua autonomia como "novos danos" indenizáveis.

Como causa do surgimento, entre nós, dessa insopitável prenhez de novos danos, pode-se reconhecer (i) o desenvolvimento significativo dos direitos da personalidade e (ii) o fato de ter o Brasil tardado muito em aplicar a reparação dos danos não patrimoniais[10].

Talvez tenha sido a jurisprudência italiana a mais profícua na identificação de novas "categorias" de danos, fornecendo argumentos para infindáveis discussões acerca (i) da existência autônoma e (ii) da vantagem de tão grande fragmentação das espécies de danos ressarcíveis. Andrea Penta[11], ao estudar as decisões do Tribunal da Cassação italiano, reconhece, apenas como subespécies do "*danno biologico*", os seguintes danos: (a) *danno da incapacità lavorativa generica*[12]; (b) *danno alla capacità lavorativa specifica*[13]; (c) *danno*

---

7. ROSENVALD, Nelson; BRAGA NETTO, Felipe. *Código civil comentado, artigo por artigo*. Salvador: JusPodivm, 2020, p. 880.
8. Tema entre nós esgotado pela doutrina de Rafael Peteffi da Silva (SILVA, Rafael Peteffi da. *Responsabilidade civil pela perda de uma chance* – uma análise do direito comparado e brasileiro, 3. ed. São Paulo: Atlas, 2013) e Daniel Amaral Carnaúba (CARNAÚBA, Daniel Amaral. *Responsabilidade civil pela perda de uma chance*: a álea e a técnica. São Paulo: Método, 2013).
9. SCHREIBER, Anderson. *Novos paradigmas da responsabilidade civil*: da erosão dos filtros da reparação à diluição dos danos. 6. ed. São Paulo: Atlas, 2015, p. 78.
10. MORAES, Maria Celina Bodin de. *Danos à pessoa humana*. Uma leitura civil-constitucional dos danos morais. 2. ed. Rio de Janeiro: Ed. Processo, 2017, p. 165.
11. PENTA, Andrea. *Il danno non patrimoniale: il danno biológico*, In: CASSANO, Giuseppe (Org.), *Il danno alla persona* Milano: Giuffrè Editore, 2016, p. 117 e ss.
12. Dano de incapacidade laboral genérica.
13. Dano de incapacidade laboral específica.

estetico[14]; (d) *danno alla vita di relazione*[15]; (e) *perdita di 'chances' lavorative*[16] e (f) *danno alla sfera sessuale*[17]. Serafino Ruscica escreve sobre os *danni da violazione del diritto alla identità e alla libertà sessuale*[18], enquanto Clizia D'Agata, por exemplo, o faz acerca dos *danni da illegitimo trattamento dei datti personali*[19].

Anderson Schreiber, em seu aqui já citado "Novos Paradigmas"[20], também faz um interessante apanhado das novas categorias de danos reconhecidas pela jurisprudência e cita, dentre outros: dano hedonístico, dano pelo custo de manutenção de filho indesejado, "dano consistente na perturbação das normais atividades do indivíduo e da serenidade pessoal a que cada sujeito tem direito", *danno da vacanza rovinata*[21], dano de *mobbing*, dano de *mass media*, dano de processo lento[22], dano de brincadeiras cruéis (*bullying*).

A explicação desse fenômeno de multiplicação de novos danos não patrimoniais no direito italiano reside no fato de aquele ordenamento exigir "tipologia legal" a prever cada hipótese ressarcitória. De fato, dispõe o art. 2.059 do *Codice Civile* que "o dano não patrimonial deve ser ressarcido apenas nos casos determinados pela lei"[23]. Tudo à semelhança do que dispõe o § 253 do BGB alemão. Entre nós, no entanto, esta não é uma exigência, cabendo a indenização dos *danos* sofridos, entendidos os danos (dano-evento) como uma lesão a interesse juridicamente protegido, quer sejam suas repercussões (dano-prejuízo) patrimoniais quer sejam morais[24]. Ou, no dizer de Maria Celina Bodin de Moraes[25]: "a simples violação de uma situação jurídica subjetiva extrapatrimonial (ou de um "interesse não patrimonial") em que esteja envolvida a vítima, desde que merecedora da tutela, será suficiente para garantir a reparação".

As funções da responsabilidade civil

Outra alteração substancial no modo tradicional de operar-se a responsabilidade civil diz com o reconhecimento de novas funções do instituto, para além da mera função reparatória (ou ressarcitória). Pode-se reconhecer, com grande variação em face do tempo e lugar, como aponta Nelson Rosenvald[26] – nosso maior monografista acerca do tema – quatro funções precípuas da responsabilidade civil, sendo as duas primeiras pacíficas na

---

14. Dano estético.
15. Dano à vida em relação (relação entre cônjuges).
16. Reparação pela perda de uma chance laboral.
17. Dano à esfera sexual.
18. Dano de violação do direito à identidade e à liberdade sexual. RUSCICA, Serafino. *Danni da violazione del diritto alla identità e alla libertà sessuale*, in: CASSANO, Giuseppe (Org.), *Il danno alla persona*, Milano: Giuffrè Editore, 2016, p. 605.
19. Dano por tratamento ilegítimo de dados pessoais. D'AGATA, Clizia. *danni da illegitimo trattamento dei datti personali*, in: CASSANO, Giuseppe (Org.), *Il danno alla persona*, Milano: Giuffrè Editore, 2016, p. 639.
20. SCHREIBER, Anderson. *Novos paradigmas da responsabilidade civil*: da erosão dos filtros da reparação à diluição dos danos, 6. ed. São Paulo: Atlas, 2015, p. 93.
21. Dano por férias arruinadas.
22. cf. também MACRILLÒ, Armando. *Danni da malagiustizia*, *in Il danno alla persona*, CASSANO, Giuseppe (Org.), Milano: Giuffrè Editore, 2016, p. 955-1.043.
23. Tradução livre de "Art. 2059. Danni non patrimoniali – Il danno non patrimoniale deve essere risarcito solo nei casi determinati dalla legge".
24. Cf. a bipartição feita por ANTONIO JUNQUEIRA DE AZEVEDO entre dano-evento e dano-prejuízo. AZEVEDO, Antonio Junqueira de. Cadastros de restrição ao crédito. Conceito de dano moral; *Estudos e pareceres de direito privado*. São Paulo: Saraiva, 2004.
25. MORAES, Maria Celina Bodin de. *Danos à pessoa humana*. Uma leitura civil-constitucional dos danos morais. 2. ed. Rio de Janeiro: Ed. Processo, 2017, p. 188.
26. ROSENVALD, Nelson. *As funções da responsabilidade civil*. A reparação e a pena civil. 2. ed., São Paulo: Atlas, 2014, p. 95.

tradição romano-germânica: (i) a função de satisfação reparatória da vítima; (ii) a função repristinatória da vítima ao *status quo* anterior à lesão; (iii) a função de punir – retributiva – o ofensor e (iv) a função deterrente, como forma de desestimular novos ataques (desestímulo do agente e de toda a sociedade). Esta visão quanto às funções da responsabilidade civil, no entanto, está longe de ser plenamente aceita por toda a doutrina. Muitos autores afirmam (i) inexistir a possibilidade de repristinação da vítima ao status quo ante em muitas hipóteses danosas e (ii) ser estranha ao direito civil qualquer ação punitiva contra o agressor[27].

Favorável ao reconhecimento da função punitiva da responsabilidade civil, António Menezes Cordeiro, um dos maiores civilistas em atividade no mundo, diz que uma das mais significativas evoluções experimentadas pelo instituto da responsabilidade civil "consistiu no alargamento dos seus escopos". Afirma o jurista português que tradicionalmente o ressarcimento seria o fim único da responsabilidade civil, contrapondo-se à responsabilidade penal, que seria preventiva e retributiva, aduzindo ainda que "logo no início, ficou claro que a indemnização, por danos morais – aliás meramente compensatória – surgia, quase, como que uma pena acessória, no campo criminal. Hoje, tal aspecto é pacífico: a indemnização tem, ainda, o escopo de uma pena"[28].

Uma das obras mais importantes a tratar do tema da função punitiva da responsabilidade civil foi a monografia de Suzanne Carval, "*La Responsabilité Civile dans sa Fonction de Peine Privée*"[29], publicada em 1995, onde a autora afirma que a responsabilidade civil extrai sua originalidade de sua capacidade de sancionar a violação de numerosas regras de conduta e, portanto, de prevenir, por meio da dissuasão, a prática de atos prejudiciais. Para a autora, a responsabilidade remanesce, antes de tudo, como um poderoso instrumento de direcionamento do comportamento humano e como garantidor da coesão social.

Ao reconhecer a função sancionatória da responsabilidade civil, para além daquelas reparatória e preventiva, ensina Suzanne Carval que: "Admitimos, portanto, seguindo Domat, que a obrigação de reparar só poderia ser imposta ao infrator de um ato danoso, o que tornava possível matar dois coelhos com uma cajadada, senão três: reparando os danos sofridos, punindo a falta cometida e garantindo, na medida do possível, a sua dissuasão[30]".

Sobre os primórdios da responsabilidade civil, com as disposições da *Lex Aquilia* romana, escreveu Paula Meira Lourenço, discorrendo sobre as manifestações da função punitiva da responsabilidade civil, em seu "A Função Punitiva da Responsabilidade Civil" – originalmente sua dissertação de mestrado junto à Faculdade de Direito de Lisboa – e afirmando que os romanos distinguiram os atos ilícitos que vulneravam interesses coletivos (*crimina publica*) daqueles que se cometiam contra o indivíduo (*delicta privata*). Os primeiros processavam-se nos termos do rito penal (*iudicium publicum*), "em tribunais públicos, permanentes e especializados (*quaestiones perpetuae*) ou *extra ordinem* pelo imperador ou seus delegados". Já os *delicta privata* seguiam os ritos do processo civil, cabendo o impulso do processo à vítima[31].

---

27. Cf. por todos, ALPA, Guido. *La responsabilità civile: parte generale*. Milano: UTET, 2010, p. 161.
28. CORDEIRO, António Menezes. Tratado de direito civil, Coimbra: Almedina, 2017, v. VIII, p. 419.
29. CARVAL, Suzanne. *La responsabilité civile dans sa fonction de peine privée*. Paris: LGDJ, 1995, p. 23.
30. Idem, p. 23. Tradução livre de: *On admettait donc, à la suite de Domat, que l'obligation de réparer ne pouvait être imposée qu'à l'auteur fautif d'un fait dommageable, ce qui permettait de faire d'une pierre deux coups, sinon trois: en rpeparant le dommage subi, en punissant la faute commise et en assurant, autant qu'il est possible, la dissuasion.*
31. LOURENÇO, Paula Meira. *A função punitiva da responsabilidade civil*. Coimbra: Coimbra Editora, 2006, p. 35.

Resta evidente que a ação seria mista pela vicissitude de envolver pena e indenização, mas *privada* no que respeita à natureza de seu procedimento. Movida sob o rito do processo civil e destinada a ressarcir prejuízo (natureza civil), mas também a penalizar o agente faltoso impondo-lhe a responsabilidade por valor maior do que aquele do dano experimentado, com nítido caráter aflitivo. Aflora, portanto, a conclusão no sentido da existência de uma função punitiva da responsabilidade civil desde seu momento inaugural.

Para a função tradicional reparatória da responsabilidade civil, a culpa do autor do dano não é levada em consideração. O art. 944 do Código Civil estabelece que "a indenização mede-se pela extensão do dano", o que desautoriza, a princípio, qualquer cogitação sobre (i) grau de culpa do ofensor, (ii) situações econômicas de ofensor e ofendido, etc. O que se fez foi excepcionar no parágrafo único deste artigo o velho princípio romano segundo o qual *in Lex Aquilia et levissima culpa venit*, afirmando-se a possibilidade de o juiz reduzir equitativamente a indenização, no caso de excessiva desproporção entre a gravidade da culpa do agente e o dano.

Esta disposição trazida no parágrafo único do artigo sob exame, já serviu de argumento para os partidários da adoção dos *punitive dammages* entre nós, no sentido de que ela *relativizaria* o aparente *engessamento* promovido pelo *caput*. Tal argumento, com todo o respeito, não procede de forma alguma, pois a ação autorizada pelo legislador no parágrafo único foi a *redução equitativa da indenização*, tendo ele empregado o verbo reduzir e não os verbos "rever", "sopesar" ou "ponderar".

Com a escolha legislativa da forma como feita, permitindo *apenas a redução* do quantum indenizatório, o que pretendeu o Código Civil de 2002 foi relativizar a regra milenar pela qual *in lege Aquilia et levissima culpa venit*, dispondo que um descuido insignificante a gerar um dano de grande monta autoriza o juiz a *reduzir* (única operação autorizada) o montante da indenização.

Humberto Ávila, em seu "Teoria dos Princípios"[32] explica que a atividade do intérprete, seja ele um julgador ou um cientista do direito, ultrapassa o mero descrever dos significados previamente existentes nos dispositivos legais, mas consiste também em *constituir* esses significados. Ocorre que, muitas vezes, o intérprete se encontra diante de "condições dadas da comunicação" (para usar a terminologia proposta por Aulis Aarnio) e isto o impede de avançar para além do que lhe permite o significado indiscutível do dispositivo que tem à sua frente.

Acrescentaríamos às reflexões de Humberto Ávila, ousadamente, é impossível a interpretação de "reduzir" como *majorar*.

2. PENAS PRIVADAS

A pena é a sanção imposta ao infrator de determinada norma, com o fito de submeter-lhe, a um só tempo, a um sofrimento, retributivo do mal que causou, e à reprovação social. Seu intuito é deterrente, preventivo e didático. "Compreende-se que a pena corresponda às violações mais graves à ordem jurídica. Então já não interessa recons-

---

32. ÁVILA, Humberto. *Teoria dos princípios*. 16. ed. rev. e ampl. São Paulo: Malheiros, 2015, p. 52-53.

PENAS PRIVADAS E RESPONSABILIDADE CIVIL **263**

tituir a situação que existiria se o fato se não tivesse verificado, mas aplicar um castigo ao violador"[33].

Alguns autores italianos, como Francesco Donato Busnelli[34] e Paolo Gallo[35], inclusive, negam a função punitiva da responsabilidade civil. Dizem-na pertencente a outro instituto: o das penas privadas, que prescindem, inclusive, da existência do dano.

No campo das ciências criminais, tem-se, conforme ensinam Sérgio Salomão Shecaira e Alceu Corrêa Junior[36], que a finalidade da imposição da sanção penal não deve ficar restrita ao castigo somado à restauração da ordem jurídica. Para os autores, subsistem – inclusive em função da legislação penal brasileira, art. 59 do Código Penal – as finalidades retributiva e preventiva, contida nesta última a ressocialização do apenado.

O autor que "resgatou" o tema das penas privadas, escrevendo a obra fundamental sobre o instituto e inaugurando os esforços doutrinários para a compreensão de sua natureza, foi Louis Hugueney com sua tese de doutoramento *"L'Idée de Peine Privée en Droit Contemporain"*, defendida em julho de 1904 perante a *Faculté de Droit de L'Université de Dijon*. Esgotando o tema com uma importantíssima pesquisa, não deixou o autor de manifestar sua perplexidade com a vastidão conceitual das penas privadas e com o cipoal de dificuldades para reconhecer-lhe a natureza jurídica[37].

Parte da doutrina reconhece a existência das penas privadas, mas não sua relação com a responsabilidade civil. Alguns autores, principalmente italianos, deixam de afirmar a função sancionatória da responsabilidade civil e circunscrevem tal desiderato punitivo apenas ao âmbito das penas privadas, autônomas em relação às indenizações. Assim se posiciona, por exemplo, Francesco Messineo, em seu "Manuale di Diritto Civile e Commerciale"[38]. Afirma o autor que, conquanto possa oferecer pontos de contato, o ressarcimento (seja em forma genérica, seja específica), no âmbito da responsabilidade civil, não se pode assimilar à pena privada, ou pena civil, que consiste num mal (castigo) de natureza patrimonial, imposto com escopo sancionatório. Para o autor, muitos são os pontos de dessemelhança entre a indenização e a pena privada, institutos com funções jurídicas totalmente diversas, razão pela qual devem-se mantê-las separadas: uma para ressarcir danos e a outra para infligir um mal, mesmo que de natureza patrimonial[39].

---

33. ASCENSÃO, José de Oliveira. Pena civil, in: LIMONGI FRANÇA, Rubens (Coord.). *Enciclopédia Saraiva do Direito*, São Paulo: Saraiva, 1977, v. 57, p. 416.

34. BUSNELLI, Francesco Donato. Figure controverse di danno alla persona nella recente evoluzione giurisprudenziale, *RCP*, v. LV, Anno 1990, p. 469-479.

35. GALLO, Paolo. *Pene private e responsabilità civile*. Milano: Dott. A. Giuffrè Editore, 1996.

36. SHECAIRA, Sérgio Salomão; CORRÊA JUNIOR, Alceu. *Pena e constituição*. Aspectos relevantes para sua aplicação e execução. São Paulo: Ed. RT, 1995, p. 45.

37. HUGUENEY, Louis. *L'idée de peine privée en droit contemporain*. Paris: Arthur Rousseau Éditeur, 1904, p. 3: Peine privée, d'aucuns disent peine civile: c'est là une expression qui au premier abord n'éveille dans l'esprit d'un juriste aucune idée bien nette; à peine entreverra-t-il, à écouter ces mots, quelque fuyante image, image qui ne tardera pas à s'effacer devant quelque autre, laquelle à son tour disparaîtra sans laisser à ses yeux d'autre trace qu'un mélange confus de coleurs dissemblables dont l'harmonie lui échappera. Et cela s'explique très simplement par ce fait que la peine privée, loin de désigner une institution précise et en quelque sorte "située" au sein du vaste champ des phéno mènes juridiques, n'est guère qu'une de ces "formes mêlées de pensée", dont parle en quelque endroit Sumner Maine, et sous laquelle les hommes se plaisent à cacher, pour ainsi dire, ces conceptions un peu flottantes que leur propre imprécision semble devoir condamner à l'absance de cadre bien défini.

38. MESSINEO, Francesco. *Manuale di diritto civile e commerciale*, Milano: Dott. A. Giuffrè Editore, 1972, v. V, p. 648-649.

39. Idem: *Che la pena privata sia caratterizzata da fatto che il suo ammontare supera (o può superare) l'ammontare del danno; o dal fatto che ciò che è prestato a titolo di pena non sempre va a vantaggio del danneggiato; o dal fatto che la pena importi decadenza da diritti o da poteri, senza che sia in gioco un soggetto leso; ovvero da più di uno, o da tutti i fatti su indicati – il risarcimento se ne differenzia, per la circostanza che nessuno dei caratteri accennati recorre in esso, come ormai possiamo sicuramente asserire,*

Mas também Ennecerus, comentando o direito alemão, faz uma crítica da visão de alguns autores no sentido da coincidência entre a "indenização" por danos extrapatrimoniais e as penas privadas. Para o autor, "ao passo que a jurisprudência do *common law*, ademais da pretensão de ressarcimento do dano patrimonial, apenas no caso de lesão corporal, deferia uma pretensão ao chamado *pretium doloris, que não há de se interpretar como pena*, senão como pretensão de indenização, o § 847 do BGB concede com maior extensão em razão do dano não patrimonial, uma pretensão dirigida a um *ressarcimento pecuniário equitativo*"[40].

3. PENAS PRIVADAS NO DIREITO POSITIVO BRASILEIRO

Causa perplexidade a relutância em se aceitar a perfeita coexistência de penas privadas, no Direito Civil, a par das penas capituladas pelo Direito Penal e dirigidas à sanção de crimes. Para os que afirmam ser a pena um instituto típico e exclusivo do Direito Penal, impõem-se a tarefa árdua de explicar as normas – e as há às mancheias – espalhadas pelo Código Civil e pela legislação civil extravagante a impor sanções (à guisa de punição) sem qualquer relação com a repristinação da situação patrimonial da vítima de dano.

No que respeita às raízes históricas dessa separação epistemológica dura e inegociável entre responsabilidade civil – ou entre o próprio Direito Civil – e as penas, tem-se o papel preponderante da Revolução Francesa. Com o fim do *ancien régime*, assim batizado o regime absolutista francês por Alexis de Tocqueville, em seu ensaio, *L'Ancien Régime et la Révolution*, a burguesia que ascendeu na França desconfiava muito dos membros do Judiciário – remanescentes da organização social anterior à ruptura revolucionária. Não se queria dar qualquer poder discricionário aos juízes. O ideal era a aplicação escorreita e literal do *Code Napoléon*, de inspiração totalmente liberal, evitando-se qualquer manobra de *moralização* por parte dos julgadores na operação dos mecanismos de reparação de danos.

Maria Celina Bodin de Moraes, fazendo um interessantíssimo escorço histórico desse momento de separação, com o *Code*, entre pena e indenização, e forte nas lições de Hans Hattenhauer, afirmou que "a separação entre pena e indenização foi, assim, uma consequência dessa mentalidade, e bem se justificava, tendo em vista os objetivos a serem alcançados: era, então, imprescindível retirar da indenização qualquer conotação punitiva; a pena dirá respeito ao Estado e a reparação, mediante indenização, exclusivamente ao cidadão"[41].

Veja-se o caso do contido nos artigos 939 a 941 do Código Civil.

Se alguma dúvida assaltasse o intérprete quanto a ser ou não de *pena* a natureza jurídica das sanções impostas ao credor pelos artigos 939 e 940, essa se dissiparia ante à dicção cristalina do art. 941 dizendo que "as penas previstas nos arts. ...". Ora, é exangue de dúvidas de que se trata de punições, de penas civis. E, neste caso, em meio ao Título IX, do Livro I do Código Civil, ou seja, na disciplina legal da responsabilidade civil.

---

doppo avere studiato il risarcimento in sè e anche nei suoi rapporti con la riparazione (supra, n. 53). Ciò, a parte la diversa funzione giuridica dell'uno e dell'altra, relevando, nella pena privata, l'inflizione di un male, anche se patrimoniale.

40. ENNECCERUS, Ludwig. Derecho de obligaciones, v. II, 2ª parte, Barcelona: Bosch, 1966, Trad. da edição espanhola: GONZALEZ, Blas Perez; ALGUER, Jose. p. 1158. Tradução livre de: *Al paso que la jurisprudencia del derecho común, además de la pretensión de resarcimiento del daño patrimonial, sólo en el caso de lesión corporal otorgaba una pretensión al llamado dinero del dolor, que no ha de interpretarse como pena, sino como pretensión de indemnización, el § 847 del C.c. concede com mayor extensión por razón del daño no patrimonial una pretensión dirigida a un resarcimiento pecuniário equitativo.*

41. MORAES, Maria Celina Bodin de. *Danos à pessoa humana*. Uma leitura civil-constitucional dos danos morais. 2. ed. Rio de Janeiro: Ed. Processo, 2017, p. 202.

Também o art. 773 do Código Civil, (Capítulo XV – Do seguro) é, inegavelmente, norma a veicular uma pena civil.

O "dobro do prêmio estipulado", previsto nesse artigo, por óbvio, não é montante que se preste a reconduzir o segurado à situação patrimonial anterior ao ato danoso do segurador. Não é repristinatória ao *status quo ante* da vítima a providência do pagamento dobrado. É claríssimo tratar-se de *pena* que, impondo uma consequência de natureza aflitiva ao agente, tenciona: dissuadi-lo desse comportamento, prevenir a prática de ilícito e punir quem age em desacordo com a norma.

Na parte em que trata o Código Civil dos Direitos Reais, mais especificamente, na disciplina do Condomínio Edilício, outra pena privada se prevê através do § 2º do art. 1.336.

Em que pese o *nomen juris* de *multa*, atribuído pela norma, não resta dúvida de que se está tratando de *pena privada*. *Pena privada convencional*, autorizada pela lei, ou quantificada pela maioria qualificada de dois terços dos condôminos (observada a baliza da lei), no caso de silêncio do Ato Constitutivo ou da Convenção Condominial. É de se notar que a norma deixa clara a desconexão entre a pena imposta e eventuais perdas e danos que se apurem. A rubrica a ser cobrada do condômino faltoso não tem caráter *reparatório de dano* e nem de *multa moratória*, dado que esta última é prevista no parágrafo imediatamente anterior para o caso de infração ao inciso I. Comentando este dispositivo, Nelson Rosenvald e Felipe Braga Netto dizem que "esse § 2º complementa o § 1º na medida em que a violação do inciso I (impontualidade no pagamento da contribuição condominial) acarreta a cláusula penal moratória de 2% acrescida de juros convencionados ou legais, enquanto a ofensa às obrigações negativas de abstenção de obras que comprometam a segurança, alteração de fachada e desvio da finalidade do prédio (incisos II, III e IV) poderão desencadear uma *sanção punitiva* ... Esse modelo jurídico impropriamente conceituado pelo Código Civil como 'multa' é na verdade uma *pena civil*"[42].

Tratando da revogação de doação, o Código Civil, em seu art. 555 dispõe outra pena privada com a significativa consequência da perda da propriedade pelo donatário, em casos de ingratidão dirigida ao doador.

Claro se nos afigura a natureza jurídica desta revogação. Ela se dá no intuito de penalizar o donatário ingrato. Trata-se de regra punitiva, carregada de reprovabilidade moral de um comportamento que a lei proscreve e pretende evitar. Não à toa, ao comentar o dispositivo, Silvo de Salvo Venosa diz que "o desiderato da lei, na hipótese de ingratidão, é não somente *punir o donatário* ingrato, como também reparar moralmente o doador"[43].

O sistema composto pelos artigos 1.214 e 1.216 do Código Civil, destinados à disciplina dos efeitos da posse quanto aos frutos da coisa, também estipula uma pena civil em desfavor do possuidor de má-fé, em indisfarçável escopo punitivo em relação à má-fé.

Entendo tratar-se, neste caso, de pena civil imposta ao possuidor de má-fé, que deverá entregar ao retomante da coisa principal mais valores do que aqueles restituídos pelo possuidor de boa-fé. Parece claro o intuito de punir aquele que age em desacordo com a regra legal e mantém-se na posse mesmo sabedor de que a ela não faz jus. No entanto tal entendimento não é o único. Nelson Rosenvald e Felipe Braga Netto entendem

---

42. ROSENVALD, Nelson; BRAGA NETTO, Felipe. *Código civil comentado, artigo por artigo.* Salvador: JusPodivm, 2020, p.1315. Grifos acrescidos.

43. VENOSA, Silvio de Salvo. *Código civil interpretado*, 4. ed. São Paulo: Atlas, 2019, p. 561.

tratar-se de tutela restitutória do benefício ilícito (*disgorgement*) e não veem relação entre a hipótese e a sanção punitiva: "não estamos diante de uma tutela indenizatória, eis que 'frutos percebidos' constituem uma medida de valor de gozo da coisa e não um dano pela sua privação (em nada remete a lucros cessantes) ou mesmo uma sanção punitiva, porém uma tutela restitutória do benefício ilícito correspondente às despesas que o possuidor de má-fé deixou de enfrentar"[44].

Já o sistema seguinte do Código Civil, composto pelos artigos 1.217 e 1.218 e voltado à disciplina da responsabilidade pela perda ou deterioração da coisa alheia sob posse de boa ou má-fé, estabelece a punição do possuidor de má-fé, fazendo-o arcar com o valor da coisa perecida ou deteriorada, mesmo sem ter dado causa ao dano. Prescinde-se do filtro reparatório do nexo de causalidade e se pune o possuidor de má-fé, reprovando-lhe tal elemento volitivo, em clara aplicação de pena privada.

A única diferença entre os suportes fáticos das normas acima citadas é a boa ou a má-fé do possuidor. E as consequências (sanção) são diametralmente opostas: o possuidor de boa-fé não responde pelo evento danoso a que não tenha dado causa e o de má-fé responde. Assim, vê-se nitidamente que se quer sancionar o comportamento que a lei proscreve (a posse de má-fé), agravando significativamente as hipóteses de responsabilidade civil de seu agente.

Há muitas outras hipóteses de penas privadas, no Código Civil e em outras leis de natureza civil[45], mas bastam os exemplos aqui já transcritos, para evitar-se a *punição* do improvável leitor com a maçada de uma lista interminável posto que de hipóteses todas muito semelhantes.

4. QUANTIFICAÇÃO DAS INDENIZAÇÕES, EM ESPECIAL POR DANOS EXTRAPATRIMONIAIS, PELOS TRIBUNAIS BRASILEIROS E SUA APROXIMAÇÃO COM AS PENAS PRIVADAS

Na Jurisprudência dos Tribunais Superiores brasileiros a função punitiva da responsabilidade civil, ou, noutras palavras, a pena privada acrescida ao *quantum* indenizatório, já é uma realidade incontestável há muito tempo. Mesmo em detrimento da norma insculpida no art. 944 do Código Civil. Vê-se de quase todos os acórdãos a quantificar a mitigação pecuniária dos danos morais, por exemplo, as referências à adequação daquele valor "em virtude do caráter punitivo e pedagógico da reparação".

Referindo-se a este paradoxo entre a disposição legal e o entendimento pretoriano acerca do tema, Diogo Naves Mendonça, em seu "Análise Econômica da Responsabilidade Civil"[46], afirma, *verbis*:

> Na tentativa de atribuir alguma sistematicidade à postura jurisprudencial firmada, é possível afirmar que, por um lado, os Tribunais – em especial, o Superior Tribunal de Justiça – reconhecem duas funções aos danos morais: a função compensatória e a função punitiva (também chamada retributiva, educativa, pedagógica, função de desestímulo, dentre tantas outras expressões, aqui tomadas como sinônimas). Paralelamente, são definidos diversos critérios à sua quantificação, os quais de alguma forma guardam relação com as duas

---

44. ROSENVALD, Nelson; BRAGA NETTO, Felipe. *Código civil comentado*, artigo por artigo. Salvador: JusPodivm, 2020, p. 1145.

45. Art. 42 do CDC; arts. 43 e 44 da Lei 8.245/91, Lei do Inquilinato; art. 6º da Lei 12.318/10, Lei da Alienação Parental; arts. 1.814 e 1.961 do Código Civil, exclusão da sucessão por indignidade; art. 1.993, pena de sonegados etc.

46. MENDONÇA, Diogo Naves. *Análise econômica da responsabilidade civil*: o dano e a sua quantificação. São Paulo: Atlas, 2012, p. 87.

funções antes mencionadas. Entre esses critérios, é possível mencionar: (i) o grau de culpa do ofensor, (ii) a sua capacidade econômica, (iii) as condições pessoais da vítima, incluindo-se o seu grau de sofrimento, (iv) a natureza e a gravidade da ofensa.

Qualquer proposta de critério de fixação que desvie o olhar do árbitro para qualidades do lesante ou para elementos estranhos ao dano e sua extensão, estará divorciada da baliza legal dada pela lei civil que é quem – e não a doutrina ou o fraseado constante das fundamentações das decisões judiciais – aponta a escolha da sociedade quanto a forma de deslinde dos conflitos de determinada natureza. Não me parece possível a interpretação *contra legem*, como já dissemos acima, ao citar Humberto Ávila quando tratávamos da inaplicabilidade automática dos *punitive damages* entre nós. Se "a indenização mede-se pela extensão do dano" (art. 944/CC), *ela não se mede* (i) pela culpa do lesante, (ii) pela eventual reincidência deste, (iii) pelo benefício auferido pelo autor do ilícito, (iv) pelas condições econômicas das partes envolvidas etc. É questão de pura lógica.

Mesmo à mingua de norma autorizativa, como já vimos, a jurisprudência do STJ já tem posto em prática critérios distanciados da singela extensão do dano determinada pelo art. 944 do CC/2002 e tem desviado seu olhar para circunstâncias ligadas, não à vítima ou ao dano sofrido, mas ao ofensor. Remeto o leitor, nesse ponto, à profunda pesquisa a que empreendeu Maria Celina Bodin de Moraes[47].

A prática dos arbitramentos tímidos – menos pela pusilanimidade do árbitro do que pela banalização das pretensões bagatelares e das tentativas de se locupletar com pedidos de dano moral em situações fáticas onde estes não havia – contribui para um total esvaziamento de conteúdo da tutela dos direitos da personalidade, o que é um déficit civilizatório de enormes proporções. Um *quantum* mitigatório irrisório é uma segunda ofensa, além de fazer letra morta das normas de grande relevo a proteger os **essenciais** direitos que compõem a personalidade. Por esta razão defendemos que o descaso do ofensor com a Justiça, a certeza de sua impunidade, a grande reprovabilidade de sua conduta sejam sim elementos a ser considerados, não como critérios – pois "a indenização mede-se pela extensão do dano" – mas como circunstâncias que fizeram maior o dano e, portanto, aconselham o cuidadoso exame deste, pois ele é mais extenso do que aparenta. Isso já trataria paliativamente a questão enquanto não sobrevenha uma reforma legislativa a alterar o teor do art. 944 do CC/2002.

Talvez as raízes históricas para a recalcitrância mostrada pelo direito brasileiro em aceitar a plena mitigabilidade *in pecunia* dos danos morais sejam duas que conseguimos identificar a partir da observação das discussões travadas pela doutrina e nos tribunais pátrios ao longo de fins do Séc. XIX e durante três quartos do Séc. XX: (i) a influência do direito romano que

---

47. MORAES, Maria Celina Bodin de. *Danos à pessoa humana – Uma leitura civil-constitucional dos danos morais*. 2. ed. Rio de Janeiro: Ed. Processo, 2017, p. 290-291. O STJ, de modo especial nos votos do Ministro Sálvio de Figueiredo Teixeira, tem sustentado sistematicamente que, na fixação do quantum reparatório, devem ser considerados os seguintes critérios objetivos: a moderação, a proporcionalidade, o grau de culpa, o nível socioeconômico da vítima e o porte econômico do agente ofensor. No espaço de maior subjetividade, estabelece, ainda, que o juiz deve "calcar-se na lógica do razoável, valendo-se de sua experiência e do bom senso, atento à realidade da vida e às peculiaridades de cada caso". Recentemente, como já se viu, inclinou-se o STJ em direção à tese do caráter punitivo, considerando que cumpre ao magistrado estipular uma quantia que sirva como desestímulo à repetição – ou à imitação – da prática do ato. Assim, por exemplo, ocorreu em um caso de constrangimento ilegal, com detenção por longo período, praticado por seguranças de uma loja de departamentos. Ao confirmar o valor de 300 salários mínimos a título de dano moral, o relator, o Ministro Sálvio de Figueiredo, assim se manifestou: "Sopesadas as circunstâncias, e levando em consideração ainda o porte econômico da ré; o abalo físico, psíquico e social sofrido pela autora; o grau das agressões, e, *principalmente, a natureza punitiva e inibidora que a indenização na espécie deve ter*, sobretudo em se tratando de estabelecimento comercial frequentado diariamente por milhares de pessoas e famílias, tenho como compreensível o valor fixado no tribunal de origem".

em fase anterior não previa a indenização pecuniária por ofensas corporais entre cidadãos, indenizando apenas os danos físicos provocados sobre escravos[48] – fragmento do Dig., 9.3.7 de Gaio dizia "o corpo do homem livre não pode receber nenhuma estimativa" (*liberum corpus nullam recipit aestimationem*) – e (ii) a tradição fortemente católica na formação da sociedade e do Estado Brasileiro (de se lembrar a tendência ultramontana da Família Real e, depois, Imperial Brasileira durante colônia, reinado, 1º e 2º Impérios) que implica uma repulsa ao lucro e uma conotação pecaminosa no relacionar afeições e dinheiro; o que inexiste, por exemplo, nos países de tradição reformista/protestante.

Seja como for, o fato é que a relutância foi muito grande em se reconhecer a possibilidade e a "moralidade" do *pretium doloris* e isso se reflete, ainda hoje, num preconceito atávico em relação ao instituto que faz com que condenações surjam, mas sempre com uma preocupação do magistrado, ao nosso sentir, no sentido de estar num terreno perigoso, limítrofe à pactuação com o locupletamento da vítima.

5. CONCLUSÃO

Penas privadas já as temos muitas no Direito Civil. É preciso que se deixe de lado essa relutância em aceitar que não há senão uma separação convencional, didática (e mesmo desnecessária) entre os ramos do Direito Penal e do Direito Civil, sendo perfeitamente possível que este último também aplique sanções punitivas em face das condutas que considera ilícitas (os ilícitos civis). Não haverá confusão entre Direito Civil e Direito Penal, dado que inegavelmente autônomos em razão (i) de natureza de suas normas e (ii) principiologias próprias. Não há razão para se temer o desabrido reconhecimento da função punitiva da responsabilidade civil, bem como do caráter de pena de disposições, as mais diversas, espalhadas pelos outros capítulos do Direito Civil.

Paolo Gallo defende, ao tratar do tema, que se deva operar uma significativa redução das *fattispecie* penais, cuidando da punição de ilícitos sem a mesma relevância daqueles tipificados como crime através do Direito Civil – e aponta que mesmo os penalistas também assim entendem. Para ele, seriam 4 as razões a justificar essa migração da penalização para o Direito Civil: 1) a particular gravidade das sanções penais; 2) o intrínseco caráter aflitivo do rito processual penal; 3) os efeitos estigmatizantes de uma condenação penal e 4) os altos custos conexos ao funcionamento do Direito Penal[49].

A desmistificação desse dogma, desse muro a separar a função punitiva, segregando-a aos lindes do Direito Penal, em muito contribuirá para a segurança jurídica e para a moralização das situações indenizatórias, com o atingimento de suas funções (i) deterrente e (ii) punitiva da culpa grave ou do dolo. A positivação dos critérios a serem observados para a fixação do *quantum* indenizatório será muito bem-vinda por conferir maior segurança e permitir, por exemplo, a fundamentação da decisão com o necessário *discrimen* das rubricas entre o que seja *reparatório* de dano e o que cumpra função *punitiva* ou *exemplar*.

---

48. MAGALHÃES, Teresa Ancona Lopez de. *O dano estético* (responsabilidade civil). São Paulo: Ed. RT, 1980, p. 68.

49. GALLO, Paolo. *Pene private e responsabilità civile*. Milano: Giuffrè, 1996, p. 23. No original: *Sono gli stessi penalisti ad auspicare una netta riduzione delle fattispecie penali, e questo per la particolare gravità della sanzione penale, l'intrinseca afflittività del rito processuale penale, gli effetti stigmatizzanti della condena, senza contare gli alti costi connessi al funzionamento del processo penale.*

REFLEXÕES SOBRE O DANO INDIRETO INDENIZÁVEL E SUA EXPANSÃO NA RESPONSABILIDADE CIVIL EXTRACONTRATUAL[1]

Andrea Cristina Zanetti

Doutora e Mestre em Direito Civil pela PUC/SP. Professora dos cursos de extensão do IB-MEC e Pós-graduação em Civil e Processo Civil da EPD. Advogada e consultora jurídica.

Sumário: 1. Sentido do dano indireto ou dano reflexo. 2. Noção inicial. 2.1 O dano indireto indenizável e a subteoria da causalidade necessária. 2.2 O lesado por dano indireto indenizável: análise do artigo 948 do CC. 3. A evolução do dano indireto ou reflexo na responsabilidade extracontratual. 4. Reflexões finais. 5. Referências.

1. SENTIDO DO DANO INDIRETO OU DANO REFLEXO

A responsabilidade civil, na visão de Fernando Pessoa Jorge, está expressa na *obrigação de indenizar*: indenizar para *eliminar* o dano[2]. Essa é a intenção contida no princípio da reparação integral, extraído do *caput* do artigo 944 do Código Civil brasileiro, sendo a indenização medida na extensão do prejuízo provado. A percepção histórica d*o* "sentimento de que o homem deve reparar as consequências de seus atos, que causam ao outro um dano, é comum a todas as civilizações".[3] Nessa percepção, a reparação parece direcionar-se, inicialmente, para a relação do agente causador do dano e a vítima que suporta o prejuízo, numa relação direta, imediata, como causa e efeito. Será esse entendimento suficiente para alcançar a reparação integral?

Já se compreendeu, na evolução da responsabilidade civil, que a resposta para a pergunta do parágrafo antecedente é negativa. Na complexidade das relações sociais observa-se que não há apenas o dano direto que recai sobre a vítima. Hoje, há a consciência de que há *outros danos* como, por exemplo, o prejuízo que não está conectado diretamente à vítima, mas com ela se relaciona, refletindo seus efeitos sobre outra pessoa, vinculada ao ofendido imediato. Essa situação, aparentemente, poderia ser uma hipótese de dano indireto, contudo, qual a qualidade desse *vínculo* com a vítima, até onde se estende e como delimitar esse dano sobre o ofendido mediato? O que está contido na noção de *dano indireto* ou, no que interessa a responsabilidade civil, a noção do *dano indireto indenizável*?

---

1. O acesso a outros sistemas jurídicos se deu com o conhecimento da língua francesa e italiana. Essa leitura técnica só foi possível porque, no curso de mestrado da PUC/SP, um professor insistia em nos dar textos em diversas línguas e nos dizia que era possível a leitura (se nos esforçássemos semana após semana, circulando os trechos que não entendíamos e anotando o significado, a partir da consulta ao dicionário técnico). Com o tempo, dizia ele, será cada vez mais fácil compreender e menos necessária a consulta ao dicionário. Alguns termos se repetem. As línguas espanhola, italiana, francesa e portuguesa são línguas irmãs, derivadas do latim. Os ensinamentos do Prof. Renan Lotufo eram assim: ultrapassam as fronteiras do Direito, aperfeiçoavam o pesquisador e refletiam em uma postura de vida.
2. JORGE, Fernando Pessoa. *Ensaio sobre os pressupostos da responsabilidade civil*. Coimbra: Almedina, 1995, p. 371.
3. GAZZANIGA, Jean-Louis. Les métamorphoses historiques de la responsabilité. *In Les métamorfoses de la responsabilité*. Sixièmes journées René Savatier. Paris: Presses Universitaires de France, 1997, p. 3.

Essa é a primeira delimitação necessária ao nosso estudo e já adiantamos que o conceito de dano indireto, bem como sua extensão, são objetos de discussão doutrinária já há algum tempo. A noção poderá variar segundo o sistema jurídico em análise e até mesmo entre juristas de um mesmo ordenamento jurídico. Na evolução histórica do *Torts*, por exemplo, área do *Common Law* que se assemelha àquela dedicada à reparação do ilícito civil no sistema Romano-Germânico, a distinção entre dano direito e indireto, originalmente, era tratada como *traspass (writ of traspass)*, o dano provocado diretamente, e *trapass on the case (action upon the case)* para o dano causado de maneira indireta[4]. O exemplo clássico considerava, no primeiro caso, a pessoa que era atingida por um pedaço de pau lançado sobre ela e, no segundo, a pessoa que tropeçava num pedaço de pau caído no chão. Posteriormente a construção direcionou-se para danos provocados por ação, no primeiro caso; e negligência, no segundo[5].

No Brasil, a divisão de dano direto e indireto possui outro sentido, mesmo assim não se pode afirmar que haja consenso quanto ao termo entre os estudiosos. Nesse contexto, Maria Helena Diniz apresenta o dano direto e indireto atrelado ao dano patrimonial, sendo aquele causado à própria vítima e este causado a terceiros. Assim, o dano direto seria o "prejuízo que for consequência imediata da lesão e dano indireto o que resulta da conexão do fato lesivo com um acontecimento distinto." Para a autora, o dano patrimonial indireto incluiria a reparação econômica no cenário de lesão aos direitos da personalidade e voltado aos lesados indiretos[6].

Sérgio Cavalieri, também aponta o dano direto como lesão imediata ao bem jurídico, "permitindo uma pronta aferição do seu conteúdo" (relação da conduta ilícita e dano imediato), contudo o dano indireto (ou reflexo) é noção que demanda esforço da doutrina e jurisprudência para delimitação, seja em relação à causa ou em relação ao lesado. Em linhas gerais, o autor aponta o dano indireto como aquele que decorre de consequências remotas do ato do ofensor ou do descumprimento e que recai não sobre a vítima, mas sobre *pessoa intercalar.* Essa nova causa, em sua visão, rompe ou fragiliza o nexo causal entre o ato ilícito e o dano, razão pela qual, geralmente, não gera o dever de indenizar para o agente que desencadeou a relação causal inicial. A exceção é feita pela lei, consoante os termos do art. 984, II do CC, sendo que tais danos, quando ressarcíveis, incluem dano emergente, lucro cessante e dano moral[7].

São essas dificuldades quanto à noção e extensão do dano indireto que nos leva a refletir sobre o tema.

---

4. O caso inglês Scott v Shepherd, em 1773, explicita essa diferenciação. O caso tratou de fogo de artifício acesso lançado por um homem, Shepherd, em mercado lotado. O objeto caiu próximo ao senhor Yates. A fim de proteger-se, Willis, que estava próximo a Yates, lançou o artefato aleatoriamente e ele caiu próximo as mercadorias do senhor Ryall. Ryall para salvar seus produtos atirou novamente o objeto que atingiu o rosto do senhor Scott resultando na perda parcial da visão (um dos olhos ficou inutilizado com a explosão). A questão passou pela análise de quem deveria ser responsável pelo dano em questão. Tratava-se de dano diretamente atrelado ao ofensor (Ryall) ou a teria sido provocado por terceiro? Ao final, a conclusão foi que o dano havia sido provocado diretamente pelo senhor Ryall, sendo ele responsável por ter agido com descuido ao livra-se do fogo de artifício. KACZOROWSKI, Robert J. The Common-Law Background of Nineteenth-Century Tort Law. Review: *Ohio state law journal*, v.51, p. 1177 e 1179. Cf. 3 Wils. 403, 95 Eng. Rep. 1124, 2 Black. W. 892, 96 Eng. Rep. 528 (King´s Bench 1773).
5. TESAURO, Paolo e RECCHIA, Giorgio. Origini ed evoluzione del modelo del "torts". In: MACIOCE, Francesco (a cura di.). *La responsabilitità civile nei sistemi di Common Law*. Padova: CEDAM, v. I, p. 143 e 147.
6. DINIZ, Maria Helena Diniz. *Curso de Direito Civil brasileiro*: responsabilidade civil. São Paulo: Saraiva, 2007, v. 7, p. 71, 74 e 84.
7. CAVALIERI FILHO, Sérgio. *Programa de Responsabilidade Civil*. 13. ed. São Paulo: Atlas, 2019. p. 147.

2. NOÇÃO INICIAL

Diante dos pontos já assinalados no item anterior, o nosso esforço está em tratar da noção do dano indireto (também denominado reflexo ou *por ricochete*), sem a pretensão de um conceito pronto e acabado, conscientes de que esse tema ainda está em desenvolvimento, inclusive com contribuições significativas da jurisprudência nos últimos anos.

Em perspectiva comparada, na França, Geneviève Viney trata da existência de uma determinada categoria de danos que ultrapassam os danos sobre a vítima, atingindo outras pessoas, por isso conhecidos como dano por ricochete (*dommage par ricochet*). A repercussão do dano em questão, que se dá na esfera pessoal do lesado indireto, tem sua origem no mesmo ato ilícito que recaiu sobre a vítima. É o que se observa nos casos de homicídio ou lesões corporais graves provocadas voluntariamente (ou não) na vítima, refletindo em prejuízos aos parentes do lesado inicial. Nesses casos, o dever reparação poderá incluir não apenas os prejuízos de ordem patrimonial como também aqueles de ordem moral (chamado *préjudice d´affection*) para os parentes da vítima[8].

Caio Mário da Silva Pereira aludia aos estudos franceses para delimitar o dano reflexo ou ricochete entre nós. O dano reflexo ou ricochete não deixa, em sua visão, de ser uma repercussão do dano direito e imediato, mas que atinge outras pessoas, as quais sofrem o *reflexo* daquele dano. Assim não se trata de responsabilidade indireta, que compreende responsabilidade por fato de terceiro. É o caso do ex-marido que deve pensão alimentícia aos filhos, após o divórcio, e que vem a falecer em virtude de acidente automobilístico. Nesse caso, o ofensor deverá assumir a pensão devida pelo falecido. Em suma, "é reparável o dano reflexo ou em ricochete, desde que seja certa a repercussão do principal, por atingir a pessoa que lhe sofra repercussão e esta seja devidamente comprovada"[9].

O art. 403 do CC trata como danos indenizáveis aqueles relacionados direta e imediata com o fato gerador. É esse o dispositivo utilizado por Cristiano Chaves de Farias, Felipe Braga Netto e Nelson Rosenvald para indicar a necessária *imediatidade* do nexo causal para a reparação dos prejuízos, ressaltando os desafios do dano indireto ou reflexo nesse contexto. Para os autores trata-se, no último caso, de evento que atinge não só a vítima direta, mas, reflexamente, os interesses de outra pessoa. Logo, isso permite a conexão entre a vítima e o ofendido mediato[10].

Por fim, Rafael Peteffi Silva tem se dedicado, em diversos trabalhos, ao estudo específico do dano reflexo ou por ricochete e oferece definição, a partir da análise da responsabilidade contratual, apontando-o como prejuízo verificável *em uma relação triangular,* que se inicia com o agente que provoca prejuízo a uma vítima direta, ocasionando dano "em sua esfera jurídica própria" e, a partir daí, gera também "um prejuízo que resultará em um segundo dano, próprio e independente, observado na esfera jurídica da vítima reflexa ou por ricochete"[11]. Tal conceituação, como constata o autor, guarda relação com

---

8. VINEY, Geneviève. *Traité de Droit Civil: introduction à la responsabilité*. 2. ed. Paris: L.G.D.J. 1989, p. 150 e 151.
9. PEREIRA, Caio Mário da Silva. *Responsabilidade Civil*. Atual. Gustavo Tepedino.12. ed. Rio de Janeiro: Forense, 2018, p. 59 a 61.
10. ROSENVALD, Nelson; Farias, Cristiano Chaves de; NETTO, Felipe Braga. *Novo tratado de responsabilidade civil*. 4. ed. São Paulo: Saraiva, 2019, p.341.
11. SILVA, Rafael Peteffi da. Sistema de justiça, função social do contrato e a indenização do dano reflexo ou por ricochete. *Unisul de fato e de direito*: Revista jurídica da universidade do sul de Santa Catarina. ano III, n. 5, Jul/Dez 2012, Santa Catarina, p. 58 e 59.

definição proposta pela doutrina francesa, que apresenta o dano indireto como "prejuízos sofridos por um terceiro (vítima mediata ou indireta)", sendo tais prejuízos consequência de um dano inicialmente "sofrido por outrem (vítima imediata ou direta)"[12], o que poderá acarretar em reparação patrimonial e extrapatrimonial[13].

O dano indenizável é aquele ocasionado de modo direito e imediato (art. 403 do CC), decorrente de ato ou omissão do ofensor e suportado pelo ofendido. Essa é a regra que não se deve olvidar. Todavia, o mesmo ato danoso sofrido pela vítima (ofendido inicial) pode ainda repercutir sobre outras esferas jurídicas pessoais e autônomas em relação a primeira, ainda que necessariamente conectada à ofensa infligida ao ofendido inicial. Eis a proposta da noção preliminar do dano indireto. Por isso, Caio Mário da Silva Pereira compreende que tal situação não deixa de ser reflexo do dano direto e imediato.

Portanto, há a primeira relação jurídica que é dada pela constatação do dano (direto e imediato) provocado pelo ofensor à vítima inicial e, a partir disso, poderá haver um dano mediato e indireto, causado ao ofendido indireto ou secundário, que é dado pelas consequências daquela primeira situação jurídica lesiva. É a prova do elo existente entre esse terceiro (ofendido secundário) e a vítima (ofendido inicial), a partir da repercussão do dano direto e imediato, que justificará o dever autônomo e próprio de reparação do dano indireto. A conexão entre essas três situações demonstra a *relação triangular* citada por Rafael Peteffi da Silva.

Essa definição preliminar, pode ter seus elementos detalhados. Os danos mediatos, sequenciais ou simultâneos, podem atingir um número variado de pessoas, o que poderá tornar a reparação desproporcional ao dano ou transformar a obrigação de repará-lo em um dever infindável para o ofensor. Logo, nos parece que não é todo e qualquer dano indireto que será reparado, mas, sim, o denominado *dano indireto indenizável,* o que considera o necessário exame do nexo de causalidade. Aspecto que trataremos a seguir.

2.1 O dano indireto indenizável e a subteoria da causalidade necessária

Encontrar o dano indireto passível de ser indenizado considera a análise do nexo de causalidade. Como explicita Gisela Sampaio da Cruz, na responsabilidade civil o nexo causal possui tanto a função de determinar "a quem se deve atribuir um resultado danoso" quanto precisar a *extensão do* dano indenizável[14]. Quando se trata do dano indireto, em nosso sentir, podemos acrescentar ainda uma terceira função que é *definir os sujeitos compreendidos como credores dessa obrigação de indenizar.*

Quando se trata da relação de causalidade, são diversas as teorias: teoria da equivalência das condições; teoria da causa próxima, teoria da causa eficiente, teoria da causa preponderante, teoria da causalidade adequada, teoria da causa direta e imediata e entre

---

12. REINIG, Guilherme Henrique Lima; SILVA, Rafael Peteffi da. Dano reflexo ou por ricochete e lesão à saúde psíquica: os casos de "choque nervoso" (Schockschaden) no direito civil alemão. *Civilistica.com.* Rio de Janeiro, a. 6, n. 2, 2017. Disponível em: http://civilistica.com/wp-content/uploads1/2017/12/Reinig-e-Silva-civilistica.com-a.6.n.2.2017-2.pdf. Data de acesso: 10.10.2020.

13. SILVA, Rafael Peteffi da; RODRIGUES JUNIOR, Otavio Luiz. Dano reflexo ou por ricochete: ponto de partida para a diferenciação dos sistemas brasileiro e português de responsabilidade civil extracontratual. In: SILVA, Rafael Peteffi da; CELLA, José Renato Grazieiro. *Primeiro encontro internacional do CONPEDI.* Barcelona: Ediciones Laborum, 2015. v. 8. p. 45 a 55.

14. CRUZ, Gisela Sampaio da. *O problema do nexo causal na responsabilidade civil.* Rio de Janeiro: Renovar, 2005, p. 22.

outras[15]. É certo que a relação de causalidade é uma relação de consequência lógica e, nesse sentido, Anderson Schreiber aponta que as teorias supramencionadas são teorias jurídicas criadas para dar parâmetros a essa relação de consequência, do contrário haveria uma *super-responsabilização na vida social*[16].

Não nos deteremos na análise de cada teoria, contudo, convém tratar da teoria considerada positivada entre nós que está expressa no art. 403 do CC[17]: a teoria da causalidade direta e imediata. Se analisarmos os julgados dos tribunais brasileiros, será possível notar a presença de diversas teorias do nexo causal, além da teoria da causalidade direta e imediata, que normalmente são aplicadas como formas de complementar a teoria ora positivada, evitando situações de inequidade. Afinal, na prática, observa-se que as teorias jurídicas desenvolvidas até o momento sobre o nexo causal *não* conseguem, separadamente, lidar com todos os casos derivados da complexidade das relações sociais.

Em um estudo detido sobre a teoria da causalidade direta e imediata, e que não se limita propriamente na ideia de causa e efeito, como nos esclarece Agostinho Alvim, após considerar as diversas escolas que estudam a matéria, a compreensão das expressões *direto* e *imediato* devem ser tratadas de modo interrelacionado, como um único significado, que é dado pelo *nexo causal necessário*. Assim, o autor, filiando-se à subteoria da *necessariedade da causa* atribuída a Charles Dumoulin, esclarece que "suposto certo dano, considera-se causa dele a que lhe é próxima ou remota, mas com relação a esta última, é mister que ela se ligue ao dano, diretamente." Logo, ainda que remota, a sua relação com o dano direto é necessária, a partir disso, *opera por si, dispensadas outras causas*[18].

Em suma, o que exclui o dever de reparar as lesões ditas indiretas é a circunstância do dano indireto ser, ou não, *efeito necessário* da primeira relação, dada pelo evento danoso inicial e suportado pela vítima (lesado imediato). Na expressão de Agostinho Alvim, os danos indiretos e remotos não serão indenizáveis, em regra, *porque deixam de ser efeito necessário, pelo aparecimento de concausas.*

Assim, por exemplo, se o consumidor ingeriu alimento contaminado e, em decorrência disso, necessita ir à farmácia, sendo vítima de latrocínio no caminho, responderá o fornecedor do alimento pela morte do consumidor? Não é o caso. E a resposta é dada não pelo dano em si, mas pela interferência de uma outra causa, subsequente a primeira, rompendo por completo o nexo causal entre a causa inicial e o dano final. O dano final não se conecta a primeira causa que é o mal-estar do consumidor provocado pelo descuido do fornecedor com o alimento fornecido, mas, sim, ao ato do assaltante que determinou a morte do consumidor.

---

15. Sobre o tema ver: ALVIM, Agostinho. *Da inexecução das obrigações e suas consequências.* 3. ed. Rio de Janeiro: Jurídica e universitária, 1965, p. 323 a 355; TRIMARCHI, Pietro. *Causalità e danno.* Milão: Giuffrè, 1967, p. 3 a 49; JORGE, Fernando Pessoa. *Ensaio sobre os pressupostos da responsabilidade civil…* cit., p. 389 e 341; GARCEZ NETO, Martinho. *Responsabilidade civil no direito comparado.* Rio de Janeiro: Renovar, 2000, p. 205 a 213. CRUZ, Gisela Sampaio da. *O problema do nexo causal na responsabilidade civil.* Rio de Janeiro: Renovar, 2005, p. 33 a 153; SCHREIBER, Anderson. *Novos paradigmas da responsabilidade civil.* São Paulo: Atlas, 2007 p. 51 a 75.
16. SCHREIBER, Anderson. *Desafios da Causalidade na Responsabilidade Civil Brasileira. Jornal carta forense.* Publicação de 08.02.2019. Disponível em: http://www.cartaforense.com.br/conteudo/colunas/desafios-da-causalidade-na-responsabilidade-civil-brasileira/18334. Acesso em: 10.10.2020.
17. LOTUFO, Renan. *Código Civil comentado: obrigações.* São Paulo: Saraiva, 2003, p. 461.
18. ALVIM, Agostinho. *Da inexecução das obrigações e suas consequências….* cit. p.338 e 339.

Outro exemplo, desta vez dado por Anderson Schreiber[19], trata de empresa que, tendo poluído rio, gera como consequência a morte significativa de peixes e impede que os moradores ribeirinhos, pescadores, possam se alimentar dos peixes ou mesmo vendê-los. A primeira situação configura "dano ambiental de natureza extrapatrimonial", dano direto e imediato; enquanto o prejuízo ao modo de vida e a subsistência dos pescadores poderá incluir: (i) danos patrimoniais (danos emergentes e lucros cessantes) e (ii) extrapatrimoniais (devido à mudança de vida dos pescadores retirados do local). A situação dos pescadores configura exemplo de dano indireto *indenizável*, pois ele se atrela *necessariamente a primeira e única causa*, decorrente da ação do agente ofensor (empresa), mesmo que se trate de um dano posterior, mediato. O dano indireto, no caso, também é efeito *necessário* do nexo causal que gerou o dever de indenizar para o dano inicial.

Assim, o *dano indireto indenizável* - dano reflexo ou por ricochete - é o dano suportado outrem, que não o ofendido inicial, sendo justificável o dever de indenizar por ser efeito *necessário* da causalidade verifica entre o dano (direto ou imediato) causado pelo ofensor à vítima, não afastado por concausas. Na expressão "dano indireto" podem ser incluídos a reparação dos danos: (i) *patrimoniais* (danos emergentes e lucros cessantes) e (ii) *extrapatrimoniais* (dano moral, dano existencial, dano à honra, dano à imagem, etc.), sendo a extensão dos danos verificada e medida caso a caso, observado o princípio da reparação integral.

A noção em questão não dispensa, portanto, a existência de uma relação *prévia* e *qualificada* entre a vítima e o lesado pelo dano indireto.

2.2 O lesado por dano indireto indenizável: análise do artigo 948 do CC

Uma vez detalhada a relação de causalidade *necessária* como elemento do dano indireto indenizável, outro ponto relevante para a noção em tela é o sujeito legitimado a requer a indenização a esse título. Isso se dá com a conexão entre a vítima e aquele que sofre o dano secundário, mediato, com um pressuposto do dever de indenizar. Esse vínculo não é só determinado pela proximidade, mas pela *qualidade* dessa relação, ao menos nas situações de responsabilidade aquiliana envolvendo pessoas naturais.

O caso tradicional, já positivado em nosso ordenamento, está previsto no art. 948 do CC e refere-se ao evento morte, determinando o pagamento dos seguintes prejuízos, *sem excluir outras reparações*[20]: (i) despesas com o tratamento da vítima, seu funeral e luto da família, configurando dano emergente (inciso I); e (ii) prestação de alimentos para aqueles a quem devia o morto, sendo considerada *a duração provável da vida da vítima* como fator temporal para o cálculo da reparação, o que nos remete ao lucro cessante (inciso II).

O direito a reparação do dano indireto ou reflexo, na primeira hipótese inclui danos patrimoniais devidos àquele que arcou com as despesas de tratamento da vítima até o seu falecimento, com os custos do sepultamento (normalmente parente ou pessoa próxima) e o luto familiar. Giovanni Ettori Nanni aponta que as despesas com o tratamento pode-

---

19. SCHREIBER, Anderson. Desafios da Causalidade na Responsabilidade Civil Brasileira. *Jornal carta forense*. Publicação de 08.02.2019. Disponível em: http://www.cartaforense.com.br/conteudo/colunas/desafios-da-causalidade-na-responsabilidade-civil-brasileira/18334. Acesso em: 10.10.2020.

20. O texto da lei usa apenas a expressão "homicídio". Contudo, Paulo de Tarso Sanseverino aponta hipóteses para além do assassinato como: "acidente de trânsito ou de trabalho, desastre aéreo," entre outros. Cf. *Princípio da reparação integral: indenização no Código Civil*. São Paulo: Saraiva, 2010. p. 188.

rão incluir, além as despesas médico-hospitalares, os custos de remoção, transplantes, próteses, fisioterapia, tratamento psicológico e outros destinados a salvar ou recuperar a vida da vítima. Em relação às despesas com o funeral, aponta o referido autor as despesas com sepultamento, serviços funerários, cerimônia de luto, publicação do óbito, sufrágio da alma etc. Quando se trata de morte por ato ilícito, ocasionado por homicídio *todos os custos devem ser reembolsados, porém com comedimento*[21].

No período de luto, há também as despesas patrimoniais do "período de nojo", que é o tempo de recolhimento da família até a missa do sétimo dia. Esclarece Paulo de Tarso Sanseverino que esse valor deve ser sopesado com o princípio da reparação integral (art. 944 do CC), portanto, considerando a exata extensão do prejuízo, não serão devidos valores a esse título para os empregados celetistas e servidores públicos, uma vez que a lei já lhes garante remuneração para essa situação[22].

Na segunda hipótese legal (inciso II do art. 948 do CC), atinente à pensão alimentícia, o direito volta-se àqueles que estejam na *condição de dependentes econômicos* da vítima[23]. Poderá ser a situação do cônjuge ou companheiro, ascendentes, descendentes e irmãos (1.694 e 1.697 do CC), entre outros legitimados, uma vez demostrada a referida dependência[24].

Além das hipóteses indicadas nos parágrafos antecedentes, que tratam do dano patrimonial, o evento morte atualmente abrange danos extrapatrimoniais - atribuído ao dano moral como *prejuízo de afeição* - devido àqueles que possuem relação de parentesco com a vítima[25]. *O dano moral* refere-se ao sofrimento experimentado pela vítima com a perda do ente familiar, constituindo-se em um dever autônomo de indenizar, o que Judith Martins-Costa classifica como dano *extrapatrimonial e direito.*[26]

No que concerne ao dano moral, as decisões proferidas pela Terceira e Quarta Turma do Superior Tribunal de Justiça (STJ) entendem, ao reconhecê-lo na espécie, que há presunção dessa relação de afeto com a vítima (ofendido imediato) diante da proximidade dada pela relação de parentesco, tal como se dá na relação entre cônjuges ou companheiros[27], entre pais e filhos[28] e entre irmãos[29]. Nesse aspecto, os parágrafos únicos dos art. 12 e 20 do CC, asseguram aos parentes supramencionados a legitimidade, inclusive, para medidas

---

21. NANNI, Giovanni Ettore. *Indenização e homicídio.* In: NANNI, Giovanni Ettore. *Direito civil e arbitragem.* São Paulo: Atlas, 2014. p. 341-359.
22. SANSEVERINO, Paulo de Tarso. *Princípio da reparação integral: indenização no Código Civil.* São Paulo: Saraiva, 2010. p. 211.
23. ROSENVALD, Nelson; Farias, Cristiano Chaves de; NETTO, Felipe Braga. *Novo tratado de responsabilidade civil.* cit. p. 341.
24. SANSEVERINO, Paulo de Tarso. *Princípio da reparação integral: indenização no Código Civil.* São Paulo: Saraiva, 2010. p. 215.
25. José de Aguiar Dias entende que a indenização causada pela dor da morte de alguém não deveria se restringir à relação de parentesco. Segundo ele, *o dano material resulta de lesão a interesses pecuniários, ao passo que o dano moral depende do laço de afeição. Há mortos que causam alívio e não aflição aos parentes. Sem a qualidade de parente, é possível experimentar a dor pela morte de alguém.* DIAS, José de Aguiar. *Da responsabilidade civil.* 11. ed. Rio de Janeiro: Renovar, 2006. p. 1063 e 1064.
26. MARTINS-COSTA, Judith. In: TEIXEIRA, Sálvio de Figueiredo (Coord.). *Comentários ao novo Código Civil.* Rio de Janeiro: Forense, 2004. v. V, t. II: do inadimplemento das obrigações. p. 355.
27. STJ, Terceira Turma, REsp 1341355/SC, Min. Rel. Paulo de Tarso Sanseverino, j. 21.10.2014, DJe 28.10.2014. Disponível em www.stj.jus.br. Acesso em: 20.10.2020.
28. STJ, Terceira Turma, AgInt no REsp 1660189 / RJ, Min. Rel. Paulo de Tarso Sanseverino, j. 26.09.2017, DJe 10.10.2017. Disponível em www.stj.jus.br. Acesso em: 20.10.2020.
29. STJ, Quarta Turma, AgInt no AREsp 1099667 / SP, Min. Relator Luís Felipe Salomão, j. 24.04.2018, DJe 02.05.2018. Disponível em www.stj.jus.br. Acesso em: 20.10.2020.

ANDREA CRISTINA ZANETTI

reparatórias e outras medidas judiciais relacionadas à violação de direitos da personalidade do falecido, como direito próprio (Enunciado 400 da V Jornada de Direito Civil do CJF)[30].

3. A EVOLUÇÃO DO DANO INDIRETO OU REFLEXO NA RESPONSABILIDADE EXTRACONTRATUAL

O dano indireto indenizável ou reflexo ou ricochete, na perspectiva da responsabilidade extracontratual, tem sua aplicação ampliada para além da situação de morte expressa no art. 948 do CC, segundo a prática dos Tribunais brasileiros. Nesse âmbito, são exemplos as situações de lesão corporal relevante[31] como como tetraplegia[32] ou a perda de um membro[33] considerados como circunstâncias que também demandam a reparação de dano indireto ou reflexo, tanto na perspectiva patrimonial quanto extrapatrimonial.

Em nossa análise, destacamos a decisão proferida pela Primeira Turma do STJ, AgRg no REsp 1212322, tendo como Ministro Relator Napoleão Nunes Maia Filho, que reconheceu *dano moral por ricochete* aos membros do núcleo familiar (esposa e filho) diante de grave acidente que resultou na invalidez permanente da vítima - em estado vegetativo e tetraplégico. No acórdão em referência destacou-se duas razões fáticas para a fixação dos danos morais reflexos: a primeira tratou do abalo psicológico do filho e esposa e, em seguida, a segunda mencionou o dano sobre o projeto de vida da família pois "a esposa jamais poderá dividir com o marido a vicissitudes da vida cotidiana de seu filho, ou a relação marital que se esvazia, ou ainda, o filho que não será levado pelo pai ao colégio, ao jogo de futebol, ou até mesmo a colar as figurinhas da Copa do Mundo"[34].

Tais razões fáticas, em nosso sentir, nos direciona para dois danos extrapatrimoniais, a saber: o dano moral e o dano existencial. É certo que a decisão ora em análise fixou o valor de dano moral por ricochete para a esposa e o filho, o que significa o reconhecimento do sofrimento interno da pessoa, sua angústia e perturbação psicológica[35], tendo como referência a gravidade do evento lesivo ocorrido com o ofendido inicial (esposo e pai). Além disso, e ainda que não tenha sido expressamente mencionado no acórdão, o voto exemplifica hipótese de *dano existencial*, como denominado pela doutrina italiana, pois descreve o fato como uma mudança efetiva e irreversível do projeto de vida dos lesados indiretos, aferível objetivamente a partir da relação social anteriormente existente, e que não se confunde com a condição psicológica própria do dano moral.[36]

Entre nós, Rogério Donnini assinala que "o dano existencial deve ser objeto de prova, pois é imperiosa a demonstração da mudança de hábitos e relações com outras pessoas, isto é, a alteração do rumo na vida, com a piora de sua qualidade." Contudo, algumas situações

---

30. Nos termos do enunciado: "Os parágrafos únicos dos arts. 12 e 20 asseguram legitimidade, por direito próprio, aos parentes, cônjuge ou companheiro para a tutela contra lesão perpetrada *post mortem.*"
31. Guarda semelhança com o art. 495º do Código Civil Português.
32. STJ, Primeira Turma, AgRg no REsp 1212322 / SP, Min. Rel. Napoleão Nunes Maia Filho, j. 03.06.2014, DJe 10.06.2014. Disponível em www.stj.jus.br. Acesso em 20.10.2020.
33. STJ, Quarta Turma, AgInt no AREsp 1099667 / SP, Min. Relator Luís Felipe Salomão, j. 24.04.2018, DJe 02.05.2018. Disponível em www.stj.jus.br. Acesso em 20.10.2020.
34. Ver referência na nota 31.
35. D'APOLLO, Luca. *Danno alla vita e danno da morte.* Torino: Giappichelli, 2016, p. 91.
36. CARNEVALE, Aldo e SCARANO, Generoso. *Il danno alla persona: aspetti giuridici e médico*-legali, Padova: CEDAM, 2010, p. 128.

REFLEXÕES SOBRE O DANO INDIRETO INDENIZÁVEL **277**

são demonstradas de per si, dada a gravidade da lesão, tal como ocorre no caso.[37] Não se pode afirmar que o dano existencial foi utilizado para o cálculo da indenização no caso analisado pela Primeira Turma do STJ, mas trata-se de um exemplo latente de situação que configura o dano existencial, para além do dano moral, ambos integrantes dos danos extrapatrimoniais e que podem ser considerados para fixação do valor a ser pago a título de danos indiretos ou por ricochete.

Ainda quanto à possibilidade de indenização do dano existencial e do dano moral como modalidades de dano indireto extrapatrimonial, o Tribunal de Justiça do Rio Grande do Sul, na ação de indenização 70062439476 tendo como relator Des. Eugênio Facchini Neto, considerou ambas as modalidades, fixando quantia específica para cada um dos danos extrapatrimoniais verificados. Na espécie, o genro ingressou com ação indenizatória diante de falha na prestação de serviços médicos de saúde que resultaram em incapacidade irreversível de sua sogra (Acidente Vascular Cerebral), requerendo o reconhecimento dos danos moral e existencial, como danos indiretos. O autor demonstrou que a sogra vivia com ele desde que se casou, sendo sua esposa filha única, o que levou o Tribunal a compreender pela existência de relação afetiva entre os parentes, reconhecendo o sofrimento passível de indenização diante da lesão corporal grave e permanente da vítima. Além disso, o dano existencial justificou-se "em razão da alteração de seus hábitos de vida e forma de se relacionar com os outros, prejudicando sua realização pessoal e comprometendo sua capacidade de gozar plenamente sua própria vida em todas as suas potencialidades".[38] Portanto, o dano indireto indenizável não se limita ao dano moral subjetivo (abalo psicológico e sofrimento) mas envolve outras modalidades de dano extrapatrimonial, como dano existencial, dano à honra, dano à imagem e outros atrelados aos direitos da personalidade.

Ainda sobre o dano indireto extrapatrimonial, a Quarta Turma do STJ, REsp 1119632/RJ, tendo como Ministro Relator Raul Araújo, confirmou a decisão do Tribunal de Justiça do Estado do Rio de Janeiro e reconheceu a aplicação dos danos extrapatrimoniais indiretos para além dos casos de morte ou lesão corporal do ofendido imediato, estabelecendo o dever de indenizar quando há ofensa ao direito à honra. O caso em comento tratou de notícia televisiva que, exacerbando o dever de informar, atribuiu comentários desabonadores e ofensivos à honra do ofendido direto (art. 12 do CC). Nesse contexto, o dano era derivado da violação de um direito da personalidade desacompanhado da presença de lesão à vida ou à saúde do ofendido imediato. A reparação, tratada como dano moral reflexo, foi reconhecida para o núcleo familiar (esposa e filho) do ofendido direto, diante do modo como a notícia foi veiculada publicamente, "ao provocar-lhes dor e angústia decorrentes da exposição negativa, humilhante e vexatória imposta, direta ou indiretamente, a todos"[39].

4. REFLEXÕES FINAIS

O dano indireto indenizável - dano reflexo ou por ricochete - é o dano que decorre de um prejuízo injusto inicial suportado pelo ofendido imediato, mas que repercute na esfera própria e autônoma de outrem, sendo justificável o dever de indenizar quando tal dano,

---

37. DONNINI, Rogério. *Responsabilidade Civil na Pós-modernidade*: Felicidade, Proteção, Enriquecimento cm causa e tempo perdido. Porto Alegre: Sérgio Antonio Fabris. 2015, p. 107.
38. Apelação Cível, 70062439476, Nona Câmara Cível, Tribunal de Justiça do RS, Relator: Eugênio Facchini Neto, Julgado em: 04-02-2015. Disponível em: www.tjrs.jus.br. Acesso em 21.10.2020.
39. STJ, Quarta Turma, REsp 1119632 / RJ, Min. Rel. Raul Araújo, j. 15.08.2017, DJe 12.09.2017, RSTJ v. 249, p. 838.

suportado pelo ofendido mediato, (i) for um reflexo necessário da causalidade existente na lesão primária, provocada pelo ofensor à vítima; e (ii) houver presumida ou comprovada relação *qualificadora* entre o ofendido direto e o ofendido indireto.

O dano indireto ou reflexo está positivado nos incisos I e II do art. 948 do CC para as situações de morte da vítima por homicídio. Foi em virtude de significativa contribuição jurisprudencial que o dano indireto indenizável ampliou sua incidência para além do caso legal supramencionado, incluindo situações de morte e lesão corporal grave, sendo possível pleitear danos patrimonial e extrapatrimonial pelos parentes da vítima, uma vez comprovados os pressupostos.

Essa ampliação do que está contemplado na noção do dano indireto indenizável ganha espaço no regime brasileiro da responsabilidade civil, diante da sistemática presente no Código Civil que prestigia o dever geral de indenizar (art. 186 e 927 do CC) e o princípio da reparação integral (art. 944 do CC).

Contudo, ainda há muito a ser delimitado quanto ao dano indireto, principalmente nas hipóteses que vão além dos casos de perda da vida e lesão corporal (art. 948 do CC), em especial quanto à definição de hipóteses, dos legitimados, da extensão e da forma de liquidação dos danos extrapatrimoniais. Longe de esgotar a matéria, o objetivo dessa breve exposição foi proporcionar alguns elementos para reflexão sobre o desenvolvimento do dano indireto em nossos país considerando as contribuições doutrinárias e decisões judiciais.

5. REFERÊNCIAS

ALVIM, Agostinho. *Da inexecução das obrigações e suas consequências.* 3. ed. Rio de Janeiro: Jurídica e universitária, 1965.

BRAGA NETTO, Felipe Peixoto Braga Netto; FARIAS, Cristiano Chaves de; ROSENVALD, Nelson. *Novo tratado de responsabilidade civil.* 4. ed. São Paulo: Saraiva, 2019.

CARNEVALE, Aldo e SCARANO, Generoso. *Il danno alla persona: aspetti giuridici e médico-legali.* Padova: CEDAM, 2010.

CAVALIERI FILHO, Sérgio. *Programa de Responsabilidade Civil.* 13. ed. São Paulo: Atlas, 2019.

CRUZ, Gisela Sampaio da. *O problema do nexo causal na responsabilidade civil.* Rio de Janeiro: Renovar, 2005.

D'APOLLO, Luca. *Danno alla vita e danno da morte.* Torino: Giappichelli, 2016.

DIAS, José de Aguiar. *Da responsabilidade civil.* 11ª ed. Rio de Janeiro: Renovar, 2006.

DINIZ, Maria Helena Diniz. *Curso de Direito Civil brasileiro*: responsabilidade civil. São Paulo: Saraiva, 2007. v. 7.

DONNINI, Rogério. *Responsabilidade Civil na Pós-modernidade*: Felicidade, Proteção, Enriquecimento cm causa e tempo perdido. Porto Alegre: Sérgio Antonio Fabris. 2015.

GARCEZ NETO, Martinho. *Responsabilidade civil no direito comparado.* Rio de Janeiro: Renovar, 2000.

GAZZANIGA, Jean-Louis. Les métamorphoses historiques de la responsabilité. *Les metamorfoses de la responsabilité. Sixièmes journées René Savatier.* Paris: Presses Universitaires de France, 1997.

JORGE, Fernando Pessoa. *Ensaio sobre os pressupostos da responsabilidade civil.* Coimbra: Almedina, 1995.

KACZOROWSKI, Robert J. The Common-Law Background of Nineteenth-Century Tort Law. Review: *Ohio state law journal*, v.51, p. 1127 a 1199.

LOTUFO, Renan. *Código Civil comentado: obrigações.* São Paulo: Saraiva, 2003.

MARTINS-COSTA, Judith. In: Teixeira, Sálvio de Figueiredo (Coord.). *Comentários ao novo Código Civil* Rio de Janeiro: Forense, 2004. v. V, t. II: do inadimplemento das obrigações.

NANNI, Giovanni Ettore. *Indenização e homicídio*. In: NANNI, Giovanni Ettore. *Direito civil e arbitragem*. São Paulo: Atlas, 2014. p.365-398

NANNI, Giovanni Ettore. *Direito civil e arbitragem*. São Paulo: Atlas, 2014.

PEREIRA, Caio Mário da Silva. *Responsabilidade Civil*. Atual. Gustavo Tepedino.12 ed. Rio de Janeiro: Forense, 2018.

PETEFFI DA SILVA, Rafael. Sistema de justiça, Função social do contrato e a indenização do dano reflexo ou por ricochete. *Unisul de fato e de direito: Revista jurídica da unversidade do sul de Santa Catarina*. ano III, n. 5, Jul/Dez 2012, Santa Catarina, p. 37-71.

PETEFFI DA SILVA, Rafael; RODRIGUES JUNIOR, Otavio Luiz. Dano reflexo ou por ricochete: ponto de partida para a diferenciação dos sistemas brasileiro e português de responsabilidade civil extracontratual. In: SILVA, Rafael Peteffi da; CELLA, José Renato Grazieiro. *Primeiro encontro internacional do Conpedi*. Barcelona: Ediciones Laborum, 2015. v. 8.

SANSEVERINO, Paulo de Tarso. *Princípio da reparação integral: indenização no Código Civil*. São Paulo: Saraiva, 2010.

SCHREIBER, Anderson. *Novos paradigmas da responsabilidade civil*. São Paulo: Atlas, 2007

SCHREIBER, Anderson. Desafios da Causalidade na Responsabilidade Civil Brasileira. *Jornal carta forense*. Publicação de 08.02.2019. Disponível em: http://www.cartaforense.com.br/conteudo/colunas/desafios--da-causalidade-na-responsabilidade-civil-brasileira/18334. Acesso em: 10.10.2020.

TESAURO, Paolo e RECCHIA, Giorgio. Origini ed evoluzione del modelo del "torts". In: MACIOCE, Francesco (A cura di.). *La responsabilità civile nei sistemi di Common Law*. v. I, Padova: CEDAM.

TRIMARCHI, Pietro. *Causalità e danno*. Milão: Giuffrè, 1967.

VINEY, Geneviève. *Traité de Droit civil*: introduction à la responsabilité. 2. ed. Paris: L.G.D.J. 1989.

DESCONTO DE PROVEITOS
("*COMPENSATIO LUCRI CUM DAMNO*")[1]

Giovanni Ettore Nanni

Livre-Docente, Doutor e Mestre em Direito Civil pela PUC/SP. Professor de Direito Civil nos Cursos de Graduação e de Pós-Graduação *Stricto Sensu* na PUC/SP. Presidente do Comitê Brasileiro de Arbitragem – CBAr. Foi Presidente do Instituto de Direito Privado – IDiP (2010-2017). Advogado em São Paulo.

Sumário. 1. Homenagem. 2. Noção. 3. Requisitos. 4. Efeitos. 5. Referências.

1. HOMENAGEM

Manifesto inegável alegria e saudosismo por participar do livro que representa justa homenagem ao Professor Renan Lotufo, organizado pela Professora Fernanda Ivo Pires, sob a coordenação científica dos Professores Alexandre Guerra, Antonio Carlos Morato, Fernando Rodrigues Martins e Nelson Rosenvald.

Os idealizadores da obra, todos queridos amigos que o meio acadêmico me presenteou, têm em comum a fonte inspiradora do Professor Renan Lotufo, pois fomos seu aluno na PUC-SP. Por sugestão dos coordenadores, faço breve referência inicial a fim de retratar minha relação com o homenageado e sua importância para o Direito Privado.

Além de ter sido meu professor na graduação e orientador nos cursos de Mestrado e de Doutorado na PUC-SP, convivi com o Professor Renan durante muitos anos. Entre assistente na graduação e depois nos cursos de Mestrado e de Doutorado, estive com ele em sala de aula de 1994 a 2008. Contando bancas de qualificação e bancas examinadoras finais de mestrado e de doutorado, sentei ao lado dele em 60 bancas. Também coordenamos algumas obras coletivas, já esgotadas, que contaram com a valorosa colaboração de colegas de inegável escol.

Vivenciei muitas recordações. Sobraria emoção se reportasse aqui o tanto que presenciei. Porém, o número de linhas, no contexto desta obra coletiva, seria insuficiente para reproduzir tantas memórias.

Fui privilegiado. A sorte e o destino me colocaram ao lado do Professor Renan por tanto tempo, com tanta intensidade, o que consubstanciou norte definitivo na minha formação como pessoa, como professor, como pai, como esposo. Não só em relação a mim, com certeza ele preconizou exemplos de ética e de respeito ao ser humano, assim como lições a serem propagadas a nossos alunos, a nossos pares, a nossos filhos, às pessoas.

Ele costumeiramente me apresentava como *fiel escudeiro* nas bancas acadêmicas que participávamos. Assim também escreveu na última dedicatória que tenho, de 3 de outubro

---

1. Texto correspondente ao item 5.2, integrante do Capítulo 3 da tese de livre-docência (intitulada *Inadimplemento absoluto e resolução contratual*: requisitos e efeitos) defendida pelo autor perante a Faculdade de Direito da Pontifícia Universidade Católica de São Paulo, em 2020.

de 2016: "Caro Giovanni, meu fiel escudeiro por tantos anos, com meus agradecimentos e votos de permanente sucesso."

Confesso que não sou capaz de expressar em palavras a minha gratidão, mas, com orgulho, tenho a alegria de ter manifestado não só a ele, mas publicamente, em inúmeras ocasiões, o meu agradecimento pela oportunidade e o desenvolvimento na atividade acadêmica que ele me propiciou, assim como a sua grandeza como jurista, como humanista, como impulsionador de tantos alunos, do estudo sério e dedicado. Tive a possiblidade de sempre estar ao seu lado, do início dos anos 90, até o seu último ano de vida, em 2020. Mesmo depois de sua saída da PUC-SP em 2014, mantive contato frequente, juntamente com meu amigo Ragner Limongeli Vianna, em periódicos almoços no Tatini Restaurante, além de várias conversas telefônicas.

Entre os inúmeros exemplos de vida que poderia enaltecer em relação ao Professor Renan, cito dois.

O primeiro é a sua generosidade, a sua simpatia, o seu bom humor. Sempre disposto e disciplinado quanto à presença e aos horários, magnetizava os alunos. Quantas vezes vi o seu poder de cativá-los. Isso ficou muito claro nas várias mensagens de *e-mail* que recebi após o seu falecimento, assim como pelas inúmeras postagens nas redes sociais.

O segundo é a sua humildade em sala de aula. Em uma época em que os cursos de pós-graduação *stricto sensu* começavam a ganhar mais espaço, as instituições dividiam a reputação com seus grandes mestres. Falo dos anos 90 até a primeira década dos anos 2000, mais ou menos.

O Professor Renan, seguindo os passos daquele que foi seu mestre, Agostinho Alvim, cobrava a leitura de textos estrangeiros, a reflexão ponderada, mas sempre ofertando ao aluno que construísse o seu caminho, nunca limitado ao seu pensamento. Ele incentivava, construía as pontes, disponibilizava materiais (cópias de textos e consulta de livros em sua biblioteca) e o resto competia ao estudante. Dizia sempre que o papel do professor é ser *rampa de lançamento*. Inspirador, mesclava música e poesia em suas aulas e palestras. Com esse pensamento, impulsionou a criação de uma geração de renovação do estudo do Direito Civil. Teve a bondade de oportunizar a paternidade acadêmica a muitos. Estou certo que esta narração toca o coração dos que foram seus alunos.

Ele foi um professor e um jurista em sua plenitude. A partir de 1995, pois ele concluiu o Doutorado em 1994, lecionou no curso de Mestrado *stricto sensu* e de Doutorado na PUC-SP as cadeiras de *Teoria do negócio jurídico* e *Teoria geral das obrigações*. Em 1997, inaugurou a disciplina *A autonomia privada e a Constituição Federal*, que, em seguida, adicionou a nomenclatura *Direito Civil Constitucional*. Depois, ofertou as cadeiras de *Teoria geral dos contratos* e *As transformações da responsabilidade civil*. Lecionou ainda *Teoria geral do direito*. Fonte inesgotável do saber.

Peço vênia para reproduzir o que escrevi no prefácio em obra que igualmente tive a honra de coordenar em homenagem ao Professor Renan Lotufo, retratando suas contribuições ao cenário jurídico pátrio[2]:

---

2. NANNI, Giovanni Ettore. À guisa de homenagem e prefácio. In: NANNI, Giovanni Ettore. (Coord.). *Temas relevantes do direito civil contemporâneo*: reflexões sobre os cinco anos do Código Civil. Estudos em homenagem ao Professor Renan Lotufo. São Paulo: Atlas, 2008, p. x-xi.

"Vale recordar uma demonstração de seu pioneirismo: o Professor Renan Lotufo foi um dos poucos que sempre acreditaram e defenderam a aprovação do então Projeto de Código Civil. É sabido que desde os anos setenta ele mencionava e discutia em suas aulas as novidades do futuro texto legislativo. Consequentemente, após a promulgação do Código Civil em 2002, ele conhecia com profusão a nova lei, o que lhe confere um passo à frente nas reflexões sobre o tema.

É também um dos precursores no estudo do que se convencionou denominar Direito Civil Constitucional, antevendo que as normas constitucionais incidem diretamente no Direito Civil e em outros ramos do direito, de tal sorte que não se cuidam de textos legais isolados, mas sim de normas em interação, que devem ser aplicadas à luz de valores oriundos das disposições da Constituição Federal.

Ademais, é um perseguidor intransigente da renovação do direito. É incrível a sua capacidade de conhecer as obras mais recentes de sua área de atuação, estando constantemente afinado com a mais avançada doutrina, especialmente a europeia, a qual sempre exerceu grande influência no direito privado brasileiro.

Isto, como corolário, revela outra característica que é a profundidade de conhecimento do direito, moldado de extremo rigor técnico, a cada instante em busca da precisão de conceitos, com ampla investigação de posições supostamente consolidadas ou incontroversas, objetivando revisitá-las.

Como se isto não bastasse, preocupado em propagar o estudo do Direito Privado, idealizou e tornou realidade, no início do ano de 2005, o Instituto de Direito Privado – IDP, que promete fomentar o aprimoramento da ciência jurídica.

Por estes e outros motivos, ele vem formando um numeroso rol de pesquisadores e estudiosos do direito, o que é, em última análise, o grande dom de um professor."

O Professor Renan não está mais fisicamente entre nós, mas as suas virtudes fazem com que ele seja inesquecível. Desde o seu falecimento, neste ano de 2020, quantas vezes me lembrei de episódios, de conversas e de reações. Decerto outros tantos que com ele conviveram também. Poucos têm essa dádiva. Apesar da saudade, ele sempre se fará presente.

Para concluir, mais uma vez saudando os coordenadores pela merecidíssima homenagem, reproduzo o que escrevi no dia de sua morte, lembrando de seu discurso na formatura de minha turma de graduação em 1993, na qual foi paraninfo. Como costumava fazer, unia palavras jurídicas com música e poesia. Terminou sua fala, combinada com a banda, que emendou com a música, expressando lição de vida:

"Eu fico com a pureza

Da resposta das crianças

É a vida, é bonita

E é bonita

Viver

E não ter a vergonha

De ser feliz

Cantar e cantar e cantar

A beleza de ser

Um eterno aprendiz"

GIOVANNI ETTORE NANNI

Restam as excelentes lições, a honradez, o caráter. Ele se despede, certo da missão cumprida. Fica a minha torcida para que as próximas gerações tenham a sorte de encontrar no caminho docente de tanto valor.

2. NOÇÃO

É sabido que a fixação das perdas e danos é governada pelo preceito da reparação integral, a qual é inferida do artigo 944, "*caput*", do Código Civil. Ele leva em consideração a conhecida assertiva de que a recomposição do prejuízo deve abranger *todo o dano*, porém *nada mais do que o dano*.

É por isso que, se o lesado conquistar algum benefício como decorrência direta e imediata do mesmo fato que motivou o prejuízo, o montante do ganho deve ser abatido da indenização, descontando-se o proveito.

Em virtude do próprio fato que ocasionou a perda, não é lícito que a efetivação da integral reparação do interesse violado coloque o credor em posição mais vantajosa do que se encontrava antes da lesão. O preceito que veda o enriquecimento sem causa (art. 884 CC) coíbe que ele logre benefício, lucrando, em virtude do cômputo do provento, ao alcançar cifra mais elevada do que a medida pela extensão do dano.

Se, "*exempli gratia*", a perda importa em R$ 1.000,00, porém o próprio ato ilícito ou o inadimplemento, na abrangência da mesma relação de causalidade, propicia ganho de R$ 100,00 ao credor, aumentando, portanto, seu patrimônio, tal cifra há de ser subtraída, de tal sorte que o "*quantum*" a ser reparado se reduza a R$ 900,00.

Com a expressão "*compensatio lucri cum damno*" se costuma indicar a diminuição que pode sofrer o objeto do ressarcimento – em virtude de compensação que se opera entre perdas e benefícios – quando um comportamento ilícito gera não apenas consequências danosas, mas também vantagens[3]. Em outras palavras, neste caso, do evento danoso, ao mesmo tempo, derivam para o prejudicado um dano e uma vantagem[4].

Sua justificação está no fato de que o dano ressarcível é somente aquele *efetivo*, isto é, aquele constituído da diferença entre prejuízo e acréscimo[5]. O escopo ideal de toda a reparação de danos é conseguir que o prejudicado não fique nem mais pobre nem mais rico do que estaria se o fato lesivo não se houvesse produzido[6].

O lesado não pode conservar um incremento patrimonial eventualmente adquirido em consequência do ato ilícito ou do inadimplemento. Em outros termos, dizem os juízes, deve-se operar uma compensação entre lucros e danos consequentes do mesmo ilícito[7].

Ainda que consagrada a terminologia *compensação*, esclareça-se que o tema não se refere precisamente ao meio de extinção da obrigação no qual há reciprocidade de crédito

---

3. PULEO, Salvatore. Compensatio lucri cum damno. *Enciclopedia del Diritto*. Milano: Giuffrè, 1961, v. 8, p. 29.
4. MICCIO, Renato. *Commentario del Codice Civile*: redatto a cura di magistrati e docenti: delle obbligazioni in generali. 2. ed. Torino: UTET, 1961, libro 4, t. 1, p. 274.
5. WINDSCHEID, Bernardo. *Diritto delle pandette*. Trad. Carlo Fadda e Paolo Emilio Bensa. Torino: Unione Tipografico-Editrice Torinese, 1904, v. 2, parte 1, p. 39; COLAGROSSO, Enrico. *Teoria generale delle obbligazioni e dei contratti*. 3. ed. Roma: Casa Editrice Stamperia Nazionale, 1948, p. 114.
6. FISCHER, Hans Albrecht. *A reparação dos danos no direito civil*. Trad. António de Arruda Ferrer Correia. São Paulo: Livraria Acadêmica Saraiva, 1938, p. 192-193.
7. VISINTINI, Giovanna. *Trattato breve della responsabilità civile*: fatti illeciti: inadempimento: danno risarcibile. 2. ed. Padova: Cedam, 1999, p. 546.

DESCONTO DE PROVEITOS ("*COMPENSATIO LUCRI CUM DAMNO*") | **285**

e débito, em virtude do que as dívidas são consideradas satisfeitas, conforme regrado nos artigos 368 a 380 no Código Civil. Consequentemente, ele não atende aos mesmos requisitos da *compensação* propriamente dita.

Von Tuhr[8] pondera que a nomenclatura latina não é de todo acertada, já que não se trata de estabelecer uma compensação com outro crédito do obrigado a indenizar, senão simplesmente de tomar em consideração os efeitos vantajosos no momento de se calcular o dano. Assim, defende que se poderia denominar *imputação de benefícios*. Hans Fischer[9] sustenta o uso da expressão *cômputo de benefícios*.

Entende-se que o mais adequado é *desconto de proveitos*. Isso porque não se trata apenas de *imputar* os benefícios, no sentido de atribuição de responsabilidade, nem só de *computar*, a fim de tornar parte do cálculo da indenização. A operação matemática só restará completa com o efetivo *abatimento, dedução, desconto* da vantagem. Isto é, o benefício é *imputado, computado* e, como resultado, desde que presentes os seus requisitos, *descontado* da cifra reparatória. Próxima é a posição de Eduardo Zannoni[10], para quem seria mais correto referir-se *diminuição do conteúdo do dano*.

De qualquer forma, não há malefício em continuar expressando o termo "*compensatio lucri cum damno*", visto que consagrado em diversos sistemas. Trata-se de assunto que atrai interesse de volumosa doutrina, tanto em artigos específicos[11] quanto em trabalhos gerais[12]. No Brasil, contudo, o estudo da matéria não é difundido, a despeito de ter sido objeto de atenção em alguns textos[13].

---

8. VON TUHR, Andreas. *Tratado de las obligaciones*. Trad. W. Roces. Reimpressão. Madrid: Editorial Reus, 1999, v. 1, p. 74.

9. FISCHER, Hans Albrecht. *A reparação dos danos no direito civil*. Trad. António de Arruda Ferrer Correia. São Paulo: Livraria Acadêmica Saraiva, 1938, p. 199; REIS, Iuri. *Danos patrimoniais*: uma perspectiva pragmática. Rio de Janeiro: Lumen Juris, 2017, p. 175.

10. ZANNONI, Eduardo A. *El daño en la responsabilidad civil*. 3. ed. Buenos Aires: Astrea, 2005, p. 145.

11. BELLISARIO, Elena. *Il problema della compensatio lucri cum damno*. Padova: Cedam, 2018; PULEO, Salvatore. Compensatio lucri cum damno. *Enciclopedia del Diritto*. Milano: Giuffrè, 1961, v. 8, p. 29-32; CAPECCHI, Marco. La *compensatio lucri cum damno*. In: VISINTINI, Giovanna (diretto da). *Trattato della responsabilità contrattuale*: volume terzo: il risarcimento del danno contrattuale: la responsabilità per ritardo e per fatto degli ausiliari. Padova: Cedam, 2009, p. 395-407; SCOGNAMIGLIO, Renato. In tema di "compensatio lucri cum damno". In: SCOGNAMIGLIO, Renato. *Responsabilità civile e danno*. Torino: Giappichelli, 2010, p. 284-292; GALLO, Paolo. *Compensatio lucri cum damno* e benefici collaterali. Parte prima: la *compensatio lucri cum damno* e le sue trasformazioni. *Rivista di Diritto Civile*. Padova: Cedam, ano 64, v. 3, p. 851-872, maio/jun. 2018; GALLO, Paolo. *Compensatio lucri cum damno* e benefici collaterali. Parte seconda: applicazioni e confini. *Rivista di Diritto Civile*. Padova: Cedam, ano 64, v. 4, p. 1116-1147, jul./ago. 2018.

12. Exemplificativamente: FISCHER, Hans Albrecht. *A reparação dos danos no direito civil*. Tradução de António de Arruda Ferrer Correia. São Paulo: Livraria Acadêmica Saraiva, 1938, p. 199-216; LARENZ, Karl. *Derecho de obligaciones*. Tradução de Jaime Santos Briz. Madrid: Editorial Revista de Derecho Privado, 1958, v. 1, p. 204-207; DE CUPIS, Adriano. *Il danno*: teoria generale della responsabilità civile. 3. ed. Milano: Giuffrè, 1979, v. 1, p. 311-328; BIANCA, C. Massimo. Inadempimento delle obbligazioni. In: SCIALOJA, Antonio; BRANCA, Giuseppe (a cura di). *Commentario del Codice Civile*: libro quarto – delle obbligazioni: art. 1218 – 1229. 2. ed. Bologna: Zanichelli, 1981, p. 308-313; CANTILLO, Michele. *Le obbligazioni*: tomo secondo. Torino: UTET, 1992, p. 849-853; PINTO, Paulo Mota. *Interesse contratual negativo e interesse contratual positivo*. Coimbra: Coimbra Editora, 2008, v. 1, p. 710-803; CORDEIRO, António Menezes. *Tratado de direito civil*: direito das obrigações: gestão de negócios: enriquecimento sem causa: responsabilidade civil. Coimbra: Almedina, 2017, v. 8, p. 729-732; BRIZ, Jaime Santos. *La responsabilidad civil*: derecho sustantivo y derecho procesal. 7. ed. Madrid: Editorial Montecorvo, 1993, p. 275-289; DÍEZ-PICAZO, Luis. *Fundamentos del derecho civil patrimonial*: la responsabilidad civil extracontractual. Madrid: Civitas, 2011, v. 5, p. 341-344; ORGAZ, Alfredo. *El daño resarcible*: actos ilícitos. 3. ed. Buenos Aires: Depalma, 1967, p. 161-181; ALTERINI, Atilio Aníbal. *Responsabilidad civil*: limites de la reparacion civil: contornos actuales de la responsabilidad civil. 3. ed. Buenos Aires: Abeledo-Perrot, 1999, p. 207-209; ZANNONI, Eduardo A. *El daño en la responsabilidad civil*. 3. ed. Buenos Aires: Astrea, 2005, p. 144-148.

13. Entre outros: SILVA, Rodrigo da Guia. *Compensatio lucri cum damno*: problemas de quantificação à luz da unidade e complexidade do dano patrimonial. *Revista de Direito Privado*. São Paulo: Thomson Reuters Brasil, v. 90, p. 91-145, jun. 2018; SILVA, Rafael Peteffi da; LUIZ, Fernando Vieira. A *compensatio lucri cum damno*: contornos essenciais do instituto e a necessidade de sua revisão nos casos de benefícios previdenciários. *Revista de Direito Civil Contemporâneo*. São Paulo:

Volta-se a oferecer uma solução ao problema dos *benefícios colaterais* no âmbito da responsabilidade civil. Embora citada frequentemente nas motivações de sentenças, recebe aplicação concreta apenas em poucos casos, dando azo a decisões claramente contraditórias entre elas, deixando transparecer a notável incerteza a respeito dos pressupostos para sua aplicação[14]. Isso porque os seus limites são muito controversos[15], assim como a sua origem[16].

Sem embargo de ausência de previsão legal, há de ser aplicada, sendo comumente subentendida no sistema, encontrando fundamento na disciplina geral do ressarcimento do dano, como caráter equitativo[17].

É indiscutivelmente ligada à noção da reparação integral, visto que a indenização é fixada consoante a extensão do dano (art. 944, "*caput*", CC), o qual, no contexto aqui examinado, requer – quando se apresente *vantagem* além do próprio e indispensável *prejuízo* – a dedução do proveito, escoimando-o[18].

Além disso, é respaldada no comando emanado do artigo 884 do Código Civil, que veda o enriquecimento sem causa[19], o qual possui caráter dúplice, como fonte obrigacional e como princípio[20]. No caso vertente, serve como amparo informador da quantificação do dano, porém não como fonte obrigacional, pois não fundamenta o exercício de demanda autônoma.

Desse modo, o enriquecimento sem causa é ferramenta útil para corrigir situações em que se vislumbre desproporção patrimonial que evidencie a violação ao espírito do preceito. Evidentemente, essa conotação principiológica não poderá colidir com outra regra legal, sob pena de fraudar a ordem jurídica como um todo. O seu uso como princí-

---

Ed. RT, v. 13, p. 281-312, out./dez. 2017; MIRANDA, Pontes de. *Tratado de direito privado*. 3. ed. Rio de Janeiro: Borsoi, 1971, v. 22, p. 219-224; LOPES, Miguel Maria de Serpa. *Curso de direito civil*: obrigações em geral. 6. ed. Rio de Janeiro: Freitas Bastos, 1995, v. 2, p. 402-403; GOMES, Orlando. *Obrigações*. 12. ed. Rio de Janeiro: Forense, 1998, p. 51-52; SILVA, Jorge Cesa Ferreira da. *Inadimplemento das obrigações*: comentários aos arts. 389 a 420 do Código Civil. São Paulo: Revista dos Tribunais, 2007, p. 173-175; SANSEVERINO, Paulo de Tarso Vieira. *Princípio da reparação integral*: indenização no Código Civil. São Paulo: Saraiva, 2010, p. 63-68; REIS, Iuri. *Danos patrimoniais*: uma perspectiva pragmática. Rio de Janeiro: Lumen Juris, 2017, p. 173-186; MIRAGEM, Bruno. *Direito civil*: direito das obrigações. São Paulo: Saraiva, 2017, p. 598-601.

14. CAPECCHI, Marco. La *compensatio lucri cum damno*. In: VISINTINI, Giovanna (diretto da). *Trattato della responsabilità contrattuale*: volume terzo: il risarcimento del danno contrattuale: la responsabilità per ritardo e per fatto degli ausiliari. Padova: Cedam, 2009, p. 395-396; BELLISARIO, Elena. *Il problema della compensatio lucri cum damno*. Padova: Cedam, 2018, p. 2.

15. PULEO, Salvatore. Compensatio lucri cum damno. *Enciclopedia del Diritto*. Milano: Giuffrè, 1961, v. 8, p. 29.

16. GALLO, Paolo. *Compensatio lucri cum damno* e benefici collaterali. Parte prima: la *compensatio lucri cum damno* e le sue trasformazioni. *Rivista di Diritto Civile*. Padova: Cedam, ano 64, v. 3, p. 851-872, maio/jun. 2018, p. 852-855; BELLISARIO, Elena. *Il problema della compensatio lucri cum damno*. Padova: Cedam, 2018, p. 6-9.

17. GALLO, Paolo. *Compensatio lucri cum damno* e benefici collaterali. Parte prima: la *compensatio lucri cum damno* e le sue trasformazioni. *Rivista di Diritto Civile*. Padova: Cedam, ano 64, v. 3, p. 857-858. Igualmente: SCOGNAMIGLIO, Renato. In tema di "compensatio lucri cum damno". In: SCOGNAMIGLIO, Renato. *Responsabilità civile e danno*. Torino: Giappichelli, 2010, p. 289.

18. Em igual direção: SANSEVERINO, Paulo de Tarso Vieira. *Princípio da reparação integral*: indenização no Código Civil. São Paulo: Saraiva, 2010, p. 68; SILVA, Rafael Peteffi da; LUIZ, Fernando Vieira. A *compensatio lucri cum damno*: contornos essenciais do instituto e a necessidade de sua revisão nos casos de benefícios previdenciários. *Revista de Direito Civil Contemporâneo*. São Paulo: Revista dos Tribunais, v. 13, p. 281-312, out./dez. 2017, p. 286; SILVA, Rodrigo da Guia. *Compensatio lucri cum damno*: problemas de quantificação à luz da unidade e complexidade do dano patrimonial. *Revista de Direito Privado*. São Paulo: Thomson Reuters Brasil, v. 90, p. 91-145, jun. 2018, p. 94, 107.

19. No mesmo sentido: SANSEVERINO, Paulo de Tarso Vieira. *Princípio da reparação integral*: indenização no Código Civil. São Paulo: Saraiva, 2010, p. 63; SILVA, Rafael Peteffi da; LUIZ, Fernando Vieira. A *compensatio lucri cum damno*: contornos essenciais do instituto e a necessidade de sua revisão nos casos de benefícios previdenciários. *Revista de Direito Civil Contemporâneo*. São Paulo: Ed. RT, v. 13, p. 281-312, out./dez. 2017, p. 285; PINTO, Paulo Mota. *Interesse contratual negativo e interesse contratual positivo*. Coimbra: Coimbra Editora, 2008, v. 1, p. 711.

20. NANNI, Giovanni Ettore. *Enriquecimento sem causa*. 3. ed. São Paulo: Saraiva, 2012, p. 198.

pio, nesse ponto de vista, é circunscrito pelos limites legais, remédios e regras jurídicas específicas de cada situação[21].

Prevalece o entendimento de que o desconto de proveitos não é instituto autônomo, sendo elemento inerente à determinação do dano[22]. Trata-se, segundo Trimarchi[23], de cálculo do prejuízo como soma algébrica entre posições negativas e positivas.

3. REQUISITOS

No tocante aos seus requisitos: *a)* há de se constatar o benefício em prol do lesado; *b)* dano e vantagem devem originar-se do mesmo fato; *c)* é preciso que se insiram em liame causal único.

Verdadeiramente, é a esfera de interesses do prejudicado que restou lesada. Se apenas houve perda, ela é quantificada e indenizada. Não há o que se deduzir. Pressuposto lógico é, por isso, que lhe exsurja ganho.

O proveito é aferível como ganho, mas também por obstar o prejuízo ou resultar em economia de despesa[24].

Quanto ao segundo aspecto, para o surgimento do proveito e do prejuízo podem ter cooperado diferentes fatos. Exige-se que, como o dano, a vantagem tenha sido causada pelo fato que obriga à indenização. Ambos têm que configurar uma unidade. O que implica afirmar que se a vantagem foi causada por fato distinto daquele que determina a reparação do dano, não cabe o assunto em estudo[25]. Isto é, vantagem e dano devem ser juridicamente coligados, não nascendo, portanto, de causas diversas[26].

Já que não constitui fator autônomo de diminuição do ressarcimento, mas apenas elemento de determinação do dano, resulta a impossibilidade do cômputo de vantagens que não derivam do mesmo fato pelo qual a reparação é devida. É excluída, por isso, a inclusão de vantagens proporcionadas ao prejudicado por outras ações do autor do ilícito[27]. Assim, por exemplo, não se admite que o proveito proporcionado ao sujeito por um ato de liberalidade seja descontado do dano gerado ao mesmo sujeito por um ato ilícito. Este raciocínio é também aplicável na hipótese em que seja único o autor de tais atos[28].

Entretanto, há quem questione a unicidade do título ou fato, pois se poderia operar também em presença de danos e vantagens que encontrem a sua fonte em fatos ou ações

---

21. NANNI, Giovanni Ettore. *Enriquecimento sem causa*. 3. ed. São Paulo: Saraiva, 2012, p. 222.
22. SCOGNAMIGLIO, Renato. In tema di "compensatio lucri cum damno". In: SCOGNAMIGLIO, Renato. *Responsabilità civile e danno*. Torino: Giappichelli, 2010, p. 288; PULEO, Salvatore. Compensatio lucri cum damno. *Enciclopedia del Diritto*. Milano: Giuffrè, 1961, v. 8, p. 30; BELLISARIO, Elena. *Il problema della compensatio lucri cum damno*. Padova: Cedam, 2018, p. 18.
23. TRIMARCHI, Pietro. *Il contratto*: inadempimento e rimedi. Milano: Giuffrè, 2010, p. 188.
24. DE CUPIS, Adriano. *Il danno*: teoria generale della responsabilità civile. 3. ed. Milano: Giuffrè, 1979, v. 1, p. 314; GALLO, Paolo. *Compensatio lucri cum damno e benefici collaterali. Parte prima: la compensatio lucri cum damno e le sue trasformazioni*. *Rivista di Diritto Civile*. Padova: Cedam, ano 64, v. 3, p. 851-872, maio/jun. 2018, p. 860.
25. ENNECCERUS, Ludwig; LEHMANN, Heinrich. Derecho de obligaciones. In: ENNECCERUS, Ludwig; KIPP, Theodor; WOLFF, Martin. *Tratado de derecho civil*. Trad. Blas Pérez Gonzáles e José Alguer. 2. ed. Barcelona: Bosch, 1954, t. 2, v. 1, p. 88-89.
26. CROME, Carlo. *Teorie fondamentali delle obbligazioni nel diritto francese*. Trad. Alfredo Ascoli e Federico Cammeo. Milano: Società Editrice Libraria, 1908, p. 102.
27. PULEO, Salvatore. Compensatio lucri cum damno. *Enciclopedia del Diritto*. Milano: Giuffrè, 1961, v. 8, p. 31.
28. DE CUPIS, Adriano. *Il danno*: teoria generale della responsabilità civile. 3. ed. Milano: Giuffrè, 1979, v. 1, p. 314.

distintas, desde que intimamente coligados[29]. Consoante Fischer[30], a conexão existente entre os ganhos e as perdas decorrentes dos pactos celebrados pode ser mais ou menos estreita. É possível que se celebrem vários negócios jurídicos independentes, entre as mesmas pessoas ou entre pessoas distintas, mas de tal modo que, pelo fim jurídico visado em comum, formem uma unidade, quer exteriormente quer na relação interna recíproca. Logo, escreve Orgaz[31] pelo mesmo ato não se deve entender a simples unidade de ação, pois frequentemente uma pluralidade de ações é considerada pelo direito como um só ato.

Requer-se, de qualquer modo, estabelecimento de vínculo entre o fato danoso e proveito, como relação direta e imediata, necessária à geração do ganho. Não se cuida, explica Antunes Varela[32], de simples coincidência acidental, fortuita ou causal. É inaplicável, portanto, critério de causalidade jurídica diverso daquele que se faz uso para a imputação dos danos[33].

Não são computáveis, assim, os proveitos que detêm título autônomo e que são simplesmente *ocasião* do ilícito, "*verbi gratia*", os benefícios doados em favor da vítima ou a obtenção de deixa testamentária[34].

O dano indenizável é o que resulta da *compensação* das *desvantagens* e das *vantagens*, porém não todas, sem discriminação alguma, tão só aquelas que se pode considerar como produzidas pelo ato ilícito, que encontram nele sua *causa* e não a mera *ocasião* em que se originam[35].

Quanto ao ônus da prova, quem alega que há pré-diminuição a ser atendida no cômputo do dano, tem de provar que houve a vantagem e que é o caso para se considerar elemento negativo do cálculo[36]. É certo que toca ao réu comprovar o fato impeditivo, modificativo ou extintivo do pleito perseguido pelo autor, a fim de descontar do montante indenizatório o proveito por ele auferido.

Discute-se em doutrina a possibilidade de o juiz reconhecer a matéria de ofício, abatendo o ganho[37]. Isso porque o desconto de proveitos não constitui compensação com pedido contraposto, mas representa simplesmente o cálculo do dano como diferença patrimonial, a qual não é objeto de exceção em sentido próprio, sendo reconhecível de ofício (exceção em sentido próprio são apenas aquelas que correspondem ao exercício de uma reconvenção, ou de um direito potestativo, além de outros expressamente qualificados como tal pela lei)[38]. Por isso mesmo, reporta Pontes de Miranda[39], pode o juiz, com o

---

29. BELLISARIO, Elena. *Il problema della compensatio lucri cum damno*. Padova: Cedam, 2018, p. 19.
30. FISCHER, Hans Albrecht. *A reparação dos danos no direito civil*. Trad. António de Arruda Ferrer Correia. São Paulo: Livraria Académica Saraiva, 1938, p. 201-202.
31. ORGAZ, Alfredo. *El daño resarcible*: actos ilícitos. 3. ed. Buenos Aires: Depalma, 1967, p. 168.
32. VARELA, João de Matos Antunes. *Das obrigações em geral*. 9. ed. Coimbra: Almedina, 1996, v. 1, p. 968.
33. PULEO, Salvatore. Compensatio lucri cum damno. *Enciclopedia del Diritto*. Milano: Giuffrè, 1961, v. 8, p. 31. Verificar igualmente: SILVA, Rafael Peteffi da; LUIZ, Fernando Vieira. *A compensatio lucri cum damno*: contornos essenciais do instituto e a necessidade de sua revisão nos casos de benefícios previdenciários. *Revista de Direito Civil Contemporâneo*. São Paulo: Ed. RT, v. 13, p. 281-312, out./dez. 2017, p. 289.
34. BIANCA, C. Massimo. Inadempimento delle obbligazioni. In: SCIALOJA, Antonio; BRANCA, Giuseppe (a cura di). *Commentario del Codice Civile*: libro quarto – delle obbligazioni: art. 1218 – 1229. 2. ed. Bologna: Zanichelli, 1981, p. 310-311.
35. ORGAZ, Alfredo. *El daño resarcible*: actos ilícitos. 3. ed. Buenos Aires: Depalma, 1967, p. 167.
36. MIRANDA, Pontes de. *Tratado de direito privado*. 3. ed. Rio de Janeiro: Borsoi, 1971, v. 22, p. 221.
37. GALLO, Paolo. *Compensatio lucri cum damno* e benefici collaterali. Parte prima: la *compensatio lucri cum damno* e le sue trasformazioni. *Rivista di Diritto Civile*. Padova: Cedam, ano 64, v. 3, p. 862; SANSEVERINO, Paulo de Tarso Vieira. *Princípio da reparação integral*: indenização no Código Civil. São Paulo: Saraiva, 2010, p. 64-65.
38. TRIMARCHI, Pietro. *Il contratto*: inadempimento e rimedi. Milano: Giuffrè, 2010, p. 191.
39. MIRANDA, Pontes de. *Tratado de direito privado*. 3. ed. Rio de Janeiro: Borsoi, 1971, v. 22, p. 221.

que consta dos autos, determinar $d - v$ (dano *menos* vantagem), em vez de d; ainda que o ofendido não haja alegado ter havido o lucro.

Mesmo que se admita tal situação, a concepção da matéria fica mais bem enquadrada como ônus do réu, ao contestar, afirmar e comprovar os fatos que indiquem a caracterização de vantagem em favor do autor, o que reduz sua pretensão indenizatória com base na "*compensatio lucri cum damno*".

É sabido que, ao contestar, é ônus do réu negar (*afirmação negativa*) os fatos afirmados pelo autor ou a *afirmação de fatos novos*, em tese capazes de evitar que ele obtenha a tutela jurisdicional pedida na demanda inicial[40].

Consequentemente, o ônus de *afirmar* antecede o de *provar*, uma vez que o objeto do conhecimento do juiz é composto pelas afirmações das partes, e sem o que não haveria sequer o que provar[41].

Assim, antes de atribuir ao julgador a possibilidade de, ao quantificar o dano, conhecer de ofício a existência de proveito capaz de reduzi-lo, muito mais adequado conferir ao lesante o ônus de fornecer os elementos fáticos aptos a configurar o ganho em favor do autor, bem como os demais requisitos do tema em exame, assim também se desincumbir do fardo de produzir a prova capaz de convencer o decisor a acolher seu pleito de descontar da indenização o montante da vantagem.

De todo modo, caso se configure a hipótese de o juiz conhecer de plano o tema, não se pode olvidar a necessidade de conferir às partes o contraditório (arts. 9º e 10 CPC), suscitando o debate a respeito antes de prolação da decisão.

4. EFEITOS

Tendo em vista que o desconto de proveitos atua na quantificação dos danos, influenciando a determinação do montante devido pelo obrigado, inexiste delimitação numérica para sua incidência. Tem o dom de, conforme as evidências do caso concreto, diminuir a cifra indenizatória, inclusive a ponto de resumir a zero a pretensão do autor, caso, evidentemente, reste comprovado que o ganho é maior do que o prejuízo.

Em outras palavras, é possível que o direito do autor seja reduzido a zero por não mais se apurar a existência de prejuízo[42]. Nega-se, por isso, a indenização se as vantagens são superiores aos danos[43].

O tema é objeto de parco acolhimento jurisprudencial; na verdade porque o seu emprego é pouco suscitado.

Na jurisprudência do Superior Tribunal de Justiça[44] é reconhecida, em acidentes de trânsito que propiciam a venda de carcaça de veículos, a redução do valor dos salvados em relação ao pagamento de indenização por seguro ou pelo próprio ofensor, com a transfe-

---

40. DINAMARCO, Cândido Rangel. *Instituições de direito processual civil*. 8. ed. São Paulo: Malheiros, 2019, p. 295. v. 2.
41. DINAMARCO, Cândido Rangel. *Instituições de direito processual civil*. 8. ed. São Paulo: Malheiros, 2019, p. 296. v. 2.
42. FISCHER, Hans Albrecht. *A reparação dos danos no direito civil*. Trad. António de Arruda Ferrer Correia. São Paulo: Livraria Acadêmica Saraiva, 1938, p. 200.
43. RUGGIERO, Roberto de. *Instituições de direito civil*. Trad. Ary dos Santos. São Paulo: Saraiva, [s.d.], v. 3, p. 59.
44. AgRg no AgRg no Ag 1241492 – PR, Relatora Ministra Maria Isabel Gallotti, data de julgamento 17.03.2016, DJe 28.03.2016; AgRg no REsp n1.193.207 – RS, Relatora Ministra Maria Isabel Gallotti, data de julgamento 1º.09.2015, DJe 09.09.2015.

rência e devida entrega dos documentos que comprovem a propriedade do veículo, livre e desembaraçado de ônus.

Todavia, embora o Superior Tribunal de Justiça permita a dedução do valor, é raro observar a citação direta à aplicação da "*compensatio lucri cum damno*", ainda que, em suma, sua lógica seja prestigiada[45].

Encontra também abrigo em demandas relativas ao seguro obrigatório de danos pessoais causados por veículos automotores de via terrestre, intitulado DPVAT, instituído pela Lei 6.194/1974[46]. Em tal tema, o Superior Tribunal de Justiça editou a Súmula 246[47]. Posteriormente, foi abordado em embargos de divergência[48].

Entretanto, observando a origem distinta, não se admite a compensação da indenização arbitrada judicialmente com benefício de pensão oficial recebida pela parte[49].

Na Itália, o tema vem sendo objeto de discussão nos últimos tempos, em especial depois de 2017 em função de algumas decisões proferidas pela "*Corte Suprema di Cassazione*"[50].

O foco da temática é relativo aos benefícios colaterais, como consequência do incremento dos casos em que o prejudicado é compensado por fontes colaterais, como, por exemplo, o seguro, a previdência social, o empregador etc. Indaga-se se o princípio da "*compensatio lucri cum damno*" pode operar toda vez que o lesado continue a receber a sua normal retribuição, aufira uma pensão, um prêmio securitário ou outras formas de benefícios colaterais[51].

O problema é considerado atual em razão da crescente expansão dos sistemas de indenização alternativos relativamente à responsabilidade civil, por meio de seguros e da previdência social. Questiona-se na Itália qual pode ser o futuro da responsabilidade em decorrência da situação caracterizada pela progressiva ascensão de sistemas alternativos de compensação[52].

---

45. SILVA, Rafael Peteffi da; LUIZ, Fernando Vieira. A *compensatio lucri cum damno*: contornos essenciais do instituto e a necessidade de sua revisão nos casos de benefícios previdenciários. *Revista de Direito Civil Contemporâneo*. São Paulo: Ed. RT, v. 13, p. 281-312, out./dez. 2017, p. 299.

46. SANSEVERINO, Paulo de Tarso Vieira. *Princípio da reparação integral*: indenização no Código Civil. São Paulo: Saraiva, 2010, p. 66; SILVA, Rafael Peteffi da; LUIZ, Fernando Vieira. A *compensatio lucri cum damno*: contornos essenciais do instituto e a necessidade da sua revisão nos casos de benefícios previdenciários. *Revista de Direito Civil Contemporâneo*. São Paulo: Revista dos Tribunais, v. 13, p. 281-312, out./dez. 2017, p. 300.

47. "Súmula 246. O valor do seguro obrigatório deve ser deduzido da indenização judicialmente fixada."

48. EREsp 1.191.598 – DF, Relator Ministro Marco Aurelio Bellizze, data de julgamento 26.04.2017, DJe 03.05.2017.

49. AgInt no AgRg no Ag 1.401.036 – SC, Relatora Ministra Maria Isabel Gallotti, data de julgamento 14.08.2018, DJe 20.08.2018; AgRg no REsp 1.388.266 – SC, Relator Ministro Humberto Martins, data de julgamento 10.05.2016, DJe 16.05.2016.

50. BELLISARIO, Elena. *Il problema della compensatio lucri cum damno*. Padova: Cedam, 2018, p. 4-5; SALVI, Cesare. La responsabilità civile. In: IUDICA, Giovanni; ZATTI, Paolo (a cura di). *Trattato di diritto privato*. 3. ed. Milano: Giuffrè Francis Lefebvre, 2019, p. 261-262. A respeito: VICENTI, Enzo. Le Sezioni Unite civili sulla compensatio lucri cum damno: le quattro sentenze del 22 maggio 2018. In: VENCHIARUTTI, Angelo (a cura di). *La compensatio lucri cum damno*: orientamenti italiani e europei a confronto. Pisa: Pacini, 2020, p. 4-21; FRANZONI, Massimo. La compensatio lucri cum damno e l'indiferenza dei patrimoni. In: VENCHIARUTTI, Angelo (a cura di). *La compensatio lucri cum damno*: orientamenti italiani e europei a confronto. Pisa: Pacini, 2020, p. 29-40; VENCHIARUTTI, Angelo. Compensatio lucri cum damno: criteri operativi e prospettive europee. In: VENCHIARUTTI, Angelo. (a cura di). *La compensatio lucri cum damno*: orientamenti italiani e europei a confronto. Pisa: Pacini, 2020, p. 109-123.

51. GALLO, Paolo. *Compensatio lucri cum damno* e benefici collaterali. Parte prima: la *compensatio lucri cum damno* e le sue trasformazioni. *Rivista di Diritto Civile*. Padova: Cedam, ano 64, v. 3, p. 851-872, maio/jun. 2018, p. 863.

52. GALLO, Paolo. *Compensatio lucri cum damno* e benefici collaterali. Parte prima: la *compensatio lucri cum damno* e le sue trasformazioni. *Rivista di Diritto Civile*. Padova: Cedam, ano 64, v. 3, p. 851-872, maio/jun. 2018, p. 863.

Tais indagações dão azo a largo debate de tipologia de benefícios colaterais[53], cujo exame não é pertinente ao segmento em tela.

Observa-se, contudo, que, tanto no estrangeiro quanto no Brasil, o assunto pouco se inscreve em demandas relacionadas a ato ilícito extracontratual ou inadimplemento de obrigação. Nem por isso, seu emprego deve ser afastado em hipóteses cujos requisitos se apresentem cumpridos.

5. REFERÊNCIAS

ALTERINI, Atilio Aníbal. *Responsabilidad civil*: limites de la reparacion civil: contornos actuales de la responsabilidad civil. 3. ed. Buenos Aires: Abeledo-Perrot, 1999.

BELLISARIO, Elena. *Il problema della compensatio lucri cum damno*. Padova: Cedam, 2018.

BIANCA, C. Massimo. Inadempimento delle obbligazioni. In: SCIALOJA, Antonio; BRANCA, Giuseppe (a cura di). *Commentario del Codice Civile*: libro quarto – delle obbligazioni: art. 1218 – 1229. 2. ed. Bologna: Zanichelli, 1981.

BRIZ, Jaime Santos. *La responsabilidad civil*: derecho sustantivo y derecho procesal. 7. ed. Madrid: Editorial Montecorvo, 1993.

CANTILLO, Michele. *Le obbligazioni*: tomo secondo. Torino: UTET, 1992.

CAPECCHI, Marco. *La compensatio lucri cum damno*. In: VISINTINI, Giovanna (diretto da). *Trattato della responsabilità contrattuale*: volume terzo: il risarcimento del danno contrattuale: la responsabilità per ritardo e per fatto degli ausiliari. Padova: Cedam, 2009.

COLAGROSSO, Enrico. *Teoria generale delle obbligazioni e dei contratti*. 3. ed. Roma: Casa Editrice Stamperia Nazionale, 1948.

CORDEIRO, António Menezes. *Tratado de direito civil*: direito das obrigações: gestão de negócios: enriquecimento sem causa: responsabilidade civil. Coimbra: Almedina, 2017. v. 8.

CROME, Carlo. *Teorie fondamentali delle obbligazioni nel diritto francese*. Trad. Alfredo Ascoli e Federico Cammeo. Milano: Societá Editrice Libraria, 1908.

DE CUPIS, Adriano. *Il danno*: teoria generale della responsabilità civile. 3. ed. Milano: Giuffrè, 1979. v. 1.

DÍEZ-PICAZO, Luis. *Fundamentos del derecho civil patrimonial*: la responsabilidad civil extracontratual. Madrid: Civitas, 2011. v. 5.

DINAMARCO, Cândido Rangel. *Instituições de direito processual civil*: 8. ed. São Paulo: Malheiros, 2019. v. 2.

ENNECCERUS, Ludwig; LEHMANN, Heinrich. Derecho de obligaciones. In: ENNECCERUS, Ludwig; KIPP, Theodor; WOLFF, Martin. *Tratado de derecho civil*. Trad. Blas Pérez Gonzáles e José Alguer. 2. ed. Barcelona: Bosch, 1954. v. 1, t. 2.

FISCHER, Hans Albrecht. *A reparação dos danos no direito civil*. Trad. António de Arruda Ferrer Correia. São Paulo: Livraria Acadêmica Saraiva, 1938.

FRANZONI, Massimo. La compensatio lucri cum damno e l'indiferenza dei patrimoni. In: VENCHIARUTTI, Angelo (a cura di). *La compensatio lucri cum damno*: orientamenti italiani e europei a confronto. Pisa: Pacini, 2020.

GALLO, Paolo. Compensatio lucri cum damno e benefici collaterali. Parte prima: la compensatio lucri cum damno e le sue trasformazioni. *Rivista di Diritto Civile*. Padova: Cedam, ano 64, v. 3, p. 851-872, maio/jun. 2018.

GALLO, Paolo. Compensatio lucri cum damno e benefici collaterali. Parte seconda: applicazioni e confini. *Rivista di Diritto Civile*. Padova: Cedam, ano 64, v. 4, p. 1116-1147, jul./ago. 2018.

---

53. Verificar: BELLISARIO, Elena. *Il problema della compensatio lucri cum damno*. Padova: Cedam, 2018, p. 38-155; GALLO, Paolo. *Compensatio lucri cum damno* e benefici collaterali. Parte seconda: applicazioni e confini. *Rivista di Diritto Civile*. Padova: Cedam, ano 64, v. 4, p. 1116-1147, jul./ago. 2018, p. 1116-1141.

GOMES, Orlando. *Obrigações*. 12. ed. Rio de Janeiro: Forense, 1998.

LARENZ, Karl. *Derecho de obligaciones*. Trad. Jaime Santos Briz. Madrid: Editorial Revista de Derecho Privado, 1958. v. 1.

LOPES, Miguel Maria de Serpa. *Curso de direito civil*: obrigações em geral. 6. ed. Rio de Janeiro: Freitas Bastos, 1995. v. 2.

MICCIO, Renato. *Commentario del Codice Civile*: redatto a cura di magistrati e docenti: delle obbligazioni in generali. 2. ed. Torino: UTET, 1961. libro 4, t. 1.

MIRAGEM, Bruno. *Direito civil*: direito das obrigações. São Paulo: Saraiva, 2017.

MIRANDA, Pontes de. *Tratado de direito privado*. 3. ed. Rio de Janeiro: Borsoi, 1971. v. 22.

NANNI, Giovanni Ettore. *Enriquecimento sem causa*. 3. ed. São Paulo: Saraiva, 2012.

ORGAZ, Alfredo. *El daño resarcible*: actos ilícitos. 3. ed. Buenos Aires: Depalma, 1967.

PINTO, Paulo Mota. *Interesse contratual negativo e interesse contratual positivo*. Coimbra: Coimbra Editora, 2008. v. 1.

PULEO, Salvatore. Compensatio lucri cum damno. *Enciclopedia del Diritto*. Milano: Giuffrè, 1961, v. 8, p. 29-32.

REIS, Iuri. *Danos patrimoniais*: uma perspectiva pragmática. Rio de Janeiro: Lumen Juris, 2017.

RUGGIERO, Roberto de. *Instituições de direito civil*. Trad. Ary dos Santos. São Paulo: Saraiva, [s.d.]. v. 3.

SALVI, Cesare. *La responsabilità civile*. In: IUDICA, Giovanni; ZATTI, Paolo (a cura di). *Trattato di diritto privato*. 3. ed. Milano: Giuffrè Francis Lefebvre, 2019.

SANSEVERINO, Paulo de Tarso Vieira. *Princípio da reparação integral*: indenização no Código Civil. São Paulo: Saraiva, 2010.

SCOGNAMIGLIO, Renato. In tema di "compensatio lucri cum damno". In: SCOGNAMIGLIO, Renato. *Responsabilità civile e danno*. Torino: Giappichelli, 2010, p. 284-292.

SILVA, Jorge Cesa Ferreira da. *Inadimplemento das obrigações*: comentários aos arts. 389 a 420 do Código Civil. São Paulo: Ed. RT, 2007.

SILVA, Rafael Peteffi da; LUIZ, Fernando Vieira. A *compensatio lucri cum damno*: contornos essenciais do instituto e a necessidade de sua revisão nos casos de benefícios previdenciários. *Revista de Direito Civil Contemporâneo*. São Paulo: Ed. RT, v. 13, p. 281-312, out./dez. 2017.

SILVA, Rodrigo da Guia. *Compensatio lucri cum damno*: problemas de quantificação à luz da unidade e complexidade do dano patrimonial. *Revista de Direito Privado*. São Paulo: Thomson Reuters Brasil, v. 90, p. 91-145, jun. 2018.

TRIMARCHI, Pietro. *Il contratto*: inadempimento e rimedi. Milano: Giuffrè, 2010.

VARELA, João de Matos Antunes. *Das obrigações em geral*. 9. ed. Coimbra: Almedina, 1996, v. 1.

VENCHIARUTTI, Angelo. Compensatio lucri cum damno: criteri operativi e prospettive europee. In: VENCHIARUTTI, Angelo. (a cura di). *La compensatio lucri cum damno*: orientamenti italiani e europei a confronto. Pisa: Pacini, 2020.

VICENTI, Enzo. Le Sezioni Uniti civili sulla compensatio lucri cum damno: le quattro sentenze del 22 maggio 2018. In: VENCHIARUTTI, Angelo (a cura di). *La compensatio lucri cum damno*: orientamenti italiani e europei a confronto. Pisa: Pacini, 2020.

VISINTINI, Giovanna. *Trattato breve della responsabilità civile*: fatti illeciti: inadempimento: danno risarcibile. 2. ed. Padova: Cedam, 1999.

VON TUHR, Andreas. *Tratado de las obligaciones*. Trad. W. Roces. Reimpressão. Madrid: Editorial Reus, 1999. v. 1.

WINDSCHEID, Bernardo. *Diritto delle pandette*. Trad. Carlo Fadda e Paolo Emilio Bensa. Torino: Unione Tipografico-Editrice Torinese, 1904. v. 2, parte 1.

ZANNONI, Eduardo A. *El daño en la responsabilidad civil*. 3. ed. Buenos Aires: Astrea, 2005.

RESPONSABILIDADE CIVIL POR DANO À PRIVACIDADE – ARTIGO EM HOMENAGEM A RENAN LOTUFO

Maria Helena Diniz

Possui Graduação em Ciências Jurídicas e Sociais pela Pontifícia Universidade Católica de São Paulo (1970), Mestrado em Direito pela Pontifícia Universidade Católica de São Paulo (1974), Doutorado em Direito pela Pontifícia Universidade Católica de São Paulo (1976), Livre-Docência pela Pontifícia Universidade Católica de São Paulo (1978) e titular pela PUC-SP (1981), por concurso de títulos e provas. Atualmente é Professora Titular de Direito Civil (desde 1981), Teoria Geral de Direito e Filosofia do Direito da Pontifícia Universidade Católica de São Paulo e Presidente do Instituto Internacional de Direito – ID. Tem experiência na área de Direito, com ênfase em Direito Civil, Direito Constitucional, Filosofia do Direito, Teoria Geral do Direito, Direito Internacional Privado e Biodireito. Autora conceituada de livros em diversas áreas de conhecimento, com obras reconhecidas principalmente nos setores acadêmico e jurídico. Professora Emérita da Faculdade de Direito de Itu. Membro da Academia Paulista de Direito, da Academia Notarial Brasileira, do Instituto dos Advogados de São Paulo, do Instituto de Direito Comparado Luso-brasileiro. Presidente do Instituto Internacional de Direito.

Maria Helena Marques Braceiro Daneluzzi

Bacharel em Direito pela Pontifícia Universidade Católica de São Paulo – PUCSP. Doutora e Mestre em Direito pela Pontifícia Universidade Católica de São Paulo – PUCSP. Procuradora do Estado de São Paulo aposentada. Vice Coordenadora do Núcleo de Pesquisa em direito civil comparado nos cursos de Pós-Graduação. Stricto Sensu em direito da PUCSP. Coordenadora acadêmica e professora do Curso de Pós-Graduação Lato Sensu em Direito Família e Sucessões do COGEAE (PUCSP). Professora de Direito Civil dos Cursos de Graduação e Pós-Graduação em Direito da Pontifícia Universidade Católica de São Paulo – PUCSP, São Paulo (Brasil). E-mail: hdaneluzzi@uol.com.br. Lattes: http://lattes.cnpq.br/5103102878828449.

Sumário: Nota sobre o homenageado (Maria Helena Diniz). Nota sobre o homenageado (Maria Helena Marques Braceiro Daneluzzi). 1. Importância da responsabilidade civil na reparação do dano extrapatrimonial. 2. Lesão ao direito à privacidade de pessoa natural. 3. Possibilidade jurídica de menoscabo ao direito à privacidade da pessoa jurídica. 4. Critérios de quantificação das ofensas ao direito à privacidade. 5. Conclusão. 6. Referências.

Nota sobre o homenageado

O convite para participar deste livro, que presta justa homenagem ao Professor Doutor Renan Lotufo, constitui uma honra.

Reverencio o Professor Doutor Renan Lotufo de quem tive a alegria de ser assistente, por indicação do Professor Doutor Geraldo Ataliba, reitor, na época, da Pontifícia Universidade Católica de São Paulo, ao inovar a grade curricular da Faculdade Paulista de Direito, inserindo Teoria Geral do Direito Privado no primeiro ano. Agradável recordação dos anos 70, quando ambos ingressamos na seara do direito civil, por meio da Teoria Geral do Direito Privado, sendo que depois cada um seguiu seu rumo, em separado, regendo turmas próprias de *direito civil*.

Professor Renan, em sua trajetória tão marcante, cumpriu, com eficiência e honradez, sua missão multifacetária como advogado, professor, jurista e magistrado, sobressaindo-se entre seus contemporâneos pelas suas qualidades profissionais, competência, dedicação e pelo seu comportamento sempre voltado, como demonstram suas notas sempre tão comedidas, ao critério do "justum" e ao respeito da dignidade humana.

Ocupou um lugar de destaque no cenário jurídico brasileiro e, seu notável talento, deixou este mundo sob uma auréola de admiração. Que seu legado e sua conduta exemplar sejam fontes de inspiração para todos nós.

Maria Helena Diniz

Nota sobre o homenageado

O Professor Doutor Renan Lotufo dispensa apresentações. Figura marcante no Direito Privado quer pela competência quer pelo humanismo, chamou-me atenção, principalmente, como educador e formador altruísta, abrindo mão, muitas vezes, das luzes que poderiam lhe iluminar para que se dirigissem a seus alunos e orientandos, discípulos, cuja maioria pude conhecer e desfrutar do conhecimento e amizade. Não fui sua aluna em sala de aula, tampouco orientanda, mas tive o grande privilégio de por ele ser examinada de maneira criteriosa na Comissão de Seleção para a prova didática e arguição, cujo tema foi contratos, uma de suas áreas de domínio, para ingresso como professora no Programa de Estudos Pós-Graduação em Direito da PUC-SP convertendo-me em sua profunda admiradora.

Com certeza, seu conhecimento e sua cultura jurídica serão eternizados por muitas gerações.

Sinto-me, dessa forma, muito honrada e privilegiada em poder participar dessa justa homenagem ao saudoso Professor.

Maria Helena Marques Braceiro Daneluzzi

1. IMPORTÂNCIA DA RESPONSABILIDADE CIVIL NA REPARAÇÃO DO DANO EXTRAPATRIMONIAL

As exigências da vida moderna e prodigioso avanço tecnológico geram enormes riscos à pessoa, fazendo com que a "responsabilidade civil" se tornasse um problema jurídico, pois para cada atentado, constitui um desequilíbrio de ordem patrimonial e/ou moral, tornando necessária a criação de soluções que o sanem, uma vez que o direito não pode ficar inerte, deixando a ofensa sem reparação. Daí a enorme importância da responsabilidade civil, por se dirigir à restauração de um equilíbrio moral e/ou patrimonial desfeito. Visa: a) assegurar o direito do lesado à segurança mediante e pleno ressarcimento de dano sofrido, restabelecendo-se se possível for o *statu quo ante* ou outorgando indenização que representa de modo mais exato possível o valor do prejuízo; b) servir como sanção, de natureza compensatória, mediante e reparação do dano causado à vítima, punindo o lesante e desestimulando a prática de atos lesivos.

Tem grande relevância na reparação do dano moral, que é a lesão de interesses não patrimoniais de pessoa natural ou jurídica (CC, art. 52, Súmula 227 do STJ), provocada pelo fato lesivo. O dano moral decorre de evento que lesa direito da personalidade. O caráter patrimonial ou moral do dano não advém da natureza do direito subjetivo danificado, mas dos efeitos da lesão jurídica, pois do prejuízo causado a um bem jurídico econômico pode resultar perda de ordem moral e da ofensa a um bem jurídico extrapatrimonial pode originar dano material. Realmente, poderá até mesmo suceder que, da violação de determinado direito, resultem ao mesmo tempo lesões de natureza moral e patrimonial. Eis por que o dano moral suscita o problema de sua identificação, uma vez que, em regra se entrelaça a um prejuízo material, decorrente do mesmo evento lesivo.

O direito não repara qualquer padecimento (angústia, dor, humilhação etc.), mas a ofensa a um bem jurídico sobre o qual o lesado teria interesse juridicamente reconhecido, outorgando-lhe um meio de atenuar, em parte, as consequências de lesão por ele sofrida, melhorando seu futuro. Assim, com o dinheiro, o lesado poderia abrandar seu sofrimento, propiciando-se algum bem-estar. A indenização pecuniária não aparece como uma real correspondência equivalente qualitativa ou quantitativamente, aos bens extrapatrimoniais perdidos pelo lesado. A reparação pecuniária teria, no dano moral, uma função satisfatória ou compensatória e, concomitantemente, penal, visto ser encargo suportado por quem causou o dano moral. A tristeza se neutraliza com alegria, porém esse fator de neutralização não é obtido pela via direta do dinheiro, pois não se está pagando a dor, mas sim pela indireta, ensejando valor pecuniário que propicia ao lesado do dano não patrimonial algo que lhe desse uma sensação de bem-estar, amenizando as agruras oriundas da lesão a direito da personalidade.

Se a ordem jurídica sanciona o dever moral de não prejudicar ninguém, como poderia ficar indiferente ao ato que lese a alma, se defende integridade corporal e intelectual?

Daí a ressarcibilidade do dano moral, mesmo quando não tiver repercussão econômica. A fixação do *quantum* competirá ao prudente arbítrio do magistrado de acordo com o estabelecido em lei, e nos casos de dano moral não contemplado legalmente a reparação correspondente será fixada por arbitramento (CPC, arts. 509, I e 510), baseado em critérios subjetivos (posição social ou política do ofendido, intensidade do ânimo de ofender) ou objetivos (situação econômica, risco criado, gravidade ou repercussão das ofensas).

Na reparação do dano moral o juiz determina, por equidade, levando em conta as circunstâncias de cada caso, o *quantum* indenizatório devido, que deverá corresponder à lesão e não seu equivalente, por ser impossível tal equivalência. Se a reparação do dano moral não tem correspondência pecuniária, ante a impossibilidade material de equivalência de valores, como poderá ser absoluta e precisa?

Um dos grandes desafios da ciência jurídica é o da determinação dos critérios de quantificação do dano moral, que sirvam de parâmetro para o órgão judicante na fixação do *quantum debeatur*[11].

---

1. PONTES DE MIRANDA, *Tratado de direito privado*, Rio de Janeiro, Borsoi, 1971, t. 22, p. 51; SERPA LOPES, *Curso de Direito Civil*, Freitas Bastos, 1962, v. 5, p. 186 e 187; KARL LARENZ., *Derecho de Obligaciones*. Madrid: Revista de Derecho Privado,1959, v. 1, p. 192 e 193; CAIO M.S PEREIRA, *Instituições de direito civil*, Rio de Janeiro, Forense, 1978, v. 3, p. 500 a 502; JOSÉ DE AGUIAR DIAS, *Da responsabilidade civil*, Rio de Janeiro, Forense, 1979, v. 1, p.22; WILSON J. COMEL, Indenização do dano moral: prevalência do critério da compensação sobre o de sanção, *Revista Síntese – Direito Civil e Processual Civil*, 84: 122-141; M.H. DINIZ, *Curso de Direito Civil brasileiro*, são Paulo, saraiva, v. 7, 2020, p. 20 a 26, 108 a 121; WILSON MELO DA SILVA, *O dano moral e sua reparação*, Rio de Janeiro, Forense, 1966, p.13; ZANNONI, El *daño en la responsabilidad civil*, Buenos Aires, Astrea, 1982, p. 231 a 235; DE CUPIS, *El daño*, Barcelona, 1973, p. 122.

2. LESÃO AO DIREITO À PRIVACIDADE DE PESSOA NATURAL

A privacidade é hodiernamente, um dos termos mais discutidos juridicamente, por ser um direito destinado a resguardar aspectos de ordem pessoal, familiar, documental, profissional ou empresarial, que não devem ser arrastados a uma publicidade indesejada, pois devem ser preservados de intromissões indevidas.

Com o surgir de um "admirável mundo novo" unido pela força da mídia, pela transnacionalização da rede mundial de computadores, a privacidade se foi para o espaço. Se alguém: a) tiver conta bancária, o Banco Central tudo sabe de sua situação financeira; b) estiver com celular desligado, seu paradeiro geográfico pode ser descoberto ; c) usar cartão de crédito, a administradora terá ciência de todos os seus hábitos de consumo; d) se foi demandado em juízo, o tribunal informa; ; e) praticar infração de trânsito, o Detran a apontará; f) usar e-mail, conversas em WhatsApp, há programas que permitem desvendar conteúdo, endereços visitados, sem que o usuário do computador ou do celular saiba[2].

A ideia de estar sendo vigiado, sem saber por quem, incomoda.

Privacidade[3] seria "uma esfera de liberdade subtraída ao poder do Estado e da intrusão de terceiros".

Rodrigo B. Dias[4] aposta os seguintes aspectos da privacidade: a) *social*, alusiva aos limites de intervenção da sociedade (Estado e terceiros), na vida uma pessoa enquanto membro de um grupo social, sendo relativo, por ex. à sua relação de trabalho, liberdade de associação, relacionamentos sentimentais ou não, identidade sexual, liberdade de usar contraceptivo ou não etc.; b) *psicológica* relativa às restrições da intervenção de sociedade na personalidade psíquica do indivíduo, ou seja, à liberdade de crença, de pesquisa, de pensamento, de escolha de convicção política; c) *comunicativo* que assegura privacidade não só nos meios de comunicação como telefone, WhatsApp, cartas, telegramas, e-mail, vedando acesso ilegal a elas; escutas telefônicas não autorizadas; como também no acesso às informações pessoais por terceiros, por ex. dados médicos, patrimoniais ou bancários; d) *territorial*, que visa impedir intromissão nos ambientes domésticos ou pessoais etc.; e) *corporal*, refere-se à liberdade pessoal no que atina ao corpo, requerendo permissão para seu uso, por ex. para efetuar teste genético; f) apropriativa, que não autoriza apropriação de caracteres da personalidade humana como voz, imagem etc.

A esses aspectos pode-se acrescentar o *online*[5], que atinentes à proteção dos dados pessoais que são disponibilizados *online,* coletados por meio de *sites* ou de computador suscetíveis de serem usados por empresas privadas ou pelo governo sem anuência de usuário.

O direito à privacidade da pessoa (CF, art. 5, X; CC, art. 21) contém interesses jurídicos de sorte que o sujeito de direito pode impedir intromissões, vedando qualquer invasão em sua esfera privada ou interna (CF, art. 5, XI), inclusive via internet.

Para Tércio Sampaio Ferraz Júnior, o direito à privacidade tem por conteúdo a permissão de "constranger os outros ao respeito e de resistir à violação do que lhe é próprio, isto é, das situações vitais que, por lhe dizerem a ele só respeito, deseja manter para si, ao

---

2. AMARO SILVA NETO, *Privacidade na Internet*, Barueri, SP, Edipro 200, p. 33, 35, 53.
3. RIGAUX, *La protection de la vie privée et des autres biens de la personalité,* Paris LGDJ, 1990, p. 7.
4. DIAS, Rodrigo B, *Privacidade genética*, São Paulo 2008, p. 72 e 73.
5. CARLOS ALBERTO ROHRMANN, Notas acerca do direito à privacidade na internet: a perspectiva comparativa. *Revista da Faculdade de Direito Milton Campos*, 9: 17-36 (2002).

abrigo de sua única e discricionária decisão" e o direito à intimidade, continua o autor, é alusivo ao "âmbito do exclusivo que alguém reserva para si, sem nenhuma repercussão social, nem mesmo ao alcance da sua vida privada que, por mais isolada que seja, é sempre um viver entre os outros (na família, no trabalho, no lazer comum)"[6].

O ser humano tem seu "eu" interior, do qual emana sua conduta exterior.

A intimidade é o âmbito interior mais profundo e secreto da pessoa, conhecidos somente por ela, sendo quase que inacessível a outrem.

A privacidade diz respeito a atos praticados por alguém, que são reservados, pois não devem sair do círculo pessoal mais próximo, visto que não faz parte da vida pessoal aberta pública, uma vez que seu autor não almeja sua divulgação ou publicação[7].

A intimidade é a zona espiritual íntima e reservada de uma pessoa, constituinte um direito da personalidade, logo o autor da intrusão arbitrária à intimidade alheia deverá pagar uma indenização pecuniária, fixada pelo órgão judicante de acordo com as circunstâncias para reparar dano moral e/ou patrimonial que causou. Além disso, deverá o magistrado ordenar medida que obrigue o ofensor a cessar suas ingerências na intimidade, se estas continuarem e, se, possível deverá exigir o restabelecimento da situação anterior à violação, a expensas do lesante, como por exemplo, a destruição da coisa produzida pelo atentado à intimidade.

A intimidade diz respeito ao direito de estar só, solitude ao diário íntimo, ao segredo sob juramento, à situação indevassável de pudor, ao segredo íntimo cuja mínima publicidade constrange , à enfermidade genética ou adquirida, à vida amorosa, à dor pela perda de um ente querido, às recordações pessoais, à identidade sexual, aos valores espirituais ao pensamento, à emoção, às paixões, à formação anatômica do corpo, às experiências penosas da vida, às lutas e dificuldades pessoais, ao defeito ou anomalia não ostensivo, ao segredo da desonra (por exemplo imputação inverídica de um fato desabonador); ao gosto excêntrico; ao cumprimento de funções fisiológicas , aos hábitos; às convicções políticas ou religiosas; ao anonimato quando busca auxílio em grupos de ajuda (como por exemplo alcoólicos anônimos) para solução de um problema.

A privacidade não se confunde com intimidade, mas esta pode incluir-se naquela.

Constituem ofensas ao direito à privacidade em sentido amplo: violação de domicílio alheio ou de correspondência; invasão de e-mail por ex-namorado ou de chat (e-mail pessoal) de empregado pelo empregador, por estar blindado pelo sigilo de correspondência do trabalhador; uso indevido do e-mail corporativo pelo empregado , por ser ferramenta profissional do empregador, que, por isso, pode monitorar essas mensagens e punir eventuais desvios; coleta de informações pelos inadmissíveis *cookies*; uso de drogas ou de meios eletrônicos para obrigar alguém a revelar fatos de sua vida particular ou segredo profissional; utilização de *software* para espionar quem transita na *web* para saber o que o cônjuge ou o filho maior e capaz, estão fazendo no computador; invasão não autorizada a um sistema de computadores (*hacking*); espionagem em *site* ou *e-mail* por *crakers* para violar intimidade ou descobrir segredo com ânimo de prejudicar ou causar dano; intrusão em informática por meio de programa espião *Trojan horse*, que, criando um Blackdoor se

---

6. TÉRCIO SAMPAIO FERRAZ JUNIOR. Sigilo dos dados: o direito à privacidade, *RIASP*, 29: 189-200.
7. FELIX RUIZ ALONSO Pessoa, intimidade e o direito à privacidade. In: MARTINS, (coord. Ives Gandra e PEREIRA JR., Antonio Jorge (Coord.). *Direito à privacidade*. São Paulo: Centro de Extensão Universitária, 2005, p. 11 a 36.

instala, furtivamente, no computador do usuário, abrindo portas em seu micro, possibilitando roubo de arquivos, senhas etc., e, consequentemente, permitindo aos *hackers* o controle de sua máquina; utilização de *spywares*, programas espiões que enviam informações do computador do usuário da rede para desconhecidos, usando, por exemplo, o gerenciador de *e-mail*; uso de *freewares*, ou seja de programas suspeitos que visam transformar em *commodity* a privacidade alheia, para dela tirar lucro; invasão de caixa postal eletrônica para correspondência não solicitada (*spam*), que atenta contra a tranquilidade; utilização de *snnifers*, programas que, escondidos no *site*, rastreiam informações sobre internautas, como o endereço e o programa de navegação por eles empregado, visando, por exemplo, pesquisar hábitos dos consumidores; instalações de câmaras de filmagem em banheiros de empresa voltadas para entrada dos vestiários, vasos sanitários e mictórios para averiguação de desvio de mercadoria por empregados; revista ou fiscalização, de forma constrangedora de bolsas, sacolas e armários de operários; revista íntima de funcionários; emprego de binóculos para espiar o que ocorre no interior de uma casa; instalação de aparelhos para captar sub-repticiamente conversas, imagens ou copiar documentos, dentro de uma residência; intrusão injustificada no retraimento ou isolamento de uma pessoa, observando-a, seguindo-a, chamando-a continuamente pelo telefone, escrevendo-lhe etc.; assédio de *paparazzi*, que procuram violar privacidade e intimidade de pessoa famosa; ato de espiar alguém no banho, através de buraco na porta ou na parede; interceptação de comunicação de informática ou de conversas telefônicas, sendo esta última permitida juridicamente em casos de gravidade e de relevante interesse público; revelação não autorizada de fichas de bancos, lojas ou entidades associativas porque desvendam o perfil pessoal, econômico e social do titular.

Em todos os casos haverá dano, cujo ressarcimento não pode ser colocado em dúvida.

Urge, contudo, não olvidar que existem limitações ao direito à privacidade como exigências históricas, culturais, cientificas, artísticas, judiciais, policiais, tributárias, de saúde pública etc. Por exemplo pode haver:

a) ordem judicial, fazendo, por pista causa, com que a pessoa sofra constrangimento em seu domicílio ou tenha quebra de sigilo de dados bancários, fiscais etc. existentes em arquivos; b) divulgação de um fato que envolva alguém, em razão de interesse científico, como a descoberta de um remédio ou o recebimento de uma premiação; c) redação de uma biografia de celebridade, desde autorizada por ela ou por herdeiros, sem narrativas de fatos reservados[8]; d) revista pessoal em aeroporto ou por meio de aparelho de detecção para combater terrorismo, contrabando, tráfico de drogas, sequestros, por serem mecanismos estatais de defesa de fronteira; e) cadastros de impressão digital ou fotográficos em certos procedimentos em prol da segurança pública.[9]

Como restringir o campo de atuação dos meios de comunicação em busca de sensacionalismo, desprezando a dignidade da vida privada da pessoa?

---

8. Vide Decisão sobre biografias não autorizadas ADIN 4815.
9. DINIZ, M. H. *Curso*, cit., v. 7, p. 194 a 204; ZANNONI, op. cit. p. 317-30; CELESTINO, Bruno de M e QUEIROZ, Talita B. A liberdade de imprensa frente ao direito à privacidade, *Direito e liberdade*, ESMARN, 5: 159-72 (2007); FRANCO, Antonio Pinheiro e PINHEIRO FRANCO, Celina R. Amaral. Limites entre a liberdade de expressão e o direito à privacidade, *RIASP*, 29: 189-200; ASCENSÃO, José Oliveira. A reserva da intimidade da vida privada e familiar. In: LISBOA, Diniz e (Coord.). *O direito civil no século XXI* () S. Paulo, Saraiva 200, p.317-34; LUCCA, Newton de. Alguns Aspectos da responsabilidade civil no âmbito da internet. *O direito civil no século XXI*, cit. p. 365-410; JABUR, Gilberto H. Direito à privacidade, *RIASP*, 31: 301-34.

Para tanto, dever-se a ficar adstrito ao: a) princípio da diferença, que não só rege a esfera da vida privada por haver situações peculiares que revele a necessidade de publicação, desde que não seja inverídica ou depreciativa, de fatos de cunho científico ou notórios, como também averiguar a condição da pessoa envolvida, que pela sua fama, seu cargo público, o seu sucesso profissional requer divulgação de seus atos , sua relevância para o interesse social, respeitando-se sua privacidade ou sua intimidade mesmo se tratando de pessoa pública; e b) princípio da *exclusividade das opções pessoais,* no âmbito da convivência social, de suas relações de amizade, de escolha do local onde passa as férias, de relacionamento comercial etc.

No direito à vida privada, há como como conteúdo estrutural, a permissão de resistir ao devassamento, gerando a conduta negativa de não lesar a privacidade alheia. É o direito da pessoa de não ser arrastada, como diz Paulo José da Costa Jr [10] para a ribalta contra sua vontade, subtraindo-se à publicidade.

Como se pode vislumbrar a proteção à vida privada se manifesta como respeito à liberdade de expressão, a inviolabilidade de domicílio, de correspondência e comunicação telefônica; à liberdade de locomoção, de associação e de exercício do trabalho; à limitação do comportamento apenas normativo; à proibição de publicidade de certos atos processuais; ao direito de acesso ao banco de dados etc. (CF, art 5º, *X e XI*; CP, arts. 150 a 154, 198 e 199; CC, art. 21).

Em defesa de sua privacidade o lesado poderá usar conforme o caso mandado de injunção, mandado de segurança, *habeas data, habeas corpus* e também a ações de responsabilidade civil para obter a devida reparação e, ainda, execução de entrega de coisa com pedido inicial de busca e apreensão (arts. 806 a 810). Pode, ainda, utilizar-se das tutelas de urgência processuais, tais como, tutela requerida em caráter antecedente (CPC, arts. 303 a 303); tutela cautelar requerida em caráter antecedente (C PC, arts.305 a 308).

As medidas judiciais requerem violação não consentida da privacidade, mas o ofendido poderá tolerar e nada pleitear ao judiciário, que não pode agir *ex officio,,* nem sem legitimação ativa do próprio interessado Jean Carbonnier [11] pondera "o respeito a vida privada se traduz essencialmente por um dever de abstenção: deixe-me tranquilo".

O Código Civil, juízes e tribunais vêm dando guarida à reparabilidade dos danos à privacidade inclusive de pessoa jurídica, resguardando sua paz e reserva de certos fatos ou dados que queira manter fora da indiscrição alheia.

3. POSSIBILIDADE JURÍDICA DE MENOSCABO AO DIREITO À PRIVACIDADE DA PESSOA JURÍDICA

Questiona-se o que vem a ser pessoa jurídica? Surgiram várias teorias explicativas do fenômeno: a teoria da ficção, de Savigny; a teoria da equiparação, de Windscheid e Brinz; a teoria da realidade objetiva ou orgânica de Gierke, Zitelmann e Von Tuhr e, por fim, a que melhor sustenta a natureza jurídica da pessoa jurídica, a teoria da realidade das instituições jurídicas de Maurice Hauriou.

---

10. COSTA JR. *O direito de estar só – tutela penal da intimidade.* São Paulo: Ed. RT, p. 34,42-43.
11. CARBONNIER. *Droit Civil. Les personnes.* Paris, PUF, 1996, p.141

Hauriou admite a pessoa coletiva como uma realidade jurídica, ou seja, uma instituição, em que as pessoas congregam esforços para atingir os fins a que se propõem; desse modo, como instituição, é dotada de personalidade jurídica e patrimônios próprios, distintos dos de seus membros.[12]

Maria Helena Diniz explica com clareza:

Como a personalidade humana deriva do direito (tanto que este privou seres humanos de personalidade – os escravos, p. ex.), da mesma forma pode ele concedê-la a agrupamentos de pessoas ou de bens que tenham por escopo a realização de interesses humanos. A personalidade jurídica é uma qualidade que a ordem jurídica estatal outorga a entes que a merecerem.[13]

Por sua vez, Miguel Reale afirma que "a pessoa jurídica é uma existência, mas uma existência teleológica, ou seja, finalística. (...) O elemento nuclear da instituição é a ideia que congrega e inspira aqueles que se dedicam à mesma tarefa, conjugando esforços diversos visando a um fim determinado".[14]

O artigo 52 do Código Civil assegura às pessoas jurídicas, tanto de direito privado como de direito público, a titularidade de direitos da personalidade compatíveis com a sua natureza jurídica.

A afirmação se sustenta, uma vez que a pessoa jurídica é uma realidade presente no ordenamento jurídico (e não uma ficção), recebendo o reconhecimento da lei que lhe outorga personalidade jurídica e capacidade próprias, bem como um patrimônio distinto dos membros que a compõem; sendo que esse patrimônio não é apenas traduzido ou traduzível em dinheiro, consubstanciado não só nos lucros e nas vantagens econômicas que aufere, mas também em um patrimônio imaterial que, uma vez violado, pode inviabilizar a consecução das finalidades para as quais a pessoa jurídica foi criada.[15]

A pessoa jurídica é sujeita de direitos e obrigações, sendo titular de direitos da personalidade análogos aos das pessoas naturais, podendo-se compreender, de modo mais amplo, o direito à privacidade, revelado por exemplo na expressão do direito ao esquecimento, bem como na revelação de dados sigilosos de uma empresa.

A Constituição Federal não faz *discrimen* entre pessoa física ou jurídica, sendo que protege tanto uma quanto a outra contra os danos à imagem nos incisos V e X do artigo 5º, por exemplo. O Código Civil, no artigo 52, também recepciona os comandos da norma constitucional. A jurisprudência editou a Súmula n. 227 do Superior Tribunal de Justiça admitindo a reparação dos danos morais aos entes coletivos.

Sérgio Cavalieri Filho foi um dos primeiros a sustentar que a pessoa jurídica pode ser sujeito passivo de dano moral. Justifica a assertiva, pois a pessoa jurídica é uma realidade criada por lei: uma pessoa. E essa mesma lei atribui-lhe *bens* que seriam da pessoa humana, *mas que de certa maneira, pela lei, foram atribuídos também à pessoa jurídica. Por exemplo, o nome, a reputação, aquilo que o nosso grande penalista Nelson Hungria, ele e outros autores, chamaram de honra objetiva, que é a reputação, o bom nome na sociedade.* Esses bens, que integram a sua personalidade, como a reputação e o bom nome, quando objeto de uma

---

12. COSTA, Deborah R. La Ferreira da. *Dano à imagem da pessoa jurídica de direito público*. São Paulo: Saraiva, 2015.
13. DINIZ, Maria Helena. *Curso de direito civil*. São Paulo: Saraiva, 2007. v. 1, p. 230.
14. REALE, Miguel. *Lições preliminares de direito*. São Paulo: Saraiva, 2005. p. 236.
15. DANELUZZI, Maria Helena Marques Braceiro.; COSTA, Deborah Regina Lambach Ferreira da. O Direito ao Esquecimento (ou de ser esquecido) e a pessoa jurídica. RJLB – *Revista jurídica luso-brasileira*, n. 5, p. 537-572, 2018.

lesão, conferem à pessoa jurídica direito à uma indenização por dano moral (em sentido amplo)[16].

Anderson Schreiber entende que o artigo 52 do Código Civil viola a primazia que a Constituição brasileira reserva à dignidade humana, *confundindo dois universos inteiramente distintos.*[17] O autor interpreta o artigo 52 como originário de uma necessidade de atribuir fundamento normativo à jurisprudência que, inclusive, já havia editado a Súmula 227 do STJ (1999). Relata que a imensa maioria dos julgados se refere à "honra" da pessoa jurídica para lhe conceder a reparação moral. A violação da chamada "honra objetiva" da pessoa jurídica, conceito emprestado do direito penal, significando reputação, não se assemelha em nada, como quer o autor, à honra da pessoa humana. Conclui que *a lesão ao bom nome de que goza uma pessoa jurídica produz um impacto totalmente diverso, de natureza claramente econômica. (...) Tais danos são, claramente, patrimoniais.*[18]

O debate ganha força na doutrina que se encarrega de explicar o fenômeno que levou à edição da Súmula 227 do STJ e, em especial, a inserção do artigo 52 no novo diploma civil.

O Código Civil de 2002, no seu artigo 11, traz uma cláusula geral de tutela da personalidade, disciplinando interesses da pessoa e situações ainda não previstas em lei. Por ser uma verdadeira cláusula geral, torna mais efetiva a proteção dos direitos da personalidade. Nas palavras de Fábio Siebeneichler de Andrade, a adoção de um preceito claro no Código Civil acerca da proteção ao Direito geral da personalidade serve de elemento de conexão com o princípio da dignidade da pessoa humana.[19]

Com esse raciocínio, o autor enfatiza que a criação normativa está a serviço da pessoa humana, mas perquire se o nascituro, a pessoa falecida ou até mesmo a pessoa jurídica seriam ou não titulares desses direitos.[20]

No seu sentir, a interpretação gramatical do artigo 52, com a locução "no que couber", basta para explicar o fenômeno de que a pessoa jurídica tem direitos da personalidade, mas "nem todos". Conclui que se deve *reconhecer aqui, uma vez mais, a prevalência de uma concepção funcionalizante, no sentido de garantir à pessoa jurídica a tutela de determinados interesses prevalentes, vinculados ao seu núcleo de atividade como expressão de uma visão jurídica finalista.* [21] .

Assegura que será cum granu salis que se reconhecerá o direito à privacidade em relação à correspondência ou a dados pessoais de consumidores ou mesmo de alunos de uma universidade ou de pacientes de um hospital[22].

---

16. CAVALIERI FILHO, Sérgio. Os danos morais no judiciário brasileiro e sua evolução desde 1988. In: TEPEDINO, Gustavo (Org.). *Direito Civil Contemporâneo*: novos problemas à luz da legalidade constitucional.
São Paulo: Atlas, 2008. p. 101.
17. SCHREIBER, Anderson. *Direitos da personalidade*. 3. ed. São Paulo: Atlas, 2014. p. 97.
18. SCHREIBER, Anderson. *Direitos...*cit., p. 97.
19. ANDRADE, Fábio Siebeneicher de. O desenvolvimento da tutela dos direitos da personalidade nos dez anos de vigência do Código Civil de 2002. In LOTUFO, Renan; NANNI, Giovanni Ettore; MARTINS, Fernando Rodrigues (Coord.). *Temas relevantes do Direito Civil contemporâneo*. Reflexões sobre os 10 anos do Código Civil. São Paulo: Atlas, 2012. p. 67.
20. ANDRADE, Fábio Siebeneichler de Andrade *Temas...* cit. p 68.
21. ANDRADE, Fábio Siebeneichler de Andrade *Temas...* cit. p 68.
22. ANDRADE, Fábio Siebeneicher de. O desenvolvimento da tutela dos direitos da personalidade nos dez anos de vigência do Código Civil de 2002. In LOTUFO, Renan; NANNI, Giovanni Ettore; MARTINS, Fernando Rodrigues (Coord.) Temas relevantes do Direito Civil contemporâneo. Reflexões sobre os 10 anos do Código Civil. São Paulo: Atlas, 2012. p. 69

O italiano Giovanni Smurra afirma que a jurisprudência e a doutrina majoritária de seu país haviam inicialmente reconhecido o prejuízo não patrimonial como lesão de um interesse da pessoa jurídica púbica a sua identidade, credibilidade e reputação, juridicamente tutelado e assegurado pelos incisos 1 e 2 do artigo 97 da Constituição Italiana. (...) A imagem e o prestígio da Administração são, de fato, bens/valores coexistências ao exercício da função pública. De modo que, a afronta à imagem da pessoa jurídica de direito público traz ao administrado o natural sentimento de confiança e de pertencimento à instituição, que justifica a eleição de "Estado-sujeito", no qual se desenvolve a personalidade do homem. Daí que a evolução desse conceito permite que se busque o fundamento no artigo 2 da Constituição, que deve ser interpretada como "cláusula aberta" de modo a assegurar uma forma adequada de proteção à pessoa jurídica análoga aos instrumentos constitucionalmente previstos para tutelar o direito fundamental das pessoas físicas.[23]

Assim, quando violado esse direito da personalidade, com repercussão tal de modo a inviabilizar ou até mesmo dificultar a consecução das finalidades para as quais foi criada, tem em mãos o seu titular – ente físico ou jurídico – direito à reparação.

Tal pensamento se coaduna com a mudança de paradigma trazida pela Constituição Federal e encampado pelo Código Civil de 2002, que aflorou, inclusive no âmbito da responsabilidade civil, princípios como da socialidade, da eticidade e da operabilidade, sendo que os operadores do direito se desapegam do rigor formal para uma interpretação e subsunção do texto legal consentânea com a realidade.

No que tange às pessoas jurídicas, essas devem ser dissociadas da pessoa de seus dirigentes e sócios e pelo papel que ocupam na sociedade e, considerando a função social que exercem, o direito[24] ao esquecimento, à proteção de dados como expressões do direito à privacidade deve ser-lhes reconhecido de maneira que o estigma que contra elas venha a ser eventualmente lançado, por práticas ilícitas de seus dirigentes ou sócios, seja extirpado.

A proteção de dados da pessoa jurídica também merece proteção também merece proteção.[25]

Por conseguinte, a pessoa jurídica é titular do direito à privacidade, sendo que o vilipêndio de sua imagem, honra-objetiva, credibilidade e privacidade na *internet* e outros

---

23. SMURRA, Giovanni. Il danno all'immagine della P.A., anche con riferimento al fenômeno delle società artecipate. RUSCICA, Serafino. Temi Svolti. Civile, Amministrativo e Penale. Roma, DIKE Giuridica Editrice. 2015. p. 285 e 286.
24. Vide art. 1º da Lei 13.709/2018 – Lei Geral de Proteção de Dados: "Esta Lei dispõe sobre o tratamento de dados pessoais, inclusive nos meios digitais, por pessoa natural ou por pessoa jurídica de direito público ou privado, com o objetivo de proteger os direitos fundamentais de liberdade e de privacidade e o livre desenvolvimento da personalidade da pessoa natural".
25. Parágrafo único. As normas gerais contidas nesta Lei são de interesse nacional e devem ser observadas pela União, Estados, Distrito Federal e Municípios.
    Art. 2º A disciplina da proteção de dados pessoais tem como fundamentos:
    I – o respeito à privacidade;
    II – a autodeterminação informativa;
    III – a liberdade de expressão, de informação, de comunicação e de opinião;
    IV – a inviolabilidade da intimidade, da honra e da imagem;
    V – o desenvolvimento econômico e tecnológico e a inovação;
    VI – a livre-iniciativa, a livre concorrência e a defesa do consumidor; e
    VII – os direitos humanos, o livre desenvolvimento da personalidade, a dignidade e o exercício da cidadania pelas pessoas naturais.
    Vide José Horácio Halfed Rezende Ribeiro. *Responsabilidade Civil na Internet*: Uma Defesa de sua Sistematização. Mestrado. PUC/SP.2206. p. 77.

RESPONSABILIDADE CIVIL POR DANO À PRIVACIDADE – ARTIGO EM HOMENAGEM A RENAN LOTUFO

veículos de comunicação, encontra tutela específica para sua proteção, de modo a assegurar a concretude de suas funções e não dos membros que a compõem.

4. CRITÉRIOS DE QUANTIFICAÇÃO DAS OFENSAS AO DIREITO À PRIVACIDADE

Ocorrendo lesão ao direito à privacidade, configurado está o dano, surgindo o direito à reparação que poderá ser uma indenização, consistente no pagamento de certa soma em dinheiro cujo valor deverá ser estabelecido pelo consenso entre as partes ou pelo juiz. Para fixar a indenização, o magistrado deverá: a) verificar não só o grau de culpa do lesante, averiguando o nível cultural e, se, houver excessiva desproporção entre a gravidade da culpa e o dano, poderá não só reduzir, equitativamente, a indenização (CC, art. 944, parágrafo único), mas também as posses econômicas do ofensor para que não haja descumprimento da reparação nem se lhe imponha pena tão alta que possa arruiná-lo; b) atentar às peculiaridades do caso e ao caráter antissocial da conduta lesiva; c) não aceitar tarifação, porque esta requer despersonalização; d) evitar enriquecimento sem justa causa; e) verificar a repercussão pública provocada pelo fato lesivo e as circunstâncias fáticas; f) basear-se em prova firme e convincente do dano; g) avaliar se houve perda de uma chance ou dano existencial; h) analisar a pessoa do lesado, considerando sua posição social ou política; i) aplicar o critério do *justum*. [26]

A verba indenizatória, a título de dano moral, deveria ser fixada em três parâmetros:

compensatório para o lesado; *punitivo* para o lesante e *pedagógico* para sociedade dando certeza que o comportamento lesivo será reprimido. Nada obsta que, baseado nesse trinômio, o órgão judicante adicione um *plus* condenatório, adotado no sistema do *common law*, para inibir novos comportamentos idênticos, visto que a responsabilidade civil deve ter também função preventiva. A indenização punitiva seria útil na tutela dos direitos da personalidade como o da privacidade, como se vê, por exemplo, em julgados relativos à vedação de publicação de notícias ofensivas à vida privada. O dano punitivo consistiria numa quantia pecuniária paga à vítima sanando seu prejuízo extrapatrimonial integralmente, indo o restante para um fundo público para beneficiar outras pessoas, transferindo-se ao patrimônio da vítima apenas o necessário sofrido por ela, a título de punição do ofensor, que atuou com culpa grave, com o escopo de desestimulá-la a praticar novamente o mesmo ato ou conduta socialmente inaceitável, e de servir de exemplo aos demais membros da coletividade. Atende, portanto, à finalidade de punição, prevenção e exemplaridade [27]

---

26. Ver Resp. 710.879, Rel. Nancy Andrighi, Terceira Turma STJ; Resp.1.152.541, Rel. Paulo de Tarso Sanseverino, Terceira Turma STJ.

27. CUNHA, Wladimir A. M. F. *Danos extrapatrimoniais e função punitiva* tese de doutorado defendida na FDUSP 2012; Marcelo Benacchio Responsabilidade civil; preventiva, Informativo IASP, 98: 38-9; FERMANN. Restrições à indenização punitiva no direito brasileiro – Princípio da reparação integral como norte para fixação da indenização, *Revista síntese – Direito empresarial* 30: 34-70; DINIZ, M.H. *Curso*, cit. v. 7, p.113 a 130; MELO, Nehemias D. de. *Dano moral- problemática do cabimento à fixação do quantum*, São Paulo: Juarez de Oliveira, 2004; GODOY, Claudio L.B. Alguns apontamentos sobre o dano moral, sua configuração e o arbitramento da indenização, 10 anos de vigência do Código Civil brasileiro de 2002. São Paulo: Saraiva, 2013, p. 373-88; LUNA, Ana Cláudia V. e FALAVIGNA, Maria Clara. O critério brasileiro para a fixação do direito moral. *Ensaios sobre responsabilidade civil na pós-*modernidade, Porto Alegre, magister, 2009, v. 2, p. 53-80; SILVA, Regina Beatriz Tavares da. Critérios de fixação da indenização do dano moral. In: DELGADO, Mário Luiz e ALVES, Jones Figueiredo. *Novo Código Civil – Questões controvertidas* São Paulo, Método, 2003, p. 257-68.

5. CONCLUSÃO

Ante a gravidade da lesão à privacidade, parece-nos que deverá haver uma moderação na quantificação do montante indenizatório, sem falar na necessidade de previsão legal contendo critérios objetivos a serem seguidos pelo órgão judicante no arbitramento.

Na liquidação judicial, o magistrado tem, ante a fluidez e subjetividade do sofrimento, o dever de apurar, com seu prudente arbítrio, os critérios a serem seguidos e o *quantum debeatur*, tendo por *standard*. o homem médio na sociedade e os princípios da razoabilidade; de equidade e de proporcionalidade, ao examinar a gravidade do fato e a dimensão do dano moral ocorrido e ao ponderar os elementos probatórios

O dever de proteção da privacidade e da intimidade das pessoas é uma obrigação em toda sociedade livre. A ideia de privacidade e de intimidade estão interligadas à de liberdade de se excluir terceiros daquele que se refere à pessoa, por não haver interesse público ou relevância social, pois pouco importam à curiosidade alheia.

Toda pessoa tem direito à uma vida reservada, não sujeita à publicidade, para que haja bem estar e progresso social. Como diz Stig Strömholm a vida privada é o direito de uma pessoa ser deixada em paz para viver com um mínimo de interferência exterior.[28]

É, portanto, o desdobramento da liberdade atinente à autodeterminação da vida familiar, pessoal e sexual, e de informações sobre quais quer dados pessoais, dentro dos limites legais, assim, o direito de ser deixado em paz (*right to be let alone*). É um patrimônio moral da pessoa inviolável desde que não se afronte ao interesse público. Todo ser humano tem direito a individualidade em relação à outra pessoa, à sociedade e ao Estado. Todos têm direito de zelar pela sua privacidade, de viver a sua própria vida, deixando-a longe da indesejável curiosidade pública.

A quebra da privacidade causa desconforto à vítima e gera responsabilidade civil.

É, portanto, preciso respeitar a autodeterminação informativa sobre a vida privada por haver liberdade do titular para moldar o objeto de proteção desse direito, que verificará fatos relevantes de sua privacidade, autorizando, ou não, sua divulgação[29].

A pessoa jurídica é titular do direito à privacidade, sendo que o vilipêndio de sua imagem, honra-objetiva, credibilidade e privacidade na *internet* e outros veículos de comunicação, encontra tutela específica para sua proteção, de modo a assegurar a concretude de suas funções e não dos membros que a compõem.

Toda pessoa tem direito à privacidade em relação a outra, a sociedade e ao Estado, apenas, excepcionalmente, a lei e decisão judicial poderão levar seus dados ao conhecimento alheio.

6. REFERÊNCIAS

ALONSO, Felix Ruiz. Pessoa, intimidade e o direito à privacidade. In: MARTINS, Ives Gandra e PEREIRA JR., Antonio Jorge (Coord.). *Direito à privacidade*. São Paulo: Centro de Extensão Universitária, 2005.

ANDRADE, Fábio Siebeneicher de. O desenvolvimento da tutela dos direitos da personalidade nos dez anos de vigência do Código Civil de 2002. In: LOTUFO, Renan; NANNI, Giovanni Ettore; MARTINS, Fernando Rodrigues (Coord.) *Temas relevantes do Direito Civil contemporâneo.* Reflexões sobre os 10 anos do Código Civil. São Paulo: Atlas, 2012.

---

28. Apud DOTTI, René A. *Proteção da vida privada e liberdade de informação*, São Paulo: Ed. RT, 1990, p. 71-72.
29. PINTO, Paulo M. Limitação voluntária do direito à reserva sobre a intimidade da vida privada, *Revista Brasileira de Direito Comparado*, 21: 21 a 62 (2002).

ASCENSÃO, José Oliveira, a reserva da intimidade da vida privada e familiar. In: DINIZ e LISBOA (Coord.). *O direito civil no século XXI*. São Paulo: Saraiva 200.

BENACCHIO, Marcelo. Responsabilidade civil; preventiva, *Informativo IASP*, 98: 38-9.

CARBONNIER. *Droit Civil. Les personnes*. Paris, PUF, 1996.

CAVALIERI FILHO, Sérgio. Os danos morais no judiciário brasileiro e sua evolução desde 1988. In: TEPEDINO, Gustavo (Org.). *Direito Civil contemporâneo*: novos problemas à luz da legalidade constitucional.

CELESTINO, Bruno de M. e QUEIROZ, Talita B. A liberdade de imprensa frente ao direito à privacidade, Direito e liberdade, *ESMARN*, 5: 159-72 (2007);

COMEL, Wilson J. Indenização do dano moral: prevalência do critério da compensação sobre o de sanção, *Revista Síntese* – Direito Civil e Processual Civil, 84: 122-141.

COSTA JR. *O direito de estar só* – Tutela penal da intimidade. São Paulo: Ed. RT.

COSTA, Deborah R. La Ferreira da. *Dano à imagem da pessoa jurídica de direito público*. São Paulo: Saraiva, 2015.

CUNHA. Wladimir A.M.F., *Danos extrapatrimoniais e função punitiva*. Tese de doutorado defendida na FDUSP 2012;

DANELUZZI, Maria Helena Marques Braceiro. e COSTA, Deborah Regina Lambach Ferreira da. O Direito ao Esquecimento (ou de ser esquecido) e a pessoa jurídica. *RJLB – Revista Jurídica Luso-Brasileira*, v. n. 5, p. 537-572, 2018.

DE CUPIS. *El daño*. Barcelona, 1973.

DIAS, José de Aguiar. *Da responsabilidade civil*. Rio de Janeiro: Forense, 1979. v. 1.

DIAS, Rodrigo B, Privacidade genética, São Paulo 2008, p. 72 e 73

DINIZ, Maria Helena. *Curso de Direito Civil brasileiro*. São Paulo: Saraiva, 2020. v. 7.

DINIZ, Maria Helena. *Curso de direito civil*. São Paulo: Saraiva, 2007. v. 1.

DOTTI, René A. *Proteção da vida privada e liberdade de informação*. São Paulo: Ed. RT, 1990.

FERMANN, Rodrigo Papaléo Restrições à indenização punitiva no direito brasileiro – Princípio da reparação integral como norte para fixação da indenização, *Revista síntese – Direito empresarial* 30: 34-70.

FERRAZ JUNIOR, Tércio Sampaio. Sigilo dos dados: o direito à privacidade, *RIASP*, 29: 189-200.

FRANCO, Antonio Pinheiro e FRANCO, Celina R. Amaral Pinheiro. Limites entre a liberdade de expressão e o direito à privacidade, *RIASP*, 29: 189-200.

GODOY, Claudio L.B. *Alguns apontamentos sobre o dano moral, sua configuração e o arbitramento da indenização, 10 anos de vigência do Código Civil brasileiro de 2002*. São Paulo, Saraiva, 2013.

JABUR, Gilberto H. Direito à privacidade, *RIASP*, 31: 301-34.

LAREN, Karl., Derecho de Obligaciones. Madrid: *Revista de Derecho Privado*,1959, v.1, p.192 e 193.

LOPES, Serpa. *Curso de Direito Civil*. Freitas Bastos, 1962. v.5.

LUCCA, Newton de. *Alguns Aspectos da responsabilidade civil no âmbito da internet*. O direito civil no século XXI.

LUNA, Ana Cláudia V. e FALAVIGNA, Maria Clara, O critério brasileiro para a fixação do direito moral. *Ensaios sobre responsabilidade civil na pós-modernidade*. Porto: Magister, 2009. v.2.

MELO, Nehemias D. de. *Dano moral* – Problemática do cabimento à fixação do quantum, S. Paulo, Juarez de Oliveira, 2004.

MIRANDA, Pontes de. *Tratado de direito privado*. Rio de Janeiro, Borsoi, 1971. t. 22, p. 51.

PEREIRA, Caio M. S. Instituições de direito civil, Rio de Janeiro, Forense, 1978, v.3, p.500 a 502;

PINTO, Paulo M. Limitação voluntária do direito à reserva sobre a intimidade da vida privada. *Revista Brasileira de Direito Comparado*, 21: 21 a 62 (2002).

REALE, Miguel. *Lições preliminares de direito*. São Paulo: Saraiva, 2005.

RIBEIRO, José Horácio Halfed Rezende. *Responsabilidade Civil na Internet*: Uma Defesa de sua Sistematização. Mestrado. PUC/SP.2206.

RIGAUX, La protection de la vie privée et des autres biens de la personalité. Paris LGDJ, 1990.

ROHRMANN, Carlos Alberto. Notas acerca do direito à privacidade na internet: a perspectiva comparativa. *Revista da Faculdade de Direito Milton Campos*, 9: 17-36 (2002). São Paulo: Atlas, 2008.

SCHREIBER, Anderson. *Direitos da personalidade*. 3. ed. São Paulo: Atlas, 2014.

SILVA NETO, Amaro. *Privacidade na Internet*. Barueri, SP: Edipro 200.

SILVA, Regina Beatriz Tavares da. Critérios de fixação da indenização do dano moral. In: DELGADO, Mário Luiz e ALVES, Jones Figueiredo (Coord.). *Novo Código Civil – Questões controvertidas*. São Paulo: Método, 2003.

SILVA, Wilson Melo da. O dano moral e sua reparação, Rio de Janeiro, Forense, 1966, p.13;

SMURRA, Giovanni. Il danno all'immagine della P.A., anche con riferimento al fenômeno delle società artecipate. RUSCICA, Serafino. Temi Svolti. Civile, Amministrativo e Penale. Roma, DIKE Giuridica Editrice. 2015.

ZANNONI, Eduardo A. *El daño en la responsabilidad civil*. Buenos Aires: Astrea, 1982.

POR UMA TIPOLOGIA DOS DANOS EXTRAPATRIMONIAIS

Nelson Rosenvald

Procurador de Justiça do Ministério Público de Minas Gerais. Pós-Doutor em Direito Civil na *Università Roma Tre* (IT-2011). Pós-Doutor em Direito Societário na Universidade de Coimbra (PO-2017). *Visiting Academic na Oxford University* (UK-2016/17). Professor Visitante na Universidade Carlos III (ES-2018). Doutor e Mestre em Direito Civil pela PUC/SP. Presidente do Instituto Brasileiro de Estudos de Responsabilidade Civil (IBERC). *Fellow of the European Law Institute* (ELI). *Member of the Society of Legal Scholars* (UK). Professor do corpo permanente do Doutorado e Mestrado do IDP/DF.

Sumário: Agradecimento. 1. Introdução. 2. Do dano moral à uma tipologia do dano extrapatrimonial. 3. Conclusão.

Agradecimento

Fui orientado pelo Professor Renan Lotufo no mestrado e doutorado na PUC/SP. Também tive o privilégio de ser o seu aluno em três diferentes disciplinas ao longo da pós-graduação *stricto sensu*. Hoje, com o distanciamento decorrente da inapelável força do tempo, vejo com clareza que, através de um conjunto de virtudes de Renan Lotufo, transpus a condição de professor de direito civil para a de "civilista". Prudência, justiça, temperança, conhecimento e sabedoria modelam um homem que fez de sua vida um exemplo para uma legião de aprendizes que se converteram em entusiastas do admirável professor, autor e ser humano.

Neste breve ensaio, farei exclusivas referências a algumas das minhas muitas anotações no caderno de sala de aula do Professor Renan Lotufo, preservando na íntegra as suas palavras (pelo menos como as captei). Abstenho-me de colacionar os fichamentos sobre um inestimável conjunto de obras e autores que por ele me foram apresentados, ou mesmo artigos e livros de sua lavra, para fazer das notas de rodapé que se seguem uma viagem pelo tempo e um agradecimento de um dedicado aluno pelas melhores aulas de sua vida.

1. INTRODUÇÃO

Basicamente existem duas razões pelas quais uma parte da doutrina opta por substituir a expressão "responsabilidade civil" por "direito de danos"[1]: a primeira se traduz no fenômeno da pavimentação da objetivação da imputação de danos, paulatinamente construída pela eliminação dos tradicionais muros de contenção à obrigação de indenizar,[2]

---

1. "O dever de reparar se dá pela obrigação de indenizar. No NCC a responsabilidade pelo risco é não tarifada, ou seja, é indenizatória. No exterior o risco se dá muito pelo tarifamento como uma mitigação – que não é indenização, pois não é suficiente para apagar o dano. Daí a cumulação do tarifamento com a responsabilidade subjetiva. Portanto, falamos de direito de danos, eles que devem ser indenizados" (Fichamento de 15/6/2003– 3. aula do Professor Renan Lotufo sobre obrigações).

2. "Inicialmente as obrigações eram marcadas pela pessoalidade (desforço físico). Houve incrível desenvolvimento o apuro da justiça/liberdade e democracia. A alteração do conceito de obrigação de vínculo para relação jurídica, gerou bastante

quais sejam: a necessidade da verificação de um ato ilícito, da culpa e em casos extremos, do nexo causal, mediante presunções de causalidade que atribuem a responsabilidade a um pagador, seja ele o agente, o protagonista de uma atividade de risco inerente ou um segurador (contratual ou legal).[3] Desta maneira, a atividade preponderante do julgador nas pretensões compensatórias consiste em avaliar se há um dano injustificado, ou seja, uma lesão a um interesse digno de proteção, mediante um balanceamento entre as razões do lesante e do lesado.

Todavia, chamamos a atenção para a segunda razão do deslocamento do eixo da responsabilidade civil para o fato jurídico lesivo: trata-se do sintoma da proliferação de danos. Vivenciamos um "big bang" de interesses merecedores de tutela, com uma fartura de novas etiquetas, sendo a maior parte objeto de importação jurídica, sem a necessária reflexão sobre a adequação do transplante ao ordenamento jurídico brasileiro. É evidente que a fórmula binária adotada pela CF/88 (art. 5º, V) é insuficiente para abraçar o perímetro da responsabilidade civil em 2020. Há 32 anos, o carimbo constitucional da dicotomia dano material/moral representou a consolidação de um avanço civilizacional perante a clássica objeção à indenizabilidade de lesões a situações existenciais, um vigoroso passo em direção à personalização do direito privado e a mais ampla tutela diante de vulnerações a direitos fundamentais. Nada obstante, é hora de avançar.

Em uma brevíssima síntese, por mais que o código napoleônico já trouxesse em seu artigo 1382 uma primeira semente do dano moral (ao estipular uma cláusula geral pela qual todo fato danoso gera uma obrigação de reparar),[4] a sua germinação foi lenta e gradual.[5] A trajetória do dano moral conta com 5 capítulos, sem que o último deles tenha a autoridade de um último episódio. Começamos pela sua negação, sendo a dor inestimável financeiramente, excepcionalmente aceito em algumas jurisdições tão somente com caráter pecuniário e valor simbólico;[6] em um segundo momento, passou a ser aceito residualmente,

---

    sacrifício por parte da humanidade na conquista da liberdade. Na origem se aproximava da responsabilidade civil pela ideia de punição. Hoje é obrigação de indenizar" (Fichamento de 15/6/2003– 2. aula do Professor Renan Lotufo sobre obrigações).

3.   "Há a necessidade de diferenciar a responsabilidade por atos lícitos da tradicional responsabilidade objetiva. O que era chamado de exclusão do nexo causal hoje pode ser visto como hipóteses de não incidência. A securitização é constante nas relações contratuais modernas como forma de garantia contra riscos, nas obrigações de duração. Assim, o cálculo atuarial visa tornar a eventual indenização pagável pelo devedor. A securitização atinge o princípio da solidariedade ao diluir custos entre uma coletividade. A seguridade social é só um adiantamento, mas não é satisfativa, pois o limite está no valor do dano. Mas o ofensor poderá na indenização trabalhista e no DPVAT abater o seguro, pois contribuiu como segurado (Fichamento de 22/5/2002–aula do Professor Renan Lotufo sobre eficácia dos contratos perante terceiros).

4.   "Apesar da evidente influência cultural francesa no ensino jurídico, no Brasil, a maior influência veio do BGB, da ideia Kantiana de sistematização. Sua entrada em vigor contribuiu para unificar nosso ordenamento, disperso até então em níveis regionais. O predomínio alemão se explica pela escola pernambucana – Tobias Barreto – que exerceu grande influência sobre Clóvis Beviláqua. O Direito Privado passou a ser visto de forma mais ampla com o desenvolvimento da Teoria Geral do Direito e o aprofundamento do estudo da Lógica Jurídica e da Filosofia do Direito". (Fichamento de 27/8/2001–aula do Professor Renan Lotufo sobre o pioneirismo de Clóvis Beviláqua no direito civil constitucional).

5.   Não obstante a preponderância do BGB na elaboração do CC por nítida influência de Clóvis (escola pernambucana), a influência cultural francesa preponderou em nosso país, conduzindo-nos a escola da exegese – juiz não interpreta, faz raciocínio dedutivo e aplica apenas o código –, que leva o CC ao centro das relações privadas. Não havia uma teoria geral (ao contrário do que buscou o esboço de Teixeira de Freitas e do que obteve Vélez Sarsfield na Argentina) e sim teorias específicas de cada um dos livros, principalmente sobre propriedade e contratos (Fichamento de 12/11/2001–aula do Professor Renan Lotufo sobre Metodologia do direito privado).

6.   "A noção clássica de liberdade é imaginada como plena, ilimitada. Na Revolução Francesa esta visão passou a ser posta no Direito, como liberdade de estabelecer relações e transmitir propriedade. Os contratos eram equiparados aos direitos reais, pois a liberdade exprimiria um conceito de igualdade se todos tivessem acesso à propriedade. Em suma, prevalecia uma noção de liberdade econômica (patrimonial)" (Fichamento de 12/11/2001–aula do Professor Renan Lotufo sobre autonomia privada).

POR UMA TIPOLOGIA DOS DANOS EXTRAPATRIMONIAIS **309**

consistindo em todo sofrimento não causado por uma perda pecuniária, apenas compensado quando houvesse um dano patrimonial conjunto, o que de certa forma significava uma persistente recusa a sua autonomia; o passo seguinte foi dado pela CF ao expressar a dicotomia dano material/moral, verbalizado em sua acepção subjetiva pela doutrina e tribunais como a mágoa e dor decorrentes do ilícito, confundindo-se os sintomas com o plano consequencial da lesão; o quarto momento foi celebrado como a conceituação do dano moral como lesão à dignidade da pessoa humana. Inegavelmente, se trato de um significativo avanço civilizatório, porém redunda em uma fórmula abstrata e genérica, convertendo a dignidade em figura retórica,[7] capaz de justificar qualquer pretensão de reparação, promovendo a generalização do dano moral *in re ipsa*, sem o devido cuidado com as peculiaridades do caso. Apesar de ambos se encontrarem no plano consequencial da lesão, seria como substituir o subjetivismo da dor e da mágoa pelo subjetivismo da dignidade, mais palatável, por sua autoridade moral, universalmente reconhecida a todos os seres humanos.

Em um momento subsequente (que para muitos se mantém), o dano moral seria a reação do ordenamento jurídico à violação de um direito da personalidade. Trata-se de um conceito desejável, porém peca por dois aspectos: todos os direitos da personalidade são direitos fundamentais, mas a recíproca não é válida; a noção de uma violação remete à uma eficácia negativa de direitos fundamentais, quando danos morais também podem derivar de uma omissão por parte do estado ou entes privados de afirmar direitos fundamentais.[8] Por fim, nem toda violação existencial corresponde a um direito da personalidade afirmado em certo ordenamento jurídico.

Alcançamos então um sexto estágio, que para muitos ainda é a estação final: o dano moral como uma lesão a um interesse existencial concretamente merecedor de tutela. De modo conciso, a afirmação da reparação pelo dano injusto exigirá uma análise concreta e dinâmica dos interesses contrapostos,[9] ou seja, uma ponderação entre a conduta supostamente lesiva e o bem jurídico supostamente lesado, invariavelmente subsidiada por parâmetros objetivos que tornem a decisão controlável. Legitimar caso a caso o direito à reparação de danos não é uma tarefa singela, mas abre portas para a "chain novel" de Dworkin, permitindo que os tribunais edifiquem uma narrativa coerente sobre as múltiplas facetas do dano moral.

Este enredo se desenvolve de forma dinâmica, levando-se em conta que cada capítulo vai se tornando cada vez mais breve. Isto não nos causa espécie, pois em sociedades complexas e plurais a responsabilidade civil se avoluma, convertendo-se em sistema de

---

7. "O princípio é ideia matriz e motriz. Isto é, não é apenas fonte, mas provocação de transformação concreta, através de leis ordinárias, que objetivam clarificar os princípios. Por isto é um equívoco banalizar princípios por criação doutrinária, pois os que não se identificam com o sistema, são meras invenções. Se o princípio existe no sistema, deverá ser identificado e posteriormente aplicado. Basta observar o princípio da boa-fé que deve regrar todas as atividades privadas. Ele sempre existiu, mas a eticidade se desenvolveu na sociedade atual, o quê exigiu a sua positivação" (Fichamento de 14/8/2001 – aula do Professor Renan Lotufo sobre princípios).

8. "A liberdade hoje atua por meio do Estado (liberdade positiva) e não contra o Estado (negativa) que era o direito de exclusão dos outros. É uma via de funcionalização de direitos, atividade promocional que objetiva garantir outros valores como a autodeterminação, o desenvolvimento da personalidade. É uma sanção positiva que promover a dignidade da pessoa humana" (Fichamento de 13/11/2001 – aula do Professor Renan Lotufo sobre direitos da personalidade).

9. "Devemos diferenciar o fato público da pessoa notória do fato privado da pessoa notória. Aqui não há invasão. A questão é do papel que a pessoa está exercendo (v.g. episódio do Presidente Itamar no sambódromo). Na sociologia existe a teoria dos papéis. A esfera de privacidade da pessoa pública deve ser respeitada, pois por detrás há o ser humano" (Fichamento de 14/11/2001 – aula do Professor Renan Lotufo sobre privacidade e intimidade).

NELSON ROSENVALD

amortecimento de todas as disfuncionalidades do sistema jurídico.[10] O dano patrimonial transcendeu o esquema bifurcado dano emergente/lucro cessante, sendo abordado com maior rigor técnico, envolvendo a perda de uma chance e os danos econômicos puros. Na mesma toada, a expansão do dano moral decorre da sedimentação de novas camadas de bens merecedores de proteção. Afora o reconhecimento do dano moral na esfera contratual, no campo existencial a sua reparação não se cinge à proteção da vida humana do nascimento à morte, porém, em sentindo transcendente, tutela os momentos pré-capacidade (nascituro) e pós-capacidade (morto), estendendo-se à pessoa jurídica[11] e aos interesses metaindividuais (dano moral coletivo).

Se de um lado o dano moral ganhou em refinamento conceitual e zonas de abrangência, por outro, desligou-se da oposição férrea ao dano patrimonial e ao longo dos últimos anos aprendeu a conviver com diferentes nomenclaturas, como o dano à imagem, dano estético e dano existencial. Todavia, não se desenvolveu uma categorização mais ampla, apta a conglobar as diferentes formas de repercussão dos múltiplos efeitos não patrimoniais de uma lesão. Em nenhum momento a Constituição Federal e o Código Civil mencionam a expressão "dano extrapatrimonial", até então recepcionada doutrinariamente como sinônimo de dano moral. Podemos efetuar um corte e avançar no sétimo capítulo?

2. DO DANO MORAL À UMA TIPOLOGIA DO DANO EXTRAPATRIMONIAL

Servirmo-nos dessas linhas para a elaboração de uma tipologia mínima do dano extrapatrimonial, partindo da premissa de que, mesmo na realidade de nosso sistema jurídico aberto – com espeque na cláusula geral do art. 186 do CC – já não é mais possível sustentar a sinonímia de dano moral e extrapatrimonial. A experiência revela que o princípio da reparação integral é ultrajado, diante da consideração genérica do dano moral em uma heterogeneidade de situações, sem o menor cuidado com a especificação sobre quais danos extrapatrimoniais são objeto de decisão. Ademais, a simples invocação de expressões genéricas sem que se outorgue apropriados contornos e argumente-se por quais motivos o seu emprego é pertinente no caso concreto não constitui razão válida para sustentar qualquer sentença (art. 489, CPC)

Para superar a abordagem tradicional do direito brasileiro pela qual dano moral e dano extrapatrimonial se equivalem – tal como dois lados de um mesmo quadrado –, doravante, para o direito civil pátrio sustentamos a existência de um gênero, o "dano extrapatrimonial", dividido em 4 espécies, quais sejam: dano à imagem; dano estético; dano existencial e dano moral. Não se trata obviamente de uma classificação exaustiva,

---

10. "A construção do direito civil se dá pela reiterada prática individual (relações sociais) que é recepcionada e vira norma geral. O direito civil não se inventa em gabinetes, é sempre fruto de reiteradas relações humanas, apesar de atuar a luz da CF. Não há Constituição no mundo que crie direito civil (a CF está em patamar superior), ele preexiste e é recepcionado. Daí ser um equívoco cogitar de um direito constitucional civil (v.g dano moral não se inventou na CF, ela apenas tornou-o inequívoco)" (Fichamento de 12/11/2001–aula do Professor Renan Lotufo sobre direito privado e constituição).

11. "Não há dano moral contra pessoa jurídica. É criação do direito, não tem valor de dignidade. A personalidade é exclusiva do ser humano. Nome da empresa não tem conotação idêntica à da pessoa, pois é patrimônio imaterial, sendo cessível e alienável. Não se pode banalizar coisas superiores como a dignidade, o certo é falar em direitos fundamentais do homem. Aliás, é um equívoco conceder tutela como faz o artigo 52 do PCC. O professor discorda do alcance às pessoas jurídicas dos direitos fundamentais, pois a dignidade é um atributo específico do ser humano, que não é transmitida a entes. A honra objetiva é uma criação, pode-se até falar em dano extrapatrimonial, mas não em dano moral como entende o STJ." (Fichamento de 18/11/2001 – aula do Professor Renan Lotufo sobre dano moral).

POR UMA TIPOLOGIA DOS DANOS EXTRAPATRIMONIAIS **311**

pois diferentes rótulos fatalmente se estabelecerão ao longo de tempo. Todavia cremos que o "Zeitgeist" aponta para uma classificação quadripartite do dano extrapatrimonial, definindo-se este, em sentido amplo, como uma lesão a um interesse existencial concretamente merecedor de tutela. Esta abrangência conceitual propicia três vantagens: a) abre ao magistrado espaço para a ponderação de bens conforme as peculiaridades de cada lide permitindo que a fundamentação constitua a resposta judicial à argumentação formulada pelas partes em torno das razões existentes para julgar em um ou outro sentido; b) permite que a doutrina conceba critérios objetivos para orientação judicial face às inevitáveis tensões entre direitos fundamentais; c) oxigena a cláusula geral do artigo 186 do Código Civil, tornando-a permeável aos influxos de consistentes argumentos que densificam normas constitucionais, tais como a indenização por omissão de cuidado nas relações familiares (art. 226, CF) e o dano derivado do direito ao esquecimento na sociedade de informação (Art. 220. § 1º, CF).

O dano estético não apenas se consolida como uma figura autônoma aos danos moral e patrimonial (súmula 387/STJ), como também recebe uma atualização de conteúdo. Se em uma primeira fase era reduzido ao "enfeamento" da vítima em razão de cicatrizes e lesões provocadas por um evento lesivo, consolidou-se a partir da decisão do caso Lars Grael (AG 638.763/RJ), em 2007, a abordagem do dano estético como uma transformação morfológica da vítima (no caso, a perda decepada do iatista), cuja indenização independe da verba de dano moral justificada pelo evidente abalo psíquico decorrente do grave dano à integridade física. Em uma perspectiva mais atual, o dano estético adquire um relevo funcional, percebido como um significativo desequilíbrio corporal infligido à pessoa. A perda de um baço, a cegueira e a surdez não representam um "enfeamento" ou mesmo uma alteração fisionômica, porém repercutem na funcionalidade do organismo, justificando uma compensação que ultrapassa o dano moral, aproximando o dano estético de um dano à saúde ou de um dano corporal.

A Constituição Federal já conferia autonomia do dano à imagem perante o dano material e o dano moral. Contudo, parece-nos adequado classificar o dano à imagem como uma espécie de dano extrapatrimonial, que eventualmente repercutirá em termos econômicos (súmula 403/STJ), sem que a projeção econômica da indevida utilização da imagem – seja pelo ressarcimento de danos ou restituição de ganhos ilícitos – desvirtue a sua essência. De fato, tratando-se de tutela de bem específico da personalidade, a captação não autorizada da imagem alheia é suficiente para desencadear o dano, independente de qualquer lesão à honra ou à vida privada da vítima. O precedente Maitê Proença (REsp 764735/RJ), evidencia a autossuficiência do dano imagem, pois a inconsentida publicação de fotos de sua nudez por veículo de imprensa representa um dano de "per si", a par da cumulação com uma condenação ao dano moral, caso houvesse comprovado abalo a sua credibilidade ou a imagem fosse captada em um contexto intimo.

Em termos de positivação, o dano existencial é o mais recente membro da prole do dano extrapatrimonial. A reforma trabalhista (Lei n. 13.467/17) trouxe o art. 223-B, explicitamente outorgando ao dano extrapatrimonial a condição de gênero, tendo como espécies o dano moral e o existencial. Este pode ser conceituado como uma modificação prejudicial relevante na vida de uma pessoa decorrente de um fato danoso. Basta imaginarmos um choque elétrico sofrido por operário de cabo com consequências graves e irreversíveis em seu cotidiano: dificuldades para se alimentar, vestir e realizar tarefas comezinhas da vida. A pessoa não pode mais fazer o que fazia; fará diferente aquilo que fazia; fará o que antes não fazia (v.g. tratamentos) e será auxiliada para atos que cumpria isoladamente.

E neste renovado cenário, onde se insere o dano moral? Ele agora se torna uma figura residual, de fechamento, que objetiva conferir coerência ao gênero dano extrapatrimonial. Sempre que houve uma lesão a um interesse existencial concretamente merecedor de tutela que não configure um dano estético, à imagem ou existencial, estaremos diante de um dano moral. A distinção entre o dano moral e o dano existencial é mais árdua que comparativamente ao dano à imagem e ao dano estético. Com relação a essas figuras, a dessemelhança é qualitativa: o dano moral opera por exclusão, impondo-se sempre que a lesão a um interesse existencial concretamente merecedor de tutela não ocorra nos territórios da indevida captação da imagem ou da funcionalidade orgânica. Assim, ofensas à reputação, privacidade, integridade psíquica, liberdade e solidariedade ainda se inserem nas lindes do dano moral em sentido estrito.

Nada obstante, a distinção entre o dano moral e o dano existencial é não apenas qualitativa, porém quantitativa: o dano moral resulta de um ato ilícito cujas consequências deletérias se circunscrevem ao evento; em contrapartida o dano existencial encontra a sua medida na permanência da eficácia danosa sobre a operosidade, dinamismo e qualidade de uma vida. Sob o viés dogmático, pode-se cogitar da dispensa do prazo prescricional trienal do código civil para as hipóteses de danos existenciais. Em termos eficaciais, a distinção encontrará eco na desejável proporcionalização de montantes indenizatórios, justificando condenações em valores mais significativos nos casos de danos existenciais em cotejo com as hipóteses de incidência do dano moral, eliminando-se o indevido recurso à hipertrofia do dano moral pela via da adição de critérios punitivos (v.g. grau de culpa do ofensor, a sua capacidade econômica e/ou reiteração na prática de ilícitos daquela natureza) como forma de ampliação do montante compensatório, que deve sempre se limitar a perspectiva de reequilíbrio patrimonial da vítima à situação mais próxima ao estado pré-ilícito. Ademais, a demarcação das fronteiras da figura do dano existencial é pedagógica, realçando a impropriedade da aplicação da teoria da perda de uma chance para além do domínio das relações patrimoniais.

Alguns poderiam acrescentar à descendência direta do dano extrapatrimonial as figuras do dano ao projeto de vida e o dano à vida em relação. Prefiro um pouco mais de cautela com o manejo destes auspiciosos modelos jurídicos. Parece-me que, nas vicissitudes do ordenamento brasileiro, tanto uma como a outra figura se acomodam como espécies de dano existencial e, via de consequência, descendem em segundo grau do dano extrapatrimonial. O dano ao projeto de vida – materializado no art. 1.738 do recente Código Civil Argentino – concerne às opções e possibilidades de realização pessoal frustradas face a uma ilegítima interferência. Eloquente exemplo é o fenômeno da "desterritorialização" consequente do Distrito de Bento Rodrigues/MG, devastado pelo desastre ecológico promovido pela empresa Vale do Rio Doce. Cada morador daquele local não sofreu apenas um dano moral, em verdade as suas vidas foram profundamente impactadas não apenas para o passado (nas memórias), mas a perda de referências representou um abrupto corte em trajetórias existenciais, que foram e serão ressignificadas.

Lado outro, o dano à vida em relação é a projeção do dano existencial na primeira pessoa do plural. Ilustrativamente, a alienação parental é um comportamento antijurídico (art. 6., Lei n. 12.318/10) que desqualifica a figura de um dos genitores perante o filho, e,

POR UMA TIPOLOGIA DOS DANOS EXTRAPATRIMONIAIS **313**

portanto, qualificado como dano moral (seja ao genitor alienado como ao filho).[12] Entretanto, a reiteração da atividade ilícita ao longo dos anos pode resultar em uma síndrome de alienação parental. Mais do que um dano psíquico ao filho, tem-se aqui um dano à vida em relação, na medida em que resta frustrado o projeto de parentalidade. Enfim, os modelos do dano ao projeto de vida (*"myself"*) e o dano à vida em relação (*"ourselves"*) não exaurem as hipóteses de danos existenciais, mas simplificam sobremaneira o percurso argumentativo de inúmeras decisões sobre o tema.

3. CONCLUSÃO

Nossa sugestão quanto a uma tipologia aberta do dano extrapatrimonial é apenas uma tentativa de mapear uma zona inóspita da responsabilidade civil brasileira, justificavelmente infensa à rigidez do "numerus clausus" (problema enfrentado pelo direito italiano), sem que isto impeça a doutrina de encontrar elementos comuns entre as inesgotáveis manifestações da subjetividade humana, para o delineamento de categorias capazes de oferecer um grau maior de previsibilidade às decisões judiciais.

A tarefa a ser pavimentada pela doutrina não apenas concerne em especificar contornos e limites do dano extrapatrimonial, porém o de também ajustar razoáveis critérios de quantificação. Há de se partir de um valor básico indenizatório, correspondente ao interesse jurídico lesado conforme precedentes, para na sequência se alcançar uma indenização definitiva que se ajuste à dimensão concreta do dano extrapatrimonial, ou seja a gravidade do fato e suas consequências sobre a vítima, na medida em que eventualmente o dano será *in re ipsa* em sua existência, mas não em sua extensão.[13]

Cuidado adicional consiste em evitar a hipertrofia do dano extrapatrimonial – em qualquer de suas espécies – pelo indevido apelo à critérios punitivos, como a menção à culpabilidade do agente, lucros obtidos pela sua atividade e a consideração sobre a reiteração do ilícito. O dano extrapatrimonial não é uma convergência entre punição e compensação, pois objetiva realizar tão somente uma função compensatória, materializando o princípio da solidariedade no direito de danos. Uma bem-vinda passagem de um sistema de contenção de danos para um de contenção de comportamentos, requer alteração legislativa que introduza uma pena civil extracontratual, mas jamais uma subversão do dano extrapatrimonial por vias oblíquas.

O objetivo de se erigir uma taxonomia é o de viabilizar, na medida do possível, uma reparação integral, evitando-se a transformação da amplitude da expressão "dano moral" em uma "guerra de etiquetas", a ponto de o dano extrapatrimonial ser qualquer coisa e qualquer coisa ser nada... ou melhor, como lembra Guimarães Rosa, "sussurro sem som onde a gente se lembra do que nunca soube".

---

12. "No Brasil nós nunca tivemos direito de família. Só direito do casamento. Era indissolúvel, patriarcal e hierarquizada. O matrimônio era uma espécie de "capa para velhaco", não prestigiava a família como núcleo de desenvolvimento de cada um de seus componentes. Era a época em que Agostinho Alvim dizia que 'O direito de Família começa onde acaba o amor' (só no desquite)" (Fichamento de 14/11/2001–aula do Professor Renan Lotufo sobre direito de família).

13. "Daí o equívoco em tabelar dano moral, pois ele não pode ser objetivado, já que a extensão da dor é diferente para cada pessoa. Aliás, o tabelamento induz a um aviltamento da matéria. É melhor dizer nego, do que concedo um valor ridículo. Nos EUA as reparações são altas justamente para punir e coibir o infrator. No Brasil começou a despencar e virou desestímulo a buscar o judiciário. Vítima deve provar a extensão da dor. Na morte deve mostrar que a ausência é sentida – mãe que morre e nunca viu filho; pessoa íntegra que preservou o seu nome nas relações comerciais" (Fichamento de 18/11/2001 – aula do Professor Renan Lotufo sobre dano moral).

TRÊS LIÇÕES DE RESPONSABILIDADE CIVIL, DE RENAN LOTUFO: A COEXISTÊNCIA DE TRÊS MODELOS DE RESPONSABILIDADE CIVIL. A MORTE DA CULPA E A *FÊNIX*. A INDENIZAÇÃO SOCIAL PARA ENTIDADES DE BENEFICÊNCIA

Alexandre Guerra

Doutor e Mestre em Direito Civil pela PUC/SP. Professor de Direito Civil (Escola Paulista da Magistratura e Faculdade de Direito de Sorocaba). Juiz Coordenador Regional da Escola Paulista da Magistratura. Professor convidado nos Cursos de Pós-Graduação da PUC-SP/COGEAE. Juiz de Direito no Estado de São Paulo. Membro Fundador do Instituto de Direito Privado, do Instituto Brasileiro de Estudos de Responsabilidade Civil e do Instituto Brasileiro de Direito Contratual. Autor e coordenador de obras e artigos jurídicos.

"O Direito não existe para pairar sobre a sociedade como se fosse uma entidade abstrata, autônoma, ou como algo inatingível. (...). O Direito deve penetrar na sociedade; fecundar a sociedade e fazer com que todos os comportamentos socialmente relevantes sejam da forma que ele prescreve. O Direito existe para ser cumprido; não para ser violado. É preciso entender isso." (Renan Lotufo)

Sumário: 1. Introdução. 2. A coexistência de três modelos distintos de Responsabilidade Civil: responsabilidades subjetiva, objetiva e tarifada. 3. "A culpa é como a *Fênix*: ela morre e renasce das cinzas, permanentemente renovada". 4. Dano moral punitivo e indenização social: potencialidades do parágrafo único do art. 883 do Código Civil. 5. Proposições conclusivas: a inestimável contribuição de Renan Lotufo ao Direito Civil brasileiro. 6. Referências

1. INTRODUÇÃO

Poucos escritos têm brincado tanto com os meus sonhos quanto este. Quando penso na marcha que trilhei para chegar ao resultado que ora vem a público, de imediato vem a mim o *Poema do Menino Jesus*, de Fernando Pessoa (Alberto Caieiro): "Ele dorme dentro da minha alma/ E às vezes acorda de noite/ E brinca com os meus sonhos/ Vira uns de pernas para o ar,/ Põe uns em cima dos outros/ E bate palmas sozinho/ Sorrindo para o meu sono." As palavras e as imagens do que deveria ser escrito surgiram por meses, despertaram-me dos meus sonhos, brincaram comigo, e logo fugiram. Nada esteve à altura do que eu deveria escrever. *Mas o ótimo é inimigo do bom*, dizia Renan: *quem só quer o que é ótimo, Alexandre, nunca terá o que é bom*. Essa é a primeira lição do homenageado que aqui tenho o prazer de recordar.

Renan Lotufo está nas linhas e nas entrelinhas de tudo o que tenho escrito nas últimas duas décadas. Com ele, travei os mais frutíferos diálogos, por vezes reais, por vezes não. Sou-lhe devedor. Tenho *uma dívida que jamais poderei pagar*, como costumávamos brincar. E quando eu lhe falava a respeito dessa tal *dívida impagável*, ele me lembrava, sorrindo, que as dívidas não podiam ser assim: *toda dívida sempre tem que poder ser paga pelo devedor,* porque, alertava ele, a *liberdade tem que ser a regra na vida da gente; a liberdade é a luz do nosso espírito*. Renan esteve comigo desde onde minha memória consegue alcançar. Eu, menino ainda, acabara de completar meus 18 anos, recém aprovado na PUC-SP, iniciava os primeiros passos na Academia. Ele, já um Mestre experiente, formador de diversas gerações que me antecederam. Foi assim mesmo. De lá para cá, dele jamais me distanciei.

Fui seu aluno na graduação. Fui seu monitor nos primeiros passos na Academia (na distante década de 1990). A ele, devo o despertar da paixão pela Docência. Fui seu aluno no Curso de Especialização em Direito Público (por ele coordenado na Escola Paulista da Magistratura). Com ele estive em todos os seus créditos de Mestrado e Doutorado. Por mais de uma vez, cursei todas as disciplinas ministradas no Programa de Pós-Graduação *stricto sensu* da PUC/SP. Brindou-me com sua segura orientação em toda a caminhada acadêmica que percorri, que, sabemos todos, é sempre uma árdua empreitada. Nos anos de 2011 e 2012, deu-me a imerecida honra de acompanhá-lo nos quatro créditos ministrados (Autonomia Privada e Constituição; Direito das Obrigações; Direitos dos Contratos e Responsabilidade Civil). Naquelas noites, aprendi tudo o que sei. Sobre as coisas que existem e sobre coisas que deveriam existir. Sobre pessoas, sobre ideias e sobre ideais. Sobre grandiosidade e sobre mediocridade. Sempre bem-humorado e espirituoso, enaltecia frequentemente os feitos do *Seu* São Paulo Futebol Clube e ria do *Meu* Palmeiras.

Il capo ti tutti i cappi: era como a ele referíamos. Ele, sempre humilde (mas ciente da justiça do título que lhe conferíamos) simplesmente sorria, talvez aquiescendo, mas sem nunca nada dizer. Naqueles anos, terminávamos a aula, e eu o acompanhava até seu veículo, em todos os encontros, invariavelmente. *Quero ver se Maria Alice já terminou a aula*, dizia Renan, sem jamais falhar. *Vamos para casa juntos*, asseverava o marido afetuoso de Maria Alice. Enquanto aguardávamos por ela, ele abria a pasta e de lá sacava o último livro adquirido. *É preciso ler autores novos, ler sempre; é preciso estudar todos os dias, estudar o tempo todo. Eu aprendo uma coisa nova sempre, com autores que eu não conhecia ainda (mas que eu gostaria de ter conhecido antes); eu aprendo muita coisa todos os dias*, dizia Renan. Ele não se cansava de ensinar com seus exemplos. A caminho do estacionamento, vagarosamente, pelo elevador e pelas rampas da PUC-SP, perguntavam-me como estavam *as Minhas Princesas*. E eu perguntava sobre *as Suas*. E tudo era assim; tudo era ameno; tudo era intenso: tudo era poético, como é próprio do convívio com os gigantes.

Perdoe-me o leitor, mas me afastarei do rigor e impessoalidade próprios da Academia. Falarei em primeira pessoa. Contarei um pouco do que vi e do que ouvi. Dessa vez, não poderia ser diferente: tudo será pessoal; tudo será íntimo. Partirei da memória (que se mantém a cada dia mais viva) e das anotações que fiz de tantas aulas (nas folhas já amareladas pelo tempo, que as tenho com carinho guardadas). Todas as vezes que referir às suas palavras, farei em itálico, para que o leitor possa *entendê-lo*. Procurarei ser o mais fiel que a memória permitir. Buscarei nesse ensaio reproduzir algumas (dentre as inúmeras) lições de um Mestre agregador que se fez um Mentor, na personificação mais fiel que há de Maestria.

2. A COEXISTÊNCIA DE TRÊS MODELOS DISTINTOS DE RESPONSABILIDADE CIVIL: RESPONSABILIDADES SUBJETIVA, OBJETIVA E TARIFADA

A Responsabilidade Civil é um instituto de Direito. É uma construção da inteligência humana, que surgiu da necessidade de estabelecer normas de convivência social que permitam relações justas, isto é, que não sejam marcadas pela violência ou pelo abuso da

TRÊS LIÇÕES DE RESPONSABILIDADE CIVIL, DE RENAN LOTUFO **317**

força. O termo *Responsabilidade Civil* é equívoco, pois remete a mais de uma realidade, e, ao mesmo tempo, não traz em si todo significado que dele se pode esperar. Na sua gênese, o termo deriva da identificação de uma responsabilidade não penal.[1] É a responsabilidade do *civitas*.

Nos primeiros tempos da civilização, não se tinha a noção da ideia individual de responsabilidade por atos próprios. A responsabilidade era coletiva, assim como eram coletivas as relações dos grupos. As obrigações impostas aos membros de cada grupo eram ditadas por aquele que detinha o controle religioso, bélico ou familiar. Era, assim, uma responsabilidade coletiva por vezes marcada pela violência, nos quais a ofensa contra um dos membros reverberava num sentimento de repulsa de todos os componentes. Assim foi, como registra a História, na célebre passagem conhecida como *O Rapto das Sabinas*: a agressão ao que era caro a um membro do grupo gerava um sentimento de repulsa (violenta) de todo o grupo social.

Spondesne? Spondeo. No Direito Romano, eram essas as solenes manifestações verbais de dois sujeitos, que, pronunciando-as, (com)prometiam-se. Desde sua origem, acentua Fernando de Sandy Lopes Pessoa Jorge[2], a ideia de Responsabilidade Civil esteve ligada a um dever geral de responder (ou de prestar contas) por determinados atos. Um dever a todos imposto. Trata-se de guardar observância ao dever de *alterum non laedere* (*neminem leadere*), como se colhe de Ulpiano, no *Digesto* (*Institutas*, do Imperador Justiniano, do ano 533). Nos primórdios da civilização, não se conhecia a regra da adstrição à responsabilidade patrimonial. Assim foi até o advento da *Lex Poetelia Papiria* (326 a.C). Até então, era a vida e a liberdade do devedor (e das pessoas a ele submetidas) que deviam responder pelo cumprimento das obrigações (e pela reparação dos danos causados), conforme se colhe de Herculano, lembra Renan Lotufo, ao referir-se ao Foral de Mormeral.[3]

A finalidade capital da indenização é realizar o *indene*, com a maior fidelidade possível. O *indene* significa exatamente a situação jurídica de não dano, isto é, o retorno, na medida do possível, à situação de fato e direito vivenciada antes da prática do ilícito (e

---

1. A respeito, ver: ALSINA, Jorge Bustamente. *Teoria General de la Responsabilidad Civil*. 9. ed. Buenos Aires: Abeledo-Perrot, 1997, p. 27 ss.
2. LOTUFO, Renan. *Código Civil Comentado. Obrigações*. v. 2. São Paulo: Saraiva, 2002, p. 34-35. Na *Lex Talionis* (Código de Hamurábi, Mesopotâmia, cerca de 1.770 a.C) é observada pela primeira vez uma repulsa individual ao mal causado, em uma relação estabelecida entre o agressor e o ofendido, marcando um conceito mais próximo do que hoje se entende com Justiça Comutativa, na percepção Aristotélica. Nela, há uma rigorosa reciprocidade (simetria) entre o mal infringido e a pena suportada. "Se um homem destruiu o olho de outro homem, destruirão o seu olho". "Se um homem arrancou o dente de outro homem livre igual a ele, arrancarão o seu dente". Em Roma, sob a Lei das XII Tábuas, a *Lex Decenviralis* previa por exceção a aplicação da Lei de Talião; "se alguém fere a outrem, que sofra a pena de talião, salvo se houver acordo".
3. No âmbito da responsabilidade civil contratual, lembra Renan, "ainda no Direito Romano das XII Tabuas, o devedor insolvente podia ser preso e metido a ferros pelo credor, que só tinha de dar-lhe para o sustento uma libra de farinha, e, passados três dias, se não conseguisse o réu no mercado obter meios para a satisfação do débito, podia ser morto ou vendido *Além Tibre* (rio que, então, simbolizava os limites da *cives* romana). E se fossem diversos os credores, podia ser esquartejado em partes tantas quantos fossem os credores: *partis secanto; si plus minusve secuerint nec fraude esto*" (LOTUFO, Renan. *Código Civil Comentado. Obrigações*. v. 2. São Paulo: Saraiva, 2002, p. 02-03). Em Roma, na *Lex Aquilia*, surge o conceito da responsabilidade como a decorrência do desvio de um padrão de conduta: *in Lex Aquilia et levissima culpa venit*. Com isso, manteve-se o perfil individual de repulsa ao mal causado, agora a partir da identificação do desvio de um comportamento padrão. Mais tarde, o núcleo da Responsabilidade Civil (na tradição romano-germânica) migra da conduta do agente ofensor, para o dano concretamente causado à vítima. Daí a pertinência, em especial dos juristas espanhóis, se se referir a *Derecho de Daños*. Na contemporaneidade, o ressarcimento da vítima é o cerne da preocupação dos juristas. Tanto é assim que o princípio maior norteador da Responsabilidade Civil é Princípio da reparação integral, sabemos todos, como acentua a regra estabelecida no caput do art. 944 do Código Civil: "*a indenização mede-se pela extensão do dano*".

da identificação do dano injusto no mundo fenomênico). É, enfim, a busca do retorno ao *status quo ante*, nem sempre possível, mas sempre almejada pelos intérpretes diante das regras de Responsabilidade Civil. Nos dias que correm, outras funções se unem à Responsabilidade Civil além da função puramente ressarcitória, como lembra a doutrina[4]: os perfis pedagógico, punitivo, precaucional e promocional passam a nortear o estudo do Direito de Danos no Brasil e exterior.[5]

Postas essas premissas, Renan Lotufo entende ser possível identificar a coexistência de três sistemas (modelos) distintos de Responsabilidade Civil. São sistemas próprios, complementares, dotados de racionalidades autônomas, mas não excludentes (porque atendem a propósitos distintos). O primeiro modelo (sistema) de Responsabilidade Civil é o baseado na *Lex Aquilia*: um sistema de responsabilidade civil subjetiva aquiliana que exige a prova de culpa do agente ofensor, para que, somente assim, nasça o dever de indenizar. Foi o sistema que prevaleceu no Código Civil de 1916, fundado na regra contida no art. 159, segundo a qual "aquele que, por ação ou omissão voluntária, negligência, ou imprudência, violar direito, ou causar prejuízo a outrem, fica obrigado a reparar o dano. A verificação da culpa e a avaliação da responsabilidade regulam-se pelo disposto neste Código, arts. 1.521 a 1.532 e 1.542 a 1.553."

Ocorre que o desenvolvimento das atividades de exploração do solo e das riquezas no século XX gerou a multiplicação das causas produtoras de dano, de modo que a Teoria da Culpa não mais atende às exigências contemporâneas. Entra em cena, então a *Teoria do Risco*[6] (sob as vertentes do risco-proveito, risco-atividade, risco-empresa e risco integral). O segundo modelo de Responsabilidade Civil que se conhece é aquele que prescinde da prova da culpa (a ser produzida pela vítima). É o que se conhece como o modelo de Responsabilidade Civil sem culpa (Responsabilidade Civil Objetiva). Nele, em síntese, contenta-se o legislador com a prova do dano, da conduta e do nexo causal que os una.[7]

---

4. Por todos, ver: FARIAS, Cristiano Chaves de; BRAGA NETTO, Felipe; ROSENVALD, Nelson. *Novo tratado de responsabilidade civil*. 2. ed. São Paulo: Saraiva, 2017 (Cap. V – As funções da responsabilidade civil, p. 61-78).

5. Sobre a função punitiva da responsabilidade civil, seja consentido remeter a excelente estudo de: MARTINS-COSTA, Judith; PARGENDLER, Mariana Souza. *Usos e abusos da função punitiva (punitive damages e o Direito brasileiro)*. Brasília: R. CEJ, n. 28, jan./mar. 2005. p. 15-32.

6. Segundo Alvino Lima, um dos maiores autores do Brasil sobre a evolução da Responsabilidade Civil da Teoria da Culpa à Teoria do Risco, "(...) Dentro do critério de responsabilidade fundada na culpa não era possível resolver um sem número de casos que a civilização moderna criara ou agravara; imprescindível se tornara para a solução do problema da responsabilidade extracontratual afastar-se do elemento moral, de pesquisa psicológica, do íntimo do agente, ou da possibilidade de previsão ou de diligência, para colocar a questão até então sob um aspecto até então não encarado devidamente, isto é, sob o ponto de vista exclusivo da reparação do dano. O fim de atingir o exterior, objetivo, de simples reparação, e não interior e subjetivo, como na imposição de pena. Os problemas da responsabilidade civil são tão somente os problemas da reparação das perdas (...). A responsabilidade deve surgir exclusivamente do fato, considerando-se a culpa um resquício da confusão primitiva entre a responsabilidade civil e a penal. O que se deve ter em vista é a vítima, assegurando-lhe a reparação do dano e não a ideia de infligir uma pena ao autor do prejuízo causado. Os danos econômicos modernos determinam a responsabilidade fundada sobre a lei econômica da causalidade entre o proveito e o risco" (LIMA, Alvino. *Da culpa ao risco*. 2. ed. São Paulo: Ed. RT, 1998, p. 115-116).

7. É de conhecimento amplo, por exemplo, a regra prevista no parágrafo único do art. 927 do Código Civil, que consagra a cláusula geral de Responsabilidade Civil por risco da atividade: "haverá obrigação de reparar o dano, independentemente de culpa, nos casos especificados em lei, ou quando a atividade normalmente desenvolvida pelo autor do dano implicar, por sua natureza, risco para os direitos de outrem." Igualmente observa-se a importante regra de Responsabilidade Civil objetiva (sempre destacada pelo homenageado) no art. 931 do Código Civil, segundo a qual, "ressalvados outros casos previstos em lei especial, *os empresários individuais e as empresas respondem independentemente de culpa pelos danos causados pelos produtos postos em circulação*". Cuida-se, enfim, do necessário aprimoramento de hipóteses em que houve, de início, a presunção de culpa do ofensor (como se identificava, no regime do Código Civil de 1916, na responsabilidade pelo fato de outrem, o que não mais ocorre no sistema atual, que afirma serem hipóteses de responsabilidade civil independentemente de culpa, a teor do art. 933 do Código Civil de 2002). O fato é que desde

Não se trata, por certo, de uma inovação trazida pelo Código de Defesa do Consumidor no ano de 1990, pois a legislação que o antecedeu já previa importantes hipóteses de Responsabilidade Civil sem culpa (ou admitindo a presunção de culpa), como se observa, pioneiramente, em 1912, no Decreto nº 2.681, que disciplinava os danos causados nas atividades de estradas de ferro.[8]

Os dois modelos em destaque (Responsabilidade Civil subjetiva e objetiva) tem em comum o importante mérito de atenderem ao que é mais relevante no campo do Direito de Danos: na apuração do valor devido, levam em consideração as exigências do Princípio da reparação integral (Código Civil, art. 944). Significa dizer, seja a responsabilidade civil objetiva, seja subjetiva, o foco é tornar a vítima *indene*, isto é, é reparar, na melhor e maior extensão possível, todos os danos injustos pela vítima efetivamente suportados. Se por vezes tal tarefa não é realizada, isso não significa que não é esse o desiderato de ambos dois modelos. Ocorre que há, em convivência com tais modelos, uma terceira via: é o que Renan Lotufo referia como Responsabilidade Civil tarifada.

Na Responsabilidade Civil tarifada, a finalidade das regras que a compõem não é atender ao Princípio da reparação integral. São hipóteses específicas, nas quais o legislador, independentemente de quaisquer preocupações com os esquemas de responsabilidade civil subjetiva ou objetiva, indica valores preestabelecidos (por lei) em favor das vítimas de determinados eventos. Contenta-se a lei, então, salienta Renan Lotufo, com a prova de um determinado fato jurídico no qual se insere o ofendido (ou as pessoas que a lei indica deverem ser indenizadas). Em certas circunstâncias, os valores podem vir atender ao Princípio da reparação integral. Em outras, não.

Renan Lotufo leciona que não há ilegalidade (ou inconstitucionalidade) nesse regime jurídico indenitário justamente porque a terceira via convive (coexiste) com as demais. Significa dizer, o pagamento de valores a esse título não pode significar, necessariamente, o adimplemento integral de toda indenização devida. Portanto, a declaração prestada da vítima de que "nada mais poderá reclamar, seja a que tempo e título for" é insubsistente, enfatiza Renan Lotufo. A *quitação* por ela prestada nesses termos é insuficiente para afastar-lhe o direito de pretender (em juízo, se necessário) a indenização suplementar (fundada, então, nas regras próprias dos dois modelos antecedentes de Responsabilidade Civil). Não se aqui atende ao Princípio da reparação integral, por certo, mas, de outro lado, há um mérito que não há nas primeiras vias: a Responsabilidade Civil tarifada é um modelo que se marca pela celeridade (eficiência, rapidez) no pagamento de uma indenização inicial (um *mínimo de indenização*), pois não há lugar à discussão sobre todos os pressupostos de configuração da Responsabilidade Civil. O homenageado exemplifica a terceira via de Responsabilidade Civil tarifada a partir do que preceitua a Lei nº 6.149/74 (seguro

---

o início do século XX, houve a necessidade de Responsabilidade Civil sem a prova de culpa (culpa presumida) pelos danos causados no desenvolvimento das atividades de estradas de ferro, como disciplina o Decreto nº 2.681, de 7 de dezembro de 1912.

8. Decreto 2.681/1912, de 7 de dezembro de 1912. Art. 17 – As estradas de ferro responderão pelos desastres que nas suas linhas sucederem aos viajantes e de que resulte a morte, ferimento ou lesão corpórea. A culpa será sempre presumida, só se admitindo em contrário alguma das seguintes provas: 1ª – Caso fortuito ou força maior; 2ª – Culpa do viajante, não concorrendo culpa da estrada. Art. 26 – As estradas de ferro responderão por todos os danos que a exploração das suas linhas causar aos proprietários marginais. Cessará porém, a responsabilidade si o fato danoso for consequência direta da infração, por parte do proprietário, de alguma disposição legal ou regulamentar relativa a edificações, plantações, escavações, depósito de materiais ou guarda de gado à beira das estradas de ferro.

DPVAT)[9] e da indenização, no contrato de transporte aéreo internacional, por extravio de bagagens dos passageiros.[10]

Merece ser sublinhado que não se atende, necessariamente, ao Princípio da reparação integral, nas duas situações em estudo. Logo, não se pode, por essa terceira via, descartar a possibilidade de a parte pretender a indenização suplementar/complementar, desde que prove a extensão *suplementar* do dano que concretamente suportou (ou, então, que se valha das regras de inversão de ônus da prova, por exemplo, como preceitua o inc. VIII do art. 6° do CDC). Se limitação absoluta ou condicionamento cabal houvesse, nesse ponto residiria a ilegalidade/inconstitucionalidade. Mas não há. E não há pelo fato de o legislador não ter expressamente determinado que assim seja.[11] Essa é a primeira lição do homenageado que faço questão de consignar nesse ensaio.

---

9. A lei em foco disciplina o "seguro obrigatório de danos pessoais causados por veículos automotores de via terrestre, ou por sua carga, a pessoas transportadas ou não". Com as alterações introduzidas pela Lei 11.482, de 2007, o legislador cria hipóteses indenitárias levando em consideração valores preestabelecidos (pelo próprio legislador), contentando-se com a prova do fato jurídico, que se mostra suficiente a render ensejo ao pagamento da indenização. Diz a Lei 6.149, de 19 de dezembro de 1974 (com as alterações incluídas pela Lei 11.482/07): "Art. 3° Os danos pessoais cobertos pelo seguro estabelecido no art. 2° desta Lei compreendem as indenizações por morte, por invalidez permanente, total ou parcial, e por despesas de assistência médica e suplementares, nos valores e conforme as regras que se seguem, por pessoa vitimada: (...) I – R$ 13.500,00 (treze mil e quinhentos reais) – no caso de morte; (...) II – até R$ 13.500,00 (treze mil e quinhentos reais) – no caso de invalidez permanente; e III – até R$ 2.700,00 (dois mil e setecentos reais) – como reembolso à vítima – no caso de despesas de assistência médica e suplementares devidamente comprovadas. (...)" "O pagamento da indenização será efetuado mediante simples prova do acidente e do dano decorrente, independentemente da existência de culpa, haja ou não resseguro, abolida qualquer franquia de responsabilidade do segurado", acentua o art. 5° da regra em destaque.
10. Exemplo de hipótese de responsabilidade civil tarifada (plenamente constitucional) frequentemente apontado por Renan Lotufo é a indenização paga, no contrato de transporte aéreo internacional, pelo extravio de bagagens dos passageiros. A Resolução ANAC 400, de 13 de dezembro de 2016, determina que a indenização será limitada a 1.131 Direitos Especiais de Saque (DES), podendo, se houver declaração especial de valor, chegar a 2.500 DES. Os Direitos Especiais de Saque (DES) são unidade internacional, cuja cotação é publicada pelo Banco Central do Brasil (na data de encerramento desse artigo, corresponde a cerca de R$4,15, de modo que o valor de indenização por bagagem é de aproximadamente R$4.700,00). A previsão em foco consubstancia hipótese de Responsabilidade Civil tarifada e contém amparo nas Convenções Internacionais que regem o transporte aéreo de passageiros (Convenção de Montreal, promulgada pelo Decreto 5.910/2006 no Brasil, e revisada pela Organização da Aviação Civil Internacional).
11. A coexistência de três sistemas de Responsabilidade Civil foi recentemente reafirmada pelo Supremo Tribunal Federal, que proclama a constitucionalidade da limitação da indenização estabelecida em convenções internacionais que disciplina o contrato de transporte aéreo. No Recurso Extraordinário n° 636.331/RJ (STF, Relator Min. Gilmar Mendes, j. 25.05.2017), decidiu a Corte ser aplicável o limite indenitário estabelecido na Convenção de Varsóvia (e nos demais acordos internacionais subscritos) em relação às condenações por dano material decorrente de extravio de bagagem em voos internacionais. Fixou-se a tese que de "nos termos do artigo 178 da Constituição da República, as normas e os tratados internacionais limitadores da responsabilidade das transportadoras aéreas de passageiros, especialmente as convenções de Varsóvia e Montreal, têm prevalência em relação ao Código de Defesa do Consumidor". No caso, acórdão, na origem, havia aplicado o CDC, que prima pela realização do Princípio da reparação integral (assim como faz o art. 944 do Código Civil) e fixado a indenização superior ao limite previsto no artigo 22 da Convenção de Varsóvia (com as modificações introduzidas pelos acordos internacionais posteriores). Decidiu a Corte Suprema, entretanto, ser possível reduzir o valor da condenação por danos materiais, limitando-os ao patamar estabelecido na legislação internacional, e imprimindo, ainda, repercussão geral (e efeito vinculante) aos demais juízos e tribunais. Ainda a esse respeito, vale a transcrição do Decreto 20.704 de 24 de novembro de 1931 (Promulga a Convenção de Varsovia, para a unificação de certas regras relativas ao transporte aéreo internacional) Artigo 22. "(1) No transporte de pessoas, limita-se a responsabilidade do transportador, á importancia de cento e vinte e cinco, mil francos, por passageiro. Se a indemnização, de conformidade com a lei do tribunal que conhecer da questão, puder ser arbitrada em constituição de renda, não poderá o respectivo capital exceder aquelle limite. Entretanto, por accordo especial com o transportador, poderá o viajante fixar em mais o limite de responsabilidade. (2) No transporte de mercadorias, ou de bagagem despachada, limita-se a responsabilidade do transportador à quantia de duzentos e cincoenta francos por kilogramma, salvo declaração especial de "interesse na entrega", feita pelo expedidor no momento de confiar ao transportador os volumes, e mediante o pagamento de uma taxa supplementar eventual. Neste caso, fica o transportador obrigado a pagar até a importancia da quantia declarada, salvo se provar ser esta superior ao interesse real que o expedidor tinha entrega. (3) Quanto aos objectos que o viajante conserve sob os guarda, limita-se a cinco mil francos por viajante a responsabilidade do transportador. (4) As quantias acima indicadas consideram-se referentes ao franco francez, constituido de sessenta e cinco e meio milligrammas do ouro, ao titulo de novecentos millesimos de mental fino. Ellas se poderão converter, em numeros redondos na moeda nacional de cada, paiz".

3. "A CULPA É COMO A *FÊNIX*: ELA MORRE E RENASCE DAS CINZAS, PERMANENTEMENTE RENOVADA"

As palavras que abrem esse tópico não são minhas; são do homenageado. A ele, portanto, todo o crédito. "A culpa sempre exerceu papel de fundamental importância e não pode ser renegada em razão da objetivação da responsabilidade civil, onde recordistas em causar danos se escondem atrás da responsabilidade objetiva, mesmo quando estejam praticando uma ilicitude (arts. 186 e 187 do Código Civil)." Diante da lição de Fernanda Ivo Pires[12] sobre o perfil contemporâneo da culpa na responsabilidade civil, é possível perguntar: *No século XXI, a culpa morreu? Há ainda lugar a analisar-se a culpa do ofensor (ou do agente responsável a suportar a indenização) no século XXI? A responsabilidade civil sem culpa, acolhida em tantas passagens pela legislação do Brasil (Código Civil, art. 927, § único, e art. 933: CDC, arts. 12 e 14, caput) aboliu o exame da culpa no tratamento da responsabilidade civil?* A resposta, com a devida vênia aos que divergem, é negativa. É essa a segunda lição de Renan Lotufo, que pretendo sintetizar.

A *Fênix*, segundo a mitologia grega, é a ave que, uma vez morta (ou aparentemente sem vida), renasce das cinzas. Nas palavras de Renan Lotufo, a culpa é como a Fênix: *morre* ao longo da História, transmuda-se, assume novos perfis, novos papéis, novas funções, mas renasce, permanentemente, ocupando o lugar central que deve ocupar na Responsabilidade Civil, convivendo com o modelo de objetivação da responsabilidade. Na segunda metade do século XX, a culpa renasceu com um novo perfil. Se não mais é a figura central (ou a única) no tratamento do dever de indenizar, morta a culpa não está. As situações fáticas (hipóteses) de não incidência[13] do dever de indenizar passam, inevitavelmente, pelo tratamento da culpa. Basta rememorar, por exemplo, a dicção do inc. III do parágrafo 3º do art. 12 do CDC, segundo o qual "o fabricante, o construtor, o produtor ou importador só não será responsabilizado quando provar (...) a culpa exclusiva do consumidor ou de terceiro".[14] Ou ainda relembrar o que diz o inc. II do § 3º do art. 14 do CDC, segundo o qual "o fornecedor de serviços só não será responsabilizado quando provar: (...) a culpa exclusiva do consumidor ou de terceiro". [15] A culpa da vítima é decisiva para infirmar (melhor, para

---

12. PIRES, Fernanda Ivo. *Responsabilidade civil e o caráter punitivo da indenização*. Curitiba: Juruá, 2014, p. 269.

13. A respeito, GUERRA, Alexandre. O caso fortuito e a não incidência do dever de indenizar nas relações de consumo. In: GUERRA, Alexandre; MALFATTI, Alexandre David (Coord.). *Reflexões de magistrados paulistas nos 25 anos do Código de Defesa do Consumidor*. São Paulo: EPM, 2015, p. 237-260. Disponível em: https://api.tjsp.jus.br/Handlers/Handler/FileFetch.ashx?codigo=71214 Acesso em: 01.10.2020.

14. É certo que já se entendeu que a locução *culpa* está impropriamente empregada nesse contexto, pois o correto seria o legislador aludir a *fato* (e não a culpa) exclusivo da vítima ou de terceiro (que infirmam o nexo causal). De todo modo, não é o que se lê da regra, que, propositalmente, emprega a expressão *culpa* (a respeito, ver: GUERRA, Alexandre. Hipóteses de não incidência de responsabilidade civil do Estado. In: GUERRA, Alexandre; PIRES, Luis Manuel Fonseca; BENACCHIO, Marcelo (Coord.). *Responsabilidade civil do Estado: desafios contemporâneos*. São Paulo: Quartier latin, 2010, p. 296-339). Não é possível negar o que o legislador afirma o papel da culpa de forma expressa em diversas passagens. Mesmo tratando da responsabilidade civil dos profissionais liberais no CDC (diploma em que há larga aceitação da objetivação da responsabilidade civil sem culpa, como é notório), a nítida dicção do § 4º do art. 14 do CDC prestigia uma vez mais a culpa, estabelecendo que "a responsabilidade pessoal dos profissionais liberais será apurada mediante a verificação de culpa".

15. Diogo Leonardo Machado de Melo, em trabalho sob a orientação do homenageado, conclui que, longe de estar morta, a culpa, redesenhada, (re)vive. Nem tudo, portanto, se resume ao perfil jurídico da objetivação da responsabilidade civil. Nos seus dizeres, "a responsabilidade civil fundada na cláusula geral de risco é uma realidade normativa. Todavia, nota-se, pelo contrário, uma necessidade da interpretação da culpa não para diferenciá-la da responsabilidade objetiva, mas, especialmente, para amoldá-la ao modelo civil-constitucional da responsabilidade calcada na solidariedade social, na dignidade da pessoa humana, bem como à luz das novas tendências da responsabilidade, que admite punições e age, como visto, não somente em situações em que o dano esta consumado, mas, especialmente, antes do dano" (MELO, Diogo Leonardo Machado de. *Culpa extracontratual* [Coleção Professor Agostinho Alvim]. São Paulo: Saraiva, 2013, p. 233).

jamais permitir estabelecer) o dever de indenizar, pois age no plano do nexo causal entre a *ilícita* conduta e o dano suportado. As coisas, no Direito e na vida, não poderiam se passar de modo diferente: a ausência de nexo causal entre a conduta do agente e o dano injusto suportado pela vítima jamais permite nascer a relação jurídica indenitária (situação jurídica geradora do dever de indenizar). Em julgado de relatoria do homenageado[16], o Tribunal de Justiça de São Paulo observou que "(a) culpa exclusiva da vítima exclui a responsabilidade civil do Estado (RTJ 91/377, RT 434/94), sendo que a culpa grave e suficiente para o dano exclui até mesmo a concorrência de culpas (RT 522/77)".[17-18]

O papel da culpa no dever de indenizar e a responsabilidade civil objetiva foram bem elucidados na jurisprudência pela pena de Renan Lotufo. No distante ano de 1993 (enquanto o CDC ainda vivia os seus primeiros passos), dirimiu o homenageado um caso envolvendo o furto de veículo em estacionamento do supermercado.[19] A sentença havia decidido pela procedência da pretensão indenizatória. Recorreu o supermercado, pretendendo a sua reforma, pois não teria havido culpa *in vigilando*.[20] A responsabilidade do supermercado emerge, preleciona Lotufo, "objetivamente, do proveito que ela retira da exploração do estacionamento e de todo seu enorme complexo comercial". E coloca as coisas no seu devido lugar, como ele dizia: "(o) que turva o debate é a menção à chamada *culpa presumida*. Assim dizendo, parece que se está no campo da responsabilidade subjetiva, ou seja, responsabilidade pela culpa, quando já se afastou desse campo, com pleno ingresso na esfera da responsabilidade objetiva (sem culpa). Pois quando se diz culpa presumida, o que se está dizendo, quase sempre, é ausência de culpa real e permanência do dever de indenizar".[21]

---

16. Ementa: Responsabilidade civil do estado – Descaracterização – Evento decorrente de procedimento doloso ou gravemente culposo da própria vítima – Indenização não devida (TJSP – Ap 148.082-1/7 – 1.ª Câmara – j. 3/9/1991 – Rel. Des. Renan Lotufo).

17. No caso, a culpa da vítima (e dos seus responsáveis) foi decisiva para o evento morte que levou o caso à Corte de Justiça de São Paulo. E justamente por assim o ser, a culpa exclusiva da vítima não se permite nascer o dever de indenizar àquele que, *apenas aparentemente*, seria o ofensor. Sintetizando o caso posto a julgamento pelo homenageado, diz Renan Lotufo: "(a) pretensão é de pais de menor, que veio a falecer em razão de, 'ao tentar escalar (uma estátua/escultura) a fim de ser fotografada em seu *colo* por sua mãe, (a menor) perdeu o equilíbrio e veio a cair, caindo-lhe a estátua por cima. Com isso, a menor teve a cabeça fraturada, sofrendo traumatismo crânio-encefálico que deu causa a sua morte". Reputam os autores culpada a ré "por não estar a estátua convenientemente apoiada ou fixada, na base de concreto, ensejando, pois, o desequilíbrio e queda."

18. Conquanto se devesse aplicar ao caso a Teoria do Risco Administrativo, com apoio em lição de Yussef Said Cahali, pondera Renan Lotufo: "(...) deslocada a questão para o plano da causalidade, qualquer que seja a qualificação atribuída ao risco – risco integral, risco administrativo, risco proveito – aos tribunais se permite a exclusão ou atenuação daquela responsabilidade quando fatores outros, voluntários ou não, tiverem prevalecido ou concorrido como causa na verificação do dano injusto". Assim, segue Lotufo: "(o) dano não se qualifica juridicamente como injusto, e como tal não legitima a responsabilidade objetiva do Estado, se encontra a sua causa exclusiva no procedimento doloso ou gravemente culposo do próprio ofendido". Ainda assevera: "(o) fato não ocorreria se a diligência, e a prudência, materna tivessem existido".

19. Ementa: Responsabilidade Civil – Furto de veículo em estacionamento de supermercado. (TJSP – ApCiv 180.561-118 - 1.ª Câmara – j. 4/5/1993 – rel. Des. Renan Lotufo).

20. Nesse contexto, ensina o homenageado: "(a) imputação que se tem feito de responsabilidade aos *shoppings centers*, supermercados etc., decorre de uma posição em prol da responsabilidade objetiva, face o *preço* estar embutido no que o freguês, ou cliente, irá consumir. Assim, a atividade econômica, lucrativa, impõe a responsabilidade perante o hipossuficiente economicamente. Aqui, contudo, a hipótese é diversa, posto que não se trata de freguês, de adquirente, mas de fornecedor. *Logo, não é invocável a Jurisprudência tranquila de todos os Tribunais quanto a fregueses*".

21. É ainda primorosa a lição de Lotufo sobre não se poder confundir a objetivação da responsabilidade civil e a teoria da culpa presumida: "(É) sabido que o sistema da culpa presumida (que desaguou e se confundiu com a responsabilidade objetiva) surgiu, nos tempos modernos, para possibilitar maior eficácia no ressarcimento das vítimas. Pensou-se, então, que o velho sistema da culpa ficaria superado. Logo se viu que não, pois quem pagasse sem ter culpa poderia agir regressivamente contra o verdadeiro culpado. Ora, permitir que quem, por qualquer motivo, reparou o dano, possa se voltar contra aquele que apenas respondia objetivamente, leva a um círculo vicioso, deixando de fora aquele que efetivamente alterou a ordem jurídica, no caso dos autos, o ladrão do automóvel. Responsável não é sempre, o causador, ou devedor, logo não há como pretender o réu como causador, conceito estrito e típico."

4. DANO MORAL PUNITIVO E INDENIZAÇÃO SOCIAL: POTENCIALIDADES DO PARÁGRAFO ÚNICO DO ART. 883 DO CÓDIGO CIVIL

Dentre tantos aportes ao Direito Civil e dentre tantas lições com as quais o homenageado nos brindou, certamente as linhas a seguir refletem uma das grandes contribuições de Renan Lotufo à Responsabilidade Civil. Como magistrado, advogado e professor, viu-se no dever de equacionar um real problema por todos conhecido: *como quantificar a indenização de danos morais?* Certamente, um dos temas mais árduos. Em primeiro lugar, sempre foi ele aplaudida a inexistência de um critério legal de fixação de valores nas relações de Direito Privado.

Segundo Renan Lotufo, todas as vezes em que o legislador (ou o Poder Judiciário) pretenderam criar um sistema de quantificação prévia de valores indenitários de danos morais (tabelamento de hipóteses e de valores), agiu-se mal na construção do bom Direito. Por mais sedutora que seja a tese, não se deve padronizar e criar *standards* para aquilo que, por sua essência, é pessoal, único, individualmente identificável e dependente dos contornos de cada caso. Há danos, *e danos*. Há lesões, *e lesões*. Há mortes, *e mortes*, na sua feliz expressão. A perda de um pai excelente, por exemplo, dedicado, presente, afetuoso, amigável, e verdadeiramente decisivo na criação e formação dos filhos *não tem o mesmo valor* (e não tem o mesmo significado), dizia ele, que a perda de um pai ausente, irresponsável, desleixado na educação, criação e desenvolvimento dos filhos. Não dá para igualar, dizia, aquilo que é desigual por natureza. Por isso o tabelamento de valores não contribuiu para o desenvolvimento científico do tema, porque com ele se quer, a fórceps, fazer e tratar como iguais coisas que não são. Procurei, leitor, e procurarei, ser o mais fiel possível às suas palavras.

Os danos extrapatrimoniais são danos próprios; são danos particulares; são danos pessoais. Nos seus dizeres, não há lugar para o jurista simplesmente repetir, tais como *cavalinhos de circo*, que se está sempre diante de dano *in re ipsa*. E, por isso, os valores indenitários não devem ser sempre os mesmos, alertava. Não é nada disso, dizia ele. Os danos morais são *danos residuais*. Eles estão lá, estão presentes, eu os vejo, mas eu não consigo categorizá-los exatamente nos modelos conhecidos de danos patrimoniais, seja como lucros cessantes, seja como danos emergentes. Mas eles existem. E disso não há dúvida. E porque existem (e estão diante do intérprete), por isso mesmo devem ser reparados.[22] E devem tem caráter também um punitivo. *Como equacionar de um lado, a necessidade de conferir valores expressivos e condizentes com a capacidade econômica do causador do dano*

---

22. Renan Lotufo dizia não ser possível *indenizar* por meio de danos morais, pois nesse campo nada faria retornar a situação de fato ao *status quo ante*. Na verdade, a situação de indenização de danos morais não é exatamente uma situação jurídica de indenização. Há, no caso, uma hipótese de reparação, de compensação, de substitutivos em pecúnia em favor do ofensor para minimizar os efeitos do mal injusto. Os danos morais, diz, não são danos *in re ipsa*. Não é assim que se passa diante do dano moral: o legislador nunca disse isso, em momento algum, acentuava. É o caso concreto, alertava, que dirá qual é a extensão do dano (o *tamanho do dano*, na sua eloquente expressão) a ser considerado pelo intérprete, porque, nas suas próprias palavras: *ex facto oritur jus*. Renan criticava todas as mal sucedidas experiências de tarifação de indenização de danos extrapatrimoniais, seja no Brasil, seja no exterior. Os danos morais eram a violação a direitos da personalidade. Era a violação aos direitos e às situações jurídicas típicas do ser humano, e como tais protegidas pela ordem jurídica. Renan Lotufo lecionava: nada de dizer que dano moral é *dor, aflição, angústia e mágoa*. Dano moral não é isso, ponderava com muita veemência. Existem pessoas absolutamente insensíveis e pessoas de extrema sensibilidade. Ora, se o dano moral for isso (dor, mágoa, angústia, sensibilidade etc.), o subjetivismo dessa construção aniquilará toda Ciência que se tem que desenvolver a respeito do tema. Se for isso, dizia ele, o nascituro não poderia ter dano moral (e tem). O louco não poderia ter dano moral (e tem). Os homens brutos, rudes, amargos, não poderiam ter dano moral (e têm).

(atendendo ao aspecto punitivo/compensatório/promocional) e, de outro lado, encontrar valores que não gerem enriquecimento indevido à vítima? A resposta de Renan Lotufo era precisa: não existe um valor que, a um só tempo, possa atender a todos esses critérios. *É preciso,* dizia ele, *que os destinatários da indenização sejam distintos.* Explicarei.

"Não terá direito à repetição aquele que deu alguma coisa para obter fim ilícito, imoral, ou proibido por lei. Parágrafo único. *No caso deste artigo, o que se deu reverterá em favor de estabelecimento local de beneficência, a critério do juiz*". A regra em foco é o art. 883 do Código Civil (que versa sobre o pagamento indevido). Não havia regra semelhante no revogado Código Civil de 1916. Partindo da aceitação do caráter punitivo da indenização do dano moral e das exigências do Princípio da Socialidade e Eticidade, Renan Lotufo entendia, por aplicação extensiva (diante da lacuna da lei a respeito sobre a indenização de danos morais punitivos nas ações individuais), ser possível reverter parte da indenização por danos morais (punitivos) para entidades de benemerência (caridade), reconhecidamente idôneas, e como tais declaradas pela autoridade judiciária.[23]

"E os fundos? Os fundos, no Brasil, geralmente afundam". Era o contra-argumento espirituoso do homenageado quando se dizia que melhor seria, então, reverter parte da indenização (por danos morais punitivos) em favor dos fundos estabelecidos no art. 13 da Lei de Ação Civil Pública.[24] Renan Lotufo dizia que não se está diante da hipótese a que alude a reversão ao *fundo:* está-se aqui diante de uma demanda indenizatória individual, ao passo em que lá se está no ambiente de ação civil pública na defesa interesses estruturalmente coletivos, como anuncia a própria lei: *"(Essa lei) disciplina a ação civil pública de responsabilidade por danos causados ao meio ambiente, ao consumidor, a bens e direitos de valor artístico, estético, histórico, turístico e paisagístico (...) e dá outras providências". Não é o que se tem na hipótese em que eu vejo,* prelecionava. Quando ocorre um ilícito, dizia, toda a sociedade padece em virtude do rebaixamento do padrão de comportamento que deve ser observado na vida social. Por essa razão, é em favor da própria sociedade (e de entidades de beneficência que realizam as finalidades essenciais da sociedade) que se deve reverter parte da indenização.[25]

---

23. No sentido da construção que ora se apresenta, ver: MELO, Diogo Leonardo Machado de. A função punitiva da reparação dos danos morais (e a destinação de parte da indenização para entidades de fins sociais – artigo 883, parágrafo único, do Código Civil. In.: DELGADO, Mario Luiz; ALVES, Jonas Figueiredo (Coord.). *Novo Código Civil. Questões controvertidas. Responsabilidade civil.* São Paulo: Método, 2006, v. 5., p. 86 ss); ULIAN, Eduardo. *Responsabilidade civil punitiva.* Tese de doutorado. São Paulo: USP, 2003; MALUF, Renata Chade Cattini. *O aspecto punitivo da reparação do dano moral.* 2004. Dissertação (Mestrado) – Pontifícia Universidade Católica de São Paulo, São Paulo, p. 181 ss., GUERRA, Alexandre. O dano moral punitivo e a indenização social. In: GUERRA, Alexandre; BENACCHIO, Marcelo (Coord.). *Responsabilidade civil bancária.* São Paulo: Quartier latin, 2012, p. 201-228.

24. Lei 7.347, de 24 de julho de 1985. Art. 13. Havendo condenação em dinheiro, a indenização pelo dano causado reverterá a um fundo gerido por um Conselho Federal ou por Conselhos Estaduais de que participarão necessariamente o Ministério Público e representantes da comunidade, sendo seus recursos destinados à reconstituição dos bens lesados. § 1º. Enquanto o fundo não for regulamentado, o dinheiro ficará depositado em estabelecimento oficial de crédito, em conta com correção monetária. (...)

25. Na França, leciona Suzane Carval, como já referi em outra ocasião: "(...) A perspectiva da atribuição, a uma vítima individual, de elevadas somas, pode fazer nascer compreensíveis reticências. A vantagem às vezes considerável obtida pela vítima da concretização da pena privada não é vislumbrada, em nosso sistema jurídico fortemente marcado pela teoria do enriquecimento sem causa, com a serenidade e o pragmatismo de que dão prova juristas anglo-saxões. Convém, assim, prestar uma atenção particular aos procedimentos que permitam abrandar essas inevitáveis inquietações. A destinação das indenizações a órgãos de benemerência ocupa, nesse tema, um lugar de evidência. Esse procedimento é corrente nos Estados Unidos, onde os casos de difamação ou de violação do direito à vida privada são frequentemente regrados, prevendo o pagamento de somas importantes em proveito de órgãos de caridade. No direito francês, nada impede que a vítima, que tem a livre disposição da soma recebida, a distribua às obras de sua escolha" (CARVAL, Suzane. *La responsabilitè civile dans as fonction de peine privée.* Paris: LGDJ, 1995, p. 37-38.

Em conformidade com Antonio Junqueira de Azevedo (por quem nutria especial amizade e admiração), Renan Lotufo defendia existir, no Brasil, o *dano moral coletivo* (*danos sociais*). Tal instituto, tormentoso nos seus primeiros dias, é hoje aceito com tranquilidade pela doutrina nacional.[26] Ora, a destinação valor para instituição de caridade reconhecidamente idônea é ideal, pois se o danos que decorrem do ilícito, ainda que mediatamente, afetam a toda a coletividade, nada mais óbvio que os valores de reparação por danos morais punitivos possam também ser revertidos a bem de toda coletividade se que viu prejudicada pelo ilícito.

Poucas vezes vi o homenageado alegrar-se tanto quanto no dia em que lhe trouxe o voto do Des. Carlos Teixeira Leite, da 4ª Câmara de Direito Privado do Tribunal de Justiça de São Paulo (Apelação 0027158-41.2010.8.26.0564).[27] Em resumo, o caso diz o seguinte: um paciente, acometido de infarto do miocárdio, teve a ilícita recusa de atendimento pela operadora de plano de saúde, "consequentemente, saiu à procura de outro hospital em situação nitidamente aflitiva". A Corte entendeu que tal conduta é ilícita, e, como tal, capaz de gerar dano moral. No caso, contudo, foi afirmado o dano social, sobressaindo a "necessidade de se coibir prática de reiteradas recusas a cumprimento de contratos de seguro saúde, a propósito de hipóteses reiteradamente analisadas e decididas". O mérito da decisão reside em se haver fixado uma exemplar indenização com caráter expressamente punitivo "no valor de um milhão de reais que não se confunde com a destinada ao segurado, revertida ao Hospital das Clínicas de São Paulo".

É possível extrair do voto que o encantou: "(...) toda essa comparação (doutrinária) permite, e autoriza, nessa demanda de um segurado, *impor uma indenização punitiva de cunho social que será revertida a uma das instituições de saúde mais atuantes, o que, quem sabe, irá servir para despertar a noção de cidadania da seguradora*". "Estabeleço, pois, essa

---

26. Colhe-se da fundamentação do voto: "(...) Nessa linha, o saudoso e renomado Professor Antonio Junqueira de Azevedo tratou da possibilidade de reconhecimento do dano social, afirmando que: 'os danos sociais, por sua vez, são lesões à sociedade, no seu nível de vida, tanto por rebaixamento de seu patrimônio moral principalmente a respeito da segurança quanto por diminuição na qualidade de vida' E, para efeitos práticos orienta que: 'Por outro lado, mesmo raciocínio deve ser feito quanto aos atos que levam à conclusão de que não devem ser repetidos, atos negativamente exemplares no sentido de que sobre eles cabe dizer: 'Imagine se todas as vezes fosse assim!'. Também esses atos causam um rebaixamento do nível coletivo de vida mais especificamente na qualidade de vida" (Por uma nova categoria de dano na responsabilidade civil: o dano social. In: Filomeno, José Geraldo Brito; Wagner Junior, Luiz Guilherme da Costa; Gonçalves, Renato Afonso (Coord.). *O Código Civil e sua interdisciplinaridade*. Belo Horizonte: Del Rey, 2004, apud Flavio Tartuce, op. cit. 432 e 434) (...). Daí porque oportuna é a solução esboçada por Antonio Junqueira de Azevedo, prestigiando a possibilidade de, em situações como esta, se aplicar indenização com fito punitivo (cf. supra). Também, adequada a sugestão quanto a destinação, coletiva ou pública, independentemente de se cuidar de um fundo ou de uma instituição específica. Aliás, é fato, 'A grande dificuldade do dano social, sem dúvida, refere-se à questão da legitimidade, ou seja, para quem deve ser destinado o valor da indenização. Junqueira de Azevedo aponta que, além do valor da indenização, deve ser destinado o valor a um fundo. Cita também o artigo 883, parágrafo único, do Código Civil de 2002, que trata do pagamento indevido e do destino de valor para instituição de caridade. A ideia, nesse sentido, é perfeita, se os prejuízos atingiram toda a coletividade, em um sentido difuso, os valores de reparação devem também ser revertidos para os prejudicados, mesmo que de forma indireta.' (Flávio Tartuce, op. cit. 435)".

27. Ementa: PLANO DE SAÚDE. Pedido de cobertura para internação. Sentença que julgou procedente pedido feito pelo segurado, determinando que, por se tratar de situação de emergência, fosse dada a devida cobertura, ainda que dentro do prazo de carência, mantida. DANO MORAL. Caracterização em razão da peculiaridade de se cuidar de paciente acometido por infarto, com a recusa de atendimento e, consequentemente, procura de outro hospital em situação nitidamente aflitiva. Dano social. Caracterização. Necessidade de se coibir prática de reiteradas recusas a cumprimento de contratos de seguro saúde, a propósito de hipóteses reiteradamente analisadas e decididas. Indenização com caráter expressamente punitivo, no valor de um milhão de reais que não se confunde com a destinada ao segurado, revertida ao Hospital das Clínicas de São Paulo. Litigância de má-fé. Configuração pelo caráter protelatório do recurso. Aplicação de multa. Recurso da seguradora desprovido e do segurado provido em parte. (TJSP; Apelação Cível 0027158-41.2010.8.26.0564; Relator (a): Teixeira Leite; Órgão Julgador: 4ª Câmara de Direito Privado; Foro de São Bernardo do Campo – 3ª. Vara Cível; Data do Julgamento: 18/07/2013; Data de Registro: 19/07/2013).

indenização em R$1.000.000,00 (um milhão de reais) que serão destinados ao Hospital das Clínicas da Faculdade de Medicina da Universidade de São Paulo. *Registre-se que a seguradora*, em cumprimento dessa parte do julgado que se fará de ofício, *terá que comprovar que esse valor será extraído de seu lucro ou de outras receitas, daí não se permitindo qualquer repasse a título de aumento de sinistralidade ou assemelhado*. E, nesse tópico, estipula-se o prazo de trinta dias a contar do trânsito em julgado desta decisão, *e, se necessário, desde já fica autorizado o bloqueio de ativos*. No que se refere ao segurado, acolhendo os motivos de seu recurso adesivo, fixo a indenização em R$ 50.000,00 (cinquenta mil reais)". São essas as importantes lições tiradas do voto em causa, com meus destaques. Com todas, compactuo.

Poucas vezes o vi tão feliz. *Olha que beleza! Viu! Gostou!?* Ele me perguntou, sorrindo. *Eu te falei que era assim que a coisa tinha que ser!?* Foi o que me disse Renan no final daquela conversa, suavemente guardando o voto na sua pasta, que por lá ainda deve estar.

5. PROPOSIÇÕES CONCLUSIVAS: A INESTIMÁVEL CONTRIBUIÇÃO DE RENAN LOTUFO AO DIREITO CIVIL BRASILEIRO

> Tudo isso (a função social da propriedade na jurisprudência brasileira) está conforme a Constituição e o Código Civil de 2002, que a meu ver toma como princípio não só os elencados pelo Professor Miguel Reale, isto é, da Eticidade, Socialidade e Operatividade, mas também o da Atividade, pois no exercício dos seus direitos, o ser humano há de ser atuante, não espectador, tem que ser partícipe na construção do Direito, que só é bom quando o é para todos. (Renan Lotufo. *A função social da propriedade na jurisprudência brasileira*, cit., p. 351).

Renan Lotufo foi um verdadeiro referencial dentre tantas tormentas que vida nos traz. A cada um dos seus discípulos, foi o que "o velho Agostinho Alvim" a ele representou. Ouvimos essa afetuosa expressão por centenas de vezes, com a admiração própria das almas que se (re)encontram. *Da inexecução das obrigações e suas consequências* fez-se a leitura de cabeceira de cada um de nós. E ouvi-lo, Renan, nutriu meu espírito. Um *GPS*, como ele próprio costumava brincar, quando aludia ao que falta para os *novidadeiros*. Foram inúmeras lições de um professor que soube manter o espírito leve e o coração solidário, fraterno e jovial, apesar de todos os percalços da jornada. Que soube ver as coisas com a lucidez e a clareza que as coisas realmente devem ter. Invocando Chesterton, via o Direito como *Arte e Ciência*, com vocação a realizar a coexistência pacífica dos iguais em relação social. O ser humano existe para relacionar-se em sociedade com os seus iguais, ele dizia.

Soube despertar em tantos juristas a vocação à docência. *É preciso aprofundar-se sempre*, alertava: é preciso entender a fundo os que as coisas significam e o que os problemas da vida querem nos dizer. Com a generosidade própria dos grandes homens, lecionava: "o verdadeiro professor jamais deve se pôr como um ponto de chegada para os seus alunos, ou como algo inatingível, algo magistral, superior e inalcançável". *Não é nada disso o que importa*, ensinava. O verdadeiro professor, dizia, acima de tudo, "é uma rampa de lançamento, que deve permitir que os seus os alunos alcem os seus próprios voos na vida, cada vez mais altos e cada vez mais belos".

Encerro essa singela homenagem recordando uma lição final. Renan Lotufo dizia que o verdadeiro professor deve ser (e deve viver) como ensina a *Parábola dos Dois Mares*, que insistia em repetir (tentarei ser o mais fiel possível às suas palavras). Há dois mares que banham a Galileia. Num mar, não há vida, não há peixes, não se bebe a água; nada nele se faz; nada nele vivifica. É um mar sem vida: é um Mar Morto. O outro mar que banha a Galileia é bem diferente. É um *mar vivo*: nele, crianças brincam, banham-se e nadam; homens nele pescam para alimentar suas famílias; mulheres nele lavam suas roupas e conversam ao cair da tarde. Nele, tudo é exuberante; tudo é alegria; tudo é pujança; tudo é pleno de vida. É o Mar da Galileia. O Mar Morto (dizia Renan com a entonação que só os que com ele conviveram saberão recordar) "não tem vida porque ele não deságua em lugar algum. Ele morre dentro de si próprio. E isso é muito ruim. O Mar da Galileia, por outro lado, porque cumpre o seu caminho e deságua em outro mar, beneficia-se enormemente disso, porque ele se doa para os outros e para a própria vida, e por isso recebe o frescor da vida como recompensa." É assim, dizia ele, que deve ser o verdadeiro professor: deve saber doar-se para que ele possa, como justa recompensa, merecer receber a plenitude da própria vida.

Jamais me esquecerei dessa lição, Mestre. Jamais me esquecerei do seu exemplo e das suas palavras. Jamais me esquecerei de nada. Convivermos por quase três décadas foi uma dádiva que recebi. Obrigado por tudo. Jamais pagarei *aquela dívida*. Seguiremos por aqui, na certeza do nosso reencontro, a qualquer hora dessas.

As *palavras finais*, como não poderia deixar de ser, são todas suas, Professor:

Agora está na hora do conselho.

Ele não é meu, é do poeta popular precocemente falecido Gonzaga Junior, o Gonzaguinha, que ficou com a resposta da pureza das crianças:

Viver e não a ter a vergonha de ser feliz/ Cantar e cantar a beleza de ser um eterno aprendiz/ Eu sei que a vida devia ser bem melhor, e será/ Mas isso não impede que eu repita: é bonita, é bonita e é bonita.

Sejam felizes, sejam bons lógicos e amantes poetas; a vida será bem melhor, e será!

(*Renan Lotufo*. Discurso de Paraninfo da Turma José Frederico Marques, PUC-SP, março de 1994).

6. REFERÊNCIAS

Nada há a acrescentar de minha parte, à exceção de poucas referências que fiz nas notas ao longo desse breve ensaio. Uma vez mais, afasto-me das exigências da academia, e permito-me indicar a base bibliográfica eleita pelo homenageado para cada um dos temas ora desenvolvidos, de acordo com as suas *apostilas* de acompanhamento da disciplina. Sei que seria essa a vontade de sua alma generosa: *levar sempre adiante o bom conhecimento jurídico*. Estou certo de que tais autores, que tanto souberam inspirar o ilustre homenageado, igualmente saberão inspirar ao púbico e às novas gerações de civilistas.

A respeito das origens da Responsabilidade Civil:

ALMEIDA, José Luiz Gavião de. *Temas atuais de responsabilidade civil*. São Paulo Atlas, 2007.

ALVIM, Agostinho. *Da inexecução das obrigações e suas consequências*. São Paulo: Saraiva, 1949.

ALSINA, Jorge Bustamante. *Teoría general de la responsabilidad civil*. 9. ed. Buenos Aires, Abeledo-Perrot.

BENACCHIO, Marcelo. (Dissertação) *Pressupostos da Responsabilidade Civil Objetiva Extracontratual*. São Paulo: PUC/SP. 2000.

BIANCA, C. Massimo. *Diritto Civile: La Responsabilità*. Milão: Ed. Giuffrè,1994. v. 5.

CAFAGGI, Fabrizio. *Profili di relazionalità della colpa*: contributo ad una teoria della responsabilità extracontratuale. Milão: CEDAM, 1996.

CALDERALE, ALFREDO. *Diritto Privato e Codificazione in Brasile*. Milão: Giuffrè, 2005.

CASTRONOVO, Carlo. *La Nuova Responsabilità Civile*. 2. ed. Milão: Giuffrè, 1977.

CORDEIRO, António Menezes. *Direito das Obrigações*. Lisboa: AAFDL, 1994. v. 2.

DIAS, José de Aguiar. *Da Responsabilidade Civil.* 10. ed. Rio de Janeiro: Forense, 1995. v. 1 e 2.

DÍEZ-PICAZO, Luis; LEÓN, Ponce de. *Derecho de Daños.* Madrid: Civitas, 1999.

DURÁN, Luis Ribó (Coord.). *Derecho de Daños.* Barcelona: Bosch, 1996.

ESTEVIL, Luis Pascual. *La Responsabilidad Extracontratual, Aquiliana o Delictual.* Barcelona: Bosch. 1992. v. 2, t. 2.

Faculté de Droit et des Sciences Sociales de Poitiers. *Les Métamorphoses de la Responsabilité.* Paris: Universitaires de France, 1997.

FARIAS, Cristiano Chaves de; BRAGA NETTO, Felipe; ROSENVALD, Nelson. *Novo tratado de responsabilidade civil.* 2. ed. São Paulo: Saraiva, 2017.

GARCEZ NETO, Martinho. *Responsabilidade Civil no Direito Comparado.* São Paulo: Renovar, 2000.

GHERSI, Carlos A. *Teoría General de la Reparación de Daños.* Buenos Aires: Astrea, 1997.

GUERRA, Alexandre. *Responsabilidade civil por abuso do direito: entre o exercício inadmissível de posições jurídicas e o Direito de Danos.* São Paulo: Saraiva, 2011.

GHESTIN, Jacques (Dir.). VINEY, Geneviève. *Traité de Droit Civil Introduction à la Responsabilité.* 2. ed. Paris: LGDJ, 1995.

JORGE, Fernando de Sandy Lopez Pessoa. *Ensaio sobre os pressupostos da responsabilidade civil.* Coimbra: Almedina, 1995.

LOTUFO, Renan; NANNI, Giovanni Ettore (Coord.). *Teoria Geral do Direito Civil.* São Paulo: Atlas, 2008.

LOTUFO, Renan. *Código Civil Comentado:* Parte Geral (arts. 1º a 232). 1. ed. São Paulo: Saraiva, 2003.

LOTUFO, Renan. *Código Civil comentado. Obrigações.* Parte Geral. São Paulo: Saraiva, 2003. v. 2.

MAZEAUD, Henri. MAZEAUD, Léon. *Traité Théorique et Pratique de la Responsabilité Civile: Delictuelle et Contractuelle.* 4. v. 1. Paris: Sirey, 1947.

PÔRTO, Mário Moacyr. *Ação de Responsabilidade Civil e Outros Estudos.* São Paulo: Ed. RT, 1966.

RESTIVO, Carmelo. *Contributo ad una Teoria dell'abuso Del Diritto.* Milão: Dott. A.Giuffrè Editore, 2007.

VINEY, Geneviève. *Les Obligation: La Responsabilité* – Effets. Paris: LGDJ, 1988.

VISINTINI, Giovanna. *Dieci Liezione di Diritto Civile (Decima Lezione: Principi Generali Nella Disciplina dei Fatti Illeciti e Nuove aree di Aplicazione della Responsabilità Civile).* Milão: Giuffrè Editore, 2001.

ZWEIGERT, Konrad; Kötz, Hein. *Introducción al Derecho Comparado.* México: OXFORD – University Press, 2002.

A respeito do perfil histórico e panorama da Responsabilidade Civil:

ALVIM, Agostinho. *Da inexecução das obrigações e suas consequências.* São Paulo: Saraiva, 5. ed. 1980.

ALPA, Guido. *La responsabilità civile.* Milão: Giuffrè, 1999.

CASTRONOVO, Carlo. *La nuova responsabilità civile.* 2. Ed. Milão: Giuffrè, 1977.

CARVAL, Suzanne. *La construction de la responsabilité civile.* PUF: Paris. 2001.

CENDON, Paolo. *Il quantum nel danno esistenziale.* Milão: Giuffrè, 2010.

GHERSI, Carlos. *Teoría general de la reparación de daños.* Buenos Aires: Astrea, 1997.

LOPEZ, Teresa Ancona. *Princípio da precaução e evolução da responsabilidade civil.* São Paulo: Quatier Latin, 2010.

GODOY, Claudio Luiz Bueno de. *Responsabilidade civil pelo risco da atividade: uma cláusula geral no Código Civil de 2002.* Coleção Prof. Agostinho Alvim. 2. ed. São Paulo: Saraiva. 2010.

PESSOA JORGE, Fernando de Sandy Lopes. *Ensaio sobre os pressupostos da responsabilidade civil.* Coimbra: Almedina, 1995.

SANSEVERINO, Paulo de Tarso Vieira. *Princípio da reparação integral: indenização no Código Civil.* São Paulo: Saraiva, 2010.

TRIMARCCHI, Pietro. *Rischio e responsabilità oggettiva.* Milão: Giuffrè, 1961.

VISINTINI, Giovanna. *Tratado de la responsabilidad civil.* Buenos Aires. Astrea, vols. I e II, 1999.

A respeito da coexistência de três sistemas de Responsabilidade Civil:

CABANA, Roberto M. López (Coord.). *Responsabilidade civil objetiva*. Buenos Aires: Abeledo-Perrot, 995.

CARVAL, Suzanne. *La Construction de la Responsabilité Civile*. Paris: PUF, 2001.

DÍEZ-PICAZO, Luis; LEÓN, Ponce de. *Derecho de Daños*. Madrid: Civitas, 1999.

GARCEZ NETO, Martinho. *Responsabilidade civil no direito comparado*. São Paulo: Renovar. 2000.

GUCCIONE, Alessandro Valerio. *I contratti di garanzia finanziaria. Quaderni di giurisprudenza commerciale*. Milão: Giuffrè Editore. Milano. 2008.

GUERRA, Alexandre D. de M.; BENACCHIO, Marcelo; PIRES, Luis Manuel Fonseca (Coord.). *Responsabilidade Civil do Estado: Desafios Contemporâneos*. São Paulo: Quartier Latin. 2010.

GHERSI, Carlos. A. *Teoría general de la reparación de daños*. Buenos Aires: Astrea. 1997.

HIRONAKA, Giselda Maria Fernandes Novaes. *Responsabilidade pressuposta*. São Paulo: Del Rey, 2005.

LIMA, Alvino. *Responsabilidade civil pelo fato de outrem*. 2. ed. São Paulo: Ed. RT, 2000.

SANSEVERINO, Paulo de Tarso Vieira. *Princípio da Reparação Integral: indenização no Código Civil*. São Paulo. Ed. Saraiva. 2010.

TRIMARCHI, Pietro. *Rischio e responsabilità oggettiva*. Milão: Giuffrè, 1961.

VISINTINI, Giovanna. *Tratado de la Responsabilidad Civil*. Buenos Aires: Astrea, 1999.

ZWEIGERT, Konrad; Kötz, Hein. *Introducción al Derecho Comparado*. México: OXFORD – University Press, 2002.

A respeito dos danos reparáveis:

ALVIM, Pedro. *O Seguro e o Novo Código Civil*. Rio de Janeiro: Forense, 2007.

GHESTIN, Jacques (Dir.). VINEY, Geneviève. *Traité de Droit Civil* – Introduction à la Responsabilité. 2. ed. Paris: LGDJ, 1995.

LORENZETTI, Ricardo Luiz. *Responsabilidad por daños y los accidentes de trabajo*. Buenos Aires: Abeledo--Perrot, 1993.

MORAES, Maria Celina Bodin de. *Danos à pessoa humana: uma leitura civil-constitucional dos danos morais*. Rio de Janeiro: Renovar, 2003.

PIMENTA, Melisa Cunha. *Seguro de Responsabilidade Civil*. São Paulo: Atlas, 2010.

VINEY, Geneviève. As tendências atuais do direito da responsabilidade civil. In: TEPEDINO, Gustavo (Org.). *Direito civil contemporâneo: novos problemas à luz da legalidade constitucional*. São Paulo: Atlas, 2008.

A respeito da culpa na Responsabilidade Civil:

ALVIM, Agostinho. *Da inexecução das obrigações e suas consequências*. São Paulo: Saraiva, 5. ed. 1980.

CAFAGGI, Fabrizio. *Profili di relazionalità della colpa: contributo ad una teoria della responsabilità extracontratuale*. Milão: CEDAM, 1996

CRUZ, Gisela Sampaio da. *O problema do nexo causal na responsabilidade civil*. Rio de Janeiro: Renovar. 2005.

GUERRA, Alexandre. Hipóteses de não incidência de responsabilidade civil do Estado. In: GUERRA, Alexandre: PIRES, Luis Manuel Fonseca; BENACCHIO, Marcelo (Coord.). *Responsabilidade civil do Estado: desafios contemporâneos*. São Paulo: Quartier latin, 2010.

GUERRA, Alexandre. O caso fortuito e a não incidência do dever de indenizar nas relações de consumo. In: GUERRA, Alexandre; MALFATTI, Alexandre David (Coord.). *Reflexões de magistrados paulistas nos 25 anos do Código de Defesa do Consumidor*. São Paulo: EPM, 2015, p. 237-260. Disponível em: https://api.tjsp.jus.br/Handlers/Handler/FileFetch.ashx?codigo=71214 Acesso em: 01.10.2020.

LIMA, Alvino. *Da culpa ao risco*. 2. ed. 2. tir. São Paulo: Ed. RT, 1999.

MELO, Diogo L. Machado de Melo. Culpa Extracontratual: Uma visita, dez anos depois. In: LOTUFO, Renan; NANNI, Giovanni Ettore; MARTINS, Fernando Rodrigues. (Coord.). *Temas Relevantes do Direito Civil Contemporâneo: Reflexões sobre os 10 Anos do Código Civil*. São Paulo: Atlas/IDP, 2012.

NANNI, Giovanni Ettore. *Culpa Extracontratual*. Coleção Prof. Agostinho Alvim. São Paulo: Saraiva. 2013.

PIRES, Fernanda Ivo. *Responsabilidade civil e o caráter punitivo da indenização*. Curitiba: Juruá, 2014.

TRIMARCHI, Pietro. *Causalitá e Danno*. Milão: Giuffrè, 1967.

A respeito de dano moral punitivo e indenização social:

ANTUNES, Henrique Sousa. *Da inclusão do lucro ilícito e de efeitos punitivos entre as consequências da responsabilidade civil*. Coimbra. 2011.

BIANCA, Massimo Cesare. *Realtà sociale ed effettività della norma – obbligazioni e contratti responsabilità*. Milão: Giuffrè. v. II, t. II, 2002.

BUSNELLI, Francesco D.; SCALFI, Gianguido. *Le pene private*. Milão: Guiffrè, 1985.

CARVAL, Suzanne. *La responsabilité civile dans sa fonction de peine privée*. Paris: LGDJ, 1995.

GALLO, Paolo. *Pene private e responsabilità civile*. Milão: Dott. A. Giuffrè Editore,1996.

JAULT, Alexis. *La notion de peine privée*. Paris: LGDJ, 2005.

MARTINS-COSTA, Judith; PARGENDLER, Mariana Souza Pargendler. Usos e Abusos da Função Punitiva: (Punitive Damages e o Direito Brasileiro). *Revista CEJ*. Brasília, n. 28, p. 15-32 – Jan./ Mar. 2005. (Us Et Abus De La Fonction Punitive [Dommages-Intérêts Punitifs Et Le Droit Brésilien]. Revue Internationale De Droit Comparé. Année 2006. numéro 4. Revue trimestrielle publiée avec le concours du C.N.R.S. Société de Législation Comparée.)

GOMES, José Jairo. *Responsabilidade Civil e eticidade*. Belo Horizonte: Del Rey. 2005.

GUERRA, Alexandre. O dano moral punitivo e a indenização social. In: GUERRA, Alexandre; BENACCHIO, Marcelo (Coord.). *Responsabilidade civil bancária*. São Paulo: Quartier latin, 2012, p. 201-228.

MARINANGELO, Rafael. A evolução da indenização por dano moral e a aplicação da indenização punitiva. In: LOTUFO, Renan; NANNI, Giovanni Ettore; MARTINS, Fernando Rodrigues. (Coord.). *Temas Relevantes do Direito Civil Contemporâneo: Reflexões sobre os 10 Anos do Código Civil*. São Paulo: Atlas, 2012.

LOTUFO, Renan. A função social da propriedade na jurisprudência brasileira. In: TEPEDINO, Gustavo (Org.). Direito Civil contemporâneo. Novos problemas à luz da legalidade constitucional. *Anais do Congresso Internacional de Direito Civil-Constitucional da Cidade do Rio de Janeiro*. Rio de Janeiro: Atlas, 2008, p. 336-351.

MALUF, Renata Chade Cattini. (Dissertação). *O aspecto punitivo da reparação do dano moral*. São Paulo: PUC/SP. 2004.

MELO, Diogo Leonardo Machado de. A função punitiva da reparação dos danos morais (e a destinação de parte da indenização para entidades de fins sociais – artigo 883, parágrafo único, do Código Civil. In.: DELGADO, Mario Luiz; ALVES, Jonas Figueiredo (Coord.). *Novo Código Civil*. Questões controvertidas. Responsabilidade civil. São Paulo: Método, 2006, v. 5., p. 86 ss.

ROSENVALD, Nelson. *Cláusula Penal*. A pena privada nas relações negociais. Rio de Janeiro: Lumen Juris, 2007.

ULIAN, Eduardo. (Tese). *Responsabilidade Civil Punitiva*. Doutorado. São Paulo: USP, 2003.

RESPONSABILIDADE CIVIL POR PERDA DE UMA CHANCE

Ronnie Herbert Barros Soares

Doutor e Mestre em Direito Civil pela PUC-SP sob orientação do Professor Renan Lotufo; MBA em Gestão Pública pela UniFMU – Laureate International Universities. Professor Assistente nos cursos de pós-graduação lato sensu da Escola Paulista da Magistratura. Juiz de Direito em São Paulo; Membro do Instituto de Direito Privado – IDP. Autor de livros e artigos jurídicos.

Sumário: 1. Introdução. 2. A perda de uma chance. 3. Chance real e séria. 4. Apuração da indenização devida. 5. Proposições conclusivas. 6. Referências.

Grato! Grato! Gratíssimo!

O primeiro contato com o Professor Renan Lotufo inspirava temor reverencial, alimentado por sua fama nos cursos de pós-graduação da PUC-SP que era de ser extremamente exigente. Ele sabia. E era. O nível dos cursos que ofertava era elevadíssimo.

Mas ele próprio fazia esvair qualquer receio de não conseguir acompanhar as matérias pelo modo fraterno e mesmo paternal com que distinguia os alunos, com a condução dos estudos e com o exercício de um humor fino e incomparável.

Nas aulas, falava de seu professor "o velho Alvim", com um misto de saudade e admiração que, agora compreendo, fazia vivo seu mestre inspirador.

Respeitado juiz, exímio advogado, professor renomado, sua vida profissional era o espelho do convívio familiar.

Gratidão[1] é a melhor homenagem que lhe posso dirigir.

Um homem bom que espargia a energia de seu elevado espírito aos que tiveram o privilégio do convívio.

E continua presente com sua Luz...

1. INTRODUÇÃO

Há uma fábula que ganhou versões atribuídas a La Fontaine e a Esopo e uma adaptação de Monteiro Lobato, que descreve o efeito da expectativa sobre sua personagem.

A narrativa envolve uma menina que, tendo ordenhado sua vaquinha, caminha até a cidade para vender o leite que trazia em um jarro. Entregue aos pensamentos fazia planos de multiplicação do patrimônio com o produto da venda: compraria uma dúzia de ovos, que seriam chocados e virariam doze galinhas e galos, que gerariam mais galos e galinhas,

---

1. A gratidão é nisso o segredo da amizade, não pelo sentimento de uma dívida, pois nada se deve aos amigos, mas por superabundância de alegria comum, de alegria recíproca, de alegria partilhada. (COMTE-SPONVILLE, André. *Pequeno Tratado das Grandes Virtudes*. Ed. Martins Fontes, São Paulo, 1999, p. 108).

que permitiriam comprar uma cabrita e porcos... Distraída tropeçou em uma pedra e o jarro se partiu, indo por terra o leite, os ovos, as galinhas e galos, a cabrita e os porcos.[2]

Aquilo que imaginava ser o futuro do presente se tornou futuro do pretérito. A oportunidade é o que se esvaiu e, imaginando-se que houvesse se perdido por intervenção de terceiro a dúvida que se apresenta é relativa a como aferir o que foi perdido, definir se há direito a reparação e mensurar o seu valor.

Parafraseando a letra de um belo samba a perda da chance se dá quando os sonhos se tornam esperanças perdidas, que alguém deixou morrer e impediu tentar. [3]

A jurisprudência ilustra situações em que se encontram hipóteses de expectativas frustradas que resultam no dever de indenizar. O advogado contratado para a defesa dos interesses do cliente que perde o prazo para propositura da ação antes da prescrição, ou para apresentar contestação ou recorrer, frustrando a expectativa do contratante de ter sua pretensão oportunamente deduzida. O médico que deixa de empregar no tratamento do paciente uma técnica ou medicamento que poderia salvá-lo. A falta de coleta de células-tronco embrionárias do cordão umbilical do recém-nascido, na única oportunidade possível que é a hora do parto. A frustração de uma promoção funcional ou acumulação de cargos por falha da administração. O concursando que se vê impossibilitado de realizar a prova por acidente de trânsito. Todas essas situações, dentre outras, podem gerar a interrupção do *iter* destinado à obtenção de um bem da vida.

Mensurar o prejuízo e estabelecer a eventual indenização exige a análise de probabilidade de ser vencida a álea em favor do lesado. Não é qualquer expectativa que merecerá reparação, cabendo ao juiz realizar detida análise acerca das reais possibilidades de sua concretização.[4]

Não raro as ações de indenização envolvendo o tema sob análise, contêm pedidos voltados à obtenção do objeto da expectativa frustrada: o prêmio da loteria; o benefício do ganho da ação judicial; a cura da doença; e, todas as multiplicações exponenciais que possa ansiar o lesado.[5] E também não é incomum que o dano seja tratado sob a ótica da violação moral.

2. A PERDA DE UMA CHANCE

A responsabilização pela perda de uma chance importa reconhecer a existência de dano decorrente da frustração de uma situação ou ocasião adequada ou favorável para obtenção de um benefício ou para evitar um prejuízo.

Chaves, Braga e Rosenvald afirmam que ela *consiste em uma oportunidade dissipada de obter futura vantagem ou de evitar um prejuízo* por prática de dano injusto.[6]

Flávio da Costa Higa, com base na doutrina italiana, afirma que o uso do termo chance remonta ao Direito Romano e estaria ligado à palavra "cadência", que significa a queda dos dados, para *indicação da álea inerente à boa possibilidade de êxito*.[7]

---

2. Moral da história: Não se deve contar com uma coisa antes de consegui-la.
3. Esperanças Perdidas: composição de Décio Carvalho e Adeílton Alves de Souza.
4. STJ, REsp n. 993.936-RJ, 4ª Turma, j. 27.03.2012, rel. Min. Luis Felipe Salomão.
5. "Levou os meus planos, meus pobres enganos" (A Rita – composição de Chico Buarque).
6. FARIAS, Cristiano Chaves de. *Novo Tratado de Responsabilidade Civil*. São Paulo: Atlas, 2015, p. 254.
7. HIGA, Flávio da Costa. *A perda de uma chance no direito do trabalho*. Dissertação de mestrado. São Paulo: Faculdade de Direito da USP, 2011, p. 58.

No Brasil um dos casos apontados como paradigma do reconhecimento do direito à indenização envolve exatamente a álea de um jogo: O Show do Milhão [8]

Paulo Henrique Ribeiro Garcia e Théo Assuar Gragnato assim sintetizam:

> Chance é a possibilidade, a probabilidade de ocorrência de um evento que, favorável a alguém, configura uma vantagem potencial e desperta o interesse na sua concretização, frequentemente mobilizando esforços e balizando decisões.[9]

A reparação de dano por perda de chance importa no reconhecimento da existência do dever de indenizar por lesão decorrente da supressão da oportunidade concreta de obtenção de resultado desejado e possível, mas inviabilizado pela conduta do causador do dano.

O fundamento dessa modalidade de indenização não difere das demais hipóteses de reparação.

Carlos Alberto Bittar afirmava que a teoria da responsabilidade civil se fundamenta no princípio do *neminem laedere e* que seu objetivo é o de *restabelecer o equilíbrio no mundo fático rompido pelas consequências da ação lesiva, porque interessa à sociedade a preservação da ordem existente e a defesa dos valores que reconhece como fundamentais na convivência humana.*[10]

Essa diretriz está expressa nos fundamentos do Estado brasileiro (art. 1º, inc. II da C.F.), nos objetivos fundamentais da República (art. 3º da C.F.), nas garantias fundamentais inseridas em diversos incisos do art. 5º da Carta Magna e ao longo do texto, bem como na legislação infraconstitucional com especial destaque à cláusula geral de indenização contida no art. 186 do Código Civil.

Daniel Amaral Carnaúba aponta o princípio da reparação integral como fundamento da indenização por perda de chances:

> O principal fundamento para essa inovação jurisprudencial é, sem dúvida, o princípio da reparação integral dos prejuízos. De acordo com o mencionado princípio, a vítima tem direito a receber compensação por todas as lesões que sofreu em razão do incidente litigioso; todo interesse legítimo atingido merece indenização. Daí por que os juízes se veem obrigados a recorrer à técnica da reparação de chance. De outro modo, a maioria dos interesses aleatórios ficaria fora do espectro reparatório, um resultado absolutamente insustentável.[11]

3. CHANCE REAL E SÉRIA

Navegar é preciso, viver não é preciso.[12]

Como acentua Daniel Amaral Carnaúba, é necessário cuidar para que a técnica de reparação de chances não se perca na imprecisão dos anseios que importaria no que de-

---

8. STJ, REsp 788459-BA, 4ª Turma, Relator Ministro Fernando Gonçalves, j. em 08.11.2005.
9. GARCIA, Paulo Henrique Ribeiro; GRAGNANO, Théo Assuar. *Reponsabilidade civil pela perda de uma chance.* In: GUERRA, Alexandre Dartanhan de Mello; BENACCHIO, Marcelo (Coord.). *Responsabilidade civil.* São Paulo: Escola Paulista da Magistratura, 2015, p. 273.
10. BITTAR, Carlos Alberto. *Reparação civil por danos morais.* 2. ed. São Paulo: Ed. RT, 1994, p. 21.
11. CARNAÚBA, Daniel Amaral. In: HIRONAKA, Giselda Maria Fernandes Novaes; TARTUCE, Flávio (Coord.). *Responsabilidade civil pela perda de uma chance: a álea e a técnica.* Rio de Janeiro: Forense. São Paulo: Método, 2013, p. 174.
12. Fernando Pessoa.

nominou direito ao sonho: *o réu estaria obrigado a reparar todas as aspirações da vítima; o único limite dessa dívida seria a imaginação do prejudicado.*[13]

A análise do tema leva muitas vezes a uma busca de certeza a respeito do dano indevidamente vinculada ao benefício futuro ou à ausência do prejuízo que poderia ter sido obtido ou evitado não houvesse sido interrompido o caminho.

Por isso não raro se realiza um juízo de probabilidade, mencionada por Daniel Amaral Carnaúba como a formula da *esperança matemática*, consistente em *uma média, obtida a partir dos possíveis resultados da variável aleatória, ponderados pela probabilidade de obtê-los*[14].

Sérgio Savi, na segunda edição de seu livro, afirmava que a indenização da perda de uma chance pressupõe o rompimento de certo limite porcentual e somente deveria ser admitida *naqueles casos em que a chance for considerada séria e real, ou seja, em que for possível fazer prova de uma probabilidade de no mínimo 50% (cinquenta por cento) de obtenção do resultado esperado (o êxito no recurso, por exemplo)*[15]

O estabelecimento de medida exata como limiar da reparação da perda de chance, por exemplo a de somente indenizar as chances com probabilidade maior de 50% de concretização, enfrenta contradição no próprio caso paradigma decidido pelo Superior Tribunal de Justiça, que envolvia programa televisivo e que considerou como indenizáveis as chances que representavam o porcentual de 25%.[16]

A V jornada de Direito Civil, realizada pelo Conselho da Justiça Federal, analisando proposição de Rafael Peteffi da Silva firmou o entendimento de que não se pode estabelecer porcentual rígido para apuração da perda de uma chance.

O enunciado 444 está assim redigido:

> A responsabilidade civil pela perda de chance não se limita à categoria de danos extrapatrimoniais, pois, conforme as circunstâncias do caso concreto, a chance perdida pode apresentar também a natureza jurídica de dano patrimonial. A chance deve ser séria e real, não ficando adstrita a percentuais apriorísticos.

Na conhecida frase de Fernando Pessoa, a precisão pode ser interpretada no sentido de exatidão, de perfeição, a mesma qualificação que se atribui como predicado de um relógio suíço.

A chance ou oportunidade, ao contrário disso, está submetida à alea e não é precisa. O seu reconhecimento envolve aplicação de uma qualificação surgida da jurisprudência: tem que ser real e séria. Não se indenizam castelos utópicos.[17]

Chance real é a que ostenta efetiva possibilidade de concretização do resultado favorável e a seriedade envolve o juízo de probabilidade de sua ocorrência.

Fernando Noronha afirma que o julgador *para saber se a oportunidade perdida era real e séria, haverá que recorrer às "regras de experiência comum subministradas*

---

13. CARNAÚBA, Daniel Amaral. HIRONAKA Giselda Maria Fernandes Novaes, TARTUCE, Flávio (Coord.). *Responsabilidade civil pela perda de uma chance*: a álea e a técnica. Rio de Janeiro: Forense. São Paulo: Método, 2013, p. 123.
14. CARNAÚBA, Daniel Amaral. In: HIRONAKA, Giselda Maria Fernandes Novaes; TARTUCE, Flávio (Coord.). *Responsabilidade civil pela perda de uma chance*: a álea e a técnica. Rio de Janeiro: Forense. São Paulo: Método, 2013, p. 113.
15. *Responsabilidade civil por perda de uma chance*. 2. ed. São Paulo: Atlas, 2009, p. 65.
16. STJ, REsp 788.459/BA, Rel. Min. Fernando Gonçalves, j. 08.11.2005.
17. De quimeras mil um castelo ergui (Fascinação: tradução de Armando Louzada).

pela observação do que ordinariamente acontece", como se dispõe no art. 335 do Código de processo Civil.[18]-[19]

As máximas de experiência são descritas por Olavo de Oliveira Neto como *os conhecimentos privados do juiz, que ele aplica para reconhecer aquilo que normalmente acontece (id quod plerumque accidt), isso quando há necessidade de tal operação, seja na produção, seja interpretação da prova.*[20]

A análise que se realiza visa verificar se era possível a obtenção da vantagem ou o afastamento do prejuízo antes que o processo aleatório fosse interrompido e se era provável e em que medida, que se implementasse o benefício esperado.

4. APURAÇÃO DA INDENIZAÇÃO DEVIDA

A jurisprudência aponta profusão de casos envolvendo a atividade médica e a advocatícia, tomadas como paradigma para a análise do que é devido.

Ambas se imbricam pela classificação que as distingue como obrigações de meio que estabelecem para esses profissionais o dever empregar todos os meios, a técnica e expertise própria da arte que desempenham.

Neste sentido é que afirmam Luciano de Camargo Penteado e Fábio Vieira Figueiredo, que na obrigação de meio *basta o atuar diligente e leal, independente da consequência fática que venha a ocorrer, para considerar-se cumprida a obrigação.* Citam exatamente os exemplos do médico e do advogado que *não devem a cura ou o êxito, mas o emprego dos melhores métodos, de acordo com o estado atual da técnica de cada um dos ofícios, para que esta possa ser alcançada.*[21]

A responsabilização do advogado tem sido afirmada em hipóteses de desídia no trato dos interesses do cliente. São exemplos a ocorrência da prescrição pela falta de tempestiva distribuição de execução[22] ou pela não propositura de ação[23]; por não contestar a ação[24] tornando o cliente revel; por deixar de interpor recurso[25] ou inviabilizá-lo [26] etc.

Em relação aos médicos apontam-se o erro diagnóstico[27] ou o erro de procedimento[28]; a recusa ou demora no atendimento de urgência ou emergência[29], também dentre várias outras hipóteses.

---

18. NORONHA, Fernando. *Direito das obrigações.* 3. ed. São Paulo: Saraiva, 2010, p. 705.
19. A referência feita é ao CPC de 1973, o equivalente no CPC de 2015 está no seu art. 375.
20. OLIVEIRA NETO, Olavo; MEDEIROS NETO, Elias Marques de; OLIVEIRA, Patrícia Elias Cozzolino de. *Curso de Direito Processual Civil,* v. 2, 1. ed. – São Paulo: Editora Verbatim, 2016, p. 227.
21. PENTEADO, Luciano de Camargo; FIGUEIREDO, Fábio Vieira. Outras modalidades de obrigações. In: LOTUFO, Renan; NANNI, Giovanni Ettore (Coord.). *Obrigações.* São Paulo: Atlas, 2011, p. 223.
22. TJSP, 29ª Câmara de Direito Privado, Apelação com Revisão 0041177-55.2011.8.26.0002, Relatora Silvia Rocha, j. em 17.09.2014.
23. TJSP, 27ª Câmara de Direito Privado, Apelação 0039092-89.2011.8.26.0554, Relator Cláudio Hamilton, j. em 26.08.2014.
24. REsp 1190180/RS, Rel. Ministro Luis Felipe Salomão, Quarta Turma, j. em 16.11.2010.
25. AgInt no AREsp 1333056/PR, Rel. Ministro Raul Araújo, Quarta Turma, j. em 17.12.2019.
26. AgInt no REsp 1364494/SP, Rel. Ministro Moura Ribeiro, Terceira Turma, j. em 28.03.2017.
27. REsp 1662338/SP, Rel. Ministra Nancy Andrighi, Terceira Turma, j. em 12.12.2017.
28. AgInt no AREsp 909.233/PR, Rel. Ministra Assusete Magalhães, Segunda Turma, j. em 16.05.2017.
29. REsp 1335622/DF, Rel. Ministro Villas Bôas Cueva, Terceira Turma, j. em 18.12.2012.

Ainda sob a vertente da perda de chance se encontra a hipótese que envolve a escolha do tratamento e a informação sobre os riscos a ele inerentes, para que o paciente possa, em conjunto com o médico, definir qual a melhor opção.

Essas atividades bem ilustram a aleatoriedade do resultado que passa pela atuação desses profissionais, mas independe dela. O que se exige é que sejam utilizadas as técnicas adequadas e da melhor forma possível, mas sem que se possam comprometer com o resultado.

A expectativa de ganho da ação judicial, a expectativa da cura, a possibilidade de escolher a opção mais adequada de tratamento, uma vez malograda, é que pode levar à obrigação de indenizar pela prematura frustração do processo tendente a alcançar o incerto resultado.

O destaque se dá para a formulação do questionamento: descumprida a obrigação de meio e configurada a frustração da oportunidade, o que integra o dano?

Na teoria da responsabilidade civil, o dano se apresenta como pressuposto e ganha vulto, na análise do tema da perda de uma chance, a necessidade de dimensioná-lo. Está assente na principiologia do texto constitucional e nas cláusulas abertas da viga mestra do Direito Civil a compreensão de que devem ser resguardados os legítimos interesses daqueles que sofrem lesões decorrentes de transgressões de que resultem afetação do patrimônio material ou imaterial.

A imposição da reparação do dano é condição de harmonização do convívio social ao mesmo tempo em que serve como *advertência ao lesante quanto à indesejabilidade do resultado produzido por sua ação e a sua responsabilização em concreto, como meio de reestabelecimento da paz rompida.*[30]

Embora importantes as diversas configurações que o ato lesivo em si possa sofrer, sob aspectos civis, penais ou administrativos, houve mudança de eixo no tratamento da responsabilidade civil, agora menos direcionado ao ofensor e ao seu sancionamento, para voltar-se ao dano, com vistas à vítima e à sua reparação, na busca de equilíbrio e justiça que devem embasar a relação entre as pessoas. Na responsabilidade pela perda de uma chance sobressai a importância da demonstração e quantificação do dano em face da álea que envolve o próprio bem jurídico disputado.

Tomadas exemplificativamente as duas atividades destacadas é possível estabelecer como elementos indenizáveis toda a gama de prejuízos suportados pelo ofendido. Por exemplo, o dano material relativo aos honorários pagos pelo serviço mal feito; o dano moral decorrente da afetação da personalidade do lesado; o dano correspondente à chance perdida.

O dano decorrente da perda chance não se confunde com o benefício perdido, mas admite a cumulação com outras modalidades de dano.

Daniel Amaral Carnaúba analisa a jurisprudência de diversos Tribunais descrevendo os equívocos em que muitas vezes incorrem os julgadores, por exemplo, ao tratarem o dano decorrente da perda de chance como violação moral, ou quantificarem o prejuízo em montante idêntico ao da vantagem esperada pela vítima e sem mensurar as possibilidades de atingimento dessa vantagem.

Nesse sentido se expressa Sérgio Savi:

---

30. BITTAR, Carlos Alberto. *Reparação civil por danos morais*. 2. ed. São Paulo: Ed. RT, 1994, p. 17.

Em conclusão, haverá casos em que a perda da chance, além de causar um dano material poderá, também, ser considerada um "agregador" de dano moral. Por outro lado, haverá casos em que apesar de não ser possível indenizar o dano material, decorrente da perda da chance, em razão da falta dos requisitos necessários, será possível conceder uma indenização por danos morais em razão da frustrada expectativa. Frise-se mais uma vez: o que não se pode admitir é considerar o dano da perda de chance como sendo um dano exclusivamente moral, já que, presentes os requisitos descritos neste livro, a perda de uma chance pode dar origem a um dano material, nesta hipótese como dano emergente.[31]

A quantificação da indenização pela perda de uma chance não conta com disciplina uniforme, noticia Rafael Pettefi da Silva[32], com base no Direito estadunidense e na doutrina de Paul Speaker, que aplica fórmulas matemáticas na apuração.

Há de se ter em consideração que a indenização não visa ressarcir dano futuro e certo, como o que ocorre com os lucros cessantes, mas também não importa em reparar a integralidade do benefício/ausência de prejuízo em expectativa.

Contudo, a fixação do valor da indenização passa necessariamente pela análise de qual seria o benefício auferido ou o prejuízo evitado[33], o que não significa dizer necessária a comprovação do dano final, como já assentado na jurisprudência do Superior Tribunal de Justiça.[34]

Mas, é a partir da mensuração do montante do benefício/dano que será possível realizar a imputação, com base no porcentual de contribuição da conduta do responsável pela frustração da oportunidade, multiplicando-se o porcentual de chances por esse valor.

Assim agiu o Superior Tribunal de Justiça no caso paradigma do "Show do Milhão".

Porém, não se pode perder de vista que há situações em que não se mostra possível realizar a estimativa de valor do benefício perdido, como ocorreu com a hipótese analisada pelo mesmo Superior Tribunal de Justiça que envolveu a contratação de empresa para coleta de células-tronco por ocasião do nascimento de criança.

Como afirmou o Ministro Paulo de Tarso Sanseverino:

No presente caso, contudo, não há possibilidade de utilização da probabilidade matemática para auferir as chances em que a parte autora teria de contrair uma doença de que viesse a necessitar do uso das células--tronco com forma de tratamento.

No caso, a chance perdida, qual seja – a coleta das células tronco do cordão umbilical da criança, haverão outras oportunidades, em uma medicina avançada, de se colher tais células – via medula-óssea, dentes de leite, não tem qualquer conteúdo patrimonial, mas extrapatrimonial.[35]

Observe-se, por fim, que a perda de uma chance é suscetível de avaliação autônoma, que leva em consideração a projeção do dano sobre a esfera patrimonial do sujeito e que o vínculo eventual entre a indenização por danos relativos ao bem jurídico ao qual é o caso conectado está na proporção da probabilidade de alcançar o resultado esperado, que pode ter natureza patrimonial ou extrapatrimonial, mas é avaliável economicamente de forma autônoma e por isso não corresponderá ao próprio benefício esperado.

---

31. SAVI, Sérgio. *Responsabilidade civil por perda de uma chance*. 2. ed. São Paulo: Atlas, 2009, p. 60.
32. SILVA, Rafael Pettefi da. *Responsabilidade civil pela perda de uma* chance: uma análise do direito comparado e brasileiro. 3. ed. Grupo GEN, 2013, p. 147 e ss.
33. Op. cit., p. 181.
34. STJ, REsp 1.291.247 / RJ, Relator Ministro Paulo de Tarso Sanseverino, j. em 07.08.2014.
35. Idem.

5. PROPOSIÇÕES CONCLUSIVAS

A frustração da expectativa de obtenção de um benefício futuro, merece tutela jurisdicional sob a perspectiva da perda de uma chance.

Para que se configure a perda de chance é preciso apurar existência de uma oportunidade que ostentava possibilidade de concretização do resultado favorável e real probabilidade de efetivação.

A verificação da probabilidade não está submetida a critérios matemáticos apriorísticos.

O dano decorrente da perda de uma chance pode ter natureza patrimonial ou extrapatrimonial e a fixação da indenização pressupõe a estimativa do benefício perdido, que servirá também como limite à reparação quando ostentar a primeira categoria, ou balizará o arbitramento, na segunda hipótese, mas que com ele não se confunde.

É possível a cumulação da indenização pela perda de chance com a reparação de outros danos materiais ou de danos morais decorrentes do mesmo fato.

6. REFERÊNCIAS

BITTAR, Carlos Alberto. *Reparação civil por danos morais*.2. ed. São Paulo: Ed. RT, 1994.

CARNAÚBA, Daniel Amaral. In: HIRONAKA, Giselda Maria Fernandes Novaes; TARTUCE, Flávio (Coord.). *Responsabilidade civil pela perda de uma chance*: a álea e a técnica. Rio de Janeiro: Forense; São Paulo: Método, 2013.

COMTE-SPONVILLE, André. *Pequeno Tratado das Grandes Virtudes* São Paulo: Ed. Martins Fontes, 1999.

FARIAS, Cristiano Chaves de; BRAGA NETTO, Felipe Peixoto; ROSENVALD, Nelson. *Novo tratado de responsabilidade civil*. São Paulo: Atlas, 2015.

GARCIA, Paulo Henrique Ribeiro; GRAGNANO, Théo Assuar. Reponsabilidade civil pela perda de uma chance. In: GUERRA, Alexandre Dartanhan de Mello; BENACCHIO, Marcelo (Coord.). *Responsabilidade civil*. São Paulo: Escola Paulista da Magistratura, 2015.

HIGA, Flávio da Costa. *A perda de uma chance no direito do trabalho*. Dissertação de mestrado. São Paulo: Faculdade de Direito da USP, 2011, p. 58, disponível em https://www.teses.usp.br/teses/disponiveis/2/2138/tde-03092012-085655/publico/gravacao_versao_completa_09_05_2011_Flavio_da_Costa_Higa.pdf. Acesso em: 18.09.2020.

LOTUFO, Renan. Lotufo. *Código Civil Comentado*: obrigações – parte geral. São Paulo: Saraiva, 2003.

NORONHA, Fernando. *Direito das obrigações*. 3. ed. São Paulo: Saraiva, 2010.

OLIVEIRA NETO, Olavo; MEDEIROS NETO, Elias Marques de; OLIVEIRA, Patrícia Elias Cozzolino de. *Curso de Direito Processual Civil*. São Paulo: Editora Verbatim, 2016. v. 2.

PENTEADO, Luciano de Camargo; e, FIGUEIREDO Fábio Vieira. Outras modalidades de obrigações. In: LOTUFO, Renan; NANNI, Giovanni Ettore (Coord.). *Obrigações*. São Paulo: Atlas, 2011.

SAVI, Sérgio. *Responsabilidade civil por perda de uma chance*. 2. ed. São Paulo: Atlas, 2009.

SILVA, Rafael Peteffi da. *Responsabilidade civil pela perda de uma chance*: uma análise do direito comparado e brasileiro. 3. ed. São Paulo: Atlas, 2013.

QUANTIFICAÇÃO DO DANO NA PERDA DE UMA CHANCE DE CURA OU SOBREVIVÊNCIA

Miguel Kfouri Neto

Pós-doutorado junto à Faculdade de Direito da Universidade de Lisboa; Doutor (PUC-SP) e Mestre em Direito das Relações Sociais (UEL); Professor da Graduação e do Programa de Mestrado em Direito do UniCuritiba; Desembargador do TJPR. Endereço eletrônico: mkfourin@gmail.com.

Sumário: 1. Considerações preliminares. 2. Constatação da existência da chance de cura ou sobrevivência. 3. Etapas a serem observadas na quantificação da chance perdida. 4. Análise da quantificação *"in concreto"* à face da jurisprudência brasileira. 5. Notas conclusivas. 6. Referências.

1. CONSIDERAÇÕES PRELIMINARES

Doutorado, PUC-SP, 2004. A disciplina, Teoria Geral das Obrigações. Logo na primeira aula, recebemos uma enorme apostila, com textos de referência, quase todos em língua estrangeira (assim como a bibliografia, contendo as obras destinadas ao fichamento), e as questões a que deveríamos responder, ao longo do semestre. Além disso, nossa participação nas aulas era avaliada e nos submetíamos às verificações de aprendizagem. No final, a elaboração de artigo científico original. RENAN LOTUFO era esse exigentíssimo professor, cumpridor rigoroso do horário, severo e intransigente. Mas o aprendizado fluía, intenso. A metodologia do mestre nos conduzia às melhores fontes doutrinárias, nacionais e estrangeiras. Encerrada a aula, lá pela uma da tarde, aí sim, podíamos tratar de amenidades. Isso faz do PROF. RENAN aquela figura inesquecível, que nos influenciou para todo o sempre. Eternamente, o orgulho de ser discípulo de RENAN LOTUFO.

Os tribunais brasileiros têm reconhecido amplamente o dano pela perda de uma chance de cura ou sobrevivência (*perte d'une chance*) nos mais diversos casos de responsabilidade civil médico-hospitalar. Imagine o paciente que recebe diagnóstico médico equivocado ou tardio de câncer de pulmão, vindo a falecer quatro meses depois. Em que pese o profissional não ter diretamente causado o prejuízo final morte, há situações em que a sua conduta é capaz de diminuir a probabilidade de cura ou sobrevida do paciente. Há um importante dualismo a ser analisado nesses casos: "causalidade" e "valoração/quantificação". De um lado, é necessária a determinação do nexo causal entre a conduta médica e a perda da chance de cura ou sobrevivência. Por outro, busca-se mensurar o *quantum debeatur* indenizatório pelo grau de contribuição do agente ofensor na produção do dano.

Fixar o *quantum,* na reparação pela perda de uma chance, é operação inçada de dificuldades. Não se indeniza o prejuízo final – morte, lesão, agravamento do estado de saúde, incapacidade laboratória ou para os demais atos da vida, permanente ou temporária, total ou parcial, diminuição da sobrevida e todos os demais danos que advêm da ocorrência culposa. Busca-se, isto sim, a quantificação específica da *chance,* da possibilidade perdida de se obter condição mais favorável ao doente, comprometida pela atuação do profissional da medicina.

Na perda de uma chance de cura ou sobrevivência, há o prejuízo final, certo (morte ou lesão sofrida pela vítima), mas de causalidade duvidosa. Nunca se saberá se o erro de diagnóstico, por exemplo, acaso não tivesse ocorrido, impediria ou não a morte do doente, acometido de alguma forma de câncer. Mas dúvida não paira, por outro lado, quanto ao fato de o equivocado ou tardio diagnóstico ter comprometido, ao menos, uma oportunidade concreta de cura ou maior período de sobrevida. E é essa chance (ou chances) que se procurará reparar.

Ressalte-se que a chance perdida deve ser vista como prejuízo autônomo, nunca como indenização parcial do dano final. Tal chance repercutirá sobre este, mas não de modo a determiná-lo, induvidosamente.[1] A teoria da perda de uma chance, adverte Peteffi da Silva[2], somente poderá ser utilizada quando a vítima não conseguir provar o nexo causal entre a ação culposa e o prejuízo final. Por isso, em sendo possível referida prova, não se cogitará da perda de uma chance, mas sim de responsabilidade direta, sem nenhuma alusão a eventuais chances perdidas.

Nesse sentido, imagine situação em que o paciente, já com sua saúde debilitada, submete-se a intervenção cirúrgica com trinta (30) por cento de chances de êxito. Em meio ao ato cirúrgico, o médico utiliza de forma inadequada e inábil certo instrumento – e o doente morre. É claro que não se poderá falar em *perda de uma chance,* porquanto o dano foi causado diretamente pelo erro do cirurgião. Todavia, o juiz, ao quantificar a indenização, deverá levar em conta que a expectativa de sobrevida do enfermo, naquelas circunstâncias, era reduzida.[3] Logo, quando se estabelece, de forma direta, o nexo causal entre a ação culposa do médico e o dano, a noção de perda de uma chance é posta de lado, porque desnecessária.

Ainda, importante destacar que a chance é um valor conexo a um bem do lesado, tem natureza instrumental e, por isso, não pode haver dupla reparação, da chance e do prejuízo final verificado. Assim, torna-se impossível a obtenção da reparação da chance sem que esta esteja vinculada a um direito suscetível de se fazer valer judicialmente.[4] Por isso, mesmo o médico que, por erro de diagnóstico, compromete vinte (20) por cento das chances de cura ou de sobrevivência do paciente, mas este resulta curado, recupera-se plenamente, não haverá chance a indenizar. Isso porque o dano conexo deve sempre existir.

As principais hipóteses de aplicação da perda de uma chance, no âmbito da responsabilidade civil do médico (e, por extensão, dos demais profissionais da saúde) são as seguintes: falha de diagnóstico (diagnósticos tardios, errôneos ou inexistentes); ausência de consentimento (não obtenção do consentimento livre e informado e esclarecido); falta de exames pré-operatórios ou de cuidados pós-operatórios; falta de exames complementares; falta de remoção tempestiva do paciente a hospital com equipamentos adequados.

---

1. GIBERT, Sabine. *Guide de responsabilite medicale et hospitaliere*: Quelle Indemnisation du Risque Medical Aujourd'hui? Paris: Berger Levrault, 2011. p. 369.
2. PETEFFI DA SILVA, Rafael. *Responsabilidade civil pela perda de uma chance.* 2. ed. São Paulo: Atlas, 2009. p. 142.
3. . Teixeira Pedro, Rute. *A responsabilidade civil do médico*: Reflexão sobre a noção de perda de chance e a tutela do doente lesado. Coimbra: Coimbra Ed., 2008. p. 384.
4. . Ibidem., p. 385.

2. CONSTATAÇÃO DA EXISTÊNCIA DA CHANCE DE CURA OU SOBREVIVÊNCIA

A incidência da perda da "chance" como um dano autônomo é reconhecida pelo magistrado, primeiramente, pela verificação da existência de uma possibilidade de êxito na intervenção médica, que recomendaria (ou mesmo exigiria) atuação diligente do profissional. Depois, há que se imputar, induvidosamente, a essa falta – ou intervenção deficiente e tardia – a não concretização da possibilidade de sucesso.[5]

Conforme alerta Rute Teixeira Pedro,[6] o juiz, para avaliar o dano resultante da perda de uma chance de cura ou de sobrevivência, deverá estabelecer a gravidade do estado do paciente e todas as consequências para sua saúde e patrimônio. Em sendo 100 os danos finais, o dano da perda de uma chance ficará entre 1 e 99,9. A fixação levará em conta "o nível de consistência da chance originariamente detida e, entretanto, perdida pelo doente lesado".[7]

Oportuno rememorar os requisitos que a *chance* deve conter, para se justificar a reparação: a) Existência induvidosa da chance, probabilidade, possibilidade ou oportunidade de cura ou de sobrevivência; b) Chance séria, real e efetiva; c) Supressão, aniquilamento ou destruição dessa chance, pela ação ou omissão do médico; d) Razoável verificação da possível existência de nexo causal entre a atuação do médico e a chance perdida – embora tal prova nunca possa ser feita, de forma absoluta. A existência da chance – ou, noutras palavras, a efetiva subtração da possibilidade de cura ou de sobrevivência – deve ser induvidosa.

Rute Teixeira Pedro[8] reafirma que, para o reconhecimento da ressarcibilidade pela perda de uma chance, no domínio da responsabilidade civil médico-hospitalar, incumbirá ao lesado demonstrar, além da real e efetiva existência da chance, que esta é firme e consistente, apta a ensejar a cura, à melhoria do estado de saúde ou à sobrevivência do paciente. A seguir, a autora menciona julgados abonadores da afirmação, entre eles decisão da *Queen Bench Division* inglesa, *High Court of Justice,* no caso *Barnett vs. Chelsea and Kensington Hospital Management Committee* (1969), em que o paciente, acidentalmente, envenenou-se ao ingerir arsênico (o paciente, Barnett, tomou uma chávena do líquido, supondo que fosse chá). No hospital, Barnett, acometido de elevação de temperatura corporal e vômito, foi atendido por enfermeira, na sala de espera, que manteve contato telefônico com o médico. Este, sem ao menos ver o paciente, recomendou-lhe que fosse para casa, repousasse – e chamasse o médico da família. O paciente, após algumas horas de sofrimento, morreu. A Corte deliberou que, devido ao envenenamento por arsênico, não havia nenhuma chance de o único antídoto ser ministrado, com sucesso. Não existia, pois, chance, por menor que fosse, de sobrevivência, nada obstante o ato negligente do médico.

Ao analisar esse julgamento, Rute Teixeira Pedro observa que os tribunais ingleses, via de regra, para tutelar o malogro de uma chance, não formulam exigência positiva quanto à extensão da chance perdida, "limitando-se a exigir que ela não seja '*minimal*' e não constitua '*a mere speculative possibility*'".[9] A chance de cura ou sobrevivência, pois,

---

5. Ibidem., nota 798, p. 296.
6. Ibidem., p. 321.
7. Idem.
8. Ibidem, p. 295-298.
9. Ibidem, p. 298.

não pode constituir mera especulação, distanciada da realidade, simples conjectura, sem respaldo científico. Deve haver elevado grau de credibilidade racional e probabilidade lógica da chance.

A teoria da perda de uma chance ganhou força nos tribunais norte-americanos, na última metade do século XXI, sendo hoje reconhecida em mais da metade dos estados, com certas distinções quanto a sua extensão. O interessante de se observar é certa relutância que ainda existe quanto a configuração de uma chance razoável/substancial, apta a ensejar reparação de danos, quando a probabilidade em jogo é inferior a cinquenta e um (51) por cento.

Contudo, no recentíssimo caso *Smith v. Providence Health & Services* (2017), a *Supreme Court State Of Oregon* reconheceu a aplicabilidade da teoria da perda de uma chance num caso em que o paciente tinha trinta e três (33) por cento de chances de um resultado melhor na sua condição clínica. Ainda, definiram-se importantes critérios para que o dano pela chance perdida seja reconhecido.

Um senhor de 49 anos, Joseph Smith, deu entrada na sala de emergência do *Providence Hood River Memorial Hospital*, numa sexta-feira à tarde, menos de duas horas depois de sentir dificuldades visuais e na fala, confusão e dor de cabeça. O médico não realizou um exame neurológico completo, avaliando o quadro clínico do paciente por uma tomografia computadorizada (*CT Scan*) e, logo em seguida, autorizando-o a retornar para casa, pois se concluiu que os sintomas eram decorrentes de uma pílula que o paciente tinha tomado para dormir. No sábado à noite, Smith voltou para o hospital e, atendido pelo mesmo médico, reportou o aumento significativo de dores na cabeça e que continuava sentindo problemas visuais. Novamente, o médico não realizou investigação neurológica suficiente e, concluindo pelo diagnóstico de "dor de cabeça leve e distúrbio visual", prescreveu *Vicodin* (cujos constituintes principais são a ópio e paracetamol, que produzem efeito bioquímico capaz de promover alívio de dores e inflamações) e recomendou que o paciente consultasse um oftalmologista.

O paciente, na segunda-feira, consultou-se com outro médico do hospital, que solicitou, de forma não emergencial, a realização de ressonância magnética. O resultado desse exame, realizado somente no final da semana, demonstrou que Smith tinha sofrido danos cerebrais graves decorrentes de um AVC (acidente vascular). Restaram lesões permanentes como problemas de fala, deficiências cognitivas e outras limitações na sua capacidade de realizar atividades cotidianas.

Os dois médicos e o hospital foram demandados para reparação de danos com base na teoria da perda de uma chance, alegando-se que, caso tivesse sido determinado exame neurológico adequado e imediato, os prejuízos finais sofridos pelo paciente tinham trinta e três (33) por cento de chances de serem substancialmente menores. Tanto em 1ª instância como na Corte de Apelação, determinou-se que esse percentual de chances é pequeno e não representa uma probabilidade razoável/substancial de que a adoção de conduta médica diversa seria apta a modificar o prejuízo final de Smith, de modo que não é possível atribuir responsabilidade pela chance perdida.

Quando o caso chegou na Suprema Corte de Oregon, a decisão foi reformada, determinando o julgamento da demanda pelo juiz *a quo*, por se entender aplicável o dano pela chance perdida. Definiram-se três (3) critérios para o reconhecimento da teoria. Primeiramente, exige-se a existência de uma chance substancial (*substantial chance*) de que um melhor resultado ocorreria, se não fosse a conduta médica negligente/imprudente/imperita. No presente caso, o tribunal entendeu pela configuração de uma chance razoável e reparável o valor de trinta e três (33) por cento. Em segundo lugar, o paciente, ao ajuizar demanda indenizatória, deve sempre indicar, com base em perícia e estudos científicos, as questões quantitativas e qualitativas da chance perdida, ou seja, a específica porcentagem da chance de cura ou sobrevivência e qual seria o melhor resultado. Sobre esse ponto, a Suprema Corte fez alusão à julgamento anterior: "a ciência médica progrediu ao ponto de os médicos poderem avaliar as chances de sobrevivência de um paciente até um grau razoável de certeza médica e, de fato, usar rotineiramente essas estatísticas como instrumentos da medicina"[10].

Vale destacar que a Suprema Corte reconheceu a possibilidade de aplicação da teoria da perda de uma chance, mesmo quando as chances envolvidas são inferiores a cinquenta e um (51) por cento: "a opinião de especialistas/peritos de que certo tratamento adequado de uma condição médica levaria a um resultado desejável em 33% dos casos representa dados sólidos e inquestionáveis, independentemente se essa porcentagem está abaixo de 51%. A confiabilidade dos dados não altera a chance de 33%, nem o fato de que a chance é de apenas 33% significa que os dados nos quais ela é baseada não são confiáveis/sólidos".

Por fim, como terceiro requisito, tem-se a necessidade de sempre existir um dano conexo, um prejuízo final ao paciente, pois *"that present adverse medical outcome is an essential element of a common-law medical malpractice claim and provides the foundation for a calculation of plaintiff's damages"*.

3. ETAPAS A SEREM OBSERVADAS NA QUANTIFICAÇÃO DA CHANCE PERDIDA

Na valoração do dano pela perda de uma chance, o julgador deve observar algumas etapas. Em *Primeiro* lugar, lança-se mão de uma ficção, consistente em mensurar os danos patrimoniais e extrapatrimoniais, como se não fosse hipótese de chance perdida, mas sim da equação causal peculiar à determinação da responsabilidade civil. Aqui, dever-se-á responder à indagação: *qual seria o montante da indenização – e quais as verbas devidas – caso se tratasse de culpa provada, sem lugar para a invocação da teoria da perda de uma chance de cura ou de sobrevivência?*

Nesse passo, seria considerada, por exemplo, a reparação normalmente fixada quando o prejuízo final é a morte da vítima, à luz da jurisprudência dominante, a principiar pelo STJ, bem como das peculiaridades do caso concreto. Nesse sentido, imaginemos vítima fatal, de quem a conduta culposa do médico subtraiu chance de sobrevivência, que contava, à época do falecimento, 55 anos. Com a saúde debilitada ou comprometida por patologia por vezes ignorada pela paciente, por óbvio não se poderá afirmar que a sobrevida atingiria o limite para cálculos atuariais, hoje acima de 70 anos.

O *Segundo* passo na quantificação da chance perdida implica estabelecer o percentual das chances de que dispunha o paciente, de não sofrer os danos – possibilidade que a atuação do médico anulou, aniquilou, destruiu. O julgador há de levar em conta, cuidadosamente, se a gravidade da própria doença não supera a chance perdida. Caso verifique que a chance

---

10. *Matsuyama v. Birnbaum*, 890 N.E.2d 819, 452 Mass. 1, 2008 Mass. LEXIS 552 (Mass. July 23, 2008).

destruída pela ação culposa do médico, apesar de real, poderia não influenciar decisivamente a consequência final, a valoração da chance será proporcionalmente mitigada.[11]

Para se averiguar esse percentual – a mais importante fase da quantificação – e até mesmo para se determinar a existência das propaladas *chances,* deve o juiz recorrer ao labor do perito médico, pois, consoante acentua Rute Teixeira Pedro, "nesta avaliação *ex post* das chances que o doente tinha, aquando da conduta do médico, que as comprometeu, os peritos desempenham um papel importante"[12]. Incumbirá ao perito esclarecer a gravidade da chance perdida, demonstrando até que ponto aquela supressão poderia interferir no curso causal do evento danoso, impedindo a consumação do dano.

Evidentemente, nesse raciocínio subsequente, a ocorrência ou não do prejuízo, é duvidoso. Mas a chance, como vimos, há de ser real e concreta, por isso mesmo constituindo um valor autônomo e quantificável. O médico comete um erro de diagnóstico e faz com que as chances de cura ou de sobrevivência do paciente se reduzam de sessenta (60) para quarenta (40) por cento. Sobre esse ponto, críticos da teoria da perda de uma chance, mais precisamente, à aplicação desses dados estatísticos na quantificação do dano, perguntam: quem pode assegurar que aquele paciente estaria entre os quarenta (40) por cento que se salvariam e não dentre os sessenta (60) que morreriam?

Contudo, a estatística é apenas um referencial para o juiz construir, no caso concreto, a verdade judicial. As chances devem ser *pessoais* e não meramente estatísticas.[13] O julgador deverá, à luz da prova pericial e dos demais elementos informadores do seu convencimento, determinar se o paciente estaria no grupo dos que se salvariam ou não. Em caso de negativa, as chances seriam iguais a zero. Se, de um lado, não se podem aceitar as estatísticas de forma automática, também não se pode desprezá-las. Prevalecerá a análise pelos fatos do caso concreto. Sendo a atividade médica marcada por um alto grau de aleatoriedade, as estatísticas que traduzam certo grau de probabilidade não podem ser desprezadas.[14]

Por fim, no *Terceiro* momento da valoração da chance subtraída, deve-se incidir esse percentual obtido, pela lógica acima explanada, ao montante dos danos encontrados na primeira operação.

Vale novamente destacar, o prejuízo constituído pela perda de uma chance é autônomo e distingue-se do prejuízo final, representado pelo dano à saúde do paciente. O médico que ocasionou a perda de uma chance não pode ser condenado à reparação integral do prejuízo resultante da morte, por exemplo. A chance não pode ser hipotética. Necessário verificar se a vítima, verdadeiramente, dispunha de chances efetivas de sobrevivência ou cura. O juiz dispõe de um poder soberano de apreciação desse valor da chance perdida. Julgado da Corte de Cassação francesa, acerca da quantificação, preconiza que o juiz, primeiramente, deve avaliar os danos sofridos pela vítima, econômicos e pessoais; depois, determinar qual a fração desses prejuízos deve ser levada em conta, diante da probabilidade de se evitar o dano, caso a chance não fosse eliminada.[15]

A chance perdida não pode ter valor igual ao da vantagem esperada ou do dano que poderia ter sido evitado. Deve-se determinar qual o grau de probabilidade de ocorrer o

---

11. Gibert, Sabine. Op. cit., p. 369.
12. TEIXEIRA PEDRO, Rute. Op. cit., p. 323.
13. Ibidem., p. 390.
14. Ibidem, p. 395.
15. Dorsner-Dolivet, Annick. *La responsabilite du medecin.* Paris: Economica, 2006. p. 150-151.

QUANTIFICAÇÃO DO DANO NA PERDA DE UMA CHANCE DE CURA OU SOBREVIVÊNCIA **345**

evento esperado ou de se reduzir o prejuízo. Deve-se mensurar a chance perdida, e não a vantagem que teria se concretizado, caso a chance não fosse aniquilada.[16] Recomenda-se ao juiz efetuar um balanço das perspectivas a favor e contra. Do saldo, obter-se-á a proporção do ressarcimento.[17]

Rute Teixeira Pedro, em sua assaz citada dissertação, menciona exemplo trazido por Joseph H. King: "(...) doente que sofre um ataque cardíaco. Apesar dos sinais existentes, o médico não diagnostica o referido problema de saúde que, com a devida terapia, apresentava 40% de hipóteses de ser superado sem ceifar a vida do doente. O *quantum* reparatório deverá corresponder a 40% do valor da vida do lesado. O valor deste bem será determinado atendendo, em particular, ao estado daquele sujeito, caso ele tivesse sobrevivido ao acidente cardíaco. Assim, devem considerar-se, nessa apreciação, variados factores, como a idade, a saúde, a capacidade de produção de rendimentos pelo concreto lesado, atendendo nomeadamente às sequelas que pudessem derivar do ataque ocorrido. Ao valor encontrado seria aplicado o percentual de 40%"[18].

Portanto, ao apreciar a extensão dos danos sofridos pelo lesado, em razão da oportunidade perdida, o juiz também deve voltar os olhos para as condições gerais que o paciente, cardiopata, ostentaria, mesmo sendo tratado tempestiva e adequadamente. Essas características peculiares podem se tornar relevantes: por quanto tempo o doente poderia, ainda, trabalhar; qual a sobrevida média para os portadores da patologia considerada; haveria ou não sequelas incapacitantes. Para a quantificação, ter-se-á ainda que analisar o estado anterior da vítima e o dano imputável ao ato terapêutico que provocou a perda da chance, a fim de se estabelecer essa proporcionalidade entre o ato médico – aparentemente vinculado à perda – e o dano em si.[19]

Ressalte-se, novamente, que a teria não constitui artifício hipotético. Dá-se o que Yvonne Lambert-Faivre denomina "culpas deontológicas", que também lançam consequências sobre o doente. O dano, na perda de uma chance, é incerto – pois a própria realização da chance jamais seria certa. Mas existe uma certeza que justifica a indenização: essa chance de obter algo, ou de evitar uma perda, que se situa na ordem possível – se não provável – das coisas, não poderá mais se produzir. De maneira geral, a perda de uma chance repousa sobre uma possibilidade e uma certeza: é verossímil que a chance poderia se concretizar; é certo que a vantagem esperada está perdida – e disso resulta um dano indenizável.[20] O montante estará vinculado à avaliação do dano consecutivo à perda. Se, por exemplo, a indenização integral atingisse 100 mil reais, mas a vítima tivesse perdido uma chance, em duas razoavelmente possíveis, a indenização seria de 50 mil reais.

Lambert-Faivre também alude às críticas formuladas a essa teoria da *perte de chance de guérison ou survie*. A determinação do nexo causal constitui operação intelectual apoiada sobre indícios e presunções. Tal exercício mental é sempre delicado – e exige dos magistrados que determinem, com sabedoria, se a culpa médica foi relevante, ou não, para causar o dano. Se a resposta for afirmativa, o médico deverá reparar por inteiro o prejuízo; se negativa, impossível se estabelecer o nexo de causalidade, não haveria responsabilidade

---

16. Gibert, Sabine. Op. cit., p. 368-369.
17. Ferreyra, Roberto Vazquez; TALLONE, Federico. *Derecho médico y mala praxis*. Rosário: Juris, 2000. p. 175.
18. TEIXEIRA PEDRO, Rute. Op. cit., p. 322.
19. Lambert-Faivre, Yvonne. *Droit du dommage corporel*: Systèmes D'indemnisation. 3. ed. Paris: Dalloz, 1996, p. 678 e ss.
20. Chartier, Yves. *La reparation du prejudice*. Paris: Dalloz, 1996, p. 13 e ss.

médica. É a teoria do "tudo ou nada". A perda de uma chance de cura ou sobrevivência, não obstante, tem conquistado mais adeptos que detratores – e, com mais de 50 anos de aplicação, resiste ao passar do tempo.

Em síntese, na estipulação do *quantum*, cabe ao julgador: a) estabelecer qual seria a compensação devida, caso a reparação tivesse como objeto o prejuízo final; b) determinar, com a maior aproximação possível, a extensão da chance perdida. Não apenas considerar eventuais dados estatísticos, mas examinar quão efetiva seria a probabilidade aniquilada pelo ato do médico, lançando mão do senso comum, de casos análogos, em que se concedeu ao paciente essa possibilidade de cura ou sobrevivência; c) nunca relegar a plano secundário o fato de que a reparação, na perda de uma chance, será sempre mitigada, parte da reparação a que faria jus a vítima, considerado o dano final; d) Sopesar sempre o grau de culpa da conduta médica, ao omitir a providência que, hipoteticamente, poderia ter evitado o prejuízo final – dúvida intransponível, também elementar à perda de uma chance. Caso leve ou levíssima a culpa, reduzir-se-á equitativamente a compensação devida, nos exatos termos do art. 944, parágrafo único, do CC/2002.

4. ANÁLISE DA QUANTIFICAÇÃO "IN CONCRETO" À FACE DA JURISPRUDÊNCIA BRASILEIRA

No que pertine à perda de uma chance de cura ou de sobrevivência, numerosas são as decisões nos tribunais brasileiros que condenam o médico pelo comprometimento de uma chance de o paciente se restabelecer totalmente – ou de permanecer vivo.

O TJPR, em aresto relatado pelo Juiz convocado Jefferson Alberto Johnson, entendeu cabível a aplicação da teoria da perda de uma chance em hipótese de mau atendimento prestado pela empresa de emergências médicas domiciliares.[21] Em prazo inferior a cinco horas, atendentes compareceram à residência da vítima quatro vezes. Na primeira, uma médica diagnosticou cólica renal; na segunda, outro médico concluiu tratar-se de hérnia discal; na terceira, de forma inespecífica, "dor + alteração lombar a esclarecer". Somente na quarta visita, outra médica constatou a gravidade do caso – isquemia aguda em aorta abdominal. Ainda assim, a UTI móvel recusou-se a transportar a paciente ao hospital – e recomendou que o marido a levasse de carro. Para completar a sequência, indicaram hospital errado, que não atendia a esse tipo de emergência. E a paciente morreu.

A perícia indicou desacerto na conduta diagnóstica. Além disso, desde o segundo atendimento, seria recomendável imediato internamento – ainda que o diagnóstico não estivesse definido. A sucessão de equívocos acarretou, sem dúvida, a perda de uma chance de sobrevivência. O tribunal, atento à circunstância de que a reparação, nesses casos, é sempre parcial – nunca correspondente ao prejuízo final – reduziu de cinquenta (50) para trinta (30) mil reais a compensação pecuniária dos danos morais.[22] No caso, considerados

---

21. Nesse sentido, confira o julgado: "(...) a demandada não prestou adequado atendimento em todas as três vezes que foi chamada entre os dias 14 e 15 de maio de 2010. Evidencia-se que esta foi atendida por diferentes profissionais em cada chamado, e nenhum deles teve acesso ao histórico anterior, confundindo sintomas e olvidando-se de investigar o que ocasionou a queda no solo e o tipo de enfermidade capaz de produzir este evento. 3. A omissão imputada ao réu, no caso em tela, poderia ter alterado o curso causal com o atendimento adequado, tanto quanto ao diagnóstico como ao encaminhamento a ser dado, qual seja, o resultado morte da mãe dos autores, inobstante não se possa determinar, com precisão, qual seja seu grau de responsabilidade no evento morte, evidencia-se a falha grave na prestação do serviço de socorrista. Aplicação da teoria da perda de uma chance" (TJRS, Ap. Cív. 70058959297, rel. Des. Jorge Luiz Lopes do Canto, j. 30.04.2014).

22. TJPR - 10ª C.Cível – AC - 488087-1 – Curitiba – Rel.: Jefferson Alberto Johnsson – Unânime – J. 04.02.2010

danos morais e pensionamento em parcela única, bem como a dificuldade do diagnóstico e o grave risco oculto, que ameaçava a vida da mulher. Aqui, as chances teriam ficado entre 15 e 20 por cento.

O Superior Tribunal de Justiça também vem aplicando, com sólido embasamento doutrinário, a teoria da perda de uma chance, sobretudo na seara da responsabilidade civil médico-hospitalar, – como adiante se verá.

Bebê de oito meses deu entrada em hospital público da cidade-satélite de Taguatinga, com tosse seca, coriza, obstrução nasal, dispneia, febre. Logo, o estado de saúde da criança tornou-se gravíssimo. Como o hospital não possuía UTI pediátrica, o médico recomendou aos pais que transferissem a paciente para hospital particular, em Brasília – e, para tanto, deveria recorrer ao Judiciário, caso fosse preciso. Obtida a liminar, no final da tarde, o próprio médico extraiu da *Internet* cópia da decisão e se dirigiu com os pais ao hospital mais aparelhado – que se negou a internar a doente, por não se tratar de intimação oficial, mas sim cópia desprovida de valor jurídico. Antes, todavia, a médica plantonista, por telefone, afirmara que o hospital receberia a criança.

Diante da recusa, outra alternativa não restou, a não ser manter a enferma no primeiro hospital, sob ventilação mecânica. Infelizmente, cerca de cinco horas depois, ao redor da 1h30min do dia seguinte, a criança morreu. Afirmaram os pais que a morte poderia ter sido evitada, caso a menina tivesse sido socorrida com equipamentos adequados, no hospital mais aparelhado. A negativa contribuiu para o agravamento do quadro e resultou na morte da criança.

A ação de reparação de danos foi julgada improcedente em primeiro grau – e a decisão singular, mantida pelo TJDF. Argumentou-se que, nada obstante sua omissão, a conduta do hospital réu não foi determinante para o evento morte. Além disso, o hospital particular não estava obrigado a internar a criança, caso houvesse vaga, à falta de ordem judicial, consubstanciada em documento com valor probante – mesmo diante da gravidade do estado de saúde da infante.

No Recurso Especial,[23] o STJ, em v. acórdão relatado pelo Min. Ricardo Villas Bôas Cueva, deu provimento ao recurso – e examinou longamente a questão, à luz da teoria da *perda de uma chance de cura ou sobrevivência* (item 6 do voto). Ponderou o eminente Relator:

"É de se concluir, portanto, que, ainda que sem garantia de cura, seria possível o restabelecimento da criança em alguma medida (completo, ou parcial, pelo menos, conceito que inclui o prolongamento temporal de sua vida), caso tivesse sido atendida. A questão da perda da chance de cura ou sobrevivência se afigura na situação fática definitiva, que nada mais modificará, haja vista que o fato do qual originou o prejuízo está consumado, e no presente caso, quanto ao direito à vida, seu fundamento não pode ser outro que a própria dignidade humana. Isso porque o que se indeniza na responsabilidade por perda de chance outra coisa não é senão a própria chance perdida. (...) A chance perdida consiste na privação de uma probabilidade, não hipotética, de sucesso em pretensão assegurada pelo direito e frustrada por conduta ignóbil do causador do dano. Em verdade, a perda de uma chance já existia no momento da recusa do hospital em receber a menor. (...) O fato é certo: a menor faleceu. A simples chance (de cura ou sobrevivência), no presente caso, é que passa a ser considerada como bem juridicamente protegido, pelo que sua privação

---

23. REsp 1335622/DF, Rel. Ministro Ricardo Villas Bôas Cueva, Terceira Turma, julgado em 18.12.2012, DJe 27.02.2013.

indevida vem a ser considerada como passível de ser reparada. A perda de chance, aqui, se arruma por inteiro, como um alerta ao cuidado dos que lidam com a vida humana".

O raciocínio acima desenvolvido, pertinente à aplicabilidade da *perte d'une chance de survie ou guérison*, revela-se irrepreensível. A menção aos precedentes do STJ, igualmente, não deixa margem à dúvida, quanto ao acatamento da teoria pela Corte. Na análise do *quantum debeatur* indenizatório devido pela chance perdida, ponderou o Ministro Relator:

"A sanção, contudo, não deve corresponder a reparação à indenização pelo dano morte, mas em razão da ausência de atuar do hospital e o dano sofrido, considerado, no caso, a perda de uma chance de sobrevivência. Seguindo as peculiaridades da causa, devem ser fixados os danos morais na importância de R$ 50.000,00 (cinquenta mil reais) para cada um dos autores. Quanto aos danos materiais, estes estão atrelados ao pedido de pensionamento até a data em que a vítima completaria 25 anos. Contudo, na espécie, não há como concluir, mesmo na esfera da probabilidade, que o atendimento pelo recorrido impediria o resultado. De fato, não há como se equiparar, nesse caso, a perda da vida ao invés da perda da oportunidade de obter a vantagem do tratamento, como o que se acaba por transformar a chance em realidade. Explica-se: considerando que não há como ser ligada a conduta da ré ao evento morte – não há como ter certeza de que, ainda que prestado o atendimento de emergência de forma adequada, a paciente sobreviveria, a indenização deve ater-se apenas ao dano moral, excluído o material. Mesmo porque, como já dito, não se pode indenizar o possível resultado. Não se indeniza o que a vítima hipoteticamente deixou de lucrar, mas, sim, a oportunidade existente em seu patrimônio no momento em que ocorreu o ato danoso. O que os pais perderam, repita-se, é a chance do tratamento e não a continuidade da vida. A falta reside na chance de cura de sua filha, e não na própria cura. Falta, assim, pressuposto essencial à condenação do recorrente ao pagamento do pensionamento, nos termos em que formulado."

Divergiu, especificamente no tocante ao reconhecimento da não reparação dos danos materiais, a eminente Min. Nancy Andrighi, em erudito voto-vista, que resultou vencido – preponderando o entendimento manifestado no voto do Relator. A decisão majoritária, pois, concedeu a reparação dos danos morais aos pais, pela morte da filha – e negou os danos materiais, por entender ausente causalidade direta entre a omissão do hospital particular e o evento morte. Nessa linha de raciocínio, o Relator indeferiu o pedido de pensionamento até a idade de 25 anos, formulado pelos autores. Pelo fato de não se ter a certeza de que a paciente sobreviveria, afastou-se a condenação por danos materiais.

O reconhecimento de duplo nexo causal na perda de uma chance – um, vinculado à chance perdida, propriamente dita; outro, ligado ao prejuízo final, *in casu*, o evento morte – mereceu da Min. Nancy Andrighi as seguintes considerações:

"Na hipótese específica dos autos, não obstante reconheça a incidência da teoria da perda da chance – afirmando que, caso tivesse sido atendida pelo recorrido, a menor teria alguma perspectiva de sobrevivência – o Min. Relator rejeita o pedido de condenação por danos materiais, sob o argumento de que não se indeniza prejuízo hipotético, ressalvando não haver como afirmar, com certeza, que a conduta do hospital impediria o resultado. A despeito disso, julga procedente o pedido de indenização moral, afirmando não se tratar de reparação pela morte da criança, mas pela perda da chance de sobrevivência decorrente da omissão do hospital. Rogando ao I. Min. Relator as mais elevadas vênias, penso ter havido confusão na apreciação do nexo de causalidade enquanto requisito indispensável à caracterização de cada um dos danos. Salvo melhor juízo foram levados em consideração diferentes liames de causalidade: para o dano material buscou-se nexo entre o comportamento do hospital e o resultado morte, enquanto para o dano moral procurou-se nexo entre a referida conduta e a redução de chance de sobrevivência do paciente. Daí as diferentes conclusões alcançadas, admitindo a existência de dano moral, mas afastando a presença do dano material. Ocorre que, em se tratando de perda da chance, há um único nexo de causalidade a ser perquirido, ligado, como visto, não ao resultado final (morte) para o qual a conduta do agente pode ou não ter contribuído, mas apenas à oportunidade que se privou. Trata-se, pois, de quantificar em que medida a conduta do hospital contribuiu para a chance (de viver) perdida. Nesse aspecto, deve-se: (i) verificar a presença de uma chance concreta, real, com alto grau de probabilidade de obter um benefício ou sofrer um prejuízo; (ii) confirmar se a ação ou omissão do agente tem nexo causal com a perda da oportunidade de exercer a chance (sendo desnecessário que esse nexo se estabeleça diretamente com o objeto final); (iii) atentar para o fato de que o dano não é o benefício perdido, porque este é sempre hipotético. A partir daí, a reparação civil pela perda de uma chance se dará pelo estabelecimento de uma indenização para esse bem jurídico autônomo, em uma proporção aplicada sobre o dano final experimentado, fixada conforme a probabilidade da chance perdida de alterar esse resultado danoso. (...)"

Nada obstante a Ministra admitir a reparação do dano material, no caso concreto houve por bem não concedê-la, porquanto a apreciação dessa verba indenizatória implicaria revolver material fático-probatório, para a aplicação do direito à espécie, atividade vedada ao STJ. A controvérsia não comporta fácil deslinde, sobretudo quando se trata de pensionamento – cuja fixação se torna ainda mais complexa, devido à redução do valor mensal, determinada pela perda da chance. Todavia, ao se firmar a autonomia do dano da perda de uma chance, somente se deve levar em conta único nexo de causalidade, aquele que se estabelece entre o comportamento omissivo e a probabilidade perdida, para todos os efeitos (admissão da teoria e quantificação do dano). O prejuízo da perda de uma chance abrange tanto os danos materiais quanto os danos morais.

Nessa fixação, como já dissemos, leva-se em consideração a maior ou a menor gravidade da chance perdida, relativamente ao prejuízo final. Por isso, essa dupla causalidade – uma, peculiar à admissão da perda de chance, para a concessão de danos morais; outra causalidade, aleatória por natureza, de impossível comprovação, ligando a chance perdida ao evento morte, para o fim de pensionamento – não seria admissível. Nesse sentido, valha-nos a lição de Nuno Santos Rocha:

"Contudo, pelo facto de esta reparação ser calculada em função do dano final, tal não significa que se esteja a conceder uma indenização parcial contrariando os princípios ressarcitórios da responsabilidade civil. Logo, sendo a "perda de chance" um dano específico e autónomo, a sua reparação terá também como medida a extensão do dano, sendo por isso totalmente integral. Quem defende o contrário só pode estar a rejeitar toda a especificidade da noção de perda de chance. O único nexo causal certo e provado é o que liga o facto ilícito às oportunidades perdidas, é este o prejuízo que vai ser reparado e como todos os prejuízos, terá de o ser integralmente. Aqueles que afirmam que a indenização é parcial, ou se enganam no prejuízo, ou só podem rejeitar a existência do dano de perda de chance".[24]

Ainda, vale mencionar que nos tribunais estaduais, há interessante discussão que vem sendo travada, quanto a aplicabilidade da teoria da perda de uma chance, em casos

---

24. Rocha, Nuno Santos. *A 'perda de chance' como nova espécie de dano*. Coimbra: Almedina, 2014, p. 68.

relacionados à má prestação nos serviços de criogenia de material genético. Essas células são potencialmente aptas a regenerar tecidos do corpo humano, pois realizam manutenção funcional do organismo, por meio da substituição de células que vão morrendo ou perdendo a sua função. O sangue do cordão umbilical é uma das fontes de células-tronco para o transplante de medula óssea, indicado como tratamento para diversas doenças. Tem-se notícia de que em algumas ações indenizatórias foi pleiteada a aplicação da referida teoria, baseando-se na negligência da empresa responsável pela extração das células-tronco do cordão umbilical, no momento do parto, e pelo seu posterior armazenamento.

No Tribunal de Justiça do Espírito Santo, foi julgada, em 2014, ação de indenização em face do maior banco privado de sangue de cordão umbilical no Brasil. Um casal contratou os serviços da empresa para preservar o material genético da nascitura, o que possibilitaria a realização de transplante de medula óssea para a outra filha do casal, que era portadora de leucemia linfoide aguda. A empresa realizou o procedimento de coleta das células-tronco, porém a quantidade armazenada mostrou-se insuficiente para o tratamento médico recomendado para a outra filha que, posteriormente, veio a falecer. Embora tenha sido colhido o volume de 89,7 mL de sangue do cordão umbilical, apenas uma bolsa contendo 15 ml de sangue foi congelada.

De acordo com informações no site do Instituto Nacional de Combate ao Câncer (INCA), a quantidade de sangue que deve ser coletada para fins de uso terapêutico é por volta de 70 mL e 100 mL, valor muito acima do que foi congelado pela empresa. Inclusive, nos Estados Unidos, existe regulamentação sanitária específica prevendo que o cordão umbilical com menos de 60 ml deve ser descartado, devido a sua imprestabilidade para quaisquer fins terapêuticos.

Diante desse contexto, o tribunal entendeu que o banco privado possuía um dever de qualidade e de quantidade imposto aos fornecedores de produtos e serviços em geral, e que ele prestou um serviço deficiente, inadequado para o fim a que se destinava. Embora a chance de cura da filha fosse bastante pequena, dada a agressividade da sua doença, era certo que a probabilidade de cura realmente existia e, por isso, foi considerada para fins de responsabilidade civil. Nesse sentido, concluiu-se que:

"Deve a apelada responder não pelo falecimento de Yolanda, cuja causa mortis foi, de fato a leucemia linfoblástica aguda (...), mas sim pela expectativa frustrada que gerou em seu genitor, ora apelante, que tinha a esperança de fornecer ao menos uma chance de cura a sua filha. (...) A própria Dra. (...), em seu depoimento testemunhal, afirma que não havia outra alternativa para o tratamento da enfermidade de Yolanda que não fosse o transplante de medula óssea; e que o transplante 'era uma chance de aquela criança ficar curada'. Portanto, restando comprovado que a apelada prestou ao apelante serviço de criogenia com vícios de qualidade e de quantidade, bem como o nexo causal decorrente entre aquele serviço defeituoso e a perda de uma chance de cura para a enfermidade sofrida pela filha do contratante, deve ela (a apelada) responder pelos danos patrimoniais e extrapatrimoniais que lhes foram causados, nos termos do artigo 14 do Código de Defesa do Consumidor."

Por fim, consideradas as condições específicas de saúde da criança, quantificou-se o valor da indenização, pela chance perdida, no montante de R$ 15.000,00, fixados pela proporcionalidade da expectativa de cura, que era pequena, em torno de aproximadamente cinco (5) por cento.

5. NOTAS CONCLUSIVAS

Não devemos ignorar que a saúde é realidade complexa. Nos últimos cinquenta anos, é a pessoa quem se encontra no centro da responsabilidade civil. Qualquer atentado à saúde do ser humano é digno de proteção.

A perda de uma chance constitui prejuízo específico e autônomo, mas não deve ser confundido com o prejuízo final e nem constitui fração deste. Todavia, na avaliação, a perda de uma chance de evitar o dano está, necessariamente, ligada a esse dano; a indenização corresponde a percentual representativo dessas chances. Se o prejuízo final varia após a primeira avaliação, a perda de uma chance deve, também, variar, na mesma proporção.[25]

A partir da análise doutrinária e jurisprudencial, pode-se claramente compreender que o dano pela perda da chance deve ser analisado com a máxima cautela, para que a reparação das chances perdidas não caracterize um desvirtuamento da noção clássica de nexo de causalidade. Insta ressaltar, por oportuno, que a perda de uma chance se contrapõe ao mero dano hipotético, baseado em simples expectativa de dano. A configuração da chance não é dependente da concorrência de circunstâncias eventuais e futuras, sem suporte na realidade atual.

A *chance de cura ou de sobrevivência,* portanto, quando real e concreta, apta a superar aquele estágio da expectativa abstrata e improvável, torna-se passível de proteção judicial. A frustração da chance lastreada em dados empíricos consistentes, representa um dano. Como tal, há se ser objeto da devida reparação. O desafio reside em saber em que medida se pode autonomizar essas chances, atribuindo-lhe um *valor econômico* e *proteção jurídica.*

Em resumo, cabe ao julgador: (a) estabelecer qual seria a compensação devida, caso a reparação tivesse como objeto o prejuízo final; (b) determinar, com a maior aproximação possível, a extensão da chance perdida. (c) nunca relegar a plano secundário o fato de que a reparação, na perda de uma chance, será sempre mitigada; (d) considerar, sempre, o grau de culpa com que se houve o médico, ao omitir a providência que, hipoteticamente, poderia ter evitado o prejuízo final.

6. REFRÊNCIAS

Chartier, Yves. *La reparation du prejudice.* Paris: Dalloz, 1996, p. 13 e ss.

Dorsner-Dolivet, Annick. *La responsabilité du médecin.* Paris: Economica, 2006.

Ferreyra, Roberto Vazquez; TALLONE, Federico. *Derecho médico y mala praxis.* Rosário: Juris, 2000.

GIBERT, Sabine. *Guide de responsabilite medicale et hospitaliere*: Quelle Indemnisation du Risque Medical Aujourd'hui? Paris: Berger Levrault, 2011.

JOURDAIN, Patrice. Sur l aperte d'une chance. *RTD Civ*, França, 1992, p. 109.

Lambert-Faivre, Yvonne. *Droit du dommage corporel*: Systèmes D'indemnisation. 3. ed. Paris: Dalloz, 1996.

PETEFFI DA SILVA, Rafael. *Responsabilidade civil pela perda de uma chance.* 2. ed. São Paulo: Atlas, 2009.

Rocha, Nuno Santos. *A perda de chance como nova espécie de dano.* Coimbra: Almedina, 2014, p. 68.

Severo, Sérgio. *Os danos extrapatrimoniais. São Paulo: Saraiva, 1996.* p. 13-14.

Teixeira Pedro, Rute. *A responsabilidade civil do médico*: Reflexão sobre a noção de perda de chance e a tutela do doente lesado. Coimbra: Coimbra Ed., 2008. p. 384.

---

25. JOURDAIN, Patrice. Sur l aperte d'une chance. *RTD CIV*, França, 1992, p. 109.

FUNDAMENTOS DA RESPONSABILIDADE CIVIL OBJETIVA EXTRACONTRATUAL

Marcelo Benacchio

Doutor e Mestre em Direito pela Pontifícia Universidade Católica de São Paulo. Professor do Mestrado em Direito da Universidade Nove de Julho. Professor Titular da Faculdade de Direito de São Bernardo do Campo. Juiz de Direito em São Paulo.

Sumário: 1. Introdução. 2. O fundamento da responsabilidade civil objetiva. 2.1 Risco como fundamento da responsabilidade objetiva. 2.2 O exercício de atividade perigosa como fundamento da responsabilidade objetiva. 2.3 A equidade como fundamento da responsabilidade objetiva. 2.4 A lei como fundamento da responsabilidade objetiva. 2.5 O fundamento da responsabilidade civil objetiva desde o equilíbrio entre patrimônios sob o prisma da solidariedade e o sistema legal. 3. Conclusão. 4. Referências.

1. INTRODUÇÃO

O Professor Renan Lotufo tinha por característica marcante o interesse, cuidado e carinho com que tratava a todos, especialmente seus alunos.

Bem humorado, bondoso e exigente formou gerações de professores que reproduziam seus ensinamentos e forma de ser. Entre nós, professores por ele formados, sempre foi mencionado como "O Professor" no sentido mais amplo da palavra.

Sua importância para o Direito Privado, como um todo, e a responsabilidade civil no particular está documentada por seus estudos, orientações, pesquisas e publicações.

Acompanhei o Professor Renan Lotufo no curso de mestrado e doutorado na PUC/SP, na Escola Paulista da Magistratura, no Instituto de Direito Privado e tantas outras instituições acadêmicas, reproduzo seus ensinamentos jurídicos, docentes e pessoais a todo momento, citando-o constantemente em minhas atividades docentes, acadêmicas e profissionais.

Sou eternamente grato ao Professor Renan Lotufo por tudo.

Passo ao estudo.

A responsabilidade subjetiva tem como fundamento a culpa, assim, numa situação dessa natureza toda atenção se volta à presença ou não da falta de dever objetivo cuidado para solução de questões referentes à incidência da responsabilidade civil.

O liberalismo, calcado na liberdade e vontade, elegera a culpa como fundamento de toda responsabilidade civil, assim, sempre haveria uma voluntariedade na imposição dos deveres da responsabilidade civil.

Esse quadro entra em crise com a introdução da responsabilidade civil objetiva que da exceção passa a ser regra, como ocorre com o Código Civil ao estabelecer hipóteses de responsabilidade civil objetiva e subjetiva sem a possibilidade de se aferir uma preponderância entre aquelas.

MARCELO BENACCHIO

Nos casos mais difíceis de interpretação e aplicação da responsabilidade civil é relevante a busca pelas razões científicas de seu fundamento para exata compreensão do fenômeno jurídico e a correta solução das questões postas.

A responsabilidade civil objetiva oferece dificuldades para exposição de seu fundamento por força da variada gama de situações nas quais o ordenamento jurídico prevê sua incidência afastando-se da responsabilidade civil subjetiva, notadamente, da culpa.

Nessa perspectiva este estudo investiga o fundamento da responsabilidade civil por meio da utilização do método hipotético-dedutivo com o emprego pesquisa bibliográfica e normativa, com o objetivo da indicação da razão científica de sua incidência.

2. O FUNDAMENTO DA RESPONSABILIDADE CIVIL OBJETIVA

A busca de um fundamento para a responsabilidade objetiva pretende a demonstração científica[1] de sua realidade, ou seja, no campo da ciência jurídica qual é a razão determinante de que a dada situação seja aplicada a responsabilidade civil objetiva[2].

O ordenamento jurídico diante de um dano determina consequências jurídicas à pessoa imputada como responsável, destarte, cabe examinar a razão do critério de ligação, de causalidade jurídica, entre o dano e o sujeito a quem se atribui o fato danoso e, por consequência, a obrigação decorrente, normalmente, voltada à reparação do dano.

Nas situações de responsabilidade subjetiva a doutrina é unânime acerca da culpa encerrar o fundamento da atuação da norma de responsabilidade civil, ou seja, o elemento de ligação entre o fato e o dano fixando a causalidade é a culpa, cuja artificialidade é demonstrada ante as dificuldades em sua exata conceituação, pois, encerra razões, normalmente, contrárias à ideia natural de que quem cause o dano deve repará-lo, pois, não basta o dano advindo do ato, deve perquirir-se o elemento moral anímico – a culpa[3].

---

1. Conhecer em sentido lato é a apreensão de uma realidade externa trazendo-a para a mente como algo verdadeiro, portanto, o conhecimento tem um objeto sobre o qual se debruça a atenção daquele que conhece, do contrário, seria impossível a mente humana captar todas as situações que interagem em seu meio dada as infinitas possibilidades que encerra. A Ciência refere-se à reunião do conhecimento acerca de determinado aspecto de molde a se construírem conceitos, leis, classes com o objetivo de se justificar a verdade em dado ramo do conhecimento em razão das constantes existentes mediante total demonstração. Nessa senda, aclara-se que a ciência é uma atividade racional voltada à sistematização dos fenômenos que a integram. Também pode ser mencionada como uma forma de ordenar e coordenar os fenômenos que cercam o homem de molde a permitir-lhe a compreensão e previsão do mundo que habita. De outra banda o conhecimento científico é voltado a uma metodologia a ser aplicada no plano abstrato de molde a permitir a certeza do final do processo assinalado mediante regras a serem observadas. O conhecimento científico, segundo Miguel Reale, *é aquele que obedece a um processo ordenatório da razão, garantindo-nos certa margem de segurança quanto aos resultados, a coerência unitária de seus juízos e a sua adequação ao real* (Filosofia do direito. São Paulo: Saraiva, 1996, p. 55).

2. Acerca do motivo que determina a reparação, Caio Mário da Silva Pereira (Responsabilidade civil. Rio de Janeiro: Forense, 1994, p. 13) comenta: *A mais profunda controvérsia e a mais viva polêmica vige em torno da determinação do fundamento da responsabilidade civil. Se não padece dúvida a indagação se o ofensor é responsável, travam-se de razão os autores quando enfrentam esta outra questão: por que é responsável o causador do dano? Os escritores, de maneira geral, e os escritores brasileiros em particular, agrupam-se em campos inimigos ao desenvolverem a fundamentação do princípio, distribuindo-se nas duas teorias que se combatem: de um lado, a doutrina subjetiva ou teoria da culpa, e, de outro lado, a doutrina objetiva, que faz abstração da culpa (responsabilidade sem culpa) e se concentra mais precisamente na teoria do risco.*

3. Correlato a esse ponto são as proposições de Miguel Maria de Serpa Lopes (*Curso de direito civil.* v. V. Rio de Janeiro: Freitas Bastos, 1995, p. 164-165) ao explicar, sociologicamente, o surgimento da culpa como uma necessidade frente ao deslocamento da responsabilidade do grupo de caráter coletivo para uma responsabilidade individual. Assim quando prevalecia a solidariedade do grupo a este era possível assimilar os danos de forma a manter o seu equilíbrio não se cogitando da necessidade da verificação de questões ligadas à imputabilidade ou responsabilidade individual; entretanto, a partir do momento que houve o chamado *abandono noxal* resultou impossível a vigência do sistema anterior, uma vez que se tornara excessivamente penoso para um indivíduo suportar a reparação sem a solidariedade de seu grupo; sendo

FUNDAMENTOS DA RESPONSABILIDADE CIVIL OBJETIVA EXTRACONTRATUAL **355**

De outro lado, cuidando-se de responsabilidade objetiva, na qual não há uma norma de caráter geral que se refira a todas as hipóteses mas sim a vários critérios de imputação, e a culpa é relegada para um plano externo ao estabelecimento do dever de indenizar, assim, surge a dificuldade em se apontar o exato fundamento da imposição da obrigação decorrente da responsabilidade civil em virtude da causalidade decorrer da previsão legislativa que une o dano ao responsável pelo fato lesivo que originou aquele.

Apesar da certificação negativa acerca da irrelevância da culpa no exame do fundamento da responsabilidade objetiva, compete indagar qual é a razão primária da responsabilidade objetiva.

Para tanto serão brevemente expostas as principais vertentes e a respectiva problemática para justificação científica do objeto desta pesquisa.

2.1 Risco como fundamento da responsabilidade objetiva

Parte da doutrina inclina-se em fundar a responsabilidade objetiva na teoria do risco, impondo a responsabilidade àqueles que criam riscos com o exercício de suas atividades, mormente as de cunho econômico, ante o proveito que delas retiram.

Essa compreensão é incorreta em decorrência de sua incompletude, porquanto o dever secundário haurido da responsabilidade civil não é imposto, sempre, pelo risco, porquanto há diversas situações nas quais apesar da presença do risco não há incidência de responsabilidade civil objetiva como acontece na condução de veículos regradas pelo disposto no artigo 186 do Código Civil, de responsabilidade civil subjetiva; bem com, outras de responsabilidade objetiva sem a presença da teoria do risco, como a disposição contida no art. 938 do Código Civil[4], por não comportar a ideia de proveito em relação ao responsável, a exemplo de objetos lançados por terceiros que se encontrem no imóvel.

Desse modo, havendo hipótese de risco em que não se aplica a responsabilidade objetiva e outras em que há responsabilidade objetiva e não existe risco, é o que basta a demonstração de que a teoria do risco presta-se a uma das inspirações do legislador, e não o único princípio da responsabilidade objetiva. Portanto, fica superada a identidade entre responsabilidade objetiva e responsabilidade por risco[5][6][7] na forma concebida pelos precursores da teoria do risco, de forma que é correta a utilização da expressão respon-

---

normal a reação do causador do dano no sentido de fundar sua defesa na ausência de intenção de prejudicar, parecendo-lhe injusto a imposição de tal dever a sem presença de uma falta moral, ou seja, de culpa.

4. No caso a responsabilidade é objetiva conforme MENEZES DIREITO, Carlos Alberto; CAVALIERI FILHO, Sérgio. *Comentários ao novo código civil.* v. XIII. Rio de Janeiro: Forense, 2004, p. 291.

5. LEVI, Giulio. *Responsabilità Civile e Responsabilità Oggettiva.* Milano: Giuffrè, 1986, p. 24.

6. A situação é bem exposta em RESCIGNO, Pietro (Coord.). *Trattato di Diritto Privato.* Torino: UTET, 1987, p. 106, da seguinte forma: "E vi sono anche ulteriori conseguenze. Intensa nel senso che si è accennato, l´area di operatività del rischio d´impresa non può identificarsi con quella cui pertiene la c.d. responsabilità oggettiva, che – quale strumento linguistico-brachiologico di contenuto opposto alla responsabilità "soggettiva" – designa tutte le fattispecie di responsabilità senza colpa previste dall´ordinamento (o construite dalla dottrina). "Não pode explicar-se pela ideia do risco um certo número de casos de responsabilidade sem culpa (...). Em matéria de obras públicas, o dano permanente resultante da vizinhança de uma obra pública não perigosa dá direito a reparação, quando não excede os inconvenientes ordinários da vizinhança. A solução é antiga e tradicional".

7. RIVERO, Jean. *Direito Administrativo.* Coimbra: Almedina, 1981, p. 326, refere: "Não pode explicar-se pela ideia do risco um certo número de casos de responsabilidade sem culpa (...). Em matéria de obras públicas, o dano permanente resultante da vizinhança de uma obra pública não perigosa dá direito a reparação, quando não excede os inconvenientes ordinários da vizinhança. A solução é antiga e tradicional".

MARCELO BENACCHIO

sabilidade sem culpa e equivocada a designação responsabilidade pelo risco quando se pretende mencionar a responsabilidade objetiva em termos gerais.

Não obstante a isso, em nosso ordenamento jurídico o risco é a hipótese mais recorrente de responsabilidade objetiva sobretudo nas atividades empresariais, conforme adotado, em regra[8], pelo Código de Defesa do Consumidor, como expressão máxima da substituição de um princípio individualista de responsabilidade por outro coletivista em virtude de que a indenização é suportada por toda a sociedade com o consequente aumento do preço de venda do produto ou serviço ante à elevação do custo em face de um sistema de responsabilidade mais rígido.

Da mesma forma, o artigo 927, parágrafo único, do Código Civil acolhe a teoria do risco como fundamento genérico da responsabilidade objetiva a o estabelecer que *"Haverá obrigação de reparar o dano, independentemente de culpa, nos casos especificados em lei, ou quando a atividade normalmente desenvolvida pelo autor do dano implicar, por sua natureza, risco para os direitos de outrem*, entretanto, isso não altera a impossibilidade científica de se adotar o fundamento em questão em virtude das outras previsões de responsabilidade civil objetiva sem a ocorrência de risco, o que, aliás, é coerente com o conteúdo do dispositivo legal em exame como se depreende da assertiva nele contida – *nos casos especificados em lei* – a qual permite a existência de outros fundamentos, além do risco, para a responsabilidade objetiva.

2.2 O exercício de atividade perigosa como fundamento da responsabilidade objetiva

Outro fundamento da responsabilidade objetiva a ser examinado é o relativo à "exposição ao perigo" ou simplesmente "perigo"[9] onde se concebeu a ampliação da teoria do risco[10] de maneira a abranger atividades onde ainda que não haja, necessariamente, um benefício àquele que as exerça exista um perigo de lesão a outrem; sob esse prisma, no dizer de Marco Comporti[11], *il danno derivante da una situazione di pericolo va imputato (con la conseguente obbligazione riparatoria) a colui che aveva causato il pericolo di tale danno, senza necessità di alcuna indagine della colpa.*

Nessa linha, a criação de um estado perigoso seria o traço comum e fundamento das hipóteses de responsabilidade objetiva previstas pelo legislador, entretanto, tal como no

---

8. Mesmo na presença de relação de consumo, a responsabilidade civil dos profissionais liberais é subjetiva nos termos do art. 14, §. 4º do Código de Defesa do Consumidor, cuja redação é a seguinte: "A responsabilidade pessoal dos profissionais liberais será apurada mediante a verificação de culpa".

9. Eugenio Bonvicini, *La responsabilità civile*, Milano: Giuffrè, 1971, t. I, p. 453, anota que esse pensamento, ainda que contemporaneamente tenha sido acrescido de outros aspectos e finalidades, foi sustentado no passado por Rumelin, *Die Grunde der Schadensznerchung und die Stellung B.G.B. ecc.*, Freiburg-Leipzig, 1896; Venezian, *Danno e risarcimento fuori dei contratti*, in Opere Giuridiche, Roma, 1919 e Müller-Erzbach, *Gefährdungschaftung und Gefahrtragung*, in Arch. für die civilistische Praxis, 1910.

10. Da análise da diferenciação levada a efeito por Mário Comporti (*Esposizione al pericolo e responsabilità civile*. Napoli: Morano, 1965, p. 169-170), acerca do dano e risco infere-se que não há uma diversidade substancial entre "risco" e "perigo" donde se concluiu pela assertiva da ampliação da teoria do risco. O referido autor expõe: "Invero, "rischio" è un concetto che viene in rilievo, per così dire, all´interno di un´attività umana, ossia un fenomeno subiettivizzato, in relazione alla valutazione essenzialmente economica dell´alea che un soggetto assume intraprendendo un´impresa, od un affare. "Pericolo" è invece minaccia notevole di danno a terzi, grave probalità del losione, derivante da una determinata attività, o da un determinato comportamento o situazione. È una nozione essenzialmente oggetiva, che rappresenta la rilevante potenzialità attuale di danno o di maggior danno, il cui profilo pregnante si evidenzia nella sua proiezione all´estero, in relazione ai terzi minicciati dal danno".

11. Op. cit., p. 177.

FUNDAMENTOS DA RESPONSABILIDADE CIVIL OBJETIVA EXTRACONTRATUAL **357**

risco, é de se ter por insuficiente esse critério uma vez que na hipótese de responsabilidade complexa prevista no art. 932, inc. III, do Código Civil, de natureza objetiva[12], não se observa, necessariamente, a criação de um perigo na situação em que uma pessoa atue sob orientação de outra, de forma gratuita, e sem ter por objeto atividade de cunho empresarial, do contrário, a noção de perigo confundir-se-ia com qualquer atuação na medida em que quase a totalidade das condutas humanas põe em risco pessoas e bens, ainda que se observem todos os cuidados devidos.

Andrea Violante[13] também critica o fundamento da responsabilidade objetiva a partir do exercício de atividade perigosa mencionando que algumas atividades empresariais que criam riscos e se inserem em *fattispecie* de responsabilidade objetiva não se configuram necessariamente como sendo uma atividade perigosa na forma considerada pelos partidários de tal corrente doutrinária.

2.3 A equidade como fundamento da responsabilidade objetiva

A busca de uma razão única para a responsabilidade objetiva também redundou na teoria da equidade enquanto seu fundamento[14 15] de modo que a responsabilidade seria estabelecida desde um juízo de equidade que imporia a transferência do dano dos mais ricos aos mais pobres como uma moderna concepção do princípio do "bom samaritano"[16] aplicado para a solução dos conflitos regidos pelo Direito Privado.

Todavia, são inaceitáveis as premissas dessa concepção em virtude da incerteza do exato critério de imputação e da insegurança no que tange aos princípios que norteariam o magistrado na aplicação da equidade[17], destarte, não se teria uma base científica para a identificação da razão inicial da responsabilidade objetiva.

Bonvicini[18] aclara o equívoco desse entendimento mencionando que a equidade se cuida de um conceito metajurídico que não pode ser classificado como fonte da responsabilidade objetiva e tampouco como seu princípio geral, mas sim como critério corretivo

---

12. A responsabilidade dos patrões, amos e comitentes pelos atos dos empregados, serviçais e prepostos, no direito brasileiro, é objetiva conforme Alvino Lima, *A responsabilidade Civil pelo Fato de Outrem*. São Paulo: Revista dos Tribunais, 1998, p. 62-115, Caio Mário da Silva Pereira, op. cit., p. 96, Guilherme Couto de Castro, *A responsabilidade civil objetiva no direito brasileiro*. Rio de Janeiro: Forense, 1997, p. 32-36; a evolução dessa compreensão ocorreu na seguinte ordem: a. Concorrência de culpa representada pela culpa *in eligendo* ou *in vigilando*; b. Presunção de culpa dos empregados consoante entendimento jurisprudencial representado pela súmula n. 341 do Supremo Tribunal Federal (*É presumida a culpa do patrão ou comitente pelo ato culposo do empregado ou preposto*); c. Consolidação do entendimento de que a responsabilidade é objetiva por não estar inserido o requisito da culpa na *fattispecie*.

13. VIOLANTE, Andrea. op. cit., p. 39.

14. Miguel Reale (*Lições preliminares de direito*. São Paulo: Saraiva, 1987, p. 294-295, leciona que "mediante juízos de equidade, se amenizam as conclusões esquemáticas da regra genérica, tendo em vista a necessidade de ajustá-las às particularidades que cercam certas hipóteses da vida social", e depois que equidade é "a justiça amoldada à especificidade de uma situação real".

15. O embrião da compreensão da equidade como fundamento da responsabilidade civil foi concebida por Wilburg (*Die elemente des Schadenrecths*, Marburg a. d. Lahn, 1941) que preconizava a criação de critérios de imputação diversos da culpa e a cargo da valoração do juiz que deveria considerar; no dizer de Pietro Trimarchi (*Rischio e responsabilità oggettiva*. Milano: Giuffrè, 1961, p. 24), "1. Della misura del rischio al quale il danneggiante ha esposto il danneggiato; 2. Della natura delle circostanze che hanno contributo a causare il danno e che provengono dalla sfera del danneggiante; 3. Del fatto che nella sfera del danneggiante si sia manifesta, o meno, una colpa, un comportamento anormale, un guasto delle macchine o del materiale, un difetto, sia pure incolpevole, dell'organizzazione; 4. Della posizione economica delle parti".

16. ALPA, Guido; BESSONE, Mario. *La responsabilità civile*. v. 2, Milano: Giuffrè, 1980, p. 127.

17. Pietro Trimarchi, op. cit., p. 28.

18. Op. cit., p. 451-452.

MARCELO BENACCHIO

da interpretação e aplicação da norma às particularidades do caso concreto, o que não se confunde com a essência de tal forma de responsabilidade[19].

2.4 A lei como fundamento da responsabilidade objetiva

A dificuldade em se estabelecer um critério que englobasse todas as hipóteses de responsabilidade objetiva redundou na conclusão de que o motivo de sua imputação fosse correlato à lei, portanto, competiria ao legislador eleger o caso que caberia a aplicação da responsabilidade objetiva, esse, em última análise, seria o fator comum em todas as *fattispecies* – a norma jurídica.

Não obstante, ser certo que a lei é a razão primeira da imposição do dever de indenizar por critérios diversos do da culpa, também o é que quando se busca o fundamento de um instituto se pretende identificar os princípios que o norteiam, do contrário a lei seria a razão inicial de todos os institutos jurídicos.

Diante disso, é de se concluir pela impossibilidade de se alicerçar a responsabilidade objetiva meramente na lei pelo fato de que a pesquisa de sua razão envolve a busca da *ratio legis,* ou seja, deve ser realizado um processo de conhecimento e valoração da norma perante sua finalidade e a integralidade do sistema jurídico de molde a se aclarar os princípios jurídicos que a inspiraram, sendo insuficiente, para o fim que se almeja, a simples alegação de que a razão refere-se ao mero desejo do legislador.

Portanto, a lei não encerraria o fundamento da responsabilidade civil objetiva, mas sim o critério jurídico-valorativo que a inspira, pois, o dado meramente formal do texto da norma não corresponde, normalmente, ao seu conteúdo normativo evidenciado pelo critério de interpretação[20].

2.5 O fundamento da responsabilidade civil objetiva desde o equilíbrio entre patrimônios sob o prisma da solidariedade e o sistema legal

O equívoco das teorias apresentadas não reside na ausência de veracidade de suas proposições, mas sim na impossibilidade de as estender a todas as hipóteses de responsabilidade objetiva, pois, como visto, seus critérios são insuficientes para aclarar o princípio comum a todos os casos. Portanto, a dificuldade encontrada é concernente ao vasto campo ocupado pela responsabilidade objetiva na responsabilidade civil, o qual, aliás, vem sofrendo significativo aumento na maioria dos ordenamentos jurídicos ocidentais no presente século, sobretudo nas últimas décadas, o que é bem representado pelo Direito do Consumidor. A tendência do avanço da responsabilidade objetiva não se opera somente por meio da inovação legislativa, mas, também, pela evolução e modificação da interpretação dos institutos jurídicos como ocorreu com a responsabilidade do patrão pelos atos do empregado, conforme supra exposto.

---

19. Esta também é a concepção de Giorgio Del Vecchio (*Lições de filosofia do direito.* Coimbra: A. Amado, 1979, p. 378-379) como se observa da seguinte assertiva: "Na Ética a Nicómano, Aristóteles concebe a equidade como um correctivo da generalidade da lei; isto é, como uma espécie de justiça melhor que a legal, porque esta, dada a sua generalidade, não pode adequar-se perfeitamente a todos os casos possíveis. No acto de aplicação deve a norma adaptar-se, moldar-se às sinuosidades do caso; deve ser como a famosa régua usada nas construções lésbicas, citada também por Aristóteles, a qual, sendo feita de matéria muito dúctil, podia até medir objectos de contornos irregularíssimos. A equidade não quer a infracção da norma, mas a sua adaptação às diversas circunstâncias de facto, pois só assim satisfará o seu fim e a sua função".

20. Marco Comporti, op. cit., p. 144-145.

FUNDAMENTOS DA RESPONSABILIDADE CIVIL OBJETIVA EXTRACONTRATUAL **359**

Nessa ordem de ideias, a teoria do risco inspira as disposições de responsabilidade sem culpa no Código de Defesa do Consumidor e no Código Civil, a exemplo da cláusula geral contida no artigo 927, p. único, da mesma forma, também poder-se-ia defender que a disposição de responsabilidade civil objetiva em caso de atividade nuclear prevista no art. 21, XXIII, alínea "d", da Constituição Federal estaria fundada no exercício de atividade perigosa; seja como for, permanecem as críticas acerca da insuficiência científica de tais critérios para todas as previsões existentes no ordenamento jurídico acerca da sobredita responsabilidade.

Diante disso, impõe-se que o fundamento proposto tenha amplitude suficiente para alcançar todas as hipóteses identificando-lhes o aspecto comum, assim, acompanhando-se parcialmente a compreensão de Bonvicini[21] se observa que as normas de responsabilidade objetiva buscam o estabelecimento de um equilíbrio entre dois patrimônios que foram abalados pelo acontecimento danoso de modo que o fundamento da responsabilidade objetiva reside na *funzione riequilibraticie preseguita dalla norma attraverso la figura dell´indennità.*

Mesmo assim, é de se ter que ainda falta especificar o critério ou critérios que impõem o dever de reparar, os quais, em nosso entender, referem-se ao ideário que afasta o individualismo jurídico para dar lugar à preocupação social[22] por meio da solidariedade[23] a partir dos pontos traçados pelo legislador e que integram o sistema jurídico.

Desse modo, não há eleição de um fundamento único na responsabilidade objetiva, como acontece na responsabilidade subjetiva, senão o caráter comum do reequilíbrio entre patrimônios que foram afetados pelo evento danoso, o que revela a preocupação social no sentido de que o dano seja reparado independentemente de culpa[24]; além disso, e principalmente, a responsabilidade objetiva também se funda no sistema legal que vai indicar os casos onde a causalidade jurídica vai ser estabelecida por meio de hipóteses nas quais não se cogita da imputabilidade psicológica do agente, aliás, Jorge Bustamante Alsina[25] ressalta a necessidade da previsão legal dos casos de responsabilidade civil objetiva mencionando que a *"aplicación de los fatores objetivos, al contrario de lo que ocurre con la culpa, debe ser expresamente prevista en la ley, dado su carácter excepcional en el sistema de la responsabilidad civil".*

---

21. Op. cit., p. 462-467. A concordância é parcial pelo fato do autor entender que a responsabilidade objetiva encerra indenização por ato lícito, quanto a que, modestamente, pensamos de forma diversa em razão de seguirmos o entendimento da ilicitude objetiva na hipótese.

22. Renan Lotufo (*Código civil comentado: obrigações* – parte geral (arts. 233 a 420), v. 2. São Paulo: Saraiva, 2003, p. 09) ressaltando o aspecto social no campo dos contratos, ensina: "o contrato, que é fonte voluntária das obrigações, torna-se um instrumento de cooperação entre as pessoas, que, no âmbito do sinalagma e da comutatividade, há que preservar a igualdade dos sacrifícios, que, se não decorrer da colaboração conjunta dos que participam da avença, será por força da lei que busca a concretização conjunta dos princípios fundamentais".

23. O acréscimo da solidariedade na responsabilidade civil é uma forma de superar o desafio referido por Nelson Rosenvald (*As funções da responsabilidade civil.* São Paulo: Saraiva, 2017, p. 26) nos seguintes termos: "o desafio para a teoria jurídica consiste em elaborar uma teoria da responsabilidade que se adeque às novas exigências econômicas e sociais".

24. Ricardo Luis Lorenzetti (*Fundamentos do direito privado.* São Paulo: Ed. RT, 1998, p. 96, identifica a preocupação com a reparação do dano e a função social da responsabilidade objetiva como acesso das vítimas à reparação nos seguintes termos: "A Responsabilidade civil baseada na imputação culposa se assemelha a um edifício dotado de portas difíceis de serem abertas: somente quem demonstre culpa, pode obter a reparação. Desse modo, há um importante custo de acesso: necessita-se procurar um bom advogado, provas e estar frente a danos que resultem de condutas suscetíveis de um juízo condenatório. A imputação objetiva amplia o campo de reparação, de vez que não só aqueles que demonstrem a culpa podem obtê-la, mas também aqueles que não estejam em condições de fazê-lo, seja por insuficiência de meios, ou porque tenham sido prejudicados por coisas ou atividades perigosas".

25. *Teoría General de la Responsabilidad Civil,* ed. Buenos Aires: Abeledo-Perrot, 9. ed. 1997, p. 381.

360   MARCELO BENACCHIO

Estabelecido o fundamento conjunto da responsabilidade civil objetiva no sentido do equilíbrio entre patrimônios, a preocupação com a reparação do dano desde um ideário de solidariedade social e a previsão no sistema legal, a questão que ora se coloca é a de se saber quando uma norma legal estabelece uma *fattispecie* de responsabilidade objetiva, o que é de curial importância na medida em que a partir disso é que será possível examinar se estão presentes todos os pressupostos legais que a integram.

A solução, conforme ensinamentos de Nelson Nery Junior, é hermenêutica, ou seja, deve ser verificado a presença do elemento culpa na norma que indica a responsabilidade, assim, se esta é expressamente afastada[26] ou não há sua menção o mandamento legal é de responsabilidade objetiva, se houver sua previsão, a responsabilidade civil é subjetiva.

Isso é bem demonstrado por meio da redação do art. 37, parágrafo 6º, da Constituição Federal, o qual estabelece em sua primeira parte – *As pessoas jurídicas de direito público e as de direito privado prestadoras de serviços públicos responderão pelos danos que seus agentes, nessa qualidade, causarem a terceiros* – portanto, a responsabilidade civil prevista é objetiva por não mencionar a ocorrência de culpa, diverso do que se dá na parte final do dispositivo legal no qual a culpa *lato sensu* é expressamente indicada nos seguintes termos – *assegurado o direito de regresso contra o responsável nos casos de dolo ou culpa*.

3. CONCLUSÃO

O Professor Doutor Renan Lotufo em suas aulas de mestrado e doutorado na Pontifícia Universidade Católica de São Paulo afirmava que a compreensão e solução dos casos jurídicos complexos demandaria o exame da teoria geral do direito e da filosofia do direito de molde a iluminar o instituto jurídico em exame.

Nessa perspectiva, incentivava seus alunos e professores que formou, ao aprofundado estudo do Direito em todas as suas vertentes a partir de indagações de indagações pelo método socrático.

Aplicando mais esse ensinamento do querido mestre, esta pesquisa efetuou questionamentos acerca de possibilidades de fundamentos da responsabilidade civil objetiva.

A par da viabilidade das razões apresentadas, ficou clara a insuficiência das hipóteses lançadas para abarcar toda a gama das previsões legais existentes, bem como, a inutilidade por sua generalidade da consideração da lei para fundamento.

Igualmente, não é possível apresentar a teoria do risco ou da atividade perigosa para explicação da incidência da responsabilidade civil objetiva, justamente, pela presença de diversas hipóteses legislativas nas quais há responsabilidade objetiva e não existe risco.

Como vem ocorrendo com diversos outros institutos jurídicos, a aplicação da solidariedade no campo da responsabilidade civil é o fio condutor para concluirmos o fundamento da responsabilidade civil objetiva a partir do equilíbrio entre patrimônios sob o prisma da solidariedade e o sistema legal.

---

26. Exemplo disso é a redação do art. 12, *caput*, do Código de Defesa do Consumidor – "O fabricante, o produtor, o construtor, nacional ou estrangeiro, e o importador respondem, *independentemente da existência de culpa*, pela reparação dos danos causados aos consumidores por defeitos decorrentes de projeto, fabricação, construção, montagem, fórmulas, manipulação, apresentação ou acondicionamento de seus produtos, bem como por informações insuficientes ou inadequadas sobre sua utilização e riscos"(grifos meus).

FUNDAMENTOS DA RESPONSABILIDADE CIVIL OBJETIVA EXTRACONTRATUAL **361**

Na atual complexidade das relações sociais atuais a multiplicidade de elementos para compreensão do fundamento da responsabilidade civil objetiva tem aptidão para solução das situações complexadas postas sob sua regência normativa.

4. REFERÊNCIAS

ALPA, Guido; BESSONE, Mario. *La responsabilità civile*. Milano: Giuffrè, 1980. v. 2.

ALSINA, Jorge Bustamante. *Teoría General de la Responsabillidad Civil*. 9. ed. Buenos Aires: Abeledo-Perrot, 1997.

BONVICINI, Eugenio. *La responsabilità civile*. Milano: Giuffrè, 1971.

COMPORTI, Mário. *Esposizione al pericolo e responsabilità civile*. Napoli: Morano, 1965.

DEL VECCHIO, Giorgio. *Lições de filosofia do direito*. Coimbra: A. Amado, 1979.

LEVI, Giulio. *Responsabilità Civile e Responsabilità Oggettiva*. Milano: Giuffrè, 1986.

LIMA, Alvino. *A responsabilidade Civil pelo Fato de Outrem*. São Paulo: Ed. RT, 1998.

LORENZETTI, Ricardo Luis. *Fundamentos do direito privado*. São Paulo: Ed. RT, 1998.

LOTUFO, Renan. *Código civil comentado: obrigações – parte geral (arts. 233 a 420)*. São Paulo: Saraiva, 2003. v. 2.

MENEZES DIREITO, Carlos Alberto; CAVALIERI FILHO, Sérgio. *Comentários ao novo código civil*. v. XIII. Rio de Janeiro: Forense, 2004.

PEREIRA, Caio Mário da Silva. *Responsabilidade civil*. Rio de Janeiro: Forense, 1994.

REALE, Miguel. *Filosofia do direito*. São Paulo: Saraiva, 1996.

REALE, Miguel. *Lições preliminares de direito*. São Paulo: Saraiva, 1987.

RESCIGNO, Pietro (Coord.). *Trattato di Diritto Privato*. Torino: UTET, 1987.

RIVERO, Jean. *Direito Administrativo*. Coimbra: Almedina, 1981.

ROSENVALD, Nelson. *As funções da responsabilidade civil*. São Paulo: Saraiva, 2017.

SERPA LOPES, Miguel Maria de. *Curso de direito civil*. v. V. Rio de Janeiro: Freitas Bastos, 1995.

TRIMARCHI, Pietro Trimarchi. *Rischio e responsabilità oggettiva*. Milano: Giuffrè, 1961

A RESPONSABILIDADE CIVIL MÉDICA E O SEGURO DE RESPONSABILIDADE CIVIL

Melisa Cunha Pimenta

Mestre em Direito Civil pela PUC/SP (2009). Pós-Graduada em Direito do Consumidor pela PUC/SP (2003). Graduada em Direito pela PUC/SP (2000). Autora de diversos artigos e do livro "Seguro de Responsabilidade Civil" pela Editora Atlas (2010). Membro da Associação de Direito Internacional de Seguros – AIDA. Sócia do PMR Advogados Associados. Especializada em direito securitário, responsabilidade médica e planos de saúde.

Sumário: 1. Introdução. 2. Da responsabilidade civil médica. 3. Do seguro de responsabilidade civil. 4. Da Contratação do seguro de reponsabilidade civil e da boa-fé objetiva. 5. Conclusões. 6. Referências.

1. INTRODUÇÃO

O instituto da responsabilidade civil, ao longo dos anos, passou por diversas transformações, sendo alvo de discussões e análise por parte dos estudiosos do Direito.

Nesse contexto, como não poderia deixar de ser, foi objeto de estudo do grande Mestre e Professor Renan Lotufo, o qual, dedicou-se intensamente ao tema. Suas exposições sobre o assunto despertavam entre os alunos da Pontifícia Universidade Católica de São Paulo grande interesse, o que, inclusive, levou a ora Autora a tratar sobre o tema em sua Dissertação de Mestrado[1]. Sem sombra de dúvida, o Professor Renan Lotufo deixou suas marcas entre os que tiveram o privilégio de ouvi-lo, tanto pelo seu profundo conhecimento sobre temas de Direito Civil, como pela sua devoção ao Direito.

A responsabilidade civil, em sua teoria clássica, encontra-se fundada na culpa, tendo sido alvo de críticas, em razão do desenvolvimento de atividades as quais passaram a expor a sociedade a maiores riscos, evoluindo, em algumas situações, para a responsabilidade objetiva, na qual apenas se faz necessária a configuração do dano e nexo de causalidade. Passou a haver a coexistência da responsabilidade fundada na culpa, com aquela considerada objetiva.

Entretanto, mesmo tendo havido uma ampliação do fundamento da responsabilidade, a fim de abarcar um maior número de situações, ainda existia um outro entrave a ser solucionado: a questão referente à efetiva ressarcibilidade do dano.

Sob esse prisma, o instituto do seguro surge como solução a fim de garantir a reparabilidade do prejuízo causado, já que *"a operacionalização dos seguros de responsabilidade*

---

1. A Autora apresentou sua Dissertação de Mestrado sobre *"Seguro de Responsabilidade Civil"*, sob a orientação do Mestre e Doutor Giovanni Ettore Nanni (o qual, por sua vez, teve o Professor Renan Lotufo como Mestre e Orientador), tendo realizada a análise acerca do desenvolvimento do instituto da responsabilidade civil desde o direito romano à teoria objetiva, passando, posteriormente, a analisar a conexão entre a evolução do instituto com o seguro.

civil, por outro lado, acaba impulsionando o conceito da própria responsabilidade civil, e assim reciprocamente, em uma dialética enriquecedora e complexa.²"

O tema da responsabilidade civil e da efetiva reparação dos danos, em razão de seus contornos, desperta discussões, do qual não poderia se esquivar o Professor Renan:

> "Um ponto importante a ser destacado é que, embora o contido na ideia original de que ao autor do ato ilícito danoso incumbe o pagamento da indenização, tendo em vista as relações socioeconômicas entre as pessoas terem crescido vertiginosamente, com progressão do volume de violações e danos, visando o equilíbrio dessa situação, o Direito, por vezes, deixa de responsabilizar diretamente quem pratica o ato (...)".³

Neste trabalho nos dedicaremos à análise da responsabilidade civil médica, fundada na culpa, e a sua estrita correlação com o seguro de responsabilidade civil, como forma de permitir uma concreta reparação dos danos.

2. DA RESPONSABILIDADE CIVIL MÉDICA

A responsabilidade civil médica encontra o seu fundamento no Código Civil Napoleônico, inspirado, por sua vez, na teoria construída por Domat e Pothier, sendo necessária a culpa para ensejar a reparação do dano – responsabilidade subjetiva:

> "Os redatores do Código, conforme testificam os mesmos autores, ocupavam-se do problema da responsabilidade sob o duplo aspecto da inexecução dos contratos e das obrigações estabelecidas sem convenção. Em relação à segunda espécie, não houve discrepância, no estabelecer a necessidade da culpa para criar a responsabilidade do autor do dano. Aliás, não poderiam pensar de outro modo. Ao homem de procedimento irrepreensível jamais se poderia, nesse sistema, impor a reparação do dano que tivesse causado. (...) Queria isso dizer que, se era necessária a culpa para estabelecer a responsabilidade, qualquer culpa era suficiente."⁴

Na atualidade, a responsabilidade médica encontra o seu fundamento nos artigos 927 e 186 do Código Civil⁵, os quais exigem a culpa, na modalidade de negligência, imprudência ou imperícia, para o dever de reparação do dano. Na mesma esteira o Código de Defesa do Consumidor⁶, em seu artigo 14, §4º, ao dispor sobre a necessidade de apuração da culpa do profissional liberal, como exceção à responsabilidade objetiva, que é a regra nas relações de consumo⁷. Do mesmo modo, o Código de Ética Médica⁸.

Assim, a responsabilidade dos profissionais da área médica deve ser apurada segundo a teoria clássica da responsabilidade civil, de modo que, para que haja a obrigação de reparação do dano devem estar presentes, cumulativamente, os três requisitos ensejadores da responsabilidade civil: *conduta culposa, dano e nexo de causalidade.*

---

2. TZIRULNIK, Ernesto; CAVALCANTI, Flávio de Queiroz B.; PIMENTEL, Ayrton. *O Contrato de Seguro.* São Paulo: Ed. RT, 2003, p. 134.
3. LOTUFO, Renan. *Código Civil Comentado.* v. 1. São Paulo: Saraiva, 2003. p. 497-498.
4. DIAS, José de Aguiar. *Da responsabilidade civil.* 11. ed. Rio de Janeiro: Renovar, 2006. p. 81.
5. "Artigo 186 – Aquele que, por ação ou omissão voluntária, negligência ou imprudência, violar direito e causar dano a outrem, ainda que exclusivamente moral, comete ato ilícito." - "Artigo 927 – Aquele que, por ato ilícito (arts. 186 e 187), causar dano a outrem, fica obrigado a repará-lo."
6. "Artigo 14 – (...) § 4º A responsabilidade pessoal dos profissionais liberais será apurada mediante a verificação de culpa".
7. Justifica a doutrina a posição adotada pelo Código em razão de que os profissionais liberais, dentre os quais os da área médica, comprometem-se a uma obrigação de meio e não de resultado e, portanto, não poderiam ser submetidos ao regime da responsabilidade objetiva. Inserto in A Proteção Jurídica do Consumidor. São Paulo: Saraiva, 2003, p. 84.
8. Capítulo III – Responsabilidade Profissional – É vedado ao médico: Art. 1º Causar dano ao paciente, por ação ou omissão, caracterizável como imperícia, imprudência ou negligência."

A RESPONSABILIDADE CIVIL MÉDICA E O SEGURO DE RESPONSABILIDADE CIVIL **365**

Com relação à conduta culposa, esta pode ser demonstrada mediante a configuração de *imprudência*, que consiste na falta de cautela/cuidado em virtude de uma ação praticada, como, por exemplo, a ministração de um medicamento em dose superior à adequada. Pode também ser caracterizada pela *negligência*, a qual também decorre da falta de cuidado, mas por uma conduta omissiva, como o médico que deixa de observar o paciente no pós-operatório e não sana a tempo a complicação advinda da cirurgia realizada.

A culpa também pode ser decorrente de *imperícia*, que consiste na ausência de habilidade no exercício da atividade técnica. A título ilustrativo, seria a hipótese de manuseio incorreto do fórceps, acarretando o traumatismo cranioencefálico do recém-nascido.

Ao apreciar casos concretos, muitas vezes, verifica-se a ocorrência de mais de uma modalidade de conduta culposa:

> "O erro de diagnóstico configura culpa, em geral, na modalidade negligência. No entanto, também pode decorrer da imperícia (insuficiência de conhecimento, despreparo técnico para enfrentar o caso prático), quando se identifica a 'carência de conhecimentos sobre a cirurgia ou a mediação em face dos sintomas revelados pelo paciente"[9].

Disso resulta que a vítima, ao pretender a reparação do dano, deve comprovar que o médico atuou com culpa, de modo que o insucesso do tratamento ou a não obtenção do resultado esperado não significa a falha médica e o dever de reparação, já que a obrigação do profissional é de meio[10], isto é, uma obrigação de prestar os serviços da melhor forma possível, propiciando ao paciente todos os cuidados e tratamentos possíveis[11], com exceção feita com relação às cirurgias plásticas de natureza exclusivamente estética[12]:

> "O objeto do contrato médico não é a cura, obrigação de resultado, mas a prestação de cuidados conscientosos, atentos e, salvo circunstâncias excepcionais, de acordo com as aquisições da ciência. Comprometem-se a tratar o cliente com zelo, utilizando-se dos recursos adequados, não se obrigando, contudo, a curar o doente. Serão, pois, civilmente responsabilizados somente quando ficar provada qualquer modalidade de culpa: imprudência, negligência ou imperícia."

São frequentes as discussões levadas aos Tribunais acerca da responsabilidade médica. Quando demonstrada a culpabilidade do profissional, o que enseja a procedência das ações, as indenizações podem chegar a patamares bastante elevados, pois, no mais das vezes, incluem danos materiais, morais, corporais, pensões mensais em decorrência de incapacidade/invalidez.[13]

---

9. BDINE JÚNIOR, Hamid Charaf. *Responsabilidade Civil na Área da Saúde:* Responsabilidade pelo Diagnóstico. São Paulo: Saraiva, 2007, p. 93.

10. Nas obrigações de meio "nada mais exige do devedor do que pura e simplesmente o emprego de determinado meio sem olhar o resultado. Como por exemplo cita os serviços profissionais do médico que se obriga a usar de todos os meios indispensáveis para alcançar a cura do doente, porém sem jamais assegurar o resultado, isto, é a própria cura." Inserto in: STOCCO, Rui. *Tratado de Responsabilidade Civil.* São Paulo: Ed. RT, 2004, p. 466.

11. Nesse sentido, o entendimento do Tribunal de Justiça do Estado de São Paulo: "Portanto, as complicações ocorridas com o autor não decorreram da negligência, imprudência ou imperícia do médico réu, pois são riscos inerentes à própria cirurgia, os quais não podem ser "debitados" ao profissional médico. Neste contexto, necessário ressaltar que o serviço prestado pelo médico réu é uma obrigação de meio e não de resultado, ou seja, o profissional não está contratualmente obrigado a obter o êxito, a cura, eis que esta, além da atuação diligente e prudente e dos conhecimentos técnicos do cirurgião, depende de inúmeros fatores imprevisíveis, e a ciência médica não é exata ou matemática." (TJSP – Apelação 0009732-06.2012.8.26.0189 – Relatora Desembargadora Angela Lopes – julgamento: 22.11.2016).

12. GONÇALVES, Carlos Alberto. *Responsabilidade Civil.* São Paulo: Saraiva, 2006, p. 370.

13. "Extrai-se da conjuntura fática dos autos, tal como delineado pelo Tribunal de origem, que a genitora dos recorrentes, sentindo fortes dores, buscou atendimento emergencial junto ao Hospital Copa D'Or, em 19/08/2003. No preenchimento dos formulários apresentados pelo Hospital, foi informada a alergia da paciente a dipirona (novalgina). Apesar disso,

Não obstante isto, tais ações quando ajuizadas, ainda que com resultados de improcedência, exigem que os profissionais apresentem suas defesas, acompanhem o contraditório; o que enseja custos, tais como a contratação de advogados, custos com a perícia médica, despesas com a contratação de assistentes médicos.

E, é exatamente nesse contexto, de procedência da demanda ou de improcedência, mas com custos ao profissional demandado, que surge a necessidade de contratação de um seguro de responsabilidade civil, consoante será exposto no tópico seguinte.

3. DO SEGURO DE RESPONSABILIDADE CIVIL

O exercício da atividade médica envolve inúmeros riscos, seja em decorrência de fatores psicológicos (estresse, ansiedade), fisiológicos (sobrecarga de trabalho, sono, fadiga), bem como ambientais/sociais (barulho, agitação do ambiente, stress), de modo que, ainda que o profissional seja bem preparado, está sujeito a falhas. Além disso, existe a questão da judicialização em razão de pacientes insatisfeitos, quando os resultados não correspondem ao esperado, ainda que não decorrente de falha do profissional.

Por ser uma atividade sujeita a riscos, torna-se um ato de previdência, por parte do profissional, a contratação de um seguro de responsabilidade civil para se prevenir quanto às consequências financeiras decorrentes de danos causados em virtude de sua atuação:

> "O que o seguro faz é transferir as consequências econômicas do risco caso ele venha a se materializar em um sinistro. O segurado compra a sua segurança mediante o pagamento do prêmio do seguro. Que segurança? De natureza patrimonial, pois sabe que, se ocorrer o sinistro, terá os recursos econômicos necessários para reparar o prejuízo e recompor o seu patrimônio."[14]

Por outro lado, o seguro de responsabilidade civil se apresenta como uma proteção à vítima, pois esta terá a garantia que será indenizada em razão da lesão sofrida, por um ato culposo praticado pelo profissional, pois, "em não raras situações, o prejuízo deixava de ser ressarcido em virtude de o agente não possuir condições financeiras para tanto."[15]

Assim, tal modalidade de seguro propicia, na verdade, dupla proteção, tanto à vítima, como ao ofensor, consoante asseverado em obra anterior:

> "(...) atualmente o seguro é visto como a solução para que se garanta o direito do lesado a ser ressarcido, além de se evitar que o responsável torne-se uma nova vítima – sob o aspecto econômico –, em razão do desfalque patrimonial que sofreria para a reparação do prejuízo causado."[16]

---

a medicação foi ministrada por equívoco pelo preposto do nosocômio na paciente. Após dez minutos da aplicação, a genitora dos recorrentes sofreu uma parada cardiorrespiratória, secundária à reação anafilática, encefalopatia anóxica, culminando com seu coma e internação por cento e cinquenta dias. Superado o prazo de observação interna, foi dada alta à paciente e constatado seu estado vegetativo irreversível. Submetida aos cuidados de assistência domiciliar ininterrupta (home care – 24 horas por dia), os recorrentes acompanharam sua genitora sem andar, falar ou sequer esboçar reação, definhando até a morte, o que ocorreu aos seus 58 anos de idade, apenas 4 anos após a conduta negligente do médico vinculado ao hospital. Diante dessas particularidades e da orientação jurisprudencial em hipóteses semelhantes, fixa-se o valor da compensação por danos morais em 150 salários mínimos em favor de cada recorrente. (STJ – REsp 1.698.812 – Relatora Ministra Nancy Andrighi – Julgamento: 13.03.2018).

14. CAVALIERI FILHO, Sergio. *Programa de responsabilidade civil*. São Paulo: Malheiros, 2005.p. 437.

15. PIMENTA, Melisa Cunha. *Seguro de Responsabilidade Civil*. São Paulo: Atlas, 2010. p. 19.

16. Obra supra. p. 20.

O jurista francês François Ewald[17], ao dissertar sobre o tema, afirma que a contratação de um seguro de responsabilidade civil tornou-se um *véritable devoirs social*, pois ser responsável na atualidade não é somente agir com prudência e diligência, é ser consciente de que falhas podem ser cometidas, de modo que "être responsable, c'est donc s'assurer".

Em Portugal, o seguro de responsabilidade civil para médicos e clínicas possui caráter obrigatório[18]. Nos Estados Unidos[19] consiste na regra, tendo em vista as indenizações bastante elevadas, de modo que os profissionais da área da saúde sequer se arriscam a atuar sem estarem garantidos por um contrato de seguro.

Há quem alegue que a contratação do seguro de responsabilidade civil poderia "estimular" os juízes a concederem indenizações em valores mais elevados, ao constatarem que o profissional, ao apresentar a sua defesa, denunciou a lide à Seguradora.

Esse raciocínio, a nosso ver, não procede, mesmo porque as indenizações possuem correlação com a gravidade do ato culposo praticado e os danos causados, devendo ambos serem devidamente apurados mediante a realização de prova pericial de natureza médica.

A fim de demonstrar a incongruência da alegação acima, trazemos à colação pesquisa realizada em casos semelhantes, comparando as indenizações fixadas em processos com ou sem de seguro de responsabilidade civil[20].

A título de exemplo, cita-se dois casos decorrentes de conduta culposa médica que ocasionaram a morte do nascituro. Tanto na demanda em que houve a denunciação da Seguradora à lide[21], como na que não houve[22], as indenizações foram fixadas no valor de R$ 100.000,00 (cem mil reais) para cada genitor.

Do mesmo modo, comparando-se dois processos nos quais se discutia a realização de mamoplastia mal sucedida, verificou-se que, no processo em que existia um seguro de responsabilidade civil[23], foi fixada a indenização de R$ 20.000,00 (vinte mil reais); sendo o mesmo valor fixado em processo no qual não houve a intervenção da Seguradora[24].

Assim, o nosso entendimento é no sentido de que a existência do seguro de responsabilidade civil, nos processos judiciais, não é fator para a concessão de indenização e nem mesmo da condenação em valores superiores. Os valores indenizatórios, em processos com ou sem seguro de responsabilidade civil, são fixados considerando os elementos concretos do caso (no mais das vezes apurados mediante a realização de prova pericial), obedecendo também os parâmetros da jurisprudência.

---

17. L'etat providence. Paris: Grasset, 1986. p. 391.
18. Portaria 136-B/2014 – Artigo 5° [...] 1 – As clínicas devem contratar e manter em vigor um seguro de responsabilidade civil e profissional que cubra os riscos inerente à respectiva atividade e exigir dos seus profissionais de saúde um seguro de responsabilidade profissional válido. 2 – Os médicos que desenvolverem a sua atividade em consultórios médicos devem ter seguro de responsabilidade civil e profissional válido."
19. "O *medical malpractice insurance* ou seguro por má prática médica encontra-se amplamente difundido no exterior, sobretudo nos Estados Unidos da América. Nesse país, a adoção do referido seguro tornou-se praticamente uma regra que não comporta exceções. É dizer, dificilmente se encontrará um médico que se arriscará a exercer sua atividade profissional sem estar previamente garantido pela contratação desse tipo de seguro" (http://www.conteudojuridico.com.br/artigo,o--seguro-de-responsabilidade-civil-por-erro-medico-no-brasil,590191.html).
20. Ainda para ratificar o nosso entendimento, traz-se a cotejo dois processos em que a controvérsia refere-se à ausência de informações adequadas acerca dos riscos da cirurgia a que o paciente foi submetido. Em ambos ações, as indenizações foram fixadas em R$ 20.000,00 (vinte mil reais): TJSP – Apelação n. 0025256-49.2011.8.26.0554 – Relator Antonio Celso Faria – Data de publicação: 28.02.2018 (ação em que existia um seguro de responsabilidade civil para prestar garantia); TJSP – Apelação n. 0043980-67.2012.8.26.0554 – Relator Egidio Giacoia – Data de publicação: 27.03.2018 (ação sem seguro).
21. TJSP – Apelação 0001763-28.2007.8.26.0281 – Relator Christine Santini – Data de publicação: 21.09.2016.
22. TJSP – Apelação – 0124497-20.2006.8.26.0053 – Relator J. M. Ribeiro de Paula – Data de Publicação: 19/10/2018.
23. TJSP – Apelação 0108043-42.2011.8.26.0100 – Relator Claudio Godoy – Data de publicação: 17.05.2016.
24. TJSP – Apelação 0011444-65.2007.8.26.0590 – Relator Erickson Gavazza Marques – Data de publicação: 20.05.2016.

Altamente recomendada a sua contratação, pois uma única ação pode vir a ter grande impacto econômico no patrimônio do médico, com condenações, dependendo das particularidades do caso, bastante expressivas[25]. Além disso, mesmo em caso de improcedência da ação, o profissional também estaria resguardado das despesas decorrentes do seu acompanhamento, como a contratação de advogados, assistentes técnicos, reembolso das custas processuais.

Assim, a contratação do seguro de responsabilidade civil mostra-se como um dever social, por parte daquele que atua em área possível de causar danos a outrem, ao mesmo tempo, que consiste em uma proteção a todas as pessoas suscetíveis a esse risco.

Nesse sentido o Enunciado 544 do Conselho da Justiça Federal, aprovado durante a VI Jornada de Direito Civil, após 10 anos de vigência do Código Civil:

> "Enunciado 544 – O seguro de responsabilidade civil facultativo garante dois interesses, o do segurado contra os efeitos patrimoniais da imputação de responsabilidade e o da vítima à indenização, ambos destinatários da garantia, com pretensão própria e independente contra a seguradora."

Há um Projeto de Lei de Seguros (n. 29/2017[26]), o qual passa a definir o seguro de responsabilidade civil como uma garantia aos interesses do segurado e dos terceiros lesados:

> "Art. 102. O seguro de responsabilidade civil garante o interesse do segurado contra os efeitos da imputação de responsabilidade e do seu conhecimento, e o dos terceiros prejudicados à indenização."

Trata-se de um seguro que visa satisfazer, concomitantemente, dois interesses: o do profissional (segurado) que o contrata para se proteger das consequências econômicas de eventual dano causado em virtude de sua atuação profissional; e o da vítima, garantindo a esta o recebimento da indenização, em sendo demonstrada a culpa do agente.

4. DA CONTRATAÇÃO DO SEGURO DE REPONSABILIDADE CIVIL E DA BOA-FÉ OBJETIVA

Para que o seguro de responsabilidade civil seja realmente efetivo, tanto para o profissional (segurado), como em relação às vítimas, há algumas questões relevantes para serem consideradas quando da contratação.

Um ponto de extrema relevância é a de que o contrato de seguro é considerado de *uberrimae fidei*, na medida em que o segurador, para prestar garantia ao risco suportado pelo segurado, deve ter a exata compreensão deste, tanto para fins de aceitação do risco, como para taxá-lo corretamente, cobrando o prêmio correspondente.

No Código Civil de 1916 não existia uma cláusula geral de boa-fé, tal como no Código Civil atual, todavia, tal exigência já constava exclusivamente no capítulo referente

---

25. A título de exemplo: Resp 1.707.817; AgInt no Aresp 989.810; AgRg no AResp 512.919; AgRg no AREsp 628.542; AgRg no ARESp 573.746; Resp 1.642.999.

26. Íntegra do artigo: "Art. 102. O seguro de responsabilidade civil garante o interesse do segurado contra os efeitos da imputação de responsabilidade e do seu conhecimento, e o dos terceiros prejudicados à indenização. parágrafo único – Conforme o tipo do seguro contratado, o risco pode caracterizar-se pela ocorrência do fato gerador, da manifestação danosa ou da imputação de responsabilidade." Projeto de Lei de iniciativa do Deputado Federal José Eduardo Cardozo, que se encontra em tramitação no Senado.
   "Art. 103. Os prejudicados poderão exercer seu direito de ação contra a seguradora, desde que em litisconsórcios passivo com o segurado. § 1º O litisconsórcio será dispensado quando o segurado não tiver domicílio no Brasil."

A RESPONSABILIDADE CIVIL MÉDICA E O SEGURO DE RESPONSABILIDADE CIVIL | **369**

ao contrato de seguro, em seus artigos 1.443 e 1.444[27]. No Código atual essa obrigação permanece, seja com fundamento na cláusula geral da boa-fé objetiva (art. 422[28]), seja com relação ao dever de boa-fé na conclusão e execução do seguro (art. 765[29]).

Para tanto, previamente à contratação, o segurador envia ao segurado um questionário de avaliação do risco, cabendo a este responder com veracidade as perguntas formuladas, a fim de que o segurador possa ter a exata compreensão do risco. Consoante afirma Orlando Gomes descrição pré-contratual do risco é essencial para que possa o segurador avaliá-lo corretamente, de modo que o segurado tem a obrigação de informar todas as circunstâncias que possam influir na aceitação do risco, prestando declarações exatas e verdadeiras, não podendo estas ser reticentes e nem omissas[30].

Em se tratando de um seguro de responsabilidade civil para médicos, dentre as informações relevantes para a correta apreciação do risco, pode-se mencionar o questionamento acerca de condenação judicial pretérita; a existência de alguma reclamação (ex: notificação extrajudicial enviada por um paciente); a indicação das áreas de atuação do profissional, pois algumas especialidades estão mais expostas a riscos (como cirurgiões, anestesiologistas, plantonistas, obstetras) do que outras.

Deve-se, todavia, fazer a ressalva de que as perguntas realizadas pelo segurador no questionário devem ser objetivas e claras, evitando-se perguntas com interpretação dúbia ou que levem a respostas equivocadas por parte dos segurados.

Com isto, há o dever imposto a ambas as partes de atuar de acordo com a boa-fé objetiva (arts. 422 e 765 do Código Civil), especificamente com fundamento no artigo 766[31], com relação ao segurado, e artigo 773[32], no tocante ao segurador.

Quando da execução do contrato, também há a exigência da atuação de acordo com a boa-fé objetiva (art. 765 do Código Civil), pois há algumas obrigações impostas ao segurado, dentre as quais o dever de comunicação imediata do sinistro ao segurador (ex. ajuizamento de ação judicial) ou da mera expectativa de sinistro (ex. recebimento de uma notificação extrajudicial), nos termos do artigo 771[33] e 787, §1[34] do Código Civil[35].

---

27. "Art. 1.443. O segurado e o segurador são obrigados a guardar no contrato a mais estrita boa-fé e veracidade, assim a respeito do objeto, como das circunstâncias e declarações a ele concernentes."
   "Art. 1.444 Se o segurado não fizer declarações verdadeiras e completas, omitindo circunstâncias que possam influir na aceitação da proposta ou na taxa do prêmio, perderá o direito ao valor do seguro, e pagará o prêmio vencido."
28. "Art. 422. Os contratantes são obrigados a guardar, assim na conclusão do contrato, como em sua execução, os princípios de probidade e boa-fé."
29. "Art. 765. O segurado e o segurador são obrigados a guardar na conclusão e na execução do contrato, a mais estrita boa-fé e veracidade, tanto a respeito do objeto como das circunstâncias e declarações a ele concernentes."
30. *Contratos*. 26. ed. Rio de Janeiro: Forense, 2008. p. 521.
31. "Art. 766. Se o segurado, por si ou por seu representante, fizer declarações inexatas ou omitir circunstâncias que possam influir na aceitação da proposta ou na taxa do prêmio, perderá o direito à garantia, além de ficar obrigado ao prêmio vencido. § único. Se a inexatidão ou omissão nas declarações não resultar de má-fé do segurado, o segurador terá direito a resolver o contrato, ou a cobrar, mesmo após o sinistro, a diferença do prêmio."
32. "Art. 773. O segurador que, ao tempo do contrato, sabe estar passado o risco de que o segurado se pretende cobrir, e, não obstante, expede a apólice, pagará em dobro o prêmio estipulado."
33. "Art. 771. Sob pena de perder o direito à indenização, o segurado participará o sinistro ao segurador, logo que o saiba, e tomará as providências imediatas para minorar-lhe as consequências."
34. "Art. 787. No seguro de responsabilidade civil, o segurador garante o pagamento de perdas e danos devidos pelo segurado a terceiro. § 1º Tão logo saiba o segurado das consequências de ato seu, suscetível de lhe acarretar a responsabilidade incluída na garantia, comunicará o fato ao segurador."
35. A título ilustrativo, a legislação francesa impõe o mesmo dever ao dispor: "l'assuré est obligé.de donner avis à l'assureur, dès qu'il en a eu conaissance et au plus tard dans le délai fixé par le contrat, de tout sinistre de nature à entraîner la garantie de l'assureur" (Código de Seguros Francês, art. L. 113-2, 4º).

Na hipótese específica de ação judicial proposta em face do segurado, este tem a obrigação de denunciar a lide ao segurador, para que este possa integrar o processo, apresentar a sua defesa e acompanhar o trâmite da ação (art. 787, §3° do Código Civil[36]).

Ainda nessa linha, é defeso ao segurado firmar acordo, seja no âmbito judicial, seja na esfera administrativa, sem a anuência expressa do Segurador, ainda que seja em valor inferior ao devido (art. 787, §2° do Código Civil[37]).

Como se verifica, a boa-fé objetiva permeia toda a relação travada entre segurado e segurador, seja na fase pré-contratual, seja na contratual, de modo que a "relação obrigacional deve ser vista como um 'processo', no qual há a colaboração dos contratantes para que se atinja o fim visado pelo quanto pactuado"[38].

5. CONCLUSÕES

A responsabilidade médica tem como pressuposto a culpa, seja na modalidade da imperícia, negligência ou imprudência, já que consiste em uma responsabilidade subjetiva, com fundamento nos artigos 927 e 186 do Código Civil, artigo 14, §4° do Código de Defesa do Consumidor e Código de Ética Médica.

O exercício da atividade médica está sujeito a inúmeros riscos, em decorrência de fatores diversos, como estresse, fadiga, sobrecarga de trabalho, de modo que, ainda que o profissional seja muito bem preparado, está sujeito ao cometimento de falhas.

Nesse contexto, surge o seguro de responsabilidade civil como uma forma do profissional prevenir-se quanto às consequências financeiras decorrentes de condutas culposas que ensejem danos e lesões aos pacientes em razão do exercício da profissão.

Do mesmo modo, o seguro de responsabilidade civil também consiste em uma proteção à vítima, já que esta terá uma garantia que será indenizada, pois, em não raras situações, o lesado deixava de ser ressarcido em razão do profissional não ter condições financeiras.

Portanto, a contratação do seguro de responsabilidade civil visa dupla proteção, tanto por parte daquele que atua em área possível de causar danos a outrem, ao mesmo tempo, que consiste em uma proteção a todas as pessoas suscetíveis a esse risco.

Para que o seguro tenha a sua efetividade garantida, ambas as partes (segurador e segurado) possuem a obrigação de atuar com boa-fé objetiva, tanto na conclusão do contrato, fazendo o segurador as perguntas adequadas e claras e prestando o segurado as informações corretamente; como durante a execução do contrato, conforme comandos contidos no Código Civil, quanto à imediata comunicação do sinistro e prévia autorização para a realização do acordo.

O seguro de responsabilidade civil, a nosso ver, possui papel fundamental no estágio atual do instituto da responsabilidade civil, em especial no tocante à garantia do efetivo ressarcimento da vítima lesada.

---

36. "Art. 787. No seguro de responsabilidade civil, o segurador garante o pagamento de perdas e danos devidos pelo segurado a terceiro. (...) § 3º Intentada a ação contra o segurado, dará este ciência da lide ao segurador."
37. "Art. 787. (...) § 2º É defeso ao segurado reconhecer sua responsabilidade ou confessar a ação, bem como transigir com o terceiro prejudicado, ou indenizá-lo diretamente, sem anuência expressa do segurador."
38. PIMENTA, Melisa Cunha. *Seguro de Responsabilidade Civil*. São Paulo: Atlas, 2010. p. 122.

6. REFERÊNCIAS

ALVIM. Pedro. *O contrato de seguro*. Rio de Janeiro: Forense, 1986.

BDINE JÚNIOR, Hamid Charaf. *Responsabilidade Civil na Área da Saúde*: Responsabilidade pelo Diagnóstico. São Paulo: Saraiva, 2007.

CAVALIERI FILHO, Sergio. *Programa de responsabilidade civil*. São Paulo: Malheiros, 2005.

COSTA-MARTINS. Judith. *A boa-fé no direito privado*. São Paulo: Ed. RT, 2000.

DIAS, José de Aguiar. *Da responsabilidade civil*. 11. ed. Rio de Janeiro: Renovar, 2006.

EWALD, François. *L'etat providence*. Paris: Grasset, 1986.

GOMES, Orlando. *Contratos*. 26. ed. Rio de Janeiro: Forense, 2008.

GONÇALVES, Carlos Alberto. *Responsabilidade Civil*. São Paulo: Saraiva, 2006.

LOTUFO, Renan. *Código Civil Comentado*. São Paulo: Saraiva, 2003. v.1.

PIMENTA, Melisa Cunha. *Seguro de Responsabilidade Civil*. São Paulo: Atlas, 2010.

PIMENTA, Melisa Cunha. A função social do contrato. *Revista Eletrônica da Faculdade de Direito da PUC-SP*. São Paulo, v. 1, 2008.

POLIDO, Walter A. *Seguros de Responsabilidade Civil* – Manual Prático e Teórico. São Paulo: Juruá.

POLIDO, Walter A. *O contrato de seguro em face da nova perspectiva social e jurídica*. Dissertação (mestrado) – Faculdade de Direito, Pontifícia Universidade Católica de São Paulo, 2008.

STOCCO, Rui. *Tratado de Responsabilidade Civil*. São Paulo: Ed. RT, 2004.

SCHREIBER, Anderson. *Novos Paradigmas da responsabilidade civil* – da erosão dos filtros da reparação à diluição dos danos. São Paulo: Atlas, 2007.

TZIRULNIK, Ernesto; CAVALCANTI, Flávio de Queiroz B.; PIMENTEL, Ayrton. *O Contrato de Seguro*. São Paulo: Ed. RT, 2003.

PRINCÍPIO DA REPARAÇÃO INTEGRAL: FEIÇÃO CLÁSSICA, INSUFICIÊNCIAS E EXPANSÃO FUNCIONAL DA RESPONSABILIDADE CIVIL

Keila Pacheco Ferreira

Doutora em Direito Civil pela Universidade de São Paulo (USP). Mestre em Direito Civil pela Pontifícia Universidade Católica de São Paulo (PUC/SP). Professora Adjunta da Universidade Federal de Uberlândia, nos cursos de Graduação e Mestrado em Direito. Membro do Instituto Brasileiro de Estudos de Responsabilidade Civil (IBERC) e do Instituto de Direito Privado (IDiP). E-mail: keilapacheco@ufu.br.

Sumário: 1. Introdução. 2. O princípio da reparação integral em sua feição clássica: *tout le dommage, mais rien que le dommage.* 3. Insuficiências da função reparatória e a necessária expansão funcional da responsabilidade civil. 4. Considerações finais. 5. Referências.

1. INTRODUÇÃO

O ano era 2000, fim do milênio, novo século se anunciado. Processo seletivo para ingresso no curso de mestrado da Pontifícia Universidade Católica de São Paulo. Fase de entrevistas. Na banca examinadora, Prof. Dr. Renan Lotufo, ilustre desembargador aposentado, advogado, consultor jurídico, professor. Na noite anterior, uma garota recém-formada saía do interior de Minas Gerais para apostar na realização de um sonho (àquela época, ainda não confessado), de iniciar a pós-graduação *stricto sensu* para, no futuro, se tornar professora. Entre o sonho e a realidade: a temível entrevista!

Sentei-me à frente daquele senhor, cabelos brancos, olhos negros que me fitavam atentamente, e logo fui indagada: "Faz leituras em língua estrangeira? Francês? Italiano?". Em pensamento, refleti, aliviada, que os cursos realizados durante os anos de faculdade não foram em vão, e convicta, respondi: "Sim, professor, avançado em francês, e por enquanto, instrumental em italiano". Uma barreira foi rompida ali. Seguimos falando sobre o então projeto de Código Civil, que viria a ser promulgado em 2002.

Primeiro dia de aula no mestrado, a disciplina escolhida foi Teoria Geral dos Contratos, ministrada pelo Prof. Renan Lotufo. Sistema da cadeira: fichamento obrigatório semanal de textos selecionados e disponibilizados através de apostilas. E foi assim, através das indicações que somente um professor com cultura jurídica incontroversa pode anunciar, que iniciei as leituras dos autores que formariam a minha base civilista – Massimo Bianca, Francesco Messineo, Enzo Roppo, Emilio Betti, Mario Allara, Franco Caresi, Guido Alpa, Natalino Irti, Éric Savaux, Jacques Ghestin, Patrick Atiyah, Grant Gilmore, Pietro Perlingieri, Ricardo Luis Lorenzetti, Karl Larenz, Menezes Cordeiro, Luigi Ferri, Carneiro da Frada, seguidos de tantos outros apresentados pelo professor, neste e em outros créditos ministrados.

Segurando, em minhas mãos, as apostilas que ainda guardo carinhosamente, tenho a lembrança de uma fala sempre reiterada pelo Prof. Renan Lotufo: "ser professor é servir como tábua de lançamento". A garota mineira e recém-formada realizou o sonho, as portas foram abertas, o impulso permitiu um longo voo... Gratidão, professor, pela oportunidade oferecida e por compartilhar com os seus alunos tanto conhecimento!

Para este capítulo em homenagem ao exemplo de jurista e professor, o tema escolhido foi o clássico Princípio da Reparação Integral, *ratio* que fundamenta a concepção estrutural da responsabilidade civil, todavia, perspectivado diante do reconhecimento de uma multifuncionalidade assumida pelo instituto na contemporaneidade. Os desdobramentos sociais influenciados pela ciência, tecnologia, comportamento e riscos, sua complexidade, contingência e reflexividade, demandam uma racionalidade construtiva e descortina novas potências para a responsabilidade civil. Sagaz, esse sentido evolutivo do Direito não passou despercebido pelo homenageado desta obra coletiva: "... não podemos ficar na mera repetição, mas evoluir, tanto quanto as mudanças sociais ocorrem, os valores se transmudam, e o direito positivo busca acompanhar."[1]

2. O PRINCÍPIO DA REPARAÇÃO INTEGRAL EM SUA FEIÇÃO CLÁSSICA: *TOUT LE DOMMAGE, MAIS RIEN QUE LE DOMMAGE*

Tout le dommage, mais rien que le dommage (todo o dano, nada mais que o dano). Com essas palavras, Geneviève Viney e Patrice Jourdain[2] sintetizam o significado do Princípio da Reparação Integral, também conhecido como Princípio de Equivalência entre o Dano e a Indenização.

No Brasil, é o artigo 944, *caput*, do Código Civil, o dispositivo legal que guarda o conteúdo expresso no referido princípio, ao estabelecer que "a indenização mede-se pela extensão do dano". Do enunciado desse mesmo artigo extrai-se as suas três funções fundamentais – compensatória, indenitária e concretizadora. A primeira (compensatória), está relacionada à totalidade dos prejuízos efetivamente sofridos pela vítima do dano, que caracterizam o piso mínimo da indenização. A segunda função (indenitária) estabelece uma equivalência limitadora entre o prejuízo causado à vítima e a indenização, não podendo esta, sob pena de enriquecimento injustificado, ultrapassar o teto máximo do valor do dano. Já a função concretizadora baliza a avaliação concreta do julgador, na fixação do *quantum debeatur*.[3]

Trata-se de um princípio com esteio constitucional de dupla orientação – existencial e patrimonial.[4] A orientação existencial reside na cláusula geral de tutela da pessoa humana, fundamento da República (art. 1º, III, CF/88), como também na consagração da compensação dos danos morais (art. 5º, V e X, CF/88) como direito fundamental que constitui o fundamento extrapatrimonial do Princípio da Reparação Integral. A seu turno, o direito fundamental de propriedade (art. 5º, XXII, CF/88) fundamenta a sua orientação patrimonial, e o direito da vítima de reaver o que efetivamente perdeu ou deixou de lucrar, retornando ao estado anterior ao desequilíbrio econômico-financeiro gerado pelo dano.

---

1. LOTUFO, Renan. Apresentação. NANNI, Giovanni Ettore. A evolução do Direito Civil Obrigacional: a concepção do Direito Civil Constitucional e a transição da autonomia da vontade para a autonomia privada. In: LOTUFO, Renan (Coord.). *Cadernos de Direito Civil Constitucional*. Caderno n. 2. Curitiba: Juruá, 2001, p. 156.
2. *Traité de Droit Civil: Les effets de la responsabilité*. 3. éd. Paris: LGDJ, 2010, p. 156.
3. SANSEVERINO, Paulo de Tarso Vieira. *Princípio da reparação integral*: indenização no Código Civil. São Paulo: Saraiva, 2010, p.58.
4. MONTEIRO FILHO, Carlos Edison do Rêgo. *Limites ao princípio da reparação integral no direito brasileiro*. Civilística.com. a.7. n.1. 2018. Disponível em: http://civilistica.com/limites-ao-principio-da-reparacao-integral/. Acesso em: 20.10.2020.

Informado pelo Princípio da Reparação Integral, o sistema de responsabilidade civil reparatório *ex post* dano trabalha com duas categorias de reparação: a da reparação natural ou *in natura*, em que se busca restituir à vítima o exato bem sobre o qual incidiu o prejuízo, colocando-a o mais próximo possível da situação que antecedeu a ocorrência do dano, seja através da recomposição pela mesma coisa danificada ou sua substituição por outra; e o da indenização pecuniária, entregando à vítima um valor em dinheiro correspondente aos danos sofridos pela mesma.[5]

No Brasil, a reparação *in natura* é incentivada em determinadas situações, como por exemplo, na esfera do Direito ambiental (*ex vi* arts. 4º, VI e VII e art. 14, § 1º da Lei 6.938/81; art. 225, §§ 2º e 3º, da CF/88; arts. 3º e 11 da Lei 7.347/85), tendo em vista que, tratando-se do meio ambiente degradado é sempre preferível ao pagamento de indenização. Embora, por força do disposto no art. 947 do Código Civil, seja reservado um espaço para a reparação *in natura* no direito brasileiro, de outro lado, quando houver extrema dificuldade ou impossibilidade de se reparar de forma específica, prevalecerá o sistema de indenização pecuniária, equivalente ao total do dano ocasionado.

É inegável que o ordenamento jurídico brasileiro, assim como grande parte dos sistemas jurídicos estrangeiros,[6] prestigia como proeminente a função reparatória da responsabilidade civil e o seu princípio correspondente, ao assegurar, na medida do possível, uma relação de equivalência entre a indenização e o dano sofrido. Consentânea com essa posição é a não permissibilidade de métodos de tarifação abstrata de indenização, deixando a cargo do magistrado, diante das circunstâncias de fato evidenciadas, o estabelecimento do *quantum debeatur*.

Como consequências da prevalência da reparação integral enquanto princípio norteador do sistema de responsabilidade civil, extrai-se: I) atua repelindo que a indenização seja caracterizada como fonte de enriquecimento sem causa (art. 884, Código Civil), afastando, *a priori*, o estabelecimento de uma função punitiva nos moldes da *punitive damages* típica do regime de *torts* do Direito anglo-americano; II) incidindo em dimensão temporal retrospectiva (*ex post* dano), afastaria o estabelecimento de uma responsabilidade civil preventiva, fundada nos princípios da precaução e da prevenção como parâmetros para a avaliação de um comportamento exigível[7]; III) no campo dos ilícitos lucrativos, a feição tradicional da função reparatória da responsabilidade figura como empecilho para o desenvolvimento e consagração de uma função restituitória para a remoção de ganhos impróprios.[8]

Contudo, a insuficiência da função reparatória em lidar com vicissitudes típicas da pós-modernidade, provoca perplexidade à compreensão arraigada na concepção estrutural

---

5. Anota Paulo de Tarso Vieira SANSEVERINO, com apoio em Geneviève Viney, que há sistemas em que há ampla primazia da condenação pecuniária e em que a reparação natural apresenta um papel acessório, como a Inglaterra, os Estados Unidos e os países escandinavos. De outro lado, refere os países em que a respectiva legislação atribui um papel prioritário à reparação natural em relação à condenação em perdas e danos, como ocorre com o Código Civil alemão, que, nesse ponto, foi imitado pelo austríaco, pelo suíço e pelo português. *Princípio da reparação integral*: indenização no Código Civil. São Paulo: Saraiva, 2010, p.42.

6. VINEY, Geneviève; JOURDAIN, Patrice. *Traité de Droit Civil: Les effets de la responsabilité*. 3. éd. Paris: LGDJ, 2010, p.154: "Cette règle est admise dans la plupart des systèmes juridiques. Elle est consacrée par de nombreuses conventions et déclarations internationales et son adoption a été proposée par les différents projets d'harmonisation des droits privés européens. Elle est également appliquée couramment par les arbitres internationaux".

7. LOPEZ, Teresa Ancona. *Princípio da precaução e evolução da responsabilidade civil*. São Paulo: Quartier Latin, 2010, p. 86.

8. ROSENVALD, Nelson. *A responsabilidade civil pelo ilícito lucrativo*. Salvador: Editora JusPodvm, 2019, p.449.

clássica da responsabilidade civil, que tende a permanecer refratária à absorção de novas funções por esse instituto. A necessidade de desconstrução dessa rigidez e a necessidade da responsabilidade civil se expandir, assumindo uma feição multifuncional, serão os temas abordados no capítulo a seguir.

3. INSUFICIÊNCIAS DA FUNÇÃO REPARATÓRIA E A NECESSÁRIA EXPANSÃO FUNCIONAL DA RESPONSABILIDADE CIVIL

A responsabilidade civil, de feição clássica e nascedouro nos códigos oitocentistas, em tempos contemporâneos, perpassa uma profunda ressignificação, seja porque determinados setores antes regulados pelo instituto cedem frente à socialização dos riscos por mecanismos de securitização, seja porque passa a assumir uma multiplicidade de funções.

Com essa visão, Cesare Salvi dedica um capítulo de sua obra a estudar "Il paradosso della responsabilità civile: espansione e crisi",[9] no qual aponta que a incerteza funcional se traduz em incerteza normativa e operativa, sem contudo, descartar que o destino da responsabilidade civil tende irreversivelmente a um processo de diversificação, situando entre opostos extremos a função solidarista prevalente no campo dos danos à pessoa, aonde atuam de forma privilegiada a responsabilidade objetiva e a securitização, e de outro, a revitalização das funções de prevenção e de punição, em uma pluralidade de modelos articulados de forma funcional e operativa.

Também destacando a crise que perpassa a responsabilidade civil, Francesco D. Busnelli e Salvatore Patti fazem referência a "La parábola della responsabilità civile",[10] para os quais o ambiente atual representa o seu ápice. Isso porque, consideram os juristas italianos, a expansão das fronteiras da responsabilidade civil corresponde a uma máxima multiplicidade de funções e o máximo grau de erosão dos elementos estruturais da teoria geral da responsabilidade civil, do que resulta um quadro, de um lado, reconfortante, considerando-se a transformação da tradicional rigidez interpretativa e aplicativa das normas sobre responsabilidade civil, tornando o instituto um dos mais dúcteis de todo o Direito privado; e de outro lado, preocupante, tendo em vista a incoerência sistemática que atravessa a responsabilidade civil, seja no aspecto funcional, seja no estrutural.

Essa situação igualmente é evidenciada por diversos juristas no Brasil. Anderson Schreiber,[11] por exemplo, destaca a "erosão dos filtros da reparação", quais sejam, o "ocaso da culpa" e a "flexibilização do nexo causal" como um choque entre velhas estruturas e novas funções assumidas pela responsabilidade civil. Em semelhante entendimento, Maria Celina Bodin de Moraes[12] destaca que a estrutura da responsabilidade civil se converteu em

---

9. *La responsabilità civile*. Milano: Dott. A. Giuffrè Editore, 2005, p. 310 e 322.

10. *Danno e responsabilità civile*. Terza Edizione. Torino: G. Giappichelli Editore, 2013, p. 148. Em tradução livre, sintetizando "quarenta anos de estudos sobre a responsabilidade civil": "Um curso de água, alimentado por uma fonte antiga, atravessa um grande território influenciando a sua exploração econômica. Com a transição de uma agricultura de subsistência para um intenso desenvolvimento industrial, o fluxo de água se revela insuficiente, de modo que os especialistas engenhosamente promovem a construção de barragens, canais e outros artefatos, a fim de melhor aproveitamento e distribução da escassa água disponível. Mas, de repente, o rio se enche, pela confluência de uma série de fluxos de lama provenientes de novas fontes. Assim que, agora, os especialistas são chamados a trabalhar para conter a água, a fim de evitar transbordamentos e inundações. Metaforicamente, o fluxo de água representa a evolução da responsabilidade civil, e o território atravessado corresponde à experiência de direito privado.

11. *Novos paradigmas da responsabilidade civil*: da erosão dos filtros da reparação à diluição dos danos. São Paulo: Atlas, 2007, p. 5.

12. *Danos à pessoa humana*: uma leitura civil-constitucional por danos morais. Rio de Janeiro: Renovar, 2003, p. 24.

um amálgama de funções atribuídas pela jurisprudência, que ainda carecem de sistematização doutrinária, sobretudo no tocante à indenização por dano moral. De igual forma, Judith Martins-Costa[13] salienta que a multiplicidade de funções da responsabilidade civil é hoje um grande problema, que decorre da tensão entre a plasticidade do instituto e as novas necessidades sociais, agregando funções diversas à tradicional função de restauração dos danos ilicitamente causados. E ainda, Bruno Carrá[14], destaca que a responsabilidade civil não deveria ser inflacionada, mas sim vocacionada ainda mais para a repressão ao dano através de seus instrumentais já disponíveis.

Sem descurar os argumentos que evidenciam um olhar crítico sobre a expansão funcional e possível hipertrofia da responsabilidade civil atual, convém destacar as insuficiências da função exclusivamente reparatória no contexto pós-moderno.

Inicialmente, podem ser destacados os altos custos e ineficiência do sistema judicial de reparação de danos, que englobam, além da indenização propriamente dita, também os honorários advocatícios, peritos, custas judiciais, entre outros. Um estudo mencionado por Patrick Atiyah[15] e também por Markesinis, Deakin e Angus,[16] com relação ao sistema inglês e com dados apontados pela *Pearson Commission*, indicam que para arcar com duzentas mil libras de indenização, o custo administrativo era de cento e setenta e cinco mil libras. Embora mencionado estudo refira-se ao contexto britânico, essa realidade não parece tão apartada dos sistemas de *civil law*, tampouco do ambiente brasileiro, cuja morosidade percebida pelo senso comum do jurisdicionado é capaz de indicar, à míngua de um estudo estatístico apurado para diagnosticar a questão, que grande parte do numerário destinado ao ajuizamento de uma ação de indenização não é levado a benefício do lesado, provocando o surgimento de propostas para a desjudicialização de conflitos. Ainda, para que a efetiva indenização tenha um percurso célere, aliada à preocupação de se garantir uma efetiva indenização à vítima, propostas de substituição ou complementação da responsabilidade civil por mecanismos de seguridade social ou seguro de responsabilidade civil alcançam ampla adesão[17].

Em tempos em que o uso da inteligência artificial alcança inúmeros aspectos da tecnologia, e a convivência da espécie humana com robôs cuja característica marcante é a autonomia cognitiva integrada (*machine learning, deep learning*), os domínios da responsabilidade civil, em função reparatória, embora ainda longe de um consenso, parecem ceder espaço para o recrudescimento da solidarização e repartição dos riscos[18]. Danos ocasionados, por exemplo, por carros autônomos e robôs cirurgiões, na proposta da Resolução do Parlamento Europeu de 2017[19], seriam cobertos por seguros obrigatórios e

---

13. *Comentários ao novo Código Civil*. Do inadimplemento das obrigações. v. V. t. II. 2. ed. Rio de Janeiro: Forense, 2009, p.147.
14. CARRÁ, Bruno Leonardo Câmara. *Responsabilidade civil sem dano – uma análise crítica: limites epistêmicos a uma responsabilidade civil preventiva ou por simples conduta*. São Paulo: Atlas, 2015, p. 206.
15. *The dammages lottery*. Oxford: Hart Publishing, 1997, p.153.
16. Markesinis, Basil; Deakin, Simon; Angus, Johnston. *Tort Law*. Seventh edition. Oxford: Oxford University Press, 2013, p.4: "These represent the so called 'private costs', i. e. the sums tranferred from the defendant (or his insurer) to the claimant to 'compensate' the latter for his injuries. In addition, however, one must bear in mind that there are additional 'social costs'. These include administrative costs needed to make the transfer payments. The amounts of these administrative costs are high and, indeed, in the cases considered here amounted to nearly double the sums actually paid over to the victims".
17. VINEY, Geneviève. *Le déclin de la responsabilité individuelle*. Paris: Librairie Générale de Droit et de Jurisprudence, 1965.
18. MEDON, Filipe. *Inteligência artificial e responsabilidade civil*: autonomia, riscos e solidariedade. Salvador: Editora Jus-Podvm, 2020, p. 409.
19. Resolução do Parlamento Europeu, de 16 de fevereiro de 2017, com recomendações à Comissão de Direito Civil sobre Robótica (2015/2103(INL)). Publicado em: 16.02.2017. Disponível em: https://www.europarl.europa.eu/doceo/document/TA-8-2017-0051_PT.html. Acesso em: 20.10.2020.

fundos de compensação, na tentativa de se solucionar a complexa atribuição de responsabilidade robótica, não descurando, entretanto, dos elementos potenciais da cadeia de responsabilidade[20].

De outro lado, determinadas categorias de danos são capazes de demonstrar a falácia do retorno ao *status quo ante*. Entre eles, os danos originários dos riscos da modernidade reflexiva[21], que não constituem um evento apenas local ou limitado no tempo, ao contrário, são socializados e os riscos ultrapassam as fronteiras nacionais em intensa globalização, a exemplo da pandemia de Covid-19 que assolou o planeta Terra no ano de 2020, com consequências ainda incomensuráveis. A dinâmica da vida pós-moderna e os novos modelos sociais decorrentes do desenvolvimento tecnocientífico e incremento do consumo, causadores de novos riscos à medida que inovadoras técnicas e produtos são disponibilizados, demonstram que a função reparatória não é suficiente, em inúmeras situações, para o restabelecimento da equivalência e justiça entre vítima e lesante, e principalmente, é falha ao garantir o alcance de *segurança* (na saúde, nos produtos de consumo, na alimentação, nos medicamentos, na preservação do meio ambiente, entre outros), tipicamente desejada pelas gerações humanas.

Certos danos identificados na pós-modernidade apresentam os traços peculiares da *incerteza* e *irreversibilidade*, que os distinguem dos danos convencionais tratados pela função reparatória, moldada como exigência de reação a um prejuízo que atingisse a esfera individual e patrimonial do indivíduo, o que impõe uma remodelação para lidar com as suas especificidades e conferir maior *efetividade*[22] à responsabilidade civil. Teresa Ancona Lopez avalia que "a função reparadora se esvazia diante do irreparável e essa constatação impulsiona a prevenção e a precaução como princípios da responsabilidade civil".[23]

De fato, vivencia-se, na sociedade contemporânea, uma categoria de danos que não se adequa perfeitamente à configuração clássica da responsabilidade civil, pois diversamente dos danos convencionais, que se verificam no plano intersubjetivo, os "novos danos" (especialmente com relação aos interesses da coletividade) se caracterizam de forma *supra individual*, podendo, de forma *reflexiva*, atingir direitos e bens individuais. Quanto aos

---

20. Para uma análise sobre a atribuição de responsabilidade civil aos diversos agentes envolvidos na cirurgia robótica, remetemos à leitura de KFOURI NETO, Miguel; Nogaroli, Rafaella. Estudo comparatístico da responsabilidade civil do médico, hospital e fabricante na cirurgia assistida por robô. In: MARTINS, Guilherme Magalhães; ROSENVALD, Nelson. *Responsabilidade civil e novas tecnologias*. Indaiatuba/SP: Editora Foco, 2020, p. 399.

21. BECK, Ulrich. *Sociedade de risco: rumo a uma outra modernidade*. São Paulo: Ed. 34, 2010.

22. Ao tratar especificamente da responsabilidade civil na proteção do meio ambiente, Antônio Herman de Vasconcelos e Benjamin aponta quatro *causas* para a rejeição de uma responsabilidade civil mais eloquente nesta seara: "a) as *funcionais* (a tradicional visão da responsabilidade civil como instrumento *post factum*, destinado à reparação e não à prevenção de danos, b) as *técnicas* (inadaptabilidade do instituto à complexidade do dano ambiental, exigindo, p.ex., um dano atual, autor e vítima claramente identificados, comportamento culposo e nexo causal estritamente determinado), as *éticas* (na hipótese de terminar em indenização – sendo impossível a reconstituição do bem lesado – a responsabilidade civil obriga, em última análise, a agregar-se um frio valor monetário à natureza, comercializando-a como tal), e d) as *acadêmicas* (de um lado, uma tendência monopolista e egoísta da doutrina do Direito Público, enxergado a proteção do meio ambiente como seu domínio exclusivo; de outro, uma timidez injustificável da jusprivatística, abdicando de intervir em tão nuclear hemisfério da danosidade humana)". *Responsabilidade civil pelo dano ambiental no direito brasileiro e as lições do direito comparado*. Disponível em: http://bdjur.stj.jus.br/xmlui/bitstream/handle/2011/8632/A_Responsabilidade%20_Civil.pdf;jsessionid=46ED2C19A1E65F4744ACD46CF-328F175?sequence=3. Acesso em: 20.10.2020.

23. *Princípio da Precaução e Evolução da Responsabilidade Civil*. São Paulo: Quartier Latin, 2010, p. 121.

"bens de incidência coletiva",[24] a dificuldade em sua quantificação e apreciação econômica justifica a precedência da prevenção do dano, seguida da restituição, e somente não havendo êxito nestas possibilidades, buscar a reparação.

Importante, ainda, considerar que as manifestações de certos danos se projetam *no tempo*[25], o que dificulta a sua efetiva constatação e delimitação, bem como a identificação das *gerações de vítimas*, sejam elas *presentes ou futuras*. Essas peculiares características de danosidade demandam novos mecanismos de regulação jurídica, para que a eficácia de segurança e proteção que decorre das normas do Direito não esteja ameaçada.

A função reparatória da responsabilidade civil também é confrontada em decorrência da admissão desse instituto como mecanismo de salvaguarda aos *valores essenciais das pessoas*, o seu bem-estar, a qualidade de vida e o desenvolvimento das potencialidades humanas. Nessa conotação, a noção jurídica de dano abandona o sentido marcadamente patrimonial, e passa a ser concebido também como *violação aos interesses que decorrem da personalidade.*[26] Logo, frente à impossibilidade de reposição do bem violado ao seu estado anterior, o critério apontado pela *teoria da diferença (Diferenztheorie)* [27] para fixação da indenização por danos foi ultrapassado, e passou-se a admitir a função satisfatória[28] da responsabilidade civil, que visa atribuir à vítima alguma compensação ou benefício de ordem material que possa contrabalançar o dano extrapatrimonial sofrido. Os danos verificados na esfera dos interesses imateriais também demonstram a insuficiência da função exclusivamente reparatória ao promover o desenvolvimento, sobretudo pela via jurisprudencial, de uma *função punitivo-pedagógica*[29] com relação à fixação do montante

---

24. LORENZETTI, Ricardo Luis. *Teoria geral do direito ambiental*. Trad. Fábio Costa Morosini e Fernanda Nunes Barbosa. São Paulo: Ed. RT, 2010, p.23.

25. Cabe mencionar a correlação entre *tempo risco e direito*, estabelecida por AYALA, Patrick de Araújo. A proteção jurídica das futuras gerações na sociedade de risco global. In: LEITE, José Rubens Morato; FERREIRA, Heline Sivini; BORATTI, Larissa Verri. *Estado de direito ambiental*: tendências. 2. ed. Rio de Janeiro: Forense Universitária, 2010, p.326-327: "O tempo é, nas sociedades de risco, elemento que define a forma como a própria sociedade se organiza, e que também modifica a própria forma de organização do sistema jurídico, propondo necessidades, objetivos e valores diferenciados para o exercício da atividade de regulação normativa e de proteção jurídica do ambiente, que hoje precisa organizar, justificar e fundamentar respostas (decisões) sobre problemas com referência a vínculos estabelecidos com o futuro, e a partir de contextos de decisão organizados em torno de riscos."

26. "Há um deslocamento, uma nova inflexão da responsabilidade: o direito passa a ocupar-se não mais da responsabilidade da pessoa (culpa), mas da responsabilidade para com a pessoa. Segue-se que os direitos da personalidade consagrarão a proteção da pessoa face à sociedade e, ainda, vislumbra-se que a responsabilidade civil não pertence somente ao terreno patrimonial, é também um direito da pessoa." HOFMEISTER, Maria Alice Costa. *O dano pessoal na sociedade de risco*. Rio de Janeiro: Renovar, 2002, p.90-91.

27. ALVIM, Agostinho. *Da inexecução das obrigações e suas consequências*. 5 ed. São Paulo: Saraiva, 1980, p.214, explica: "A teoria, chamada "do interesse", ou "da diferença", acolhe a ideia de dano em relação ao patrimônio de quem o sofreu. A verificação do dano dá-se mediante uma operação que Fischer resume, mandando comparar 'a situação real do patrimônio depois de se ter verificado o evento danoso, com o estado imaginário que apresentaria se este se não houvesse produzido. A diferença negativa encontrada revela a existência do dano e exprime a sua extensão'".

28. "[...] No caso específico dos danos extrapatrimoniais, em face da dificuldade de se quantificar a indenização correspondente, a função preponderante é satisfatória, visto que não é possível estabelecer uma precisa relação de equivalência entre os prejuízos sem conteúdo econômico e a reparação pecuniária." SANSEVERINO, Paulo de Tarso Vieira. *Princípio da reparação integral*: indenização no Código Civil. São Paulo: Saraiva, 2010, p. 271.

29. Exemplificativamente: Brasil – Superior Tribunal de Justiça, AgRg no REsp 1373969/RS, Relator Ministro Sidnei Beneti, Data do julgamento 28.05.2013. Ementa: "Agravo regimental. Plano de saúde. Ilegalidade da negativa de cobertura a tratamento. Dano moral configurado. Decisão agravada mantida. Improvimento. 1. – É pacífica a jurisprudência da Segunda Seção no sentido de reconhecer a existência do dano moral nas hipóteses de recusa pela operadora de plano de saúde, em autorizar tratamento a que estivesse legal ou contratualmente obrigada, sem que, para tanto, seja necessário o reexame de provas. 2. – A fixação dos danos morais no patamar de R$ 5.000,00 (cinco mil reais), cumpre, no presente caso, a *função pedagógico- punitiva* de desestimular o ofensor a repetir a falta, sem constituir, de outro lado, enriquecimento indevido. 3. – Agravo Regimental improvido."

da indenização, malgrado posicionamentos discordantes[30], confrontados, em outro turno, por uma interpretação ampliativa[31] do artigo 944 do Código Civil.

Convém recordar que, mesmo entre aqueles que não admitem a adequação da função punitiva do dano moral no ordenamento jurídico brasileiro, hipóteses excepcionais de aplicação, taxativamente previstas em lei, devem ser consideradas, como no disposto no art. 13 da Lei 7.347/85, aplicável a situações *potencialmente* causadoras de danos a um universo coletivo ou difuso, como nas relações de consumo ou direito ambiental, pois nesse caso, "a *ratio* será a função preventivo-precautória, que o caráter punitivo inegavelmente detém, em relação às dimensões do universo a ser protegido".[32]

De outro turno, a par da própria assunção de uma multifuncionalidade da responsabilidade civil, ao próprio Princípio da Restituição Integral pode-se empregar uma reformulação qualitativa. É o que se depreende da recepção da restituição por ilícitos no próprio regime da responsabilidade civil, "a fim de que se entenda que a reconstituição do equilíbrio patrimonial violado pelo ilícito, seja efetuado tanto pelo tradicional remédio compensatório (restaurando-se o ofendido a situação anterior ao dano), mas também pela restituição dos ganhos (restaurando-se o ofensor à situação anterior ao ilícito)." [33]

Por todo o exposto, é forçoso concluir, na esteira das observações expostas por Geneviève Viney e Patrice Jourdain,[34] que o Princípio da Reparação Integral, informador da função reparatória da responsabilidade civil, embora apresente como vantagens a capacidade de modulação a situações particulares e seja perfeitamente adaptado aos danos patrimoniais, não é capaz de erigir-se como o único critério orientador para a avaliação de danos. Ao considerar perspectivas diversas que conduzem à atribuição de objetivos distintos da reparação como consequência da evolução da ideia de responsabilidade civil, os autores franceses[35] enumeram: a utilização da responsabilidade civil como pena privada; a utilização do instituto como meio de prevenir a realização de danos que ameaçam se produzir, para os quais a ideia de reparação orientada ao passado seria insuficiente, bem como, ainda sob a ótica da prevenção, a utilização da responsabilidade civil orientada à gestão de riscos; e por fim, como reforços à eficácia da responsabilidade civil, anotam a utilização da função de restabelecimento à situação anterior ao dano e a função de cessação da ilicitude.

---

30. Para uma investigação mais precisa entre os autores brasileiros, consulte-se, entre outros, LEVY, Daniel de Andrade. *Responsabilidade civil: de um direito dos danos a um direito das condutas lesivas*. São Paulo: Atlas, 2012, p.33-123; MORAES, Maria Celina Bodin de. *Danos à pessoa humana: uma leitura civil-constitucional dos danos morais*. Rio de Janeiro: Renovar, 2003, p.193-264; LEVY, Daniel de Andrade. Uma visão cultural dos punitive damages. *Revista de Direito Privado*. Vol. 45. Janeiro-Março 2011, p.163; MARTINS-COSTA, Judith; PARGENDLER, Mariana Souza. *Usos e abusos da função punitiva (punitive damages e o direito brasileiro)*. Disponível em: http:// www2.cjf.jus.br/ojs2/index.php/revcej/article/viewArticle/643. Acesso: 20/10/2020; ROSENVALD, Nelson. *As funções da responsabilidade civil: a reparação e a pena civil*. São Paulo: Atlas, 2013, p.139-222.

31. No Brasil, consulte-se VAZ, Caroline. *Funções da responsabilidade civil: da reparação à punição e dissuação*. Porto Alegre: Livraria do Advogado, 2009, p.41 *et seq*; BENACCHIO, Marcelo. A função punitiva da responsabilidade civil no Código Civil. In: LOTUFO, Renan; NANNI, Giovanni Ettore; MARTINS, Fernando Rodrigues (coord.). *Temas relevantes do direito civil contemporâneo*: reflexões sobre os 10 anos do Código Civil. São Paulo: Atlas, 2012, p.641-668.

32. MORAES, Maria Celina Bodin de. *Danos à pessoa humana*: uma leitura civil-constitucional dos danos morais. Rio de Janeiro: Renovar, 2003, p.263.

33. ROSENVALD, Nelson. As fronteiras entre a restituição do lucro ilícito e o enriquecimento por intromissão. In: BARBOSA, Mafalda Miranda; ROSENVALD, Nelson; MUNIZ, Francisco. *Desafios da nova responsabilidade civil*. São Paulo: Editora JusPodivm, 2019, p. 311.

34. *Traité de Droit Civil: Les effets de la responsabilité*. 3. éd. Paris: LGDJ, 2010, p.163.

35. VINEY, Geneviève; JOURDAIN, Patrice. *Traité de Droit Civil: Les effets de la responsabilité*. 3. éd. Paris: LGDJ, 2010, p. 4-42.

Todas essas transformações e tendências denotam que a função reparatória não assume um caráter unitário e absoluto na responsabilidade civil, apresentando insuficiências que justificam a expansão funcional da responsabilidade civil.

4. CONSIDERAÇÕES FINAIS

As transformações que ocorrem no âmbito da responsabilidade civil decorrem de amplas e sensíveis transformações no mundo social e valorativo. Cabe, ao operador do direito, libertar-se das amarras dogmáticas para a remodelação de um conjunto de construções jurídico-normativas tradicionais.

No campo da responsabilidade civil, a admissão de sua fragmentação, mediante a assunção de variadas funções, permite a ressignificação do instituto frente a inúmeros desafios verificados na contemporaneidade, ao questionar a sua unicidade reparatória. Essa postura não significa, evidentemente, a substituição da lógica tradicional do Princípio da Reparação Integral, que permanecerá atuante, a par da multiplicidade de funções assumidas.

Essa plasticidade conferida à responsabilidade civil denota que o instituto repousa as suas bases sobre a realidade concreta, não se constituindo necessariamente no produto metódico de procedimentos formais. Antes disso, trata-se um produto cultural que absorve valorações. E diante disso, recordamos a preciosa lição do Professor Renan Lotufo:

"no mundo atual, não cabe mais pensar no juiz como mero locutor oficial da lei, mas, sim, como participante da integração dos valores expressos nos princípios gerais, da dignidade da pessoa humana, da solidariedade social e nas formulações das cláusulas gerais, como da boa-fé objetiva, que ensejam a atualização e oxigenação permanente do ordenamento. (...) Ele há que ser alguém do seu tempo e do seu meio, para que possa aferir não só critérios de igualdade, como de Justiça, quando então, estará sendo equitativo. Agravam-se os problemas para o intérprete, mas ao mesmo tempo faz-se dele um partícipe na construção da boa lei, da lei que concretize os valores constitucionais, enfim, que preserve a dignidade humana e a solidariedade. O Código de 2002 confia nos juízes como integradores das leis, não como mero locutores do texto escrito. É um desafio, mas também, um voto de confiança. Como integrantes do povo, os juízes devem contribuir para que o anseio de Justiça seja cada vez mais concretizado. Assim seja."[36]

5. REFERÊNCIAS

ALVIM, Agostinho. *Da inexecução das obrigações e suas consequências*. 5 ed. São Paulo: Saraiva, 1980.

ATIYAH, Patrick. *The dammages lottery*. Oxford: Hart Publishing, 1997.

AYALA, Patrick de Araújo. A proteção jurídica das futuras gerações na sociedade de risco global. In: LEITE, José Rubens Morato; FERREIRA, Heline Sivini; BORATTI, Larissa Verri. *Estado de direito ambiental*: tendências. 2. ed. Rio de Janeiro: Forense Universitária, 2010.

BECK, Ulrich. *Sociedade de risco: rumo a uma outra modernidade*. São Paulo: Ed. 34, 2010.

BENACCHIO, Marcelo. A função punitiva da responsabilidade civil no Código Civil. In: LOTUFO, Renan; NANNI, Giovanni Ettore; MARTINS, Fernando Rodrigues (Coord.). *Temas relevantes do direito civil contemporâneo*: reflexões sobre os 10 anos do Código Civil. São Paulo: Atlas, 2012.

BENJAMIN, Antônio Herman de Vasconcelos e. *Responsabilidade civil pelo dano ambiental no direito brasileiro e as lições do direito comparado*. Disponível em: http://bdjur.stj.jus.br/xmlui/bitstream/handle/2011/8632/A_ Responsabilidade%20_Civil.pdf;jsessionid=46ED2C19A1E65F4744ACD46CF328F175?sequence=3. Acesso em: 20.10.2020.

---

36. LOTUFO, Renan. A responsabilidade civil e o papel do juiz. In: NERY, Rosa Maria de Andrade; DONNINI, Rogério. *Responsabilidade civil: estudos em homenagem ao professor Rui Geraldo Camargo Viana*. São Paulo: Ed. RT, 2009, p. 448.

BUSNELLI, Francesco D.; PATTI, Salvatore. *Danno e responsabilità civile*. Terza Edizione. Torino: G. Giappichelli Editore, 2013.

CARRÁ, Bruno Leonardo Câmara. *Responsabilidade civil sem dano* – uma análise crítica: limites epistêmicos a uma responsabilidade civil preventiva ou por simples conduta. São Paulo: Atlas, 2015.

HOFMEISTER, Maria Alice Costa. *O dano pessoal na sociedade de risco*. Rio de Janeiro: Renovar, 2002.

KFOURI NETO, Miguel; Nogaroli, Rafaella. Estudo comparatístico da responsabilidade civil do médico, hospital e fabricante na cirurgia assistida por robô. In: MARTINS, Guilherme Magalhães; ROSENVALD, Nelson. *Responsabilidade civil e novas tecnologias*. Indaiatuba/SP: Editora Foco, 2020.

LEVY, Daniel de Andrade. *Responsabilidade civil*: de um direito dos danos a um direito das condutas lesivas. São Paulo: Atlas, 2012.

LEVY, Daniel de Andrade. Uma visão cultural dos punitive damages. *Revista de Direito Privado*. v. 45. Janeiro-Março 2011.

LOPEZ, Teresa Ancona. *Princípio da precaução e evolução da responsabilidade civil*. São Paulo: Quartier Latin, 2010.

LORENZETTI, Ricardo Luis. *Teoria geral do direito ambiental*. Trad. Fábio Costa Morosini e Fernanda Nunes Barbosa. São Paulo: Ed. RT, 2010.

LOTUFO, Renan. A responsabilidade civil e o papel do juiz. In: NERY, Rosa Maria de Andrade; DONNINI, *Rogério. Responsabilidade civil*: estudos em homenagem ao professor Rui Geraldo Camargo Viana. São Paulo: Ed RT, 2009.

LOTUFO, Renan. Apresentação. NANNI, Giovanni Ettore. A evolução do Direito Civil Obrigacional: a concepção do Direito Civil Constitucional e a transição da autonomia da vontade para a autonomia privada. In: LOTUFO, Renan (Coord.). *Cadernos de Direito Civil Constitucional*. Caderno n. 2. Curitiba: Juruá, 2001.

Markesinis, Basil; Deakin, Simon; Angus, Johnston. *Tort Law*. Seventh edition. Oxford: Oxford University Press, 2013.

MARTINS-COSTA, Judith. *Comentários ao novo Código Civil*. Do inadimplemento das obrigações. v. V. t. II. 2. ed. Rio de Janeiro: Forense, 2009.

MARTINS-COSTA, Judith; PARGENDLER, Mariana Souza. *Usos e abusos da função punitiva (punitive damages e o direito brasileiro)*. Disponível em: http://www2.cjf.jus.br/ojs2/index.php/revcej/article/viewArticle/643. Acesso em: 20.10.2020.

MEDON, Filipe. *Inteligência artificial e responsabilidade civil*: autonomia, riscos e solidariedade. Salvador: Editora JusPodvm, 2020.

MONTEIRO FILHO, Carlos Edison do Rêgo. *Limites ao princípio da reparação integral no direito brasileiro*. *Civilística.com*. a.7. n.1. 2018. Disponível em: http://civilistica.com/limites-ao-principio-da-reparacao-integral/. Acesso em: 20.10.2020.

MORAES, Maria Celina Bodin de. *Danos à pessoa humana*: uma leitura civil-constitucional por danos morais. Rio de Janeiro: Renovar, 2003.

ROSENVALD, Nelson. *A responsabilidade civil pelo ilícito lucrativo*. Salvador: Editora JusPodvm, 2019.

ROSENVALD, Nelson. As fronteiras entre a restituição do lucro ilícito e o enriquecimento por intromissão. In: BARBOSA, Mafalda Miranda; ROSENVALD, Nelson; MUNIZ, Francisco. *Desafios da nova responsabilidade civil*. São Paulo: Editora JusPodivm, 2019.

ROSENVALD, Nelson. *As funções da responsabilidade civil*: a reparação e a pena civil. São Paulo: Atlas, 2013.

SALVI, Cesare. *La responsabilità civile*. Milano: Dott. A. Giuffrè Editore, 2005.

SANSEVERINO, Paulo de Tarso Vieira. *Princípio da reparação integral*: indenização no Código Civil. São Paulo: Saraiva, 2010.

SCHREIBER, Anderson. *Novos paradigmas da responsabilidade civil*: da erosão dos filtros da reparação à diluição dos danos. São Paulo: Atlas, 2007.

UNIÃO EUROPEIA. Resolução do Parlamento Europeu, de 16 de fevereiro de 2017, com recomendações à Comissão de Direito Civil sobre Robótica (2015/2103(INL)). Publicado em 16/02/2017. Disponível em: https://www.europarl.europa.eu/doceo/document/TA-8-2017-0051_PT.html. Acesso em: 20.10.2020.

VAZ, Caroline. *Funções da responsabilidade civil: da reparação à punição e dissuação.* Porto Alegre: Livraria do Advogado, 2009.

VINEY, Geneviève. *Le déclin de la responsabilité individuelle.* Paris: Librairie Générale de Droit et de Jurisprudence, 1965.

VINEY, Geneviève; JOURDAIN, Patrice. *Traité de Droit Civil: Les effets de la responsabilité.* 3 éd. Paris: LGDJ, 2010.

RESPONSABILIDADE CIVIL E SOCIAL DO ESTADO. MINHA PROPOSTA DE SUBCLASSIFICAÇÃO DE RESPONSABILIDADE CIVIL EXTRACONTRATUAL OBJETIVA: EM PURA E IMPURA

Álvaro Villaça de Azevedo

Professor titular e livre-docente da Universidade de São Paulo. Professor titular da Fundação Armando Álvares Penteado. Professor titular da Universidade Presbiteriana Mackenzie.

Sumário: 1. Introdução. 2. Responsabilidade civil e social do Estado 3. Referências.

1. INTRODUÇÃO

Diga-se, antes. Que a responsabilidade civil existe contratual e extracontratual. Ambas implicam o descumprimento obrigacional; a primeira, quando não forem adimplidas as regras contratuais e, a segunda, quando ocorrer o inadimplemento obrigacional normativo.[1]

Na responsabilidade contratual, o descumprimento é das normas contratuais que os interessados fixam em exclusiva iniciativa de seus interesses, realizando uma verdadeira lei entre eles (*lex privata*). Esse descumprimento assenta-se na culpa, nos moldes do art. 186 do Código Civil, com necessidade de reparação dos danos causados.

Em se tratando de responsabilidade extracontratual, além da subjetiva, com fundamento na culpa, foi sendo implantada, paulatinamente, a responsabilidade objetiva, pela teoria do risco.

Destaque-se, nessa oportunidade, entretanto, que, mesmo nos casos de aplicação da teoria do risco, previstas no CC, ensejavam indenização por culpa de outrem, por aquele que não tivesse culpa ou que essa fosse presumida na lei. Atualmente, também, além dos casos taxativos de responsabilidade objetiva, na lei, admite-se ainda o dever de reparar o dano, quando a atividade normalmente desenvolvida pelo autor do dano implicar, por sua natureza, risco para os direitos de outrem (parágrafo único do art. 927, *in fine*, do CC).

Assim, como tenho sempre dito, quando o empregador, ainda que sem culpa, é levado a indenizar, por culpa de seu empregado, sem condições de fazê-lo, em tese quem está pagando é o empregado, pois o empregador pode voltar-se contra o patrimônio dele, para reembolsar-se do que pagou (direito de regresso). Todavia, na responsabilidade pelo risco da atividade, no mais das vezes, não haverá contra quem regressar.

---

1. AZEVEDO, Álvaro Villaça. Proposta de Classificação da responsabilidade objetiva: pura e impura, *Revista dos Tribunais*, São Paulo, v. 698, de 1993, p. 7 e 11, especialmente p 10 e 11.

Daí, minha proposta, de subclassificação da responsabilidade civil extracontratual objetiva: em pura e impura.[2] A impura tem, sempre, como substrato, a *culpa* de terceiro, que está vinculado à atividade do indenizador.

A *pura* implica ressarcimento, ainda que inexista culpa de qualquer dos envolvidos no evento danoso. Nesse caso, indeniza-se por ato lícito ou por mero fato jurídico, porque a lei assim o determina. Nessa hipótese, portanto, não existe direito de regresso, arcando o indenizador, exclusivamente, com o pagamento do dano.

Assim, por exemplo, se, por um fato jurídico (tufão), um recipiente de ácido (instalado com toda segurança) é arrastado a um rio, causando danos ecológicos, a responsabilidade de indenizar existe, como também por ato lícito, de uma empresa poluente, que está autorizada à sua atividade, dentro de certos parâmetros, controlados por órgãos públicos. Por exemplo, empresa poluidora, fiscalizada pela Companhia Estadual de Tecnologia de Saneamento Básico e de Defesa do Meio Ambiente – CETESB.

A indenização existe, portanto, tão somente, por causa da atividade de risco, conforme definido no § 1º do art. 14 da Lei n. 6.938, de 31 de agosto de 1981, regulamentada pelo Dec. N. 99.274, de 6 de junho de 1990 (*verbis*: "Sem obstar a aplicação das penalidades previstas nesse artigo, é o poluidor obrigado, independentemente da existência de culpa", seja por ato lícito ou por fato jurídico, "a indenizar ou reparar os danos causados ao meio ambiente e a terceiros, afetados por sua atividade. O Ministério Público da União e dos Estados terá legitimidade para propor ação de responsabilidade civil e criminal, por danos causados ao meio ambiente").

A par dessa responsabilidade objetiva, só por danos diretos e imediatos, no aludido dispositivo legal, o mencionado Regulamento, no parágrafo único de seu art. 14, completa: "As normas e padrões dos Estados, do Distrito Federal e dos Municípios poderão fixar parâmetros de emissão, ejeção e emanação de agentes poluidores, observada a legislação federal."

O mesmo acontece relativamente aos danos causados por atividades nucleares, como se assenta no art. 4º da Lei 6.453, de 17 de outubro de 1977: "Será exclusiva do operador da instalação nuclear, nos termos desta Lei, independentemente da existência de culpa, a responsabilidade civil pela reparação de dano nuclear causado por acidente nuclear", nas situações previstas nos incisos desse mesmo dispositivo legal. O Código de Defesa do Consumidor (CDC), ao seu turno, fundiu as espécies de responsabilidade civil, com conceitos próprios.

Tenha-se presente, ainda, a existência de responsabilidade civil preventiva, prevista no *caput* do art. 927 do CC, que reedita o sentido da indenização por ato ilícito e por abuso de direito, constante dos arts. 186 e 187. Desse modo, quem, por ato ilícito, causar dano a outrem, fica obrigado a repará-lo.

Nesse artigo, cogita-se, portanto, da responsabilidade de indenizar com culpa do agente (*caput*), considerando-se a responsabilidade de indenizar, independentemente de culpa, no seu parágrafo único. Nesse ponto, o atual CC inova em duas situações: a responsabilidade objetiva pura, conforme o que estiver especificado em lei, e a responsabilidade

---

2. AZEVEDO, Álvaro Villaça. Proposta de Classificação da responsabilidade objetiva: pura e impura, *Revista dos Tribunais*, São Paulo, v. 698, de 1993, p. 7 e 11, especialmente p. 10 e 11.

objetiva pura em razão do risco criado pela atividade do agente, por sua "atividade normalmente desenvolvida", que "implicar, por sua natureza, risco para os direitos de outrem".

Eu sempre entendi que a responsabilidade objetiva pura, sem culpa do agente, deveria constar expressamente de lei e, agora, consta. Todavia, o atual CC cria uma abertura muito grande, deixando aos operadores do Direito, principalmente, aos juízes, a interpretação do que venha a ser "atividade normalmente desenvolvida pelo autor do dano", que implique "por sua natureza e risco para os direitos de outrem".

Certamente, pois, em toda atividade, ainda que normalmente desenvolvida, existe risco. Por isso, há que existir muita parcimônia, muito cuidado, na caracterização desse tipo de responsabilidade. Prefiro entender que o CC, nesse passo, refere-se às atividades perigosas.

Aí presente a ideia de *mise en danger* (colocar em perigo), trazida do Direito italiano (art. 2050 do CC) e desenvolvida na França, principalmente por Catherine Thierge[3] (responsabilidade sem prejuízo, preventiva) e Geneviéve Schamps[4] (*mise en danger* como conceito fundador de um princípio geral de responsabilidade).

Por sua vez, o art. 927 do CC brasileiro traz, em suas entrelinhas, o sentido de atividades perigosas, como sempre admiti, e que, sendo perigosas, venham a causar dano injusto, significativo, com potencialidade de dano de grande intensidade.

Enfim, o legislador, como atividade preventiva ou pressuposta, refere-se à possibilidade de causação de dano futuro por atividade com alto grau de periculosidade, colocando em risco direito alheio (*mise en danger*).

Sim, porque em face de um mero aborrecimento ou desconforto ou mau negócio não há que falar-se em indenização.

2. RESPONSABILIDADE CIVIL E SOCIAL DO ESTADO

Na evolução histórica da responsabilidade da pessoa jurídica surgem três posições fundamentais: a da teoria da irresponsabilidade absoluta; a da teoria civilista e a da teoria publicista.

A primeira entende que não existe culpa do Estado, mas de funcionário, porque, segundo ela, o Rei não pode errar (*the King can do no wrong*); o que agrada ao Príncipe tem força de lei (*quod principì placuit, legis'habet vigorem*); O Estado sou eu (*l'État c' est moi*). Essa concepção existiu no começo do século XIX.

Pela segunda concepção, a civilista, já cuidada pelo art. 15 do CC de 1916, existem os atos de império, que é o exercício da soberania e os atos de gestão, equiparados aos dos particulares.

Na concepção publicista, entende-se que é preciso defender sempre os súditos contra o funcionamento defeituoso do Estado, por seus funcionários.

É a aplicação da responsabilidade objetiva do Estado por toda e qualquer atuação.

---

3. Libre Propos sur L'Évolution du Droit de la responsabilitè vers un élargissemart de la function de la Responsabilité, *Revue Trivestrielle de Droit Civil*, Paris, n. 3, jul/set., 1999, p.

4. La Mise em danger: um concept fondateur d'um príncipe general de responsabilité, Bruxelas, Bruylant e Paris LGBJ, 1998, p. 999 e 1.000.

Nosso CC, em sua Parte Geral, no art. 43, declara a responsabilidade civil das pessoas jurídicas de Direito Público interno "por atos dos seus agentes, que nessa qualidade causem danos a terceiros, ressalvando o direito regressivo contra os causadores do dano, se houver, por parte destes, culpa ou dolo".

Esse preceito decreta a responsabilidade objetiva pura e impura das mesmas pessoas jurídicas, que, também retratada em Constituições anteriores, se reafirma, com redação melhor, no §6º do art. 37 da atual Constituição da República Federativa do Brasil, de 5 de outubro de 1988: "As pessoas jurídicas de direito Público e as de direito privado prestadoras de serviços públicos responderão pelos danos que seus agentes, nessa qualidade, causarem a terceiros, assegurando o direito de regresso contra o responsável no caso de dolo ou culpa."

Não deixa dúvidas nossa Constituição, como também o CC, de que os danos, assim causados, devem ser ressarcidos pelo Estado (genericamente falando), que corre o risco do desempenho das funções públicas, só tendo direito de cobrar-se dos prejuízos, junto a agentes, seus causadores, se, por parte destes, se constatar culpa ou dolo.

Dessa forma, a título de ilustração, é o Poder Público responsável por danos que se causem aos particulares, por má ou nenhuma conservação dos esgotos ou das redes pluviais, pelo atropelamento de alguém causado por carro dirigido por motorista oficial, pela depredação causada por multidão, em face da inoperância policial, incumbida da manutenção da segurança e da ordem, como por ferimento ocasionado a qualquer pessoa, por disparo de um policial em perseguição de um criminoso.[5]

Tenha-se presente, em face desse texto constitucional e do CC, que, mesmo não havendo culpa e dolo, dos agentes públicos, responde o Estado pelos prejuízos causados, não tendo, como visto, nessa hipótese, direito de regresso. Basta, nesse caso, a existência do nexo de causalidade.

No primeiro caso, ante a culpa do agente do Estado, cuida-se de responsabilidade objetiva impura, com direito de regresso; no segundo, não havendo culpa desse agente, a responsabilidade do Estado será objetiva pura, sem direito de regresso.

Enquadra-se, nessa responsabilidade do Estado, a responsabilidade social, como visto, pois o Estado tem o dever de zelar pela sua coletividade, inclusive pelos riscos que ela corre em razão de caso fortuito ou de força maior, como revolução, guerra, pandemia, que podem torná-la vulnerável a sofrer, pela fome, pelo frio ou pela falta de vestimentas e habitação.

O Estado deve cuidar de seu povo como se fossem seus filhos.

Pelo exposto, percebe-se que o Sistema de Responsabilidade Civil brasileiro, apresenta, em si (art. 927 e parágrafo único), o princípio geral da responsabilidade com dano ou sem dano (pelo risco da atividade perigosa, com culpa ou sem culpa, subjetiva e objetiva).

O que resta, finalmente, é a interpretação pelo operador do direito em face do standard jurídico (atividade perigosa). Ele, certamente, refere-se à atividade perigosa, que potencialmente causa ou pode causar dano à pessoa, põe em risco, em perigo considerável, os direitos de outrem (*mise en danger*).

---

5. Recomendamos, nesse passo, a leitura da monografia de Yussef Said Cahali, Responsabilidade civil do Estado. *Revista dos Tribunais*, São Paulo, 1982.

Tudo é aplicado pela teoria do risco.

A responsabilidade social do Estado, objetiva, é reconhecida pela Constituição Federal, que assegura os direitos e garantias individuais, em seu art. 5º, *caput*, e parágrafos, tais a "inviolabilidade do direito à vida, à liberdade, à igualdade, à segurança e à propriedade; garantindo os direitos sociais, à educação, à saúde, ao trabalho, à moradia, ao lazer, à segurança, à previdência social, à prestação à maternidade e à infância, à assistência aos desamparados, no seu art. 6º; reconhecendo que a saúde é direito de todos e dever do Estado, em seu art. 196; entre outras proteções que implicam a sua responsabilidade social.

O Estado arrecada tributos e deve devolver seu valor em forma de benefícios ao povo e de utilidades sociais, principalmente. Daí, sua responsabilidade civil social.

Indiretamente, a responsabilidade social é do povo, que sustenta o Estado, pelo pagamento dos tributos, sua fonte de receita.

3. REFERÊNCIAS

AZEVEDO, Álvaro Villaça. *Proposta de Classificação da responsabilidade objetiva*: pura e impura. São Paulo: Ed. RT, v. 698, de 1993.

CAHALI, Yussef Said. *Responsabilidade civil do Estado*. São Paulo: Ed. RT, 1982.

Schamps, Genievevé. *La Mise em danger*: um concept fondateur d'um príncipe general de responsabilité. Bruxelas, Bruylant e Paris LGBJ, 1998.

Thierge Catherine. Libre Propos sur L'Évolution du Droit de la responsabilitè vers un élargissemart de la function de la Responsabilité. *Revue Trivestrielle de Droit Civil*, Paris, n. 3, jul/set., 1999.

A RESPONSABILIDADE EXTRACONTRATUAL DAS PESSOAS PRIVADAS PRESTADORAS DE SERVIÇOS PÚBLICO

Clovis Beznos

Mestre em Direito do Estado, e Doutor em Direito Administrativo, pela Faculdade de Direito da PUC/SP, onde é Professor do Bacharelado, e da Pós-Graduação *strito sensu*. Procurador do Estado de São Paulo aposentado e ex-Presidente do Instituto Brasileiro de Direito Administrativo – IBDA, autor de diversas obras jurídicas, destacando Poder de Polícia, ed. Revista dos Tribunais, e Aspectos Jurídicos da Indenização na Desapropriação, ed. Forum; advogado em São Paulo.

Sumário: 1. Introdução. 2. Evolução da teoria. 3. O fundamento jurídico da responsabilidade do estado. 4. A responsabilidade das pessoas privadas prestadoras de serviços públicos. 5. Conclusões. 6. Referências.

1. INTRODUÇÃO

Registro, que o presente estudo foi elaborado, em homenagem a Renan Lotufo, jurista dos mais notáveis de nossa terra, Magistrado que muito abrilhantou e honrou a Magistratura, bem como, meu colega, no Colégio Rio Branco, e colega no Curso de Mestrado da PUC/SP, bem como, colega de Magistério, na Faculdade de Direito da PUC/SP, e que conheci, em minha infância, na quadra de futebol de salão, da Associação Cristã de Moços, esporte esse que, salvo engano, foi introduzido no Brasil, pelo seu genitor.

O tema da responsabilidade extracontratual do Estado é muito grato aos administrativistas, de um lado, porque configura essa matéria, praticamente, a inauguração do próprio Direito Administrativo, e, por outro, porque deságua em sua evolução, na submissão do Poder à Ordem Jurídica, exatamente no sentido de sua responsabilidade, pelos danos causados aos administrados, assegurando o respeito à igualdade social, como o principal fundamento da sua efetivação.

Por outro lado, volvendo-nos para a questão específica, que abordamos neste estudo, a responsabilidade das pessoas privadas prestadoras de serviço público, mais ainda nos vimos envolvidos pelo tema, por tratar-se de matéria própria de novidade constitucional, incorporada pela "Constituição Cidadã", alocando as pessoas privadas prestadoras de serviços públicos, ao lado das pessoas jurídicas de direito público, fixando em relação a ambas, o dever da responsabilidade objetiva, quanto aos danos causados a terceiros, efetivando o ideal da justiça mais célere, nessa área do Direito Administrativo.

2. EVOLUÇÃO DA TEORIA

A referência histórica que a doutrina costuma atribuir ao tema, responsabilidade extracontratual do Estado, parte da concepção da irresponsabilidade do Estado pelos danos causados, como uma característica dos Estados Absolutistas.

Nesse tipo de sistema político era inadmissível a responsabilidade do Estado, eis que por força da soberania, então concebida como um poder supremo e incontrastável do rei, acolhia-se o princípio de não submissão à ordem jurídica e às regras, por ele mesmo estabelecidas[1], além de se acreditar que ostentava mandato divino, e que por força do mesmo, detinha uma missão de realizar a felicidade dos seus súditos, razão pela qual não poderia causar dano[2].

Todavia, a irresponsabilidade pelos danos não era absoluta, vez que em França admitia-se a responsabilidade pessoal do funcionário, quando fosse o dano relacionado diretamente a um comportamento seu, sendo, todavia, dependente a sua responsabilização de autorização do Conselho de Estado, que, de ordinário, não a concedia, valendo considerar ainda que normalmente o patrimônio pessoal do servidor não se mostrava suficiente, para garantir o ressarcimento.

Maria Sylvia Zanella Di Pietro anota que a tese da irresponsabilidade restou superada no Século XIX, advertindo, todavia, que os primeiros passos da responsabilidade estatal repousam nos princípios civilistas, embasados na culpa, decorrendo daí a "teoria civilista da culpa", que distinguia atos de império e de gestão[3].

De outra parte, o desenvolvimento da responsabilidade do Estado, com a incidência de princípios de ordem pública tem o seu ponto de partida no afamado caso Blanco, ocorrido em decorrência de um atropelamento de uma menina, Agnes Blanco, ocorrido em 1871, ao atravessar uma rua na Cidade de Bordeaux.

Tal ocorrência em França, envolveu questão de relevância e importância jurídica, porque, após a Revolução Francesa, marco de origem do Direito Administrativo, havia a proibição de submeter-se aos tribunais comuns civis, matéria de Direito Administrativo, ante a compreensão dos revolucionários, basicamente literal, da doutrina de Montesquieu, ao que tange à separação dos Poderes.

Foi essa a ideia, que vedava a apreciação dos atos administrativos, pelo Judiciário, e que, como refere Celso Antônio Bandeira de Mello, "culminou com a instituição de uma Jurisdição Administrativa, originária do Direito Administrativo"[4].

---

1. Se só no dealbar da Idade Moderna é que se apurou o seu conceito, as raízes doutrinais dele remontam à Antiguidade, nomeadamente ao direito romano e as duas máximas de Ulpiano tão invocadas e comentadas pelos teóricos, *Princips legibus solutus est* ('o Príncipe está isento – ou absolvido – da lei') e *Quod principi voluit legis habet vigorem* ('o que apraz ao Príncipe vigora como lei'). (LOURENÇO, Elsa. *Dicionário da Filosofia Moral e Política*. Instituto de Filosofia de Linguagem texto criado em 10.12.2007. Disponível em: https://sites.google.com/view/sbgdicionariodefilosofia/moral. Acesso em: 27.10.2020.).

2. Conforme a lição de Celso Antônio Bandeira de Mello "Com efeito, é sobejamente conhecida a frase de Laferriere: 'O próprio da soberania é impor-se a todos sem compensação; bem como as frases rengalengas que sintetizavam o espírito norteador da irresponsabilidade: 'Le roi ne peut mal faire ', ou seja afirmava na França, ou 'The King can du no wrong', que é a equivalente versão inglesa" (in *Curso de Direito Administrativo*. 34. ed. São Paulo: Malheiros Editores Ltda., 2019, p.1060).

3. "Numa primeira fase, distinguiam-se, para fins de responsabilidade, os *atos de império e os atos de gestão*. Os primeiros seriam os praticados pela Administração com todas as prerrogativas e privilégios de autoridade e impostos unilateral e coercitivamente ao particular independentemente de autorização judicial, sendo regidos por um direito especial, exorbitante do direito comum, porque os particulares não podiam praticar atos semelhantes, os segundos seria praticados pela Administração em situação de igualdade com os particulares, para a conservação e desenvolvimento do patrimônio público e para a gestão de seus serviços; como não difere a posição da Administração e a do particular aplica-se a ambos o direito comum" (in *Direito Administrativo*. 32. ed. Rio de Janeiro: Forense, 2019, p. 823).

4. Celso Antônio Bandeira de Mello leciona que "após a Revolução Francesa, desenvolveu-se naquele país uma singular concepção da tripartição do exercício do Poder, segundo a qual haveria uma violação dela se o Judiciário controlasse atos provenientes do Executivo". Refere o autor leis que estabeleciam essa vedação ao Judiciário, fixando como crime o seu descumprimento. (in *Curso de Direito Administrativo*. 34.ed. São Paulo: Malheiros, 2019, p.40).

Portanto, foi justamente um caso de responsabilidade extracontratual, por danos causados a terceiro, que segundo a doutrina, deu início ao Direito Administrativo. Trata-se do caso conhecido como *Arrêt Blanco*, que, como refere Romain Broussais, configura a fundação do direito administrativo e de seu contencioso[5].

O caso de Agnés Blanco é referido por Bernardo Teixeira Fernando Araújo Travessas, reportando-se aos ensinamentos do Professor Doutor Vasco Pereira da Silva, como um dos dois momentos, que possibilitaram à formulação do Direito Administrativo, o primeiro, quanto à proibição de que os Tribunais jurisdicionais julgassem a Administração, e o segundo, que enfatiza a existência de um contencioso privativo da Administração, a salvaguardar os interesses da Administração, em decorrência de uma decisão do Tribunal *des conflits* de 1873[6].

Com efeito, ante o conflito negativo de jurisdição, recusando-se tanto a Corte Civil como a Administrativa, ao julgamento do caso, decidiu o Tribunal de Conflitos, pela competência do Tribunal Administrativo, afirmando a competência jurisdicional do mesmo, bem como que a responsabilidade, pelos danos causados pelo serviço público, haveriam de ser apreciada, por princípios próprios, diferentes do direito comum[7].

O que há de relevante nessa decisão, como leciona Maria Sylvia Zanella Di Pietro, é que, não obstante consistisse a mesma, na confirmação da jurisprudência anterior do Conselho de Estado, referente aos casos Rotschild e Dekeister, de 1855 e 1862, respectivamente, inovava sob dois aspectos:

a) o primeiro, que reconhecia a competência do tribunal administrativo pelo critério do *serviço público*, ao afirmar a responsabilidade do Estado por danos decorrentes do serviço público;

b) o segundo, que afirmava o tratamento dessa responsabilidade por princípios próprios, diversos dos decorrentes do Código Civil, ao trato da responsabilidade decorrente de relações privadas[8].

Importante também é a consideração, quanto ao desenvolvimento das teorias da responsabilidade do Estado, de cunho administrativo, posteriormente ao caso Blanco.

Com efeito, a primeira teoria de caráter público surgida foi a da chamada "culpa anônima do serviço", ou responsabilidade administrativa, consistente na atribuição de responsabilidade pelos danos causados pelos serviços públicos, à sua própria estrutura, independentemente da identificação de um funcionário causador do dano.

---

5. Romain Broussais anota "L'arret Blanco est comme l'arret qui fonde l'autonomie du droit administratif et de son contentieux. Pourtant, il n'est que l'aboutissement d'une politique jusrispprudentielle développée par le Conseil d'Etat tout au long du 19e siècle". (in *Histoire d'um grande arrêt: Blanco, le fondateur.* Disponível em: https:// chevaliersdesgrandsarrets. com/2013/08/12/histoire-arret-blanco/. Acesso em: 27 .10. 2020).

6. "O primeiro destes traumas reporta-se ao período subsequente à Revolução Francesa de 1789. A atuação do Conselho de Estado, pelas suas decisões com caracter jurisdicional, proibia que os tribunais comuns julgassem a administração. Impedia que perturbassem – troublé l'administration. Segundo Charles Debbash ocorria a confusão total em que o órgão decisor julgava os atos que tinha praticado. O segundo trauma surge como Direito produzido pelo contencioso privativo da Administração, salvaguardando os interesses da Administração, nomeadamente, por uma sentença do tribunal de conflitos (Tribunal des conflits) em 1873. A lógica desse contencioso privativo da administração era a de um contencioso que salvaguardasse os privilégios exorbitantes da administração. Segundo Maurice Hauriou, existia um contencioso que salvaguardava a lógica do poder administrativo. Otto Bachof, chama-a de Eingriffsverwaltung, a administração agressiva, a administração que quando atua é para exercer a força física sobre os particulares e atua para por em prática os seus direitos". (TRAVESSAS, Bernardo Teixeira Fernando Araújo. *O Estranho caso de Agnés Blanco.* Disponível em: https:// www.academia.edu/33499813/O_estranho_caso_de_Agn%C3%A9s_Blanco. Acesso em: 27.10.2020).

7. O relator do acórdão, David, remeteu o caso, ao contencioso administrativo, salientando as especificidades do Direito Administrativo, e às regras especiais aplicáveis, segundo as necessidades do serviço, bem como o imperativo de conciliar os direitos do Estado, com os direitos privados, afastando, de outra parte, a aplicação dos princípios estabelecidos pelo Código Civil, para decretar incidentes, os princípios aplicáveis aos serviços públicos.

8. DI PIETRO, Maria Sylvia. *Direito Administrativo.* 32. ed. Rio de Janeiro: Forense, 2019, p. 823 e 824.

Por essa teoria entendeu-se incidir responsabilidade do Estado, quando o serviço não funciona, verificando-se a omissão, o serviço funciona mal, ou o serviço funciona atrasado, provocando, ou não evitando, um dano.

A evolução da responsabilidade do Estado, de cunho publicístico, tem como passo seguinte, a criação da teoria do risco, animada pela ideia de que o Estado, pelo vulto de suas atividades, pode causar dano, sem a possibilidade do administrado escapar dos riscos impostos pela atividade estatal, e da consideração de que, sendo tais atividades financiadas por toda a sociedade, em caso de dano específico a alguém, deve se dar a indenização.

A ideia dessa responsabilidade é concebida como uma espécie de seguro social, cujo pagamento do prêmio deve ser distribuído por toda coletividade.

Trata-se da teoria do risco-proveito, entre nós introduzida, pelo sempre lembrado Oswaldo Aranha Bandeira de Mello, que se consubstancia na ideia, de correspondência entre a distribuição das cargas públicas, ante a igual distribuição das vantagens, advindas da atuação do Estado. A igual distribuição dos cômodos deve corresponder à igual distribuição dos ônus[9].

Tal teoria fundamenta a responsabilidade objetiva, que se caracteriza pela existência de um dano e sua relação de causalidade, com uma ação da Administração, e se efetiva independentemente da comprovação da existência do elemento subjetivo – culpa ou dolo.

É patente que a teoria do risco envolve duas noções que se integram, a primeira na pressuposição de que a atividade estatal provoca situações de risco, e a segunda, consistente na igualdade, que se efetiva pela igual distribuição dos encargos públicos, que se pode extrair da ideia de que, quando o erário indeniza, toda coletividade o faz.

Além disso, a ideia de Estado de Direito pressupõe a submissão do Estado à ordem jurídica, sendo por isso, independentemente de qualquer previsão normativa infraconstitucional, responsável pelos danos causados a terceiros.

3. O FUNDAMENTO JURÍDICO DA RESPONSABILIDADE DO ESTADO

O Código Civil configura o ilícito, considerando o elemento subjetivo, dolo ou culpa. É o que se colhe do seu artigo 186, que define o ilícito, como ação ou omissão voluntária, ou negligência, ou imprudência, das quais decorram violação de direito, e causação de dano a outrem, ainda que exclusivamente moral.

Além disso, o ilícito igualmente é caracterizado pelo abuso de direito, vez que o artigo 187, o configura pela circunstância do titular de um direito, que ao exercê-lo excede os limites impostos, por seu fim econômico ou social, pela boa-fé ou, pelos bons costumes.

Ao tratar da responsabilidade civil, o artigo 927, do Estatuto Civil fixa que aquele que, por ato ilícito causar dano a outrem, fica obrigado a repará-lo, enquanto seu parágrafo único prescreve a obrigação reparatória do dano, independentemente de culpa, nos casos

---

9. Tratando-se de responsabilidade objetiva refere o autor: "Ela pressupõe sempre o *proveito* do causador do dano pelo *risco* que expôs a vítima e, em consequência, lhe ocasionou prejuízo. Há uma correlação entre eles para fundamentar a responsabilidade" (...) "A responsabilidade fundada na teoria do risco-proveito pressupõe sempre ação positiva do Estado, que coloca terceiro em risco, pertinente a sua pessoa ou ao seu patrimônio, de ordem moral, econômica ou social, em benefício da instituição governamental ou da coletividade em geral, que o atinge individualmente, e atentam contra a igualdade de todos diante dos encargos públicos, em lhe atribuindo danos anormais, acima dos comuns inerentes à vida em sociedade". (In *Princípios Gerais de Direito Administrativo*. v. II. Rio de Janeiro: Forense, 1974, p. 484 e 487).

A RESPONSABILIDADE EXTRACONTRATUAL DAS PESSOAS PRIVADAS PRESTADORAS DE SERVIÇOS PÚBLICO **395**

especificados em lei, ou quando a atividade normalmente desenvolvida pelo autor do dano implicar, por sua natureza, riscos para o direito de outrem.

Cabe observar que o Direito Civil, a partir do Código de 2002, adotou a responsabilidade objetiva, para hipóteses previstas legalmente, como aliás, já ocorria, no caso de poluição ambiental, conforme previsão do artigo 14, § 1º, da Lei 6.938, de 31 de agosto de 1981[10], acolhendo, de outra parte, a teoria do risco, caracterizada pelo exercício de atividade perigosa, expondo terceiros ao risco de dano, e em ocorrendo este, caracterizada a responsabilidade tão somente pela sua natureza, independentemente do elemento subjetivo, que constitui a regra geral da responsabilidade civil.

Segue-se daí a indagação, se, quanto ao fundamento da responsabilidade civil, adotada pelo Código Civil, na modalidade objetiva, corresponde ela à teoria do risco-proveito, desenvolvida entre nós, por Oswaldo Aranha Bandeira de Mello, supra referida, e a resposta só pode ser negativa.

Com efeito, a responsabilidade objetiva, adotada pelo Código de 2002, baseada no risco causado pela atividade desenvolvida, fundamenta-se na natureza da atividade, que por ser perigosa é causadora do risco de dano a outrem, o que vale dizer, que o autor desse tipo de atividade aceita as consequências de seu exercício, com a exacerbação da responsabilidade em caso de causação de dano a outrem.

De outra parte, quanto a responsabilidade objetiva, desenvolvida em relação ao Estado, não depende ela da natureza da atividade para sua incidência, que inclusive pode ocorrer, em decorrência de atividade lícita, mas tem seu fundamento, na igual distribuição dos encargos públicos, embasada no princípio da igualdade.

Nesse sentido, escreve Celso Antônio Bandeira de Mello:

> Responsabilidade objetiva é a obrigação de indenizar que incumbe a alguém em razão de um procedimento lícito ou ilícito que produziu uma lesão na esfera juridicamente protegida de outrem. Para configurá-la basta, pois, a mera relação causal entre o comportamento e o dano[11].

Ao exame do fundamento da responsabilidade objetiva, discrimina o autor, em primeiro lugar, os comportamentos comissivos e omissivos, bem como, entre hipóteses de comportamentos ilícitos, e de comportamentos lícitos da Administração, fixando quanto ao primeiro tipo, ou seja, ao que tange aos comportamentos ilícitos, comissivos ou omissivos, jurídicos ou materiais, o fundamento da responsabilidade objetiva, repousa na "contrapartida do princípio da legalidade", advertindo, porém, que, quanto aos comportamentos ilícitos comissivos, o fundamento da reparação sedia-se igualmente no princípio da igualdade.

De outra parte, ao que respeita às hipóteses de comportamentos lícitos, bem como quanto às hipóteses criadas pelo Poder Público, ainda que não seja o Estado o próprio autor do ato gerador do dano[12], alude o autor que o fundamento da responsabilidade do

---

10. Lei 6.938, de 31 de agosto de 1981, art. 14, § 1º Sem obstar a aplicação das penalidades previstas neste artigo, é o poluidor obrigado, independentemente da existência de culpa, a indenizar ou reparar os danos causados ao meio ambiente e a terceiros, afetados por sua atividade. O Ministério Público da União e dos Estados terá legitimidade para propor ação de responsabilidade civil e criminal, por danos causados ao meio ambiente.

11. BANDEIRA E MELLO, Celso Antônio. *Curso de Direito Administrativo*. 34. ed. São Paulo/: Malheiros, 2019, p. 1.065.

12. Refere-se nesse passo o autor a danos decorrentes da guarda de coisas e pessoas perigosas: *Há determinados casos em que a ação danosa, propriamente dita, não é efetuada por agente do Estado, contudo é o Estado quem produz a situação da qual o dano depende*. Além disso, refere o autor aos danos causados em decorrência de defeito na prestação de serviço público,

Estado sedia-se no princípio da igualdade: *entendemos que o fundamento da responsabilidade estatal é garantir uma equânime repartição dos ônus provenientes de atos ou efeitos lesivos, evitando que alguns suportem prejuízos ocorridos por ocasião ou por causa de atividades desempenhadas no interesse de todos*[13].

Desse entendimento não discrepa Cármem Lúcia Antunes Rocha, que vislumbra nos fundamentos do princípio da responsabilidade do Estado, a incidência de dois princípios: a) o princípio democrático, que impõe à pessoa estatal o desígnio de não permitir lesões aos administrados, provenientes de sua gestão à frente da coisa pública, e b) o princípio republicano, do qual os direitos se originam, impondo a finalidade à gestão pública, na busca das coisas essenciais à sociedade, sem quebra da igualdade de todos da carga pública, de onde advém a materialização do princípio da responsabilidade[14].

4. A RESPONSABILIDADE DAS PESSOAS PRIVADAS PRESTADORAS DE SERVIÇOS PÚBLICOS

O artigo 37, § 6º da Constituição Federal parece equiparar as pessoas públicas e as pessoas privadas, prestadoras de serviços públicos, quanto à responsabilidade objetiva, pelos danos causados por seus agentes.

Entretanto, se o fundamento da responsabilidade objetiva reside na igualdade frente aos encargos públicos, que se realiza quando o erário compõe o prejuízo daquele que sofreu o dano especial e anormal, qual seria o fundamento da responsabilidade objetiva das pessoas privadas, prestadoras de serviços públicos, quando estas venham a suportar isoladamente o pagamento dos danos causados a terceiros, quando da prestação dos serviços públicos?

Por outro lado, na previsão constitucional em foco, quem são os terceiros que se encontram sob a proteção da responsabilidade objetiva pelos danos sofridos?

Estabelece o artigo 37, § 6º, da Constituição Federal:

> As pessoas jurídicas de direito público e as de direito privado prestadoras de serviços públicos respondem pelos danos que seus agentes, nessa qualidade, causarem a terceiros, assegurado o direito de regresso contra o responsável, nos casos de dolo ou culpa.

Quando o Poder Público causa o dano a alguém especialmente, por intermédio de seus agentes, em hipótese da atuação comissiva, como consequência indireta de sua atuação, efeito colateral lesivo de direitos alheios, não objetivado pela atuação administrativa, a igual distribuição dos encargos públicos se constitui substancialmente no fundamento

---

aduzindo o exemplo de semáforo que abre sinal de passagem, ao mesmo tempo, para as duas vias de um cruzamento, dando causa a uma colisão de veículos. Op. cit. p. 1.077 e 1.079.

13. Op. cit. p. 1066.

14. Temos, pois, como fundamentos do princípio da responsabilidade do Estado: a) o princípio democrático, que cinge a pessoa estatal à obrigação jurídica de não permitir lesões aos particulares, provenientes de sua conduta na gestão da coisa pública restem ao desamparo; e b) de outra parte, o princípio republicano, do qual nascem os direitos dos indivíduos a que a coisa pública seja administrada e destinada a atividades havidas por essenciais de forma aberta, comprometida com a sociedade, sem quebra de igualdade de todos os que compõem o público, titular desta mesma coisa. Do primeiro princípio surgem eminentes, de imediato, os princípios da juridicidade e o da responsabilidade, e do segundo nasce, diretamente, o da igualdade de todos no suportamento das incumbências públicas e, correspectivamente, como a materialização desse princípio, o da responsabilidade. (ROCHA, Cármen Lúcia Antunes. *Os Princípios Constitucionais da Administração Pública*. Belo Horizonte: Del Rey, 1994, p. 262).

do dever de reparar o dano, sendo irrelevante, a não ser para o efeito da ação de regresso, ter o agente agido com culpa ou dolo[15].

De outra parte, ao exame do dispositivo constitucional em foco, o termo "terceiros", em um primeiro exame, parece ter pertinência a todos aqueles que, não tendo relação funcional com a Administração (agentes atuantes na prestação da atividade), ou relação de emprego com a pessoa privada prestadora de serviços públicos na situação causadora do dano, venham a sofrê-lo.

Destarte, ao que respeita à atividade de serviços públicos, numa interpretação puramente literal do artigo 37, § 6º, da Constituição Federal, o termo *terceiros* parece designar, tanto *os usuários dos serviços*, como os *não usuários* que sofram danos decorrentes de *atividade comissiva*[16] da Administração, ou de quem lhe faça as vezes.

Nesse sentido, o § 6º do art. 37 da Constituição da República pode ser entendido como uma afirmação da persistência da responsabilidade objetiva, no sentido de que, não obstante a transferência da execução dos serviços públicos a empresas privadas, nem por isso deixa de existir a mesma espécie de responsabilidade, que teria a Administração Pública na prestação direta de serviços públicos, pelos danos causados a terceiros.

Além disso, é inquestionável que os usuários dos serviços públicos têm uma relação jurídica específica com as pessoas prestadoras dos serviços, e que, em se tratando de concessionárias, tal relação é contratual[17], da qual se infere uma cláusula pressuposta, consistente na preservação da incolumidade do usuário.

Destarte, qualquer dano causado ao usuário, em decorrência da prestação dos serviços públicos deve ser composto pelo prestador da atividade, que recebe a contraprestação pelos serviços efetuados, consistente normalmente na tarifa, independentemente da aferição da culpa na prestação de serviços.

Aliás, esse entendimento de há muito já era acolhido pela doutrina e jurisprudência, bem anteriormente à previsão constitucional atual, em especial na área dos transportes coletivos de passageiros, considerando a culpa presumida do transportador, pelos danos

---

15. Nesse sentido leciona Celso Antônio Bandeira de Mello: "Ao nosso ver o fundamento se biparte. No caso de comportamentos *ilícitos* comissivos ou omissivos, jurídicos ou materiais, o dever de reparar o dano é a *contrapartida do princípio da legalidade*. Porém no caso de comportamentos ilícitos *comissivos*, o dever de reparar já é, além disso, imposto também pelo *princípio da igualdade*. b) No caso de comportamentos *lícitos*, assim como na hipótese de danos ligados a *situação criada pelo Poder Público* – mesmo que não seja Estado o próprio autor do ato danoso –, entendemos que o fundamento da responsabilidade estatal é garantir uma equânime repartição dos ônus provenientes de atos ou efeitos lesivos, por causa das atividades desempenhadas no interesse de todos. De conseguinte, seu fundamento é o princípio da igualdade, noção básica do Estado de Direito". (in *Curso de Direito Administrativo*. 34ª ed. São Paulo: Malheiros, 2019, p. 1066).

16. Acolhemos integralmente a sistematização de Celso Antônio Bandeira de Mello quando distingue os "danos por ação do Estado" dos "danos por omissão do Estado", para afirmar a responsabilidade objetiva quanto à primeira espécie, e a subjetiva quanto à segunda: "Se houve conduta estatal lesiva a bem jurídico garantido de terceiro, o princípio da igualdade – inerente ao Estado de Direito – é suficiente para reclamar a restauração do patrimônio jurídico do lesado. Qualquer outra indagação seria despicienda, por já haver configurado situação que reclama em favor do atingido o patrocínio do preceito da isonomia"(...) Quando o dano foi possível em decorrência de uma *omissão* do Estado (o serviço não funcionou, funcionou tardia ou ineficientemente) é de aplicar-se a teoria da responsabilidade *subjetiva*. Com efeito, se o Estado não agiu, não pode, logicamente, ser ele o autor do dano. E, se não foi o autor do dano, só cabe responsabilizá-lo caso esteja *obrigado a impedir* se *descumpriu dever legal* que lhe impunha obstar ao evento lesivo" (in op. cit. p.1070 a 1077).

17. Como anota com acuidade Antônio Carlos Cintra do Amaral, quando a prestação dos serviços se constitui em atribuição do Poder Público a relação com os usuários é tributária, constituindo-se em fato gerador de taxa, que nos termos do artigo 145, inciso II, da Constituição Federal incide pelos serviços prestados ou simplesmente postos a disposição do usuário, enquanto, quando os serviços são prestados por concessionários a relação é contratual, sendo remunerada por tarifa, apenas quando da efetiva prestação dos serviços (in *CELC – Centro de Estudos sobre Licitações e Contratos-CELC*. Comentário n. 8, de 01/02/2000. Disponível em: http://celc.com.br/celc/. Acesso em: 27.10.2020).

causados aos passageiros, revelando-se irrelevante a incidência de culpa de terceiros, que viessem a dar causa a eventual acidente[18].

Nenhuma dúvida incide quanto à responsabilidade objetiva das pessoas jurídicas de direito privado prestadoras dos serviços, quanto aos danos sofridos pelos usuários dos serviços públicos.

Tal responsabilidade independe da apuração do elemento subjetivo culpa ou dolo, e somente é excluída ou minorada pela inexistência total ou parcial do nexo de causalidade.

A culpa exclusiva da vítima faz desaparecer o nexo etiológico entre a atuação do Poder Público ou da pessoa privada prestadora de serviços públicos e o dano, excluindo o dever de indenizar.

A culpa concorrente da vítima implica, por seu turno, na diminuição do *quantum* indenizatório.

É que a culpa exclusiva da vítima faz desaparecer o nexo de causalidade em relação ao dano, enquanto a culpa concorrente elimina parcialmente esse nexo.

Quanto aos não usuários a situação é diversa, pela inexistência de qualquer relacionamento anterior à incidência do dano, com a pessoa pública ou privada prestadora de serviço público.

Em hipótese da prestação dos serviços públicos diretamente pelo Poder Público, como ocorre em qualquer atividade por ele executada, parece não existir dificuldade em se afirmar, que a responsabilidade pelos danos causados tanto a usuários, como a não usuários dos serviços, é objetiva, com fundamento no artigo 37, § 6º, da Constituição Federal, e no princípio da isonomia, que informa a igual distribuição dos encargos públicos.

Entretanto, se a composição dos danos não houver de ser suportada pelo Erário Público, mas sim exclusivamente pelas arcas da empresa privada prestadora de serviços públicos, haveria essa repartição dos encargos públicos pela coletividade?

Poder-se-ia argumentar que a garantia da manutenção da equação econômico financeira do contrato de concessão, com a previsão de reajuste tarifário, ainda que de forma indireta, distribuiria os encargos suportados excepcionalmente pela concessionária.

Tal distribuição, todavia, sob a modalidade de reajuste tarifário, apenas afetaria os próprios usuários dos serviços.

De qualquer sorte, quando se pensa na isonomia, pela igual distribuição dos encargos públicos, não se tem em mente qualquer forma indireta de distribuição de encargos, mas diretamente pela carga sobre o Erário, que se constitui na *res publica* a suportar os danos.

---

18. Cabe reproduzir a lição de Yussef Said Cahali, invocada pelo primeiro acórdão referido acima, nos seguintes termos: "Em matéria de serviço de transporte coletivo concedido pelo Poder Público, permite-se afirmar que a regra do art. 37, § 6º, da Constituição de 1988 representa simples superfetação, pois já era entendimento assente que 'a responsabilidade das empresas de serviço público, no transporte de passageiros, decorre da culpa presumida, não se podendo nela entrever qualquer cláusula liberatória, especialmente culpa de terceiros' (TJSP, 6ª C., 20.02.89, RT 413/146), o que se compreende, seja considerando-se o transporte de passageiros simples obrigação de resultado, seja tendo em vista o disposto no art. 17 do Decreto 2.681, de 07.12.42, aplicável por analogia, quanto à culpa presumida do transportador. (in *Responsabilidade Civil do Estado*. 2. ed., 2. tir. São Paulo: Malheiros, 1956, p. 156).

A RESPONSABILIDADE EXTRACONTRATUAL DAS PESSOAS PRIVADAS PRESTADORAS DE SERVIÇOS PÚBLICO | **399**

Assim, nem mesmo a possibilidade da responsabilidade subsidiária do poder concedente ou permitente dos serviços, pelos danos decorrentes da prestação dos serviços, em casos de insolvência do concessionário ou permissionário, que nos dias atuais, uniformemente, a doutrina e jurisprudência sustentam[19], abona o pressuposto da distribuição dos encargos públicos.

Ora, se a responsabilidade da pessoa privada prestadora de serviço público, quanto aos danos causados aos não usuários dos serviços, não pode ter por fundamento a isonomia, e igualmente não decorre de qualquer relação contratual, qual seria o seu fundamento?

Tal indagação enseja o exame do outro fundamento, em que repousa a responsabilidade objetiva do Estado: *o risco administrativo*, que se evidencia do fato da atividade administrativa submeter os administrados a situações de risco, e na possibilidade dessas atividades serem causadoras de danos especiais a alguém[20].

O artigo 37, § 6º da Constituição da República preconizou a responsabilidade tanto das pessoas jurídicas de direito público, como das pessoas jurídicas de direito privado, pelos danos causados por seus agentes a terceiros. Tal responsabilidade inquestionavelmente é objetiva[21].

Quanto às pessoas jurídicas privadas, prestadoras de serviços públicos, não se podendo invocar o princípio da igualdade como o fundamento da responsabilidade objetiva como acima concluído, somente resta o entendimento de que seu fundamento repousa no *risco administrativo*, oriundo da prestação de serviços públicos.

Os terceiros, que o dispositivo constitucional visa proteger, são aqueles submetidos à situação de risco, criada pela ação administrativa, tanto pelas pessoas jurídicas de direito público, como pelas pessoas jurídicas de direito privado, prestadoras de serviços públicos.

Nesse passo, irrelevante se afigura o discrímen entre usuários e não usuários dos serviços, porque todos aqueles, submetidos ao risco administrativo da prestação de serviços públicos, recebem a proteção constitucional, consistente na garantia da responsabilidade objetiva, que informa a reparação dos danos sofridos, em decorrência da prestação dos serviços.

Aliás, como visto acima, o Direito Privado acolheu essa mesma teoria do risco.

---

19. Celso Antônio Bandeira de Mello, in op. cit. p. 1072; Lúcia Valle Figueiredo in *Curso de Direito Administrativo*. 8. ed. São Paulo: Malheiros, 2006, p. 297; Maria Sylvia Zanella Di Pietro, in *Direito Administrativo*. 32. ed. Rio de Janeiro: Forense, 2019, p. 832 e 833. A autora não obstante sustente a responsabilidade subsidiária do poder concedente, ressalva a hipótese da má escolha da concessionária ou omissão no dever de sua fiscalização, quando então afirma a responsabilidade solidária, para tais hipóteses.

20. Trata-se da teoria conhecida como "teoria do risco administrativo". Sobre ela escreve Hely Lopes Meirelles "Tal teoria, como o nome está a indicar, baseia-se no *risco* que a atividade pública gera para os administrados e na possibilidade de acarretar dano a certos membros da comunidade impondo-lhes um ônus não suportado pelos demais".. (in *Direito Administrativo Brasileiro*. 39ª ed. São Paulo: Malheiros, 2013, p. 726).

21. O Ministro Joaquim Barbosa em seu voto, prolatado ao julgamento do RE 262.651-1/SP, sustentou, com precisão: "Por outro lado, e isto me parece decisivo, devemos sempre ter em mente que a responsabilidade objetiva do Estado repousa em dois fundamentos jurídicos irretocáveis. Primeiro, ao atuar nos mais diversos setores da vida social, a Administração submete os seus agentes e também o particular a inúmeros riscos (maneja objetos perigosos, cria situações perigosas etc.). Esses riscos são da essência da atividade administrativa e resultam da multiplicidade das suas intervenções, que soa indispensáveis ao atendimento das diversas necessidades da coletividade. O risco administrativo, portanto, não raro decorre de uma atividade lícita e absolutamente regular da Administração, daí o caráter objetivo desse tipo de responsabilidade, que faz abstração de qualquer consideração a respeito de eventual culpa do agente causador do dano. O segundo fundamento jurídico da responsabilidade objetiva repousa no princípio da igualdade de todos os cidadãos perante os encargos públicos".

Entretanto, seja na esfera pública, seja na esfera privada, por certo não se poderá considerar como terceiro submetido à situação de risco, quem concorra para a existência da situação de risco, ou dela participe, com ação semelhante ou equivalente, à ação do criador do risco.

Assim, viável se nos afigura afirmar-se o postulado no sentido de que: *a equivalência de situações elimina o risco.*

Suponha-se, no campo do direito privado, uma empresa que realize o transporte rodoviário de explosivos.

Certamente ninguém negará que tal atividade implica, por sua natureza, em um risco para os demais usuários da estrada de rodagem, por onde o veículo transportador dessa carga venha a trafegar.

Imagine-se, entretanto, o choque do veículo dessa empresa, carregado de explosivos, com um outro veículo igualmente carregado de explosivos, pertencente à outra empresa, dedicada à mesma atividade. Como aplicar-se a teoria do risco, para determinar-se a responsabilidade de uma ou de outra empresa?

Certamente, o caso suposto teria de ser solucionado à luz da responsabilidade subjetiva, determinando-se a responsabilidade do causador do acidente, uma vez que a equivalência de situações teria eliminado o risco, como fator determinante da responsabilidade.

O mesmo ocorre com as atividades públicas. Suponha-se o choque de dois veículos pertencentes a dois distintos Municípios, como aplicar-se a teoria do risco? Como determinar-se o dever de indenizar, se ambos teriam a invocar a responsabilidade objetiva do outro, quanto aos danos causados.

Igualmente, nessa situação suposta outra solução não haveria, senão a da apuração da responsabilidade subjetiva, para determinar-se o dever de indenizar, e isso porque *a equivalência de situações elimina o risco*, como fator determinante do dever de indenizar.

Assim, supondo-se a ocorrência de dano verificado pelo choque de veículos, entre um auto-ônibus utilizado na prestação de serviço público, por concessionária de serviço público, e um veículo, um caminhão, dirigido por particular em estrada de rodagem. Nessa hipótese, tendo em conta a equivalência de situações, entre a atividade da prestação do serviço, e a ação do particular, inexistiria razão, para afirmar-se, *a priori*, a responsabilidade objetiva da concessionária.

De um lado, como se viu não caberia invocar-se o princípio da igualdade, para sustentar-se a responsabilidade objetiva, porque, respondendo apenas as arcas da concessionária, não ocorreria a distribuição dos encargos públicos pela comunidade, como ocorre quando o tesouro público recompõe os danos.

De outro lado, em se verificando a equivalência de situações, inviável seria invocar-se a teoria do risco administrativo, para sustentar a responsabilidade objetiva da concessionária, porque, quando ambas as partes envolvidas efetivam condutas equivalentes, ainda que incida risco nas atividades desenvolvidas, não se pode, *a priori*, afirmar a responsabilidade objetiva apenas em desfavor de uma delas, porque tal equivalência elimina o risco, como fator determinante da responsabilidade.

Cabe considerar que a prestação do serviço público, nessa hipótese, não coloca a outra parte envolvida, em situação de submissão ao risco da atividade, não se podendo

A RESPONSABILIDADE EXTRACONTRATUAL DAS PESSOAS PRIVADAS PRESTADORAS DE SERVIÇOS PÚBLICO **401**

ipso facto considerá-la como *terceira* quanto ao mesmo, nos termos previstos no art. 37, § 6°, da Constituição da República.

Assim, tendo em conta que o § 6°, do artigo 37, da Constituição Federal somente assegura a garantia da responsabilidade objetiva do causador do dano, ao *terceiro* submetido ao risco da atividade prestada, seja pelas pessoas jurídicas de direito público, seja pelas pessoas jurídicas de direito privado, prestadoras de serviços públicos, evidencia-se que não se pode considerar como terceiro, aquele que concorra para a ocorrência do risco, ou se encontre em situação equivalente para produzi-lo.

Situação diversa é a de não usuário do serviço público concedido, que v.g. venha a ser eletrocutado por fios de alta voltagem, pendentes na via pública, pela queda de um poste.

Nessa hipótese, não obstante o ressarcimento pela concessionária não realize o princípio da igualdade de distribuição dos encargos públicos, conforme supra referido, incide o risco administrativo da atividade, que deve pender somente contra a concessionária, a uma, porque deve ser previsto na equação de sua composição tarifária, e a duas, porque não há qualquer equivalência na atividade da vítima, que afaste *a priori* a responsabilidade da concessionária.

Em atividades dessa espécie existe uma situação de submissão equivalente de usuários, e de não usuários ao risco administrativo, quanto à execução dos serviços, sendo, pois, todos considerados terceiros em relação ao risco da atividade do serviço, respondendo por isso objetivamente a concessionária.

Portanto, em hipóteses em que se possa afirmar a equivalência de situações das partes envolvidas, em relação ao risco, elimina-se o risco, amoldando-se a responsabilidade no tipo subjetivo, assentando-se seu fundamento na prática de ilícito, nos termos dos artigos 186 e 187 do Código Civil, combinados com o artigo 927 do mesmo Estatuto, ressalvadas as hipóteses do parágrafo único desse último artigo, nos termos supra examinados.

5. CONCLUSÕES

Ao exame dos temas abordados neste estudo concluímos, que tanto as pessoas jurídicas de direito público, quanto as pessoas jurídicas de direito privado, respondem objetivamente pelos danos causados a terceiros, porém com fundamentos diferentes, porque, quanto as pessoas jurídicas de direito público, o fundamento da responsabilidade objetiva repousa na teoria do risco, e no princípio da igualdade, que nada mais é que a teoria do risco-proveito, desenvolvida entre nós pelo sempre lembrado Professor Oswaldo Aranha Bandeira de Mello, enquanto que a responsabilidade objetiva, das pessoas jurídicas de direito privado, tem seu fundamento exclusivamente na teoria do risco, uma vez que, o pagamento do dano por elas causado, tem suporte, exclusivamente, em seu próprio patrimônio, sem a distribuição entre todos, que se verifica, quando o ressarcimento, por ter origem no erário público, é distribuído entre todos.

Além disso, sustentamos o postulado, consistente na seguinte formulação: *a equivalência de situações elimina o risco*, querendo isso significar que as atividades propiciadoras do risco, produzidas pelas partes envolvidas no evento danoso, podem ser determinantes da eliminação do fundamento de indenizar, embasado no risco da atividade, e podem caracterizar ou não a condição de terceiro, que o artigo 37, § 6°, da Constituição da República, objetiva proteger, quanto aos danos provocados pelos agentes das pessoas de direito privado, prestadoras de serviços públicos, podendo, de outra parte, conduzir à solução da responsabilidade, pelas regras de caráter subjetivo, preconizadas pelo Estatuto Civil.

6. REFERÊNCIAS

AMARAL, Antonio Carlos Cintra do. *CELC* – Centro de Estudos sobre Licitações e Contratos-CELC. Comentário n. 8, de 01/02/2000. Disponível em: http://celc.com.br/celc/. Acesso em: 27.10.2020.

BANDERIA DE MELLO, Oswaldo Aranha. *Princípios Gerais de Direito Administrativo*. v. II. Rio de Janeiro: Forense, 1974.

BANDEIRA DE MELLO, Celso Antônio. *Curso de Direito Administrativo*. 34. ed. São Paulo: Malheiros, 2019.

BRASIL. *Constituição Federal de 1988*. Disponível em: http://www.planalto.gov.br/ccivil_03/constituicao/constituicao.htm. Acesso em: 21.10.2020.

BRASIL. *Lei 10.406 de 10 de janeiro de 2002*. Disponível em: http://www.planalto.gov.br/ccivil_03/leis/2002/l10406compilada.htm. Acesso em: 27.10.2020.

BROUSSAIS, Romain. *Histoire d'um grande arrêt: Blanco, le fondateur*. Disponível em: https:// chevaliersdes-grandsarrets.com/2013/08/12/histoire-arret-blanco/:. Acesso em: 27.10.2020.

CAHALI, Yussef Said. *Responsabilidade Civil do Estado*. 2. ed., 2. tir. São Paulo: Malheiros, 1956.

DI PIETRO, Maria Sylvia Zanella. *Direito Administrativo*. 32. ed. Rio de Janeiro: Forense, 2019.

FIGUEIREDO, Lúcia Valle Figueiredo. *Curso de Direito Administrativo*. 8. ed. São Paulo: Malheiros, 2006.

LOURENÇO, Elsa. *Dicionário da Filosofia Moral e Política*. Instituto de Filosofia de Linguagem, texto criado em: 10.12.2007. Disponível em: https://sites.google.com/view/sbgdicionariodefilosofia/moral. Acesso em: 27.10.2020.

MEIRELLES, Hely Lopes. *Direito Administrativo Brasileiro*. 39. ed. São Paulo: Malheiros, 2013.

ROCHA, Cármen Lúcia Antunes. *Os Princípios Constitucionais da Administração Pública*. Belo Horizonte: Del Rey, 1994.

TRAVESSAS, Bernardo Teixeira Fernando Araújo. *O Estranho caso de Agnés Blanco*. Disponível em: https:// www.academia.edu/33499813/O_estranho_caso_de_Agn%C3%A9s_Blanco. Acesso em: 27.10.2020.

RESPONSABILIDADE CIVIL DO ESTADO POR OMISSÃO E A LEI BRASILEIRA DA INCLUSÃO

Margarida Araújo Seabra de Moura

Responsável pela implantação da Promotoria de Justiça da Pessoa com Deficiência – MPRN e primeira Promotora de Justiça da Pessoa com Deficiência. Responsável pela criação e implantação da Comissão de Direitos da Pessoa com Deficiência na OAB/Secção RN. Uma das fundadoras da Associação Síndrome de Down do Rio Grande do Norte, bem como da Federação Brasileira das Associações de Síndrome de Down, e Integrante do Comitê Jurídico da Federação Brasileira das Associações de Síndrome de Down. Advogada e Procuradora de Justiça aposentada.

Sumário: 1. Introdução. 2. Passeando pelos temas a serem focados. 3. A responsabilidade civil do Estado por omissão. 4. A Convenção sobre os Direitos das Pessoas com Deficiência 4.1 Reconhecimento igual perante a lei. 4.1.1 Obrigações dos Estados-parte. 6. Lei Brasileira de Inclusão 5.1 A LBI e o novo perfil da capacidade das pessoas com deficiência 6. Conclusões. 7. Referências.

1. INTRODUÇÃO

Homenageando com afeto...

Direito com doçura. Foi a primeira lição que aprendi com Renan Lotufo, dentre muitas outras...![1]

Fui sua aluna em uma Pós-graduação em Direito Civil no ano de 1979, realizada em Natal, fruto de convênio entre a PUC/SP e a UFRN. Em decorrência do compromisso assumido, Renan passou três meses na minha cidade, parte acompanhado de Maria Alice, sua mulher. Nossa amizade começou a se desenhar naquela oportunidade.

Em 1980, nasceu meu primogênito, Frederico, alegria compartilhada com o amigo recente. Um ano e meio após, chegou Débora, com Síndrome de Down, o que nos fez passar a ir a São Paulo pelo menos três vezes ao ano, para sermos orientados numa clínica especializada. Nesse período nossa amizade se sedimentou, vez que recebemos do casal irrestrita solidariedade; paralelamente, com eles e com outros amigos nossos, aprendi a amar São Paulo, pelo que sou muito grata.

Mais tarde, em 2000, Renan veio participar da inauguração do nosso escritório de advocacia, hoje Seabra de Moura Advogados Associados, quando lançou o livro por ele coordenado – *Direito Civil Constitucional*. Em 2009 ministrou, em Natal, o Curso intitulado "Autonomia privada e a Constituição". Retornou outras vezes a passeio, sendo a última em 2013, quando minha filha lançou seu livro, com apresentação dele e de João Ubaldo Ribeiro. Nosso contato era constante! Estivemos juntos em bons e maus momentos de nossas vidas, sempre permeados por solidariedade e afeição, sendo seus filhos e enteados amores que herdei do amigo tão singular. Por fim, conforme solicitado, segue a homenagem de Débora:

---

1. LOTUFO, Renan. *Direito civil constitucional. Cadernos 1*. São Paulo: Max Limonad, 1.999.

Meu querido amigo Renan Lotufo, sempre lhe considerei como outro pai ou um tio do coração pelo carinho que sempre teve comigo. Desde bebê eu ia para São Paulo com meus pais para receber orientação sobre a estimulação precoce e você sempre acreditou em mim. Você escreveu a orelha do meu livro "Débora conta histórias" e, com Maria Alice, veio para o lançamento, em setembro de 2013. Uma noite maravilhosa! Além se ser advogado e professor da PUC de São Paulo, você foi excelente escritor, sempre soube disso. Você me chamava "minha escritorazinha", e isso ficou guardado no meu coração. Eu sinto muito saudade de você. Mas saudade é o amor que fica. Nunca lhe esquecerei.

2. PASSEANDO PELOS TEMAS A SEREM FOCADOS

Sendo o nosso homenageado civilista e o tema do livro-homenagem *Responsabilidade Civil*, fui instada a falar sobre essa matéria e a Lei Brasileira da Inclusão. Trabalho de meu total interesse, em razão de ser mãe de Débora, com Síndrome de Down, cuja história de vida me provou que essas pessoas podem crescer em todos os sentidos, se houver apoio, estimulação, acessibilidade, garantia de direitos para tal e, sobretudo, amor!

Neste artigo, abordo o tema da Responsabilidade Civil do Estado por Omissão, conteúdo que me chamou atenção por constatar significativa inércia e desinteresse quanto à efetividade dos direitos das pessoas com deficiência; uma inércia comprovada pela jurisprudência dos tribunais, que se detêm nas hipóteses fáticas de "balas perdidas", assassinatos de presos custodiados e, no máximo, referentes a direitos ambientais. Enfatizo a Convenção sobre os Direitos das Pessoas com Deficiência (CDPD), Tratado Internacional que ingressou em nosso ordenamento jurídico com status de Emenda Constitucional, configurando-se como o mais importante documento em relação a essa significativa parcela da comunidade. Igualmente, passeio pela Lei Brasileira da Inclusão (LBI), cuja gênese é a prefalada CDPD, concluindo por enumerar significativas omissões.

3. A RESPONSABILIDADE CIVIL DO ESTADO POR OMISSÃO

Tem-se configurada a hipótese da Responsabilidade Civil por Omissão, quando o Poder Público se abstém de honrar seus deveres e obrigações, ou os presta de forma insuficiente, acarretando dano aos cidadãos, impondo-se que seja recomposto o equilíbrio rompido, através de indenização, ou meramente de satisfação do devido. Afinal, "Não é só agindo que o Estado causa danos; muitos deles, às vezes os mais graves, resultam de omissões. O não agir, ou o agir precário ou ineficiente, pode lesionar, moral e materialmente o cidadão [...]"[2].

O tema em tela tem ocupado especialistas, cujas opiniões conflitam no que tange à natureza dessa modalidade de Responsabilidade Civil, havendo corrente capitaneada por eminentes professores, entre outros, Celso Antônio Bandeira de Mello e Maria Helena Diniz, que se filiam à corrente subjetiva, qual seja a que exige prova da culpa do Estado para se perfectibilizar a hipótese de dano. Outra vertente com adeptos de igual realce – a exemplo do clássico José de Aguiar Dias e de Nelson Rosenvald, Cristiano Chaves, Hewerstton Humenhuk e Pablo Stolze – reconhece, na matéria, características da responsabilidade

---

2. Inúmeras são as omissões que poderão acarretar a exigência de ações concretas do Estado para reparar os danos causados, que vão desde o descumprimento de uma obrigação de fazer, de abster-se de fazer ou também de fazer ao arrepio da lei (Chaves de Farias; Braga Netto; Rosenvald, 2015).

objetiva, eis que se trata de tema pertinente ao Direito Administrativo – com o que concordo – e não ao Direito Civil.

A migração da Teoria da Culpa para a Teoria da Responsabilidade Objetiva do Estado foi inspirada na Teoria do Risco Integral, que terminou por ser mitigada pela Teoria do Risco Administrativo, calcada no desenho constitucional do Artigo 37, §6º, da Carta de 1988, que embora dispense a prova da culpa do ente público, permite que este se socorra das causas excludentes da responsabilidade[3].

Convém evidenciar que o STJ, mesmo quando se manifesta pela incidência da corrente subjetiva, na hipótese de dano por omissão, abre duas exceções nas hipóteses da responsabilidade objetiva: quando decorre de "expressa previsão legal em microssistema especial e quando diz respeito à salvaguarda da saúde pública"[4]. Registre-se que a Responsabilidade Civil do Estado, no viés em foco, não resta adstrita ao Poder Executivo, mas estende-se aos *demais poderes*, bem como a entes que integram o Estado, desde autarquias, fundações públicas concessionárias, permissionárias e terceirizados que lhes prestem serviços.

Vivemos sob a égide da chamada Constituição Cidadã, cujo Artigo 1º declara que o Brasil se constitui em um Estado Democrático de Direito, elegendo como um de seus princípios a *dignidade da pessoa humana*. A Doutrina norteia que, a despeito de não estar inserto no prefalado dispositivo constitucional, o Brasil é um Estado Social e Democrático de Direito.

> [...] não restam dúvidas – e nisso parece existir um amplo consenso na doutrina – de que nem por isso o princípio fundamental do Estado Social deixou de encontrar guarida em nossa Constituição. E os direitos fundamentais, além de condicionantes formais de validade da ordem jurídica, em decorrência da posição hierárquica superior em que se encontram, também assumem posição de condicionantes materiais, passando a vincular a ordem jurídica pelo prisma do conteúdo de tais direitos, integrando, ao lado da definição de forma de Estado, do sistema de governo e da organização do poder, a essência do Estado Constitucional, inserindo-se, nesse sentido, não apenas parte da Constituição formal, mas também elemento nuclear da Constituição material[4].

Que se realcem aqui as normas inseridas nos parágrafos primeiro e segundo do Artigo 5º da Carta Magna, que cuidam: (§ 1º) da aplicação imediata e eficácia das normas referentes a direitos fundamentais, sendo "[...] a partir desse Artigo que se vislumbra aplicabilidade de normas constitucionais de direitos fundamentais e *sua garantia frente aos atos da Administração Pública*" (§2º). A regra preconiza o sistema aberto, oportunizando a inserção de novos direitos, desde que em harmonia com o regime e princípios da Lei Maior, bem como de Tratados Internacionais em que a República Federativa do Brasil seja parte.

4. A CONVENÇÃO SOBRE OS DIREITOS DAS PESSOAS COM DEFICIÊNCIA

A Convenção sobre os Direitos das Pessoas com Deficiência é a resposta ao clamor dos movimentos sociais de pessoas com deficiência e suas famílias, que se insurgiram contra a histórica exclusão reinante no Brasil. A Declaração Universal dos Direitos Humanos e outros Tratados Internacionais inspiraram grupos de entidades representativos

---

3. Doutrina e jurisprudência ainda não têm posições pacificadas, mas constata-se tendência moderna que vem ganhando espaço em favor da corrente objetiva, quando se trata de Responsabilidade Civil do Estado por omissão, na qual a prova da culpa é dispensada, exigindo-se, entretanto, prova no que se refere ao nexo causal, liame que liga o dano omissivo à vítima.

4. STJ, REsp 1236863, Rel. Min. Herman Benjamim, 2ª turma, DJ 27.02.2012.

da sociedade civil, para reivindicar direitos de expressiva fatia da comunidade, relegada a múltiplas formas de discriminação.

Foi aprovada, com seu Protocolo Facultativo, pela Assembleia Geral das Nações Unidas, no dia 6 de dezembro de 2006, através da Resolução A/61/511 e ratificada em 09 de julho 2008 pelo Decreto Legislativo 186/08. A internalização da CDPD deve-se à Convenção de Viena sobre o Direito dos Tratados (CVDT), conhecida como Tratado dos Tratados. Cuida-se de normatização internacional que outorgou direitos e deveres às Nações-parte, para que incorporassem tratados de seu interesse, passando estes a vigorar como direito interno. A despeito de ser datada de 1928, a CVDT somente foi ratificada no Brasil em 2009, com aprovação de Decreto-Legislativo pelo Congresso Nacional e promulgação pelo Decreto 7030. O Preâmbulo da Convenção – que metaforicamente muito se assemelha a uma carta de alforria às pessoas com deficiência – a essas se refere como sujeitos de direitos e de igual dignidade.

> Como pilar jurídico do Estado de Direito e associado simbioticamente aos direitos fundamentais, a dignidade da pessoa humana tem por fundamento jurídico o valor da justiça na condição de virtude soberana e da equidade, tendo como principal desdobramento a igual dignidade.[5]

De outro lado, o Artigo 5º, § 2º, da Constituição Brasileira de 1988, acolhe o aval constitucional para recepcionar normas advindas de tratados internacionais e normas deles decorrentes. A Convenção foi gestada através de processo democrático, do qual participaram pessoas com deficiência, suas famílias e profissionais da área. Mobilizados no Brasil pela então Secretaria Especial dos Direitos Humanos, através da Coordenadoria Nacional para Integração das Pessoas Portadoras de Deficiência que promoveu, em julho de 2006, uma Câmara Técnica para analisar o texto da Convenção – formulado na VII Sessão do Comitê *ad hoc* da ONU sobre assuntos pendentes – e, ao final, elabora a posição de apoio ao governo e à sociedade civil brasileira durante a VIII Sessão, que veio a ser realizada de 14 a 25 de agosto daquele ano[6].

A filosofia da Convenção é calcada nos direitos humanos, abandonando o modelo médico antecedente, substituindo por um modelo de aspecto social. No seu Artigo 1º tem-se a extensão da importância e do alto patamar de humanismo que se lhe foi atribuído, tanto ao determinar a dimensão de seu propósito[7], bem como ao formular o novo conceito da deficiência. Note-se que esse novo contorno repousa na compreensão de que a causa que lhe dá origem reside na sociedade e no seu comportamento, ampliando-se quando passa a valorizar a pessoa com deficiência e examinar o seu entorno. Tal conceito não é estático, segundo fora mencionado no Preâmbulo da Convenção, mas contém alterações compatíveis com a evolução – inclusive no que tange à terminologia – denotando um novo tempo, sob a égide dos direitos humanos. Confira-se no texto abaixo:

---

5. Gugel (2019, p. 205).
6. Tive a oportunidade de participar desse evento marcante, na qualidade de mãe de pessoa com deficiência, bem como por ser Procuradora de Justiça, responsável pela implantação da Promotoria de Justiça da Pessoa com Deficiência no Ministério Público do Estado do Rio Grande do Norte e, portanto, comprometida com a causa.
7. O propósito da presente Convenção é proteger, e assegurar o exercício pleno e equitativo de todos os direitos humanos e liberdades fundamentais por todas as pessoas com deficiência e promover o respeito pela sua dignidade inerente (CDPD, Artigo 1).

Este modelo se encuentra intimamente relacionado com la asunción de ciertos valores intrínsecos a los derechos humanos, y aspira a potenciar el respeto por la dignidad humana, la igualdad y la libertad personal, propiciando la inclusión social y sentándose sobre la base de determinados princípios: vida independiente, non discriminación, acessibilidad universal, normalización del entorno diálogo civil, entre otros. Parte de la premissa que la discapacid es em parte uma construcción y um modo de opresión social, y el resultado de uma sociedad que no considera ni tiene presente a las personas com discapacidad. Asimismo, aputa a la autonomia de la persona com discapacidad para decidir a repecto de su própria vida, y a los fines de brindar uma adecuada equiparación de oportunidades[8].

A Convenção, no seu Artigo 3°, enumera os Princípios Gerais[6], cuja base é a dignidade inerente ao ser humano. Tais norteamentos haverão de iluminar todo o Tratado e demais Documentos Legais que dela decorrerem. Alguns dos comandos principiológicos são de todos conhecidos, mas inova a Convenção ao introduzir, como novos princípios, a liberdade de fazer suas próprias escolhas; o respeito pela diferença e pela aceitação das pessoas com deficiência como parte da diversidade humana e da humanidade; da acessibilidade; o princípio do respeito pelo desenvolvimento das capacidades das crianças com deficiência e, pelo direito das crianças com deficiência de preservar sua identidade.

4.1 Reconhecimento igual perante a lei

A norma inserta no Artigo 12 da CDPCP[9], em harmonia com o propósito e os princípios que a regem, se nos afigura como o coração do Tratado em tela, pois que estabelece nova regra sobre a capacidade das pessoas com deficiência, libertando-as dos equívocos que as aprisionavam, face à aplicação antecedente da Teoria das Incapacidades. Reside aí a maior ruptura de paradigmas em nosso ordenamento jurídico trazido pela Convenção, pois se entrelaça com vários outros princípios, quais sejam: a autonomia individual, inclusive a liberdade para fazer as suas escolhas, a independência, e a igualdade de oportunidades. No entanto, convém lembrar que

> Incumbe aos estados, às famílias e a toda a sociedade, promover a tutela dos direitos das pessoas com deficiência contra qualquer ato discriminatório que tenha como objetivo ou consequência o cerceamento de direitos. Entretanto, a proteção das prerrogativas *destinadas ao* indivíduo com deficiência não seria plena sem a participação do seu principal defensor: a própria pessoa com deficiência[10].

O protagonismo das pessoas com deficiência já se delineia pelo seu inestimável movimento e de suas famílias reunidas em Associações e da Federação Brasileira das Associações de Síndrome de Down –, bem como de entidades representativas de pessoas com outras deficiências, cabendo a participação efetiva do Estado.

4.1.1 *Obrigações dos Estados-Partes*

Em conformidade com o Artigo 4, inciso 1, os Estados Partes que ratificaram a CDPD comprometeram-se a "[...] assegurar e promover o pleno exercício de todos os direitos humanos e liberdades fundamentais por todas as pessoas com deficiência, enumerando comandos de real importância". "Quando da elaboração de qualquer política ou programa – compromissos

---

8. Palacios (2008).
9. CDPD, Art. 12. 1. Os Estados Partes reafirmam que as pessoas com deficiência têm o direito de serem reconhecidas em qualquer lugar como pessoas perante a lei. Os Estados Partes reconhecerão que as pessoas com deficiência gozam de capacidade legal em igualdade de condições com as demais pessoas em todos os aspectos da vida, além outras determinações que se lhes impõem.
10. Bezerra e Bezerra (2019, p. 197).

Legais – obrigam-se a fazer consulta às organizações representativas de pessoas com deficiência. Trata-se de princípio democrático de participação direta dessas pessoas nos processos de tomadas de decisão".[11] Tal compromisso tem por objetivo evitar a concretização de atos e omissões que venham a ferir e/ou travar a efetivação dos direitos e garantias assegurados na Convenção e impõe-se seja analisado em consonância com os Princípios Gerais. Cabe, portanto, aos Estados Partes a gestação de políticas públicas com o objetivo urgente de conscientizar a comunidade sobre as saudáveis conquistas, a fim de conferir efetividade ao documento legal.

5. LEI BRASILEIRA DE INCLUSÃO

A Lei 13.146, de 6 de julho de 2015 – Lei Brasileira da Inclusão – tem sua gênese na Convenção sobre os Direitos das Pessoas com Deficiência, calcada nos comandos de direitos humanos ali enunciados, pois que gestada em razão dos seus princípios e normas.[12] Trata-se de marco regulatório que cuida de especificar direitos garantidos na CDPD, bem como em outras normas dispersas, como exemplo as veiculadas pela Lei° 7.853/89 e o Decreto 3.298/99, que a regulamentou – indicando caminhos definidos para que todos possam se implicar na otimização e efetivação de suas normas. Convém lembrar que o saudoso Renan Lotufo[13], nosso homenageado, referindo-se à Lei 13.146/2015, comentou: "[...] não é mera lei ordinária, é inclusão no sistema de direitos fundamentais, portanto princípios com valores que superam aos das leis ordinárias ou meras normas". Em sendo assim, descabe rotular a LBI como mera Lei ordinária, eis que tem a natureza de direitos fundamentais, cujo alcance e reflexo significa garantir a dignidade da pessoa com deficiência e sua inclusão plena na sociedade.

Daí porque cabe, novamente, invocar seu pensamento:

> Ora, a Lei tendo por base a Convenção sobre os Direitos das Pessoas com Deficiência, entrou no direito positivo nacional por meio do Decreto Legislativo n.186, de 9 de julho de 2008, que em conformidade com o §3°do art. 5° da Constituição ensejou a vigência plena desde 25 de agosto de 2009, pelo Decreto n. 6.949. *Tal inovação evidentemente decorre de princípios fundamentais.*[14]

Impõe-se que, a exemplo da Convenção, a LBI seja objeto de conscientização promovida nas escolas e na sociedade em sua totalidade.

5.1 A LBI e o novo perfil da capacidade das pessoas com deficiência

Nos moldes da Convenção-mãe, a LBI impõe a promoção de quebra de paradigmas de significativo alcance progressista, em busca da concretização de todos os princípios do referido Tratado, cujos efeitos causaram perplexidade na comunidade brasileira. As inovações introduzidas implicam em mudanças significativas em nosso ordenamento jurídico, adequando-o aos princípios da CDPD e de seu Protocolo Facultativo, rompendo com a histórica simbiose entre a Teoria das Incapacidades e as Deficiências.

---

11. Gugel (2018, p. 44).
12. Tanto é que no parágrafo único do Artigo 1°, a Lei 13.146/2015 explicita: "Esta lei tem como base a Convenção sobre os Direitos das pessoas com Deficiência e seu Protocolo, ratificada pelo Congresso Nacional por meio do Decreto Legislativo 186, de 9 de julho de 2008, em conformidade com o procedimento previsto no § 3° do art. 5° da Constituição Federativa do Brasil, no plano jurídico externo, desde 31 de agosto de 2008, e promulgados pelo Decreto 6.949, de 25 de agosto de 2009, data de início de sua vigência no plano interno".
13. Lotufo (2016, p. 64).
14. Lotufo (2016, p. 65, grifo nosso).

Sem dúvida, o norteamento inserido no Artigo 12 da Convenção estabeleceu que "[...] as pessoas com deficiência têm o direito de ser reconhecidas em qualquer lugar como pessoas perante a lei e que [...] gozam de capacidade legal em igualdade de condições com as demais pessoas em todos os aspectos da vida", conforme lembrado por Figueiredo e Gonzaga (2018). A LBI acatando – como se lhe impunha – a norma inserta no prefalado Artigo 12, norteou no Artigo 6º, sobre os direitos do corpo".[15] Assim, a regra passou a ser a da capacidade civil em igualdade com as demais pessoas, bem como da capacidade legal (Art. 84). Comandos dessa Lei tiveram efeito diretamente no Código Civil então em vigor, e por força do seu Artigo 84 houve a derrogação do Artigo 3º, *caput,* erradicando as previsões de incapacidade das pessoas com deficiência. Consequentemente, a Teoria das Incapacidades, em nosso olhar, foi mitigada, afastando totalmente sua incidência, restando tão somente a possibilidade de caber sua aplicação no que tange à proteção dos relativamente incapazes, não necessariamente pessoas com deficiência (Art.4, CC.). Assim, as pessoas com deficiência deixaram de ser objeto de proteção assistencialista e caritativa, podendo alçar voo para, na qualidade de cidadãos e sujeitos de direitos, efetivarem realização de seus sonhos e projetos de vida, na forma do supracitado Artigo 6º.

> A revolução havida, então, nesse âmbito, não decorreu de simples opção legislativa, mas da imprescindibilidade do estrito cumprimento do disposto na CDPD, a qual, além de determinar a observância, no plano interno, das suas normas, em face do seu caráter de norma constitucional, obriga o Brasil perante a comunidade internacional, uma vez que ratificada sem ressalvas pelo País.[16]

A Doutrina tem posições divergentes, e é o civilista Flávio Tartuce, citado por Gonzaga e Figueiredo[17], que constata a existência de duas correntes opostas: a dignidade-vulnerabilidade *versus* dignidade-liberdade. A primeira tem como seguidores tantos quantos condenam o novel conceito de capacidade, por entenderem que as pessoas com deficiência restariam desprotegidas. A segunda, acolhendo o direito posto na LBI, vislumbra com clareza o acerto da lei em foco, face à imprescindibilidade de introduzir, no ordenamento jurídico, a norma que se traduz em maior conquista das pessoas com deficiência, sua libertação, a capacidade legal. Ademais, nenhum risco advirá da referida conquista, decorrência dos avanços impulsionados pela CDPD acatada pelo Brasil. Declaro o apoio à corrente dignidade-liberdade, pois privá-los de sua capacidade, além de perverso, implica em retrocesso incompatível com princípios e normas referentes a direitos fundamentais, como é a hipótese. Significa que indispensáveis são os apoios, a fim de que possam navegar tranquilos na liberdade[18] alcançada. Evidencie-se, portanto, a impossibilidade de se admitir retrocesso em total arrepio dos princípios e normas em comento, o que implicaria em

---

15. (Art. 6º) "A deficiência não afeta a plena capacidade civil da pessoa (I) casar-se e constituir união estável; (II) exercer direitos sexuais e reprodutivos; (III) exercer o direito de decidir sobre o número de filhos e de ter acesso a informações adequadas sobre a reprodução e planejamento familiar; (IV) conservar sua fertilidade, sendo vedada a esterilização compulsória; (V) exercer o direito à família e à convivência familiar e comunitária; e (VI) exercer o direito à guarda, à tutela, à curatela e à adoção, como adotantes ou adotando, em igualdade de oportunidades com as demais pessoas".
16. Figueiredo e Gonzaga (2018, p. 86).
17. Figueiredo e Gonzaga (2018, p. 90).
18. Tomo a liberdade de dizer que o faço, com base não só na vivência de ex-Promotora, de advogada, mas, principalmente, por ser mãe de uma moça com síndrome de Down extremamente bem-sucedida, professora de formação nível médio, há quinze anos atuando com tal, além de ser escritora e incluída em todos os sentidos da vida. Ademais, atuo como voluntária na área das pessoas com deficiência, conhecendo de perto a realidade anterior e a atual, após as novas conquistas, cuja ilação é, naturalmente, de acreditar que todos podem e têm direitos de exercê-los, mesmo que precisem de apoios.

inconstitucionalidade de uma eventual norma revogadora.[19] No artigo 12 da CDPD, nos itens 3, 4 e 5, tem-se o norteamento de medidas a serem tomadas pelos Estados Partes, para efetivar o exercício da capacidade legal da pessoa com deficiência, inclusive salvaguardas que se impuserem em harmonia com o Direito Internacional e direitos internos, sempre respeitando a vontade e preferências dos interessados.

A LBI, no Artigo 84, forte no Artigo 12 da CDPD, desenhou apoios criando o instituto da Tomada de Decisão Apoiada, cuidando também do novo formato do processo de Curatela. A referida Tomada de Decisão Apoiada encontra-se no Código Civil de 2002, regulada pelo Artigo 1783-A. Surgiu com o objetivo claro e definido de respeitar e enfatizar a capacidade legal da pessoa com deficiência, ensejando o seu exercício de forma não traumática, mas sob a égide dos princípios da própria Convenção e que pugnam que nada se deve fazer em relação a essas pessoas sem sua anuência; reitere-se: *nada para nós sem nós*!

> Importa garantir, no processo de construção da autonomia e independência das pessoas que necessitem de algum suporte no exercício de sua capacidade, que o apoio acordado efetivamente ocorra, sob pena de as pessoas com deficiência serem deixadas à própria sorte, e que seja apto a fomentar a autoconfiança e propiciar o desenvolvimento gradual de habilidades e competências capazes de contribuir para a minimização gradativa do apoio no futuro, se a pessoa com diversidade funcional assim desejar.[20]

A Ação de Curatela, no novo formato, destina-se àquelas pessoas que não conseguem de forma alguma exprimir sua vontade, os ébrios habituais, os toxicômanos e os pródigos. Tratando-se de instrumento excepcional, eis que a regra pugnada pela CDPD para as Pessoas com Deficiências intelectual e mental, é a TDA, ainda pouco usada, em grande parte pela ausência de políticas públicas para sua divulgação e benefícios. A ONU não restou satisfeita com a inserção da Ação de Curatela na LBI, como bem demonstrou através do Comitê de Monitoramento em 4 de setembro de 2015, uma vez que foi inserido, no ordenamento jurídico, apoio à pessoa com deficiência em regime de substituição da vontade, como também em relação a alguns aspectos da TDA brasileira, que requer aprovação judicial, entendendo que tais institutos, como delineados no Brasil, desrespeitam o conteúdo do Artigo 12 da CDPD.[21]

De outro lado, o que se percebe é o desconhecimento, por parte da sociedade, dos avanços conquistados e paradoxalmente incompreendidos, até por alguns operadores do Direito, o que causa perplexidade, enquanto no plano internacional estamos sendo seve-

---

19. "A eficácia vedativa do retrocesso provoca a inconstitucionalidade da norma revogadora de enunciados que, regulamentando o princípio constitucional, ensejaram a aplicação e a fruição dos direitos fundamentais ou ainda os ampliaram, pois a revogação de um direito, já incorporado como efeito próprio do princípio constitucional, o esvazia e viola, tratando-se, portanto, de uma ação inconstitucional" (BARCELLOS, 2001, p. 87).

20. Figueiredo (2019, p. 136).

21. "Referente ao previsto no art. 12, o Comitê demonstrou grande preocupação que, mesmo com a Lei Brasileira da Inclusão, houve poucos avanços no reconhecimento pleno da capacidade das pessoas com deficiência [...]. O Comitê está preocupado que a legislação do Estado Parte ainda preveja a tomada substitutiva de decisão e algumas circunstâncias. Isso é contrário ao Artigo 12 da Convenção, conforme explicação no Comentário Geral N. 1 do Comitês (2014) sobre igual reconhecimento perante a lei. O Comitê também está preocupado que os procedimentos da tomada de decisão apoiada requeiram aprovação judicial e não deem primazia à autonomia, vontade e preferências das pessoas com deficiência. O Comitê insta o Estado Parte a retirar todas as disposições legais que perpetuam o sistema de tomada de decisão substitutiva. Também recomenda que, em consulta com as organizações de pessoas com deficiência de outros prestadores de serviços, os Estados Partes adotem medidas concretas para substituir o sistema de tomada substitutiva por um modelo de tomada de decisão apoiada, que defenda sua autonomia, vontade e preferências das pessoas com deficiência em plena conformidade com o Artigo 12 da Convenção. Insta ainda que todas as pessoas com deficiência que estejam atualmente sob tutela sejam devidamente informadas sobre o novo regime legal e que o exercício do direito de tomada de decisão apoiada seja garantido em todos os casos".

RESPONSABILIDADE CIVIL DO ESTADO POR OMISSÃO E A LEI BRASILEIRA DA INCLUSÃO **411**

ramente cobrados, como se constata pelo Comentário do Comitê de Monitoramento da ONU em nota de rodapé. Reitera-se que estamos vivendo Nova Era de Direitos, em prol de significativa parcela da sociedade que ainda não conseguiu exercê-los na plenitude que se impõe, face a um plexo de incompreensões e omissões.

6. CONCLUSÕES

Após as exposições postas, constata-se que a Responsabilidade Civil do Estado por Omissão é regida pela Teoria do Risco Administrativo, por ser matéria abrigada na própria Constituição Federal de 1988. A tendência moderna é no sentido de vê-la reconhecida em sua inteireza.

Ao longo do Artigo, analisamos alguns aspectos da CDPD, documento que reconheceu essas pessoas como sujeitos de direitos, por não se lhes aplicar mais a histórica Teoria das Incapacidades. Aludimos aos princípios dos quais o nuclear é o da dignidade, traduzido pelo reconhecimento da igualdade perante a lei, além das Obrigações Gerais dos Estados Partes que a ratificaram. Por força da CDPD, foi editada a Lei 13.146, de 6 de julho de 2015, Lei Brasileira da Inclusão, visando à inclusão social e cidadania.

Concluímos, por fim, que aos Estados Partes competem muitas obrigações; entretanto, inúmeras não são cumpridas. Simples de se perceber a omissão em que vêm incorrendo os responsáveis pelas obrigações desenhadas nesses documentos.

Em brevíssimas linhas apresentamos, *exemplificativamente*, alguns aspectos fáticos sobre os quais haverá de incidir a hipótese legal da Responsabilidade Civil por Omissão do Estado, quais sejam: (i) conscientização sobre a CDPD e a LBI, explicitando a revolução inovada no ordenamento jurídico no que tange aos novos paradigmas da capacidade legal das pessoas com deficiência, e a não incidência da Teoria das Capacidades sobre essas pessoas, bem como sobre os novos apoios ao exercício da capacidade legal, especialmente no que tange à tomada de decisão apoiada; (ii) criação/implantação de equipes multiprofissionais e interdisciplinares para avaliação biopsicossocial para analisar as condições da pessoa com deficiência, bem como as barreiras externas que interfiram em suas vidas, inclusive pelo Poder Judiciário; (iii) acessibilidade em todas as esferas, inclusive atitudinal; (iv) real atendimento prioritário especialmente no que tange à proteção e socorro, em todas as circunstâncias; (v) sobre a assistência à saúde no nível mais elevado possível, incluindo modernas técnicas assistivas; (vi) a oferta de ensino efetivamente inclusivo em igualdade de oportunidades, em crescente destruição de conquistas efetivadas no ano de 2008, quando se desenhou a educação especial na Perspectiva da Educação Inclusiva; (vii) sobre a garantia de trabalho/emprego; (viii) vida independente e inclusão na comunidade e moradia independente; (ix) os reais direitos previdenciários e a desmistificação de exigência de interdição para obtê-los. Certamente, a operacionalização de tais demandas somente será possível por meio de políticas públicas, de obrigação dos Estados Partes.

A inércia do Poder Público, em conscientizar a sociedade sobre os avanços na área, denota o descaso imperdoável, havendo que aplaudir Hewerstton Humenhuk, ao afirmar que o STF já assentou que a omissão e a inércia do Poder Público, em se tratando de direitos fundamentais, revestem-se da maior gravidade político-jurídica em desrespeito à Constituição. Legitimamente, é chegado o momento para uma mudança drástica na forma de escolhas administrativas, associando os pressupostos do direito fundamental à boa administração, oportunizando a sindicabilidade dos atos administrativos.

Encerramos nosso texto invocando a atualidade de Norberto Bobbio (2004, p. 81), ao dizer: "Com relação às grandes aspirações dos homens de boa vontade, já estamos demasiadamente atrasados. Busquemos não aumentar esse atraso com nossa incredulidade, com nossa indolência, com nosso ceticismo. Não temos mais muito tempo a perder".

7. REFERÊNCIAS

BARCELLOS, Ana Paula de. *A eficácia jurídica dos princípios constitucionais*: o princípio da dignidade da pessoa humana. Rio de Janeiro: Renovar, 2001.

BEZERRA, Rebecca Monte Nunes; BEZERRA, José Roberto Monte Nunes. *Diálogos aprofundados sobre os direitos das pessoas com deficiência*. Belo Horizonte: RTM, 2019.

BOBBIO, Norberto. *A era dos direitos*. Rio de Janeiro: Elsevier, 2004.

CROSARA, Ana Paula Resende; VITAL, Flavia Maria de Paiva (Coord.). *A Convenção sobre os Direitos das Pessoas com Deficiência versão comentada*. Brasília: Secretaria Especial dos Direitos Humanos, CORDE, 2008.

FIGUEIREDO, Ana Cláudia Mendes. *Diálogos aprofundados sobre os direitos das pessoas com deficiência*. Belo Horizonte: RTM, 2019.

FIGUEIREDO, Ana Cláudia Mendes de; GONZAGA, Eugênia Augusta. Pessoas com deficiência e seu direito fundamental à capacidade civil. In: GONZAGA, Eugênia Augusta; MEDEIROS, Jorge Luiz Ribeiro de. *Ministério Público, sociedade e a lei brasileira de inclusão da pessoa com deficiência*. Brasília: ESMPU, 2018. Disponível em: http://escola.mpu.mp.br/publicacoes/obras-avulsas/e-books-esmpu/ministerio-publico--sociedade-e-a-lei-brasileira-de-inclusao-da-pessoa-com-deficienciabr. Acesso em: 10.09.2020.

GUGEL, Maria Aparecida (Org.). *Diálogos aprofundados sobre os direitos das pessoas com deficiência*. Belo Horizonte: RTM, 2019.

HUMENHUK, Hewerstton. *A responsabilidade civil do estado por omissão e a efetividade dos direitos fundamentais*. Porto Alegre: Livraria do Advogado, 2016.

HUMENHUK, Hewerstton. O direito à saúde no Brasil e a teoria dos direitos fundamentais. *Jus Navegandi*, Teresina, a.8, n. 227, 20 fev.2004. Disponível em: http://jus2.uol.com.br/doutrina/texto.asp?id=4839 Acesso em: 10 set 2020.

LOTUFO, Renan. *Código civil comentado*. 3. ed. São Paulo: Saraiva, 2016. (v. I, t. I, Parte Geral 3).

LOTUFO, Renan. Direito civil constitucional. *Cadernos 1*. São Paulo: Max Limonad, 1.999.

PALACIOS, Agustina. *El modelo social de discapacidad*; origenes, caracterización y plamación en la convención internacional sobre los derechos de las personas com discapacidad. Madri: Cinca, 2008.

PEREIRA GURGEL, Yara Maria. *Conteúdo normativo da dignidade da pessoa humana e suas implicações jurídicas na realização dos direitos fundamentais*. Tese (Doutoramento em Direito e Ciências Jurídicas), Lisboa, 2018.

O DEVER DO ESTADO DE INDENIZAR OS CONTRIBUINTES, PELOS DANOS QUE ABUSIVAMENTE LHES CAUSAR

Roque Antonio Carrazza

Professor Titular da Cadeira de Direito Tributário da Faculdade de Direito da Pontifícia Universidade Católica de São Paulo – Mestre, Doutor e Livre-docente em Direito Tributário pela PUC/SP – Ex-Presidente da Academia Paulista de Direito – Advogado e Consultor Tributário.

"Parece que se deu preço à velocidade, ou seja, as indenizações previstas em leis especiais são pré-quantificadas, ficam minimizadas as indenizações, porque não se suscita discussão imediata quanto à culpa e à extensão do dano" (Renan Lotufo).

Sumário: 1. Introdução. 2. A responsabilidade do Estado por danos causados por abusos de direito. Noção geral. 3. O dever do Estado de indenizar os contribuintes, quando se conduz com excesso de exação. 4. Síntese conclusiva. 5. Referências.

1. INTRODUÇÃO

Muito emocionado, aceitei o honroso convite para participar destes estudos em homenagem ao inesquecível Professor Doutor Renan Lotufo, jurista conhecido e reconhecido, no Brasil e no exterior.

Confesso que inicialmente fiquei tentado a resumir a invejável biografia desta figura humana extraordinária, que se destacou em todas as atividades jurídicas que exerceu, ao longo de mais de sessenta anos. Mas, logo reconheci que outros articulistas estavam mais bem credenciados do que eu, para levar avante a tarefa.

Assim, limito-me a registrar, a respeito, que Renan Lotufo foi um doutrinador iluminado, um professor genial, um advogado exemplar e, durante duas décadas, um dos maiores Desembargadores do Tribunal de Justiça de São Paulo.[1]

O que realmente quero destacar, neste breve introito, é o elevado espírito de justiça do nosso homenageado, que alavancou minha carreira acadêmica. Resumo a história: recém-formado, tive, em 1974, minha primeira experiência docente, na Faculdade de Direito da PUC/SP, atuando, como um dos auxiliares de ensino voluntários do Professor Renan, que regia a disciplina Direito Civil. Pois bem, em outubro de 1976, chamado a escolher um deles, para ocupar, em caráter oficial, o cargo de auxiliar de ensino,[2] deixou de lado seus sentimentos pessoais e me indicou, por ser eu o mais antigo, quando podia perfeitamente ter optado por sua então namorada, depois esposa e mãe de seus filhos,

---

1. O Prof. Renan Lotufo ocupou uma das vagas do Tribunal de Justiça de São Paulo reservada ao Quinto Constitucional dos Advogados.
2. Era, à época, o cargo inicial da carreira docente na *PUC/SP*.

ROQUE ANTONIO CARRAZZA

a queridíssima Professora Doutora Maria Alice Zaratin Corrente Lotufo.[3] Surpreso, fui lhe agradecer a escolha – que, confesso, não esperava –, mas ele se limitou a dizer que era o que sua consciência lhe mandara fazer. Só os grandes homens são capazes de gestos tão nobres.

Inspirado pela vida e obra do pranteado Professor Renan Lotufo, tecerei, neste artigo, algumas considerações sobre o dever que o Estado tem de indenizar os contribuintes, pelos danos, assim materiais, que morais, que abusivamente vier a lhes causar.

Trata-se, como é fácil notar, de temas amplos, que sempre suscitam vivas controvérsias. Embora não tenha a tola pretensão de esgotá-los, levantarei alguns pontos interessantes, na esperança de que possam contribuir para as afastar.

Antes, porém, agradeço aos Professores Alexandre Guerra, Antonio Carlos Morato, Fernando Rodrigues Martins e Nelson Rosenvald, coordenadores científicos desta coletânea, bem como à Professora Fernanda Ivo Pires, sua organizadora, pela oportunidade que me deram de imortalizar, neste singelo trabalho, a admiração e o respeito que, desde a já longínqua década de 1970, tenho pelo grande pensador Renan Lotufo, que permanece vivo em minha mente e em meu coração.

2. A RESPONSABILIDADE DO ESTADO POR DANOS CAUSADOS POR ABUSOS DE DIREITO. NOÇÃO GERAL

É lição cediça, que a pessoa que causa danos a outrem tem o dever jurídico de indenizá-lo pelas perdas sofridas, inclusive quando elas advêm da inexecução de contratos. Nesse sentido, a lição clássica de José de Aguiar Dias; *verbis*:

> "Se o contrato é uma fonte de obrigações, a sua inexecução também o é. Quando ocorre a inexecução, não é obrigação contratual que movimento o mundo da responsabilidade. O que se estabelece é uma obrigação nova, que se substitui à obrigação preexistente no todo ou em parte: a obrigação de reparar o prejuízo consequente à inexecução da obrigação assumida. Essa verdade se afirmará com mais vigor se observarmos que a primeira obrigação (contratual) tem origem na vontade comum das partes, ao passo que a obrigação que a substitui por efeito de inexecução, isto é, a obrigação de reparar o prejuízo advém, muito a contrário, contra a vontade do devedor.(...) Em suma: a obrigação nascida do contrato é diferente da que nasce de sua inexecução".[4]

Ao descumprimento de um contrato aplica-se o regime da responsabilidade civil, plasmado nos arts. 186 e 187, do Código Civil; *verbis*:

> "Art. 186. Aquele que, por ação ou omissão voluntária, negligência ou imprudência, violar direito e causar dano a outrem, ainda que exclusivamente moral, comete ato ilícito".
>
> "Art. 187. Também comete ato ilícito o titular de um direito que, ao exercê-lo, excede manifestamente os limites impostos pelo seu fim econômico ou social, pela boa-fé ou pelos bons costumes".

Eis aí, pois, no âmbito do Direito Privado, a consagração da responsabilidade decorrente do abuso de direito, que se configura quando seu titular o exercita de modo inadequado ou incompatível com o ordenamento jurídico, isto é, ultrapassa "os limites impostos pelo seu fim econômico ou social, pela boa-fé ou pelos bons costumes".

---

3. Depois, mercê de seus incontestáveis méritos, a Profa. Maria Alice também ingressou, em caráter oficial, nos quadros docentes da Faculdade de Direito da PUC/SP, onde teve uma brilhante carreira.

4. DIAS, José de Aguiar. *Da Responsabilidade Civil*. 5. ed., Rio de Janeiro: Forense, v. I, 1973, p. 149.

Na lição escorreita de Louis Josserand,[5] abusivo é o ato que, conquanto praticado dentro dos limites de um direito subjetivo, entra em testilhas com o ordenamento jurídico como um todo considerado. Este notável civilista acrescenta que se pode ter, *para si*, pleno direito subjetivo, mas, *contra si*, o direito inteiro, e que essa situação – não contraditória, mas perfeitamente lógica – traduz a figura do abuso de direito.

Ora, o abuso de direito leva inexoravelmente à responsabilização de quem o pratica.

Rememore-se que, quanto à natureza, a responsabilidade, quer pública, quer privada, pode ser contratual ou extracontratual.

A *responsabilidade contratual* deriva da infração de cláusulas aceitas por ambas as partes. Descumprida, uma que seja, exsurge a responsabilidade do infrator.

Já, a *responsabilidade extracontratual*, também chamada de *delitual* ou *aquiliana*, advém da lesão a um direito subjetivo de terceiro ou de ato ilícito que o prejudica, mercê da infração ao princípio *neminem laedere*. Nesse caso, não se cogita de *punição*, mas de proteção ao direito do afetado, mediante o devido restabelecimento do *status quo ante* do seu patrimônio ou do seu refazimento, por meio de uma compensação pecuniária.

Os atos estatais, cuja prática ou omissão levam à responsabilidade do Estado, podem ser lícitos ou ilícitos. Para estes, requer-se o ressarcimento reparatório do lesado; para aqueles, sua recomposição patrimonial, mediante compensação.

Com o ressarcimento reparatório busca-se a restauração da própria igualdade entre os administrados, aí incluídos os contribuintes. Realmente, deve haver isonomia entre eles, quanto à distribuição dos ônus e encargos advindos da ação estatal de exigir tributos.[6]

Como observa Gomes Canotilho, "a responsabilidade por ilícitos não tem, desse modo, a função estática de uma reparação patrimonial: constitui uma autêntica garantia com o mesmo valor e natureza idêntica ao de outras constitucionalmente consagradas"[7].

De acordo com a *teoria do risco*, todo dano deve ser reparado por quem, com ou sem a intenção de tirar proveito de sua ação ou omissão, lesa, em seu favor ou de outrem, direito alheio. Dessa concepção geral resulta, com base em princípios de direito público, a *responsabilidade objetiva do Estado*, bastando, para que ela se configure, a existência de nexo causal entre o dano e a conduta do agente público.[8]

Valem, a propósito, as seguintes considerações de Celso Antônio Bandeira de Mello; *verbis*:

---

5. JOSSERAND, Louis. *Del abuso de los derechos y otros ensayos*. Bogotá: Editorial Temis, 1999, p. 87 (Monografías jurídicas, n. 24).

6. O *princípio da responsabilidade do Estado* leva ao próprio Estado Democrático de Direito, orientado pela moralidade e pela impessoalidade isonômica, em sua relação com os contribuintes.

7. CANOTILHO, José Joaquim Gomes. *O problema da responsabilidade do Estado por atos lícitos*. Coimbra: Editora Almedina. 1974, p. 132.

8. Com muita propriedade, ZANOBINI, afirma: "[...] a responsabilidade do Estado assume seu próprio caráter de instituto de direito público, baseado fundamentalmente nos princípios gerais comuns de cada ramo do direito, mas regido nas particularidades das próprias normas, decisivamente distintas das do direito privado. Segundo uma parte desta mais recente doutrina, a responsabilidade do Estado seria única e regida, em cada caso, pelos ditos princípios de direito público" (*Corso di Diritto Amministrativo*, 5. ed., Milano: Giuffrè, 1947, v. 1, p. 262 – traduzimos). No original está: [...] la responsabilità dello Stato assume il suo proprio carattere di istituto di diritto pubblico, basato fondamentalmente sopra principi generali comuni ad ogni branca del diritto, ma regolato nei particolari da proprie norme, decisivamente distinte da quelle di diritto privato. Secondo una parte di questa più recente dottrina, la responsabilità dello Stato sarebbe unica e retta, in ogni caso, dai detti principi di diritto pubblico".

ROQUE ANTONIO CARRAZZA

"A grande alteração legislativa concernente à responsabilidade do Estado ocorreu a partir da Constituição de 1946. O art. 194 daquele diploma introduziu normativamente, entre nós, a teoria da responsabilidade objetiva, isto é, a possibilidade do Estado compor danos oriundos de atos lesivos, mesmo na ausência de qualquer procedimento irregular de funcionário ou agente seu, à margem, pois, de qualquer culpa ou falta de serviço".[9]

Seguindo a mesma linha de raciocínio, Miguel Reale foi conclusivo: "[...] uma vez comprovada a existência do prejuízo, derivado do exercício de um poder do Estado, *ipso facto* surge o dever de indenizar".[10]

Dando curso ao raciocínio, a *teoria do risco* abrange o *risco integral* e o *risco administrativo*.

O *risco integral* esgota-se na simples relação causal entre o dano e o motivo. Esta teoria é geralmente denominada de *"brutal"*, por não admitir temperamentos ou indagações sobre a existência de culpa.

Já, o *risco administrativo* abranda este entendimento, adaptando a *teoria do risco* aos ditames do Direito Público, sendo a que melhor expressa a responsabilidade objetiva do Estado.[11]

Com efeito, os ônus e encargos advindos dos prejuízos causados pelo Estado a uma pessoa, devem ser suportados racionalmente pelos administrados. Além disso, a coletividade não pode arcar com a reparação de danos causados por culpa do próprio lesado.

Como se depreende da leitura do art. 37, § 6º, da Constituição Federal,[12] o nosso ordenamento jurídico encampou a teoria do risco administrativo,[13] de acordo com a qual, todo e qualquer dano é reparável, salvo possíveis excludentes de responsabilidade.

O Estado não se exime de responsabilidade pelos atos detrimentosos que pratica, ainda que em seu interesse, porque, em termos de *neminem laedere*, nem mesmo a ele é lícito causar danos a direito alheio. De fato, nossa Constituição submete todas as pessoas, públicas ou privadas, ao seu enquadramento jurídico, de tal sorte que qualquer dano pode acarretar, para o autor, o dever de reparação.[14]

Ademais, o próprio regime democrático rima com o *princípio da responsabilidade estatal*, como bem o percebeu Cármen Lúcia Antunes Rocha; *verbis*:

"Na base de um sistema jurídico democrático conjugam-se os princípios da garantia da liberdade individual, da legalidade, da responsabilidade e da igualdade jurídica como pilares de sustentação e matizamento ideológico da normativização positiva".[15]

---

9. BANDEIRA DE MELLO, Celso Antônio. Responsabilidade patrimonial do estado por atos administrativos. *Revista de Direito Público*, São Paulo, n. 43/44. p. 32-41. Jul.-dez. 1977.

10. REALE, Miguel. Da responsabilidade do poder. *Revista de Direito Público*, São Paulo, n. 87, p. 25. Jul.-set. 1988.

11. ARAGÃO, Alexandre Santos de. Os fundamentos da responsabilidade civil do estado. *Revista de Direito Administrativo*, Rio de Janeiro, v. 236, p. 263-273. abr.-jun. 2004; LENZ, Luis Alberto Thompson Flores. A responsabilidade civil do estado pela prática de ato lícito. *Revista de Direito Administrativo*, Rio de Janeiro, v. 205, p. 117-124. jul./set. 1996.

12. Constituição Federal: "Art. 37 (*omissis*) (...) § 6º. As pessoas jurídicas de direito público e as pessoas jurídicas de direito privado prestadoras de serviços públicos responderão pelos danos que seus agentes, nessa qualidade, causarem a terceiros, assegurado o direito de regresso contra o responsável nos casos de dolo ou culpa".

13. Assim, VELLOSO, Carlos Mario da Silva. Responsabilidade Civil do Estado. *Revista de Informação Legislativa*, Brasília: 1987, a. 24, n. 96, out.- dez., p. 242.

14. No mesmo sentido, Amaro Cavalcanti expõe; *verbis*: "O Direito é a regra de conduta e proceder tanto dos indivíduos como do Estado, consequentemente, assim como sucede com os indivíduos, assim também deve o Estado, em princípio, responder pelos próprios atos" (*Responsabilidade Civil do Estado*, Rio de Janeiro: Laemmert, p. XI).

15. ROCHA, Cármen Lúcia Antunes. Observações sobre a responsabilidade patrimonial do Estado. *Revista de Informação Legislativa*, Brasília: Senado, 1991, jul. - set. a. 28, n. 111, p. 83.

Portanto, a *publicização* é a realidade mais palpável da nova era do jurídico, em que o privado passa a ter um comprometimento maior com o coletivo e, em contrapartida, o Estado se mostra, além de um dominador, um protetor dos direitos individuais e um partícipe leal, na busca do bem comum.

Sob esta óptica, a Administração Pública torna-se mais diligente e criteriosa, na proteção efetiva dos direitos dos administrados, já que qualquer lesão que lhes cause, na gestão da *res publica*, deverá ser imunizada por uma condizente reparação.

Isto porque o precitado o art. 37, § 6º, da Constituição Federal, longe de veicular uma norma programática ou simbólica,[16] concretiza um princípio de eficácia plena, materialmente vinculante para o Estado e para todos quantos dele recebem permissões, concessões ou delegações a fim de que prestem, em seu nome, serviços públicos. Como corolário, o administrado tem o direito subjetivo de ser indenizado, sempre que o Estado ou quem lhe faça as vezes, cause danos ao seu patrimônio.

Em suma, o Estado é chamado pela ordem jurídica a compor o dano causado a terceiros, seja por seus agentes, seja por seus permissionários, concessionários ou delegatários, no desempenho de suas funções ou a pretexto de exercê-las.[17]

Mutatis mutandis, estas ideias se aplicam ao Estado, quando se conduz com excesso de exação, praticando o que se convencionou chamar de *extrativismo fiscal*.[18]

É o que se passa a expor e fundamentar.

3. O DEVER DO ESTADO DE INDENIZAR OS CONTRIBUINTES, QUANDO SE CONDUZ COM EXCESSO DE EXAÇÃO

Embora o Estado – no Brasil representado pelas pessoas políticas (União, Estados-membros, Municípios e Distrito Federal) – tenha o direito de lançar e arrecadar tributos, deve fazê-lo nos termos e nos limites da Constituição Federal e das leis. Quando vai além da marca, conduzindo-se de maneira atrabiliária, isto é, afetando abusivamente a esfera jurídica ou o patrimônio dos contribuintes, tem o inarredável dever de indenizá-los.

De fato, não podem passar *in albis*, entre outras injuridicidades, *(i)* a manifesta exigência indevida de tributos, *(ii)* a cobrança de dívida tributária já paga, *(iii)* o injustificável cerceamento de defesa do contribuinte e, *(iv)* o descumprimento do devido processo legal e das normas internacionais, veiculadas em tratados assinados e ratificados pelo Brasil.[19]

---

16. Para uma diferença entre ambas, ver: NEVES, Marcelo. *A constitucionalização simbólica*. São Paulo: Acadêmica, 1994, p. 102-104.

17. No exercício de suas atribuições, os agentes públicos ou quem lhes faça as vezes, recebem a parcela de poder necessária para bem e fielmente cumprirem a vontade do Estado. Caso, no desempenho de suas funções, causarem danos a terceiros, colocam-no na contingência de indenizá-los.

18. Entende-se por *extrativismo fiscal* a dinâmica pela qual o Estado retira, valendo-se de uma tributação ilegal, as riquezas da sociedade.

19. É o que ocorre, por exemplo, quando a Receita Federal do Brasil lança e exige o imposto sobre a importação, contrariando flagrantemente o disposto num tratado internacional incorporado ao nosso direito interno. O descumprimento do tratado internacional tipifica verdadeira quebra, por ato unilateral, do compromisso convencional, o que é absolutamente vedado pelos princípios do *pacta sunt servanda* e da boa-fé. Nesse caso, o Estado deve ser responsabilizado pelas consequências adversas daí decorrentes, como prejuízos e despesas suportadas pelo contribuinte (v.g., com armazenagem e *demurrage*), danos à sua imagem perante o consumidor, embaraços a novas importações, perecimento dos produtos importados, demora dos procedimentos aduaneiros e, assim por diante.

A ocorrência de qualquer destes episódios abre espaço à responsabilização do Estado. É o que anota Vasco Branco Guimarães, em obra de mão e sobremão; *verbis*:

"A definição do regime da responsabilidade civil da Administração Fiscal emergente da obrigação de imposto surge assim como uma necessidade conceitual face aos valores, interesses e conflitos presentes na relação jurídica de imposto e representa uma resposta necessária à crescente necessidade do legislador de distorcer a lógica de boa-fé – com a inerente confiança e presunção de verdade – que presidem à relação jurídica de imposto no sistema fiscal" (...).

"A responsabilidade civil da Administração Fiscal revela-se e enquadra-se numa lógica mais ampla, de estabelecer as regras de equilíbrio entre as consequências da actividade da Administração e o respeito pela esfera jurídico-patrimonial do particular, que está potencialmente em condição de ser amputada por via fiscal, desde que estejam preenchidos os pressupostos para a tributação definidos na lei. Esta susceptibilidade de amputação patrimonial – enquanto risco potencial permanente ou, por outras palavras, enquanto ónus que impende sobre o património – determina a necessidade de limitar e tornar indemne qualquer agressão que extravase da norma aplicável.

"De uma outra forma, a agressão patrimonial legítima que o imposto representa, torna particularmente necessária a reparação de qualquer outro dano emergente da relação jurídica de imposto, que não esteja dentro do âmbito da norma.

"A definição do regime da responsabilidade civil da Administração Fiscal insere-se nesse esforço conceitual mais amplo de estabelecer os limites da actuação legal da Administração, prever as consequências da sua violação e estabelecer as regras da regularização de eventual dano relevante. (...)

"Podemos assim concluir que o dano indemnizável resultante da relação jurídica fiscal deverá ocorrer por via: i) da violação dos princípios que informam o sistema fiscal e ii) dos que determinam o comportamento da Administração Fiscal. Interessa na análise feita distinguir entre a violação da legalidade substancial e a violação dos deveres de comportamento por parte da AF, em regra pela não observação, no procedimento tributário, dos princípios que determinam e condicionam a actividade da Administração Tributária. Por outro lado, resulta claro que, quanto mais discricionário for o papel da AF, mais risco existe de que haja dano provocado por violação de regra ou princípio de procedimento, sendo este risco menor quando o poder-dever da AF é vinculado. A violação pela AF de direitos fundamentais ou de direitos com protecção especial que provoquem dano, também deverá dar lugar a indemnização".[20]

O ilustre professor da Faculdade de Direito da Universidade de Coimbra não podia escrever mais, nem melhor.

Realmente, outra não pode ser a reação do contribuinte, senão a de rogar pela proteção constitucional contra a injuridicidade do agir fiscal[21] e, se dela advier qualquer agressão ao seu patrimônio, tem o direito de valer-se de todas as vias e foros necessários à devida reparação dos danos, quer materiais, quer morais, que o descumprimento das normas jurídicas lhe causou.

Os danos materiais, justamente por terem caráter objetivo, são mais fáceis de apurar.

De revés, os danos morais têm, por sua própria natureza, caráter subjetivo e, por essa razão, devem ser avaliados a partir do exame de cada caso concreto. A situação fática é que determinará os âmbitos materiais do ilícito e dos danos causados. Não é por outra razão, que, nesse caso, se considera que o dever de indenizar nasce de um *"ilícito atípico"*.

A questão carece de aprofundamentos.

---

20. GUIMARÃES, Vasco Branco. *A responsabilidade civil da Administração Fiscal emergente da obrigação de imposto*. Belo Horizonte: Fórum, 2007, p. 406, 410 e 411; cf. também: TROIANELLI, Gabriel Lacerda. *Responsabilidade do Estado por dano tributário*. SP: Dialética, 2004, 159 p.

21. Com ampla crítica às hipóteses de retroatividade para desconstituição de atos jurídicos perfeitos em matéria tributária, cf.: DEBAT, Olivier. *La rétroactivité et le Droit Fiscal*. Paris: Defrénois, 2006, 502 p.

O DEVER DO ESTADO DE INDENIZAR OS CONTRIBUINTES, PELOS DANOS QUE ABUSIVAMENTE LHES CAUSAR

Observando-se com cuidado o ordenamento jurídico, nele se encontram, ao lado das regras de tipicidade da ilicitude, certos casos para os quais não é possível construir uma regra específica, o que justifica a adoção de uma regra geral, por meio de elementos que, ao invés de levarem a efeito uma classificação dos atos ilícitos, fixam um sistema global de sanções, extensivo a todos os atos danosos (qualificáveis como ilícitos), que se ajustam a certos pressupostos. É o caso dos *sistemas de ilícitos atípicos*.[22]

Para os *ilícitos típicos* temos sistemas "fechados", na medida em que neles não são admitidos outros, além dos expressamente previstos. Assim, a cada nova hipótese deverá ser configurada uma classificação específica, pois, como é pacífico e assente, não há ilícito sem prévia cominação legal.

Já, para os *ilícitos atípicos*, temos sistemas "abertos", por não haver uma categoria predefinida dos mesmos, salvo uma ou outra, aqui e acolá tipificada de modo amplo. Como se vê, nesses sistemas, as figuras dos ilícitos são abstratamente infinitas.

Sistemas típicos de ilícitos são praticamente todos os ordenamentos jurídicos penais.[23] Por outro lado, os sistemas atípicos de ilícitos são encontráveis no âmbito cível, onde se encontram as chamadas *cláusulas gerais abertas*.[24]

Para melhor compreender o alcance das normas sancionatórias de ilícitos atípicos, é preciso recordar a distinção entre *norma primária* e *norma secundária*, levada a efeito por Hans Kelsen[25] e desenvolvida, no Brasil, por Lourival Vilanova.[26]

Segundo essa construção teórica, a norma jurídica apresenta composição dúplice; a saber: *a)* a *norma primária* e; e, *b)* a *norma secundária*. Na *norma primária*, de estrutura dual, está indicada a hipótese fática, ou seja, o *descritor* do fato jurídico, ao qual, por causalidade, se vincula, como consequente, o *prescritor*, com os elementos indicativos da relação jurídica correspondente, bem como de seus sujeitos ativo e passivo. Já, na *norma secundária*, a hipótese fática qualifica sempre o descumprimento do dever estatuído na norma primária, que rende ensejo a outra pretensão, qual seja, a de exigir, perante órgão estatal, a efetivação do dever nesta última constituído.

No campo das ações ilícitas, passíveis de servirem como hipóteses de normas secundárias, situam-se as contrárias às normas primárias, dotadas de relações jurídicas modalizadas em condutas obrigatórias (O) ou vedadas (V), classificadas em *"tipos"* pelo direito positivo, para efeito da aplicação da respectiva sanção. São as *ilicitudes típicas*.

Paralelamente, há as ilicitudes decorrentes do descumprimento de condutas permitidas (P), por afetação a princípios do sistema jurídico: as *ilicitudes atípicas*. É o caso da fraude à lei, do abuso de direito, do desvio de poder, da responsabilidade civil e assim por diante.

---

22. Cf. ALPA, Guido. *Il problema della atipicità dell'illecito*. Napoli: Jovene, 1979, p. 127; PALERMO, Gianfranco. *Funzione illecita e autonomia privata*. Milano: Giuffrè, 1970, 245 p.; SEGNI, Mario. *Autonomia privata e valutazione legale tipica*. Padova: CEDAM, 1972, 411 p.; LARENZ, Karl. *Base Del negocio jurídico y cumplimiento de los contratos*. Madrid: Revista de Direito Privado, 1956, 237 p.

23. Desde Cesare Bonesana di Beccaria, Marquês de Gualdrasco e Villareggio, com seu famoso livro *Dos delitos e das penas*, dado à estampa em 1764, os penalistas fazem empenho no sentido da necessidade inafastável da tipificação de cada categoria considerada como *"crime"*. Daí haverem forjado o conhecidíssimo brocardo *nullum crimen, nulla poena, sine praevia lege*.

24. Cf. ALPA, Guido; BESSONE, Mario. *Atipicità dell'illecito*. Milano: Giuffrè, 1980, p. 114.

25. KELSEN, Hans. *Teoria Pura do Direito*. Trad. de João Baptista Machado, Coimbra, Arménio Amado Editor, 3. ed. 1974.

26. VILANOVA, Lourival. *Causalidade e relação no direito*. São Paulo: Ed. RT, 2000, cap. VII.

Ora, como não há normas sancionatórias típicas dirigidas ao descumprimento de "permissões"[27] jurídicas, os excessos promovidos no exercício dos direitos (permitidos), que causem prejuízos ou "privação de vantagens", somente podem ser reprimidos por uma cláusula geral dirigida a esta função.

Nesse sentido, a obrigação de indenizar, enquanto regra de responsabilidade civil, é encontrável no art. 927 e seu parágrafo único, do Código Civil; *verbis*:

"Art. 927. Aquele que, por ato ilícito (arts. 186 e 187), causar dano a outrem, fica obrigado a repará-lo.

"Parágrafo único. Haverá obrigação de reparar o dano, independentemente de culpa, nos casos especificados em lei, ou quando a atividade normalmente desenvolvida pelo autor do dano implicar, por sua natureza, risco para os direitos de outrem".

Os *ilícitos atípicos*, como ensinam Manuel Atienza e Juan Ruiz Manero,[28] possuem os seguintes elementos em comum: *i)* a existência de uma conduta permitida; *ii)* a produção de um dano, intencional ou não, decorrente daquela conduta; *iii)* a inadmissibilidade do dano decorrente do *princípio lógico do sistema*; e, *iv)* a criação, a partir dessa rejeição do sistema, de uma nova regra que limita o alcance da primeira, ao qualificar como proibidos, comportamentos dantes permitidos.

Muito bem, a constatação de que nas várias formas de *"ilícito"* há consequências danosas, de natureza econômica, sobre o patrimônio do prejudicado, levou a doutrina à revisão do conceito de dano, atribuindo-lhe maior amplitude. Atualmente, o *"dano"* é entendido, em sentido jurídico, não apenas como perda patrimonial ou lesão de um interesse, mas como *"privação de vantagem"*, em consequência do evento e da lesão de um bem, do qual o sujeito prejudicado é titular.

Como quer que seja, a origem do dano sempre *(i)* é um ato ilícito (cf. dispõe o já mencionado art. 186, do C.Civ.) e, *(ii)* possibilita a indenização do lesado.

Acerca da indenização, o Código Civil distinguiu o ato ilícito e a responsabilidade civil, de modo que nosso ordenamento jurídico admite *(i)* um ato ilícito sem dano (cf. art. 940)[29] e, *(ii)* um dano, sem um ato ilícito (cf. art. 929).[30]

Deste modo, a obrigação de indenizar está vinculada ao risco da atividade e, conforme a conduta violadora do direito alheio, poderá nascer *até* de atos lícitos.

Equiparado ao ato ilícito está o abuso de direito, com todas as notas de danos objetivos que pode causar. Não é por outra razão que o precitado art. 187, do Código Civil, adotou a teoria objetiva do abuso de direito.

Sobre o abuso de direito, os civilistas voltam suas atenções para os seguintes critérios:[31] *(i)* intenção de lesar outrem, *(ii)* ausência de interesse legítimo ou, *(iii)* exercício

---

27. ATIENZA, Manuel; MANERO, Juan Ruiz. *Ilícitos atípicos*. Madrid: Trotta, 2000, p. 125. Anotam, *verbis*: "Los ilícitos atípicos son acciones que, *prima facie*, están permitidas por una regla, pero que, una vez consideradas todas las circunstancias, deben considerarse prohibidas".

28. ATIENZA, Manuel; MANERO, Juan Ruiz. *Ilícitos atípicos*. Madrid: Trotta, 2000, p. 126.

29. Código Civil – "Art. 940. Aquele que demandar por dívida já paga, no todo ou em parte, sem ressalvar as quantias recebidas ou pedir mais do que for devido, ficará obrigado a pagar ao devedor, no primeiro caso, o dobro do que houver cobrado e, no segundo, o equivalente do que dele exigir, salvo se houver prescrição".

30. Código Civil – "Art. 929. Se a pessoa lesada, ou o dono da coisa, no caso do inciso II do art. 188, não forem culpados do perigo, assistir-lhes-á direito à indenização do prejuízo que sofreram".

31. Como assinalado por Jose Manuel Martin Bernal: "Las facultades que puede actuar el titular del derecho subjetivo están en nuestra teoría limitadas por la exigencia de no perjudicar innecesariamente a un tercero conforme a reiterada jurispru-

do direito sem finalidade econômica e social.[32] Quer dizer: o fim econômico[33] ou a boa-fé perseguidos podem ensejar fatos conformadores de abuso de posições jurídicas, no sentido propugnado pela regra acima.

Esta, de resto, é a lição autorizada de Tereza Ancona Lopez; *verbis*:

"O artigo 187 [do Código Civil] determina que também comete ato ilícito o titular de um direito que ao exercê-lo excede manifestamente os limites impostos pelo seu fim econômico e social, pela boa-fé ou pelos bons costumes.

"Portanto, no dispositivo em exame há três limites ao exercício do direito subjetivo (não ao direito subjetivo) que não se confundem. São três conceitos jurídicos diferentes em uma mesma regra, ou melhor três cláusulas gerais diferentes e limitativas da conduta do titular do direito. No ato abusivo há violação funcional do direito (social), de sua finalidade e de seu espírito".[34]

Também na doutrina estrangeira, o tema assim tem sido tratado. Por todos os juristas estrangeiros, permito-me novamente citar Louis Josserand, que, ao reconhecer que o uso de armas lícitas pode ser maculado pela forma de sua utilização (mais especificamente, em certas condições ou finalidades que denotem má-fé), aduz:

"En vano se objetará que el titular ha ejercido un derecho, ya que ha cometido una falta en el ejercicio de ese derecho y es precisamente esa culpa lo que se llama abuso del derecho; un acto cumplido de conformidad con determinado derecho subjetivo puede estar en conflicto con el derecho en general, con el derecho objetivo, con la juridicidad, y este conflicto es el que los romanos habían ya entrevisto y que traducían por la máxima famosa: *Summun jus, summa injuria*.

"Hay armas lícitas que se convierten en armas envenenadas cuando se utilizan de cierta manera, en ciertas condiciones; en todo, son el móvil y el fin los que deben considerarse".[35]

E, mais adiante:

"Solo que parece que los romanos se limitaron, en esta obra de humanización y socialización del derecho, a perseguir el dolo y el fraude y a condenar la intención de causar daño; para ellos el acto abusivo únicamente era el que se cumplía con intención nociva. El derecho moderno y especialmente el derecho contemporáneo se forman del abuso una idea mucho más comprensiva; es abusivo cualquier acto que, por sus móviles y por su fin, va contra el destino, contra la función del derecho que ejerce; al criterio puramente intencional tiende a sustituirse un criterio funcional, derivado del espíritu del derecho, de la función que le está encomendada. Cada derecho tiene su espíritu, su objeto, su finalidad; quien quiera que intente apártalo de su misión social, comete una falta, delictuosa o cuasi delictuosa, un abuso del derecho susceptible de comprometer, dado el caso, su responsabilidad".[36]

Concordo, pois, com Paulo de Tarso Vieira Sanseverino, quando classifica os danos indenizáveis em quatro categorias, bem demarcadas; a saber:

---

dencia a la que nos referimos en su lugar oportuno, o de no utilizarlas de forma abusiva o antisocial" (*El abuso del derecho: exposición, descripción y valoración del mismo*. Madrid: Montecorvo, 1982, p. 61).

32. Cf. DINIZ, Maria Helena. *Curso de direito civil brasileiro: responsabilidade civil*. 5. ed. São Paulo: Saraiva, 1990. v. 7. p. 380.

33. Registre-se, por vir de molde, que José Olympio de Castro Filho define o abuso de direito como sendo igualmente o excesso, de que resulta infringência às normas éticas e à finalidade social do direito; *verbis*: "Assim, toda vez que, na ordem jurídica o indivíduo no exercício do seu direito subjetivo excede os limites impostos pelo direito positivo, aí compreendidos não só o texto legal mas também as normas éticas que coexistem em todo sistema jurídico, ou toda vez que o indivíduo no exercício do seu direito subjetivo o realiza de forma contrária à finalidade social, verifica-se o abuso do direito. (...) Compreende-se bem o instituto quando se considera que o direito subjetivo, poder de agir, é, na sua realização normal, o uso, e, na sua realização anormal, o abuso" (*Abuso do direito no processo civil*. Rio de janeiro: Forense, 1950, p. 21).

34. LOPEZ, Tereza Ancona. *Principais linhas da responsabilidade civil no direito brasileiro contemporâneo*. In: AZEVEDO, Antonio Junqueira de (Coord.); TÔRRES, Heleno Taveira (Coord.); CARBONE, Paolo L. (Coord.). *Princípios do novo código civil brasileiro e outros temas: homenagem a Tullio Ascarelli*. São Paulo: Quartier Latin, 2008. p. 661-705.

35. JOSSERAND, Louis. *Del abuso de los derechos y otros ensayos*. Bogotá: Editorial Temis, 1999, p. 4.

36. JOSSERAND, Louis. *Del abuso de los derechos y otros ensayos*. Bogotá: Editorial Temis, 1999, p. 5.

a) *Danos emergentes e lucros cessantes*: "(...) prejuízos decorrentes do desfalque imediato sofrido pelo lesado (danos emergentes), mas também tudo aquilo que deixará de ingressar no patrimônio em decorrência do ato ilícito (lucros cessantes)";[37]

b) *Prejuízos atuais e futuros*: "Os prejuízos presentes ou atuais compreendem todos os ocorridos anteriormente à sentença prolatada na ação indenizatória, incluindo tanto os danos emergentes já implementados, como despesas com médicos, remédios, fisioterapia, transporte etc., como também os lucros cessantes já incorridos, como os valores deixados de receber pela vítima em decorrência de sua incapacidade até a data da sentença. Os prejuízos futuros englobam aqueles ainda não materializados à época da sentença, mas que já surgem como objetivamente previsíveis de acordo com as circunstâncias do caso e as experiências da vida, podendo ocorrer danos emergentes futuros";[38]

c) *Prejuízos patrimoniais e extrapatrimoniais*: "O principal divisor de águas na classificação dos danos sofridos pela vítima continua sendo o seu conteúdo econômico, permitindo dividi-los em prejuízos patrimoniais e extrapatrimoniais. Consideram-se prejuízos patrimoniais aqueles que apresentam conteúdo econômico, enquanto os extrapatrimoniais são aqueles que não possuem dimensão econômica ou patrimonial";[39] e,

d) *Danos materiais, corporais e imateriais*: "Nessa linha, no direito francês, é feita uma interessante distinção dos danos materiais, corporais e imateriais, explicada pela Yvone Lambert-Faivre, que define os danos corporais como 'os atentados à integridade física de uma pessoa' enquanto os danos materiais compreendem os atentados à integridade ou substância de uma coisa. Por sua vez, os danos imateriais, chamados de puros, não resultam de atentados a uma pessoa ou a uma coisa, mas se relacionam a negócios econômicos ou financeiros".[40]

Mas, seja qual for a classificação adotada para os danos passíveis de reparação, não há como negar, ao lume do nosso ordenamento jurídico, que atos ilícitos e abusos de direito, que causam ao ofendido danos emergentes e lucros cessantes, devem resultar em condenação do ofensor a indenizar o ofendido, de acordo com a intensidade do gravame suportado.

Ao tratar de responsabilidade contratual, Orlando Gomes diferencia as verbas indenizatórias que ressarcem o *dano emergente* e aos *lucros cessantes*; *verbis*:

> "A indenização deve ser completa, abrangendo o *damnum emergens* e o *lucrum cessans*. O credor tem direito a receber, além do que efetivamente perdeu, o que razoavelmente deixou de lucrar. O dano emergente é representado pela diminuição patrimonial, seja porque se depreciou o ativo, seja porque aumentou o passivo. Lucro cessante é a frustração da expectativa de ganho". [41]

---

37. SANSEVERINO, Paulo de Tarso Vieira. *Princípio da reparação integral*. São Paulo: Saraiva, 2010, p. 183.
38. SANSEVERINO, Paulo de Tarso Vieira. *Princípio da reparação integral*. São Paulo: Saraiva, 2010, p. 187.
39. SANSEVERINO, Paulo de Tarso Vieira. *Princípio da reparação integral*. São Paulo: Saraiva, 2010, p. 189.
40. SANSEVERINO, Paulo de Tarso Vieira. *Princípio da reparação integral*. São Paulo: Saraiva, 2010, p. 190.
41. GOMES, Orlando. *Obrigações*. 8. ed. Rio de Janeiro: Forense, 1990. p. 183. Sobre lucros cessantes, Pontes de Miranda ensina: "O lucro cessante é dano que atinge o bem futuro. Os meios de prova não são fáceis. Daí ter que ser prudente o juiz, para que não o avalie acima do que é muito provável, nem o diminua por faltarem alguns dados. Quem mata dois bois de uma fazenda e as vacas prenhes não pode deixar de levar em consideração o que teria, após alguns meses, ou anos, o fazendeiro. Quem queima cafezais antes da colheita, ou mesmo antes da floração, tem de indenizar o dano emergente e o lucro cessante. O dano, que se tem de ressarcir, ou se mede conforme o valor objetivo do bem, ou conforme o valor subjetivo, isto é, atendendo-se ao interesse do lesado, ao valor do bem na específica utilidade para o titular do crédito indenizatório" (*Tratado de direito privado*, t. LIV. São Paulo: RT, 1984, p. 297-298).

Realmente, a indenização pelos danos emergentes tem a finalidade de reparar prejuízos já sofridos (pretéritos), causados por ato ilícito ou abuso de direito, ao passo que a indenização pelos lucros cessantes destina-se a recompor eventuais prejuízos futuros e prováveis, também causados por tais injuridicidades.[42]

Sobre o valor da indenização, vale a seguinte diretriz: uma vez reconhecido o dano, seja por transação, seja por decisão judicial, deve o seu autor repará-lo integralmente ou na proporção adequada, como, respectivamente, aceito pelos transatores ou definido pelo julgador. Cabe-lhe, assim, dar-se pressa em ressarcir os prejuízos sofridos pela vítima, pois a própria demora em fazê-lo enseja reparação patrimonial, pela diminuição do poder aquisitivo da moeda ou das rendas por ela geradas.[43]

No passado, muito se discutiu acerca da possibilidade de indenizar dano moral causado às pessoas jurídicas.

Perquiria-se se elas podiam sofrer dano moral, havendo quem imediatamente se inclinasse pela negativa, ao argumento de que não possuem sentimentos capazes de serem feridos.

A questão, no entanto, não é tão simples quanto parece. Se, por um lado, a pessoa jurídica não pode sofrer danos morais puros – experimentados, por exemplo, por um indivíduo acusado falsamente da prática de crime –, por outro, nada impede sofra um dano moral, que lhe traga repercussões econômicas negativas, prejudicando, destarte, seu patrimônio.[44]

É certo que este não pode ser imediatamente quantificado. Há meios, no entanto, de presumi-lo, transformando-o em pecúnia. Em outras palavras, o que se compensa, na hipótese, é a perda potencial do patrimônio, estimada de acordo com as circunstâncias objetivas que cercaram a ocorrência do evento lesivo.

Portanto, é perfeitamente possível que uma pessoa jurídica sofra dano moral e, com ele, prejuízos econômicos, indenizáveis.

Aliás, esse entendimento é pacífico, como, diga-se de passagem, enuncia a Súmula 227, do Superior Tribunal de Justiça, publicada em outubro de 1999.[45]

---

42. MELLO, Nehemias Domingos de. *Dano Moral – problemática do cabimento à fixação do "quantum"*, 2. ed., rev. São Paulo: Atlas, 2011, p. 57. Observa: "O dano material corresponde àquele comumente chamado dano patrimonial, onde se encontram as perdas e danos, que engloba o dano emergente (prejuízo efetivo) e os lucros cessantes (o que a vítima razoavelmente deixou de ganhar). Evidentemente que o dano material é aquele que atinge o patrimônio da vítima, possível de ser quantificado e reparável por meio de uma indenização pecuniária, quando não se possa restituir o bem lesado à situação anterior. O dever de indenizar o chamado dano emergente decorre, como próprio nome diz, da injusta agressão que atingindo o patrimônio da vítima, lhe causa uma diminuição do valor. Assim, o dano emergente pode ser exemplificado pela colisão de um veículo em que se faça necessário conserto de funilaria e pintura para restaurar o bem lesionado. Os valores necessários à compra de peças e ao pagamento de mão de obra irão corresponder ao total passível de ser pleiteado a título de dano emergente, representando os gastos realizados para a recomposição do bem lesionado ao status quo ante. Já os lucros cessantes seriam aqueles correspondentes ao que a vítima deixou de aferir exatamente por ter sofrido as consequências do evento lesivo. No mesmo exemplo acima, vamos imaginar que o veículo sinistrado fosse um taxi; conclusão: lucros cessantes vai ser o ganho frustrado em decorrência do acidente com o veículo. Quer dizer, a soma dos dias em que o veículo ficou impossibilitado de uso, multiplicada pelos valores que o taxista poderia auferir se estivesse trabalhando regularmente".
43. Cf. GOMES, Orlando. *Transformações gerais do direito das obrigações*. São Paulo: Ed. RT, 1967, p. 115.
44. Assim, por exemplo, caso se divulgue falsamente que determinada empresa faz discriminação racial com seus empregados, certamente esta informação mendaz repercutirá, de modo negativo, não só em seu bom conceito, como em seu faturamento (já que os consumidores poderão boicotar seus produtos), o que configura dano moral, com repercussões econômicas e, nessa medida, susceptível de indenização.
45. Súmula 227, do STJ: "A pessoa jurídica pode sofrer dano moral".

Também está assentado no STJ que o Estado tem a obrigação de reparar danos causados às pessoas físicas ou jurídicas, por atos ilícitos cometidos no curso do procedimento de arrecadação tributária. Confira-se:

"Processual civil. Administrativo. Responsabilidade civil do estado. Danos morais. Artigo 37, § 6° da Constituição Federal. Súmula 83/STJ. Indenização. Súmula 7/STJ.

"1. Ação de Reparação de Danos Materiais e Morais ajuizada em desfavor da União, com fulcro nos artigos 37, § 6° da CF, em face da indevida inscrição do nome do autor na dívida ativa, em cujo bojo restou reconhecida a conduta indevida da Administração Tributária, insindicável nesta Corte (Súmula 07/STJ). (...)

"4. Inequívoca a responsabilidade estatal, consoante a legislação infraconstitucional e à luz do art. 37 § 6° da CF/1988, bem como escorreita a imputação dos danos morais, nos termos assentados pela Corte de origem, *verbis*: '(...) Verificado que contra o autor foi movida ação de execução fiscal para a cobrança do crédito tributário correspondente, em razão da indevida inscrição do seu nome em Dívida ativa, não há como desconsiderar a participação da União no dano causado ao demandante. No caso presente, o autor sofreu não só constrangimento, mas indignação e revolta ante o fato de ter sido processado por inscrição indevida de débito na Dívida ativa. Entendendo-se que ficou caracterizada a responsabilidade civil da União pelos danos morais causados ao autor, há de se verificar como pode ser compensado pelo fato".

Tudo se conjuga, pois, no sentido de que atos ilícitos e abusos no exercício do direito, praticados pelos agentes do Fisco ou por quem lhes faça as vezes, na função de arrecadar tributos[46] – como o excesso de exação, o cerceamento de defesa, a desobediência ao devido processo legal, o emprego indevido de meios coercitivos –, que causam prejuízos aos contribuintes (danos emergentes, lucros cessantes ou danos morais), devem ser reparados com o pagamento da pertinente indenização.[47]

O dever de indenizar será cumprido pela Fazenda Pública, "assegurado o direito de regresso contra o responsável nos casos de dolo ou culpa" (cf. art. 37, § 6°, *in fine*, da CF).[48] Esta possibilidade cresce de ponto quando o agente fiscal lavra um ato de infração manifestamente descabido, (i) por não se ajustar aos ditames constitucionais ou legais, (ii) pela absoluta impossibilidade de provar a prática do suposto ilícito tributário, (iii) por aludir a valores que sabe muito superiores aos devidos etc.

Tais condutas prejudicam o contribuinte, minando a confiança dos seus fornecedores, dificultando-lhe a obtenção de créditos junto às instituições financeiras, pondo em risco o bom nome da empresa, inviabilizando sua participação em licitações, e assim avante.[49]

---

46. FERRAGUT, Maria Rita. Responsabilidade Tributária do Estado Brasileiro. Revista Dialética de Direito Tributário, v, 177. São Paulo: 2010, Dialética, p. 103 e ss.. Em excelente estudo apontou a possibilidade de responsabilização do Estado por dano causado pela duração excessiva do processo, ou pela violação aos direitos e garantias estabelecidos no Código do Contribuinte, além dos decorrentes do uso indevido de meios coercitivos.

47. A prescrição da ação de indenização contra a Fazenda Pública, opera-se em 5 anos contados da data do ato ou fato lesivo ao patrimônio do contribuinte (cf. art. 1°, do Decreto Federal 20.910/1932).

48. . Caso se comprove o dolo ou a culpa do agente fiscal, ele também sofrerá sanções administrativas, observado, é claro, o devido processo legal e o direito à ampla defesa.

49. Em exemplário armado ao propósito, o art. 13, da Lei 6.537/1973, do Estado do Rio Grande do Sul, estabelece: "Art. 13. A partir de 1° de julho de 2005, o Estado divulgará os devedores que tenham crédito tributário inscrito como Dívida Ativa, inclusive com menção aos valores devidos, exceto se estiverem parcelados.

"§ 1° Poderão ser excluídos da divulgação os créditos tributários com exigibilidade suspensa ou, na forma da lei, garantidos, conforme disposto em instruções baixadas pelo Departamento da Receita Pública Estadual.

"§ 2° Em substituição ao disposto no § 1°, o Departamento da Receita Pública Estadual poderá utilizar, para fins de divulgação ou de sua exclusão, os mesmos critérios utilizados para tais fins no Cadastro Informativo – CADIN/RS.

"§ 3° As informações divulgadas nos termos deste artigo poderão ser utilizadas ou consideradas, no exercício de suas atividades, por entidades de proteção ao crédito ou por centrais de risco de crédito, entidades de registros públicos, cartórios e tabelionatos, entidades do sistema financeiro, bem como por qualquer outra entidade pública ou privada.

4. SÍNTESE CONCLUSIVA

Tudo posto e considerado, passo a sumular as seguintes conclusões:[50]

I – o Estado – no Brasil representado pelas pessoas políticas (União, Estados-membros, Municípios e Distrito Federal) – é chamado pela ordem jurídica a compor os danos que, por seus agentes, permissionários, concessionários ou delegatários, no desempenho de suas funções ou a pretexto de exercê-las, vier a causar a terceiros, aí incluídos os contribuintes;

II – os atos ilícitos e abusos no exercício do direito, praticados por agentes da Administração Pública ou por quem lhes faça as vezes, na função de arrecadar tributos – como, entre outros, *(i)* a manifesta exigência indevida de tributos, *(ii)* a cobrança de dívida tributária já paga, *(iii)* o injustificável cerceamento de defesa e, *(iv)* o descumprimento do devido processo legal e das normas internacionais, veiculadas em tratados assinados e ratificados pelo Brasil –, que causam aos contribuintes (pessoas físicas ou jurídicas) danos emergentes, lucros cessantes ou danos morais, devem ser reparados com o pagamento da pertinente indenização; e,

III – o dever de indenizar será cumprido pela Fazenda Pública, "assegurado o direito de regresso contra o responsável nos casos de dolo ou culpa" (cf. art. 37, § 6º, *in fine*, da *CF*).

5. REFERÊNCIAS

ALPA, Guido. *Il problema della atipicità dell'illecito*. Napoli: Jovene, 1979

ALPA, Guido; BESSONE, Mario. *Atipicità dell'illecito*. Milano: Giuffrè, 1980.

ARAGÃO, Alexandre Santos de. Os fundamentos da responsabilidade civil do estado. *Revista de Direito Administrativo*, Rio de Janeiro, v. 236, p. 263-273. abr.-jun. 2004;

ATIENZA, Manuel; MANERO, Juan Ruiz. *Ilícitos atípicos*. Madrid: Trotta, 2000

BANDEIRA DE MELLO, Celso Antônio. Responsabilidade patrimonial do estado por atos administrativos. *Revista de Direito Público, São Paulo*, n. 43/44. p. 32-41. Jul.-dez. 1977.

BERNAL, Jose Manuel Martin. *El abuso del derecho: exposición, descripción y valoración del mismo*. Madrid: Montecorvo, 1982.

CANOTILHO, José Joaquim Gomes. *O problema da responsabilidade do Estado por atos lícitos*. Coimbra: Editora Almedina. 1974.

CASTRO FILHO, José Olympio de. *Abuso do direito no processo civil*. Rio de janeiro: Forense, 1950.

CAVALCANTI, Amaro. *Responsabilidade Civil do Estado*, Rio de Janeiro: Laemmert, p. XI.

DEBAT, Olivier. *La rétroactivité et le Droit Fiscal*. Paris: Defrénois, 2006.

DIAS, José de Aguiar. *Da Responsabilidade Civil*. 5. ed., Rio de Janeiro: Forense, v. I, 1973.

DINIZ, Maria Helena. *Curso de direito civil brasileiro*: responsabilidade civil. 5. ed., São Paulo: Saraiva, 1990.

"§ 4º Na hipótese do § 3º, poderá, se necessário, ser celebrado convênio entre o Departamento da Receita Pública Estadual e as respectivas entidades.

"§ 5º Os órgãos da administração pública estadual direta e indireta ficam proibidos de transacionar, a qualquer título, com os devedores cujos créditos tributários tenham sido objeto de divulgação na forma deste artigo.

"§ 6º A proibição de transacionar com os devedores compreende o pagamento de quaisquer créditos, a admissão em concorrência ou coleta de preços, a celebração de contratos de qualquer natureza, a concessão de empréstimos e quaisquer outros atos que importem em transação com o Estado". (Redação dada ao artigo pela Lei 12209 de 29.12.2004).

Desnecessário dizer que tais medidas, quando advêm de autos de infração manifestamente descabidos, causam assinalados danos, materiais e morais, aos contribuintes, que devem ser indenizados.

50. Evidentemente, *assuntos correlatos* e a própria *fundamentação* das conclusões encontram-se no corpo do artigo.

FERRAGUT, Maria Rita. Responsabilidade Tributária do Estado Brasileiro. *Revista Dialética de Direito Tributário*, v., 177. São Paulo: 2010, Dialética.

GOMES, Orlando. *Obrigações*. 8. ed. Rio de Janeiro: Forense, 1990.

GOMES, Orlando. *Transformações gerais do direito das obrigações*. São Paulo: Ed. RT, 1967.

GUIMARÃES, Vasco Branco. *A responsabilidade civil da Administração Fiscal emergente da obrigação de imposto*. Belo Horizonte: Fórum, 2007.

JOSSERAND, Louis. *Del abuso de los derechos y otros ensayos*. Bogotá: Editorial Temis, 1999.

KELSEN, Hans. *Teoria Pura do Direito*. Trad. de João Baptista Machado. 3. ed. Coimbra, Arménio Amado Editor, 1974.

LARENZ, Karl. *Base Del negocio jurídico y cumplimiento de los contratos*. Madrid: Revista de Direito Privado, 1956.

LENZ, Luis Alberto Thompson Flores. A responsabilidade civil do estado pela prática de ato lícito. *Revista de Direito Administrativo*, Rio de Janeiro, v. 205, p. 117-124. jul./set. 1996.

LOPEZ, Tereza Ancona. *Principais linhas da responsabilidade civil no direito brasileiro contemporâneo*. In: AZEVEDO, Antonio Junqueira de (Coord.); TÔRRES, Heleno Taveira (Coord.).

CARBONE, Paolo L. (Coord.). *Princípios do novo código civil brasileiro e outros temas*: homenagem a Tullio Ascarelli. São Paulo: Quartier Latin, 2008.

MELLO, Nehemias Domingos de. *Dano Moral* – problemática do cabimento à fixação do "quantum". 2. ed., rev. São Paulo: Atlas, 2011.

NEVES, Marcelo. *A constitucionalização simbólica*. São Paulo: Acadêmica, 1994.

PALERMO, Gianfranco. *Funzione illecita e autonomia privata*. Milano: Giuffrè, 1970.

REALE, Miguel. Da responsabilidade do poder. *Revista de Direito Público*, São Paulo, n. 87, p. 25. Jul.-set. 1988.

ROCHA, Cármen Lúcia Antunes. Observações sobre a responsabilidade patrimonial do Estado. *Revista de Informação Legislativa*, Brasília: Senado, 1991, jul. - set. a. 28, n. 111.

SANSEVERINO, Paulo de Tarso Vieira. *Princípio da reparação integral*. São Paulo: Saraiva, 2010.

SEGNI, Mario. *Autonomia privata e valutazione legale tipica*. Padova: CEDAM, 1972.

TROIANELLI, Gabriel Lacerda. *Responsabilidade do Estado por dano tributário*. SP: Dialética, 2004.

VELLOSO, Carlos Mario da Silva. Responsabilidade Civil do Estado. *Revista de Informação Legislativa*, Brasília: 1987, a. 24, n. 96, out.- dez., p. 242.

VILANOVA, Lourival. *Causalidade e relação no direito*. São Paulo: Ed. RT, 2000.

ZANOBINI, *Corso di Diritto Amministrativo*. 5. ed. Milano: Giuffrè, 1947, v. 1.

RESPONSABILIDADE CIVIL DO MÉDICO PELA PERDA DA CHANCE

Antonio Carlos Morato

Livre-Docente, Doutor e Mestre em Direito Civil pela Faculdade de Direito da Universidade de São Paulo (USP), Bacharel em Direito pela Faculdade de Direito da Pontifícia Universidade Católica de São Paulo (PUC-SP). Professor-Associado do Departamento de Direito Civil da Faculdade de Direito da Universidade de São Paulo (USP). Advogado.

Sumário: *Agradecimento*. 1. Introdução. 2. A responsabilidade do médico e a perda da chance. 3. Conclusão. 4. Referências.

Agradecimento

Um texto que pretenda homenagear o Professor Renan Lotufo certamente será sempre incompleto e inversamente proporcional à dimensão de sua carreira como advogado, magistrado, autor de obras consagradas e, obviamente, professor estimado por gerações de alunos da graduação e da pós-graduação da Pontifícia Universidade Católica de São Paulo, na qual tive a honra de tê-lo como paraninfo em minha turma (1993) que sempre o admirou pela sua vasta cultura (não apenas jurídica, mas nas mais diversas áreas do conhecimento) e pelo tratamento aparentemente formal, mas que, com o tempo, demonstrava uma preocupação genuína com o aprendizado e o futuro de cada um de seus alunos, o que cativava a todos.

Ao Professor devo muito, pois sou grato por ter sido seu monitor na graduação de 1994 a 2003 e na pós-graduação na disciplina de "Teoria Geral do Direito", pelo convívio com ele e sua família em diversos congressos e viagens e pelo estímulo inicial a prosseguir na carreira acadêmica até que ingressasse, por concurso público, no Departamento de Direito Civil da Faculdade de Direito da Universidade de São Paulo (USP) em 2008 após lecionar em diversas instituições a partir de 1995.

Acompanhei atentamente suas aulas e com ele aprendi a preparar exaustivamente cada aula como se esta fossem ministrada pela primeira vez e, principalmente, a ter consciência de que se a carreira acadêmica possibilita muitos momentos de alegria traz responsabilidades e desafios na mesma proporção e, neste momento, não há como não sentir sua ausência e lembrar de seus sábios conselhos.

1. INTRODUÇÃO

O tema escolhido para homenagear o Professor Renan Lotufo foi a "Responsabilidade Civil do Médico pela Perda da Chance", ainda que saiba que discorrer sobre o erro médico e uma atividade repleta de incertezas – ainda que de forma sucinta – constitui tarefa delicada em razão do momento que a humanidade atravessa e que atinge diretamente pesquisadores, médicos e profissionais da área da saúde que atuam incansavelmente para minimizar os danos causados pela pandemia do Coronavírus que, entre tantas vítimas, levou o nosso estimado professor.

No entanto, quando escolhi o tema da responsabilidade civil do médico recordei que, em 26 de abril de 1988, no período em que o Professor Renan Lotufo integrou o Tribunal de Justiça de São Paulo, antes da vigência do texto constitucional atual, do Código de Defesa do Consumidor e mesmo limitado pelos dispositivos do Código Civil de 1916, decidiu que "*o exame médico-legal não deixa dúvida de que sua imperícia foi a causa direta da gangrena, pela lesão que causou à artéria braquial pela injeção da penicilina cristalina na mesma*" para concluir com seu apurado senso de justiça que "*quanto à alegação de incapacidade econômica, é argumentação ridícula e imoral*", uma vez que "*a se aceitar tal tese, nenhum mal-remunerado seria imputável civilmente*"[1].

Assim, ainda que seja possível compreender a singularidade do momento, as lições sempre memoráveis do professor foram no sentido de que seria possível a responsabilização do médico também pela perda da chance de cura, pela oportunidade perdida[2], o que enfatizou em aulas[3] e palestras quando discorria sobre a "perda da chance", sem nunca olvidar da responsabilidade de bem informar o paciente[4].

Cumpre enfatizar que suas lições eram no sentido de que a perda da chance de cura estaria condicionada ao procedimento adotado em situações semelhantes por outros médicos da mesma especialidade, uma vez que a responsabilidade médica não está atrelada ao compromisso de cura do paciente no que excede as limitações humanas.

---

1. Responsabilidade Civil – Hospital – Erro médico – Danos causados a paciente – Nexo causal caracterizado – Indenização devida – Condenação estendida aos funcionários denunciados à lide por terem agido com culpa grave – Declarações de votos vencedor e vencido. (TJ-SP - Ap 95.151-1 – 1.ª Câmara – Relator: Desembargador Renan Lotufo. j. 26.04.1988.).

2. O termo foi defendido como mais adequado por Sérgio Savi, posto que "o termo chance utilizado pelos franceses significa, em sentido jurídico, probabilidade de obter lucro ou de evitar uma perda. No vernáculo, a melhor tradução para o termo chance seria, em nosso sentir, oportunidade. Contudo, por estar consagrada tanto na doutrina, como na jurisprudência, utilizaremos a expressão perda de uma chance, não obstante entendermos mais técnico e condizente com o nosso idioma a expressão perda de uma oportunidade." (Cf. Sérgio Savi. *Responsabilidade civil por perda de uma chance*. 3. ed. São Paulo: Atlas, 2012. p. 81).

3. Em especial em aula na qual incluiu o tema intitulada "*Da responsabilidade subjetiva ao risco e a perda de uma chance*" durante o curso "Responsabilidade Civil" ministrado aos doutorandos e mestrandos da pós-graduação da Faculdade de Direito da Pontifícia Universidade Católica de São Paulo (PUC-SP) no 1º semestre de 2012, em que foi auxiliado por Alexandre Dartanhan de Mello Guerra, que também é um dos coordenadores desta homenagem e que gentilmente disponibilizou as lições ministradas pelo professor na época.

4. Em seus comentários sobre o artigo 15 do Código Civil ("*Ninguém pode ser constrangido a submeter-se, com risco de vida, a tratamento médico ou a intervenção cirúrgica*") evidenciou a relação do dispositivo com o texto constitucional ao afirmar que "*a inviolabilidade do direito à vida (art. 5º, caput), e com a consequente preocupação do legislador em zelar pela integridade física e saúde da pessoa humana, o que é condição de existência, de preservação da própria vida*" e, com isso, "veda expressamente quaisquer intervenções ou tratamentos médicos que exponham o paciente" e envolvam risco sem o seu prévio consentimento "das razões da tentativa, quer do tratamento, quer da cirurgia" e "assim, mesmo que haja pleno convencimento dos médicos de que o tratamento ou cirurgia será em benefício do paciente" existe o dever de esclarecê-lo quanto à "envergadura, o alcance e as possíveis consequências de tal ato" (Cf. Renan Lotufo. Código Civil comentado: parte geral (arts. 1º a 232). v. 1. 3. ed. São Paulo: Saraiva, 2016. p. 109-110). No mesmo sentido o entendimento de Silmara Juny de Abreu Chinellato que acrescentou que "a norma ordinária parece-me, pois, supérflua. Não prevê outra hipótese, de grande relevância, obrigar alguém a submeter-se, sem risco de vida, a tratamento médico ou a intervenção cirúrgica. Afronta a autonomia do paciente, o direito de personalidade à autodeterminação, com reflexos na própria identidade física, pretender a submissão contra sua vontade. Quanto aos enfermos, há uma nova reflexão a respeito da relevância do consentimento, da autonomia do paciente, da diferença entre eutanásia, ortotanásia e distanásia, dos cuidados paliativos, do denominado testamento vital" (Cf. Silmara Juny de Abreu Chinellato. Comentários à parte geral – artigos 1º a 21 do Código Civil. In: MACHADO, Antonio Cláudio da Costa. (Org.). CHINELLATO, Silmara Juny (Coord.). *Código Civil interpretado*: artigo por artigo, parágrafo por parágrafo. 12. ed. Barueri: Manole, 2019. p. 124-125).

2. A RESPONSABILIDADE DO MÉDICO E A PERDA DA CHANCE

A responsabilidade civil subjetiva constitui a regra para responsabilizar civilmente o médico em sua atividade profissional[5], notadamente como profissional liberal[6], e somente como exceção é admitida a objetivação da responsabilidade civil na hipótese de demonstração de que há exclusiva responsabilidade do hospital ou da clínica[7].

Admitindo-se a relação entre médico e paciente como uma relação jurídica de consumo[8], em que pese norma contrária do Conselho Federal de Medicina que não se sobrepõe de forma alguma ao Código de Defesa do Consumidor[9], esta é inequivocamente norteada pela necessidade de demonstração da culpa do médico, ainda que seja admissível a inversão do ônus da prova de acordo com a orientação do Superior Tribunal de Justiça[10].

Ressalte-se a dificuldade de comprovação do erro médico[11] somada aos debates doutrinários sobre a permanência da utilidade prática da clássica distinção entre a obrigação

---

5. Lei Federal 8.078, de 11 de setembro de 1990 (Código de Defesa do Consumidor) – Art. 14. O fornecedor de serviços responde, independentemente da existência de culpa, pela reparação dos danos causados aos consumidores por defeitos relativos à prestação dos serviços, bem como por informações insuficientes ou inadequadas sobre sua fruição e riscos. (...) § 4º A responsabilidade pessoal dos profissionais liberais será apurada mediante a verificação de culpa.
6. Maria Celina Bodin e Gisela Sampaio da Cruz Guedes asseveraram que "a tendência mais atual do direito das obrigações é a de temperar a distinção entre obrigação de meios e de resultado. A par de outras funções, o princípio da boa-fé objetiva impõe às partes da relação contratual não só o dever de cumprir, mas também o de facilitar o cumprimento das obrigações" e, mesmo que, "o conceito jurídico já não seja o mesmo, o status de profissional liberal continua sendo útil, já que individualiza aqueles profissionais que, por exercerem uma atividade técnica-científica mais especializada, podem valer-se de um regime de responsabilidade civil sempre fundado na culpa, mesmo nas hipóteses de incidência do Código de Defesa do Consumidor. É um benefício que se justifica: afinal, a formação mais especializada, em tese, confere àquele profissional uma habilidade especial para exercer a sua atividade. E se é assim, para responsabilizá-lo, parece acertado exigir-se a comprovação de que a sua conduta fugiu dos standards normalmente adotados por aqueles profissionais em situações análogas" (Cf. Maria Celina Bodin de Moraes e Gisela Sampaio da Cruz Guedes. À guisa de introdução: o multifacetado conceito de profissional liberal. Responsabilidade civil de profissionais liberais. MORAES, Maria Celina Bodin de; GUEDES, Gisela Sampaio da Cruz (Coord.). Rio de Janeiro: Forense, 2016. p. 28).
7. Quanto à objetivação da responsabilidade civil dos hospitais o Ministro Marco Buzzi concluiu em seu voto como Relator no REsp: 1511072 SP que *"como se infere do art. 14 do CDC, a responsabilidade dos hospitais e clínicas (fornecedores de serviços) é objetiva, dispensando a comprovação de culpa.* Assim, inviável o afastamento da responsabilidade do hospital e do instituto por infecção contraída por paciente com base na inexistência de culpa dos agentes médicos envolvidos, como fez o Tribunal de origem" e que "de fato, a situação dos autos não comporta reflexões a respeito da responsabilização de clínicas médicas ou hospitais por atos de seus profissionais (responsabilidade pelo fato de outrem). Isso porque os danos sofridos pela recorrente resultaram de infecção hospitalar, ou seja, do ambiente em que foram efetuados os procedimentos cirúrgicos, e não de atos dos médicos" (STJ – REsp: 1511072 SP 2012/0257713-0, Relator: Ministro Marco Buzzi, Data de Julgamento: 05.05.2016, T4 – Quarta Turma, Data de Publicação: DJe 13.05.2016).
8. Agravo Regimental. Agravo de Instrumento. Ação de Indenização. Recurso Especial. Erro Médico. Prescrição Quinquenal. Artigo 27 do CDC. Decisão Agravada. Manutenção. A orientação desta Corte é no sentido de que aplica-se o Código de Defesa do Consumidor aos serviços médicos, inclusive no que tange ao prazo prescricional quinquenal previsto no artigo 27 do CDC. Agravo Regimental improvido." (STJ – AgRg no Ag 1229919/PR, Rel. Min. Sidnei Beneti, DJe 07.05.2010).
9. Capítulo I – Princípios Fundamentais (...) XX – A natureza personalíssima da atuação profissional do médico não caracteriza relação de consumo. (Conselho Federal de Medicina – Resolução 2.217, de 27 de setembro de 2018).
10. Em voto em que discorreu simultaneamente sobre a subjetivação da responsabilidade civil do médico e a possibilidade de inversão do ônus da prova, o Ministro Luis Felipe Salomão decidiu que "a responsabilidade de médico atendente em hospital é subjetiva, necessitando de demonstração pelo lesado, mas aplicável a regra de inversão do ônus da prova (CDC. art. 6º, VIII)" (STJ – AgInt no AREsp: 1649072 RJ 2020/0009497-7, Relator: Ministro Luis Felipe Salomão, Data de Julgamento: 10.08.2020, T4 - Quarta Turma, Data de Publicação: DJe 13.08.2020).
11. Como observou Alexandre Dartanhan de Mello Guerra *"há uma forte relação entre os danos e a conduta médica. Toda intervenção cirúrgica, por exemplo, envolve riscos. Procedimentos invasivos e agressivos à incolumidade do paciente são frequentes na busca sua cura ou da melhoria das condições de vida e saúde: os fins são legítimos (pois visam à cura), mas os meios, não raras vezes, causam dores e sérios desconfortos/transtornos aos que dos cuidados necessitam. Nessa quadra, é tarefa árdua identificar a culpa médica (erro médico). A experiência forense haurida há décadas ensina que pode haver em certos casos (especialmente naqueles limítrofes) protecionismo/ corporativismo dentre os profissionais da área de saúde. Mesmo os peritos nomeados pela autoridade judicial e de sua confiança, ao fornecer elementos para a formação do convencimento da autoridade judicial, podem por vezes não se conduzir com a absoluta isenção que deles se espera. A

de meio e de resultado em razão dos princípios que atualmente norteiam tanto as relações civis como as de consumo (tais como a boa-fé objetiva e a função social do contrato).

A teoria da perda da chance (*"perte d'une chance"*) passou a ser objeto de estudo no Brasil há relativamente pouco tempo[12] por influência francesa constituindo objeto de obras específicas e de análise em manuais de responsabilidade civil, inclusive quando aplicada à atividade médica[13].

Ainda que a influência direta venha da França, que constitui a referência para o tema no sistema romano-germânico (legislado ou da *civil law*), é importante frisar que o tema da perda da chance também foi desenvolvido no sistema anglo-americano (consuetudinário ou da *common law*)[14].

---

dificuldade imputação de responsabilidade civil dos seus pares pelo perito do juízo, por exemplo, pode por vezes dificultar a identificação dos elementos da responsabilidade civil, seja no plano da culpa, seja no plano da própria conduta ilícita. Por vezes, os fatos falam por si: são os casos em que as circunstâncias do evento e a dinâmica dos acontecimentos, por si só, revelam de modo iniludível o quando basta para identificar-se o desvio de conduta médica." (Cf. GUERRA, Alexandre Dartanhan de Mello. O fenecer da distinção entre a obrigação de meio e resultado na responsabilidade civil contratual médica. In: JAVIER, André Dias Pereira; DOMÉNECH, Barceló; ROSENVALD, Nelson (Coord.). *Saúde, novas tecnologias e responsabilidades* – Nos *30 anos* do *Centro de Direito Biomédico. Cadernos da Lex Medicinae*. n. 4. v. I Centro de Direito Biomédico. Instituto Jurídico. Faculdade de Direito da Universidade de Coimbra, 2019. p. 41).

12. Para Nelson Rosenvald "o direito civil reputa novos danos como dignos de proteção: para além da aceitação da dicotomia danos patrimoniais/morais, considera a legitimidade de figuras jurídicas mais refinadas – entre eles o dano estético, dano existencial, perda de uma chance –, cada qual com os seus limites perfeitamente destacados. Enfim, no direito contemporâneo a responsabilidade civil propende a uma cultura preventiva, seja por razões éticas, comportamentais e econômicas. de uma leitura mais reativa do direito de danos – focada na indenização e sanções pertinentes –, caminhamos a uma abordagem antecipatória de resultados, onde quer que seja racionalmente viável." (Cf. ROSENVALD, Nelson. *As funções da responsabilidade civil*: a reparação e a pena civil. 3. ed. São Paulo: Saraiva, 2017. p. 27-28).

13. Segundo Sergio Cavalieri Filho "aplicada à atividade médica, a teoria ficou conhecida como teoria da perda de uma chance de cura ou de sobrevivência, em que o elemento que determina a indenização é a perda de uma chance de resultado favorável no tratamento. O que se perde, repita-se, é a chance da cura e não a continuidade da vida. A falta, destarte, reside em não se dar ao paciente todas as chances de cura ou de sobrevivência. Em última análise, o problema gira em torno do nexo causal entre a atividade médica (ação ou omissão) e o resultado danoso consistente na perda da chance de sobrevivência ou cura. E assim é porque a atividade médica, principalmente quando omissiva, não causa a doença ou a morte do paciente, mas faz com que o paciente perca a possibilidade de que a doença possa vir a ser curada. Se o paciente, por exemplo, tivesse sido internado a tempo ou operado imediatamente, talvez não tivesse falecido. Nesses e outros casos, a omissão médica, embora culposa, não é, a rigor, a causa direta do dano; apenas faz com que o paciente perca uma possibilidade, tornando possível falar em indenização pela perda de uma chance. Mas se houver erro na atuação do médico, e esse erro provocar ab orige o fato causador do dano, não haverá que se falar em perda de uma chance, mas em dano causado diretamente pelo médico. (...) A Nona Câmara Cível do Tribunal de Justiça de Rio de Janeiro, no julgamento da Apelação Cível 8.137/2006 (relator Des. Roberto de Abreu e Silva), fez magistral aplicação dessa teoria. A clínica de olhos foi condenada a indenizar o paciente, que sofreu descolamento de retina, não pela cegueira em si, mas pela perda de uma chance de salvar a sua visão, uma vez que, quando procurada, deixou de realizar a cirurgia necessária pela falta de médico profissional disponível na ocasião, cirurgia essa que só foi realizada depois de ultrapassado o período da situação emergencial, quando a lesão da mácula na retina da vista já havia se consolidado" (Cf. Sergio Cavalieri Filho. *Programa de responsabilidade civil*. 14. ed. São Paulo: Atlas, 2020. p. 97-98).

14. Rafael Peteffi da Silva relatou que "já no século XIX, precisamente em 17 de julho de 1889, a Corte de Cassação francesa aceitara conferir indenização a um demandante pela atuação culposa de um oficial ministerial que extinguiu todas as possibilidades de a demanda lograr êxito, mediante o seu normal procedimento. Este é o exemplo mais antigo de utilização do conceito de dano pela perda de uma chance encontrado na jurisprudência francesa. No sistema da common law, a primeira aparição da teoria da perda de uma chance ocorreu em 1911, com o caso inglês Chaplin v. Hicks, cuja autora era uma das 50 finalistas de um concurso de beleza conduzido pelo réu, o qual impediu a autora de participar da fase final do concurso que consistia em uma apresentação perante um júri. As 50 finalistas estavam concorrendo a 12 prêmios distintos. Um dos juízes de apelação argumentou que, diante da 'doutrina das probabilidades', a autora teria vinte e cinco por cento (25%) de chances de ganhar um dos prêmios. Os exemplos apresentados, característicos de um novo modo de aplicação da responsabilidade civil, demonstram o pioneirismo dos ordenamentos jurídicos aos quais pertencem. Dentro da família romano-germânica, foi o direito francês o sistema mais evoluído no trato da teoria da perda de uma chance. A importância e a utilidade da teoria da perda de uma chance fizeram com que o instituto penetrasse os portões da *common law* e se fizesse fortemente presente em todos os ordenamentos participantes desta grande família jurídica." (Cf. SILVA, Rafael Peteffi da. *Responsabilidade civil pela perda de uma chance*: uma análise do direito comparado e brasileiro. 3. ed. São Paulo: Atlas, 2013. p. 11).

RESPONSABILIDADE CIVIL DO MÉDICO PELA PERDA DA CHANCE **431**

A perda da chance de cura[15], que foi mencionada na introdução, além de ter sido estudada pelos doutrinadores, foi analisada em diversas ocasiões pelo Superior Tribunal de Justiça, merecendo destaque dois votos da Ministra Fátima Nancy Andrighi em que analisou a questão.

O primeiro, como Relatora do REsp 1662338/SP, em que muito bem sintetizou a questão afastando a responsabilidade do médico e estabelecendo limites quanto ao que se pode compreender como a perda da chance de cura ao decidir que *"a perda de uma chance remota ou improvável de saúde da paciente que recebeu alta hospitalar, em vez da internação, não constitui erro médico passível de compensação, sobretudo quando constatado que a sua morte foi um evento raro e extraordinário ligado à ciência médica."*[16].

O segundo, ao relatar o REsp 1254141/PR, no qual responsabilizou o médico e, após ponderar que "conquanto seja viva a controvérsia, sobretudo no direito francês, acerca da aplicabilidade da teoria da responsabilidade civil pela perda de uma chance nas situações de erro médico" reconheceu a possibilidade de aplicação, uma vez que "a chance, em si, pode ser considerada um bem autônomo, cuja violação pode dar lugar à indenização de seu equivalente econômico, a exemplo do que se defende no direito americano", pois "a responsabilidade civil pela perda da chance não atua, nem mesmo na seara médica, no campo da mitigação do nexo causal" e "consubstancia uma modalidade autônoma de indenização, passível de ser invocada nas hipóteses em que não se puder apurar a responsabilidade direta do agente pelo dano final. Nessas situações, o agente não responde pelo resultado para o qual sua conduta pode ter contribuído, mas apenas pela chance de que ele privou a paciente."[17].

---

15. Como assinalou Miguel Kfouri Neto "o médico não se compromete a curar, mas a proceder de acordo com as regras e os métodos da profissão". (Cf. KFOURI NETO, Miguel. *Responsabilidade Civil do Médico*. 8. ed. São Paulo: Ed. RT, 2013, p. 83).

16. Civil. Recurso Especial. Ação de compensação por danos morais. Erro Médico. Aplicação da Teoria da Perda de uma Chance. Possibilidade. Erro grosseiro. Negligência. Ausência. 1. Ação ajuizada em 14/11/2003. Recursos especiais atribuídos ao gabinete em 25/08/2016. Julgamento: CPC/73. 2. O propósito recursal consiste em verificar a ocorrência de erro médico, em razão de negligência, imprudência ou imperícia, passível de condenação em compensar dano moral. 3. A teoria da perda de uma chance pode ser utilizada como critério para a apuração de responsabilidade civil, ocasionada por erro médico, na hipótese em que o erro tenha reduzido possibilidades concretas e reais de cura de paciente. Precedentes. 4. A visão tradicional da responsabilidade civil subjetiva; na qual é imprescindível a demonstração do dano, do ato ilícito e do nexo de causalidade entre o dano sofrido pela vítima e o ato praticado pelo sujeito; não é mitigada na teoria da perda de uma chance. Presentes a conduta do médico, omissiva ou comissiva, e o comprometimento real da possibilidade de cura do paciente, presente o nexo causal. 5. A apreciação do erro de diagnóstico por parte do juiz deve ser cautelosa, com tônica especial quando os métodos científicos são discutíveis ou sujeitos a dúvidas, pois nesses casos o erro profissional não pode ser considerado imperícia, imprudência ou negligência. 6. Na espécie, a perda de uma chance remota ou improvável de saúde da paciente que recebeu alta hospitalar, em vez da internação, não constitui erro médico passível de compensação, sobretudo quando constatado que a sua morte foi um evento raro e extraordinário ligado à ciência médica. 7. Recurso especial interposto pelo médico conhecido e provido. Recurso especial interposto pelos genitores julgado prejudicado. (REsp 1662338/SP, Rel. Ministra Nancy Andrighi, Terceira Turma, julgado em 12.12.2017, DJe 02.02.2018).

17. Direito Civil. Câncer. Tratamento inadequado. Redução das possibilidades de cura. Óbito. Imputação de culpa ao médico. Possibilidade de aplicação da Teoria da Responsabilidade Civil pela Perda de uma Chance. Redução proporcional da indenização. Recurso Especial Parcialmente Provido. 1. O STJ vem enfrentando diversas hipóteses de responsabilidade civil pela perda de uma chance em sua versão tradicional, na qual o agente frustra à vítima uma oportunidade de ganho. Nessas situações, há certeza quanto ao causador do dano e incerteza quanto à respectiva extensão, o que torna aplicável o critério de ponderação característico da referida teoria para a fixação do montante da indenização a ser fixada. Precedentes. 2. Nas hipóteses em que se discute erro médico, a incerteza não está no dano experimentado, notadamente nas situações em que a vítima vem a óbito. A incerteza está na participação do médico nesse resultado, à medida que, em princípio, o dano é causado por força da doença, e não pela falha de tratamento. 3. Conquanto seja viva a controvérsia, sobretudo no direito francês, acerca da aplicabilidade da teoria da responsabilidade civil pela perda de uma chance nas situações de erro médico, é forçoso reconhecer sua aplicabilidade. Basta, nesse sentido, notar que a chance, em si, pode ser considerada um bem autônomo, cuja violação pode dar lugar à indenização de seu equivalente econômico, a exemplo do

Observa-se, dessa forma, que a teoria da perda da chance de cura, tal como ocorreu com a teoria da perda da chance no Brasil, na França e nos Estados Unidos da América tem seu lastro não em abstrações e formulações teóricas, mas sobretudo na experiência dos tribunais, o que norteou a escolha de nosso trabalho quando vislumbramos em tal tema um aspecto convergente na atuação do homenageado como magistrado e como docente.

3. CONCLUSÃO

Ainda que a teoria da perda da chance aos médicos possa gerar alguma resistência é fato que negá-la traria ainda mais problemas práticos e geraria graves injustiças[18] que certamente, seriam criticadas e de forma alguma estariam em consonância com as lições do Professor Renan Lotufo que insistia, fundado nas lições de Rudolf von Ihering, que o Direito não permite acomodação e que sua defesa exige luta permanente.

Tal luta foi constante em sua vida, pois nela jamais se deixou seduzir pelos caminhos mais fáceis, seja na advocacia, na magistratura ou na docência e, por isso, agradeço a Deus por tê-lo conhecido e peço que me inspire em minha atuação como advogado e professor para que possa honrar sua memória com base em seu exemplo.

4. REFERÊNCIAS

CAVALIERI FILHO, Sergio. *Programa de responsabilidade civil*. 14. ed. São Paulo: Atlas, 2020.

CHINELLATO, Silmara Juny de Abreu. Comentários à parte geral – artigos 1º a 21 do Código Civil. In: MACHADO, Antonio Cláudio da Costa. (Org.). CHINELLATO, Silmara Juny (Coord.). *Código Civil interpretado: artigo por artigo, parágrafo por parágrafo*. 12. ed. Barueri: Manole, 2019.

GUERRA, Alexandre Dartanhan de Mello. O fenecer da distinção entre a obrigação de meio e resultado na responsabilidade civil contratual médica. In: JAVIER, André Dias Pereira; DOMÉNECH, Barceló, ROSENVALD, Nelson (Coord.). *Saúde, novas tecnologias e responsabilidades* – Nos *30 anos* do *Centro de Direito Biomédico*. Cadernos da Lex Medicinae. n. 4. v. I. Centro de Direito Biomédico. Instituto Jurídico. Faculdade de Direito da Universidade de Coimbra, 2019.

KFOURI NETO, Miguel. *Responsabilidade civil do médico*. 8. ed. São Paulo: Ed. RT, 2013.

LOTUFO, Renan. *Código Civil comentado*: parte geral (arts. 1º a 232). 3. ed. São Paulo: Saraiva, 2016. v. 1.

MORAES, Maria Celina Bodin de; GUEDES, Gisela Sampaio da Cruz. À guisa de introdução: o multifacetado conceito de profissional liberal. In: MORAES, Maria Celina Bodin de; GUEDES, Gisela Sampaio da Cruz (Coord.). *Responsabilidade civil de profissionais liberais*. Rio de Janeiro: Forense, 2016.

---

que se defende no direito americano. Prescinde-se, assim, da difícil sustentação da teoria da causalidade proporcional. 4. Admitida a indenização pela chance perdida, o valor do bem deve ser calculado em uma proporção sobre o prejuízo final experimentado pela vítima. A chance, contudo, jamais pode alcançar o valor do bem perdido. É necessária uma redução proporcional. 5. Recurso especial conhecido e provido em parte, para o fim de reduzir a indenização fixada. (STJ – REsp: 1254141 PR 2011/0078939-4, Relator: Ministra Nancy Andrighi, Data de Julgamento: 04.12.2012, T3 – Terceira Turma, Data de Publicação: DJe 20/02/2013 RDDP vol. 122 p. 161 RSTJ vol. 229 p. 320).

18. Em tal sentido é a constatação de Rafael Peteffi da Silva que reconheceu que "mesmo com os muitos perigos que podem advir da aceitação da teoria da perda de uma chance para os casos em que o processo aleatório chegou ao ponto derradeiro, normalmente verificado nas espécies referentes à área médico-hospitalar, existem hipóteses em que a negação absoluta da teoria geraria graves injustiças. Sabe-se que, em algumas espécies, é absolutamente impossível que o magistrado, levando em conta as provas produzidas, se decida, com segurança, pela condenação do médico, mesmo que a conduta do profissional tenha certamente agravado a situação do paciente. Diante de uma situação como esta, a aplicação da perda de uma chance estaria legitimada, mormente se presente uma estatística segura, bem como uma grave culpa médica. Aqui, a simples 'média teórica' será o subsídio probatório mais sólido ao qual o juiz poderá se socorrer." (Cf. SILVA, Rafael Peteffi da. *Responsabilidade civil pela perda de uma chance*: uma análise do direito comparado e brasileiro. 3. ed. São Paulo: Atlas, 2013. p. 252).

ROSENVALD, Nelson. *As funções da responsabilidade civil: a reparação e a pena civil*. 3. ed. São Paulo: Saraiva, 2017.

SAVI, Sérgio. *Responsabilidade civil por perda de uma chance*. 3. ed. São Paulo: Atlas, 2012.

SILVA, Rafael Peteffi da. *Responsabilidade civil pela perda de uma chance*: uma análise do direito comparado e brasileiro. 3. ed. São Paulo: Atlas, 2013.

A RELAÇÃO MÉDICO-PACIENTE E OS ELEMENTOS DE RESPONSABILIDADE CIVIL

Carlos Alberto Dabus Maluf

Livre Docente, Doutor e Mestre em Direito Civil pela FADUSP. Professor Titular de Direito Civil na Faculdade de Direito da USP. Conselheiro do Instituto dos Advogados de São Paulo – IASP. Advogado em São Paulo.

Adriana Caldas do Rego Freitas Dabus Maluf

Doutora e Mestre em Direito Civil pela FADUSP. Membro do Instituto dos advogados – IASP. Membro da Comissão de Bioética do HCor. Professora Criadora do Curso de Formação em Bioética e Biodireito – on-line. Advogada em São Paulo. Nutricionista.

Sumário: 1. Introdução. 2. A responsabilidade civil na área da saúde. 2.1 A responsabilidade civil do médico. 3. Dos elementos de responsabilidade civil hospitalar. 4. Conclusões. 5. Referências.

1. INTRODUÇÃO

No campo da bioética e do biodireito muito se destaca a presença do médico na relação que se estabelece com o paciente e sua família ou representantes legais, desde a primeira consulta, até o desfecho final, lembrando-se que em muitas vezes o atuar do médico e sua equipe de saúde esbarrará em crenças religiosas e valores pessoais, podendo e alguns casos, ensejar reparação ao paciente quando da conduta do médico, de algum membro da equipe de saúde ou mesmo do hospital causar algum dano ao paciente.

2. A RESPONSABILIDADE CIVIL NA ÁREA DA SAÚDE

A saúde pode ser entendida como o bem-estar físico e psíquico, relevante para o ser humano individualmente considerado e para a coletividade em geral, tanto que recebe tutela constitucional no art. 196 da Constituição Federal.

As atividades profissionais ligadas à área da saúde são suscetíveis de danos morais e materiais ao paciente ou cliente, pois atenta contra os direitos personalíssimos da pessoa humana bem como o seu patrimônio.

Assim, " a responsabilidade civil na área da saúde exige atenção à distinção entre as obrigações de meio e de resultado e à obrigação do dever-direito de informação sobre os riscos do procedimento a serem utilizados".[1]

O estabelecimento da natureza jurídica da relação dos profissionais da área da saúde com os pacientes, não parece pacificada. Poderia ser definida como uma relação contra-

---

1. SILVA, Regina Beatriz Tavares da. Responsabilidade civil na odontologia. In: SILVA, Regina Beatriz Tavares da. *Responsabilidade civil na área da saúde*. Série GVlaw, São Paulo: Saraiva/Fundação Getúlio Vargas, p. 4.

CARLOS ALBERTO DABUS MALUF E ADRIANA CALDAS DO REGO FREITAS DABUS MALUF

tual permeada por valores éticos, extraídos do Código de Ética Médica e expostos como metajurídicos – baseados nos princípios da boa fé contratual, da justiça e da autonomia da vontade, onde o aspecto patrimonial submeter-se-ia ao princípio maior da dignidade da pessoa humana.

Assim, a relação jurídica que se estabelece entre os profissionais da área da saúde – paciente mais do que patrimonial é uma relação que objetiva um valor existencial e por isso, tem como objetivo maior o comprometimento para com a saúde, o bem-estar e a dignidade do paciente.[2]

2.1 A responsabilidade civil do médico

Sob o enfoque da responsabilidade civil, a relação médico-paciente é contratual, e visa não somente a cura do paciente, mas, a prestação de cuidados conscienciosos, atentos à ética profissional e às prescrições deontológicas, no limite do exercício profissional, observados ainda os ditames bioéticos.

Embora a natureza do trabalho do médico seja contratual, decorrente das obrigações contratadas, não dominam os princípios da responsabilidade objetiva, porque nem sempre é possível a obtenção do êxito na execução de seu trabalho.[3]

Há ainda o dever de informar, previsto no art.6º, III do CDC, diretamente ligado ao princípio da transparência e obriga o prestador de serviço a fornecer todos os detalhes – riscos e prognósticos – dos tratamentos a serem empregados, cuja ausência – excluídos os casos especiais de emergência médica – caracterizar um agir culposo do médico no atendimento a um paciente.

A responsabilidade civil do médico está tratada no artigo 14, § 4º, do Código de Defesa do Consumidor "a responsabilidade pessoal dos profissionais liberais será apurada mediante a verificação de culpa".

Diferenciam-se, entretanto, as obrigações médicas de meio das de resultado.

Nas obrigações *de meio*, o médico se responsabiliza pelos *meios empregados*, ou seja, pela correta aplicação da técnica, levando-se em conta o estágio de evolução da ciência. Assume nesse sentido, uma obrigação de ser diligente, prudente e perito, dando o melhor de si. Nas obrigações de meio, a responsabilidade é subjetiva, só existindo quando comprovada a existência da *culpa,* como prevê o referido o artigo 14, § 4º, do CDC.

Assim, "o médico que realiza uma cirurgia para retirada de tumor responsabiliza-se por empregar a melhor técnica médica (perícia), tomando todos os cuidados requeridos neste tipo de intervenção (diligência) e não submetendo o paciente a riscos desnecessários (prudência). Contudo, não terá responsabilidade se houver falecimento apesar de todos os seus esforços".[4]

---

2. NAVES, Bruno Torquato de Oliveira; SÁ, Maria de Fátima Freire de. Da relação jurídica médico-paciente: dignidade da pessoa humana e autonomia privada. *Biodireito*, p. 113 a 115.
3. MALUF, Adriana Caldas do Rego Freitas Dabus. *Curso de bioética e biodireito*. São Paulo: Almedina, 2020, p. 432.
4. LEVADA, Filipe Antonio Marchi. *A responsabilidade civil do médico durante a pandemia*. Disponível em: http://www.conjur.com.br. Acesso em: 10.05.2020.

O médico responde não somente por fato próprio como também por fato danoso praticado por terceiros que estejam diretamente sob suas ordens, como enfermeiros e demais profissionais da saúde.[5]

Não se tem, entretanto, considerado como culpável o erro profissional que advém da incerteza da arte médica, posto que esta está em constante evolução; do erro de diagnóstico ou da iatrogenia (dano causado pelo ato médico em pessoas sadias ou doentes).

A responsabilidade civil do médico decorre de culpa comprovada instituindo uma espécie particular de culpa, sendo comprovada a imprudência, imperícia ou negligência, ou erro grosseiro. Havendo dano decorrente de atividade médica oriunda de obrigação contratual surge o dever de indenizar, se for uma equipe a responsabilidade será solidária, sendo esta responsabilidade extensiva a todos os profissionais da área da saúde.[6]

Nas obrigações de *resultado*, o médico se responsabiliza pelo resultado prometido. Ou seja, sua responsabilidade existirá mesmo que tenha sido diligente, prudente e perito. Daí porque, nas obrigações de resultado, a responsabilidade é objetiva, não dependendo da comprovação do elemento culpa, como ocorre na cirurgia plástica, sendo inoperante a cláusula de não indenizar nos contratos de prestação de serviços médicos para exonerar-se de danos patrimoniais ou morais que vier a causar ao paciente.

Diversas são as práticas médicas que podem ser sujeitas à responsabilização civil. Destaca Teresa Ancona Lopez exemplos de sua ocorrência: negar-se a prestar socorro, o fornecimento de atestados falsos, a falta de vigilância sobre o doente, que pode vir a causar dano a outrem.[7]

Assim, em hipóteses extremas, além da natureza "de meio", presume-se também a inexistência de nexo de causalidade. Nesse contexto, muitas vezes o médico é obrigado a adotar a estratégia de fazer *escolhas trágicas,* tendo em vista a realidade que lhe foi imposta. Assim, sendo, difícil é determinar que tal morte decorreu de ato seu, mas sim, esta terá ocorrido devido a uma circunstância impositiva que não lhe permitiu uma escolha diversa. Tal como pondera Michael Sandels, o médico teve que agir dessa forma para evitar um mal maior.[8]

Nesse sentido, num momento de exceção, como se impõe sob o manto da pandemia causada pelo coronavirus, entendemos que poderá inexistir nexo de causalidade, por se estar diante dos excludentes de culpabilidade, previstos no art. 393 do CC que trata do caso fortuito e da força maior. Desta forma, caberia ao lesado, e não ao médico a prova cabal de que os excludentes – caso fortuito e força maior não ocorreram.

E em face ao exposto, vemos que, também na situação de pandemia, a responsabilidade médica é de meio e não de resultado, tanto porque dele independe as reações orgânicas individuais em face dos tratamentos empregados em relação a um vírus pouco conhecido, quanto excluem-se-lhe o nexo causal tendo em vista a falta de pessoal, falta dos equipamentos necessários, falta de leitos, falta de medicamentos para que exerça as suas funções obrigacionais.

---

5. MALUF, Adriana Caldas do Rego Freitas Dabus. *Curso de bioética e biodireito*. São Paulo: Almedina, 2020, p. 432.
6. CARDOSO, Alaércio. *Responsabilidade civil e penal dos médicos no caso de transplantes*, Belo Horizonte: Del Rey, 2002. p. 265.
7. LOPEZ, Teresa Ancona. *O Dano estético*. 3.ed. São Paulo: Ed. RT, 2004, p. 110.
8. SANDELS, Michael. *Justiça*, Trad. Heloisa Macias e Maria Alice Máximo, Rio de Janeiro: Civilização brasileira, 2012, p. 18.

"Nesse cenário, talvez seja prudente considerar a possibilidade de ressignificação do conceito de culpa no exercício das atividades médicas. O que não significa que a pandemia por si só irá eximir a responsabilidade do médico na sua atuação, mas é possível afirmar, que a pandemia contribuiu para um relaxamento na exigibilidade de determinadas condutas".[9]

Nesse sentido, vemos que a Lei n. 13.989/2020 – que dispõe sobre as medidas de enfrentamento da emergência da saúde pública decorrente do coronavirus –, pode ser citada como uma medida de flexibilização das exigências em relação agir medico, uma vez que autorizou o exercício da telemedicina durante o período da pandemia, relativizando a necessidade do contato presencial com os pacientes.

"Outra providência que merece destaque na atuação do médico durante a pandemia é uso *off label* de medicamentos (medicamentos liberados pela Anvisa para outras indicações como por exemplo a Cloroquina ou Hidroxicloroquina) ou uso compassivo de medicamentos (medicamento ainda experimental que não está disponível comercialmente, não liberado pela Anvisa, como é o caso do Remdesivir – utilizado para o tratamento nos casos de infecção pelo vírus ebola)".

"Em casos de doenças novas como a Covid-19, sobre a qual ainda não há tratamento disponível, a postura do médico no enfrentamento da doença também pode ser diferente, podendo-se chegar à conclusão que diante do risco de morte do paciente e do desconhecimento sobre o caminho mais seguro, o médico possa decidir administrar um medicamento não testado adequadamente ao invés de permanecer passivo e preso por *standards* de conduta que não são exigíveis nas circunstâncias atuais".[10]

Tendo em vista a mudança de paradigmas de atuação do médico e de sua equipe que o período de pandemia impôs, o Conselho Federal de Medicina exarou o parecer n. 4/2020 "Diante da excepcionalidade da situação e durante o período declarado da pandemia, não cometerá infração ética o médico que utilizar a cloroquina ou hidroxicloroquina, nos termos acima expostos, em pacientes portadores da Covid-19".

Assim, afastou-se a imputação da responsabilidade ainda que se adote a teoria do risco, pela caracterização de sua excludente.

3. DOS ELEMENTOS DE RESPONSABILIDADE CIVIL HOSPITALAR

Com a entrada do Brasil no cerne da pandemia internacional decretada pela OMS em março próximo passado, uma batalha pelo atendimento médico-hospitalar travou-se no país.

Tendo em vista a falta de leitos existentes no pais, analisaremos a incidência da responsabilidade civil por ausência de leitos hospitalares, vagas na UTI, disponibilidade de respiradores para os pacientes graves que deles necessite.

Poderia a família de uma paciente responsabilizar o hospital por ausência de respirador? Na prática, o hospital se vê obrigado em atenção ao direito à vida e a saúde previstos

---

9. WESENDONCK, Tula. A *responsabilidade civil na esfera médica em razão da Covid-19*. Disponível em: https://www.migalhas.com.br. Acesso em: 31.07.2020.
10. WESENDONCK, Tula. A *responsabilidade civil na esfera médica em razão da Covid-19*. Disponível em: https://www.migalhas.com.br. Acesso em: 31.07.2020.

na Constituição federal nos artigos, 5°, 6° e 196, a prestar o primeiro socorro e encaminhar o paciente para outra unidade hospitalar que lhe possa atender.

Sabe-se que a falta de vagas em hospitais, em situações normais é enxergada pelos tribunais como falha no serviço, seja ele público ou privado.

A questão agora é excepcional: assim, o estado atual de pandemia poderia representar um excludente de culpabilidade aos hospitais e casas de saúde tendo em vista a carência de vagas?

Em matéria de responsabilidade civil, a responsabilidade dos hospitais é objetiva, conforme os serviços prestados, nascendo, pois, a obrigação de reparar quando estão presentes: a conduta comissiva ou omissiva do agente, a culpa ou o dolo do ofensor, o nexo de causalidade e o dano, nascendo assim a obrigação de reparar.

No que tange aos atos profissionais e instituições médicas, embora se entenda pela incidência do CDC na sua atuação, a responsabilidade objetiva do hospital ou da operadora dependerá da responsabilidade subjetiva do médico.

A responsabilidade civil do hospital surgirá quando o paciente sofrer danos decorrentes da qualidade dos serviços ali prestados, como advindos de defeitos nos aparelhos, nos equipamentos, no fornecimento de alimentação, na assepsia, embora reste preservado ao hospital o direito de regresso contra o agente que responderá por imprudência, negligência ou imperícia.

O que fazer quanto a falta de vagas disponíveis na rede hospitalar para atender a enorme vasão de pacientes infectados com o Covid 19, tendo em vista que todas as demais doenças, crônicas, agudas e consuptivas continuarão a coexistir nesse período.

Nesse sentido, do exame da lei, arts 392 e 393 do Código Civil é possível entender-se que tanto a ausência de culpa, como o caso fortuito ou força maior excluem a responsabilidade do inadimplente.

No entender de Agostinho Alvim "embora possam ser entendidas como sinônimas as expressões, não basta ao devedor provar sua qualidade de pessoa habitualmente cuidadosa, para eximir o seu dever de indenizar, cumpre-lhe evidenciar que no caso concreto, tomou todos os cuidados, tendo feito tudo para cumprir com a sua obrigação".[11]

Para Carlos Alberto Dabus Maluf, "o legislador brasileiro incluiu dentro das consequências da inexecução das obrigações, o caso fortuito e a força maior. O Código Civil em seu art. 393, não fez diferença entre as duas expressões, entendendo que há sinonímia entre elas".

Assim, são idênticos os efeitos oriundos dos casos que abrangem o caso fortuito e a força maior. São por sua vez acontecimentos invencíveis de uma causa estranha não imputável ao devedor. "Tratando-se da teoria do risco profissional, exige a nossa lei que o próprio fato inevitável, determinante do acidente, seja completamente estranho ao trabalho para que cesse a responsabilidade civil objetiva".[12]

---

11. ALVIM, Agostinho Neves de Arruda. *Da inexecução das obrigações e suas consequências*, 5. ed. São Paulo: Saraiva, 1980, p. 330 e ss.
12. MALUF, Carlos Alberto Dabus. Do caso fortuito e da força maior – excludentes de culpabilidade no Código Civil de 2002. In: NERY, Rosa Maria de Andrade; DONNINI, Rogerio (Coord.). *Responsabilidade civil* – estudos em homenagem ao professor Rui Geraldo Camargo Viana, p. 96 e ss.

CARLOS ALBERTO DABUS MALUF E ADRIANA CALDAS DO REGO FREITAS DABUS MALUF

Pensando na distinção trazida por Agostinho Alvim, temos: o caso fortuito interno, ligado à pessoa, coisa ou empresa do agente e caso fortuito externo, ligado às forças da natureza. Somente o caso fortuito externo poderia excluir a responsabilidade civil, principalmente se esta se fundar no risco.[13]

De qualquer forma, a característica mais marcante da excludente de culpabilidade é a inevitabilidade, ou seja, é a impossibilidade de serem evitadas pelas forças humanas.

Quanto ao número de leitos hospitalares que devem estar disponíveis para a população em termos normais, a OMS não estabelece a proporção ideal. A média, é de 3,2 leitos para cada mil habitantes (contando UTIs e instalações normais). No Brasil, o Ministério da Saúde indica 2,5 leitos como sendo adequado.[14]

Tendo em vista esse panorama de déficit de leitos hospitalares, entendemos que a pandemia oriunda do coronavirus SARS CoV 2, pode figurar como excludente de responsabilidade do hospital, das casas de saúde e das operadoras de saúde suplementar, nos casos de inadimplemento contratual involuntário ocasionado pela falta de leitos hospitalares necessários para atender à enorme demanda da atualidade.

Assim, a pandemia decretada pela OMS em março de 2020, constitui uma circunstância de enorme excepcionalidade, que perfaz uma situação extrema, a qual importa aos hospitais, casas de saúde e operadoras de saúde, excludente de culpabilidade em decorrência do caso fortuito e da força maior, desde que comprovada a impossibilidade (obvia) de cumprir a obrigação, ou seja, que demonstre que todos os leitos e respiradores pertencentes às suas unidades e/ou redes credenciadas encontrem-se indisponíveis.

Configura-se assim, "verdadeira situação de caos, irresistível e que não guarda relação com o risco da atividade empreendida pelos coadjuvantes do sistema de assistência suplementar à saúde".[15]

Assim, como leciona Carbonnier, existem acontecimentos que ultrapassam as forças humanas, e diante deles, as instituições jurídicas, devem ceder; como é o caso dessa pandemia internacional que estamos enfrentando, interceptam-se as vias de atendimento dos pacientes, tolhendo às empresas prestadoras de serviço o cumprimento do seu contrato. Nesse caso surge o fato estranho alheio à vontade das partes, cujos efeitos não se podem evitar ou impedir e que tolhe às partes a obtenção do resultado almejado.[16]

Nesse sentido, os diversos países da comunidade internacional, estão dispendendo esforços para tentar minimizar o déficit de leitos, construindo unidades de campanha, embora pudessem estar aproveitando instalações abandonadas de hospitais, além de implementar medidas de controle de infestação viral, para dar um respiro às unidades de saúde, para tentar melhor atender a população. E assim, pensamos, não ser juridicamente aceitável a responsabilização civil do estabelecimento hospitalar tendo em vista a falta de leitos, tanto na esfera pública quanto na esfera privada.

---

13. MALUF, Adriana Caldas do Rego Freitas Dabus. *Direito Civil – Série Universitária*, Rio de Janeiro/São Paulo: Campus Juridico/Elsevier, 2014, p. 212 e 213.
14. Fonte: https://portalhospitaisbrasil.com.br. Acesso em: 08.05.2020.
15. SANTOS, Jose Carlos Van Cleef de Almeida; ARBACH, Henrique Pires; BENITE, Felipe Martins. Responsabilidade civil por falta de vagas em hospital no período de pandemia. Disponível em: http://m.migalhas.com.br. Acesso em: 31.09.2020.
16. CARBONNIER, J. *Revue Critique de Législation et de Jurisprudence*, 57/191; MONTEIRO, Washington de Barros; MALUF, Carlos Alberto Dabus. *Curso de direito civil*, direito das obrigações 1ª parte. 41. ed. São Paulo: Saraiva, 2015, v. 4, p. 395.

Diante do exposto, concordamos com o entendimento de que "é seguro afirmar que a ausência de vagas em hospital, leitos em UTI ou respiradores, que em situação de normalidade poderiam ser enquadrados no conceito de caso fortuito interno, não enseja o mesmo tratamento diante de eventos ocasionados pela força maior, como ocorrem com aqueles decorrentes da pandemia da covid-19, sob pena de inviabilizar até mesmo a continuidade da prestação de serviço essencial pela falta de verba, que se destinaria ao pagamento de um imensurável numerário a título de eventuais indenizações".[17]

A quem cabe o ônus da prova do caso fortuito ou da força maior? Cabe esta ao devedor, posto que quem deseja liberar-se alegando o caso fortuito como causa de exoneração deve prová-lo. "não basta porem a prova do fato material invocado, mas é preciso demonstrar ter sido ele a causa verdadeira do prejuízo, ou da impossibilidade de executar a prestação prometida".[18]

4. CONCLUSÕES

A atualidade prevê em face da dignidade da pessoa humana e da apreciação dos princípios bioéticos de autonomia, beneficência,, não maleficência e justiça a reparação integral dos danos causados aos pacientes observado o nexo causal da atuação do médico, de sua equipe de saúde e mesmo da entidade hospitalar.

Exceções a essa regra são ocorrentes quando provada a culpa exclusiva do paciente ou a presença dos excludentes de culpabilidade, notadamente denominado caso fortuito ou força maior, conceitos não diferenciados à luz da legislação civil atual.

5. REFERÊNCIAS

ALVIM, Agostinho Neves de Arruda. *Da inexecução das obrigações e suas consequências.* 5. ed. São Paulo: Saraiva, 1980.

CARBONNIER, J. *Revue Critique de Législation et de Jurisprudence,* 57/191

CARDOSO, Alaércio. *Responsabilidade civil e penal dos médicos no caso de transplantes.* Belo Horizonte: Del Rey, 2002.

LEVADA, Filipe Antonio Marchi. A responsabilidade civil do médico durante a pandemia. Disponível em: http://www.conjur.com.br. Acesso em: 31.07.2020.

LOPEZ, Teresa Ancona. *O Dano estético.* 3.ed. São Paulo: Ed. RT, 2004.

MALUF, Adriana Caldas do Rego Freitas Dabus. *Curso de bioética e biodireito.* São Paulo: Almedina, 2020.

MALUF, Adriana Caldas do Rego Freitas Dabus. *Direito Civil* – Série Universitária. Rio de Janeiro/São Paulo: Campus Jurídico/Elsevier, 2014.

MALUF, Carlos Alberto Dabus. Do caso fortuito e da força maior – excludentes de culpabilidade no Código Civil de 2002. In: NERY, Rosa Maria de Andrade; DONNINI, Rogerio (Coord.). *Responsabilidade civil –* estudos em homenagem ao professor Rui Geraldo Camargo Viana.

MONTEIRO, Washington de Barros; MALUF, carlos Albeeto Dabus. *Curso de direito civil,* direito das obrigações 1ª parte. 41. ed. São Paulo: Saraiva, 2015. v.4.

---

17. SANTOS, Jose Carlos Van Cleef de Almeida; ARBACH, Henrique Pires; BENITE, Felipe Martins. *Responsabilidade civil por falta de vagas em hospital no período de pandemia.* Disponível em: http://m.migalhas.com.br. Acesso em: 08.05.2020.
18. MALUF, Carlos Alberto Dabus. Do caso fortuito e da força maior – excludentes de culpabilidade no Código Civil de 2002. In: NERY, Rosa Maria de Andrade; DONNINI, Rogerio (Coord.). *Responsabilidade civil –* estudos em homenagem ao professor Rui Geraldo Camargo Viana. São Paulo: Ed. RT, 2009, p. 98.

NAVES, Bruno Torquato de Oliveira; SÁ, Maria de Fátima Freire de. Da relação jurídica médico-paciente: dignidade da pessoa humana e autonomia privada. *Biodireito*.

SANDELS, Michael. *Justiça*. Rio de Janeiro: Civilização brasileira, 2012.

SANTOS, Jose Carlos Van Cleef de Almeida; ARBACH, Henrique Pires; BENITE, Felipe Martins. *Responsabilidade civil por falta de vagas em hospital no período de pandemia*. Disponível em: http://m.migalhas.com.br. Acesso em: 31.07.2020.

SILVA, Regina Beatriz Tavares da. Responsabilidade civil na odontologia. In. SILVA, Regina Beatriz Tavares da. *Responsabilidade civil na área da saúde*. Série GVlaw, São Paulo: Saraiva/Fundação Getúlio Vargas.

WESENDONCK, Tula. *A responsabilidade civil na esfera médica em razão da Covid-19*. Disponível em: https://www.migalhas.com.br. Acesso e:m 31.07.2020.

RESPONSABILIDADE CIVIL E "TERMINATION FEE" EM M&A

Lie Uema do Carmo

Doutora em Direito Comercial (USP), Mestre em Direito Civil (PUC/SP), LL.M. (University of Chicago Law School) e Bacharel em Direito (PUC/SP). Professora da FGV Direito SP, árbitra e advogada. Membro do Núcleo de Mercados Financeiros e de Capitais da FGV Direito SP. Autora de "Contratos de Construção de Grandes Obras".

Sumário: 1. Introdução. 2. Responsabilidade civil em M&A. Problemas. 3. "Termination Fee" no direito norte-americano. Racionalidade econômico-financeira, natureza jurídica e funções. 4. Cláusula penal no direito brasileiro: conceito e funções. 5. "Termination Fees" e cláusula penal no direito brasileiro. 6. Conclusão. 7. Referências.

1. INTRODUÇÃO

Portador de vasto conhecimento jurídico e sabedoria no viver, o Professor Doutor Renan Lotufo era um homem de poucas palavras, humildade e de ação precisa e discreta. Corrigia seus alunos com firmeza. Orientava-os com amor. Tive a alegria e o privilégio de ser aluna, monitora e orientanda do mestre Renan. Foram aulas memoráveis na graduação e no mestrado da PUC/SP.

O precioso legado do mestre Renan está registrado em seus escritos e em suas contribuições a instituições públicas e privadas. Sua herança intelectual está viva e atuante em cada um de seus alunos que, como eu, volta ao exemplo do mestre e nele se inspira para o estudo das intrincadas questões que surgem na vida social. Dentre as lições, Professor Renan ensinou-nos a pensar o Direito olhando para os valores que o animavam e que estão inscritos em nossa Constituição Federal. Como sábio que era, reconhecia o dinamismo e a complexidade das relações sociais e seus influxos, e convidava-nos a apreciá-los em suas múltiplas manifestações.

Essas lições guiaram o presente trabalho que, em tributo ao mestre Renan Lotufo, examinará a chamada *"termination fee"* no contexto do M&A, acrônimo da expressão anglo-saxã *"mergers and acquisitions"*. Trata-se de tema de interesse dogmático e teórico e que carece de apreciação interdisciplinar. Pode-se situar o tema na interseção entre o M&A, a responsabilidade civil, as obrigações, o direito societário e o concorrencial. Nosso exame limitar-se-á às questões próprias do direito civil e, no que necessário, às do M&A.

2. RESPONSABILIDADE CIVIL EM M&A. PROBLEMAS

"Mergers and acquisitions" ou "M&A" – expressão imprecisamente traduzida como "fusões e aquisições" – compreende qualquer modalidade de negócio jurídico ou reorganização societária que vise a alienação de participação societária (majoritária ou minoritária), direitos atinentes a tais participações, títulos ou valores mobiliários conversíveis, ou ainda ativos relevantes.

O programa obrigacional do M&A pode ser amplo, composto de vários atos e negócios genética e funcionalmente ligados. Quanto maior o valor envolvido, quanto mais especializada ou regulada for a área de atuação da sociedade-alvo, quanto mais variados forem os ordenamentos jurídicos das partes e intervenientes envolvidas, maior é a probabilidade de haver a realização de uma série de atos societários e de uma pluralidade de negócios jurídicos[1].

Via de regra, a tradição da participação societária (ou dos direitos, ou dos ativos relevantes, conforme o caso) e o pagamento do preço não ocorrem no ato da celebração do contrato. Há um interregno muitas vezes inescapável entre a assinatura (o "*signing*"), momento da vinculação jurídica básica, e a consumação do negócio, "em que o negócio projeta sua eficácia típica"[2] (o "*closing*"). São diversos os motivos: desde a obtenção do assentimento de contrapartes em contratos[3] e outros atos *externa corporis* (i.e. autoridade antitruste[4], reguladores[5] e bancos financiadores da operação[6]) àqueles *interna corporis* (órgãos de administração e assembleias[7])[8]. Por não conseguirem as partes, válida e eficazmente, realizar suas prestações principais no ato da assinatura, a consumação do M&A protrai-se no tempo. Uma das partes pode decidir terminar o negócio. Reside neste ponto o interesse de nossa investigação.

Na *praxis* nacional, até pouco tempo, raramente tinha-se notícia de que as partes haviam atrelado ao insucesso da operação o pagamento de uma pena convencional. As partes a ausência ou seu limitado controle sobre as condições que afetariam a consumação, muitas na inteira esfera de discricionariedade de terceiros. A não consumação era um risco do negócio e as partes usualmente partilhavam esse risco, sem ulteriores consequências. Esse cenário mudou. E com ele, altera-se o perfil e potenciais problemas no campo da responsabilidade civil em M&A. Tem-se, agora, notícia do uso recorrente de "*termination fees*" nas grandes operações envolvendo companhias abertas realizadas nos últimos anos. São penalidades elevadas aplicáveis na hipótese de não consumação da operação, em percentuais bastante significativos se comparados ao valor total do negócio.

---

1. Os M&As são comumente realizados por meio de contratos de compra e venda de ações (quando a alvo é uma sociedade por ações) ou de cessão e transferência de quotas (caso a alvo seja uma sociedade empresária limitada). A depender dos determinantes do caso, os modelos negociais adotados podem ser contratos de investimento, contratos de subscrição de participação societária, contratos de compra e venda de unidade produtiva isolada, pactos parassociais diversos, ofertas públicas de aquisição e de alienação, cisão, incorporação de ações e/ou de sociedades.
2. MARTINS-COSTA, Judith; COSTA E SILVA, Paula. *Crise e Perturbações no Cumprimento da Prestação* – Estudo de Direito Comparado Luso-Brasileiro. São Paulo: Quartier Latin, 2020, p. 127.
3. Na vida empresarial, é corriqueiro que as companhias prometam informar ou pedir o consentimento previamente à alienação de seu controle para suas contrapartes negociais, geralmente instituições financeiras ou fornecedores estratégicos, sob pena de haver o vencimento antecipado de dívidas ou de dar à contraparte o direito de terminar antecipadamente o contrato.
4. Em mercados concentrados, a autoridade antitruste examinará os potenciais efeitos da combinação dos negócios pretendida, por meio do controle prévio de atos de concentração econômica, antes da consumação da operação.
5. Em mercados regulados, o regulador exige, como condição de validade ou de eficácia da alienação, que esta obtenha seu consentimento.
6. Operações de montante elevado contam com financiamento de terceiros para o pagamento do preço, financiamento este usualmente aprovado após o *signing* e liberado concomitantemente ou após o *closing*.
7. Ainda, a sociedade-alvo, comprador e vendedor precisam obter as devidas aprovações societárias e autorizações contratuais, estatutárias ou legais, conforme o caso, de seus órgãos sociais para consumarem o negócio objeto do M&A.
8. Muitos dos citados assentimentos comporão as chamadas "condições precedentes". Sobre as condições em M&A, remetemos à excelente obra de Fernanda MARTINS-COSTA, *Condição suspensiva*: função, estrutura e regime jurídico. São Paulo: Almedina, 2017. Sobre assentimentos e suas espécies, ver HAICAL, Gustavo. *A autorização no direito privado*. São Paulo: Thomson Reuters, 2020.

Examinaremos, neste ensaio, as funções atribuídas à *"termination fee"* em contratos e operações de M&A no direito norte-americano. Em seguida, nosso foco recairá sobre a figura reconhecidamente complexa[9] da cláusula penal. Por fim, investigaremos se a *"termination fee"*, na práxis do M&A brasileiro recente teria notas e traços constitutivos, inclusive funções, semelhantes àquelas da cláusula penal.

3. "TERMINATION FEE" NO DIREITO NORTE-AMERICANO. RACIONALIDADE ECONÔMICO-FINANCEIRA, NATUREZA JURÍDICA E FUNÇÕES

Pode-se conceituar a *"termination fee"*[10] como prestação pecuniária devida pela sociedade-alvo ao ofertante comprador (ou proponente) original caso, cumpridas (ou renunciadas) as condições para o *closing*, este não se realize pelos motivos contratualmente acordados. Em caso de resolução por inadimplemento, as *"termination fees"* costumam ser o único remédio do credor. Ela surge no M&A norte-americano no final da década de 80, em meio a onda de aquisições hostis. Até então, no universo das aquisições negociadas, não era comum as partes convencionarem penalidades pela não consumação do negócio[11]. Atualmente, a presença de tal cláusula é identificada na maior parte dos M&As envolvendo a totalidade das ações ou o controle de companhias abertas, bem como naqueles relativos a companhias fechadas em que o adquirente é um fundo de *private equity*[12].

Na ponta devedora da cláusula situa-se, comumente, a própria sociedade-alvo, em vista dos programas negociais tipicamente utilizados[13] e das estruturas de capital predominantes nas companhias abertas norte-americanas (pulverizado e disperso). Nesse contexto específico de contratação, as *"termination fees"* conectam-se com a lógica econômico-financeira da *valuation*, com deveres fiduciários de proteção dos acionistas e com os mecanismos criados pelas partes para equilibrar os interesses em jogo. Vejamos esses pontos, um a um.

O acordo de vontades sobre o preço, em qualquer processo de compra e venda, pode ser consequência da simples aceitação, pelo comprador, do preço que lhe for apresentado pelo vendedor. Da mesma forma, pode resultar da simples concordância, pelo vendedor, do preço ofertado pelo comprador. Como o vendedor poderia conhecer e assegurar-se que o negócio por ele entabulado estaria sendo realizado pelo valor justo de mercado? No universo do M&A, especialmente em negócios de médio ou grande parte, as partes

---

9. Na expressão usada por António Pinto Monteiro e por Judith Martins-Costa, conforme PINTO MONTEIRO, António. *Cláusula penal e indenmnização.* 2 ed. Coimbra: Almedina, 2014, p. 4 e MARTINS-COSTA, Judith. Comentários ao Novo Código Civil – Do Inadimplemento das Obrigações: arts. 389 a 420. In: TEIXEIRA, Sálvio de Figueiredo (Coord.). *Comentários ao Novo Código Civil.* São Paulo: Forense, 2009, v. V, t. II, p. 608.

10. Esta cláusula é também designada de *"break-up fees"*, *"inducement fees"*, *"bust-up fees"* and *"drop-dead fees"*. TARBERT, Heath Price. "Merger Breakup Fees: A Critical Challenge to Anglo-American Corporate Law". Law and Policy in International Business, v. 34, n. 3, 2003, p. 639.

11. FREUND, James C. *Anatomy of a Merger: Strategies and Techniques for Negotiating Corporate Acquisitions.* New York: Law Journal Press, 1975, p. 393 e 394.

12. HOULIHAN LOKEY. *2019 Transaction Termination Fee Study.* October 2020. Disponível em: http://cdn.hl.com/pdf/2020/2019-transaction-termination-fee-study.pdf. Ver, ainda, os percentuais de diversas pesquisas indicados em Lie Uema do Carmo, "Termination Fees: 'It's a jungle out there!' – O arsenal das medidas defensivas em aquisições hostis". Jota, Coluna Disclosure, 03.09.2020. Disponível em: https://www.jota.info/opiniao-e-analise/colunas/disclosure/arsenal-medidas-defensivas-aquisicoes-hostis-03092020.

13. No direito norte-americano, tal como no nosso, os programas negociais variam. Em companhias abertas, é comum, todavia, que sejam feitos via fusões (*"mergers"*), sendo as partes a sociedade-alvo e o comprador (e eventualmente outros veículos de aquisição especialmente criados).

costumam buscar a assessoria especializada de bancos ou butiques de investimento. Para o comprador, tais assessores realizam a *valuation* da sociedade-alvo. Para o vendedor (ou para a sociedade-alvo), além de conduzir o processo de venda e a negociação em conjunto com os assessores jurídicos, os bancos ou butiques de investimento auxiliam a "revelar" aspectos do preço não devidamente apreciados pela proposta do comprador, buscando aumentar o preço ou melhorar as condições de pagamento.

Um vendedor interessado em saber o *valor* justo de mercado da companhia pode contratar uma *fairness opinion*, laudo preparado por um banco, butique ou assessor financeiro que apresenta tal valor em uma escala de variação. Mas para ir para além do valor em uma escala e descobrir o *preço* justo e *real* de mercado de sua companhia, o vendedor pode realizar um leilão ou "leilão organizado"[14]. Ao comparar as propostas, o vendedor sabe quantos compradores estariam dispostos a pagar qual preço e sob quais condições. O vendedor pode decidir, em um cenário concreto, qual é a proposta que, no conjunto, captura maior valor para sua participação e atende melhor seu interesse.

No direito norte-americano, um leilão integra os chamados "mecanismos de verificação pós-signing" *ativos*. Por meio dele, o vendedor (ou a sociedade-alvo) pode ativamente buscar confirmar o preço e as condições do negócio após o *signing* mas antes do *closing*. É também chamado de *"go-shop"*. Há ainda mecanismos passivos, como o *"window shop"*, nos quais a sociedade-alvo, durante certo período, pode receber propostas de interessados, mas não pode ativamente buscá-las, solicitá-las[15].

Atrelado a esses mecanismos de aferição de preço, está o direito de aceitar a oferta superior de terceiro, conhecido como *"fiduciary out"*. Trata-se de hipótese de término assegurada ao vendedor (ou a sociedade-alvo), de não consumar a transação em virtude do dever do conselho de administração de buscar maximizar o preço[16].

A compulsoriedade do *"fiduciary out"* estimulou as partes a buscarem mecanismos contratuais de equilíbrio. Para proteção dos interesses da sociedade-alvo, são costumeiramente incluídas cláusulas resolutivas expressas. De conteúdo variável, elas usualmente preveem, como hipóteses de término, o direito do conselho de administração de terminar o contrato caso haja oferta superior que o conselho de administração possa alterar sua recomendação, sugerindo aos acionistas que não aceitem a proposta do comprador, ou em caso de recusa dos acionistas da operação proposta pelo comprador[17]. Para o comprador,

---

14. Um leilão organizado é um processo competitivo de alienação, geralmente organizado por um banco ou butique de investimentos. Neste processo, potenciais compradores recebem o mesmo conjunto de informações e lhes é facultada a realização de *due diligence*. No iter do leilão organizado, além de apresentarem propostas não vinculantes de preço e forma de pagamento, os interessados informam se necessitarão financiar a operação, e esclarecem as modificações que solicitariam na minuta padrão preparada pelo vendedor. Usualmente, os assessores tentam aumentar o preço, em mais uma ou duas rodadas entre os finalistas.

15. BAINBRIDGE, Stephen M.; ANABTAWI, Iman. Mergers and Acquisitions: *A Transactional Perspective*. Saint Paul: Foundation Press, 2017, p. 252.

16. Esta hipótese é necessária para o cumprimento dos deveres fiduciários do conselho de administração no direito norte-americano, órgão encarregado de opinar e recomendar ou não aos acionistas a aceitação de ofertas de compra. Cabe ao conselho agir no melhor interesse dos acionistas, manter sua discricionariedade para opinar sobre o valor e buscar maximizar o valor da companhia, inclusive por meio da utilização da *"termination fee"*. No exercício de suas atribuições, cabe ao conselho, inclusive, se for o caso dado o contexto da sociedade-alvo, promover condições negociais para que ofertas superiores possam ser feitas, seja em leilões organizados antes do *signing*, sejam via mecanismos de verificação pós-*signing* ativos ou passivos.

17. As competências dos órgãos de administração são distintas nos ordenamentos norte-americano e brasileiro. Entre nós, apenas a diretoria *presenta* a companhia aberta. Por isso, os protocolos de incorporação de sociedades ou de ações são

em contrapartida, os mecanismos de proteção incluem cláusulas como as *"window shop"*, ou *"no-shop"* (mecanismos passivos), o direito do comprador de igualar ofertas concorrentes e as cláusulas objeto deste exame, as *"termination fees"*.

Muitos autores incluem a *"termination fee"* no rol dos chamados "mecanismos de proteção do negócio", cujo propósito é "inibir ofertas de terceiros"[18], "proteger o ofertante inicial" e "ressarcir ao ofertante os custos de oportunidade de celebrar um negócio que não se consuma"[19-20]. Entende-se que a *"termination fee"* traria benefícios para a sociedade-alvo, ao servir de estímulo ao proponente original para se manter no negócio, e ao fomentar que outros fizessem propostas superiores à inicial[21-22].

Para Stephen Bainbridge e Iman Anabtwawi, as *"termination fees"* equivalem a *"liquidated damages"*, penalidades em caso de inadimplemento contratual. Elas são "devidas caso o adquirente não receba os benefícios esperados da contratação"[23]. A função da cláusula é "aumentar a segurança de que o fechamento vá ocorrer" e "compensar a outra parte por seu tempo, esforço e custos incorridos em negociar o contrato"[24].

Alguns autores distinguem as *"termination fees"* das *"topping fees"*. As primeiras corresponderiam a "pagamento em dinheiro ao comprador na hipótese de o negócio com o vendedor não se efetivar por um evento que as ative"[25]. As *"topping fees"*, por sua vez, seriam devidas ao comprador na hipótese de "o vendedor terminar o negócio com o comprador para aceitar proposta superior de outro comprador", sendo a penalidade um percentual da diferença entre a oferta vitoriosa e a do comprador original[26]. As *"topping fees"* são relativamente raras[27], dada a lógica que preside sua determinação[28]. O montante da penalidade pode se revelar insignificante ou excessivamente alto, a depender do delta entre a oferta do competidor e a do adquirente.

Há ainda uma outra espécie de *"termination fee"*, chamada *"reverse termination fee"*, *"reverse break-up fees"*, *"bidder termination fee"* ou *"acquirer termination fee"*. Esta cláusula – presente tanto em operações envolvendo companhias abertas quanto em fechadas – exige que o comprador pague à sociedade-alvo um montante prefixado caso o

---

assinados pelas diretorias, usualmente com assentimento do conselho de administração, e posteriormente submetidos à deliberação assemblear.

18. HILL, Claire A.; QUINN, Brian JM.; SOLOMON, Steven D. *Mergers and Acquisitions Law, Theory, and Practice*. 2 e., Saint Paul: West Academic Publishing, 2019, p. 556.

19. TUCKER, Darren S.; YINGLING, Kevin L. Keeping the Engagement Ring: Apportioning Antitrust Risk with Reverse Breakup Fees. *Antitrust*, v. 22, n. 3, 2008, p. 70.

20. WACHTEL, Jonathan T. "Breaking Up is Hard to Do: A Look at Brazen v. Bell Atlantic and the Controversy over Termination Fees in Mergers and Acquisitions. *Brooklyn Law Review*, v. 65, n. 2, 1999, p. 587.

21. WACHTEL. Breaking Up is Hard to Do: A Look at Brazen v. Bell Atlantic and the Controversy over Termination Fees in Mergers and Acquisitions, cit., p. 588; SNEIRSON, Judd F. Merger Agreements, Termination Fees, and The Contract-Corporate Tension. *Columbia Business Law Review*, v. 2002, n. 3, 2002, p. 576 e seguintes.

22. A literatura jurídica e econômico-financeira norte-americana debate, há décadas, se as *"termination fees"* teriam um papel benéfico ou detrimental à competição pelo controle e aos acionistas, qual o impacto de tais cláusulas no preço da sociedade-alvo, no prêmio de controle e na promoção do bem-estar social, e se deveria haver normas específicas banindo ou limitando tais cláusulas.

23. BAINBRIDGE e ANABTAWI. *Mergers and Acquisitions: A Transactional Perspective*, cit., p. 358. Tradução nossa.

24. BAINBRIDGE e ANABTAWI. Mergers and Acquisitions: *A Transactional Perspective*, cit., p. 351.

25. HILL et at. *Mergers and Acquisitions Law, Theory, and Practice*, cit., p. 556.

26. HILL et at. *Mergers and Acquisitions Law, Theory, and Practice*, cit., p. 556.

27. CARNEY, William J. *Mergers and Acquisitions*: the Essentials. New York: Aspen, 2009, p. 185.

28. Sobre incentivos e desincentivos, na ótica da Law and Economics, por todos, ver ARAÚJO, Fernando. *Teoria econômica do contrato*. Coimbra: Almedina, 2007, p. 919-968.

comprador decida terminar o negócio[29] "por motivos dentro da esfera de influência"[30] do comprador.

A origem destas cláusulas remonta a meados dos anos 2000, em momento em que a economia norte-americana beneficiava os vendedores (as sociedades-alvo). O poder de barganha era tal que permitia que se alocasse aos compradores riscos como os de obtenção de financiamento para a operação, bem como riscos de aprovação pelo órgão antitruste. A função da cláusula, nestas hipóteses, é a de criar incentivos para que o comprador faça o que for razoavelmente necessário para obter o financiamento e a aprovação do regulador antitruste[31].

4. CLÁUSULA PENAL NO DIREITO BRASILEIRO: CONCEITO E FUNÇÕES

A cláusula penal foi objeto de minucioso exame pela doutrina. Respeitados civilistas debateram suas origens, qualificação, natureza, funções, regime jurídico e efeitos[32]. É bastante homogênea a opinião doutrinária sobre a natureza de acessoriedade e sobre o objeto, sujeitos e modalidades da cláusula penal. Relativamente pacífico é também o juízo sobre ser a cláusula penal uma obrigação com faculdade alternativa de cumprimento por escolha do credor. Menos pacífica, todavia, é a posição doutrinária quanto aos conceitos e funções da cláusula penal.

No Código de 1916, a cláusula penal vinha prevista no capítulo VII, sob o manto do Título I, "Da Modalidade das Obrigações". No Código vigente, a cláusula penal foi realocada. Seu tratamento reside nos artigos 408 a 416 do Código Civil Brasileiro, no capítulo V do Título IV, "Do Inadimplemento das Obrigações". A alteração, no percuciente registro do mestre Renan Lotufo, sinalizou a migração do acento funcional principal da cláusula: do seu papel histórico de obrigação acessória de reforço, de coerção para a de prefixação das perdas e danos[33] [34].

Nosso Código Civil atual, na esteira do anterior e de muitos códigos estrangeiros, não definiu a cláusula penal. Coube à doutrina esse papel[35]. Os conceitos formulados

---

29. BAINBRIDGE e ANABTAWI. *Mergers and Acquisitions*: A Transactional Perspective, cit., p. 351.
30. COATES, John C.; PALIA, Darius; WU, Ge. Reverse Termination Fees in M&A, 2018, p. 1-37. Disponível em: SSRN: https://ssrn.com/abstract=3016785.
31. A proteção do risco concorrencial é comum nas operações designadas estratégicas, em que o adquirente é outra companhia operacional e a combinação de negócios pode ter efeitos concorrenciais restritivos. Neste contexto, o processo de exame do regulador pode ser demorado, com prejuízos de perda de clientes, faturamento, mercado, capital humano e intelectual para a sociedade-alvo. Por estes motivos, a sociedade-alvo busca transferir o risco concorrencial para o comprador por meio da "*reverse* termination fee". Já a proteção do risco de financiamento da operação é comum nos chamados M&A financeiros, nos quais o adquirente é um fundo de private equity que, via de regra, buscará recursos de terceiros para pagar o preço de aquisição. A sociedade-alvo não quer sujeitar-se às vicissitudes dos prejuízos da não consumação da operação por causa do perfil do adquirente e, portanto, aloca tal risco ao próprio adquirente. Ver, a respeito, QUINTIN, Yves. "M&A Contracts in the American Financial Maelstrom: Have Reverse Break-up Fees and Mac Clauses Turned Them into Mere Options". *International Business Law Journal*, v. 2008, n. 3, 2008, p. 276.
32. No direito continental, o assunto foi tratado nas obras-referência dos Professores Jorge Peirano Facio e António Joaquim de Matos Pinto Monteiro. Sobre o direito pátrio, colhemos ricas lições dos grandes tratadistas e dos trabalhos monográficos de Múcio de Campos Continentino e dos Professores Fábio Maria de Mattia, Rubens Limongi França, Nelson Rosenvald, Otavio Luiz Rodrigues Junior, Marcelo Benacchio e Marcelo Matos Amaro da Silveira, dentre outros.
33. LOTUFO, Renan. *Código Civil Comentado*: obrigações, parte geral (arts. 233 a 420). v. 2, São Paulo: Saraiva, 2003, p. 468.
34. Para Pinto Monteiro, a opinião predominante no modelo unitário e bifuncional era de que a cláusula penal seria "exclusiva ou essencialmente indemnizatória", tendo a função coercitiva sido "relegada para um plano eventual e secundário". PINTO MONTEIRO, António. *Cláusula penal e indemnização*. cit., p. 651 e 757.
35. Judith Martins-Costa elogia a flexibilidade do Código Civil brasileiro, ao não conceituar a cláusula penal, permitindo que a doutrina a construa seu conceito a partir de suas funções. MARTINS-COSTA, Judith. Comentários ao Novo Código Civil – Do Inadimplemento das Obrigações: arts. 389 a 420, cit., p. 607.

RESPONSABILIDADE CIVIL E "TERMINATION FEE" EM M&A **449**

por cada autor costumam albergar e revelar a função ou funções preponderantes por eles atribuída à cláusula[36].

Parte significativa da doutrina brasileira adota a chamada visão clássica, monista, unitária ou eclética da cláusula penal[37]. Esta visão atribui à cláusula penal uma *dupla* função: indenizatória e coercitiva, *concomitantemente*[38].

Clóvis Bevilacqua definiu-a como um "pacto acessorio, em que se estipulam penas ou multas contra aquelle que deixar de cumprir o acto ou facto, a que se obrigou, ou, apenas, o retardar"[39]. Segregava o *fim* e a *utilidade* da cláusula. O *fim* seria "reforçar a obrigação, dando ao credor um meio mais prompto de coagir o devedor a cumpri-la, no tempo e pela forma devida". Já a *utilidade* seria a de "determinar, previamente, as perdas e damnos"[40]. Em outra passagem, ao comentar o artigo 918, Clóvis Bevilacqua identificou a cláusula penal com sua *utilidade*. Disse ele: "Cláusula penal é a prefixação das perdas e damnos pela inexecução da obrigação ou pelo retardamento dela"[41].

Na cátedra de Pontes de Miranda: "para estimular o devedor ao adimplemento do contrato, soem estipular os credores que, em caso de infração do contrato, fique o devedor com o dever de fazer outra prestação, que, de regra, é em dinheiro". Diz ele: "O que se quer, com a cláusula penal, é que o devedor evite incorrer nela (...)" e que "uma das funções mais prestantes da cláusula penal é assentar a indenizabilidade de danos no caso de não ser pecuniária, ou ser de difícil avaliação a prestação prometida"[42].

Limongi França, ao conceituar a cláusula penal, destacava que sua: "finalidade precípua é garantir, alternativa ou cumulativamente, conforme o caso, em benefício do credor ou de outrem, o fiel e exato cumprimento da obrigação principal, bem assim, ordinariamente,

---

36. Múcio Continentino, à guisa de definição, acentuou o aspecto funcional da cláusula penal: "Por meio della as partes prefixam e preavaliam o montante dos prejuízos que possa soffrer com a inexecução ou o retardamento de alguma prestação omissiva ou commisiva, cujo cumprimento assim reforçam". Destacava o monografista um dos grandes benefícios da cláusula penal, ao suprimir "vontades ajustadas uma das atribuições dos tribunaes – a fixação do quantum da indemnização". CONTINENTINO, Múcio C. *Da cláusula penal no direito brasileiro*, São Paulo & Comp: Saraiva, 1926, p. 10 e 11.

37. Fábio Maria de Mattia, inspirado no direito italiano, distingue a cláusula penal com função exclusivamente de pena ("cláusula penal pura") e outra que cumularia a característica de pena e de ressarcimento ("cláusula penal não pura"). MATTIA, Fábio Maria de. Cláusula penal pura e cláusula penal não pura. In: TEPEDINO, Gustavo; FACHIN, Luiz Edson (Orgs.). *Doutrinas essenciais – obrigações e contratos*. Obrigações: função e eficácia. São Paulo: Editora RT, v. 2, 2011, p. 1123-1124. Nelson Rosenvald afirma que prevalece no Brasil o modelo unitário e bifuncional da cláusula penal. ROSENVALD, Nelson. *Cláusula penal*: a pena privada nas relações negociais. 2. ed. Indaiatuba: Editora Foco, 2020, p. 61. Na mesma linha, é a opinião de Marcelo Benacchio, ao sintetizar o entendimento de importantes civilistas: "A doutrina nacional contemporânea abraça essa concepção (...) por enxergar no instituto em estudo traços indenizatórios e sancionatórios, como se pode constatar nas lições de Serpa Lopes, Washington de Barros, Silvio Rodrigues, Maria Helena Diniz, Carlos Roberto Gonçalves e R. Limongi França, ainda que haja pensamentos divergentes como o de Caio Mário". BENACCHIO, Marcelo. Cláusula penal: revisão crítica à luz do Código Civil de 2002. In: NANNI, Giovanni Ettore (Org.). *Temas Relevantes do Direito Civil Contemporâneo*: Reflexões sobre os cinco anos do Código Civil. Estudos em homenagem ao Professor Renan Lotufo. São Paulo: Atlas, 2008, v. 1, p. 390.

38. A título de exemplo, do direito português, na síntese de Calvão da Silva, a cláusula penal seria uma "indenização sancionatória" ao inadimplemento. CALVÃO DA SILVA, João. *Cumprimento e Sanção Pecuniária Compulsória*. Coimbra: Almedina, 1987, p. 259.

39. BEVILACQUA, Clóvis. *Código Civil dos Estados Unidos do Brasil Commentado*. 8 e., at., v. IV, Rio de Janeiro: Francisco Alves, 1950, p. 64.

40. BEVILACQUA, Clóvis. *Código Civil dos Estados Unidos do Brasil Commentado*, cit., p. 64.

41. BEVILACQUA, Clóvis. *Código Civil dos Estados Unidos do Brasil Commentado*, cit., p. 66.

42. PONTES DE MIRANDA, Francisco C. *Tratado de Direito Privado*. AGUIAR JÚNIOR, Ruy R.; NERY JÚNIOR, Nelson (atual.), parte especial, t. XXVI, Direito das obrigações: consequências do inadimplemento, exceções de contrato não adimplido. São Paulo: Ed. RT, 2012, p. 145.

constituir-se pré-avaliação de perdas e danos e punição do devedor inadimplente"[43]. O autor atribuiu, portanto, *três* funções *concomitantes* à cláusula penal: reforço de obrigação, pré-avaliação dos danos e pena[44].

A teoria clássica, monista, foi questionada em outros ordenamentos e no Brasil.

A tese de doutoramento de António Pinto Monteiro influenciou a posição dos tribunais e da doutrina portuguesa. Pinto Monteiro defendeu o abandono da tese monista. Sustentava ele haver um equívoco contraproducente na coexistência de funções na cláusula penal pois eximia o intérprete de investigar o escopo das partes, contribuía para a confusão de regimes e a não justificação correta da disciplina legal[45]. Apoiado no dualismo reconhecido no direito anglo-saxão e no direito alemão, Pinto Monteiro construiu a fundamentação de sua tese e diferenciou três espécies de cláusula penal: a cláusula penal em sentido estrito, a cláusula de liquidação prévia do dano ou de fixação antecipada do montante da indenização e a cláusula penal puramente compulsória.

A cláusula penal "stricto sensu" tem por finalidade compelir o cumprimento pelo devedor. Em caso de inadimplemento, permitiria ao credor exigir, "a título sancionatório, uma outra prestação – a pena –, em alternativa à que era inicialmente devida, e de maior vulto que esta"[46]. A cláusula de liquidação prévia do dano ou de fixação antecipada do montante da indenização, como o nome sugere, tem por finalidade "tão só, liquidar antecipadamente, de modo *ne varietur*, o dano futuro"[47]. Não teria ela "especiais intuitos compulsórios", mas simplesmente "facilitar a reparação do dano"[48]. Nesta hipótese, não cabe opção ao credor pela indenização, pois a pena convencionalmente fixada é o "substituto da indenização"[49]. Esta *espécie* de cláusula teria duas *modalidades*: compensatória e moratória[50]. A cláusula penal puramente compulsória tem uma "índole *exclusivamente compulsivo-sancionatória*"[51]. Representaria uma adição, "algo que acresce à execução específica da prestação ou à indemnização pelo não cumprimento"[52].

Apesar da divisão tripartite proposta por Pinto Monteiro, sua teoria tornou-se conhecida, entre nós, como teoria dualista. Nelson Rosenvald e Marcelo Matos Amaro da Silveira entendem que a cláusula penal puramente compulsória é uma subespécie ou modalidade da cláusula penal *stricto sensu*, sendo a primeira cumulativa e a segunda substitutiva[53].

O conceito de cláusula penal de Judith Martins-Costa destaca, com clareza, a concepção das funções individuadas e autônomas da cláusula penal, em linha com a teoria dualista:

---

43. FRANÇA, Rubens Limongi. *Raízes e dogmática da cláusula penal*. Tese (Concurso de cátedra). Faculdade de Direito, Universidade de São Paulo. São Paulo: USP, 1987, p. 327.
44. FRANÇA, Rubens Limongi. *Teoria e prática da cláusula penal*. São Paulo: Saraiva, 1988, p. 157.
45. PINTO MONTEIRO, António. *Cláusula penal e indenmnização*. cit., p. 18, 424-474.
46. PINTO MONTEIRO, António. *Cláusula penal e indenmnização*. cit., p. 282.
47. PINTO MONTEIRO, António. *Cláusula penal e indenmnização*, cit., p. 602.
48. PINTO MONTEIRO, António. *Cláusula penal e indenmnização*, cit., p. 282.
49. PINTO MONTEIRO, António. *Cláusula penal e indenmnização*, cit., p. 603.
50. A divisão clássica, muito utilizada na doutrina brasileira, que sustenta haver duas modalidades de cláusula penal (compensatória e moratória) segue a teoria monista. Essa divisão é objeto de crítica. A respeito ver PINTO MONTEIRO, António. *Cláusula penal e indenmnização*, cit., p. 280, ROSENVALD, Nelson. *Cláusula penal*: a pena privada nas relações negociais, cit., p. 5-33, SILVEIRA, Marcelo Matos Amaro. *Cláusula penal e sinal*. São Paulo: GZ, 2020, p. 22-24.
51. PINTO MONTEIRO, António. *Cláusula penal e indenmnização*, cit., p. 604, grifos do autor.
52. PINTO MONTEIRO, António. *Cláusula penal e indenmnização*, cit., p. 605.
53. SILVEIRA, Marcelo Matos Amaro. *Cláusula penal e sinal*, cit., p. 37.

RESPONSABILIDADE CIVIL E "TERMINATION FEE" EM M&A **451**

"Consiste, fundamentalmente, na estipulação em que ambas as partes, ou uma delas apenas, se obriga(m) antecipadamente, perante a outra, a efetuar certa prestação, normalmente em dinheiro, em caso de inadimplemento de certa obrigação, para proceder à liquidação do dano ou para compelir o devedor ao cumprimento. Trata-se de *promessa condicional de prestação*, caso se verifique o não cumprimento da obrigação principal, isto é, da obrigação cujo cumprimento a cláusula visa assegurar (...)"[54].

A teoria dualista da cláusula penal, no direito brasileiro, embora minoritária, vem ganhando espaço[55]. Representa o entendimento de grandes civilistas, como Judith Martins-Costa[56] e Darcy Bessone[57], e encontra-se respaldada na opinião de monografistas mais recentes de escol[58].

5. "TERMINATION FEES" E CLÁUSULA PENAL NO DIREITO BRASILEIRO

No terceiro capítulo deste breve ensaio, examinamos a *"termination fee"* em seu berço, a tradição jurídica e negocial norte-americana, para apreender seu contexto, racionalidade, natureza e funcionamento. Seguimos a lição de Nova sobre o exame de problemas em M&A, que exige compreender "conceitos e categorias do mundo jurídico anglo-americano"[59]. No quarto capítulo, tratamos da figura da cláusula penal no direito brasileiro, com foco especial em suas funções. Vejamos, agora, alguns elementos que podem nos auxiliar a compreender o contexto brasileiro e fazer, em um exercício abstrato, o cotejo entre as duas figuras examinadas. Este percurso metodológico busca evitar o transplante de conceitos e institutos sem a devida atenção aos fatores, condições e problemas socioeconômicos particulares a cada ordenamento. Vejamos.

As operações de M&A brasileiras recentes que incluíram elevadas sanções em caso de resolução por inadimplemento possuíam algumas características em comum. Ao menos uma das partes ou a sociedade-alvo era companhia aberta com títulos ou valores mobiliários listados em bolsas de valores estrangeiras, sujeitando-se, portanto, ao regramento de ordenamento estrangeiros e ao brasileiro[60]. Essas operações, chamadas de *"cross-border"*, são campo fértil de manifestações de usos do tráfego jurídico, de troca de experiências, de aprimoramento e modificação de práticas entre os envolvidos no M&A[61]. Ainda, em grande parte de tais operações houve cerradas disputas pelo controle acionário das sociedades-alvo, com ofertas concorrentes entre competidores. O contexto negocial base

---

54. MARTINS-COSTA, Judith. Comentários ao Novo Código Civil – Do Inadimplemento das Obrigações: arts. 389 a 420, cit., p. 608. Grifos da autora.
55. SILVA, Jorge Cesa Ferreira. *Inadimplemento das obrigações*. São Paulo: RT, 2006, p. 256.
56. "Trata-se de um instituto que acopla uma *dualidade de manifestações*, podendo ser estipulada ou como *sanção* – isto é, como *medida compulsória-sancionatória*, para incitar o devedor ao fiel cumprimento do pactuado – ou como *indenização*, vale dizer, por meio do estabelecimento *forfataire* das perdas e danos no caso de inadimplemento culposo" MARTINS-COSTA, Judith. *Comentários ao Novo Código Civil* – Do Inadimplemento das Obrigações: arts. 389 a 420, cit., p. 627-628. Grifos da autora.
57. BESSONE, Darcy. *Do Contrato – Teoria Geral*. São Paulo: Saraiva, 1997, p.187 e 188.
58. Ver, a respeito, ROSENVALD, Nelson. *Cláusula penal*: a pena privada nas relações negociais, cit., p. 95-101. E SILVEIRA, Marcelo Matos Amaro. *Cláusula penal e sinal*, cit., p. 40-54.
59. DE NOVA, Giorgio. *Il Sale and Purchase Agreement* – Lezioni di diritto civile. 2. ed. Torino: Giappicheli, 2017, p. 11.
60. Ainda, receberam a assessoria jurídica de escritórios de advocacia estrangeiros, notadamente norte-americanos.
61. A práxis do M&A no Brasil sofre clara influência do direito norte-americano na conformação do programa obrigacional. Evidência é a transformação observável nos contratos de compra e venda de ações regidos sob a lei brasileira. De uma ou duas dezenas de páginas, tais contratos passaram a ter muitas dezenas, centenas de páginas, às quais são adicionadas outras de anexos. Mais do que mera extensão, sob o influxo da prática norte-americana em M&A houve no país, nos últimos vinte anos, verdadeira modificação do conteúdo das obrigações pactuadas, do estilo da redação dos contratos brasileiros e a adoção de conceitos, institutos e categorias negociais até então distantes daquela local.

das "*termination fees*", no Brasil, sob a perspectiva negocial, aproxima-se daquele que as originou nos Estados Unidos.

Sob uma perspectiva de conteúdo, além de "*termination fees*", observa-se que tais negócios continham cláusulas resolutivas expressas, bastante detalhadas e em termos variáveis porém, no agregado, semelhantes àquelas do cenário contratual norte-americano em que, por força da estrutura de capital da sociedade-alvo e do programa negocial, havia a necessidade de se incluir diversas hipóteses de término do contrato e de se atribuir riscos relevantes a cada uma das partes.

Sob o influxo da práxis norte-americana, observa-se aqui contexto fático similar em tais operações de M&A (companhias abertas e disputas pelo controle) e proximidade das soluções adotadas (cláusulas resolutivas expressas e "*termination fees*"). Carece de ulterior investigação científica, todavia, as inúmeras causas e fatores que condicionam os problemas aqui e alhures, e a adequação das soluções jurídico-negociais à luz do nosso ordenamento.

As "*termination fees*", em suas várias modalidades, afiguram-se-nos equivalentes funcionais da cláusula penal, notadamente da espécie de liquidação prévia do dano ou de fixação antecipada da indenização, que é a que melhor corresponde à figura dos "*liquidated damages*".

Infere-se, nas diversas funções atribuídas às "*termination fees*" pela doutrina norte--americana, funções próprias da cláusula penal, que podem ser assim categorizadas: (a) indenizatórias (ressarcimento de investimentos de tempo, esforço, custos de oportunidade, perdas de clientes, receitas, capital humano e intelectual etc.) e (b) coercitivas do cumprimento (proteção do negócio, proteção do proponente inicial, estímulo ao proponente original e incentivo a determinadas condutas ou comportamentos do proponente).

Interessante observar que uma das finalidades pretendidas pelas "*termination fees*", que é inibir propostas, busca gerar efeitos exteriores à relação contratual, na esfera econômico-financeira de terceiros[62]. A função coercitiva ou compulsória tradicionalmente reconhecida à cláusula penal trata de relações na esfera das partes, como regra. O receptor do estímulo, da pressão, ou ameaça é o devedor; ele é coagido ao cumprimento. Na "*termination fee*" há uma finalidade inibitória direcionada também a terceiros pois, ao mesmo tempo que, como visto, pressiona o devedor, funciona como um "desestímulo" a *terceiros potenciais competidores*[63].

Em nosso exame de operações de M&A recentes envolvendo companhias abertas, constatamos a presença de convenções acessórias, fixadas no momento da celebração do negócio jurídico, nas quais uma ou as duas partes obrigaram-se a efetuar prestação pecuniária na hipótese de inadimplemento de obrigação, usualmente a obrigação principal.

---

62. O aumento do potencial custo da aquisição para terceiro pode implicar maior desembolso pelo competidor. A depender da *valuation* feita pelo competidor para a sociedade-alvo e de suas motivações, o acréscimo da *fee* tem um efeito dissuasório, efetivamente inibidor de propostas superiores. Esse efeito inibitório na esfera de terceiros revela-se significativo no M&A, em leilões ou disputas de controles de companhias abertas.

63. Essa finalidade inibitória é um bom exemplo de potenciais questões que podem surgir na esfera concorrencial. Ainda, a validade e a eficácia da "*termination fee*" podem ser discutidas sob a ótica do direito societário e de mercado de capitais, vez que podem representar violação de deveres dos administradores e dos controladores, e podem impactar direitos dos minoritários e a confiabilidade e a higidez do mercado de capitais. Essa combinação de efeitos desejadas e indesejadas pelas partes e de externalidades, positivas e negativas, particulariza a apreciação das cláusulas penais em M&A, cuja validade e eficácia podem ser questionadas em diversos campos do direito, dada a sobreposição de regimes jurídicos, notadamente o contratual, o societário e o concorrencial.

Constatamos a presença de promessas condicionais de prestação[64]. A escolha dos contratantes quanto às finalidades, à luz das circunstâncias, subjetivas e objetivas, permitirão identificar a *espécie* de cláusula penal (cláusula penal em sentido estrito, cláusula de liquidação prévia do dano ou de fixação antecipada do montante da indenização e cláusula penal puramente compulsória). Dessa qualificação é que se poderá, por consequência, identificar o regime jurídico, os elementos do suporte fático, e as eficácias típicas de cada espécie. Esse interessante exercício ultrapassaria, todavia, os limites deste ensaio.

É de se esperar que as cláusulas penais em M&A, tal qual no direito norte-americano, sejam objeto de intensa disputa judicial e arbitral e de debate acadêmico brasileiro. Os elevados montantes das cláusulas, com sua racionalidade e finalidades próprias no contexto negocial do M&A, podem apresentar intrigantes desafios para o exercício do controle da cláusula. Pode fazer ressurgir os debates as teorias monista e dualista da cláusula penal, bem como sobre a validade e licitude de cláusula penal da espécie stricto sensu em M&A. A *"penalty clause"*, nos Estados Unidos da América, é invalidada e, entre nós, já temos opiniões discordantes sobre a licitude de tal espécie[65]. O intrincado programa obrigacional incluindo detalhada cláusula resolutiva expressa, o alargamento da noção de adimplemento[66] e a imputabilidade, para fins de exame da cláusula penal e elementos de seu suporte fático, exigirá um profundo conhecimento do intérprete de dois mundos hipercomplexos: o do M&A e do direito civil. Parecem-nos, portanto, grandes os desafios teóricos e dogmáticos a se revelar no horizonte do exame da responsabilidade e das obrigações no M&A.

6. CONCLUSÃO

A responsabilidade civil em M&A adquire contornos diversos conforme os atores e o contexto dos negócios, como bem ilustra a dimensão operativa das *"termination fees"* no direito norte-americano. Entre nós, resta claro o papel de relevo da cláusula penal na organização dos interesses e na persecução dos fins do negócio jurídico em M&A para companhias abertas, como expressão da autonomia privada. Jorge Peirano Facio ensina-nos que a cláusula penal é uma "categoria histórica", devendo sua "essência e natureza" serem apuradas no momento da investigação[67]. À complexidade do M&A, soma-se a complexidade da figura da cláusula penal, que poderá, no M&A, enriquecer a cláusula penal como categoria histórica e dogmática.

Em nossa experiência, observamos o fenômeno de rápida transmissão e adoção, em M&A, de conceitos, categorias e modelos negociais advindos de tradições estrangeiras. As *"termination fees"*, em M&A, possuem interessante racionalidade, finalidades e funções. A apreensão de tais elementos, as semelhanças e diferenciações dadas a eles pela comunidade do M&A brasileira, à luz do nosso ordenamento, e *in concreto*, serão de central importância para a concreção e intepretação das operações de M&A. A adoção de figuras da tradição

---

64. Pinto Monteiro ensinou-nos que a cláusula penal possui "espécies e modalidades, consoante a opção dos contraentes e em função do escopo por eles concretamente visado". O exame feito, agregado e em abstrato, não tinha, todavia, pretensão de compreender as *finalidades* em cada caso e *in concreto*. PINTO MONTEIRO, António. *Cláusula penal e indemnização*. cit., p. 282.

65. RODRIGUES JUNIOR, Otavio Luiz. Função, natureza e modificação da cláusula penal no direito civil brasileiro. Tese de Doutorado em Direito, Faculdade de Direito da Universidade de São Paulo – USP. São Paulo, 2006, p. 248 e 249.

66. LOTUFO, Renan. *Código Civil Comentado*: obrigações, parte geral (arts. 233 a 420), cit., p. 469.

67. FACIO, Jorge P. *La clausula penal*. 2 ed. Bogotá: Temis, 1982, p. 105.

jurídica e da prática negocial norte-americanas deve ser compatível com a sistematicidade, a operabilidade, a eticidade e a socialidade que esteiam nossa tradição jurídica, em especial o sistema pátrio civil-constitucional obrigacional e de responsabilidade civil. O exercício da autorregulamentação de interesses por atores sofisticados, como os do M&A, trazem novos desafios para o campo da responsabilidade civil, para os quais este breve ensaio espera ter, ainda que minimamente, contribuído.

7. REFERÊNCIAS

ARAÚJO, Fernando. *Teoria económica do contrato*. Coimbra: Almedina, 2007.

BAINBRIDGE, Stephen M.; ANABTAWI, Iman. *Mergers and Acquisitions*: A Transactional Perspective. Saint Paul: Foundation Press, 2017.

BENACCHIO, Marcelo. Cláusula penal: revisão crítica à luz do Código Civil de 2002. In: NANNI, Giovanni Ettore (Org.). *Temas Relevantes do Direito Civil Contemporâneo*: Reflexões sobre os cinco anos do Código Civil. Estudos em homenagem ao Professor Renan Lotufo. São Paulo: Atlas, 2008. v. 1.

BESSONE, Darcy. *Do Contrato* – Teoria Geral. São Paulo: Saraiva, 1997.

BEVILACQUA, Clóvis. *Código Civil dos Estados Unidos do Brasil Commentado*. 8. ed. Rio de Janeiro: Francisco Alves, 1950. v. IV.

CARMO, Lie Uema. Termination Fees: 'It's a jungle out there!' – O arsenal das medidas defensivas em aquisições hostis, *Jota*, Coluna Disclosure, 03.09.2020. Disponível em: https://www.jota.info/opiniao-e-analise/colunas/disclosure/arsenal-medidas-defensivas-aquisicoes-hostis-03092020.

COATES, John C.; PALIA, Darius; WU, Ge. *Reverse Termination Fees in M&A*, 2018, p. 1-37. Disponível em: SSRN: https://ssrn.com/abstract=3016785.

CONTINENTINO, Múcio C. *Da cláusula penal no direito brasileiro*. São Paulo: Saraiva & Comp., 1926.

DE NOVA, Giorgio. *Il Sale and Purchase Agreement* – Lezioni di diritto civile. 2. ed. Torino: Giappicheli, 2017.

FACIO, Jorge P. *La clausula penal*. 2. ed. Bogotá: Temis, 1982.

FRANÇA, Rubens Limongi. *Raízes e dogmática da cláusula penal*. Tese (Concurso de cátedra). Faculdade de Direito, Universidade de São Paulo. São Paulo: USP, 1987.

FRANÇA, Rubens Limongi. *Teoria e prática da cláusula penal*. São Paulo: Saraiva, 1988.

HAICAL, Gustavo. *A autorização no direito privado*. São Paulo: Thomson Reuters, 2020.

HOULIHAN LOKEY. *2019 Transaction Termination Fee Study*. October 2020. Disponível em: http://cdn.hl.com/pdf/2020/2019-transaction-termination-fee-study.pdf.

MARTINS-COSTA, Fernanda. *Condição suspensiva: função, estrutura e regime jurídico*. São Paulo: Almedina, 2017.

MARTINS-COSTA, Judith. Comentários ao Novo Código Civil – Do Inadimplemento das Obrigações: arts. 389 a 420. In: TEIXEIRA, Sálvio de Figueiredo (Coord.). *Comentários ao Novo Código Civil*. São Paulo: Forense, 2009. v. V, t. II.

MARTINS-COSTA, Judith; COSTA E SILVA, Paula. *Crise e Perturbações no Cumprimento da Prestação* – Estudo de Direito Comparado Luso-Brasileiro. São Paulo: Quartier Latin, 2020.

MATTIA, Fábio Maria de. Cláusula penal pura e cláusula penal não pura. In: TEPEDINO, Gustavo; FACHIN, Luiz Edson (Orgs.). *Doutrinas essenciais* – obrigações e contratos. Obrigações: função e eficácia. São Paulo: Ed. RT, 2011. v. 2.

MONTEIRO, António J. M. P. *Cláusula penal e indenmnização*. 2. ed. Coimbra: Almedina, 2014.

PONTES DE MIRANDA, Francisco C. *Tratado de Direito Privado*. AGUIAR JÚNIOR, Ruy R.; NERY JÚNIOR, Nelson (atual.), parte especial, t. XXVI, Direito das obrigações: consequências do inadimplemento, exceções de contrato não adimplido. São Paulo: Ed. RT, 2012.

QUINTIN, Yves. M&A Contracts in the American Financial Maelstrom: Have Reverse Break-up Fees and Mac Clauses Turned Them into Mere Options. *International Business Law Journal*, v. 2008, n. 3, 2008, p. 275-290.

RODRIGUES JUNIOR, Otavio Luiz. *Função, natureza e modificação da cláusula penal no direito civil brasileiro.* Tese de Doutorado em Direito, Faculdade de Direito da Universidade de São Paulo – USP. São Paulo, 2006.

ROSENVALD, Nelson. *Cláusula penal*: a pena privada nas relações negociais. 2. ed. Indaiatuba: Editora Foco, 2020.

SNEIRSON, Judd F. Merger Agreements, Termination Fees, and The Contract-Corporate Tension. *Columbia Business Law Review*, v. 2002, n. 3, 2002, p. 573-630.

SILVA, Jorge Cesa Ferreira. *Inadimplemento das obrigações*. São Paulo: Ed. RT, 2006.

SILVEIRA, Marcelo Matos Amaro. *Cláusula penal e sinal*. São Paulo: GZ, 2020.

TARBERT, Heath Price. Merger Breakup Fees: A Critical Challenge to Anglo-American Corporate Law. *Law and Policy in International Business*, v. 34, n. 3, 2003, p. 627-712.

TUCKER, Darren S.; YINGLING, Kevin L. Keeping the Engagement Ring: Apportioning Antitrust Risk with Reverse Breakup Fees. *Antitrust*, v. 22, n. 3, 2008, p. 70-76.

WACHTEL, Jonathan T. Breaking Up is Hard to Do: A Look at Brazen v. Bell Atlantic and the Controversy over Termination Fees in Mergers and Acquisitions. *Brooklyn Law Review*, v. 65, n. 2, 1999, p. 585-626.

A RESPONSABILIDADE CIVIL NO TRANSPORTE AÉREO INTERNACIONAL DE PASSAGEIROS: UM BREVÍSSIMO PANORAMA LEGISLATIVO E JURISPRUDENCIAL

Arruda Alvim

Livre-Docente e Doutor pela Pontifícia Universidade Católica de São Paulo. Professor Titular da Pontifícia Universidade Católica de São Paulo. Consultor Jurídico e Advogado em São Paulo, Rio de Janeiro e Brasília.

Eduardo Arruda Alvim

Doutor e Mestre em Direito Processual Civil pela Pontifícia Universidade Católica de São Paulo. Professor Nos cursos de Doutorado, Mestrado, Especialização e Bacharelado da Pontifícia Universidade Católica de São Paulo.

Ígor Martins da Cunha

Doutorando em Direito Civil pela Pontifícia Universidade Católica de São Paulo. Mestre em Função Social do Direito pela Faculdade Autônoma de Direito. Bacharel em Ciências Jurídicas e Sociais pela Pontifícia Universidade Católica de São Paulo.

Sumário: 1. Introdução. 2. A legislação aeronáutica e a responsabilidade civil: uma síntese histórica. 3. A responsabilidade civil no transporte de pessoas internacional e o CDC. 4. Conclusão. 5. Referências.

1. INTRODUÇÃO

A responsabilidade civil no transporte aéreo internacional de passageiros é tema que há muito enseja profundas controvérsias.[1] No âmbito pátrio, muito destas se dão em razão da existência de potencial conflito entre o regramento previsto pelo CDC, àquele indicado pelo Código Brasileiro de Aeronáutica (Lei 7.565/1986) e o constante das Convenções Internacionais aplicáveis à espécie. Um dos autores do presente artigo, inclusive, já teve oportunidade de tecer algumas ponderações a respeito dos conflitos entre as normas referidas e das possíveis soluções.[2] Em que pese se trate de divergência antiga, a matéria ainda continua atual, tendo havido recente modificação do posicionamento jurisprudência, com fulcro em decisões do STF, o que justifica a revisitação do tema no presente artigo.

---

1. Como aponta Silvio Rodrigues, a questão "vem sendo objeto da preocupação dos juristas de todo o universo" e é "tão velha quanto a aviação comercial" (RODRIGUES, Silvio. *Direito Civil: Responsabilidade Civil.* 5. ed. São Paulo: Saraiva, 1975. v. 4, p. 192.)
2. ALVIM, Eduardo P. Arruda; JORGE, Flávio Cheim. A Reponsabilidade Civil no Código de Proteção e Defesa do Consumidor e o Transporte Aéreo. *Revista de Direito do Consumidor.* v. 19/1996, Jul-Set, São Paulo: Ed. RT, 1996. p. 114-147.

Portanto, pretendemos apresentar um *panorama geral* do chamado *ato ilícito indenizativo*, isto é o ato ilícito que tem como efeito o surgimento dever de indenizar os danos causados[3], no âmbito específico do transporte aéreo internacional de passageiros, dando especial ênfase às disposições aplicáveis diante do que prevê o ordenamento jurídico brasileiro. A partir de uma análise da evolução legislativa e jurisprudencial, visaremos responder se, por acaso, a responsabilidade civil relacionada ao transporte aéreo internacional está sujeita à limitação e, em caso positivo, em que medida.

2. A LEGISLAÇÃO AERONÁUTICA E A RESPONSABILIDADE CIVIL: UMA SÍNTESE HISTÓRICA

Como um dos autores do presente trabalho já teve a oportunidade de apontar[4], a responsabilidade civil no transporte aéreo passou por diversos tratamentos pelo direito positivo até que se chegasse ao perfil atual. Trata-se de uma hipótese específica de *contrato de transporte de pessoas* e que tem como principal objeto uma obrigação de fazer – *transporte por meio do espaço aéreo* – que, em regra, envolve não somente o transporte em segurança de passageiros ao destino final, como, ainda, de seus pertences e bagagens.[5] Em síntese, o transportador tem que adimplir aquilo que se comprometeu, isto é, transportar.[6]

Fala-se em transporte aéreo nacional ou doméstico quando os pontos de partida, intermediários e de destino estão localizados no território nacional.[7] Por sua vez, fala-se em transporte aéreo internacional, quando o ponto de partida e destino estão situados em países diversos, havendo ou não interrupção ou baldeação.[8]

O tratamento diferenciado da responsabilidade civil, em sua origem, justificou-se pela então precariedade em tempos pioneiros de tráfego aéreo[9], na medida em que não se tratava de uma atividade que tinha *condições de absoluta segurança*. Ou seja, se tratava de uma modalidade de transporte que apresentava maior risco do que os demais meios de transporte,[10] com altíssimos custos de implementação[11]. Atualmente, mesmo se tratando de um dos meios de transporte de passageiros mais seguros, as peculiaridades desta atividade essencial e diferenciada, acabam por ensejar um regramento específico e, em certa medida, diferenciado das demais, tanto no que tange ao âmbito do transporte nacional, quanto, mais especificamente, ao âmbito do transporte internacional.

---

3. MELLO, Marcos Bernardes de. *Teoria do Fato Jurídico: plano da existência*. 22. ed. São Paulo: Saraiva Educação, 2019. p. 320. Isto porque, como bem aponta o autor, os atos ilícitos podem gerar diversas consequências, dentre elas, o dever de indenizar.

4. ALVIM, Eduardo P. Arruda; JORGE, Flávio Cheim. A Reponsabilidade Civil no Código de Proteção e Defesa do Consumidor e o Transporte Aéreo. *Revista de Direito do Consumidor*. v. 19/1996, Jul-Set, São Paulo: Ed. RT, 1996. p. 114-147.

5. A respeito do contrato de transporte de pessoas vide: LOTUFO, Renan. O Contrato de Transporte de Pessoas no Novo Código Civil. *Revista de Direito do Consumidor*. v. 43/2002. p. 205-214.

6. MIRANDA, Pontes de. *Tratado de Direito Privado*. 3. ed. Rio de Janeiro: Borsoi, 1972. t. XLV, p. 179.

7. RIZZARDO, Arnaldo. *Contratos*. 14. ed. Rio de Janeiro: Forense, 2014. p. 819.

8. RIZZARDO, Arnaldo. *Contratos*. 14. ed. Rio de Janeiro: Forense, 2014. p. 819.

9. RODRIGUES, Silvio. *Direito Civil*: Responsabilidade Civil. 5. ed. São Paulo: Saraiva, 1975. v. 4, p. 247.

10. Vide as ponderações constantes do seguinte julgado: STJ, REsp 220.898/SP, 4ª T. j. 23.11.2000, rel. Min. Ruy Rosado de Aguiar, *DJ* 12.02.2001.

11. SILVA, Daniel Vicente Evaldt da; SILVA, Jonas Sales Fernandes; SANTOS, Júlio Edstron Secundino Santos. Análise da Aplicação do Código de Defesa do Consumidor a Casos de Dano Material por Extravio de Bagagem no Contrato de Transporte Aéreo Internacional: um aparente conflito de normas jurídicas. *Revista de Direito do Consumidor*. v. 108/2016. p. 375-400. p. 03 do artigo.

A RESPONSABILIDADE CIVIL NO TRANSPORTE AÉREO INTERNACIONAL DE PASSAGEIROS **459**

No que diz respeito ao objeto do presente trabalho, cumpre referir que no período de 1925 a 1938, a matéria era regulada genericamente pelo Regulamento dos Serviços Civis de Navegação Aérea (Decreto 16.983/1925). Referido regulamento, em seu art. 84[12], era expresso ao determinar a aplicação do CC/1916. Não havia, pois, grande distinção entre a responsabilidade civil em geral e a responsabilidade civil decorrente da atividade relacionada ao transporte aéreo, a exceção de algumas peculiaridades.[13]

Em sequência, foi aprovado o Código Brasileiro do Ar (Decreto-Lei 483/1938). Referida legislação previa, em seu art. 83, a responsabilidade civil do transportador por qualquer dano resultante de morte ou lesão corporal do viajante, desde que houvesse ou defeito na aeronave ou culpa da tripulação (alíneas a e b do art. 83). Complementarmente, o art. 88, especificava que: "Em qualquer dos casos acima previstos, ficará o transportador exonerado de responsabilidade se provar que por si ou por seus prepostos foram tomadas, de maneira satisfatória, as medidas necessárias para que não se produzisse o dano, ou que se tornou impossível fazê-lo." O art. 88, portanto, afastava a responsabilização, ainda que ocorrentes os pressupostos do art. 83. Ademais, no que tange especificamente ao transporte internacional, a referida legislação explicitava que este "na ausência de convenção ou tratado, será também regulado pelos princípios estabelecidos" no referido Código.

Relevante realizar o destaque de que tanto a responsabilidade civil contratual quanto a responsabilidade perante terceiros (*aquiliana,* prevista no art. 97 do Código) eram limitadas por disposição legal expressa. Isto é, havia uma efetiva previsão no direito positivo a respeito dos valores máximos do ressarcimento dos diversos danos relativos ao transporte de passageiros em geral causados ao contratante (v.g arts. 91, caput e seguintes)[14] e especificamente de relativo às mercadorias e bagagens despachadas (art. 91, §1º), de pequenos objetos que o viajante estiver sob guarda (art. 91, § 2º), bem como em relação aos terceiros (arts. 102 e s.).

Em 1966 sobreveio o Código Brasileiro do Ar de 1966 (Decreto Lei 32/1966), que previa a responsabilidade do transportador pelo dano resultante do acidente relacionado com a aeronave que causar lesão corporal ou morte do passageiro (art. 97), bem como pelos danos resultantes de destruição, perda ou avaria na bagagem (art. 98). No que concerne à responsabilidade, igualmente encontrava limitações, conforme é possível

---

12. Art. 84. No caso de prejuízos causados por uma aeronave, a responsabilidade do piloto e do armador respectivos será regulada de conformidade com as disposições do Código Civil."
13. Salvo pequenas disposições específicas, como, por exemplo, as constantes do art. 85.
14. "Art. 91. No transporte de passageiros, salvo acôrdo expresso em contrário que não reduza, limita-se a reaponsabilidade do transportador à importância equivalente por pessoa, a 150 (cento e cinquenta) vêzes o maior salário-mínimo mensal vigente no país, respeitado o valor máximo da indenização constante de convênios internacionais ratificados pelo Brasil. § 1º No transporte de mercadorias ou bagagens despachadas, salvo convenção das partes, limita-se a responsabilidade do transportador à quantia de Cr$ 2.000,00 (dois mil cruzeiros) por quilograma. § 2º Quanto aos pequenos objetos que o viajante conservar sob sua guarda a responsabilidade do transportador não excederá de Cr$ 40.000,00 (quarenta mil cruzeiros) por viajante, e será devida mediante declaração dêste não impugnada pelo transportador."
"Art. 92. A nulidade da cláusula tendente a exonerar o transportador de responsabilidade ou a estabelecer limite inferior ao que lhe fixa o presente Código – não acarreta a do contrato de transporte respectivo."

verificar dos arts. 101[15] 103[16], e 117, sendo o tratamento substancialmente semelhante àquele constante do Decreto-Lei 483/1938.[17]

Por fim, veio a disposição específica do Código Brasileiro do Aeronáutica (Lei 7.565/1986), que trata a respeito da responsabilidade civil nos arts. 246 e seguintes, sendo certo que este também estabelece *limites* à indenização, sendo que estes limites apenas podem ser superados em caso de dolo ou culpa grave do transportador ou de seus prepostos, nos termos da exceção constante do art. 248. O Código Brasileiro de Aeronáutica limitou especificamente o dano a passageiro (art. 257)[18], dano à bagagem (art. 260)[19], dano à carga (art. 262)[20], dano a terceiros na superfície (art. 269) e por dano decorrente do abalroamento (art. 277).

No que tange especificamente ao transporte aéreo internacional, estabelece o Código que devem ser observados os limites constantes das Convenções Internacionais que o Brasil faz parte, conforme indica o seu art. 267: "Para efeito de limite de responsabilidade civil no transporte aéreo internacional, as quantias estabelecidas nas Convenções Internacionais de que o Brasil faça parte serão convertidas em moeda nacional, na forma de regulamento expedido pelo executivo."

Nesta esteira, quando aprovada a referida lei, havia de ser observada a Convenção de Varsóvia (Convenção para a "unificação de certas regras relativas ao transporte aéreo internacional"), de 1929, internalizada pelo ordenamento jurídico brasileiro por meio do Decreto 20.704/1931, sendo posteriormente alterada pelo Protocolo de Haia, internalizado por meio do Decreto 56.463/1965. O art. 22 da Convenção de Varsóvia, parcialmente alterado pelo Protocolo de Haia, estabelecia que haveria uma limitação máxima de 250 mil *francos* para indenização no caso de transporte de pessoas (art. 22, I), e 250 francos por quilograma para o caso de perda, avaria ou atraso de mercadoria (art. 22, 2, *a*) e cinco mil francos para objetos que o passageiro conservar sob sua guarda (art. 22, 2).[21]

---

15. "Art. 101. O transportador responde pelo dano resultante de antecipação ou atraso do transporte aéreo do passageiro, da bagagem ou da carga, salvo caso de fôrça maior, inclusive os impostos pela segurança do voo, cabendo-lhe a prova de tal circunstância. Parágrafo único. A responsabilidade do transportador prevista neste artigo, será limitada, em se tratando de passageiro, pelo máximo de 10% do valor dos prejuízos provados, e nos demais casos, pelo máximo de 10% do valor respectivo da bagagem ou carga transportada."

16. "Art. 103. No transporte de passageiros, salvo se fôr convencionada indenização mais alta, a responsabilidade do transportador por qualquer dano resultante de morte ou lesão corporal de passageiro será limitada, por pessoa, à importância correspondente a 200 (duzentas) vêzes o maior salário-mínimo vigente no País.§ 1º No transporte de carga ou bagagem, salvo convenção entre as partes, a responsabilidade do transportador se limita à quantia calculada por quilo, à base de 1/3 (um têrço) do maior salário-mínimo vigente no País. § 2º Quanto à bagagem e objetos que o passageiro conservar sob a sua guarda, a responsabilidade do transportador não excederá a 4 (quatro) vêzes o maior salário-mínimo vigente no País."

17. O tratamento da legislação era criticado por parte da doutrina. A respeito do tema vide: PEREIRA, Caio Mario da Silva. *Responsabilidade Civil*. 3. ed. Rio de Janeiro: Forense, 1992. p. 222.

18. "Art. 257. A responsabilidade do transportador, em relação a cada passageiro e tripulante, limita-se, no caso de morte ou lesão, ao valor correspondente, na data do pagamento, a 3.500 (três mil e quinhentas) Obrigações do Tesouro Nacional – OTN, e, no caso de atraso do transporte, a 150 (cento e cinquenta) Obrigações do Tesouro Nacional – OTN."

19. "Art. 260. A responsabilidade do transportador por dano, consequente da destruição, perda ou avaria da bagagem despachada ou conservada em mãos do passageiro, ocorrida durante a execução do contrato de transporte aéreo, limita-se ao valor correspondente a 150 (cento e cinquenta) Obrigações do Tesouro Nacional – OTN, por ocasião do pagamento, em relação a cada passageiro."

20. "Art. 262. No caso de atraso, perda, destruição ou avaria de carga, ocorrida durante a execução do contrato do transporte aéreo, a responsabilidade do transportador limita-se ao valor correspondente a 3 (três) Obrigações do Tesouro Nacional – OTN por quilo, salvo declaração especial de valor feita pelo expedidor e mediante o pagamento de taxa suplementar, se for o caso (artigos 239, 241 e 244)."

21. Importante referir o que previa o art. 25, com a redação do Decreto 56.463/1986: "Os limites de responsabilidade previstos no art. 22 não se aplicam se fôr provado que o dano resulta de uma ação ou omissão do transportador ou de seus prepostos

A natureza da responsabilidade prevista na Convenção de Varsóvia é subjetiva, havendo, no entanto, uma *presunção de culpa (iuris tantum)*.[22] Isto porque o art. 20 da Convenção previa a possibilidade de exoneração da responsabilidade caso o transportador "provar que tomou, e tomaram seus prepostos, todas as medidas acessórias para que não se produzisse o dano, o que lhes não foi possível tomá-las.". Assim, "em vez da vítima ter que provar a culpa do transportador, este é que terá que demonstrar que tomou todas as medidas necessárias para evitar o acidente."[23-24]

A CF/1988, veio a prever especificamente no art. 178, inciso I, que a competência para a lei dispor sobre a ordenação dos transportes aéreos e terrestres, sendo certo que em seu § 1º restava claramente estabelecido que "a ordenação do transporte internacional cumprirá os acordos feitos pela União, atendido o princípio da Reciprocidade." Em 1995, a EC 7/1995 alterou a redação do referido dispositivo, passando a se prever que "a lei disporá sobre a ordenação dos transportes aéreo, aquático e terrestre, devendo, quanto à ordenação do transporte internacional, observar os acordos firmados pela União, atendido o princípio da reciprocidade."

Mais recentemente, em 28 de maio de 1999, foi celebrada em Montreal, a Convenção "para a Unificação de Certas Regras Relativas ao Transporte Aéreo Internacional", e internalizada no ordenamento jurídico brasileiro pelo Decreto 5.910/2006. Referida Convenção atribui ao transportador (transporte internacional de pessoas efetuado em aeronaves) a responsabilidade civil por morte ou lesão corporal do passageiro (art. 17), dano à bagagem (art. 19), estabelecendo, ademais, hipóteses de culpa exclusiva ou concorrente como causas de exoneração e mitigação da responsabilidade do transportador (art. 20). Complementarmente, previu, em seu art. 22, os limites ao dever de indenizar, considerando como nulas de pleno direito eventuais disposições negociais que visem a reduzir as quantias legalmente estabelecidas.

A convenção de Montreal tratou especificamente a responsabilidade civil do transportador no que diz respeito à indenização em caso de morte ou lesões aos passageiros, prevendo que existe responsabilidade, desde que "o acidente que causou a morte ou a lesão haja ocorrido a bordo da aeronave ou durante quiser operações de embarque ou desembarque."(art. 17, item 1). Referido dispositivo *não exige culpa*, tratando-se de efetiva responsabilidade objetiva, bastando que "o acidente" que ocasionou a morte ou a lesão tenha ocorrido na aeronave ou durante as operações de embarque ou desembarque.

Em relação a esta espécie de dano, a convenção especifica que o transportador não poderá excluir nem limitar sua responsabilidade que não exceda de 100.000 DESP (Direitos Especiais de Saque por Passageiro) (art. 21, item 1). Portanto, há uma efetiva limitação à autonomia privada, não estando no âmbito de dispositividade das partes contratantes

---

cometidas com a intenção de causar dano, ou termeràriamente e com consciência de que provàvelmente causaria dano; com a condição de que, em caso de uma ação ou omissão de prepostos, seja igualmente provado que êste agiram no exercício de suas funções."

22. RODRIGUES, Silvio. *Direito Civil*: Responsabilidade Civil. 5. ed. São Paulo: Saraiva, 1975. v. 4, p. 250. Como bem reconhece a doutrina, no entanto, a jurisprudência tem atribuído responsabilidade objetiva ao transportador ao interpretar referidos dispositivos: GONÇALVES, Carlos Roberto. *Direito Civil Brasileiro*: responsabilidade civil. 5. ed. São Paulo: Saraiva, 2010. p. 226.

23. RODRIGUES, Silvio. *Direito Civil: Responsabilidade Civil*. 5. ed. São Paulo: Saraiva, 1975. p. 250. v. 4.

24. Por sua vez, o art. 21 estabelecia a possibilidade de exoneração ou atenuação da responsabilidade, comprovando-se que o dano decorreu de culpa da pessoa lesada (quebra do nexo de causalidade), operando-se a exoneração total ou simples atenuação da responsabilidade, conforme se trate de "culpa exclusiva" da vítima ou concorrente com o lesado.

a redução nos termos indicados. Ademais, igualmente nesta hipótese, o transportador *não será responsável pelos danos na medida em que exceda 100.000 DESP*, se provar que o dano não se deveu a negligência ou a outra ação ou omissão do transportador ou de seus prepostos, ou, ainda, que o dano se deveu unicamente à negligência ou outra ação ou omissão indevida de um terceiro.

Adicionalmente, a convenção estabelece que, em caso de dano ocasionado por atraso no transporte de pessoas a responsabilidade do transportador, o valor da indenização se limita a 4.150 DESP (art. 22, item I). Em se tratando de transporte de bagagem, a responsabilidade em caso de destruição, perda, avaria ou atraso, se limita a 1.000 DESP, salvo se o passageiro haja feito ao transportador uma declaração especial de valor da entrega desta no local de destino, pagando, se for o caso, uma quantia suplementar (art. 22 item 2). Se presente a hipótese excepcionada, isto é, houver declaração específica, o transportador estará obrigado ao pagamento de uma quantia que não exceda o valor declarado, salvo se provar que o valor declarado é superior ao valor real da entrega no lugar de destino.

O que é facilmente possível perceber, a partir de uma breve e genérica análise da evolução legislativa, é que há uma tendência quase constante de limitação da responsabilidade civil do transportador aéreo de pessoas. Isto é, em que pese a ideia de indenização tenha como pressuposto de que há de se retomar à situação "sem dano" (tornar *indene*)[25] anterior, por meio da obrigação de pagar que guarde correlação proporcional com o dano causado, nos parece claro que o direito positivo, em diversas oportunidades, empregou tratamento diferenciado quando se trata de transporte aéreo de passageiros, admitindo, em várias ocasiões, limitações, especialmente aquelas constantes das Convenções Internacionais internalizadas que restringiam quantitativamente o dever de pagar – *indenização*.

3. A RESPONSABILIDADE CIVIL NO TRANSPORTE DE PESSOAS INTERNACIONAL E O CDC

Questão relevante que se colocou, logo após a entrada em vigor do CDC, diz respeito à sua aplicabilidade (ou não) aos contratos *de transporte aéreo internacional*. A aplicabilidade ganha especial relevância no presente estudo porque a legislação consumerista adotou um regramento claro no sentido de que o fornecedor ou prestador de serviços é responsável pela indenização ampla e integral, isto é, o valor da indenização com a função efetiva de reparar integralmente o dano sofrido, hipótese que não seria compatível com as limitações acima indicadas.

Por um lado, parece claro que as companhias aéreas certamente se encaixam com absoluta perfeição na amplíssima definição de *fornecedor*, consistente em toda pessoa física ou jurídica (ou ainda, entes despersonalizados), que desenvolvem atividade de produção, montagem, criação, construção, transformação, importação, exportação, distribuição ou comercialização de produtos ou prestação de serviços (art. 3° do CDC). Sendo certo, ademais, que referida legislação é clara a apontar que os serviços pode ser qualquer atividade fornecida no mercado de consumo, mediante remuneração (art. 3°, § 2°), o que não temos dúvida que se encaixa na atividade de transporte internacional de passageiros. Ademais, no mais das vezes, aquele que adquire as passagens aéreas, igualmente se enquadra dentro da

---

25. RODRIGUES, Silvio. *Direito Civil*: Responsabilidade Civil. 5. ed. São Paulo: Saraiva, 1975. v. 4, p. 192.

A RESPONSABILIDADE CIVIL NO TRANSPORTE AÉREO INTERNACIONAL DE PASSAGEIROS | **463**

definição de consumidor, isto é, de pessoa física e jurídica que adquire ou utiliza produto ou serviço como destinatário final do produto ou do serviço.

Abstratamente, portanto, seria possível afirmar da plena aplicabilidade do CDC aos contratos de transporte aéreo de passageiros. Contudo, como já mencionado, a principal e mais relevante controvérsia relativa à aplicação do CDC diz respeito ao valor da indenização. Isto porque a legislação consumerista adotou a ideia de indenização integral, ou seja, o valor da indenização deve corresponder diretamente ao dano causado, não podendo ser limitado (art. 6º, VI, e art. 25). Ocorre que, como vimos, tanto a legislação ordinária quanto os tratados internacionais estabelecem limitações ao dever de indenizar.

Logo após a positivação do CDC a doutrina se dividiu a respeito da controvérsia.[26] Parte relevante considerou que o CDC teria natureza de ordem pública (art. 1º) e que daria concretude ao mandamento constitucional conste do inciso XXXII do art. 5º da CF/1988, tratando-se de diploma fundamental que erigiu a defesa do consumidor à altura de princípio geral da atividade econômica (art. 170, V, da CF/1988). Segundo exatamente estes fundamentos, bem como a circunstâncias de que as limitações à indenização seriam incompatíveis com o princípio constitucional da defesa e proteção do consumidor, se posicionou no sentido da aplicação do CDC aos contratos de transporte aéreo nacional e internacional.[27]

Com base nestes fundamentos, a 2ª Seção do STJ, antes da internalização da Convenção de Montreal, consolidou o entendimento de que a responsabilidade civil do transportador aéreo pelo extravio de bagagem ou de carga rege-se pelo CDC, se o evento se deu em sua vigência, afastando-se a previsão a respeito da indenização constante da Convenção de Varsóvia.[28] Referido entendimento acabou se consolidando no âmbito do STJ, no sentido de que, a indenização deve ser integral, seja em viagem nacional ou internacional[29], mesmo após a Convenção se Montreal.[30] Em igual sentido também já decidiu a 1ª Turma do STF.[31]

O entendimento, contudo, passou por uma relevante modificação, especialmente após a jurisprudência passar a interpretar a questão a partir do comando do art. 178 da CF/1988, que, na redação dada pela EC 7, especifica que "A lei disporá sobre a ordenação

---

26. Cumpre referir que parte da doutrina compreendia que antes mesmo do CDC a regra seria da plena indenização: GONÇALVES, Carlos Roberto. *Responsabilidade Civil*. 8. ed. São Paulo: Saraiva, 2003. p. 303 a 309.

27. Para um panorama específico do tema vide: ALVIM, Eduardo P. Arruda; JORGE, Flávio Cheim. A Reponsabilidade Civil no Código de Proteção e Defesa do Consumidor e o Transporte Aéreo. *Revista de Direito do Consumidor*. v. 19/1996, Jul-Set, São Paulo: Revista dos Tribunais, 1996. p. 114-147. Mais recentemente, defendendo a prevalência do CDC vide: SILVA, Daniel Vicente Evaldt da; SILVA, Jonas Sales Fernandes; SANTOS, Júlio Edstron Secundino Santos. Análise da Aplicação do Código de Defesa do Consumidor a Casos de Dano Material por Extravio de Bagagem no Contrato de Transporte Aéreo Internacional: um aparente conflito de normas jurídicas. *Revista de Direito do Consumidor*. v. 108/2016. p. 375-400. Defendendo, com restrições, a aplicação das Convenções: SCRAMIM, Umberto Cassiano Garcia. Responsabilidade Civil no Transporte Aéreo Internacional de Pessoas. *Revista de Direito Privado*. v. 66/2016. p. 173 a 197.

28. STJ, EREsp 269.353/SP, 2ª S. j. 14.04.2002, rel. Min. Castro Filho, DJE 17.06.2002.

29. STJ, REsp 552.553/RJ, 4ª T. j. 12.12.2005, rel. Min. Fernando Gonçalves, DJe 01.02.2006; STJ, REsp 236.755/SP, 4ª T. j. 08.05.2001, *DJe* 15.10.2001.

30. A título de exemplo, citamos os seguintes julgados: STJ, AgRg no AREsp 407.809/SP, 4ª T., j. 11.03.2014, rel. Min. Luis Felipe Salomão, DJe 19.03.2014; STJ, REsp 1.289.629/SP, 3ª T. rel. Min. Marco Aurélio Bellizze, *DJe* 03.11.2015. STJ, AgInt no AREsp 967.785/SP, j. 02.02.2017, rel. Min Luis Felipe Salomão, DJe 09.02.2017.

31. STF, RE 351.750/RJ, 1ª T. j. 17.03.2009, rel. p. o acórdão Min. Carlos Ayres Britto. *DJe* 26.03.2009. A decisão, no entanto, foi reformada em embargos de divergência (por decisão monocrática, proferida pelo Min. Relator Roberto Barroso em 13.04.2018) , diante da superveniência de decisão em sentido contrário do Plenário no STF, RE 636.331/RJ, Plenário, j. 25.05.2017, rel. Min. Gilmar Mendes, *DJe* 25.05.2017 e no STF, ARE 766.618, Plenário, j. 25.05.2017, rel. Min. Roberto Barroso, *DJe* 13.11.2017 conforme se apontará.

dos transportes aéreo, aquático e terrestre, devendo, quanto à ordenação do transporte internacional, observar os acordos firmados pela União, atendido o princípio da reciprocidade." Passou-se a considerar especificamente o que prevê a parte final, isto é, o dever de "observar" os acordos firmados pela União.[32]

Mais recentemente o Plenário do STF enfrentou novamente o tema, tendo compreendido, com base no art. 178 da CF/1988, bem como na circunstância de ser a Convenção Internacional norma especial aplicável aos contratos de transporte aéreo internacional, e, ainda, norma posterior ao CDC (considerando especialmente a modificação implementada com a Convenção de Montreal, internalizada em 2006, como visto), pela "prevalência da Convenção de Varsóvia e demais acordos internacionais subscritos pelo brasil, não apenas na hipótese de extravio de bagagem. A mesma razão jurídica impõe afirmar a mesma conclusão também nas demais hipóteses em que haja conflito normativo entre os mesmos diplomas."[33][34]

Com isso, restou fixada, por maioria de votos, a seguinte tese (Tema 210): "Nos termos do art. 178 da Constituição da República, as normas e os tratados internacionais limitadores da responsabilidade das transportadoras de passageiros, especialmente as Convenções de Varsóvia e Montreal, têm prevalência em relação ao Código de Defesa do Consumidor".

Após a decisão do STF em RE com repercussão geral reconhecida, o STJ tem aplicado o entendimento acima indicado para o *transporte internacional em geral*, afastando, portanto, a antiga jurisprudência (já referida no presente trabalho) no sentido de que deve prevalecer o CDC.[35]

Cumpre referir que a limitação acima indicada, no que tange à indenização por atraso de voo internacional, bem como por extravio, perda ou destruição de bagagem, diz respeito tão somente ao dano material sofrido. Isto porque, segundo corretamente interpretou o STF[36] e tem interpretado o STJ[37], as convenções não trataram a respeito de eventual indenização por dano moral, razão pela qual, em relação a este último, não há de se falar em limitação da responsabilidade civil.

---

32. Segundo compreendeu a 2ª Turma do STF, ao analisar qual norma deveria regular o prazo prescricional, "embora válida a norma do Código de Defesa do Consumidor quanto aos consumidores em geral, no caso específico de transporte internacional aéreo, com base no art. 178 da Constituição Federal de 1988, prevalece a Convenção de Varsóvia, que determina prazo prescricional de dois anos." (STF, RE 297.901, 2ª T. j. 07.03.2006, rel. Min. Ellen Gracie, *DJe* 31/03/2006).

33. STF, RE 636.331/RJ, Plenário, j. 25.05.2017, rel. Min. Gilmar Mendes, *DJe* 13.11.2017, julgado em conjunto com: STF, ARE 766.618, Plenário, j. 25.05.2017, rel. Min. Roberto Barroso, *DJe* 13.11.2017. Como já apontado, o mesmo entendimento foi aplicado no Embargos de Divergência no RE 351.750/RJ, Decisão Monocrática. j. 14.04.2018, rel. Min. Roberto Barroso, *DJe* 19.04.2018

34. Destaca-se, no entanto, a divergência expressada no voto do Min. Celso de Mello e Marco Aurélio, que se posicionaram no sentido de que deveriam prevalecer as disposições do CDC.

35. STJ, AgInt nos EDcl no REsp 1.790.981/SP, 3ª T. j. 24.08.2020, rel. Min. Marco Aurélio Bellizze, *DJe* 01.09.2020, STJ, AgInt no REsp 1.814.008/SP, 3ª T. j. 10.08.2020, rel. Min. Marco Aurélio Bellizze, *DJe* 17.08.2020; STJ, AgInt no AREsp 369.464/SP, 4ª T. j. 19.06.2020, rel. Min. Antonio Carlos Ferreira, *DJe* 01.07.2020; STJ, AgInt no REsp 1.782.487/SP, 4ª T. j. 18.06.2019, rel. Min. Luis Felipe Salomão, *DJe* 25.06.2019; STJ, AgInt no AREsp 1.273.173/SP, 4ª T. j. 13.12.2018, rel. Min. Maria Isabel Gallotti, *DJe* 19.12.2018.

36. Nos julgados acima mencionados (STF, RE 636.331/RJ, Plenário, j. 25.05.2017, rel. Min. Gilmar Mendes, *DJe* 13.11.2017, julgado em conjunto com: STF, ARE 766.618, Plenário, j. 25.05.2017, rel. Min. Roberto Barroso, *DJe* 13.11.2017), restou expressado que o Tema 210 diz respeito tão somente aos danos materiais.

37. STJ, REsp 1.842.066/RS, 3ª T. j. 09.06.2020, rel. Min. Moura Ribeiro, *DJe* 16.06.2020.

4. CONCLUSÃO

Conforme apontado no presente artigo, o tratamento a respeito da indenização por dano resultante do transporte internacional de passageiros passou por diversas modificações ao longo do tempo, sendo certo que a antiga divergência a respeito da prevalência do CDC ou do Código Brasileiro de Aeronáutica e das Convenções Internacionais aplicáveis, parece ter finalmente sido pacificada em razão da tese fixada pelo STF (Tema 210), no sentido de que "nos termos do art. 178 da Constituição da República, as normas e os tratados internacionais limitadores da responsabilidade das transportadoras de passageiros, especialmente as Convenções de Varsóvia e Montreal, têm prevalência em relação ao Código de Defesa do Consumidor".

Desta feita, após a decisão do STF em RE com repercussão geral reconhecida, o Superior Tribunal de Justiça tem aplicado com absoluta tranquilidade o entendimento acima indicado para o *transporte internacional em geral*, admitindo a limitação da indenização nos termos indicados, afastando, portanto, a antiga jurisprudência no sentido de que deve prevalecer o CDC (que prevê a indenização integral com base na extensão do dano causado).

Por fim, cumpre referir conclusivamente que a limitação acima indicada, no que tange à indenização por atraso de voo internacional, bem como por extravio, perda ou destruição de bagagem, diz respeito tão somente ao dano material sofrido, posto que as convenções não trataram a respeito de eventual indenização por dano moral, razão pela qual, em relação a este último, não há de se falar em limitação da responsabilidade civil.

5. REFERÊNCIAS

ALVIM, Eduardo P. Arruda; JORGE, Flávio Cheim. A Reponsabilidade Civil no Código de Proteção e Defesa do Consumidor e o Transporte Aéreo. *Revista de Direito do Consumidor.* v. 19/1996, Jul-Set, São Paulo: Ed. RT, 1996.

GONÇALVES, Carlos Roberto. *Direito Civil Brasileiro*: responsabilidade civil. 5. ed. São Paulo: Saraiva, 2010.

GONÇALVES, Carlos Roberto. *Responsabilidade Civil*. 8. ed. São Paulo: Saraiva, 2003.

LOTUFO, Renan. O Contrato de Transporte de Pessoas no Novo Código Civil. *Revista de Direito do Consumidor.* v. 43/2002.

MELLO, Marcos Bernardes de. *Teoria do Fato Jurídico*: plano da existência. 22. ed. São Paulo: Saraiva Educação, 2019.

PEREIRA, Caio Mario da Silva. *Responsabilidade Civil*. 3. ed. Rio de Janeiro: Forense, 1992.

PONTES DE MIRANDA, Francisco Cavalcanti. *Tratado de Direito Privado*. 3. ed. Rio de Janeiro: Borsoi, 1972. t. XLV.

RIZZARDO, Arnaldo. *Contratos*. 14. ed. Rio de Janeiro: Forense, 2014.

RODRIGUES, Silvio. *Direito Civil:* Responsabilidade Civil. 5. ed. São Paulo: Saraiva, 1975. v. 4.

SCRAMIM, Umberto Cassiano Garcia. Responsabilidade Civil no Transporte Aéreo Internacional de Pessoas. *Revista de Direito Privado.* v. 66/2016.

SILVA, Daniel Vicente Evaldt da; SILVA, Jonas Sales Fernandes; SANTOS, Júlio Edstron Secundino Santos. Análise da Aplicação do Código de Defesa do Consumidor a Casos de Dano Material por Extravio de Bagagem no Contrato de Transporte Aéreo Internacional: um aparente conflito de normas jurídicas. *Revista de Direito do Consumidor.* v. 108/2016.

DO *OVERBOOKING* AO *OVERSELLING*. CONSIDERAÇÕES CRÍTICAS À LUZ DA PERSPECTIVA EVOLUTIVA DA RESPONSABILIDADE CIVIL DO TRANSPORTADOR AÉREO

Marco Fábio Morsello

Doutor em Direito Civil pela Faculdade de Direito da Universidade de São Paulo. Bacharel em Direito pela Faculdade de Direito da Universidade de São Paulo. Professor Doutor em Direito Civil na Faculdade de Direito da Universidade de São Paulo. Membro Pleno e Correspondente no Brasil da ALADA (Asociación Latino Americana de Derecho Aeronáutico y Espacial). *Visiting Professor* na Università degli Studi di Sassari (*Diritto della Navigazione*).

Sumário: 1. Introdução. 2. Caracterização. Do *overbooking* ao *overselling* em cotejo com o *no show*. Inadimplemento absoluto inconfundível com a figura do atraso. 3. A reparação do dano. Eficácia protetiva à luz da boa-fé objetiva e considerações críticas e propositivas. 4. Proposições conclusivas. 5. Referências.

Ao estimado amigo, saudoso Jurista e Professor Renan Lotufo, que, em tempos nos quais grassam a síndrome do pensamento acelerado, ínsita ao império do efêmero e o relativismo, tornou-se um paradigma de reflexão aprofundada para diversas gerações, sem soluções prontas, mas estruturalmente construídas, instigando e catalisando a reflexão constante e cujo papel central reverberava a preocupação central com a pessoa humana e a ética, nos difíceis anteparos erigidos pela pós-modernidade. Decerto, além da amizade imorredoura, cumpriu com denodo sua nobre missão na Cidade dos Homens e está mirando a face de Deus.

1. INTRODUÇÃO

Por proêmio, como é cediço, o contrato de transporte aéreo de passageiros é aquele por meio do qual um sujeito (transportador) se obriga, frequentemente (embora não necessariamente), por meio de contraprestação pecuniária, a transferir pessoas e suas bagagens de um lugar ao outro ou ao mesmo depois de escalas intermediárias, por via aérea, com celeridade[1].

---

1. Nesse sentido: MORSELLO, Marco Fábio, *Responsabilidade civil no transporte aéreo*. 1. ed., 2. tir. São Paulo: Atlas, 2006, p. 484; BALLARINO, Tito; BUSTI, Silvio. *Diritto aeronautico e spaziale*. Milano: Giuffrè, 1988, p. 580, item 6.1; MAPELLI, Enrique. *El contrato de transporte aéreo internacional*: comentarios al Convenio de Varsovia. Madrid: Tecnos, 1968, p. 20-34; FREIDENBERG, Elizabeth Mireya. Hacia una estructuración de las condiciones generales de transporte. *XIII Jornadas iberoamericanas de derecho aeronáutico, del espacio y de la aviación comercial*. Madrid: Instituto Iberoamericano de Derecho Aeronáutico, del Espacio y de la Aviación Comercial, 1984. p. 87; SCHWENK, Walter; NIESTER, Werner; STUKENBERG, Dieter. *Handbuch des Luftverkehrsrechts*. 2. ed. rev. e ampl. Berlin: Carl Heymanns Verlag, 1996, p. 627; LACERDA, J. C. Sampaio de. *Curso de direito privado da navegação*. Rio de Janeiro: Freitas Bastos, 1974. v. 2 – Direito aeronáutico, p. 117; BRASIL, Sylvio Mário. *Contrato de transporte aéreo* – aspectos básicos, *Revista Brasileira de Direito Aeroespacial (RBDA)*, Rio de Janeiro, v. 81, p. 42-48, nov. 2000, p. 44.

MARCO FÁBIO MORSELLO

De fato, sob nossa ótica, sem prejuízo da obrigação de proteção, não há como descurar de sua peculiaridade no que concerne à celeridade, na medida em que, na percepção social do tipo contrato de transporte aéreo, esta é um elemento integrante e motivo determinante da contratação.

Ademais, emerge como realidade inconcussa o papel central desempenhado pela pessoa, fator catalisador da evolução da ordem pública de direção para a ordem pública de proteção, com o consequente destaque para a denominada obrigação de segurança, devidamente objetivada no ordenamento constitucional pátrio, independentemente da natureza contratual ou extracontratual da responsabilidade, preocupação esta já aventada pelo saudoso jurista homenageado[2].

Com efeito, muito embora a obrigação de segurança e proteção seja ínsita ao contrato de transporte de pessoas, depreende-se que com a ordem pública de proteção passou-se a considerá-la essencial, autonomizando-a[3].

Efetuado este introito, que se afigura fundamental, faz-se mister a análise da figura do *overbooking*, atualmente transformado em efetivo *overselling*.

2. CARACTERIZAÇÃO. DO *OVERBOOKING* AO *OVERSELLING* EM COTEJO COM O *NO SHOW*. INADIMPLEMENTO ABSOLUTO INCONFUNDÍVEL COM A FIGURA DO ATRASO

Trata-se o *overbooking* de tema de inequívoca relevância no transporte aéreo, na medida em que, utilizado frequentemente por transportadores aéreos, gera inúmeros problemas junto a passageiros que, apresentando-se no horário determinado previamente para *check-in*, pela companhia aérea contratada, com reserva confirmada, não conseguem, no entanto, embarcar.

Na realidade diuturna, ademais, dessume-se inequívoca força expansiva para outros modais de transporte, sem prejuízo da hotelaria. *Quid juris,* então?

O *overbooking* caracteriza-se, em sua concepção original, pela aceitação pelo transportador de reservas para determinado voo em quantidade superior à capacidade da aeronave destinada para tanto[4].

---

2. LOTUFO, Renan. O contrato de transporte de pessoas no novo Código Civil. *Revista de Direito do Consumidor.* São Paulo, n. 43, p. 205-214, jul./set.2002.

3. Nesse sentido: ROMANELLI, Gustavo. *Il trasporto aereo di persone,* Padova: Cedam, 1966, p. 44-49; MASTRANDREA, Gerardo. *L'obbligo di protezione nel trasporto aereo di persone,* Padova: Cedam, 1994, p. 2-12; ANTONINI, Alfredo. *La responsabilità del vettore aereo per il trasporto di persone e cose nella più recente evoluzione normativa:* Protocolli di Montreal, Varsavia-Montreal, Regolamento Comunitario. Diritto dei Trasporti, Cagliari, 2000, p. 620; CORREA, José Bonet. *La responsabilidad en el derecho aéreo.* Madrid: 1963, p. 5-7; KASOLOLO, Mwene-Batende Itongwa. *La protection internationale des personnes voyageant par aéronefs. 1989. Dissertação (Mestrado) – Universidade de Liège,* p. 594.

4. Nesse sentido: BUSTI, Silvio. Contratto di trasporto aereo. In: Cicu, Antonio; Messineo, Antonio (Dir.). *Trattato di diritto civile e commerciale.* Milano: Giuffrè, 2001. t. 3, p. 483; COMENALE PINTO, Michele; ZUNARELLI, Stefano. *Manuale di Diritto della Navigazione e dei Trasporti.* 4. ed. Padova: Wolters Kluwer-Cedam, 2020, p. 414-415; FOLCHI, Mario O. *Tratado de derecho aeronáutico y política de la aviación civil.* Buenos Aires: Astrea, 2015, t. I, p. 501-507; ALMEIDA, Carlos Alberto Neves. *Do contrato de transporte aéreo e da responsabilidade civil do transportador aéreo,* Coimbra: Almedina, 2010, p. 596-613; ALVES, Hugo Ramos. Em tema de direitos dos passageiros nos Contratos de Transporte Aéreo. In: VICENTE, Dário Moura (coord.). *Estudos de Direito Aéreo.* Coimbra: Coimbra Editora-Grupo Wolters Kluwer, 2012, p. 308-310; MORSELLO, Marco Fábio, op. cit, p. 181-189; NERY JUNIOR, Nelson; NERY, Rosa Maria de Andrade, *Direito de Transportes,* São Paulo, Thomson Reuters, Revista dos Tribunais, 2020, p. 290-291; UNMACK, Tim. *Civil aviation:* standards and liabilities. London/Hong Kong: LLP, 1999, p. 257-258.

Deveras, por via de consequência, refere-se à promessa por parte do transportador de efetuar sua prestação em um momento determinado, junto a um número de usuários manifestamente superior aos meios colocados à disposição[5].

Com fundamento na prática reiterada de referida conduta, seguindo-se exemplo pioneiro dos Estados Unidos da América, no âmbito europeu editou-se o Regulamento (CEE) 295/91 do Conselho, de 4 de fevereiro de 1991, que regulamentou a matéria em análise, já precedida por iniciativas espontâneas de alguns transportadores, no âmbito de suas condições gerais de transporte[6].

A ocorrência do *overbooking* tem gênese na análise de inúmeras variáveis, com especial destaque à rota fixada, à época do voo, com as correlatas repercussões vinculadas a alta e baixa estação, que propiciam exame de probabilidade quanto à falta de apresentação no balcão da companhia para fins de embarque no dia e hora determinados, fenômeno denominado no jargão técnico da aviação de *no show*, considerado pelas transportadoras a causa eficiente da referida problemática[7].

Sucede que, como é cediço, referidas variáveis submetem-se a inúmeras condições, de modo que, como preceitua Michele Comenale Pinto, "il calcolo delle probabilità di sovraprenotazione non è una scienza esatta, e come tale dà luogo ad un certo numero di inconvenienti per gli utenti"[8].

---

5. Cf. elucida COMENALE PINTO, Michele M. Considerazioni in tema di sovraprenotazione nei servizi di trasporto aereo. In: *Studi in Memoria di Maria Luisa Corbino*. Milano: Giuffrè, 1999 (Collana: Univ. di Trieste – Fac. Giur), p. 159.

6. Cf. observam: COMENALE PINTO, Michele M., Considerazioni in tema di sovraprenotazione nei servizi di trasporto aereo, op. cit., p. 167-170, resumidamente dando conta de que se regulamentou mencionada prática, impondo-se tutela ao usuário do transporte e dever de informação, quanto às regras para embarque na hipótese de *overbooking,* desde a fase pré-contratual, junto a agências e balcões de *check-in,* sem prejuízo de fornecimento de formulário ao passageiro, cujo embarque tenha sido negado, informando-se-lhe regras de compensação, na medida em que há viabilidade de pagamento mínimo, independentemente de ulteriores danos, objeto de eventual ressarcimento na seara judicial. Tal compensação, outrossim, não exclui o custeio pelo transportador de despesas de acomodação, alimentação, comunicação com o local de destino (um telefonema e/ou mensagem via celular) e transporte entre o aeroporto e o hotel e vice-versa; BUSTI, Silvio, La responsabilità del vettore aereo per *overbooking*. In: Il Limite Risarcitorio Nell'ordinamento dei Trasporti – Profili Sistematici e Problematiche Attuali, Modena, 2-3 apr. 1993; *Atti del Convegno*. Milano: Giuffrè, 1994. p. 183-187; MAPELLI, Enrique. Regulación de la sobreventa (*overbooking*) en la Comunidad Economica Europea. *Revista Brasileira de Direito Aeroespacial (RBDA)*, Rio de Janeiro, n. 54, p. 32-38, maio/jun. 1991; GIEMULLA, Elmar; SCHMID, Ronald; MÖLLS, Walter. *European air law*. Dordrecht: Kluwer, 2000, p. 7-9, E IV (1.1), suplemento 20, referindo-se a propostas para maior tutela e compensação ao usuário do transporte, preterido no ato de embarque, com esteio no *overbooking*; DIEDERIKS-VERSCHOOR, Isabella Henrietta Philepina. The liability for delay in air transport. *Air and Space Law*, The Hague, v. 26, n. 6, nov. 2001, p. 304, anotando que referida regulamentação se escudou, outrossim, na normatização da matéria pelo Órgão da Aviação Civil dos Estados Unidos da América (*Civil Aeronautics Board* – CAB), delimitando valores compensáveis mínimos, que variam de acordo com a distância do voo e que não têm o condão de elidir ulterior reparação no âmbito judicial. Assim, como resume referida autora, "*EC passengers are entitled to a certain sum to be paid by the air carrier in case of overbooking, apart from and additional to any compensation for damage caused by the ensuing delay. In case of flights of 3,500 kilometres or under the amount is set at ECU 150 [European Currency Units – atualmente euros], for longer at ECU 300 [atualmente euros]. These amounts are halved [reduzindo-se, pois para EUR 75 e 150, respectivamente] if the passenger is offered alternative transportation enabling him to arrive with a delay of two hours in respect of his original time of arrival, or four hours in case of flights of more than 3,500 kilometres.*" Por derradeiro, como ressalta GIRARDI, Pietro. Riflessi giuridici dell'overbooking nel trasporto aereo di linea. *Diritto dei trasporti*, Cagliari, p. 169-176, 1988, a compensação efetuada espontaneamente por alguns transportadores no âmbito de suas condições gerais de transporte, previamente às referidas regulamentações, tem a denominação no ramo aeronáutico de *Denied Boarding Compensation Scheme*, como ainda analisaremos neste trabalho.

7. Nesse sentido: COMENALE PINTO, Michele. Considerazioni in tema di sovraprenotazione nei servizi di trasporto aereo, op. cit., p. 160.

8. Cf. Considerazioni in tema di sovraprenotazione nei servizi di trasporto aereo, op. cit., p. 160. No mesmo sentido, COSENTINO, Eduardo T. *Régimen jurídico del transportador aéreo*, Buenos Aires: Abeledo-Perrot, 1986, p. 143. Cumpre ressaltar, ademais, por oportuno, que referidos inconvenientes se agravam na hipótese dos denominados voos fretados, uma vez que, seguindo o escólio de Diederiks-Verschoor: "on charter flights overbooking hurts the passenger financially

Tecidas referidas ponderações, aliadas à realidade competitiva do mercado, as transportadoras generalizaram a prática, alegando risco de voos com grande número de assentos vazios, que ensejariam sua ruína econômica[9].

No entanto, como é evidente, no âmbito da teoria do risco do empreendimento ínsita à responsabilidade objetiva do transportador, além do desvirtuamento da figura do *overbooking*, dando prioridade a passageiros com "tarifa cheia", conforme frisado em nota ao parágrafo anterior, tornando insubsistente a assertiva do *no show,* não se justificaria, também, a negativa de embarque a passageiro com reserva confirmada com espeque em conduta de terceiros que não tenham qualquer vínculo com referido passageiro.

Não prospera, ademais, argumentação escudada na gratuidade de reserva, como forma compensatória para o *overbooking,* visto que nem sempre se verifica total separação entre ato de reserva e emissão de bilhete, máxime tendo em vista que a validade da reserva geralmente se encontra condicionada com a aquisição da passagem, dentro de lapso de tempo determinado. Outrossim, como bem ressalta Michele Comenale Pinto, algumas tarifas especiais (APEX, PEX) pressupõem a aquisição de bilhete com a efetivação da reserva[10].

Outra causa ensejadora da referida ocorrência coaduna-se com falhas nos sistemas eletrônicos ou de outra natureza, programados para a reserva e confirmação de lugares[11], fato que caracteriza, sob nossa ótica, fortuito interno inescusável perante o consumidor.

Uma dentre as medidas eficazes visando reduzir a incidência do *no show,* de modo a restringir a utilização do recurso ao *overbooking,* tem gênese na fixação de prazo de caducidade da reserva por falta de pagamento do bilhete aéreo, o que é denominado TTL (*Ticketing Time Limit*).

Tal prática, aliás, como bem observa Silvio Busti, praticamente transformou o *overbooking* em *overselling,* ou seja, excesso de venda de bilhetes aéreos, superior à capacidade

---

more than on scheduled flights, because the passenger has no option but to use a charter flight, as his ticket is not valid on scheduled flights of other public carriers" (DIEDERIKS-VERSCHOOR, Isabella Henrietta Philepina, op. cit., p. 303).

9. Cf. elucida LOUSTAU, Francisco. El overbooking. *Jornadas Iberoamericanas de Derecho Aeronáutico y Del Espacio, Y De La Aviación Comercial,* 10. México, DF, 1978. p. 121-124. No mesmo sentido, FARIAS, Helio de Castro. *No show* versus *overbooking. Revista Brasileira de Direito Aeroespacial (RBDA),* Rio de Janeiro, 72, 1997, p. 3, asseverando, outrossim, que, "depois da adoção com sucesso do '*overbooking*' como medida protetora contra o '*no show*', muitas empresas aéreas passam a usar o '*overbooking*' também para otimizar o aproveitamento econômico da aeronave, não apenas em relação aos assentos ocupados mas igualmente para priorizar as passagens cuja tarifa contribui para gerar maior lucratividade. Para a mesma classe são comercializados bilhetes de passagem com preços diferenciados (tarifa de excursão, de grupo, ponto a ponto e outras) e com regras específicas, as quais produzem variáveis resultados econômicos; dessa forma o bilhete que corresponde à melhor lucratividade tem prioridade sobre os outros que passam a ser mascarados de '*overbooking*'". A mesma observação é efetuada por Michel de Juglart, robustecendo a insubsistência da assertiva dos transportadores no que se refere à justificativa do *overbooking,* com gênese no *no show,* uma vez que, "les associations de consommateurs ne se déclarent pas convaincues par cette argumentation. Elles font valoir que dans le cas de survente, les passagers débarqués sont souvent les porteurs de billets à tarif promotionnel qui ont précisément accepté au moment de l'établissement du contrat d'être exposés à une pénalité dans l'hypothèse où ils ne se conformeraient pas à leur réservation initiale. Ces associations citent, en outre, l'exemple de certains transporteurs aériens qui seraient parvenus à satisfaire l'objectif de remplissage très élevé sans porter préjudice aux titulaires de réservations fermes, notamment en laissant une partie des avions ouverte à des passagers 'stand-by' titulaires de billets à tarif réduit, sans réservation de places, qui serviraient de 'volant' au moment du départ et occuperaient éventuellement les sièges laissés disponibles par les passagers à réservation ferme ne se présentant pas à l'embarquement" (DE JUGLART, Michel. *Traité de droit aérien.* 2. ed. atual. por Emmanuel du Pontavice, Jacqueline Dutheil de la Rochère e Georgette M. Miller. Paris: LGDJ, 1989. t. 2, p. 1163, parágrafo 2737).

10. Cf. Considerazioni in tema di sovraprenotazione nei servizi di trasporto aereo, op. cit., p. 162. No mesmo diapasão, ZUNARELLI, Stefano; COMENALE PINTO, Michele, op. cit., p. 414-415.

11. Cf. observa MAPELLI, Enrique. Hacia un enfoque práctico del problema del overbooking. Jornadas Iberoamericanas de Derecho Aeronáutico y Del Espacio, Y De La Aviación Comercial, 10. Mexico, DF, 1978. p. 148.

DO *OVERBOOKING* AO *OVERSELLING*

da aeronave (sobrevenda), o que, sob nossa ótica, contratualmente caracteriza ulterior agravante[12].

Tendo em vista, no entanto, a realidade cotidiana de subsistência do *overbooking*, que, atualmente, se desdobra em efetivo *overselling*, é evidente que o caráter determinante dos horários de voo fixados, mormente tendo em vista a celeridade, que é ínsita ao transporte em análise, permite concluir que o não-implemento do embarque na forma contratada caracteriza inadimplemento absoluto do transportador.

Nesse contexto, sobreleva acrescentar, por oportuno, que o atraso que comporta regulamentação específica com patamar-limite indenizável é manifestamente inconfundível com as figuras do *overbooking* e *overselling,* muito embora a transfiguração possa interessar ao transportador, porquanto o atraso apresenta previsão expressa na Convenção de Montreal (art. 19) e no Código Brasileiro de Aeronáutica (art. 230), que, respectivamente, regulam o transporte aéreo civil internacional e doméstico, em nosso país. Contudo, referidos diplomas não regulamentam as figuras do *overbooking* e *overselling*, com os consectários da inexecução contratual e inadimplemento absoluto, ínsitas ao direito comum.

Emerge com hialina clareza a distinção entre as referidas figuras, como exemplificaremos à luz de constatação empírica singela. Nessa senda, suponhamos a contratação de determinado transportador aéreo, com comparecimento pontual do passageiro Y, com o fito de embarque e pagamento do bilhete aéreo. Visando ilustrar a hipótese, o voo originalmente contratado e pago, como, e.g, ZX 002, decolou no horário previamente estabelecido, preterindo-se o embarque do passageiro Y, o que evidencia o inadimplemento absoluto. Ou seja, não houve atraso no voo contratado, mas preterição no embarque.

Evidente, *in casu,* que a consequência, em termos práticos, será a realocação para outro voo, com chegada com provável atraso ao local de destino. Nesse ponto, no entanto, faz-se mister anotar ponto nodal da causa raiz do atraso final. Esta não derivou de fortuito externo ou problema técnico da aeronave, que decolou no horário, mas que teve gênese na sobrevenda de bilhetes em relação à capacidade da aeronave, cuja provisão matemática não é exata, assumindo-se à luz da cláusula geral do risco da atividade empreendida, ínsita à sua responsabilidade, que alguns passageiros pontuais e que adimpliram a obrigação de pagamento não seriam contemplados pela obrigação correspectiva do deslocamento imponível inerente ao sinalagma contratual, evidenciando o propalado inadimplemento absoluto do negócio jurídico contratual de transporte[13].

---

12. Cf. Contratto di trasporto aereo, op. cit., p. 483. Referido autor sustenta, outrossim, que, "in ogni caso il comportamento del vettore aereo è tanto meno giustificabile qualora si pensi che lo stesso, nelle proprie condizioni generali di trasporto, talvolta accolla al cliente, che non disdica la prenotazione né si presenti in tempo debito all'imbarco, delle penali rapportate ad una quota della tariffa. Anziché rinunciare a priori all'applicazione della sanzione a carico del passeggero pretendendo poi di trarre da ciò la giustificazione della 'malpratice' (sic) dell'overbooking, le Compagnie aeree potrebbero meglio tutelare i propri interessi mostrandosi più severe nei confronti del cliente poco corretto od attento, oppure incentivando un certo numero di prenotazioni espressamente condizionate alla residua disponibilità di posti a bordo dell'aeromobile una volta sistemati i passeggeri muniti di prenotazione incondizionata e pertanto prioritaria. In altri termini, il vettore potrebbe prevedere un doppio ordine di riserva di posti-passeggero, il secondo dei quali destinato a chi è disposto a correre l'alea di imbarcarsi su di un volo successivo a quello già scelto, accettando allora, pur di beneficiare di una riduzione della tariffa, di mettersi in una lista d'attesa per così dire 'preventiva', perché predisposta prima dell'esaurimento delle prenotazioni 'normali'" (idem, p. 486). No mesmo sentido da referida proposta, vide LOUSTAU, Francisco, op. cit., p. 142-143.

13. Nesse sentido: SCHWENK, Walter; NIESTER, Werner; STUKENBERG, Dieter, op. cit., p. 650, asseverando que, "*Ein Sonderfall der Nichterfüllung des Beförderungsvertrages durch den Luftfrachtführer ist das sogennante 'overbooking'*", citando arestos da jurisprudência alemã; KOLLER, Ingo. *Transportrecht*. Kommentar zu Land-, Luft- und Binnengewässertransport von Güttern, Spedition und Lagergeschäft. 10.ed. München: C.H. Verlag, 2020, p. 1336-1342 e p. 1416-1417; FOLCHI, Mario O, op. cit.,

Referido entendimento prepondera, outrossim, na doutrina e na jurisprudência pátrias, mesmo à luz do Código Brasileiro de Aeronáutica, na seara do denominado transporte aéreo doméstico, que também se afigura omisso a respeito. Deveras, tratando-se de inexecução contratual, com a aplicação dos consectários do Direito comum, em relação aos passageiros caracterizar-se-á relação de consumo, que, sem prejuízo de impor responsabilidade objetiva do fornecedor, viabiliza o conhecimento de pleitos ressarcitórios, sem prévio patamar-limite indenizável[14].

---

p. 501-507; MORSELLO, Marco Fábio. *Responsabilidade civil no transporte aéreo*, op. cit., p. 181-189; LE TOURNEAU, Philippe; CADIET, Loïc. *Droit de la responsabilité*. Paris: Dalloz, 1998, p. 585, parágrafo 2185, observando que "l'annulation d'un vol, c'est-à-dire l'inexécution totale du contrat (et non de simple retard), hors le cas de force majeure, laisse le transporteur responsable des conséquences de l'inexécution du contrat de transport: il ne peut pas invoquer la Convention de Varsovie (Paris 4 juin 1986, GP 87, 1, som. 142-30 mars 1990, BT 91, 96; D 90, inf. 110). De même, du refus d'embarquement d'un voyageur, en raison d'un nombre de réservations excédant le nombre de places disponibles (pratique de la 'surréservation' – Paris 3 nov. 1988, D 88, inf. 295; RT com. 89, 343, obs. E. du Pontavice, Paris 15 sept. 1992, D93, 98, n. Ph. Delebecque, faute dolosive)"; DE JUGLART, Michel, op. cit., p. 1166, parágrafo 2740, dispondo que "la question est extrêmement claire et il faut tout le poids des compagnies aériennes auprès de leurs gouvernements respectifs pour méconnaître ce principe fondamental: le refus de vol né de la survente méconnaît l'obligation fondamentale du transporteur, à savoir de procurer le déplacement dans le temps stipulé au contrat compte tenu, pour le transport aérien, de la rapidité qui est envisagée comme un argument de vente qui justifie le prix relativement élevé du billet. Il s'agit donc d'une inexécution du contrat et non pas d'une des causes de responsabilité qui sont régies par la Convention de Varsovie. En général, les tribunaux considèrent que le refus d'accepter un passager ou le fait de le renvoyer à un vol ultérieur constitue une inexécution fautive du contrat et non pas un retard au sens de la Convention de Varsovie"; BON-GARCIN, Isabelle; DELEBECQUE, Philippe; DELPECH, Xavier; LÉVY, Jean-Arié, MARIN, Jonathan. *Code des Transports Commenté*. Paris: Dalloz, 2015, p. 1432-1433; FRÜHLING, Pierre; GODFROID, Marc. Le nouveau droit aérien belge. *Revue Française de Droit Aérien et Spatial (RFDAS)*, Paris, v. 218, 2001, p. 25, ponderando, outrossim, tratar-se de posição dominante da jurisprudência belga (*e.g.*, no conflito de interesses Kroll em face de Sabena, Tribunal Comercial de Bruxelas, 7.2.1994); MANKIEWICZ, René H. *The liability regime of the international carrier*: a commentary on the present Warsaw system. Dordrecht: Kluwer, 1981, p. 191-192, citando numerosos arestos que robustecem referido entendimento: Estados Unidos da América: Nader em face de Allegheny Airlines (Suprema Corte dos Estados Unidos da América, j. em 7.6.1976, apreciando-se, outrossim, a violação de leis e regulamentos antidiscriminatórios, pela recusa de emissão de cartão de embarque); Reino Unido da Grã-Bretanha: British Airways em face de Taylor, 1976 AII E.R. 65; Suíça: Air Índia em face de Lovegrove, julgado pelo Tribunal de Recursos de Genebra, em 6.4.1973. Finalmente, como ressalta referido autor, "The Federal Supreme Court (Germany Fed. R.) has held that refusal of embarkation because of overbooking constitutes a breach of the Contract of carriage, to which the Convention does not apply" (j. em 28.9.1978, publicado in *ZLW*, op. cit., p. 134, 1979); GOLDHIRSCH, Lawrence B. *The Warsaw Convention annotated*. The Hague: Kluwer, 1988, p. 83, citando os seguintes julgados que consideraram a inexecução contratual, sob a égide do Direito comum: Alemanha (Oberlandesgericht Frankfurt, 31.1.1984, publicado in *Air Law*, posteriormente denominada *Air and Space Law*, p. 99, 1986); Estados Unidos da América (Brunwasser em face de TWA, 541 F. Supp. 1338 – (D.C. Pa. 1982); GIEMULLA, Elmar; SCHMID, Ronald *et al*, op. cit., p. 19; UNMACK, Tim; *Civil aviation*: standards and liabilities. London/Hong Kong: LLP, 1999, p. 257-258; DIEDERIKS-VERSCHOOR, Isabella Henrietta Philepina, op. cit., p. 303, anotando que, "under applicable German law the passenger can only claim damages for non-performance of the transportation contract according to section 325 of the German Civil Code. In German legal practice the not-on-time performance of carriage leads to the impossibility of the performance, as air transportation on a scheduled flight is a fixed-date obligation" (Oberlandesgericht Düsseldorf, 13.6.1996, *Air and Space Law*, v. XXIII, p. 40, 1998); GIRARDI, Pietro, op. cit., p. 173; BRIGNARDELLO, Monica; ROSAFIO, Elisabetta, Il contratto di trasporto aereo di persone., In: MORANDI, Francesco (Coord.). *I contratti di trasporto*. Bologna: Zanichelli, 2013, t. 1, p. 39-43. Por derradeiro, COSENTINO, Eduardo, op. cit., p. 144-145, traz a lume importante julgado da jurisprudência canadense que robustece nosso posicionamento. Com efeito, trata-se do conflito de interesses Stephen Hendler em face de Iberia, j. em 20.9.1979 pelo Tribunal Provincial Distrital de Montreal, publicado na *Revue Française de Droit Aérien et Spatial (RFDAS)*, v. 134, p. 215, no qual assim se decidiu: "la denegatoria de embarque de un pasajero está excluída del ámbito de la Convención de Varsovia, por tratarse de un supuesto en el que no media el típico 'riesgo del aire', propio de la efectiva ejecución del transporte aéreo. En este mismo orden puso de relieve que la reglamentación sancionada por la 'Comisión canadiense de transporte', contiene un derecho opcional a favor del pasajero y, por tanto, carece de fuerza coercitiva. Bajo estas condiciones la decisión subrayó que, 'no cabe aplicar al reclamo de daños y perjuicios tope indemnizatorio alguno, encontrándose sujeto a las condiciones genéricas del derecho civil canadiense'". Em sentido contrário, com o qual não concordamos, vide VIDELA ESCALADA, Federico N. *Manual de derecho aeronáutico*. 2. ed. atual. Buenos Aires: Zavalia, 1996, p. 578, que, embora em um primeiro momento admita hipótese de inadimplemento absoluto, assevera que a equiparação ao atraso atenderia à uniformidade exigida no transporte aéreo internacional.

14. Nesse sentido, no âmbito doutrinário pátrio, escudando-se na inexistência de patamar-limite prévio indenizável, com fulcro em inexecução contratual, regida pelo Direito Comum, vide: FARIAS, Helio Castro, op. cit., p. 8, item 5.2; CAVALCANTI, André Uchôa. *Responsabilidade civil do transportador aéreo*: tratados internacionais, leis especiais e Código de Proteção e

DO *OVERBOOKING* AO *OVERSELLING* — 473

No entanto, como analisaremos, o entendimento pátrio tende à sedimentação e ao reconhecimento, com indenizações fixas, em verdadeiro *take ir or leave it,* acarretando efetiva desvantagem exagerada ao consumidor.

3. A REPARAÇÃO DO DANO. EFICÁCIA PROTETIVA À LUZ DA BOA-FÉ OBJETIVA E CONSIDERAÇÕES CRÍTICAS E PROPOSITIVAS

A propalada prática do *overbooking,* transformado em *overselling,* denotou força expansiva indiscrepante, abarcando outros modais de transporte e as áreas de turismo e hotelaria, de modo que, à míngua de norma protetiva expressa, a União Europeia editou, na seara do transporte aéreo, o Regulamento (CE) 261/2004, fixando valores mínimos de reembolso, sem prejuízo de eventual reparação a maior no denominado *overbooking* involuntário, *ex vi* do que preceitua seu art. 12.[15] Evidente que referida compensação suplementar restaria vedada nas hipóteses de concordância na preterição de embarque mediante compensação pactuada com o transportador, denominada, no jargão aeronáutico, *overbooking* voluntário, sob pena de exercício inadmissível de posição jurídica instrumentalizado na figura parcelar do *venire contra factum proprium,* ínsita à função corretiva da boa-fé objetiva.

Nos Estados Unidos da América, também houve regulamentação compensatória da matéria, elencando patamar limite indenizável de acordo com a distância a ser percorrida, de forma análoga ao sistema europeu, mas que, distintamente deste, uma vez recebida a compensação, veda-se, mesmo nas hipóteses de *overbooking* involuntário, compensação complementar[16], ainda que a extensão do dano seja maior. Nesse aspecto, a Resolução ANAC 400, editada em nosso país[17], também promoveu regulamentação da matéria, condicionando a compensação à assinatura de termo específico, o que se afiguraria adequado no *overbooking* ou preterição voluntária, inconfundível com a compensação na preterição daquele involuntário. Em situações deste jaez, impõe-se, sob nossa ótica, a adoção de piso mínimo, sob pena de sedimentação e institucionalização da sua prática, configurando vantagem exagerada em detrimento do passageiro consumidor.

Com efeito, tratando-se de Resolução, não poderá preponderar diante de violação à cláusula geral de boa-fé insculpida no microssistema de defesa do consumidor, robustecida nesse aspecto pelo Código Civil, em sede de transporte aéreo de passageiros, nas searas doméstica e internacional, porquanto, tratando-se de inadimplemento absoluto regulado pelo direito comum, a indenização se mede pela extensão do dano.

Por derradeiro, mesmo à luz do RE 636.331/RJ, do Pretório Excelso, que estabeleceu a preponderância dos tratados internacionais diante do microssistema de defesa do consumidor, cumpre observar que a Convenção de Montreal não contemplou a figura do

---

Defesa do Consumidor. Rio de Janeiro: Renovar, 2002, p. 151; PEDRO, Fábio Anderson de Freitas. A responsabilidade civil no transporte aéreo. *Revista Brasileira de Direito Aeroespacial (RBDA),* Rio de Janeiro, n. 86, jun. 2003, p. 53; MORSELLO, Marco Fábio. *Responsabilidade civil no transporte aéreo,* op. cit., p. 181-189.

15. A íntegra do Regulamento, em idioma português, pode ser obtida em: https://eur-lex.europa.eu/resource.html?uri=cellar:-439cd3a7-fd3c-4da7-8bf4-b0f60600c1d6.0010.02/DOC_1&format=PDF. Acesso em: 30.09.2020.

16. Nesse sentido, vide: https://www.transportation.gov/airconsumer/fly-rights. *US Department of Transportation.* Acessos em: 23 e 24 de setembro de 2020.

17. Cf. Resolução ANAC 400/2016. Disponível em: https://www.anac.gov.br/assuntos/legislacao/legislacao-1/resolucoes/resolucoes-2016/resolucao-no-400-13-12-2016/@@display-file/arquivo_norma/RA2016-0400%20-%20Retificada.pdf. Acessos em 22, 23 e 24 de setembro de 2020.

overbooking, nem tampouco do *overselling*, como já observado, e que resta inconfundível com o atraso.

No entanto, ainda que, *ad argumentandum tantum,* a Convenção de Montreal os houvesse albergado e equiparado, cumpre não olvidar, *ex vi* do que preceitua o art. 29, da Convenção de Montreal, que somente há exclusão dos danos punitivos extrapatrimoniais, o que revelou justa preocupação em relação às demandas milionárias nesta seara nos Estados Unidos da América[18]. No entanto, o dano moral estritamente compensatório não restou excluído, de modo que, uma vez comprovados seus requisitos, que não decorrem *in re ipsa,* comportaria reparação, à luz de força normativa constitucional insculpida no art. 5º, incisos V e X da Constituição Federal, fato expressamente ressalvado no corpo do acórdão proferido no julgamento do recurso em comento[19].

Desse modo, uma vez verificado o comparecimento tempestivo com a reserva ou bilhete confirmado, impõe-se ao transportador o implemento de sua obrigação contratual, não se afigurando justificável a denegação de embarque do passageiro pontual, com pretenso espeque em *no show* de outrem[20].

---

18. Nesse sentido: DEMPSEY, Paul Stephen; MILDE, Michael. *International Air Carrier Liability: The Montreal Convention of 1999.* Montreal: McGill University – Centre for Research in Air & Space Law, 2005, p. 41 e 204-212.

19. Cf. decidido no julgamento do RE 636.331/RJ pelo Pretório Excelso, cujo acórdão restou assim ementado: "Recurso extraordinário com repercussão geral. 2. Extravio de bagagem. Dano material. Limitação. Antinomia. Convenção de Varsóvia. Código de Defesa do Consumidor. 3. Julgamento de mérito. É aplicável o limite indenizatório estabelecido na Convenção de Varsóvia e demais acordos internacionais subscritos pelo Brasil, em relação às condenações por dano material decorrente de extravio de bagagem, em voos internacionais. 5. Repercussão geral. Tema 210. Fixação da tese: 'Nos termos do art. 178 da Constituição da República, as normas e os tratados internacionais limitadores da responsabilidade das transportadoras aéreas de passageiros, especialmente as Convenções de Varsóvia e Montreal, têm prevalência em relação ao Código de Defesa do Consumidor'. 6. Caso concreto. Acórdão que aplicou o Código de Defesa do Consumidor. Indenização superior ao limite previsto no art. 22 da Convenção de Varsóvia, com as modificações efetuadas pelos acordos internacionais posteriores. Decisão recorrida reformada, para reduzir o valor da condenação por danos materiais, limitando-o ao patamar estabelecido na legislação internacional. 7. Recurso a que se dá provimento." (STF, RE 63.331/RJ, Tribunal Pleno, rel. Min. Gilmar Mendes, j. 25.05.2017, DJe 13.11.2017, por maioria de votos). Ademais, em seu judicioso voto, consignou a Exma. Min. Rosa Weber que "a Convenção de Varsóvia não cuidou dos danos morais, não cabendo, nessa perspectiva, estender a estes a aplicação dos limites indenizatórios estabelecidos no mencionado pacto internacional". Posteriormente, em referência ao julgado, no informativo jurisprudencial 866 do Supremo Tribunal Federal, noticiou-se que: "Ademais, frisou que as disposições previstas nos aludidos acordos internacionais incidem exclusivamente nos contratos de transporte aéreo internacional de pessoas, bagagens ou carga. Assim, não alcançam o transporte nacional de pessoas, que está excluído da abrangência do art. 22 da Convenção de Varsóvia. Por fim, esclareceu que a limitação indenizatória abarca apenas a reparação por danos materiais, e não morais". Nesse sentido, assim decidiu recentemente o C. Superior Tribunal de Justiça: "Civil e processual civil. Recurso especial. Recurso manejado sob a égide do NCPC. Ação indenizatória. Transporte aéreo internacional. Direito do consumidor. Extravio de bagagem. Pedido de reparação por danos materiais e morais. Normas e tratados internacionais. Convenção de Montreal. Limitação da responsabilidade civil da transportadora apenas quanto aos danos materiais. Aplicação do código de defesa do consumidor em relação aos danos morais. Recurso especial não provido. 1. Aplica-se o NCPC a este recurso ante os termos do Enunciado Administrativo 3, aprovado pelo Plenário do STJ na sessão de 09.03.2016: Aos recursos interpostos com fundamento no CPC/2015 (relativos a decisões publicadas a partir de 18 de março de 2016) serão exigidos os requisitos de admissibilidade recursal na forma do novo CPC. 2. O STF, no julgamento do RE 636.331/RJ, com repercussão geral reconhecida, fixou a seguinte tese jurídica: Nos termos do artigo 178 da Constituição da República, as normas e os tratados internacionais limitadores da responsabilidade das transportadoras aéreas de passageiros, especialmente as Convenções de Varsóvia e Montreal, têm prevalência em relação ao Código de Defesa do Consumidor. 3. Referido entendimento tem aplicação apenas aos pedidos de reparação por danos materiais. 4. As indenizações por danos morais decorrentes de extravio de bagagem e de atraso de voo não estão submetidas à tarifação prevista na Convenção de Montreal, devendo-se observar, nesses casos, a efetiva reparação do consumidor preceituada pelo CDC. 5. Recurso especial não provido." (STJ, REsp 1842066/RS, Terceira Turma, Rel. Ministro Moura Ribeiro, j. 09.06.2020, DJe 15.06.2020).

20. Nesse sentido, MAPELLI, Enrique. Hacia un enfoque práctico del problema del overbooking, op. cit., p. 150, dispondo que "es decir que las consecuencias de la no presentación sean soportadas directamente por el viajero remiso y no por aquellos otros que no pueden realizar su viaje a pesar de tener confirmada su respectiva reserva".

O eventual *no show* de outrem, em relação ao passageiro pontual e que adimpliu sua obrigação correspectiva de pagamento, reserva e comparecimento pontual, é considerado *res inter alios acta,* cujos efeitos pertencem aos círculos de atividade de risco do transportador. Eventuais sanções, adotados os princípios da razoabilidade e proporcionalidade, poderão ser aplicadas ao passageiro *no show,* inclusive com espeque na figura parcelar ínsita à boa-fé objetiva, que exige dever de cooperação proativo entre as partes, não tolerando condutas inerciais, como já abordamos em outra oportunidade acerca do *duty to mitigate the loss,* aplicável, outrossim ao credor da obrigação e ao consumidor[21].

Deveras, com esteio nas referidas premissas, jungidas ao papel central da pessoa humana, é evidente que toda a ordem jurídica deverá adaptar-se à referida circunstância, no âmbito da denominada interpretação da lei conforme a Constituição[22], independentemente de eventual argumentação de vinculação dos Tratados internacionais aos ditames do art. 5º, § 2º, da Constituição Federal de 1988, nomeadamente porque, na seara do transporte aéreo civil internacional, inadmissível sua equiparação ao *status* de tratados de direitos humanos.

Havendo, *in casu,* superioridade hierárquica incontroversa, quando cotejada com os Tratados internacionais, depreende-se que o dano moral comportará reparação autônoma e complementar, uma vez comprovados seus requisitos – que, *in casu,* não emergem *in re ipsa,* à luz da função estritamente compensatória mencionada[23].

4. PROPOSIÇÕES CONCLUSIVAS

O *overbooking*, atualmente operacionalizado em efetivo *overselling,* inconfundível com o atraso, caracteriza inadimplemento absoluto e infração contratual, à luz da cláusula geral de boa-fé objetiva, que ocorre previamente à operação de embarque, de modo que se aplicam os ditames do Direito comum, sem prévio patamar-limite indenizável.

---

21. MORSELLO, Marco Fábio. Derechos y deberes de los pasajeros y la buena fe objetiva. El deber de mitigar los daños. *In:* GÓMEZ, Irene Nadal; MATORELL, Felio José Bauzá (Coord.). La Aviación al servicio del desarollo de la sociedad. Los nuevos retos de su regulación jurídica. *XLIII Jornadas Latinoamericanas de Derecho Aeronáutico y Espacial.* Madrid, Editor Difusión Jurídica, 2020, p. 455-492; MORSELLO, Marco Fábio. A boa-fé obetiva e os direitos dos passageiros no transporte aéreo. Novos paradigmas. In: ROSENVALD, Nelson; DRESCH, Rafael de Freitas; WESENDOCK, Tula (Coord.). *Responsabilidade civil.* Novos Riscos. Indaiatuba: Editora Foco, 2019, p. 455-492.
22. Cf. elucida HESSE, Konrad. *Grundzüge des Verfassungsrechts der Bundesrepublik Deutschland.* 16. ed. Heidelberg: C. F. Müller Verlag, 1988, p. 29-32.
23. Cf. decisão do Superior Tribunal de Justiça proferida no julgamento do REsp 1.584.465/MG, em v. acórdão de lavra da Exma. Min. Nancy Andrighi, no qual restou assentado que, na seara do transporte aéreo, o atraso não configura dano moral *in re ipsa:* "Direito do consumidor e civil. Recurso especial. Ação de reparação de danos materiais e morais. Prequestionamento. Ausência. Súmula 282/STF. Atraso em voo internacional. Dano moral não configurado. Extravio de bagagem. Alteração do valor fixado a título de danos morais. Incidência da Súmula 7/STJ (...) 5. Na específica hipótese de atraso de voo operado por companhia aérea, não se vislumbra que o dano moral possa ser presumido em decorrência da mera demora e eventual desconforto, aflição e transtornos suportados pelo passageiro. Isso porque vários outros fatores devem ser considerados a fim de que se possa investigar acerca da real ocorrência do dano moral, exigindo-se, por conseguinte, a prova, por parte do passageiro, da lesão extrapatrimonial sofrida. 6. Sem dúvida, as circunstâncias que envolvem o caso concreto servirão de baliza para a possível comprovação e a consequente constatação da ocorrência do dano moral. A exemplo, pode-se citar particularidades a serem observadas: i) a averiguação acerca do tempo que se levou para a solução do problema, isto é, a real duração do atraso; ii) se a companhia aérea ofertou alternativas para melhor atender aos passageiros; iii) se foram prestadas a tempo e modo informações claras e precisas por parte da companhia aérea a fim de amenizar os desconfortos inerentes à ocasião; iv) se foi oferecido suporte material (alimentação, hospedagem etc.) quando o atraso for considerável; v) se o passageiro, devido ao atraso da aeronave, acabou por perder compromisso inadiável no destino, dentre outros." (STJ, REsp 1.584.465/MG, Terceira Turma, Rel. Min. Nancy Andrighi, j. 21.11.2018).

No entanto, diante de sua regulamentação em diversos países, preconiza-se que o valor devido pelas companhias, nos moldes consagrados na União Europeia, é apenas um piso mínimo, não impeditivo de ulterior indenização de acordo com a extensão do dano comprovado, sob pena de torná-lo, na prática, um *take it or leave it*, apto a sedimentá-lo como praxe mercadológica vantajosa ao transportador e incontornável para o usuário consumidor.

Por seu turno, restam ressalvadas as hipóteses de *overbooking* voluntário, que configuraria exercício inadmissível de posição jurídica, em efetivo *venire factum proprium* por parte do passageiro que posteriormente perquirisse valor a maior.

O eventual *no show*, em relação ao passageiro pontual e que adimpliu sua obrigação correspectiva de pagamento, reserva e comparecimento, é considerado *res inter alios acta*, cujos efeitos pertencem aos círculos de atividade de risco do transportador. Eventuais sanções, adotados os princípios da razoabilidade e proporcionalidade, poderão ser aplicadas ao passageiro *no show*, inclusive com espeque na figura parcelar ínsita à boa-fé objetiva, que exige dever de cooperação proativo entre as partes, concernente ao *duty to mitigate the loss*, não tolerando condutas inerciais, sendo aplicável tal dever, outrossim, ao credor da obrigação e ao consumidor.

O alcance da obrigação de proteção, conjuntamente com o princípio da justa reparação às vítimas, permitem inferir inclusão da figura dos danos extrapatrimoniais compensatórios, uma vez topicamente analisados e devidamente comprovados os seus requisitos, que não restam presumidos *in re ipsa*, com fulcro em força normativa advinda da Constituição Federal, nos termos do art. 5º, V e X, o que, aliás, restou expressamente ressalvado no RE 636.331-RJ, emanado do Pretório Excelso, com repercussão geral.

Forte nessas premissas, diante dos desafios que promanam do crepúsculo do dever e da ética indolor, faz-se mister, como imperativo global no século XXI, um novo *kairós*, ou seja, amplo arquétipo protetivo nas relações contratuais existenciais, cujo rol abrange o contrato de transporte de pessoas, com maior densidade do dever de cooperação, manifestamente inconfundível com os contratos interempresariais e de lucro, nos quais permeia a autorregulamentação de interesses e a autonomia privada com maior densidade.

5.   REFERÊNCIAS

ALMEIDA, Carlos Alberto Neves. *Do contrato de transporte aéreo e da responsabilidade civil do transportador aéreo*. Coimbra: Almedina, 2010.

ALVES, Hugo Ramos. Em tema de direitos dos passageiros nos Contratos de Transporte Aéreo, In: VICENTE, Dário Moura (Coord.). *Estudos de Direito Aéreo*. Coimbra: Coimbra Editora-Grupo Wolters Kluwer, p. 297-318, 2012.

ANTONINI, Alfredo. La responsabilità del vettore aereo per il trasporto di persone e cose nella più recente evoluzione normativa: Protocolli di Montreal, Varsavia-Montreal, Regolamento Comunitario. *Diritto dei Trasporti*, Cagliari, p. 615-657, 2000.

BALLARINO, Tito; BUSTI, Silvio. *Diritto aeronautico e spaziale*. Milano: Giuffrè, 1988.

BON-GARCIN, Isabelle; DELEBECQUE, Philippe; DELPECH, Xavier; LÉVY, Jean-Arié, MARIN, Jonathan. *Code des Transports Commenté*, Paris: Dalloz. 2015.

BRASIL, Sylvio Mário. Contrato de transporte aéreo – Aspectos básicos. *Revista Brasileira de Direito Aeroespacial (RBDA)*, Rio de Janeiro, v. 81, p. 42-48, nov. 2000.

DO *OVERBOOKING* AO *OVERSELLING* **477**

BRIGNARDELLO, Monica; ROSAFIO, Elisabetta, Il contratto di trasporto aereo di persone. In: MORANDI, Francesco (Coord.). *I contratti di trasporto*. Bologna; Zanichelli, 2013, t. 1, p. 39-43.

BUSTI, Silvio. Contratto di trasporto aereo. In: Cicu, Antonio; Messineo, Antonio (Dir.). *Trattato di diritto civile e commerciale*. Milano: Giuffrè, 2001. t. 3.

BUSTI, Silvio. La responsabilità del vettore aereo per *overbooking*. In: Il limite risarcitorio nell'ordinamento dei trasporti – profili sistematici e problematiche attuali, 2-3 apr. 1993, Modena. *Atti del Convegno*. Milano: Giuffrè, 1994. p. 171-188.

CAVALCANTI, André Uchôa. *Responsabilidade civil do transportador aéreo*: tratados internacionais, leis especiais e Código de Proteção e Defesa do Consumidor. Rio de Janeiro: Renovar, 2002.

COMENALE PINTO, Michele M. Considerazioni in tema di sovraprenotazione nei servizi di trasporto aereo. *Studi in Memoria di Maria Luisa Corbino*. Milano: Giuffrè, 1999. p. 159-170. (Collana: Univ. di Trieste – Fac. Giur.).

COMENALE PINTO, Michele M.; ZUNARELLI, Stefano. *Manuale di Diritto della Navigazione e dei Trasporti*. 4. ed. Padova: Wolters Kluwer-Cedam, 2020.

CORREA, José Bonet. *La responsabilidad en el derecho aéreo*. Madrid: 1963.

COSENTINO, Eduardo T. *Régimen jurídico del transportador aéreo*. Buenos Aires: Abeledo-Perrot, 1986.

DE JUGLART, Michel. *Traité de droit aérien*. 2. ed. atual. por Emmanuel du Pontavice, Jacqueline Dutheil de la Rochère e Georgette M. Miller. Paris: LGDJ, 1989. t. 1 e 2.

DEMPSEY, Paul Stephen; MILDE, Michael. *International Air Carrier Liability*: The Montreal Convention of 1999. Montreal: McGill University – Centre for Research in Air & Space Law, 2005.

DIEDERIKS-VERSCHOOR, Isabella Henrietta Philepina. The liability for delay in air transport. *Air and Space Law*, The Hague, v. 26, n. 6, p. 300-314, Nov. 2001.

FARIAS, Hélio de Castro. *No show* versus *overbooking*. *Revista Brasileira de Direito Aeroespacial (RBDA)*, Rio de Janeiro, n. 72, p. 3, 1997.

FOLCHI, Mario O. *Tratado de Derecho Aeronáutico y política de la aeronáutica civil*. Buenos Aires: Astrea, 2015, t. I.

FREIDENBERG, Elizabeth Mireya. Hacia una estructuración de las condiciones generales de transporte. *XIII Jornadas iberoamericanas de derecho aeronáutico, del espacio y de la aviación comercial*. Madrid: Instituto Iberoamericano de Derecho Aeronáutico, del Espacio y de la Aviación Comercial, 1984.

FRÜHLING, Pierre; GODFROID, Marc. Le nouveau droit aérien belge. *Revue Française de Droit Aérien et Spatial (RFDA)*, Paris, v. 218, p. 3-30, 2001.

GIEMULLA, Elmar; SCHMID, Ronald; MÖLLS, Walter. *European air law*. Dordrecht: Kluwer, 2000.

GIRARDI, Pietro. Riflessi giuridici dell'overbooking nel trasporto aereo di linea. *Diritto dei Trasporti*, Cagliari, p. 169-176, 1988.

GOLDHIRSCH, Lawrence B. *The Warsaw Convention annotated*. The Hague: Kluwer, 1988.

HESSE, Konrad. *Grundzüge des Verfassungsrechts der Bundesrepublik Deutschland*. 16. ed. Heidelberg: C. F. Müller Verlag, 1988.

KASOLOLO, Mwene-Batende Itongwa. *La protection internationale des personnes voyageant par aéronefs*. 1989. Dissertação (Mestrado) – Universidade de Liège.

KOLLER, Ingo. *Transportrecht*. Kommentar zu Land-, Luft- und Binnengewässertransport von Güttern, Spedition und Lagergeschäft. 10. ed. München: C.H. Verlag, 2020.

LACERDA, J. C. Sampaio de. *Curso de direito privado da navegação*. Rio de Janeiro: Freitas Bastos, 1974. v. 2 – Direito aeronáutico.

LE TOURNEAU, Philippe; CADIET, Loïc. *Droit de la responsabilité*. Paris: Dalloz, 1998.

LOTUFO, Renan. O contrato de transporte de pessoas no novo Código Civil. *Revista de Direito do Consumidor*, São Paulo, n. 43, p. 205-214, jul./set. 2002.

LOUSTAU, Francisco. El overbooking. *Jornadas Iberoamericanas de Derecho Aeronáutico Y Del Espacio, Y De La Aviación Comercial*, 10. México, Anais..., p. 121-143, 1978.

MANKIEWICZ, René H. *The liability regime of the international air carrier*: a commentary on the present Warsaw system. Dordrecht: Kluwer, 1981.

MAPELLI, Enrique. *El contrato de transporte aéreo internacional*: comentarios al Convenio de Varsovia. Madrid: Tecnos, 1968.

MAPELLI, Enrique. Hacia un enfoque práctico del problema del overbooking. In: Jornadas Iberoamericanas de Derecho Aeronáutico y del Espacio, y de la Aviación Comercial. 10. *Anais*... Mexico, D.F., 1978. p. 145-162.

Aviación Comercial. Regulación de la sobreventa (overbooking) en la Comunidad Economica Europea. *Revista Brasileira de Direito Aeroespacial (RBDA)*, Rio de Janeiro, n. 54, p. 32-38, maio/jun. 1991.

MASTRANDREA, Gerardo. *L'obbligo di protezione nel trasporto aereo di persone*. Padova: Cedam, 1994.

MORSELLO, Marco Fábio. A boa-fé obetiva e os direitos dos passageiros no transporte aéreo. Novos paradigmas. *In:* ROSENVALD, Nelson; DRESCH, Rafael de Freitas; WESENDOCK, Tula (Coord.). *Responsabilidade civil. Novos Riscos*. Indaiatuba: Editora Foco, 2019.

MORSELLO, Marco Fábio. Derechos y deberes de los pasajeros y la buena fe objetiva. El deber de mitigar los daños. *In:* GÓMEZ, Irene Nadal; MATORELL, Felio José Bauzá (Coord.). *La Aviación al servicio del desarollo de la sociedade. Los nuevos retos de su regulación jurídica. XLIII Jornadas Latinoamericanas de Derecho Aeronáutico y Espacial*. Madrid: Editor Difusión Jurídica, 2020, p. 455-492.

MORSELLO, Marco Fábio. *Responsabilidade civil no transporte aéreo*. São Paulo: Editora Atlas, 1. ed., 2. tir., 2006.

NERY JUNIOR, Nelson. NERY, Rosa Maria de Andrade. *Direito de Transportes*. São Paulo: Thomson Reuters, Revista dos Tribunais, 2020.

PEDRO, Fábio Anderson de Freitas. A responsabilidade civil no transporte aéreo. *Revista Brasileira de Direito Aeroespacial (RBDA)*, Rio de Janeiro, n. 86, p. 50-53, jun. 2003.

ROMANELLI, Gustavo. *Il trasporto aereo di persone*. Padova: Cedam, 1966.

SCHWENK, Walter; NIESTER, Werner; STUKENBERG, Dieter. *Handbuch des Luftverkehrsrechts*. 2. ed. rev. e ampl. Berlin: Carl Heymanns Verlag, 1996.

UNMACK, Tim. *Civil aviation*: standards and liabilities. London/Hong Kong: LLP, 1999.

VIDELA ESCALADA, Federico N. *Manual de derecho aeronáutico*. 2. ed. atual. Buenos Aires: Zavalia, 1996.

Sites de interesse pesquisados na Internet

ANAC – AGÊNCIA NACIONAL DE AVIAÇÃO CIVIL. PERGUNTAS FREQUENTES: PASSAGEIROS. Disponível em: https://www.anac.gov.br/acesso-a-informacao/perguntas-frequentes. Acesso em: 30.09.2020.

ANAC – AGÊNCIA NACIONAL DE AVIAÇÃO CIVIL. RESOLUÇÃO 400, DE 13 DE DEZEMBRO DE 2016. Disponível em: https://www.anac.gov.br/assuntos/legislacao/legislacao-1/resolucoes/resolucoes-2016/resolucao-no-400-13-12-2016/@@display-file/arquivo_norma/RA2016-0400%20-%20Retificada.pdf. Acessos em: 22, 23 e 24 de setembro de 2020.

INTERNATIONAL CIVIL AVIATION ORGANIZATION. Disponível em: http://www.icao.int. Acesso em: 30.09.2020. Trata-se do *site* da Organização de Aviação Civil Internacional. Por meio deste, há atualização permanente das ratificações das Convenções existentes, seja no denominado Sistema de Varsóvia, seja nas Convenções de Roma e de Montreal, conforme página LEGAL AFFAIRS AND EXTERNAL RELATIONS BUREAU. https://www.icao.int/secretariat/legal/Pages/default.aspx. Acesso em: 30.09.2020.

SUPERIOR TRIBUNAL DE JUSTIÇA. Disponível em: http://www.stj.jus.br/. Acessos em: 29.09.2020 e 30.09.2020.

SUPREMO TRIBUNAL FEDERAL. Disponível em: http://portal.stf.jus.br/. Acessos em: 29.09.2020 e 30.09.2020.

US DEPARTMENT OF TRANSPORTATION. FLY RIGHTS: A CONSUMER GUIDE TO AIR TRAVEL. Disponível em: https://www.transportation.gov/airconsumer/fly-rights. Acessos em: 23 e 24 de setembro de 2020.

TRANSPORTE DE CARGA, AGENCIAMENTO DE CARGA E RESPONSABILIDADE CONTRATUAL

Tércio Sampaio Ferraz Junior

Professor titular da Pontifícia Universidade Católica de São Paulo. Professor aposentado da Universidade de São Paulo e Professor emérito pela Faculdade de Direito da USP – Ribeirão Preto. Consultor da Coordenação de Aperfeiçoamento de Pessoal de Nível Superior.

Sumário: 1. Contrato de transporte. 2. Da obrigação contratual. 3. Transportador contratual. 4. Transporte cumulativo e o provedor de serviços modais. 5. Contrato de agência. 6. Agente de cargas. 7. Síntese conclusiva.

1. CONTRATO DE TRANSPORTE

"Art. 730. Pelo contrato de transporte alguém se obriga, mediante retribuição, a transportar, de um lugar para outro, pessoas ou coisas."

A norma codificada cuida, especificamente, do *serviço privado de transporte*, com ressalva do transporte objeto do serviço público, regido, primariamente, pelas normas de direito público (CCiv. art. 731).

Trata-se, pois, de relação privada que *pode* envolver um permissionário ou um concessionário, mas cujo regramento reporta-se antes a uma *obrigação* que afeta ao *transportador*: levar pessoas ou mercadorias, incólumes, mediante meios de transporte, inclusive concedidos, permitidos ou autorizados.

O contrato cria, nesse sentido, obrigações sinalagmáticas de *forma livre*, porquanto executável de várias maneiras, em duração não instantânea. Pontes de Miranda esclarece, nesse sentido, que, em princípio, se trata de contrato *não formal*, sem exigências escrita ou especial. A exigência de documento, como o conhecimento, deve ser entendida como " escritos de legitimação" [1].

Observe-se, no entanto, que o contrato de transporte não é contrato que exija forma especial (CCiv/02, art. 730), razão pela qual o conhecimento não pode condicionar seu aperfeiçoamento.

Há de se entender, nesse sentido, que " foi intenção do legislador do Código Civil de 2002 estabelecer as regras gerais do contrato de transporte, que deverão ser aplicadas em derrogação aos princípios que contrariem a vasta legislação pretérita sobre transportes" [2]. Em outras palavras, preceitos de legislação especial devem se conformar com o Código Civil, sendo suas exigências por ele recepcionadas na medida em que não imponham forma estrita a contrato que não a exige.

---

1. PONTES DE MIRANDA, *Tratado de Direito Privado*, Campinas, 2006, t. 45, p. 40.
2. VENOSA, Silvio de Salvo. *Direito civil*. São Paulo, Atlas, 2003, p. 472. v. III.

Essa é regra geral do Código Civil que prevalece sobre as regras especiais; estas apenas vigoram naquilo que tenham de especial, vale dizer, para a *emissão do conhecimento* com a menção dos dados que identifiquem a coisa a ser transportada (CCiv/02, art. 744), não para a consumação e validade do contrato[3].

Quanto à sua validade, alguns requisitos, é verdade, podem ser considerados necessários, mas são requisitos gerais, caso dos requisitos subjetivos, exigindo-se das partes a capacidade genérica para a vida civil, ou de requisitos objetivos, como, por exemplo, tratando-se de transporte de coisas, que elas devam ser possíveis; ou requisitos formais, exigindo-se que, por ser consensual, haja o acordo de vontades e, para que se considere celebrado, a entrega da mercadoria. Sendo o transporte de coisas, há a *possibilidade* de ser emitido pelo transportador o chamado *conhecimento*, servindo como título de crédito, conferindo ao seu portador o direito de retirar as mercadorias das mãos do transportador.

Tratando-se de transporte de coisas, o contrato de transporte exige que a coisa a ser transportada esteja caracterizada por sua natureza, valor, peso, quantidade (Código Civil/02, art. 743). O objetivo da norma é exigir o que seja necessário para evitar a coisa a ser transportada não seja confundida com outras. Por consequência, o artigo seguinte (art. 744) cuida do *conhecimento* a ser emitido pelo transportador ao receber a coisa. O *conhecimento* prova *o recebimento* da coisa devidamente identificada nos termos do artigo anterior (art. 743), *podendo* por ele serem identificadas as partes envolvidas. Nesse ponto, o Código remete *ao disposto em lei especial*.

Assim, por exemplo, diante de inúmeros diplomas normativos, o Decreto 1.832/96 regula o transporte ferroviários. Em seu art. 19, determina que o contrato de transporte estipule os direitos, deveres e obrigações das partes e as sanções aplicáveis pelo seu descumprimento, conforme a legislação em vigor. E no art. 20, declara que o Conhecimento de Transporte é o documento que *caracteriza* o contrato de transporte entre a Administração Ferroviária e o usuário. Já o Código Brasileiro de Aeronáutica (Lei 7565/86, estabelece no art. 235 que, no contrato de transporte aéreo de carga, deva ser emitido o respectivo conhecimento, enumerando-lhe as indicações. Mas, no art. 240, determina que o conhecimento *faz presumir*, até prova em contrário, a conclusão do contrato, o recebimento da carga e as condições do transporte. Na verdade, o objetivo normativo tem a ver com a hipótese de limitação da responsabilidade do transportador[4], sendo certo que, no art. 226, fica esclarecido que a falta, irregularidade ou perda do *conhecimento de carga* não prejudica a *existência e validade* do respectivo contrato[5].

Importante assinalar, nesse sentido, que a Lei 11.442/07, que trata do transporte rodoviário, prevê, no art. 6º, que o transporte rodoviário de cargas será efetuado sob contrato *ou* conhecimento de transporte, que deverá conter informações para a completa identificação das partes e dos serviços e de natureza fiscal. O objetivo se esclarece no artigo

---

3. Não se discute a regra geral de interpretação, segundo a qual a norma geral só revoga a especial quando expressamente assim dispõe (cf. Renan Lotufo, O contrato de transporte de pessoas no novo Código Civil, Revista de Direito do Consumidor, São Paulo, n. 43, p. 21, jul./set. 2002). O que se afirma aqui é que na configuração geral de um instituto em face de seus princípios diretores, regras especiais apenas vigoram naquilo que tenham de especial.

4. Art. 241. As declarações contidas no conhecimento aéreo, relativas a peso, dimensões, acondicionamento da carga e número de volumes, presumem-se verdadeiras até prova em contrário; as referentes à quantidade, volume, valor e estado da carga só farão prova contra o transportador, se este verificar sua exatidão, o que deverá constar do conhecimento.

5. Cf. PELUSO, Cezar (Coord.). *Código Civil Comentado*. São Paulo, 2012, p. 761.

seguinte (art. 7º), ao se estabelecer que, com a emissão do contrato *ou* conhecimento de transporte, a ETC e o TAC assumem perante o contratante a *responsabilidade* pela execução dos serviços de transporte de cargas, por conta própria ou de terceiros, do local em que as receber até a sua entrega no destino (I), pelos prejuízos resultantes de perda, danos ou avarias às cargas sob sua custódia, assim como pelos decorrentes de atraso em sua entrega, quando houver prazo pactuado (II).

A disjunção *contrato* ou *conhecimento* também toma corpo na Lei 9.611/98, ao determinar-se que (art. 8º) o *Conhecimento de Transporte Multimodal de Cargas evidencia* o contrato de transporte multimodal e, regendo toda a operação de transporte desde o recebimento da carga até a sua entrega no destino, pode ser negociável ou não negociável, a critério do expedidor devendo o conhecimento *explicitar* o valor dos serviços prestados no Brasil e no exterior, com a *indicação* " negociável" ou " não-negociável" e outras cláusulas que as partes acordam, ao contratar (art. 10). Na verdade, como se vê (art. 9º), a emissão do Conhecimento de Transporte Multimodal de Cargas e o recebimento da carga pelo Operador de Transporte Multimodal dão condição de *eficácia* para a responsabilização no contrato de transporte multimodal, mas *não determinam sua validade*. Sua presença ou sua ausência num contrato não constituem requisito de validade contratual.

Aliás, os conhecimentos sempre foram considerados *títulos de crédito*. Trata-se, na verdade, de títulos impróprios, porque representativos das mercadorias, com a possibilidade de endosso, podendo deixar presumir que o endossatário seja o titular de receber ou retirar a mercadoria transportada[6]. Atualmente, assim se expressa o legislador no art. 754 do CCiv./02: *as mercadorias devem ser entregues ao destinatário, ou a quem apresentar o conhecimento endossado*, podendo, porém, a emissão do conhecimento de transporte ser nominativa à ordem, com possibilidade de endosso; não à ordem; ou ao portador[7].

Sendo, na verdade, a regra geral dos contratos de transporte a da liberdade de forma, regra válida para os negócios jurídicos em geral, há de concluir que a " entrega da coisa ao transportador comprova-se ordinariamente pelo conhecimento de transporte, *não sendo, porém, documento essencial para que o contrato se perfaça*." [8]

Nessa linha, aliás, entende-se a Convenção para a Unificação de Certas Regras Relativas ao Transporte Aéreo Internacional, internalizada pelo Brasil por meio do Decreto 5910/2006 ("Convenção de Montreal"), ao estabelecer, em seu art. 4 (1), que *qualquer outro meio no qual constem as informações relativas ao transporte que deva ser executado poderá substituir a emissão do conhecimento aéreo*.

Essa peculiaridade é, então, significativa quando se observa que o *transporte* internacional de cargas ou passageiros internacional de cargas ou passageiros (MP 2.158-35/2001, art. 14, inc. V) não há de se confundir com outras atividades (como, por exemplo, o agenciamento de cargas). Aliás, nesse sentido, apenas os pagamentos que se referem aos serviços prestados por força de *contrato de transporte* são caracterizados como receitas próprias.

---

6. Cf. PELUSO, Cezar (Coord.). *Código Civil Comentado*, citado, p. 761.
7. Cf. VENOSA, op. cit., p. 498.
8. VENOSA, op. cit., p. 472.

2. DA OBRIGAÇÃO CONTRATUAL

Para o entendimento de sua peculiaridade, assinale-se que a atividade exigida do contratado (transportador) é uma obrigação *de resultado*[9]. Trata-se da distinção entre obrigação de *meios* e de *resultado*. Pela primeira, exige-se *uma atividade concreta do devedor*, por meio da qual se faz o possível para cumpri-la, enquanto na segunda, o cumprimento *só se verifica se o resultado é atingido*[10]. A circunstância de que o adimplemento da obrigação de resultado apenas surge depois de o serviço ter sido prestado é importante para o entendimento do fato gerador. O contrato celebrado só se aperfeiçoa quando a entrega é realizada, na forma e no modo contratado. Só nesse momento é que se tem o *serviço prestado*.

Ora, esse dado é relevante para o entendimento da figura do transportador enquanto sujeito contratual. Fran Martins[11] aponta com acuidade que, entre o remetente da coisa (aquele que contrata o transporte) e o respectivo destinatário, aparece a figura da estipulação em favor de terceiro, mediante a qual o contratante celebra *com o transportador* a entrega da coisa (carga) no lugar convencionado. Os figurantes do contrato de transporte são, na expressão de Pontes de Miranda, quem *adquire a peça documentária do transporte* e a empresa que o efetua. Vale dizer, se alguém adquire para outrem, *conclui contrato de transporte em favor de terceiro ou de terceiros*[12]. Resta claro que o *transportador* não se confunde, restritivamente, com *empresa transportadora*. Fazê-lo é limitar-lhe equivocadamente o sentido. O *transportador*, figura do contrato, tem a custódia dos bens transportados. Sua obrigação é de exiquir o dever de transportar, sendo que o que importa é sua condição de sujeito que assume *o dever especial de resultado*[13].

3. TRANSPORTADOR CONTRATUAL

Relevante, assim, para fins do entendimento do contrato de transporte de cargas, a *figura jurídica do transportador*, de *transportador contratual*, tendo em vista contratos por ele firmados, mais a ver com o fato da *prestação* de serviços de transporte *e não*, necessariamente, ao manejo e à propriedade de meios de transporte. Ou seja, no enquadramento jurídico do transportador, não é considerado fundamental que o transporte efetivamente executado seja feito por meio de transporte próprio nem por quem detenha meios de transporte.[14].

Por isso, conforme o disposto nos artigos 749 a 750 do CC, no contrato de transporte de coisas, deve-se reconhecer que o contratado, ao assumir a responsabilidade pelo bem transportado, bem como, a responsabilidade de mantê-lo em bom estado[15], configura o *transportador em contrato de transporte* como aquele que se compromete, mediante o pagamento, a fazer e a executar *todas as operações necessárias* (principais e acessórias),

---

9. In: PELUSO, Cezar (Coord.). *Código Civil Comentado*. São Paulo, 2012, p. 744.
10. GOMES, Orlando, *Obrigações*, 11. ed. Atualização e notas de Humberto Theodoro Júnior, Rio de Janeiro, Forense, 1997, p. 17.
11. MARTINS, Fran, *Contratos e obrigações comerciais*, 14. ed. Rio de Janeiro: Forense, 1997, p. 232.
12. PONTES DE MIRANDA, *Tratado de Direito Privado*, t. 45, p. 35.
13. PONTES DE MIRANDA, *Tratado de Direito Privado*, t. 45, p. 97.
14. MARTINS, Eliane Maria Octaviano, *Curso de direito marítimo*. 2. ed. Barueri: Manole, 2008. v. II. p. 252.
15. C.Civ. 2002: Art. 749. O transportador conduzirá a coisa ao seu destino, tomando todas as cautelas necessárias para mantê-la em bom estado e entregá-la no prazo ajustado ou previsto. Art. 750. A responsabilidade do transportador, limitada ao valor constante do conhecimento, começa no momento em que ele, ou seus prepostos, recebem a coisa; termina quando é entregue ao destinatário, ou depositada em juízo, se aquele não for encontrado.

TRANSPORTE DE CARGA, AGENCIAMENTO DE CARGA E RESPONSABILIDADE CONTRATUAL **483**

podendo, inclusive, terceirizar as atividades sob sua responsabilidade, que se inicia no momento em que a carga está sob sua custódia[16].

A figura do transportador reporta-se, assim, a *transporte conforme um sistema logístico*, que conecta meios, principais (meios de transporte) e acessórios, visando à entrega da carga contratada desde o seu recebimento ao seu destino, isto é, que se responsabiliza, em termos de logística, pela entrega da carga ao destinatário final em prazo informado e previsto (a fim de prevenir o caso de abandono, como previa, no passado, o Decreto 1.101/1903, art. 15).

Nesse sentido, a percepção de Fran Martins[17] de tratar-se de um contrato – de transporte – *sui generis*, em que a empresa, que como a pessoa jurídica contratada como *principal* para a realização do transporte de cargas, da origem até o destino, por meios próprios ou *por intermédio* de terceiros, podendo ou não ser um transportador, atua com *objetivos logísticos*, presta serviços em que estão subsumidos diversos elementos jurídicos e por eles se responsabiliza[18].

Nessa linha, deve-se falar da *necessária empresarialidade* da figura do transportador[19]. Tratando-se de atividade econômica organizada, *fundamental é a organização de meios (não, necessariamente, sua propriedade[20])*, pois, afinal, nesses termos, o art. 734 do Código Civil/02, que imputa ao transportador uma responsabilidade objetiva por danos (à pessoa ou à coisa transportada), acaba por exigir do transportador a organização empresarial.

4. TRANSPORTE CUMULATIVO E O PROVEDOR DE SERVIÇOS MODAIS

Isso repercute – e se evidencia – no caso do chamado *transporte cumulativo*, assim disciplinado pelo Código Civil/2002:

"Art. 756. No caso de transporte cumulativo, todos os transportadores respondem solidariamente pelo dano causado perante o remetente, ressalvada a apuração final da responsabilidade entre eles, de modo que o ressarcimento recaia, por inteiro, ou proporcionalmente, naquele ou naqueles em cujo percurso houver ocorrido o dano."

Note-se que, por essa regra, caberá ao transportador a obrigação de efetuar o transporte cumulativo, meio pelo qual o transportador " terceiriza" o transporte em determinado trecho, que será feito por empresa distinta da contratada. Nesses casos, conforme preceito do art. 733, cada transportador será responsabilizado pelos danos causados ao objeto relativamente ao respectivo trecho percorrido.

---

16. Cf. In: AMARAL, Antonio Carlos Rodrigues do (Coord.). *Direito do Comércio Internacional*. São Paulo, 2004.
17. MARTINS, Fran, *Contratos e obrigações comerciais*, 14. ed. Rio de Janeiro: Forense, p. 226.
18. Nesse sentido, em relação ao transporte internacional de cargas, a Convenção de Montreal assim o define:

    2. Para os fins da presente Convenção, a expressão transporte internacional significa todo transporte em que, conforme o estipulado pelas partes, o ponto de partida e o ponto de destino, haja ou não interrupção no transporte, ou transbordo, estão situados, seja no território de dois Estados Partes, seja no território de um só Estado Parte, havendo escala prevista no território de qualquer outro Estado, ainda que este não seja um Estado Parte.
19. COELHO, Fábio Ulhoa, *Curso de Direito Civil*, São Paulo, 2005, v. 3, p. 392.
20. Veja-se, a propósito, a distinção que traça Pontes de Miranda entre transporte e fretamento. " No fretamento, quem tem o uso do navio, ou da aeronave, contrata com quem quer o uso. Ou é locação de coisa, ou comodato, ou contrato misto (Tomos XLI, § 4.571, 2, e XL, § 4.362, 2). No contrato de transporte, o objeto da prestação é outro: a obra. O elemento causal é diferente; diferente, o objeto da prestação (cf. ANDREA TORRENTE, *Manuale di Diritto Privato*, 439). *O outorgado, no contrato de fretamento, exerce a atividade de navegação, o que não ocorre no contrato de transporte, pois quem navega é o transportador, ou alguém por êle.* Ali, transporta-se o veículo; aqui, a pessoa ou o bem". § 4.853. 3. (grifei).

Mas o contrato é um só e o que se promete é um *resultado*. E isso, mesmo que haja mais de um instrumento contratual, quando, de todo modo, *haverá unidade do contrato a despeito da pluralidade de instrumentos*[21]. Daí a previsão de solidariedade.

A *solidariedade* (CC/2002, art. 264) implica que os transportadores integram *a mesma obrigação*, que é, então, *única*.

Assinale-se, nesse ponto, a existência de perspectivas doutrinárias a esclarecer essa obrigação única, no que se refere às modalidades utilizadas pelos sistemas de transporte cumulativo. Elas têm um fundamento econômico e reflete uma mudança que ocorreu, mundialmente, entre meados dos anos 50 e os anos 80 do século passado.

De um lado, pode-se pensar, conceitualmente, em um sistema conectado logisticamente, que utiliza duas ou mais *modalidades de transporte* (por exemplo, ferroviário, rodoviário, aéreo, naval), com um único pagamento do frete. Como as modalidades têm características comuns de manuseio, o pagamento inclui a *transferência das mercadorias* de uma modalidade para a outra. Esse sistema é denominado *transporte inter*modal.

O termo 'intermodal', como assinalam Steve Lockwood e Parsons Brinckerhoff[22], foi definido de várias formas, mas tem, não obstante, em sua essência, a ligação deliberada e o tratamento de múltiplos *modos*, isto é, modalidades de transporte e *outras atividades conexas*.

Costuma-se falar em duas espécies. Na primeira são utilizados diversos meios de transporte e um dos transportadores modais organiza o processo, sendo os documentos de transporte empregados de acordo com a responsabilidade de cada transportador. Na segunda, tem-se uma congregação de meios de transporte que implica uma série de *conexões* entre um *conjunto de origens e de destinações*. Trata-se do sistema denominado *transporte multi*modal. Esse sistema é mais complexo, pois não se limita ao uso de *meios de transporte* e à *transferência de carga* de uma para outra, mas inclui outras *conexões* e, portanto, outros instrumentos contratuais de prestação de serviço, compreendidos, porém, sob responsabilidade contratual única.

Importante, de todo modo, é observar que transportadores enquanto provedores de transporte de cargas, aliás, como os provedores do setor público de transporte de passageiros, têm por reconhecido que as vantagens naturais dos múltiplos modos podem ser capturadas de forma mais eficaz através da *integração deliberada de múltiplas operações modais*. Nesse sentido, para os clientes da moderna sociedade *just-in-time*, o que conta é, antes, *o desempenho dos sistemas*.

Por isso, no transporte de cargas, o aumento da " integração" do intermodalismo se reflete no fato de que, historicamente, alguns transportadores e expedidores, que tradicionalmente definiam seus negócios por um modo (por exemplo, *empresas de caminhões ou ferrovias*), começaram a se redefinir em termos de características de serviço (confiabilidade, tempo de trânsito, custo) e não como operadores/proprietários de *uma modalidade* de transporte.

Com isso, simultaneamente, o transportador – que fornece serviços de acordo com o custo, o tempo e outras características de desempenho: logística – autoriza-se até mes-

---

21. PONTES DE MIRANDA, *Tratado de Direito Privado*, t. 45, p. 59.
22. Cf. Steve Lockwood e Parsons Brinckerhoff: *Intermodalism*; James L.: *Multimodal Transportation vs. Intermodal Transportation*. Oberstar Forum, março, 2003: "The ter'intermodal" is variously defined, but has at its core the deliberate linkage and management of multiple modes".

mo a retirar as transportadoras e os expedidores (entregadores) das relações contratuais diretas, introduzindo uma importante flexibilidade na *figura contratual do transportador*.

Entende-se, assim, nessa linha, o tratamento da operação previsto no Código Civil/2002 em sede de transporte internacional, em seu art. 732:

"Art. 732. Aos contratos de transporte, em geral, são aplicáveis, quando couber, desde que não contrariem as disposições deste Código, os preceitos constantes da legislação especial e de tratados internacionais."[23]

Ora, em termos de uma *unicidade contratual*, já dispunha a Convenção de Varsóvia (promulgado pelo Decreto 20.704/31), cujo art. 1º, alínea 3, conforme a redação dada pelo Protocolo de Haia (Decreto 56.463/65):

"3. Para os fins da presente Convenção, considera-se, um só transporte, ainda quando executado sucessivamente, por vários transportadores o que as partes ajustaram como uma única operação, seja num só contrato, seja numa série dêles; e não perderá esse transporte o caráter de internacional pelo fato de um só contrato, ou uma série deles, devam ser executados integralmente no território de um mesmo Estado."

Nesse mesmo sentido, com relação ao transporte internacional de cargas, a Convenção de Montreal[24] assim o define:

"2. Para os fins da presente Convenção, a expressão transporte internacional significa todo transporte em que, conforme o estipulado pelas partes, o ponto de partida e o ponto de destino, haja ou não interrupção no transporte, ou transbordo, estão situados, seja no território de dois Estados Partes, seja no território de um só Estado Parte, havendo escala prevista no território de qualquer outro Estado, ainda que este não seja um Estado-Parte."

Ora, haveria, pois, de se concluir que, em princípio, o transportador, em termos de *unidade* do contrato a despeito da *pluralidade de instrumentos*, é o responsável por um *todo logístico*.

Nesse sentido, a *movimentação* de mercadorias compreende a transferência direta de mercadoria de um para outro veículo (transbordo) e a transferência de mercadoria descarregada de um veículo e posteriormente carregada em um outro (baldeação) neles se incluindo primordialmente os deslocamentos, os respectivos transbordos. Mas também outros serviços, como o de coleta, de *unitização* e *desunitização*, movimentação, armazenagem, consolidação e *desconsolidação*, serviços de despacho aduaneiro, bem como contrata em nome dos seus clientes atividades logísticas que são acessórias ao transporte internacional de cargas, tais como armazenagem, gestão de estocagem, transporte rodoviário, e demais serviços conexos à importação e exportação de mercadorias.

---

23. A disciplina em lei especial (Lei 9611/98, art. 2º) do *transporte multimodal*, entendido, na doutrina brasileira, como uma espécie de *transporte cumulativo* vem assim estabelecida:
    "Art. 2º Transporte Multimodal de Cargas é aquele que, regido por um único contrato, utiliza duas ou mais modalidades de transporte, desde a origem até o destino, e é executado sob responsabilidade única de um Operador de Transporte Multimodal."
    A mesma Lei 9.611/98 define o Transporte Multimodal de Cargas como *internacional* quando *o ponto de embarque ou de destino estiver situado fora do território nacional* (art. 2º, parágrafo único, II).
24. Convenção para a Unificação de Certas Regras Relativas ao Transporte Aéreo Internacional, internalizada pelo Brasil por meio do Decreto 5910/2006 (" Convenção de Montreal").

Tudo conduz, portanto, ao entendimento de transportador, que opera, além do transporte em si, *diversos serviços* (responsabilidade pelo *serviço* desde o recebimento até a entrega final da carga).

Ou seja, trata-se de pessoa que atua com *objetivos logísticos*, em cuja atuação estão subsumidos diversos elementos jurídicos: *elementos* do instituto da representação (Código Civil/02, art. 115 a 120), dos contratos de mandato (art. 653 a 691), de corretagem (art. 722 a 729), eventualmente, inclusive, do contrato de agência (art. 710 a 721), mas configurando contrato típico – de transporte (art. 730 a 756), que não se confunde com nenhum deles.

5. CONTRATO DE AGÊNCIA

Importante, pois, nesse passo, distinguir o transportador contratual do chamado agente de cargas.

O Código Civil/02, art. 710, fala de *agência e distribuição*[25]. Em razão de um tratamento unificado do direito obrigacional, traz uma disciplina civil para um contrato de natureza comercial, denominando-o *contrato de agência*, caracterizando-o pela obrigação, não eventual e sem vínculo de dependência, de promover, à conta de outrem, *a realização de certos negócios*, em uma zona circunscrita, tendo como espécie a distribuição, quando tiver à sua disposição a coisa a ser negociada.

Promover, a conta de outrem é o seu objeto, o que é feito em favor do *agenciado* (*intuitu personae*) em caráter permanente, oneroso e consensual. Embora possa admitir uma *representação*, esta é apenas facultativa (art. 710, parágrafo único), não lhe afetando a configuração típica. O que se tem em vista, afinal, é um negócio autônomo e próprio do agente, que é a atividade contratada de agência.[26]

Nesses termos há de se admitir a hipótese de o contrato de agência tipificado pelo artigo 710 do Código Civil guardar uma estrita relação com o contrato de representação comercial, instituído pela Lei 4.886, de 9 de dezembro de 1965, em seu artigo 1º, *in verbis*: "Exerce a representação comercial autônoma a pessoa jurídica ou a pessoa física, sem relação de emprego, que desempenha, em caráter não eventual por conta de uma ou mais pessoas, a mediação para a realização de negócios mercantis, agenciando propostas ou pedidos, para transmiti-los aos representados, praticando ou não atos relacionados com a execução dos negócios".

Na verdade, o contrato de agência tem por função o abastecimento do mercado e acesso a produtos e serviços, uma função guiada pela confiança, boa-fé, probidade e economia do contrato (art. 421 e 422 do CC/02). Ao *promover*, pode ou não ter o poder de representação, ser o agente-representante ou representante comercial, ser agente-dis-

---

25. Art. 710. Pelo contrato de agência, uma pessoa assume, em caráter não eventual e sem vínculos de dependência, a obrigação de promover, à conta de outra, mediante retribuição, a realização de certos negócios, em zona determinada, caracterizando-se a distribuição quando o agente tiver à sua disposição a coisa a ser negociada. Parágrafo único. O proponente pode conferir poderes ao agente para que este o represente na conclusão dos contratos.

26. Cf. VENOSA, op. cit. p. 632. Pontes de Miranda (Tratado, § 4.763.1) acentua a atividade de *promover* – "O agente *promove*, o contrato é para que promova. Vincula-se a isso. Não se trata de contrato de serviço ou de trabalho. Não há subordinação. O agente é independente. O agente segue as instruções da empresa, mas apenas no que não implicaria mandato, nem procuração, nem comissão".

tribuidor, ser agente " de vendas" , chamado popularmente de " representante" (tenha ou não poder de representação) [27].

Basicamente, é um contrato de colaboração por aproximação em que um dos empresários (agente) se obriga a promover negócios do interesse de outro (proponente), por conta deste. Trata-se, afinal, de um dos modelos *típicos ou atípicos* que se coloca à disposição dos empresários. Assim, é a perspectiva do agente com respeito ao terceiro com quem se está tratando que acaba por definir a natureza do contrato, em virtude do paradigma da confiança e da boa-fé.

Nesse sentido, a figura do *agente de carga* guarda, com o contrato de agência, alguma relação, ainda que a ela não se reduza inteiramente.

6. AGENTE DE CARGAS

Conforme o disposto no §1° do artigo 77 da Lei 10.833/03, ela vem mencionada nos seguintes termos:

"Art. 77. Os arts. 1o, 17, 36, 37, 50, 104, 107 e 169 do Decreto-Lei 37, de 18 de novembro de 1966, passam a vigorar com as seguintes alterações:"

(...)

" Art. 37. O transportador deve prestar à Secretaria da Receita Federal, na forma e no prazo por ela estabelecidos, as informações sobre as cargas transportadas, bem como sobre a chegada de veículo procedente do exterior ou a ele destinado.

§ 1°. O agente de carga, assim considerada qualquer pessoa que, em nome do importador ou do exportador, contrate o transporte de mercadoria, consolide ou desconsolide cargas e preste serviços conexos, e o operador portuário, também devem prestar as informações sobre as operações que executem e respectivas cargas."

A menção a quem deva ser considerado *agente de cargas* ocorre no contexto de uma obrigação destinada ao *transportador*. Como este, (e também o *operador portuário*, figura acrescentada, pois omissa na MP originária) deve prestar as informações consignadas no *caput*. Conforme a norma do Decreto-Lei 37, de 18 de novembro de 1966, o agente de cargas é parte de contrato – de agência – com o importador ou do exportador para, *em nome desse*, contratar o transporte de mercadoria, consolidar e desconsolidar cargas e prestar outros serviços, desde que conexos. Ou seja, alguém que se obriga a promover negócios do interesse de outro (proponente), *por conta deste*.

Na verdade, como o agente de carga realiza também operações conexas, de natureza diversa, todas elas, muitas vezes, chamadas de " *agenciamento de carga*", isso provoca alguma confusão para separar suas operações e os reflexos de cada uma delas no contrato. A situação pode induzir a equívocos, quando se fala de, em nome do importado/exportador, *contratar o transporte internacional de mercadorias*.

Deve-se entender que o agente de cargas possui uma relação com o importador/exportador o qual a ele propõe que *com as empresas de transporte*, se estabeleça, em nome dele proponente, o contrato de prestação de serviços de transporte internacional de mercadorias. Ou seja, o agenciamento de cargas, nesse sentido, embora tenha a ver com contratação do

---

27. Cf. Christel Diloy, *Le contrat d'agence commercial en droit international,* Paris, 2000. p. 29.

transporte de mercadoria e prestação de serviços conexos, com ela não se confunde. Sua característica fundamental está nesse *agir em nome de, para* e nele se concentra.

Lembre-se que o art. 721 do Código Civil/02 determina a aplicação, ao contrato de agência e distribuição, no que couber, das regras concernentes ao mandato e à comissão e as constantes de lei especial. Dessa forma, fica claro que o contrato de agenciamento possui, no que concerne ao recebimento e remessa do valor integral do transporte contratado, uma cláusula expressa ou tácita de mandato[28].

O agente atua, portanto, como um *agente no sentido comercial*, uma vez que promove a venda do serviço de transporte que será prestado *pelo transportador*, tendo ainda sua remuneração em função de tal atividade de cunho comercial. O que estabelece o vínculo do importador/exportador com o transportador é o contrato internacional de transporte. O agente de carga tem apenas contrato de agenciamento.

A natureza jurídica das relações entabuladas pelo agente de carga, portanto, em uma perspectiva do direito contratual, civil e comercial seria contrato em que atua em termos de *representação comercial autônoma, sem relação de emprego, desempenhando, por conta de um exportador/importador, a* mediação *para a realização de negócios.*

É o que se reflete, por exemplo, em acórdão administrativo, no seguinte excerto: *O contrato de agenciamento é aquele pelo qual uma pessoa ou empresa, o agente, assume, em caráter não eventual e sem vínculo de dependência, a obrigação de exercer habitualmente a intermediação de negócios em favor do preponente*[29].

Em suma, quem estabelece a relação jurídica internacional de transporte é o importador/exportador e o transportador contratual. O agente de carga tem apenas contrato de agenciamento com o transportador mediante um mandato do exportador/Importador. O agente, assim, *promove* um contrato de transporte em nome do proponente, mas *não presta serviço de transporte.* Ou seja, o agente de cargas é responsável por *contratar* o transporte da mercadoria, *em nome* do cliente exportador/importador, que necessariamente será realizado pelo transportador, pessoa jurídica que, possuindo relação direta com o cliente, é a única parte responsável pela mercadoria.

7. SÍNTESE CONCLUSIVA

Em breve síntese, por tratar-se o contrato de transporte de um contrato *sui generis*[30], em que a empresa, podendo ou não ser detentora de meios de transporte, o transportador é, como a pessoa jurídica, o contratado como *principal* para a realização do transporte de cargas, da origem até o destino, por meios próprios ou *por intermédio* de terceiros, atuando com *objetivos logísticos.* Há de se concluir, então, conforme o disposto nos artigos 749 a 750 do CCiv/02, que o contratado, ao assumir a responsabilidade pelo bem transportado, bem como, a responsabilidade de mantê-lo em bom estado, configura o *transportador em contrato de transporte* como *transportador contratual,* qual seja, aquele que se compromete,

---

28. Segundo o Código Civil/02: " Art. 653. Opera-se o mandato quando alguém recebe de outrem poderes para, em seu nome, praticar atos ou administrar interesses. A procuração é o instrumento do mandato."

29. Ministério da Fazenda, Delegacia da Receita Federal de Julgamento em Curitiba, Segunda Turma, Acórdão 06-35254 de 19 de janeiro de 2012. O excerto conclui: "nesse conceito não se inclui a subcontratação, aleatória e eventual, de caminhoneiros autônomos, para executar serviço de transporte de carga que fora anteriormente contratado, em nome próprio e com emissão do respectivo Conhecimento de Transporte Rodoviário de Carga."

30. Cf. Fran Martins, op. cit. p. 226.

mediante contrato, contra pagamento, a fazer e a executar *todas as operações necessárias* (principais e acessórias), podendo, inclusive, terceirizar as atividades sob sua responsabilidade, que se inicia no momento em que a carga está sob sua custódia.

Conforme o art. 749 do mesmo Código, o transportador conduzirá a coisa ao seu destino, tomando todas as cautelas necessárias para mantê-la em bom estado e entregá-la no prazo ajustado ou previsto. Ou, nos termos do art. 7º da Lei 11.442/07, o transportador assume perante o contratante a *responsabilidade* pela execução dos serviços de transporte de cargas, por conta própria ou de terceiros, do local em que as receber até a sua entrega no destino (I), pelos prejuízos resultantes de perda, danos ou avarias às cargas sob sua custódia, assim como pelos decorrentes de atraso em sua entrega, quando houver prazo pactuado (II).

Importante, nessa linha, a limitação da responsabilidade do transportador. Conforme o art. 750 do CCiv/02, a responsabilidade do transportador, limitada ao valor constante do conhecimento, começa no momento em que o transportador, ou seus prepostos, recebem a coisa e termina quando é entregue ao destinatário, ou depositada em juízo, se aquele não for encontrado.

O art. 744 cuida do *conhecimento* a ser emitido pelo transportador ao receber a coisa. O *conhecimento* prova *o recebimento* da coisa devidamente identificada nos termos do artigo anterior (art. 743), *podendo* por ele serem identificadas as partes envolvidas. Mas, não exigindo o art. 730 forma especial, a identificação pode ser estabelecida por qualquer meio. Portanto, é o contrato de transporte que prevalece sobre as regras especiais. Essas apenas vigoram naquilo que tenham de especial, vale dizer, para o caso de *emissão do conhecimento* com a menção dos dados que identifiquem a coisa a ser transportada (CCiv/02, art. 744), não para a consumação e validade do contrato.

Trata-se da possibilidade de se caracterizar a pessoa jurídica como transportadora ainda que não seja a pessoa jurídica detentora dos meios de transporte (por exemplo, navios e aviões) e, a partir da resposta, se é possível mencionar a existência da figura do " transportador contratual".

Distinta desse a figura do agente de cargas que, conforme a norma do Decreto-Lei 37, de 18 de novembro de 1966, é parte de contrato de agência com o importador/ exportador para, *em nome desse*, contratar o transporte de mercadoria, consolidar e desconsolidar cargas e prestar outros serviços, desde que conexos. Ou seja, alguém que se obriga a promover negócios do interesse de outro (proponente), *por conta deste*.

O agente de cargas possui uma relação com o importador/exportador, o qual a ele propõe que, *com as empresas de transporte*, se estabeleça, *em nome dele proponente*, o contrato de prestação de serviços de transporte internacional de mercadorias. Ou seja, o agenciamento de cargas, nesse sentido, embora tenha a ver com *contratação* do transporte de mercadoria e prestação de serviços conexos, com ela não se confunde. Sua característica fundamental está nesse *agir em nome de, para* e nele se concentra.

É o caso, por exemplo, do agente marítimo, um representante legal do armador, que age em nome deste por mandato, podendo atuar como pessoa física ou jurídica. Nesse sentido, " o agente marítimo é o representante da companhia de navegação, do transportador marítimo e presta assistência ao capitão nos portos que o navio escala" [31]. O agente

---

31. GIBERTONI, Carla Adriana Comitre, *Teoria e prática do direito marítimo*, Rio de Janeiro, Renovar, 2014. p. 174.

marítimo atua em nome do transportador marítimo, porém não deve ser confundido com ele, pois atua como mandatário. Já o transportador comum não proprietário de navio (*non-vessel operating common carrier*), é considerado em regra um armador, que, sem ter a propriedade ou a gestão náutica do navio, realiza o transporte marítimo no navio ou navios de armadores efetivamente proprietários ou controladores da expedição marítima, operando mediante a compra de espaço, que pode ser físico ou delimitado pelo número de contêineres de uma parte do navio, e a venda desse espaço aos interessados no transporte daquela linha[32].

A natureza jurídica do agenciamento de cargas, portanto, em uma perspectiva do direito contratual, civil e comercial é de contrato em que o agente atua em termos de *representação comercial autônoma, sem relação de emprego, desempenhando, por conta de um exportador/importador, a* mediação *para a realização de negócios* e, nessa condição, assume estritamente sua responsabilidade.

---

32. Ver o parágrafo único do inciso XXV, do artigo 2º da Resolução Normativa 18/2017 (ANTAQ). Cf., Paulo Henrique Cremoneze, Prática de direito marítimo: o contrato de transporte marítimo e a responsabilidade civil do transportador, São Paulo, 2015. p. 64. Assim, considerando o transporte internacional marítimo em navios *liners*, via de regra o NVOCC é contratado pelo embarcador para consolidar a mercadoria no contêiner, transportá-la em um navio de terceiro e desconsolidá-la no ponto de destino, para que seja entregue ao seu destinatário.

INFIDELIDADE, RESPONSABILIDADE CIVIL E TEORIA DO TERCEIRO CÚMPLICE

Carlos Alberto Garbi

Pós-doutor em Ciências-empresariais pela Universidade de Coimbra. Doutor e Mestre em Direito Civil pela PUC/SP. Professor das FMU. Professor das FMU. Advogado, Consultor e Parecerista. Desembargador aposentado do Tribunal de Justiça de São Paulo.

Me aproximei do Professor Renan Lotufo quando iniciava o doutoramento. A sua presença na sala de aula, sempre marcante, revelava discretamente, como era característica da sua personalidade, a sua enorme cultura e inteligência. O seu bom humor, que também o caracterizava, nunca escondeu o rigor com o qual defendia as suas posições e a seriedade que empreendia ao seu grande mister, que sempre foi o magistério. Dominava os temas das suas aulas e exigia a dedicação e participação dos alunos. Sempre se interessava pelo debate e frequentemente permitia que a discussão do tema fosse adiante, sem perder o controle que lhe assegurava a precisa intervenção. Ninguém perdia a memória das suas aulas e lições.

Renan Lotufo deixou um enorme vazio na ciência jurídica. Fez uma escola de civilistas, participando da formação de grandes juristas. Soube conciliar, como poucos, a sua intensa dedicação à academia com o exercício exemplar da advocacia e da magistratura. Foi um jurista completo e notável, sempre atento à realidade e muito prudente ao firmar posições. Orientava a sua doutrina sempre no sentido de construir, olhando com boa vontade para as leis e o código. Dizia a respeito do Código de Civil de 2002, que os códigos geralmente não surgem muito bons, mas o trabalho da doutrina e da jurisprudência pouco a pouco transforma o código em um bom código. Estamos diante de um código, escreveu, *"que poderá ser tanto melhor quanto nós formos sujeitos ativos e úteis socialmente, com o que, consequentemente, estaremos fazendo um direito justo. Espero que assim seja, para que sejamos dignos de viver em sociedade."*[1]

Renan Lotufo não recusava os grandes desafios, e talvez o maior deles foi escrever o *Código Civil Comentado*. Na apresentação do seu Primeiro Volume, dando conta da grandeza da empreitada que assumiu, Renan Lotufo deixou registrado um pouco mais da sua personalidade: *"Eu acredito na força do Direito e das Ideias, e vou continuar lutando para realizar meu sonho, porque acho que poderá ser útil, por que não?"*

Esta singela homenagem é uma retribuição ao quanto Renan Lotufo fez pela ciência do Direito. Da minha parte, apresento este pequeno ensaio sobre a responsabilidade civil decorrente da infidelidade e a teoria do terceiro cúmplice. Lamento ter faltado oportunidade para discutir com o Professor Renan Lotufo as ideias que defendo aqui. Certamente, o resultado teria sido bem melhor.

---

1. A codificação: o Código Civil de 2002. In: LOTUFO, Renan e NANNI, Giovanni Ettore (Coord.). *Teoria Geral do Direito Civil*. São Paulo: Atlas, 2008, p. 100.

Por inúmeros fatores, até desconhecidos, que não cabe investigar neste estudo, o vínculo formal do casamento se enfraqueceu ao longo das últimas décadas. Há uma percepção de que a procura da liberdade e a valorização da autonomia privada conduziram ao sentimento de que as relações familiares representam um reduto privado, que deve ser afastado e preservado da interferência estatal. É um fenômeno que se verifica na maior parte dos países ocidentais, especialmente no Brasil, e que concorreu, de certa forma, para o relaxamento dos deveres institucionais ou contratuais do casamento.

No regime legal do casamento, os cônjuges assumem deveres recíprocos a partir da celebração. São deveres resultantes de uma relação jurídica que já foi identificada como um contrato, ainda que um contrato de natureza especial. Entre esses deveres, como declara o Código Civil brasileiro, estão o dever de *vida em comum*, no domicílio conjugal; de *mútua assistência*; de *sustento, guarda e educação dos filhos*; de *respeito e consideração mútuos*, e de *fidelidade recíproca* (Art. 1.566).

É natural admitir que a violação a um dever jurídico, legal ou contratual, determina consequências para as partes, ao contrário do que ocorre com os deveres exclusivamente morais. E a primeira dificuldade que suscita o tema proposto neste estudo, que objetiva definir a responsabilidade civil, não só do cônjuge que violou o dever de fidelidade, como também do seu cúmplice, está justamente em determinar se o dever de fidelidade se encontra no âmbito exclusivamente moral ou se está compreendido entre os deveres jurídicos, passível de sanções e reparações, caso não seja observado.

A dificuldade que envolve esse dilema passa pelos fundamentos que a doutrina sustenta no sentido de que "o casamento, como *comunhão de vida entre os cônjuges*, comunidade assumida e mantida voluntariamente, pressupõe a incoercibilidade dos deveres conjugais nos quais se sustenta: toda pretensão dirigida à execução forçada é contraditória com a própria natureza dos deveres conjugais, que devem ser considerados apenas descritivos e não também prescritivos. A superação da visão institucional da família, já referida, e a crescente valorização dos direitos fundamentais da pessoa humana ensejam uma proteção cada vez mais ampla da esfera individual, em detrimento de antigas *razões de família*. Visa-se agora à satisfação de exigências pessoais capazes de proporcionar o pleno desenvolvimento da personalidade de cada um dos membros da família, vista como ente instrumental. Nesse sentido, os deveres conjugais passam a se referir à esfera de consciência da pessoa, dependendo, fundamentalmente, de cumprimento espontâneo".[2]

A despeito da introdução do divórcio no direito brasileiro e do advento da nova ordem constitucional, e da vontade de muitos de ver o casamento mais livre da regulação do Estado, nenhuma mudança importante ocorreu na Lei brasileira sobre o tema da fidelidade, visto que o Código Civil de 2002 a mantém entre os deveres do casamento, compreendendo a fidelidade, fundamentalmente, o dever do cônjuge de abstenção de relações ou atos sexuais extraconjugais.[3]

---

2. MORAES, Maria Celina Bodin de. A responsabilidade e a reparação civil no direito de família. In: PEREIRA, Rodrigo da Cunha (Coord.). *Tratado de Direito das Famílias*. Belo Horizonte: 2015, p. 816-817).

3. Sustenta-se atualmente que o dever de fidelidade não se resume a um aspecto sexual, mas está ligado a um dever mais amplo, que é o dever de lealdade e respeito à pessoa que se escolheu para conviver, ou seja, o dever de devoção, que pressupõe um comportamento complexivo do cônjuge voltado a uma comunhão espiritual necessária a garantir e consolidar uma harmonia interna no casamento. Há uma tendência, portanto, de ampliar o campo do dever de fidelidade para alcançar não somente a fidelidade sexual e genética (inseminação artificial não consentida pelo outro), como também sentimental. É certo que há quem sustente a fidelidade em outros termos, como se fora apenas um dever de sinceridade, de forma que

A Emenda Constitucional n. 66/2010, que alterou o texto da Constituição para eliminar a separação judicial como passagem necessária ao divórcio, não tornou irrelevantes os deveres do casamento, ainda que se possa colocar em dúvida o efeito da culpa do cônjuge sobre a separação e o divórcio, de forma que o dever de fidelidade ainda produz efeitos e ordena o regime jurídico do casamento.[4-5]

No entanto, no Código Civil argentino de 2014 houve uma modificação importante no tratamento do dever de fidelidade, indicando, aparentemente, que passou a ser considerado somente no campo moral, retirando-lhe qualquer efeito jurídico. É o que dispõe o seu Art. 431: "*Los esposos se comprometen a desarrollar un proyecto de vida en común basado en la cooperación, la convivencia y el deber moral de fidelidad. Deben prestarse asistencia mutua.*"

Esta modificação pode ser entendida como a confirmação do entendimento de que a fidelidade não tem mais o valor do passado, e que no âmbito privado das relações matrimoniais já não pode trazer consequências jurídicas. Em outras palavras, ao situar a infidelidade no campo moral, a lei argentina faz uma clara indicação de que a violação a esse dever deixou de ter o mesmo grau de censura e coercibilidade que sempre teve no casamento, o que se apresenta como natural efeito do relaxamento do próprio vínculo do casamento, corolário da quebra da sua indissolubilidade. Representa, ainda, a ideia de que a fidelidade está reservada a uma livre decisão dos cônjuges, no âmbito da intimidade conjugal, excluída de qualquer intromissão do Estado ou da Igreja.[6]

No entanto, pode ser atribuído outro sentido a esta posição que adotou o Código argentino. É que não há mais relevância na culpa do cônjuge para o divórcio no direito argentino, de modo que, abandonado o modelo de divórcio culpável ou divórcio-sanção, é razoável pensar que a fidelidade se apresenta apenas como um dever moral ou um dever sem a correspondente sanção legal. Parte da doutrina argentina sustenta, no entanto, já na vigência do Código de 2014, que a fidelidade é uma nota distintiva do matrimônio e o fato de que se apresente como um dever moral não lhe retira a sua importância e significação à luz dos princípios e valores que inspiram todo o ordenamento jurídico.[7]

---

fiel é o cônjuge que não engana. Esta interpretação está mais para um modelo de casamento idealizado, no qual se deseja a mais ampla liberdade, do que para o modelo legalizado.

4. É o que ocorre, por exemplo, com a obrigação alimentar, nos termos do Art. 1.704 do Código Civil: "Se um dos cônjuges separados judicialmente vier a necessitar de alimentos, será o outro obrigado a prestá-los mediante pensão a ser fixada pelo juiz, caso não tenha sido declarado culpado na ação de separação judicial. Parágrafo único. Se o cônjuge declarado culpado vier a necessitar de alimentos, e não tiver parentes em condições de prestá-los, nem aptidão para o trabalho, o outro cônjuge será obrigado a assegurá-los, fixando o juiz o valor indispensável à sobrevivência."

5. O dever de fidelidade não interessa apenas aos cônjuges, porque, como ordenador do regime matrimonial e da entidade familiar, está compreendido no interesse do Estado, que declara a família "a base da sociedade", merecedora da "especial proteção do Estado" (art. 226, CF). Nesse sentido a doutrina de Carlos Alberto Dabus Maluf e Adriana Caldas do Rego Freitas Dabus Maluf: "Em consonância com o padrão monogâmico adotado pela família desde a antiguidade, a fidelidade, pressuposto para sua existência, passou a existir não só como um valor, mas também como um dever, e dessa forma vem regulada expressamente pelo Código Civil (LGL\2002\400) brasileiro. A fidelidade torna-se de interesse do Estado como forma de proteção à entidade familiar." (Responsabilidade civil nas relações familiares. *Revista dos Tribunais* | v. 997/2018 | p. 79-104 | Nov / 2018).

6. É a interpretação que sustenta na doutrina argentina Mariel Molina de Juan. Afirma a autora: "[l]a fidelidad no puede ni debe ser definida por el Derecho, queda fuera de él, lo tasciende y, en todo caso, integra el proyecto autorreferencial de cada uno, quedando reservada a la livre decisión de los cónyuges en el marco de su intimidad que resulta ajena a toda intromisión del poder público." (*Tratado de Derecho de Familia – según el código civil y comercial de 2014*. Directoras: Aída Kemelmajer de Carlucci, Marisa Herrera e Nora Lloveras. Santa Fe: Rubinzal-Culzoni Editores, 2014, p. 249-254). Também é nesse sentido o entendimento, ainda na doutrina argentina, de Andres Gil Gomingues, Maria Victoria Fama e Marisa Herrera (*Derecho Constitucional de Familia*. t. I, p. 254-275. 1ª Ed. Buenos Aires: Ediar, 2006).

7. Nesse sentido Jorge Oscar Perrino, com apoio em Mazzinghi (*Derecho de Familia*. t. I. Actualización de Carolina Santi, sob a direção de Ursula C. Basset e coordenação de Carolina Santi. Buenos Aires: Abeledo Perrot, 2017, p. 917).

O forte conteúdo ético deste dever, sustenta-se, não o priva do seu caráter jurídico, e o cônjuge que faltar a ele está sujeito ao ressarcimento dos danos que cause, não exatamente pela não observância do dever moral, mas pelos pressupostos da responsabilidade civil em geral decorrentes da antijuridicidade de qualquer ação ou omissão que causa um dano a outro (Art. 1.717 do CCyCN).[8]

Ainda que a Lei brasileira não tenha dado passo semelhante, e proclamado literalmente que a fidelidade é exclusivamente um dever moral, a encontrar cumprimento somente na vontade dos cônjuges, é possível perceber nas relações sociais, a partir do número crescente de rompimentos do casamento e de famílias reconstruídas e sobrepostas, uma mudança sensível no valor que lhe é atribuído, a evidenciar como se "descarta" o casamento mais facilmente e como se empresta à fidelidade menor relevância. Neste cenário, como afirmado, definir o valor jurídico e o efeito consequente da quebra do dever de fidelidade é fundamental para determinar a obrigação de reparação do dano e a responsabilidade do terceiro cúmplice.

Embora do ponto de vista social a censura da infidelidade possa ter perdido o vigor, é preciso lembrar que o casamento está ordenado sobre a monogamia, assim como muitos dos seus efeitos patrimoniais são determinados pela fidelidade. Não se pode alterar essa *ratio* de orientação de todo o regime do direito de família e do direito da sucessão sem promover uma mudança substancial do próprio regime, que não ocorreu.

Cabe lembrar dos efeitos da infidelidade no regime matrimonial. Quando a infidelidade é da mulher, a eventual concepção decorrente do adultério estará sob a presunção de paternidade do marido. Não se pode negar neste caso a grave consequência, não só para os cônjuges, como também para o filho concebido. Há também consequências patrimoniais decorrentes da concepção adulterina, porque ao marido incumbirá prover o sustento do filho que não é seu[9] e lhe atribuir necessariamente uma parte da herança. Surge nesta situação o problema da investigação da paternidade e da afirmação da paternidade pelo

---

8. Ver nesse sentido na doutrina argentina a obra de Jorge Oscar Perrino, atualizada, com destaque para outros doutrinadores de igual opinião (op. cit., p. 932-937). Registre-se o entendimento encontrado na doutrina argentina mais antiga, ainda na vigência do Código Velez, no sentido da responsabilidade do cônjuge e do seu cúmplice pelo dano produzido pelo adultério. Nesse sentido, ver por todos Leonardo A. Colombo, anotando também igual orientação de Acuña Anzorena (*Indemnización Del Daño Producido por El Adulterio De La Esposa*. Responsabilidad Civil – Doctrinas Esenciales, p. 613-623, La Ley, 2007. t. IV).

9. Na Alemanha está em curso Projeto de Lei do Ministro da Justiça, Heiko Maas, que impõe à mãe o dever de informar quais foram os homens que tiveram relacionamento com ela no período da concepção. O Projeto pode ser consultado em: https://www.bmjv.de/SharedDocs/Gesetzgebungsverfahren/DE/Scheinvaterregress.html. A proposta vem depois de uma decisão da Suprema Corte alemã que negou o pedido do marido contra a mulher para obter essa informação, pretendida pelo pai "aparente" para exigir do pai biológico o ressarcimento das despesas que teve com o filho que não é seu. Entendeu o Tribunal Constitucional Alemão que não havia sustentação legal para obrigar a mãe a revelar o pai biológico. A informação do caso *Gesetz zu "Kuckuckskinder" – Gesetzentwurf der Bundesregierung* pode ser encontrada no Comunicado 16/2015, do Tribunal Constitucional Alemão, de 18 de março de 2015, em: https://www.bundesverfassungsgericht.de/SharedDocs/Pressemitteilungen/EN/2015/bvg15-016.html. A expressão "*Kuckuckskinder*" se refere aos "filhos do cuco", que é uma metáfora conhecida para designar o filho de terceiro nascido de mulher casada. É que os "cucos" colocam seus ovos em ninhos alheios. Com o Projeto apresenta-se uma estatística na Alemanha de que entre 4% a 10% dos filhos havidos de mulher casada podem ser de terceiro (ver a respeito a matéria de ZEIT ONLINE que pode ser acessada em: https://www.zeit.de/politik/deutschland/2016-08/heiko-maas-kuckuckskinder-mutter-sexualpartner-auskunftspflicht). Embora contestada, a pesquisa não deixa de trazer um dado preocupante. Ver a respeito a Dissertação de Mestrado de Bárbara Sofia Assunção Viana (*A Responsabilidade Civil no Âmbito Conjugal – o caso particular da violação do dever de fidelidade*), de setembro de 2017, apresentada na Faculdade de Direito da Universidade do Porto – Portugal, não publicada, na qual se dá a informação sobre o referido Projeto de Lei apresentado na Alemanha. A Dissertação pode ser acessada em: file:///Users/imac/Downloads/A_responsabilidade_civil_no_ambito_conjugal._O_caso_particular_da_violacao_do_dever_de_fidelidade%20(2).pdf. Deste Projeto de Lei, que ainda não foi aprovado, resulta o reconhecimento de que o pai "aparente" tem

terceiro sobre filho havido de mulher casada, bem como de eventual ressarcimento dos gastos que se teve com a manutenção de filho alheio.

Existem outros efeitos patrimoniais que podem ser apontados. A doação do cônjuge adúltero ao seu cúmplice pode ser anulada pelo outro cônjuge, ou por seus herdeiros necessários, até dois anos depois de dissolvida a sociedade conjugal (Art. 550, CC). Qualquer que seja o regime de bens, permite-se ao cônjuge reivindicar os bens comuns, móveis ou imóveis, doados ou transferidos pelo outro cônjuge ao concubino (Art. 1.642, V, CC). Anota-se, ainda, que não pode ser nomeado como herdeiro ou legatário o concubino do testador casado, salvo se este, sem culpa sua, estiver separado de fato do cônjuge há mais de cinco anos (Art. 1.801, III, CC). Oportuno lembrar, também, que só é válida a instituição do companheiro como beneficiário do seguro, se ao tempo do contrato o segurado era separado judicialmente, ou já se encontrava separado de fato (Art. 793, CC).

Como se vê, a infidelidade não é fato estéril, livre de efeitos jurídicos, e não está compreendida exclusivamente no campo moral, nem pode ser considerada como um dever livremente disponível, ajustado na intimidade da relação conjugal. Ao contrário, a Lei impositivamente acautela as relações familiares quanto às consequências dessa relação extraconjugal. A quebra do dever de fidelidade repercute diretamente na ordem pessoal e patrimonial dos cônjuges. Mas não só. Ela atenta contra a ordem pública quando confronta com a monogamia[10], que é a base do regime legal sobre a qual se assenta o direito de família e o direito da sucessão. Bem por isso não pode ser tratada meramente no plano afetivo e da liberdade de escolha, ou, ainda, como fato confinado às relações internas e privadas do casamento. Se ao cônjuge não é assegurada a liberdade de contemplar o parceiro extraconjugal com doações, herança e indenização do seguro, e se há uma presunção de paternidade do filho de sua mulher, não é possível reconhecer licitude ou neutralidade na infidelidade, mesmo quando consentida, a não ser que se retirem do ordenamento estas disposições restritivas e que se altere a ordem constitucional. Logo, se dessa relação ilícita decorrer dano a alguém, a reparação não pode ser negada.

Cabe lembrar, ainda, que a responsabilidade civil é absolutamente compatível com as relações familiares. O casamento e as relações de família não são imunes ao dever de reparação do dano, se ele ocorreu no âmbito dessas relações.[11]

Quando se cuida somente da responsabilidade do cônjuge pela infidelidade, a jurisprudência brasileira formada nos últimos anos tem sido mais reticente à tese da reparabilidade. De acordo com o entendimento majoritário dos tribunais, a infidelidade, exclusivamente

---

direito ao ressarcimento do que foi obrigado a suportar para sustentar o filho alheio, porque a mudança do BGB (Código Civil alemão) é proposta para o fim de reforçar esse direito com a informação necessária à identificação do pai biológico.

10. É possível distinguir a poligamia da infidelidade, mas do ponto de vista da violação da *ratio* do ordenamento do regime do casamento, a relação extraconjugal, tanto quanto a constituição de múltiplas relações contínuas e duradouras, não oferece diferença importante, porque em ambos os casos ocorre uma relação ilícita, em violação ao dever assumido pelo casamento. Aquele que usa esse argumento pretende, na verdade, reduzir a relevância da infidelidade como ilícito quando resulta de uma eventual relação extraconjugal. Essencialmente, não há diferença, porque a infidelidade atenta contra o regime do matrimônio brasileiro, assim como a poligamia. Cabe lembrar que a monogamia é uma conquista da civilização e um valor acolhido pela ordem constitucional brasileira (Regina Beatriz Tavares Da Silva. A poligamia e a desigualdade entre homens e mulheres. Publicado no Blog do Fausto Macedo – *Estadão*, em 09.05.2018 – https://politica.estadao.com.br/blogs/fausto-macedo/a-poligamia-e-a-desigualdade-entre-homens-e-mulheres/).

11. Já afirmou Jorge Mosset Iturraspe que "no es posible sostener que el matrimonio es una comunidad con su proprio plexo normativo autonomo y cerrado. (...) Dañar fuera o dentro del matrimonio, hacerlo a un extraño o al proprio conyuge, lejos de merecer una solución privilegiada o eximente, debe computarse como agravante ..." (*Los Daños Emergentes del Divorcio*. Responsabilidad Civil – Doctrinas Esenciales, t. IV, p. 667-673, La Ley, 2007).

considerada, não admite reparação, exigindo-se a comprovação de que dessa violação decorreu grave perturbação à dignidade do cônjuge ofendido.[12]

Esse entendimento se apresenta conforme os pressupostos da responsabilidade civil, determinada, antes pelo dano, do que pela violação a um dever. Nesse sentido, o dano moral não decorre exclusivamente da violação a um dever, mas das consequências pessoais e patrimoniais que essa violação pode determinar.[13] Essa interpretação se ajusta melhor ao valor atual da fidelidade nas relações sociais, bem como às formulações modernas da responsabilidade civil.

Contudo, se a questão da reparação do dano causado pela infidelidade pode ser considerada bem definida na jurisprudência brasileira, a responsabilidade do terceiro cúmplice ainda admite questionamento. A dúvida sobre a obrigação do terceiro em reparar o dano decorrente da infidelidade se situa na falta de um vínculo jurídico entre o terceiro e o cônjuge ofendido a impor o dever de não concorrer para o adultério. A oposição à tese da responsabilização do terceiro encontra resistência também na percepção social de que somente o cônjuge é devedor da fidelidade.

Há registro de inúmeros precedentes no direito estrangeiro concedendo reparações ao contratante que sofreu perdas em razão do descumprimento do contrato, provocado pela interferência de terceiro. Geralmente se impõe essa obrigação de reparar o dano ao terceiro que sabia, ou poderia saber, da existência do contrato e agiu para que a parte contratante deixasse de cumprir a obrigação assumida, estimulando, aliciando e até ajudando o contratante de qualquer modo a romper o contrato.[14]

---

12. Destaca-se na doutrina a obra pioneira de Regina Beatriz Tavares Da Silva *in* " Reparação Civil na Separação e no Divórcio" (Editora Saraiva: São Paulo, 1999), na qual sustenta que a violação grave aos deveres do casamento em geral, inclusive ao dever de fidelidade, gera para o cônjuge o dever de reparar o dano, aplicando-se ao casamento a responsabilidade civil em geral. A autora deixa claro em outro momento, que a reparação não decorre do desaparecimento do afeto, mas das consequências prejudiciais ao outro, decorrentes dessa violação. Importa menos, portanto, a causa, do que o efeito (*A Culpa nas Relações de Casamento e de União Estável*. Revista do Advogado n. 98, p. 186-201, Julho de 2.008). Na jurisprudência italiana também se verifica o entendimento no sentido de que não basta a violação ao dever de fidelidade para gerar o dever de reparação, exigindo-se que da infidelidade decorra um dano à dignidade e honra do cônjuge ofendido (ver o panorama apresentado por Renato Marini. Infedeltà Coniugale e Danno. *Rivista Il Diritto di Famiglia e delle Persone*, v. XLVII, Luglio-Settembre 2018, n. 3, p. 1.021-1.029, Giuffrè).

13. No julgamento do REsp 922.462-SP (2007/0030162-4), de 04.04.2013 (Dje 13.05.2013) pelo Superior Tribunal de Justiça se pode encontrar na longa fundamentação trazida pelo Ministro Ricardo Villas Bôas Cueva, o entendimento que tem sido seguido na jurisprudência a respeito da reparabilidade do dano moral em casos de infidelidade, inclusive em relação ao terceiro cúmplice. Destaca-se a ementa: "Recurso especial. Direito civil e processual. Danos materiais e morais. Alimentos. Irrepetibilidade. Descumprimento do dever de fidelidade. Omissão sobre a verdadeira paternidade biológica de filho nascido na constância do casamento. Dor moral configurada. Redução do valor indenizatório. 1. Os alimentos pagos a menor para prover as condições de sua subsistência são irrepetíveis. 2. O elo de afetividade determinante para a assunção voluntária da paternidade presumidamente legítima pelo nascimento de criança na constância do casamento não invalida a relação construída com o pai socioafetivo ao longo do período de convivência. 3. O dever de fidelidade recíproca dos cônjuges é atributo básico do casamento e não se estende ao cúmplice de traição a quem não pode ser imputado o fracasso da sociedade conjugal por falta de previsão legal. 4. O cônjuge que deliberadamente omite a verdadeira paternidade biológica do filho gerado na constância do casamento viola o dever de boa-fé, ferindo a dignidade do companheiro (honra subjetiva) induzido a erro acerca de relevantíssimo aspecto da vida que é o exercício da paternidade, verdadeiro projeto de vida. 5. A família é o centro de preservação da pessoa e base mestra da sociedade (art. 226 CF/88) devendo-se preservar no seu âmago a intimidade, a reputação e a autoestima dos seus membros. 6. Impõe-se a redução do valor fixado a título de danos morais por representar solução coerente com o sistema. 7. Recurso especial do autor desprovido; recurso especial da primeira corré parcialmente provido e do segundo corréu provido para julgar improcedente o pedido de sua condenação, arcando o autor, neste caso, com as despesas processuais e honorários advocatícios." (https://ww2.stj.jus. br/processo/revista/documento/mediado/?componente=ITA&sequencial=1221381&num_registro=200700301624&data=20130513&formato=PDF).

14. Para exame de alguns casos paradigmáticos envolvendo a responsabilidade do terceiro pelo descumprimento do contrato, ver, por todos, Otavio Luiz Rodrgiues Junior (*A Doutrina do Terceiro Cúmplice nas Relações Matrimoniais, in* "Grandes

A doutrina se refere a esta tutela, ou à externalidades do contrato, tendo em vista a proteção ao crédito. E a discussão sobre o tema passa pela negativa de qualquer responsabilidade do terceiro em razão do princípio da relatividade dos contratos, fundado especialmente nos Códigos Francês e Italiano, que restringe os efeitos do contrato às partes, concedendo ampla liberdade de ação ao terceiro, ainda que venha a atingir direito dos credores.

É a opinião de Adriano De Cupis e Guido Tedeschi, na doutrina mais antiga. E contra ela, no Brasil, já se levantava a voz de Alvino Lima, para o qual "O princípio da relatividade das convenções não pode ser entendido hoje, como o foi no século XIX, com a rigidez de regra absoluta, conferindo ao terceiro ampla liberdade de ação". E completa: "o contrato não pode ser considerado apenas nos seus efeitos jurídicos; sendo uma realidade concreta, um fato social, um valor patrimonial, a sua existência não se limita às partes contratantes, mas age, como tal, "erga omnes". Aquele mesmo sujeito passivo universal, que existe no direito real, observa Demogue, existe no direito de crédito, sujeito obrigado ao dever de abster-se de violar o contrato, não se tratando de uma obrigação resultante da relação contratual. Há um dever legal de não intervir na esfera da atividade de outrem, de respeitar os direitos de outrem, de "neminem laedere"; um direito, que apenas o contratante seja obrigado a respeitar e que terceiros possam impunemente desprezar, não teria absolutamente valor; não poderiam subsistir mais relações sociais, nem jurídicas, possíveis; a anarquia sucederia ao reino da lei. O contrato, pois, como fato social, em virtude da sua existência, conferindo direitos e deveres, não pode deixar de produzir certas repercussões relativamente a terceiros; não pode deixar de ser logicamente oponível contra terceiros, não quanto aos seus efeitos diretos, imediatos, mas os indiretos, nascidos do jogo de interferências entre eles e as situações marginais. Há um dever jurídico de não interferir ou impedir o cumprimento do contrato; trata-se de um ilícito gerador de responsabilidade que no direito inglês se denomina "tort of interference".[15-16]

Temas de Direito de Família e Sucessões", sob a coordenação de Regina Beatriz Tavares da Silva e Theodureto de Almeida Camargo Neto, Saraiva, São Paulo: 2011, p. 31-46; A Doutrina do Terceiro Cúmplice: Autonomia da Vontade, o Princípio res inter alios Acta, Função Social do Contrato e a Interferência alheia na Execução dos Negócios Jurídicos, *Revista dos Tribunais* , v. 821/2004, p. 80-98, Mar/2004, São Paulo: Ed. RT). Sobre o tema da responsabilidade do terceiro cúmplice deve ser consultado, ainda, Antonio Junqueira De Azevedo. Princípios do Novo Direito Contratual e Desregulamentação do Mercado – Direito de Exclusividade nas Relações Contratuais de Fornecimento – Função Social do Contrato e Responsabilidade Aquiliana do Terceiro que Contribui para Inadimplemento Contratual. *Revista dos Tribunais* | v. 750/1998 | p. 113-120 | Abr / 1998 DTR\1998\220. Pode ser lembrado ainda o caso "Zeca Pagodinho", que violou o contrato de publicidade em curso para aceitar a participação em campanha publicitária do concorrente, aliciado pela agência de publicidade. O caso foi aos tribunais e encontrou a condenação da agência de publicidade que interferiu no contrato, como terceiro, pelo Tribunal de Justiça de São Paulo (Apelação 9072385-17.2005.8.26.0000, Rel. Des. Adilson de Andrade, Dj. 10.05.2011). Essa decisão foi levada por recurso ao Superior Tribunal de Justiça, que a confirmou essencialmente (REsp 1.316.149 – SP, Rel. Min. Paulo de Tarso Sanseverino, Dj. 03.06.2014, Dje. 27.06.2014). A respeito deste caso pode ser consultada a publicação, de 31.03.2004, no Migalhas, de Judith Martins-Costa: "Zeca Pagodinho, a razão cínica e o novo Código Civil Brasileiro" – que pode ser acessada em https://www.migalhas.com.br/depeso/4218/zeca-pagodinho-a-razao-cinica-e-o-novo-codigo-civil-brasileiro).

15. Alvino Lima. A interferência de terceiros na violação do contrato. *Revista de Direito Civil Contemporâneo* | v. 5/2015 | p. 307-325 | Out-Dez / 2015.

16. No mesmo sentido pode ser anotada a doutrina de Antonio Junqueira De Azevedo: "Não é possível que, ao final do século XX, os princípios do direito contratual se limitem àqueles da survival of the fittest, ao gosto de Spencer, no ápice do liberalismo sem peias; seria fazer tabula rasa de tudo que ocorreu nos últimos cem anos. A atual diminuição do campo de atuação do Estado não pode significar a perda da noção, conquistada com tanto sofrimento, de tantos povos e de tantas revoluções, de harmonia social. O alvo, hoje, é o equilíbrio entre sociedade, Estado e indivíduo. O contrato não pode ser considerado como um ato que somente diz respeito às partes; do contrário, voltaríamos a um capitalismo selvagem, em que a vitória é dada justamente ao menos escrupuloso. Reduzido o Estado, é preciso, agora, saber harmonizar a liberdade individual e a solidariedade social. É grande, nessa função, o papel do Poder Judiciário; por isso, devem ser atuados, com a habilidade dos prudentes, os novos princípios do direito contratual – o da boa-fé e o da economia contratual, entre as

A despeito da boa doutrina que se formou no sentido da responsabilidade do terceiro cúmplice pela violação do contrato, confirmada na jurisprudência, há enorme dificuldade de aplicar igual solução às relações conjugais. Sustenta Otavio Luiz Rodrigues Junior que "a interferência do terceiro na relação conjugal não pode ser reputada ilícita em relação ao dever de fidelidade que une os cônjuges, ao menos sob a ótica da responsabilidade civil brasileira", porque não existe o dever de respeitar o casamento alheio.[17] Esse é o entendimento que prevaleceu na jurisprudência do Superior Tribunal de Justiça, afirmando-se que o casamento somente produz efeitos entre os celebrantes e familiares, não beneficiando ou prejudicando terceiros.[18]

A doutrina que se desenvolveu a respeito da tutela do contrato contra a interferência de terceiro pode ser aplicada plenamente a qualquer relação jurídica, como fato social, que deve ser respeitada pelo mesmo princípio de que ninguém deve interferir na esfera jurídica de outrem.

Nas decisões sobre o tema observa-se que não se enveredou para o exame das consequências jurídicas da infidelidade, restrita a observação dos tribunais à intimidade das relações afetivas. No entanto, não se mostra adequado limitar o tema da infidelidade, especialmente no campo da responsabilidade civil, a uma simples contrariedade ou revés amoroso. Também não se revela adequado colocar a infidelidade somente no plano moral, quando a própria Lei empresta efeitos relevantes, inclusive patrimoniais, a esse dever. A observação deve ser voltada, portanto, ao dano, e especialmente, ao valor do dever de fidelidade no regime jurídico do casamento. Cuida-se, sem dúvida, de um interesse socialmente relevante, que não pode ser impunemente desprezado pelo terceiro, sob pena de se lhe negar qualquer valor.

Se é certo, assim, que não há relação jurídica estabelecida entre os cônjuges e terceiro, que pudesse fazer incidir o dever de fidelidade e suas consequências, como se casado fosse, também é correto dizer que do fato não se pode afastar a responsabilidade civil subjetiva, aquiliana, por dolo ou culpa, própria do terceiro cúmplice, admitida nas externalidades do contrato, quando há dano injusto.[19]

A doutrina das *externalidades* ou da *eficácia externa* dos contratos tem aplicação aos negócios jurídicos em geral, reconhecendo-se que a relatividade desses negócios é "relativa", como afirmava Antonio Junqueira. Afirmar que o casamento, como qualquer outro negócio jurídico, é *res inter alios acta* para o terceiro cúmplice, representa negar o enorme avanço que empreendeu a doutrina para reconhecer a relevância externa do contrato (negócio jurídico) como pressuposto de posições jurídicas que se opõe a terceiros. Não é aceitável que o terceiro ignore a existência de uma relação jurídica, como é o casamento,

---

partes, e o da função social, em relação à coletividade e aos terceiros." (Princípios do novo direito contratual e desregulamentação do mercado – direito de exclusividade nas relações contratuais de fornecimento – função social do contrato e responsabilidade aquiliana do terceiro que contribui para inadimplemento contratual. *Revista dos Tribunais* | v. 750/1998 | p. 113-120 | Abr / 1998).

17. *A doutrina do terceiro cúmplice nas relações matrimoniais...*, p. 43. Na argumentação do autor, que se refere à infidelidade como ofensa à moral social, afrouxada pela valoração social, afirma-se que a infidelidade perdeu o grau de repugnância que poderia sustentar a sua reparação. O autor, portanto, elenca duas razões (não há ilicitude e não há suficiente reprovação moral) para responder negativamente à aplicação da doutrina do terceiro cúmplice nas relações conjugais.

18. Registra-se nesse sentido, entre outros, o julgamento do REsp n. 11.122.547/MG, do qual foi Relator o Ministro Luis Felipe Salomão, j. 10.11.209, Dje. 27.11.2009.

19. Nesse sentido, de que há responsabilidade do terceiro cúmplice pela infidelidade, VIANA, Bárbara Sofia Assunção (*A Responsabilidade Civil no Âmbito Conjugal* – o caso particular da violação do dever de fidelidade).

e de todas as suas consequências, como se estivesse livre para interferir tão seriamente nesta relação.

Não é o caso de impor ao terceiro qualquer responsabilidade quando igualmente enganado pelo cônjuge prevaricador, se ignorava, e não podia conhecer, a existência do casamento e da plena vigência do dever de fidelidade. Outra solução, todavia, cabe dar ao terceiro que, plenamente ciente, despreza a existência do casamento para praticar, junto com o cônjuge, violação grave ao dever fundamental sobre o qual está assentado o casamento, a família e a sucessão, de forma a causar dano ao cônjuge inocente.

Por conseguinte, se é possível reconhecer o dever de reparar o dano patrimonial eventualmente decorrente desse ilícito, também não há impedimento ao reconhecimento do dano moral, quando do fato surge agravo importante à dignidade do ofendido, praticado também pelo terceiro.

O casamento é uma relação que ingressa no mundo da realidade jurídica e naturalmente deve ser respeitado por todos, e não apenas pelos cônjuges. Aceitar a ideia de que o terceiro, porque evidentemente não celebrou o casamento (e nem é parte dele) e não assumiu o dever de fidelidade conjugal, está livre das consequências dos seus atos nocivos, é lhe dar salvo conduto para ofender, não só as relações privadas patrimoniais próprias do casamento e a dignidade da pessoa do cônjuge inocente, mas sobretudo a base do regime jurídico ordenador da família, liberdade que não se lhe reconhece para interferir e prejudicar qualquer outra relação jurídica. Por que no casamento deve ser diferente? Não é sem razão a advertência: *Você é livre para fazer suas escolhas, mas é prisioneiro das consequências.*[20]

REFERÊNCIAS

AZEVEDO, Antonio Junqueira de. Princípios do Novo Direito Contratual e Desregulamentação do Mercado – Direito de Exclusividade nas Relações Contratuais de Fornecimento – Função Social do Contrato e Responsabilidade Aquiliana do Terceiro que Contribui para Inadimplemento Contratual. *Revista dos Tribunais*. v. 750/1998. São Paulo: Ed. RT, 1998.

COLOMBO, Leonardo A. *Indemnización Del Daño Producido por El Adulterio De La Esposa*. Responsabilidad Civil – Doctrinas Esenciales, t. IV. Buenos Aires: La Ley, 2007.

GOMINGUES, Andres Gil; FAMA, Maria Victoria; HERRERA, Marisa. *Derecho Constitucional de Familia*. Buenos Aires: Ediar, 2006. t. I.

ITURRASPE, Jorge Mosset. *Los Daños Emergentes del Divorcio. Responsabilidad Civil* – Doctrinas Esenciales. Buenos Aires: La Ley, 2007. t. IV.

LIMA, Alvino. A interferência de terceiros na violação do contrato. Revista de Direito Civil Contemporâneo | v. 5/2015 | p. 307-325 | Out-Dez / 2015.

LOTUFO, Renan. A codificação: o Código Civil de 2002. In: LOTUFO, Renan e NANNI, Giovanni Ettore (Coord.). *Teoria Geral do Direito Civil*. São Paulo: Atlas, 2008.

MALUF, Carlos Alberto Dabus; MALUF, Adriana Caldas do Rego Freitas Dabus. Responsabilidade civil nas relações familiares. *Revista dos Tribunais* | v. 997/2018 | p. 79-104 | Nov / 2018.

MARINI, Renato. *Infedeltà Coniugale e Danno*. Rivista "Il Diritto di Famiglia e delle Persone", v. XLVII. Luglio-Settembre 2018, n. 3. Milano: Giuffrè, 2018.

MARTINS-COSTA, Judith. *Zeca Pagodinho, a razão cínica e o novo Código Civil Brasileiro*. Acesso: https://www.migalhas.com.br/depeso/4218/zeca-pagodinho-a-razao-cinica-e-o-novo-codigo-civil-brasileiro).

---

20. A frase, embora atribuída a Pablo Neruda, não tem autoria definida.

MOLINA DE JUAN, Mariel. *Tratado de Derecho de Familia* – según el código civil y comercial de 2014. Directoras: Aída Kemelmajer de Carlucci, Marisa Herrera e Nora Lloveras. Santa Fe: Rubinzal-Culzoni Editores, 2014.

MORAES, Maria Celina Bodin. *A responsabilidade e a reparação civil no direito de família*. Tratado de Direito das Famílias. Coord. Rodrigo da Cunha Pereira. Belo Horizonte: IBDFAM, 2015.

PERRINO, Jorge Oscar. *Derecho de Familia*. Actualización de Carolina Santi, sob a direção de Ursula C. Basset e coordenação de Carolina Santi. Buenos Aires: Abeledo Perrot, 2017. t. I.

RODRIGUES JUNIOR, Otavio Luiz. A Doutrina do Terceiro Cúmplice: Autonomia da Vontade, o Princípio res inter alios acta, Função Social do Contrato e a Interferência alheia na Execução dos Negócios Jurídicos. *Revista dos Tribunais*. v. 821/2004-Mar/2004. São Paulo: Ed. RT.

RODRIGUES JUNIOR, Otavio Luiz. A Doutrina do Terceiro Cúmplice nas Relações Matrimoniais. In: SILVA, Regina Beatriz Tavares da e CAMARGO NETO, Theodureto de Almeida (Coord.). *Grandes Temas de Direito de Família e Sucessões*. São Paulo: Saraiva, 2011.

SILVA, Regina Beatriz Tavares da. A poligamia e a desigualdade entre homens e mulheres. Publicado no Blog do Fausto Macedo – *Estadão*, em 09.05.2018 – https://politica.estadao.com.br/blogs/fausto-macedo/a--poligamia-e-a-desigualdade-entre-homens-e-mulheres/.

SILVA, Regina Beatriz Tavares da. A Culpa nas Relações de Casamento e de União Estável. *Revista do Advogado* n. 98. AASP, Julho/2.008.

SILVA, Regina Beatriz Tavares da. *Reparação Civil na Separação e no Divórcio*. São Paulo: Saraiva, 1999.

VIANA, Bárbara Sofia Assunção. *A Responsabilidade Civil no Âmbito Conjugal* – o caso particular da violação do dever de fidelidade), de setembro de 2017. Pode ser acessada em: file:///Users/imac/Downloads/A_responsabilidade_civil_no_ambito_conjugal._O_caso_particular_da_violacao_do_dever_de_fidelidade%20(2).pdf.

REPENSANDO A RESPONSABILIDADE CIVIL PELO DESCUMPRIMENTO DOS DEVERES RECÍPROCOS ENTRE CÔNJUGES ENSEJADORES DA DISSOLUÇÃO DA RELAÇÃO CONJUGAL

Débora Brandão

Pós-Doutora em Direitos Humanos pela Universidade de Salamanca, Espanha. Doutora e Mestre pela PUC/SP. Professora Titular da Faculdade de Direito de São Bernardo do Campo (FDSBC). Coordenadora do curso de especialização em Direito Civil (FDSBC) e em Direito de Família e Sucessões da Escola Brasileira de Direito (EBRADI). Professora nos cursos de especialização na Escola Paulista de Direito (EPD). Advogada e mediadora.

Sumário: 1. Introdução. 2. O cabimento da responsabilidade civil decorrente do rompimento das relações conjugais. 3. Revisitando a responsabilidade civil decorrente do descumprimento dos deveres recíprocos entre cônjuges ensejadores do fim do relacionamento conjugal. 4. Proposições conclusivas. 5. Referências.

1. INTRODUÇÃO

Todas as vezes em que se perquire acerca da responsabilidade civil nas relações familiares, de modo geral, há a alegação de que isto representaria sua monetarização.

Porém, é preciso refletir sobre a responsabilidade decorrente do dano extrapatrimonial, existencial, decorrente da violação dos deveres conjugais e os danos surgidos em virtude do ato ilícito *lato sensu*, este de natureza residual.

O Professor Renan Lotufo defendia em suas aulas que não deveria haver reparação de danos quando o próprio Código estabelecia, internamente, dentro da regulação de determinado instituto, formas próprias de resolução do problema. Foi com pensamentos jurídicos como esse e muitos outros que ele se tornou, ao lado da Professora Giselda Maria Fernandes Novaes Hironaka, a maior referência jurídica em minha vida. Acolheu-me em meu primeiro crédito no Mestrado, na PUC/SP. Eu, tão jovem, juridicamente uma terra fértil para ser semeada com as melhores sementes do Direito Civil Constitucional paulista. Ele, o semeador, Professor experiente, ao invés do cansaço e da impaciência diante de minha imaturidade jurídica, acolhia a todos que queriam estudar, com entusiasmo juvenil, como se fôssemos sua primeira turma! Ele era a melhor definição de princípio, concebida por ele mesmo: força matriz e motriz para mim e para todos os seus alunos. Foi meu orientador, meu amigo e meu pai jurídico. Devo tudo o que sou juridicamente a ele, com amor e gratidão eterna.

Retomando o pensamento do Professor, de que não deveria haver reparação de danos quando o próprio Código estabelecia, internamente, dentro da regulação de determinado instituto, formas próprias de resolução do problema, não haveria porque acatar a possibilidade de reparação civil nos casos de rompimento da relação conjugal, uma vez que a legislação prevê a possibilidade de separação litigiosa culposa, no artigo 1.572 *caput* e, no artigo 1.523 do Código Civil, rol exemplificativo de situações que ensejam a impossibilidade da comunhão de vida.

No entanto, esse posicionamento precisa ser revisitado, visto que porque as consequências jurídicas oriundas do descumprimento dos deveres conjugais restaram muito diminuídas, gerando a perda do sobrenome de casado – o que é absolutamente discutível diante de sua natureza jurídica de direito de personalidade (art. 1.578 do CC) –, e a perda do direito aos alimentos civis ao cônjuge culpado pela dissolução (artigo 1.694, § 2º e 1.704 do CC).

Nem todo cônjuge culpado pelo fim do casamento necessitará de alimentos; estes somente serão devidos se ele não reunir condições para o trabalho e seus familiares não puderem ajudá-lo. Da mesma forma que nem todo cônjuge adota o sobrenome do outro. Ademais, tal tema também envolve a alegação de que o nome integra direito de personalidade e, portanto, não seria passível de ser retirado do cônjuge culpado porque integra sua identidade e, portanto, seu direito de personalidade. As antigas repercussões patrimoniais e relativas à perda da guarda da prole comum não mais existem, de modo que as consequências que o próprio sistema previa, atualmente não são suficientes para resolver a questão.

A discussão da culpa em sede de dissolução, de separação ou divórcio ainda gera bastante discussão e equívocos.

Ela não se presta a punir quem não mais quer compartilhar a vida e decide sair da relação conjugal. O que o Direito almeja com a previsão da discussão da culpa é que a conduta em desconformidade com ele seja passível de consequência jurídica porque, se é direito de cada pessoa não mais permanecer casada, por sua vez inexiste direito à inobservância da boa-fé, do respeito, da consideração e da mútua assistência moral.

Com o devido respeito, vislumbra-se que há equívoco no encaminhamento deste assunto pela doutrina. Não se objetiva imputar culpa para punir o outro cônjuge pelo desamor. Deve haver consequência pela conduta ilegal, inadequada e abusiva imediatamente anterior ao rompimento.

2. O CABIMENTO DA RESPONSABILIDADE CIVIL DECORRENTE DO ROMPIMENTO DAS RELAÇÕES CONJUGAIS

Como já se apontou na introdução, as consequências propostas pelo legislador de 2002 são dotadas de pouquíssima eficácia e precisam ser complementadas pela reparação do dano, uma vez que se houver descumprimento dos deveres conjugais, surgirá a possibilidade de pedido de separação ou divórcio litigioso.

Os elementos caracterizadores da responsabilidade civil deverão estar presentes: ação ou omissão, nexo de causalidade, culpa ou dolo e o dano.

Como exemplos de ação, consoante o rol deveres recíprocos do artigo 1.566 do Código Civil, podemos citar o adultério, o adultério virtual, o tratamento rude e desrespeitoso, falado e gestual, com xingamentos, o desprezo. A omissão se revela pela falta de colaboração econômica e convivencial, pautada pela escuta ativa e apoio nos momentos de alegria e tristeza, a omissão no cuidado e educação com a prole, o silêncio punitivo – porque o silêncio também fala –, a omissão na manutenção de relações sexuais e a coação para a fazer. Muitas dessas condutas também estão capituladas na Lei Maria da

Penha porque são atos de violência moral, física, sexual e econômica contra a mulher, dispostos no artigo 7º.

Tais comportamentos, sejam eles dolosos ou culposos podem gerar danos, que devem ser indenizados.

Há algumas correntes de entendimento acerca do tema: a primeira sustenta que não cabe a reparação civil nas relações familiares[1]; a segunda, sustenta o cabimento da reparação dos danos em virtude do descumprimento dos deveres recíprocos entre os cônjuges, sejam os danos materiais e imateriais[2]; a terceira corrente adota que o dever de indenizar surge do dano emergido da violação do direito de personalidade[3] e a quarta, apontando que o próprio Direito de Família deveria estabelecer as sanções. Passa-se à análise detalhada dessas concepções.

A primeira corrente sustenta que não deve haver a reparação de danos decorrente da dissolução das relações conjugais porque o cônjuge violador dos deveres conjugais já é apenado com a possibilidade de receber tão somente alimentos necessários, em caso de condenação (artigos 1.694, § 2º e 1.704 do Código Civil) e perda do sobrenome do outro cônjuge (art. 1.578). Configuraria, assim, *bis in idem*, o que é proibido no nosso sistema jurídico. Ademais, por sua própria natureza, o casamento e, em última análise, a família deveriam ser preservados não encontrando lugar para discussões desse jaez.

Ademais, é preciso admitir que, a despeito do Direito de Família ter especificidades, a principiologia vigente deve ser aplicada, com as devidas conformações. Assim já se posicionou o STJ:

> Por fim, observo que não está posta a questão da responsabilidade civil pelo dano moral por descumprimento de regra de conduta determinada pelo Direito de Família.
>
> Observo, lateralmente, que toda ofensa à dignidade da pessoa, por constituir um fato ilícito, pode ser objeto de responsabilização do agressor, não importando o ramo do Direito em que tal relação seja regulada, no direito das obrigações ou no de família, no direito privado ou no direito público. Mesmo o direito de família não é infenso à indenização por descumprimento de seus preceitos (...)[4].

A terceira corrente sustenta que a reparação civil só terá lugar se houver violação a algum direito de personalidade do cônjuge e, não decorrente, especificamente, da violação dos deveres recíprocos entre os cônjuges que ensejam a separação-sanção (a separação litigiosa com imputação de culpa). Este artigo concluirá que tal corrente, apesar de muito ecoar, está subsumida na segunda. A violação de direito de personalidade, se o objeto jurídico a ser tutelado já encontra previsão nos artigos 1.566 do Código Civil, acarreta o pedido de separação ou divórcio litigioso, com amparo dos artigos 1572, *caput*, e 1.573 do Código Civil que, em última análise, fere direito de personalidade. Portanto, é o oposto do apregoado pela segunda corrente, com a qual nos filiamos.

Para esta terceira corrente, a reparação deve ocorrer porque o descumprimento dos deveres matrimoniais enseja violação dos direitos de personalidade.

---

1. BIGI, José de Castro. *Indenização por rompimento de casamento.* In: COLTRO, Antônio Carlos Mathias (Org.). *O direito de família após a Constituição Federal de 1988.* São Paulo: C. Bastos: Instituto Brasileiro de Direito Constitucional, 2000, p. 49.
2. TAVARES DA SILVA, Regina Beatriz. *Reparação civil na separação e no divórcio.* São Paulo: Saraiva, 1999.
3. MORAES, Maria Celina Bodin de. *Danos à pessoa humana:* uma leitura civil-constitucional dos danos morais, Rio de Janeiro: Renovar, 2009, p. 327.
4. STJ. 4ª Turma. REsp. 412684/SP. Relator: Min. Ruy Rosado de Aguiar. J. 20.08.2002.

Assim como nosso amado Professor Renan Lotufo, Maria Celina Bodin de Moraes[5] sustenta que o direito de família deve apontar as próprias sanções para os eventuais descumprimentos de normas estabelecidas por ele. Tal posição, que se mostra acertada do ponto de vista sistêmico, não pode ser aceita porque as consequências apontadas pelo Direito Civil brasileiro, atualmente, são ineficazes e premiam os descumpridores.

A natureza jurídica do casamento acolhida por esta autora é a de negócio jurídico de família, especial, segundo a teoria eclética. Jamais poderá ser considerado um contrato puro e simples porque seu conteúdo não é primordialmente patrimonial. Ao contrário.

Em relação ao momento da celebração e à extinção do casamento, há um negócio jurídico matrimonial que, para muitos, assemelha-se ao contrato, o que não pode ser afirmar porque seu conteúdo primaz não é patrimonial. Porém, em relação ao conteúdo, é uma instituição cujas características são fruto de processo histórico cultural. No Brasil, grande parte do conteúdo institucional está previsto em lei, razão pela qual faz lembrar, com a devida licença pelo paralelismo, um contrato de adesão, no qual os nubentes aderem ao instituto com toda sua principiologia e regras. Sendo assim, ainda que o conteúdo seja extrapatrimonial, com efeitos patrimoniais secundários, poderíamos afirmar que se trata de responsabilidade contratual especial em relação à natureza especial, mista, do casamento.

Amparada na doutrina de Álvaro Villaça Azevedo, Regina Beatriz Tavares da Silva sustenta que a responsabilidade civil pela reparação dos danos oriundos da ruptura do casamento é contratual.[6] Seria melhor falar em responsabilidade civil negocial porque não se trata especificamente de contrato.

É por isso que a prova do descumprimento dos deveres recíprocos entre os cônjuges por ocasião do casamento, que ensejam a separação ou divórcio litigioso para que se apresente o dever de indenizar, pautado pela culpa contratual presumida pelo referido descumprimento.[7] É bem certo que o agente deve ter sua ação ou omissão consciente. Ainda é preciso ressaltar que se houver perdão, nada a reparar porque ele é elemento essencial para a continuidade das relações humanas.

3. REVISITANDO A RESPONSABILIDADE CIVIL DECORRENTE DO DESCUMPRIMENTO DOS DEVERES RECÍPROCOS ENTRE CÔNJUGES ENSEJADORES DO FIM DO RELACIONAMENTO CONJUGAL

Existem dois cenários para a discussão da responsabilidade decorrente do dano existencial causado pelo fim das relações conjugais. Ou ele decorre da violação dos deveres conjugais expostos no artigo 1.566 do Código Civil[8] e redundam nas hipóteses de impossibilidade da comunhão de vidas elencadas no artigo 1.573 do Código Civil ou, residualmente, nos danos surgidos em virtude do ato ilícito *lato sensu*.

---

5. MORAES, Maria Celina Bodin de. Danos morais em família? Conjugalidade, parentalidade e responsabilidade civil. In: PEREIRA, Tânia da Silva; PEREIRA, Rodrigo da Cunha (Coord.). *A ética da convivência familiar e sua efetividade no cotidiano dos tribunais*. Rio de Janeiro: Forense, 2006, 191.

6. *Reparação civil na separação e no divórcio*. São Paulo: Saraiva, 1999, p. 166.

7. Caberia discussão mais aprofundada sobre esta afirmação, que a brevidade deste artigo impede, especialmente sobre se sempre haveria o dever de indenizar.

8. Art. 1.566. "São deveres de ambos os cônjuges: I – fidelidade recíproca; II – vida em comum, no domicílio conjugal; III – mútua assistência; IV – sustento, guarda e educação dos filhos; V – respeito e consideração mútuos".

O primeiro cenário, que é a discussão da culpa por violação dos deveres conjugais, não tem encontrado eco na doutrina, que sustenta não haver mais razão ou cabimento a alegação da culpa pela dissolução da sociedade conjugal[9].

O segundo cenário, pautado pelo dano decorrente do ato ilícito *lato sensu*, pode ser exemplificado pelo contágio culposo do cônjuge por qualquer vírus que cause doença incurável. O cônjuge sabia que estava contaminado mas entendia que com os cuidados tomados por ele na esfera íntima do casal seriam suficientes para evitar a propagação para o outro, cometendo ato ilícito que deve ser indenizado à luz do artigo 927 do Código Civil. E, nesse caso, quer-se ilustrar que não houve traição para que contraísse o vírus porque a causa seria o adultério, ou seja, o descumprimento do dever de fidelidade recíproca e não o ato ilícito *lato sensu*.

O presente artigo vai se deter no primeiro cenário.

Maria Celina Bodin de Moraes conceitua dano moral como "a lesão a qualquer dos aspectos da dignidade humana, que se encontra fundada em quatro substratos que, reunidos, a corporificam: os princípios da igualdade, da integridade psicofísica, da liberdade e da solidariedade".

Não há dúvida de que o descumprimento dos deveres conjugais configura dano à integridade psicofísica quando surpreende o outro cônjuge com frustração de sua confiança, uma vez que não havia percebido o movimento do seu par de retirada da relação. É bem verdade que para configuração de alguns, basta um ato, como o adultério, e outros, como a falta de assistência moral consubstanciada na falta de escuta ativa, necessitará de reiteração consciente.

Para parte da doutrina,

> a violação de qualquer aspecto da dignidade enseja a reparação por dano moral. Nesse sentido, encontram-se julgados que reconhecem a violação à dignidade mediante a comprovação de ilícitos como injúria grave, ofensa à liberdade, agressões físicas decorrentes de violência doméstica, ocultação da paternidade biológica e, principalmente a violação ao direito de imagem, de intimidade e privacidade[10].

O exemplo invocado para dar supedâneo à primeira corrente é invariavelmente o adultério, que viola o dever de fidelidade recíproca, porém é preciso apontar outros. A injúria grave, decorrente do descumprimento do dever de assistência moral e respeito e consideração mútuos por parte do cônjuge, por si sós podem causar danos.

Quando a autora carioca afirma, mais adiante, que o dano injusto deve ser indenizado porque viola a dignidade e não porque houve descumprimento dos deveres conjugais[11], é de se questionar se o descumprimento desses deveres não ferem a dignidade da outra parte. A previsão dos deveres conjugais[12], em última análise, é para preservar a comunhão de vida que deve existir entre as pessoas casadas, pautadas pelo afeto, pelo amor, respeito,

---

9. A autora entende que a Emenda Constitucional 66/2010 não teve o condão de suprimir a separação judicial e a possibilidade de discussão da culpa. O que a EC 66/2010 estabeleceu foi a supressão dos prazos para os pedidos de dissolução em juízo ou fora dele.
10. MULTEDO, Renata Vilela. Alguns desafios da responsabilidade civil nas relações familiares e as redes sociais. In: BARBOSA, Mafalda Miranda; ROSENVALD, Nelson e MUNIZ. Francisco (Coord.). *Desafios da nova responsabilidade civil*. São Paulo: JusPodivm, 2019, p. 421.
11. Idem, p. 422.
12. Se não houver a previsão de deveres recíprocos entre os cônjuges, haverá qualquer relação, mas não o casamento com suas características.

cumplicidade, e, portanto, o ninho da dignidade. Qualquer comportamento desleal, dentro da relação conjugal viola a dignidade do cônjuge inocente.

A injúria grave mencionada é causa de separação culposa, assim como as agressões físicas, que no artigo 1.573 do Código Civil também estão previstas no inciso III, a saber, sevícia ou injúria grave. Portanto, a fundamentação na ofensa à dignidade se esvazia porque há regramento específico para as hipóteses elencadas. Só faria sentido tal interpretação se tais condutas não pudessem ser subsumidas nos artigos referenciados.

A família, base da sociedade, tem especial proteção do Estado, afirma a Constituição Federal, no artigo 226, *caput*. Porém, a interpretação existente acerca do Direito de Família parece validar o descumprimento dos deveres conjugais quando deveria chamar as partes à conduta ética no momento do rompimento da relação conjugal. Se não, pelo menos propiciar a reflexão de possíveis consequências de seu ato do ponto de vista econômico, uma vez que há jargão no Brasil no sentido de que "as pessoas só entendem quando mexem em seus bolsos".

Não dispomos de freios morais, sociais e nem econômicos. "Note-se que também na ciência da psicanálise a culpa é essencial para estabelecer limites e possibilitar o convívio social", segundo Regina Beatriz Tavares da Silva, amparada nas lições de Otto Fenichel[13].

Quando se está diante de relação contratual há o dever de indenizar pelo descumprimento das cláusulas contratuais. No entanto, quando a relação é familiar, é possível validar qualquer conduta danosa, num verdadeiro "vale-tudo"?

Juridicamente, não há problema em se apaixonar por outra pessoa, até porque não é possível controlar alguns sentimentos. A dor da separação é inevitável e faz parte do risco que todas as pessoas que escolhem se relacionar correm. Já afirmava o compositor Djavan que "amar é um deserto e seus temores (…)".

No entanto, todas as pessoas e todos os cônjuges devem ter clareza de que o dever de boa fé e a tutela da confiança são princípios aplicados ao Direito de Família e qualquer rompimento deve se pautar por valores éticos e pelo princípio da boa-fé objetiva.

Fazendo correlação com o Direito Contratual apenas a título ilustrativo, a conduta proba, íntegra, deve prevalecer em todos os momentos da relação, desde as tratativas – o namoro –, no momento da celebração do contrato principal – o casamento–, passando pelo adimplemento contratual, durante a vida conjugal e no momento do distrato, com a separação e o divórcio, projetando efeitos para além deste momento porque há o dever de respeitar o outro cônjuge e não expor sua intimidade.

Sustenta Maria Celina Bodin de Moraes que

> se a culpa vier acompanhada de violência física ou moral, de humilhação contínua diante de terceiros ou dos próprios filhos, se entra assim no âmbito do ilícito e haverá a responsabilização pelo dano moral infligido. (…) Qual seria o maior problema, nestes casos, de se compensar o sofrimento causado pela infidelidade (até mesmo "virtual", por meio da internet, como alguns defendem? O problema mais grave é o fato de que a compensação do dano moral se faz, essencialmente em dinheiro. Em casos de infidelidade, de descumprimento do débito conjugal, de abandono do lar, de culpa específica na separação, que tipo de proteção às

---

13. TAVARES DA SILVA, Regina Beatriz. *Culpa deve ser decretada na separação e divórcio*. 2011. JusBrasil. Disponível em: https://arpen-sp.jusbrasil.com.br/noticias/2674038/artigo-culpa-deve-ser-decretada-na-separacao-e-divorcio-por-regina-beatriz-tavares-da-silva. Acesso em: 24 jul. 2020.

relações familiares, em particular aos filhos desse casamento tal consequência ensejaria? O que há aí de útil para que se adote essa solução?

Apenas uma visão estreita de logicidade entre causa e consequência e errônea da concepção de que sofre um prejuízo moral, um acontecimento causador de tristeza e humilhação, de vexame ou outras dores, tem direito a uma compensação pecuniária. O pagamento de indenização nestes casos específicos, acirraria ainda mais a situação gravemente conflituosa de verdadeira guerra que normalmente acompanha os juízos de separação e divórcio.[14]

Neste ponto, discorda-se da brilhante civilista, a quem se rendem todas as homenagens e cujos estudos sempre ensinam e inspiram a muitos, especialmente a autora.

Em caso julgado perante o Tribunal de Justiça do Estado de São Paulo[15], uma mulher foi condenada a pagar, a título de danos morais, determinada quantia por ter praticado traição virtual, por meio de conversas privadas pela rede social Facebook. O tribunal reformou a sentença dando provimento ao recurso sob a alegação de que infidelidade conjugal, por si só, não configura dano moral indenizável.

Sob a sombra, na surdina, tudo pode! O que não pode é às claras.

Quando se depara com decisões que afirmam não bastar o ato culposo de descumprimento do dever matrimonial, sendo necessário observar as particularidades do caso concreto, parece que se deseja a demonstração do cenário desértico a que foi reduzido o outro cônjuge, terra inóspita onde até a presença dos filhos não frutifica sua alma destruída.

A dor só é compensável se for pública, se gerar vexame[16], se humilhar o outro cônjuge a ponto de ele ter de mudar de cidade, de Estado, de país, exterminando parte de seus direitos de personalidade.

Se o cônjuge descumpridor atuar de maneira discreta, pouco importa a dor do outro. Não haveria qualquer consequência, pelo menos para o atual direito brasileiro.

A título de ilustração, a autora atuou num divórcio em que os cônjuges eram carinhosos, trabalhadores, pais devotados. Possuíam vida sexual ativa e, aparentemente, nenhum problema comunicacional. O casal havia comprado apartamento novo e se mudado. Quando o último móvel planejado foi entregue, na manhã seguinte, ao acordarem, tiveram a última relação sexual e, imediatamente após, ele comunicou-a de que estava indo embora. Negou que havia outra pessoa, porém, hoje, o filho dele com a amante, desde aquele momento, é uma criança iniciando sua vida escolar.

Se fato como este não gera dano moral pela infidelidade, pela falta de respeito e consideração mútuos, pela frustração do dever de confiança e pela falta de boa-fé, talvez o Direito não seja mais necessário em nossa sociedade.

É necessário questionar a função dessa interpretação, bem como a razão da manutenção do artigo 1.566 do Código Civil, apesar de que sua ausência esvazia parte do conteúdo do casamento, alterando sua concepção. Ainda é importante perquirir sobre a razão do casamento se qualquer comportamento em desacordo com os elementos caracterizadores é normalizado.

---

14. MORAES, Maria Celina Bodin de. *Na medida da pessoa humana*: Estudos de Direito civil constitucional. Rio de Janeiro: Renovar, 2010, p. 444-5.
15. TJSP, Apelação n. 1036091-08.2014.8.26.0576, j. 22.11.2016.
16. Neste sentido, vide os julgados do TJRS e do TJRJ, respectivamente, Apelação Cível n. 70067051110, 9ª Câmara Cível, DJ. 04.02.2016 e Apelação Cível n. 0372328-32.2009.8.19.0001 da 11ª Câmara Cível, j. 07.06.2017.

O sujeito indeniza a colisão de um veículo com terceiro, absolutamente desconhecido, com razão, porque houve conduta culposa que gerou dano com pouca hesitação, mas não indeniza quem teve o coração dilacerado e sua confiança frustrada pelo comportamento daquele.

Desconsidera-se a relação de causa e consequência. O comportamento conjugal inadequado é ilegal e o cônjuge faltoso sai ileso, impune e premiado, inundado pelos maravilhosos sentimentos arrebatadores com um novo amor ou nova paixão, enquanto o outro cônjuge sucumbe em dor ou em mágoa.

> "O princípio da felicidade, implícito no ordenamento jurídico pátrio, pode ser buscado desde que o princípio da responsabilidade seja observado, isto é, não apenas com direitos de toda sorte para todos, mas, antes de tudo, com deveres, entre eles aquele que deve ser proclamado como real função do direito: o dever de não lesar a outrem, o que resulta em um bem-estar para um maior número de pessoas, finalidade do direito e da justiça: o bem comum."[17]

Não se está fazendo ode à imputação de culpa. A ode é à ética nas relações familiares, inclusive no momento de sua extinção.

O dano moral não pode ser devido somente se o rompimento se deu pelo extremo ato da prática de violência que configura crime e o dever de indenizar, inclusive, decorre da condenação. O ilícito civil, ainda que no âmbito das relações familiares, deve gerar consequências além da separação e do divórcio, visto que de ilícito se trata.

4. PROPOSIÇÕES CONCLUSIVAS

Não há qualquer problema em indenizar monetariamente a vítima de separação ou divórcio em que houve descumprimento dos deveres conjugais, por abuso de confiança.

Se os cônjuges estavam cientes de que havia a falência na relação e buscaram outras experiências, de comum acordo enquanto finalizavam a vida em comum, não deveria haver qualquer possibilidade de reparação, sob pena de configuração do *venire contra factum proprium*.

Porém, nos demais casos, a opção pela reparação, dentre outras, finalidades, cumpre uma função pedagógica.

Precisamos considerar as pessoas que estão ao nosso redor porque a sistemática atual confere maior proteção aos estranhos do que aos de casa, aos familiares, quem carrega o peso da vida ao nosso lado, como declarava Jean Portalis ao conceituar casamento.

É preciso repensar a posição de que exigir prestação pecuniária somente acirrará mais os ânimos.[18] Sob este argumento, genitores continuam não convivendo com seus filhos, não pagando os alimentos, tripudiando em relação a horários para o convívio[19] porque não existe qualquer sistema de contenção dessas condutas, já que o melhor sistema, que seria a educação, a conscientização e o exercício da parentalidade responsável falhou. E

---

17. DONNINI, Rogério. *Responsabilidade civil na pós-modernidade*: felicidade, proteção, enriquecimento sem causa e tempo perdido. Porto Alegre: Sergio Antonio Fabris, 2015, p. 164.
18. É bem verdade que em sede relação entre genitor e prole, é possível pensar em outras formas de reparação não pecuniárias em algumas situações como apresenta Cícero Dantas Bisneto em Formas não monetárias de reparação do dano moral: uma análise do dano extrapatrimonial à luz do princípio da reparação adequada. Florianópolis: Tirant Lo Blanch, 2019, p. 263.
19. Conhecido como exercício do direito de visitas.

continuamos inertes, sem qualquer ação para que males maiores venham a ocorrer, ainda que com a utilização do subterfúgio econômico.

Isto não diz respeito apenas a filhos, mas também diz respeito ao outro genitor, que se torna invisível. Cônjuges continuam traindo, humilhando, injuriando porque não há qualquer consequência pela violação de seus deveres conjugais. Sim, os deveres violados são os conjugais porque os deveres sociais de urbanidade são observados, uma vez que os cônjuges deles descumpridores não humilham seus colegas de trabalho, amigos e parentes que não compõem sua família nuclear.

A responsabilidade não é pela ruptura porque todos têm o direito de não mais amar ou querer compartilhar a vida, mas pela conduta tomada nesse momento.

A tutela da confiança é deveras importante no Direito Contratual brasileiro, mas nas relações familiares, valores como a confiança, boa-fé, verdade, honestidade, pouco ou nada tem valido, o que não se pode admitir.[20]

5. REFERÊNCIAS

BIGI, José de Castro. Indenização por rompimento de casamento. In: COLTRO, Antônio Carlos Mathias (Org.) *O direito de família após a Constituição Federal de 1988*. São Paulo: C. Bastos: Instituto Brasileiro de Direito Constitucional, 2000.

BISNETO, Cícero Dantas. *Formas não monetárias de reparação do dano moral*: uma análise do dano extrapatrimonial à luz do princípio da reparação adequada. Florianópolis: Tirant Lo Blanch, 2019.

DONNINI, Rogério. *Responsabilidade civil na pós-modernidade*: felicidade, proteção, enriquecimento sem causa e tempo perdido. Porto Alegre: Sergio Antonio Fabris, 2015.

MORAES, Maria Celina Bodin de. *Danos à pessoa humana*: uma leitura civil-constitucional dos danos morais, Rio de Janeiro: Renovar, 2009.

MORAES, Maria Celina Bodin de. Danos morais em família? Conjugalidade, parentalidade e responsabilidade civil. In: PEREIRA, Tânia da Silva; PEREIRA, Rodrigo da Cunha (Coord.). *A ética da convivência familiar e sua efetividade no cotidiano dos tribunais*. Rio de Janeiro: Forense, 2006.

MORAES, Maria Celina Bodin de. Na medida da pessoa humana: *Estudos de Direito civil constitucional*. Rio de Janeiro: Renovar, 2010.

MULTEDO, Renata Vilela. Alguns desafios da responsabilidade civil nas relações familiares e as redes sociais. In: BARBOSA, Mafalda Miranda; ROSENVALD, Nelson e MUNIZ, Francisco (Coord.). *Desafios da nova responsabilidade civil*. São Paulo: JusPodivm, 2019.

TAVARES DA SILVA, Regina Beatriz. *Culpa deve ser decretada na separação e divórcio*. 2011. JusBrasil. Disponível em: https://arpen-sp.jusbrasil.com.br/noticias/2674038/artigo-culpa-deve-ser-decretada-na-separacao-e--divorcio-por-regina-beatriz-tavares-da-silva. Acesso em: 24.07.2020.

TAVARES DA SILVA, Regina Beatriz. *Reparação civil na separação e no divórcio*. São Paulo: Saraiva, 1999.

---

20. MORAES, Maria Celina Bodin de. *Danos à pessoa humana*: uma leitura civil-constitucional dos danos morais. Rio de Janeiro: Renovar, 2009, p. 327.

INTELIGÊNCIA ARTIFICIAL, DIREITO E PERQUIRIÇÕES: SUBSÍDIOS PARA UM DEBATE EM HOMENAGEM A RENAN LOTUFO

Luiz Edson Fachin

Doutor e Mestre em Direito das Relações Sociais pela PUC/SP (Pontifícia Universidade Católica de São Paulo). Professor do UNICEUB. Alma Mater: Universidade Federal do Paraná. Autor de diversas obras e artigos. Ministro do Supremo Tribunal Federal.

Roberta Zumblick Martins da Silva

Mestre em Direito pela Universidade de Brasília – UnB. Especialista em Direito Processual e graduada em Direito pela CESUSC. Pesquisadora do Projeto Victor em parceria da UnB com o STF. Coautora do livro Inteligência Artificial e Direito. Integrante do Grupo de Pesquisa Direito, Racionalidade e Inteligência Artificial – DR.IA-UnB.

Sumário: 1. Introdução: reconhecimento e palavras iniciais sobre o tema. 2. Dignidade humana e a violação injusta. 3. Riscos da inteligência artificial e vulnerabilidades. 3.1 Viés (*bias*). 3.2 Segurança de dados. 3.3 Consentimento. 3.4 Princípios; algumas ideias. 4. Palavras de encerramento. 5. Referências.

1. INTRODUÇÃO: RECONHECIMENTO E PALAVRAS INICIAIS SOBRE O TEMA

A Renan Lotufo deve a comunidade jurídica um imenso tributo pelo aporte indelével que trouxe à teoria do direito e à prática jurídica, nomeadamente no campo do Direito Privado. Obras, ideias e atuações do homenageado se difundiram entre estudantes e estudiosos, com especial ênfase na seara da responsabilidade civil.

O professor Renan Lotufo, sem jamais descurar das raízes da formação do Direito Civil brasileiro, nunca deixou de estar antenado com as mais modernas teorias e mais recentes problemas jurídicos. Por isso, os subsídios para um debate aqui trazidos prestam uma singela homenagem a quem marcou seu olhar comungando nos dois tempos que vincam o direito: o pretérito como pressuposto e o futuro como destino. Nesse liame intentamos conjugar as situações jurídicas desse tempo desafiador que, no terreno da responsabilidade, dos riscos, da precaução e da prevenção, abre às portas para questões da inteligência artificial.

O advento da Inteligência Artificial e as tecnologias impulsionadas por *big data* são considerados pelos especialistas a 4ª revolução industrial[1]. Se se está diante de uma mudança estrutural, fundamental é conhecê-la, e ao mesmo tempo refletir sobre os seus impactos na vida em sociedade e reconhecer os seus enquadramentos jurídicos.

---

1. Disponível em: https://pt.unesco.org/courier/2018-3/quarta-revolucao.

Neste breve estudo dois são os pilares: riscos e responsabilidades envolvendo o uso e a aplicação de soluções de Inteligência Artificial, especialmente no contexto de populações sujeitas a maiores vulnerabilidades. Esses pilares são nutridos pelo virtuoso projeto Victor, decorrente de parceria entre a UnB e o STF, o qual também se apresentou como motivador de diálogos entre os coautores, em diversas interlocuções sobre o assunto e que aqui são resumidas.

Inexiste novidade na temática tratada e na forma de apresentação; é somente um ensaio de sistematização de ideias, pensamentos e autores sobre a matéria com o propósito de contribuir para o debate.

2. DIGNIDADE HUMANA E A VIOLAÇÃO INJUSTA

A metodologia utilizada na construção do presente texto reconhece o tempo presente do fenômeno jurídico como a síntese de múltiplas significações, em que há o legado do passado e a antevisão de um possível futuro para o tema de direitos e responsabilidades no contexto de aplicação da Inteligência Artificial. Se o presente é mesmo essa sinopse plural – e se o fenômeno jurídico está em constante movimento –, é legítimo concluir que há estações na modernidade que permitem fotografar a contemporaneidade. Aí não está um ponto de chegada; antes, possivelmente, um novo ponto de partida, cujo horizonte traduz aqui e agora o próprio porvir.

Neste sentido, oportuna a reflexão de Maria Celina Bodin de Moraes (2007) a respeito das circunstâncias e características do progresso científico que conduziram à disseminação da incerteza, oposta aos parâmetros tradicionais e consolidados de segurança jurídica; elas vêm propondo a criação de novos valores no paradigma da cognominada *pós-modernidade*. A primeira circunstância é a constatação da impossibilidade de domínio dos efeitos da tecnologia, em suas dimensões de espaço e tempo: "novas questões (...) configuram "situações-problema" cujos limites não poderão ser decididos internamente, estabelecidos pelos próprios biólogos, físicos ou médicos, mas deverão ser resultantes de escolhas ético-político-jurídicas da sociedade." A segunda circunstância é a denominada "explosão de ignorância" causada pelo volume monumental de informações em ambiente virtual. À medida que crescem os horizontes do conhecimento, toma-se conhecimento da própria incompletude. Não há mais tempo suficiente para transformar as informações em conhecimento e certeza.

A modernidade vem marcada do século passado por duas grandes guerras e os horrores praticados dentro do próprio Estado – especialmente no nazismo. O Estado de Direito iluminista e racional não bastou para a proteção da coletividade do totalitarismo. Lançou como desafio, ao lado da legalidade em sentido estrito, direcionar-se à legitimidade, a opções valorativas, nas quais os princípios da democracia, liberdade e solidariedade não possam ser ignorados. Os princípios são alçados à categoria de normas jurídicas, "modificando-as para que reflitam o valor sobre o qual se funda, na atualidade, grande parte dos ordenamentos jurídicos, isto é, o valor da dignidade da pessoa humana" (MORAES, 2007).

No Brasil, essa mudança de paradigma ocorre com a redemocratização e a constitucionalização do Direito sobremaneira a partir da Constituição Federal de 1988. Quanto à contextualização do Direito Civil e à dignidade humana, ressalta-se:

Há registros importantes nas formulações que imbricam a pessoa aos seus desígnios de autodeterminação e desenvolvimento. A Constituição Federal de 1988 impôs ao Direito Civil *o abandono da postura patrimonia-lista* herdada do século XIX, em especial, do Código Napoleônico, *migrando para uma concepção em que se privilegia o desenvolvimento humano e a dignidade da pessoa concretamente considerada, em suas relações interpessoais.* (...) Direito Civil e Direitos Humanos principiam diálogo que encontra área propícia na efetividade da Declaração Universal de 1948, na tutela da vida e da liberdade. Repercussões deontológicas separam a bioética descritiva da bioética normativa, e reposicionam o tema do meio ambiente e dos direitos humanos.

O direito é uma vez mais chamado a prestar contas à História. Contrato social vem afrontado pelo sentido de contrato natural, pela demarcação jurídica dos fatos e pela invasão conceitual do espaço. Domínio e posse acusam seu próprio narcisismo, centro e periferia são dois conceitos que expõem, no uso e no abuso, toda a sorte de hospedeiros e parasitas. *O Direito das pessoas sobre bens, coisas e interesses recebe abalos e reconstruções.* Grifou-se. (FACHIN, 2015, p. 58-60).

E assim o Direito Civil é atualmente norteado pelo princípio da Dignidade Humana, nele se encerrando o foco da renovação de seus institutos e conceitos. Por essa razão, sempre que deparados diante de novos desafios, explora-se a dimensão conferida pelo ordenamento jurídico ao princípio capaz de conferir unidade valorativa e sistemática ao Direito Civil. Para conceituá-lo, passa-se necessariamente pela filosofia.

Hannah Arendt (2020), ao discorrer sobre a condição humana, assevera que a pluralidade humana tem duplo aspecto: o da igualdade e o da diferença. A igualdade na dimensão de compreenderem a si e seus ancestrais; a diferença na necessidade de discurso e ação para se comunicarem entre si. Conclui que a pluralidade humana é a paradoxal pluralidade de seres singulares. O atributo de distinção dos seres humanos, a qualidade dos humanos que os faz merecedores da *humanidade*, é a dignidade inerente à espécie. A etimologia de "dignidade" provém do latim *dignus* – "*aquele que merece estima e honra, aquele que é importante*". (MORAES, 2007).

MORAES (2007) entende que a principal dificuldade hermenêutica enfrentada ao se buscar os delineamentos do princípio são seus contornos e limites, visto que uma noção ampliada pelas numerosíssimas conotações lhe confere um grau de abstração tão intenso que impossibilita a sua aplicação. Assim, delimita-o materialmente:

O substrato material da dignidade assim entendida pode ser desdobrado em quatro postulados: i) o sujeito moral (ético) reconhece a existência dos outros como sujeitos iguais a ele, ii) merecedores do mesmo respeito a integridade psicofísica de que é titular; iii) é dotado de vontade livre, de autodeterminação, iv) é parte do grupo social, em relação ao qual tem a garantia de não vir a ser marginalizado. São corolários desta elaboração os princípios jurídicos da igualdade, da integridade física e moral – psicofísica –, da liberdade e da solidariedade. (MORAES, 2007, p. 85).

Como consequência, no âmbito dos conflitos entre uma situação jurídica subjetiva existencial e uma situação jurídica patrimonial nas relações privadas, deverá prevalecer a primeira, atendendo aos princípios constitucionais que colocam a dignidade da pessoa humana como valor cardeal do sistema. E assim a dignidade da pessoa humana é o fundamento do direito à proteção contra violação injusta, enfim, da responsabilidade em do riscou ou mesmo concretamente de dano. A causa do dano é a injusta violação da situação jurídica subjetiva extrapatrimonial, que encontra proteção jurídica na Constituição Federal, diretamente do princípio fundante da dignidade da pessoa humana.

3. RISCOS DA INTELIGÊNCIA ARTIFICIAL E VULNERABILIDADES

Não há unanimidade entre os especialistas em relação a uma definição do que é IA. Para uma melhor compreensão do seu conceito, descreve-se a IA como um termo *guarda-*

-chuva. Ele abriga muitas áreas de estudo e técnicas, como visão computacional, robótica, processamento da linguagem natural e *Machine Learning*, por exemplo (MAINI, SAIBRI, p. 9); (CALO, p. 5).

Rumman Chowdhury (2018), cientista de dados e pesquisadora na área de ética da IA, inicia sua TEDtalk fazendo referência à pergunta que lhe é feita com frequência em entrevistas; com quem concorda: Mark Zuckenberg – que defende que IA vai fazer o bem para a humanidade – ou Elon Musk – que sustenta que a IA vai destruí-la? Essa visão maniqueísta de bem e mal da IA, que a trata como se fosse uma força inevitável com natureza própria – seja ela qual for –, é bastante frequente.

CHOWDHURY (2018) chama de "moral outsourcing" – algo como *terceirização* da moral, em tradução livre – o fenômeno de tratar-se a IA – que nada mais é do que produto de criação humana – como uma força própria, desvinculando a responsabilidade de criadores e desenvolvedores. Um conceito problemático, quando se percebe que soluções de IA podem ter comportamentos discriminatórios, gerando danos à dignidade humana.

No exercício metodológico de usar o legado do passado, para compreender o presente e prospectar possibilidades de futuro, a pesquisadora retoma as lições da banalidade do mal, de Hannah Arendt. A filósofa (ARENDT, 1999), ao acompanhar o julgamento de Eichmann, desenvolve o conceito da banalidade do mal ao constatar a mediocridade do acusado. A sociedade democrática, as liberdades e a dignidade estão em perigo quando as pessoas não conseguem discernir sua responsabilidade por condutas maléficas, por fazerem parte de uma engrenagem ou sistema.

Como exposto, foi justamente esse contexto de violação de Direitos Humanos que deu ensejo à mudança para uma ordem jurídica valorativa, centrada na dignidade da pessoa humana. A leitura das características e do funcionamento desse novo campo da tecnologia são fundamentais para adequá-lo aos princípios fundamentais de direito – especialmente quando se pensa na implementação dessas tecnologias em contextos de populações vulneráveis.

Fabiano Hartmann Peixoto (2020, p. 307) afirma que a combinação do raciocínio jurídico e de demandas éticas no direito, com o raciocínio característico das áreas de engenharia de "software" e ciência da computação, faz com que sejam ainda mais delicados os problemas relacionados a vieses discriminatórios e os riscos do reforço do direito como instrumento de sustentação de desigualdade (e não do seu combate); e alerta que "as decisões, com base e classificações, triagens e padrões suportados por sistemas de IA podem, sem o devido resguardo metodológico, atendimento de princípios éticos robustos e mecanismos de segurança e *accountability* sustentar um modelo (com força normativa) de aprofundamento de desigualdades e supressão de direitos".

Muitos dos avanços noticiados em aplicações de Inteligência Artificial utilizam técnicas de *Machine Learning*. De acordo com Stuart Russell (2016), *Machine Learning* é o ramo da IA que estuda formas de fazer com que os computadores melhorem sua performance com base na experiência. Goodfelow, Bengio e Courville (2016, p. 104) afirmam que a maior parte dos algoritmos de *Machine Learning* basicamente experienciam um *dataset*. Há muitas formas de se descrever um *dataset*, e em todas elas é possível afirmar que um *dataset* é uma coleção de exemplos, que são transformados em coleções de características.

> Há quem espere que a automatização de decisões por computadores represente a superação de questões subjetivas: que uma inteligência por ser artificial seja também imparcial. De fato: a matemática e as ciências exatas que são bases para o desenvolvimento dessas tecnologias são exatas. Mas, tanto as soluções de IA são projetadas por pessoas quanto – ainda que se fale em aprendizado de máquina – esse aprendizado se realiza com base na experiência dos algoritmos em um dataset que é produto das relações humanas. (Hartmann Peixoto, Martins da Silva. 2019, p. 70)

Fernanda Lage (2020) alerta que os ganhos relacionados a IA estão "condicionados à otimização de variáveis não ambíguas, determinadas e imputadas por um programador – um ser humano. Pesquisas extensas mostram que os sistemas de machine learning mal treinados agirão mal e, quando os dados de treinamento exibirem viés, o algoritmo resultante poderá exibir (ou exacerbar) esse desvio." Destaca, no entanto, que, ao contrário dos vieses encontrados na sociedade, os dos algoritmos são consistentes, identificáveis e corrigíveis. "Depois que uma forma de viés for identificada e corrigida nos conjuntos de dados ou código fonte relevantes, todas as versões desse software terão aprendido e corrigido esse erro – enquanto o viés humano é mais difícil de se combater."

Em documento elaborado com o apoio do Escritório das Nações Unidas para a Coordenação de Assuntos Humanitários, Jasmine Write e Andrej Verity (2020) apontam os principais riscos do uso de aplicações de IA para populações vulneráveis em contextos humanitários e, a partir deles, estabelecem princípios orientadores. A análise realizada pelos autores foi feita num contexto internacional, mas os riscos identificados podem ser interpretados a partir da realidade local.

A preocupação dos impactos da IA em comunidades vulneráveis também motivou a pesquisa realizada pelo *The Citizen Lab* em parceria com *o International Human Rights Program*, da Faculdade de Direito da Universidade de Toronto, a respeito de decisões automatizadas em sistemas de gestão da imigração e de refugiados. Identificou-se um fator crítico com a proteção menos robusta de direitos humanos e dificuldades na defesa desses direitos. Não há uma posição repulsiva ao uso da tecnologia no relatório em si, mas sim ao uso irresponsável que conduz a exacerbar disparidades. (HARTMANN PEIXOTO. 2020, p. 309)

Será detalhado a seguir esse panorama consoante se recolhe das fontes citadas ao final do presente trabalho.

3.1 Viés (*bias*)

A atuação que utilize sistemas de IA enviesados (*machine bias*) poderá atentar contra os seus próprios objetivos, deixando populações vulneráveis expostas a um risco maior. Os vieses ("bias") podem aparecer em sistemas de IA para populações vulneráveis de diferentes formas. Identificam-se e analisam-se as seguintes: normas culturais prevalentes embutidas no design do sistema; tecnologias biométricas, incluindo softwares de reconhecimento facial; e *datasets* incompletos. (WRITE e VERITY, 2020).

Um exemplo de viés cultural é o *chatbot* de psicoterapia desenvolvido por uma empresa do Vale do Silício, implementado para auxiliar refugiados Sírios no campo Za'atari[2].

---

2. ROMEO, Nick. "The Chatbot Will See You Now," The New Yorker, December 25, 2016, https://www.newyorker.com/tech/annals-of-technology/the-chatbot-will-see-you-now?reload=true (accessed June 3, 2019).

O sistema foi desenhado e concebido no Ocidente e, ainda que inconscientemente, as normas culturais ocidentais foram embutidas em seu design. Além de alterações nas respostas de acurácia, as presunções culturais inerentes ao sistema podem levar a resultados discriminatórios. Sistemas pensados, desenhados e desenvolvidos em uma perspectiva cultural distinta da sua aplicação de destino podem perder outras formas cruciais em que poderiam ser implementados. Assim, o cerne do problema que o sistema de IA é concebido para melhorar pode ser perdido em razão de questões culturais não consideradas pelas próprias populações vulneráveis. (WRITE e VERITY, 2020)

Relembre-se que biometria é a tecnologia digital utilizada para gravar e analisar as características biológicas de uma pessoa, tais como: impressão digital, registro de íris e padrões faciais. No campo humanitário é utilizada principalmente para identificar os destinatários de auxílios e grupos vulneráveis. Os estudos mostram que pessoas cujo trabalho exige maior esforço físico, pessoas idosas, que trabalham na indústria da saúde e da beleza têm impressões digitais mais suaves. Os registros de íris, ainda que sejam um indicador biométrico mais confiável, também perdem sua acurácia em razão de fatores variados – incluindo o avançar da idade. Esses exemplos mostram que sistemas de biometria não são perfeitamente precisos. (WRITE e VERITY, 2020)

O caso mais conhecido de viés inerente à tecnologia de biometria é o de softwares de reconhecimento facial que apresentam acurácia muito menor em pessoas não brancas. Nesse contexto, os piores resultados são de reconhecimento de mulheres não brancas, demonstrando acentuadamente o viés de discriminação em termos de raça e gênero. É alarmante saber que os sistemas de IA podem ser discriminatórios, especialmente quando eles sugerem implicitamente quem é reconhecido como pessoa ou não. O viés é ainda mais problemático quando esse reconhecimento afeta quem pode receber abrigo, alimento e outros recursos básicos (WRITE e VERITY, 2020).

A terceira forma de viés destacada pelo relatório, que também se relaciona com a segunda, é a de *datasets* incompletos. Como explicitado na definição de *machine learning*, a efetividade dos sistemas de IA depende da qualidade dos dados que são usados em seu treinamento. Inevitavelmente, *datasets* são incompletos; todavia, em contextos humanitários, com populações vulneráveis e nas respostas a desastres, os *datasets* terão frequentemente grandes lacunas, vieses temporais e falta de representação dos grupos mais vulneráveis afetados. O desafio é agravado pelo fato de que as pessoas mais vulneráveis ficam excluídas de *datasets* por não terem o que se chama de *"digital foot print"* e não gerarem quaisquer dados, sem nem ao menos saber que estão sendo excluídos. (WRITE e VERITY, 2020)

Destacam-se alguns exemplos reais – fora do contexto humanitário – do que se chamam vieses discriminatórios na aplicação de IA: uma câmera que tira fotos automaticamente que se recusa a fotografar uma blogueira de Taiwan por achar que ela estava de olhos fechados[3]; um tradutor que associa o papel de engenheiro como masculino e de enfermeira como feminino (ainda que a língua traduzida não faça diferença do gênero)[4]. São diversos os motivos pelos quais sistemas de IA podem apresentar esse tipo de com-

---

3. Adam Rose, Are Face-detection Cameras Racist? TIME (Jan. 22, 2010), http://content.time.com/time/business/article/0,8599,1954643,00.html (last visited Sept. 14, 2017). (CALO, 2017).

4. Aylin Caliskan et al., Semantics Derived Automatically from Language Corpora Contain Human-like Biases, 356 SCIENCE 183-86 (Apr. 2017). (CALO, 2017).

portamento, mas os dados em que foram treinados têm um papel significativo: algoritmos treinados em dados nos quais uma parcela demográfica não seja bem representada levariam ao não reconhecimento de suas características; assim como um algoritmo treinado em *dataset* majoritariamente caucasiano não vai desempenhar bem sua finalidade com pessoas com traços de outras etnias. Um algoritmo que não foi submetido à diversidade no treinamento não tem como reconhecê-la na aplicação (HARTMANN, ZUMBLICK MARTINS. 2019, p.71).

Modelos algorítmicos apresentam vieses porque os modelos são uma representação da realidade, e não a realidade em si. São a forma como a pessoa que os desenvolve vê a realidade, de modo que as fontes dos dados e as variáveis escolhidas para o *dataset* podem ser enviesadas, ainda que de forma não intencional. A boa notícia é que esse enviesamento pode ser usado para mitigar as deficiências do *dataset*: atribuindo maior peso a variáveis que protejam os interesses e necessidades de pessoas vulneráveis. É o que se chama de viés positivo. (WRITE e VERITY, 2020)

Os preconceitos e discriminações que existem na sociedade são refletidos e, possivelmente, ampliados nos *datasets*. Reconhecer a existência de vieses e a necessidade de se inquietar com a diversidade de *datasets* para o desenvolvimento de aplicações de IA não significa que a IA seja a resposta para os problemas da sociedade. Meredith Broussard (2018) cunhou o termo *Chauvinismo Tecnológico* para descrever a crença de que a tecnologia pode resolver todos os problemas, a falha suposição de que sistemas de tecnologia são essa autoridade lógica infalível e de que seus resultados devem ser sempre aceitos e seguidos.

3.2 Segurança de dados

Os problemas relacionados à segurança de dados não são exclusivos aos contextos humanitários; podem, no entanto, ter um efeito especialmente nocivo dada a vulnerabilidade preexistente das pessoas envolvidas. Um vazamento de dados pode sujeitar as pessoas a maior risco de discriminação, perseguição e repatriação forçada, entre outros males. Há também o risco de os dados que foram coletados para um fim (combater o desvio de recursos alimentares) serem usados para outro totalmente diverso (monitoramento de grupo vulnerável), prática denominada de *function creep*. É o que ocorre quando uma organização mitiga os custos do levantamento de dados para treinar modelos de IA usando os *datasets* de outras fontes.

É uma questão inerentemente relacionada ao próximo risco – o do consentimento. Isso porque uma pessoa em situação de vulnerabilidade pode anuir em fornecer seus dados para uma agência humanitária para um propósito específico, mas pode não aceitar que esses dados sejam utilizados em contexto diverso e deve ter autonomia para avaliar os riscos do seu consentimento.

3.3 Consentimento

Jasmine Write e Andrej Verity (2020, p. 27) afirmam que uma auditoria interna da ONU reporta que os refugiados não receberam informações necessárias para uma tomada de decisão informada quando consentiram com o uso de seus dados biométricos, e que, se não há consentimento informado, não há consentimento de forma alguma.

Apontam-se formas de contribuir para um sistema mais ético: (i) a possibilidade de os atendidos por ajuda humanitária não fornecerem seus dados e ainda de terem acesso aos mesmos serviços, e (ii) verificar em estágios diversos se o consentimento para o uso de dados persiste, na medida em que existe a possibilidade de as pessoas serem coagidas no momento de anuir.

Outra perspectiva é que o conceito de consentimento para pessoas em situação de vulnerabilidade não faz sentido. Quando as pessoas precisam de ajuda humanitária, elas certamente irão anuir com o uso de seus dados, tornando o seu consentimento sem grande significado em uma perspectiva ética. Faz mais sentido colocar o foco no contexto em qual uma organização é autorizada a utilizar os dados de populações vulneráveis do que se apegar no seu consentimento. A responsabilidade nestes casos deve ser das organizações que estão explorando esses dados. Jasmine Write e Andrej Verity (2020, p.27) são enfáticos ao afirmar que não há consentimento quando a recusa de registro implica recusar a assistência fornecida, e sim coerção.

3.4 Princípios; algumas ideias

A partir dos riscos detectados, os autores definiram princípios – orientações gerais – que devem ser observados para a sua mitigação: (i) a avaliação dos benefícios *versus* os riscos do desenvolvimento de IA; (ii) que os sistemas de IA sejam baseados em contextos específicos; (iii) *empoderamento* e inclusão das comunidades locais nas iniciativas de IA; e (iv) a implementação de sistemas de auditoria.

O procedimento de avaliação de riscos *versus* os benefícios do desenvolvimento de IA envolveria avaliar as consequências positivas e negativas de implementação do sistema, bem como os modos de mitigação dos riscos em potencial. Caso os riscos se sobreponham aos benefícios, o sistema de IA não deve ser utilizado. Jasmine Write e Andrej Verity (2020) afirmam que tecnologias mais eficientes e menos onerosas em termos econômicos não se equivalem a resultados mais benéficos – especialmente para pessoas em situações de vulnerabilidade. Defendem que seja necessário que os desenvolvedores de sistemas de IA sejam obrigados justificar a necessidade de criação do seu sistema, explicando por que ele é mais benéfico do que outras alternativas.

O princípio de sistemas de IA baseados nos contextos específicos se opõe a noções de *chauvinismo tecnológico*. O menosprezo do contexto de implementação no desenvolvimento de soluções tecnológicas está associado à crença de que soluções tecnológicas sejam a resposta para os problemas sociais. É problemático que desenvolvedores pensem ser aceitável usar os sistemas já existentes para populações vulneráveis distintas, como se o fato de um sistema ter funcionado em um contexto implicasse que ele fosse universalizável sem a necessidade de adequações contextuais.

A promoção da inclusão digital e capacitação de pessoas em situação de vulnerabilidade – não somente em contextos humanitários – é urgente. Quanto maior for a melhoria dos sistemas de educação de áreas vulneráveis e o fomento de formação de profissionais de tecnologia de contextos diversos, tanto menores serão os riscos de vieses discriminatórios, segurança de dados e problemas de consentimento serem inerentes aos sistemas de IA.

Os projetos de inclusão pela educação de longo termo são fundamentais para que as pessoas possam participar e influenciar no desenvolvimento de iniciativas que atinjam a si e a grupos vulneráveis de suas comunidades. No entanto, com a velocidade dos avanços e impactos da implementação de sistemas de IA no mundo, torna-se imediato e imprescindível o envolvimento das pessoas e comunidades vulneráveis nos processos de tomada de decisão para sistemas de IA. Precisam ser incluídos imediatamente e, além disso, ouvidos nos processos de "design" e desenvolvimento de soluções – e não somente nas fases piloto –, a fim de que possam auxiliar de fato na construção desses sistemas.

A implementação de sistemas de auditoria serve como uma checagem de um terceiro interessado para potenciais vieses discriminatórios, riscos de segurança e problemas de consentimento de tecnologias de IA para pessoas em situação de vulnerabilidade. É possível fazer os sistemas explicáveis, compreendendo como foram concebidos e quais variáveis de dados foram utilizadas em sua concepção.

Os esforços dos estudiosos e pesquisadores da área buscam orientar o amparo as pessoas em situação de vulnerabilidade. HARTMANN PEIXOTO afirma nesse sentido que o respeito aos direitos humanos e enfrentamento da já tão marcada desigualdade global deve impor aos sistemas de IA uma arquitetura de respeito o estado de direito, valores democráticos e a diversidade, que deve incluir salvaguardas apropriadas (2020, p. 317)

4.   PALAVRAS DE ENCERRAMENTO

No embate linguístico característico dos dissensos democráticos da contemporaneidade, não faltam disputas para atribuir novos sentidos ao texto constitucional – especialmente em uma nova oportunidade, como na inovação tecnológica. É, portanto, essencial a lembrança e o reforço argumentativo das dimensões do princípio da dignidade da pessoa humana: fundação e unidade de todo o ordenamento jurídico.

Direitos e deveres se articulam em diversas ordens normativas, especialmente no espaço jurídico (e de modo singular no direito das obrigações que é o arcabouço das relações jurídicas em geral; a propósito: LOTUFO, 2011); nesse universo da IA o desafio é empreender limites e possibilidades de prestações e contraprestações na ordem do humano e da tutela da dignidade da pessoa.

A tecnologia é uma *ciência meio*, e o desenvolvimento da IA não é um fim em si. A inovação tecnológica, como criação humana, deve estar a serviço e caminhar a par da promoção da dignidade humana e dos direitos fundamentais. A conscientização da responsabilidade humana no desenvolvimento e aplicação de soluções de IA se mostra um desafio. Há a necessidade de se agregar dimensões filosóficas e humanísticas na formação técnica de profissionais da área de tecnologia.

Por isso mesmo, aqui se chamou atenção para os riscos envolvidos no emprego da tecnologia de Inteligência Artificial em populações em contexto de vulnerabilidade. Para o mito de uma objetividade precisa e matemática de decisões tomadas por algoritmos, e o quanto estes reproduzem preconceitos e discriminações já existentes.

Para que a IA atenda aos objetivos de promoção de dignidade humana é imperativo retratar a paradoxal pluralidade de seres singulares. Portanto, é a importância do conhecimento digital e fomento para o desenvolvimento de profissionais da área mais diversificados, numa sociedade aberta, plural e inclusiva. Se o futuro pode ser construído e modelado em ambiente digital, a promoção da dignidade humana depende da democratização deste espaço de debate e dissenso.

5. REFERÊNCIAS

ARENDT, Hannah. *A condição humana*. Trad. Roberto Raposo. Rio de Janeiro: Forense Universitária, Edição Kindle, 2020.

ARENDT, Hannah. *Eichman em Jerusalém*: um retrato sobre a banalidade do mal. Trad. José Rubens Siqueira, São Paulo, Companhia das Letras, 1999.

BROUSSARD, Meredith. *Artificial Unintelligence*: How Computers Misunderstand the World. Cambridge: MIT Press, 2018.

BRUNDAGE, Miles et al. Scaling Up Humanity: The Case for Conditional Optimism about Artificial Intelligence. *EPRS. European Parliamentary Research Service. Should we fear artificial intelligence?* EP. 2018. Disponível em: http://www.europarl.europa.eu/RegData/etudes/IDAN/2018/614547/EPRS_IDA(2018)614547_EN.pdf. Acesso em: 11.03.2019.

CHOWDHURY, Rumman. Moral outsourcing: humanity in the age of AI. TEDx Occidental College. 2018. Disponível em: https://www.youtube.com/watch?v=AXjKad6ECmk.

FACHIN, Luiz Edson. *Direito Civil*: sentidos, transformações e fim. Rio de Janeiro: Renovar, 2015.

GIRARDI FACHIN, Melina. *Direito humano ao Desenvolvimento*: Universalização, Ressignificação e Emancipação. PUC-SP, São Paulo, 2013.

HARTMANN PEIXOTO, Fabiano; ZUMBLICK MARTINS S, Roberta. *Inteligência Artificial e Direito*. Curitiba: Alteridade, 2019.

HARTMANN PEIXOTO, Fabiano. Direito e Inteligência Artificial na (não) redução de desigualdades globais: decisões automatizadas na imigração e sistemas de refugiados. *Revista Direitos Culturais*, Santo Ângelo, v. 15, n. 37, p. 305-320, set./dez. 2020.

LAGE, Fernanda de Carvalho. *A Inteligência Artificial na Repercussão Geral*: análise e proposições da vanguarda de inovação tecnológica no Poder Judiciário brasileiro. Brasília, UNB 2020.

LOTUFO, Renan; NANNI, Giovanni Ettore (Coord.). *Obrigações*. São Paulo: Atlas, 2011.

MORAES, Maria Celina Bodin de. *Danos à Pessoa Humana*: uma leitura Civil-Constitucional dos Danos Morais. Rio de Janeiro, Renovar, 3. tir., agosto 2007.

RUSSELL, Stuart. *The Future of Artificial Intelligence*. University of Berkeley. 2016. Disponível em: http://people.eecs.berkeley.edu/~russell/temp/q-and-a.html. Acesso em: 07.08.2018.

RUSSELL, Stuart; NORVIG, Peter. *Inteligência Artificial*. 8. tir. Trad. Regina Celia Simille de Macedo. Elsevier, 2013.

WRITE, Jasmine. VERITY, Andrej. *Artificial Intelligence Principles for Vulnerable Populations in Humanitarian Contexts*. UN-OCHA. Digital Humanitarians. Janeiro 2020, Disponível em: https://www.digitalhumanitarians.com/artificial-intelligence-principles-for-vulnerable-populations-in-humanitarian-contexts/.

RESPONSABILIDADE DOS MEIOS DE COMUNICAÇÃO: O CONTROLE PREVENTIVO E A CENSURA

Claudio Luiz Bueno de Godoy

Professor do Departamento de Direito Civil da Universidade de São Paulo.

Sumário: 1. Introdução. 2. Um primeiro pressuposto: a tese da igual hierarquia entre o direito à liberdade de imprensa e outros direitos da personalidade. 3. Um segundo pressuposto: a censura que se veda. 4. Proposições conclusivas. 5. Referências.

1. INTRODUÇÃO

Nos limites do espaço reservado a esta justíssima homenagem que é dedicada ao Professor Renan Lotufo, cuja humildade intelectual e extrema bondade permitiram a tantos que com ele estudaram pudessem, pelas suas mãos e com sua ajuda, se lançar no campo acadêmico, calha examinar, por isso que de maneira bastante objetiva, tema sempre muito delicado, concernente ao controle preventivo da responsabilidade civil dos meios de comunicação.

Isto porquanto comum, a respeito, argumentar com a vedação constitucional – que em boa hora se explicitou da Constituição Federal (art. 5º, IX e art. 220, § 2º, da CF/88), afinal postulado básico de qualquer Estado que se tencione Democrático de Direito – à censura.

Daí ser preciso definir se e em que medida tutelas preventivas do abuso da liberdade de imprensa se podem considerar censura, mesmo para alguns uma espécie de censura judicial.

2. UM PRIMEIRO PRESSUPOSTO: A TESE DA IGUAL HIERARQUIA ENTRE O DIREITO À LIBERDADE DE IMPRENSA E OUTROS DIREITOS DA PERSONALIDADE

Reafirme-se, enquanto pressuposto inafastável ao enfrentamento do tema, a chamada *tese da igual hierarquia*, isto é, da inexistência entre os direitos da personalidade de qualquer apriorística posição preferencial ou, ao menos, que lhes determine uma precedência absoluta[1].

Conforme tive ocasião de expender em outra sede, "trata-se de direitos de igual dignidade constitucional. O art. 5º da Constituição Federal dá idêntica guarida ao direito à honra, à vida privada, à intimidade e, ainda, à livre manifestação do pensamento, ao acesso à informação e à livre expressão da atividade de comunicação. Mesmo o art. 220, ao cuidar da comunicação social, se dispôs que nenhuma lei poderia constituir embaraço

---

1. Por todos, e já no sistema continental europeu: COSTA ANDRADE, Manuel da. *Liberdade de imprensa e inviolabilidade pessoal*. Coimbra: Coimbra, 1996. p. 168.

à plena liberdade de informação, observado o inciso X do art. 5º, citado, da mesma forma ressalvou os incisos IV, V, XIII e XIV, que cuidam, justamente, da liberdade de pensamento e de informação. Não se pode dizer, então, que, pela ressalva ao inciso X, a Carta Maior, nesse art. 220, tenha estabelecido menor gradação hierárquica da liberdade de imprensa em face da honra, imagem e privacidade. Sem contar a pertinência desse dispositivo tão só à elaboração da legislação ordinária."[2] No mesmo artigo 5º estão dispostos o direito à liberdade de comunicação, sem censura (inciso IX), e o direito à honra, imagem, privacidade (inciso X).

Depois, se é fato que a liberdade de imprensa (a informação a cargo dos meios de comunicação social) revela um viés coletivo, ligado ao direito universalizado de acesso à informação – de evidente interesse social –, nem por isso alguma hierarquia se justifica. Se, afinal, este mesmo direito, mas, igualmente, todos os demais direitos da personalidade derivam de um mesmo valor fonte, que é social, insculpido no artigo 1º, inciso III, da CF/88, lá guindado à condição de fundamento da República, como tal compreendida a dignidade da pessoa humana, então descabe alvitrar necessária precedência.

Com efeito, do mesmo modo que a liberdade de informação, por exemplo também a honra, imagem e privacidade (não raro com ela em conflito), guardam identicamente uma feição coletiva, razão inclusive das limitações que aos seus próprios titulares se impõem, bem como de sua tutela *post mortem* (art. 12, e parágrafo único, do CC). E tanto quanto – o inverso – não se há de desconsiderar o direito à liberdade de informação tomado de seu ponto de vista individual, por conseguinte não só coletivo, de informar e de ser informado.

É dizer então que todos estes direitos em foco simultaneamente ostentam o que se vem marcando ser uma feição coletiva e uma feição individual, no sentido de que se voltam à tutela de interesses que ao mesmo tempo são de todos e de cada qual de seus titulares. Por isso não se entrever primazia no direito de informar ao pressuposto de se revestir de (inegável) interesse social, institucional, particularmente no caso da liberdade de imprensa. Insista-se, os naturais limites que ao próprio titular se reconhecem quanto a outros direitos da personalidade, e que se afirmam vocacionados ao conflito com a liberdade de imprensa (por exemplo, como já se disse, a honra, imagem, privacidade), confirmam que também neles se contém um matiz coletivo. Basta pensar, como se disse, nas restrições levadas ao texto do artigo 11 do Código Civil (ainda se discuta sua exata extensão).

Sintomático, a propósito, que mesmo o artigo 220 da CF/88, agora em seu parágrafo 1º, tenha vetado iniciativa que constitua embaraço à plena liberdade de informação, mas ressalvando a necessária observância de inúmeros incisos do artigo 5º, dentre os quais, justamente, os que consagram a inviolabilidade à imagem, honra e privacidade (incisos V e X). Ou seja, não se identifica no texto constitucional, mesmo quando veda iniciativa legislativa que constitua embaraço à plena liberdade de imprensa, qualquer primazia se, ao mesmo ensejo, manda observar os incisos citados do art. 5º, que consagram aqueles outros direitos da personalidade não raro em confronto com o exercício do direito à informação.

Verdade que, no âmbito da Suprema Corte brasileira, o julgamento da ADPF 130, em 30.04.2009, de relatoria do Min. Ayres Britto, assentou realmente uma assim dita precedência do *bloco* dos direitos que dão conteúdo à liberdade de imprensa em relação àquele

---

2. *Liberdade de imprensa e direitos da personalidade*. 3. ed. São Paulo: Atlas, 2015. p. 58.

composto pelos demais direitos da personalidade, como honra, imagem e privacidade[3]. Mas, já depois deste julgamento – de resto ele próprio não exatamente na mesma esteira de julgados anteriores, quanto à primazia deliberada[4] –, sobrevieram precedentes reafirmando, mas à luz de pressuposta inexistência de hierarquia, limite imanente que se tem à liberdade de imprensa e que se impõe em razão do direito à inviolabilidade moral[5]. Por fim, o Superior Tribunal de Justiça teve ocasião de fixar em julgados da Corte, de modo textual, a tese da igual hierarquia[6].

A rigor, é bem ver que estes direitos estão todos na mesma Constituição e que, de seu turno, deve ser entendida como um complexo de normas coerentes e de igual grau hierárquico, no que se considera ser – a ela atinente – o princípio da unidade hierárqui-co-normativa[7]. Antes ainda que a ressalva do artigo 220, § 1°, da CF/88, os direitos de que se trata consagram-se igualmente no artigo 5°, defendendo-se que a disposição relativa à comunicação social se deva compreender como limite externo à liberdade de informação, de modo a nortear a atividade do legislador infraconstitucional, mas sem que, por isso, se tenha estabelecido gradação hierárquica entre os direitos da personalidade e a liberdade de imprensa[8].

Enfim, ainda atual, crê-se, a ponderação de René Ariel Dotti: "as limitações reciprocamente impostas não resultam de hierarquia entre as liberdades em conflito – posto não ser adequado um critério de superposição – mas das circunstâncias que interferem em cada situação concreta. Em algumas delas, deve ser considerado prevalente o direito à intimidade; em outras, deve se ter como prioritário o direito à informação"[9].

3. UM SEGUNDO PRESSUPOSTO: A CENSURA QUE SE VEDA

Conforme o texto expresso do artigo 220, parágrafo 2°, que se vem de referir, veda-se a *"censura de natureza política, ideológica e artística."* Como já se disse logo ao início, não se assume Estado que seja Democrático de Direito (art.1° da CF/88) sem imprensa livre e, assim, o que não se compatibiliza com o que seja – frise-se – controle ideológico prévio do conteúdo da informação.

Mas isso, por evidente, não significa a impossibilidade de qualquer restrição, como se se aceitasse a existência de direitos absolutos, no sentido de que ilimitados. A vedação

---

3. Colhe-se da ementa: "Bloco dos direitos que dão conteúdo à liberdade de imprensa e o bloco dos direitos à imagem, honra, intimidade e vida privada. Precedência do primeiro bloco. Incidência a posteriori do segundo bloco de direitos, para o efeito de assegurar o direito de resposta e assentar responsabilidades penal, civil e administrativa, entre outras consequências do pleno gozo da liberdade de imprensa".

   É a admissão do que Nuno Souza chama de *princípio da expansão* ou de tese *gradualista* que pressupõe um escalonamento o qual, porém, se deve haurir dos valores assim dispostos na Constituição (SOUZA, Nuno J. Vasconcelos de Albuquerque e. *A liberdade de imprensa.* Coimbra: Almedina, 1.984. p. 293).

4. STF, RE 447.584/RJ, 2ª T., Rel. Min. Cezar Peluso, j. 28.11.2006. No mesmo sentido: Ação Direta n° 869-2, Pleno, rel. Min. Maurício Corrêa, j. 04.08.1999.

5. STF, AO n. 1.390/PB, Pleno, rel. Min. Dias Toffoli, DJe 30.08.2011; AgRg no ARE n. 756.917/SP, 1ª T., rel. Min. Luiz Fux, DJe 19.11.2013.

6. Resp. n. 1.177.847/RJ, rel. Min. Marco Buzzi, j. 03.02.2014; Resp. n. 1.328.914/DF, 3ª T., rel. Min. Nancy Andrighi, j. 11.03.2014.

7. A respeito, de se conferir o escorço a que procede: CALDAS, Pedro Frederico. *Vida privada, liberdade de imprensa e dano moral.* São Paulo: Saraiva, 1997. p. 89. Ver, ainda: BASTOS, Celso Ribeiro. *Curso de direito constitucional.* 17. ed. São Paulo: Saraiva, 1996. p. 138.

8. FARIAS, Edilsom Pereira de. *Colisão de direitos.* Porto Alegre: Sergio Antonio Fabris, 1996. p. 127.

9. DOTTI, René Ariel. *Proteção da vida privada e liberdade de informação.* São Paulo: Ed. RT, 1980. p. 181.

à censura não traduz uma proibição apriorística de qualquer limite à circulação das informações.

A propósito, impende relembrar que o mesmo artigo 220 da Constituição Federal, por exemplo, determina – logo no parágrafo seguinte ao da imposição da vedação da censura, assim no § 3º – a regulamentação de diversões e de espetáculos públicos conforme a faixa etária, no intuito de dispensar adequada proteção, e que é também prioritária, à criança e ao adolescente. Não se dirá aí disposta prática de censura, no sentido que a Carta quer proibir.

Daí porque, igualmente em relação à informação – e aqui cabendo remissão ao exemplo das restrições da legislação eleitoral, acerca da propaganda antecipada ou divulgação das pesquisas –, bem observa Ingo Sarlet que, mesmo se tome um seu conceito mais alargado, assim não apenas ligado ao controle administrativo prévio do conteúdo da informação, "o problema de uma definição demasiadamente ampla de censura, como abarcando toda e qualquer restrição à liberdade de expressão, é de que ela acabaria por transformar a liberdade de expressão em direito absoluto, o que não se revela como sustentável pelo prisma da equivalência substancial e formal entre a liberdade de expressão e outros bens fundamentais, pelo menos a dignidade da pessoa humana e os direitos da personalidade."[10] Por isso, a seu ver – e no que se reputa ser ponto de toda a relevância ao exame do tema –, deve-se distinguir a censura de outras restrições que decorrem do próprio sistema e da admissão de que inexistem direitos ilimitados[11].

4. PROPOSIÇÕES CONCLUSIVAS

Neste cenário, então, que se vem de descrever, não se considera seja dado impedir, a pretexto de configurar censura, o prévio controle judicial – corolário da própria garantia de acesso à jurisdição, para tutela de direito violado ou mesmo ameaçado (art. 5º, inciso XXXV, da CF/88) – da liberdade de imprensa, que afinal não se forra ao eventual exercício abusivo, como se pode dar em relação a qualquer direito, e posto que essencial e de interesse coletivo, institucional, como tantos outros há e que, igualmente, se sujeitam a escrutínio prévio, embora evidentemente de natureza técnico-jurídica. Isto tanto mais se, como se viu, inexiste uma posição preferencial do direito à informação, frente a outros direitos existenciais, portanto de igual dignidade (cf. item 1); e se, ademais, por censura não se pode tomar qualquer restrição ou limite que do sistema se retire ao exercício de direitos, mesmo da personalidade.

Na realidade, nem poderia ser diferente desde que, sabidamente, há muito se abandonou a ideia de que existam direitos absolutos, mesmo aqueles da personalidade, porquanto, afinal, convivem com outros de igual estatura; e que, em eventual situação de tensão, reclamam, porque encerram verdadeiros princípios, juízo de ponderação a determinar qual deles deve ceder no caso concreto, com isso atingindo-se de maneira mais eficiente os objetivos axiológicos do sistema. É a técnica do *ad hoc balancing*[12], muito particularmente haurida da interpretação da lei fundamental alemã[13].

---

10. SARLET, Ingo Wolfgang. O sistema constitucional brasileiro. Os direitos fundamentais em espécie. In: *Curso de direito constitucional*. SARLET, Ingo Wolfgang; MARINONI, Luiz Guilherme; MITIDIERO, Daniel. 2. ed. São Paulo: Ed. RT, 2013. p. 460.
11. Idem, ibidem.
12. PENADES, Javier Plaza. *El derecho al honor y la libertad de expressión*. Valencia: Tirant lo Blanch, 1996, p. 111.
13. ENGISCH, Karl. *Introdução ao pensamento jurídico*. Trad. Baptista Machado. Coimbra: Fundação Calouste Gulbenkian, 1996. p. 350.

Segue-se daí faltar causa bastante e mesmo sentido sistemático em imaginar que, diante de segura demonstração, conforme o caso concreto, de que uma publicação ou programa se veiculará com clara afronta à honra de alguém, por exemplo, calcada em notícia flagrantemente falsa, nada se possa fazer senão esperar que a ameaça se converta em lesão, para somente após reclamar indenização, ainda que de cunho moral. Lembre-se, de resto, que o dano moral não se repara. É a figura do travesseiro de plumas espalhadas ao vento, que não mais se recolhem. As consequências são indeléveis, cogitando-se tão somente de sua compensação. Pior no caso da imprensa, dada a sobrepujança de seus meios, justamente pelo que avulta a possibilidade de medidas preventivas[14].

Depois, também não se pode igualmente olvidar que, sobretudo em tempos atuais, os órgãos de comunicação social são muito distintos nas suas formas de constituição e de atuação, não cabendo pensar apenas naqueles comprometidos com sua real função institucional, com o desempenho de atividade jornalística profissional, ética e vinculada ao dever de verdade que lhe é próprio[15].

Inafastável, assim, o controle jurisdicional prévio a que se pode sujeitar o exercício da liberdade de imprensa, longe de constituir censura tal qual a concebe e veda a Constituição. Insista-se, é o normal funcionamento do mesmo e um só sistema de tutela de direitos essenciais diante do exercício de qualquer das tantas liberdades fundamentais asseguradas. Não há um espaço residual infenso ao controle jurisdicional provocado, veja-se, não só em face da lesão, mas, antes, já diante da simples ameaça de lesão a direito individual, que a Constituição Federal, como se viu, também se volta a prevenir (art. 5º, inciso XXXV). E, na sua esteira, o Código Civil (art. 12).

O que, aí sim, se pode verificar, como, aliás, em toda e qualquer situação em que atua a jurisdição, é o controle eventualmente mal feito, equivocado. Pois que nestas hipóteses atuem os mecanismos corretivos comuns do sistema, conhecido o vasto manancial dos recursos disponíveis para a revisão das decisões judiciais. Mas sem que, por isso, se tenha de imaginar a apriorística vedação da tutela preventiva.

Ainda se queira excepcional esta tutela preventiva, mas posto que por isso mesmo não aprioristicamente vedada[16], vale, de qualquer maneira, e para assim concluir, remissão a antigo, mas paradigmático, aresto do Tribunal de Justiça de São Paulo,[17] segundo o qual "o direito à prevenção do dano deve ser assegurado de modo específico, e não somente através do equivalente pecuniário, pois é cediço que a composição monetária não restabelece o status quo ante de modo perfeito, mormente em se tratando de dano moral, e é dessa natureza a maioria dos danos perpetrados através de notícias e reportagens jornalísticas. Esse alcance da regra jurídica analisada deve ser tutelado em sua plenitude pelo Poder Judiciário, pois é precisamente isso o que assegura o princípio da inafastabilidade

---

14. CARBONNIER, Jean. *Droit civil: les personnes.* Paris: Presses Univ. de France. 1992. p. 129.

15. Vetusta, mas atual, a respeito deste dever de verdade, a lição de: OLIVEIRA, João Gualberto de. *A liberdade de imprensa no Brasil e na Suécia.* São Paulo: Expansão Comercial Ed., 1956. p. 156.

16. Assim a lição de Ingo Sarlet, remetendo a Daniel Sarmento: "uma orientação geral importante a ser observada é a de que apenas em hipóteses absolutamente excepcionais são admissíveis restrições prévias ao exercício da liberdade de expressão, quando em pauta a proteção de direitos ou outros bens jurídicos contrapostos, visto que a regra geral que se infere da Constituição Federal é a de que eventuais abusos e lesões a direitos devem ser sancionados e compensados posteriormente." (Op. cit., p. 460).

17. TJ-SP, Ap. Civ. 71.916-1, 7ª Câm. Civ., j. 06.08.1986, Rel. Des. Kazuo Watanabe, publicada na *Jurisprudência Brasileira,* v. 157, p. 251.

do controle jurisdicional". Isto para arrematar que "não se trata de coibir a liberdade de imprensa, e sim de assegurá-la apenas na medida em que se desenvolvam atividades com a observância das regras jurídicas que procuram tutelar interesses da coletividade e de todos os seus membros".

5. REFERÊNCIAS

BASTOS, Celso Ribeiro. *Curso de direito constitucional*. 17. ed. São Paulo: Saraiva, 1996.

CALDAS, Pedro Frederico. *Vida privada, liberdade de imprensa e dano moral*. São Paulo: Saraiva, 1997.

CARBONNIER, Jean. *Droit civil: les personnes*. Paris: Presses Univ. de France, 1992.

COSTA ANDRADE, Manuel da. *Liberdade de imprensa e inviolabilidade pessoal*. Coimbra: Coimbra, 1996.

DOTTI, René Ariel. *Proteção da vida privada e liberdade de informação*. São Paulo: Ed. RT, 1980.

ENGISCH, Karl. *Introdução ao pensamento jurídico*. Trad.: Baptista Machado. Lisboa: Fundação Calouste Gulbenkian, 1996

FARIAS, Edilsom Pereira de. *Colisão de direitos*. Porto Alegre: Sergio Antonio Fabris, 1996.

GODOY, Claudio Luiz Bueno de. *Liberdade de imprensa e direitos da personalidade*. 3. ed. São Paulo: Atlas, 2015.

PENADÉS, Javier Plaza. *El derecho al honor y la libertad de expressión*. Valencia: Tirant lo Blanch, 1996.

OLIVEIRA, João Gualberto de. *A liberdade de imprensa no Brasil e na Suécia*. São Paulo: Expansão Comercial, 1956.

SARLET, Ingo Wolfgang. O sistema constitucional brasileiro. Os direitos fundamentais em espécie. In: *Curso de direito constitucional*. SARLET, Ingo Wolfgang; MARINONI, Luiz Guilherme; MITIDIERO, Daniel. 2. ed. São Paulo: Ed. RT, 2013.

SOUZA, Nuno J. Vasconcelos de Albuquerque e. *A liberdade de imprensa*. Coimbra: Almedina, 1984.

O '*TORT*' ANGLO-SAXÃO E NORTE-AMERICANO

Erik Frederico Gramstrup

Doutor e Mestre em Direito das Relações Sociais. Professor da Pontifícia Universidade Católica de São Paulo. Juiz Federal na 3ª Região. Autor dos livros "Responsabilidade civil na engenharia genética", "A liberdade das uniões à luz do princípio da igualdade familiar" e "Usucapião familiar".

Sumário: 1. Introdução. 2. O sistema de 'Common Law'. 3. A dificuldade de dar-se uma definição unitária de 'tort'. 4. Abordagem casuística *versus* abordagem sistemática. 5. Definição de 'tort'. Os conceitos de *intention, negligence e strict liability*. 6. Os tipos de dano. 7. Os objetivos gerais do 'Tort Law'. 8. Impacto da declaração europeia de direitos humanos. 9. Os principais 'torts' no direito norte-americano. 10. Conclusão. 11. Referências.

1. INTRODUÇÃO

O presente texto compreende duas ambições, uma delas cognitiva e modesta e a outra de cunho afetivo e pessoal. Quanto à primeira, pretende-se fazer uma apresentação breve e sucinta – dadas as constrições de espaço – do 'Tort Law', no seu nascimento histórico na Inglaterra normanda e na sua vertente norte-americana, de modo breve e acessível ao leitor brasileiro. Deseja-se que este leitor compreenda as simetrias e assimetrias do direito privado de danos da 'Common Law' com o Direito da Responsabilidade Civil pátrio e, ainda, que se familiarize com as principais figuras dos ilícitos reparáveis naquele sistema jurídico. O método seguido é o de revisão da bibliografia estrangeira nessa matéria, comparando-se com as figuras análogas da responsabilidade subjetiva e objetiva no direito nacional. Adotou-se também, porque inevitável, a análise histórica, principalmente quanto ao nascimento dos '*torts*'. Ao final, sumarizo minhas reflexões pessoais quanto ao mérito de cada sistema jurídico, no que se refere ao dano e sua indenização.

A segunda ambição é a de homenagear a memória do insigne acadêmico, advogado e, em certo ponto de sua carreira, magistrado, o Professor Dr. Renan Lotufo. Sua vida será sumarizada por outros, de modo que aqui pretendo apenas estabelecer um paralelo. Como aconteceu com o autor, o Prof. Dr. Renan Lotufo formou-se pela Universidade de São Paulo, mas fez carreira docente na Pontifícia Universidade Católica de São Paulo. Foi orientador do autor no curso de pós-graduação *stricto sensu*, sempre aberto e generoso. Ensinou-me a ser pesquisador e docente, pelo exemplo e pela palavra. Uma de suas frases favoritas, refletindo seu espírito de fidalguia, era a de que "o orientador não é o ideal de destino do orientando, mas a rampa de lançamento". Acredito que ele gostaria de que isso fosse recordado. Tristemente retirado de nossa convivência durante o evento pandêmico de 2020, sua memória permanece nos corações de milhares de alunos por ele formados no sentido mais profundo da palavra. Dedico-lhe com afeto esta pequena contribuição, relacionada com a área a que ele próprio me introduziu.

Nas linhas seguintes, por meio da metodologia já anunciada, tratarei sucintamente das peculiaridades da 'Common Law', da gênese de seus 'torts', da dificuldade em se lhes atribuir uma definição unitária, dos elementos para uma definição aproximativa, dos impactos do direito comum europeu nos 'torts' do Reino Unido e das principais figuras típicas de 'torts' no direito norte-americano. Ao final, apresentarei minhas considerações comparativas.

2. O SISTEMA DE 'COMMON LAW'

É impossível tratar do 'Tort Law' sem uma prévia compreensão da estratificação do sistema de 'Common Law', bem diverso, pelo menos em suas origens genéticas, dos sistemas jurídicos europeus continentais, a cujo ramo se filia o Direito Brasileiro. No Reino Unido, onde o nascedouro dessa diferença histórica pode ser estudado, há três ordenamentos jurídicos: o da Irlanda do Norte, o da Escócia e o inglês (que abrange, além da Inglaterra, o País de Gales). O direito inglês teve seu nascimento com a conquista normanda em 1066, quando Guilherme I (William)[1], até então duque da Normandia, estabelece um reino de administração centralizada ao qual deveria corresponder um direito nacional, baseado em precedentes judiciais[2]. Os ideais de regularidade, uniformidade e jurisdição única centrada no governante são mais facilmente aplicados em um território limitado: isso ajuda a explicar porque a monarquia inglesa teve mais sucesso em implementá-los do que, por exemplo, a sua contraparte francesa[3]. Em um sistema como esse, um precedente datado da Idade Média pode ter relevância para o julgamento de um caso contemporâneo, tanto quanto qualquer outro. A diferença essencial está no padrão de julgamento para um caso atual: o juiz de 'Common Law' não julgará com base em regras abstratas, como acontece nos sistemas romano-germânicos, mas com fundamento nas simetrias que vislumbrar entre os fatos componentes do caso em julgamento e o precedente invocado. O precedente considerado paradigma é considerado de observância obrigatória ('binding'), princípio esse ligado à ideia de que a decisão de um tribunal superior deve ser observada pelos tribunais de instância inferior. As decisões da Corte Suprema inglesa (anteriormente conhecida como Casa dos Lordes, 'House of Lords'), portanto, vinculam os demais juízes e tribunais. Mas seria equivocado imaginar que a lei ('statute') não tenha nenhum papel: ela é vista como instrumento para reformar, suplementar e atualizar o 'Common Law'. É claro que o 'Statutory Law', o direito de origem legal tem cada vez maior influência, aproximando o 'Common Law' do 'Civil Law', ou seja, o sistema jurídico baseado em leis codificadas. E também não seria desavisado lembrar que Países de tradição europeia-continental, como o Brasil, têm adotado a observância obrigatória de certos precedentes judiciais qualificados, criando assim mais uma causa de aproximação. Além da Inglaterra, o 'Common Law' foi se espraiando para as antigas colônias britânicas, por exemplo, os Estados Unidos da América, o Canadá, a Austrália, a Nova Zelândia e a Índia.

---

1. Harold D. Berman lembra que, além da Inglaterra normanda, houve outros reinos medievais cujos monarcas foram grandes legisladores, geralmente estabelecendo procedimentos e tribunais que deram nascença a um direito 'comum', suplantando o direito local e tribal. Exemplifica com Rogerio II da Sicília (também um monarca normando); Frederico Barbaroxa da Alemanha; Felipe Augusto da França; Felipe, Conde de Flandres e outros. De particular interesse para nós, Alfonso X de Castela e Leão. (BERMAN, Harold D. *La formación de la tradición jurídica de Occidente*. México: Fondo de Cultura Económica, 1996, p. 426).

2. Conforme John Henry Merryman, "la fecha que suele usarse para marcar el início de la tradición del derecho común es el año 1066, cuando los normandos derrotaran a los nativos defensores en Hastings y conquistaron Inglaterra." (MERRYMAN, John Henry. *La tradición jurídica romano-canónica*. México: Fondo de cultura económica, 1998, p. 20).

3. HUDSON, John. *The formation of the english common law*. Abingdon, Oxon – New York: Routledge, 2017, p. 205.

No caso dos 'torts', que grosseiramente corresponderiam ao que chamamos de responsabilidade civil ou direito dos danos, os padrões em torno do que é considerado um dano ilícito foram desenvolvidos desde a baixa Idade Média, de forma que um precedente com décadas ou até mesmo centenas de anos poderia ser, em tese, invocado como causa de pedir e como fundamento decisório. Ao lado desses 'torts' jurisprudenciais, porém, sobrevieram leis que criaram padrões de conduta e respectivas sanções, de forma que o 'tort' correspondente à violação de uma norma legal ('breach of a statutory duty') adquiriu sua própria existência e individualidade.

Outro aspecto histórico importante deve ser compreendido: na origem, não era possível demandar perante um tribunal de 'Common Law' sem uma ordem formal, emanada em nome do rei, pelo Lorde Chanceler ('Lord Chancellor'), o chefe do judiciário: daí o nome 'writ'. Com o tempo, os *writs* foram se padronizando[4], de forma que um litigante deveria saber usar o 'writ' correto, do contrário sua causa sequer seria conhecida. Repare-se na similaridade com o processo romano formulário[5]. Isso levou a que os 'torts' também fossem reconhecidos casuisticamente, cada qual recebendo sua própria denominação, seus próprios princípios e lógica interna. Durante o século XIV, a dificuldade crescente em litigar nas cortes ordinárias levou à prática de se apresentar a demanda diretamente ao rei – ou mais exatamente ao seu principal assessor nessa matéria, o Lorde Chanceler. Essa nova via e respectivos institutos deram nascimento à 'equity', no seio da qual se desenvolveram 'torts' específicos (ainda que na origem eles não fossem chamados assim), como a quebra de confiança ('breach of confidence').

O desenvolvimento acima descrito levou a que os 'torts' fossem mais uma coleção de hipóteses e casos do que um ramo do Direito baseado em poucos princípios, ou em um princípio único.

Quanto aos Estados Unidos, a data-chave a ser considerada, se alguma for escolhida, seria 1850. Na década precedente à guerra civil norte-americana os tribunais superiores dos estados do Norte – a região mais industrializada e desenvolvida economicamente – criaram os princípios do 'Common Law' norte-americano. É nessa época que o sistema inglês não é apenas atualizado, mas inteiramente reconfigurado na ex-colônia – e tal fundação do 'American Common Law' lançou os princípios básicos lá admitidos até hoje, inclusive em matéria de 'torts'.[6]

3. A DIFICULDADE DE DAR-SE UMA DEFINIÇÃO UNITÁRIA DE 'TORT'

O termo 'tort', por si, não ajuda muito. Etimologicamente, tem origem francesa[7] e o mesmo sentido ético da palavra 'wrong', isto é, um malfeito. Um autor clássico como Pollock admite que é mais fácil enumerar exemplos de 'tort' ('trespass', 'assault', 'libel', 'deceit', 'conversion', 'nuisance', 'harm by negligence' etc.) do que defini-los de maneira

---

4. Caenegem explica que os 'writs' eram fórmulas para ações, coletadas em um Registro e limitadas em número, embora pdessem ser ampliados pelo Chanceler sempre que necessário. (CAENEGEM, R. C. van, *The birth of the english common law*. Cambridge: Cambridge University Press, 1988, p. 29).

5. O paradoxo dessa similaridade já havia sido notado por W. W. Buckland e Arnold D. McNair, em *Roman law and common law: a comparison in outline*. Cambridge: Cambridge University Press, 2008. No que se refere à formação por intermédio de casos concretos, em vez de conceitos, há notória analogia com o Direito Romano da época clássica.

6. Cf. SCHWEBER, Howard. *The creation of american common law, 1850-1880*. Cambridge: Cambridge University Press, 2004, passim.

7. Em francês, 'avoir tort' quer dizer simplesmente 'estar errado'.

unificada. Porque também é difícil encontrar um princípio ou elemento comum. Embora não seja simples definir um contrato, pelo menos nesse caso há certos pontos de partida, como as partes, a oferta e o consentimento. Esses são os elementos normais de um contrato, mesmo que se admita que há variantes. No caso dos 'torts', sequer há um ponto firme de partida, mas apenas uma miscelânea de casos. Entende-se porque o 'Common Law' é por natureza avesso a conceitos e classificações abrangentes. A grosso modo, classificam-se (como nós fazemos com as fontes das obrigações) as ações baseadas em contratos ('actions of contract') e as ações fundadas em ilícitos ('actions of tort'). Essa classificação veio a superar a das ações "reais" para a reintegração de terras ('real actions'), que já estavam obsoletas no século XVII e foram abolidas, no século XIX, pelo 'Common Law Procedure Act'. Portanto, inicialmente, os 'torts' são distintos quanto à causa de pedir ('cause of action'). No direito contemporâneo, também são separados das ações criminais, tanto por conta da jurisdição, quanto por conta do procedimento a ser seguido, muito embora o mesmo fato possa dar origem a uma ação penal ou a uma ação civil louvada em 'tort'. Assim, a questão é mais instrumental ('common law forms of action') do que de conteúdo. Certos atos podem ser concebidos, pela linguagem comum, como equivocados mas não se compreendem, só por isso, na definição de 'tort'.[8]

4. ABORDAGEM CASUÍSTICA *VERSUS* ABORDAGEM SISTEMÁTICA

A maior dificuldade no estudo do 'tort' está em que não há uma única abordagem possível. Segundo a tradição, os 'torts' formariam um conjunto descontínuo de tipos, assistemático mas não completamente arbitrário, podendo-se tomar como analogia para entender isso os tipos do Direito Penal; ou ainda as fórmulas concedidas pelo pretor romano no período clássico. Daí a denominação no plural: 'Law of Torts'. Nessa primeira visão, mais histórica do que sistemática, os 'torts' seriam um conjunto de fórmulas jurídicas discretas (descontínuas) que serviriam de base para buscar um acordo ('bargain') ou para obter tutela jurisdicional ('remedy'). Na verdade, foi assim mesmo que os 'torts' desenvolveram-se historicamente: não foram uma criação de gabinete, racional e fechada, mas nasceram de formas de tutela encontradas pelos juízes e tribunais de 'Common Law' para indenizar ou compensar a vítima do ilícito ('wrongdoing'). Inevitavelmente, em época mais recente, surgiram tentativas de tratar dos 'torts' de maneira mais uniforme e menos assistemática, tentando-se unificar a disciplina. Daí o uso no singular: 'Law of Tort' ou 'Tort Law'. Peter Cane, um dos autores que buscaram dar unidade conceitual aos 'torts', propôs defini-los à base de três componentes: um "interesse protegido pelo Direito" ('interest protected by law'), "certas condutas juridicamente sancionadas" ('some conduct which the law sanctions') e uma "sanção" ('remedy or sanction')[9]. Observe-se a simetria com a noção de ato ilícito – embora a ênfase esteja no elemento processual, mais que no material – dos direitos nacionais de tradição romano-germânica ('Civil Law'). Nestes, o dano é decorrente de um ato (comissivo ou omissivo) ou de uma atividade, que conduz à tutela genérica das perdas e danos (quando o autor não tiver interesse na tutela específica). Assim, o interesse juridicamente protegido pode ser comparado com o bem jurídico tutelado pelo Direito

---

8. Cf. POLLOCK, Frederick. *The law of torts*. London: Steven and Sons, 1895, p. 04.
9. CANE, Peter. *The anatomy of tort law*. Oxford: Hart Publishing, 1997, p. 01.

da Responsabilidade Civil. A conduta tem o seu paralelo na ação/omissão ou atividade, conforme o caso. E o 'remédio' pode ser comparado com a tutela conferida pelos tribunais de 'Civil Law'. Pode-se dizer, então, que a abordagem de Peter Cane foi muito feliz, chegando mesmo a uma fórmula compreensível para os juristas de outros países e sistemas. O curioso é que o casuísmo não é completamente abandonado, porque, para o sobredito autor, os três elementos já mencionados ('interest', 'conduct' e 'remedy') convergem para materializar uma *causa petendi* ('cause of action'), cuja estrutura é correlativa: cada causa de pedir em matéria de 'tort' é feita de elementos relativos ao requerente ('plaintiff') e de elementos relativos ao requerido ('defendant').

5. DEFINIÇÃO DE 'TORT'. OS CONCEITOS DE *INTENTION, NEGLIGENCE E STRICT LIABILITY*

O 'tort case' pode ser definido em termos processuais, como a ação em que o requerente ('claimant' ou 'plaintiff') pede uma compensação em dinheiro contra o requerido ('defendant'), com base em um ilícito praticado ('wrong'). Os tipos de tutela cabíveis em caso de 'tort' não compreendem todo o universo dos ilícitos civis ('law of civil wrongs'), mas apenas uma parte deles. O clássico dicionário jurídico *Black* denuncia as feições bifrontes do 'tort' ao defini-lo tanto em termos materiais quanto processuais:

"Um ilícito civil, que não seja uma quebra de contrato, para o qual um remédio pode ser obtido, normalmente na forma de perdas e danos; uma quebra do dever que a lei impõe às pessoas que estejam em determinada relação com outras."[10]

Dessa definição destacamos: o 'tort' é uma conduta desviada, mas não no sentido simplesmente moral e sim jurídico-civil (e não criminal); ao 'tort' corresponde uma tutela ('remedy'), geralmente uma indenização; e existem também os 'torts' decorrentes da violação de uma conduta imposta por lei – caso esse que é destacado porque nem todos decorrem do direito positivo legislado.

Os ilícitos ('misconducts') que podem dar origem a um 'tort case' são muito variados. Em alguns casos, exigem que o requerido tenha agido com dolo ('intention to harm'); em outros, que tenha agido com culpa em sentido estrito ('negligence'). Ainda há situações em que o 'defendant' responde objetivamente ('strict liability'). Como se percebe, há um paralelo entre a responsabilidade subjetiva (equivalente, grosso modo, aos casos de 'intention' e 'negligence') e a responsabilidade objetiva ('strict liability') dos sistemas de tipo europeu continental ('civil law').

A expressão 'malice' pode ser empregada como sinônimo de 'intention to harm', ou seja, o dolo de modo geral, intenção direta de violar direito e provocar dano. Mas, em certos contextos, 'malice' pode significar dolo específico. Quanto à 'negligence', equivalente da culpa em sentido estrito (imperícia, imprudência e negligência), distingue-se a sua origem – a violação de um dever de cuidado, 'duty of care'– do padrão com que é aferida – 'standard of care'.

---

10. "A civil wrong, other than breach of contract, for which a remedy may be obtained, usu. in the form of damages; a breach of a duty that the law imposes on persons who stand in a particular relation to one another". (Black's Law Dictionary, St Paul, MN: Thomson Reuters, 2009, p. 1.626)

6. OS TIPOS DE DANO

A identificação dos tipos de dano cobertos pelo 'Law of Torts' é bastante assistemática e não parte de um conceito geral de ato ilícito – como ocorre no Brasil e em outros direitos filiados ao 'Civil Law'. No 'Common Law' os possíveis danos são apontados casuisticamente. Pode-se apontar alguns dos danos mais frequentes[11] assim:

a) Danos a direitos reais imobiliários ('interests in land'), envolvendo invasão ('trespass'), turbação ('nuisance', ou interferência prejudicial ao uso e fruição da terra) e também o dano provocado pela falta de cuidado ('careless damage'), enquadrado este último no 'tort' de 'negligence';

b) Danos à propriedade de outra natureza: apoderar-se da propriedade tangível de alguém pode ser enquadrado como 'conversion' e deteriorá-la culposamente como 'negligence';

c) Danos à integridade física: podem representar 'assault and battery' quando praticados dolosamente; 'negligence', quando provocados por culpa em sentido estrito e 'breach of statutory duty' em casos específicos.

d) Danos à honra objetiva ('reputation') são cobertos pelo 'tort' conhecido como 'defamation';

e) A dor psíquica causada a alguém pode ser enquadrada como 'mental distress', tanto como um interesse distinto como em conjunto com os danos à integridade física.

Esses exemplos esclarecem que o direito da responsabilidade civil, 'Law of Torts' está muito longe de formar uma unidade coerente. A vagueza e falta de sistematicidade podem ser considerados uma fraqueza, no que se refere à exposição sistemática e ao aprendizado, ou uma força, quanto à possibilidade de adaptação à realidade volátil e a novas necessidades de um mundo em constante mudança. Certos 'torts' são dotados de maior coerência interna e abrangência, enquanto que outros não. Não há um princípio unificado a partir do qual a prática de um ato ilícito seja fonte da tutela genérica consistente em reparar o dano, tal como se observa nos países de direito codificado.

7. OS OBJETIVOS GERAIS DO 'TORT LAW'

É muito difícil fazer uma enunciação dos propósitos gerais do 'tort law'. Em sistemas derivados do direito europeu continental, o direito da responsabilidade civil costuma ser associado – vagamente – à punição dos infratores (no caso do dano extrapatrimonial, por exemplo); à prevenção geral (desencorajando eventuais autores de atos ilícitos, pois terão, no mínimo, de compor os prejuízos incorridos) e – mais especificamente – à reparação da vítima, sem enriquecimento. Neste último sentido, a indenização deve ser arbitrada estritamente conforme ao dano sofrido. No 'Law of Torts', essa enunciação de objetivos é mais complexa e seria muito difícil encontrar uma solução ao agrado de todos os estudiosos e profissionais. Arrisco-me a dizer que, de modo muito genérico, há semelhança de propósitos com os já enunciados: pretende-se compensar a vítima, com base em princípio ético que o impõe; objetiva-se deter o agressor ('deterrence') e, eventualmente, distribuir o ônus econômico decorrente do dano por toda a sociedade ('loss spreading'). Esta última

---

11. E aqui acompanhamos a exposição de HEDLEY, Steve. *Tort*. Oxford: Oxford University Press, 2011, p. 04-05.

finalidade também pode ser identificada nos sistemas jurídicos codificados, particularmente em setores nos quais a responsabilidade civil aparece conjuntamente com o seguro social. Ocorre que nesses sistemas (codificados) apenas a teleologia de reparar o dano costuma ser frisada, associando-se os demais aspectos mencionados ao direito público, por exemplo, o direito penal ou o direito da seguridade social.

Tentando responder à pergunta "para que serve o Tort Law?" ("what are the torts for?"), John Gardner observa que há correntes que o situam na linha da justiça distributiva, seja os que tentam orientar o direito privado para uma limitada redistribuição de riqueza, seja os que tentam posicionar os 'torts' no sentido de fazer justiça aos setores mais desavantajados da sociedade. Ele mesmo concorda que há um viés regressivo, no sentido de um impacto negativo para os mais pobres. E há doutrinadores que consideram o 'Tort Law' como estranho a qualquer consideração de justiça distributiva: nessa linha, o direito privado se preocuparia apenas com a justiça *corretiva*. Contrariamente, Gardner sustenta que há objetivos distributivos inerentes às finalidades corretivas dos 'torts'. Quando se define um malfeito como 'tort', está-se concedendo a alguém o direito de receber justiça corretiva pelos tribunais e o custo desse procedimento não é inteiramente absorvido pelo autor do pedido. Então compreendem-se aqui duas questões diferentes: se os tribunais estão distribuindo justiça corretiva e se há um problema de justiça distributiva ao definir-se determinado fato como 'tort'. Nesse tipo de teorização, os tribunais são apenas mais um dos serviços públicos do 'welfare state'. Para além dessa indagação há outra. Mesmo que houvessem fundos públicos suficientes para o amplo financiamento da atividade judicial, caberia perguntar-se até que ponto é justo definir um fato como 'tort', na medida em que o Estado de Direito ('rule of law'), ao mesmo tempo em que favorece o acesso à Justiça, também favorece a existência de espaços vitais onde o Direito não esteja presente ('non-juridified' space).[12] De minha parte, discordo do raciocínio de Gardner: se um ato é moralmente errado e causou prejuízo, qualificá-lo como 'tort' e, portanto, admitir o ingresso em juízo para fins de justiça corretiva não deve depender de considerações sobre o financiamento dos serviços públicos e não se está diante de um espaço vazio de Direito.

8. IMPACTO DA DECLARAÇÃO EUROPEIA DE DIREITOS HUMANOS

No que se refere, especificamente, ao Reino Unido, deve-se destacar o papel que teve na elaboração da Convenção Europeia de Direitos Humanos, tendo sido o primeiro membro a ratificá-la. Paralelamente, já em 1966 admitiu-se o litígio individual na Corte Europeia de Direitos Humanos. Antes disso apenas os Estados-Parte poderiam fazê-lo. Em 1998, o Reino Unido modificou sua legislação interna para atender a todas as obrigações do Tratado, adotando o 'Human Rights Act'. A partir da edição dessa lei, passou-se a discutir o efeito horizontal ('horizontal effect') da Convenção Europeia de Direitos Humanos, isto é, a possibilidade de ser invocada em uma lide entre particulares. De qualquer maneira, passa a ser inevitável constatar o impacto da Convenção Europeia, por meio do "Human Rights Act', no desenvolvimento do 'Tort Law' britânico[13].

---

12. Cf. GARDNER, John. What is Tort Law For? Part 2. The Place of Distributive Justice. In: OBERDIEK, John (ed). *Philosophical foundations of the law of torts*. Oxford: Oxford University Press, 2014, p. 335-341.

13. Cf. WRIGHT, Jane. *Tort law and human rights*. Oxford – Portland: Hart Publishing, 2001.

9. OS PRINCIPAIS 'TORTS' NO DIREITO NORTE-AMERICANO

Dado que já fizemos uma introdução histórica com especial interesse no direito inglês, apresentaremos agora um sumário dos principais 'torts' no direito norte-americano. A essa altura, já se terá em mente que não existe um conceito geral de ilícito ou de dano, mas sim uma galeria de ´torts'. Certos fatos humanos comissivos ou omissivos podem ser imorais ou mesmo sancionáveis por outros ramos do Direito, mas não constituírem 'torts' – tal como sucede no direito inglês. Em síntese apertada, vislumbram-se os seguintes tipos[14]:

a) 'trespass to land': é a invasão física da propriedade imobiliária ('real property'), violadora do direito do proprietário de excluir terceiros ('right to exclude'). A ideia inclui a de entrar-se em áreas reservadas, sem permissão do titular;

b) 'trespass to chattels': consiste em interferir na posse de objetos pessoais. Nas duas formas de 'trespass', o interesse jurídico protegido é a faculdade do titular de excluir terceiros e não o dever de cuidado e atenção que impede o dano contra os bens alheios (pois neste último caso tratar-se-ia de 'negligence'). Portanto, as formas de 'trespass' abrangem as atuações dolosas que não necessariamente implicam em danos concretos;

c) 'nuisance': é a turbação do exercício ou fruição da propriedade alheia. O que caracteriza 'nuisance' é a interferência no gozo da propriedade pelo titular, sem que seja necessária uma invasão;

d) 'conversion': é a tomada ('seizure') temporária ou permanente da propriedade alheia, equivalente ao que chamamos de furto ou de roubo;

e) 'battery': consiste na agressão física pessoal – tocar fisicamente a vítima de forma prejudicial ou ofensiva. O termo é reservado para as ofensas dolosas ('intentionally') ou ao menos conscientes. O resultado pode provocar danos físicos ou patrimoniais; ou, pelo menos, deve tratar-se de contato físico ofensivo. Dado que a Constituição norte-americana protege o cidadão privado contra as buscas e apreensões desarrazoadas e contra a privação de liberdade sem o devido processo legal, há um especial ramo de 'battery' dirigido ao abuso de autoridade ('excessive force'), pois o poder atribuído para o cumprimento da lei ('enforcement') é limitado. Nesse caso, é possível falar em um 'constitutional tort';

f) 'negligence': a expressão corresponde ao que o direito de tipo europeu-continental chama de culpa, com a diferença de que não se trata de um qualificativo para uma ação ou omissão, mas de uma espécie de 'tort' que – é lugar comum na doutrina reconhecê-lo – ocupa lugar de destaque, ocupando mais da metade do espaço reconhecido nessa matéria. O principal subtipo de 'negligence' corresponde ao dano físico cometido (não dolosamente) sem cuidado ('carelessly'). Mas também protege as posses pessoais ('chattels') e a propriedade imóvel ('real property'). 'Negligence' pode ademais denotar o exercício imperito de uma profissão, ganhando nesse caso o nome de 'malpractice'. Em alguns casos, os danos morais ('emotional wellbeing') podem ser indenizados sob a rubrica de 'negligence'. A grande maioria dos casos, porém, envolve ataques contra a integridade corporal e danos à propriedade, como já ficou claro. Também é possível situar aqui os danos corporais provocados por produtos defeituosos. Nesse caso, há o mesmo problema que conhecemos

---

14. Seguiremos de perto, na exposição, GOLDBERG, John C. P. e ZIPURSKY, Benjamin C. *Torts*. Oxford: Oxford University Press, 2010, p. 27-45.

em nosso direito do consumidor, em torno da qualificação de um produto como perigoso: a periculosidade dependerá do grau de informação propiciado ao consumidor;

g) como já dissemos, 'Tort Law' – e assim também ocorre nos Estados Unidos – compreende, outrossim, 'strict liability', o equivalente a nossa responsabilidade objetiva. Nessa modalidade, a responsabilidade é apurada independentemente de quão cuidadoso e diligente tenha sido o agente. Portanto, há discussão sobre em que medida essa ação poderia ser considerada um ilícito ('wrong').

h) 'assault': no uso linguístico habitual, muitas vezes é pareado com 'battery', mas se trata de um 'tort' distinto. Para haver 'assault', basta que se antecipe, para a vítima, um possível contato ('touching') ofensivo ou danoso. Não se cuida de tentativa, porque ela só é conhecida no direito penal. Basta o temor ou apreensão causados na vítima, cujo espaço pessoal é assim invadido, para que se caracterize o 'tort'.

i) 'false imprisonment': está relacionado com 'assault' porque também priva a vítima de sua liberdade pessoal. Corresponde ao que conhecemos como sequestro ou cárcere privado, mas inclui o cárcere putativo – isto é, a vítima, com bons motivos para isso, crê que está em situação de confinamento. Além disso, pode ser cometido por agentes públicos, como os policiais. Sempre houve discussão se 'false imprisonment' protege a integridade corpórea ou a liberdade pessoal. Em uma visão de conjunto, pode-se dizer que tanto esse 'tort', como também os de 'assault' e 'battery' estão relacionados com a autonomia pessoal: o direito de viver sem ser molestado;

j) 'intentional infliction of emotional distress': trata-se de submeter a vítima a sofrimento emocional, mas de modo ultrajante, além de quaisquer limites de moralidade ou decência: daí o sinônimo 'outrage';

k) 'employment discrimination': como faz supor a expressão, trata-se da discriminação contra o trabalhador, baseada em idade, gênero, raça, religião ou deficiência. Inclui também o assédio sexual e a tolerância para com um ambiente de trabalho sexista (portanto, o bem jurídico protegido é a autonomia pessoal);

l) 'fraud': outrora chamado de 'deceit', é o equivalente ao nosso dolo negocial, ou seja, induzir falsa representação em alguém de modo que pratique negócios prejudiciais;

m) 'tortious interference with contract': consiste na interferência intencional em negócios de terceiros;

n) 'torts' definidos em leis federais ou estaduais: são ilícitos individuais definidos em atos legislativos, constituindo bons exemplos a legislação de defesa do consumidor e da livre-concorrência;

o) 'defamation': abrange os ilícitos contra a reputação de alguém. 'Libel' é o ataque à reputação feito por escrito. 'Slander' é a difamação oral. Como esse 'tort' evoluiu em paralelo histórico com o 'trespass', em ambos é necessária uma ação dolosa, mas a vítima não necessita de prova de prejuízo concreto. Em nome da liberdade de expressão, porém, a jurisprudência da Suprema Corte norte-americana tem atuado no sentido de limitar o alcance do 'tort' de 'defamation';

p) 'invasion of privacy': abrange não apenas a invasão à privacidade, mas também certos ilícitos contra a honra e a imagem da pessoa. Segundo famosa classificação quadripartite, inclui: p.1) 'intrusion upon seclusion': é o acesso não físico à privacidade alheia; p.2) 'public disclosure of private facts' (divulgação pública de fatos da vida privada); p.3) 'appropriation of likeness': uso não consentido do nome ou da imagem de alguém com fins comerciais.

10. CONCLUSÃO

Ao longo dos tópicos precedentes, espero ter mostrado que o conceito de 'tort' é, simultaneamente, material (uma falta ou desvio de conduta, assim reconhecido pelo Direito) e processual (a falta é conducente a um 'remedy', geralmente reparação financeira). No entanto, por conta da genealogia histórica, não há um 'tort' genérico e sim uma tipologia de 'torts', cuja repetição aqui seria inadequada. Os mais clássicos vieram da elaboração jurisprudencial, iniciando-se com os tribunais de 'Common Law' normandos, na Idade Média e os mais recentes procedem do direito legal ('Statutory'). No Reino Unido, há ainda que observar o impacto de outro texto positivo, a Declaração Europeia de Direitos Humanos. Nos Estados Unidos da América, há que levar em conta a modernização e diferenciação na segunda metade do séc. XIX – em relação ao direito inglês – e a profusão de diplomas legais, notadamente a favor de minorias desfavorecidas, a partir da década de 1960, com forte influência sobre o tema. Apesar do que mantém-se uma tradição comum às duas nações.

Ao comparar-se com o direito de danos nos ordenamentos filiados ao 'Civil Law', é de notar-se que eles partem de um conceito geral de ato ilícito contido em suas codificações e ampliada pela legislação especial. Os tribunais também têm um papel importante, pois a criação jurisprudencial em matéria de responsabilidade civil é mais ampla do que imaginam certos comentaristas estrangeiros. Para mencionar-se apenas um campo, dado o espaço limitado, note-se que os juízes e tribunais de 'Civil Law' partem de poucos princípios codificados e reconhecem, de modo criativo, novas espécies de dano (por exemplo, o dano existencial, o dano estético, o dano coletivo etc.), enquanto que as Cortes de 'Common Law' ampliam o rol de 'torts', com efeitos análogos.

Em um ponto, o 'Tort Law' parece mais "romano" do que o Direito da Responsabilidade Civil europeu-continental e brasileiro: no período clássico, o pretor romano tinha forte poder normativo indireto, na medida em que acrescentava novas fórmulas e assim, obliquamente, novos "direitos" ao prejudicado que buscava reparação. De modo simétrico, procediam e procedem os tribunais de 'Common Law'.

Em ambos os sistemas, 'Common Law' e de tipo continental, a crescente intervenção do legislador e a influências de tratados internacionais de direitos humanos têm ensejado aproximações. Não há mais clivagens absolutas, mas diferenças de nuance e de tom.

11. REFERÊNCIAS

BERMAN, Harold D. *La formación de la tradición jurídica de Occidente*. México: Fondo de Cultura Económica, 1996.

Black's Law Dictionary, St Paul, MN: Thomson Reuters, 2009.

BUCKLAND, W. W. McNAIR, Arnold D. *Roman law and common law: a comparison in outline*. Cambridge: Cambridge University Press, 2008.

CAENEGEM, R. C. van, *The birth of the english common law*. Cambridge: Cambridge University Press, 1988.

CANE, Peter. *The anatomy of tort law*. Oxford: Hart Publishing, 1997.

GARDNER, John. What is Tort Law For? Part 2. The Place of Distributive Justice. In: OBERDIEK, John (ed). *Philosophical foundations of the law of torts*. Oxford: Oxford University Press, 2014.

GOLDBERG, John C. P. ZIPURSKY, Benjamin C. *Torts*. Oxford: Oxford University Press, 2010.

HEDLEY, Steve. *Tort*. Oxford: Oxford University Press, 2011.

HUDSON, John. *The formation of the english common law*. Abingdon, Oxon – New York: Routledge, 2017.

MERRYMAN, John Henry. *La tradición jurídica romano-canónica*. México: Fondo de cultura económica, 1998.

POLLOCK, Frederick. *The law of torts*. London: Steven and Sons, 1895.

SCHWEBER, Howard. *The creation of american common law*, 1850-1880. Cambridge: Cambridge University Press, 2004.

WRIGHT, Jane. *Tort law and human rights*. Oxford – Portland: Hart Publishing, 2001.

O LUCRO DA INTERVENÇÃO E A TUTELA DE REMOÇÃO DOS GANHOS ILÍCITOS

Paulo Nalin

Pós-Doutor em Contratos Internacionais pela Juristische Fakultät Basel (Faculdade de Direito da Universidade de Basileia, Suíça). Doutor em Direito das Relações Sociais pela Universidade Federal do Paraná – UFPR. Mestre em Direito Privado pela Universidade Federal do Paraná – UFPR. Graduado em Direito pela Universidade Federal do Paraná – UFPR. Docente associado de Direito Civil da Universidade Federal do Paraná (Graduação e Pós-Graduação). Professor do L.L.M. da Swiss International Law School (SILS). Foi Professor Titular de Direito Civil da Pontifícia Universidade Católica do Paraná, de 2003 a 2004. Membro da Comissão de Mediação e Arbitragem da Ordem dos Advogados do Brasil, Seccional do Paraná – OAB/PR. Árbitro relacionado nas listas da Câmara de Arbitragem e Mediação da Federação das Indústrias do Paraná – CAMFIEP e Câmara de Mediação e Arbitragem da Associação Comercial do Paraná – ARBITAC. Membro fundador do Instituto Brasileiro de Direito Contratual – IBDCont e Instituto de Direito Privado – IDP. Associado ao Instituto dos Advogados do Paraná – IAP, Instituto de Direito Civil – IBDCivil e Instituto de Direito Comparado Luso-Brasileiro. Membro efetivo do Instituto dos Advogados de São Paulo – IASP. Membro do Comitê Brasileiro de Arbitragem – Cbar. Advogado, sócio da Araúz Advogados Associados.

João Pedro Kostin F. de Natividade

Mestre em Direito das Relações Sociais pela Universidade Federal do Paraná – UFPR. Graduado em Direito pela Universidade Federal do Paraná – UFPR. Membro da Comissão de Direito Empresarial da Ordem dos Advogados do Brasil, Seccional do Paraná – OAB/PR. Associado ao IBERC – Instituto Brasileiro de Estudos de Responsabilidade Civil. Autor do livro "Responsabilidade Civil e Mitigação de Prejuízos", pela Editora Juruá. Advogado, sócio da Natividade Sociedade de Advogados. E-mail joao.pedronk@gmail.com.

Sumário: 1. Introdução. 2. Direito alemão. 3. Direito inglês. 4. Direito brasileiro. 5. A posição brasileira revisitada: a tutela de remoção dos ganhos ilícitos. 6. Proposições conclusivas. 7. Referências.

Conheci o Prof. Renan Lotufo na PUC/SP no distante ano de 1999. Muito embora fizesse meu doutorado na UFPR, acabei assistindo a algumas aulas do querido Prof. Renan no seu programa de doutorado. Desde logo, muito me impressionou o vasto conhecimento do homenageado sore Direito Privado e notadamente Obrigações. Mas o sólido conhecimento dos clássicos nacionais, muitos italianos e franceses, numa base de refinado dogmatismo comparado, não o impediu de estudar uma nova vertente que emergia, o direito civil-constitucional.

Naquele ambiente estruturalista dogmático da PUC/SP, a iniciativa do Prof. Renan tinha sinais de uma transgressão acadêmica ou uma quase ruptura com o antigo saber.

Mas é isso mesmo que distingue os grandes juristas: o inconformismo, a curiosidade, a humildade, o tempo dedicado à busca do saber que pode transformar a realidade, já desajustada aos antigos figurinos, em uma nova justiça social.

Por isso e por muito mais, Renan Lotufo seguirá sendo em nossos corações e mentes um grande jurista.

1. INTRODUÇÃO

O Brasil é (ou ao menos era, até o 7 a 1) o país do futebol. As estatísticas indicam que o esporte é a modalidade preferida de 49,6% dos brasileiros, seguido pelo vôlei, em segundo, com 9,4%.[1] Frente a esses dados, associar produto ou serviço à seleção Canarinho é grande jogada de marketing.

Só que – para fazer isso – as empresas precisam negociar com a CBF, titular dos direitos de imagem (uniformes, símbolos, emblemas etc.) da seleção. Foi aí que a Coca-Cola enfureceu os cartolas brasileiros.

Na época da Copa das Confederações de 2009 e das eliminatórias para a Copa do Mundo de 2010, a companhia estreou campanha publicitária que associava os ex-jogadores Bebeto, Biro-Biro e Dario, trajando uniformes verde e amarelo, a seu principal produto – o refrigerante. Além das inserções normais, o comercial também era exibido antes e durante os jogos da seleção.

A CBF, irresignada, ajuizou ação de obrigação de fazer cumulada com indenizatória, argumentando que a empresa estaria explorando a imagem da seleção sem autorização e, assim, deveria parar de veicular o comercial, indenizar os danos morais e materiais sofridos e *devolver o lucro proveniente de enriquecimento ilícito*.

O caso, julgado parcialmente procedente para inibir a veiculação da publicidade, foi devolvido ao TJRJ, que então reformou a sentença para condenar a Coca-Cola em *lucros cessantes* equivalentes ao que a CBF *ganharia se tivesse autorizado o uso da imagem*. O STJ, ao julgar o REsp 1.335.624, manteve a decisão do Tribunal.

Os famosos também são *players* importantes no mercado publicitário. Afinal, atores, atrizes, jogadores etc., são considerados *role models* pelo público – ícones, capazes de influenciar o comportamento do consumidor.

Não surpreende que a atriz Giovanna Antonelli tenha enfrentado problema similar. Seu nome e imagem foram utilizados sem autorização por empresa farmacêutica na divulgação de medicamento para emagrecimento. A atriz recorreu à justiça, pleiteando, dentre outros, *a restituição das vantagens econômicas que a empresa obteve com a venda do produto*.

Em primeiro grau, a sentença concedeu danos morais no importe de R$ 30.000,00 e condenou a farmácia a *indenizar* a parte autora com o *valor que obteria pela utilização autorizada de sua imagem*. A atriz recorreu, pleiteando parte do lucro sobre as vendas. O TJRJ majorou os danos morais e condenou a ré a *restituir* à autora o montante correspondente ao *lucro da intervenção*, fixado no *percentual de 5% sobre o volume de vendas* do medicamento.

No julgamento do REsp 1.698.701, o STJ manteve a condenação restitutória, frisando que o "lucro da intervenção" é espécie de enriquecimento sem causa, e reformou o acórdão no tocante ao *quantum* a ser restituído, deduzindo que sua definição deveria acontecer em liquidação de sentença.

Os dois casos lidam com a mesma situação fática: terceiros exploram ilicitamente bens ou direitos alheios para auferir vantagem *lato sensu*. A este problema, a doutrina majoritária concede o *nomen iuris* "lucro da intervenção".

---

1. Conferir: https://blogs.oglobo.globo.com/lauro-jardim/post/futebol-e-o-esporte-favorito-de-496-dos-brasileiros-diz-pesquisa-volei-vem-em-seguida.html.

O direito deve inibir essa prática, pois, do contrário, a intromissão em bens ou direitos alheios seria vantajosa. Mas como fazer isso? No primeiro caso, resolveu-se o problema com a responsabilidade civil, concedendo indenização equivalente ao custo para utilizar licitamente a imagem da seleção. No segundo, com o enriquecimento sem causa, transferindo o lucro associado ao ilícito para a titular do direito violado, além de indenização por danos morais. Qual a solução correta?

Devidamente apresentado o problema, o artigo irá discorrer sobre o direito envolvido, tomando como referência o direito alemão e o direito inglês, para responder se ou quando o "lucro da intervenção" deve ser tutelado na responsabilidade civil ou no enriquecimento sem causa.

2. DIREITO ALEMÃO

Dentre os sistemas de *Civil Law*, o direito alemão é pioneiro no desenvolvimento de modelo para tutelar a intromissão em bens ou direitos alheios no interno do enriquecimento injustificado.[2]

Num primeiro momento, a pandectística buscou agrupar toda as *condictiones* romanas em torno de um princípio único: a ausência de causa para o enriquecimento e a necessidade de deslocamento de riqueza para sua configuração.

Percebendo que a necessidade de deslocamento de riqueza inviabilizaria ações restitutórias nos casos de intromissão em bens ou direitos alheios, nos quais o elemento transferência inexiste, houve reação a essa lógica unitária.

A doutrina, então, fragmentou o enriquecimento sem causa e classificou suas *fattispecie*, ressignificando os conceitos "*às expensas de*" e "*sem causa*" conforme o tipo de enriquecimento. O "lucro da intervenção" remete, justamente, a uma dessas categorias (*Eingriffskondiktion*), havendo divergência no que consistiria a ausência de causa para sua configuração, com destaque para duas posições.

De acordo com Fritz Schulz, a ausência de causa no "lucro da intervenção" estaria na violação objetiva do direito e a restituição seria a reação do sistema à ilicitude, implicando a devolução ao titular de tudo aquilo que o interventor obteve ilicitamente.[3]

Diferentemente, para Walter Wilburg, o "lucro da intervenção" não decorreria da violação ao direito objetivo (antijuridicidade), mas da violação ao direito de alguém. Por isso, diz ele, a restituição por enriquecimento sem causa não seria a resposta do sistema a um ilícito, mas o *meio para o titular do direito reivindicar as vantagens oriundas de sua exploração indevida*, espécie de tutela complementar da propriedade, justificada pela teoria da destinação jurídica dos bens.[4]

---

2. Sobre o tratamento do lucro da intervenção no direito alemão, ver. ROSENVALD, Nelson. *A responsabilidade civil pelo ilícito lucrativo: o disgorgement e a indenização restitutória*. Salvador: JusPodivm, 2019; e SILVA, Sabrina Jiukoski da. *A intervenção nos direitos subjetivos alheios: com qual fundamento e em que medida é possível restituir o lucro da intervenção?* Dissertação de Mestrado – Universidade Federal de Santa Catarina, Centro de Ciências Jurídicas, Programa de Pós-Graduação em Direito, Florianópolis, 2019.

3. MENEZES LEITÃO, Luís Manuel Teles de. *O enriquecimento sem causa no direito civil*: estudo dogmático sobre a viabilidade da configuração unitária do instituto face à contraposição entre as diferentes categorias de enriquecimento sem causa. Coimbra: Almedina, 2005.

4. MENEZES LEITÃO, Luís Manuel Teles de. *O enriquecimento sem causa no direito civil*: estudo dogmático sobre a viabilidade da configuração unitária do instituto face à contraposição entre as diferentes categorias de enriquecimento sem causa.

Ernst Von Caemmerer, no pós-segunda guerra, complementou esse raciocínio: a propriedade, além de excluir outros de sua esfera (obrigação passiva universal), atribuiria ao titular todos os proveitos oriundos de sua exploração. Daí que a vantagem (enriquecimento) decorrente da exploração sem autorização de bens ou direitos alheios (*sine causa*) constituiria enriquecimento ilegítimo, sem necessidade de indagar se o proprietário explorou ou exploraria o direito violado.[5]

A *Eingriffskondiktion*, assim, representa a pretensão restitutória do titular de direito com conteúdo de atribuição de caráter monopolístico para reaver do interventor o valor de mercado da vantagem usurpada.[6]

Esse modelo acabou se consolidando no direito alemão, que reconhece hoje duas espécies de enriquecimento sem causa: casos de prestação e de não prestação. Na primeira, o requisito "*às custas de outrem*" materializa-se quando o patrimônio de B aumenta em razão da transferência *sine causa* de A (ex. pagamento por erro). Na segunda, situa-se o "lucro da intervenção, no qual o patrimônio de B aumenta ou deixa de sofrer diminuição por força da exploração não autorizada de bem ou direito de A, sem deslocamento patrimonial.[7]

Veja-se que ao basear o "lucro da intervenção" no enriquecimento sem causa e associá-lo à teoria da destinação jurídica dos bens (dita atribuição), o direito germânico admite, unicamente, a restituição do valor de mercado do direito usurpado (ex. caso CBF), pois apenas esse proveito integra o conteúdo atributivo do direito de propriedade, ficando excluída a restituição de eventual lucro obtido pelo ofensor.[8]

3. DIREITO INGLÊS

O direito inglês, retrato dos sistemas de *Common Law*, tratou o problema de modo diferente, no interno da "responsabilidade civil". A reparação integral típica barreira no *Civil Law*, não está presente no direito inglês. Embora o remédio ordinário para lidar com os *wrongs* (ilícitos) na *tort law* sejam os *compensatory damages*, equivalentes à indenização para compensar/reparar os prejuízos da vítima (*loss-based remedy*), ao seu lado existem outros remédios monetários para tratar situações não tuteladas pela indenização compensatória.[9]

Nosso foco está nos chamados *gain-based remedies* – *disgorgement of profits* e *restitutionary damages*[10], – que servem ao propósito de evitar que alguém lucre com o ilícito,

---

Coimbra: Almedina, 2005; BASOZABAL ARRUE, Xabier. *Enriquecimiento Injustificado por Intromision en Derecho Ajeno.* Madri: Civitas, 1998.

5. PEREIRA COELHO, Francisco Manuel. *O enriquecimento e o dano.* Coimbra: Almedina, 1999.

6. ROSENVALD, Nelson. *A responsabilidade civil pelo ilícito lucrativo.* Op. cit.

7. Idem.

8. "O entendimento consolidado segue a doutrina de Von Caemmerer, que sustentava que o objeto da ação de restituição se limita ao valor do direito usurpado (valores de mercado), interpretando de forma objetiva o conceito de obtido constante no §818, II, do BGB, e negando que os lucros da intervenção poderiam integrar a pretensão por enriquecimento sem causa." (SILVA, Sabrina Jiukoski da. *A intervenção nos direitos subjetivos alheios.* Op. cit., p. 58).

9. WATTERSON, Stephen. Gain-Based remedies for civil wrongs in England and Wales. In: HONDIUS, Ewoud; JANSEN, André. *Disgorgement of profits: gain-based remedies throughout the world. Ius Comparatum* – Global Studies in Comparative Law: Springer, 2015.p. 29-70; GIGLIO, Francesco. Restitution for wrongs: a comparative analysis. *Oxford U Comparative L Forum* 6, 2001. Disponível em: https://ouclf.law.ox.ac.uk/. Acesso em: 22.09.2020; ROSENVALD, Nelson. *A responsabilidade civil pelo ilícito lucrativo.* Op. cit.

10. Os *gain-bases damages* não são espécie autônoma de danos, mas remédios contra o ilícito. Além disso, também não se confundem com os *exemplary damages* ou *punitive damages*. Estes correspondem à indenização punitiva. A conduta dolosa do ofensor é de tamanha lesividade ao direito objetivo e aos direitos de terceiros que as Cortes – sem preocupação com o

desestimulando sua prática quando os *compensatory* damages forem insuficientes para promover essa finalidade.

Através do primeiro, o ofensor deve restituir o lucro obtido com a exploração ilícita do bem ou direito alheio (ex. caso Giovana Antonelli) e, do segundo, restituir o valor que a vítima teria cobrado pela exploração lícita de seu bem ou direito, a chamada vantagem –*reasonable fee* (ex. caso CBF).

Mas esses dois remédios não são respostas automáticas para todo e qualquer ilícito. Para conceder o *disgorgement*, as Cortes avaliam o interesse protegido, o grau de reprovabilidade da conduta do ofensor, o liame entre a conduta do ofensor e vantagem obtida e a (in)adequação dos demais remédios para reprimir o *wrong*.

É dizer: alguns *wrongs* dão azo o *disgorgement* – como a violação de patentes, direitos autorais e direitos personalíssimos –, outros não.

Os *restitutionary damages*, embora mais acessíveis, esbaram na premissa de que os *compensatory damages* são o remédio "normal" para tutelar o ilícito, sendo que os *gain-based remedies* seriam residuais. Além disso, por vezes, a *reasonable fee* é tratada como espécie de *compensatory damages*, retratando certa confusão conceitual.

De qualquer sorte, há um ponto de consenso no direito inglês: se o fato que enseja a obrigação de restituir é o *ilícito*, então o problema será resolvido na *tort law* (*restitution for wrongs*), não no âmbito do *unjust enrichment* (*restitution for unjust enrichment*).

Isso porque a *Common Law*, tradicionalmente, distingue os fatos jurídicos das pretensões que o sistema jurídico apresenta para tutelá-las.[11] Portanto, no direito inglês, o "lucro da intervenção" é remediado pela *tort law* porque o fato que enseja a restituição é o ilícito, não o enriquecimento.

Comparando os dois modelos, percebe-se que os direitos germânico e inglês deram respostas diferentes para perguntas diferentes.[12] O direito alemão questiona se o direito usurpado pelo interventor atribui exclusivamente ao titular os proveitos de sua exploração, concedendo resposta que possibilita ao prejudicado reaver a vantagem usurpada.

O direito inglês, diferentemente, pergunta se o enriquecimento do ofensor é injusto, fruto da violação de norma jurídica ou de conduta reprovável, apresentando reação que possibilita a "remoção" do ilícito, seja através da restituição da vantagem (*reasonable fee*) ou do lucro.

Sob o prisma da análise econômica, os *gain-based remedies* do direito inglês tornam o ilícito lucrativo menos atraente, pois possibilitam não só a restituição da *reasonable fee*, mas também dos lucros auferidos com a intromissão ilícita.

4. DIREITO BRASILEIRO

No Brasil, a doutrina majoritária[13] estabelece as consequências do "lucro da intervenção" a partir da cláusula geral de enriquecimento sem causa do art. 884 do Código Civil:

---

dano sofrido pela vítima ou o ganho do ofensor – concedem valores astronômicos a título de indenização para reprimir o ilícito e evitar que outros venham a praticá-lo.

11. ROSENVALD, Nelson; KUPERMAN, Bernard Korman. Restituição de ganhos ilícitos: há espaço no Brasil para o disgorgement? *Revista Fórum de Direito Civil – RFDC*, Belo Horizonte, a. 6, n. 14, p. 11-31, jan./abr. 2017.

12. ROSENVALD, Nelson. *A responsabilidade civil pelo ilícito lucrativo*. Op. Cit.

13. Nesse sentido: SAVI, Sérgio. *Responsabilidade civil e enriquecimento sem causa*: o lucro da intervenção. São Paulo: Atlas, 2012; TERRA, Aline de Miranda Valverde; GUEDES, Giselda Sampaio da Cruz. Considerações acerca da exclusão do

"Aquele que, sem justa causa, se enriquecer à custa de outrem, *será obrigado a restituir o indevidamente auferido*, feita a atualização dos valores monetários." (grifamos)

De acordo com esses autores, a responsabilidade civil é adequada quando o dano é maior ou igual à vantagem obtida pelo ofensor, mas insatisfatória para lidar com o "lucro da intervenção", notadamente quando a vantagem excede o dano ou quando ausente dano e presente vantagem.

No primeiro caso, a indenização reparatória, implicitamente, contempla a restituição da vantagem, desencorajando a prática do ilícito. Mas, nos demais, a reparação é menor do que a vantagem (e.g. os casos citados na introdução ilustram a hipótese em que dano ≤ vantagem) ou sequer é devida reparação (e.g. proprietário pede que o amigo cuide de sua casa de veraneio e este se aproveita da ocasião para aproveitar as férias com sua família, sem pagar aluguel, mas sem causar danos, já que a casa não seria alugada para terceiros) [14], tornando o ilícito lucrativo.

Daí o apelo ao enriquecimento sem causa para evitar que o ilícito compense, franqueando ao titular do bem ou direito, além da *pretensão à reparação* de danos amparada na responsabilidade civil, *pretensão à restituição da vantagem imediatamente* obtida pelo ofensor (ex. caso CBF) ou *restituição do lucro obtido com a intromissão* (ex. caso Giovanna Antonelli), sendo a boa-fé subjetiva possível critério distintivo: se de má-fé, a restituição seria do lucro; se de boa-fé, o limite da restituição seria a vantagem. As premissas que sustentam essa posição são apresentadas abaixo.

A doutrina[15] afirma que a função da responsabilidade civil é reparar o dano, recolocando a vítima na posição em que estaria se o evento lesivo não tivesse acontecido. Impossível ou insuficiente a reparação *in natura*, ela ocorrerá através de indenização.

A propósito de sua quantificação, o art. 944 do Código Civil estabelece a regra da reparação integral: *"A indenização mede-se pela extensão do dano" – tout le dommage, rien que le dommage*, como dizem os franceses.[16]

Com base nisso, o "lucro da intervenção" escapa do cômputo da indenização, que é medida a partir do dano (patrimonial ou moral), sem considerar eventuais vantagens auferidas pelo ofensor. A responsabilidade civil, desse modo, não agasalharia nenhuma pretensão para além da compensação, impedindo a vítima de reaver eventuais ganhos às custas da intromissão indevida em seus bens ou direitos.

---

lucro ilícito do patrimônio do agente ofensor. *Revista da Faculdade de Direito*-RFD-UERJ, Rio de Janeiro, n. 28, dez. 2015; LINS, Thiago Drummond de Paula. *O lucro da intervenção e o direito à imagem*. Rio de Janeiro: Lumen Juris, 2016; SILVA, Rodrigo da Guia. *Contornos do enriquecimento sem causa e da responsabilidade civil: estudo a partir da diferença entre lucro da intervenção e lucros cessantes*. Civilistica.com. Rio de Janeiro, a. 5, n. 2, 2016; KONDER, Carlos Nelson. Dificuldades de uma abordagem unitária do lucro da intervenção. *Revista de Direito Civil Contemporâneo*, São Paulo, n. 4, v. 13, p. 231-248, out./dez. 2017; SCHREIBER, Anderson; SILVA, Rodrigo da Guia. *Aspectos relevantes para a sistematização do lucro da intervenção no direito brasileiro*. Pensar, Fortaleza, v. 23, n. 4, p. 1-15, out./dez. 2018; FAJNGOLD, Leonardo; SALGADO, Leonardo; GUERCHON, Dan. Revista Brasileira de Direito Civil – RBDCivil, Belo Horizonte, v. 21, p. 163-189, jul./set. 2019; SILVA, Sabrina Jiukoski da. A intervenção nos direitos subjetivos alheios. Op. Cit. Defendendo posição minoritária, que insere o lucro da intervenção no âmbito da responsabilidade civil: ROSENVALD, Nelson. *A responsabilidade civil pelo ilícito lucrativo*. Op. Cit.; OTTOBONI, Vitor Pavan. *Responsabilidade civil contemporânea e tutela da pessoa frente aos ganhos ilícitos*. Dissertação de Mestrado – Universidade Estadual do Norte Pioneiro, Programa de Pós-Graduação Stricto Sensu em Ciência Jurídica, Jacarezinho, 2020.

14. TERRA, Aline de Miranda Valverde; GUEDES, Giselda Sampaio da Cruz. Considerações acerca da exclusão do lucro ilícito do patrimônio do agente ofensor. *Revista da Faculdade de Direito*-RFD-UERJ, Rio de Janeiro, n. 28, dez. 2015.

15. Vide nota 13.

16. SANSEVERINO, Paulo de Tarso Vieira. *Princípio da reparação integral*. São Paulo: Saraiva, 2010.

Dessa aparente insuficiência surge a inclinação pelo enriquecimento sem causa. Sua função é remover o enriquecimento *sine causa* do patrimônio enriquecido, devolvendo-o ao patrimônio ao qual pertence ou estava potencialmente reservado. Diferente da responsabilidade civil, o foco está no enriquecimento e no enriquecido, não na vítima, nem no dano.[17]

Os elementos dos art. 884 e 886 do Código Civil – enriquecimento, à custa de outrem, sem justa causa e a subsidiariedade – são então reinterpretados pela doutrina para enfeixar o "lucro da intervenção" sob a disciplina jurídica do enriquecimento sem causa, conferindo à vítima pretensão *à restituição do lucro* auferido pelo ofensor às custas de seu bem ou direito ou *do valor para usar licitamente o bem ou direito explorado.*[18]

"Enriquecimento" retrataria incremento do ativo, diminuição do passivo ou redução de despesas, e pode acontecer por prestação, quando há deslocamento patrimonial de A para B, ou intervenção, quando há intromissão em bens ou direitos alheios e obtenção de vantagem *lato sensu*.

"À custa de outrem" não necessariamente qualificaria deslocamento patrimonial. O enriquecimento pode estar acompanhado de correspectivo empobrecimento, mas isso não é obrigatório. Basta que haja relação de causa-efeito entre determinado fato e o enriquecimento.

"Sem justa causa" diria respeito à reprovabilidade do enriquecimento à luz dos princípios e regras do ordenamento, não se confundindo com justo título. No enriquecimento por intervenção, a ausência de causa corresponde à falta de autorização legal ou negocial para usar, gozar ou fruir do bem ou direito alheio.

E a subsidiariedade do remédio restitutório por enriquecimento sem causa (art. 886) admitiria a cumulação de pretensão restitutória por enriquecimento sem causa e pretensão indenizatória por responsabilidade civil, já que amparadas em funções e fundamentos diversos, desde que a tutela restitutória não esteja contemplada na tutela indenizatória, como na hipótese em que dano ≥ vantagem.

O enunciado 620, aprovado na VIII Jornada de Direito Civil, sintetiza a posição majoritária: "*A obrigação de restituir o lucro da intervenção, entendido como a vantagem patrimonial auferida a partir da exploração não autorizada de bem ou direito alheio, fundamenta se na vedação do enriquecimento sem causa.*"

Essa solução inspira-se na literatura portuguesa, fato evidenciado pela alusão às obras de Pereira Coelho, Menezes Leitão e Vieira Gomes.[19] O modelo português, por sua

---

17. Sobre o enriquecimento sem causa, ver: MICHELON JR., Cláudio. *Direito restituitório: enriquecimento sem causa, pagamento indevido, gestão de negócios.* São Paulo: Ed. RT, 2007; NANNI, Giovanni Ettore. *Enriquecimento sem causa.* 2. ed. São Paulo: Saraiva, 2010; KROETZ, Maria Cândida. *Enriquecimento sem causa no direito civil brasileiro contemporâneo e recomposição patrimonial.* Tese de Doutorado – Universidade Federal do Paraná, Setor de Ciências Jurídicas, Programa de Pós-Graduação em Direito, Curitiba, 2005. Especificamente sobre a função da responsabilidade civil e do enriquecimento sem causa, ver. SILVA, Rodrigo da Guia. *Contornos do enriquecimento sem causa e da responsabilidade civil: estudo a partir da diferença entre lucro da intervenção e lucros cessantes.* Civilistica.com. Rio de Janeiro, a. 5, n. 2, 2016.
18. Vide nota 13.
19. A referência a esses autores é encontrada nos seguintes estudos: SAVI, Sérgio. *Responsabilidade civil e enriquecimento sem causa: o lucro da intervenção.* São Paulo: Atlas, 2012; TERRA, Aline de Miranda Valverde. *Privação do uso: dano ou enriquecimento por intervenção.* Revista Eletrônica Direito e Política, Programa de Pós-Graduação Stricto Sensu em Ciência Jurídica da UNIVALI, Itajaí, v. 9, n. 3, 3º quadrimestre de 2014; SILVA, Rodrigo da Guia. *Contornos do enriquecimento sem causa e da responsabilidade civil: estudo a partir da diferença entre lucro da intervenção e lucros cessantes.* Civilistica.com. Rio de Janeiro, a. 5, n. 2, 2016; KONDER, Carlos Nelson. Dificuldades de uma abordagem unitária do lucro da intervenção.

vez, espelha-se na *Eingriffskondiktion*, do direito alemão. Resta apreender se a tradução brasileira é fidedigna.

5. A POSIÇÃO BRASILEIRA REVISITADA: A TUTELA DE REMOÇÃO DOS GANHOS ILÍCITOS

A posição majoritária para tutelar o "lucro da intervenção" no Brasil ampara-se na cláusula geral do enriquecimento sem causa, como o direito alemão, mas prevê eficácias equiparáveis aos remédios do direito inglês, *disgorgement* e *reasonable fee*, denotando problemas de tradução.[20]

Primeiro, porque a teoria da destinação jurídica dos bens não comporta pretensão à restituição do lucro obtido pelo ofensor às custas do titular, já que apenas a vantagem imediatamente usurpada integra o conteúdo atributivo do direito de propriedade, conforme amplamente teorizado no direito alemão. O *disgorgement*, assim, não encontra guarida no art. 884.

Segundo porque, tendo como fonte o enriquecimento sem causa, a obrigação de restituir surge independentemente da licitude ou ilicitude da conduta do interventor, de modo que a boa-fé subjetiva não direciona o *quantum* da restituição; ele deve ser invariável, independente do *animus* do agente.

Ou seja, apoiando-se no enriquecimento sem causa, a solução brasileira deveria ser análoga ao modelo alemão, tendo por eficácia, apenas, a restituição da vantagem obtida pelo ofensor (*reasonable fee*), sem qualquer investigação subjetiva. Não foi o que ocorreu, como demonstra a resolução do Giovana Antonelli; e também não é a solução adequada.

A nosso ver, a *restituição* oriunda da *intromissão ilícita* em bens ou direitos alheios situa-se no âmbito da *tutela contra ilícito*, abrangida na *responsabilidade civil lato sensu*, e é tutelada por remédio específico, afastando o recurso ao enriquecimento sem causa por força do art. 886. Para compreender essa posição, apresentamos abaixo nossas premissas:

(a) *Dano e ilícito são conceitos autônomos*. A percepção de que prevenir ou eliminar o ilícito é tão importante quanto reparar o dano permitiu a reconstrução conceitual da ilicitude civil, ensejando tutela contra os atos contrários ao direito e não necessariamente apenas contra os atos danosos. O dano é sintoma eventual da ilicitude, mas não elemento nuclear do ilícito.[21]

(b) *Ilícito como contrariedade ao direito*. O ilícito deve ser compreendido como a contrariedade ao direito, estruturado sob a violação da norma jurídica e desvinculado das noções de culpa ou dano.[22]

Revista de Direito Civil Contemporâneo, São Paulo, n. 4, v. 13, p. 231-248, out./dez. 2017; SCHREIBER, Anderson; SILVA, Rodrigo da Guia. *Aspectos relevantes para a sistematização do lucro da intervenção no direito brasileiro*. Pensar, Fortaleza, v. 23, n. 4, p. 1-15, out./dez. 2018.

20. Sobre o conceito de tradução, ver. DUVE, Thomas. *Global legal history*: a methodological approach. Max Planc Institute for European Legal History Paper Series, n. 4, p. 1-22, 2016.

21. MARINONI, Luiz Guilherme. Tutela contra o ilícito: inibitória e de remoção. São Paulo: Ed. RT, 2015.

22. Conferir os comentários ao art. 186, em NANNI, Giovanni Ettore (Coord.). *Comentários ao Código Civil*: direito privado contemporâneo. São Paulo: Saraiva, 2019.

(c) *A responsabilidade civil lato sensu e o acordo semântico.* O que significa responsabilidade civil? Se compreendermos que a responsabilidade civil não se restringe ao dano e à tutela compensatória, podemos considerar que a *tutela contra o ilícito* se insere em seus domínios, pois envolve eficácias distintas da reparatória. Por convenção semântica, tomamos como base uma visão *lato sensu* de responsabilidade civil, albergando nela a tutela contra o ilícito, em diferenciação ao domínio dos contratos e do enriquecimento sem causa. [23]

(d) *A reparação integral como limite da tutela compensatória.* A regra da reparação integral (art. 944 do CC) é o teto e o piso da tutela compensatória, mas não incide às demais eficácias da responsabilidade civil *lato sensu*, mormente aquelas vocacionadas para combater o ilícito.[24]

(e) *As eficácias contra o ilícito não se associam à tutela compensatória.* Se o ilícito gerar danos, a tutela compensatória entrará em cena para reparar o prejuízo sofrido. Mas referida tutela volta-se contra o dano, não necessariamente contra o ilícito. Nesse sentido, devemos reconhecer novas formas de tutela contra o ilícito, encampadas (mas não limitadas) pelo parágrafo único do art. 497 do CPC, que estabelece eficácias destinadas à inibição do ilícito ou à *remoção de seus efeitos*.

(f) *A existência de tutela para remover o "lucro ilícito" e a subsidiariedade do enriquecimento sem causa.* A tutela de remoção do ilícito tem por pressuposto a transgressão de um comando jurídico e destina-se à eliminação de seus efeitos concretos, pouco importando se o interesse tutelado foi efetivamente lesado ou se ocorreu um dano. [25] Essa percepção afasta eventual pretensão restitutória baseada no enriquecimento sem causa para remediar o "ilícito lucrativo", dado que, nos termos do art. 886 do Código Civil, *"Não caberá a restituição por enriquecimento, se a lei conferir ao lesado outros meios para se ressarcir do prejuízo sofrido."*

Considerando tais premissas, encaminhamos nossas proposições conclusivas.

6. PROPOSIÇÕES CONCLUSIVAS

1. A intervenção em bens ou direitos alheios contraria o direito, configurando por si só ilícito, pois o uso, gozo e fruição são poderes atribuídos – exclusivamente – ao titular ou àquele por ele autorizado.

2. Desse modo, viável o recurso à *tutela de remoção dos ganhos ilícitos*, com amparo no parágrafo único do art. 497 do CPC, para *remover os efeitos ilícitos da intromissão em bens ou direitos alheios* e, consequentemente, remediar a própria situação de ilicitude, seja através da remoção dos ganhos ilícitos obtidos pelo interventor ou reintegração vantagem ilicitamente usurpada, para além da tutela compensatória ou concomitantemente a ela.

3. Excepcionalmente, quando a intervenção em bens ou direitos alheios ocorrer de boa-fé[26], o titular poderá basear sua pretensão restitutória no enriquecimento sem causa.

---

23. Ver., por todos: GONDIM, Glenda Gonçalves. Responsabilidade civil sem dano: da lógica reparatória à lógica inibitória. Tese de Doutorado – Universidade Federal do Paraná, Setor de Ciências Jurídicas, Programa de Pós-Graduação em Direito, Curitiba, 2015; ROSENVALD, Nelson. As funções da responsabilidade civil: a reparação e a pena civil. São Paulo: Saraiva, 2017.
24. ROSENVALD, Nelson. *A responsabilidade civil pelo ilícito lucrativo.* Op. cit.
25. MARINONI, Luiz Guilherme. *Tutela contra o ilícito*: inibitória e de remoção. São Paulo: Ed. RT, 2015.
26. A boa-fé subjetiva (ou o agir de boa-fé) expressa um estado de fato caracterizado pela ignorância escusável de se estar a lesar direitos ou interesses alheios ou pela crença escusável na juridicidade ou aparência de certa situação. Nesse sentido: MARTINS-COSTA, Judith. *A boa-fé no direito privado.* São Paulo: Saraiva, 2018.

Isso porque, ausente a ilicitude frente ao estado de consciência que legitima o agir do interventor, não se pode recorrer à tutela de remoção do ilícito, justificando o recurso ao enriquecimento sem causa como remédio subsidiário (art. 886).

4. Mas, nesta última hipótese, a restituição será limitada ao valor da vantagem imediatamente auferida pelo terceiro, por força da correta leitura da teoria da atribuição, que apenas reintegra ao titular os benefícios diretamente relacionados ao direito usurpado.

5. Então, em resposta aos questionamentos iniciais: o "lucro da intervenção" deve ser remediado no interno da responsabilidade civil através da tutela de remoção do ilícito, mas a intervenção de boa-fé em bens ou direitos alheios encontra tutela subsidiária no interno do enriquecimento sem causa. Resta, em diante, identificar os interesses que ensejam a remoção do ilícito e delinear critérios objetivos para sua quantificação.

7. REFERÊNCIAS

BASOZABAL ARRUE, Xabier. *Enriquecimiento Injustificado por Intromision en Derecho Ajeno*. Madri: Editorial Civitas, 1998.

DUVE, Thomas. *Global legal history*: a methodological approach. Max Planc Institute for European Legal History Paper Series, n. 4, p. 1-22, 2016.

FAJNGOLD, Leonardo; SALGADO, Leonardo; GUERCHON, Dan. *Revista Brasileira de Direito Civil* – RBDCivil, Belo Horizonte, v. 21, p. 163-189, jul./set. 2019.

GIGLIO, Francesco. *Restitution for wrongs*: a comparative analysis. Oxford U Comparative L Forum 6, 2001. Disponível em: https://ouclf.law.ox.ac.uk/. Acesso em: 22.09.2020.

GONDIM, Glenda Gonçalves. *Responsabilidade civil sem dano*: da lógica reparatória à lógica inibitória. Tese de Doutorado – Universidade Federal do Paraná, Setor de Ciências Jurídicas, Programa de Pós-Graduação em Direito, Curitiba, 2015.

MARTINS-COSTA, Judith. *A boa-fé no direito privado*. São Paulo: Saraiva, 2018.

KONDER, Carlos Nelson. Dificuldades de uma abordagem unitária do lucro da intervenção. *Revista de Direito Civil Contemporâneo*, São Paulo, n. 4, v. 13, p. 231-248, out./dez. 2017.

KROETZ, Maria Cândida. *Enriquecimento sem causa no direito civil brasileiro contemporâneo e recomposição patrimonial*. Tese de Doutorado – Universidade Federal do Paraná, Setor de Ciências Jurídicas, Programa de Pós-Graduação em Direito, Curitiba, 2005.

LINS, Thiago Drummond de Paula. *O lucro da intervenção e o direito à imagem*. Rio de Janeiro: Lumen Juris, 2016.

MARINONI, Luiz Guilherme. *Tutela contra o ilícito*: inibitória e de remoção. São Paulo: Ed. RT, 2015.

MENEZES LEITÃO, Luís Manuel Teles de. *O enriquecimento sem causa no direito civil*: estudo dogmático sobre a viabilidade da configuração unitária do instituto face à contraposição entre as diferentes categorias de enriquecimento sem causa. Coimbra: Almedina, 2005.

NANNI, Giovanni Ettore. *Enriquecimento sem causa*. 2. ed. São Paulo: Saraiva, 2010.

NANNI, Giovanni Ettore (Coord.). *Comentários ao Código Civil*: direito privado contemporâneo. São Paulo: Saraiva, 2019.

OTTOBONI, Vitor Pavan. *Responsabilidade civil contemporânea e tutela da pessoa frente aos ganhos ilícitos*. Dissertação de Mestrado – Universidade Estadual do Norte Pioneiro, Programa de Pós-Graduação *Stricto Sensu* em Ciência Jurídica, Jacarezinho, 2020.

PEREIRA COELHO, Francisco Manuel. *O enriquecimento e o dano*. Coimbra: Almedina, 1999.

ROSENVALD, Nelson; KUPERMAN, Bernard Korman. Restituição de ganhos ilícitos: há espaço no Brasil para o disgorgement? *Revista Fórum de Direito Civil* – *RFDC*, Belo Horizonte, a. 6, n. 14, p. 11-31, jan./abr. 2017.

ROSENVALD, Nelson. *As funções da responsabilidade civil: a reparação e a pena civil*. São Paulo: Saraiva, 2017.

ROSENVALD, Nelson. *A responsabilidade civil pelo ilícito lucrativo*: o disgorgement e a indenização restitutória. Salvador: JusPodivm, 2019.

SANSEVERINO, Paulo de Tarso Vieira. *Princípio da reparação integral*. São Paulo: Saraiva, 2010.

SAVI, Sérgio. *Responsabilidade civil e enriquecimento sem causa*: o lucro da intervenção. São Paulo: Atlas, 2012.

SCHREIBER, Anderson; SILVA, Rodrigo da Guia. Lucro da Intervenção: Perspectivas de Qualificação e Quantificação. p. 173-206. *Direito Civil*: Estudos – Coletânea do XV Encontro dos Grupos de Pesquisa – IBDCIVIL. São Paulo: Blucher, 2018.

SCHREIBER, Anderson; SILVA, Rodrigo da Guia. *Aspectos relevantes para a sistematização do lucro da intervenção no direito brasileiro*. Pensar, Fortaleza, v. 23, n. 4, p. 1-15, out./dez. 2018.

SILVA, Rodrigo da Guia. *Contornos do enriquecimento sem causa e da responsabilidade civil*: estudo a partir da diferença entre lucro da intervenção e lucros cessantes. Civilistica.com. Rio de Janeiro, a. 5, n. 2, 2016.

SILVA, Sabrina Jiukoski da. *A intervenção nos direitos subjetivos alheios: com qual fundamento e em que medida é possível restituir o lucro da intervenção?* Dissertação de Mestrado – Universidade Federal de Santa Catarina, Centro de Ciências Jurídicas, Programa de Pós-Graduação em Direito, Florianópolis, 2019.

TERRA, Aline de Miranda Valverde. Privação do uso: dano ou enriquecimento por intervenção. *Revista Eletrônica Direito e Política, Programa de Pós-Graduação Stricto Sensu em Ciência Jurídica da UNIVALI*, Itajaí, v. 9, n. 3, 3º quadrimestre de 2014.

TERRA, Aline de Miranda Valverde; GUEDES, Giselda Sampaio da Cruz. Considerações acerca da exclusão do lucro ilícito do patrimônio do agente ofensor. *Revista da Faculdade de Direito-RFD-UERJ*, Rio de Janeiro, n. 28, dez. 2015.

WATTERSON, Stehpen. Gain-Based remedies for civil wrongs in England and Wales. In: HONDIUS, Ewoud; JANSEN, André. *Disgorgement of profits: gain-based remedies throughout the world. Ius Comparatum* – Global Studies in Comparative Law: Springer, 2015. p. 29-70.

UNIFICAÇÃO DA RESPONSABILIDADE CIVIL E SEUS PERFIS CONTEMPORÂNEOS

Carlos Edison do Rêgo Monteiro Filho

Professor Titular de Direito Civil da Faculdade de Direito da UERJ. Doutor em Direito Civil e Mestre em Direito da Cidade pela UERJ. Procurador do Estado do Rio de Janeiro. Vice-presidente do Instituto Brasileiro de Estudos de Responsabilidade Civil (IBERC). Advogado, parecerista em temas de direito privado.

Sumário: 1. Introdução. 2. Unidade da responsabilidade civil. 3. Compensação por danos extrapatrimoniais na responsabilidade contratual. 4. Prazo prescricional de reparação de danos decorrentes de incumprimento contratual. 5. Proposições conclusivas. 6. Referências.

1. INTRODUÇÃO

No presente texto, escrito especialmente em homenagem ao Professor Doutor Renan Lotufo, abordarei dois aspectos relacionados ao problema maior da unificação da responsabilidade civil, que ocupou posição de relevo dentre as reflexões que se extraem da bibliografia que compunha a disciplina da Responsabilidade Civil, ministrada pelo querido Mestre na PUC/SP. O fio condutor do ensaio partirá da contextualização dos assuntos na trajetória rumo à unidade da responsabilidade civil, logo após este ponto introdutório, seguindo pelo desdobramento em dois questionamentos específicos, relacionados à reparabilidade dos danos extrapatrimoniais nas relações negociais e ao prazo prescricional de reparação civil, até sua finalização no título das proposições conclusivas.

2. UNIDADE DA RESPONSABILIDADE CIVIL

San Tiago Dantas, em seu clássico *Programa de Direito Civil*, expôs celeuma que, por muito tempo, fez oscilar os tribunais brasileiros. Aludia à natureza da responsabilidade civil, se negocial ou aquiliana, das operadoras de bondes por acidentes envolvendo os denominados "pingentes" – pessoas que, embora sem pagar passagem, faziam-se transportar nos estribos dos comboios.[1] Seriam passageiros? Haveria violação de um dever convencional ou de um genérico de não lesar? Dito debate constitui exemplo emblemático da necessidade que se viu, por muito tempo, de apartar a responsabilidade contratual da extracontratual, mesmo que, não raro, suas fronteiras não restassem nitidamente demarcadas, ou, mais grave, que a referida diferenciação, para muitos efeitos, não apresentasse consequências práticas relevantes.

---

1. "Um ônibus sofre uma colisão e ferem-se nele três passageiros e três transeuntes. Temos neste mesmo desastre três casos de culpa contratual e três casos de culpa aquiliana. Em relação aos passageiros, o ilícito é contratual, porque a companhia a que este ônibus pertence assumira a obrigação de transportá-los; com relação aos três transeuntes, a culpa é aquiliana. (...) E eis porque durante muito tempo oscilaram os tribunais brasileiros em definir o pingente de bonde como passageiro ou não, para saber se, nos desastres, a responsabilidade decorria do contrato ou da Lei Aquilia" (DANTAS, San Tiago. Programa de Direito Civil, vol. I. 3ª ed. Atualizado por Gustavo Tepedino; Antonio Carlos de Sá; Carlos Edison do Rêgo Monteiro Filho; Renan Miguel Saad. Rio de Janeiro: Forense, 2001, p. 294).

CARLOS EDISON DO RÊGO MONTEIRO FILHO

A partir da constatação da afinidade funcional, também de há muito a doutrina – tanto brasileira como estrangeira – identifica certa unidade entre as espécies, embora, por vezes, o direito positivo reserve tratamento diverso para cada uma delas. Nesse sentido, Santos Júnior, ao tratar do direito português, dá notícia de que, "entre o dualismo e o monismo, prevaleceu a tese de síntese", segundo a qual "a responsabilidade civil é unitária por natureza, mas dualista pelo seu regime".[2] Na Argentina, o Código Civil e Comercial vigente desde 2015 buscou unificar os regimes contratual e aquiliano, conforme se depreende de sua exposição de motivos: *"En materia de reparación, y siguiendo a los proyectos anteriores, se recepta la unificación de los ámbitos de responsabilidad contractual y extracontractual. Al respecto, existe uniforme opinión doctrinal que ha sido expresada en distintos encuentros científicos"*. E, na sequência, registra: *"El texto proyectado confiere unicidad al régimen de la responsabilidad contractual y extracontractual. (...).La tesis que se adopta es la unidad del fenómeno de la ilicitud, lo cual no implica la homogeneidad, ya que hay diferencias que subsisten. Con la solución que proponemos se unifican claramente los supuestos que han generado dificultades serias, como ocurre con los daños a la persona en el ámbito de la responsabilidad contractual (ejemplo, responsabilidad médica)"*.[3]

No direito brasileiro, a aproximação entre responsabilidade contratual e extracontratual concentra-se em momento interpretativo-aplicativo. Embora se identifique separação topográfica entre as regras atinentes ao descumprimento de deveres contratuais (*rectius* negociais) e aqueles referentes à responsabilidade aquiliana, não são poucos os dispositivos que, inseridos no Título atinente ao inadimplemento das obrigações (CC, arts. 389 a 420), atuam indistintamente em ambas as espécies de responsabilidade. Como exemplos, citem-se a excludente por caso fortuito e força maior (CC, art. 393), o conceito de perdas e danos, a envolver dano emergente e lucro cessante (CC, art. 402), e o embasamento normativo da aferição do nexo de causalidade (CC, art. 403). E a recíproca mostra-se verdadeira, de modo que o artigo 927, parágrafo único, que encampa a cláusula geral

---

2. SANTOS JUNIOR. *Da responsabilidade civil de terceiro por lesão do direito de crédito.* Coimbra: Almedina, 2003, pp. 203-204.

3. *Proyecto de Código civil y comercial de la Nación.* 1a ed. Buenos Aires: Infojus, 2012, p. 675. Disponível em: http://www.saij.gob.ar/docs-f/ediciones/libros/codigo_civil_comercial.pdf. Tradução livre: Em matéria de reparação e seguindo os projetos anteriores, se recepciona a unificação dos âmbitos de responsabilidade contratual e extracontratual. A respeito, existe uniforme opinião doutrinária que foi expressa em diversos encontros científicos. (...) O texto projetado confere unidade ao regime da responsabilidade contratual e extracontratual. (...) A tese que se adota é da unidade do fenômeno da ilicitude, o que não implica a homogeneidade, já que há diferenças que subsistem. Com a solução que propomos se unificam claramente os pressupostos que geravam dificuldades sérias, como ocorre com os danos à pessoa no âmbito da responsabilidade contratual (exemplo, responsabilidade médica)".

Note-se, no entanto, que o novo diploma legal não é isento de críticas contundentes pela doutrina argentina. Nesse sentido, v.: *"No han faltado autores que pretendan que el nuevo Código Civil y Comercial es una estructura sistemática, incluso superior al Código de Vélez en este aspecto y que ha unificado completamente el régimen de la responsabilidad en un solo régimen, en los arts. 1708 a 1780 CCC, borrando las diferencias entre la responsabilidad contractual y la aquiliana. (...) Aún hoy nos sorprendemos con textos publicados en revistas por autores, en su mayor parte poco conocidos, que siguen afirmando alegremente la unificación de los dos ámbitos de la responsabilidad civil en el nuevo Código. O esos autores mienten a sabiendas, o carecen de una formación adecuada en derecho o se han dejado llevar por cantos de sirena y no tienen el buen juicio necesario para advertir la magnitud del error que propalan. Porque basta la lectura de un solo artículo, el art. 1082 CCC, para hacer trizas la mera idea de la unificación de ambos regímenes".* (LÓPEZ MESA, Marcelo J. La unificación de la Responsabilidad Civil en el Código Civil y Comercial: ¿Declamación o tentativa fallida?. In: *Revista Argentina de Derecho Civil*, n. 6, nov. 2019). Tradução livre: "Não faltaram autores que reputam o novo Código Civil e Comercial uma estrutura sistemática, inclusive superior ao Código de Vélez neste aspecto e que unificou completamente o regime da responsabilidade em um só regime, nos arts. 1708 a 1780 CCC, borrando as diferenças entre a responsabilidade contratual e aquiliana. (...) Ainda hoje nos surpreendemos com textos publicados em revistas por autores, em sua maior parte pouco conhecidos, que seguem afirmando alegremente a unificação dos dois âmbitos da responsabilidade civil no novo Código. Ou esses autores mentem conscientemente, ou carecem de uma formação adequada em direito ou se deixaram levar por cantos de sereia e não têm o bom juízo necessário para advertir a magnitude do erro que propalam. Porque basta a leitura de um só artigo, o art. 1.082 CCC, para arruinar a mera ideia da unificação dos regimes".

UNIFICAÇÃO DA RESPONSABILIDADE CIVIL E SEUS PERFIS CONTEMPORÂNEOS **553**

da responsabilidade objetiva, e o artigo 944, que trata da reparação integral, aplicam-se também à responsabilidade negocial, não obstante seu *locus* normativo.

Para além do Código Civil em função aplicativa, o Código de Defesa do Consumidor representou importante papel na aproximação das espécies. A *teoria da qualidade*[4] e a criação da categoria dos consumidores *por equiparação* (CDC, arts. 17 e 29)[5] tornaram o fornecedor sujeito ao mesmo regime de responsabilização, independentemente da existência de negócio jurídico prévio com aquele que sofreu os efeitos lesivos decorrentes de sua atividade.

Em síntese, mostra-se perceptível certo processo de aproximação paulatina entre as responsabilidades contratual e extracontratual, tanto no Brasil como na maior parte da experiência estrangeira.[6] Afinal, no que tange à natureza dos institutos, dúvidas já não prevalecem sobre a identidade de *ratio*, daí poder-se afirmar a unidade essencial da responsabilidade civil, a convertê-la, para muitos, em um *direito de danos*, já que, tanto num quanto noutro, o que se verifica é que há sempre um *dano* a reclamar *reparação*, no cumprimento da função reparatória da responsabilidade civil.

Ainda que se reconheça a necessidade de preservação de diferenças de regime em certos temas[7], em relação aos assuntos objeto dos dois próximos itens deste trabalho já se antecipa a conclusão de que a distinção não deve prevalecer. Assim se dá, respetivamente, na compensação dos danos extrapatrimoniais e no prazo prescricional de reparação civil – vejam-se a seguir.

3. COMPENSAÇÃO POR DANOS EXTRAPATRIMONIAIS NA RESPONSABILIDADE CONTRATUAL

A trajetória da reparabilidade dos chamados *danos morais contratuais* constitui-se em representação eloquente do processo de aproximação entre as esferas da responsa-

---

4. Cláudia Lima Marques registra a relevância do CDC nas transformações dogmáticas principais da responsabilidade civil no Brasil. Nas palavras da autora, "(...) a teoria da qualidade, que aproximou a responsabilidade extracontratual da contratual e pragmaticamente estabeleceu uma cadeia de responsáveis pela qualidade-adequação (vício do produto ou do serviço, nos art. 18 e ss.) e imputou a responsabilidade nominal pela qualidade segurança (defeito do produto ou do serviço, nos arts. 12 a 17), reforçando o dever de informar, de prevenir e ressarcir os danos individuais, homogêneos, coletivos e difusos, morais ou patrimoniais (...)" (MARQUES, Cláudia Lima, 25 anos de código de defesa do consumidor e as sugestões traçadas pela revisão de 2015 das diretrizes da ONU de proteção dos consumidores para a atualização, Revista de Direito do Consumidor, v. 103, 2016, p. 55).

5. Art. 17: "Para efeitos dessa Seção, equiparam-se aos consumidores todas as vítimas do evento".

   Art. 29: "Para os fins deste Capítulo e do seguinte, equiparam-se aos consumidores todas as pessoas determináveis ou não, expostas às práticas nele previstas".

6. Evidente que o movimento a caminho da unidade da responsabilidade civil não é linear, como adverte Mafalda Miranda Barbosa, para quem: "responsabilidade contratual e extracontratual se distinguem estruturalmente, funcionalmente e normativo-axiologicamente. Grosso modo, enquanto a primeiro surge, aos nossos olhos, como uma outra forma de satisfação do interesse do credor, convocando uma ideia de confiança que anima uma cooperação estreita e livre entre sujeitos determinados ou determináveis, a responsabilidade delitual, fundando-se na dialética entre liberdade e responsabilidade, actualizada por uma ideia de solidariedade, sustentada num plano de comunicação global, é erigida em nome da tutela de bens jurídicos essenciais ao livre desenvolvimento da personalidade de cada um". (BARBOSA, Mafalda Miranda. Reflexões em torno da responsabilidade civil: teleologia e teleonomologia em debate. In: *Boletim da Faculdade de Direito da Universidade de Coimbra*, vol. 81, 2005, pp. 511-512).

7. "No Brasil, a rigor, parece haver poucas diferenças de regime justificáveis à luz dos valores maiores que estruturam o ordenamento jurídico. Outras, a constituir maioria, já não o são. Necessário, pois, em primeiro lugar, estremar umas das outras. A partir daí, cabe à doutrina indicar soluções, sejam de lege lata ou de lege ferenda, aptas a compatibilizar o regime legal da responsabilidade aos valores constitucionais em jogo. Desse modo, a preexistência de um dever negocial pode perfeitamente repercutir no regime da responsabilidade aplicável. Mas dentro de certos limites inderrogáveis à vontade das partes, por força da imperatividade e da supremacia dos valore que emanam do próprio comando constitucional". (MONTEIRO FILHO, Carlos Edison do Rêgo. *Responsabilidade contratual e extracontratual*: contrastes e convergências no direito civil brasileiro. Rio de Janeiro: Processo, 2016, p. 85).

bilidade. Inicialmente, a despeito de firmes manifestações doutrinárias favoráveis à tese da reparabilidade,[8] a jurisprudência predominante consolidou-se em torno da refutação, em regra, da existência de danos extrapatrimoniais compensáveis em decorrência de descumprimento contratual, como se extrai do teor do Enunciado 75 da Súmula do Tribunal de Justiça do Rio de Janeiro, segundo o qual "o simples descumprimento de dever legal ou contratual, por caracterizar mero aborrecimento, em princípio, não configura dano moral, salvo se da infração advém circunstância que atenta contra a dignidade da parte" e que apenas recentemente, já às portas de 2019, foi cancelada pelo Órgão Especial do Tribunal.[9]

Sendo o ordenamento um sistema aberto, e com as transformações valorativas que se verificaram, desde então, no seio social, a perspectiva se inverteu por completo. A tutela privilegiada dos interesses existenciais da vítima e os avanços tridimensionais do princípio da reparação integral[10] projetam, a rigor, lógica distinta: o dano sofrido, juridicamente qualificado como tal, merecerá reparação, independentemente da pré-existência de negócio jurídico entre as partes. De fato, o contrato não pode, em hipótese alguma, constituir-se em gueto privilegiado, sob cores patrimoniais-liberais-oitocentistas, imune à incidência dos comandos constitucionais pertinentes. O princípio da reparação integral, que, no que tange aos danos extrapatrimoniais, encontra fundamento no artigo 5º, incisos V e X,[11] da Constituição da República, (e, no que toca aos danos patrimoniais, deita raízes no direito de propriedade – CR, art. 5ª, inciso XXII),[12] impõe dupla exigência: em primeiro lugar, que todo dano seja reparado e, em segundo lugar, que todo o dano seja reparado, como assinalei em outra ocasião.[13] À luz da função reparatória da responsabilidade civil, torna-se imperativo, pois, que não haja dano, moral ou patrimonial, à pessoa sem o correspondente ressarcimento. E da imposição constitucional não escapa, claro, a responsabilidade civil contratual, de modo que a reparabilidade do dano

---

8. A doutrina, desde que a questão se colocou, apontou firme na direção da reparabilidade dos danos morais contratuais Nesse sentido, v. síntese incisiva de Yussef Sahid Cahali: "no direito brasileiro, não obstante a ausência de disposição explícita, a doutrina é uniforme no sentido da admissibilidade de reparação do dano moral tanto originário de obrigação contratual quanto decorrente de culpa aquiliana, uma vez assente a indenizabilidade do dano moral, não há fazer-se distinção entre dano moral derivado de fato ilícito absoluto e dano moral que resulta de fato ilícito relativo; o direito à reparação pode projetar-se por áreas as mais diversas das sociais, abrangendo pessoas envolvidas ou não por um liame jurídico na natureza contratual: assim, tanto pode haver dano moral nas relações entre devedor e credor quanto entre o caluniador e o caluniado, que em nenhuma relação jurídica se acha, individualmente, com o ofensor". (CAHALI, Yussef Sahid. *Dano Moral*. São Paulo: Revista dos Tribunais, 1999, p. 462).

9. TJRJ, Órgão Especial, Processo Administrativo 0056716-18.2018.8.19.0000, Rel. Des. Mauro Pereira Martins, julg. 17.12.2018.

10. A reparação integral, objetivo central da responsabilidade civil contemporânea, traduz conquista recente do direito brasileiro. Para tanto, concorreram avanços nas três dimensões de seus pilares clássicos: dano, nexo de causalidade e culpa. Mesmo descrevendo trajetória não linear, o fato é que, após décadas de desencontros, pode-se identificar um sentido evidente para o qual aponta a evolução da matéria: garantir a cada vítima o correspondente ressarcimento, capaz de cobrir toda a extensão dos efeitos danosos sofridos, e nada além disso". (MONTEIRO FILHO, Carlos Edison do Rêgo. Limites ao princípio da reparação integral no direito brasileiro. In: *civilistica.com*, a. 7, n. 1, 2018, p. 2).

11. Art. 5º, V – "É assegurado o direito de resposta, proporcional ao agravo, além da indenização por dano material, moral ou à imagem".
    Art. 5º, X – "são invioláveis a intimidade, a vida privada, a honra e a imagem das pessoas, assegurado o direito a indenização pelo dano material ou moral decorrente de sua violação".

12. Art. 5º, XXII – "é garantido o direito de propriedade".

13. Sobre o tema, v. MONTEIRO FILHO, Carlos Edison do Rêgo. Limites ao princípio da reparação integral no direito brasileiro. In: *civilistica.com*, a. 7, n. 1, 2018, p. 6.

extrapatrimonial não se revela elemento hábil a distinguir responsabilidade contratual e extracontratual.[14]

A evolução do tema, de fato, fez com que as vetustas restrições perdessem efeito nos tribunais brasileiros, sendo comuns acórdãos que reconhecem hoje a reparabilidade de danos extrapatrimoniais em decorrência de incumprimento nos mais diversos tipos contratuais. Desse modo, fator que agora merece atenção da doutrina e da jurisprudência consiste na *busca por critérios confiáveis* para identificação do descumprimento obrigacional efetivamente capaz de produzir efeitos deletérios na esfera extrapatrimonial do credor, afinal, deve-se evitar o estruturalismo oposto, isto é, a imposição do dever de reparar o dano moral em todos os casos de incumprimento da prestação contratada, como se todas as situações de inadimplemento e mora se fizessem acompanhar, necessariamente, do respectivo efeito existencial.

A definição, não existe outro caminho, há de ser pronunciada funcionalmente e em cada caso, sendo certo que três indícios podem auxiliar o intérprete no momento da identificação, em concreto, de dano extrapatrimonial decorrente de descumprimento contratual.[15]

O primeiro deles diz respeito à natureza dos valores perseguidos ou presentes no contexto em que a avença se desenvolveu. Se em jogo a integridade psico-física do con-tratante, como em tema de responsabilidade médica ou hospitalar, identifica-se de pronto fortíssimo indício da concretude do dano.[16]

O estado de irreversibilidade dos efeitos provocados pelo evento danoso consiste em outra circunstância que impende seja sopesada quando da verificação da reparabilidade da lesão em concreto (v.g., vazamento de dados pessoais; contratação de serviços ligados a celebrações e festividades únicas – casamentos, bodas, 15 anos).[17]

---

14. Neste sentido, Santos Junior, referindo-se à doutrina e jurisprudência portuguesas, aduz: "A identidade de natureza entre a responsabilidade contratual e a aquiliana também não é posta em causa pela questão da indenização dos danos morais. Para além de a jurisprudência e uma boa parte da doutrina admitirem o ressarcimento de danos morais no domínio da responsabilidade contratual (...), o fato de a questão se colocar mais frequentemente no domínio da responsabilidade aquiliana – basta atentar que a tutela dos direito das personalidade ocorre, em regra ou fundamentalmente, no âmbito desta – não significa qualquer negação do princípio: os danos morais, conquanto existam, são danos e, como tal, só há que aplicar o princípio de que todo o dano – qualquer que seja a sua natureza – deve ser reparado". (SANTOS JUNIOR. *Da responsabilidade civil de terceiro por lesão do direito de crédito.* Coimbra: Almedina, 2003, p. 210).

15. Sobre o tema, v. MONTEIRO FILHO, Carlos Edison do Rêgo. *Responsabilidade contratual e extracontratual:* contrastes e convergências no direito civil brasileiro. Rio de Janeiro: Processo, 2016, pp. 166-170.

16. "AGRAVO INTERNO NO AGRAVO EM RECURSO ESPECIAL. PLANO DE SAÚDE. NEGATIVA DE COBERTURA DE EXAME (PET SCAN). ABUSIVIDADE COMPROVADA. DANO MORAL IN RE IPSA. CONFIGURAÇÃO. 1. A orientação do Superior Tribunal de Justiça é no sentido de ser devida a indenização por danos morais decorrente da negativa indevida do plano de saúde em arcar com os custos de procedimentos médicos e de realização de exames necessários ao acompa-nhamento e ao diagnóstico preciso, como no caso dos autos, pois agrava a situação de aflição psicológica e de angústia no espírito do paciente. 2. O valor fixado a título de indenização por danos morais baseia-se nas peculiaridades da causa. Assim, afastando-se a incidência da Súmula nº 7/STJ, somente comporta revisão por este Tribunal quando irrisório ou exorbitante, o que não ocorreu na hipótese dos autos, em que arbitrado em R$ 9.000,00 (nove mil reais). 3. Agravo interno não provido. (STJ, 3ª Turma, Agr. Int. no AREsp 1.021.159, Rel. Min. Ricardo Villas Bôas Cueva, julg. em 18.05.2017).

17. Em outro exemplo recente no âmbito do Superior Tribunal de Justiça, a averiguação da irreversibilidade em concreto do evento danoso exerceu papel importante. Foi no julgamento do REsp 1.662.322/RJ, no qual a 3ª Turma, afirmando que em caso de atraso na entrega de imóvel "as circunstâncias do caso concreto podem configurar lesão extrapatrimonial", reconheceu a ocorrência de dano extrapatrimonial diante de mora que obrigou os adquirentes a adiarem "casamento – com data já marcada, e não apenas idealizada –, o que redundou na necessidade de impressão de novos convites, de escolha de novo local para a cerimônia, bem como de alteração de diversos contratos de prestação de serviços inerentes à cerimônia e à celebração, ultrapassa o simples descumprimento contratual".STJ, 3ª T., REsp 1.662.322/RJ, Relª. Minª. Nancy Andrighi, julg. 10.10.2017.

Por último, a atitude de intencionalmente descumprir obrigação assumida, com dolo, em deliberada conduta de sentido oposto ao da boa-fé objetiva, parece preencher por si só o requisito da concretude característico da existência do dano extrapatrimonial. Casos em que o contratante se obriga a determinada prestação, induz a outra parte a confiar na palavra empenhada, no compromisso assumido, e age, voluntária e rigorosamente, no sentido contrário ao pactuado. Reconhece-se o interesse social no cumprimento dos negócios, em prol da segurança das relações sociais e jurídicas e em conexão com a função preventiva da responsabilidade civil.[18] Como exemplo da aplicação desse parâmetro pelo Superior Tribunal de Justiça, mencione-se o julgado do REsp 1.740.260/RS, que analisou a retenção indevida, por advogado, de quantias pertencentes ao cliente.[19]

Assim, conclui-se o ponto propondo-se a reflexão de que a reparabilidade dos danos extrapatrimoniais no campo dos contratos possa ser aferida por meio de tríplice fundamento: *natureza dos valores em jogo na contratação, irreversibilidade dos efeitos do evento danoso* e *conduta contrária à boa-fé*. De fato, não sendo correto supor-se que todo e qualquer descumprimento contratual deflagre o dever de reparar tais danos, somente o resultado da ponderação em concreto dos interesses contrapostos assegurará a tutela ressarcitória, e, nessa atividade, o intérprete-aplicador poderá tomar como parâmetros os três fatores ora retratados, na unidade da responsabilidade civil.

4. PRAZO PRESCRICIONAL DE REPARAÇÃO DE DANOS DECORRENTES DE INCUMPRIMENTO CONTRATUAL

A segunda questão diz respeito ao prazo prescricional aplicável à pretensão indenizatória, se um mesmo deve ser aplicado às responsabilidades contratual e aquiliana ou se há razão funcional, à luz do ordenamento, hábil a justificar tratamentos distintos à prescrição da pretensão a depender da existência de negócio jurídico pretérito entre ofensor e vítima[20].

No mesmo sentido, v.: TJSP, 36ª C. Dir. Priv., Rel. Des. Pedro Baccarat, Apelação nº 1020771-46.2017.8.26.0564, julg. 28.06.2018: "Ação indenizatória fundada em contrato de prestação de serviço sem festa de casamento. Defeito do serviço de "buffet" comprovado. Vício relacionado à interrupção injustificada no fornecimento de comida e bebida. Dano moral configurado. Indenização bem arbitrada em R$ 20.000,00. Recurso desprovido". No voto do relator se lê: "*O vício na prestação do serviço em situações irreversíveis, como se dá ordinariamente nas festas de casamento, incute no consumidor um sentimento de injustiça decorrente da frustração de não ver cumprido o que fora antes contratado, comprometendo a celebração*".

18. Pietro Perlingieri alerta sobre o atual debate acerca do papel da culpa, ou melhor, "do perfil subjetivo no sistema de responsabilidade civil. Elemento este não excluído por quem, identificando o fundamento da responsabilidade no princípio solidarístico, propugnou o deslocamento da atenção do autor do dano para a vítima e atribuiu ao ressarcimento o papel de remédio para o dano, não de sanção para a ilicitude. Na realidade, à solidariedade se adapta não apenas o conteúdo do direito do lesado ao ressarcimento do dano sofrido, mas também o dever de comportamento do agente". (PERLINGIERI, Pietro. *O direito civil na legalidade constitucional*. Trad.: Maria Cristina de Cicco. Rio de Janeiro: Forense, 2008, pp. 153-154).

19. Conforme se retira da ementa do acórdão: "A prática de ato ilícito por parte de advogado contra sua própria clientela, aproveitando-se da relação de confiança para causar prejuízos a quem lhe contratou na expectativa de ser representado com lealdade e boa-fé, importa em séria violação do ordenamento jurídico e dos deveres ético-sociais que regem o exercício da advocacia, a extrapolar o simples descumprimento contratual e impor o dever de reparação pelos danos materiais e morais causados". STJ, 3ª T., REsp 1.740.260/RS, Rel. Min. Ricardo Villas-Bôas Cueva, julg. 26.06.208. Também vale mencionar que o STJ já se posicionou no sentido de que "A rescisão imotivada do contrato, em especial quando efetivada por meio de conduta desleal e abusiva - violadora dos princípios da boa-fé objetiva, da função social do contrato e da responsabilidade pós-contratual - confere à parte prejudicada o direito à indenização por danos materiais e morais". (STJ, 3ª T., REsp 1.255.315/SP, Relª. Minª. Nancy Andrighi, julg. 13.09.2011).

20. "[P]ode-se dizer que estrutura e função respondem a duas perguntas que se põem em torno do fato. O 'como é?' evidencia a estrutura, o 'para que serve?' evidencia a função". (PERLINGIERI, Pietro. *Perfis do direito civil*: introdução do direito civil-constitucional. 3ª ed. Rio de Janeiro: Forense, 2007, p. 94). No mesmo sentido e a respeito da análise funcional do

UNIFICAÇÃO DA RESPONSABILIDADE CIVIL E SEUS PERFIS CONTEMPORÂNEOS **557**

Tomando como ponto de partida o dado legal, o modo pelo qual o direito positivo trata a matéria, o artigo 206, § 3º, inciso V, do Código Civil estabelece o prazo de três anos para a prescrição da "pretensão de reparação civil", sem apontar, portanto, qualquer distinção entre a reparação de danos contratuais ou extracontratuais.[21]

Desde a promulgação do Código Civil,[22] controverte-se acerca do alcance desse silêncio, vale dizer: seria indicativo de englobar ambas as espécies ou teria aplicação exclusiva à reparação de danos aquilianos? Depois de muitas oscilações,[23] o julgamento, pelo Superior Tribunal de Justiça, do EREsp nº 1.281.594/SP,[24] em maio de 2019, coroou posição favorável à tese dualista neste particular: circunscrevendo o triênio ao campo extracontratual e abrindo prazo de dez anos para pretensões de reparação contratual. A sustentar tal entendimento, recorreu a Corte Especial do STJ a dois argumentos principais: (i) a unidade lógica do Código Civil permitiria extrair que a expressão "reparação civil" empregada no art. 206, § 3º, V, refere-se unicamente à responsabilidade civil aquiliana; e (ii) o caráter secundário, assumido pelas perdas e danos advindas do inadimplemento contratual, impõe sigam a sorte do principal (prestação). Nessa linha de raciocínio, enquanto não prescrita a pretensão central alusiva à execução da obrigação contratual, sujeita ao prazo de 10 anos (caso não exista previsão de prazo diferenciado), não pode estar fulminado pela prescrição o provimento acessório relativo à responsabilidade civil atrelada ao descumprimento do pactuado.

---

direito, v. BOBBIO, Norberto. Em direção a uma teoria funcionalista do direito. In: *Da estrutura à função*. Trad.: Daniela Beccaccia Versiani. Barueri: Manole, 2007, pp. 53-79).

21. Essa análise, por óbvio, não se mostra suficiente, vez que apegada exclusivamente à questão estrutural e à literalidade do comando normativo posto. Conforme clássica lição de Pietro Perlingieri, a clareza da norma "não é um *prius* (o pressuposto), mas é um *posterius* (o resultado) da interpretação". PERLINGIERI, Pietro. *O direito civil na legalidade constitucional*. Trad.: Maria Cristina de Cicco. Rio de Janeiro: Forense, 2008, p. 616. e o texto legal apenas deflagra o processo interpretativo-aplicativo. Por essa razão, cumpre ir além e averiguar se o aparente tratamento unitário conferido pela lei se justifica em função dos valores do ordenamento.

Em sentido semelhante, embora com outros termos, Eros Grau compara o direito à música, na medida em que ambos reclamam um intérprete: "Entre a música e o Direito há, contudo, certa semelhança. Ambos são alográficos, isto é, reclamam um intérprete: o intérprete da partitura musical, de um lado; o intérprete do texto constitucional ou da lei, de outro". (GRAU, Eros Roberto. A música e o direito. In: *Jornal O Globo*, 13 de maio de 2014, p. 15).

22. O Código Civil anterior (1916) não trazia prazo especial para a prescrição da pretensão de reparação de dano, embora indicasse prazos próprios para a exigibilidade de específicas pretensões contratuais e extracontratuais nos parágrafos do artigo 178. Como regra subsidiária, estabelecia inicialmente, no artigo 177, o largo prazo de 30 anos para pretensões pessoais, que, com o advento da Lei nº 2.437 de 1955, foi reduzido para 20 anos. Como apontado por Renan Lotufo, a nova codificação reduziu significativamente os prazos prescricionais em comparação ao diploma anterior. (LOTUFO, Renan. *Código civil comentado*: parte geral (arts. 1º a 232). 2ª ed. São Paulo: Saraiva, 2004, p. 525).

23. Como exemplo da divergência jurisprudencial que existia a respeito da matéria, para acórdão favorável à tese dos três anos ver: STJ, 3ª T., Agr.Int. no AREsp nº 1.136.518/BA, Rel. Min. Moura Ribeiro, julg. 19.06.2018: "2. A regra do artigo 206, § 3º, V, do Código Civil regula o prazo prescricional relativo às ações de reparação de danos na responsabilidade civil contratual e extracontratual. 3. 'O termo reparação civil, constante do art. 206, § 3º, V, do CC/2002, deve ser interpretado de maneira ampla, alcançando tanto a responsabilidade contratual (arts. 389 a 405) como a extracontratual (arts. 927 a 954), ainda que decorrente de dano exclusivamente moral (art. 186, parte final), e o abuso de direito (art. 187). Assim, a prescrição das pretensões dessa natureza originadas sob a égide do novo paradigma do Código Civil de 2002 deve observar o prazo comum de três anos. Ficam ressalvadas as pretensões cujos prazos prescricionais estão estabelecidos em disposições legais especiais.' (REsp 1.281.594/SP, Rel. Ministro MARCO AURÉLIO BELLIZZE, Terceira Turma, j. 22/11/2016, DJe 28/11/2016)".

Já para acórdão favorável à tese dos dez anos, ver: STJ, 4ª T., Agr.Int. no AREsp 942.502, Relª. Minª. Maria Isabel Gallotti, julg. 16.10.2018: "2. 'Nas controvérsias relacionadas à responsabilidade contratual, aplica-se a regra geral (art. 205 CC/02) que prevê dez anos de prazo prescricional e, quando se tratar de responsabilidade extracontratual, aplica-se o disposto no art. 206, § 3º, V, do CC/02, com prazo de três anos' (ERESP 1.280.825/RJ, DJ 2.8.2018)".

24. STJ, Corte Especial, EREsp nº 1.281.594/SP, Rel. Min. Benedito Gonçalves, Rel. p/ acórdão Min. Felix Fischer, DJe 23.05.2019.

O primeiro argumento, com todo o respeito aos que o perfilam, parece não convencer, pois, como já dito, apega-se à literalidade das disposições legais e se, em regra, o Código Civil utiliza a expressão "reparação civil" para se referir à indenização por danos extracontratuais, nada impede que o termo seja usado para tratar de danos contratuais.[25] Na verdade, a interpretação literal favorece antes ao argumento oposto ao que se buscou sustentar no acórdão predominante, já que a previsão normativa não cunhou distinção alguma, rejeitando, em linha de princípio, racionalidade que separe os lapsos temporais entre as espécies. Ante à insuficiência do método literal, cabe perseverar na pesquisa.

O segundo argumento, por sua vez, propõe interpretação peculiar da responsabilidade contratual, na busca de justificar tratamento diverso. Apoiado em ilustre doutrina, o acórdão do Superior Tribunal de Justiça argumenta que a pretensão de ser ressarcido por perdas e danos contratuais, por conta do caráter acessório em relação à prestação contratada, não poderia prescrever em prazo inferior à pretensão de obter a obrigação principal. Desse modo, como o artigo 205 do Código Civil indica o prazo geral de dez anos para todas as hipóteses em que a lei não tenha fixado menor período, estabelecer prazo trienal para os prejuízos advindos do descumprimento obrigacional provocaria fratura no sistema.[26]

A premissa de que a responsabilidade contratual seria acessória à obrigação principal não sustenta a existência de soluções diferentes, já que a obrigação do devedor de cumprir a obrigação a que se comprometeu funda-se no negócio jurídico celebrado, ao passo que a obrigação indenizatória surgida após o inadimplemento – assim como a obrigação indenizatória extracontratual, diga-se – decorre dos eventuais danos sofridos pelo credor em razão do descumprimento.[27] Destarte, não consiste a indenização contratual em simples substitutivo da obrigação principal, decorrendo, na realidade, de fato autônomo em relação ao negócio jurídico preexistente, qual seja, a ocorrência de dano. Não se pode

---

25. O próprio Código aproxima-se de tal expediente, veja-se: "Art. 943. O direito de *exigir reparação* e a obrigação de prestá-la transmitem-se com a herança" (destaquei).

26. Em doutrina, Judith Martins-Costa defende este entendimento: "Enquanto não prescrita a pretensão principal (isto é, a referente à obrigação contratual) não pode prescrever a respectiva sanção (a obrigação pelas perdas e danos). (...) Assim, a pretensão à 'reparação civil' cujo prazo é de três anos, tal como aludido no inciso V do art. 206, deve ser referida exclusivamente à responsabilidade extracontratual, em que não há negócio jurídico preexistente. Em consequência, tem-se que às ações de responsabilidade pelo inadimplemento de negócio jurídico incide ou a regra geral do art, 205, ou outra regra especial para os casos especialmente destacados e referentes a concretas espécies contratuais". (MARTINS-COSTA, Judith. In: TEIXEIRA, Sálvio de Figueiredo (coord.). *Comentários ao novo Código Civil*, vol. 5, t. II. 2ª ed. Rio de Janeiro: Forense, 2009, pp. 160-162). No mesmo sentido, v. CRUZ, Gisela Sampaio da; LGOW, Carla Wainer Chalréo. Prescrição extintiva: questões controvertidas. In: TEPEDINO, Gustavo. *O Código Civil na perspectiva civil-constitucional*: parte geral. Rio de Janeiro: Renovar, 2013, p. 483.

Art. 205. A prescrição ocorre em dez anos, quando a lei não lhe haja fixado prazo menor.

27. Conforme discorre Savaux a respeito das lições de Planiol: "Planiol conteste l'opposition traditionelle entre la faute contractuelle, qui serait présumée, et la faute délictuelle, qui devrait être prouvée. En réalité, dans les deux cas, la faute crée une obligation: celle de réparer le dommage causé; dans les deuz cas, la faute suppose l'existence d'une obligation antérieure, et ele consiste em um fait qui est la violation de cette obligation. Planiol forge donc une notion générale de la faute qui englobe la violation des obligations légales et celle des obligations conventionnelles. Comme il considère par ailleurs que toutes les obligations découlent du contrat ou de la loi, qui en sont les sources primordieles, et que la contravention à ces obligations a pour effet de les transformer toutes en une nouvelle obligation de réparer le dommage causé par cette contravention". (SAVAUX, Eric. La fin de la responsabilité contractuelle?. In: *Revue Trimestrielle de Droit Civile*, n. 1, jan.-mar. 1999, p. 5). Tradução livre: "Planiol contesta a oposição tradicional entre a culpa contratual, que seria presumida, e a culpa delitual, que deveria ser provada. Em realidade, em ambos os casos, a culpa cria uma obrigação: a de reparar o dano causado; nos dois casos, a culpa supõe a existência de uma obrigação anterior, e a responsabilidade surge de um fato que é a violação dessa obrigação. Planiol cunha então uma noção geral de culpa que engloba a violação das obrigações legais e das convencionais. Como considera ainda que todas as obrigações decorrentes do contrato ou da lei, que são as fontes primárias [das obrigações], a contravenção a tais obrigações tem o efeito de as transformar em uma nova obrigação de reparar o dano causado por tais contravenções".

mesmo confundir a execução da prestação negociada com as funções compensatória e restitutória da responsabilidade civil.[28]

Dessas reflexões, parece adequado concluir não haver qualquer razão funcional a justificar a diferença de tratamento entre responsabilidade contratual e aquiliana no que toca a prazo prescricional. Demais disso, como se sabe, estabelecer distinções sem que haja justificativa para tanto acaba por violar o princípio da isonomia substancial, que tem sede na Constituição, não havendo por que privilegiar vítima contratante em detrimento das demais, que sofreram danos fora de relações negociais. Aliás, a consagração do prazo decenal mostra-se ainda mais grave quando se enfoca o ordenamento em perspectiva sistemática. É que a ordem jurídica confere ao consumidor proteção especial, em virtude de suas vulnerabilidades, informada diretamente pela Constituição – seja como garantia fundamental (CRFB, art. 5º, inciso XXXII)[29], seja como princípio da ordem econômica (CRFB, art. 170, inciso V)[30] – e o artigo 27 do Código de Defesa do Consumidor[31] estabelece prazo de cinco anos para a pretensão à reparação por danos causados por fato do produto ou do serviço: metade do tempo que o Código Civil conferiria ao contratante em relações paritárias, de acordo com o entendimento jurisprudencial ora predominante. Afigura-se nítida a inconsistência sistêmica que a tendência retratada acaba por acarretar, ao passo que a consagração de igual prazo trienal parece suficiente, diante dos novos estudos acerca do termo inicial do prazo prescricional e da distribuição dinâmica da carga probatória, para, ao mesmo tempo, garantir o direito de ação das vítimas de descumprimentos contratuais e evitar eventuais abusos no manejo da demanda.[32]

5. PROPOSIÇÕES CONCLUSIVAS

Em apertada síntese, pode-se concluir haver unidade nuclear na responsabilidade civil, atinente à função reparatória de danos, a justificar, em regra, identidade de regramento normativo entre as espécies contratual e extracontratual. Ainda que análises formais indiquem certa ruptura entre os regimes de responsabilidade, a se refletir, inclusive, na concepção da estrutura normativa do Código Civil, fato é que já se reconhece, há algum tempo e em relação a muitos temas, a necessidade de o civilista – assim como Bentinho, em Dom Casmurro, tentou fazer com as pontas de sua vida – atar as duas pontas da responsabilidade civil.[33]

---

28. Sobre as diferentes funções da responsabilidade civil, v. ROSENVALD, Nelson. *A funções da responsabilidade civil*: a reparação e a pena civil. 3ª ed. São Paulo: Saraiva, 2017; e ROSENVALD, Nelson. *A responsabilidade civil pelo ilícito lucrativo*. Salvador: JvsPodivm, 2019.

29. Art. 5º, XXXII – O Estado promoverá, na forma da lei, a defesa do consumidor.

30. Art. 170 da CRFB: A ordem econômica, fundada na valorização do trabalho humano e na livre iniciativa, tem por fim assegurar a todos existência digna, conforme os ditames da justiça social, observados os seguintes princípios: (...) V – defesa do consumidor.

31. Art. 27 do CDC: Prescreve em cinco anos a pretensão à reparação pelos danos causados por fato do produto ou do serviço prevista na Seção II deste Capítulo, iniciando-se a contagem do prazo a partir do conhecimento do dano e de sua autoria.

32. "Nada justifica a delonga. Impõe-se ao credor, como dispõe o art. 206, ajuizar, em três anos, a ação de danos. O prazo decenal, nesse caso, seria nocivo porque permitiria que o ajuizamento da ação, como se dava inúmeras vezes sob a égide do regime vintenário do código de 1916, ocorresse quando as provas já não mais estivessem preservadas. Nesse aspecto, o prazo trienal associado à contemporânea técnica processual de repartição dinâmica do ônus probatório mostram-se convergentes e harmônicos para a promoção do direito de ação". (TEPEDINO, Gustavo. Editorial. In: *Revista Trimestral de Direito Civil*, v. 37, Rio de Janeiro: Padma, 2009, p. III).

33. MACHADO DE ASSIS, Joaquim Maria. *Dom Casmurro*. São Paulo: Globo, 1997, p. 3: "O meu fim evidente era atar as duas pontas da vida, e restaurar na velhice a adolescência".

Mediante os exemplos estudados, buscou-se demonstrar que a aplicação de regimes distintos às responsabilidades contratual e extracontratual pautada exclusivamente em critério estrutural, sem justificativa funcional satisfatória, acaba por afrontar princípios e valores constitucionais.[34] Não se trata, por outro ângulo, da consagração de unidade absoluta entre os regimes, vez que a preexistência de negócio jurídico pode, e deve, repercutir em determinadas normas de responsabilidade[35]. Essa repercussão, no entanto, de caráter excepcional, deve justificar-se funcionalmente, repita-se, o que não acontece com os dois assuntos objeto deste estudo. Vale dizer: danos extrapatrimoniais merecem tutela compensatória em sede de incumprimento de contratos quando a síntese conclusiva da ponderação dos interesses contrapostos a recomendar, à luz dos três fundamentos propostos supra (item 3); assim como os prazos prescricionais de ressarcimento de danos se submetem a mesmo limite trienal, suficiente ao exercício de pretensões reparatórias de origem negocial ou aquiliana, em perspectiva crítica à orientação ora prevalente no âmbito do STJ.

6. REFERÊNCIAS

ALTERINI, Atilio Aníbal; LOPEZ CABANA, Roberto M. Responsabilidad contractual y extracontractual: de la diversidad a la unidad. In: ALTERINI, Atilio Aníbal; LOPEZ CABANA, Roberto M. *Derecho de daños.* Buenos Ayres: La Ley, 1992.

BARBOSA, Mafalda Miranda. Reflexões em torno da responsabilidade civil: teleologia e teleonomologia em debate. In: *Boletim da Faculdade de Direito da Universidade de Coimbra*, vol. 81, 2005.

BOBBIO, Norberto. Em direção a uma teoria funcionalista do direito. In: *Da estrutura à função*. Trad.: Daniela Beccaccia Versiani. Barueri: Manole, 2007.

CAHALI, Yussef Sahid. *Dano Moral*. São Paulo: Revista dos Tribunais, 1999.

CRUZ, Gisela Sampaio da; LGOW, Carla Wainer Chalréo. Prescrição extintiva: questões controvertidas. In: TEPEDINO, Gustavo. *O Código Civil na perspectiva civil-constitucional*: parte geral. Rio de Janeiro: Renovar, 2013.

DANTAS, San Tiago. *Programa de Direito Civil*, v. II. Rio de Janeiro: Rio, 1978.

DANTAS, San Tiago. *Programa de Direito Civil*, vol. I. 3ª ed. Atualizado por Gustavo Tepedino; Antonio Carlos de Sá; Carlos Edison do Rêgo Monteiro Filho; Renan Miguel Saad. Rio de Janeiro: Forense, 2001.

GRAU, Eros Roberto. A música e o direito. In: *Jornal O Globo*, 13 de maio de 2014.

LÓPEZ MESA, Marcelo J. La unificación de la Responsabilidad Civil en el Código Civil y Comercial: ¿Declamación o tentativa fallida?. In: *Revista Argentina de Derecho Civil*, n. 6, nov. 2019.

LOTUFO, Renan. *Código civil comentado*: parte geral (arts. 1º a 232). 2ª ed. São Paulo: Saraiva, 2004.

MACHADO DE ASSIS, Joaquim Maria. *Dom Casmurro*. São Paulo: Globo, 1997.

MARQUES, Cláudia Lima. 25 anos de código de defesa do consumidor e as sugestões traçadas pela revisão de 2015 das diretrizes da ONU de proteção dos consumidores para a atualização, Revista de Direito do Consumidor, v. 103, 2016.

---

34. Por esse motivo, importante que o operador do direito tenha sempre em mente a clássica lição de San Tiago Dantas: "não se vê necessidade de fazer diferenciação dogmática, quando esta diferenciação não corresponde a uma finalidade prática" (DANTAS, San Tiago. *Programa de Direito Civil*, v. II. Rio de Janeiro: Rio, 1978, pp. 93-94).

35. Nesse sentido, Atilio Alterini e Roberto Lopez Cabana, embora defensores da unificação dos regimes, observam que "ciertas diferencias entre las órbitas contractual y extracontractual de la responsabilidad no pueden ser eliminadas en cuanto conciernen a ontologías diversas". (ALTERINI, Atilio Aníbal; LOPEZ CABANA, Roberto M. Responsabilidad contractual y extracontractual: de la diversidad a la unidad. In: ALTERINI, Atilio Aníbal; LOPEZ CABANA, Roberto M. *Derecho de daños*. Buenos Ayres: La Ley, 1992, p. 42). Tradução livre: "certas diferenças entre as órbitas contratual e extracontratual da responsabilidade não podem ser eliminadas enquanto importarem em essências diversas".

MARTINS-COSTA, Judith. In: TEIXEIRA, Sálvio de Figueiredo (coord.). *Comentários ao novo Código Civil*, vol. 5, t. II. 2ª ed. Rio de Janeiro: Forense, 2009.

MONTEIRO FILHO, Carlos Edison do Rêgo. Limites ao princípio da reparação integral no direito brasileiro. In: *civilistica.com*, a. 7, n. 1, 2018.

MONTEIRO FILHO, Carlos Edison do Rêgo. *Responsabilidade contratual e extracontratual*: contrastes e convergências no direito civil brasileiro. Rio de Janeiro: Processo, 2016.

PERLINGIERI, Pietro. *O direito civil na legalidade constitucional*. Trad.: Maria Cristina de Cicco. Rio de Janeiro: Forense, 2008.

PERLINGIERI, Pietro. *Perfis do direito civil*: introdução do direito civil-constitucional. 3ª ed. Rio de Janeiro: Forense, 2007.

Proyecto de Código civil y comercial de la Nación. 1a ed. Buenos Aires: Infojus, 2012.

ROSENVALD, Nelson. *A funções da responsabilidade civil*: a reparação e a pena civil. 3ª ed. São Paulo: Saraiva, 2017.

ROSENVALD, Nelson. *A responsabilidade civil pelo ilícito lucrativo*. Salvador: JvsPodivm, 2019.

SANTOS JUNIOR. *Da responsabilidade civil de terceiro por lesão do direito de crédito*. Coimbra: Almedina, 2003.

SAVAUX, Eric. La fin de la responsabilité contractuelle?. In: *Revue Trimestrielle de Droit Civile*, n. 1, jan.-mar. 1999.

TEPEDINO, Gustavo. Editorial. In: *Revista Trimestral de Direito Civil*, v. 37, Rio de Janeiro: Padma, p. III, 2009.

O DIREITO AO ESQUECIMENTO NA EXPERIÊNCIA ITALIANA[1]

Maria Cristina De Cicco

Professora-Associada de Direito Privado na Universidade de Camerino. Doutora em Direito Civil pela Universidade de Camerino. Coordenadora para a sede de Camerino da Cátedra UNESCO "Direitos Humanos e violência: governo e governança". Coordenadora da Cátedra Italo-brasileira de Direito das Pessoas (UNICAM). Membro da Società Italiana degli Studiosi del Diritto Civile (SISDiC). Autora de publicações na área das Relações existenciais e patrimoniais.

Sumário: 1. "Ao Mestre com carinho". 2. Introdução. 3. Noção. 4. Segunda geração. 5. Terceira geração. 6. Legitimação. 7. Anotações conclusivas.

1. "AO MESTRE COM CARINHO"

Não poderia deixar de participar dessa homenagem ao Prof. Renan Lotufo, grande referência do Direito Civil brasileiro, verdadeiro Maestro de vida e de ciência, dotado de grande humanidade e generosidade em relação aos seus estudantes, que soube tornar independentes no pensar o direito e, assim, capazes de transpor para a própria profissão os seus ensinamentos, sem todavia renegar os próprios pensamentos. Estudioso sério, rigoroso e comprometido, atento aos aspectos axiológicos e deontológicos, pronto a captar as peculiaridades e anomalias do caso, inserindo-as no sistema em evolução e sempre orientado pela perspectiva da justiça substancial. Sensível aos valores da pessoa humana, não só de um ponto de vista teórico, mas, o mais importante, concretamente, foi pioneiro em São Paulo em adotar a metodologia do Direito Civil na Legalidade Constitucional – como pode-se notar em seus julgados – que valorizam a pessoa e, portanto, a sua dignidade, consciente do fato que a pessoa é ela mesma dignidade.

Apesar do tema que escolhi para essa homenagem, o prof. Renan jamais será esquecido, porquanto, com seus ensinamentos que nos acompanharão e às novas gerações, entrou para a História do Direito Civil brasileiro.

2. INTRODUÇÃO

Em relação ao direito ao esquecimento, muitas são as questões e as dúvidas, poucas são as certezas. O tema é muito amplo e complexo, mas procurarei apresentar a questão em extrema síntese[2].

---

1. Todas as citações entre aspas foram traduzidas por mim para melhor facilitar a leitura do texto. As sentenças citadas estão todas disponíveis online.
2. O presente trabalho retoma e desenvolve a parte de minha autoria do ensaio Antonio Carlos Morato e Maria Cristina De Cicco. *Direito ao esquecimento*: luzes e sombras. In: MAGALHÃES, Mariangela e SILVEIRA, Renato (Coord.). *Estudos em homenagem à professora Ivette Senise Ferreira* São Paulo: LiberArs, 2015, p. 77 ss., ao qual se remete para um aprofundamento.

Como toda novidade, a (re)descoberta do direito ao esquecimento está levando a uma generalização preocupante posto que, em nome do princípio da dignidade da pessoa humana, está caminhando para um abuso e para uma banalização em nome da dignidade humana, levando por conseguinte à corrosão da força e do conteúdo de um princípio tão fundamental à democracia.

Nessa ótica, uma importante certeza alcançada diz respeito à noção de direito ao esquecimento, que não é unívoca. Direito ao esquecimento é uma fórmula com valor semântico plúrimo, ainda que nem tudo possa ser enquadrado no seu conteúdo, como tem acontecido no Brasil e, em menor medida, na Itália. A doutrina tem identificado pelo menos três acepções que devem permanecer distintas, sendo que a cada uma delas corresponde um bem jurídico a ser tutelado. Essas acepções correspondem, na realidade, a três gerações do direito ao esquecimento.

Outras certezas dizem respeito à importância do fator tempo para a caracterização desse direito[3]; à relevância da natureza de pessoa pública ou privada do sujeito interessado[4]; ao fato de o direito ao esquecimento dever ser sempre analisado e aplicado em concreto, jamais em abstrato[5].

Uma dúvida se refere à qualificação do direito ao esquecimento como um direito autônomo da personalidade, ou não. No meu entender, é um direito instrumental à concretização de outros direitos, como o direito à identidade pessoal, à reputação, à privacidade (riservatezza), à proteção dos dados pessoais[6]. Sem contar outras questões constitucionalmente relevantes como, por exemplo, as ligadas à função social da pena e ao direito da pessoa que já pagou sua dívida para com a sociedade a refazer a própria vida, sem que os eventos do passado continuem a condicionar a sua existência[7].

---

3. Apesar da importância desse requisito, como se demonstrará a seguir, não é a antiguidade do fato que legitima a evocação do direito ao esquecimento, mas sim, o dano potencial que a reposição da experiência de uma pessoa pode causar à verdade da própria imagem no momento histórico atual. Assim, Cass. Civ., Sez. III, 5 aprile 2012, 5525, disponível online

4. Entre muitas, v., recentemente, TEDH, 28 de junho de 2018, c. M.L.e W.W. vs Germania, rec. 60798/10 e 65599/10, que enunciou o seguinte princípio: "Não se contrapõe ao direito à proteção da vida privada, reconhecido pelo art. 8 da CEDH, a recusa por parte das autoridades nacionais de exigir que três jornais tornem anonimas algumas reportagens publicadas e arquivadas online, se o seu conteúdo for de interesse público e desde que os meios de comunicação tenham agido de acordo com a sua ética profissional. Nestes casos, operando uma ponderação dos interesses, o direito à liberdade de expressão, contido no art. 10 da CEDH e o da formação e conservação da memória coletiva, devem prevalecer sobre o 'desejo de ser dos recorrentes".

5. V., por todas, *Corte di Cassazione* (de agora em diante Cass.), sez. un. civ., 22 de julho de 2019, n. 19681, que enunciou o seguinte princípio de direito: "Sobre o tema das relações entre o direito à privacidade (em sua particular conotação do chamado direito a ser esquecido) e o direito à reevocação histórica de fatos e eventos passados, o juiz de mérito – sem prejuízo da liberdade de escolha editorial em relação a essa reevocação, que é uma expressão da liberdade de imprensa e informação protegida e garantida pelo art. 21 da Constituição é "tarefa do juiz avaliar o interesse público, concreto e atual à menção dos elementos identificativos das pessoas que foram protagonistas daqueles fatos ou vicissitudes Esta menção deve ser considerada lícita apenas na hipótese em que se refira a personagens que no momento presente atraem o interesse da coletividade, tanto por motivo de notoriedade como pelo papel público que reveste; caso contrário, o direito dos interessados – à privacidade prevalece sobre eventos do passado que firam sua dignidade e honra e cuja memória coletiva já se extinguiu (no caso concreto, um assassinato ocorrido vinte e sete anos antes, cujo responsável havia cumprido a pena de prisão relativa, reintegrando-se depois positivamente no contexto social)". Do mesmo entender mostram-se Tribunal Europeu dos Direitos do Homem, acima citado; Tribunal de Justiça UE, C-507/17 de 24 de setembro de 2019 (TJEU, processo C-507/17).

6. Nesse sentido também Cass., civ., ord. 19 de maio de 2020, n. 9147, disponível online. Cf. G.B. Ferri. *Diritto all'informazione e diritto all'oblio*, em *Rivista di diritto civile*, I, 1990, p. 808, para quem "o direito de ser esquecido pertence às razões e às "regiões" do direito à privacidade". Sobre a relação entre direito ao esquecimento e direito à privacidade, v. Giuseppe Cassano. *Il diritto all'oblio esiste: è il diritto alla riservatezza. Diritto di famiglia*, 1998, p. 90.

7. Hipótese objeto da decisão da Cass. sez un. 19681 del 2019, acima citada. Cf., todavia, a Recomendação Rec (2003) 13, do Comitê dos Ministros do Conselho da Europa, *Princípios relativos às informações fornecidas mediante os meios de*

Um fator comum às três gerações é o fato de o direito ao esquecimento dever ser analisado também em relação à memória e à verdade e não ser orientado a cancelar o passado ou a proteger a impunidade[8].

Muitos dos temas debatidos e das soluções encontradas na perspectiva da primeira geração podem e devem servir de parâmetros para orientar os operadores do direito na busca de soluções para as questões postas pelo direito ao esquecimento, digamos, de última geração.

3. NOÇÃO

Mas em que consiste o direito ao esquecimento?

Na acepção tradicional, anterior a Internet, o bem jurídico tutelado é a identidade pessoal, a reputação, a privacidade. É a primeira geração desse direito e, a meu ver, somente sob esse aspecto pode-se falar, verdadeiramente, de direito ao esquecimento.

Nessa perspectiva, o direito ao esquecimento corresponde ao "justo interesse de cada pessoa a não ficar indefinidamente exposta aos danos ulteriores que a publicação reiterada de notícias legitimamente divulgadas no passado causa à sua honra e reputação"[9].

A *ratio* do direito ao esquecimento da primeira geração, encontra-se no direito à privacidade (*riservatezza*) e no direito à identidade pessoal[10], colocando-se quase sempre em contraposição ao direito de informar e ser informado, especificações da liberdade de expressão e de imprensa[11]. Aqui o «tempo» reveste um papel importante seja quando se trata de fatos de crônica, seja de eventos em relação aos quais já tenha transcorrido um período significativo e falte uma contextualização no tempo[12].

O direito ao esquecimento configura um direito fundamental da pessoa, motivo pelo qual doutrina e jurisprudência italianas há tempos individualizaram critérios voltados à

---

comunicação em relação aos processos penais, 10 de julho de 2013, segundo a qual informar o público é um direito-dever dos meios de comunicação e que as reportagens relativas a processos penais cumprem também a importante tarefa de tornar visível a todos a função dissuasiva do direito penal e de sensibilizar o público para o funcionamento do sistema de justiça penal.

8. Cf. as interessantes reflexões de Paul Ricoeur. *La memoria, la storia, l'oblio*, trad. italiana di Daniela Iannotta. Bari: Laterza, 2003, para quem é da responsabilidade do cidadão guardar um justo equilíbrio entre os dois excessos representados pelo abuso da memória e pelo abuso do esquecimento.

9. Cass., III Sez. civ., 9 de abril de 1998, n. 3679, disponível online.

10. De acordo com a posição adotada pela *Corte di Cassazione* italiana, a identidade pessoal é representada também pelo patrimônio cultural do sujeito: Cass., 22 de junho de 1985, n. 3769, in *Il Foro italiano*, 1985, I, c. 2211. Para a Suprema Corte "Ciascun soggetto ha interesse, ritenuto generalmente meritevole di tutela giuridica, di essere rappresentato, nella vita di relazione, con la sua vera identità, così come questa nella realtà sociale, generale e particolare, è conosciuta o poteva essere conosciuta con l'applicazione dei criteri della normale diligenza e della buona fede soggettiva; ha, cioè, interesse a non vedersi all'esterno alterato, travisato, offuscato, contestato il proprio patrimonio intellettuale, politico, sociale, religioso, ideologico, professionale ecc. quale si era estrinsecato od appariva, in base a circostanze concrete ed univoche, destinato ad estrinsecarsi nell'ambiente sociale". V., no mesmo sentido, Trib. Roma 27 marzo 1984 (caso Pannella).

11. V., sobre esse ponto, Cass., 20 de março de 2018, n. 6919, que especifica os parâmetros a serem seguidos na ponderação entre direito de crônica, de sátira e direito ao esquecimento e que dizem respeito (i) à contribuição da notícia para um debate de interesse público; (ii) às razões de justiça, polícia, proteção dos direitos e liberdades alheias, ou científicas, educacionais ou culturais; (iii) à condição de figura pública da pessoa representada, em razão da particularidade que ocupa na vida pública e, em especial, na realidade econômica ou política do país; (iv) à veracidade, atualidade e continência da notícia, que deve ser veiculada de forma a não ultrapassar a finalidade informativa, no interesse do público e livre de insinuações ou considerações pessoais, de forma a evidenciar um interesse objetivo exclusivo na nova divulgação; (v) à concessão do direito de resposta antes da divulgação da notícia.

12. É obrigatória a referência a Cass. 09 de abril de 1998 n. 3679, cit., como a primeira afirmação explícita sobre a importância do fator tempo na caracterização do direito ao esquecimento.

valoração do equilíbrio e da ponderação de liberdades, por alguns aspectos antagonistas, mas todas reconduzíveis a valores constitucionalmente tutelados[13] e finalizadas ao pleno desenvolvimento da pessoa humana tanto na dimensão social no aspecto concernente à liberdade de expressão do pensamento, quanto do indivíduo em relação à proteção de sua vida privada.

As hipóteses são variadas e não permitem uma abordagem e nem soluções generalizadas. Como critérios comuns a todos os casos, são indicados principalmente a existência e a permanência de um interesse público[14] à veiculação da notícia conjugado com a atualidade[15]. Garantir o esquecimento, todavia, não significa esquecer os fatos em si, mas dar a possibilidade, mediante a não reproposição dos fatos do tempo passado, à pessoa tutelada pelo direito em objeto de exercer a sua autodeterminação por meio da natural mudança de ideia, da sensibilidade, do costume e dos modos de vida. Busca-se garantir, em outras palavras, o direito à própria verdade.

É importante ter sempre presente, de fato, que a identidade pessoal é representada também pelo patrimônio cultural do sujeito e que a reputação não deve ser identificada e nem confundida com a consideração que cada um tem de si mesmo e do próprio valor, mas reconduzida à consideração social da honra da pessoa[16].

4. SEGUNDA GERAÇÃO

A segunda geração surge com Internet, em razão da mudança nas modalidades de difusão da informação. O bem jurídico tutelado é a identidade pessoal e o direito ao esquecimento pode ser reconduzido à contextualização da notícia. O direito ao esquecimento aqui é visto em sentido amplo, já que não se trata de republicação de uma notícia veiculada, originalmente, de forma legítima. Na internet, como se sabe, a informação permanece no tempo, portanto, o fator "tempo" nesse caso não releva em relação à duração ou à distância entre um evento e a sua (re)veiculação, mas sim, em relação à sua permanência.

Justamente essa característica de «permanência» da notícia faz com que a republicação não seja necessária, impondo-se ao contrário, a sua atualização (quando necessário) e a sua contextualização. Na Itália, essa segunda acepção ganhou notoriedade com a sentença da Corte di Cassazione de 2012[17] que reconheceu o direito de uma pessoa pretender a contextualização e a atualização das notícias que lhe dizem respeito e que podem ser encontradas em Internet, isto é, a conexão da notícia a outras informações

---

13. Diversas são as decisões sobre o tema. V., por todas, além da recente Cass. n. 6919 de 2018, cit.; Cass., 18 de outubro de 1984, n. 5259. *Giurisprudenza italiana*, 1985, c. 762; Cass., 9 de abril de 1998, n. 3679, cit.: «Tendo em vista que o direito ao esquecimento significa o legítimo interesse de cada pessoa em não ficar indefinidamente exposta aos danos ulteriores que a reiterada publicação de notícias, legitimamente divulgadas no passado, a publicação de fatos já divulgados seis anos antes não constitui exercício legítimo do direito de crônica, a menos que fatos sovrevindos tornem esses fatos novamente atuais, dando origem a um novo interesse público na divulgação da informação». Na jurisprudência de mérito, Trib. Roma, 15 de maio de 1995. *Il diritto delle informazioni e dell'informatica*, 1996, p. 427 ss.
14. Cf. o Considerando 50, Regulamento (UE) 2016/679.
15. Cass. n. 3679 de 1998, cit.; Cass. 5 de abril de 2012, n. 5525, disponível online. O parâmetro da atualidade, conjugado com a utilidade social da notícia permite a intromissão legítima na vida privada de outrem em nome do interesse superior do público pela informação. Utilidade social que além de ser um fator de legitimação para a divulgação inicial da notícia, apresenta-se também como um elemento persistente ao longo do tempo que visa excluir a ilegitimidade de republicações subsequentes. Sobre esse ponto v., entre tantas, Cass. n. 6919 de 2018.
16. Cass. Pen., Sez. V, n. 31009, de 29 maio-17 setembro 2002. *Foro Italiano*, 2002, II, p. 2145.
17. Cass., n. 55255 de 2012, cit., onde se lê, na motivação, que o princípio da finalidade integra um verdadeiro limite intrínseco do tratamento lícito dos dados pessoais.

sucessivamente publicadas concernentes a evolução da vicissitude. Vale dizer, se a conservação da notícia nos arquivos dos quotidianos online é sem dúvida admissível, para que se dê um correto tratamento dos dados pessoais é necessário que a informação e os dados sejam devidamente integrados e atualizados, de modo que a notícia não resulte isolada e não contextualizada em relação ao desenvolvimento sucessivo e portanto, substancialmente não verdadeira.

Um aspecto importante, a Suprema Corte individualizou no titular do site e não no motor de busca o legitimado a prover a quanto decidido. No mesmo sentido manifestou-se o Advogado Geral do Tribunal de Justiça da União Europeia, no caso Google Spain, para quem o motor de busca não é obrigado a respeitar o direito ao esquecimento e a cancelar os dados pessoais publicados por outros sites[18]. Todavia, como amplamente divulgado, o Tribunal de Justiça[19] optou pela solução contrária, entendendo que os motores de busca (no caso específico, Google) são os titulares do tratamento dos dados pessoais e que, portanto, o interessado tem o direito de solicitar a remoção da indexação diretamente ao motor de busca, sem que necessariamente deva também fazê-lo ao administrador do site que publicou a informação. O motor de busca poderá e deverá, se for o caso, somente cancelar a conexão (link) aos dados que se encontram no site que publicou a noticia. É o chamado *right not to find*[20].

5. TERCEIRA GERAÇÃO

Essa é a terceira geração, que surge e se desenvolve a partir da referida sentença do Tribunal de Justiça da União Europeia que, aplicando a Diretiva 95/46 do Parlamento Europeu e da Comissão sobre proteção de dados pessoais, afirmou a possibilidade para os cidadãos europeus de solicitar aos motores de busca, a remoção de determinados conteúdos quando entenderem que são imprecisos, inadequados, irrelevantes ou excessivos em relação à finalidade para a qual foram coletados[21]. Um direito de cancelar os dados. Nesse caso, o bem jurídico tutelado é o direito à identidade, aos dados pessoais. O direito de cancelar seria instrumental ao direito à proteção dos dados pessoais[22]. Nessa ótica, acredito que a expressão «direito ao esquecimento» utilizada pelos juízes europeus, mas também pelo legislador[23], não seja apropriada já que o direito ao esquecimento, o verdadeiro direito ao esquecimento, repita-se, não é orientado a cancelar o passado, mas a proteger o presente. Pode-se falar, no máximo, de direito à desindexação que é algo bem diverso do esquecimento.

---

18. Conclusões do Advogado Geral Jääskinen em 25 de junho de 2013, no caso Google Spain SL, Google Inc. vs Agencia Española de Protección de Datos, Mario Costeja González (causa C–131/12), in http://curia.europa.eu/jcms/upload/docs/application/pdf/2013-06/cp130077it.pdf.
19. Tribunal de Justiça UE, Causa C-131/12, Google Spain SL, Google Inc./Agencia Española de Protección de Datos, 13 de maio de 2014.
    Disponível em: http://eur-lex.europa.eu/legal-content/IT/TXT/?qid=1443490574418&uri=CELEX:62012CJ0131.
20. Cf. Jeffrey Rosen. The Right to be Forgotten. *Stanford Law Review online*, fevereiro 2012, http://www.stanfordlawreview.org/online/privacy-paradox/right-to-be-forgotten.
21. Pontos 72 e 93 da sentença.
22. Cabe aqui lembrar que o direito à proteção dos dados pessoais não é um direito absoluto, mas deve ser considerado em relação à sua função social e deve ser balanceado com outros direitos fundamentais, de acordo com o princípio da proporcionalidade (Regulamento (UE) 2016/679, Regulamento Geral sobre Proteção dos Dados Pessoais – GDPR –, Considerando 4).
23. Após a decisão Google Spain, a referência ao direito ao esquecimento tornou-se expressa com o Reg. 2016/679 (art. 17).

Na terceira geração, o fator tempo destinado a ter relevância não mais se refere ao período entre a publicação das informações e sua republicação senão ao da permanência da notícia no espaço virtual da Internet, porquanto na relação entre a memória social e o direito do indivíduo, este último está destinado a perder seu caráter exclusivo originário e adquirir caráter coletivo, dado seu reconhecimento à generalidade dos usuários da rede[24].

Na realidade, ao afirmar que o direito ao esquecimento não é absoluto, mas deve ser sempre ponderado com outros direitos fundamentais, como o direito à informação, a liberdade de expressão e de imprensa, a sentença do Tribunal de Justiça de 2014 deixou claro esse ponto, reafirmando assim uma posição já assumida pela *Autorità Garante per la protezione dei dati personali italiana*, em 2004[25]. O Garante afirmou a necessidade, para fins de ponderação dos interesses em conflito, de se levar em consideração a diferença, típica de internet, entre a busca específica e a busca genérica. Para salvaguardar a identidade da pessoa, a proteção de seus dados pessoais, seria suficiente desindexar a informação que se afirma ser lesiva da própria identidade. Isso significa que essa informação não seria disponível a partir de uma busca genérica, pelo nome da pessoa no motor de busca, mas somente a partir de uma busca específica no site que a divulgou originalmente, de acordo com os critérios já indicados.

O Tribunal de Justiça, de toda sorte, fez questão de colocar em evidência, que o chamado direito ao esquecimento não pode encontrar aplicação quando a conservação dos dados, da notícia, dos fatos, se imponha por motivos históricos, estatísticos ou científicos[26]. Ressalva confirmada pelo Regulamento EU 2016/679 e pela jurisprudência precedente e sussequente ao caso *Google Spain*.

Sempre na terceira geração, outro aspecto interessante diz respeito aos *Snippets*, ou seja, a síntese automática gerada pelo Google que acompanha os resultados da busca. Eles podem ou devem ser retificados ou cancelados? Na Itália, uma decisão da Autoridade Garante[27] acolheu o pedido do recorrente, em alternativa à desindexação, que fosse cancelado ou modificado o snippett que aparecia sob o link ao artigo que lhe dizia respeito, dado que, na sua opinião, associava o seu nome a crimes mais graves do que aqueles pelos quais estava sendo investigado. Nesse caso o pedido foi também acolhido autonomamente por Google que eliminou o resumo gerado pelo próprio algoritmo argumentando que, de fato, o resumo proposto poderia ser enganoso por não estar de acordo com a narrativa dos fatos relatados no artigo.

6. LEGITIMAÇÃO

Uma questão pouco debatida é a legitimação a pleitear o direito ao esquecimento. Quem é o sujeito legitimado a pleiteá-lo e em relação a quem?

Na primeira acepção, para a doutrina que se ocupou do problema seria somente o sujeito protagonista, que poderia ser prejudicado pela reproposição do fato. A argumentação utilizada é a reputação do sujeito que foi legitimamente lesada quando da (re)divulgação

---

24. Cass civ., ord. n. 9147 de 2020, cit., que evoca o GDPR.
25. *Autorità Garante per la privacy*, 10 de novembro de 2004, n. 1116068. Disponível em: www.garanteprivacy.it.
26. Ponto 92 da sentença.
27. Garante per la privacy, provv. n. 618, de 18 de dezembro de 2014. *Newsletter* n. 400, de 31 de março de 2015. Disponível em: http://www.garanteprivacy.it/web/guest/home/docweb/-/docweb-display/docweb/3736353.

da notícia, em razão do correto exercício do direito de crônica e, em menor medida, tratando-se de casos judiciários, da função educativa da pena.

O bem jurídico tutelado seria, portanto, o direito à reputação. E nesse sentido, ficariam impedidos de pleitear o direito ao esquecimento os terceiros envolvidos, inclusive a vítima. Não concordo com essa posição porque o direito ao esquecimento não surge somente para proteger a reputação do sujeito mas também e diria principalmente para tutelar o direito à identidade pessoal, aqui visto em sentido mais amplo. A vítima, por exemplo, pode não mais querer ser lembrada em relação àquele fato, circunstância que poderia comprometer o seu equilíbrio psico-físico. Basta pensar a uma vítima de estupro. Com efeito, entende-se, como também evidenciado na Recomendação Rec (2003) 13[28], que, de toda sorte, devem ser previstas garantias específicas a favor dos chamados sujeitos vulneráveis, como menores que podem estar envolvidos em processos criminais, vítimas ou testemunhas de atos criminosos ou os mesmos familiares de pessoas sob investigação ou condenadas. A jurisprudência em alguns casos tem negado esse direito aos familiares da vítima falecida, mas em outros, tem reconhecido a favor de terceiros[29].

Na segunda e na terceira gerações, o problema diz respeito à legitimação a cancelar os dados. Nesse sentido, em extrema síntese, o direito ao esquecimento e o direito de crônica como tutela da identidade pessoal/digital da pessoa se aplicam ao jornal online ou ao motor de busca. No primeiro caso, conforme especificado pela Corte di Cassazione italiana de 2012, em princípio, sem direito ao cancelamento, mas tão somente com direito à integração da notícia. No segundo caso, a tutela da identidade pessoal ou digital da pessoa não inclui o cancelamento do conteúdo do WEB, nem do site de origem. Nessa hipótese, a sentença do Tribunal de Justiça UE deixou claro que a eliminação da indexação deve se realizar exclusivamente em relação ao dado pessoal do interessado e não a outras palavras-chave que levem ao mesmo resultado.

Como dissemos anteriormente, o direito ao esquecimento não é absoluto. Em razão disso, tal direito não se aplica se, pela atualidade da notícia , ou por razões especiais, como o papel exercido pela pessoa interessada na vida pública, resulta que a ingerência nos seus direitos fundamentais seja justificada pelo interesse preponderante do público a ter acesso à informação em objeto[30]. Posição confirmada pelo Tribunal de Justica UE[31] e pelo Garante per la privacy italiano.

Em qualquer das três acepções, não é possível, portanto, desconsiderar o enquadramento da pessoa[32], cuja privacidade deve ser tutelada, como privada, pública ou, segundo

---

28. Recomendação Rec (2003) 13 do Comitê dos Ministros do Conselho da Europa, *Princípios relativos às informações fornecidas mediante os meios de comunicação em relação aos processos penais*, 10 de julho de 2013, Anexo, Princípio 8.

29. *Autorità Garante*, 7 de julho de 2005. Disponível em: http://www.garanteprivacy.it/web/guest/home/docweb/-/docweb--display/docweb/1148642.

30. Assim também, TEDH, 28 de junho de 2018, c. M.L.e W.W. vs Germania, cit.; TEDH n. 17233/2017, Fuchsmann v. Germany, 19 de outubro de 2017. O Tribunal europeu, no caso de espécie, tutela o direito de imprensa de forma mais forte do que o direito ao esquecimento e o direito à reputação, indicando como diretriz a ser seguida nas decisões de casos futuros a impossibilidade de censurar notícias que criam um debate de interesse público, não sendo possível, por conseguinte, obter a sua remoção dos arquivos online dos jornais, por se tratar de importantes fontes de pesquisa de valor histórico.

31. Tribunal de Justiça UE, caso *Google Spain*, cit., punto 97 da sentença.

32. O TJUE supracitado reconheceu como única exceção à prevalência do direito ao esquecimento, a hipótese em que resulte, por motivos particulares – como por exemplo o papel desempenhado por esta pessoa na vida pública - que "a ingerência nos seus direitos fundamentais justifique-se pelo interesse primordial do referido público em ter acesso, em virtude da referida inclusão, à informação em causa".

MARIA CRISTINA DE CICCO

uma recente orientação do Tribunal Europeu dos Direitos do Homem[33], como um *tertium genus*, ou seja quando um cidadão privado entra na esfera pública em razão da sua relação com um sujeito público. Neste ultimo caso seria consentida uma limitação da privacidade do cidadão privado somente em relação aos aspectos da sua vida privada idoneos a incidir na posição do sujeito público. Nessa perspectiva, a legitimidade da difusão de dados pesssoais relativos a esses sujeitos deveria ser avaliada principalmente com base na proporcionalidade e na funcionalidade da informação em relação à finalidade perseguida pelo jornalista. Finalidade que consiste em representar fatos de interesse geral de forma verdadeira e completa e que não seja funcional a satisfazer a curiosidade do público. A mera curiosidade não é um bem jurídico tutelado, assim como, nas palavras do Advogado Geral, "uma preferência subjetiva não constitui um motivo preeminente e legítimo nos termos do direito de oposição ao tratamento dos dados pessoais (art. 14, letra A, Diretiva 95/46)".

7. ANOTAÇÕES CONCLUSIVAS

A sentença no caso Google, aclamada por grande parte dos comentadores como o reconhecimento definitivo do direito ao esquecimento, resolveu o problema? Responderia negativamente em razão do chamado efeito Streisand[34], que como se sabe, acontece quando uma tentativa de censura obtém o resultado oposto, produzindo uma ampla difusão dos termos a serem censurados em Internet. Para se ter uma ideia, existem ainda mais de trinta mil resultados que citam o caso espanhol, narrando os fatos que deram origem à causa. Direito a ser esquecido? Provavelmente o sr. Mario Costeja González nunca foi objeto de tanta publicidade como agora[35], sem levar em conta que a busca a partir do domínio *Google.com* não foi afetada pela sentença do Tribunal da União Europeia.

A resposta negativa se impõe também porque como a Corte di Giustizia Europea afirmou expressamente por direito ao esquecimento entende-se não o cancelamento dos dados por parte do Editor do jornal online, mas somente a dexindexação desses dados por parte dos motores de busca, quando eles forem publicados na Internet. A informação, portanto, continuará online. Contudo, se não mais poderá ser encontrada a partir do nome e sobrenome do interessado, poderá ser encontrada, de toda sorte, usando outras chaves de pesquisa!

Trata-se de uma questão de efetividade do direito, que nessa hipótese específica encontra grandes dificuldades de concretização.

---

33. Sentença de 6 de abril de 2010, caso *Tuomela ed altri c. Finlandia* (25711/04).
34. É interessante notar que, na Itália, a doutrina e a jurisprudência não têm se ocupado especificamente do efeito Streisand e se pensarmos bem, trata-se de uma consequência a ser avaliada pelo interessado.
35. Em menor medida, o mesmo problema afetou recentemente Vittorio Emanuele de Savoia. Em extrema síntese, o Savoia viu-se envolvido, e depois absolvido, em 1978, em um complexo caso ocorrido na França, que causou a morte um jovem de 19 anos. Quase 30 anos depois, o fato foi relembrado por um jornalista por ocasião da participação do Savoia a um evento público. Ele, sentindo-se difamado pela notícia, entrou em juízo contra o diretor do jornal por não ter controlado o conteúdo da publicação e contra o jornalista, por difamação. Vencedor na primeira instância, a decisão foi revertida em segunda instância e mantida pela Corte de Cassação que após análise aprofundada do caso e reafirmando o equilíbrio imprescindível em uma sociedade democraticamente avançada entre o exercício do direito de crônica e a proteção da identidade pessoal das pessoas envolvidas, negou o reconhecimento do direito de ser esquecido no caso específico, afirmando o seguinte princípio de direito: «O direito de ser esquecido sobre os acontecimentos pessoais, que pertence a cada pessoa, deve ser comparado com o direito da coletividade a ser informada e atualizada sobre os fatos dos quais depende a formação de suas convicções, mesmo quando derem descrédito ao titular desse direito, de modo que o Savoia não pode reclamar da exumação de um fato certamente idôneo para a formação da opinião pública» (Cass., Sez. pen. V, 03/08/2017, n. 38747).

Em relação à questão da extensão da territorialidade da decisão que impõe a desindexação da notícia, deve-se citar a posição assumida pela França que pretendia obrigar Google a estender o chamado direito ao esquecimento (diria direito à desindexação) a todos os seus domínios. Uma posição realmente preocupante, que coloca fortemente em risco a neutralidade e a finalidade de internet, como não deixou de notar o Tribunal de Justiça da UE[36] que interviu na questão reconhecendo que se bem o objetivo final do quadro regulamentar europeu nesta matéria seja garantir um elevado nível de proteção dos dados pessoais em toda a União, todavia este último "não é uma prerrogativa absoluta, mas deve ser considerada à luz da sua função social e deve ser conciliada com os demais direitos fundamentais, respeitando o princípio da proporcionalidade "[37].

Investido na questão[38] de saber se o direito ao esquecimento também se poderia estender para além das fronteiras nacionais ou europeias, obrigando o motor de busca a desindexar determinados conteúdos de forma global, o Tribunal de Justiça, na controvertida sentença, respondeu negativamente, esclarecendo que ele deve apenas criar medidas que dissuasam as pessoas a não violar os dados pessoais de terceiros, não tendo a obrigação de remover os links para outros sites que não estejam sob a jurisdição do TJUE[39].

Do texto, que sinteticamente abordou as questões mais importantes relativas a esse novo direito da pessoa, emerge com evidência que direito ao esquecimento de terceira geração e *privacy* não combinam com internet. Esse, todavia, é um outro problema que concerne ao respeito dos dois binômios que caracterizam uma sociedade democrática – deveres/direitos e liberdade/responsabilidade[40] – e que exige para sua solução maior consciência por parte dos usuários da Rede que deveriam ser os primeiros a tutelar a própria privacidade e a própria dignidade.

---

36. Tribunal de Justiça (Grande Seção) de 24 de setembro de 2019 (pedido de decisão prejudicial apresentado pelo Conseil d'État – França) – Google LLC, sucessora da Google Inc./Commission nationale de l'informatique et des libertés (CNIL). C-507/17 de 24 de setembro de 2019, processo C-507/17.

37. Ponto 60 da sentença.

38. As questões examinadas pelo Tribunal foram levantadas em um processo judicial entre a Google LLC e a *Commission nationale de l'informatique et des libertés* CNIL, após esta última ter imposto uma multa à Google LLC por não cumprir integralmente a ordem de cancelamento de todos extensões de nomes de domínio do motor de pesquisa. O Conselho de Estado francês propôs três questões prejudiciais para esclarecer se "quando o operador de um motor de pesquisa aceita um pedido de desindexação, é obrigado a realizar a desindexação em todas as versões do seu motor de pesquisa" ou "apenas no que corresponde ao Estado-Membro de residência do beneficiário da desindexação" no caso concreto, Google.fr), ou "em todos os países membros (Google.it, Google.de, Google.eu etc.)".

39. Dispositivo da sentença (tradução oficial): "O artigo 12.o, alínea b), e o artigo 14.o, primeiro parágrafo, alínea a), da Diretiva 95/46/CE do Parlamento Europeu e do Conselho, de 24 de outubro de 1995, relativa à proteção das pessoas singulares no que diz respeito ao tratamento de dados pessoais e à livre circulação desses dados, bem como o artigo 17.o, n.o 1, do Regulamento (UE) 2016/679 do Parlamento Europeu e do Conselho, de 27 de abril de 2016, relativo à proteção das pessoas singulares no que diz respeito ao tratamento de dados pessoais e à livre circulação desses dados e que revoga a Diretiva 95/46 (Regulamento Geral sobre a Proteção de Dados), devem ser interpretados no sentido de que, quando aceita um pedido de supressão de referências ao abrigo destas disposições, o operador de um motor de busca não tem de efetuar essa supressão de referências em todas as versões do seu motor, devendo fazê-lo nas versões deste que correspondem a todos os Estados-Membros, e isto, se necessário, em conjugação com medidas que, embora satisfaçam as exigências legais, permitam efetivamente impedir ou, pelo menos, desencorajar seriamente os internautas que efetuam uma pesquisa a partir do nome da pessoa em causa dentro de um dos Estados-Membros de, através da lista de resultados exibida após essa pesquisa, aceder às hiperligações que são objeto desse pedido". https://eur-lex.europa.eu/legal-content/PT/TXT/PDF/?uri=CELEX:62017CA0507&from=EN.

40. Cf. O papel dos deveres na construção da legalidade constitucional. In: DE CICCO, Maria Cristina (Org.). *I doveri nell'era dei diritti fra etica e mercato*. Os deveres na era dos direitos entre ética e mercado. Napoli: Editoriale Scientifica, 2020, no prelo.

SOBRE A SISTEMATIZAÇÃO DOS DIREITOS ESPECIAIS DE PERSONALIDADE

Paulo Mota Pinto

Professor da Faculdade de Direito da Universidade de Coimbra.

Sumário: 1. As classificações e sistematizações de direitos especiais de personalidade. 2. Critério para a autonomização de direitos especiais de personalidade. 3. Proteção da integridade, proteção da liberdade e proteção da identidade. 4. Aplicação – em particular, a "autodeterminação informacional" em sentido amplo.

1. AS CLASSIFICAÇÕES E SISTEMATIZAÇÕES DE DIREITOS ESPECIAIS DE PERSONALIDADE

Uma visão dos direitos especiais de personalidade como "formas descentralizadas da tutela jurídica da personalidade" em relação ao direito geral de personalidade explica a *relativa fungibilidade* das suas classificações e repartições. Importa, no entanto, proceder a tal classificação, segundo um critério que seja *apreensível socialmente* e que corresponda também já a uma *consolidação normativa* – dada pelo legislador – de *interesses* ou *bens da personalidade* em direitos. Tal poderá, por um lado, contribuir para a visibilidade e o respeito por esses bens e interesses na vida social, pela sua mais fácil *possibilidade de apreensão* por terceiros, e, por outro lado, facilitar a *verificação* da existência de *ilicitude* na violação do direito respetivo.

Os direitos de personalidade devem, a nosso ver, corresponder a zonas ou dimensões da personalidade que se foram afirmando como bens autónomos, assim se tornando também objeto de *direitos "especiais"*, em relação ao direito geral de personalidade.

A primeira condição para a existência de um direito "especial" de personalidade está, pois, em que exista um *bem* ou *interesse da personalidade que é autonomizável*, suscetível de dar ao direito um certo conteúdo material: esse direito tutela a personalidade ao impor um *dever de respeito* por esse bem ou interesse (ainda que possam existir também outras finalidades, mesmo patrimoniais, como acontece, por exemplo, no direito à imagem).

Na doutrina portuguesa encontram-se, no domínio do Código Civil de 1966, várias *ordenações* e *sistematizações* da tutela da personalidade, distinguindo diversos direitos. Estas sistematização ou ordenações dos direitos especiais de personalidade, e mesmo a sua delimitação, *variam bastante*, não existindo uma orientação geral, por exemplo, no sentido de apenas se reconhecer como direitos especiais de personalidade os previstos em normas especiais, do Código Civil ou de outras leis. Alguma variedade também se encontra, por exemplo, na doutrina alemã[1], apesar de uma tendência predominante para considerar

---

1. Assim, H.-P. Götting, em *Handbuch Persönlichkeitsrecht* cit., § 19 e s., p. 357 e s., trata, como direitos especiais de persona- lidade no direito civil: direito à própria imagem; direito ao nome; direito à marca; direito de personalidade de autor; direito a outras características da personalidade; direito sobre gestos e mímica, slogans e citações. Jörg Neuner, *Allgemeiner Teil...*,

PAULO MOTA PINTO

direitos especiais de personalidade aqueles que estão já *positivados* pelo legislador, em relação aos quais já se consolidou por via normativa a sua proteção, com ponderação dos seus limites e dos termos da sua tutela[2], como é o caso do direito à própria imagem (§22 da *Kunsturhebergesetz*) e do direito ao nome (§ 12 do BGB), por vezes também se entendendo que os bens protegidos no §823, I, do BGB correspondem igualmente a direitos subjetivos[3].

2. CRITÉRIO PARA A AUTONOMIZAÇÃO DE DIREITOS ESPECIAIS DE PERSONALIDADE

Em estudos anteriores, já defendemos a autonomização de: direito *à vida*, direito *à integridade física e psíquica*, direito *à liberdade*, direito *à honra* ("bom nome e reputação"), direito *à identidade pessoal*, direito *à imagem*, direito *à palavra* e direito *à reserva sobre a vida privada*[4].

Alguns destes direitos não estão especificamente *previstos*, e *nominados*, em normas *de direito civil* – desde logo, alguns dos mais importantes, como o direito *à vida* ou o direito à *integridade* física e psíquica.

---

cit., §13, n. 9 e s., p. 138 e s., indica como direitos especiais o direito ao nome, o direito à imagem, e também os direitos correspondentes aos bens protegidos no § 823, I: vida, corpo, saúde e liberdade. Em L. Enneccerus/H. C. Nipperdey, *Allgemeiner Teil...*, cit., § 100, p. 382 e s., tratava-se "o nome e a questão de outros direitos de personalidade", admitindo "uma série de direitos individuais" que resultam do direito geral da personalidade, a saber: o direito à honra; o direito ao segredo de correspondência privada; o direito a uma esfera de segredo; o direito à paternidade biológica.

Uma nova abordagem aos direitos de personalidade, centrada na "proteção da individualidade" é a de Karl-Nikolaus Peifer, *Individualität im Zivilrecht: der Schutz persönlicher, gegenständlicher und wettbewerblicher Individualität im Persönlichkeitsrecht, Immaterialgüterrecht und Recht der Unternehmen*, Mohr Siebeck, 2001, p. 144 e s., distinguindo: a proteção de "bens da personalidade" (em que se realizaria uma atribuição de bens e defesa perante domínio alheio), incluindo a própria imagem física, a voz, o nome e a firma, a reputação ou imagem comercial; e a proteção de "interesses da personalidade", incluindo a honra e reputação, a história pessoal, o caráter, a identidade. Peifer, que considera a individualidade um *valor ocidental*, entende que a sua proteção é também o *cerne do direito geral de personalidade*, fazendo uma aproximação com o direito à *identità personale* do direito italiano.

2. Assim, exigindo a positividade (consagração legal) desses direitos, Jürgen Helle, *Besondere Persönlichkeitsrechte im Privatrecht*: das Recht am eigenen Bild, das Recht am gesprochenen Wort und der Schutz des geschriebenen Wortes, Tübingen, Mohr, 1999, p. 37. Como destaca H.-P. Götting, em Horst-Peter Götting/Christian Schertz/Walter Seitz (Org.), *Handbuch Persönlichkeitsrecht. Presse- und Medienrecht*, 2. ed., Beck, München, 2019, p. 216, na verdade a relevância da distinção em relação ao direito geral de personalidade e suas refrações é reduzida, sendo a distinção progressiva, e não cortante. E com efeito, Helle também considera que alguns grupos de casos do direito geral de personalidade estão próximos dos direitos especiais de personalidade, distinguindo sete níveis de concretização da proteção da personalidade no direito civil, e mencionando os grupos de casos do direito geral de personalidade como penúltimo desses níveis, antes dos direitos especiais (J. Helle, *Besondere...*, cit., p. 11, 19 s.). Tal como os grupos de casos do direito geral de personalidade, também os meros interesses ou bens juridicamente protegidos, (que não representam direitos subjetivos) são menos concretamente tutelados do que os direitos especiais de personalidade. Como interesses juridicamente protegidos, Helle indica entre outros os bens da personalidade indicados expressamente no § 823, I, do BGB (vida, corpo, saúde, liberdade) e a honra, protegida penalmente e nos termos do § 823, II, do BGB (op. cit., p. 18).

3. Aflora aqui a questão da distinção entre bens jurídicos delitualmente protegidos e direitos subjetivos.

4. V. Paulo Mota Pinto, "O direito à reserva sobre a intimidade da vida privada", *Boletim da Faculdade de Direito*, Coimbra, v. 64 (1993), p. 479-586, cit. na publicação em *Direitos de personalidade e direitos fundamentais – Estudos*, Coimbra, Gestlegal, 2018, p. 475-591 (497-498), idem, "O direito ao livre desenvolvimento da personalidade", *Portugal-Brasil – ano 2000*, Studia Iuridica, n. 40, Coimbra, Coimbra Editora, 2000, p. 149-246, também em *Direitos de personalidade e direitos fundamentais – Estudos*, cit., p. 7-121 (51, n. 99).

No Código Civil de Macau ficaram previstos os seguintes direitos especiais de personalidade: direito à vida, direito à integridade física e psíquica, direito à liberdade, direito à honra, direito à reserva sobre a intimidade da vida privada, direitos relativos cartas-missivas confidenciais e não confidenciais, memórias familiares e outros escritos confidenciais, direito à história pessoal, proteção de dados pessoais, direito à imagem e à palavra, direito à verdade pessoal, direito ao nome e a outros meios de identificação pessoal. V. os nossos "Anteprojeto para a localização do Código Civil em Macau na parte relativa aos direitos de personalidade", e "Os direitos de personalidade no Código Civil de Macau", *Direitos de personalidade e direitos fundamentais*, cit., p. 369-407 e 409-459.

SOBRE A SISTEMATIZAÇÃO DOS DIREITOS ESPECIAIS DE PERSONALIDADE **575**

Mas isso não quer dizer que eles não devam ser aí protegidos nem devam ser considerados como direitos especiais de personalidade. Estão, sem qualquer dúvida, incluídos *na cláusula de "tutela geral da personalidade"*, prevista no artigo 70º, n. 1, do Código Civil, da qual não resulta só a consagração de um *direito geral* de personalidade, mas também a proteção de um conjunto de *direitos especiais* de personalidade[5]. O artigo 70º, n. 1, contém uma norma de tutela geral da personalidade, da qual se pode e deve desentranhar o direito à vida, o direito à integridade física, o direito à liberdade, o direito à honra[6], e outros. O legislador optou por *não disciplinar exaustivamente* os direitos de personalidade, com um "catálogo" como o dos direitos, liberdades e garantias pessoais (artigo 24º e s. da Constituição da República)[7]. Diversamente, para além do regime geral dos artigos 70º e 71º (bem como do artigo 81º), limitou-se a prever alguns direitos de personalidade que poderiam suscitar *particulares problemas*. Mas isso não quer dizer que apenas esses direitos especiais de personalidade especificamente previstos no Código Civil devam ser reconhecidos, e mesmo *de iure constituto*. Pelo contrário, a cláusula de tutela geral da personalidade do artigo 70º, n. 1, deve ser *concretizada tendo em atenção os "direitos, liberdades e garantias pessoais" previstos nos artigos 24º e seguintes* da Constituição da República Portuguesa, que incidem sobre bens da personalidade, e a que correspondem, portanto, direitos de personalidade[8].

Esse apoio significa, ainda, reconhecer a estes *direitos especiais* um *mínimo de positividade*, no sentido de se tratar de direitos pelo menos *já "nominados"*[9], previstos normativamente, senão em normas do Código Civil, ou outras leis do *direito privado*, pelo menos em *normas constitucionais*, a que correspondem esses direitos de personalidade. Tal significa que a proteção através de direitos subjetivos dos bens que são deles objeto está *consolidada* – autonomizando-se do direito geral de personalidade – e que as suas *previsões* devem, por isso, ser consideradas *autonomamente*. Não se trata aqui de qualquer normativismo positivista, ou de qualquer exigência de verdadeira *tipificação*, pois vários direitos que, a nosso ver, são indiscutivelmente direitos especiais de personalidade, não estão previstos na codificação civil nacional, como, por exemplo, o direito à vida e o direito à integridade física. Trata-se, apenas, de exigir um *apoio jurídico-positivo* quanto ao reconhecimento de que aquele bem da personalidade é *objeto de um direito*, ainda que tal apoio possa não ser encontrado no direito civil, e antes numa ordenação normativa paramétrica, como é a constitucional. Não há, com efeito, dúvida de que, até pelo *valor paramétrico* das normas e princípios constitucionais, a densificação e concretização da cláusula de tutela geral da

---

5. Neste sentido, têm razão aqueles – como A. Menezes Cordeiro, *Tratado de direito civil*, IV, cit., p. 109-110, ou idem, org., *Código Civil comentado*, cit., Introdução (arts. 70º a 81º), n. 32, p. 272 –, que distinguem entre "proteção geral de personalidade" e direito geral de personalidade, mas não quando rejeitam este último.
6. Assim, C. Mota Pinto, *Teoria geral do direito civil*, cit., p. 209 e s.
7. Por isso, antes da Constituição de 1976, chegou mesmo a defender-se que mantinha validade, em face da fórmula do art. 70º, n. 1, do Código Civil, o elenco dos "direitos de personalidade" constante dos arts. 360º a 367º do Código de Seabra que permaneceria "no nosso direito positivo em vigor" – Paulo Cunha, *Teoria geral ... resumo desenvolvido das Lições*, cit., p. 115 (embora reconhecendo que o art. 8º da Constituição de 1933 também continha direitos que são sem dúvida direitos de personalidade).
8. Assim, Carlos Alberto da Mota Pinto, *Teoria geral do direito civil*, Coimbra, Coimbra Editora, 4. ed., por António Pinto Monteiro e Paulo Mota Pinto, 2005, p. 211-212. Trata-se, hoje, de asserção corrente. V. Elsa Dias de Oliveira, *Da responsabilidade civil extracontratual por violação de direitos de personalidade em Direito internacional privado*, Coimbra, Almedina, 2011, p. 41.
9. Falando também de direitos especiais ou "nominados" de personalidade, v. J. Antunes Varela, "Alterações legislativas do direito ao nome", *Revista de Legislação e de Jurisprudência*, 115º ano (1982-1983), n. 3693, p. 359, n. 3710, p. 140, 143-4, n. 3714, p. 258.

576 PAULO MOTA PINTO

personalidade prevista no art. 70º, n. 1, do Código Civil deve ser realizada – tal como, aliás, a definição dos limites dos direitos, designadamente em caso de conflito com outros direitos ou bens também constitucionalmente protegidos – *respeitando* a Constituição. Esta não é, porém, a nosso ver, apenas um parâmetro "negativo", antes tem um certo *valor indiciador* de que a consagração de direitos, liberdade e garantias sobre bens da personalidade deve levar ao reconhecimento de *correspondentes direitos especiais* de personalidade.

Autonomizamos, assim, os referidos direitos especiais de personalidade, não a partir de uma dedução de análises "ontológicas", "antropológicas", ou "estruturais" da pessoa ou da personalidade[10], mas tendo em conta as *normas do Código Civil* que consagram es-ses direitos e, depois, as *normas constitucionais*, em preenchimento da cláusula de tutela geral da personalidade à luz dos direitos, liberdades e garantias pessoais (artigos 24º e seguintes). Tal como o direito *ao livre desenvolvimento da personalidade* é, a nosso ver (e tal como se entendeu, por exemplo, no direito alemão), o fundamento constitucional para o reconhecimento do *direito geral* de personalidade, também existe uma relação, senão de *homologia substancial*, pelo menos de *justificação constitucional* para o reconhecimen-to de *direitos especiais* de personalidade no direito civil a partir de *"direitos, liberdades e garantias pessoais"* constitucionalmente previstos, que incidam sobre correspondentes bens da personalidade.

3. PROTEÇÃO DA INTEGRIDADE, PROTEÇÃO DA LIBERDADE E PROTEÇÃO DA IDENTIDADE

Não devemos, porém, omitir que é possível, a nosso ver, discernir *três grandes eixos* em que esses direitos – e a proteção da personalidade – podem ser agrupados:

(i) A nosso ver, existem direitos especiais de personalidade primacialmente ordena-dos à proteção da *integridade* da pessoa – isto é, de um estado físico ou psíquico prévio à agressão, a qual se traduz aqui sempre numa *diminuição* ou *degradação* desse estado. É o caso do direito *à vida* (artigo 24º da Constituição, artigos 495º e 496º, n. 2 a 4, do Código Civil, e protegido nos artigos 131º e seguintes do Código Penal – "crimes contra a vida"), do direito *à integridade física e psíquica*[11] (artigo 25º da Constituição, artigo 495º do Có-digo Civil, artigos 143º e s. do Código Penal – "crimes contra a integridade física") e do direito *à honra* – artigos 484º, 79º, n. 3, do Código Civil, artigo 26º, n. 1, da Constituição, e artigos 180º e seguintes do Código Penal – "crimes contra a honra").

(ii) Noutros direitos, o que está em causa é já, pelo contrário, a proteção de uma *possibilidade de decisão* da pessoa[12], ou seja, da sua *liberdade* de atuar ou não atuar – seja liberdade física seja moral ou ideológica, ou expressa em inúmeros domínios, seja, também, a liberdade de controlar o acesso, o conhecimento e a divulgação de *informação pessoal* (a "autodeterminação informativa"), sobre a projeção física da pessoa (direitos à imagem e palavra) ou sobre a sua projeção vital (direito à reserva sobre a vida privada, direitos à proteção de dados). Nesta dimensão, avulta o próprio *direito à liberdade*, também um direito

---

10. As quais, aliás, pela sua relatividade, também se arriscam a aparecer em várias versões em cada feira do livro…
11. A Constituição refere-se a "integridade física e moral", o que é diverso de "integridade física e psíquica". A nosso ver, a integridade moral, enquanto se distingue da integridade psíquica, é protegida no direito civil pelo direito à honra, ao bom nome e reputação, e pelo direito geral de personalidade.
12. Não que não existam também possibilidades de decisão em relação à integridade, mas aí, em nosso entender, esse não é o objeto de proteção que avulta.

SOBRE A SISTEMATIZAÇÃO DOS DIREITOS ESPECIAIS DE PERSONALIDADE | 577

de personalidade, protegido na Constituição[13], no Código Civil[14], e também no Código Penal[15]. Tratamos aqui, portanto, das diversas dimensões do direito à liberdade, incluindo também a liberdade reprodutiva – a proteção contra lesões do *planeamento reprodutivo* (por exemplo, o "dano de planeamento familiar")[16]. Mas incluímos aqui também o direito *à imagem* e (por analogia) *à palavra*[17], *à reserva sobre a vida privada*[18], e os direitos relativos *a cartas-missivas e outras comunicações*[19] ou *à proteção de dados pessoais*. Outros aspetos, não mencionados na lei ou na Constituição, devem, a nosso ver, considerar-se protegidos pelo direito geral de personalidade[20].

(iii) Em terceiro lugar, outros direitos protegem a *identidade* da pessoa. Podem ser reduzidos a um direito *à identidade pessoal*[21] (artigo 26º, n. 1, da Constituição), que inclui sem dúvida os direitos especiais de personalidade sobre meios de *identificação* pessoal, como o direito ao nome (artigo 72º) e o direito ao pseudónimo (artigo 74º do Código Civil). Mas também se inclui aqui um direito à *identidade genética* (artigo 26º, n. 2, da Constituição), que envolve não só a dimensão de conhecimento dessa identidade[22] como a proteção contra a sua manipulação e utilização não autorizada[23].

---

13. Arts. 27º, n. 1, 37º (liberdade de expressão), 41º (liberdade de consciência, de religião e de culto), 42º (liberdade de criação cultural), 43º (liberdade de aprender e ensinar), 44º (liberdade de deslocação), 45º (liberdade de reunião e manifestação), 46º (liberdade de associação), 47º (liberdade de profissão), 61º (liberdade de iniciativa privada).

14. Que é, aliás, o seu domínio por excelência. Para a liberdade contratual, que é uma forma de liberdade jurídica, v. o artigo 405º do Código Civil.

15. Arts. 153º e s. ("crimes contra a liberdade pessoal"), 163º e s. ("crimes contra a liberdade e autodeterminação sexual").

16. Sobre o direito à liberdade reprodutiva, v. a análise detalhada, numa perspetiva de direito civil, de Jörg Neuner, "Das Recht auf reproduktive Selbstbestimmung: Facetten durchkreuzter Nachwuchsplanung", *AcP*, 214 (2014), p. 459-510. V. também, em geral sobre os direitos reprodutivos como direitos fundamentais, Vera Lúcia Raposo, *O direito à imortalidade. O exercício de direitos reprodutivos mediante técnicas de reprodução assistida e o estatuto jurídico do embrião in vitro*, Coimbra, Almedina, 2014, esp. p. 41-376.

17. Arts. 79º do Código Civil, 26º, n. 1, da Constituição, 199º do Código Penal.

18. Arts. 80º do Código Civil, 26º, n. 1, da Constituição, 190º e s. do Código Penal ("crimes contra a reserva da vida privada").

19. Arts. 75º a 78º do Código Civil.

20. É o caso do "direito à história pessoal" (o direito a controlar o conhecimento, investigação e aproveitamento do percurso de vida da pessoa), e do chamado "direito à verdade profunda" (direito à gestão da própria verdade, que não é mais do que o direito à *liberdade negativa* em relação à própria expressão, lesado, por ex., pela utilização do detetor de mentiras ou do chamado "soro da verdade"). Estes direitos eram autonomizados, no seu ensino, por Orlando de Carvalho (que, porém, também considerava os direitos especiais como formas descentralizadas de tutela do direito geral de personalidade).

21. Mas já não nos parece ter grande préstimo a redução desde a um "direito à individualidade", ou "proteção da individualidade", como se defende em K.-N. Peifer, *Individualität im Zivilrecht: der Schutz persönlicher, gegenständlicher und wettbewerblicher Individualität im Persönlichkeitsrecht, Immaterialgüterrecht und Recht der Unternehmen*, cit., *passim*, e se formula como hipótese em A. Menezes Cordeiro, *Tratado de direito civil*, IV, cit., p. 163 (para se rejeitar), pois a noção de *individualidade* já se aproxima demasiado da de *personalidade*, que é o denominador comum a todos estes direitos, perdendo relevância substancial a sua autonomização. A proteção da personalidade é proteção da individualidade, estamos de acordo. Mas trata-se de saber *que aspetos* da individualidade estão em causa.

A classificação por "áreas de bens da personalidade", distinguindo o "ser humano biológico", o "ser humano moral" e o "ser humano social" (A. Menezes Cordeiro, *Tratado de direito civil*, IV, cit., p. 105, 119), não se representa um avanço, tem, para nós, o inconveniente de dividir *dimensões da pessoa* que não devem ser divididas e de não se referir a um *valor* ou *projeção* que deva ser *protegido*. Por isso preferimos a distinção *integridade/liberdade/identidade*, a par da proteção do *direito geral de personalidade* (e com as prevenções que referimos a seguir, no texto). Distinguindo também o campo biológico, moral e social da pessoa, Joaquim de Sousa Ribeiro, "A tutela de bens da personalidade na Constituição e na jurisprudência constitucional portuguesas", *Estudos em homenagem ao Prof. Doutor José Joaquim Gomes Canotilho*, III, Coimbra, 2013, p. 835-859, p. 837.

22. E também de gestão do conhecimento e divulgação por terceiros, que, porém, se enquadra mais corretamente na proteção da *liberdade*, referida à identidade – tal como, por ex., o "direito ao carácter" (direito a não ser sujeito sem o seu consentimento a investigações caracteriológicas, por ex. mediante testes de grafologia etc.).

23. V., sobre os aspetos do direito à identidade pessoal, como garantia daquilo que *caracteriza cada pessoa como indivíduo, singular e irrepetível*, v. J. J. Gomes Canotilho/Vital Moreira, *Constituição da República Anotada*, v. I, 4. ed., Coimbra, Coimbra Editora, 2009, anot. IV ao art. 26º, II; p. 462 (direito ao nome, direito ao patronímico, direito à historicidade pessoal, direito à identidade genética, direito de acesso a informação sobre a identificação civil), J. Sousa Ribeiro, "A tutela

Além destes, temos também os "direitos de personalidade de autor" (artigo 9º, n. 1 e 3, 42º, 56º a 62º do Código de Direito de Autor e dos Direitos Conexos – "direitos morais"), de que o autor é titular sobre a *obra* por ela ser *expressão da sua personalidade* (e não como objeto de exploração económica). Estes, não incidindo sobre parte do substrato físico ou psíquico da pessoa, referem-se, porém, a um bem enquanto exprime a personalidade do autor, e poderá estar neles em causa uma proteção de integridade (da obra – genuinidade, intangibilidade) ou da identidade (paternidade da obra).

Importa notar que não estamos perante uma distinção de "círculos da pessoa", ou de *valores* ou *bens de nível superior*, dos quais *decorram* os direitos especiais de personalidade em questão, muito menos correspondendo a um elenco de bens de personalidade protegidos[24] por direitos especiais de personalidade. Estes são reconhecidos, como se disse, como *formas descentralizadas* de tutela da personalidade que se *autonomizaram do direito geral* de personalidade, sendo o seu reconhecimento normativo – senão com um específico *regime jurídico*, pelo menos com um *nomen iuris* – indício dessa sua *consolidação* em direitos especiais de personalidade. O agrupamento que fazemos, como mera racionalização *a posteriori*, serve apenas como tentativa da sua compreensão e relacionamento, tendo, quando muito, também um papel heurístico (para a compreensão do conteúdo e novas dimensões dos direitos em causa, e seu confronto). Não se trata de dimensões ou de bens autonomizados numa *distinção cortante*, até porque, nalguns casos, os direitos especiais de personalidade em questão poderão não se referir só a um desses bens, existindo zonas de *interseção* entre eles (o que é claro para o direito de personalidade de autor, mas vale também para o direito à identidade pessoal).

E isto é claro, sobretudo, porque a dimensão da *liberdade* – cuja autonomização como objeto de um direito de personalidade se impõe, a nosso ver, numa teoria dos direitos de personalidade que queira corresponder às necessidades de proteção da personalidade humana[25] – é de certa forma, *transversal*, na medida em que tanto fundamenta a *sua proteção* num específico direito de personalidade, como pode ser utilizada *para restringir* outros direitos. A chamada *"limitação voluntária"* de direitos de personalidade (por exemplo, do direito à integridade física ou do direito à honra, ou do direito à reserva sobre a vida privada[26], para não irmos ao ponto de incluir aqui a disposição do direito à vida, também incluída pelo *Bundesverfassungsgericht* alemão no direito geral de personalidade[27]) não

---

de bens da personalidade...", cit., p. 856 (direito à não confundibilidade pessoal, direito à "historicidade pessoal", direito ao conhecimento das raízes genéticas Guilherme de Oliveira, *Manual de direito da família*, Coimbra, Almedina, 2020, p. 44.

24. Para um panorama comparatístico dos bens de personalidade protegidos nos ordenamentos português, italiano, alemão, francês, inglês e estadunidente, v. Elsa Dias de Oliveira, *Da responsabilidade civil extracontratual por violação de direitos de personalidade...*, cit., n. 2.2, p. 38 e s.

25. Contra o reconhecimento do direito à liberdade como direito de personalidade, v., porém, além das já referidas posições de A. Menezes Cordeiro e de P. Pais de Vasconcelos, José de Oliveira Ascensão, "Pessoa, direitos fundamentais e direito da personalidade", *Estudos de direito da bioética*, Coimbra, Almedina, 2009, p. 51-75, p. 73. Indicando-o como direito de personalidade, v. José Dias Marques, *Noções elementares de direito civil*, 7. ed., Lisboa, 1992, p. 14.

26. V. o nosso estudo cit. "A limitação voluntária do direito à reserva sobre a intimidade da vida privada", *Direitos de personalidade e direitos fundamentais*, cit., p. 679-715.

27. No seu cit. acórdão de 16 de fevereiro de 2020, o Tribunal Constitucional Federal alemão decidiu que "o direito geral de personalidade (art. 2, I, em conjugação com art. 1, I, da Lei Fundamental) inclui, como expressão de autonomia pessoal, um direito à morte autodeterminada (*"selbstbestimmtes Sterben"*)", que "o direito à morte autodeterminada inclui a liberdade de se tirar a própria vida", e que "a decisão do indivíduo de, em conformidade com o seu entendimento da qualidade e sentido da vida, pôr termo à própria existência, deve à partida ser respeitada pelo Estado e pela sociedade como ato autónomo de autodeterminação". E foi mais longe, decidindo que "a liberdade de se tirar a própria vida inclui também a liberdade de para o efeito procurar ajuda junto de terceiros e de aceitar ajuda na medida em que for oferecida". Daqui concluiu o

deixa, na verdade, de ser *também exercício* (ou pretensão de exercício, pelo menos) *de um direito de personalidade – o direito à liberdade*. Justamente daqui advém em grande medida o problema e a dificuldade da justificação dos limites a tal "limitação voluntária", da justificação da *"proteção da pessoa contra si própria"*, sem se cair num injustificado (e também antipersonalista) paternalismo[28].

4. APLICAÇÃO – EM PARTICULAR, A "AUTODETERMINAÇÃO INFORMACIONAL" EM SENTIDO AMPLO

Além destes *três eixos*, e dos referidos *direitos especiais de personalidade* – que incidem todos os eles sobre aspetos, modos de ser ou projeções da personalidade humana –, existem outros aspetos que são muito relevantes, e mesmo decisivos, como possibilitadores das *condições* para a proteção e para o desenvolvimento ou realização da personalidade. Trata-se aqui, sobretudo, não de *direitos de defesa* ou "de liberdade", mas já de *direitos sociais*, correspondentes ao que na Constituição da República Por-

---

Bundesverfassungsgericht pela inconstitucionalidade da incriminação do incentivo profissional ao suicídio (§ 217, I, do Código Penal alemão). V. a decisão em *NJW*, 2020, p. 905-21. Como se salientou em comentários à decisão (Stefan Muckel, "Verfassungswidrigkeit des Verbots der geschäftsmäßigen Förderung der Selbsttötung", *JA*, 2020, p. 473-6, Michael Sachs, "Grundrechte: Recht auf selbstbestimmtes Sterben", *JuS*, 2020, p. 580-2), o Tribunal Constitucional alemão reconheceu um *novo direito de personalidade*, ou uma *nova dimensão* do direito geral de personalidade constitucionalmente garantido: o direito à morte autodeterminada. V., já antes, na doutrina, por ex.: Friedhelm Hufen, "Selbstbestimmtes Sterben – Das verweigerte Grundrecht", *NJW*, 2018, p. 1524-8, Udo Fink, *Selbstbestimmung und Selbsttötung* – verfassungsrechtliche Fragestellungen im Zusammenhang mit Selbsttötungen, Köln, Heymann, 1992.

28. Christian Hillgruber, *Der Schutz des Menschen vor sich selbst*, München, F. Vahlen, 1992, Wolfgang Enderlein, *Rechtspaternalismus und Vertragsrecht*, Beck, 1996, Jürgen Schwabe, "Der Schutz des Menschen vor sich selbst", *JZ*,1998, 2, p. 66-75 (focando-se nos custos para a coletividade), Reinhard Singer, "Vertragsfreiheit, Grundrechte und der Schutz des Menschen vor sich selbst", *JZ*, 1995, 23, p. 1133-1141 (chamando a atenção para os défices funcionais da liberdade contratual e para as pressões sociais e económicas), Kai Möller, *Paternalismus und Persönlichkeitsrecht*, Berlin, Duncker & Humblot, 2005 (vendo o direito geral de personalidade como direito de defesa perante o paternalismo), Michael Anderheiden et alii (Org.), *Paternalismus und Recht*: in memoriam Angela Augustin, Mohr Siebeck, 2006 (com vários estudos sobre o tema), Horst Eidenmüller, "Liberaler Paternalismus", *JZ*, 2011, 17, p. 814-821 (justificação baseada nos défices de racionalidade do declarante), Antonia Reitter, *Rechtspaternalismus und Biomedizinrecht. Schutz gegen den eigenen Willen im Transplantationsgesetz, Arzneimittelgesetz und Embryonenschutzgesetz*, Berlin, Duncker & Humblot, 2020.

Entre nós, v., por ex., José Joaquim Gomes Canotilho, *Direito constitucional e teoria da constituição*, 7. ed., Coimbra, 2003, p. 454-465 (defendendo uma solução diferenciada que distingue entre renúncia a um direito "medularmente inerente à dignidade da pessoa humana", ou ao núcleo substancial do direito, constitucionalmente proibidas, e limitação voluntária ao exercício, aceitável sob certas condições, tendo em conta também o fim da limitação), Jorge Miranda, *Manual de direito constitucional, tomo IV: Direitos fundamentais*, 3. ed. Coimbra 2000, p. 357-8, Jorge Reis Novais, "Renúncia a direitos fundamentais", In: Jorge Miranda (Org.), *Perspectivas constitucionais. Nos 20 anos da Constituição*, Coimbra, Coimbra Editora, 1996, v. I, p. 263-335, Benedita Mac Crorie, *Os limites da renúncia a direitos fundamentais nas relações entre particulares*, Coimbra, Almedina, 2017, idem, "Os limites da renúncia a direitos fundamentais nas relações entre particulares – Algumas notas", *Estudos em homenagem ao Prof. Doutor António Cândido de Oliveira*, Coimbra, Almedina, 2017, p. 141-150, idem, "A (ir)renunciabilidade dos direitos de personalidade". In: Pessoa, direito e direitos, cit., Universidade do Minho, 2017, p. 283-294.

O tema é muito debatido na literatura anglo-saxónica, e em especial na análise económica do direito, sendo ultimamente discutido também, por ex., em conjunto com o da legitimidade de emprego de mecanismos de influência subsconsciente sobre o comportamento (*nudging*). V., por ex.: Cass Sunstein, "Libertarian Paternalism Is Not an Oxymoron", *University of Chicago Law Review*, 70 (2003), p. 1159-1202, Gregory Mitchell, "Libertarian Paternalism Is an Oxymoron", *Northwestern University Law Review*, 99 (2005), p. 1245-1278, Pierre Schlag, "Nudge, Choice Architecture, and Libertarian Paternalism", *Michigan Law Review*, 108 (2010), p. 913-924, Tom Ginsburg/Jonathan Masur/Richard McAdams, "Libertarian Paternalism, Path Dependence, and Temporary Law", *University of Chicago Law Review*, 81 (2014), p. 291-360, Heidi Hurd, "Fudging Nudging: Why Libertarian Paternalism Is the Contradiction It Claims It's Not", *Georgetown Journal of Law & Public Policy*, 14, (2016), p. 703-734. Sobre o *nudge*, v. Richard H. Thaler/Cass R. Sunstein, *Nudge: Improving Decisions about Health, Wealth, and Happiness*, Yale University Press, 2008 (trad. port. *Nudge. Um Pequeno Empurrão*, Lisboa, Lua de Papel, 2018); na Alemanha, numa perspetiva de direitos fundamentais, Stephan Gerg, *Nudging. Verfassungsrechtliche Maßstäbe für das hoheitliche Einwirken auf die innere Autonomie des Bürgers*, Tübingen, Mohr Siebeck, 2018.

PAULO MOTA PINTO

tuguesa se designa como "direitos económicos, sociais e culturais", cuja relevância para a defesa e desenvolvimento da personalidade não pode, pois, ser negada[29]. No entanto, não se trata já aí, em nosso entender, de *direitos de personalidade*, muito embora alguma doutrina os trate a propósito deles[30].

Não deve estranhar-se o facto de integrarmos direitos como o *direito à imagem* e (por analogia) o *direito à palavra*, ou o *direito à reserva sobre a vida* privada na proteção da *liberdade*. Com efeito, independentemente de estes bens da personalidade, relativos todos a informações (sobre sinais visuais ou acústicos da pessoa, ou sobre a sua vida privada) existirem por si, e não consistirem simplesmente na *liberdade de decisão* – a qual, porém, pode ter alguma influência sobre a sua conformação, ou, até, sobre a sua maior ou menor extensão[31] –, o que o direito protege, pela concessão de um direito subjetivo, é a *possibilidade de o titular controlar (decidir sobre) o acesso e divulgação* dessas informações.

Este foi, aliás, a nosso ver, um dos contributos relevantes da teorização do conteúdo do direito geral de personalidade por Canaris[32], quando os *incluiu na noção de "autodeterminação informacional"*, e distinguiu uma "proteção contra a intrusão no domínio pessoal (autodeterminação informacional I)", e uma "proteção perante a difusão de manifestações da personalidade e factos verdadeiros (autodeterminação informacional II)". Aplicou, portanto, a esses aspetos o conceito de "autodeterminação informacional" que fora desenvolvido pelo Tribunal Constitucional Federal alemão[33]. Canaris incluiu nesse

---

29. V., de novo, numa perspetiva privatística, V. Jörg Neuner, *Allgemeiner Teil des bürgerlichen Rechts*, 12. ed., München, Beck, 2020, p. 14, 234, n. 8, e idem, *Privatrecht und Sozialstaat*, München Beck, 1998.

30. D. Leite de Campos ("Lições de direitos de personalidade", *BFD*, cit., p. 217-221) trata como direitos de personalidade (direitos de "projeção da pessoa física 'zona periférica dos direitos da personalidade'") os direitos *ao trabalho, ao "médio de existência"* e à *propriedade* (privada); e L. Carvalho Fernandes (*Teoria geral do direito civil*, I, cit., p. 238) referia direitos incidentes sobre *bens afins da* personalidade, *instrumentais*, incluindo o direito à proteção da saúde, o direito à segurança social, o direito ao trabalho, o direito à educação e à cultura, o direito à habitação, e o direito ao ambiente de vida humana, sadio e ecologicamente equilibrado, não deixando de notar que, apesar de se tratar de direitos dirigidos ao Estado, "a eles correspondem, em regra, situações atrás definidas como vinculações de personalidade". Cf. também A. Menezes Cordeiro, *Tratado de direito civil*, IV, cit., p.149: "prerrogativas que poderão, depois, inflectir ou mesmo enformar direitos de personalidade".

31. A liberdade de *conformação da aparência externa* (e, portanto, do tipo de imagem) é uma parte integrante do direito à liberdade, que estava em causa já no cit. Acórdão 6/84, do Tribunal Constitucional: discutia-se o direito de um cobrador dos serviços de transporte do município de Coimbra se não apresentar barbeado no serviço; o acórdão distinguiu este *direito de livre conformação da aparência externa* do *direito à imagem* e não considerou violado o primeiro pela exigência regulamentar de que a pessoa em causa se apresentasse devidamente uniformizado e barbeado. Diversamente, considerando que a autodeterminação da aparência externa integra o direito à imagem, E. Vaz de Sequeira, *Teoria geral...*, cit., p. 62.

    No caso do *direito à reserva sobre a vida privada*, porém, a liberdade do seu titular *vai mais longe*, pois conforma não apenas *qualitativamente*, mas *quantitativamente o objeto* do direito, podendo as pessoas optar por ter uma esfera de vida privada *mais ou menos ampla*. Sobre a distinção entre conformação do objeto a que se refere o direito, a qual se efetuará, normalmente, por atos materiais ou reais qualificáveis como simples atos jurídicos, cujos efeitos são produzidos *ex lege* (ou seja, relevantes no quadro da previsão legal do direito), e a sua "limitação voluntária", a que é aplicável o regime do art. 81º, v. o nosso "A limitação voluntária do direito à reserva...", cit., p. 355-356.

32. Karl Larenz/Claus-Wilhelm Canaris, *Lehrbuch des Schuldrechts, II – Besonderer Teil*, 2. Halbband, 13. ed., München, 1994, § 80, p. 503-508.

33. V. a decisão do *Bundesverfassungsgericht* de 15 de dez. de 1983, sobre censos ("*Volkszählung*"), in *Entscheidungen des Bundesverfassungsgerichts*, v. 65, p. 1 e s., e, sobre ela, Klaus Vogelsang, *Grundrecht auf informationelle Selbstbestimmung*, Baden-Baden, Nomos, 1987, Bernhard Schlink "Das Recht der informationellen Selbstbestimmung", *Der Staat*, 1986, p. 233-50. Entre nós, sobre a autodeterminação informacional, v. J. J. Gomes Canotilho, , *Direito constitucional e teoria da constituição*, 7. ed., Coimbra, 2003, p. 514-515, R. Capelo de Sousa, *O direito geral de personalidade*, cit., p. 357, nota 883a, Catarina Sarmento e Castro, *Direito da informática, privacidade e dados pessoais*, Coimbra, Almedina, 2005, p. 24, António Barreto Menezes Cordeiro, *Direito da proteção de dados, à luz do RGPD e da Lei 58/2019*, Coimbra, Almedina, 2020, p. 257

direito à autodeterminação informacional duas dimensões, relativas à proibição contra a *intrusão* (*"Eindringen"*) e contra a *divulgação* (*"Verbreitung"*)[34], e pretendeu mesmo substituir, na densificação do direito geral de personalidade (mantendo, portanto, esta figura), a autonomização de *direitos subjetivos* sobre diversos aspetos da personalidade pela distinção entre essas *duas formas de violação*, para elaborar critérios indiciadores da ilicitude. E isto, tanto para a proteção contra a *intrusão* no domínio pessoal[35], como para a proteção perante a *difusão* de manifestações da personalidade e de factos verdadeiros. O relevante não seria a autonomização de um "direito à imagem de vida, do carácter ou da personalidade" (*"Recht auf Lebens –, Charakter – oder Persönlichkeitsbild"*), que não só protege contra a sua deturpação mas também contra a sua divulgação pode terceiros (por vezes utilizando-se uma analogia com a proteção do direito à própria imagem nos § 22 e 23 da *Kunsturhebergesetz*, outras vezes recorrendo-se diretamente ao direito geral de personalidade), mas antes uma distinção consoante o *tipo de atuação* do lesante[36]. Do

---

    e s. (com mais indicações), e tb. Alexandre Sousa Pinheiro, *Privacy e protecção de dados pessoais: a construção dogmática do direito à identidade informacional*, Lisboa, AAFDL, 2015, esp. parte II. Como resulta do enquadramento que fazemos, não acompanhamos também o diagnóstico de pretensa "superação" do direito à *autodeterminação informacional* feito na parte III desta últ. obra, nem a substituição, que propõe Sousa Pinheiro, por um *"direito à identidade informacional"*: o que continua em causa é sobretudo o controlo, a *liberdade de decisão sobre informação* (e o acesso a ela), pelo que a passagem da *autodeterminação* para a *identidade* não pode prescindir da dimensão de controlo ou de autodeterminação. Um problema de identidade existirá apenas quando a imagem resultante dos dados for deturpada ou falsa (direito ao conhecimento e correção), mas o controlo sobre eles existe independentemente dessa falsidade ou deturpação.

34. Larenz/Canaris, *Lehrbuch des Schuldrechts, II, 2*, cit., § 80, p. 503. "há muito que é reconhecida como parte essencial do direito geral de personalidade a proteção perante a intrusão no domínio pessoal", sendo paradigmáticos os casos de gravações ocultas, fotografias não autorizadas com câmaras disfarçadas etc.; e "pode-se tematizar estes casos também sob o aspeto da autodeterminação informativa", desde que o Tribunal Constitucional Federal reconheceu tal direito como integrante do direito geral de personalidade. Esta *transposição* para o direito privado não suscitaria novos problemas, antes põe questões já bem conhecidas a uma *nova luz*, tratando-se aí de dois grupos de casos de proteção da personalidade: o da intrusão e o da divulgação de informação sobre a pessoa. Sublinhando o tratamento das *duas referidas formas de violação*, na análise do direito à reserva sobre a intimidade da vida privada (o que designámos por intrusão ou intromissão, com violação da reserva como segredo, e a divulgação ou publicação), v. já o nosso "O direito à reserva sobre a intimidade da vida privada", cit., 1993, p. 535 e s., na sequência da distinção dos interesses correspondentes.

35. Canaris nota que a abordagem tradicional para a proteção contra intrusões não autorizadas no domínio pessoal distingue diversas esferas, como a *esfera íntima*, a *esfera individual* e a *esfera privada*. Correto seria aqui que a *esfera íntima* goza de *proteção absoluta*, de tal modo que a sua agressão indicia a ilicitude. Na maioria dos casos, trata-se, porém, de intrusões *nas outras esferas*, e com o critério referido não se adianta nada nesses casos. Nota também que, por um lado, numa democracia e numa sociedade de direito privado, que se baseiam de modo essencial em *livre informação e comunicação*, não pode existir um *direito absoluto a uma esfera de segredo*, e, por outro lado a proteção, por ex., da palavra e da imagem perante a sua fixação *não é nada de específico da esfera privada ou íntima*, antes é algo assegurado em princípio de modo igual no tráfico. Por isso, "mais importante do que a esfera é a forma de obtenção da informação, pois liberdade de informação claro que não significa que também a obtenção de informação é totalmente livre. Se nesta existir logo uma lesão censurável da autodeterminação do atingido, existe por isso um apoio sólido para um juízo jurídico de desvalor e com este para uma proteção delitual da personalidade. Abstraindo de lesões da esfera íntima, em que a ilicitude do resultado está no primeiro plano, domina aqui portanto claramente a ilicitude da conduta (…); pois não é decisivo nessa medida em regra a especial dignidade de proteção do bem jurídico atingido, mas antes a forma e modo como o agente lidou com ele. Em si ilícito é em princípio o dolo, ou seja, a indução dolosa em erro", o que resultaria das disposições penais sobre burla, do regime do dolo como vício da vontade e da proteção da liberdade geral de ação. V. Larenz/Canaris, *Lehrbuch des Schuldrechts, II, 2*, cit., § 80, p. 503-4.

    Relativizando a *distinção de "esferas"* como critério de delimitação da proteção, e, portanto, como circunstância indiciadora da ilicitude, v. também já o nossos "O direito à reserva sobre a intimidade da vida privada", cit., p. 525 e s. (sobretudo na sequência de abordagens que procuravam restringir a proteção à "esfera íntima"). Claro, porém, que a "esfera" em que se verifique a agressão pode servir para *graduar a sua gravidade*, designadamente na ponderação com outros bens ou interesses, invocados pelo agente.

36. Larenz/Canaris, *Lehrbuch des Schuldrechts, II, 2*, cit., § 80, p. 508 e s. Segundo Canaris, a posição que se baseia num "direito à imagem de vida, do carácter ou da personalidade" (*"Recht auf Lebens –, Charakter – oder Persönlichkeitsbild"*) não deve ser seguida: na medida em que os seus defensores fazem depender a ilicitude de uma *ponderação* de bens ou interesses, a aceitação de um "direito à imagem de vida, do carácter ou da personalidade" não adianta nada de relevante; na medida em que, pelo contrário, aceitam uma indicação da ilicitude não apenas *na deturpação*, mas também *na divulgação* da

PAULO MOTA PINTO

mesmo modo, o importante não seria o elemento da personalidade atingido, mas o tipo e forma da lesão[37].

Em Portugal, pensamos que não se pode rejeitar a autonomização de *direitos subjetivos* – direitos especiais de personalidade – correspondentes a esses bens, já consagrados *no Código Civil* (artigos 79° e 80°) e *na Constituição* (artigo 26°, n. 1). Mas a definição dos seus limites carece da ponderação dessas circunstâncias. Pelo que a ponderação do tipo de atuação do lesante, e dos outros critérios que Canaris põe em destaque para concretização, nesta dimensão, do direito geral de personalidade, são também, a nosso ver, relevantes entre nós. Assim, por exemplo, a *obtenção ilícita da informação* tornará também ilícita a divulgação; a *potencialidade causadora de danos* e o *motivo do divulgador* – como v.g. informar a opinião pública sobre um titular de cargo político – têm de ser ponderados na delimitação da proteção, o mesmo acontecendo com o *interesse do atingido* na informação e o seu *comportamento prévio*[38].

Em qualquer caso, até pela integração dos referidos direitos – na Alemanha, dessas dimensões do direito geral de personalidade – num *"direito à autodeterminação informa-*

---

imagem (não deturpada ou alterada), merece objeções, pois em primeiro lugar, o tratamento especial da "imagem da personalidade" em relação a outras divulgações de factos da pessoa não é justificado do ponto de vista valorativo, já que em regra a lesão não resulta de toda essa imagem ser divulgada, mas antes *determinados aspetos* ou factos (por ex., ter sido previamente condenado) ou características (por ex., a orientação sexual), sendo uma contradição valorativa distinguir consoante essas características são divulgadas como parte de uma "imagem da personalidade" ou isoladamente; em segundo lugar, a verdade é que não existe de todo "uma imagem" correta de uma pessoa, antes existem *várias imagens* consoante o contexto da vida e o papel social: como parceiro numa relação amorosa, gestor, profissional, devedor etc. Assim, com uma solução que considerasse existente a ilicitude em *qualquer divulgação* chegar-se-ia quase uma proibição abrangente de informação, indesejável.

Para Canaris, o que é correto é antes integrar a divulgação de manifestações da personalidade e factos verdadeiros obtidos ilicitamente num *direito à autodeterminação informacional*, independentemente de se tratar de uma "imagem" da pessoa ou de um facto individual. Uma *indicação geral de ilicitude* não é, assim, de aceitar. Pelo contrário, Canaris defende que no direito privado existe uma *presunção de admissibilidade de divulgação de informações verdadeiras*, sendo certo que a democracia e a sociedade de direito privado *requerem essencialmente informação e comunicação livres*: "não é quem pode dizer a verdade que necessita por isso de uma razão especial, mas antes quem quer proibi-lo (fazê-lo proibir)" (p. 509). A ilicitude não deve, por isso, ser aqui apurada "positivamente", mas também não se deve remeter para uma ponderação "de todas as circunstâncias do caso", antes são em regra relevantes apenas alguns *poucos critérios*, a integrar num *sistema móvel*. Estes seriam: por um lado, o *modo de obtenção de informação*, a *potencialidade de causação de danos* da divulgação informação e o *motivo do divulgador*; por outro lado, o *interesse na informação* e o *comportamento prévio* do atingido – devendo formar-se grupos de casos em que a ilicitude é indiciada (Canaris distingue a "exploração de atuação ilícita alheia", a quebra de confiança na concessão de informações, a violação do fim da revelação da informação, e a revelação de certo tipo de factos, como condenações prévias, ocorridos há bastante tempo).

37. V. Larenz/Canaris, *Lehrbuch des Schuldrechts, II, 2*, cit., § 80, esp. p. 519-520: "essencial não é em primeira linha o elemento da personalidade lesado enquanto tal, portanto a imagem, a palavra, a esfera privada, o percurso da vida etc., mas a *forma de lesão*, ou seja, a deturpação, o aproveitamento comercial, a intromissão, a divulgação etc. A questão, ligada com isto, do domínio de proteção, põe-se em princípio da mesma forma para todas as manifestações da personalidade: seja a imagem, a palavra etc., que são deturpadas, exploradas, obtidas sem consentimento, divulgadas etc., não faz qualquer diferença fundamental. Claro que com isto não se nega que a importância e estrutura do elemento da personalidade atingido podem ser relevantes, e que, por ex., a proteção da esfera íntima é mais intensiva do que a da simples esfera privada, ou mesmo da mera esfera negocial".

38. V., aliás, admitindo a relevância dos critérios que desenvolve mesmo estando em causa um direito de personalidade (embora seja considere mais difícil a sua autonomização), Larenz/Canaris, *Lehrbuch des Schuldrechts, II, 2*, cit., § 80, esp. p. 519-520: "Também pode ser que se consiga ainda desenvolver mais direitos 'especiais' de personalidade, e que estes sejam postos a par dos legalmente reconhecidos, como o direito ao nome nos termos do §12 do BGB e o direito à própria imagem nos termos do §22 da *Kunsturhebergesetz*, mas é significativo que justamente estes dois preceitos indiquem precisamente as formas de lesão contra as quais protegem, e não concedam, como no § 823 do BGB, uma proteção abrangente. Partindo do direito respetivamente violado é em conformidade mais difícil, do que partindo da forma de lesão, desenvolver regras gerais".

Entre nós, os direitos à imagem e à reserva sobre a vida privada estão, como referimos, consagrados no Código Civil como direitos especiais de personalidade.

cional", entendido em sentido amplo (isto é, não já referido apenas à proteção de dados), é claro que o que está em causa aqui é a *liberdade*, isto é, a *possibilidade de decisão* e de *controlo* sobre o *acesso* (a intrusão) e a *divulgação* (ou difusão) de informação pessoal (dados pessoais, imagem, palavra, informação sobre a vida privada). Por isso, parece-nos perfeitamente legitimo, e coerente, dizer que se trata ainda de proteção da *liberdade*[39].

---

39. Diferentes são aqueles direitos que pretendem preservar a *veracidade* da informação – a não deturpação da imagem, das informações ou dados pessoais. Aí, sim, o problema é de *verdade pessoal*, e, portanto, de *identidade*, devendo ser incluído no direito geral de personalidade resultante do art. 70º, n. 1, do Código Civil, ou em normas especiais – assim, em matéria de proteção de dados, o art. 16º do Regulamento (EU) 2016/679 do Parlamento Europeu e do Conselho, de 27 de abril de 2016 ("Regulamento Geral de Proteção de Dados"); sobre o direito à retificação, v. A. B. Menezes Cordeiro, *Direito da proteção de dados*, cit., p. 269 e s.

RESPONSABILIDADE PRESSUPOSTA

Giselda Maria Fernandes Novaes Hironaka

Doutora e Livre-Docente pela mesma Faculdade de Direito da USP. Professora Titular do Departamento de Direito Civil da Faculdade de Direito da USP. Fundadora e Diretora Nacional (região Sudeste) do Instituto Brasileiro de Direito de Família e Sucessões – IBDFAM. Diretora Nacional (região Sudeste) do Instituto Brasileiro de Direito Civil – IBDCivil. Membro do Instituto Brasileiro de Estudos da Responsabilidade Civil – IBERC. Membro do Instituto Brasileiro de Direito Contratual – IBDCont. Ex-Procuradora Federal. Advogada, consultora e parecerista jurídica.

Sumário: 1. Introdução: tributo a Renan Lotufo. 2. Primeiras palavras sobre o texto do presente artigo. 3. Desenvolvimento histórico da responsabilidade civil: o ocaso da culpa. 3.1 Responsabilidade civil subjetiva. 3.2 Os danos decorrentes da mecanização da indústria e a resposta da doutrina francesa. 4. Responsabilidade pressuposta. 4.1 A *mise en danger* de Geneviève Schamps. 4.2 A definição de um critério apto a viabilizar a noção de *mise en danger*. 5. Proposições conclusivas. 6. Referências.

1. INTRODUÇÃO: TRIBUTO A RENAN LOTUFO

O presente trabalho, sob a premissa de revisar um debate que começamos no início dos anos 2000, presta-se a homenagear o Professor Renan Lotufo, de cuja amizade pude gozar ao longo de muitos anos e cuja falta já se faz sentir.

A ideia desta excelente homenagem ao Professor Renan Lotufo, sob a forma de obra coletiva, nasceu no Instituto Brasileiro de Estudos de Responsabilidade Civil, sob a coordenação científica dos Professores Alexandre Guerra, Antonio Carlos Morato, Fernando Rodrigues Martins e Nelson Rosenvald, e sob a organização da Professora Fernanda Ivo Pires.

A trajetória acadêmica e profissional do Professor homenageado foi uma das mais bonitas e ricas que já tive ocasião de conhecer. Exímio comunicador e pesquisador de altíssima qualidade, o Professor Renan Lotufo foi dos mais completos civilistas que os séculos XX e XXI, este nas suas primeiras décadas, conheceram. Ele parte, mas deixa com todos nós o seu tributo máximo: seu conhecimento profundo e sério, especialmente acerca do direito privado.

2. PRIMEIRAS PALAVRAS SOBRE O TEXTO DO PRESENTE ARTIGO

O pano de fundo deste texto é a disciplina do art. 927, parágrafo único, segunda parte, do Código Civil de 2002, que admite a imputação objetiva de um dano, quando a atividade desenvolvida por seu autor for uma atividade de risco. Pretende-se discorrer sobre aquilo que chamamos "responsabilidade pressuposta" e que foi delineada com base no *mise en danger* de Geneviève Schamps.

Tratando-se de abordagem dogmática que busca favorecer o direito da vítima e fortalecer sua posição jurídica frente àquele que lesou sua esfera de direitos, dedicamos o primeiro tópico a uma análise histórica do ocaso da culpa, que, se bem espargido, não deixa de interessar em trabalho que pretende revisar os sistemas de responsabilização civil. Lançados os fundamentos históricos e evidenciada a íntima relação entre o clamor social por uma justiça retributiva e os paradigmas que compõem a responsabilidade civil, passa-se, na sequência, ao exame propriamente da responsabilidade pressuposta, tema do presente trabalho e objeto de tese apresentada, em 2003, para banca que nos outorgou o título de livre-docente em direito civil.

A proposta da tese foi atestar o caráter expansivo da responsabilidade civil, que admite o alargamento de seu domínio em função dos novos fatos sociais que podem gerar dano e cuja reparação pode não se coadunar com os fundamentos já conhecidos, nos atuais horizontes da responsabilidade civil. Procura-se, ao final, munir o operador do direito de instrumentos que permitam determinar, objetivamente, quando o risco de uma atividade é intolerável e apto a ensejar o dever de indenizar, de forma a reconhecer que a atividade, especialmente, do julgador deve ser pautada em paradigmas tais que confiram segurança jurídica aos operadores do mercado no que atine à sua atividade.

Com a modesta contribuição que este artigo pode trazer a uma obra conjunta que reúne tantos e tão destacados civilistas, esperamos honrar à altura a memória do saudoso Professor Renan Lotufo, que tanto contribuiu para o direito civil em nosso país e, como Mestre, formou gerações de juristas, que cada vez mais se destacam e perpetuam o seu legado.

3. DESENVOLVIMENTO HISTÓRICO DA RESPONSABILIDADE CIVIL: O OCASO DA CULPA

Já dizia Caio Mário da Silva Pereira, preocupado com a quantidade de vítimas que restavam irressarcidas frente a um dano, que "[a] evolução da responsabilidade civil gravita em torno da necessidade de [socorrê-las], o que tem levado a doutrina e a jurisprudência a marchar adiante dos códigos, cujos princípios constritores entravam o desenvolvimento e a aplicação da boa justiça"[1].

O momento atual, mais que demandar uma redução no número de vítimas não indenizadas, propugna por garantir o direito de alguém de não mais ser vítima de danos. Não se quer, com isso, defender uma espécie de responsabilidade civil sem dano, como tem sido aventado na doutrina brasileira[2] e com cuja fundamentação não concordamos. Pretende-se, antes, aperfeiçoar um sistema que surgiu como "tentativa de superar as injustiças impostas pela dificuldade de demonstração da culpa"[3].

3.1 Responsabilidade civil subjetiva

A imputação de uma obrigação indenizatória individual, em razão de dano cometido culposamente, representou grande avanço civilizatório em termos da disciplina jurídica do ilícito. A ideia, propugnada pela *lex Aquilia de damno*, de que a ilicitude de uma ação que gera responsabilidade se determinaria pela voluntariedade na produção do dano ou

---

1. PEREIRA, Caio Mário da Silva. *Instituições de direito civil*. 10. ed. Rio de Janeiro: Forense, 1999. v. III. p. 362.
2. Por todos, Teresa Ancona Lopez (LOPEZ, Teresa Ancona. *Princípio da precaução e evolução da responsabilidade civil*. São Paulo: Quartier Latin, 2010).
3. SCHREIBER, Anderson. *Novos paradigmas da responsabilidade civil*: da erosão dos filtros da reparação à diluição dos danos. 6. ed. São Paulo: Atlas, 2015. p. 18.

RESPONSABILIDADE PRESSUPOSTA **587**

na prática de ação contrária à lei foi verdadeiramente revolucionária[4]. A culpa, no entanto, ainda não era elemento fundamental do conceito[5], já que, para os romanos, o fator elementar era a causalidade do agente em relação ao dano[6].

A modernidade acrisolou a culpa como condição da responsabilidade, como seu fundamento maior[7], graças à contribuição de autores como Domat, o que influenciou diretamente a disciplina do instituto da responsabilidade civil no Código francês de 1804 e em todos os demais Códigos que vieram na sequência, influenciados por ele, como o Código Bevilaqua, de 1916.

Sem culpa não haveria dever de reparar, pois ninguém poderia ser censurado sem que tivesse faltado com o dever de cautela em seu agir. A responsabilização, nesse sentido, demandava que a vítima de um dano se desincumbisse de uma tríplice prova: "precisava estabelecer, antes de tudo, que sofrera um dano; depois, que seu adversário cometera um delito; enfim que o dano decorria do dito delito"[8].

A dificuldade em produzir tal prova tornou-se cada vez maior à medida que evoluíam as conquistas científicas, tecnológicas e industriais frutos da Revolução Industrial, posto que esta legara ao Direito um novo fenômeno, conhecido como "dano anônimo", por ser produzido não pelo homem, mas pela máquina.

3.2 Os danos decorrentes da mecanização da indústria e a resposta da doutrina francesa

Para enfrentar um dano que já não era tolerado como natural pela mentalidade da época, ofereceram-se respostas jurídicas que iam das presunções de culpa à exclusão desta como pressuposto da responsabilidade[9].

A supressão da culpa como pressuposto único da imputação da obrigação de indenizar representou verdadeiro ponto de inflexão para o direito de danos, que cada vez menos se

---

4. Conforme já escrevemos, "[o] fator fundamental na condição do agente, a determinar a imputabilidade de uma pena e da correspondente obrigação a reparar ou indenizar, é a *causalidade* diante da ação, por ter *escolhido realizá-la como ação ilícita ou danosa*. É isso, especialmente, que se determina como *causa imputável* de um dano ou de um ilícito: sem esse aspecto voluntário, não haveria condições de considerar o dever de compensação em função exclusivamente desse agente, porque a produção do ilícito teria dependido também (ou exclusivamente) de outras pessoas ou instituições ou do simples acaso" (HIRONAKA, Giselda Maria Fernandes Novaes. *Responsabilidade pressuposta*. Belo Horizonte: Del Rey, 2005. p. 55).

5. "De fato, acredita-se que o significado originário da *culpa* estivesse mais próximo de uma questão de *imputação objetiva* do dano ou de *nexo de causalidade* entre a conduta e o resultado danoso, o que explicaria, igualmente, a responsabilidade das crianças e dos loucos pelos danos causados. Desta forma, acredita-se que somente na época pós-clássica e justinianeia – o que talvez possa ser atribuído à influência cristã –, é que o instituto da culpa passou a ter 'o significado técnico de negligência, de previsível não previsto, de imperícia na própria arte ou mister'. É por essa época, igualmente, que se inicia o estudo da culpa segundo diversos graus e se afirma a possibilidade de sua apreciação *em concreto* ou *em abstrato*" (CALIXTO, Marcelo Junqueira. *A culpa na responsabilidade civil*: estrutura e função. Rio de Janeiro: Renovar, 2008. p. 129-131).

6. VILLEY, Michel. Esquisse historique sur le mot «responsable». *Archives de Philosophie du Droit*, Paris, n. 22, 1977.

7. "A culpa é, inegavelmente, a categoria nuclear da responsabilidade civil concebida pelos juristas da Modernidade. A ideologia liberal e individualista, então dominante, impunha a construção de um sistema de responsabilidade que se fundasse no mau uso da liberdade individual, justificando, desta forma, a concessão de um amplo espaço à atuação dos particulares. Responsabilidade e liberdade passam, assim, a ser noções intimamente vinculadas, uma servindo de fundamento à outra" (SCHREIBER, Anderson. *Novos paradigmas da responsabilidade civil*: da erosão dos filtros da reparação à diluição dos danos. 6. ed. São Paulo: Atlas, 2015. p. 12).

8. JOSSERAND, Louis. Evolução da responsabilidade civil. *Revista Forense*, Rio de Janeiro, v. 38, n. 86, p. 548-559, abr. 1941. p. 551.

9. CALIXTO, Marcelo Junqueira. *A culpa na responsabilidade civil*: estrutura e função. Rio de Janeiro: Renovar, 2008. p. 150-152.

preocupava com a análise das condições pessoais do autor do fato para se centrar no fato danoso propriamente. Se, para a responsabilidade oitocentista, a previsão da culpa era fator de justiça, para a responsabilidade forjada na era industrial, a culpa converteu-se em causa de injustiça[10].

Recusando um sistema cativo da ideia de culpa, seja ela provada ou presumida, Raymond Saleilles e Louis Josserand forneceram as bases teóricas para o que viria a ser a responsabilidade objetiva[11]. A proposta, inicialmente, extremava-se ao defender a completa proscrição da culpa[12]. Coube, porém, ao tempo apaziguar as paixões e recomendar a coexistência de mais de um fundamento para o instituto nos diferentes ordenamentos nacionais[13].

No Brasil, muito embora o Código de 1916 tenha se filiado à teoria subjetiva para a composição das regras jurídicas acerca da responsabilidade civil, adotou, em passagens esparsas, a imputação do dever de indenizar independentemente de culpa[14]. A mesma orientação foi seguida no Código de 2002, com a substancial diferença de que, no art. 927, parágrafo único, do diploma vigente, existe verdadeira cláusula geral de responsabilidade objetiva[15].

4. RESPONSABILIDADE PRESSUPOSTA

A norma do art. 927, parágrafo único, do Código de 2002 encontra inspiração na legislação estrangeira, destacadamente no art. 2.050 do Código Civil italiano, que diz: "[q]ualquer um que causa dano a outros no desempenho de uma atividade perigosa, por

---

10. "No que interessa à responsabilidade civil, a revolução industrial trouxe enorme *agravação dos riscos* a que as pessoas antigamente estavam sujeitas, fazendo crescer as demandas no sentido de eficaz reparação deles. A exigência, feita no século XIX, de uma conduta culposa, como pressuposto da responsabilidade, não se coaduna com [a] necessidade social de assegurar a reparação desses danos, ainda que o causador tenha procedido sem culpa. O direito tinha de deixar de preocupar-se só com o comportamento da pessoa responsável, precisava olhar o lado do lesado, tinha de se orientar, como afirma Jourdain, na direção do '*objeto* da responsabilidade civil: a reparação dos danos'. Por outro lado, a revolução industrial, ao proporcionar melhores condições médias de vida e de cultura, esta graças essencialmente ao estabelecimento de escolas, postas ao alcance das grandes massas, impulsionou a *valorização do ser humano*, fazendo com que este passasse a aceitar ainda menos os golpes do destino, recusando a desgraça e exigindo a reparação de todo e qualquer dano sofrido, como observa também Jourdain" (NORONHA, Fernando. *Direito das obrigações*. 4. ed. São Paulo: Saraiva, 2013. p. 562).
11. LIMA, Alvino. *Culpa e risco*. 2. ed. São Paulo: Ed. RT, 1998. p. 119.
12. "Ora, não convém ir mais longe e banir complemente do domínio da responsabilidade, pelo menos do número das eventualidades, essa noção de culpa, tão delgada, tão desprezada, tão relegada; não convém admitir que somos responsáveis, não somente por nossos atos culposos, mas pelos nossos atos pura e simplesmente, pelo menos, bem entendido, se causaram um dano injusto, anormal a outrem?" (JOSSERAND, Louis. Evolução da responsabilidade civil. *Revista Forense*, Rio de Janeiro, v. 38, n. 86, p. 548-559, abr. 1941. p. 556).
13. MARTINS-COSTA, Judith. Os fundamentos da responsabilidade civil. *Revista Trimestral de Jurisprudência dos Estados*, São Paulo, v. 93, p. 29-52, 1991.
14. "O Código Civil, como vimos, consagra, quer no texto do art. 159, quer nos demais dispositivos referentes à matéria, expressamente, a teoria da culpa, mas nem por isso deixou de aceitar e regular casos de responsabilidade independente de culpa, como, aliás, o fazem todas as legislações modernas" (LIMA, Alvino. *Culpa e risco*. 2. ed. São Paulo: Revista dos Tribunais, 1998. p. 282). No mesmo sentido, Caio Mário da Silva Pereira, quando afirma que, em nosso ordenamento, convivem as duas teorias: subjetiva como norma geral e objetiva como preceituação especial (PEREIRA, Caio Mário da Silva. *Responsabilidade civil*. 7. ed. Rio de Janeiro: Forense, 1996. p. 273).
15. Vale a mesma advertência que já fizemos no passado, segundo a qual "embora tão mais [frequentes] os casos de responsabilidade subjetiva, embasada na culpa, persistem existindo os casos em que se registrará a insuficiência desta fonte, quando, então, abrir-se-á a oportunidade da reparação do dano pelo viés da nova fonte, a do risco. Convivem, portanto, as duas teorias, e conviverão provavelmente por longo tempo" (HIRONAKA, Giselda Maria Fernandes Novaes. Responsabilidade pressuposta: evolução de fundamentos e de paradigmas da responsabilidade civil na contemporaneidade. *Revista da Faculdade de Direito da UFG*, Goiânia, v. 31, p. 33-59, jan./jun. 2007).

RESPONSABILIDADE PRESSUPOSTA **589**

sua natureza ou pela natureza dos meios utilizados, fica obrigado ao ressarcimento, se não provar ter adotado todas as medidas idôneas a evitar o dano"[16].

O art. 2.050 representou uma grande inovação no Código de 1942, não apenas por ter invertido o ônus da prova, mas por exigir um padrão de comportamento mais austero do que o esperado do homem médio, na medida em que impõe a prova da adoção de todas as providências apropriadas para evitar o dano. A norma do direito brasileiro, contudo, foi além, estabelecendo um fator objetivo de imputação: basta a ocorrência de um dano vaticinado na lei ou decorrente de uma atividade tida como perigosa para surgir a obrigação indenizatória[17].

Em oportunidades passadas[18], chamamos a atenção para as virtudes desse artigo do nosso Código, que permite superar os inconvenientes da norma positivada, uma vez que aguardar uma previsão legal para cada situação que surja ata a percuciência do direito, engessa seu exercício em face do dano concretizado e, mais problemático, deixa a vítima desamparada e com um prejuízo a suportar[19]. A tessitura aberta do artigo, porém, exige a eleição de certos paradigmas, recomendando padrões de fundamentação, que viabilizem o sancionamento compensatório, sem abandonar a segurança jurídica, a previsibilidade e a isonomia no tratamento jurisprudencial de cada caso.

4.1 A *mise en danger* de Geneviève Schamps

A busca por novos padrões capazes de expressarem um fundamento para o dever de indenizar o dano injusto sofrido por outrem é uma tendência observada na reflexão de diversos doutrinadores de renome, como Geneviève Schamps, que trabalhou a noção de *mise en danger*, traduzida, em meu livro *Responsabilidade pressuposta*, como "exposição ao perigo".

A partir da base fornecida pelo art. 2.050 do Código Civil italiano, a autora destaca o descontentamento do legislador com soluções casuísticas de imputação objetiva da responsabilidade e sua preocupação em construir uma alternativa globalizada para a reparação dos danos ligados à *mise en danger*[20]. O problema, contudo, é que o legislador

---

16. "Art. 2050. Chiunque cagiona danno ad altri nello svolgimento di un'attività pericolosa, per sua natura o per la natura dei mezzi adoperati, è tenuto al risarcimento, se non prova di avere adottato tutte le misure idonee a evitare il danno".

17. SCHREIBER, Anderson. *Novos paradigmas da responsabilidade civil: da erosão dos filtros da reparação à diluição dos danos.* 6. ed. São Paulo: Atlas, 2015. p. 22. Por seu turno, Pietro Trimarchi afirma o seguinte: "[a] mio avviso, l'affermazione che la responsabilità sancita dall'art. 2050 cod. civ. resti fondata sulla colpa, pur costituendo una soluzione 'intermedia' fra la responsabilità per colpa e la responsabilità per rischio, si presta a qualche critica. Mi sembra, infatti, che fra responsabilità per colpa e responsabilità senza colpa non vi sia niente di intermedio. O vi è una violazione di un dovere di condotta, e allora vi è colpa, oppure non vi è violazione di un dovere di condotta, e allora non vi è colpa: una terza possibilità non esiste. [...] Ma sembra certo che il legislatore non intese, com l'art. 2050 cod. civ., riaffermare il principio dell'art. 2043 cod. civ. aggiungendose solo un'inversione dell'onere della prova. L'intenzione era non solo di invertire l'onere dela prova, ma anche di dettare, con uma regola di diritto sostanziale, una responsabilità più rigorosa della responsabilità per colpa" (TRIMARCHI, Pietro. *La responsabilità civile: atti illeciti, rischio, danno.* Milano: Giuffrè Editore, 2017. p. 402).

18. HIRONAKA, Giselda Maria Fernandes Novaes. *Responsabilidade pressuposta.* Belo Horizonte: Del Rey, 2005; HIRO-AKA, Giselda Maria Fernandes Novaes. Responsabilidade pressuposta: evolução de fundamentos e de paradigmas da responsabilidade civil na contemporaneidade. *Revista da Faculdade de Direito da UFG*, Goiânia, v. 31, p. 33-59, jan./jun. 2007.

19. HIRONAKA, Giselda Maria Fernandes Novaes. Responsabilidade pressuposta: evolução de fundamentos e de paradigmas da responsabilidade civil na contemporaneidade. *Revista da Faculdade de Direito da UFG*, Goiânia, v. 31, p. 33-59, jan./jun. 2007.

20. "Tal circunstância gerou, como não poderia mesmo ter deixado de gerar, um corpo disciplinar extremamente complexo e muito criticado, em razão desta falta de visão do todo. Soma-se à confusão – diz a autora, e tem toda a razão – o fato da

GISELDA MARIA FERNANDES NOVAES HIRONAKA

não foi suficientemente claro e coerente ao organizar seu sistema de responsabilidade civil, optando por uma solução intermediária, que mantinha a culpa como fundamento da responsabilidade, mas deixando a cargo do culpado a prova liberatória da imputação estabelecida, em autêntica inversão do ônus probatório[21].

O acirrado debate engendrado no campo doutrinário encontrou eco na jurisprudência, que se manteve presa, inicialmente, à presunção *juris tantum* de culpa. Com o evoluir jurisprudencial, no entanto, passou-se a registrar, cada vez mais, decisões que se expressam em termos de presunção de responsabilidade e não de presunção de culpa. A responsabilidade assim pressuposta não vem fundada nem na culpa, nem no risco. Tem natureza objetiva, mas com precauções.

A noção de *mise en danger* ocupa, justamente, essa zona cinzenta em que se situa um critério autorizativo de imputação de responsabilidade civil, não filiado nem à culpa, nem a uma responsabilidade objetivamente prefixada em lei. Ela se refere ao exercício de uma atividade potencialmente perigosa para terceiros, em razão do elevado cometimento de danos que dela podem resultar, mas que, ainda assim, é tolerada por sua utilidade social[22].

4.2 A definição de um critério apto a viabilizar a noção de *mise en danger*

A dificuldade que surge respeita ao estabelecimento do critério que definirá um limiar entre o que é atividade perigosa, apta a ensejar a sucessão do expediente indenizatório, e o que não é. No direito italiano, a *mise en danger* tem sido delineada sob a ótica de dois critérios objetivos: um primeiro quantitativo, relativo à alta probabilidade de causar danos em comparação àqueles inerentes a toda atividade, outro qualitativo, correspondendo à intensidade de ocorrência eventual. Contudo, quando analisei o tema pela primeira vez, em minha tese de livre-docência, pareceu-me que essa solução ainda era insuficiente, haja vista que a definição das circunstâncias danosas ficava à mercê da consideração pretoriana[23].

Uma alternativa mais objetiva pareceu-me ter sido dada pelo então "Projet de Réforme du Droit de la Responsabilité Civile" suíço, que previa a introdução de uma cláusula geral de responsabilidade sem culpa, derivada de uma bem definida *mise en danger*. Em janeiro de 2009, o Conselho Federal decidiu não prosseguir com o projeto em virtude, de

---

doutrina e da jurisprudência adotarem com frequência concepções divergentes" (HIRONAKA, Giselda Maria Fernandes Novaes. *Responsabilidade pressuposta*. Belo Horizonte: Del Rey, 2005. p. 286).

21. Segundo Geneviève Schamps, em tradução nossa, "essa formulação pouco clara do critério de imputação de responsabilidade e ausência de um sistema coerente – as diversas hipóteses de responsabilidade civil previstas nos artigos 2.043 a 2.054 do Código Civil italiano, estando dispostas umas às outras sem visão sistemática – dão origem a controvérsias doutrinárias quanto à determinação do verdadeiro fundamento da responsabilidade prevista no artigo 2.050 do Código Civil italiano" (SCHAMPS, Geneviève. *La mise en danger*: un concept fondateur d'un principe general de responsabilité (analyse de droit comparé). Bruxelles: Bruylant; Paris: LGDJ, 1998. p. 28).

22. Geneviève Schamps toma a expressão "exercício de uma atividade" em sentido amplo, pois a *mise en danger* inclui, igualmente, toda atividade que não é perigosa em si, mas que é complementar a uma atividade principal, esta, sim, perigosa (SCHAMPS, Geneviève. *La mise en danger*: un concept fondateur d'un principe general de responsabilité (analyse de droit comparé). Bruxelles: Bruylant; Paris: LGDJ, 1998. p. 128).

23. Como registrei em crítica à solução do legislador italiano, "não sendo um critério integralmente desenvolvido pelo legislador – que poderia melhor ter-lhe delineado os contornos, pela definição de seus elementos essenciais constitutivos –, permite que se consolide uma interpretação apenas razoável ou possível, nem sempre tão extensa quanto deveria, nem sempre tão oportuna quanto se desejaria" (HIRONAKA, Giselda Maria Fernandes Novaes. *Responsabilidade pressuposta*. Belo Horizonte: Del Rey, 2005. p. 300).

um lado, da falta de consenso sobre a maioria das novas regras propostas e, de outro, de sua obsolescência sobre certos pontos[24].

Não obstante o fatídico destino reservado ao Projeto, fato é que a cláusula geral, na versão anterior ao arquivamento, prevista no art. 50, buscou "amalgamar em uma só regra geral o conjunto das *mise en danger* de uma certa importância, ab-rogando as leis baseadas no risco"[25]. Tal cláusula geral estruturava-se a partir de uma noção de risco qualificado, ligado à natureza da atividade ou à das substâncias, instrumentos e energias utilizados. Ademais, exigia-se a susceptibilidade de causar danos frequentes ou graves, critérios que respeitam, respectivamente, à probabilidade de engendrar um dano e à intensidade da ocorrência eventual. Contudo, também aqui relevaria o papel interpretativo e integrativo do julgador, a concretizar a abstração das previsões do dispositivo.

Seja como for, permanece a busca por um padrão de caracterização da *mise en danger* que fundamente, suficientemente, o regime objetivo de responsabilidade. Um critério abrangente e também consentâneo com a elevação de valores humanos, como a dignidade e a solidariedade social[26], ambos constitucionalmente assegurados.

5. PROPOSIÇÕES CONCLUSIVAS

O arquétipo conferido pela teoria da responsabilidade pressuposta reconhece a perplexidade que a indefinição das atividades abrangidas pelo art. 927, parágrafo único, pode gerar[27] e busca meios para que o julgador possa superá-la.

O que nos parece ser possível perseguir, a partir do que se idealiza como uma *mise en danger*, é um critério que (1) descreva a potencialidade perigosa das atividades que podem ensejar responsabilização, (2) não sendo taxativo, para não inviabilizar o reconhecimento de novos danos, (3) nem muito elástico, que acabe por admitir variáveis que não se encaixem na verdadeira potencialidade perigosa de uma atividade. Além disso, (4) estabelecido o nexo causal, o executor da atividade deve ser considerado o responsável pela reparação, e (5) essa responsabilidade civil deve ter como finalidade exclusiva a reparação da vítima,

---

24. Eis o comunicado do Conselho Federal, com respeito à renúncia ao dito projeto: "Le Conseil fédéral a décidé au terme de sa discussion de ne pas poursuivre le projet, envoyé en consultation en 2000, qui visait à une réforme et à une unification du droit de la responsabilité civile. La consultation a mis en évidence l'impossibilité de trouver un consensus sur la plupart des nouvelles règles proposées. De plus, l'avant-projet est déjà obsolète sur certains points. Le Conseil fédéral ne pense pas que l'institution d'une commission d'experts permettrait d'obtenir un meilleur résultat. La réforme et l'unification de ce domaine du droit sont surtout, estime-t-il, un souhait émanant des milieux universitaires. Le fait que les principes du droit de la responsabilité civile sont souvent non pas fixés dans la loi mais établis par la jurisprudence ne gêne pas les praticiens. Sur le plan politique, ce ne sont pas les questions de systématique mais les solutions apportées aux problèmes concrets de la société qui viennent au premier plan. En sont témoins les dispositions plus strictes en matière de responsabilité civile adoptées ces dernières années dans le domaine de la biotechnologie et du génie génétique" (Disponível em: https://www.bj.admin.ch/ejpd/fr/home/actualite/ news/2009/2009-01-21.html. Acesso em: 24.09.2020).

25. SCHAMPS, Geneviève. *La mise en danger*: un concept fondateur d'un principe general de responsabilité (analyse de droit comparé). Bruxelles: Bruylant; Paris: LGDJ, 1998. p. 401.

26. FACHIN, Luiz Edson. Responsabilidade civil contemporânea no Brasil: notas para uma aproximação. Disponível em: https://www.fachinadvogados.com.br/artigos/FACHIN%20Responsabilidade.pdf. Acesso em: 15.09.2020.

27. "O art. 927, parágrafo único, não prevê uma hipótese específica de responsabilidade objetiva. Ao contrário, trata-se de norma bastante ampla, na qual o legislador empregou termos cujo sentido é ainda indefinido. O que é *atividade*? Quando se considera que alguém *desenvolve normalmente*? Como saber o que se deve considerar atividade de *risco por natureza*? Tais questões foram deixadas em aberto para o legislador e serão respondidas pelo Poder Judiciário" (PÜSCHEL, Flavia Portella. Funções e princípios justificadores da responsabilidade civil e o art. 927, parágrafo único, do Código Civil. *Revista Direito GV*, São Paulo, v. 1, n. 1, p. 91-107, 2005. p. 92). A mesma preocupação se faz sentir em CAVALIERI FILHO, Sergio. *Programa de responsabilidade civil*. 12. ed. São Paulo: Atlas, 2015. p. 254.

(6) sem qualquer abertura à exoneração dos responsáveis e admitindo eventualmente (7) ação de regresso.

6. REFERÊNCIAS

CALIXTO, Marcelo Junqueira. *A culpa na responsabilidade civil*: estrutura e função. Rio de Janeiro: Renovar, 2008.

CAVALIERI FILHO, Sergio. *Programa de responsabilidade civil*. 12. ed. São Paulo: Atlas, 2015.

FACHIN, Luiz Edson. Responsabilidade civil contemporânea no Brasil: notas para uma aproximação. Disponível em: https://www.fachinadvogados.com.br/artigos/FACHIN%20Responsabilidade.pdf. Acesso em: 15.09.2020.

HIRONAKA, Giselda Maria Fernandes Novaes. *Responsabilidade pressuposta*. Belo Horizonte: Del Rey, 2005.

HIRONAKA, Giselda Maria Fernandes Novaes. Responsabilidade pressuposta: evolução de fundamentos e de paradigmas da responsabilidade civil na contemporaneidade. *Revista da Faculdade de Direito da UFG*, Goiânia, v. 31, p. 33-59, jan./jun. 2007.

JOSSERAND, Louis. Evolução da responsabilidade civil. *Revista Forense*, Rio de Janeiro, v. 38, n. 86, p. 548-559, abr. 1941.

LIMA, Alvino. *Culpa e risco*. 2. ed. São Paulo: Ed. RT, 1998.

LOPEZ, Teresa Ancona. *Princípio da precaução e evolução da responsabilidade civil*. São Paulo: Quartier Latin, 2010.

MARTINS-COSTA, Judith. Os fundamentos da responsabilidade civil. *Revista Trimestral de Jurisprudência dos Estados*, São Paulo, v. 93, p. 29-52, 1991.

NORONHA, Fernando. *Direito das obrigações*. 4. ed. São Paulo: Saraiva, 2013.

PEREIRA, Caio Mário da Silva. *Instituições de direito civil*. 10. ed. Rio de Janeiro: Forense, 1999. v. III.

PEREIRA, Caio Mário da Silva. *Responsabilidade civil*. 7. ed. Rio de Janeiro: Forense, 1996.

PÜSCHEL, Flavia Portella. Funções e princípios justificadores da responsabilidade civil e o art. 927, parágrafo único, do Código Civil. *Revista Direito GV*, São Paulo, v. 1, n. 1, p. 91-107, 2005.

SCHAMPS, Geneviève. *La mise en danger*: un concept fondateur d'un principe general de responsabilité (analyse de droit comparé). Bruxelles: Bruylant; Paris: LGDJ, 1998.

SCHREIBER, Anderson. *Novos paradigmas da responsabilidade civil*: da erosão dos filtros da reparação à diluição dos danos. 6. ed. São Paulo: Atlas, 2015.

TRIMARCHI, Pietro. *La responsabilità civile*: atti illeciti, rischio, danno. Milano: Giuffrè Editore, 2017.

VILLEY, Michel. Esquisse historique sur le mot «responsable». *Archives de Philosophie du Droit*, Paris, n. 22, 1977.